Allgemeine
Gerichtsordnung
für die
Preussischen Staaten,
in Verbindung
mit den dieselbe ergänzenden, abändernden und erläuternden
Gesetzen, Königlichen Verordnungen und Justiz-Ministerial-Rescripten.

Unter Benutzung der Acten
und mit
Genehmigung Eines Hohen Justiz-Ministerii
herausgegeben
von

A. J. Mannkopff,
Königlich Preussischem Kammergerichts-Rath.

Vierter Band.

Enthaltend: Theil II. und Theil III.; so wie das Registratur- und Kanzleireglement, und die Verordnungen über die einzureichenden Geschäftsübersichten.

Berlin, 1838.
Im Verlage von G. Reimer.

Allgemeine Gerichtsordnung

für die

Preussischen Staaten.

Zweiter Theil.

Von dem gerichtlichen Verfahren in nicht streitigen Angelegenheiten.

Ausser der Instruktion und Entscheidung der eigentlichen Prozesse ist den Gerichten auch die Besorgung anderer rechtlicher Angelegenheiten der Einwohner des Staats aufgetragen. Dahin gehört besonders

I. die Sorge für diejenigen Personen, welche nach den Gesetzen unter Vormundschaft genommen werden müssen;

II. die Direktion des Hypothekenwesens, und die Führung der Hypothekenbücher in denjenigen Provinzen, wo dieses Geschäft nicht etwa, vermöge besonderer Landesverfassungen, Städtischen Kollegien anvertraut ist;

III. die Verwaltung des gerichtlichen und vormundschaftlichen Depositorii;

IV. die Besorgung der sogenannten Actuum voluntariae jurisdictionis.

Ueber die Angelegenheiten der drei ersten Klassen sind die Gerichte in den ergangenen Vormundschafts-, Hypotheken- und Deposital-Ordnungen mit der nöthigen Anweisung versehen. Ueber das Verfahren aber bei den Handlungen der freiwilligen Gerichtsbarkeit sollen gegenwärtig nähere Vorschriften ertheilt werden.

Erster Titel.

Von Handlungen der freiwilligen Gerichtsbarkeit überhaupt und was dazu gehöre.

Was Handlungen der freiwilligen Gerichtsbarkeit sind.

§. 1. Zu den Handlungen der freiwilligen Gerichtsbarkeit werden hier sowohl diejenigen gerechnet, welche, ob sie gleich keine Prozesse sind, dennoch nach vorhandenen gesetzlichen Vorschriften vor Gerichten vollzogen werden müssen; als diejenigen, zu deren gerichtlicher Vollziehung die Parteien sich, mehrerer Gewissheit und Beglaubigung wegen, aus freiem Willen entschliessen.

§. 2. Einige derjenigen Handlungen, deren gerichtliche Vollziehung die Gesetze verordnen, müssen nothwendig bei dem gehörigen Richter vorgenommen werden; bei anderen steht es den Parteien frei, dieselben bei einem jeden gehörig besetzten Gerichte vorzunehmen. Endlich giebt es auch einige solche Handlungen, bei welchen die Gesetze den Parteien die Wahl lassen: ob sie dieselben gerichtlich, oder vor einem Justizkommissarius und Notarius vollziehen wollen.

Rescript vom 27. Januar 1816, betr. die Wirkung der Notariatsinstrumente über Geschäfte, welche nach dem Gesetz gerichtlich aufgenommen werden müssen.

Die Herren Justizkommissarien und Notarien zu Stendal befinden sich im Irrthume, wenn sie nach ihrer Vorstellung vom 10. d. M. glauben, daß jeder Akt der freiwilligen Gerichtsbarkeit von einem Notario gültig aufgenommen, und durch ein Notariats-Instrument zur gerichtlichen Vollziehung, mit der Wirkung, daß es ein dem Gesetze entsprechendes gerichtliches Dokument werde, reif gemacht werden könne.

Im Gegentheil verlangen mehrere Geschäfte, z. B. die Verträge der Blinden und Taubstummen, eine gerichtliche Aufnahme sub poena nullitatis (A. L. R. Thl. I. Tit. 5. §. 171.), eben dasselbe die Erbschaftskäufe (ebd. Tit. 11. §. 437.)

Die Bestellung eines Erbschatzes in Grundstücken oder Kapitalien muß gerichtlich regulirt, (ebd. Th. II. Tit. 1. §. 282.) und die Entsagung einer Ehefrau auf die Vorrechte des Eingebrachten gerichtlich erklärt werden, (ebd. §. 272. 273.)

In solchen Fällen können die Notarien zwar die Verträge und resp. Erklärungen der Parteien als Konsulenten entwerfen, und alles vorbereiten, daß das Geschäft vor Gericht desto ungestörter und sorgfältiger vor sich gehe (A. G. O. Th. III. Tit. 7. §. 47.), allein eine Notariats-Urkunde können sie nicht aufnehmen, da solche von keinem Effekt sein, und unnütze Kosten verursachen würde.

Aus dieser irrigen Ansicht der Bittsteller folgt auch das Irrige ihrer allgemeinen Reklamation, und wenn sie eben so, wie das ihnen vorgesetzte Gericht, nur gehörig und aufmerksam die actus voluntariae jurisdictionis, welche gerichtlich aufgenommen werden müssen, von denjenigen unterscheiden, die bloß gerichtlich vollzogen werden dürfen, wozu die Vorschriften der A. G. O. Thl. II. Tit. 1., und die bei jedem speciellen Fall allegirten Vorschriften des A. L. R., alle Data an die Hand geben; so wird jedes Mißverständniß vermieden werden.

Eine Deklaration des Gesetzes ist weder zulässig noch erforderlich, und der Antrag der Bittsteller, den Umfang ihres Geschäftskreises durch das Gouvernementsblatt publiciren zu lassen, unpassend, da solcher aus den publicirten Gesetzen zur Genüge hervorgeht.

Einzelne Beschwerden müssen in vorkommenden Fällen von der vorgesetzten Instanz beurtheilt und entschieden werden.

(v. K. J. Bd. 7. S. 20.)

Welche Handlungen A. nothwendig gerichtlich, und zwar I. vor dem Richter der Sache,

§. 3. Zu den Handlungen, welche nothwendig vor dem gehörigen Gerichte vollzogen werden müssen, gehören:

I. Diejenigen, welche die Veräusserung, Verpfändung oder Belastung eines Grundstücks, oder einer andern zur Eintragung in das Hypothekenbuch qualificirten unbeweglichen Sache betreffen.

In so fern

1) durch Verträge oder andere dergleichen Verhandlungen über das Eigenthum eines solchen unbeweglichen Guts verfügt werden soll, muss der Vertrag selbst, nach der Wahl der Parteien, entweder vor irgend einem besetzten Gerichte (wenn es auch nicht das ordentliche Gericht der Sache wäre), oder vor einem Justizkommissarius und Notarius aufgenommen und vollzogen werden. In allen Fällen aber müssen die Parteien dergleichen Verträge und Verhandlungen demjenigen Richter, unter des-

sen Jurisdiktion die Sache liegt, vorzeigen, und sich dazu nochmals bekennen, auch in Provinzen, wo es hergebracht ist, die förmliche Bestätigung darüber nachsuchen (A. L. R. Th. I. Tit. X. §. 6—17.) Wo über gewisse Güter und Grundstücke das Hypothekenbuch nicht von demjenigen Gerichte, unter dessen Real-Jurisdiktion sie stehen, sondern von einer andern Behörde geführt wird, geschieht die Vorlegung solcher Kontrakte oder sonstiger Verhandlungen dieser letztgedachten Behörde, welche dabei alles das, was in der Folge dem Richter in Ansehung solcher Geschäfte wird vorgeschrieben werden, ebenfalls beobachten muss. Diese Behörde muss dem eigentlichen Richter der Sache von der vorgefallenen Besitzveränderung, sobald dieselbe im Hypothekenbuche wirklich eingetragen ist, von Amts wegen Nachricht geben; und versteht es sich übrigens von selbst, dass auch solche Hypothekenbuch führende Kollegien, wenn sie auch keine eigentliche Gerichte sind, dennoch mit Subjekten, welche die erforderlichen Rechtskenntnisse besitzen, und zur Justiz gehörig verpflichtet worden, besetzt sein müssen.

Gesetz vom 23. April 1821, wonach die Verlautbarung der Verträge über die Veräußerung von Grundstücken vor dem Richter der Sache nicht mehr erforderlich ist; s. am Schlusse dieses §.

Anh. §. 412. *Kontrakte über Domainenpertinenzen, welche von den Finanzbehörden aufgenommen und bestätigt sind, bedürfen der gerichtlichen Verlautbarung nur in so fern, als der Richter gegründete Veranlassung findet, von Amts wegen dagegen Erinnerungen zu machen, und die Kontrahenten deshalb näher zu vernehmen, um künftigen Streitigkeiten und anderen nachtheiligen Folgen pflichtmässig vorzubeugen.*

Rescript vom 12. April 1806, daß es bei den von der Finanzbehörde aufgenommenen und bestätigten Verträgen über Domainenpertinenzien rücksichtlich der fiskalischen Behörde einer nochmaligen gerichtlichen Anerkennung nicht bedarf.

Es sind, wie Ihr aus copeilich anliegenden Schreiben des Südpreußischen Finanzdepartements an den Großkanzler ersehen werdet, darüber Zweifel entstanden:

ob und in wie fern Kontrakte über Domainen-Pertinenzien, wenn solche von der Finanzbehörde approbirt worden, noch bei dem betreffenden Gerichtsamte verlautbaret und von diesem bestätigt werden müssen?

Zur Behebung dieser Zweifel eröffnen Wir Euch hierdurch, daß es in Zukunft so wenig der Verlautbarung, als der Bestätigung solcher Verträge, in so fern solche sich nämlich auf die Willenserklärung des kontrahirenden Finanzkollegii beziehen, bedarf. Zwar bestimmt das A. L. R. Th. 2. Tit. 14 §. 77, daß besondere Vorrechte des Staats bei gewissen Angelegenheiten und Geschäften durch ausdrückliche Gesetze bestimmt sein müssen; allein diese Vorschrift läßt sich auf den vorliegenden Fall nicht anwenden, wo von einer, in Hinsicht des Finanz-Kollegii offenbar leeren, die Geschäfte nur verschleppenden, und Weitläuftigkeit und Kosten herbeiführenden Förmlichkeiten die Rede ist, indem die Absicht der Gesetze, welche die Bestätigung und Verlautbarung als ein Mittel zur Verstärkung der Verbindlichkeit und Sicherstellung der Gewißheit derselben vorgeschrieben haben, in Beziehung auf die erstern, nach der verfassungsmäßigen Einrichtung derselben, theils wegfällt, theils dadurch erreicht wird, daß es in Hinsicht der mit demselben kontrahirenden Privatpersonen lediglich bei den bisherigen Vorschriften sein Bewenden behält.

(N. C. C. T. XII. S. 127. Nr. 41. de 1806. und Neues Archiv Bd. 4. S. 318.)

Anh. §. 413. *Wenn Verträge wegen Veräusserung, Verpfändung oder Belastung liegender Gründe, bei dem Gericht aufgenommen worden, in dessen Gerichtsbezirke solche belegen sind, und Alles enthalten, was bei der nothwendigen Verlautbarung erfordert wird; so ist eine nochmalige gerichtliche Anerkennung und Verlautbarung des Vertrages nicht erforderlich, vielmehr genügt es, wenn am Schlusse des Protokolls bei dem Vermerk der erfolgten Vorlesung und Genehmigung desselben hinzugefügt wird, dass dadurch zugleich die Verlautbarung bewirkt werde.*

Anh. §. 414. *Auch die von Kommissarien des Realrichters mit der obigen Maassgabe aufgenommenen Kontrakte sind für verlautbart zu achten.*

Die Verlautbarung vor dem Richter der Sache ist überhaupt nicht mehr erforderlich; s. Gesetz vom 23. April 1821. am Schlusse dieses §.

2) Von anderen Verträgen über Immobilien bedürfen nothwendig einer Vollziehung und Verlautbarung vor dem Richter der Sache:

a. Verträge über die Verjährung (A. L. R. Thl. I. Tit. IX. §. 566.)

Diese Vorschrift ist durch das Gesetz vom 23. April 1821 nicht aufgehoben.

b. Die Austhuung eines Grundstücks in Erbzins oder Erbpacht (A. L. R. Thl. I. Tit. XVIII. §. 691. u. f.)

Die Verlautbarung ist nicht mehr erforderlich; s. Gesetz vom 23. April 1821 am Schlusse dieses §.

c. Die Bestellung eines nutzbaren Pfandrechts auf ein Grundstück (A. L. R. Thl. I. Tit. XX. §. 227. u. f.)

Die Gültigkeit dieser Verträge ist noch von der gerichtlichen Bestätigung abhängig, der Verlautbarung derselben, Behufs der Eintragung in die Hypothekenbücher, bedarf es aber nicht mehr; s. Gesetz vom 23. April 1821. am Schlusse dieses §.

Was hingegen

3) alle anderen Verträge und Verhandlungen über Immobilien betrifft, wodurch eine unbewegliche Sache mit einer Hypothek, einer Dienstbarkeit oder einer andern bleibenden Reallast belegt werden soll; so können dieselben zwar auch aussergerichtlich vorgenommen, sie müssen aber, wenn sie die Eigenschaft eines dinglichen Rechts wirklich begründen sollen, der das Hypothekenbuch führenden Behörde angezeigt und in das Hypothekenbuch wirklich eingetragen werden. (A. L. R. Th. I. Tit. XX. §§. 8—10. §. 411. u. f. Tit. XXI. §. 18—24. Allg. Hypothenordnung.)

Uebrigens versteht es sich von selbst, dass, wenn dergleichen eine unbewegliche Sache betreffende Handlungen, bei Gelegenheit eines andern Hauptgeschäfts, und als ein Theil desselben vorkommen, z. B. wenn bei Gelegenheit einer Erbsonderung über die zum Nachlasse gehörigen Grundstücke und deren Vertheilung unter die Erben, Verfügungen getroffen werden, die Natur und Eigenschaft des Hauptnegotii zwar darüber entscheide: ob dasselbe nothwendig bei dem Richter der Sache vorgenommen werden müsse. Wenn aber auch dieses nicht wäre; so muss dennoch derjenige Theil des Geschäfts, welcher das Grundstück betrifft, bei dem Richter der Sache zur Bestätigung verlautbart oder resp. zur Eintragung in das Hypothekenbuch angezeigt werden.

1) a. **Verordnung** vom 20. April 1812, betr. die Verträge über Immobilien in Westpreußen.

Wir Friedrich Wilhelm, von Gottes Gnaden König von Preußen ꝛc. ꝛc. haben auf den Bericht Unsers Staatskanzlers und Unsers Justizministers beschlossen, und verordnen hiermit, daß die, in einem Theile Unserer Provinz Westpreußen bisher zur Anwendung gebrachte Vorschrift des Preußischen Landrechts von 1721, Part. II. Lib. IV. Tit. 6. Art. 7. §. 1. und 4, wonach Verträge über das Eigenthum unbeweglicher Güter und der denselben gleich zu achtenden Rechte, so lange die Insinuation und Einschreibung bei dem Gerichtsstande der Sache nicht erfolget, oder die Erfüllung von beiden Theilen nicht geschehen ist, für unkräftig und nichtig erkläret sind, vom Tage der Publikation dieser Verordnung an, als abweichend von der in Unsern Staaten allgemein bestehenden Gesetzgebung, gänzlich aufgehoben und abgeschafft sein, und künftig alle Verträge über das Eigenthum liegender Güter und der denselben gleich zu achtenden Rechte in Westpreußen nach den Bestimmungen des A. L. R. Thl. I. Tit. 10. §. 15. 16. 17 und der A. G. O. Thl. 2. Tit. 1. §. 3. beurtheilt werden sollen.
(G. S. S. 39.)

b. **Deklaration** vom 20. November 1812, betr. die Bestimmung des Kulmischen Rechts wegen Verkauf's liegender Gründe.

Wir Friedrich Wilhelm, von Gottes Gnaden König von Preußen ꝛc. ꝛc. finden Uns veranlaßt, die Vorschrift des noch in einem Theil Unserer Staaten geltenden Kulmischen Rechts im vierten Buch, fünften Theil, und dessen siebenten Kapitel, wo es heißt:

alle Häuser, Erbe und liegende Gründe sollen vor den ordentlichen Gerichten, in welchen sie gelegen, verkauft und verlangt werden und ohne das kein Kauf kräftig sein,

zur Vermeidung aller Mißverständnisse und Streitigkeiten, wie hiermit geschieht, dahin zu deklariren und zu verordnen, daß die unterlassene Beobachtung der hier vorgeschriebenen Form keinesweges die Nichtigkeit des Geschäfts nach sich ziehen, sondern vielmehr ein jeder Kontrahent, nach den Bestimmungen des A. L. R. Th. I. Tit. 10. §. 15. 16. 17. und der A. G. O. Th. II. Tit. 1. §. 3. befugt sein soll, aus einem, auch vor andern Gerichten, oder vor einem Justizkommissario und Notario aufgenommenen Vertrage über das Eigenthum liegender Güter, oder der denselben gleich zu achtenden Rechte, auf Erfüllung — und selbst aus einem schriftlichen Privatvertrage — auf die Errichtung eines förmlichen gerichtlichen Instruments zu klagen.
(G. S. S. 195.)

2) a. **Gesetz** vom 23. April 1821, wegen Aufhebung der Verlautbarung der Verträge über unbewegliche Güter.

Um die Eintragung ins Hypothekenbuch aus Verträgen über die Veräußerung des Eigenthums, Austhuung in Erbzins oder Erbpacht, und über die Bestellung eines nutzbaren Pfandrechts von Förmlichkeiten zu befreien, welche, ohne daß sie mit der Rechtsbeständigkeit der Verträge, noch mit dem Wesen der Hypotheken-Verfassung im Zusammenhange stehen, den Betheiligten, außer dem Aufwande unnöthiger Kosten, oft auch noch durch den mit ihrer Beobachtung verbundenen Zeitverlust empfindlichen Nachtheil bringen, verordnen Wir für diejenigen Provinzen Unserer Monarchie, wo das A. L. R., die A. G. O. und die H. O. Gesetzkraft haben, nach eingeholtem Gutachten Unsers Staatsraths, wie folget:

§. 1. Verträge über die Veräußerung des Eigenthums, und über die Austhuung in Erbzins oder Erbpacht, wenn sie an sich mit rechtsbeständiger und verbindlicher Wirkung geschlossen worden, sollen fortan, sofern auch nur die Beglaubigung der Unterschriften unter selbigen vor einem inländischen Gerichte oder einem inländischen Notar erfolgt ist, weder einer nochmaligen Vollziehung, oder einer wiederholten Bekennung zu ihrem Inhalte vor dem Richter der Sache (Verlautbarung) bedürfen, um daraus das Gesuch um Eintragung zu begründen.

§. 2. Nicht minder soll die gerichtliche Bestätigung, welche, ohne für die Gültigkeit des Vertrags erforderlich zu sein, nach der Verfassung einzelner Provinzen der Eintragung bisher hat vorhergehen müssen, wegfallen.

§. 3. Die Eintragung aus einem solchen Vertrage (§. 1.) kann geschehen, wenn auch nur einer von beiden Theilen darum nachsucht.

§. 4. Die Gültigkeit der Verträge, wodurch ein nutzbares Pfandrecht bestellt wird, ist auch fernerhin von der gerichtlichen Bestätigung abhängig (A. L. R. Th. I. Tit. 20. §. 227. 233. 234.) Der Verlautbarung derselben, behufs der Eintragung in die Hypothekenbücher, bedarf es aber nicht mehr.

§. 5. Es werden hiernach die Vorschriften §. 3. Th. II. Tit. I. der A. G. O., §. 425 des Anhangs zu derselben und §. 64. Tit. II. der Hypothekenordnung abgeändert.

§. 6. Die Hypothekenbehörde bleibt aber nach wie vor verpflichtet, die ihr zur Eintragung vorgelegten Verträge sowohl nach ihrer Form als Inhalt zu prüfen, und das §§. 11—18. Tit. II. der Hypothekenordnung vorgeschriebene Verfahren zu beobachten.

(G. S. S. 43.)

b. **Rescript** vom 13. Juli 1821, betr. die Konfirmation der Verträge nach dem Gesetz vom 23. April 1821.

Der §. 2. des Gesetzes vom 23. April d. J., wegen Aufhebung der Verlautbarung, bezeichnet die gerichtliche Bestätigung von Verträgen, welche wegfallen soll, genau; und aus dem §. 5. ist zu entnehmen, daß es die Vorschrift der A. G. O. Thl. II. Tit. I. §. 3. l. 1. ist, die durch diese Bestimmung abgeändert worden. Außer der im §. 4. beiläufig erwähnten gerichtlichen Bestätigung der Verträge, wodurch ein nutzbares Pfandrecht bestellt wird, enthält das Gesetz keine Bestimmung über Bestätigungen, und es wird auf keines der über die gerichtlichen Bestätigungen vorhandenen Gesetze weiter Bezug genommen. Hieraus folgt von selbst, daß, mit Ausnahme der Vorschrift a. a. O. der A. G. O., es bei dem über diesen Gegenstand vorhandenen Vorschriften lediglich sein Verbleiben hat, und diese mit gehöriger Unterscheidung der in erwähnten Vorschriften vorausgesetzten verschiedenen Fälle, auch in der Folge in Anwendung kommen müssen.

Indem dieses dem Königl. Oberlandesgericht auf den unter dem 14. Mai d. J. erstatteten Bericht zum Bescheid ertheilt wird, nimmt der Justizminister zugleich von der in diesem Bericht enthaltenen Auseinandersetzung der von einem Theile des Kollegii angenommenen zweiten Meinung, Veranlassung, zu bemerken, daß das Kollegium sich bei Anwendung der Bestimmung der §§. 1. und 3. des Gesetzes vom 23. April d. J. lediglich an die wörtliche Bestimmung dieser Paragraphen zu halten hat.

(v. K. Jahrb. Bd. 18. S. 7.)

c. **Rescript** vom 22. August 1823, daß auf Verträge, welche nothwendig gerichtlich aufgenommen werden müssen, das Gesetz vom 23. April 1821 keine Anwendung leidet.

Unter Remission der mit Ihrer Anfrage vom 11. d. M. eingereichten Verfügung des Oberlandesgerichts zu Hamm vom 17. Juni d. J. wird Ihnen zum Bescheid ertheilt, daß die Verordnung vom 23. April 1821 auf solche Verträge sich nicht bezieht, welche nach den für selbige gegebenen speziellen Gesetzen einer gerichtlichen Aufnahme bedürfen. Der Justizminister pflichtet daher der Ansicht des Oberlandesgerichts zu Hamm vollkommen bei.

(v. K. Jahrb. 22. S. 76.)

d. **Rescript** vom 1. Febr. 1830, betr. die Abschaffung des Civil-Verreichs bei Erwerbung von Grundstücken in Schlesien.

Dem Königl. Stadtgericht wird auf den Bericht vom 18. Dezbr. v. J.,
betreffend die Abschaffung des Civil-Verreichs bei Erwerbung von Grundstücken,
eröffnet, daß, wenn gleich die Hypothekenordnung Tit. 2. §. 63. es in Ansehung der Auflassung des Eigenthums bei den in jeder Provinz bisher bestehenden Gesetzen und Verfassungen belassen wissen will, doch seitdem das Gesetz vom 23. April 1821 die gerichtliche Verlautbarung und Konfirmation der Kaufkontrakte für unnütz erklärt hat, und der Verreich bei den, von den General-Kommissionen ressortirenden Auseinandersetzungen durch die Verfügung vom 27. November 1826 für unnöthig erachtet ist, kein Grund ist, ihn da beizubehalten, wo derselbe keine rechtlichen Wirkungen hat, und nur eine Kostenbelastung für die Parteien herbeiführt.

Der Justizminister findet daher die fernere Abhaltung der Termine zur Auflassung und zum Verreich des Eigenthums bei Erwerbung von Grundstücken nicht mehr nöthig, und billigt die Verfügung des Königl. Oberlandesgerichts zu Breslau: daß Termine dieser Art künftig nicht mehr anzusetzen seien.

(v. K. Jahrb. Bd. 35. S. 125.)

e. **Rescript** vom 28. Juni 1830, betr. die Anwendung des Gesetzes vom 23. April 1821 im Departement von Arnsberg.

Aus dem Berichte des Herrn Hofgerichts-Direktors N. vom 30. April c. habe ich ersehen, wie das Königl. Hofgericht der Meinung ist:

daß das Gesetz vom 23. April 1821 wegen Aufhebung der Verlautbarung und Bestätigung der Verträge über unbewegliche Güter im Hofgerichts-Departement nicht Anwendung findet.

Diese Voraussetzung ist jedoch nicht richtig. Es ist zwar im Eingange des gedachten Gesetzes die Verordnung nur für diejenigen Provinzen ertheilt, wo das A. L. R., die A. G. O. und die Hypoth.-Ordn. Gesetzkraft haben: allein es ist zur damaligen Zeit keine Provinz vorhanden gewesen, in welcher neben dem A. L. R. und der A. G. O. nicht auch die Hypoth.-Ordn. Gesetzkraft gehabt hätte.

Durch das Patent vom 21. Juni 1825 sind in das Herzogthum Westphalen, das Fürstenthum Siegen mit den Aemtern Burlach und Neuenkirchen und die Grafschaften Wittgenstein das A. L. R. und die A. G. O. nebst allen dieselben abändernden, ergänzenden und erläuternden Bestimmungen eingeführt, und es ist daher auch die Abänderung derjenigen Vorschriften jener Gesetzbücher, welche durch die Verordnung vom 23. April 1821 erfolgt ist, dort zur Gesetzkraft gelangt, wenn auch die Hypotheken-Ordnung nicht eingeführt ist, indem die Modifikation der Vorschriften der A. G. O. und des A. L. R. für sich selbst bestehend ist. Es ist dort um so weniger Anlaß, die Verlautbarung und Bestätigung der in dem Gesetz vom 23. April 1821 bezeichneten Verträge für fortbestehend zu erachten, als nach dem Patente vom 21. Juni 1825 kein Besitzer von Grundstücken von Amts wegen angehalten werden soll, sein Eigenthum nachzuweisen, und auch bei der Anmeldung von Hypotheken- und Realrechten, bei Prüfung der Gültigkeit und Rechtsbeständigkeit des Titels, der Nachweis des Eigenthums an dem Grundstück von Seiten desjenigen, von welchem der Titel hergeleitet wird, amtlich nicht erfordert wird. Das Königl. Hofgericht hat also hiernach nicht nur zu verfahren, sondern auch die Untergerichte in diesem Sinne nachzuweisen.

(v. K. Jahrb. Bd. 36. S. 128.)

f. **Rescript** vom 27. Septbr. 1833, 3. Oktbr. 1834 und 10. April 1835, daß Verträge über die Veräußerung von Grundstücken, in denen ein Altentheil vorbehalten wird, gerichtlich abgeschlossen werden müssen; s. zu §. 6. Nr. 3. dieses Titels.

Anh. §. 415. *Sind Urkunden von Behörden, deren Beamten zwar keine gerichtliche, aber doch öffentliche Glaubwürdigkeit gebührt, ausgestellt und besiegelt worden; so bedarf es der gerichtlichen Beglaubigung der Unterschrift einer solchen öffentlichen Behörde zum Behuf der Eintragung ihrer Erklärungen in das Hypothekenbuch nicht.*

1) **Rescript** vom 9. August 1802, betr. die Qualifikation der von öffentlichen, nicht gerichtlichen, Behörden ausgestellten Urkunden Behufs der Eintragung in das Hypothekenbuch.

Auf Eure allerunterthänigste Anfrage vom 5. Juli d. J.
ob Urkunden, die von einer Behörde, deren Beamten unstreitig öffentliche Glaubwürdigkeit, jedoch keine gerichtliche gebühret, ausgestellt, aber nicht gerichtlich vollzogen oder beglaubigt sind, sich zur Eintragung ins Hypothekenbuch qualificiren? —
ertheilen Wir Euch zur Resolution, daß, da dergleichen Behörden, nach dem Rescripte vom 28. Septbr. 1795 durch ihre alleinige Unterschrift und Besiegelung eben so glaubwürdige Vollmachten ausstellen können, als wenn dieselben gerichtlich attestiret worden, Wir Euren gutachtlichen Vorschlag dahin genehmigen: daß es in solchen Fällen der gerichtlichen Beglaubigung der Unterschrift einer solchen öffentlichen Behörde zum Behuf der Eintragung ihrer Erklärungen ins Hypothekenbuch nicht bedürfe.
(Neues Archiv Bd. 2. S. 453)

2) **Rescript** vom 7. Novbr. 1834, betr. die Glaubwürdigkeit der von nicht gerichtlichen Behörden, namentlich von dem Presbyterium einer Kirche und von Magisträten ausgestellten Urkunden; s. zu I. 10. §. 127.

§. 4. Wenn zwischen Gutsherrschaften und Unterthanen neue Dienstregister und Urbarien errichtet worden sind; so müssen dieselben demjenigen Gerichte, unter dessen Jurisdiktion das adliche Gut gehört, zur Prüfung und Bestätigung eingereicht werden. (A. L. R. Thl. II. Tit. VII. **§. 141.** u. f.)

II. vor Seegerichten,

§. 5. II. Handlungen, wodurch über das Eigenthum eines Seeschiffes verfügt oder dasselbe verpfändet werden soll, gehören, wenn sie an Orten vorkommen, wo Seegerichte sind, vor diese; an anderen Orten aber können sie vor einem jeden Gerichte oder auch vor einem Justizkommissarius und Notarius vollzogen werden. Vor die Seegerichte gehört auch die Ausfertigung der Beylbriefe, der Certificate, Seeproteste und anderer Schiffsurkunden. (A. L. R. Thl. I. Tit. XX. **§. 300.** u. f. Thl. II. Tit. VIII. **§. 1392.** u. f. **§. 2408.**)

1) **Rescript** vom 7. Januar 1815, betr. die Behörde zur Ausfertigung der Beylbriefe in der Provinz Pommern

Das Königl. Oberlandesgericht empfängt hierbei abschriftlich ein Schreiben des Herrn Finanzministers vom 20. v. M. um daraus zu ersehen, daß die Ausfertigung der Schiffsbeylbriefe für die Provinz Pommern, welche bisher das dortige Licentamt besorgt hat, für die Zukunft dem mit dem dortigen Stadtgericht verbundenen Seegerichte überlassen worden ist. Hiernach hat das Königl. Oberlandesgericht die erforderliche Bekanntmachung an das erwähnte Stadtgericht zu erlassen.
(v. K. Jahrb. Bd. 5. S. 7.)

2) **Rescript** vom 28. Aug. 1834, betr. die Befugniß der englischen Consuls zur Aufnahme von Seeprotesten.

Dem Königl. Kommerz- und Admiralitäts-Kollegium wird in Bezug auf die in dessen Bericht vom 27. Mai d. J. begutachtete Frage:
in wiefern den englischen Konsuls in Fällen, wo es nur auf das Interesse englischer Unterthanen ankommt, die Aufnahme von Seeprotesten zu gestatten ist?
von dem Justizminister, im Einverständnisse mit den Königl. Ministerien für die Gesetzrevision, so wie der Finanzen und der auswärtigen Angelegenheiten Nachstehendes hierdurch eröffnet.
Es unterliegt keinem Bedenken, daß nach den Grundsätzen des Völkerrechts diejenigen Rechte, welche den in England angestellten Preuß. Konsuls diesseits ver-

liehen und ihnen von der englischen Regierung zugestanden worden sind, auch den in Preußen fungirenden englischen Konsuls von preußischer Seite bewilligt werden müssen. Von diesem Gesichtspunkte ausgegangen, kommt es lediglich auf die Untersuchung der Frage an: „welche Befugnisse in Betreff der Seeproteste den Preußischen Konsuls nach den für sie gegebenen speziellen Verordnungen zustehen."

Das Konsulats-Reglement vom 18. Septbr. 1796 hat in dieser Beziehung ausdrücklich festgesetzt:

1) Bei Havarie oder kleineren Seeschäden soll der Konsul die am Schiffe vorgefallenen Schäden und die zum Besten der Reise, des Schiffs und der Ladung verwendeten Kosten verifiziren. Insbesondere soll er hierzu bei kleinen oder ordentlichen und bei partikulären Havarien verpflichtet sein, insofern bei diesen der Schade nicht ins Große geht.

2) Was aber große gemeinschaftliche oder außerordentliche Havarien betrifft, so gilt für diese, so wie für Strandungen, bei welchen ein Schiff verunglückt, dasjenige, was bereits in der Assekuranz-Ordnung vom 18. Februar 1766 dahin festgesetzt ist, „daß die von Schiffen erlittenen Schäden am Orte, wo das Unglück sich zugetragen, von kunsterfahrenen Taxatoren oder in deren Ermangelung von glaubhaften Männern gewürdigt werden, diese aber ihre Taxe vor der Ortsobrigkeit oder vor Notar und Zeugen oder auch vor dem Konsul beschwören, daß geborgene Waaren ebenmäßig von einer der nämlichen Behörden taxirt werden, und daß die Schiffer nach einem unterwegs in einem Nothfalle zur Rettung des Schiffes gethanen Seewurf dem Konsul den Schaden und den Betrag der geworfenen Güter nebst der ganzen Bewandniß des Nothfalls genau und umständlich angeben sollen."

Nach diesen Bestimmungen erscheint es nicht zweifelhaft, daß den Preußischen Konsuls das Recht zusteht, Seeprostete und damit verknüpfte Taxen aufzunehmen, und zwar ohne Rücksicht darauf, ob an ihren Residenzorten Seegerichte vorhanden sind oder nicht.

Allein in Ansehung des Strandungsfalles wird im §. 3. sub A. des Konsulatsreglements noch besonders disponirt:

> „derselbe (der Konsul) hat auch dafür zu sorgen, daß von der dortigen Obrigkeit, oder, Falls sich dieselbe etwa damit nicht befassen sollte, von ihm selbst, nicht allein dem Schiffer und dem Schiffsvolk eine solenne Erklärung oder Deposition von allen und jeden Umständen des Unglücksfalles abgenommen, und solche gebührend protokollirt, sondern auch über Alles, was geborgen ist, ein genau richtiges Inventarium aufgenommen werde."

Aus den Worten: von der Obrigkeit, oder, Falls sich dieselbe damit nicht befassen sollte, von ihm selbst, könnte man zwar die Folgerung ziehen, daß die Befugniß der Konsuls zur Aufnahme von Seeprotesten und den damit zusammenhängenden Akten nur dann eintrete, wenn Seegerichte nicht vorhanden sind, und daß daher die allegirten Vorschriften des A. L. R., so wie des Konsulats-Reglements überhaupt die Seegerichte als die zur Aufnahme der in Rede stehenden Verhandlungen eigentlich ausschließlich kompetente Behörde konstituirten, und die Konsuls nur event. an deren Stelle setzten.

Allein abgesehen davon, daß diese Auslegung dem deutlichen Wortsinn jener Allegate nicht entsprechen würde, so ist auch zu erwägen, daß das Konsulats-Reglement nicht sowohl die Befugnisse, als die Verpflichtungen der Konsuls hat festsetzen wollen.

Es folgt daher aus den Worten:

> der Konsul soll dafür sorgen, daß von der Ortsobrigkeit oder, Falls dieselbe sich nicht damit zu befassen pflegt, von ihm selbst, eine solenne Deposition der Schiffsleute aufgenommen werde,

nichts weiter, als daß der Konsul nicht absolut, sondern nur in Ermangelung von Seegerichten verpflichtet sei, eine Erklärung der Schiffsmannschaft über den Strandungsfall aufzunehmen. Eine solche bedingte Verpflichtung der Konsuls zur Aufnahme der in Rede stehenden Akte schließt nicht aus, daß die Befugniß hierzu unbedingt sei; sie modifizirt diese Befugniß nur insofern, als demzufolge der Konsul die Schiffer, welche sich an die Seegerichte wenden wollen, nicht nöthigen kann, die Erklärung über die Umstände der Strandung vor ihm abzugeben.

Hierzu kommt nun noch, daß das A. L. R. hinsichtlich der Assekuranz- und Havariegesetze fast gänzlich der Havarieordnung vom 18. Febr. 1766 gefolgt ist, wie sich dies theils aus dem Entwurf zum A. L. R. Th. I. Abth. II. Tit. III. Abschn. 9. S. 208. ergiebt, theils auch schon daraus hervorgeht, daß sehr viele (insbesondere aber die hier einschlagenden) Bestimmungen der Havarieordnung fast wörtlich in das A. L. R. übergegangen sind (cfr. §§. 197. 231. folg. H. O.). Daß aber auch das Konsulats-Reglement in Ansehung der Havarieen von den Dispositionen der Havarieordnung nicht hat abweichen wollen, ist um deswillen unzweifelhaft, weil dasselbe ausdrücklich sagt, daß in Betreff der großen gemeinschaftlichen oder außerordentlichen Havarie die Vorschriften der Havarieordnung gelten sollten. Die Letzteren stimmen nun mit den Dispositionen des A. L. R., wie erwähnt, vollkommen überein, und beschränken insbesondere die Befugniß der Konsuls zur Aufnahme von Seeprotesten nicht auf den Fall, daß keine Seegerichte zugänglich sein sollten.

Wenn aber hiernach anzunehmen ist, daß den Preußischen Konsuls im Auslande und also auch in England ein unbedingtes Recht zusteht, Seeproteste Preußischer Schiffer aufzunehmen, so kann auch nach dem oben aufgestellten Grundsatze des Völkerrechts den Englischen Konsuls in Preußen eine gleiche Befugniß in Ansehung Englischer Schiffe nicht versagt werden.

In Gemäßheit vorstehender Entwickelung ist von dem Herrn Minister der auswärtigen Angelegenheiten unterm 23. d. M. eine Note an den Königl. Großbritanischen Gesandten hierselbst erlassen, und darin namentlich auf die Folgerungen näher hingewiesen worden, welche sich daraus ergeben, daß das qu. Recht der Englischen Konsuls zur Aufnahme gültiger Seeproteste, wie schon in der obigen Frage selbst angedeutet ist, auf diejenigen Fälle beschränkt bleiben muß, in welchen der Seeprotest von dem Kapitain eines Englischen Schiffes eingelegt wird und nur Englische Unterthanen dabei betheiligt sind.

(v. K. Jahrb. Bd. 44. S. 75.)

III. vor dem ordentlichen persönlichen Richter,

§. 6. III. Vor dem ordentlichen persönlichen Richter müssen vollzogen werden

1) die Verträge, wodurch die Gütergemeinschaft unter Eheleuten an Orten, wo sie nach den Gesetzen nicht statt findet, eingeführt, oder da, wo sie statt findet, ausgeschlossen werden soll. (A. L. R. Thl. II. Tit. I. §. 356—359. §. 422—426.)

Anh. §. 416. ***Die Bestätigung der Verträge, wodurch die Gütergemeinschaft unter Eheleuten eingeführt oder ausgeschlossen werden soll, gehört vor den Richter des Orts, wo die Verlobten nach geschlossener Ehe ihren Wohnsitz nehmen, und im Zweifel vor den persönlichen Richter des Bräutigams.***

1) a. **Rescript** vom 20. Juli 1795, betr. das Forum der Verträge über die Einführung oder Ausschließung der ehelichen Gütergemeinschaft (N. C. C. T. IX. S. 2589), aufgeh. in §. 416. des Anh.; abgeändert durch das nachfolgende Gesetz vom 20. März 1837.

b. **Rescript** vom 10. April 1835, daß Notarien zur Aufnahme der Verträge über Einführung oder Ausschließung der Gütergemeinschaft nicht befugt seien (v. K. Jahrb. Bd. 45. S. 112.); erledigt durch:

2) **Gesetz** vom 20. März 1837, betr. die Errichtung und Bekanntmachung der Verträge wegen Einführung und Ausschließung der ehelichen Gütergemeinschaft.

Wir Friedrich Wilhelm, von Gottes Gnaden König von Preußen rc. verordnen zur Beseitigung der Zweifel, welche über die Auslegung der §§. 412. 422. 354. und 356., Tit. I. Thl. II. §§. 57. und 59., Tit. 17. Thl. II. des A. L. R. §. 76. des Anh. zum A. L. R., §. 6. Nr. I. Tit. I. Thl. II. der A. G. O. §. 416. des Anhangs zu derselben, entstanden sind, auf den Antrag Unsers Staatsministeriums und nach erfordertem Gutachten Unsers Staatsraths, wie folgt:

§. 1.

Verträge über die Einführung oder Ausschließung der Gemeinschaft der Güter oder des Erwerbs müssen, so weit als sie nach den Gesetzen nur vor der Heirath errichtet werden können, zur Gültigkeit der Handlung vor der Schließung der Ehe gerichtlich aufgenommen, oder ihrem Inhalte nach, gerichtlich anerkannt werden.

§. 2.

Die Aufnahme oder Anerkennung kann vor jedem inländischen Richter erfolgen. In den Landestheilen, in welchen die Aufnahme der Handlungen der freiwilligen Gerichtsbarkeit nur von Notarien geschieht, genügt die Aufnahme oder Anerkennung vor diesen.

§. 3.

Einer besonderen gerichtlichen Verlautbarung bedarf es eben so wenig, als einer gerichtlichen Bestätigung.

§. 4.

Jeder Vertrag dieser Art (§. 1.) erlangt für die Eheleute mit der Schließung der Ehe seine volle Wirksamkeit; in Ansehung eines Dritten aber, in sofern es sich von der Ausschließung der Gütergemeinschaft handelt, erst nach erfolgter öffentlicher Bekanntmachung. Wird jedoch bei dem Richter des Bezirks, innerhalb dessen die Eheleute nach geschlossener Ehe ihren ersten Wohnsitz nehmen, binnen vier Wochen von Schließung der Ehe an gerechnet, auf die öffentliche Bekanntmachung angetragen und erfolgt dieselbe innerhalb fernerer vier Wochen in der bereits gesetzlich vorgeschriebenen Art; so tritt auch hinsichtlich dritter Personen die Wirkung ein, daß die Gemeinschaft der Güter oder des Erwerbs vom Anfang der Ehe an ausgeschlossen bleibt.

§. 5.

Verträge über die Einführung der Gütergemeinschaft bedürfen keiner Bekanntmachung.

(G. S. S. 63.)

2) Die Errichtung von Familienstiftungen und beständigen Fideikommissen; jedoch mit Vorbehalt der Verlautbarung dieser letzteren, in sofern sie Grundstücke betreffen, vor dem Richter der Sache, in sofern derselbe von dem persönlichen Richter verschieden ist. Liegen die zum Fideikommisse gewidmeten Sachen unter verschiedenen Gerichtsbarkeiten; so muss die Verlautbarung bei einer jeden derselben erfolgen. (Ebend. Tit. IV. §. 29—33. §. 62—71.)

Die Verlautbarung vor dem Richter des Grundstücks ist nicht mehr erforderlich; s. Gesetz vom 23. April 1821 zu §. 3. h. t.

3) Die Aussetzung eines Altentheils oder Auszugs. (Thl. I. Tit. IX. §. 602—605.)

1) **Rescript** vom 27. Septbr. 1833 und 3. Oktbr. 1834, daß Verträge über die Veräußerung bäuerlicher Grundstücke, in denen ein Altentheil vorbehalten wird, gerichtlich abgeschlossen werden müssen.

In dem abschriftlich anliegenden, in der Beschwerdesache des Justizkommissarius und Notarius L. in St. erstatteten Berichte vom 30. Juli d. J. ist das Land- und Stadtgericht zu Stendal der Ansicht:

daß Notarien nicht befugt seien, Uebergabeverträge, in welchen sich der Uebergeber einen Auszug oder Altentheil reservirt hat, aufzunehmen.

Dieser Ansicht muß der Justizminister beitreten; denn es können Notarien den Parteien, welche sich deshalb an sie wenden, zwar Entwürfe zu Altentheilsverträgen machen, aber es kann nicht gestattet werden, daß sie diese Entwürfe von den Parteien durch Unterschrift vollziehen lassen und einen solchen Akt beglaubigen, der bei rechtsunkundigen Parteien die Vermuthung bereits erlangter völliger Gültigkeit erregen könnte.

Der §. 61. Tit. 7. Th. III. der A. G. O. handelt lediglich von solchen Verträgen oder einseitigen Erklärungen, welche zu ihrer Gültigkeit die gerichtliche Aufnahme nicht erfordern.

Es ist daher der Justizkommissarius und Notarius L. anzuweisen, für die Folge sich der Aufnahme der Verträge, in welchen ein Altentheil vorbehalten worden, so wie aller derjenigen, welche nothwendig gerichtlich vollzogen werden müssen, zu enthalten; auch hat das Königl. Oberlandesgericht, unter der Voraussetzung, daß die beiden von dem rc. L. in den Hypothekensachen des Ackermanns B. zu St. und des Kossäthen B. zu U. aufgenommenen Verträge, welche zu der gegenwärtigen Beschwerde des Land- und Stadtgerichts zu Stendal Veranlassung gegeben haben, zu jener Klasse von Verträgen gehören, die Verfügungen vom 12. März und 29. Mai d. J. zurückzunehmen.

Das Land- und Stadtgericht zu Stendal ist von dieser Anweisung in Kenntniß gesetzt worden.

Berlin, den 27. Septbr. 1833.

(v. K. Jahrb. Bd. 43. S. 103.)

Dem Königl. Oberlandesgericht werden die sämmtlichen Anlagen des unter dem 26. August d. J. erstatteten Berichts, betreffend

die notarielle Aufnahme von Kaufverträgen über bäuerliche Grundstücke mit Aussetzung eines Altentheils,

beigehend mit der Anweisung zurückgesandt, das Land- und Stadtgericht in Landsberg, den Justizkommissionsrath B., und den Justizkommissarius R. daselbst dahin zu bescheiden:

daß alle Verträge wegen Veräußerung bäuerlicher Grundstücke, worin ein Ausgedinge stipulirt wird, gerichtlich abgeschlossen werden müssen.

Die bestimmte Fassung der §§. 602. u. ff. Tit. 11. Thl. I. des A. L. R. läßt hierüber keinen Zweifel.

Zu den „Rustikalstellen," welche der §. 602. cit. erwähnt, gehören bäuerliche Grundstücke jeder Art.

Das Gesetz unterscheidet nicht, ob diese Grundstücke im freien Eigenthume des Besitzers sich befinden, oder nicht; durch das Edikt wegen Regulirung der gutsherrlichen und bäuerlichen Verhältnisse vom 14. Septbr. 1811 ist keine Aenderung eingetreten, und eben so wenig sind die Bestimmungen der §§. 603 und 604. a. a. O. durch ein anderes neueres Gesetz aufgehoben worden.

Das Königl. Oberlandesgericht hat sich hiernach zu achten, und darauf zu halten, daß diese Grundsätze von den Gerichten und Notarien seines Bezirks sorgfältig beobachtet werden.

Bloß darüber könnte ein Bedenken entstehen, ob es noch gegenwärtig zweckmäßig sei, jene Vorschriften über den Altentheil fortbestehen zu lassen, eventuell, ob ein dringendes Bedürfniß, schon jetzt mit deren Aufhebung vorzuschreiten, eintrete; oder ob eine Abänderung nur in der Verbindung mit der Revision anderer im genauen Zusammenhange stehender Materien zu treffen sein möchte?

Hierüber ist in Veranlassung eines Berichts des Königl. Oberlandesgerichts zu Königsberg mit dem Königl. Ministerium des Innern für Handel und Gewerbe im vorigen Jahre kommunizirt worden.

Dasselbe hat sich indeß in Absicht der Auslegung und fortdauernden Gültigkeit der §§. 603—605. a. a. O. mit den vorher aufgestellten Grundsätzen ganz einverstanden erklärt, und ist der Meinung, daß der Beschluß:

ob diese Vorschriften aufzuheben seien?

zweckmäßig nur zugleich mit dem über die Verschuldung der Bauerhöfe zu treffenden Beschlüssen erfolgen könne, ein Bedürfniß zur schleunigen Abänderung jener gesetzlichen Bestimmungen über den Altentheil aber nicht vorhanden sei.

Berlin, den 3. Oktbr. 1834.

(v. K. Jahrb. Bd. 44. S. 343.)

2) **Reseript** vom 10. April 1835 ad 1. betr. die Nichtbefugniß der Notarien zur Aufnahme der Verträge über die Aussetzung eines Altentheils.

Dem Königl. Oberlandesgericht wird in Veranlassung des abschriftlich anliegenden Berichts des Land- und Stadtgerichts zu Memel vom 3. v. M. Folgendes eröffnet:

1) Was den ersten der beiden Verträge betrifft, auf welche die Anfrage des Land- und Stadtgerichts sich bezieht, den D.schen vom $\frac{1}{2}\frac{5}{2}$ Septbr. 1834.,

worin die Mühlenbesitzer D.schen Eheleute ihrer Tochter unter Stipulation eines Leibgedinges das Eigenthum des ihnen zugehörigen bäuerlichen Gutes abtreten,

so ist es den Notaren unbedingt verboten, dergleichen Verträge aufzunehmen oder zu beglaubigen. Dieser Grundsatz ist vom Justizminister bereits wiederholentlich ausgesprochen, insbesondere in der, unterm 5. Mai 1828 in der P. J.schen Hypothekensache an das Land- und Stadtgericht zu Memel erlassenen, dem Kollegium abschriftlich mitgetheilten Verfügung, so wie in dem in den Jahrbüchern Bd. 43. S. 103. abgedruckten Reskript vom 27. Septbr. 1833.

Daß der Altentheil nur gelegentlich in einem Vertrage über einen andern Hauptgegenstand, bei welchem die gerichtliche Form nicht erforderlich ist, stipulirt worden, ist unerheblich. Nach der Natur des Altentheils, wie das Gesetz (§§. 602. 603. Tit. 11. Thl. I. des A. L. R.) denselben bezeichnet, ist die Aussetzung desselben sogar in der Regel nicht Hauptgegenstand eines Vertrages, sondern nur eine Nebenbestimmung. Ueberdies scheint sogar nach Inhalt des vorliegenden Kontrakts die Stipulation des Altentheils der Hauptgegenstand desselben zu sein.

Der Justizminister kann daher der Ansicht des Land- und Stadtgerichts zu Memel, daß der Justizkommissarius B. nicht befugt war, diesen Kontrakt aufzunehmen, nur beitreten. Die entgegenstehende Verfügung des Königl. Oberlandesgerichts vom 22. Januar bezieht sich zwar nicht ausdrücklich und speziell auf den bezeichneten Kontrakt, das darin ausgesprochene Prinzip ist aber dem Land- und Stadtgericht zur Nachachtung mitgetheilt und von demselben auch auf diesen Fall für anwendbar erachtet. Das Kollegium nimmt in jener Verfügung an:

das Verbot des Reskripts vom 27. Septbr. 1833 beziehe sich nur auf Geschäfte, welche ausschließlich einen der gerichtlichen Vollziehung bedürftigen Vertrag oder mehrere dergleichen enthalten, — nicht aber auf Geschäfte, die mehrere, theils gerichtlich zu vollziehende, theis nicht gerichtlich zu vollziehende Verträge in sich begreifen.

Dieser Ansicht kann der Justizminister indeß, auch abgesehen von deren Anwendbarkeit für den vorliegenden Fall, nicht beipflichten.

Der Notar darf nur solche Verträge aufnehmen, welche zu seiner Kompetenz gehören. Dies folgt aus dem oben ausgesprochenen Grundsatze, daß, wenn selbst die Stipulation des Altentheils nur als eine Nebenbestimmung einem Vertrage hinzugefügt ist, der seinem Hauptgegenstande nach die gerichtliche Abfassung nicht bedarf, dennoch der Notar sich der Aufnahme eines solchen Vertrages enthalten muß.

(v. K. Jahrb. Bd. 45. S. 412.)

4) Die Erklärung eines Vaters, wodurch sein noch minderjähriger Sohn der väterlichen Gewalt entlassen werden soll. (Th. II. Tit. II. §. 216. 217.)

Rescript vom 6. Dezbr. 1796, betr. die Kompetenz der Vormundschaftsgerichte zur Aufnahme der Erklärung über die Entlassung aus der väterlichen Gewalt; s. nach Nr. 6. dieses §.

5) Die Ertheilung der Certificate über die Wechselfähigkeit eines Menschen, der sonst nach seinem Stande und Gewerbe keine gültige Wechselverpflichtung übernehmen kann. (Thl. II. Tit. VIII. §. 731—747.)

6) Die Vergleiche über künftige Verpflegungsgelder. (Thl. I. Tit. XVI. §. 413.)

1) a. **Reskript** vom 6. Dezbr. 1796 nebst Bericht (extraktweise ad 1, 2, 3.), betr. die Kompetenz der Vormundschaftsgerichte zur Aufnahme von Akten der freiwilligen Gerichtsbarkeit, bei denen Minderjährige konkurriren.

Ew. Königliche Majestät werden mir allergnädigst zu erlauben geruhen, daß ich als Direktor der Vormundschafts-Deputation des hiesigen Magistrats hiermit verschiedene bei gedachter Vormundschaft-Deputation entstandene Bedenken vortrage, und mir hierüber allerhöchste Belehrung, zur Direktion dieser Deputation sowohl als meiner selbst, alleruntertbänigst erbitte.

1. Bei Gelegenheit der Erbregulirungen kommt öfters der Fall vor, daß Väter, Mütter oder andere Verwandte, minderjährigen Kindern, für welche, besonders bei dem Absterben des Vaters, wenn die Mutter nach erfolgter Nichterbes-Erklärung ihr Eingebrachtes zurücknimmt, nichts, oder nur wenig zu erben übrig bleibt, ein bestimmtes Quantum als Vatergut aus eigenen Mitteln aussetzen, oder das wirkliche Vater- oder Muttergut erhöhen, und auf diese Weise eine gewisse Summe schenken, mehrentheils unter der Bedingung, daß der Schenkende den Besitz und Nießbrauch bis zur Großjährigkeit oder Verheirathung des Beschenkten behält.

Dergleichen Erb- und resp. Schenkungsvertrag ist bisher vor der Vormundschafts-Deputation mit Zuziehung der bestellten Vormünder errichtet und von derselben bestätigt worden. Ich bin auch des alleruntertbänigsten Dafürhaltens, daß die Errichtung und Bestätigung eines solchen Schenkungsvertrags bei Gelegenheit einer Erbregulirung, wobei Minderjährige konkurriren, bei der mit mehrern richterlichen Personen besetzten Vormundschafts-Deputation, als dem eigentlichen vormundschaftlichen Gerichte, um so mehr fernerhin gültig geschehen könne, als nach der A. G. O. Th. II. Tit. I. §. 9. Nr. 4. Schenkungen, wenn sie die Kraft und Wirksamkeit der gerichtlichen haben sollen, vor jedem gehörig besetzten Gerichte vollzogen werden dürfen. Da indessen so wenig in dem A. L. R. Th. I. Tit. 11. §. 1063., worin die Abschließung der Schenkungsverträge ohne Unterschied vor Gericht disponirt ist, als in der oben angeführten Stelle der Gerichtsordnung ausdrücklich Erwähnung geschieht:

ob dahin auch die Obervormundschafts-Kollegia in Erbfällen, wobei Minderjährige interessiren, als sodann zur Errichtung und Bestätigung der vorkommenden Schenkungen qualifizirte Gerichte, gehören sollen?

so bleibt hierunter noch einiger Zweifel zurück, welchen Ew. Königliche Majestät durch allergnädigste Bescheidung darüber zu heben geruhen werden.

2. In dem A. L. R. Th. I. Tit. 16. §. 413. ist verordnet:

daß ein Vergleich über künftige Verpflegungsgelder nur unter Bestätigun gder ordinairen Gerichte des zu Verpflegenden geschlossen werden kann,

und in der G. O. Th. II. Tit. I. §. 6.:

daß ein solcher Vergleich vor dem ordentlichen persönlichen Richter vollzogen werden muß.

Bei der Vormundschafts-Deputation werden theils bei, theils außer den Erbverträgen häufig Vergleiche der Vormünder der unter Vormundschaft stehenden Personen mit den Müttern, Verwandten und Extrariis, auch mit den Vätern unehelicher Kinder über die künftige Verpflegung der Kuranden geschlossen und bestätigt.

Die angezogenen Gesetzstellen erregen aber nunmehr das Bedenken:

ob in den bemerkten Fällen die Vormundschafts-Deputation, wie ich aus den ad 1. angeführten Gründen vermeine, fernerhin zu dergleichen Handlungen berechtigt sei, oder ob dergleichen Actus zu den Stadtgerichten verwiesen werden müssen?

3. Ein gleiches Bedenken entsteht darüber:

ob die Entlassung eines minderjährigen Sohnes aus der väterlichen Gewalt bei dem vormundschaftlichen Gerichte oder bei den Stadtgerichten verlautbart oder bescheinigt werden müsse?

Das A. L. R. Thl. II. Tit. 2. §. 216 und 217. bestimmt ausdrücklich das vormundschaftliche Gericht zur eigentlichen Behörde. Die nachher emanirte A. G. O. Th. II. Tit. 1. §. 6. Nr. 4. erfordert aber die Vollziehung vor dem ordentlichen, persönlichen Richter, und stellt selbige unter denjenigen Handlungen mit auf, welche niemals zur Vormundschafts-Deputation gezogen werden können.

Berlin, den 6. Dezbr. 1796.

Wir lassen Euch auf Eure Anfrage vom 5. April d. J. nunmehr in Gnaden bescheiden, wie es ad 1. 2. 3. kein Bedenken habe, daß alle diese Handlungen bei der Vormundschafts-Deputation des Magistrats, so weit sie Minderjährige betreffen, gültig vollzogen werden können. Die Gesetze legen den vormundschaftlichen Kollegien die Qualität von Gerichten ausdrücklich bei: und da dergleichen Kollegien, wo sie besonders existiren, eigentlich nur Deputationen des ordentlichen persönlichen Gerichts vorstellen, denen die besondere Besorgung der die Minderjährigen und andere Pflegbefohlne betreffenden Rechte und Obliegenheiten dieses ordentlichen persönlichen Gerichts übertragen worden; so leidet es keinen Zweifel, daß dieselben auch actus voluntariae jurisdictionis wegen solcher Personen und Sachen, die den Gegenstand dieses ihres Auftrags ausmachen, eben so rechtsgültig vornehmen können, als diese Befugniß sogar den für sich bestehenden Foris specialibus causae in der A. G. O. Thl. I. Tit. 2. §. 7. beigelegt ist.

(N. C. C. T. X. S. 1911 und 1917.)

b. **Rescript** vom 28. Juli 1834, daß die Bestätigung eines Vergleichs über künftige Alimente nur dann zur Kompetenz des Vormundschaftsgerichts gehört, wenn der zu Verpflegende unter obervormundschaftlicher Aufsicht steht.

Das Land- und Stadtgericht zu Ottmachau hat in dem Berichte vom 8. d. M. um nähere Bestimmungen über die Anwendung des §. 51. des Anhangs zum A. L. R. gebeten.

In dieser Beziehung eröffnet der Justizminister dem Königl. Pupillen-Kollegium, daß, da die Vorsorge des mütterlichen Großvaters eines unehelichen Kindes für dasselbe, welche nach §. 95. des Anhangs zum A. L. R. eintritt, der Kontrolle des vormundschaftlichen Gerichts nicht unterworfen ist;

(Rescript vom 10. Novbr. 1824. — Jahrb. Bd. 24. S. 259.)

es auch der Genehmigung und Bestätigung der vormundschaftlichen Behörde zur Gültigkeit eines Vertrages über die Alimentation eines solchen unehelichen Kindes, den der mütterliche Großvater abschließt, nicht bedarf.

Es bestimmt zwar §. 51. des Anhanges zum A. L. R., zu §. 413. Tit. 16. Th. I. des A. L. R.:

„Ist der zu Verpflegende minderjährig, so erfolgt die Bestätigung des Vergleichs bei der vormundschaftlichen Behörde des zu Verpflegenden;"

indeß ist diese Vorschrift nur auf die Fälle zu beziehen, wo der zu verpflegende Minorenne unter obervormundschaftlicher Aufsicht steht. Durch jene Bestimmung hat nicht die Kompetenz der vormundschaftlichen Gerichte erweitert, sondern nur der Zweifel beseitigt werden sollen, der darüber gewesen, ob ein beim vormundschaftlichen Gerichte über die Alimentation des Kuranden abgeschlossener Vergleich von Gültigkeit sei.

Jene Bestimmung des §. 51. des Anhanges ist aus dem Rescript vom 6. Dezember 1796

(Stengels Beiträge Bd. 3. S. 193.)

entnommen, wodurch auf die Anfrage des Direktoriums des Vormundschaftsgerichts zu Berlin vom 5. April 1796 entschieden ist, daß ein Vergleich über Alimente eines Kuranden, der bei Gelegenheit der Abschließung eines Erbrezesses, oder sonst von dem vormundschaftlichen Gerichte abgeschlossen wird, von Gültigkeit sein soll. Die Bestimmung des §. 51. des Anhangs kann nur da zur Anwendung kommen, wo, wie bei den Obergerichten oder einzelnen großen Untergerichten, besondere vormundschaftliche Behörden bestehen, und die Frage entstehen konnte:

ob sie als die im §. 413. des A. L. R. bezeichneten, persönlichen Gerichte zu betrachten seien.

Mit Rücksicht auf diese Eröffnungen ist das Land- und Stadtgericht zu Ottmachau weiter zu bescheiden.

(v. K. Jahrb. Bd. 44. S. 66.)

2) **Rescript** vom 1. Februar 1833, daß Erbtheilungsverträge zu ihrer Gültigkeit nicht der Vollziehung vor dem ordentlichen persönlichen Richter bedürfen.

Die Erben des im Jahre 1810 verstorbenen Kammerdirektors v. W., denen, nach der abschriftlich beiliegenden Vorstellung des General-Majors v. B. und des Lieutenants v. K. vom 8. d. M., bereits im Jahre 1824 von dem Königl. Ober-Landesgerichte, als dem kompetenten Erbschaftsforum, das Attest über ihre Erbeslegitimation und Erbschaftsantretung ausgefertigt worden ist, und die demnächst einen unter sich geschlossenen Erbtheilungsreceß vor den Gerichten ihrer verschiedenen Wohnorte anerkannt und vollzogen haben, beschweren sich darüber, daß das Kollegium in seinen Verfügungen vom 25. Oktbr. und 6. Dezbr. v. J. sich geweigert hat, auf den Grund jenes Rezesses die nöthigen Eintragungen in den Hypothekenbüchern der zu dem gedachten Nachlaß gehörigen Güter B. und C. vorzunehmen, bevor nicht der Rezeß, in Gemäßheit des §. 56. Tit. 17. Thl. II. des A. L. R., von den Erben vor dem ordentlichen persönlichen Richter, also vor dem Kollegium, als der Nachlaßbehörde, nochmals genehmigt und anerkannt sein würde.

Der Justizminister kann diese Beschwerde nur für begründet erachten.

Zwar zählt allerdings der angeführte §. 56. Tit. 17. Th. II. A. L. R. auch die Erbsonderungen zu denjenigen Handlungen, die, weil sie einer vorhergehenden, richterlichen Untersuchung bedürfen (§. 55.), nur vor dem ordentlichen Richter der Person vollzogen werden sollen, und er scheint daher zu fordern, daß nicht bloß die Legitimation der Erben, sondern auch die übrigen zur Erbsonderung gehörigen Verhandlungen, und namentlich auch die Theilung des Nachlasses, in dem Nachlaßforum erfolgen müsse. Die Vergleichung mit andern Gesetzstellen beweist aber deutlich, daß jene Vorschrift wenigstens auf die bloße Nachlaßtheilung, die ihrer Natur nach lediglich der Willkühr der Erben überlassen bleiben muß, und keiner solchen richterlichen Untersuchung, wie die Erbeslegitimation bedarf, nicht ausgedehnt werden könne. Denn, vorausgesetzt, daß nicht etwa ein gerichtlich zu entscheidender Streit über die Theilung obwaltet, dessen Schlichtung dann allerdings dem Erbschaftsforum gebührt, sind die Erbtheilungsverträge als bloße actus voluntariae jurisdictionis in den §§. 2. u. f. Tit. I. Thl. II. der A. G. O., weder unter den Handlungen, die zu ihrer Gültigkeit vor dem ordentlichen persönlichen Richter errichtet werden müssen, noch überhaupt unter denen aufgeführt, die nothwendig gerichtlich geschlossen werden müssen. Die §§. 111—113. und §. 123. Tit. 17. Th. II. A. L. R., so wie die §. 71. Tit. 7. Th. III. und §. 8. Tit. 46. Th. I. der A. G. O. ergeben vielmehr, daß den Kontrahenten die Wahl freigestellt ist, ob sie den Theilungsvertrag beliebig vor irgend einem Gerichte, oder vor Notar und Zeugen, ja selbst außergerichtlich schließen wollen.

Die Anwendbarkeit dieser Vorschriften auf den vorliegenden Fall kann auch nicht etwa durch den zufälligen Umstand ausgeschlossen werden, daß zu dem getheilten v. W'schen Nachlasse Grundstücke gehören, die ebenfalls unter der Gerichtsbarkeit des Königl. Oberlandesgerichts liegen. In dieser Beziehung kann das Kollegium, jedoch nicht als Nachlaßbehörde, sondern als Hypothekenbehörde, nur fordern, daß die Form des Rezesses, so weit darin über das Eigenthum jener Grundstück disponirt wird, den gesetzlichen Vorschriften über die Form der Immobiliar-Verträge entspreche. Und dies ist augenscheinlich der Fall, da der Rezeß von den Beschwerdeführern gerichtlich vollzogen ist, und deshalb nach §§. 1. 2. des Gesetzes vom 23. April 1821 einer nochmaligen Verlautbarung in foro rei sitae nicht bedarf

Das Königl. Oberlandesgericht wird daher angewiesen:

von dem, in den Verfügungen vom 25. Oktbr. und 6. Dezbr. v. J. bemerkten Einwande gegen die Form des in Rede stehenden Erbrezesses zu abstrahiren, das weiter Erforderliche auf die Anträge der v. W'schen Erben zu veranlassen und die Kosten jener Verfügungen niederzuschlagen.

(v. K. Jahrb. Bd. 41. S. 215.)

IV. vor dem Obergerichte der Provinz vollzogen werden müssen.

§. 7. IV. Es giebt ferner einige Handlungen, welche nur von dem Obergerichte der Provinz gültig vollzogen werden können. Dahin gehört

1) die Bestätigung des Ehekontrakts bei einer unter landesherrlicher Erlaubniss zu schliessenden Ehe zur linken Hand (Th. II. Tit. I. §. 838.);

2) die Bestätigung einer Annahme an Kindesstatt (Thl. II. Tit. II. §. 667.).

1) a. **Rescript** vom 12. Novbr. 1801, betr. die Kompetenz der Obergerichte zur Bestätigung der Adoption bei Adelichen.

Nach den Dispositionen des §. 666. u. d. f. Thl. II. Tit. 2. des A. L. R. scheint es zwar unbedenklich, daß das Obergericht der Provinz, worin der Adoptirende seinen Wohnsitz hat, in allen Fällen den Vertrag über die Annahme an Kindesstatt prüfen und bestätigen könne, indessen entstanden darüber doch bei der Ostpreußischen Regierung Bedenken. Auf ihre Anfrage vom 3. Novbr. 1801 über diesen Gegenstand wurde sie mittelst Rescripts des Justizdepartements vom 12. desselben Monats dahin beschieden, daß es einer Konkurrenz des Lehns-Departements in dem Falle bedürfe:

1) wenn der Adoptirende von Adel, und der Adoptirte von bürgerlicher Herkunft ist;
2) wenn mit der Adoption zugleich die Annahme und Führung eines andern adelichen Namens und Wappens verbunden sein soll.

In diesen Fällen sollen die Verhandlungen zur weitern Verfügung eingeschickt werden, sonst aber es bei den Dispositionen der oben angeführten Gesetzstellen sein Bewenden haben.

(Stengels Beitr. Bd. 14. S. 292.)

(Die Bestimmung dieses Rescripts ist in §. 100. des Anh zu II. 2. §. 667. des A. L. R. aufgenommen.)

b. **Rescript** vom 22. Juli 1805, betreffend die Ertheilung der landesherrlichen Erlaubniß zur Adoption im Falle des §. 669. II. 2. des A. L. R.

Wir machen Euch hierdurch nachrichtlich bekannt, daß in Gemäßheit der unter dem 16. v. M. an den Großkanzler ergangenen Cabinets-Ordre künftig in Adoptions-Fällen unter Personen bürgerlichen Standes, welche sich nach den Gesetzen dazu qualificiren, der Landesherrliche Consens von dem Justiz-Departement, ohne Immediat-Rückfrage ertheilt werden soll. Sind ꝛc.

(N.C.C. T. XI. S. 2965. Nr. 43. de 1805, Neues Archiv Bd. 4. S. 132., und Mathis Bd. 1. S. 289. Abschn. I.)

c. **Rescript** vom 22. Oktober 1814 und vom 14. September 1835 nebst Anlagen, betreffend die Competenz der Obergerichte zur Bestätigung der Adoptionsverträge.

Das hiesige städtische Vormundschaftsgericht hat die anliegenden, über die Annahme an Kindesstatt der außer der Ehe erzeugten N. N. von dem hiesigen Bürger und Victualienhändler N. N. theils bei demselben, theils bei dem Stadtgericht zu Mohrin aufgenommenen Verhandlungen an den Justizminister zur Adoptionsakte eingesendet, wahrscheinlich aus einer Mißdeutung des Cirkular-Rescripts vom 22. Juli 1805, in Mathis Monatsschrift, Bd. 1. S. 289. Da aber der Sinn dieses Rescripts nur dahin gehet, daß in den Fällen, wo die Landesherrliche Erlaubniß nach dem A. L. R., Thl. II. Tit. 2. §§. 669. 689 erforderlich ist, an das Justiz-Departement berichtet werden soll, und es übrigens bei der Regel §. 667. eben daselbst verbleibt, so wird in dem gegenwärtigen, unter der Regel begriffenen Falle, dem Königlichen Kammergerichte die Prüfung und Bestätigung des Adoptions-Vertrages überlassen.

Berlin, den 22. Oktober 1814.

(v. K. Jahrb. Bd. 4. S. 195.)

A.

Der Königl. Regierung wird auf den Bericht vom 17. v. M., betreffend das Gesuch der Z.schen Eheleute, Behufs der Adoption ihrem außer der Ehe gebornen Enkel F. anstatt des Geschlechtsnamens seiner Mutter ihren Familiennamen Z. beilegen zu dürfen, erwiedert, daß zur Adoption von Personen bürgerlichen Standes keine Immediat-Berichtserstattung, sondern nach §. 667. Tit. 2. Thl. II. des A. L. R. nur die Bestätigung des Obergerichts der Provinz erforderlich ist. Auch ist schon nach §. 682. a. a. O. das angenommene Kind befugt, den Namen des adoptirenden Vaters zu führen, daher die Bestimmung der Allerhöchsten C. O. vom 15. April 1822 (G. S. S. 108.) auf solche Fälle keine Anwendung finden kann.

Hiernach sind die Z.schen Eheleute lediglich an die Gerichtsbehörde zu weisen.

Berlin, den 9. August 1834.

B.

Das vorstehende aus dem 3ten Heft des 18ten Bandes der Annalen der innern Staatsverwaltung entnommene Rescript des Ministerii des Innern und der Polizei wird hierdurch den Gerichten unter Hinweisung auf das nachstehende wegen der Adoptionen an das Ober-Landesgericht zu Glogau am 9. April 1811 erlassene Rescript bekannt gemacht.

Berlin, den 14. September 1835.

C.

Dem Königl. Ober-Landesgericht zu Glogau wird auf die am 22. v. M. über die Bestätigung der Adoptions-Verträge gethane Anfrage hierdurch zur Resolution ertheilt, daß

a. der §. 667. Tit. 2. Thl. II. des A. L. R. die Regel enthält,

b. der §. 100. des Anhangs zum A. L. R. den §. 684. Tit. 2. Thl. II. näher bestimmt, und

c. nach dem Cirkular vom 22. Juli 1805 (Neues Archiv, Bd. 4. S. 132.) es jetzt nicht mehr des in den §§. 669 und 689. l. c. nöthig befundenen unmittelbaren landesherrlichen Consenses bedarf, vielmehr an die Stelle dieses Consenses der des Justiz-Departements tritt; in Fällen aber, wo nach den Vorschriften des A. L. R. die Immediat-Approbation gar nicht erforderlich gewesen, d. i. in Fällen, wo weder der §. 669., noch der §. 684. junct. §. 100. des Anhanges, noch der §. 689. eintritt, die Bestätigung von dem Obergericht ohne alle Concurrenz einer höhern Behörde erfolgen kann.

Berlin, den 9. April 1811.

2) In Betreff der Legalisation der Urkunden, die in's Ausland gehen oder aus demselben kommen, sind folgende Bestimmungen erlassen:

a. **Rescript** vom 24. Dezember 1816, 1. Mai 1818 und 31. März 1821, betreffend die Form und Legalisation der Urkunden, welche in Frankreich produzirt werden sollen.

Die Verhandlungen zum Behuf der Vereinfachung des bisherigen Legalisations-Verfahrens in Absicht der von diesseitigen Gerichtsbehörden aufgenommenen, in Frankreich zu produzirenden Urkunden, haben die Ueberzeugung gewährt, daß gegenwärtig in Frankreich jedes aus dem Auslande kommende Aktenstück für hinlänglich authentisch anerkannt wird, wenn es von den kompetenten Behörden ertheilt und alsdann die Unterschrift von dem an dem Französischen Hofe akkredirten Gesandten des fremden Hofes certificirt wird.

Es kommt also darauf an, den Königl. Gesandten zu Paris in den Stand zu setzen, die aus den Preußischen Staaten an ihn gelangenden Urkunden zu legalisiren, und daher sich von der Aechtheit der ihm vorkommenden Aktenstücke vergewissern zu können.

Zu diesem Zweck wird dem Königl. Kammergericht (dem Königl. Ober-Landesgericht) hiermit aufgetragen, seine Signatur, mit der Unterschrift des Präsidenten, und eine zweite mit der Unterschrift des Vice-Präsidenten und mit dem Siegel des Kollegii versehen, an den Chef der Justiz zur Weiterbeförderung einzusenden.

Zugleich wird das Königl. Kammergericht (Ober-Landesgericht) hiermit angewiesen, seine Untergerichte zu instruiren, in allen Fällen, in welchen Dokumente, die bei Französischen Behörden produzirt werden sollen, von ihnen beglaubigt werden, solche an das Kollegium zur Beglaubigung der Unterschrift des Untergerichts einzusenden.

Berlin, den 24. Dezember 1816.

(v. K. Jahrb. Bd. 8. S. 254.)

Der Herr Gesandte zu Paris hat sich darüber beklagt:

1) daß ihm sehr häufig Aktenstücke aus allen Provinzen des Staats zur Legalisation vorgelegt würden, welche von den Provinzialbehörden nicht mit derjenigen Unterschrift vollzogen oder beglaubigt worden wären, die sich auf den ihm mitgetheilten Signaturen dieser Behörden befanden, und daß die Namen dieser Stellvertreter meist so unleserlich geschrieben seien, das er sie bei sonst erkannter Richtigkeit des Aktenstücks nicht einmal in seiner Legalisations-Formel wiederholen könne, was man aber von Seiten Frankreichs zu fordern berechtigt ist;

2) daß eben so häufig Atteste von Unterbehörden und andern dazu befugten Personen, als: Tauf-, Lebens- und Todtenscheine, vorgelegt würden, ohne von der betreffenden Oberbehörde legalisirt worden zu sein.

Die Folge davon ist, daß der Herr Gesandte seine Legalisation verweigern muß, und daß durch die Nachholung einer versäumten Form außer andern möglichen Nachtheilen ein unangenehmer Zeit- und Kostenaufwand für die Interessenten entsteht.

Es ist möglich und wahrscheinlich, daß hierbei kein Versehen der Königl. Regierung, sondern allein der Extrahenten obwaltet, wenn z. B. der Extrahent den

Gebrauch versäumt, welchen er von einem Aktenstück, das von einer Regierung ausgeht, und deshalb keiner vorgängigen Legalisation bedarf, dafür aber auf eine bestimmte, die Legalisation vertretende Weise vollzogen sein soll, zu machen hat, und mithin die Regierung darauf nicht geleitet ist, sich keiner andern, als der dem Herrn Gesandten zu Paris vorliegenden, Signatur zu bedienen.

Eine besondere Bekanntmachung von der Nothwendigkeit einer solchen Anzeige des Gebrauchs, und rücksichtlich des andern Punkts von der Nothwendigkeit der Legalisation der Aktenstücke der Unterbehörden durch die betreffenden Oberbehörden, dürfte hier weniger fehlen, als:

1) wenn sich die Königlichen Regierungen angelegen sein lassen, bei Aktenstücken, von denen sie ohne besondere Anzeige schon vermuthen können, daß sie nach Frankreich bestimmt sind, sich keiner andern Unterschrift zu Vollziehung oder Legalisation zu bedienen, als derjenigen, welche dem Herrn Gesandten vorliegen;
2) wenn die Unterbehörden und die andern befugten Personen angewiesen werden: bei solchen nach Frankreich bestimmten Aktenstücken die Extrahenten besonders aufmerksam zu machen, daß die Legalisation der vorgesetzten Behörde hinzukommen müsse.

Hierzu kommt, was sich von selbst versteht,

3) daß, wen seit Ertheilung der dem Gesandten zu Paris vorliegenden Signatur eine Veränderung in dem darauf verzeichneten Personale eingetreten ist, alsbald neue Signaturen eingereicht werden müssen, und daß dies so oft geschehen muß, als sich eine Veränderung ereignet.

Die Königl. Regierung wird hiernach das Nöthige zu veranlassen haben.

Berlin, den 24. April 1818.

Ministerium der auswärtigen Angelegenheiten. Jordan.

An sämmtliche Königl. Regierungen.

Abschrift hiervon erhält das Königl. Kammergericht und Ober-Landesgericht, um sich seinerseits ebenfalls darnach zu achten.

Berlin, den 1. Mai 1818.

(v. K. Jahrb. Bd. 11. S. 202.)

Der Herr Gesandte zu Paris hat sich darüber beklagt, daß ihm aus Königl. Provinzen Aktenstücke zur Beglaubigung vorkommen, die mit andern Unterschriften, als mit denjenigen, welche demselben bereits vorliegen, versehen sind. Es zeichneten z. B. oft Regierungsräthe und Appellationsgerichtsräthe für und in Abwesenheit der Herren Präsidenten, Direktoren und General-Advokaten, ohne daß ihm die Unterschriften der erstern bekannt gemacht worden wären.

Da nun in solchen Fällen der Gesandte die Legalisirung verweigern muß, wodurch nicht nur der Geschäftsgang verzögert wird, sondern auch dadurch manchmal für die Interessenten Nachtheile entstehen können: so beehre ich mich, Ew. Excellenz ganz ergebenst zu ersuchen, die Königl. Landes-Justiz-Kollegien geneigtest anhalten zu wollen, daß sie dem eingeführten Legalisationsverfahren:

„bei allen nach Frankreich gehenden Aktenstücken sich keiner andern Unterschrift zur Vollziehung oder Legalisation zu bedienen, als derjenigen, welche dem Gesandten zu Paris vorliegen,"

genau nachkommen, und wenn seit Ertheilung der diesem Gesandten vorliegenden Unterschriften eine Veränderung in jenem Personale eingetreten sein sollte, darüber Anzeige machen, und neue Unterschriften einsenden.

Berlin, den 19. März 1821.

Ministerium der auswärtigen Angelegenheiten. In Abwesenheit des Herrn Chefs Excell. Hoffmann.

Sämmtliche Justizbehörden haben sich nach dem in diesem Schreiben enthaltenen Antrage auf das genaueste zu achten.

Berlin, den 31. März 1821.

(v. K. Jahrb. Bd. 17. S. 85.)

b. **Instruktion** vom 22. März 1833, betreffend die Legalisation von Urkunden, welche ins Ausland gehen sollen, oder von dort kommen.

Da in Betreff des Legalisationsverfahrens bei solchen Urkunden,

welche von öffentlichen Behörden des Auslandes aufgenommen, bei den diesseitigen Behörden produzirt werden,

oder welche von diesseitigen Behörden aufgenommen, zur Vorlegung bei den Behörden des Auslandes bestimmt sind, nicht immer die in Anwendung zu bringenden Grundsätze beachtet werden, und mehrere, das Verhältniß zu einzelnen auswärtigen Staaten betreffende Bestimmungen theils ohne zureichenden Grund generalisirt, theils aber auch im Laufe der Zeit vereinfacht worden sind: so finden sich die unterzeichneten Ministerien veranlaßt, folgende Erläuterungen hierüber zur Kenntniß der Gerichte zu bringen. Zuvörderst ist die Frage:

> ob eine Urkunde in Beziehung auf ihren Inhalt und ihre Form, nach den Gesetzen des Orts, woselbst sie aufgenommen worden, rechtsgültig sei?

eine bloße Rechtsfrage, bei deren Beantwortung die Bestimmungen der auswärtigen Gesetzgebung, falls solche der diesseitigen Behörde, auf deren Entscheidung es ankommt, nicht völlig unzweifelhaft bekannt sind, einen Gegenstand des von den Parteien beizubringenden Beweises bilden, und zwar eines Beweises, der, wie bei jeder andern Behauptung in jure, nicht füglich durch ein diplomatisches Attest geführt werden kann.

Das Legalisationsverfahren hat es dagegen nur

> mit der Aechtheit einer Urkunde, oder mit dem Nachweis der Richtigkeit ihrer Signatur und Vollziehung

zu thun.

Dieser Beweis, wie der einer jeden andern Thatsache, kann eben deshalb zum Gegenstand des Attestes einer öffentlichen Behörde, welche zur Ausstellung solches Zeugnisses verfassungsmäßig berechtigt ist, gemacht werden.

Der Zweck des Legalisations-Verfahrens ist, gleich dem Zwecke eines jeden Urkunden-Beweises, dem Richter, auf dessen Prüfung und Entscheidung es ankommt, die Ueberzeugung von der Aechtheit der Urkunden zu verschaffen.

Wo also in Folge der Vermuthung, welche im Allgemeinen für die Aechtheit jedes öffentlichen Siegels und jeder amtlichen Unterschrift streitet, jene Ueberzeugung von der Aechtheit einer Urkunde schon ohne ein besonderes Beglaubigungs-Verfahren dem Richter auf Grund der obwaltenden Umstände beiwohnt, und keine besondere Veranlassung zu Verdacht in dieser Beziehung vorhanden ist, da erscheint auch ein jedes anderweitige Legalisations-Verfahren überflüssig, und als eine nutzlose Erschwerung des Verkehrs. Es können daher allgemein durchgreifende Vorschriften über die Fälle, wo und wie ein Legalisations-Verfahren zu veranlassen, nicht füglich gegeben werden, und muß vielmehr die Individualität jeden speciellen Falles mit Rücksicht auf das Verhältniß der Behörde des auswärtigen Staates von welcher die Ausfertigung der Urkunde ausgegangen ist, zu der diesseitigen, welche die Prüfung vorzunehmen hat, den Richter bei seiner Entscheidung darüber leiten, ob ein Legalisations-Verfahren zu veranlassen, und welches, ob ein mehr oder minder weitläuftiges. Der Richter hat hierbei nur die Ansicht festzuhalten, daß, während das Legalisations-Verfahren auf der einen Seite dazu dienen soll, Schutz zu gewähren gegen die Vertretung möglicher Versehen bei der Prüfung der Aechtheit einer Urkunde, dasselbe doch auf der andern Seite nicht die Richtung nehmen darf, den Verkehr der diesseitigen Unterthanen und Behörden mit dem Auslande ohne Noth zu hemmen und zu erschweren.

Sofern nun aber eine Gerichtsbehörde bei Prüfung der Aechtheit ihr vorgelegter Urkunden, gleichviel, bei welchem ausländischen Staate dieselben aufgenommen worden, nicht schon durch deren gewöhnliche Ausfertigung und Signatur ihre etwanigen Zweifel beseitigt, vielmehr aus besondern Rücksichten dafür hält, eine nähere Beglaubigung verlangen zu müssen, hat dieselbe den Grundsatz festzuhalten,

> daß nach der Natur der Sache die Legalisation als solche eine diplomatische sein muß, jedes Verfahren hierbei auch überhaupt für beendigt zu erachten ist, sobald das mitunterzeichnete Ministerium der auswärtigen Angelegenheiten, als die letzte diplomatische Legalisations-Instanz, die Frage über die Aechtheit einer ausländischen Urkunde durch sein desfallsiges Attest entschieden hat.

Die Individualität des Falles entscheidet wieder darüber, theils, ob die ministerielle Schlußbeglaubigung noch erforderlich, theils ob es zweckmäßiger und leichter ausführbar sei, entweder durch den, bei dem betreffenden Staate des Auslandes akkreditirten Preußischen Gesandten, oder aber durch den am Preußischen Hofe akkreditirten Gesandten des betreffenden auswärtigen Staates die Richtigkeit der Signatur auf der fraglichen Urkunde beglaubigen zu lassen.

Wenn auch der, eine Rechtsfrage betreffende Beweis

> über die Kompetenz des Ausstellers einer Urkunde zu deren Ausfertigung

zum Gegenstand des diplomatischen Legalisations-Attestes, wie erwähnt, nicht gemacht werden kann, so wird doch mit Rücksicht darauf, daß öfters Behufs der endlichen diplomatischen Legalisation die Konkurrenz beglaubigter Zwischenbehörden eintritt, solche Zwischenbehörde füglich ihr diesfallsiges Legalisations-Attest zugleich auf jene Frage der Kompetenz des Ausstellers gültig mit ausdehnen, sofern dieser Behörde die Entscheidung hierüber an sich amtlich zusteht. Hierdurch würde nicht nur ein doppelter Vortheil durch Ein Verfahren erreicht, indem anderweitigen Rückfragen wegen der Rechtsgültigkeit der Urkunde in gedachter Beziehung vorgebeugt wird, sondern es kann auch nach Umständen die eigentliche diplomatische Legalisation selbst eben dadurch entbehrlich werden, daß sich das Attest einer Oberbehörde, Behufs der zu bescheinigenden Kompetenz, auf derselben befindet, indem diejenige Vermuthung, welche im Zweifel für die Aechtheit einer mit öffentlichem Siegel und amtlicher Unterschrift versehene Urkunde streitet, durch die Anzahl der solchergestalt beglaubigenden öffentlichen Behörden verstärkt wird.

Insonderheit scheint es daher angemessen, wenn die obere provinzielle Gerichtsbehörde jede von einer Unterbehörde ausgestellte Urkunde zuvörderst mit ihrer Unterschrift und ihrem Siegel beglaubigt, und, falls es sich von einer Notariats-Urkunde handelt, annoch das Attest hinzufügt:

„daß der Aussteller als öffentlicher Notar zur Ausstellung der von ihm ausgefertigten Urkunde berechtigt sei."

Die diesseitigen Gerichtsbehörden werden sich mit Recht oft bei solchem Verfahren um so mehr begnügen können, als die Bescheinigung der Kompetenz des Ausstellers einer ausländischen Urkunde nur verlangt werden kann, wenn die Gesetze selbst eine solche Bescheinigung, wie dies bei den Kirchenattesten geschehen, verlangen.

Da, wo anderweitige Legalisatiosformen durch specielle Verordnungen festgesetzt worden sind, wie dies in Betreff der in Frankreich aufgenommenen Urkunden der Fall ist — welche aber nicht ausdehnend zur Anwendung kommen dürfen — bleibt es zwar bis zur Aufhebung der bestehenden Bestimmungen bei dem vorgeschriebenen Verfahren; doch gilt auch für diese Fälle der allgemeine Grundsatz, daß eine diplomatisch beglaubigte Urkunde für gehörig legalisirt zu erachten ist.

Was endlich die inländischen zur Produktion bei ausländischen Behörden bestimmten Urkunden betrifft, so wird auch für diese, sofern eine Beglaubigung derselben überhaupt verlangt werden sollte, die Beglaubigung Seitens der Landes-Justiz-Kollegien in der oben angegebenen Art in der Regel genügen; wenn aber annoch eine fernere Beglaubigung der Urkunden der Unterbehörden, oder der von Provinzialbehörden selbst aufgenommenen Urkunden verlangt würde, so ist dieselbe, wie erwähnt, auf diplomatischem Wege zu bewirken.

Die Ministerien der Justiz und der auswärtigen Angelegenheiten.

(v. K. Jahrb. Bd. 41. S. 220.)

c. **Rescript** vom 26. November 1811, 14. April und 24. November 1812, 2. Februar 1813 und 18. Februar 1814, betreffend die Legalisation der in Frankreich und in den mit dem Französischen Staate verbunden gewesenen Ländern aufgenommenen Urkunden.

Auf Veranlassung eines bei dem Kammergerichte vorgekommenen Falles hat gedachtes Kollegium angefragt:

ob den Notariats-Urkunden, die in Frankreich oder in den mit dem französischen Reiche verbundenen Staaten aufgenommen sind, gerichtlich Glaube beigemessen werden könne, wenn sie mit dem vorschriftsmäßigen Atteste des Tribunals-Präsidenten versehen sind, oder ob zu ihrer Gültigkeit noch die Beglaubigung abseiten des dem Tribunals-Präsidenten vorgesetzten Justizministers und des diesseitigen Gesandten erforderlich sei?

Der Chef der Justiz ist über diese Anfrage mit dem Ministerio der auswärtigen Angelegenheiten in Communikation getreten, und es wird nunmehr in Gemäßheit der Rückäußerung desselben dem Königlichen Ober-Landesgerichte zur genauesten Nachachtung bekannt gemacht,

daß Zeugnisse und Urkunden französischer Behörden nur dann in den Königlichen Landen die Kraft der Glaubwürdigkeit haben können, wenn die Aechtheit der Unterschriften und Siegel dieser Zeugnisse und Urkunden und die Befugniß der Aussteller zur Ausstellung, entweder von dem Französischen Justizminister oder dem Französischen Minister der auswärtigen Angelegenheiten, je nachdem der Geschäftsgang in Frankreich das Erste oder das Letzte bestimmt, bezeuget, und wenn zugleich ferner die Unterschrift und das Siegel der gedachten Französischen Minister von dem bei dem Kaiserlich Französischen Hofe akkredirten Königlich Preußischen Gesandten in gehöriger Form bezeugt worden ist.

Berlin, den 26. November 1811.

Um den Zweifeln abzuhelfen, welche nach Erlassung der Cirkular-Verordnung vom 26. November d. J.,

die Bedingungen der gerichtlichen Glaubwürdigkeit der in Frankreich ausgestellten und bei Preußischen Gerichten produzirten Urkunden betreffend,

darüber entstehen möchten: ob die gleichen, oder welche andere Formen zur gerichtlichen Glaubwürdigkeit der in dem Herzogthum Warschau ausgestellten Urkunden erforderlich seien? wird hierdurch festgesetzt,

daß in den Fällen, wo über die Beglaubigungen von dergleichen Urkunden Zweifel entstehen, oder wo die Gerichte auf ihre Verantwortlichkeit eine Urkunde für hinlänglich beglaubigt anzunehmen haben, die Legalisation durch den Herzoglich Warschauschen Justizminister vorhanden, und auch dessen Unterschrift und Siegel, nach Wahl der Parteien entweder

a. von dem im Herzogthum Warschau sich aufhaltenden Königlichen Bevollmächtigten, wirklichen Geheimenrath von Zerboni, oder

b. von dem Königl. Sächsischen Ministerio zu Dresden und des letztern Unterschrift und Siegel wiederum von der Königlichen Gesandschaft zu Dresden legalisirt sein muß.

Von dieser Bestimmung machen jedoch, so wie solches durch die Cirkular-Verordnung vom 17. März d. J. in Ansehung der in Frankreich aufgenommenen Wechselproteste bestimmt ist, auch die bei Gerichten im Herzogthum Warschau aufgenommenen Wechselproteste ebenfalls eine Ausnahme, und verbleibt es in Betreff der Prüfung der Glaubwürdigkeit derselben bei den früheren gesetzlichen Vorschriften.

Berlin, den 14. April 1812.

Mit Beziehung auf die Cirkulare vom 26. November pr. und vom 14. April c., betreffend die Bedingungen der Glaubwürdigkeit der von Französischen, imgleichen der von Warschauischen Behörden ausgefertigten Zeugnisse und Urkunden, wird dem (Tit.) hierdurch bekannt gemacht, daß nach vorgängiger Kommunikation von Seiten des Chefs der Justiz mit dem Ministerio der auswärtigen Angelegenheiten beschlossen worden, die in den angeführten Cirkularen enthaltenen Vorschriften auch auf die im Königreiche Westphalen ausgefertigten Zeugnisse und Urkunden anwenden zu lassen.

Das (Tit.) hat daher solchen Westphälischen Dokumenten volle Glaubwürdigkeit beizulegen, wenn die Aechtheit der Unterschriften und Siegel, so wie die Befugniß derjenigen Behörden oder Beamten, von welchen die Ausfertigung geschehen, zur Vollziehung solcher Handlungen, von dem Königlichen Westphälischen Justizminister attestirt, und zugleich die Unterschrift und das Siegel des Letztern von dem an dem Hofe zu Cassel akkreditirten Preußischen Gesandten bezeuget worden.

So wie jedoch hiervon in Ansehung der Wechselproteste, wegen welcher es nach den Cirkularen vom 17. März und 14. April c. bei den früheren Vorschriften das Bewenden hat, eine Ausnahme zu machen ist; so versteht es sich auch von selbst, daß in allen Fällen, wo das Kollegium nicht auf eigene Verantwortlichkeit zu handeln, und die Glaubwürdigkeit der von den Partheien beigebrachten Atteste und Urkunden nicht von Amtswegen zu prüfen und zu vertreten hat, es der Vereinigung der Interessenten zu überlassen ist, über die Formalität der Beglaubigung hinweg zu gehen, und die Richtigkeit solcher Dokumente unter sich durch gegenseitiges Anerkenntniß festzustellen.

Das (Tit.) hat hiernach sich zu achten, auch die Untergerichte darnach durch Cirkulare zu instruiren, die Bekanntmachung durch die Amtsblätter jedoch zu unterlassen.

Berlin, den 24. November 1812.

Dem (Tit.) wird auf dessen Anfrage vom 11. Dezember v. J. zur Resolution ertheilt, daß das Rescript vom 26. November 1811 bloß bei Urkunden, die in Frankreich, Westphalen und Warschau aufgenommen sind, in Anwendung zu bringen, in Ansehung der in andern auswärtigen Staaten hingegen, wo der Code Napoleon gilt, ausgefertigten Urkunden in vorkommenden Fällen hiesigen Orts anzufragen ist.

Berlin, den 2. Februar 1813.
(v. K. Jahrb. Bd. 2. S. 44.)

Da die veränderten öffentlichen Verhältnisse der zu Frankreich gehörig gewesenen, und von den Truppen der verbündeten Mächte besetzten deutschen Provinzen, ferner des ehemaligen Königreichs Westphalen, und des Herzogthums Warschau, die Verfügungen vom 26. November 1811, 14. April und 24. November 1812, betreffend die Art der Legalisation der in jenen Provinzen und Ländern aufgenommenen, bei diesseitigen Gerichten producirten Notariats-Dokumenten und Urkunden, unanwendbar machen; so ist beschlossen worden, diese Verfügungen dahin abzuändern,

daß zur Glaubwürdigkeit der in den obengenannten Ländern ausgestellten und bei hiesigen Gerichten produzirten gerichtlichen Urkunden, nur die vorgeschriebene Legalisation derselben, durch den kompetenten Obergerichts-Hof oder dessen Präsidenten erforderlich sei.

Das (Tit.) hat sich hiernach nicht nur selbst zu achten, sondern auch die Untergerichte demgemäß anzuweisen.

Berlin, den 18 Februar 1814.

(Act. des Justizm. Gen. No. 34. Vol. I. Fol. 9, 48., 120 159.)

d. **Rescript** vom 21. Juli 1825, betreffend die Glaubwürdigkeit der in Rußland aufgenommenen Urkunden; s. zu I. 10. §. 115.

§. 8. Die Legitimationen unehelicher Kinder, und die Majorennitätserklärungen noch nicht volljähriger Pflegebefohlenen müssen zwar, der Regel nach, und wenn nicht durch besondere Provinzialverfassungen dergleichen Aktus einer anderen Behörde ausdrücklich übertragen sind, bei Hofe ausgefertigt werden. Die Untersuchungen aber, welche zur nähern Prüfung eines solchen Gesuchs erforderlich sind, gehören vor den ordentlichen persönlichen Richter, welcher dieselben, wenn es einen Pflegebefohlenen betrifft, dem Obervormundschaftlichen Gerichte überlassen muss. (A. L. R. Th. II. Tit. II. §. 601 — 611. Tit. XVIII. §. 713. bis 727.) Wegen der blossen Legitimation, zum Behufe des bessern Fortkommens, hat es bei der gesetzlichen Vorschrift Th. II. Tit. II. §. 664. sein Bewenden.

1) In Betreff der Legitimation unehelicher Kinder, vergl. A. L. R. II. 1. §. 592 und folgende und §. 663 — 665.

2) **C. O.** vom 14. Oktbr. 1807 und vom 3. April 1808, betr. die Befugniß der Pupillen-Kollegien zu Majorennitätserklärungen.

Das Pommersche Vormundschafts-Kollegium trägt in dem anliegenden Berichte darauf an, nicht allein die minderjährige Wittwe des Lieutenants v. Wiersbitzky, geb. v. Eickstedt, nach dem Wunsch für majorenn erklären, sondern auch in allen dazu geeigneten künftigen Fällen, die Majorennitäts-Erklärung selbst ertheilen zu dürfen, und da es Mir unbedenklich scheint, die Befugnisse der Landesjustiz-Kollegien der Provinzen, in der angetragenen Art zu erweitern; so will Ich Euch hierdurch auftragen, demgemäß das Erforderliche sowohl an das genannte Vormundschafts-Kollegium als auch im Allgemeinen ergehen zu lassen, und verbleibe Euer wohl affectionirter König.

Memel, den 14. Oktbr. 1807.

(N. C. C. T. XII. S. 255. No. 17. de 1807.)

Ich habe aus Euerm Berichte vom 31. v. M. in Betreff der unterm 14. Oktbr. v. J. erlassenen Order, wonach den Landesjustizkollegien der Provinz die Befugniß zur Ertheilung der Majorennitäts-Erklärungen beigelegt worden ist, ersehen, wie die Immediatkommission zu Berlin diese Festsetzung verstanden, und darnach auch das Kammergericht und die übrigen Landesjustizkollegia in den noch nicht geräumten Provinzen angewiesen hat. Indem Ich Euch nun den eingereichten Bericht der genannten Kommission und des Kammergerichts, hierneben wieder zurücksende, eröffne Ich Euch zugleich, wie Meine Absicht dahin geht, daß die Provinzial-Pupillenkollegia die vorgedachte erweiterte Befugniß ausüben sollen, und diese unter den

Landes-Justizkollegiis der Provinz verstanden worden sind, weil sie der Regel nach mit denselben vereinigt, oder doch als besondere Abtheilungen derselben anzusehen sind. Die von der Immediatkommission dagegen aufgestellten Gründe sind von Euch und dem Kammergerichte hinlänglich widerlegt worden. Die Rücksicht auf die zur Büreaukasse des Justizdepartements fließenden Geheimen Kanzleigebühren, scheint übrigens die Hauptsache zu sein, die aber, zumal unter den jetzigen Umständen, durchaus unstatthaft ist, und es sollen vielmehr diese Gebühren hinführo ganz wegfallen, und von den Parteien nur die Gebühren für die Arbeiten bei den Pupillenkollegiis, zu deren Kassen eingezogen werden, indem Ich Meinen Unterthanen die Sportellast erleichtern will. Hiernächst überlasse Ich Euch nunmehr das Weitere, und bin Euer wohlaffektionirter König.

Königsberg, den 3. April 1808.

(N. C. C. T. XII. b. S. 329. Nr. 30. de 1808.)

b. **Rescript** vom 26. Juni 1808 und vom 11. Juli 1815, betreffend die Befugniß der Untergerichte zu Majorennitäts-Erklärungen.

Euch ist erinnerlich, daß auf den Grund der C. O. vom 27. Mai 1806 am 30. Juli 1806 der gutachtliche Bericht der Landes-, Justiz- und Pupillen-Kollegien über den 21- und 24jährigen Majorennitäts-Termin erfordert worden ist. Nach eingeholtem Gutachten der Gesetz-Kommission über die eingegangenen Berichte ist die Allerhöchste Entschließung, laut der Immediat-Verfügung vom 16. d. M., dahin ausgefallen: daß es bei dem für die ganze Monarchie und ohne Unterschied der Stände und des Geschlechts, vermöge des A. L. R. Thl. I. Tit. 1. §. 26. und der dabei zum Grunde liegenden C. O. vom 5. November 1790 feststehenden zurückgelegten vier und zwanzigsten Jahre, bloß mit Ausnahme der Juden (erster Anhang zum A. L. R. §. 3.) verbleiben, und also auch in den Provinzial-Rechten, eben so wie es in dem Ostpreußischen geschehen, dieser Termin beibehalten werden soll. Dagegen soll aber auch in der ganzen Monarchie die Vorschrift des A. L. R. Thl. II. Tit. 18. §. 720, ohne Einschränkung stattfinden. So wie nun bereits durch die früheren C. OO. vom 14. Oktober 1807 und 3. April 1808 den Landes-Pupillen-Kollegiis die Majorennitäts-Erklärungen überlassen worden sind; so sollen von jetzt an die untergeordneten vormundschaftlichen Gerichte überall befugt sein, ohne weitere Rückfrage bei einer höhern Instanz, in Absicht der Personen des Bürger- oder Bauernstandes, die unter ihnen stehen, die Majorennitäts-Erklärung in den dazu gesetzlich geeigneten Fällen zu ertheilen, wogegen in Absicht der Personen von Adel selbige auch alsdann bei dem Landes-Pupillen-Kollegio gesucht werden muß, wenn die Vormundschaft bei einer untergeordneten Behörde geführt wird.

Ihr habt daher die Untergerichte Eures Departements hiervon zu benachrichtigen und sie in Absicht der Kosten mit der erforderlichen Anweisung zu versehen, nämlich daß die Chargen-Gebühren nach der diesfälligen Taxe an die Behörde entrichtet werden müssen, daß das geordnete Stempelpapier adhibirt werden muß, und daß die Gerichts-Gebühren nur nach der für die sonstigen Ausfertigungen jedem vormundschaftlichen Gerichte vorgeschriebenen Sportultaxe genommen werden dürfen. Vor erfolgter Berichtigung der Kosten darf die Großjährigkeits-Erklärung dem Impetranten nicht ausgehändigt werden, unter eigener Verantwortlichkeit des Gerichts für die Chargen- und Stempelgebühren.

Königsberg, den 26. Juni 1808.

(Mathis Bd. 6. S. 193. Abschn. I.)

Es hätte des von der Königlichen Pupillen-Kommission zu Emmerich unterm 27. v. M. erstatteten Berichts,

wegen der dem Kaufmann N. zu ertheilenden veniae aetatis,

nicht bedurft, da durch die Königliche C. O. vom 14. Oktober 1807 und das Rescript vom 26. Juni 1808 (in Mathis allgemeiner juristischer Monatsschrift Bd. VI. S. 193.) den Landes-Pupillen-Kollegien und Vormundschafts-Gerichten die Majorennitäts-Erklärungen, in Absicht der Personen des Bürger- und Bauernstandes, in den dazu geeigneten Fällen ohne Rückfrage bei einer höhern Instanz, nachgelassen worden sind. Das Kollegium hat hiernach das Weitere zu verfügen, die für den Bericht angesetzte Taxe und Stempel aber niederzuschlagen.

Berlin, den 11. Juli 1815.

(v. K. Jahrb. Bd. 6. S. 7.)

B. Handlungen, die überhaupt nur eine gerichtliche Vollziehung erfordern.

§. 9. Eine zweite Klasse von Handlungen der freiwilligen Gerichtsbarkeit machen diejenigen aus, wo die Gesetze zwar die Vollziehung vor Gericht erfordern, den Parteien aber die Wahl lassen, an welches gehörig besetzte Gericht sie sich deshalb wenden wollen. Dahin gehören besonders

1) die Verträge der Blinden und Taubstummen (Th. I. Tit. V. §. 171.).
2) Erbschaftskäufe (Ebend. Tit. XI. §. 473.).
3) Verkäufe künftiger Sachen, sobald der Kaufpreis die Summe von 100 Thalern übersteigt, und nicht beide Kontrahenten Kauf- und Handelsleute sind (Ebend. §. 582. 583.).
4) Schenkungen, wenn sie Kraft und Wirksamkeit der gerichtlichen haben sollen (Ebend. §. 1063—1069. §. 1094 bis 1096.).

1) **Rescript** vom 6. Dezember 1796, betreffend die Kompetenz der Vormundschaftsgerichte zur Aufnahme von Schenkungs-Verträgen; s. zu §. 6. Nr. 6. h. t.

2) S. §. 147. des Anhanges zu II. 17. §. 58. des A. L. R., wonach Schenkungen nach Wahl der Partheien bei jedem gehörig besetzten Gericht gültig aufgenommen werden können.

5) Testamente (Ebend. Tit. XII. §. 66—207.)

Vergleiche als Ausnahmen:

a. Wegen Errichtung der Testamente vor Dorfgerichten und Magisträten in kleinen Städten, §. 93—99. Tit. 12. Thl. I. des A. L. R. und **C. O.** vom 21. Januar 1833 (G. S. S. 13.); s. auch zu II. 2. §. 8 und 9.

b. Wegen der Testamente, welche dem Landesherrn übergeben werden, §. 175 und 176. I. 12. des A. L. R.

c. Wegen der Testamente der Preußischen Gesandten und der zur Gesandtschaft gehörigen Personen, **Gesetz** vom 3. April 1823 (G. S. S. 40.).

d. Wegen der Testamente der Militairpersonen im Kriege, §. 177—197. und Anh. §. 36—38. I. 12. des A. L. R.

e. Wegen der Testamente solcher Personen, welche wegen ansteckender Krankheit oder Kriegsgefahr sich des richterlichen Amts zu bedienen verhindert sind, §. 198—207. I. 12. des A. L. R. und **C. O.** vom 12. Juli und 8. Oktober 1831 (G. S. S. 156 und 225.).

f. Wegen Aussetzung von Legaten, welche den 20sten Theil des Nachlasses nicht übersteigen und wegen außergerichtlicher Verordnungen, welche in einem Testamente ausdrücklich vorbehalten sind, oder nicht das Vermögen betreffen, §. 161—174. und §. 34 und 35. des Anhanges I. 12. des A. L. R.

g. Wegen Anordnung der Grundsteße oder Art der Theilung der älterlichen Erbschaft unter Kindern, §. 380 und 381. II. 2. des A. L. R.

6) Erbverträge (Ebend. §. 621—623.).

Wegen der Ehe- und Erbverträge der Eheleute, s. §. 10. Nr. 5. dieses Titels und §. 439—441. II. 1. des A. L. R.

7) Bürgschaften der Frauenspersonen (Ebend. Tit. XIV. §. 221—241.)
8) Verträge zwischen Eheleuten in stehender Ehe, wodurch die Frau zu etwas, wozu sie nach den Gesetzen nicht verpflichtet ist, dem Manne, oder, zu dessen Vortheile, einem Dritten verbindlich gemacht werden soll; z. B. Bürg-

schaften, Expromissionen, Abtretung der Vorrechte des Eingebrachten (Th. II. Tit. I. §. 198—201. §. 272. 273.)

Rescript vom 14. Februar 1834 (extraktweise) und vom 3. Juni 1834, daß zu den Verträgen zwischen Eheleuten nicht bloß die gerichtliche Anerkennung, sondern die gerichtliche Abschließung erforderlich sei.

Was die zweite Anfrage anlangt:

ob zwischen Eheleuten außergerichtlich geschlossene Kaufverträge Gültigkeit erlangen, sobald sie von der Ehefrau mit Zuziehung eines Beistandes ihrem Inhalte und der Unterschrift nach gerichtlich anerkannt worden?

so kommt es hierbei auf mehrere Fragen an:

1) darauf

ob die Vorschriften der §§. 198—200. Tit. 1. Thl. II. des A. L. R. überhaupt auf Kaufverträge, welche die Eheleute in stehender Ehe schließen, zu beziehen sind, oder nicht?

Für die letztere Alternative werden folgende Gründe angeführt:

a. die Fassung der A. G. O. Thl. II. Tit. 1. §. 9. Nr. 8., insbesondere die dort beigefügten Beispiele und Allegate;

und

b. die Worte des §. 198. Tit. 1. Thl. II. des A. L. R.:

„wozu sie die Gesetze nicht verpflichten"

welche darauf hindeuten, daß hier eigentlich von Verträgen die Rede sei, worin die Ehefrau ihrem gesetzmäßigen Vorrechte am Vermögen des Ehemannes entsagt, mithin: von den Fällen, von welchen die §§. 272. 273. a. a. O. handeln; desgleichen von den Verträgen, durch welche die Frau sonst sich gewisser Vorrechte für den Fall begiebt, wenn ein anderer seine Verbindlichkeit nicht erfüllen sollte, z. B. bei Einräumung einer Priorität; endlich von Geschäften, bei denen die gerichtliche Form und die Zuziehung eines Assistenten speziell vorgeschrieben worden, z. B. bei Expromissionen der Ehefrau für den Ehemann; §. 343. u. f.

Der entgegengesetzten Meinung stehen dagegen die Worte der §§. 198 und 199. zur Seite, welche kaum eine andere Deutung zulassen, als daß sie sich auf alle lästige Verträge beziehen, welche Eheleute in stehender Ehe abschließen, mithin ebenfalls auf die von ihnen geschlossenen Kaufverträge.

Dies scheint auch das Königl. Ober-Landesgericht in Uebereinstimmung mit der Majorität des Landgerichts zu Cottbus anzunehmen, und der Justizminister findet sich nicht veranlaßt, die Gerichte, welche die gerichtliche Form für nothwendig erachten, zu einem andern Verfahren anzuweisen.

Es kommt hierbei aber ferner

2) zur Sprache

ob der Kaufkontrakt zwischen Eheleuten, — unter Zuziehung eines Assistenten — nothwendig gerichtlich errichtet werden muß,

oder

ob es genügt, wenn ein blos schriftlich oder notariell abgeschlossener Kontrakt dem Inhalte und der Unterschrift nach unter Zuziehung eines Assistenten gerichtlich anerkannt wird.

Das Königl. Ober-Landesgericht hält eine solche Anerkennung für hinlänglich; wogegen das Landgericht annimmt, daß in allen Fällen, in welchen die gerichtliche Aufnahme des Vertrages erfordert wird, eine gerichtliche Anerkennung nicht genüge.

Daß die letztere Ansicht die allein richtige ist, ergiebt sich aus Folgendem.

Die §§. 22 und 23. Tit. 3. Thl. II. der A. G. O., welche von der gerichtlichen Anerkennung des Inhalts eines außergerichtlich errichteten Vertrages Behufs der gerichtlichen Bestätigung handeln, sprechen von solchen Fällen,

in welchen die gerichtliche Abschließung zur Gültigkeit des Vertrages nicht nothwendig ist,

wie sich dies aus dem Eingange des zweiten Satzes des §. 22. ergiebt, wo es heißt:

findet sich kein dergleichen Bedenken, und ist der Kontrakt nicht etwa von der Art, daß die gerichtliche Abschließung zu seiner Gültigkeit nothwendig ist, u. s. w.

Auch steht der Ansicht des Königlichen Ober-Landesgerichts der §. 59. Tit. 17. Thl. II. des A. L. R. entgegen, wonach

Handlungen, die statt gerichtlich, nur vor einem Notar, oder die statt des gehörigen, vor einem andern Richter vorgenommen worden, als solche, die gar nicht öffentlich beglaubigt oder gerichtlich vollzogen sind, angesehen werden, und nur soweit gelten, wie die Handlung auch als bloße Privathandlung rechtliche Wirkungen hervorbringen kann. —

Wenn man das Gegentheil annehmen wollte, so würden die Notare berechtigt sein, alle Verträge, welche gesetzlich zu ihrer Gültigkeit die gerichtliche Form erfordern, aufzunehmen — unter dem Vorwande, daß es den Partheien überlassen bleibe, sich noch zu ihrem Inhalt gerichtlich zu bekennen.

Berlin, den 14. Februar 1834.

(v. K. Jhrb. Bd. 43. S. 97.)

Auf ihre, unterm 22. v. M. angebrachte Beschwerde über die den Kaufkontrakt vom 1. Februar c. betreffende Verfügung des Königl. Kammergerichts vom 13. desselben Monats wird Ihnen, bei Rücksendung der Anlagen, Nachstehendes eröffnet.

Die von Ihnen aufgestellte Behauptung,

daß die Vorschriften der §§. 198 und 200. Thl. II. Tit. 1. des A. L. R. nicht auf die zwischen Eheleuten geschlossenen Kaufverträge überhaupt Anwendung finden,

wird zwar anscheinend durch die Fassung der A. G. O. Thl. II. Tit. 1. §. 9. Nr. 8. und insbesondere durch die dort angeführten Beispiele und Allegate unterstützt. Imgleichen scheinen auch die Worte des §. 198.

wozu sie die Gesetze nicht verpflichten,

darauf hinzudeuten, daß darin nur von Verträgen, worin eine Ehefrau ihren gesetzmäßigen Vorrechten an dem Vermögen ihres Ehemannes entsagt (cf. §§. 272 und 273. l. c.), desgleichen von Verhandlungen, wodurch sie sich, wie z. B bei der Einräumung einer Priorität, sonstiger Vorzugsrechte für den Fall der Nichterfüllung der einem Andern obliegenden Verbindlichkeiten begiebt, endlich von solchen Geschäften die Rede sei, bei welchen, wie bei der Expromission der Ehefrau für den Ehemann, die gerichtliche Form und die Zuziehung eines Assistenten speziell vorgeschrieben ist.

Nichts desto weniger aber wird der entgegengesetzten Meinung der Vorzug gegeben werden müssen

Der von den gerichtlichen Geschäften unter Eheleuten redende §. 3. des Anhanges zur A. G. O. stellt den prozessualischen Verhandlungen und Vergleichen die übrigen Verträge zwischen Eheleuten ohne Ausnahme gegenüber; die Worte der §§. 198 und 199. lassen auch keine andere Deutung zu, als daß sie sich auf alle lästigen Verträge, welche Eheleute in stehender Ehe eingehen, folglich auch auf die unter ihnen geschlossenen Kaufverträge ohne Unterschied beziehen.

Hiernach kann sich der Justizminister nicht veranlaßt finden, das Königliche Kammergericht anzuweisen, von der verlangten gerichtlichen Abfassung des Kaufkontrakts vom 1. Februar c. zu abstrahiren.

Zugleich wird, um etwanigen fernern Zweifeln zu begegnen, noch bemerkt, daß, um diesem Erfordernisse zu genügen, nicht die bloße gerichtliche Anerkennung des gegenwärtigen notariellen Vertrages ausreicht, sondern eine förmliche neue Abschließung und Aufnahme vor Gericht, wie sich von selbst versteht, unter Hinzuziehung eines Rechtsbeistandes, stattfinden muß.

Die §§. 22 und 23. Tit. 3 Thl. II. der Prozeßordnung, welche von der gerichtlichen Anerkennung des Inhalts eines außergerichtlich errichteten Vertrages Behufs der gerichtlichen Bestätigung handeln, sprechen nur von solchen Fällen,

in welchen die gerichtliche Abschließung zur Gültigkeit des Vertrages nicht nothwendig ist,

wie sich dies aus dem Eingange des zweiten Satzes des §. 22. ergiebt, wo es heißt:

findet sich kein dergleichen Bedenken und ist der Kontrakt nicht etwa von der Art, daß die gerichtliche Abschließung zu seiner Gültigkeit nothwendig ist u. s. w.

Ferner sollen, nach dem §. 59. Tit. 17. Thl. II. des A. L. R.,

Handlungen, die statt gerichtlich, nur vor einem Notar vorgenommen worden, als solche die gar nicht öffentlich beglaubigt sind, angesehen werden und nur in so weit gelten, wie die Handlung auch als bloße Privathandlung rechtliche Wirkungen hervorbringen kann.

Endlich aber würde, wollte man eine solche gerichtliche Anerkennung für genügend erachten, dadurch den Notarien unangemessener Weise die Befugniß beigelegt werden, alle Verträge, welche gesetzlich zu ihrer Gültigkeit die gerichtliche Form erfordern, mit dem Vorbehalt aufzunehmen, daß es den Partheien überlassen bleibe, sich noch zu ihrem Inhalte gerichtlich zu bekennen.

Berlin, den 3. Juni 1834.

9) Die Bestellung eines Erbschatzes in Grundstücken oder Kapitalien (Ebend. §. 282.).

10) Die Errichtung einer Einkindschaft (Th. II. Tit. II. §. 721.).

Vergleiche §. 147. des Anhanges zu §. 58. II. 17. des A. L. R., wonach Einkindschafts-Verträge bei jedem Gericht aufgenommen werden können.

Handlungen die entweder gerichtlich, oder vor einem Justizkommissarius vollzogen werden.

§. 10. Endlich giebt es Handlungen, bei welchen die Gesetze zwar eine blosse aussergerichtliche Vollziehung nicht für hinreichend achten: wo sie aber dennoch den Parteien die Wahl lassen: ob sie dieselben gerichtlich oder nur vor einem Justizkommissarius und Notarius vornehmen wollen. Dahin gehören besonders

1) die Verträge derjenigen, welche des Schreibens unkundig, oder daran verhindert, oder der Sprache, in welcher der Kontrakt abgefasst werden soll, nicht mächtig sind (A. L. R. Tit. I. Th. V. §. 172—184.).

Bei gemeinen Landleuten, welche schreibensunkundig sind, ist die Aufnehmung vor den Dorfgerichten mit Zuziehung eines vereideten Gerichtsschreibers hinreichend, s. §. 173. I. 5. des A. L. R.

2) Die Ausstellung von Schuldinstrumenten, aus welchen der executivische Prozess statt finden soll. (A. G. O. Th. I. Tit. XXVIII. §. 2.)

3) Verpachtungen von Landgütern, sobald der jährliche Pachtzins die Summe von 200 Thalern übersteigt. (A. L. R. Th. I. Tit. XXI. §. 403. u. f.)

S. §. 57. des Anhanges zu I. 21. §. 403. des A. L. R., wonach Pachtkontrakte, welche von einer Kreditdirektion oder von andern dergleichen öffentlichen Anstalten mit Zuziehung eines rechtserfahrenen Syndici, Justitiarii oder sonstigen Konsulenten errichtet werden, der Verlautbarung vor Gerichten oder einem Notarius nicht bedürfen.

4) Ehegelöbnisse, in so fern das Aufgebot mit beider Theile Bewilligung noch nicht erfolgt ist. (Th. II. §. 82—94.)

Gemeine Landleute können ihre Verlobungen vor Schulzen und Schöppen vollziehen und niederschreiben lassen; §. 83. II. 1. des A. L. R.

5) Eheberedungen und Verträge, welche vor vollzogener Ehe über das Vermögen der künftigen Eheleute, insonderheit der Frau, dessen Einbringung, Verwaltung und Niessbrauch geschlossen werden (A. L. R. Th. II. Tit. I. §. 82. u. f. §. 440. 441.). Auch wenn in solchen Verträgen über die künftige Erbfolge unter den Eheleuten etwas verabredet wird werden sie dennoch, in Rücksicht auf die Form, nicht als Erb-, sondern als Eheverträge beurtheilt.

Rescript vom 29. Juli 1833, betreffend die Form der Eheverträge, welche zugleich Bestimmungen über die künftige Erbfolge erhalten.

Auf die Anfrage vom 2. d. M.,
wegen der Form von Eheverträgen, welche zugleich Bestimmungen von Todes wegen enthalten,
wird dem Königl. Landgericht Nachstehendes eröffnet:

Es unterliegt keinem Bedenken, daß zu Eheverträgen, welche zugleich Bestimmungen über die künftige Erbfolge enthalten und vor Vollziehung der Ehe geschlossen werden, auch jetzt noch die Form genügt, welche §. 10. Tit. 1. Thl. II. und §. 15. Tit. 4. der A. G. O. vorschreibt, worin durch die Bestimmungen des §. 431. des Anhangs zur A. G. O nichts geändert worden ist. Es sind also bei solchen Ehe- und Erbverträgen die Förmlichkeiten der Eheverträge, und nicht der, unter Eheleuten nach geschlossener Ehe errichteten Erbverträge oder Testamente, zu beobachten.

Der §. 431. des Anhanges zum §. 15. Tit. 4. Thl. II. der A. G. O., welcher von Erbverträgen überhaupt handelt, wegen derjenigen Erbverträge unter Eheleuten aber, die in demselben Instrument mit dem eigentlichen Ehevertrage errichtet werden, auf §. 10. Tit. 1. a. a. O. verweiset, bestimmt in zwei Sätzen wörtlich:

1) „Wenn die den Vertrag schließenden Eheleute die Geheimhaltung desselben nicht verlangen, sondern solchen zur richterlichen Prüfung und Bestätigung vorlegen; so kann damit wie bei einem andern Vertrage verfahren, und den Paciscenten auf ihr Verlangen eine Ausfertigung ertheilt werden."

2) „Jedoch wird dadurch, daß der Erbvertrag unversiegelt den Gerichten übergeben worden, die Versiegelung und überhaupt die bei den Testamenten vorgeschriebene Form nicht ausgeschlossen."

Aus den Materialien über die Redaktion des Anhangs zur A. G. O. ergiebt sich, daß der erste Satz aus dem Rescripte vom 21. Juli 1800 (Neues Archiv Bd. I. S. 228.) entlehnt ist, und dem zweiten der §. 43. des Anhangs zum A. L. R. Thl. I. Tit. 12. §. 623. zum Grunde liegt, welcher wieder auf Grund des Rescripts vom 27. Dezember 1796 (Stengel, Bd. III. S. 666.) aufgenommen worden ist.

Beide Rescripte betreffen Fälle, wo ein reiner Erbvertrag unter Eheleuten in stehender Ehe abgeschlossen war, und sie sind zur Beseitigung der Zweifel ergangen: ob bei einem solchen Erbvertrage die Förmlichkeiten wie bei Testamenten nothwendig seien, und ob auf Verlangen eine Ausfertigung wie bei einem andern Vertrage gegeben werden könne. Ihre Bestimmungen sind in dem §. 431. des Anhangs zur A. G. O. vereinigt, welcher nichts Neues hat festsetzen wollen und daher auf Eheverträge, welche Verabredungen über die künftige Erbfolge enthalten und die nach §. 10. Tit. 1. Thl. II. der A. G. O., nicht als Erb-, sondern als Eheverträge beurtheilt werden sollen, nicht bezogen werden kann.

Hieraus folgt übrigens auch von selbst, daß zu einem solchen Ehevertrage nicht der Stempel nach dem Tarif unter der Position „Erbvertrag", sondern allein nach der Position „Ehevertrag" zu verwenden ist, indem die Bestimmungen über das Erbrecht nur einen Theil des Ehevertrages bilden, und dessen Natur als Ehevertrag nicht verändern. (cf. §§. 109. 114. 115. Tit. 1. Thl. II. des A. L. R.)

(v. K. Jhrb. Bd. 42. S. 139.)

6) Alle Urkunden, welche, auch ohne vorher ergangene Rekognition, Glaubwürdigkeit und Beweiskraft in Gerichten haben sollen. (A. G. O. Th. I. Tit. X. §. 127—130.)

Wegen Legalisation der Urkunden, welche ins Ausland gehen sollen oder von dort kommen, s. zu §. 7. dieses Titels.

§. 11. In wiefern in allen diesen Fällen (**§. 3 — 10.**) die Unterlassung der gerichtlichen oder von einem Notarius beglaubigten Vollziehung die Handlung selbst nichtig und unkräftig mache, oder nur eine Verbindlichkeit der Parteien, das Verabsäumte nachzuholen, entstehe, ist in Ansehung eines jeden Geschäfts in den Gesetzen besonders bestimmt. Im zweifelhaften Falle ist keineswegs die gänzliche und absolute Nichtigkeit des

Geschäfts, sondern nur eine Verbindlichkeit der Parteien, das Verabsäumte nachzuholen, sobald diese Nachholung noch statt finden kann, anzunehmen. (A. L. R. Th. I. Tit. III. §. 40. 41.)

Rescript vom 27. Januar 1816, betreffend die Wirkung der Notariatsinstrumente über Geschäfte, welche nach dem Gesetz gerichtlich abgeschlossen werden müssen; s. zu §. 2. h. t.

D. Handlungen, die aus freiem Willen der Parteien gerichtlich vollzogen werden.

§. 12. In Ansehung der übrigen Handlungen, bei welchen weder das A. L. R, noch die Provinzialgesetze oder Statuten, eine gerichtliche oder andere öffentliche Vollziehung oder Beglaubigung ausdrücklich erfordern, hängt es bloss von dem Gutfinden der Parteien ab, in wiefern sie dieselben bloss aussergerichtlich vornehmen, oder sich dabei, mehrerer Gewissheit und Feierlichkeit halber, des richterlichen oder des Amts eines Justizkommissarius und Notarius bedienen wollen.

Rescript vom 9. Januar 1832, betreffend die Zulässigkeit der Abhaltung von Versteigerungen durch Privatpersonen.

Auf Ihre gemeinschaftliche Eingabe vom 25. November pr. wird Ihnen, bei Rücksendung der Anlagen, eröffnet, daß die Beschwerde über die Verfügung des Königl. Ober-Landesgerichts zu Hamm vom 10. August pr. nicht begründet ist; denn die Abhaltung von Versteigerungen durch Privatpersonen ist nicht allein durch kein Gesetz untersagt, sondern sogar durch ein Rescript des Königl. Staatsraths vom 22. Juli 1795 (Rabe, Sammlung Preußischer Gesetze Bd. III. S. 120.) ausdrücklich gestattet worden. Dieses Rescript bezieht sich zwar zunächst nur auf die vormalige Provinz Ostfriesland; allein der allgemeinen Anwendung desselben steht, da es nicht auf der besondern Verfassung jener Provinz beruhet, kein rechtliches Hinderniß entgegen. Eine Abänderung hierin nach Ihrem Antrage würde zu einer Beschränkung der Eigenthümer führen, welche das Justiz-Ministerium nicht für rathsam achten kann.

(v. K. Jhrb. Bd. 39. S. 169.)

Zweiter Titel.

Von dem Verfahren bei den Handlungen der freiwilligen Gerichtsbarkeit überhaupt.

Actus voluntariae jurisdictionis müssen

§. 1. Wenn eine Handlung der freiwilligen Gerichtsbarkeit vor Gerichten gültig vorgenommen werden soll; so wird dazu erfordert

I. dass die Handlung vor versammeltem Gerichte, oder vor einzelnen, dazu ausdrücklich deputirten Gerichtspersonen vollzogen werde;

II. dass das Gericht zur Vornehmung einer solchen Handlung an sich qualificirt, und dass es gehörig besetzt sei.

1) vor versammeltem Gerichte oder gehörig bestellten Deputirten vorgenommen werden.

§. 2. Vermöge des ersten Erfordernisses sind einzelne Gerichtspersonen eigenmächtig, ohne ausdrücklichen Auftrag des Gerichts oder seines Vorgesetzten, eine solche Handlung vorzunehmen, nicht berechtigt; vielmehr hat ein solcher Aktus gar keine gerichtliche Kraft; und derjenige, welcher durch eigenmächtige Uebernehmung desselben, die Parteien zu dem irrigen Wahne: als ob die Handlung gerichtlich vorgenommen sei, verleitet hat, muss ihnen für den dadurch verursachten Schaden gerecht werden.

§. 3. Die Deputation einzelner Gerichtspersonen geschieht in der Regel nur für einen gewissen bestimmten Fall. Es können aber auch, besonders an grösseren Orten, und bei zahlreicher besetzten Gerichten, zu gewissen Arten von Handlungen beständige Deputationen ein- für allemal ernannt werden.

1) **Rescript** vom 13. September 1817, betreffend die Befugniß der Königlichen Kammergerichts-Secretarien, Actus voluntariae jurisdictionis aufzunehmen und auszufertigen.

Dem Königlichen Kammergericht wird auf den, unter dem 1. d. M. erstatteten Bericht hiermit eröffnet, daß, da die Einrichtung, daß die Sekretarien des Kollegii actus voluntariae jurisdictionis in Berlin aufnehmen und unter ihrer Unterschrift ausfertigen, zum großen Vortheil des Publikums besteht, und es nicht die Absicht ist, diesen Geschäften die Form der Notariatsverhandlungen zu geben, die Sekretarien vielmehr seit Einführung der Gerichtsordnung als Deputirte des Königlichen Kammergerichts in diesen Angelegenheiten betrachtet sind, der Justizminister nichts dagegen zu erinnern hat, daß das Königliche Kammergericht eine Bekanntmachung für die Amtsblätter entwerfe, welche diese Bestimmungen enthält, und dadurch den auswärtigen Behörden die Mittel zur richtigen Beurtheilung dieser Geschäfte zu erleichtern. Die von dem Kollegio in Vorschlag gebrachte Bekanntmachung enthält jedoch nichts davon, daß die Kammergerichts-Sekretrarien ihre Verhandlungen selbst auszufertigen befugt sind, daher solche auch hierauf auszudehnen ist.

(v. K. Jhrb. Bd. 10. S. 251.)

2) **Rescript** vom 3. Juni 1833 nebst Anlage, betreffend die Befugniß des Protonotarius bei dem Königlichen Ober-Landesgericht zu Stettin, actus voluntariae jurisdictionis aufzunehmen.

A.

Auf den Bericht des Königlichen Ober-Landesgerichts vom 2. v. M. genehmigt der Justizminister hierdurch, daß der bei dem Kollegio fungirende Protonotarius, Kriminalrath Zitelmann, fernerhin, wie bisher, Handlungen der freiwilligen Gerichtsbarkeit aufnehme. Die ihm unterm 11. März 1805 dazu ertheilte Ermächtigung soll durch die Jahrbücher bekannt gemacht werden. Es ist auch dabei nichts zu erinnern, daß der rc. Zitelmann die Geschäfte vornimmt, wenn die Parteien sich unmittelbar bei ihm melden. Uebrigens soll diese Einrichtung nur so lange, als der rc. Zitelmann das Protonotariat verwaltet, beibehalten werden.

Berlin, den 3. Juni 1833.

B.

Nachdem der Antrag des Kriminalraths und Protonotarius Zitelmann, ihm die Wahrnehmung des actus voluntariae jurisdictionis bei der Regierung zu gestatten, durch das Rescript de dato Berlin den 27. Februar d. J. genehmigt worden so wird derselbe nunmehr hierdurch autorisirt, die actus voluntariae jurisdictionis wahrzunehmen, wenn die Parteien sich außer der Zeit, da das Kollegium versammelt oder das Präsidium zugegen ist, melden, und solche als Kommissarius der Regierung ohne besondern Antrag zu verrichten; auch sich dabei eines gehörigen

Kommissionssiegels zu bedienen, wobei derselbe jedoch auf das Postscript an das Kammergericht vom 12. April 1785 hiermit ausdrücklich verwiesen wird.

Stettin, den 11. März 1805.

(v. K. Jhrb. Bd. 41. S. 486.)

3) **Verordnung** vom 30. November 1833, über die Anstellung und Befugnisse der Kreisjustizräthe (§. 4.), und **Reskript** vom 23. August 1836, betreffend die Befugniß der Kreisjustizräthe, actus der freiwilligen Gerichtsbarkeit aufzunehmen und auszufertigen, s. zu I §. 130. Bd. 1. S. 234. und 240.

Ausnahmen, wo einzelne Gerichtspersonen auch ohne Auftrag, solche Handlungen gültig vornehmen können.

§. 4. Von der Regel, dass einzelne Gerichtspersonen, ohne desgleichen allgemeinen oder besondern Auftrag, keine Handlungen der freiwilligen Gerichtsbarkeit gültig vornehmen können, findet hier nur eine Ausnahme in Ansehung solcher Handlungen statt, die entweder der blossen Beglaubigung wegen, aus freiem Willen der Parteien, gerichtlich vollzogen werden sollen (Tit. 1 §. 12.); oder bei welchen die Gesetze den Parteien die Wahl lassen, dieselben auch vor einem Justizkommissarius und Notarius zu vollziehen. Wenn zur Vollziehung eines solchen Aktus die Parteien sich bei einzelnen Gerichtspersonen, zu einer Zeit, da das Gericht nicht versammelt ist, und unter Umständen melden, wo die im Verzuge obwaltende Gefahr die Abwartung der nächsten Gerichtssession, oder die Ausbringung eines förmlichen Auftrags an ein Mitglied des Gerichts nicht verstattet; so soll die Handlung selbst bloss von daher, weil die Gerichtsperson, vor welcher sie vollzogen worden, dazu nicht ausdrücklich deputirt gewesen, an ihrer Rechtsgültigkeit nichts verlieren.

§. 5. Damit jedoch hiervon kein Missbrauch gemacht, und, unter dem blossen Vorwande einer im Verzuge obwaltenden Gefahr, von der gesetzlichen Ordnung ohne Noth abgewichen werde; so muss

1) die Gerichtsperson, welche dergleichen Aktum ohne besondern Auftrag besorgt hat, davon dem Gerichte, unter Vorlegung des Protokolls, unverzüglich Anzeige machen.

2) Wenn die Umstände so beschaffen sind, dass eine Wiederholung des Aktus statt finden kann, und die Parteien, welche denselben vorgenommen haben, sich noch am Orte, oder doch in der Nähe befinden; so muss entweder der Aktus selbst vor versammeltem Gerichte, oder einem dazu ausdrücklich bestellten Deputirten, jedoch ohne Verursachung neuer Kosten für die Parteien, wiederholt, oder wenigstens diesen letzteren das aufgenommene Protokoll solchergestalt zum Anerkenntnisse vorgelegt, und dies Anerkenntniss sodann unter das vorige Protokoll verzeichnet werden.

3) Wenn dergleichen Wiederholung oder Anerkenntniss nach der Natur der Sache, oder wegen Abwesenheit und Entfernung der Parteien, nicht statt finden kann; so muss das Gericht die angegebenen Gründe und Umstände, welche die vorzügliche Beschleunigung des Aktus nothwendig gemacht, und die Abwartung einer Session oder förmlichen Deputation, verhindert haben, von

Amts wegen prüfen, und die Richtigkeit derselben unter das Protokoll, und unter die Ausfertigung des etwa aufgenommenen Dokuments, verzeichnen und attestiren.

4) So oft sich findet, dass eine Gerichtsperson ohne Noth und unter dem blossen Vorwande einer obwaltenden Gefahr im Verzuge, dergleichen ihr, vermöge ihres Amts nicht zukommendes Geschäft, ohne den Auftrag des Gerichts abzuwarten, eigenmächtig vorgenommen habe, soll dieselbe, ausser dem §. 2. verordneten Schadenersatze, nach Bewandniss der Umstände und des sich etwa zugezogenen Verdachts des Eigennutzes, oder gar einer Unrichtigkeit in der Sache selbst, willkührlich, jedoch nachdrücklich, bestraft werden.

§. 6. Uebrigens folgt aus der Bestimmung des §. 4. von selbst, dass solche Handlungen, welche nach den Vorschriften der Gesetze nothwendig vor Gerichten zu vollziehen sind (Tit. I. §. 3. bis 9.), wohin besonders die Auf- oder Annahme der Testamente gehört, in keinem Falle, selbst nicht bei obwaltender Gefahr im Verzuge, vor einer einzelnen dazu nicht deputirten Gerichtsperson gültiger Weise vorgenommen werden können.

Rescript vom 28. August 1837, betreffend die Nothwendigkeit der ausdrücklichen Deputation, sowohl der richterlichen Person als auch des Protokollführers zur Auf- oder Annahme von Testamenten; s. zu §. 4. Tit. 4. Thl. II. der A. G. O.; — vergl. A. L. R. Thl. I. Tit. 12. §. 88. 89. und 139.

2) Das Gericht muss zu solchen Handlungen befugt sein.

§. 7. Zur Gültigkeit einer Handlung der freiwilligen Gerichtsbarkeit wird erfordert, dass das Gericht, vor welchem sie vollzogen werden soll, zu dergleichen Handlungen befugt sein müsse. In wie fern gewisse Handlungen nur vor dem kompetenten Gerichte der Person, der Sache oder des Geschäfts vollzogen werden können, ist bereits im vorigen Titel bestimmt. Ausserdem aber ist jedes gehörig besetzte Gericht auch zu Handlungen der freiwilligen Gerichtsbarkeit für berechtigt anzusehen; und findet dabei nur in Ansehung derjenigen Gerichte, welche bloss für gewisse Arten der Geschäfte bestellt worden (fora specialia causae), eine Ausnahme statt, da vor diesen nur solche Handlungen der freiwilligen Gerichtsbarkeit, die ein Geschäft derselben Art unmittelbar zum Gegenstande haben, gültiger Weise vollzogen werden können (A. L. R. Thl. II. Tit. XVII. §. 49.).

1) In Betreff der Befugniß der Berggerichte, Handlungen der freiwilligen Gerichtsbarkeit aufzunehmen, s. **Verordnung** vom 21. Februar 1816 zu I. 2. §. 130. Bd. 1. S. 251.

2) Wegen der Seegerichte s. II. 1. §. 5.

Anh. **§.417.** *Vormundschaftskollegia können Handlungen der freiwilligen Gerichtsbarkeit, welche solche Personen und Sachen, die den Gegenstand ihres Wirkungskreises ausmachen, betreffen, z. B. Erb- und Schenkungsverträge, Verträge über künftige Verpflegungsgelder, Entlassung eines minderjährigen Sohnes aus der väterlichen Gewalt, rechtsgültig vornehmen.*

Rescript vom 6. Dezember 1796 **ad** 1—3., betreffend die Kompetenz der Vormundschaftsgerichte zur Aufnahme von Handlungen der freiwilligen Gerichtsbarkeit; s. zu Tit. 1. §. 6. Nr. 6.

Anh. §. 418. *Bei den mobil gemachten Truppen können von der Zeit ihrer Mobilmachung bis zur Zeit ihrer Demobilisirung förmliche Testamente der Militairpersonen von einem kommandirten Kriegsgerichte aufgenommen werden; wobei es übrigens bei den gesetzlichen Vorschriften von den privilegirten militairischen Testamenten sein Bewenden behält.*

Auch sind die Brigade- und übrigen Auditeurs der mobil gemachten Truppen befugt, einseitige Handlungen der freiwilligen Gerichtsbarkeit solcher Militairpersonen, welche zu den gedachten Truppen gehören, ohne Zuziehung eines zu kommandirenden Offiziers aufzunehmen und zu beglaubigen.

1) **C. O.** vom 24. April 1812, betreffend die Befugniß der Militairgerichte bei den mobil gemachten Truppen, Handlungen der freiwilligen Gerichtsbarkeit aufzunehmen.

Auf Ihren, durch die jetzt vorseiende Organisation der Brigadegerichte veranlaßten Bericht vom 8. d. M. genehmige ich hierdurch,

daß bei den mobil gemachten Truppen von der Zeit ihrer Mobilmachung, bis zur Zeit ihrer Demobilisirung, förmliche Testamente vor einem kommandirten Kriegsgerichte aufgenommen werden können, wobei es übrigens bei den gesetzlichen Vorschriften von den privilegirten militairischen Testamenten sein Bewenden behält:

daß die Brigade- und übrigen Auditeure der mobil gemachten Truppen die Befugniß haben sollen, einseitige Handlungen der freiwilligen Gerichtsbarkeit solcher Militairpersonen, welche zu den gedachten Truppen gehören, ohne Zuziehung eines zu kommandirenden Offiziers, aufzunehmen und zu beglaubigen.

(G. S. S. 129.)

2) **C. O.** vom 2. September 1815, betreffend die Förmlichkeiten der von Militairpersonen im Felde abzugebenden Erklärungen.

Zur Ergänzung der gesetzlichen Vorschriften setze Ich auf Ihren Bericht vom 7. v. M. nach Analogie der testamentarischen Dispositionen der Militairpersonen hierdurch fest:

daß es bei Erklärungen unter den Lebendigen, welche von Militairpersonen, die im Felde stehen, in solchen Lagen abgegeben worden, wo sie an der Beobachtung der erforderlichen Förmlichkeiten verhindert sind, nur darauf ankommen soll, ob die Gewißheit ihres Willens dergestalt feststeht, daß vernünftiger Weise solche nicht bezweifelt werden kann. Es sollen auch die Erklärungen unter den Lebendigen zu ihrer Gültigkeit, wenn diese nach dem obigen Grundsatz von den Gerichten einmal anerkannt ist, nach Verlauf eines Jahres, nach dem Kriege einer Erneuerung oder Wiederholung, wie sie bei Militair-Testamenten erforderlich ist, nicht bedürfen.

Ich autorisire Sie daher, nach dieser Bestimmung nicht allein die von dem Rittmeister v. Kropf wegen der Aufhebung eines Fideikommisses abgegebene Erklärung, welche zu obiger Festsetzung die Veranlassung gegeben hat, zu beurtheilen, sondern es soll auch in allen künftigen Fällen darnach verfahren werden.

(G. S. S. 197.)

3) In Betreff der Befugniß der Gouvernementsgerichte in den Bundesfestungen Mainz und Luxenburg von den dortigen Preußischen Militairpersonen und ihren Angehörigen actus der freiwilligen Gerichtsbarkeit aufzunehmen, s. C. O. vom 19. Juli 1834 zu I. 2. §. 48. Bd. 1. S. 186.

Von Dorfgerichten.

§. 8. Dorfgerichte können Handlungen der freiwilligen Gerichtsbarkeit für sich allein und ohne den Gerichtshalter, in der Regel gültiger Weise nicht vornehmen. Doch findet eine Ausnahme in Ansehung solcher Handlungen statt, die keine Rechtskenntniss, sondern blosse Beglaubigung erfordern; in so fern nämlich

1) die Dorfgerichte mit einem gehörig vereideten Gerichtsschreiber versehen sind, und

2) bei der Handlung selbst Gefahr im Verzuge dergestalt obwaltet, dass weder die Herbeiholung des Gerichtshalters, noch die Verwendung an ein anderes ordentliches Gericht, abgewartet werden kann.

Doch müssen auch in einem solchen Falle die Dorfgerichte die von ihnen aufgenommene Verhandlung dem Justitiarius ohne Zeitverlust vorlegen; welcher wegen der Wiederholung oder Anerkennung des Aktus, oder wenn diese nicht statt finden, wegen Prüfung und Attestirung der die Gefahr im Verzuge begründenden Umstände, die Vorschriften §. 4. Nr. 2. 3. beobachten muss. (A. L. R. Thl. II. Tit. VII. §. 82—84.).

Ist die Stelle des Justitiarius vakant; so muss die obgedachte Anzeige, von Seiten der Gerichte, dem Gerichtsherrn selbst, oder dem, der dessen Stelle vertritt, geschehen; und dieser muss, bei eigener Vertretung, unverzüglich dafür sorgen, dass allenfalls eine andere vereidete Gerichtsperson zur Besorgung des Vorgeschriebenen requirirt werde.

In wie fern übrigens Verträge gemeiner Landleute, die des Schreibens und Lesens unkundig sind, ingleichen Ehegelöbnisse derselben, und überhaupt Testamente, von Dorfgerichten gültig aufgenommen werden können, ist in den Gesetzen besonders vorgeschrieben. (A. L. R. Thl. I. Tit. V. §. 173. Tit. XII. §. 93—99. Thl. II. Tit. I. §. 83.).

1) Wegen Konstituirung der Dorfgerichte und ihrer Befugniß vergl. A. L. R. II. 7. §. 73—86.

2) **Rescript** vom 27. März 1805 nebst Anlage, betreffend die Aufnahme von Testamenten vor Dorfgerichten.

A.

Auf Eure Anfragen mittelst Berichts vom 24. Dezember v. J., die Auf- und Annahme der Testamente durch die Dorfgerichte betreffend, lassen Wir Euch hiermit bescheiden, daß

ad 1) im §. 93. Tit. 12. Thl. I. des A. L. R. benachbarte Dorfgerichte zur An- und Aufnahme eines Testaments nicht ausgeschlossen sind, zu ihrer Requisition aber eine gegründete Veranlassung, als ein unbesetztes Dorfgericht am Wohnorte des Testators und dabei die Gefahr im Verzuge bei Herbeiholung des ordentlichen Gerichtshalters, die §. 93. vorausgesetzt wird, obwalten müsse.

ad 2) bereits im §. 94. des angezogenen Titels bestimmt sei, wie der Mangel eines ordentlichen Gerichtsschreibers ersetzt werden könne, und falls auch die genannten Personen fehlen sollten, der Gerichtsschreiber eines benachbarten Dorfgerichts zugezogen werden könne.

ad 3) es nothwendig sei, daß der Schulze und die Gerichtsmänner des Lesens und Schreibens kundig seien, wenn sich das Dorfgericht zur An- und Aufnahme eines Testaments qualificiren soll.
ad 4) sich die Anfrage, ob der Schulze und ein Gerichtsmann bei der An- und Aufnahme eines Testaments fehlen können? aus der Disposition des §. 93., nach welchem die daselbst benannten vier Personen vorhanden sein müssen, erledige.
ad 5) eine Deputation des Dorfgerichts zur Ueberbringung des Testaments an den Gerichtshalter nicht nachgelassen sei, derselbe aber darauf halten müsse, daß ihm das Testament von sämmtlichen §. 93. benannten Gerichtspersonen eingehändigt werde, und daher
ad 6) es nicht hinreiche, wenn solches bloß von dem Schulzen und dem Gerichtsschreiber überbracht wird, und
ad 7) unter dem Protokoll, so dem Testatori nach dem §. 96. vorzulesen ist, dasjenige Protokoll verstanden werde, welches der Gerichtsschreiber mit den Gerichtspersonen, die ihm das Testament überbringen, über den Hergang der Sache abgehalten hat.

Breslau, den 22. Februar 1805.

B.

Indem Wir Euch die Eurem Berichte vom 22. Januar c. beigeschlossene Original-Eingabe des Roldauer Justitiarii zu Ramslau vom 24. Dezember pr. die An- und Aufnahme der Testamente durch die Dorfgerichte betreffend, mit ihrer Beilage remittiren, ertheilen Wir Euch zur Resolution, daß die von Euch auf die Anfragen entworfene Bescheidung außer den von Euch in derselben angeführten gesetzlichen Bestimmungen vorzüglich
ad 1) den Vorschriften des A. L. R. Tit. 12. §. 73. und 79., die
ad 2) den Vorschriften desselben im angeführten Titel §. 94., die
ad 3. u. 4) den Vorschriften des A. L. R. Thl. II. Tit. 7. §. 82. und der A. G. O. Thl. II. Tit. 2. §. 8.
ad 5. u. 6) der Vorschrift des A. L. R. Thl. I. Tit. 12. §. 95., endlich die
ad 7) der in Eurer Resolution an das Roldauer Gerichtsamt genannten Vorschrift des Landrechts völlig angemessen ist, und Ihr daher die Bescheidung danach abzufassen habt.

Berlin, den 27. März 1805.
(Neues Archiv Bd. 4. S. 2.)

Von Polizeimagisträten.

§. 9. Was von Dorfgerichten verordnet ist, gilt auch von den Polizeimagisträten in kleinen Städten, wenn dieselben mit keiner zur Justiz verpflichteten Gerichtsperson versehen sind; oder wenn bei ihnen nur Eine zur Verwaltung des Richteramts bestellte Person vorhanden ist, und in deren Abwesenheit eine Handlung der freiwilligen Gerichtsbarkeit mit blosser Zuziehung des Stadtsekretairs vollzogen werden soll.

1) **C. O.** vom 21 Januar 1833, betreffend die Errichtung von Testamenten vor Magisträten.

Ich habe aus Ihrem Berichte vom 7. d. M. ersehen, daß bei den Gerichten über die Anwendung des §. 99. Tit. 12. Thl. I. des A. L. R., betreffend die Errichtung von Testamenten vor Magisträten, Zweifel entstanden sind. Zur Erledigung derselben verordne Ich hierdurch nach Ihrem Antrage, daß in Städten, wo der Richter nicht am Orte wohnt, oder wo nur eine zur Verwaltung des Richteramts bestellte Person vorhanden ist, in Abwesenheit derselben, Testamente rechtsgültig von einer aus dem Burgemeister oder dessen Stellvertreter und zwei Magistratsmitgliedern bestehenden Deputation an- und aufgenommen werden dürfen, und daß es außer dem geleisteten Amtseide der Mitglieder dieser Deputation, keiner besondern Vereidigung derselben zu Amtsverrichtungen dieser Art bedarf. Die Stelle des einen Magistratsmitgliedes kann durch den Stadtsekretair, einen vereideten Gerichtsschreiber, oder eine der §. 94. Tit. 12. Thl. I. des A. L. R. genannten Personen vertreten werden. Ich beauftrage Sie, diese Bestimmung durch die G. S. bekannt zu machen. (G. S. S. 13.)

2) **Rescript** vom 10. Juni 1833, betreffend die Abgabe der von Magisträten aufgenommenen Testamente an das Gericht.

Die Allerhöchste C. O. vom 21. Januar d. J. über die Errichtung von Testamenten vor den Magisträten, hat, wie ihr Inhalt deutlich ergiebt, lediglich die über die Anwendung des §. 90. Tit. 12. Thl. II. des A. L. R., besonders seit Einführung der Städte-Ordnung entstandenen Zweifel beseitigen wollen, ob bei solchen Testaments An- oder Aufnahmen die Anwesenheit des ganzen Magistrats-Kollegiums, oder nur eine Deputation desselben erforderlich sei. Nirgends ist darin auch nur entfernt angedeutet:

daß bei dergleichen Testamenten die in den §§. 95—97. des A. L. R. a. a. O. angeordnete nachträgliche Mitwirkung des Richters fortfallen solle;

und insbesondere läßt sich dies daraus nicht herleiten, daß die gedachte Ordre, die von Seiten der Magistrats-Deputation erfolgte An- oder Aufnahme eines Testaments eine

„rechtsgültig erfolgte"

nennt, da auch der §. 93. des A. L. R. a. a. O., auf welchen in dem §. 99. Bezug genommen wird, von der Gültigkeit der von Dorfgerichten an- und aufgenommenen Testamente spricht, und dennoch unzweifelhaft bei solchen Testamenten die in den §§. 95—97. a. a. O. vorgeschriebene nachträgliche Einwirkung des Richters noch hinzutreten muß.

Die Magisträte müssen daher auch ferner noch die vor ihren Deputirten an- oder aufgenommenen Testamente, und zwar, wie es der § 95 a. a. O. fordert, „ohne Zeitverlust", dem Richter einhändigen, welcher seiner Seits nach wie vor verpflichtet bleibt, die in diesem und den folgenden Paragraphen ihm vorgeschriebenen Handlungen vorzunehmen.

Eine besondere Strafe gegen den Vorstand oder die Mitglieder eines Magistrats, der sich bei Ablieferung solcher Testamente säumig zeigt, hat das Gesetz nicht angeordnet; es können daher in dieser Beziehung nur die allgemeinen gesetzlichen Vorschriften über die straf- und civilrechtlichen Folgen der den Beamten zur Last fallenden Pflichtwidrigkeiten zur Anwendung kommen.

Dies wird dem Königlichen Ober-Landesgericht auf den Bericht vom 24. v. M. bei Rücksendung des eingereichten Berichts des Land- und Stadtgerichts zu Graudenz vom 10. v. M., zur weitern Bescheidung des letztern hiermit eröffnet.

(v. K. Jhrb. Bd. 41. S. 427.)

3) **C. O.** vom 6. November 1834, betreffend die Auf- und Annahme letztwilliger Verordnungen vor Magisträten im Großherzogthum Posen.

Zur Erleichterung der Auf- und Annahme letztwilliger Verordnungen im Großherzogthum Posen, setze Ich nach Ihren Anträgen für diejenigen Städte des Großherzogthums, welchen die Städteordnung vom 17. März 1831 bis jetzt noch nicht verliehen ist, das Verfahren bei Ausführung der Vorschriften §. 99. Tit. 12. Thl. I. des A. L. R. und Meiner Order vom 21. Januar 1833 dahin fest: daß die Deputationen zur Auf- und Annahme des letzten Willens, aus dem Bürgermeister oder dessen Stellvertreter und aus zwei Rathmännern zu bilden sind, wobei in Stelle des einen Rathmannes außer den in Meiner Order vom 21. Januar 1833 und in §. 94. Tit. 12. Thl. I. des A. L. R. bezeichneten Person auch ein Mitglied des Stadtraths oder ein zur interimistischen Verwaltung einer vakanten katholischen Pfarrstelle von der geistlichen Behörde abgeordneter Kommendarius, zugezogen werden kann. Sämmtliche Mitglieder einer solchen Deputation müssen des Lesens und Schreibens der Deutschen Sprache kundig sein, ist der Testator nur der Polnischen Sprache mächtig und muß daher nach §. 152. der Verordnung vom 9. Februar 1817 das Protokoll in Polnischer Sprache aufgenommen und demselben in Gemäßheit der Verordnung vom 16. Juni d. J. Art. 9. eine Deutsche Uebersetzung beigefügt werden; so kommt es bei der Anwendung der Vorschriften des A. L. R.

Thl. I. Tit. 12. §. 125—132. darauf an, ob alle, oder doch wenigstens zwe Mitglieder der Deputation der Polnischen Sprache kundig sind, in welchem Falle die Deputation selbst das Protokoll in Polnischer und Deutscher Sprache aufzunehmen hat. Ist dagegen nur ein Mitglied der Polnischen Sprache kundig, so bedarf es der Zuziehung eines vereideten Dollmetschers und, wenn kein Mitglied Polnisch versteht, müssen zwei vereidete Dollmetscher zugezogen werden. Sie haben hiernach weiter zu verfügen und diese Anordnung durch die G. S. zur öffentlichen Kenntniß zu bringen.

(G. S. S. 181.)

3) Die Handlung muss am gehörigen Orte, und

§. 10. Der Ort, wo die Handlung vorgenommen wird, und ob es an gewöhnlicher Gerichtsstätte oder in einem Privathause geschieht, macht in Ansehung der Gültigkeit keinen Unterschied. Auch schadet es der Kraft der Handlung an sich nicht, wenn der sie vornehmende Richter aus seinem Gerichtssprengel heraus und in einen fremden übergegangen ist. Doch wird derjenige Richter, welcher ohne Noth und erhebliche Ursachen einen Aktus in einem fremden Gerichtssprengel vorzunehmen sich angemaasst hat, nach näherer Bestimmung der Gesetze, nicht nur seiner Gebühren verlustig, sondern er hat auch willkührliche fiskalische Strafe verwirkt. (A. L. R. Thl. I. Tit. XII. §. 73—81. Thl. II Tit. XVII, §. 60.)

1) **Rescript** vom 9. März 1795, betreffend die Bedeutung des Worts: „Gerichtssprengel."

Der Gegenstand Eurer Anfrage vom 22. v. M. scheint nicht zweifelhaft zu sein. Der §. 78. entscheidet deutlich, daß von den beiden von Euch vorgetragenen Meinungen der erstern der Vorzug gebühre, und unter dem Worte: Gerichtssprengel in §. 72. die physischen Grenzen der Stadt, des Orts, oder Distrikts, innerhalb dessen dem das Testament aufnehmenden Richter eine Jurisdiktion (wenn auch nicht über alle darin befindliche Personen oder Sachen) zukommt, gemeint sind. Hiernach hat also das Stadtgericht zu Stargard keinen Grund zu einer Beschwerde über das dortige Koloniegericht; sondern würde nur, wenn das Haus, in welchem die Testamentsaufnahme geschehen, der deutschen Jurisdiktion unterworfen ist, wegen der für den Actum ihm zukommenden Gebühren, an seinen Jurisdiktionarium oder dessen Erben sich halten können.

(N.C.C. T. X. S. 1859. Nr. 7. des Nachtrags 1798.)

2) **Rescript** vom 22. Mai 1818, betreffend die Unstatthaftigkeit der Aufnahme von Actus der freiwilligen Gerichtsbarkeit außerhalb des Gerichtssprengels.

Das Königliche Ober-Landesgericht zu Naumburg erhält hierneben eine Beschwerde des Land- und Stadtgerichts zu Halle vom 10. d. M. über das dortige Patrimonial-Kreisgericht, wegen der von letzterm vorgenommenen Handlungen der freiwilligen Gerichtsbarkeit von den Eingesessenen des Land- und Stadtgerichts.

Wenn es gegründet ist, wie sich auch nach allgemeinen Prinzipien annehmen läßt, daß das Kreisgericht zu Halle in Halle selbst keine Jurisdiktion hat, so hat dasselbe auch dort, nach dem Begriffe des Landrechts §. 29. des Anhangs, keinen Gerichtssprengel, selbst wenn die Gerichtsstube des Gerichts am Orte ist. Es darf daher nach den Vorschriften des A. L. R. Thl. II. Tit. 17. §. 60. und Thl I. Tit. 12. §. 70., von den Gerichtseingesessenen des Land- und Stadtgerichts zu Halle in Halle keine außergerichtlichen Geschäfte besorgen, und das Königliche Ober-Landesgericht hat das gedachte Kreisgericht deshalb auf jene Vorschriften zurückzuführen.

Indem diese Verfügung dem Land- und Stadtgerichts-Direktor Schwarz in Halle bekannt gemacht worden ist, hat derselbe zugleich den Auftrag erhalten, die Veranstaltung zu treffen, daß es den Gerichtseingesessenen möglich gemacht werde, bei dem Land- und Stadtgerichte eben so schnell abgefertigt zu werden, als bei dem Kreisgerichte, wenn sie Handlungen der freiwilligen Gerichtsbarkeit aufzunehmen haben, weil aus der Beschwerde selbst zu ersehen ist, daß die schnellere Abfertigung der Grund ist, warum diese Eingesessenen sich vorzugsweise an das Kreisgericht wenden.

(v. K. Jhrb. Bd. 11. S. 220.)

3) **Rescript** vom 26. April und 23. Juli 1832, wegen Beschränkung der außerhalb ihres Gerichtssprengels wohnenden Justitiarien, an ihrem Wohnorte Handlungen der freiwilligen Gerichtsbarkeit aufzunehmen.

A.

Dem Königlichen Ober-Landesgerichte wird auf den Bericht vom 17. d. M.,
betreffend die von den nicht am Orte des Gerichts wohnenden Justitiarien an ihren Wohnorten mit ihren Gerichtseingesessenen vorzunehmenden Handlungen der freiwilligen Gerichtsbarkeit,

Folgendes eröffnet.

Da die Patrimonial-Jurisdiktionen in der Regel nicht von dem Umfange sind, daß sich ein Richter ausschließlich mit denselben beschäftigen und am Orte des Gerichts seinen Wohnsitz nehmen kann, so gereicht es zum größten Druck der Gerichtseingesessenen dieser Gerichte, wenn sie nur am Orte ihres Gerichts bei ihrem Richter Handlungen der freiwilligen Gerichtsbarkeit vornehmen können. Eine solche Bestimmung würde in der Regel zur Folge haben, daß in irgend etwas eiligen Sachen die Gerichtseingesessenen entweder den Richter auf ihre Kosten nach dem Orte des Gerichts fahren müßten, wenn sie nicht den nächsten, Monate lang ausstehenden Gerichtstag abwarten wollten, oder, daß sie auf die Vortheile, welche die Bekanntschaft des Richters mit dem Hypothekenbuche, den Vormundschafts-, Nachlaß- oder andern Akten den Personen gewährt, verzichten und bei einem fremden Richter diese Geschäfte vornehmen müßten.

Zur Verhütung dieser Nachtheile hat das Justizministerium unterm 15. Februar c. es nachgelassen, daß ein Patrimonialrichter mit seinen Gerichtseingesessenen aus derselben Jurisdiktion auch an dem Orte seines Wohnsitzes actus voluntariae jurisdictionis vornehmen könne, und der Justizminister bestätigt diese Verfügung in der Voraussetzung, daß bei dem vorzunehmenden Geschäfte nur Interessenten aus derselben Jurisdiktion konkurriren, und der Justitiarius das Geschäft als Richter des Orts vornimmt, wo die Paciscenten wohnen.

Eine Verletzung der Gesetze ist hierin nicht zu fürchten. Denn es bestimmt §. 10. Tit. 2. Thl. II. der A. G. O., daß nur der Richter, welcher ohne Noth einen actus der freiwilligen Gerichtsbarkeit sich anmaßt, die Gebühren verlieren solle. In dem gedachten Falle ist aber keine Anmaßung der Jurisdiktion in einem fremden Sprengel anzunehmen, vielmehr ist der Fall vorhanden, wo erhebliche Ursachen die Ausnahme rechtfertigen.

Berlin, den 26. April 1832.

B.

Der Justizminister kann Ihre Beschwerde vom 11. Juli c. über die Verfügung des dortigen Königlichen Ober-Landesgerichts vom 20. Februar d. J.,
wodurch Ihnen, als Verwalter des Justitiariats N. N., untersagt ist, Akte der freiwilligen Gerichtsbarkeit von Personen, die nicht zu den Eingesessenen des Land- und Stadtgerichts Marienwerder gehören, aufzunehmen,

nicht für gerechtfertigt erachten.

Wenn auch hinsichts der Verwaltung der Jurisdiktion von N. N. bestimmt ist, und gestattet worden:

alle Geschäfte in Marienwerder in den Stuben des Stadtgerichts abzumachen;

so kann doch keineswegs daraus gefolgert werden, daß der Gerichtssprengel des Patrimonialgerichts durch jene Bewilligung — die sich nur auf die Geschäfte der Gerichtseingesessenen und der Gerichtsherren beziehen kann, — hat erweitert werden sollen. Zur Aufnahme der Geschäfte der freiwilligen Gerichtsbarkeit ist der Richter nur innerhalb der Grenzen seines Gerichtssprengels befugt. (§. 60. Tit. 17. Thl. II. u. §. 73. Tit. 12. Thl. I. des A. L. R., §. 10. Tit. 2. Thl. II. der A. G. O.)

Unter Gerichtssprengel sind aber, nach den klaren Bestimmungen des §. 29. des Anh. zur A. G. O., die physischen Grenzen von N. N., nicht aber die der Stadt Marienwerder zu verstehen, denn in diesem steht dem Justitiar von N. N. als solchem keine Jurisdiktion zu, wenn auch verstattet worden, die das Patrimonialgericht N. N. betreffenden Geschäfte — in so weit solche die Gerichtseingesessenen und den Gutsherrn betreffen — in Marienwerder vorzunehmen.

Wollte der Justitiar von N. N. in Marienwerder Geschäfte der freiwilligen Gerichtsbarkeit anderer Personen — wenn auch solche nicht unter der Jurisdiktion des dasigen Land- und Stadtgerichts stehen, vornehmen: so würde er doch in den Gerichtssprengel des letztern, so wie des Ober-Landesgerichts einschreiten, da diesen Behörden die Jurisdiktion innerhalb der physischen Grenzen der Stadt zusteht.

Daraus, daß das Ober-Landesgericht früher die Ueberschreitungen des Jurisdiktionssprengels des Justitiars von N. N. nicht gerügt hat, kann er kein Recht für die Zukunft folgern.

Daß übrigens die Bestimmung des Ober-Landesgerichts sich auf frühere Verordnungen gründet, werden Sie

aus dem Rescripte vom 29. Juni 1803 (Rabe's Samml. Bd. 7. S. 475.)
aus dem Rescripte vom 5. April 1806 (Rabe's Samml. Bd. 8. S. 501.)
und aus dem Publikandum des Ober-Landesgerichts zu Magdeburg vom 2. Juni 1817 (Jhrb. Bd. 10. S. 59.)

ersehen.

Auch das von Ihnen in Bezug genommene Rescript vom 22. Mai 1818 (Jhrb. Bd. 11. S. 220.) bestätigt diese allgemeinen Grundsätze, wenn es auch nur speziell die Frage entschieden hat, ob das Kreisgericht zu Halle — wenn es daselbst keine Jurisdiktion habe — Handlungen der freiwilligen Gerichtsbarkeit von den Gerichtseingesessenen des Land- und Stadtgerichts daselbst aufnehmen könne.

Berlin, den 23. Juli 1832.

(v. K. Jhrb. Bd. 40. S. 183.)

Anh. §. 419. *Ein Gerichtsherr kann Geschäfte der willkührlichen Gerichtsbarkeit vor seinem Justitiarius an jedem Orte vollziehen.*

Rescript vom 3. März 1807, betreffend die Befugniß eines Patrimonial-Gerichtsherrn, Handlungen der freiwilligen Gerichtsbarkeit vor seinem Gerichtshalter an jedem Orte vorzunehmen.

In der abschriftlich anbei erfolgenden Vorstellung hat der Hoffiskal P. bei Uns darüber Beschwerde erhoben, daß Ihr ihn

wegen der zu Berlin als Justitiarius zu St., D. und Sch. aufgenommenen gerichtlichen Spezial-Vollmacht des Geh. K. R. B. auf den Geh. O. Just. und Trib. R. F. und Reg. R. v. S.

in 2 Rthlr. Strafe genommen habt. Diese Beschwerde ist gegründet, um die Strafe wieder niederzuschlagen, denn die Thl. II. Tit. 2. §. 10. der A. G. O. enthaltene Vorschrift und die, in derselben in Bezug genommenen Gesetzstellen, nach welchem kein Richter ohne Noth und erhebliche Ursachen einen actum voluntariae jurisdictionis bei Vermeidung fiskalischer Strafe in einem fremden Gerichtssprengel vornehmen soll, setzt voraus, daß die einen solchen Aktum vollziehende Person der Gerichtsbarkeit des Richters, vor welchem solcher vollzogen wird, nicht unterworfen ist. Daß aber im umgekehrten, in Beziehung auf die Vorschrift des A. L. R. Thl. II. Tit. 17. §. 44. (nach welcher der Gerichtsherr nach seiner Wahl der Gerichtsbarkeit seiner eigenen Gerichte sich unterwerfen kann) hier allerdings vorhandenem Falle, jenes Verbots- und Strafgesetz keine Anwendung finden kann, liegt klar zu Tage, theils deshalb, weil der Grund des Gesetzes, welcher in der früheren Verordnung gleichen Inhalts vom 5. August 1780 ausdrücklich dahin angegeben wird, daß den hiesigen Gerichten und immatrikulirten Notarien die ihnen rechtmäßig zukommenden Gebühren nicht entzogen werden, offenbar wegfällt, indem vielmehr im Gegentheil dem Gerichtshalter die ihm rechtmäßig zukommenden Gebühren entzogen werden würden, theils aber auch darum, weil es unmöglich die Absicht des Gesetzes gewesen sein kann, den in der Nähe großer Städte wohnenden Patrimonial-Gerichtseingesessenen den Genuß dieses größtentheils persönliches Vertrauen und Bekanntschaft erfordernden Theils der Justizpflege dadurch zu erschweren, daß sie den in den letzteren gemeiniglich wohnenden Gerichtshalter, mit einem ganz unverhältnißgen Kostenaufwand und Zeitverlust in den eigentlichen Gerichtssprengel kommen lassen müssen. Endlich würde es, was den vorliegenden speziellen Fall betrifft, eine offenbare Einschränkung des Eigenthums mit sich führen, wenn dem Inhaber einer Patrimonial-Gerichtsbarkeit nicht die Befugniß zustehen sollte, einen dergleichen actum voluntariae jurisdictionis an einem jeden Orte aufnehmen zu lassen, welches in den Gesetzen nirgends gebilligt wird, und wonach also auch dem Supplikanten, welcher sich dem ihm gemachten Antrage unterzogen, nichts zur Last gelegt werden kann.

(Mathis Bd. 4. S. 96. Abschn. 2.)

4) zur gehörigen Zeit vorgenommen werden.

§. 11. Auch die Zeit, wann eine Handlung der freiwilligen Gerichtsbarkeit vorgenommen worden ist, hat auf die Gültigkeit derselben keinen Einfluss. Doch sollen die Gerichte dergleichen Aktus an Sonn- und Festtagen, besonders während des Gottesdienstes, nicht ohne Noth vornehmen, und wenn es die Umstände gleichwohl erfordern, allen öffentlichen Anstoss oder Störungen mit möglichster Vorsicht vermeiden.

Anh. §. 420. *In keinem Falle soll an einem Sonn- oder Festtage eine gerichtliche Auktion gestattet werden.*

Rescript vom 5. März 1810, betreffend die Unzulässigkeit gerichtlicher Geschäfte an Sonn- und Festtagen.

Unsere Section des Kultus im Ministerium des Innern hat sich über die, von mehreren Gerichtshaltern veranlaßte, Störung der Sonntagsfeier beschwert. Besonders haben mehrere Geistliche darüber Klage geführt, daß verschiedene Gerichtshalter die Gerichts- und Dingetage auf den Sonntag ansetzen. Dies ist aber der Vorschrift der A. G. O. Thl. III. Tit. 1. §. 51—54. und Thl. I. Tit. 8. §. 5. entgegen, und es ist an den Sonn-, Buß- und hohen Festtagen auch in Wechsel-, Alimenten- und Arrestsachen keine Ausnahme davon zu verstatten, wofern nicht eine schleunige und dringende Arrestsache durch die höchste Noth gerechtfertigt wird, in welchem Falle aber doch aller öffentliche Anstoß und jede Störung des Gottesdienstes mit möglichster Vorsicht vermieden werden muß, wie dieses auch in Ansehung der freiwilligen Gerichtsbarkeit Thl. II. Tit. 2. §. 11. vorgeschrieben ist. In keinem Falle soll jedoch des Sonntags eine gerichtliche Auktion gestattet werden.

Auch über die öffentliche Ausstellung der Verbrecher am Sonntage ist Beschwerde geführt worden. Ob nun gleich dieser Gebrauch, vermittelst der Kirchenbuße, von der Kirche selbst ausgegangen ist, so ist doch diese in Unsern Staaten längst abgeschafft, und es sind auch die öffentlichen Ausstellungen im spanischen Mantel, der Fiedel und andern ähnlichen Strafwerkzeugen verboten, und noch weniger wollen wir gestatten, daß die der Gottesverehrung, Ruhe und anständigen Erholungen gewidmeten Tage zu Strafvollziehungen sollen angewendet werden. Daher ist auch der Strafarrest nicht auf die Sonn- und Festtage zu vertheilen, und überhaupt von Seiten der Gerichte nichts vorzunehmen, was einen Mangel der Achtung gegen die Religion, und gegen die von ihr geheiligten und dem Staat ehrwürdigen Gebräuche zu erkennen geben könnte.

(Mathis Bd. 9. S. 30. Abschn. 1.)

5) Das Gericht muss gehörig besetzt sein.

§. 12. Das Gericht, vor welchem eine Handlung der freiwilligen Gerichtsbarkeit vorgenommen werden soll, muss gehörig besetzt sein.

§. 13. Wenn bei grösseren, aus mehreren Personen bestehenden Gerichten, eine Handlung an gewöhnlicher Gerichtsstelle, während einer der ordentlichen Versammlungen des Gerichts, vollzogen wird; so kommt es nicht darauf an: ob alle, oder nur etliche Mitglieder anwesend sind, und ob der gewöhnliche Dirigent des Gerichts gegenwärtig ist, oder seine Funktion einem Andern übertragen hat. Doch wird auch in diesem Falle die Anwesenheit von wenigstens zwei Gerichtspersonen erfordert.

§. 14. Kleinere Gerichte, ingleichen Deputationen, vor welchen Handlungen der freiwilligen Gerichtsbarkeit gültig sollen vollzogen werden können, müssen wenigstens aus einer richterlichen Person, und einem Aktuarius oder vereideten Protokollführer bestehen.

1) Wegen der Fälle, in denen die Zuziehung einer zweiten Gerichtsperson oder eines Protokollführers nur noch erforderlich ist, s. weiter unten §. 421. des Anh.

2) a. **Rescript** vom 1. November 1819, betreffend die Aufnahme der Testamente und anderer Handlungen der freiwilligen Gerichtsbarkeit durch Referendarien.

Der von dem Königlichen Ober-Landesgericht im Berichte vom 8. v. M. geäußerten Meinung:

„daß die an einem Gericht als Hülfsarbeiter deputirten Referendarien zur Aufnahme von Testamenten und Verhandlungen der freiwilligen Gerichtsbarkeit gebraucht werden können,“

tritt der Justizminister bei, da die Referendarien, wenn sie kommissarisch einem Gerichte beigeordnet werden, das ganze Richteramt vertreten.

In Absicht derjenigen Referendarien, die zu ihrer Ausbildung bei dem Kollegio arbeiten, ist es indeß nicht gewöhnlich, sie zur Aufnahme von Testamenten oder Verhandlungen der freiwilligen Gerichtsbarkeit zu deputiren, welche Actus vielmehr von den eigentlichen Mitgliedern des Kollegii aufzunehmen sind.

(v. K. Jhrb. Bd. 14. S. 223.)

b. Wegen der Auskultatoren s. **Rescript** vom 30. September 1833 nach §. 15. h. t.

§. 15. Der Aktuarius kann, auch bei solchen Handlungen, die Stelle des Richters nicht vertreten, noch von dem Richter eigenmächtig substituirt werden.

Doch kann bei kleineren Gerichten, die nur aus einem Richter und dem Aktuarius bestehen, das Landesjustizkollegium der Provinz einem solchen Aktuarius, der zur Justiz vollständig qualificirt und gehörig verpflichtet ist, den allgemeinen Auftrag ertheilen, in dringenden Fällen, wenn der Richter durch Krankheit, Abwesenheit und sonst verhindert wird, die Funktion desselben zu übernehmen, und den Aktus auf die unten (§. 18.) näher zu bestimmende Art, mit Zuziehung von Schöppen oder Beisitzern, zu besorgen. Ein solcher Aktuarius muss jedoch in dem aufzunehmenden Protokolle sowohl der Verhinderung des Richters, als des ihn legitimirenden Auftrags, unter Allegirung des Dati, ausdrücklich gedenken und dem Richter von dem Vorgange, sobald es nach gehobenem Hindernisse geschehen kann, Anzeige machen, damit, wenn ja bei den Legalitäten der Handlung noch etwas zu erinnern sein sollte, der Richter das Erforderliche zu deren Ergänzung in Zeiten verfügen könne.

1) **Rescript** vom 29. Oktober 1800, betreffend die Qualifikation der Aktuarien bei Vertretung des Richters.

Wir ertheilen Euch auf Euren Bericht vom 6. d. M., worin Ihr Euer Bedenken in Absicht der Vertretung der Kreis-Justizräthe bei der Aufnahme von Actibus voluntariae jurisdictionis durch die bei den Kreis-Justizkommissionen angestellten Aktuarien, wenn selbige die Prüfung zum Referendariat nicht überstanden haben oder darin nicht qualificirt befunden worden, vorgetragen, und um Verhaltungsbefehle gebeten habt, hierdurch zur Resolution:

daß, wenn es gleich kein Bedenken hat, einem jeden Kreis-Justiz-Kommissions-Aktuario ohne Unterschied die Befugniß beizulegen, welche das A. L. R. Thl. I. Tit. 12. §. 93. bei den von Dorfgerichten aufzunehmenden Testamenten, zu welchen der Richter wegen obwaltender Gefahr im Verzuge nicht herbeigeholt werden kann, dem Gerichtsschreiber, und in dessen Ermangelung dem Prediger verliehen hat; doch ein nicht geprüfter und zur Justiz nicht qualificirter Aktuarius zu keinem actu voluntariae jurisdictionis als Stellvertreter des Kreis-Justizrathes gebraucht werden könne; daß Ihr indessen darin zu weit geht, wenn Ihr zu dieser Qualifikation die Bestehung des Referendariats-Examens nothwendig erfordert, da nur eine solche Prüfung und Qualifikation in dem vorliegenden Falle erfordert wird, welche zu der Vertretung des Kreis-Justizraths hinreicht.

Ihr habt daher diejenigen Aktuarien bei den Kreis-Justizkommissionen Eures Departements, welche sich hierzu noch nicht tüchtig bewiesen haben, zur Prüfung aufzufordern, und wenn solche günstig ausfällt, sie zur Justiz zu verpflichten, und zu der beabsichteten Stellvertretung zu autorisiren.

(Neues Archiv Bd. 1. S. 386.)

2) **Rescript** vom 30. September 1833, betreffend die Nichtbefugniß der Aktuarien und Auskultatoren zur Aufnahme von actus der freiwilligen Gerichtsbarkeit.

Auf Ihre Vorstellung vom 12. d. M. erhalten Sie zur Resolution, daß die Frage:

ob Aktuarien, welche nur das im Rescript vom 1. März 1819 angeordnete Examen bestanden haben, zur Aufnahme von Handlungen der freiwilligen Gerichtsbarkeit befugt sind,

verneint werden muß. Denn diese Befugniß haben nach §. 15. der A. G. O. Thl. II. Tit. 2. nur Aktuarien, die zur Justiz vollständig qualificirt sind. Eine solche vollständige Qualifikation giebt aber nur das bestandene Referendariats-Examen, und daher sind auch Auskultatoren nicht dazu geeignet.

(v. K. Jhrb. Bd. 42. S. 141.)

§. 16. Die Regel, dass ein Gericht oder eine Deputation, zur gültigen Vollziehung eines Aktus der freiwilligen Gerichtsbarkeit, wenigstens aus einem Richter und Aktuarius oder Protokollführer bestehen müsse, findet auch in denjenigen Fällen statt, wo nach §. 4. einzelne Gerichtspersonen einen solchen Aktus, ohne vorhergegangenen Auftrag, übernehmen können.

§. 17. Dagegen giebt es einige Fälle der Ausnahme, wo entweder eine einzelne Gerichtsperson ohne Zuziehung eines Aktuarius oder Protokollführers die Handlung gültig vornehmen kann, oder wo andere Personen die Stelle des fehlenden Protokollführers vertreten können.

Anh. §. 421. *Der Zuziehung eines Protokollführers bedarf es nur dann, wenn Testamente, letztwillige Dispositionen, Erbverträge oder solche Ehestiftungen errichtet werden, worin die künftige Erbfolge bestimmt wird. Bei allen anderen gerichtlichen Verhandlungen haben die von einer Gerichtsperson allein aufgenommenen, von den Interessenten oder ihren Stellvertretern unterschriebenen Protokolle volle Glaubwürdigkeit, und können unter dem Vorwande der unterlassenen Zuziehung eines Protokollführers nicht angefochten werden.*

Was der Richter in den Fällen, wo es der Zuziehung eines Protokollführers nicht bedarf, zu beobachten hat, ist §. 68. *u. f. des Anhangs zu* §. 19. *Tit. X. Thl. I. umständlich vorgeschrieben.*

1) a. **Cirkular-Verordnung** vom 30 Dezember 1798, Abschn. 5. §. 1., aufgenommen in §. 421. des Anh.; s. zur Einleit. §. 40.

b. **Rescript** vom 30. November 1803, betreffend die Zuziehung eines Protokollführers bei Aufnahme von Ehestiftungen.

Auf Eure Anfrage vom 15. c., wegen Adhibirung eines Protokollführers bei Errichtung von Ehestiftungen, bescheiden Wir Euch hierdurch dahin, daß sich die von der Braunschweig-Oelsschen Regierung erregten Zweifel: wenn eigentlich ein Erbvertrag vorhanden sei, und worin sich unilaterale Erbverträge von Schenkungen, die von Todeswegen geschehen, unterscheiden? von selbst erledigen, da die Disposition des Landrechts solches überall deutlich enthält. Die von Euch solcherhalb ausgeführte Auslegung ist auch richtig; da indessen die gedachte Regierung jene Zweifel bloß erregt hat, in Beziehung auf die Frage: in welchen ein Protokollführer adhibirt werden müsse? so ist selbige dahin zu bescheiden: daß in allen Fällen, wo bei ihr der Zweifel entstehe, ob ein Protokollführer zu adhibiren, sie einen solchen zuzuziehen habe.

(Mathis Bd. 10. S. 214. Abschn. 2.)

c. **Rescript** vom 24. Februar 1816, daß es bei Aufnahme von Adoptionsverträgen der Zuziehung eines Protokollführers nicht bedarf.

Dem Königlichen Ober-Landesgericht von Litthauen wird auf die in dem Berichte vom 9. d. M. gestellte Anfrage:

ob bei Adoptionsverträgen, in denen die Kontrahenten, wegen der Erbfolge, es bei den gesetzlichen Vorschriften belassen, die Zuziehung einer zweiten Gerichtsperson gesetzlich erforderlich ist?

zum Bescheid ertheilt, daß, da die Adoptionsakte nicht zu der Kategorie derjenigen Erbverträge zu rechnen sind, wovon in dem A. L. R. Thl. I. Tit. 12. §. 617. seq. gehandelt wird, und mit deren Förmlichkeiten sich die A. G. O. Thl. II. Tit. 2. §. 16. so wie der Anhang vom 4. Februar v. J. §. 421. beschäftigt, überhaupt aber das richterliche Vertrauen keiner größern Einschränkung unterworfen werden muß, als es die Gesetze in den namentlich ausgezeichneten Fällen, zur Beruhigung der Interessenten und zur persönlichen Sicherstellung der Gerichte, erfordern, es bei der Aufnahme und Vollziehung der gedachten Adoptionsakte der Adhibirung eines Protokollführers nicht bedarf.

(v. K. Jhrb. Bd. 7. S. 19.)

2) a. Wegen Zuziehung eines Beistandes für Personen welche weder schreiben noch Geschriebenes lesen oder nur ihren Namen schreiben können und daß es der Zuziehung eines solchen Beistandes nicht bedarf, wenn die Verhandlung mit Zuziehung eines Aktuars, vereideten Protokollführers oder zweier Gerichtsschöppen aufgenommen wird (**C. O.** vom 20. Juni 1816); s. Anh. §. 68—72. zu I. 10. §. 19. und die Zusätze daselbst.

b. Bei der Aufnahme letztwilliger Dispositionen von Schreibensunkundigen müssen außer dem Protokollführer auch zwei Unterschriftszeugen zugezogen werden; §. 115. I. 12. des A. L. R.

c. **C. O.** vom 8. Oktober 1837, betreffend die Bestimmung, daß bei gerichtlichen Verhandlungen mit Personen, welche Lesens und Schreibens unerfahren sind, ein gerichtlich vereideter Dollmetscher die Stelle des Unterschriftszeugen vertreten kann.

Das Bedenken, welches nach Ihrem Berichte vom 16. v. M. bei einigen Behörden, namentlich bei den General-Kommissionen, darüber angeregt ist, ob der zu einer gerichtlichen Verhandlung zugezogene Dollmetscher gleichzeitig die Stelle des Zeugen für solche Personen, welche nicht schreiben, und Geschriebenes nicht lesen können, vertreten dürfen, erledigt sich durch Meinen, von Ihnen mit Recht in Bezug genommenen gesetzlich publizirten Erlaß vom 20. Juni 1816, nach welchem es eines solchen besonderen Zeugen nicht bedarf, wenn die gerichtliche Verhandlung unter Zuziehung eines vereideten Protokollführes aufgenommen worden ist, indem der Dollmetscher nach den Bestimmungen der A. G. O. §§. 214. 215. Tit. 10. Thl. I. u. §. 37. Tit. 2. Thl. II. zu den vereideten Protokollführern gehört. Sie haben hiernach diejenigen Behörden, welche dieserhalb ein Bedenken erhoben haben, zu belehren, und gegenwärtige Order durch die Gesetzsammlung bekannt zu machen.

(G. S. S. 154.)

3) a. **Verordnung** vom 30. November 1833, wegen Anstellung der Kreis-Justizräthe §. 6., wegen Zuziehung eines Referendarius, Auskultators, Aktuarius oder zweier Beisitzer zu den Verhandlungen der Kreis-Justizräthe.

b. **Rescript** vom 22. September 1836, daß die unterlassene Zuziehung eines Protokollführers zu den von Kreis-Justizräthen aufgenommenen Verhandlungen deren Ungültigkeit nicht unbedingt zur Folge habe; s. zu I. 2. §. 130. Bd. 1. S. 234. 240.

Fälle, wo andere Personen die Stelle des Aktuarius vertreten.

§. 18. Zu den Ausnahmen der letztern Art, wo nämlich auch andere Personen die Stelle des Protokollführers vertreten können, gehört zuvörderst: wenn die Gerichtsperson, bei Vornehmung des Aktus, zwei vereidete Gerichtsschöppen zugezogen hat, und von diesen das Protokoll mit unterschrieben ist. Wie dergleichen Gerichtsschöppen beschaffen und vereidet sein müssen, und in wie fern bei dringenden Fällen die Stelle des zweiten Gerichtsschöppen auch durch einen blossen Zeugen ersetzt werden könne, ist im ersten Theile, Tit. XXV. §. 51—56. verordnet.

§. 19, Wenn bei Handlungen, die nur einseitig sind, die Partei, welche sie vornimmt, oder auch der Richter, welcher den Aktus vollzieht, einen gehörig aufgenommenen und verpflichteten Justizkommissarius und Notarius zugezogen hat; so ersetzt die Anwesenheit und Mitunterschrift desselben die Stelle des ermangelnden Protokollführers.

Ein Gleiches findet statt, wenn die Handlung von zwei oder mehreren Parteien zu vollziehen, und dabei von jeder Seite ein Justizkommissarius und Notarius gegenwärtig ist.

Ist aber nur von der einen Seite ein Justizkommissarius zugegen; so muss entweder ein Protokollführer, oder wenigstens ein vereideter Gerichtsschöppe zugezogen werden.

Bei Testamenten und eigentlichen Erbverträgen können Justizkommissarien und Notarien, als solche, die Stelle des Gerichtsaktuarius oder Protokollführers nicht vertreten.

Fälle, wo es keines Aktuarius oder Protokollführers bedarf.

§. 20. Zu den Fällen, wo es weder der Zuziehung eines Protokollführers, noch anderer Personen an seiner Stelle bedarf, sondern auch eine einzelne Gerichtsperson den Aktus gültig vornehmen kann, gehört:

1) wenn der Gegenstand desselben nur funfzig Thaler oder weniger beträgt;

2) wenn die Parteien, welche den Aktus vornehmen, ausdrücklich erklären, dass sie die Zuziehung eines Protokollführers nicht verlangen.

§. 21. So wie aber in diesem letzteren Falle die Vorschriften des ersten Theils Tit. XXV. §. 57. auch bei Handlungen der freiwilligen Gerichtsbarkeit beobachtet werden müssen; so findet übrigens diese Ausnahme bei Testamenten, Erbverträgen und anderen letztwilligen Verordnungen, gar keine Anwendung.

S. §. 421. des Anh. und die Zusätze daselbst.

Was der Richter bei einem solchen Aktus zu beobachten hat.

§. 22. Bei einer jeden Handlung der freiwilligen Gerichtsbarkeit müssen von den Gerichten folgende allgemeine Vorschriften beobachtet werden.

Zuvörderst muss das Gericht sich überzeugen, dass die Handlung vor ihm gültiger Weise vorgenommen werden könne, und nicht etwa nach ihrer Natur und nach Vorschrift des ersten Titels, vor ein anderes in Ansehung der Person, der Sache oder des Geschäfts kompetentes Gericht gehöre; in welchem letzteren Falle die Parteien an dieses Gericht sofort verwiesen werden müssen.

1) In Ansehung der Personen, ihrer Identität,

§. 23. Hiernächst muss das Gericht sich vergewissern, dass die Parteien, welche die Handlung vornehmen wollen, diejenigen wirklich sind, für die sie sich ausgeben. Wenn daher fremde und im Gerichte von Person nicht hinlänglich bekannte Parteien sich zur Vollziehung eines Aktus melden; so muss der Richter darauf bestehen, dass ihm andere bekannte und unverdächtige Leute gestellt werden, welche die Identität der sich angebenden Parteien aus eigener Kenntniss bezeugen; oder er muss sich auf andere glaubwürdige Art von dieser Identität versichern.

Legitimation.

§. 24. Wenn die Parteien die Handlung nicht in Person, sondern durch Bevollmächtigte vollziehen wollen; so muss der Richter sich die Vollmachten derselben zu den Akten einreichen lassen, und dieselben mit gehöriger Sorgfalt prüfen; auch auf die Vorschriften der Gesetze, in Ansehung der Fälle, wo gerichtliche oder doch besondere Spezialvollmachten erfordert werden, gehörige Rücksicht nehmen.

Fähigkeit zu solchen Handlungen.

§. 25. Ferner muss der Richter sich genau und sorgfältig erkundigen: ob die Parteien, welche die Handlung vornehmen wollen, die dazu in den Gesetzen vorgeschriebenen Fähigkeiten und Erfordernisse besitzen. Er muss sich daher diese gesetzlichen Vorschriften, sowohl wegen der Willenserklärungen überhaupt, als wegen der Verträge und ihrer verschiedenen Arten, so wie in Ansehung der Testamente und anderer letzwilligen Dispositionen, beständig gegenwärtig erhalten.

§. 26. Wenn die Partei, welche die Handlung vornehmen will, dazu nach den Gesetzen des Beitritts, der Autorisation oder der Einwilligung irgend eines Dritten bedarf; so muss der Richter dafür sorgen, dass auch diesem gesetzlichen Erfordernisse ein Genüge geleistet werde.

Wie zu verfahren, wenn bei diesen persönlichen Erfordernissen ein Anstand sich findet.

§. 27. Wenn bei dieser Prüfung der persönlichen Fähigkeiten und Qualifikation der Parteien zu der von ihnen vorzunehmenden Handlung (§. 23—26.) irgend ein Zweifel oder Anstand sich findet; so muss der Richter den Fortgang des Geschäfts so lange aussetzen, bis demselben hinlänglich abgeholfen worden ist. Wenn jedoch die Partei auf der Fortsetzung der Verhandlungen, wegen einer im Verzuge obwaltenden Gefahr ausdrücklich besteht und sich bestimmt erklärt: wie und binnen welcher

Frist sie das Bedenken heben wolle; auch bei Handlungen, zu welchen mehr als eine Person gehört, der andere Theil damit zufrieden zu sein ausdrücklich äussert; so kann zwar der Richter in der Sache weiter fortfahren, er muss aber den obgewalteten Anstand, so wie die von der Partei zu dessen Erledigung übernommene Verpflichtung, in dem Protokolle deutlich und bestimmt bemerken. Die auf dieses Protokoll zu veranlassende Ausfertigung muss in der Regel so lange, bis dem Bedenken wirklich abgeholfen ist, ausgesetzt bleiben. Wenn aber auch hierunter, wegen der besonderen Umstände des Falles, kein Verzug ohne erheblichen Nachtheil der Parteien statt finden könnte; so muss dennoch der obgewaltete Anstand, und was zur Hebung desselben etwa noch geschehen oder beigebracht werden müsse, in der Ausfertigung selbst ausdrücklich angeführt werden.

2) Wegen Prüfung der Legalität und Zulässigkeit der Handlung selbst.

§. 28. Ausser diesen Prüfungen der persönlichen Fähigkeit der Parteien muss der Richter auch die vorzunehmende Handlung selbst in so weit untersuchen, ob sie nach den Gesetzen erlaubt sei, und an sich rechtsbeständiger Weise vorgenommen werden könne. Denn obgleich den Gerichten nicht zugemuthet werden kann, für die Gültigkeit und Rechtsbeständigkeit der von den Parteien geschlossenen Verträge oder sonstigen Willenserklärungen zu haften, sondern sie eigentlich nur für die gehörige Beobachtung der gesetzlich vorgeschriebenen Form verantwortlich sind; so liegt ihnen dennoch ob, mit möglichster Sorgfalt zu verhüten, dass vor ihnen keine gesetzwidrige oder ungültige Aktus vorgenommen, und das Vertrauen des Publici auf die Legalität und Sicherheit gerichtlicher Handlungen nicht gemissbraucht werde.

§. 29. Wenn daher der Richter bei der Vollziehung eines solchen Aktus wahrnimmt, dass dadurch über Gegenstände, die einer solchen Verfügung der Parteien nicht unterworfen sind, disponirt; oder dass Verabredungen oder Maassregeln, die nach Vorschriften der Gesetze nicht bestehen können, festgesetzt werden sollen; so muss er den Parteien diese ihnen entgegen stehenden Vorschriften bekannt machen, und sie darnach gehörig bedeuten; übrigens aber mit einem solchen ungültigen Geschäfte sich nicht weiter befassen.

§. 30. Finden sich Spuren von Unrichtigkeit oder Unlauterkeit in dem Betragen eines oder beider Theile, dass z. B. einer den andern durch falsche Vorspiegelungen, Simulationen, wucherliche Kunstgriffe oder andere unredliche Mittel, zu einem Vertrage oder zu gewissen Bedingungen dabei verleitet habe; oder dass das ganze Geschäft zur Hintergehung oder widerrechtlichen Verkürzung eines Dritten abziele; so müssen die Gerichte die Verwendung ihres Amts zu einem dergleichen gesetzwidrigen Geschäfte schlechterdings versagen; vielmehr den Parteien das Unerlaubte und Strafbare ihres Vorhabens nachdrücklich vorhalten; ihnen die in den Gesetzen gegen solche Betrügereien bestimmten Strafen bekannt oder erinnerlich machen; auch in Fällen, wo die

Gesetze schon die Unternehmung eines solchen Unfugs mit Strafen belegen, die erforderliche Untersuchung gegen diejenigen welche sich eines dergleichen Attentati schuldig gemacht haben, entweder selbst verhängen, oder, wenn dieselbe nicht vor sie gehört, dem kompetenten Richter davon Nachricht geben.

3) wegen Belehrung und Certioration der Parteien.

§. 31. In welchen Fällen eine besondere Belehrung der Parteien über die Natur und rechtlichen Folgen eines Geschäfts schlechterdings nothwendig sei, z. B. bei den Bürgschaften der Frauenspersonen, bei Ertheilung der Certifikate über die Wechselfähigkeit etc., ist in den Gesetzen verordnet. Aber auch ausser diesen Fällen ist der Richter schuldig, wenn er es besonders mit Parteien zu thun hat, welche der Rechte nicht kundig, oder in Geschäften unerfahren sind, oder bei denen er, während der Verhandlungen selbst, inne wird, dass sie von dem vorzunehmenden Geschäfte keinen ganz richtigen Begriff, oder von den rechtlichen Folgen desselben keine vollständige Kenntniss haben, solche Parteien auf die Vorschriften der Gesetze, auf die Verpflichtungen, welche sie durch den Aktus übernehmen, und auf die Nachtheile, welche ihnen daraus erwachsen können, aufmerksam zu machen; und auch auf diese Art allen Uebereilungen und allen Uebervortheilungen, zu welchen listige und verschmitzte Parteien ihre minder unterrichteten oder erfahrnenen Mitkontrahenten nur allzuoft verleiten, nach Möglichkeit vorzubeugen.

§. 32. Wenn bei einer solchen Handlung gewissen Einwendungen oder Rechtswohlthaten entsagt werden soll; so muss der Richter von Amts wegen dafür sorgen, dass dem Entsagenden dasjenige, worauf er Verzicht thun will, nach seinem wahren Inhalte und ganzen Umfange bekannt, und er auch davon unterrichtet sein möge, dass er eine solche gerichtliche Entsagung unter keinerlei Vorwand zurück nehmen könne. Es müssen daher auch, in so fern nicht beide Theile Rechtsverständige sind, die Einwendungen und Rechtswohlthaten, denen entsagt wird, nicht bloss mit den juristischen Kunstworten, sondern so ausgedrückt werden, dass man aus der Fassung selbst sieht, es sei den Parteien möglich gewesen, das zu verstehen und richtig zu begreifen, worauf von ihnen Verzicht geleistet worden ist.

§. 33. Inzwischen muss doch auch der Richter, bei Befolgung dieser Vorschriften (§. 31. 32.), den Abweg vermeiden, dass er den Parteien seine Meinungen und Bedenklichkeiten, gegen ihre eigenen, freien und überlegten Entschliessungen, nicht aufdringe, noch sie in einem solchen Vorhaben durch theilnehmendes Zurathen oder Abmahnen irre mache. Sobald er wahrnimmt, dass eine Partei von dem Geschäfte, dass sie vornehmen will, dessen Natur und rechtlichen Folgen, einen hinlänglich klaren Begriff habe, und es ihr an der nöthigen Fähigkeit, ihr Vorhaben zu überlegen, nicht gebreche; so muss er dieselbe ihren freien Entschliessungen lediglich überlassen, und sich darauf einschränken, die Handlung so vorzunehmen und zu verzeichnen, wie es der Intention der Parteien wirklich gemäss ist.

4) Wegen Ausforschung des wahren Sinns und der Meinung der Parteien,

§. 34. Die Hauptpflicht des Richters ist es daher, dass er den eigentlichen Sinn und die wahre Meinung der Parteien deutlich und umständlich zu vernehmen suche, und allem Irrthume, Missverständnisse oder Zweideutigkeiten, mit möglichster Sorgfalt vorbeuge.

§. 35. Findet es sich, dass die Parteien einander nicht recht verstanden haben, oder über gewisse Haupt- oder Nebenpunkte, noch nicht einig sind; so muss der Richter auf eine nähere gegenseitige Herauslassung darüber dringen, und die Parteien über die noch streitigen Umstände zu vereinbaren suchen.

§. 36. Der Richter muss sich daher, wenn ihm von den Parteien eine Punktation oder ein anderer vorläufiger Aufsatz, nach welchem sie die vorzunehmende Handlung eingerichtet wissen wollen, vorgelegt wird, niemals damit begnügen, das Protokoll und die Ausfertigung nach diesem Aufsatze zu fassen; sondern er muss denselben mit den Parteien Punkt für Punkt durchgehen, sich überzeugen, dass jeder Punkt ihrer wahren Absicht und Meinung wirklich gemäss sei; und wo er irgend Undeutlichkeit, Unbestimmtheit oder Unvollständigkeit wahrnimmt, diesen Mängeln durch nähere Vernehmung und Vereinbarung der Parteien abzuhelfen bedacht sein.

besonders solcher, die der deutschen Sprache nicht mächtig sind.

§. 37. Wenn einer oder beide Theile, welche die Handlung vornehmen wollen, der deutschen Sprache nicht mächtig sind; so kommt es darauf an; ob die beiden Gerichtspersonen, von welchen die Handlung aufgenommen wird, die fremde Sprache der Parteien hinlänglich verstehen, und sich darin verständlich ausdrücken können; oder ob es diesen oder auch nur Einem von ihnen, an einer solchen Kenntniss und Fertigkeit ebenfalls ermangele. Ersteren Falls kann der Aktus von diesen Gerichtspersonen allein gültig vorgenommen werden. Letztern Falls hingegen, wie auch überhaupt, wenn eine der deutschen Sprache nicht mächtige Partei es verlangt, muss, ausser dem Richter und Protokollführer, auch noch ein vereideter Dollmetscher zugezogen werden. Dieser muss die Anträge der Parteien in der Sprache, deren sie mächtig sind, von ihnen aufnehmen; sie dem Richter in der deutschen Sprache erklären; nach seiner Anweisung die Parteien weiter vernehmen; und solchergestalt die zur gehörigen Vollziehung des Aktus nöthigen Nachrichten und Willenserklärungen herbei schaffen. Wenn alsdann der Richter zur Aufnehmung des Protokolls schreitet; so muss zu gleicher Zeit, da er dasselbe dem Protokollführer deutsch in die Feder diktirt, der Dollmetscher eben dasselbe in der Sprache der Parteien niederschreiben; diese Uebersetzung muss demnächst den Parteien vorgelesen, und von ihnen, mit dem deutschen Protokolle zugleich, unterzeichnet werden. Eben so muss, wenn beide der fremden Sprache hinlänglich mächtige Gerichtspersonen den Aktus ohne Dollmetscher vornehmen, die Verhandlung von dem einen in der deutschen, und zugleich von dem andern in der fremden Sprach niedergeschrieben; mit der Vorlesung und Unterzeichnung abe es eben so, wie in dem vorgedachten Falle, gehalten werden.

Anh. §. 422. *Siehe §. 75. des Anhangs zu §. 19. u. f. Tit. X. Thl. I.*

Testamente und Kodicille der Wenden dürfen nicht in wendischer, sondern nur in deutscher Sprache niedergeschrieben werden. Bei der Aufnahme derselben muss jedesmal, ausser dem wendischen Prediger, ein dieser Spra. che mächtiger Schulze oder Gerichtsmann zugezogen wer. den, welche beide auf ihren Amtseid zu verweisen sind Durch diese wird der Wille des Testators vernommen, dem Richter bloss mündlich übersetzt, und von Letzterm deutsch niedergeschrieben; die Vorlesung oder Vorhaltung aber er. folgt durch den Prediger in wendischer Sprache, und es muss, wie alles dies geschehen, im Protokolle registrirt auch dieses Protokoll von dem Prediger und dem zweiten zugezogenen Sprachkundigen mit unterschrieben werden.

1) a. In Fällen, wo es keines besondern Protokollführers bedarf, ist **ein** Dollmetscher hinreichend. Ist in solchen Fällen der Richter der fremden Sprache mächtig, und läßt er die Verhandlung durch einen Dollmetscher übersetzen und alsdann von den Parteien vollziehen, so bedarf e bei der Verhandlung selbst gar keines Dollmetschers; auch auf diese Uebersetzung und deren Vorlegung können die Parteien verzichten, ebenso, wenn die Zuziehung des Dollmetschers erfolgt, au das von demselben zu führende Nebenprotokoll; (Anh. §. 75.)

b. **Rescript** vom 22. Juli 1834, betreffend die Aufnahme von Verhandlungen mit Personen, welche der Deutschen Sprache nicht mächtig sind.

Die von dem Königlichen Ober-Landesgericht in der Verfügung vom 6. Mai d. J. gemachten Ausstellungen gegen die Form der Erbpachts-Verträge über Zins-Ländereien bei K. und der Kauf- und Erbpachts-Verträge über Zinsländereien bei Ober-K. haben dem Justizamt Bodland-Neuhof nach Ausweis des abschriftlich hier beigefügten Berichts vom 12. d. M. Veranlassung gegeben, über die Nothwendigkeit der Zuziehung eines vereideten Dollmetschers zu den gedachten Verhandlungen nähere Belehrung sich zu erbitten.

Es ist zwar in der A. G. O. Thl. II. Tit. 2. §. 37. vorgeschrieben, daß bei Verhandlungen mit Personen, welche der Deutschen Sprache nicht mächtig sind, ein vereideter Dollmetscher zugezogen werden soll, sofern nicht beide Gerichtspersonen der fremden Sprache mächtig sind; später ist jedoch nach §. 2. des Anh. zur A. G. O. die Zuziehung einer zweiten Gerichtsperson nicht mehr für nöthig erachtet worden. Daraus folgt, daß es nunmehr auch genügt, sobald nur der Richter, der die Verhandlung aufnimmt, der fremden Sprache mächtig ist, wenn auch zum Ueberfluß ein Protokollführer zugezogen worden, und dieser der fremden Sprache nicht kundig ist.

Es ist ferner nach §. 75. des Anh. zur A. G. O. gesetzliche Vorschrift, daß bei der Verhandlung selbst es keines Dollmetschers bedarf, wenn der Richter der fremden Sprache mächtig ist, und eine Uebersetzung der Deutsch niedergeschriebenen Verhandlung von den Parteien vollziehen läßt; daß es aber auch dieser Uebersetzung nicht bedarf, wenn die Partei darauf verzichtet.

Wenn daher in den vorliegenden Fällen, wo der Richter der Polnischen Sprache kundig war, die Parteien des Polnischen Nebenprotokolls sich begeben haben, so ist damit die Uebersetzung gemeint und darunter zu verstehen, zumal das Gesetz für den Fall, wenn der Richter der fremden Sprache nicht mächtig ist, des Ausdrucks „Nebenprotokoll,“ gleichbedeutend mit „Uebersetzung des Deutsch niedergeschriebenen Protokolls“ sich selbst bedient.

Nach diesen Grundsätzen hat das Königliche Ober-Landesgericht auch in der von dem Justizamt Bodland-Neuhof, besage der abschriftlichen Anlage, angezeigten Sache und für die Zukunft zu verfahren.

(Act. des Justizm. Gen. No. 70. Fol. 55.)

2) C. O. vom 8. Oktober 1837, wonach der bei Verhandlungen mit Schreibensunkundigen zugezogene gerichtlich vereidete Dollmetscher die Stelle des Unterschriftszeugen vertritt; s. zu §. 17. Anh. §. 421. h. t.

3) Rescript vom 25. September 1795, betreffend das Verfahren bei Aufnahme der Testamente der Wenden. (N.C.C. T. IX., S. 2621.); aufgenommen in §. 422. des Anh.

§. 38. Dass bei Aufnehmung der Testamente von Personen, welche der deutschen Sprache nicht kundig sind, zwei Dollmetscher, oder wenigstens ein Dollmetscher und ein Zeuge, zugezogen, und wie überhaupt dabei verfahren werden müsse, ist im Landrechte vorgeschrieben (Thl. I. Tit. XII. §. 124—132.).

1) S. auch §. 31. und 32. des Anh. zu §. 127. und 129. I. 12. des A. L. R.

2) Rescript vom 11. Juni 1824, daß nach §. 129. I. 12. des A. L. R. die Zuziehung eines Dollmetschers bei Testamentsaufnahmen genüge, wenn eine der beiden Gerichtspersonen die Sprache des Testators völlig bekannt ist.

Dem Königlichen Ober-Landesgericht wird auf die Anfrage im Bericht vom 28. v. M.,

wegen der Zahl der Dollmetscher und Zeugen bei der Aufnahme der Testamente derer, welche der Sprache des Richters nicht mächtig sind,

eröffnet, daß nach der Ansicht des Justizministers sedes materiae im §. 129. Tit. 12. Thl. I des A. L. R. ist. Der §. 38. Tit. 2. Thl. II. der A. G. O. hat sich bloß auf diese gesetzliche Bestimmung beziehen, nicht aber eine andere, hiervon abweichende Anordnung treffen wollen.

(v. K. Jhrb. Bd. 23. S. 184.)

§. 39. Bei Handlungen unter Lebendigen ist die Zuziehung eines Dollmetschers hinreichend, wenn eine der kontrahirenden Parteien der deutschen Sprache mächtig, oder wenn eine der Gerichtspersonen der fremden Sprache kundig ist; oder wenn der Gegenstand nur hundert Thaler oder weniger beträgt; oder wenn beide der deutschen Sprache unkundige Parteien sich über einen gemeinschaftlichen Dollmetscher vereinigen. Ausser diesen Fällen müssen, wenn zwei oder mehrere Parteien nicht Deutsch verstehen, eben so, wie bei Testamenten, zwei Dollmetscher, oder doch ein Dollmetscher und ein Zeuge, zugezogen werden.

S. den Zusatz 1. zu §. 37. Anh. §. 422. h. t.

§. 40. Bei grösseren Gerichten, wo die Fälle, dass Handlungen in einer fremden Sprache aufzunehmen, und Uebersetzungen aus einer solchen Sprache zu veranstalten sind, öfterer vorkommen, müssen dazu ordentliche Dollmetscher förmlich bestellt, und ein- für allemal vereidet werden. Die Gerichte müssen dazu Subjekte aussuchen, die wegen ihrer Kenntniss der fremden Sprache, so wie in Ansehung ihrer Rechtschaffenheit und untadelhaften Aufführung, im allgemein gutem Rufe, oder mit glaubwürdigen Attesten versehen sind. Diese Subjekte müssen von Männern, deren Sprachkenntniss unbezweifelt ist, ordentlich geprüft; diese Prüfung aber nicht bloss darauf: ob der Kandidat die fremde Sprache nur nothdürftig verstehe und sprechen könne, sondern darauf gerichtet werden: ob seine Kenntniss beider Sprachen dergestalt gründlich und vollständig sei, dass er nicht bloss in alltäglichen Geschäften des gemeinen Lebens, sondern auch in wichtigeren und minder gewöhnlichen Fällen den Sinn der Parteien, oder den Verstand der Dokumente, richtig fassen, und dem Richter eben so, zuverlässig und bestimmt, erklären und darlegen könne. Dergleichen Dollmetscher müssen von Obergerichten dem Chef der Justiz, von Untergerichten aber dem Landesjustizkollegio der Provinz, mit Beifügung der beigebrachten Atteste und des Examinationsprotokolls, vorgeschlagen, und nach erfolgter Approbation dahin vereidet werden:

> dass sie die in der fremden Sprache vorgetragenen Angaben, Erklärungen und Antworten der Parteien, ingleichen den Inhalt der in dieser Sprache abgefassten Schriften und Urkunden, in die deutsche Sprache; eben so aber auch die den Parteien vorzulegenden Fragen, Bekanntmachungen und Andeutungen, oder den solchen Parteien zu eröffnenden Inhalt deutscher Schriften und Dokumente, aus der einen in die andere Sprache treu, richtig, vollständig, ohne etwas dazu oder davon zu thun, übersetzen, und mit gewissenhafter Sorgfalt dahin sehen wollen, dass in jedem Falle der wahre Sinn und die Meinung der Parteien, oder der wahre Inhalt der zu übersetzenden Schriften dem Richter, so wie die Aeusserungen und Erklärungen des Richters, den Parteien, bekannt werden.

§. 41. Bei Gerichten, wo keine beständige vereidete Dollmetscher angestellt sind, muss der in jedem besondern Falle zuzuziehende Sprachkundige von dem Richter, mit Beihülfe eines Sachverständigen, geprüft, und mit vorstehendem Eide, nach Beschaffenheit des Falles selbst, belegt werden.

Aufnehmung des Protokolls.

§. 42. Wenn auf vorstehende Art sowohl in Ansehung der persönlichen Qualität und Fähigkeit der Parteien zur Vollziehung eines solchen Aktus das Erforderliche besorgt und berichtigt, als auch der Wille und die eigentliche Intention derselben mit hinlänglicher Zuverlässigkeit und Vollständigkeit erforscht worden ist; so muss alsdann über die ganze Verhandlung ein richtiges Protokoll aufgenommen werden,

Erfordernisse desselben.

§. 43. Dieses Protokoll muss enthalten:

1) Ort und Zeit, wo und wann der Aktus vorgenommen worden ist.

2) Wer die Parteien, die ihn vorgenommen haben, ihrem Namen, Stande und Charakter nach, sind; ob das Gericht sie persönlich kenne, oder durch welche Mittel es sich nach Vorschrift §. 23. von der Identität der Personen versichert habe.

Rescript vom 10. April 1820, betreffend die in einer Verhandlung unterlassene Bemerkung über die Versicherung der Identität der Personen.

Der Obrist-Lieutenant von N. zu N. hat sich über die von dem Königlichen Ober-Landesgerichte unter dem 15. Februar d. J. an ihn erlassene Verfügung beschwert, nach welcher die Löschung einer auf den Gütern N. für die Erben der Wittwe von N. eingetragenen Forderung darum verweigert wird, weil

1. das beigebrachte Erkenntniß des Kammergerichts über die Legitimation der von N.schen Erben, nicht mit dem Atteste der Rechtskraft versehen ist;
2. in dem bei dem Stadtgerichte zu N. aufgenommenen Protokolle nicht bemerkt worden, daß der Stadtgerichtsdirektor N. dem Gerichte bekannt ist;
3. aus dem, hinter der Vollmacht der N.schen Eheleute befindlichen, Protokoll nicht zu ersehen ist, wie der Richter sich von der Identität der Erschienenen unterrichtet habe, und
4. in den von den N.schen Erben ausgestellten Vollmachten auf den N., nicht ausgedrückt ist, daß der Letztere zur Quittungsleistung über die Erbschafts-Kapitalien und zur Einwilligung in deren Löschung berechtigt sein solle.

Diese Erinnerungen des Königlichen Ober-Landesgerichts können nicht überall für begründet erachtet werden.

Was das Monitum ad 1. betrifft, so hat der Justizminister solches der Kürze wegen gleich erledigen, und das desiderirte Attest vom Kammergericht dem Erkenntnisse nachtragen lassen.

Ad 2. und 3. ist es zwar richtig, daß in dem Protokolle die Bemerkung fehlt, daß die Komparenten dem Gerichte von Person bekannt gewesen; allein es kann wohl nicht bezweifelt werden, daß der Stadtgerichtsdirektor N. zu N. dem Deputirten bekannt gewesen, und daß der N. als Stadtgerichtsdirektor in N. fungirt, ist notorisch. Das Monitum ad 2. ist daher für erledigt zu achten. In ähnlicher Art wird es sich ad 3. verhalten, wenn, wie der von N. behauptet, aus den dortigen Hypothekenbüchern hervorgeht, daß die N.schen Eheleute die Jurisdiktionarien von N. sind, weil alsdann auch nicht bezweifelt werden kann, daß der Jurisdiktionarius dem Justitiarius bekannt gewesen sei. Die Erinnerung ad 4. ist am wenigsten begründet; denn wer zur Erhebung eines Hypothekenkapitals bevollmächtigt ist, hat auch Autorisation, darüber zu quittiren und in die Löschung zu konsentiren, weil solches eine nothwendige Folge des ersteren ist, und das Gesetz nirgends eine besondere Vollmacht zur Quittirung und Löschungsbewilligung fordert. (A. L. R. Thl. I. Tit. 13. §. 108.).

Hiernach hat das Königliche Ober-Landesgericht weiter zu verfahren, und werden demselben die von dem N. eingereichten Originaldokumente hierneben zugefertigt.
(v. K. Jhrb. Bd. 15. S. 39.)

3) Wenn die Parteien die Handlung durch einen Bevollmächtigten vornehmen; so muss der Name und die Qualität dieses Bevollmächtigten ebenfalls im Protokolle bemerkt; die von demselben übergebene Vollmacht muss allegirt und dem Protokolle beigefügt; und in so fern dabei noch etwas zu erinnern gefunden worden, dieses bemerkt; wenn er aber in zulässigen Fällen die Vollmacht nachzubringen versprochen hat; so muss dieses Angelöbnisses im Protokolle ebenfalls gedacht werden.

4) Wenn in Ansehung der Fähigkeit der Parteien, einen solchen Aktus vorzunehmen, ein Bedenken obgewaltet hat; so ist dessen, und wie es gehoben worden, im Protokolle ebenfalls Erwähnung zu thun. Hat das Bedenken nicht sogleich gehoben, und doch auch der Aktus selbst nicht ausgesetzt werden können; so ist die Vorschrift des §. 27. genau zu befolgen.

5) Wenn der Richter nach Anleitung §. 28—31. nöthig gefunden hat, den Parteien über die Natur und Folgen der Handlung, welche sie vornehmen wollen, oder über gewisse dahin einschlagende Dispositionen und Verabredungen, Bedeutung oder Vorhaltung zu thun; so muss dessen, und was etwa dabei vorgekommen ist, im Protokolle ebenfalls Erwähnung geschehen.

6) Vornehmlich aber muss die Verhandlung selbst, mit allen dahin gehörenden Erklärungen, Haupt- und Nebenbestimmungen, Abreden und Bedingungen, umständlich, in klaren und bestimmten Ausdrücken niedergeschrieben; alle Dunkelheit und Zweideutigkeiten müssen sorgfältig vermieden; und Alles muss, nach der

wahren Willensmeinung der Parteien, so deutlich und genau, als es nur immer möglich und nöthig ist, gefasst werden.

7) Wenn gegen den Kontrakt oder die Disposition gewisse Einwendungen oder Rechtswohlthaten statt finden würden, und denselben von der Partei entsagt wird; so muss nach Anleitung des §. 32. die geschehene Erklärung und Entsagung, nebst den dabei beobachteten Solennitäten, in sofern dergleichen nach den Gesetzen erforderlich gewesen, ausdrücklich und umständlich zum Protokolle niedergeschrieben werden.

Vorlesung.

§. 44. Dies Protokoll muss in gewöhnlichen Fällen, wenn wenigstens eine Gerichtsperson, und ausser ihr noch ein Aktuarius oder Protokollführer bei der Verhandlung zugegen sind, der Richter dem Aktuarius oder Protokollführer laut in die Feder diktiren; oder wenn nur Gerichtsschöppen oder Beisitzer zugezogen worden sind, es selbst niederschreiben. In beiden Fällen aber muss der Richter das Protokoll den Parteien langsam und deutlich vorlesen und sie befragen: ob sie den Inhalt desselben der eigentlichen Verhandlung und ihrer Willensmeinung gemäss finden.

Wird bei dieser Gelegenheit von den Parteien noch etwas erinnert oder nachgetragen; so muss der Richter dergleichen Erinnerungen und Zusatz, am Schlusse des Protokolls, mit der Bemerkung, dass diese Erklärung von der Partei bei Gelegenheit der Vorlesung abgegeben worden sei, beifügen lassen. Durchstreichungen oder Zusätze am Rande des Protokolls müssen in der Regel nicht gemacht werden. Wenn es aber ja die Umstände erfordern, und es nicht eine ganz unbedeutende Kleinigkeit betrifft; so muss die am Rande beizusetzende Registratur eben so, wie wegen des Protokolls selbst sogleich verordnet werden wird, unterzeichnet werden.

Anh. §. 423. *Wenn die Vorlesung des Protokolls unterlassen, oder, dass solches geschehen, nicht bemerkt worden ist, so folgt daraus die Ungültigkeit der Verhandlung nicht.*

Rescript vom 5. Mz 1798, betreffend die Folge der unterlassenen Vorlesung eines Protokolls.

Auf Euren gehorsamsten Bericht vom 23. Februar d. J., welcher das von dem Regierungsdirektor Baron von Bernczobre hinterlassene gerichtliche Testament zum Gegenstande hat, wollen Wir Euch folgendes zu Eurer Vorbescheidung hiermit nicht verhalten. Da das A. L. R. Thl. I. Tit. 12. §. 103. nur ein vollständiges Protokoll verlangt, und in dem §. 43. Tit. 2. Thl. II. der A. G. O. die Vorlesung zu den Erfordernissen eines vollständigen Protokolls nicht gerechnet wird, auch in dem §. 44. nichts vorkommt, woraus der Wille des Gesetzgebers, die Vorlesung als ein wesentliches Erforderniß eines gültigen Protokolls festzusetzen, hergeleitet werden könnte; also nach dem allgemeinen Grundsatze §. 40. 41. Tit. 3. Thl. I. des A. L. R. aus der Verabsäumung dieser Vorlesung gegen die Gültigkeit des Protokolls nichts gefolgert werden kann; so würdet Ihr Euch den Vorwurf der Chikane zuziehen, wenn Ihr bloß aus diesem Grunde das erwähnte Testament anfechten wolltet.

(Stengels Beitr. Bd. 6. S. 165.)

Unterschrift.

§. 45. Wenn nämlich die Parteien bei dem Inhalte des Protokolls nichts mehr zu erinnern finden; so muss der Richter dasselbe schliessen; es den Parteien zur Unterschrift vorlegen, und es sodann mit dem Aktuarius oder dem Protokollführer, oder den Beisitzern, ebenfalls unterzeichnen.

Vergl. Anh. §. 74. zu I. 10. §. 19. in Betreff des Verfahrens, wenn (bei prozessualischen Verhandlungen) die Unterzeichnung eines Protokolls verweigert wird.

§. 46. Ist die eine oder die andere Partei des Schreibens nicht mächtig; so muss sie an die Stelle, wo ihr Name hingehört, Kreuze oder ihr sonstiges gewöhnliches Handzeichen setzen. Der Protokollführer, oder ein Schöppe, muss ihren Namen dabei schreiben, und der Richter muss bei seiner Unterschrift attestiren, dass diese Zeichen von der Partei, weil sie des Schreibens unkundig sei, statt ihrer Unterschrift beigefügt worden.

S. die Zusätze 2. zu §. 17. Anh. §. 421. h. t.

§. 47. Dass in den nach **§. 21.** zulässigen Fällen, wenn die Handlung, auf ausdrückliches Verlangen der des Schreibens vollkommen kundigen Parteien, nur von einer Gerichtsperson, ohne Zuziehung von Protokollführern oder Gerichtsschöppen vorgenommen worden ist, dergleichen Parteien das Protokoll selbst lesen, und dass dieses geschehen, bei ihrer Unterschrift eigenhändig attestiren müssen, ist in der am angeführten Orte allegirten Vorschrift enthalten.

§. 48. Bei Landesjustizkollegien und Obergerichten, ingleichen bei grösseren Untergerichten, die ein formirtes Kollegium ausmachen, und bei welchen Justizkommissarien angesetzt sind, kommen, besonders in Beziehung auf das Hypothekenwesen, mancherlei Aktus vor, die nicht den Abschluss irgend eines neuen Geschäfts betreffen, sondern nur gewisse feierliche Erklärungen, Anerkenntnisse oder Verlautbarungen über einen vorhin schon gehörig errichteten Kontrakt, oder andere dergleichen Handlungen enthalten. Wenn solche Vorträge, welche bloss der Form und Feierlichkeit wegen erfolgen, von den Justizkommissarien, in Gegenwart des versammelten Gerichts, dem protokollirenden Referendarius laut in die Feder diktirt worden sind; so bedarf es keiner Vorlesung des Protokolls, und auch keiner Unterzeichnung von Seiten der Gerichtspersonen oder der Justizkommissarien, sondern es ist genug, wenn dasselbe nur von dem Protokollanten unterschrieben wird.

Ausfertigung.

§. 49. Auf den Grund des gehörig aufgenommenen Protokolls erfolgt sodann die gerichtliche Ausfertigung.

Ausser dem Falle, wo Testamente oder andere letztwillige Dispositionen, zum Protokoll aufgenommen werden, und wo, nach den unten folgenden näheren Vorschriften, das Protokoll selbst versiegelt in gerichtliche Verwahrung niedergelegt werden muss, wird die Ausfertigung von dem Richter, sogleich nach geschlossenem und unterzeichnetem Protokolle, verfügt.

Doch muss bei Gerichten, die ein formirtes Kollegium ausmachen, das aufgenommene Protokoll zuvörderst einem andern Mitgliede, als dem, der den Aktus vollzogen hat, zum Vortrage im versammelten Kollegio zugestellt werden. Dieser Decernent muss gehörig prüfen: ob dabei noch irgend etwas zu erinnern oder nachzuholen sei, und solchenfalls das Erforderliche nach dem Beschlusse des Kollegii verfügen. Findet sich aber weiter nichts zu erinnern; so muss die Ausfertigung von ihm veranlasst werden.

1) Wegen der Erbverträge vergl. II. 4. §. 15. Anh. 431.

2) Wegen der Befugniß der Kammergerichtssekretarien, sowie der Kreisjustizräthe, **actus** der freiwilligen Gerichtsbarkeit auszufertigen; s. zu §. 3. h. t.

3) **Rescript** vom 20. Februar 1826, betreffend die Befugniß der Gerichtskommissarien, Rekognitions-Protokolle auszufertigen.

Der Justizminister genehmiget es auf den Antrag des Königlichen Ober-Landesgerichts, daß den Gerichtskommissarien in den Fällen, wo bloß die Unterschrift unter einem schon ausgestellten Dokumente anerkannt wird, die Ausfertigung der über diese Rekognition aufgenommenen Protokolle gestattet werde.

Das Königliche Ober-Landesgericht hat hiernach das Weitere zu veranlassen.

(v. K. Jhrb. Bd. 27. S. 91.)

§. 50. In wie fern diese Ausfertigung mit Inserirung des Protokolls selbst geschehe, oder in wie fern nur der Inhalt desselben der zu expedirenden Urkunde, mit Beziehung auf das Protokoll, einverleibt werde, desfalls hat es, nach Verschiedenheit der Fälle, bei dem Gerichtsbrauche eines jeden Kollegii oder andern Gerichts, auch noch ferner sein Bewenden. Wen aber auch nicht das ganze Protokoll in extenso eingerückt, sondern nur der Inhalt desselben in eine besondere Ausfertigung gefasst wird; so muss dennoch bei dieser das Protokoll lediglich zum Grunde gelegt, von den darin enthaltenen Erklärungen, Abreden und Bedingungen in keinem Stücke abgewichen, nichts denselben hinzugethan oder davon weggelassen, und im übrigen die Ausfertigung so gefasst werden, wie es die Natur des Geschäfts und die vorhandenen gesetzlichen Vorschriften mit sich bringen.

§. 51. Bei Abfassung solcher Urkunden und Ausfertigungen müssen die Gerichte und Expedienten sich einer guten deutschen und allgemein verständlichen Schreibart befleissigen; alle, nur Sachverständigen nach ihrem eigentlichen Sinne bekannte Kunstwörter möglichst vermeiden, und sich, statt deren, lieber einer deutlichen und richtigen Umschreibung bedienen, den Terminum technicum aber in einer Parenthese beifügen; sich des verworrenen, dunkeln und weitschweifigen sogenannten alten Kanzelleistyls, so wie aller Affektionen, und der Würde einer gerichtlichen Handlung nicht geziemenden Künstelei und Neuerungssucht in der Sprache, gänzlich enthalten; die Perioden nicht in einander schieben, noch den Zusammenhang durch lange und häufige Parenthesen unterbrechen; keine Pleonasmen und unnütze Wiederholungen, welche nur zu Missdeutungen und Verdrehungen Anlass geben können, einfliessen lassen; und mit einem Worte dafür sorgen, dass sowohl die Parteien, als jeder andere, dem daran gelegen ist, das, was eigentlich verhandelt worden, aus der Ausfertigung deutlich, bestimmt und zuverlässig entnehmen können.

§. 52. Ausserdem müssen dergleichen Ausfertigungen mit unnützen, zur Sache nicht gehörenden, oder unverständlichen, in der Folge wohl gar zu Zweifeln und Bedenken Anlass gebenden Klauseln, oder mit Renunciationen, die von keiner rechtlichen Wirkung sein können, z. B. mit Entsagung der Exceptionis doli, vis, metus, usurariae pravitatis, restitutionis in integrum ex capite aetatis etc. etc., nicht überladen werden; sondern es ist bloss die Begebung solcher Einwendungen und Rechtswohlthaten beizufügen, die sonst dem Geschäfte wirklich entgegensetzt werden könnten, deren Entsagung den Rechten nach zulässig, und denen in dem Protokolle wirklich entsagt worden ist.

§. 53. Dergleichen Ausfertigung muss allemal erst koncipirt, und das Koncept in dem Falle des §. 49. von dem Decernenten revidirt, auch nach erfolgter Ausreichung des Mundi, darauf: dass, wenn, und an wen diese geschehen sei, bemerkt; sodann aber das Koncept bei den Akten, in der Registratur des Gerichts, nach näherer Vorschrift des Kanzellei- und Registraturreglements, aufbewahrt werdeu.

§. 54. Das Mundum selbst wird von dem Gericht unterschrieben und besiegelt. Ob die Unterschrift von dem Vorgesetzten allein, oder auch von allen, oder von einigen Mitgliedern des Gerichts geschehe; und ob dabei ein besonderes grösseres, oder nur das ordinaire Gerichtssiegel gebraucht werde, desfalls hat es bei der Verfassung eines jeden Kollegii und Gerichts lediglich sein Bewenden.

Dritter Titel.

Von dem Verfahren bei Aufnehmung und Bestätigung der Verträge und anderer Verhandlungen unter Lebendigen.

Anh. §. 424. *Bei der Veräusserung der den Stadtgemeinen zugehörigen Grundstücke ist die Vorschrift der Städte-Ordnung vom* 19. *November* 1808 §. 189. *zu befolgen.*

S. auch C. O. vom 4. Juli 1832, nebst Zusammenstellung der Ergänzungen und Erläuterungen der Städteordnung vom 19. November 1808 ad §. 189. in Betreff der Erbverpachtungen; desgleichen revidirte Städteordnung vom 17. März 1831 §. 117. u. f.

Auh. §. 425. *Wenn Verträge über Grundstücke geschlossen werden, wobei sich Bergwerke befinden; so muss die Verhandlung jedesmal auf die Bergwerke ausdrücklich mit gerichtet und die Kontrahenten müssen wegen der erforderlichen Verlautbarung bei dem Bergamte gehörig belehrt werden.*

Edikt vom 21. Februar 1816, wegen Wiederherstellung der Gerichtsbarkeit der Berggerichte §. 3.; s. zu I. 2. §. 130. Bd. 1. S. 251

Anh. §. 426. *Justizkommissarien oder andere Justizbediente, welche bei Schliessung von Kaufkontrakten oder auch nur Punktationen über Grundstücke und bei der darauf erfolgenden Naturalübergabe zugezogen werden, müssen bei 10 bis 50 Rthlr. dafür haften, dass von den Kontrahenten das abgeschlossene Geschäft binnen 14 Tagen nach erfolgter Naturalübergabe bei der Hypothekenbehörde angezeigt werde.*

1) a. **Reseript** vom 16. Oktober 1797, betreffend die Anzeige abgeschlossener Kaufkontrakte oder Punktationen zu den Hypothekenakten (Stengels Beiträge Bd. 8. S. 139.); aufgenommen in §. 426. des Anh.

b. **Reseript** vom 11. April 1818, betreffend die Verbindlichkeit der Justizbedienten, den Hypothekenbehörden abgeschlossene Kaufkontrakte anzuzeigen.

Der Justitiarius N. zu N. beschwert sich in der abschriftlichen Anlage darüber: daß er wegen eines vor ihm als Gerichtshalter zu Dirschkowitz vollzogenen, hiernächst aber bei der Hypothekenbehörde von ihm nicht angezeigten, Kauf-Kontrakts nicht nur in eine Geldbuße von 20 Rthlr. genommen, sondern auch in dem von dem Fürstlich Lichtensteinschen Fürstenthumsgerichte darüber erforderten Bericht ungeziemend angegriffen sei.

Diese Beschwerde ist in beiderlei Hinsicht gegründet! —

Der §. 426. des Anhangs zur A. G. O. legt zuvörderst nur den Justizkommissarien und andern Justizbedienten die Verpflichtung auf, dafür zu haften, daß die Hypothekenbehörde von der geschehenen Abschließung von Kaufkontrakten oder Punktationen über Grundstücke, bei deren Veräußerung sie zugezogen sind, benachrichtigt werde. Unter dem Ausdruck:

„andere Justizbediente"

können aber, wie die ganze Fassung der allegirten Gesetzstelle ergiebt, keineswegs wirklich formirte Gerichte verstanden werden.

Ihre Funktion bei Abschließung von Kaufkontrakten ist von der der Justizkommissarien und anderer einzelner Justizbedienten merklich verschieden; sie werden dabei nicht bloß zugezogen, — treten nicht in der einseitigen Rolle der Assistenten und Rechtskonsulenten dabei auf. Von der in dieser Qualität geschehenen Zuziehung allein spricht das Gesetz; hätte es die Gerichte im Auge gehabt, so würde es sich deutlicher ausgedrückt und sie den Justizkommissarien vorangesetzt haben.

Sodann ist, um die gesetzliche Strafe zur Anwendung bringen zu können, nicht die bloße Zuziehung bei der Schließung des Kaufkontrakts hinreichend, sondern der beschuldigte Justizbediente muß auch der darauf erfolgenden Naturalübergabe beigewohnt haben. Hierüber läßt der §. 426. des Anhangs, vermöge des in der dritten Zeile befindlichen Verbindungswortes: „und", nicht den mindesten Zweifel übrig, und es liegt hierin zugleich ein verstärkter Grund, jene Disposition nicht auf formirte Gerichte auszudehnen, da sie mit der Naturalübergabe der Grundstücke nichts zu thun haben, noch dabei zugezogen zu werden pflegen.

Nach dieser gesetzlichen Entwickelung hat der Justitiarius N. die ihm mit Beistimmung des Königlichen Ober-Landesgerichts auferlegte Strafe in keiner Art verwirkt, und es muß solche nebst den ihm verursachten Kosten niedergeschlagen werden.

Außerdem kann der Justizminister weder die leidenschaftliche Sprache, welche das von Lichtensteinsche Fürstenthumsgericht in dem Berichte vom 24. Februar d. J. ganz unverkennbar führt, noch die von dem Königlichen Ober-Landesgericht mit weniger Schonung und Rücksicht geschehene integrale Mittheilung jenes Berichts an den darin so ungebührlich angegriffenen Justitiarius N. billigen. Ruhige, von jeder Persönlichkeit entfernte Beurtheilung und Darstellung gehört zu den ersten und achtbarsten Pflichten der Richter, und sie darf weder von dem Einzelnen verletzt, noch von einem ganzen Kollegium stillschweigend beseitigt oder ihre Verletzung genehmigt werden.

Das Königliche Ober-Landesgericht hat daher dem von Lichtensteinschen Fürstenthumsgericht das ernstliche Mißfallen des Justizministers darüber zu erkennen zu geben, und sich selbst für die Zukunft nach dem ganzen Inhalte des gegenwärtigen Rescripts zu achten.

(v. K. Jhrb. Bd. 11. S. 241.)

c. **Rescript** vom 1. Juni 1832, daß die Vorschrift §. 426 des Anh. durch die **C. O.** vom 31. Oktober 1831 nicht aufgehoben sei.

Die im Berichte des Königlichen Ober-Landesgerichts vom 30. April c. in Bezug genommene, aus dem Publikandum vom 16. Oktober 1797 entlehnte Vorschrift des §. 426. des Anhangs zur A. G. O. ist durch die Allerhöchste C. O. vom 31. Oktober v. J. keinesweges aufgehoben worden. Es ist im Gegentheil nothwendig, um so mehr auf die Befolgung jener gesetzlichen Vorschrift zu halten, damit die Nachtheile der verzögerten Besitztitelberichtigung dadurch so viel als möglich vermindert werden.

(v. K. Jhrb. Bd. 39. S. 430.)

2) a. **Instruktion** vom 12. Juni 1835, wegen Benachrichtigung der hypothekarischen Gläubiger bei Veräußerung von Grundstücken.

Die Deklaration vom 21. März 1835, betreffend die Uebernahme von Pfand- und Hypothekenschulden (G. S. S. 42. u. f.), legt im §. 4. den Richtern und Notaren, welche bei der Aufnahme oder Anerkennung eines Veräusserungsvertrages amtlich mitwirken, die Verbindlichkeit auf, alle aus dem Hypothekenbuch ersichtliche Gläubiger von der erfolgten Veräußerung in Kenntniß zu setzen.

Die Bestimmung darüber, wie diese Benachrichtigung geschehen solle, ist zu einer besonderen vom Justizminister zu erlassenden Instruktion verwiesen worden.

Dieser Allerhöchsten Anweisung gemäß wird hiermit Folgendes bestimmt:

§. 1. Wird ein Veräußerungsvertrag über ein Grundstück oder eine Gerechtigkeit die sich zur Anlegung eines Hypothekenfoliums eignet, von einem Notar aufgenommen oder die Anerkennung eines solchen Vertrages seinem Inhalte oder seiner Unterschrift nach bewirkt, so liegt dem Notar in allen Fällen, das Hypothekenbuch sei bereits angelegt oder nicht, die Verpflichtung ob, „eine beglaubigte, aber stempelfreie Abschrift des Vertrages an die Hypothekenbehörde einzusenden, und wie solches geschehen, auf dem Instrumente selbst vor der Ausantwortung an die Interessenten und zu seinen Akten zu vermerken.“

§. 2. Eine gleiche Pflicht liegt in demselben Fall jedem Richter ob, wenn er nicht zugleich der Hypothekenrichter ist.

§. 3. Die Abschrift muß beglaubigt sein, um die nach Inhalt der Rescripte vom 28. August und 17. November 1820 (Jhrb. Bd. 16. S. 68. und 258.) ohnehin erforderliche vidimirte stempelfreie Abschrift entbehrlich zu machen, und um nöthigenfalls auf Grund derselben in Gemäßheit der C. O. vom 6. Oktober 1833 (G. S. S. 124.) mit Rücksicht auf das Gesetz vom 23. April 1821 (G. S. S. 43.) und die C. O. vom 6. November 1834 (G. S. S. 180.) die Eintragung des Besitztitels von Amts wegen bewirken zu können.

§. 4. Mit der Einreichung der beglaubigten Abschrift des Vertrages wird zugleich der den Justizkommissarien und andern Justizbedienten im §. 426. des Anhangs zur A. G. O. auferlegten Verpflichtung, Kauffkontrakte über Grundstücke, bei deren Schließung sie zugezogen worden, der Hypothekenbehörde anzuzeigen, eine Genüge geleistet.

§. 5. Die Hypothekenbehörde hat, sobald sie nach §. 1. und 2. von der Veräußerung unterrichtet, oder wenn der Vertrag oder dessen Anerkennung von ihr selbst aufgenommen worden ist, die aus dem Hypothekenbuche ersichtlichen Gläubiger der zweiten oder dritten Rubrik von der erfolgten Veräußerung zu benachrichtigen.

§. 6. Diese Benachrichtigung geschieht in Form einer Dekretsabschrift, wozu gedruckte Formulare gebraucht werden können, etwa mit folgenden Worten:

das (Haus, Nummer ꝛc.) (Gut N. im ꝛc. Kreise) ist zufolge Kontrakts vom ꝛc. von ꝛc. an ꝛc. verkauft worden, welches den eingetragenen Gläubigern hierdurch bekannt gemacht wird.

§. 7. Den am Orte des Gerichts anwesenden Gläubigern ist diese Benachrichtigung gewöhnlichermaaßen zu insinuiren. Bei Auswärtigen geschieht die Insinuation durch die Abgabe zur Post (§. 4. der Verordnung vom 4. März 1834, den Subhastationsprozeß betreffend).

Ist der Aufenthalt eines Gläubigers weder aus dem Vertrage, noch aus den Grundakten zu ersehen, so unterbleibt die Benachrichtigung.

Nicht eingetragene Gläubiger, Cessionarien oder Pfandinhaber haben auf eine Benachrichtigung keinen Anspruch.

§. 8. Ist das Hypothekenbuch noch nicht angelegt, so fällt die Benachrichtigung weg, da sie bloß für die aus dem Hypothekenbuche ersichtlichen Gläubiger bestimmt ist.

§. 9. Für alle diese Benachrichtigung betreffenden Verfügungen und Verhandlungen können weder Gerichtsgebühren noch Stempel angesetzt werden.

Die baaren Auslagen an Kopialien, Postporto und Meilengelder fallen den Kontrahenten in derselben Weise, wie alle übrigen Kosten des Vertrages, zur Last.

§. 10. Sämmtliche Landes-Justizkollegien haben darauf zu halten, daß den Bestimmungen dieser Instruktion überall vollständig genügt werde.

(v. K. Jhrb. Bd. 45. S. 510.)

b. **Rescript** vom 25. August 1835, betreffend die Gebühren für die zu den Grundakten einzureichenden vidimirten Abschriften der Veräußerungsverträge.

Auf Ihre Anfrage vom 2. d. M. wird Ihnen hierdurch eröffnet: daß, da nach §. 9. der Instruktion vom 12. Juni c. (Jhrb. Bd. 45. S. 510.) für die in der Deklaration vom 21. März d. J. (G. S. S. 42.) angeordnete Bekanntmachung eines über ein Grundstück oder eine zur Eintragung in das Hypothekenbuch geeignete Gerechtigkeit abgeschlossenen Veräußerungskontrakts an die eingetragenen Gläubiger nur die baaren Auslagen und keine Gebühren gefordert werden können, auch der Justizkommissarius, welcher nach §. 1. der Instruktion eine vidimirte Abschrift eines solchen Veräußerungsvertrags zu den Hypothekenakten einreicht, für die Beglaubigung keine Gebühren nehmen, vielmehr seine Liquidation auf die Kopialien beschränken muß.

Dies gilt auch von dem zu erstattenden Einreichungsbericht, zu welchem kein Stempel zu verbrauchen ist.

(v. K. Jhrb. Bd. 46. S. 557.)

3) **Rescript** vom 9. September 1834, betreffend die Nothwendigkeit der Anzeige von Besitzveränderungen eximirter Grundstücke an das Obergericht Behufs Veranlassung der Ableistung des Huldigungseides.

Die Vorschrift, daß jeder Besitzer eines eximirten Grundstücks gleich nach der Erwerbung desselben aufgefordert werden soll, in so fern es nicht schon früher geschehen, den Huldigungseid zu leisten, kann sehr oft nicht zur Ausführung kommen, weil die Obergerichte, denen nach der Cirkular-Verfügung vom 18. Dezember 1810 (Mathis juristische Monatsschrift Bd. 10. S. 10.) die Verpflichtung obliegt, auf die Ableistung dieses Eides zu halten, nicht immer frühzeitig solche Besitzveränderungen erfahren. Seitdem die Zwangsverbindlichkeit zur Berichtigung der Besitztitel neuerworbener Grundstücke, wie sie die Hypotheken-Ordnung Tit. 11. §. 49. bis 51. angeordnet, durch die Allerhöchste C. O. vom 31. Oktober 1831 (G. S. de 1831 S. 251.) aufgehoben ist, bleiben dergleichen Veränderungen noch länger den Obergerichten verborgen, und es ergiebt sich, daß es nothwendig ist, den Gerichten Mittel zu verschaffen, rechtzeitig die erforderliche Kenntniß von den Besitzveränderungen eximirter Grundstücke zu erhalten.

Da die Bestimmungen des Anhangs zur A. G. O. §. 426.:

„daß Justizkommissarien oder andere Justizbediente, welche bei Schließung von Kaufkontrakten oder auch nur Punktationen über Grundstücke und bei der darauf erfolgenden Naturalübergabe zugezogen werden, bei 10 bis 50 Rthlr. dafür haften, daß von den Kontrahenten das abgeschlossene Geschäft binnen 14 Tagen nach erfolgter Naturalübergabe bei der Hypothekenbehörde angezeigt werde,"

wie die Erfahrung zeigt, nicht zureichen, diesen Zweck zu erlangen; so wird hierdurch bestimmt: daß jedes Gericht und jeder Notar, (ohne weitere Zulassung der Unterschiede, welche das Rescript vom 11. April 1818 Jhrb. Bd. 11. S. 241. macht) bei dem oder vor welchem eine Punktation oder ein Kontrakt, wodurch eine Veränderung in der Person des Eigenthümers eines eximirten Grundstücks eintreten soll, anerkannt oder geschlossen wird, innerhalb 14 Tagen nach Aufnahme der Verhandlung zu den Grundakten der kompetenten Behörde bei fünf Thaler Strafe von dem Inhalte des Vertrages Anzeige zu leisten hat.

Das Kollegium wird angewiesen, diese Bestimmung durch die Amtsblätter zur allgemeinen Kenntniß zu bringen, und auf deren Befolgung mit Strenge zu halten; auch dahin zu sehen, daß die Ableistung des Homagialeides von den dazu verpflichteten Erwerbern eximirter Grundstücke rechtzeitig erfolgt.

(v. K. Jhrb. Bd. 44. S. 103)

§. 1. Verträge werden entweder vor Gerichten geschlossen und aufgenommen, oder sie werden denselben nur zur Bestätigung eingereicht.

I. Aufnehmung der Verträge. Was dabei zu beobachten. A) In Ansehung der Person der Kontrahenten, besonders

§. 2. Bei der gerichtlichen Aufnehmung eines Vertrages müssen zuvörderst die allgemeinen Anweisungen des vorhergehenden Titels genau beobachtet werden.

§. 3. Wenn besonders der eine oder der andere kontrahirende Theil mit einem Naturfehler behaftet ist, wodurch derselbe zwar zum Kontrahiren noch nicht ganz unfähig wird, dennoch aber die Deutlichkeit und Gewissheit in seinen Willensäusserungen zweifelhaft werden könnte; so muss der Richter vorzügliche Mühe anwenden, um nicht nur sich selbst von der wahren Intention einer solchen Partei vollkommen zu überzeugen, sondern auch zu verhüten, dass die Gültigkeit oder der Sinn des Vertrages nicht etwa in der Folge, unter dem Vorwande dieses Mangels einer deutlichen oder gewissen Willensäusserung, angefochten werden möge.

a) bei Tauben;

§. 4. Wenn ein Tauber einen Kontrakt schliessen will; so muss der Richter die Vorschläge und Erklärungen des andern Kontrahenten, so wie die Fragen, die er selbst an ihm ergehen zu lassen, und die Bedeutungen, die er ihm zu thun nöthig findet, von Wort zu Wort niederschreiben, und ihm zum Lesen vorlegen; und eben so seine Antworten und Gegenerklärungen wörtlich niederschreiben: also, dass die mündlichen Unterhandlungen und Traktaten, von denen in gewöhnlichen Fällen nur die Resultate zum Protokolle genommen zu werden pflegen, demselben in einem solchen Falle in extenso einverleibt werden müssen. Das Protokoll selbst muss allemal, statt des gewöhnlichen Vorlesens, dem Tauben zum eigenen Durchlesen gegeben, und, dass solches geschehen, von ihm bei seiner Unterschrift ausdrücklich attestirt werden.

Rescript vom 24. Juni 1802 nebst Bericht, betreffend das Verfahren bei Aufnahme einer Erklärung von einem Tauben, welcher schreibensunkundig ist.

Ein Einwohner einer in hiesiger Provinz gelegenen Stadt hat in einem Alter von etwa 20 bis 30 Jahren nach und nach sein Gehör verloren, und ist jetzt völlig taub. Er hat sonst die unter Leuten geringeren Standes gewöhnliche Kenntniß von Geschäften, den völligen Gebrauch der Sprache und die Fähigkeit, seinen Willen deutlich und mit Zuverlässigkeit mündlich zu äußern, so wie von der andern Seite man sich ihm durch Zeichen oder einzelne deutlich geschriebene Worte leicht verständlich machen kann. Dahingegen kann derselbe weder schreiben noch Geschriebenes im Zusammenhange lesen.

Dieser Mensch will bei dem Gerichte, dessen Eingesessener er ist, eine letztwillige Disposition vortragen, und das Gericht hat über die bei einem solchen Geschäfte zu beobachtende Form bei uns angefragt.

Tauben Personen, welche sich schriftlich oder mündlich ausdrücken können, stehen die Gesetze bei Errichtung ihres letzten Willens nicht entgegen, (A. L. R. Thl. I. Tit. 12. §. 26) es müssen ihnen aber die an sie zu richtenden Fragen schriftlich vorgelegt, und von ihnen beantwortet werden (A. L. R. a. a. O. §. 123.).

Was geschehen soll, wenn der Taube nicht Geschriebenes lesen kann, und ihm also die an ihm zu richtenden Fragen ohne Erfolg schriftlich würden vorgelegt werden, bestimmt das Gesetz nicht.

Es scheint uns aber unbedenklich zu sein,

daß alsdann die Zeichensprache in der Art substituirt werde, wie solches bei Aufnahme der Verträge taubstummer Personen in der A. G. O. Thl. II. Tit. 3 §. 7. vorgeschrieben ist:

daß nämlich zwei von denjenigen Personen, die mit solchem Testirer täglich oder doch oft zusammen kommen und Umgang pflegen, bei der vorzunehmenden Handlung aber kein solches eigenes Interesse haben, welches ihre Glaubwürdigkeit zweifelhaft machen könnte, von dem Gericht bei Aufnahme des letzten Willens zugezogen werden;

daß diese darüber,

ob und woher sie wissen, daß derselbe durch Zeichen hinlänglich verständigt werden könne, an Eidesstatt und mit dem Bedeuten, daß sie sich zur eidlichen Bestärkung ihrer Angaben auf Erfordern bereit halten müssen, vernommen werden;

daß das Gericht die Richtigkeit solcher Angaben sorgfältig prüfe, sich davon durch wiederholte Proben so vollständig als möglich überzeuge, und die diesfallsigen Verhandlungen umständlich zum Protokoll niederschreibe;

daß das Gericht alsdann durch diese Dollmetscher, bald durch einen bald durch den andern, die dem Testirer zu thuende Fragen vorlege, und dann die Antwort des letztern gewärtige;

daß es am Schlusse des Protokolls den Inhalt desselben so weit es die vorzunehmen gewesene Handlung selbst betrifft, dem Testirer auf gleiche Art nochmals vorhalte und dessen Erklärung eben so gewärtige; und endlich

daß das Protokoll auch von diesen Dollmetschern mit unterzeichnet werde.

Denn diese Form, welche die Gesetze für hinlänglich gehalten haben, die Ueberzeugung von der Gewißheit der Willenserklärung taubstummer Personen bei Abschließung von Verträgen zu geben, muß auch unstreitig hinlänglich sein, die Gewißheit des Willens eines bloß des Gehörs beraubten Testirers, bei Errichtung letztwilliger Verordnungen zu verschaffen, so wie sie aber auch auf der andern Seite dazu erforderlich ist, um diese Gewißheit zu erhalten.

Uebrigens wird sich wohl von selbst verstehen,

daß obgedachte Dollmetscher, wenn sie die im A. L. R. a. a. O. §. 115. u. f. erforderlichen Eigenschaften haben, zur Beglaubigung des Protokolls über die Auf- und Annahme des letzten Willens in dem Falle gebraucht werden können, wenn der Taube zugleich des Schreibens unerfahren ist, und also die Fälle des §. 115. und 116. a. a. O. eintreten, folglich es in solchem Falle, außer jenen Dollmetschern, nicht noch zu solcher Beglaubigung der Zuziehung zwei anderer glaubwürdiger Männer bedürfe.

Ew. Königliche Majestät bitten wir nun allerunterthänigst, es zu bestimmen und festzusetzen:

ob in dem Falle, wenn eine, zur Errichtung letztwilliger Verordnungen sonst fähige, aber taub gewordene und des Schreibens unerfahrne Person in Gerichten ihr Testament oder Codicill übergeben, oder zum gerichtlichen Protokoll erklären will, dabei die von uns vorgeschlagene Form, oder welche andere beobachtet werden solle.

Magdeburg, den 10. Juni 1802.

Rescript.

Wir finden das in Eurem Bericht vom 10. d. M. vorgeschlagene Verfahren bei Aufnehmung des Testaments eines Tauben, der vollkommen fertig sprechen kann, jedoch nicht im Stande ist Geschriebenes im Zusammenhange zu lesen, völlig angemessen, und habt Ihr das Untergericht, welches dieserhalb bei Euch angefragt hat, diesem gemäß zu bescheiden, zugleich aber dasselbe anzuweisen, den Versuch zu machen, ob es möglich sei, sich dem Tauben, der wahrscheinlich Gedrucktes lesen kann, durch eine dem Druck ähnliche Schrift verständlich zu machen, welchenfalls dieses Mittel der zweifelhaften Zeichensprache vorzuziehen sein würde.

Uebrigens ist es keinem Bedenken unterworfen, daß, wenn Behufs der Zeichensprache bei Aufnahme des Testaments schon zwei Zeugen adhibiret werden, nicht noch außerdem wegen Mangels der Unterschrift des Testators, zwei andere Zeugen zugezogen werden dürfen, vielmehr kann die Verhandlung vor den Gerichtspersonen und den der Zeichensprache des Testators kundigen beiden Dollmetschern gültig erfolgen.

(Neues Archiv Bd. 3. S. 5.)

b) bei Stummen;

§. 5. Wenn ein Kontrahent stumm ist; so muss derselbe seine Vorschläge und Erklärungen, seine Aeusserungen auf die Anträge des andern Theils, und seine Antworten auf die Fragen und Bedeutungen des Richters, eigenhändig in das Protokoll niederschreiben.

§. 6. Bei Personen, die taub und stumm zugleich sind, muss der Richter die Vorschriften beider vorhergehenden Paragraphen beobachten.

c) bei Taubstummen;

§. 7. Taubstumme (A. L. R. Thl. II. Tit. XVIII. §. 15. 16.), die nicht schreiben und Geschriebenes lesen können, sind in der Regel nicht fähig, Verträge zu schliessen, sondern müssen unter Vormundschaft genommen, und ihre Angelegenheiten durch ihre Vormünder besorgt werden.

Wenn jedoch in besonderen Fällen behauptet wird, dass ein solcher Mensch, bei übrigens gehörig entwickelten Verstandeskräften, durch die Zeichensprache von dem, was man ihm zu wissen thun will, hinlänglich unterrichtet werden, und eben so seinen Willen, durch Zeichen, deutlich und verständlich genug äussern könne; der Fall aber so beschaffen ist. dass entweder die vorzunehmende gerichtliche Handlung durch den Vormund allein nicht vollzogen werden kann, sondern die eigene Mitwirkung der Partei selbst nothwendig erfordert wird; oder wenn bei der Sache dergestalt Gefahr im Verzuge ist, dass auf die förmliche Bevormundung damit nicht gewartet werden kann, so muss der Richter vor allen Dingen, im erstern Falle, den bestellten Vormund dennoch zuziehen; im letztern aber der Partei, welche noch nicht förmlich bevormundet ist, einen besondern Kurator zu der gegenwärtigen Handlung zuordnen. Sodann muss er wenigstens zwei von denjenigen Personen, die mit einem solchen Menschen täglich oder doch oft zusammen kommen und Umgang pflegen, bei der vorzunehmenden Handlung aber kein solches eigenes Interesse haben, welches ihre Glaubwürdigkeit zweifelhaft machen könnte, darüber: ob und woher sie wissen, dass derselbe durch Zeichen hinlänglich verständigt werden, und seinen Willen auf eben die Art mit Deutlichkeit und Gewissheit äussern könne, an Eidesstatt, und mit dem Bedeuten, dass sie sich zur eidlichen Bestärkung ihrer Angaben, auf Erfordern, bereit halten müssten, vornehmen;

hiernächst den Gemüthszustand einer solchen Partei überhaupt, und die Richtigkeit der Angaben von ihrer Fähigkeit, Zeichen zu verstehen, und sich durch Zeichen zu erklären, insonderheit, sorgfältig prüfen; sich davon, durch wiederholte Proben, so vollständig als möglich, überzeugen, und die diesfälligen Verhandlungen umständlich zum Protokolle niederschreiben lassen. Sodann muss zur Sache selbst geschritten, und es müssen dabei wenigstens zwei Personen, welche der mit der Partei zu redenden Zeichensprache und seiner Zeichen kundig sind, zugezogen werden. Unter diesen Dollmetschern kann auch der Vormund oder Kurator, wenn sonst die übrigen Erfordernisse bei ihm zutreffen, mit begriffen sein; doch muss überhaupt der Richter die Vorsicht brauchen, dass er sich bald des einen bald des andern bediene, um der Partei die Fragen vorzulegen, oder ihre Erklärungen einzuziehen. Am Schlusse des Protokolls muss der Inhalt desselben, so weit er die vorzunehmen gewesene Handlung selbst betrifft, der Partei durch den Weg der Zeichensprache nochmals vorgehalten, und ihre Genehmigung darüber auf eben die Art eingeholt werden. Das Protokoll aber müssen, ausser den gewöhnlichen Unterschriften, auch diejenigen, durch deren Zeugniss der Richter sich von der hinlänglichen Fähigkeit der Partei versichert, und deren er sich bei dem Aktus als Dollmetscher bedient hat, mit unterzeichnen. Der Vormund oder Kurator muss, wenn er auch nicht als Dollmetscher mit gebraucht worden, dennoch bei der ganzen Verhandlung zugegen sein, und statt der Partei das Protokoll unterschreiben.

Rescript vom 10. Mai 1806, betreffend die Anwendung der Zeichensprache bei der Aufnahme von Testamenten taubstummer Personen.

Auf den über die Anfrage der Kreis-Justizkommission zu Gnesen, wegen der Aufnahme des Testaments des zum Sprechen unfähigen und des Schreibens unkundigen dasigen Bürgers rc. unter dem 14. v. M. erstatteten Bericht, ertheilen wir Euch hierdurch zur Resolution:

daß die Bestimmung der A. G. O. Thl. II. Tit. 3. §. 7., nach welcher die Zeichensprache bei Verträgen der Taubstummen angewendet werden soll, auch bei Testamenten dergestalt angewendet werden kann, daß durch dieses Verständigungsmittel Stumme, welche nicht schreiben können, zur Errichtung eines Testaments fähig werden;

weshalb Wir Euch übrigens auf das unter dem 10. Juni 1802 an die Regierung zu Magdeburg erlassene Rescript verweisen.

(N.C.C. T. XII. S. 345. Nr. 60. de 1806 und Neues Archiv Bd. 3. S. 250.)

d) bei Blinden;

§. 8. Wenn ein Blinder kontrahiren will; so muss der Richter sich besonders davon, dass derselbe die Person, mit welcher der Kontrakt geschlossen werden soll, wirklich kenne, und dass dabei kein Irrthum vorwalte, hinlänglich überzeugen; und wie er zu dieser Ueberzeugung gelangt sei, in dem Protokolle bemerken. Auf eben die Art muss der Richter, wenn Gegenstände vorkommen, die gewöhnlich nur durch den Sinn des Gesichts erkannt werden, sich versichern, dass, und auf welchem andern Wege, der Blinde davon die zu einer gewissen Willenserklärung nöthige Kenntniss erlangt habe; und wie dies geschehen, eben falls niederschreiben lassen. Uebrigens muss dem Blinden zu der ganzen Verhandlung ein Beistand zugeordnet werden, durch welchen ihm am Ende das Protokoll vorgelesen wird, und der dasselbe an seiner Statt unterzeichnet.

Bei der Errichtung letztwilliger Dispositionen ist die Zuziehung zweier Beistände erforderlich; §. 113—115. I. 12. des A. L. R.

e) bei Leuten, die zuweilen ihres Verstandes nicht mächtig sind.

§. 9. Personen, die auch nur zuweilen und mit gewissen Abwechselungen an einer Abwesenheit des Verstandes leiden, müssen in der Regel zu Schliessung lästiger Verträge nicht zugelassen, sondern unter Vormundschaft gesetzt werden. Wenn aber besondere Fälle vorkommen, wo eine solche Person in einem lichten Zwischenraume einen Vertrag schliessen soll, und die Sache dergestalt dringend ist, dass die förmliche Bevormundung, ohne ihren eigenen Nachtheil, nicht abgewartet werden kann; so muss der Richter sich auf das vollständigste, allenfalls unter Zuziehung eines Arztes, überzeugen, dass der Kontrahent jetzt wirklich in einem solchen lichten Zwischenraume stehe, und dass seine Verstandeskräfte in sich noch ungeschwächt genug sind, um seine Handlungen und deren Folgen gehörig überlegen zu können. Sodann muss er diesem Kontrahenten zu dem Aktus selbst einen Beistand zuordnen, und bei der Vollziehung der Handlung die Vorschriften des zweiten Titels §. 27. 28., wegen der einer solchen Partei zu ertheilenden Belehrungen und Bedeutungen, mit vorzüglicher Sorgfalt beobachten; das Protokoll aber so umständlich fassen, dass aus selbigem die Ueberzeugung, wasmaassen der Aktus wirklich in einem lichten Zwischenraume vorgenommen und vollzogen worden ist, zu allen Zeiten entnommen werden könne.

Sollte übrigens das Geschäft, vor gänzlicher Abschliessung und Vollziehung des Protokolls, durch einen wiederholten Anfall der Gemüthskrankheit eines solchen Kontrahenten unterbrochen werden; so sind nicht nur alle bis dahin vorgefallene Verhandlungen, wie sich schon von selbst versteht, unverbindlich, sondern sie werden auch als gar nicht vorgefallen angesehen; und muss daher der Aktus, wenn er nach erfolgter Wiederherstellung des Kontrahenten dennoch vor sich gehen soll, nicht bloss da, wo er das erste Mal unterbrochen worden, wieder aufgenommen, sondern ganz von vorn aufgenommen werden.

Vergl. A. L. R. I. 4. §. 24. und 25.

B. In Ansehung des Inhalts, besonders

§. 10. Bei den verschiedenen Arten der Kontrakte muss der Richter, vor welchem sie geschlossen werden sollen, darauf sehen, dass dasjenige, was die Gesetze, nach der Natur eines jeden Kontrakts, zur Gültigkeit und Vollständigkeit desselben erfordern, genau beobachtet; und dass besonders den Streitigkeiten und Prozessen, die bei der Erfüllung desselben entstehen könnten, durch deutliche und bestimmte Verabredungen der Kontrahenten nach Möglichkeit vorgebeugt werde. Der Richter muss sich daher die gesetzlichen Vorschriften über die Natur, Erfordernisse und Wirkungen eines jeden Kontrakts, und über die Ausflüchte, welche wider die Erfüllung desselben gemacht zu werden pflegen, stets gegenwärtig erhalten, und durch richtige zweckmässige Anwendung einer gründlichen Rechtstheorie, dem Haupttheile seiner Obliegenheit, welcher in Verhütung künftiger Prozesse besteht, ein Genüge zu leisten, sich angelegen sein lassen.

1) bei Kaufkontrakten.

§. 11. Besonders muss bei Kauf- und anderen Veräusserungs-Kontrakten, über Grundstücke und Gerechtigkeiten, der Richter sich von dem zu verkaufenden Immobile einen Hypothekenschein vorlegen lassen, um daraus zu entnehmen: ob der Verkäufer seinen Besitztitel gehörig berichtigt habe; und ob aus der im Hypothekenbuche bemerkten Qualität des Grundstücks, oder aus den in der ersten und zweiten Rubrik des Hypothekenbuches eingetragenen Vermerken, irgend etwas hervorgehe, wodurch die Befugniss des Verkäufers, über die Substanz der Sache solchergestalt zu disponiren, eingeschränkt werde. Kommt nach Provinzialgesetzen, oder bei dem Gerichte bekannten Verträgen, oder anderen Dispositionen, irgend Jemandem ein Vorkaufs- oder Näherrecht zu; so muss der Richter sich erkundigen und nachweisen lassen: ob diesen Berechtigten das Anbieten gehörig geschehen sei, ob und wohin sich dieselben erklärt haben, und in wie fern, nach dieser Erklärung, das Geschäft mit dem Käufer gültig und zuverlässig abgeschlossen werden könne. Soll das Anbieten und die Aufforderung zur Ausübung des Vorkaufs- oder Näherrechts erst nach geschlossenem Kontrakte erfolgen; so muss der Richter die Vorschrift Tit. II. §. 23. genau beobachten, und darauf sehen, dass die diesfälligen Obliegenheiten des Verkäufers, die Frist, in welcher dieselben von ihm erfüllt werden müssen, die rechtlichen Folgen der unterbliebenen Erfüllung, und was statt finden solle, wenn nach der Erklärung des Vorkaufsberechtigten der gegenwärtige Kontrakt ausser Wirkung gesetzt würde, in dem Vertrage selbst, so genau und bestimmt als möglich, verabredet werden.

wegen Festsetzung des Kaufgeldes,

Bei Festsetzung des Kaufgeldes muss der Richter den Parteien die gesetzlichen Vorschriften, nach welchen der Käufer unter gewissen Umständen eine Verletzung über die Hälfte vorschützen kann, bekannt machen; und wenn der Käufer sich dieser Einwendung begeben will, demselben die rechtlichen Folgen einer solchen Verletzung ausdrücklich vorhalten.

wegen des Beilasses,

Besonders muss der Richter genau darauf sehen, dass bestimmt werde: ob der Käufer die Sache mit oder ohne Beilass erhalten solle. Wenn Ersteres ist, und der Beilass nach einem Inventario übergeben werden soll; so muss der Richter die Kontrahenten auffordern, dieses Inventarium dem Kontrakte beizufügen, und nur dann, wenn sie erklären, dass sie dieses nicht wollen, sich dabei beruhigen; die Weigerung aber, und was die Parteien etwa sonst wegen dieses Punktes verabredet haben, in dem Protokolle ausdrücklich bemerken. Soll der Käufer die Sache in Ansehung des Beilasses, wie sie steht und liegt, übernehmen; so muss der Sinn und die gesetzliche Wirkung dieses Ausdrucks den Parteien gehörig erklärt werden.

wegen der Pertinenzstücke;

Gehören unbewegliche Pertinenzstücke zu der verkauften Sache; so muss der Richter darauf sehen: ob dieselben auf ein Folium im Hypothekenbuche mit der Hauptsache eingetragen sind; oder ob sie ein besonderes Folium haben. Ist Ersteres, so muss er dafür sorgen, dass derselbe in dem Kontrakte ausdrücklich, wenigstens relative auf den Hypothekenschein, gedacht werde. Ist Letzteres; so muss darüber entweder ein besonderer Kontrakt errichtet, oder doch in dem Hauptkontrakte bestimmt werden: wie viel von dem bewilligten Kaufgelde auf diese Pertinenzstücke zu rechnen sei.

wegen der Gewährleistung,

Eben so muss, in Ansehung der zu leistenden Gewähr, auf genaue und bestimmte Festsetzungen gedrungen werden, da die Erfahrung lehrt, dass besonders wegen der Gewährmängel die weitläufigsten und kostbarsten Prozesse entstehen. Wenn also das Immobile nach einem Anschlage verkauft wird; so muss der Richter dafür sorgen, dass der zum Grunde gelegte Anschlag dem Kontrakte beigefügt werde; und dass dieser Anschlag so beschaffen sei, damit, bei entstehendem Streite, hinlänglich feste Grundsätze sowohl darüber: was zu gewähren, als darüber: wie bei eintretendem Eviktionsfalle die Entschädigung zu bestimmen sei, entnommen werden können. Nur dann, wenn die Parteien, von dieser richterlichen Anweisung und Belehrung keinen Gebrauch machen zu wollen, sich ausdrücklich erklären, muss der Richter zwar weiter fortfahren, zugleich aber jene Weigerung, zu seiner eigenen künftigen Deckung in dem Protokolle gehörig bemerken.

Soll das Gut in Pausch und Bogen verkauft sein; so ist den Parteien der Sinn und Umfang dieser Klausel gehörig zu erklären, und ihnen bekannt zu machen: in wie fern dieselbe eine Verzicht auf die Gewährleistung enthalte, und was, derselben ungeachtet, dennoch von dem Verkäufer zu vertreten sein würde. Soll entweder auf alle und jede, oder auf gewisse Arten der Gewährleistung Verzicht gethan werden; so muss der Richter den Käufer von der Wichtigkeit und den Folgen einer solchen Renunciation sattsam belehren, und ihm sowohl, als dem Verkäufer, bekannt machen: was für Gewährsmängeln nach den Gesetzen entweder gar nicht entsagt werden könne, oder bei welchen eine ausdrückliche und bestimmte Entsagung nöthig sei.

wegen der eingetragenen Schulden.

Sind auf dem Grundstücke Schulden eingetragen; so muss der Richter dem Käufer bedeuten, dass dieselben mit der Sache zugleich auf ihn übergehen. Werden dergleichen Schulden auf Rechnung des Kaufgeldes übernommen; so muss der Verkäufer erinnert werden, dass dadurch seine bisherige Verbindlichkeit gegen den Gläubiger nicht wegfalle und es daher seine Sache sei, dafür zu sorgen, dass entweder der Käufer die übernommenen Schulden berichtige, oder die Erklärung der Gläubiger, ihn seiner persönlichen Verpflichtung entlassen zu wollen, herbei schaffe. Auch muss der Richter darauf sehen, dass die Parteien unter sich verabreden: ob ein Aufgebot des Grundstücks in Ansehung der unbekannten Realprätendenten veranlasst werden; auf wessen Kosten es geschehen; ingleichen, ob und wie viel von den Kaufgeldern, zur Sicherheit des Käufers, bis nach ergangener Präklusion stehen bleiben solle.

Wegen der Nebenverträge.

Sollen dem Kaufkontrakte Nebenverträge beigefügt werden: so muss der Richter dabei vorzüglich auf genaue bestimmte Fassung derselben Rücksicht nehmen. Insonderheit muss er, wenn ein Wiederkaufsrecht vorbehalten werden soll, bei Prüfung und Fassung der diesfälligen Verabredungen, mit genauer Sorgfalt und beständiger Rücksicht auf die Vorschriften des A. L. R. Thl. I. Tit. XI. §. 296—330. zu Werke gehen: damit eines Theils nicht Wucher und Uebervortheilungen hinter einem solchen Geschäfte versteckt, und andern Theils die Gelegenheiten und Veranlassungen zu Prozesse, welche bei künftiger Ausübung des Wiederkaufsrechts um so leichter entstehen können, je ein längerer Zeitraum etwa seit dem ersten Kaufe verstrichen ist, nach Möglickeit verhütet werden.

1) **Rescript** vom 10. Oktober 1800, betreffend die Belehrung der Kontrahenten bei der Veräußerung von Pertinenzstücken eines Hauptguts ohne Konsens der Hypothekengläubiger.

Auf Euren Bericht vom 15. v. M. autorisiren Wir Euch hierdurch, Eurem Vorschlage gemäß, den Kaufkontrakten, welche Eigenthümer adlicher Güter über Pertinenzstücke der letztern, durch deren Absonderung der Werth der Güter verringert werden muß, schließen, die Bestätigung so lange zu versagen, bis die gerichtlich oder coram notario et testibus aufgenommene, oder wenigstens in solcher Art attestirte Genehmigung der eingetragenen Gläubiger herbeigeschafft worden. Zugleich habt Ihr, vorzüglich wenn die Käufer rechtsunkundige Leute sind, und nach den Umständen eine vorschnelle Bezahlung des Kaufgeldes zu besorgen ist, dieselben ex officio nobili auf die ihnen imminirende Gefahr aufmerksam zu machen, und die Untergerichte Eures Departements gleichmäßig zu instruiren.

(Neues Archiv Bd. 1. S. 371. und Stengels Beitr. Bd. 12. S. 361.)

2) **Rescript** vom 20. Februar 1836, betreffend die Aufnahme von Veräußerungsverträgen über Grundstücke, wenn der Besitztitel des Verkäufers noch nicht berichtigt ist.

Auf den Bericht vom 5. Januar d. J., welcher die Meinungsverschiedenheit zwischen dem Land- und Stadtgerichte zu Goldberg und dem dortigen Justizkommissarius ll,

über die Pflichten der Notarien bei Aufnahme von Veräußerungsverträgen,

zum Gegenstande hat, wird dem Königlichen Ober Landesgericht hierdurch eröffnet: daß der Justizminister mit der Ansicht des Kollegiums im Allgemeinen einverstanden ist.

Daß einem Richter oder Notar die Aufnahme eines Veräußerungsvertrages über ein Grundstück oder eine Gerechtigkeit auch in dem Falle gestattet sei, wenn der Besitztitel auf den Veräußerer noch nicht berichtigt worden, unterliegt nicht dem mindesten Bedenken. Zur Gültigkeit eines solchen Vertrages in Beziehung auf die Dispositionsfähigkeit des Veräußerers gehört nur, daß der letztere Eigenthümer des zu übertragenden Gegenstandes ist; der Beurtheilung des Käufers aber bleibt es überlassen, ob er sich in ein Geschäft mit dem uneingetragenen Besitzer einlassen und sich allenfalls durch Eintragung einer Protestation versehen will, oder nicht.

Schon vor der Allerhöchsten C. O. vom 31. Oktober 1831 (G. S. S. 251.) und vom 6. Oktober 1833 (G. S. S. 124) hat nach richtiger Auslegung des §. 11. Tit. 3. Thl. II. der A. G. O. die damalige gesetzliche Nothwendigkeit der Besitztitel-Berichtigung keinen Grund zur Verweigerung der Aufnahme eines von einem nicht eingetragenen Besitzer abzuschließenden Veräußerungsvertrages über ein Grundstück abgeben können; um so weniger ist jetzt an der Zulässigkeit der Aufnahme eines solchen Vertrages zu zweifeln, nachdem die gedachten Allerhöchsten Verordnungen die Verpflichtung der Besitztitel-Berichtigung auf den Antrag der Interessenten beschränken; so daß von deren vorgängige Erfüllung die Statthaftigkeit der Veräußerung von Grundstücken nicht abhängig gemacht werden darf.

Wenn es aber auch bei der Aufnahme eines solchen Vertrages auf die für den Veräußerer erfolgte Berichtigung des Besitztitels nicht ankommt, so gehört es doch zu den Pflichten des Richters oder Notars, sich die Legitimation des Veräußerers zu dem beabsichtigten Geschäft anderweitig nachweisen zu lassen, und wenn die Urkunden, worauf der Veräußerer sein angebliches Eigenthumsrecht gründet, nicht sofort herbeizuschaffen sind, den Erwerber darüber zu belehren. Verlangt derselbe demohngeachtet die Aufnahme des Vertrages, so muß seinem Antrage gewillfahrt, in dem auf Grund desselben ausgefertigten Kontrakt über das Resultat der vorgenommenen Legitimations-Prüfung das Erforderliche bemerkt werden.

Ist dies gehörig beobachtet, so ist der Hypothekenrichter, wenn ihm in Gemäßheit der Instruktion vom 12. Juni 1835 (Jhrb. Bd. 45. S. 510.) eine beglaubte Abschrift des Veräußerungsvertrages eingesandt wird, zu weiteren Schritten wegen Beschaffung der Legitimation des Veräußerers weder verpflichtet noch befugt.

Nur in dem Falle, wenn der Vertrag gesetzwidrige und offenbar ungültige Stipulationen enthält oder mit dem Inhalte der Hypothekenbücher und Grundakten im Widerspruche steht, hat der Hypothekenrichter neben der Benachrichtigung der hypothekarischen Gläubiger von der stattgefundenen Veräußerung, zugleich in Gemäßheit der §§. 28. und 29 Thl. II. Tit. 2. der A. G. O., §. 12. Tit. 11. Hypothek-Ordnung und §. 432. Tit. 20. Thl I. des A. L. R. entweder selbst die nöthige Zurechtweisung an den Richter oder Notar, von welchem der Vertrag aufgenommen worden, und an die Kontrahenten zu erlassen oder die vorgesetzte Behörde derselben davon in Kenntniß zu setzen.

Hiernach hat das Königliche Ober-Landesgericht sich zu achten und das Land- und Stadtgericht zu Goldberg wegen der unrichtigen Ansicht, welche dasselbe in seinem hier wieder beigehenden Bericht vom 11. Dezember v. J. ausgeführt hat, so wie auch den Justizkommissarius U. mit den nöthigen Bedeutungen zu versehen.

(v. K. Jhrb. Bd. 47. S. 331.)

3) **Rescript** vom 29. Juni 1833, betreffend die Anführung der Katasternummer bei Aufnahme von Verträgen über Grundstücke.

Dem Königl. Ober-Landesgerichte (zu Münster) wird auf den Bericht vom 18. d. M. eröffnet, daß dasselbe, wegen Benutzung des Grundsteuerkatasters in Hypothekensachen, eine gleiche Bekanntmachung, wie das Ober-Landesgericht zu Hamm, ohne Bedenken erlassen kann. Gerichte und Notarien sind verpflichtet, mit möglichster Sorgfalt darauf zu sehen, daß durch deutliche, bestimmte und vollständige Fassung der Verträge künftigen Ungewißheiten und Irrungen vorgebeugt werde (§. 20. Tit. 3. Thl. II. der A. G. O.), und hierzu gehört, bei der Errichtung von Verträgen über Immobilien in Gegenden, wo das Grundsteuerkataster so weit gediehen ist, die Aufnahme der Katasternummer als unterscheidendes Merkmal derselben. Wer dies unterläßt, muß sich die Kosten der dadurch künftig entstehenden Weiterungen zuschreiben, welche er bei gehöriger Sorgfalt hätte vermeiden können.

(v. K. Jhrb. Bd. 41. S. 416.)

4) Wegen Anzeige der Veräußerungsverträge über Grundstücke zu den Hypothekenakten und wegen Benachrichtigung der Hypothekengläubiger s. Anh. §. 426. zu Anfang dieses Titels.

2) bei Pachtkontrakten,

§. 12. Bei Aufnehmung von Pachtkontrakten über Landgüter muss der Richter sein Augenmerk vornehmlich darauf richten:

wegen des Beilasses;

1) dass, wenn das gepachtete Grundstück mit einem Beilasse übergeben werden soll, darüber eben so, wie bei Käufen, ein ordentliches und richtiges Inventarium aufgenommen, die Beilass stücke taxirt, und das Inventarium dem Pachtkontrakte beigefügt werde, um dasselbe bei der künftigen Rückgewähr mit Zuverlässigkeit zum Grunde legen zu können.

Instruction vom 16. Juni 1832, über das Verfahren bei Abschätzung der Inventarienstücke verpachteter Landgüter; s. zu I. 44. §. 53.

wegen der Gewährleistung;

2) Wird die Pacht nach einem Anschlage geschlossen; so muss dieser Anschlag dem Kontrakte ebenfalls beigefügt werden; und der Richter muss, so wie bei Käufen, darauf sehen, dass der Anschlag zweckmässig und bestimmt genug sei, um bei entstehendem Streite über Gewährsmängel hinlängliche Data darin zur Beurtheilung und Entscheidung anzutreffen. Wird in Pausch und Bogen gepachtet; so ist die Natur und der Umfang dieser Klausel besonders dem Pächter, gehörig zu erklären; und das auch alsdann der Verpächter dennoch das gewöhnliche Zubehör des Guts gewähren muss; so ist dafür zu sorgen, dass wenigstens ein Verzeichniss der unbeweglichen mitverpachteten Pertinenzstücke, welche nicht etwa mit dem Hauptinbegriffe der Ländereien in einem Striche und Umkreise zusammen, sondern von demselben abgesondert liegen, dem Kontrakt beigefügt werde.

Vergl. A. L. R. I. 21. §. 408. u. f.

wegen der Remissionen;

3) Besonders muss, bei grösseren und auf mehrere Jahre zu schliessenden Verpachtungen, der Punkt wegen der Remissionen, wegen der Kriegsschäden, und wegen der sonst dem Pächter von dem Verpächter zu leistenden Vergütigungen, mit möglichster Sorgfalt bestimmt werden. Zu dem Ende muss der Richter den Kontrahenten die darüber vorhandenen Vorschriften der Gesetze bekannt machen; er muss von ihnen vernehmen: in wie fern sie dabei stehen bleiben oder davon abgehen wollen; er muss die diesfälligen Verabredungen so genau und bestimmt als möglich zu fassen suchen, und dabei besonders darauf sehen, dass, wenn es in dem einem Stücke bei den Vorschriften der Gesetze gelassen, in dem andern aber davon abgegangen wird, daraus nicht Widersprüche, Dunkelheiten und Verwirrugen, welche zu den grössten Weiterungen Anlass geben können, entstehen mögen. Wenn die Parteien sich bei diesen Punkten auf gewisse andere Festsetzungen, z. B. auf die bei den Königlichen Aemtern angenommenen Remissionsprinzipien, beziehen wollen; so muss

der Richter dieselben darauf aufmerksam machen: ob auch bei der Pachtung ein solcher Anschlag, wie bei den Königlichen Aemtern gewöhnlich ist, zum Grunde gelegt worden; damit nicht, wenn demnächst jene Prinzipen auf einen bei dieser Pachtung vorkommenden Remissionsfall angewendet werden sollen, es an den zu einer solchen Anwendung nöthigen Datis und Voraussetzungen fehlen möge.

Vergl. A. L. R. I. 21. §. 478. u. f.

wegen der Pachtanticipationen;

4) Wenn der Pächter, wie oft zu geschehen pflegt, sich zu einer Vorausbezahlung der Pacht versteht, also, dass er z. B. in dem letzten Jahre, und bei seinem Abzuge, keine Pacht mehr zu entrichten habe; oder wenn er dem Verpächter eine baare Kaution bestellt, deren Betrag er sich successive, oder auch von der letzten Pacht, wieder inne behalten soll; so muss der Richter den Pächter bedeuten, dass durch ein Abkommen den zur Zeit des Kontrakts auf dem Gute schon eingetragenen Gläubigern ihr vorzügliches Recht, sich wegen ihrer Zinsen an die Früchte und Nutzungen des Guts zu halten, nicht entzogen werden könne; und was er wegen Vermerkung seines Kompensations- oder Innebehaltungsrechts im Hypothekenbuche zu veranstalten habe, wenn er sich gegen die Ansprüche später einzutragender Gläubiger decken wolle.

Vergl. A. L. R. I. 16. §. 323. und I 20. §. 477.

wegen der Onerum;

5) Auch wegen der Lasten, Abgaben und sonstigen Zahlungen, die nach allgemeinen oder Provinzialgesetzen ein Pächter auf Rechnung des Pachtzinses, oder noch ausser und über denselben zu entrichten hat, muss den Parteien die nöthige Bedeutung geschehen, und alle Verabredungen, wodurch sie von diesen gesetzlichen Bestimmungen abweichen wollen, müssen deutlich und genau verzeichnet werden.

Vergl. A. L. R. I. 21. §. 413. u. f.

wegen des Abstandes;

6) Wenn das Recht des Verpächters nur an seine Person oder Lebenszeit, oder an gewisse Umstände und Begebenheiten, von denen man: ob und wann sie eintreten werden, nicht voraus sehen kann, gebunden ist, z. B. wenn er das Gut nur als Niessbraucher auf Lebenszeit besitzt, und also der Fall sich ereignen kann, dass der Käufer noch vor dem Ablaufe der kontraktmässigen Zeit räumen muss; so sind auf diesen Fall besondere möglichst bestimmte Verabredungen über die Entschädigung zu treffen, welche der Pächter von dem Verpächter oder aus dessen Nachlasse erhalten soll.

wegen der Meliorationen;

7) Besonders sind dergleichen bestimmte Verabredungen nöthig, wenn der Pächter gewisse Verbesserungen in dem Gute zu

machen übernommen hat. Dabei muss nicht nur der Umfang seiner Verbindlichkeit gehörig festgesetzt, sondern auch verabredet werden: was statt finden solle, wenn der Pächter seiner Obliegenheit nicht nachkäme; oder wenn er, mit oder ohne seine Schuld, unter der kontraktmässigen Zeit von dem Gute abziehen müsste.

Vergl. A. L. R. I. 21. §. 280. u. f. und A. G. O. I. 50. §. 258.

3) bei Darlehnsverträgen;

§. 13. Bei gerichtlich aufzunehmenden Darlehnskontrakten muss der Richter sich möglichste Verhütung alles Wuchers und aller Uebervortheilungen des Schuldners besonders zum Augenmerk nehmen. Er muss sich daher genau erkundigen: ob und wie die Valuta berichtigt worden, oder noch berichtigt werden solle. Wird angezeigt, dass die Berichtigung der Valuta schon erfolgt sei; so muss er sich von dem Schuldner die Art, wie es geschehen, die Zeit und den Ort bestimmt angeben lassen; ihn gehörig bedeuten, welche nachtheilige Folgen ein dergleichen wiederholtes gerichtliches Empfangsbekenntniss, wenn es der Wahrheit nicht gemäss sein sollte, für ihn haben würde, und dieses alles in dem Protokolle gehörig niederschreiben lassen. Erfolgt die Zahlung der Valuta in seiner Gegenwart; so muss er auch dieses, mit Bemerkung der Münz- und Geldsorten, in das Protokoll eintragen, und dahin sehen, dass der Schuldner das hingelegte oder hingezählte Geld wirklich in seine Gewahrsam erhalte. Soll aber, wie bei Hypothekendarlehnen gewöhnlich ist, die Valuta erst nach geschehener Eintragung berichtigt werden; so muss der Richter dem Schuldner, auf den Grund der Hypothekenordnung, eröffnen, was er zu thun, und was er zu seiner Sicherheit bei dem Hypothekenbuche zu beobachten habe, wenn der Gläubiger mit der Berichtigung der Valuta, wider Verhoffen, zurückbleiben sollte.

1) Vergl. A. L. R. I. 11. §. 733—748, I. 20. §. 424. u. f. Hypothekenordnung Tit. 2. §. 176. ff.

2) **Rescript** vom 26. Mai 1804, betreffend die Aufnahme von Darlehnsinstrumenten rücksichtlich der Angabe der Valuta.

Wir haben uns die Gründe vortragen lassen, aus welchen Ihr in Eurem Bericht vom 15. d. M. darüber zweifelhaft seid, ob das in demselben erwähnte Geschäft,

> wonach ein Gutsbesitzer von einem dortigen Einwohner unter Verpfändung seines Guts ein Kapital von 32,500 Rthl. erborget hat und beide Theile in dem aufgenommenen Separatprotokolle erklärt haben, daß nur 30,000 Rthlr. baar und 1000 Rthlr. durch Rückgabe eines Wechsels, der Ueberrest aber dadurch, daß 1000 Rthlr. als Portoauslagen für den Transport des Geldes von hier dorthin, und 500 Rthlr. die Unkosten, welche der Gläubiger bei Verschaffung des Geldes gehabt und künftig zu Abtragung der Zinsen annoch haben dürfte, in Anrechnung gebracht, berichtiget worden;

als gültig und zu Recht beständig angenommen und mit der Eintragung in das Hypothekenbuch dergestalt verfahren werden könne, daß die Valuta in Uebereinstimmung mit der vor dem Deputato Eures Kollegii über die Anleihe ausgestellten Obligation als baar ausgezahlt, registrirt werde. Hierauf wollen Wir Euch nun nicht vorenthalten, wie zuvörderst bei Aufnahme der vor dem Deputirten ausgestellten Hauptobligation gegen die Vorschrift des §. 13. Tit. 3. Thl. II. der A. G. O. gefehlt worden, nach welcher bei gerichtlich aufzunehmenden Darlehnskontrakten die möglichste Verhütung alles Wuchers und aller Uebervortheilungen des Schuldners, auch durch die genaue Erkundigung darüber vermieden werden muß, ob und wie die Valuta berichtiget worden, und es würde, vorausgesetzt, daß die Parteien dabei mit der Wahrheit nicht zurückgehalten, alsdann der Aufnahme des Separat-Protokolls so wenig, als Eurer Anfrage darüber:

ob der Inhalt der Hauptobligation allein oder auch der des Separatprotokolls in das Hypothekenbuch einzutragen, und demnächst nur erstere oder beide auszufertigen?

bedurft haben; wiewohl es sich von selbst versteht, daß, wenn sonst das Geschäft überhaupt als gültig und zu Recht beständig anzunehmen, beides, die Eintragung und Ausfertigung, dem in dem Separatprotokolle enthaltenen wahren Zusammenhange der Sache gemäß erfolgen müßte. Allein beides findet nicht statt, und Ihr werdet Euch hiervon sofort selbst überzeugen, wenn Ihr in Erwägung ziehet, daß Eurem Berichte zufolge, unter den 1000 Rthlr. an Portoauslagen auch diejenigen begriffen sind, welche künftig, bei der Zurücksendung des angeliehenen Kapitals hierher, auflaufen möchten, und unter den 500 Rthlr., welche als Ersatz für die Unkosten, die der Gläubiger bei Verschaffung des Geldes gehabt, auch diejenigen sich befinden, die derselbe künftig bei Abtragung der Zinsen haben dürfte. Denn es würde, wenn es dabei sein Verbleiben hätte, der Gläubiger schon jetzt die Verzinsung von Geldern erhalten, welche er so wenig dem Schuldner, als einem Dritten ausgezahlt hat, welches gleichwohl, wie Ihr selbst ermessen werdet, keinesweges statt finden kann. Allein auch dann, wenn bloß von der Anrechnung des wirklich verlegten Postgeldes und der wirklich verausgabten Kosten zur Anschaffung des Kapitals, auf den Betrag des letztern die Rede wäre, würde die Bestätigung und Eintragung desselben in das Hypothekenbuch eben so wenig erfolgen können.

Zufolge des im §. 653. Tit. 11. Thl. I. des A. L. R. aufgestellten Begriffs des Darlehnsvertrages kann und darf der Schuldner das empfangene Geld nur in gleicher Qualität, also nur das, was er wirklich erhalten hat, erstatten.

Zufolge des §. 757. a. a. O. wird der Schuldner aus diesem Kontrakte nur verpflichtet, die wirklich erhaltene Summe zur bestimmten Zeit zurückzuzahlen, und nach mehrerem Inhalt des §. 1278. Tit. 20. Thl. II. macht sich der des Wuchers schuldig, welcher dem Schuldner außer dem dort bemerkten hier keinesweges vorhandenen Falle, nicht die volle Summe des Kapitals zahlt.

Ein solcher Wucher würde denn auch offenbar vorhanden sein, wenn es bei dem geschlossenen Vertrage beider Theile in Hinsicht der erwähnten wirklich verausgabten Transport- und Anschaffungskosten sein Bewenden hätte, und es macht dabei keinen Unterschied, daß der Gläubiger, nach Eurem Bericht, jene Gelder wirklich von hieraus bezieht; denn er ist als solcher verpflichtet, das Darlehn unverkürzt auszuzahlen, es folgt also daraus von selbst, daß es lediglich seine Sache ist, sich solches an dem Orte, wo nach dem Vertrage die Zahlung geschehen soll und muß, zu verschaffen; er muß, wenn damit Kosten verbunden sind, es sich vorher überlegen, ob der durch die zu stipulirenden gesetzlichen Zinsen zu erhaltende Gewinn damit im Verhältniß stehe, und es würde dem Wucher Thür und Thor öffnen, wenn man entgegengesetzte Grundsätze annehmen wollte. Hiernach habt Ihr also das Weitere in dieser Sache zu verfügen; die Eröffnung einer fiskalischen Untersuchung, deren Ihr in Eurem Berichte erwähnt, wird es aber, bewandten Umständen nach, und da erhellet, daß die Kontrahenten nur aus Mangel der Kenntniß der gesetzlichen Vorschriften gefehlt haben, nicht bedürfen.

(Neues Archiv Bd. 3. S. 251.)

4) bei antichretischen Pfandkontrakten;

§. 14. Soll dem Gläubiger, zur Sicherheit eines Darlehns oder einer andern Forderung, ein nutzbares Pfandrecht auf ein Grundstück eingeräumt werden; so muss der Richter die Vorschriften der Gesetze, wegen Verhütung des bei solchen Geschäften sehr oft versteckt liegenden Wuchers, sorgfältig beobachten (A. L. R. Thl. I. Tit. XX. §. 288. u. f.). Er muss sich also von dem Ertrage des zu verpfändenden Gutes und dessen Zu- oder Unzuverlässigkeit, glaubwürdige Nachrichten so weit zu verschaffen suchen, als es nöthig ist, um die Gesetzmässigkeit des Verhältnisses zwischen dem Ertrage und den verabredeten zulässigen

Zinsen zu beurtheilen. Auch müssen in einem solchen Kontrakte die Verhältnisse des Pfandinhabers, wegen der mit oder ohne sein Zuthun an der Substanz sich ereignenden Verbesserungen oder Verschlimmerungen, ingleichen seine Obliegenheiten wegen Konservation der Substanz und der darauf zu verwendenden Kosten, mit Sorgfalt bestimmt werden.

Verträge über Bestellung eines antichretischen Pfandrechts bedürfen zu ihrer Gültigkeit der gerichtlichen Bestätigung; s. zu II. 1. §. 3. Nr. 2 c.

5) bei Vollmachten;

§. 15. Wenn eine Vollmacht gerichtlich aufgenommen werden soll; so muss der Richter, wenn besonders von einer Generalvollmacht die Rede ist, sich darnach erkundigen: ob und zu welcher von denjenigen Handlungen, wobei die Gesetze eine Spezialvollmacht erfordern, der bestellte Mandatarius berechtigt sein solle; damit dergleichen Handlungen in der Vollmacht selbst gehörig ausgedrückt werden können. Auch muss er nachfragen: ob und in wie fern der Bevollmächtigte einen Substituten zu bestellen das Recht haben solle. Wie bei Aufnehmung der Vollmachten von Korporationen und Gemeinen zu verfahren sei, ist im ersten Theile Tit. III. § 39. u. f. vorgeschrieben.

Vergl. A. L. R. I. 13. § 98. u. f.

6) bei Bürgschaften;

§. 16a. Die Aufnehmung von Bürgschaften erfordert von Seiten des Richters vorzügliche Sorgfalt und Vorsicht. Er muss daher besonders nach der persönlichen Fähigkeit des sich angebenden Bürgen, einen solchen Kontrakt zu schliessen, genaue Nachfrage halten, und wenn es eine Frauensperson oder gar eine verheirathete Frau ist, die Vorschriften der Gesetze wegen Vorhaltung und Verwarnung, die ihr geschehen muss, pünktlich befolgen (A. L. R. Thl. I. Tit. XIV. §. 221. u. f. Thl. II. Tit. I. §. 341. u. f.). Ausserdem muss er sowohl dem Bürgen, als demjenigen, welchem durch die Bürgschaft Sicherheit geleistet werden soll, die verschiedenen Einwendungen und Rechtswohlthaten, welche die Gesetze einem Bürgen gestatten, bekannt machen; und wenn denselben entsagt werden soll, den Entsagenden über die rechtlichen Folgen davon deutlich belehren.

1) **Rescript** vom 29. September 1800, betreffend die Certioration bei Bürgschaften der Frauenspersonen, welchen die Folgen der Bürgschaften bekannt sind.

Die von Euch in dem Berichte vom 17. September d. J. angenommene Deutung des §. 221. Tit. 14. Thl. I. des A. L. R. von der Gültigkeit der Bürgschaft einer Frauensperson ist sehr richtig; indem es völlig gleich ist, ob eine Frauensperson gerichtlich certiorirt ist, oder durch eignen Vortrag vor Gericht angezeigtermaßen bewiesen hat, daß es keiner Certioration bedürfe.

(Neues Archiv Bd. 1. S. 361. und Stengels Beitr. Bd. 12. S. 279.)

(Aufgenommen in §. 48. des Anh. zu I. 14. §. 221. des A. L. R.)

2) **Rescript** vom 9. Februar 1802, betreffend die Belehrung einer Verzicht leistenden Ehefrau.

Auf Eure Anfrage vom 2. d. M. gereicht Euch hiermit zum Bescheid: daß es der bei Bürgschaften vorgeschriebenen Belehrung nicht bedarf, wenn eine Ehefrau auf das ihr in den Grundstücken ihres Ehemannes bestellte Hypothekenrecht gänzlich Verzicht leistet, und solches nicht ausdrücklich zu Gunsten eines Dritten geschiehet, indem das A. L. R. dieses nach der von Euch allegirten Stelle, Thl. I. Tit. 14. §. 231. nicht erfordert, und überhaupt die das bürgerliche Verkehr einschränkende und Nullitätsklagen veranlassende gesetzlichen Vorschriften keine ausdehnende Erklärung verstatten.

(Neues Archiv Bd. 2. S. 307.)

3) **Rescript** vom 21. April 1823, daß zu einer Partialcession mit Einräumung der Priorität von einer Frau die Certioration nicht erforderlich ist.

Das Königliche Stadtgericht zu Bauerwitz scheint zufolge der Auseinandersetzung in der Anfrage vom 6. Oktober v. J.,

betreffend die von der verehlichten N. ihrem Cessionar eingeräumte Priorität des cedirten Antheils eines Kapitals vor dem Rest, den sie behält, und die in Antrag gekommene Vermerkung dieser Priorität im Hypothekenbuche,

selbst der Meinung zu sein, daß im Allgemeinen eine Prioritätseinräumung von Seiten einer Frauensperson nicht zu den im A. L. R. Thl. I. Tit. 14. §§. 229. und 230. vorausgesetzten Fällen zu rechnen, und diese Meinung muß allerdings für die richtige angenommen werden. Eine Cession gehört unbezweifelt zu den Geschäften, die eine Frauensperson auch ohne vorhergegangene, bei Bürgschaften vorgeschriebene Belehrung mit rechtlicher Wirkung eingehen kann. Wenn aber nur ein Theil eines Kapitals cedirt wird, so gehört es zu den Bestimmungen der Cession, ob der abgetretene und der der Cedentin bleibende Antheil gleiche Rechte haben, oder, ob dem einen oder dem andern Antheil am Kapital ein Vorzugsrecht zukommen soll, so daß die theilweise darauf eingehenden Summen dem einen oder dem andern Theilhaber vorzüglich zukommen sollen. Es ist also diese Bestimmung als ein Theil des Cessionsgeschäfts, nicht als ein besonderes Geschäft, zu betrachten. Gehet die Bestimmung dahin, daß der Cessionar den vorzüglichsten Antheil erhält, so ist es von Seiten der Cedentin eine Veräußerung dieses Theils, zur Erhaltung der bei dieser Veräußerung beabsichtigten Vortheile, ohne daß dabei die Begünstigung dessen, mit dem das Geschäft abgeschlossen worden, besonders beabsichtigt wird. Der Cessionar erhält unmittelbar mit dem ihm abgetretenen Antheile das Vorzugsrecht, und wenn auch nach der Fassung der Cession die Prioritätseinräumung als eine von ersterer abgesonderte Handlung erscheint, so ändert doch diese Form nichts im Wesentlichen des Geschäfts. Es ist also dieser Fall offenbar verschieden von den in dem oben erwähnten §. vorausgesetzten Fällen. Aus den Verhandlungen, die dem Cirkular vom 29. November 1790 an sämmtliche Justizkollegien

(Ediktensammlung von 1790 Nr. 70.)

vorausgegangen, ergiebt sich auch, daß damals das mit der Abtretung eines Antheils an einem Kapital übergehende Vorzugsrecht nicht zur Erörterung gekommen, vielmehr bei diesen Erörterungen immer der Fall vorausgesetzt worden, daß die Prioritätseinräumung ein abgesondertes Geschäft ist, daß in Beziehung auf einen nur zufällig mit einer Prioritätseinräumung in Verbindung kommenden Anspruch eines Dritten abgeschlossen wird.

Aus dieser Cirkular-Verordnung scheint aber die Bestimmung des angeführten §. 230. lediglich genommen worden zu sein, da überhaupt die Vorschriften, betreffend die Bürgschaften der Weiber, keine ausdehnende Erklärung verstatten.

(Neues Archiv Bd. 2. S. 310.)

Die bei einer Cession vorkommenden Bestimmungen über die Valuta sind noch unbezweifelter, als die Prioritätseinräumung, lediglich als ein Theil des Cessionsgeschäfts anzusehen, und da es nach der Bestimmung des Thl. I. Tit. 11. §. 390. des A. L. R. lediglich von dem Uebereinkommen der Parteien abhängt, was für das abgetretene Recht bezahlt oder gegeben werden soll, so folgt auch daraus, daß von dem Cessionar nicht vollständige Valuta geleistet wird, in der Natur und in dem Wesen des Geschäfts nichts geändert wird, dieses Umstandes ungeachtet also immer nur die Vorschriften von Abtretung der Rechte im Allgemeinen, nicht die Vorschriften von Bürgschaften der Weiber, in Anwendung kommen können.

Der einer Frauensperson, die den vorzüglichen Antheil an einem ihr zustehenden Kapital abtritt, ohne Valuta dafür vollständig vergütet zu erhalten, daraus erwachsende Verlust, kann um so weniger eine andere Ansicht begründen, als dieser Verlust lediglich als ein solcher zu betrachten ist, den die Cedentin an dem von ihr veräußerten Eigenthume leidet. Denn z. B. in dem von dem Königlichen Stadtgericht angezeigten Fall verliert die Cedentin, wenn wirklich die von ihr abgetretenen vorzüglichen 800 Rthlr. vollen Werth haben, und sie diesen nicht erhalten hat, das weniger Erhaltene nur an diesen abgetretenen 800 Rthlrn. Auf die ihr bleibenden 200 Rthlr. hat das ganze Geschäft gar keinen Einfluß. Können diese letzteren 200 Rthlr. vom Schuldner nicht beigetrieben werden, so ist dieses ein von dem eingegangenen Cessionsgeschäft ganz unabhängiger Verlust.

Das von dem Königl. Stadtgericht in dem angezeigten Falle aus dem Umstande, daß die Cedentin Valuta nicht vollständig erhalten, gegen die in Antrag gekommene Vermerkung der Prioritätseinräumung genommene Bedenken kann also nicht für erheblich geachtet werden. Es ist überdies

1. nur eine Vermuthung, daß die Cedentin Valuta nicht vollständig erhalten,
2. wenn auch statt dieser Vermuthung es feststände, daß Valuta nicht vollständig bezahlt worden, und wenn es auch für möglich angenommen werden könnte, daß bei einem künftigen Rechtsstreit über das eingegangene Geschäft der erkennende Richter die Bestimmungen von Bürgschaften der Weiber für anwendbar halten möchte: so ist doch immer kein hinlänglicher Grund vorhanden, von Amts wegen Bedenklichkeiten gegen die Form des eingegangenen Geschäfts zu erregen, und eine Berichtigung der Form vor der Vermerkung der eingeräumten Priorität im Hypothekenbuche zu verlangen, da durch diese Vermerkung keinem der Kontrahenten ein neues Recht beigelegt, oder an den wirklich ihm zustehenden Rechten etwas entzogen wird.
3. Selbst nach der Ansicht des Königlichen Stadtgerichts kann die rechtliche Wirkung des von der verehlichten N. eingegangenen Geschäfts in der vorliegenden Form nicht bezweifelt werden, in Ansehung der Summe, für welche wirklich vollständige Valuta geleistet worden, und die Bestimmung des A. L. R. Thl. I. Tit. 14. §§. 240—242. begründen diese Ansicht in jedem Falle. Es kann also die Vermerkung in Ansehung der eben bemerkten Summe durchaus nicht verweigert werden. Die zur Feststellung dieser Summe erforderlichen Recherchen von Amts wegen anzustellen, würde aber durchaus unzulässig sein, und der Cedentin von Amts wegen die Einwendung vorzubehalten, die sie aus der bei Eingehung des Geschäfts angeblich nicht gehörig beobachteten Form, in so weit, als sie Valuta nicht vollständig erhalten, vielleicht würde nehmen können, ist auch nicht zulässig. Es bleibt also nichts übrig, als, dem wiederholten Verlangen des Cessionars zufolge, die Vermerkung der Prioritätseinräumung im Hypothekenbuche zu verfügen, und dadurch der Anweisung des Ober-Landesgerichts zu genügen.

Das Königliche Stadtgericht hatte zwar, wie sich aus seiner Anfrage ergiebt, früher auch das Bedenken, daß die Cedentin diesen Vermerk nicht ausdrücklich bewilligt; scheint aber selbst dasselbe aufgegeben zu haben, und der Cessionar, der Stadtgerichtsassessor N., hat dasselbe in seiner an das Ober-Landesgericht gerichteten Vorstellung auch schon hinlänglich beseitigt, weshalb nicht erforderlich, hier weiter darauf einzugehen.

Die Beilagen der Anfrage vom 6. Oktober erfolgen in der Anlage zurück.
(v. K. Jhrb. Bd. 21. S. 245.)

4) **Rescript** vom 20. Februar 1824, daß zu einem Postlokationskonsense einer Frauensperson die Certioration nicht erforderlich sei.

Dem Königlichen Ober-Landesgerichte wird auf Veranlassung einer, von dem Geheimen Legationsrathe N. in der von N.schen Bepfandbriefungssache eingereichten Vorstellung hiermit eröffnet, daß der Justizminister bei dem Postlokationskonsense der ältern in N. befindlichen Tochter des N. kein rechtliches Bedenken findet. Denn wenn auch keine Certioration vorgenommen worden ist, wie sie der §. 230. Tit. 14. Thl. I. des A. L. R. vorschreibt, so ist doch keinesweges anzunehmen, daß gegen die in N. gültige Form verstoßen worden sei, um so weniger, als die gedachte Gesetzstelle ganz von dem gemeinen Rechte abweicht, welches nur Intercessionen der Weiber in der Regel für ungültig erklärt, worunter Konsense der in Rede stehenden Art gar nicht zu rechnen sind. Es bedarf daher auch keines Attestes des Niederländischen Justizministers, wovon die Postlokation abhängig gemacht worden ist. (v. K. Jhrb. Bd. 23. S. 49.)

5) **Rescript** vom 16. Dezember 1831, daß eine Certioration nicht erforderlich, wenn die Inhaberin einer für sie selbst auf ihrem Grundstücke eingetragenen Forderung die Priorität cedirt.

In der originaliter beikommenden anderweitigen Eingabe vom 1. d. M. beschwert sich der Buchhändler N. über die Verfügung des Königlichen Ober-Appellationsgerichts vom 6. August c., durch welche seine am 29. Juli c. in der Hypothekensache von N. beim Kollegio angebrachten Beschwerden über das Landgericht zu Bromberg wegen Zurückweisung seines Antrags auf Eintragung der Prioritäts-einräumung der verehelichten N. N. für ungegründet erachtet ist. Da das Documentum ex quo, der Cessionsakt vom 4. November v. J. nicht mehr vorliegt, so läßt sich nicht vollständig beurtheilen, welche Bewandniß es mit der Prioritäts-einräumung vor der für die Cessionaria auf ihren eignen Gütern eingetragenen Forderung hat. Es kommt jedoch auf die Aufklärung dieses faktischen Verhältnisses nicht an; der Fall, da für den Eigenthümer des Grundstücks eine Forderung eingetragen ist, leicht denkbar, und ein solches Verhältniß vorausgesetzt, hält das Justizministerium für den Fall, da die Eigenthümerin als Inhaberin der für sie eingetragenen Forderung wegen derselben die Priorität einem andern Gläubiger einräumt, die §§. 229. 230. Tit. 14. Thl. I. des A. L. R. nicht für anwendbar. Der §. 230. ist nur eine Folgerung aus §. 229., wie das „also" im Eingange ergiebt. Der §. 229. setzt aber voraus, daß ein Frauenzimmer gewissen Vortheilen entsagt, wenn ein Anderer seine Verbindlichkeit nicht erfüllt. Es müssen also für die Fälle der §§. 229. und 230. immer drei Personen konkurriren:

a) derjenige, zu dessen Gunsten die Erklärung geschieht,
b) die erklärende Frauensperson,
c) ein Dritter, welcher eine Verbindlichkeit zu erfüllen verpflichtet ist, indem die Frauensperson eben für den Fall, da diese dritte Person die Verbindlichkeit nicht erfüllt, gewisse Nachtheile übernimmt, oder Vortheilen entsagt.

Für den Fall aber, da ein Frauenzimmer eine Schuld kontrahirt, wie hier durch Schuldigbleiben der Valuta cessionis, diese Schuld auf ihre Güter eintragen läßt und dem Gläubiger die Priorität für eine Forderung einräumt, welche für sie selbst auf ihren Gütern eingetragen ist, so konkurrirt keine dritte Person. Sie selbst ist die Verpflichtete. Von der Priorität kann nur die Rede sein, wenn sie selbst als Schuldnerin die Zahlung nicht leistet.

Jedenfalls ist vom Landgerichte zu Bromberg darin nicht angemessen verfahren, daß es die Eintragung anders vorgenommen hat, als sie in Antrag gebracht worden ist. Falls das Landgericht Bedenken trug, die Eintragung mit der Prioritätseinräumung zu veranlassen, mußte es zuvor dem Bittsteller eröffnen, daß die Eintragung in dieser Art nicht erfolgen könne, daß sie aber Rubr. III. Nr. 3. ohne die Prioritätseinräumung der Schuldnerin, falls er es wünsche, sofort erfolgen solle.

Das Königliche Ober-Appellationsgericht hat daher nicht nur das Landgericht zu Bromberg dieserhalb zu rectificiren, sondern dasselbe auch, sofern das Sachverhältniß richtig vorgetragen ist, anzuweisen, falls der Eintragung der Priorität keine andere Bedenken, als das aus den §§. 229. und 230. Tit. 14. Thl. I. des A. L. R. entnommene, entgegenstehen, dieselbe zu bewirken. (v. K. Jhrb. Bd. 38. S. 289.)

6) **Rescript** vom 12. April 1830. betreffend die Nothwendigkeit der Certioration, wenn eine Ehefrau in demselben Instrumente, mit ihrem Ehemanne als Bürgen, sich selbst als Selbstschuldnerin verpflichtet hat.

Auf Ihre Anfrage in der Vorstellung vom 2. d. M.:

ob auch in dem Falle, da eine Frauensperson und eine Mannsperson sich in ein und demselben Instrumente dergestalt ausdrücklich verpflichten, daß die Ehefrau als Hauptschuldnerin, der Ehemann aber als Bürge haften solle, eine gerichtliche Certioration erfolgen müsse?

wird Ihnen hiermit eröffnet, daß auch in diesem von Ihnen angegebenen Falle die Ehefrau nach ergangenen Präjudikaten nur dann verpflichtet wird, wenn die in den §§. 232—234. Tit. 14. Thl. I. des A. L. R. vorgeschriebene Certioration gerichtlich erfolgt ist. Denn auch in diesem Falle tritt die zweite Voraussetzung des §. 232. l. c. ein, daß nämlich in einem Instrumente eine Frauensperson und eine Mannsperson sich als Mitschuldner verpflichtet haben, indem auch der Bürge als ein Mitschuldner, nämlich als ein subsidiarisch verpflichteter Mitschuldner, erachtet werden muß. In dem von Ihnen angeführten Falle tritt dies um so mehr ein, da der Ehemann sogar die Bürgschaft als Selbstschuldner übernommen hat. Der Richter muß daher, wenn er auch Zweifel gegen die Richtigkeit dieser Grundsätze hegt, ex officio auf Beobachtung der gesetzlich sichersten Form dringen, falls auf den Grund einer dergleichen nicht gerichtlichen Schuldverschreibung eine Eintragung erfolgen soll, widrigenfalls er sich einem Regresse aussetzt.

(v. K. Jhrb. Bd. 35. S. 962.)

§. 16b. Wenn eine Frau sich für ihren Ehemann verbürgen will, und also ein rechtskundiger Beistand zugezogen werden soll, an dem Orte aber, wo das Gericht seinen Sitz hat, kein Rechtsverständiger, der dies Geschäft übernehmen könnte, vorhanden ist; so kann auch ein anderer verständiger, erfahrener, und in den Geschäften des bürgerlichen Lebens nicht ungeübter Mann, als Beistand der Frau zugelassen werden. Der Richter muss aber, so wie überhaupt, also besonders in diesem Falle, dahin sehen, dass die Zuziehung eines solchen Assistenten nicht in eine blosse Formalität ausarte; vielmehr derselbe, dem Zwecke der Zuordnung gemäss, sich überzeuge, dass die Frau eine solche Bürgschaft, ohne Zwang und Ueberlistung, freiwillig, und mit hinlänglicher Kenntniss der Sache und ihrer Folgen, übernehme.

1) **Rescript** vom 13. August 1798, betreffend die Anwendung der Vorschriften des A. L. R. über die Verbürgungen der Ehefrauen in der Mark.

Mit der in dem kopeilich beigehenden Schreiben des General-Ober- rc. Direktorii geäußerten Meinung ist Unser Justizdepartement dahin völlig einverstanden, daß es besser sei, in Absicht der Verbürgungen der Ehefrauen eine uniforme Praxin einzuführen. Wir setzen daher hierdurch fest, daß auch in der Neumark bei dergleichen Bürgschaften die Vorschrift der A. G. O. Thl. II. Tit. 3. §. 16a. und b. befolgt werden soll, und befehlen Euch in Gnaden, Euch sowohl selbst darnach zu achten, als auch die Untergerichte demgemäß anzuweisen. Es verstehet sich jedoch von selbst, daß wegen der Beurtheilung der Gültigkeit der Fälle, bei welchen die Gerichte nach dem Rescript vom 30. Juli 1794 (p. 2361. IX. N.C.C.M.) verfahren sind, dieses allein zur Richtschnur dienen könne.

2) a. S. §. 75. des Anh. zu II. 1. §. 343. des A. L. R.

b. **Rescript** vom 17. Oktober 1803, betreffend die Zuziehung eines Beistandes bei Bürgschaften der Ehefrauen.

Aus denen abschriftlich anliegenden an den Großkanzler gerichteten Schreiben, des rc. vom 3. und 12. d. M. und aus dem mit kommunicirten Urtheil in Sachen des Feuerwerkers rc. wider die rc. verehelichte rc. sind einige von Euch aufgestellte Grundsätze ersehen worden, welche nicht gebilliget werden können,

einmal, daß ohne Ausnahme in der hiesigen Residenz vorauszusetzen sei, daß es nicht an einem Rechtsverständigen fehlen könne, der die Stelle des Beistandes einer sich verbürgenden Ehefrau vertrete;

anderntheils, daß die Certioration, außer von dem Auditeur, auch von diesem Beistande der Ehefrau geschehen müsse.

Ad 1. kann bei den bekannten Geschäften und Verhinderungen der Justizkommissarien auch hier sehr wohl der Fall eintreten, daß von den Militairgerichten am Orte, wo das Gericht seinen Sitz hat, wie sich die A. G. O. ausdrückt, (Thl. II. Tit. 3. §. 16b.) zu diesem Actus in konkreten Fällen kein rechtsverständiger Beistand zu haben ist. Auf diese Verschiedenheit der Eigenschaft der Beistände ist in den Gesetzen keine Nullität gesetzt; schon das Deklarations-Rescript vom 17. November 1794 hat diese liberalern Grundsätze außer Zweifel gesetzt; weshalb es denn auch bei den Militairgerichten, wenn sie vermerken, daß im konkreten Fall kein rechtsverständiger Assistent zu haben gewesen, vollkommen zureicht, wenn sie einen andern mit den gesetzlichen, im Anhange zum A. L. R. §. 75. vorgeschriebenen Eigenschaften versehenen Beistand wählen.

Ad 2. ist die Beschwerde ganz unbezweifelt. Nirgends ist es in den Gesetzen vorgeschrieben, daß die Certioration, außer von dem Richter, auch von dem Beistande der Ehefrau geschehen müsse (A. L. R. Thl. I. Tit. 14. §. 221., Thl. II. Tit. 7. §. 341.) Die Disposition der (A. G. O. Thl. II. Tit. 3. §. 16b.) nach welcher der Richter angewiesen ist, dahin zu sehen, daß die Zuziehung des Assistenten nicht in eine bloße Formalität ausarte, vielmehr derselbe, dem Zwecke der Zuordnung gemäß, sich überzeuge, daß die Frau eine solche Bürgschaft ohne Zwang und Ueberlistung freiwillig und mit hinlänglicher Kenntniß der Sache und ihrer Folgen übernehme, enthält nur Agenda des Richters und eine Anweisung zur zweckmäßigen und pflichtmäßigen Aufmerksamkeit für den Assistenten, aber keineswegs die ohne Noth geschehene Vervielfältigung der angeblich nothwendigen Beobachtungen; wonach Ihr Euch daher in Zukunft zu achten habt.

(Neues Archiv Bd. 3. S. 163.)

7) bei Schenkungen;

§. 17. Da der Grund, warum nach gesetzlichen Vorschriften alle Schenkungen, wenn sie verbindliche und unwiderrufliche Kraft haben sollen, gerichtlich geschehen müssen, darin besteht, damit Leichtsinn und unbesonnene Uebereilungen möglichst verhütet werden; so muss der Richter bei Aufnehmung eines Schenkungsvertrages diesen Gesichtspunkt besonders vor Augen haben. Wenn er nach den ihm bekannten persönlichen Familien- und Vermögensumständen des Geschenkgebers, in Vergleichung mit den Verhältnissen, in welchen sich derselbe gegen den Geschenknehmer befindet, oder mit den Bewegungsgründen, welche der Erstere zu seiner vorhabenden Freigebigkeit anführt, in seinem Gewissen Grund findet, zu besorgen, dass diese Freigebigkeit eine blosse Verschwendung sei; dass sie dem Geschenkgeber durch listige Kunstgriffe und Schmeicheleien abgelockt worden; dass derselbe sich dadurch ausser Stand setzen dürfte, seinen Pflichten gegen die Seinigen ein Genüge zu leisten; oder dass die Schenkung gar zur Verkürzung der Rechte eines Dritten, z. B. der Gläubiger des Geschenkgebers, abzielen möchte; so muss er dergleichen Bedenklichkeiten dem Geschenkgeber ohne Rückhalt eröffnen, und die allgemeine Vorschrift Tit. II. §. 27. gewissenhaft befolgen; jedoch auch hier mit Vorsicht und Behutsamkeit zu Werke gehen, damit er seinen Rath und seine Meinung der Partei, gegen ihre eigene Einsicht und Ueberzeugung, nicht aufdringe, und sich dadurch einer Uebertretung der Vorschrift Tit. II. §. 33. schuldig mache.

Wenn dem Einwande, dass das Geschenk übermässig sei, entsagt, oder das Geschenk als eine belohnende Schenkung aufgenommen werden soll; so sind die Vorschriften des A. L. R. Thl. I. Tit. XI. §. 1094. 1095. und 1173. gehörig zu beobachten.

Vergl. **Gesetz** vom 26. April 1835, über die Verträge zahlungsunfähiger Schuldner zum Nachtheile ihrer Gläubiger; s. zu I. 50. §. 49.

8) bei Ehepakten;

§. 18. Sollen Ehepakten errichtet, und dadurch Veränderungen in den gesetzlichen Bestimmungen, wegen des eingebrachten und vorbehaltenen Vermögens der Frau, vorgenommen werden; so muss der Richter dafür sorgen, dass diese Verabredungen, in so fern sie Grundstücke oder Kapitalien betreffen, in Ansehung der ersteren im Hypothekenbuche bemerkt, in Ansehung der letzteren aber durch Umschreibung des Schuldinstruments, oder Vermerkung auf demselben, und Bekanntmachung an den Schuldner, zur Wissenschaft eines jeden, dem daran gelegen ist, gebracht; solchergestalt aber allen Irrungen oder Verleitungen des Publici möglichst vorgebeugt werde. Wird in den Ehepakten zugleich die künftige Succession der Eheleute bestimmt; so muss der Richter darauf sehen, dass diese Bestimmung auf beide Fälle, wenn bei dem Absterben des einen Ehegatten Nachkommen aus dieser Ehe vorhanden sein sollten, oder nicht, mit der nöthigen Deutlichkeit gerichtet werde. Soll die überlebende Frau nach einem solchen Vertrage weniger erhalten, als ihr nach den Gesetzen gebühren würde; so muss der Richter vorzüglich aufmerksam sein, dass nicht etwa die Frau, aus blossem Leichtsinn, Schwäche und Mangel an Ueberlegung, zu einem solchen ihr nachtheiligen Uebereinkommen verleitet sein möge. Eben diese Vorschrift muss auch alsdann beobachtet werden, wenn Ehepakten, die zum Vortheile der Frau gereichen, mit gegenseitiger Einwilligung beider Eheleute wieder aufgehoben werden sollen. (A. L. R. Thl. II. Tit. I. §. 215. 216. 441. 442.).

9) bei Verträgen über Gütergemeinschaft.

§. 19. Wenn die Gemeinschaft der Güter unter Eheleuten durch Vertrag eingeführt werden soll; so muss der Richter nicht nur, in Ansehung der Form, die Vorschriften des Gesetzbuchs Thl. II. Tit. I. §. 357. 358. gehörig befolgen, sondern auch dafür sorgen, dass in Ansehung der Grundstücke die nach den Gesetzen erforderliche Eintragung in das Hypothekenbuch erfolge. (Ebend. §. 365—369.).

Wird die Kommunion durch einen Vertrag ausgeschlossen oder aufgehoben; so ist der Richter für die vorschriftsmässige Bekanntmachung zu sorgen verbunden. (Ebend. §. 422—426.).

Wird eine Gemeinschaft des Erwerbs errichtet; so muss der Richter die Eheleute, zur Aufnehmung des vorgeschriebenen Verzeichnisses über das von jeder Seite in die Kommunion gebrachte Vermögen, ausdrücklich anweisen. (Ebend. §. 397—399.)

1) **Gesetz** vom 20. März 1837, wegen Errichtung und Bekanntmachung der Verträge über Einführung oder Ausschließung der Gütergemeinschaft; s. zu II. 1. §. 6. Nr. 1. Anh. §. 416.

2) **Rescript** vom 14. Februar 1834, betreffend die Einführung einer vertragsmäßig ausgeschlossenen Gütergemeinschaft durch einen neuen während der Ehe geschlossenen Vertrag.

Auf den Bericht vom 3. d. M. wird dem Königlichen Ober-Landesgericht Folgendes zum Bescheide ertheilt;

I. Was die Frage anlangt,

ob die statutarische Gütergemeinschaft, welche bei Eingehung der Ehe durch einen Vertrag ausgeschlossen worden ist, später zwischen den Eheleuten durch einen neuen Vertrag wieder eingeführt werden könne?

so setzt der §. 354. Tit. 1. Thl. II. des A. L. R. fest:

daß an Orten, wo die Gütergemeinschaft nicht aus Provinzialgesetzen oder Statuten statt findet, dieselbe durch einen Vertrag nur vor Vollziehung der Heirath eingeführt werden kann

Da nun Verträge, welche nicht ausdrücklich untersagt sind, zu den erlaubten gehören, so folgt aus jener gesetzlichen Bestimmung, daß an Orten, wo die Gütergemeinschaft aus Provinzialgesetzen oder Statuten statt findet, dieselbe — wenn sie durch einen Vertrag ausgeschlossen worden — durch einen Vertrag auch während der Ehe wieder eingeführt werden kann.

II. In Betreff der Frage:

ob ein solcher Vertrag, durch welchen die kontraktlich bisher ausgeschlossene statutarische Gütergemeinschaft wieder eingeführt wird, öffentlich bekannt gemacht werden müsse?

so ist nach dem A. L. R. bei Errichtung der ehelichen Gütergemeinschaft durch Vertrag eine öffentliche Bekanntmachung nicht vorgeschrieben — §. 356. Tit. 1. Thl. II.; — dieselbe dagegen nach §. 422. ibid. bei Ausschließung der Gütergemeinschaft nothwendig. Der §. 76. des Anhanges zum A. L. R. schreibt die Bekanntmachung nicht vor, sondern bestimmt nur das Gericht, welches sie zu verfügen hat.

Es ließe sich daher wohl annehmen, daß der §. 76. bloß von solchen Verträgen über die Gütergemeinschaft gilt, für welche eine Bekanntmachung nöthig ist. Auch ist das Rescript vom 20. Juli 1795 (C.C. IX. p. 2589.) aus welchem der §. 76. des Anhanges entnommen ist, durch einen Fall veranlaßt, wobei es auf einen die Gütergemeinschaft ausschließenden Vertrag ankam. Indeß bestimmt das Rescript am Schluß:

daß es von allen Verträgen spreche, wodurch die Gütergemeinschaft eingeführt oder ausgeschlossen werde.

Auch ist der §. 76. zu §. 356. l. c. eingeschaltet, der von der Form der Verträge handelt, durch welche eine Gütergemeinschaft errichtet wird.

Sieht man ferner auf die Zweckmäßigkeit der Bekanntmachung, so sprechen dafür, daß Verträge wodurch zwischen Ehegatten die Gütergemeinschaft eingeführt wird, bekannt gemacht werden, ähnliche Gründe, wie diejenigen sind, welche den Gesetzgeber bestimmt haben, die Bekanntmachung der Verträge vorzuschreiben, wodurch zwischen andern Personen, als Ehegatten, eine allgemeine Gemeinschaft des Erwerbes festgesetzt wird (§. 179. I. 17. A. L. R.).

Diese Gründe sind daher entnommen, weil es für das Publikum vom größten Interesse ist, zu wissen, daß ein solcher Vertrag geschlossen sei.

Der Ehemann z. B., welcher mit seiner Frau in Gemeinschaft der Güter lebt, verpflichtet das gemeinschaftliche Vermögen durch seine während der Ehe gemachten Schulden: deshalb ist es für die übrigen Gläubiger der Ehefrau, oder für diejenigen, welche mit der Ehefrau kontrahiren wollen, sehr wichtig zu wissen, ob solche Gütergemeinschaft durch Vertrag errichtet worden, weil sie hierdurch von gewissen Geschäften abgehalten oder zu gewissen Maaßregeln bewogen werden können.

Die öffentliche Bekanntmachung der durch Vertrag wieder eingeführten statutarischen Gütergemeinschaft zwischen Eheleuten ist daher jederzeit rathsam, und dies um so mehr, als der §. 76. des Anhanges die Interpretation, daß dieselbe nothwendig sei, zuläßt.

Endlich wird

III. die Frage:

ob bei dem mehrerwähnten neuen Vertrage die Zuziehung des noch lebenden Vaters der Ehefrau nothwendig sei?

durch eine Zusammenstellung der §§. 356. u. 357. a. a. O. entschieden. Der §. 357. bezieht sich nämlich auf §. 356., welcher die ganz allgemeine Bestimmung enthält,

daß jeder Vertrag, wodurch eine Gütergemeinschaft entstehen soll, gerichtlich vollzogen werden müsse.

Wenn daher der §. 357. verordnet,

daß dabei in der Regel die Zuziehung des Vaters der Ehefrau erforderlich sei,

so folgt hieraus, daß auch bei dem neuen Vertrage in dem unter Nr. 1. bemerkten Falle die Zuziehung des noch lebenden Vaters der Ehefrau stets nothwendig ist.

Nach diesen Grundsätzen hat das Kollegium in Zukunft zu verfahren.

(v. K. Jhrb. Bd. 43. S. 112.)

10) bei anderen Arten von Verträgen.

§. 20. Da übrigens hier nicht alle Arten der Kontrakte aufgezählt werden können; so werden die Gerichte nochmals erinnert, so oft Parteien zur Errichtung von Verträgen einer gewissen Art bei ihnen sich melden, sich die gesetzlichen Vorschriften darüber stets gegenwärtig zu erhalten, und mit möglichster Sorgfalt darauf zu sehen, dass durch deutliche, bestimmte und vollständige Fassung, künftigen Ungewissheiten und Irrungen möglichst vorgebeugt werde.

II. Konfirmation von Verträgen.

§. 21. Obige Vorschriften, §. 2—20., betreffen hauptsächlich den Fall, wenn ein Kontrakt gerichtlich aufgenommen und geschlossen werden soll.

Wenn aber ein schon errichteter Kontrakt bloss zur gerichtlichen Konfirmation übergeben wird; so ist wiederum ein Unterschied zu machen: ob derselbe bloss aussergerichtlich, oder ob er vor einem andern Gerichte, oder doch vor einem Justizkommissarius und Notarius geschlossen worden sei.

a) Wenn der Kontrakt nur aussergerichtlich, oder

§. 22. Ist der zur Bestätigung eingereichte Kontrakt bloss aussergerichtlich geschlossen; so muss der Richter den Inhalt desselben, nach den Vorschriften Tit. II. und Tit. III. §. 2—20., gehörig prüfen und beurtheilen: ob sowohl in Ansehung der persönlichen Fähigkeit der Kontrahenten, als in Ansehung des Gegenstandes, oder der Deutlichkeit, Bestimmtheit und Vollständigkeit der Verabredungen, ein Bedenken obwalte. Findet sich kein dergleichen Bedenken, und ist der Kontrakt nicht etwa von der Art, dass die gerichtliche Abschliessung zu seiner Gültigkeit nothwendig ist; so wird bloss ein Termin auf einen der gewöhnlichen Gerichtstage anberaumt, und die Parteien werden dazu vorgeladen, um in diesem Termine persönlich oder durch gehörig legitimirte Bevollmächtigte, ihre Unterschrift zu rekognosciren; sich zu dem Inhalte desselben zu bekennen, und dessen Festhaltung wiederholt anzugeloben. Ist dies geschehen; so kann alsdann die Konfirmation ohne weitern Anstand ausgefertigt werden. Ist aber der Kontrakt von der Art, dass er nothwendig gerichtlich abgeschlossen werden muss, und findet der Richter bei Prüfung des eingereichten Privatkontrakts noch Bedenklichkeiten; so muss mit vorläufiger und spezieller Eröffnung derselben ein Termin vor einem Deputirten des Gerichts anberaumt werden, welchen die Parteien in der Regel persönlich abwarten müssen, und wo mit vollständiger Aufnehmung des Kontrakts verfahren, oder die Hebung der obgewalteten Bedenklichkeiten gehörig bewirkt werden muss. Ob wegen der Zusätze oder Abänderungen, welche hieraus bei dem ursprünglichen Privatkontrakte entstehen, mit gänzlicher Beiseitsetzung dieses letztern, ein neuer Kontrakt abzufassen, oder ob es hinreichend sei, diese Zusätze oder Abänderungen dem ursprünglichen Privatkontrakte, auf dem oder den Originalien desselben, durch einen Nachtrag beizufügen, bleibt der richterlichen Beurtheilung nach Bewandniss der Umstände vorbehalten.

Wenn der Kontrakt auf die eine oder die andere Art berichtigt ist; so muss darüber von den Parteien eben so, wie in dem vorhergehenden Falle, das feierliche Anerkenntniss durch den Deputirten abgenommen, und sodann die Konfirmation von dem Gerichte ertheilt werden.

b) wenn er gerichtlich geschlossen worden ist.

§. 23. Wenn hingegen der zur Konfirmation eingereichte Kontrakt selbst, entweder gerichtlich, oder doch vor einem Justizkommissarius und Notarius, geschlossen ist; so bedarf es, da das Gericht oder der Justizkommissarius, welche den Kontrakt aufgenommen haben, für die Beobachtung der Vorschriften sorgen müssen, keiner so genauen Prüfung desselben; sondern es ist genug, wenn nur keine in die Augen fallende Nullität oder Gesetzwidrigkeit darin bemerkt wird. Bei einem solchen Kontrakte würde es auch an sich einer Rekognition der Unterschriften eigentlich nicht bedürfen. Da inzwischen dem Geschäfte selbst durch den Hinzutritt der gerichtlichen Bestätigung, ein höherer Grad von Festigkeit und Unverletzbarkeit nach der Absicht der Parteien ertheilt werden soll; so müssen, der mehreren Feierlichkeit wegen, die Parteien entweder in Person, oder doch gehörig legitimirte Bevollmächtigte, sich vor versammeltem Gerichte zu dem Kontrakte und dessen Inhalte nochmals ausdrücklich bekennen, und die Festhaltung angeloben; worauf sodann die Konfirmation ausgefertigt wird.

§. 24. Wie viel Exemplare von einem Kontrakte und dessen Konfirmation zu expediren sind, hängt von der Bestimmung der Parteien ab. Der Richter aber muss dafür sorgen, dass sämmtliche Exemplare genau mit einander übereinstimmen; und dass aus den Akten zu entnehmen sei, wie vielfach der Kontrakt ausgefertigt, und wem jedes Exemplar zugestellt worden.

III. Einseitige Actus inter vivos.

§. 25. Bei Aufnehmung einseitiger gerichtlicher Handlungen unter Lebendigen, z. B. von Quittungen, Entsagungen, Verzichten u. s. w. finden eben die Vorschriften, wie bei Aufnehmung der Kontrakte, statt; mit dem aus der Sache selbst fliessenden Unterschiede, dass, da der Richter es bei solchen Handlungen nur mit einer Person zu thun hat, von jenen Vorschriften, die, welche das Verhältniss zwischen zwei oder mehreren Kontrahenten voraussetzen, von selbst hinweg fallen.

IV. Gerichtliche Rekognitionen.

§. 26. Von der gerichtlichen Aufnehmung der Kontrakte und anderer Instrumente, ingleichen von der Konfirmation derselben, ist die vor Gericht erfolgende blosse Rekognition der Unterschriften unter einem bereits ausgestellten Instrumente verschieden. In einem solchen Falle ist der Richter nicht schuldig, um den Inhalt des Instruments, oder um die Legalität des dadurch vollzogenen Geschäfts, sich zu bekümmern; er muss vielmehr, wenn die Parteien es ausdrücklich verlangen, sich aller Einsicht des Instruments selbst gänzlich enthalten, und nur mit Vorzeigung der Unterschrift sich begnügen.

In allen dergleichen Fällen einer bloss gerichtlichen Rekognition nimmt daher der Richter nur über die Erklärung der Parteien, dass sie die unter dem Instrumente befindliche Unterschrift als die ihrige anerkennen, ein Protokoll auf, und vermerkt, mit Beziehung auf den Inhalt desselben, die geschehene Rekognition unter dem Instrumente selbst, durch eine Registratur, welche von ihm und dem Protokollführer, oder den Gerichtsschöppen, unterschrieben, und mit Beidrückung des Gerichtssiegels bekräftigt wird. Ist das Attest der geschehenen Rekognition selbst in der Form eines Protokolls abgefasst, und mit den legalen Erfordernissen desselben versehen; so bedarf es ausserdem keines besondern Protokolls.

Ein solcher Aktus hat aber auch nur die rechtliche Wirkung, dass das Instrument nachher nicht mehr eidlich diffitirt werden kann. In allen übrigen Stücken erlangt dasselbe keineswegs die Eigenschaft und Wirksamkeit eines gerichtlichen Instruments.

Anh. §. 427. *Wenn in dem über die gerichtliche Rekognition ausgefertigten Atteste keine Erwähnung von dem darüber besonders aufgenommenen Protokolle geschehen ist; so zieht dies gleichwohl die Nichtigkeit des Rekognitionsakts nicht nach sich.*

Rescript vom 13. Juli 1801, betreffend die Form und Glaubwürdigkeit gerichtlicher Atteste (aufgenommen in §. 427. des Anh.); s. zu I. 10. §. 127. Anh. §. 79.

V. Vidimationen.

§. 27. Wenn die Ausfertigung beglaubter Abschriften von schon vorhandenen Urkunden bei Gerichten nachgesucht wird; so muss die Gerichtsperson, welcher der Auftrag dazu geschieht, sowohl das Original, als die Abschrift aufmerksam durchlesen, dieselben von Zeile zu Zeile sorgfältig mit einander vergleichen, und, bei richtigem Befunde, die Uebereinstimmung der Abschrift mit dem Originale unter der erstern attestiren; auch wenn im Originale sichtbare Mängel, als Rasuren, Korrekturen, Interlineationen und dergleichen, befindlich sind, dieselben am Rande der Abschrift, oder unter ihr, durch eine umständliche Registratur genau bemerken.

Zu einer dergleichen blossen Vidimation ist die Zuziehung eines Aktuars oder Protokollführers, oder besonderer Gerichtsschöppen, nicht erforderlich, sondern die blosse Unterschrift derjenigen Gerichtsperson, welche die Vergleichung angestellt hat, und die Beidrückung des Gerichtssiegels, ist hinreichend.

§. 28. Soll jedoch eine dergleichen vidimirte Abschrift die Stelle des Originals vertreten, und mit demselben gleiche Kraft haben; so ist es an einer blossen Vidimation nicht in allen Fällen genug; sondern es kommt alsdann darauf an: ob das Instrument selbst bei eben dem Gerichte, wo die Vidimation geschehen soll, aufgenommen oder bestätigt worden; oder ob die Ausfertigung bei einem andern Gerichte geschehen; oder gar nur von einem blossen aussergerichtlichen Privatinstrumente die Rede sei. Erstern Falls hat eine gerichtlich ausgefertigte vidimirte Abschrift mit dem Originale allerdings gleiche Kraft. Letztern Falls aber muss eine von den Parteien zu leistende und nach §. 26. aufzunehmende Rekognition ihrer Unterschriften vorhergehen. Wenn diese erfolgt, und in der unter die Abschrift zu setzenden Registratur sowohl die geschehene Rekognition des Originals, als die

Uebereinstimmung der Abschrift mit selbigem attestirt, und diese Registratur von der Gerichtsperson, welche den Aktus vorgenommen hat, mit Zuziehung eines Aktuarius oder Protokollführers, oder der Gerichtsschöppen, unterschrieben und mit dem Gerichtssiegel bestärkt worden ist; so kann alsdann erst eine solche Abschrift die Stelle des Originals bei allen Gelegenheiten vertreten.

1) **C. O.** vom 26. November 1834, über die Vidimation der Urkunden und Abzweigung von Schulddokumenten.

Auf Ihren gemeinschaftlichen Antrag bestimme Ich, zur Beseitigung der Bedenken über die Anwendung der Vorschriften des §. 28. Tit. 3. Thl. II. und des §. 81. Tit. 7. Thl. III. der A. G. O., daß beglaubte Abschriften gerichtlich aufgenommener oder konfirmirter Instrumente, wenn sie auch nicht von demselben Gericht, von welchem das Original aufgenommen oder bestätigt worden, sondern von einem andern inländischen Richter oder von einem inländischen Notarius ausgefertigt sind, die Stelle des Originals mit voller Wirkung zu vertreten geeignet sein sollen. Bei Abzweigungen von Schulddokumenten haben die Gerichte und Notarien die Vorschriften der Hypothekenordnung §§. 207. 208. Tit. 2. sorgfältig zu beobachten und bei eigener Vertretung die über die Cessionsverhandlung aufgenommene Registratur auf das in den Händen des Cedenten zurückbleibende Original dergestalt zu setzen, daß sie von demselben nicht getrennt werden könne.

(G. S. S. 180.)

2) **Rescript** vom 21. Februar 1835, betreffend das Verfahren bei Aufnahme von Partialcessionen.

In Bezug auf das, in dem Bericht des Königlichen Ober-Appellationsgerichts vom 11. d. M. angezeigte, Bedenken des Landgerichts zu Bromberg,

über die Art, wie die wegen Vidimation der Urkunden und Abzweigung von Schulddokumenten unterm 6. November v. J. ergangene Allerhöchste C. O. (G. S. S. 180.) zur Ausführung zu bringen,

wird dem Königlichen Ober-Appellationsgericht Folgendes hiermit eröffnet:

Bei der gedachten, auf den Antrag der beiden Justizminister erlassenen, Allerhöchsten Ordre ist der Zweck lediglich der gewesen, die von einigen Gerichtshöfen aufgestellte Ansicht zu beseitigen,

daß die Anfertigung der vidimirten Abschriften, welche bei Partial-Cessionen hypothekarischer Forderungen an die Stelle der Originalinstrumente zu treten bestimmt sind, mit voller Wirkung nur durch den betreffenden Hypothekenrichter, also nicht durch andere Gerichte oder durch Notarien, erfolgen könne.

In allen übrigen Punkten hat durch die ergangene Bestimmung in dem Verfahren bei der Aufnahme von Partialcessionen nichts geändert werden sollen; des Königs Majestät haben vielmehr durch den Schlußsatz der Allerhöchsten C. O. nur die Beobachtung der über jenes Verfahren bisher vorhanden gewesenen gesetzlichen Vorschriften gelegentlich einzuschärfen beabsichtigt. Es verbleibt daher auch ferner bei der Bestimmung des §. 399. Thl. I. Tit. 11. des A. L. R., und zwar um so mehr, als eben jener Schlußsatz, wenn darin auch nicht ausdrücklich auf den gedachten §. Bezug genommen worden, die darin enthaltene Verordnung auf das Bestimmteste dahin wiederholt, daß der auf das Hauptinstrument zu setzende Vermerk über die erfolgte Cession und Abzweigung — welchen die Allerhöchste C. O. in Uebereinstimmung mit den citirten §§ 207. und 208. Tit. 2. der Hypothekenordnung unter dem gebrauchten Ausdruck: „die über die Cessions-Verhandlung aufgenommene Registratur" verstanden wissen will — dergestalt auf dem Dokument verzeichnet werden soll, daß eine Trennung davon nicht geschehen kann.

Hiernach hat sich das Königliche Ober-Appellationsgericht für die Zukunft zu achten und das Landgericht zu Bromberg auf seine Anfrage vom 27. v. M. zu bescheiden.

(v. K. Jhrb. Bd. 45. S. 224.)

3) **Reskript** vom 17. September 1833, betreffend die Aufnahme und Eintragung von Partialcessionen.

Auf Ihre Vorstellung vom 12. d. M.

die Auslegung der Allerhöchsten C. O. vom 6. November pr. über die Vidimation der Urkunden und die Abzweigung der Schulddokumente betreffend,

wird Ihnen folgender Bescheid ertheilt.

Durch den Schlußsatz der Allerhöchsten C. O. vom 6. November v. J. (G. S. S. 180.) sind die bisherigen Vorschriften der §§. 206—208. Tit. 2. der Hypothekenordnung nicht abgeändert worden.

So wenig es der Eintragung einer Cession zu deren Gültigkeit bedarf, eben so wenig bedarf es der Eintragung einer Theil-Cession zu diesem Zweck. Ob der Cessionar die Eintragung nachsuchen will, oder nicht, bleibt nach wie vor seiner freien Entschließung überlassen. Soll aber die Eintragung geschehen, so ist hierbei nach §. 222. a. a. O. zu verfahren. Es ist die erfolgte Eintragung der Cession sowohl auf dem Haupt- als auf dem abgezweigten Dokumente zu vermerken, und zu diesem Zweck muß, wie aus der Natur der Sache folgt, und der §. 222. überdies ausdrücklich vorschreibt, der Hypothekenbehörde auch das Originaldokument eingereicht werden.

Der rechtliche Unterschied zwischen einer nicht eingetragenen nach Vorschrift der §§. 206. u. f. Tit. 2. der Hypothekenordnung bewirkten Theil-Cession und einer im Hypothekenbuche eingetragenen besteht demnach darin:

daß wenn im ersteren Falle der Cessionar seine Theil-Obligation von dem Schuldner einziehen will, der letztere die Zahlung nur gegen eine löschungsfähige Quittung zu leisten schuldig ist und daß der Cessionar keine löschungsfähige Quittung ausstellen kann, ohne die Abschreibung der Theil-Obligation von dem Hauptinstrument vorher zu bewirken, oder doch das Hauptinstrument herbeizuschaffen, um die Löschung des bezahlten Theils der Forderung im Hypothekenbuche und den Vermerk dieser Löschung auf der Theilobligation und dem Hauptinstrumente gleichzeitig veranlassen zu können;

daß dagegen im zweiten Falle durch die nach §. 222 a. a. O. erfolgte Eintragung die Theilobligation eine völlig für sich bestehende Forderung wird, zu deren Einziehung es keiner weitern Beibringung des Hauptinstruments bedarf.

Es fällt in die Augen, daß dieser Unterschied allerdings von Erheblichkeit ist, und es folgt daraus, daß ein vorsichtiger Richter oder Notar die Kontrahenten hierauf aufmerksam machen, ihnen die Eintragung empfehlen und jedenfalls dem Cessionar den Rath ertheilen wird, die Valuta für eine hypothekarische Theilcession nicht eher zu leisten, als bis deren Eintragung im Hypothekenbuche erfolgt sein wird.

In diesen rechtlichen Wirkungen hat die Allerhöchste C. O. vom 6. November v. J. nichts abändern wollen und auch nichts geändert.

Der praktische Zweck derselben ist der, die Anstände zu beseitigen, welche der §. 28. Tit. III. Thl. II. der A. G. O. herbeiführte, indem er verordnet, daß eine vidimirte Abschrift mit dem Original nur dann gleiche Kraft haben solle, wenn die Vidimation bei eben dem Gericht erfolgt ist, bei dem das Original aufgenommen oder bestätigt worden war.

(v. K. Jhrb. Bd. 46. S. 128.)

VI. Renovationen.

§. 29. Wenn Urkunden, welche wegen Alters, oder durch andern Zufall schadhaft geworden sind, oder sonst unleserlich zu werden Gefahr laufen, mit der Wirkung erneuert werden sollen, dass die neue Ausfertigung in allen Stücken die Stelle des bisherigen Originals vertrete; so muss dieses mit Zuziehung aller derjenigen, die bei der Sache, und dem Gegenstande der Urkunde, ein bekanntes Interesse haben, z. B. bei Grenzrezessen mit Zuziehung sämmtlicher Grenznachbarn, bei Lehnsurkunden mit Zuziehung des Lehnsherrn und aller Mitglieder der belehnten Familie geschehen. Diese müssen daher zu einer solchen Handlung ordentlich vorgeladen, und ihnen muss angedeutet werden, dass bei ihrem Ausbleiben mit der Renovation dennoch verfahren, und in der Folge auf den Einwand, dass dieselbe ohne ihre Zuziehung geschehen sei, nicht mehr geachtet werden solle. Dabei versteht sich jedoch von selbst, dass, wenn es in dem einen oder dem andern Falle nicht möglich wäre, sämmtliche Interessenten auszuforschen, oder ihnen die Vorladung insinuiren zu lassen, der Aktus dennoch seinen Fortgang behalte; nur mit dem Unterschiede, dass gegen die nicht zugezogenen, oder nicht gehörig vorgeladenen Interessenten, der renovirten Urkunde die Kraft und Wirksamkeit des Originals nicht in gleichem Grade, wie gegen die übrigen, beigelegt werden könne; vielmehr Ersteren ihre etwanigen Einwendungen gegen die Richtigkeit und Authenticität des Renovati vorbehalten bleiben. Bei der Renovation selbst wird nach der Vorschrift §. 27. wie bei Anfertigung einer vidimirtenAbschrift, welche die Kraft des Originals haben soll, verfahren. Kommen Stellen vor, die, weil die Schriftzüge nicht mehr ganz deutlich sind, von den Interessenten verschieden gelesen werden; so ist diejenige **Lesart**, welche dem renovirenden Richter mit den noch vorhandenen Schriftzügen am besten übereinzustimmen scheint, in den Kontext aufzunehmen; alle übrige aber müssen, wenn die Parteien sich darüber nicht vereinigen können, in besonderen, am Rande beizufügenden Registraturen ebenfalls angeführt, und dabei bemerkt werden: von welchem der Interessenten eine jede derselben als die richtige behauptet worden sei. Doch müssen dabei weder die Parteien noch das Gericht, auf Erörterungen oder Streitigkeiten über die Erklärung oder Ausdeutung solcher Stellen sich einlassen; da dergleichen nicht zu der Handlung der Renovation, sondern allenfalls zur prozessmässigen Instruktion und besondern Entscheidung im ordentlichen Wege Rechtens gehören.

Uebrigens versteht es sich von selbst, dass über den ganzen Aktus ein vollständiges Protokoll aufgenommen werden müsse, welches der Ausfertigung der erneuerten Urkunde in beglaubter Abschrift beigeheftet, oder doch daraus in den Eingang der Ausfertigung das Erforderliche, wegen der Interessenten, mit deren Zuziehung die Renovation geschehen, wegen des dabei beobachteten Verfahrens, und wegen der von dem einen oder dem andern Interessenten etwa gemachten Bemerkungen, Vorbehalte oder Protestationen, übernommen wird.

Die alte Urkunde selbst muss nicht kassirt werden, sondern zum etwanigen künftigen Gebrauche in gerichtlicher Verwahrung bleiben.

VII. Wechselcertifikate.

§. 30 Wegen der Ausfertigung der Certifikate über die Wechselfähigkeit solcher Personen, die an sich zur Ausstellung von Wechseln nach den Gesetzen nicht qualifizirt sind, sind die umständlichen Vorschriften des A. L. R. Thl. II. Tit. VIII. §. 731. bis 738., ingleichen §. 746. 747., genau zu beobachten.

Zur Erläuterung derselben wird hier noch Folgendes beigefügt:

a) Wenn derjenige, welcher die Wechselfähigkeit sucht, sich

darum in einer eigenhändig geschriebenen, oder doch unterschriebenen Vorstellung meldet, und seine Hand im Gerichte hinlänglich bekannt ist; so kann eine solche Anmeldung für hinreichend angenommen werden (§. 732.)

b) Die §. 733—735. vorgeschriebene Untersuchung ist nur dann erforderlich, wenn die auszumittelnden Umstände nicht schon bei dem Gesuche selbst hinlänglich bescheinigt, oder dergestalt notorisch sind, dass über deren Richtigkeit kein vernünftiger Zweifel statt findet.

c) Da den §. 737. bemerkten Personen eine Certioration geschehen soll; so folgt daraus, dass ihnen das Certifikat niemals auf ein bloss schriftlich oder durch einen Bevollmächtigten angebrachtes Gesuch ertheilt werden könne. Vielmehr müssen dergleichen Personen allemal vor dem Gerichte oder einem Deputirten desselben, persönlich erscheinen; auch muss die geschehene Certioration in dem Protokolle gehörig bemerkt werden.

d) Da jedoch Fälle vorkommen können, dass eine solche Person, welche das Certifikat verlangt, sich zu der Zeit, wo sie desselben bedürftig ist, eben nicht an ihrem gewöhnlichen Wohnorte aufhält; so kann sie sich in einem solchen Falle auch bei einem andern Gerichte melden und certioriren lassen. Wenn alsdann das darüber aufgenommene Protokoll dem schriftlichen Gesuche um die Ausfertigung des Certifikats in beglaubter Form beigefügt wird, so kann das Erforderniss des §. 737. für erfüllt angenommen werden.

e) Das §. 746. 747. vorgeschriebene Verzeichniss ist nach alphabetischer Ordnung unter folgenden Kolonnen zu führen;

1) Stand, Namen und Charakter des Extrahenten;
2) Datum der Ausfertigung des Certifikats;
3) ob und wann dasselbe zurückgenommen oder mortificirt worden;
4) Signatur der Akten; worin die zur Sache gehörigen Verhandlungen sich befinden.

Dies Verzeichniss muss der Richter zwar in genauer und sorgfältiger Verwahrung halten; er kann aber die Inspektion desselben, und Atteste daraus, Niemandem, der ein scheinbares Interesse dabei anzuführen hat, versagen.

Vierter Titel.

Von dem Verfahren bei Aufnehmung der Testamente und anderer letztwilliger Verordnungen.

Von Testamenten.

§. 1. Ausser den allgemeinen, bei den Handlungen der freiwilligen Gerichtsbarkeit überhaupt zu beobachtenden Vorschriften des zweiten Titels, enthält das A. L. R. selbst Thl. I. Tit. XII. §. 66—241. die umständlichsten Anweisungen: wie bei der Auf- und Abnehmung der Testamente und bei deren Publikation zu verfahren sei; also, dass es wiederholter Verordnungen darüber allhier nicht bedarf.

1) Wegen der Errichtung von Testamenten vor Dorfgerichten und Magisträten in kleinen Städten, s. zu II. 2. §. 7 und 8. und wegen der außerdem zulässigen außergerichtlichen und privilegirten letztwilligen Verordnungen, die Allegate zu II. 1. §. 9. Nr. 5.

2) In Betreff der Kompetenz des Gerichts zur Aufnahme eines Testaments, s. zu II. 2. §. 7 und 10.

3) In Betreff der Nothwendigkeit der ausdrücklich geschehenen Deputation der beiden Gerichtspersonen zur Auf- oder Annahme eines Testaments, s. II. 2. §. 6. und **Rescript** vom 28. August 1837 nach §. 4. h. t.

§. 2. Nur wegen des Verfahrens bei der Niederlegung und Aufbewahrung der Testamente, welche nach der gesetzlichen Vorschrift, bis zur erfolgenden Publikation, im gerichtlichen Deposito verbleiben müssen, sind folgende nähere Bestimmungen erforderlich.

Von solchen, die mündlich vor versammeltem Gerichte, oder

§. 3. 1) Wenn der Testator seinen letzten Willen vor versammeltem Gerichte mündlich zum Protokolle erklärt; so wird das gehörig aufgenommene und unterschriebene Protokoll in seiner Gegenwart sogleich versiegelt und überschrieben. Ersteres geschieht mit dem Gerichtssiegel, welchem der Testator sein eigenes oder ein anderes selbst gewähltes Petschaft beidrücken kann. Die Ueberschreibung geschieht mittelst einer kurzen Registratur, in welcher bloss bemerkt wird:

> dass hierin die letztwillige Disposition des N. N. enthalten sei, welche derselbe, unter dem Dato der Registratur, vor versammeltem Gerichte zum Protokolle erklärt habe.

Diese Registratur wird, bei Kollegien, von dem Vorgesetzten, bei kleineren Gerichten aber, von dem Richter, und in beiden Fällen von dem Aktuarius oder sonstigen Protokollführer, welcher das Protokoll aufgenommen hat, unterschrieben.

Ausserdem wird eine ebenfalls nur kurze, bei den Akten bleibende Registratur aufgenommen, in welcher bloss bemerkt wird:

dass unter dem Dato derselben der N. N. vor versammeltem Gerichte erschienen sei, und seinen letzten Willen zum Protokolle erklärt habe; dass das hierüber aufgenommene Protokoll in seiner Gegenwart versiegelt und überschrieben, und zur gerichtlichen Verwahrung angenommen worden sei.

Dieser Registratur wird die Ueberschrift des eingesiegelten Protokolls wörtlich eingerückt, und zugleich bemerkt: mit welchen, und mit wie viel Siegeln dasselbe versehen worden.

Alsdann ergeht eine Verordnung an die Depositarien, das versiegelte Testament in das gerichtliche Depositum anzunehmen und daselbst zu verwahren. Ueber die wirklich geschehene Niederlegung in den Testamentsdepositalkasten, wird von den Depositarien ein Protokoll, so wie bei anderen Ablieferungen in das Depositum, aufgenommen, und der Niederleger erhält eine unter dem Gerichtssiegel ertheilte Abschrift dieses Protokolls, als Rekognition über die erfolgte Niederlegung.

vor einer Deputation errichtet werden.

§. 4. 2) Will der Testator seinen letzten Willen vor einer dazu erbetenen gerichtlichen Deputation in einer Privatwohnung zum Protokoll erklären; so muss er die Ernennung einer solchen Deputation, nach Vorschrift des A. L. R. a. a. O. §. 68., durch eigenhändig unterschriebene Vorstellung, oder durch zwei Abgeordnete nachsuchen. Die Originalvorstellung, oder das über das Anbringen der Abgeordneten aufgenommene Protokoll, wird mit der darauf von dem Vorgesetzten des Gerichts, wegen Ernennung der Deputation getroffenen Verfügung, dieser Deputation zugestellt.

Die Deputation muss, nach berichtigtem Punkte, die Identität der Person betreffend, es ihr erstes Geschäft sein lassen, den angegebenen Testator zu vernehmen: ob es wirklich seine Absicht sei, ein Testament zu machen, und ob es mit seinem deshalb angebrachten Gesuche seine Richtigkeit habe.

Sodann verfährt die Deputation mit vorschriftsmässiger Aufnehmung des Protokolls über die letzte Willenserklärung des Testators. Wenn das Protokoll gehörig abgeschlossen und unterschrieben ist; so besorgt sie die Einsiegelung und Ueberschreibung auf die §. 3. angegebene Art, und wird die auf den versiegelten Umschlag zu setzende Registratur von sämmtlichen Mitgliedern der Deputation unterschrieben. Sodann überreicht dieselbe das versiegelte Protokoll dem Gerichte, mittelst einer schriftlichen Anzeige, die eben das enthalten muss, wie die am angeführten Orte beschriebene besondere Registratur. Auf diese Anzeige wird die Verordnung zur Annahme in das gerichtliche Depositum erlassen, und nach deren Erfolg dem Testator der Extrakt des Depositalprotokolls, statt der Rekognition, zugestellt.

Rescript vom 28. August 1837, betreffend die Nothwendigkeit der ausdrücklichen Deputation, sowohl der richterlichen Person als auch des Protokollführers zur Auf- oder Annahme eines Testaments.

Der Direktor des Fürstl. Gerichts der Herrschaft B., Justizrath B., hat darauf aufmerksam gemacht, daß der, von dem Königl. Geheimen Ober-Tribunal in einem Erkenntnisse (Entscheidungen des Königl. Geheimen Ober-Tribunals Bd. 1. S. 75.) anerkannte Grundsatz:

wonach bei der Ernennung einer Deputation zur Auf- oder Annahme eines Testaments die Ernennung beider Mitglieder der Deputation durch den Gerichtsvorgesetzten wesentlich nothwendig sei, so daß, wenn nur die richterliche Person bestimmt worden, dies die Nichtigkeit des aufgenommenen letzten Willens nach sich ziehe, auch wenn der benannte richterliche Kommissarius einen legalen Protokollführer zugezogen habe,

von sehr nachtheiligen Folgen sein werde, weil bei vielen der dortigen Gerichte die Direktoren bisher nur das richterliche Mitglied der Deputation ernannt, die Benennung des zuzuziehenden Protokollführers aber nicht für nothwendig erachtet, sondern dessen Zuziehung dem kommittirten Mitgliede überlassen hätten.

Der Justizminister entnimmt hieraus die Veranlassung zu einer Anweisung an das Königl. Ober-Landesgericht, die formirten Untergerichte seines Departements auf jene Tribunals-Entscheidung hinzuweisen und demselben zur Vermeidung künftiger Prozesse aufzugeben:

mit Rücksicht auf die, im Depositorium noch befindlichen Testamente unverzüglich die Testamentsakten einer sorgfältigen Revision zu unterwerfen und in allen Fällen, wo die Ernennung des adhibirten Protokollführers nicht besonders erfolgt ist und die Testatoren noch am Leben sind, die Verhandlung schleunigst kostenfrei zu wiederholen.

(Jurist. Monatsschr. S. 719 – 720.)

Von schriftlichen Testamenten, die dem Gerichte, oder

§. 5. 3) Wenn ein Testator sein selbst angefertigtes Testament dem versammelten Gerichte verschlossen übergeben will; so muss er sich entweder an einem der ordentlichen Sessionstage persönlich melden, oder, wenn die Anmeldung in der Zwischenzeit schriftlich oder mündlich geschieht, zu einem solchen Sessionstage persönlich beschieden werden.

Wenn er sich nun solchergestalt bei versammeltem Gerichte gestellt; so wird mit der Abnehmung des Testaments von ihm, und mit der Aufnahme eines vollständigen Protokolls darüber, in welchem die Beschaffenheit des Testaments, die ihm von dem Testator etwa gegebene Ueberschrift, und die Zahl der Siegel bemerkt sein muss, nach Vorschrift des Landrechts a. a. O. §. 100 bis 103. verfahren.

Das übergebene Testament wird demnächst von dem Vorgesetzten des Gerichts präsentirt, und nach Vorschrift §. 3. überschrieben. Auf das Protokoll wird die Verordnung wegen der Annahme des Testaments in das gerichtliche Depositum erlassen, und wenn dieses geschehen ist, dem Testator die gewöhnliche Rekognition nach §. 3. zugestellt.

einer Deputation desselben übergeben werden.

§. 6. 4) Wenn der Testator eine gerichtliche Deputation zur Abnahme des von ihm verfertigten und verschlossen zu übergebenden Testaments verlangt; so finden die Vorschriften des §. 4. überall Anwendung, mit der sich von selbst verstehenden Maassgabe, dass wegen der Vernehmung des Testators nur die Vorschriften des A. L. R. a. a. O. §. 100—103. zu beobachten sind; übrigens aber in dem Protokolle selbst eine genaue Beschreibung des übergebenen Testaments, nach Anweisung des vorstehenden §. 5. enthalten sein muss. Dagegen ist in der schriftlichen Anzeige, womit das aufgenommene Protokoll nebst dem übergebenen Testamente, dem Gerichte überreicht wird, eine Wiederholung desjenigen, was in dem Protokolle schon stehen muss, nicht erforderlich.

1) Wegen Ernennung der Deputation, s. zu §. 4. h. t.

2) **Rescript** vom 23. Juli 1814, betreffend die Annahme der Testamente.

Dem Königl. Ober-Landesgericht wird auf den Bericht vom 8. d. M., betreffend die Niederlegung von Testamenten, hierdurch eröffnet:

ad 1) daß das Annahme-Protokoll, über ein von dem Testator einer Deputation versiegelt übergebenes schriftliches Testament, allerdings dem Gerichte von der Deputation offen eingereicht und bei den Testamentsakten aufbewahrt werden muß, wie dies die ganz deutlichen Vorschriften der A. G. O. Thl. II. Tit. 4. §. 5 und 6. außer allen Zweifel setzen;

ad 2) daß dem Testator keinesweges die Befugniß zusteht, in der gerichtlichen Verfahrungsart etwas zu ändern, und den Gerichten oder deren Deputirten gleichsam Anweisung zu ertheilen, was sie von den ihnen zur Richtschnur dienenden gesetzlichen Vorschriften beobachten sollen, oder nicht, indem es sonst von der Willkühr des Testators abhängen würde, auch andere Zumuthungen sich zu erlauben, z. B. zu verlangen, daß ein Testament von einer einzigen Gerichtsperson auf- oder angenommen werde.

Das Kollegium hat hiernach rechtlich zu verfügen und die Deputirten anzuweisen, in künftigen Fällen genau an die Gesetze sich zu halten, und nicht durch beliebige Abweichungen zu dergleichen unnützen Discussionen Veranlassung zu geben.
(v. K. Jahrb. Bd. 4. S. 23.)

3) a. Wenn der Testator sein Testament unversiegelt übergiebt, so muß er vernommen werden, ob ein solcher Aufsatz nur bei einer mündlich zu errichtenden Disposition zum Grunde gelegt oder als ein schriftliches Testament angesehen werden soll; letzternfalls darf der Richter blos nachsehen ob dasselbe vom Testator unterschrieben sei, und sodann die Erklärung des Testators, daß dieser Aufsatz seine letzte Willensmeinung enthalte, unter demselben verzeichnen.

Hierauf wird das Testament in Gegenwart des Testators versiegelt und überschrieben und das Annahme-Protokoll darüber aufgenommen; s. A. L. R. I. 12. §. 107—110.

b **Rescript** vom 9. August 1802 nebst Bericht, betreffend die unterlassene Attestirung des Anerkenntnisses eines offen übergebenen Testaments.

Es ereignet sich in einer bei uns schwebenden Vormundschaftssache, bei einem auf dem Lande von dem Justitiario im Jahre 1797 übernommenen Testament, der Fall, daß obwohl dasselbe nach dem Uebernahme-Protokoll offen übergeben, doch unter dem Testament selbst nicht nach §. 109. Tit. 12. Thl. I. des A. L. R., das Anerkenntniß desselben von dem Testator für seine letzte Willensmeinung von dem Justitiario verzeichnet worden, wenn gleich das Uebernahme-Protokoll dieses Anerkenntniß und die Rekognition der Unterschrift und Siegel unter dem offen übergebenen Testament, so wie auch dieses besagt, daß das Testament in des Testators Gegenwart couvertirt, und mit seinem und dem Gerichtssiegel verschlossen und überschrieben worden. Es scheint in der beobachteten Formalität hinreichende Gewißheit darüber, daß das gedachtermaßen couvertirte und so auch bei der Publikation vorgefundene Testament die ächte Willensmeinung des Testators enthalte, zu liegen, und haben Ew. Königl. Majestät auch schon in einigen andern Fällen die Requisita des A. L. R. quoad formam der Testamente zu deren Gültigkeit nicht wesentlich nothwendig, und dahin jenes zu deklariren befunden.

In Rücksicht auf den §. 139. a. a. O. des A. L. R. würde die Verabsäumung des Attestes unter dem offen übergebenen Testament, eine Nullität desselben nach sich ziehen, und haben wir von Amts wegen Ursach dermalen darauf zu reflektiren, weil das Testament für die minorennen Kinder des Testators, deren er aus zwei Ehen hat, nicht vortheilhaft, dessen Wittwe aber darin vorzüglich begünstigt ist. Wir sind indessen nach obiger Ausführung zweifelhaft,

Ob wir wörtlich nach dem A. L. R. den bemerkten Verstoß des Justitiarii in diesem Testamentsfall, als dessen Nullität begründend ansehen, und hiernach auf die Intestat-Succession über den Nachlaß des Testatoris dringen können.

Wir sind nicht ermächtigt, darüber zu decidiren, können auch dem Interesse unserer Minorennen nichts vergeben, und halten es nicht minder für unsere Pflicht, ihnen einen unnützen Prozeß zu ersparen, bitten daher Ew. Königl. Majestät unterthänigst, uns über gedachten Zweifel allergnädigst zu belehren.

Glogau, den 25. Juni 1802.

Rescript.

Da nach dem von Euch eingesandten Annahme-Protokoll der N. N. letztwilligen Verordnung vom 13. November 1797 alle wesentliche Erfordernisse einer Testaments-Uebergabe nach dem §. 100. u. f. Thl. I. Tit. 12. des A. L. R. und dem genehmigten Konkluso der Gesetzkommission vom 13. Februar 1798 beobachtet sind, kein Schein eines Zweifels wider die Identität vorhanden ist, und der Umstand, daß die Versiegelung von Seiten des Testators nur erst in Gegenwart des Gerichts geschehen, die Glaubwürdigkeit des Aktus nicht verringern kann, wenn gleich die nochmalige Beglaubigung nach dem §. 109. nicht erfolgt ist: so autorisiren Wir Euch hierdurch, Namens Eurer Curanden dieses Testament als zu Recht beständig anzuerkennen.

Berlin, den 9. August 1802.

(Neues Archiv Bd. 3. S. 2.)

4) **Rescript** vom 26. Februar 1798 nebst Entscheidung der Gesetzkommission, betreffend die Unterlassung der Versiegelung eines Testaments mit dem Gerichtssiegel und Ueberschreibung desselben in Gegenwart des Testators.

Entscheidung der Gesetzkommission.

Auf die Anfrage der Breslauischen Oberamts-Regierung, über die Anwendung des A. L. R. Thl. I. Tit. 12. §. 103. in Ansehung der Gültigkeit eines Testaments, ist von der Gesetzkommission dahin konkludirt worden:

daß, wenn über die Annahme eines gerichtlich niedergelegten, mit dem Petschaft des Testators verschlossenen Testaments, ein von dem Testator mit unterschriebenes Protokoll aufgenommen worden, es der Gültigkeit desselben nicht schade, wenn auch nicht von dem Richter in Gegenwart des Testators das Gerichtssiegel dem Petschaft des Testators beigedruckt worden, auch sich aus dem über die Annahme des Testaments aufgenommenen Protokoll nicht abnehmen läßt, ob die auf dem Testament befindliche Ueberschreibung in Gegenwart des Testators von dem Richter auf das Testament geschrieben worden.

Berlin, am 13. Februar 1798.

Rescript.

Unsere Gesetzkommission hat, Euerm Petito vom 5. Januar d. J. gemäß, unter dem 13. d. M. ein Conklusum

über die Anwendung des A. L. R. Thl. I. Tit. 12. §. 103., in Ansehung der Gültigkeit eines Testaments,

abgefaßt. Wir lassen Euch solches hierbei originaliter zur Nachachtung in dem vorliegenden und in künftigen gleichen Fällen um so mehr zufertigen, da aus der Parallelstelle in der A. G. O. Thl. II. Tit. 4. §. 5. 6. deutlich erhellet, daß es nur auf Beobachtung der Erfordernisse eines vollkommen glaubwürdigen und durchaus vollständigen Protokolls ankommt, mithin aus solchen Unterlassungen, welche niemals zu irgend einem Zweifel über die Gewißheit des Willens auch nur scheinbaren Anlaß geben können, eine Nullität herzuleiten ist.

Berlin, am 26. Februar 1798.

(Stengels Beitr. Bd. 7. S. 246—254.)

(Aufgen. in §. 33. des Anhanges zu §. 139. I. 12. des A. L. R.)

Vom Verbote der Siegelung und Inventur.

§. 7. Wenn der Testator bei der Aufnahme oder Uebergabe seines Testaments die gerichtliche Siegelung und Inventur seines Nachlasses verbittet; so muss dessen nicht nur, wie sich schon von selbst versteht, in dem Protokolle gedacht, sondern auch dieser Erklärung in der auf den Umschlag des Testaments zu setzenden Registratur, und in der dem Testator zu ertheilenden Rekognition, ausdrücklich erwähnt werden.

Aufbewahrung der Testamente.

§. 8. Die gerichtlich aufgenommenen und übergebenen Testamente bleiben, nach Vorschrift der Gesetze, in so fern sie nicht von dem Testator selbst zurückgefordert werden, der Regel nach, bis zur erfolgenden Publikation, in gerichtlicher Verwahrung.

Dergleichen Testamente müssen also entweder in einem besonders dazu gewidmeten Behältnisse, oder in einer besondern Abtheilung des Depositalkastens aufbewahrt werden; und wegen der äussern Sicherheit, sowohl des Behältnisses selbst, als des Orts und Gelasses, in welchem dasselbe steht, sind alle Vorschriften der Depositalordnung, in Ansehung anderer zum gerichtlichen Deposito gehöriger Urkunden zu beobachten.

Eben so finden, wegen der Annahme, Aufbewahrung und Zurückgabe solcher Testamente, alle Vorschriften der Depositalordnung, bloss mit den aus der Natur der Sache sich von selbst ergebenden Maassgaben, Anwendung.

Doch müssen die Gerichte über die Testamente ein besonderes Mandatenbuch, und eben so die Depositarien ein besonderes Protokollbuch, halten; dergestalt, dass die Testamente mit den anderen Depositis nicht vermischt werden.

1) **Rescript** vom 5. April 1828, betreffend die Aufbewahrung der Testamente bei Gerichtsämtern.

Dem Königl. Ober-Landesgericht wird auf den Bericht vom 7. März c., betreffend die Einrichtung der Testaments-Depositorien bei den Gerichtsämtern zu Halle, eröffnet: daß die Vorschläge, welche die zurückerfolgenden Anlagen dieses Berichts enthalten, nicht bewilligt werden können. Denn es ist ganz unnöthig, bei einem jeden Gerichtsamte zur Aufbewahrung der Testamente eine Deposital-Einrichtung zu machen. Die strengen Vorschriften, welche die A. G. O. Thl. II. Tit. 4. § 8. wegen depositalmäßiger Aufbewahrung der Testamente getroffen hat, sollen bei den Gerichtsämtern des Departements nicht zur Anwendung kommen. Der Justizminister hat deshalb im Berichte vom 3. Juli 1827, worauf die öffentlich bekannt gemachte C. O. vom 13. Juli pr. erging, des Königs Majestät vorgetragen, daß die Aufbewahrung der Testamente bei den Landgerichten mit größerer Sicherheit verbunden sei, als wenn dieselbe bei den Gerichtsämtern erfolge, da bei diesen keine dazu erforderliche Depositalverwaltung zu organisiren sei, es jedoch zu genügen scheine, wenn die Testamente in einem Kasten oder Schranke, der im Gerichtslokal verwahrt stehe, niedergelegt würden, und dies Behältniß nur unter Verschluß des Aktuars und Richters zu stehen brauche. Diese Grundsätze sind genehmigt, und bestimmt deshalb die C. O. vom 13. Juli pr. ausdrücklich:

daß die Gerichtsämter die Testamente in einem unter gemeinschaftlichem Verschluß des Richters und Aktuars aufzustellenden Behältnisse gültig aufbewahren könnten.

In Rücksicht auf diese Festsetzung hat das Königl. Ober-Landesgericht am 3. August pr. die Anweisung erhalten, zu ermitteln, bei welchen Aemtern dergleichen mit zwei Schlössern versehene Behältnisse mangelten, und sie dort einzurichten. Hiernach hat das Königl. Ober-Landesgericht das Landgericht zu Halle zu bescheiden und es anzuweisen, bei jedem Gerichtsamte in der Stadt Halle einen zur Aufbewahrung der Testamente geeigneten, mit zwei Schlössern versehenen Kasten, der nicht über 10 Rthlr. kosten darf, anzuschaffen, insofern nicht schon ein dazu taugliches Behältniß vorhanden ist.

(v. K. Jhrb. Bd. 31. S. 277.)

2) a. **Rescript** vom 30. Oktober 1797, betreffend die Einreichung der von Patrimonial-Gerichten aufgenommenen Testamente an das Obergericht.

Auf Eure Anfrage vom 16. d. M. wegen der von den Gutsbesitzern bei ihren Patrimonialgerichten errichteten und an Euch zur Aufbewahrung eingesandten Testamente, fügen Wir Euch hiermit zu Eurer Bescheidung und Achtung zu wissen, wie es keinem Bedenken unterworfen sei, daß Testamente, welche bei einem Patrimonialgericht unter Beobachtung der gesetzlichen Erfordernisse niedergelegt werden, ohne Unterschied der Person des Deponenten, an ihrer Gültigkeit dadurch nichts verlieren, wenn sie ad instantiam desselben an das Obergericht der Provinz zur Asservation eingesendet werden.

(N.C.C. T. X. S. 1469. Nr. 88. de 1797.)

(Aufgen. in §. 33. des Anhanges zu §. 139. I. 12. §. 91. des A. L. R.)

b. **Rescript** vom 15. Februar 1832, betreffend die Aufbewahrung eines von einem Untergerichte aufgenommenen Codicills bei einem andern Untergericht.

Der Justitiarius A. beschwert sich in der abschriftlich beigefügten Vorstellung vom 21. Dezember v. J. über die von dem Fürstenthumsgerichte zu B. unter Beistimmung des Königl. Ober-Landesgerichts verweigerte Annahme des von einem Untergerichte aufgenommenen Codicills der verwittweten N. N.

Wenn gleich der Justizminister die Sorgfalt nicht verkennt, womit der Gegenstand in der diesfalls erlassenen Bescheidung des Königl. Ober-Landesgerichts vom 6. Dezember v. J. erwogen ist, so kann derselbe doch in der Materie selbst der Ansicht:

> „daß ein Untergericht von einem andern Untergerichte ein, von diesem unter Beobachtung der gesetzlichen Förmlichkeiten aufgenommenes und verschlossenes Codicill zur gerichtlichen Asservation nicht annehmen dürfe,"

keinesweges beipflichten. Denn in dem §. 33. des Anhanges zum A. L. R. ist ausdrücklich festgesetzt:

> „Wenn das über die Errichtung oder Uebergabe des letzten Willens aufgenommene Protokoll vorschriftsmäßig abgefaßt, geschlossen und unterschrieben, auch die Identität des Aufsatzes gar nicht zweifelhaft ist: so soll der letzte Wille allein deswegen, weil das Gerichtssiegel nicht beigefügt, oder die Zeit, wo er dem Richter übergeben wurde, darauf nicht vermerkt worden ist, oder weil der Richter sonst bei der darauf folgenden Aufbewahrung einen Fehler begangen hat, nicht für ungültig geachtet werden."

Es ergeben ferner die dieser Disposition zum Grunde liegenden Motive, wie die Gesetzgebung dafür gehalten hat:

> „es erhelle schon aus den parallelen Stellen in der A. G. O. Thl. II. Tit. 4. §. 5 und 6., daß es überall nur auf Beobachtung der Erfordernisse eines vollkommen glaubwürdigen und durchaus vollständigen Protokolls ankomme, mithin aus solchen Unterlassungen, welche niemals zu irgend einem Zweifel über die Gewißheit des Willens auch nur scheinbar Anlaß geben könnten, keine Nullität herzuleiten sei."

(cfr. Rescript vom 26. Februar 1798, Stengels Beitr. Bd. 7. S. 252.)

Hiernach läßt sich kein zureichender Grund absehen, warum von einem Untergerichte nach Verschiedenheit der eintretenden Umstände im Allgemeinen sowohl, als auch insbesondere im vorliegenden Falle,

> wo die Testatrix aus speciellen und rücksichtswerthen Ursachen darauf angetragen hat,

die Annahme des in Rede stehenden Codicills von dem Fürstenthumsgericht zu B. abgelehnt werden könnte.

Die in dem §. 30. des Anhanges zum A. L. R. enthaltene Bestimmung:

> daß Testamente, welche bei einem Patrimonialgerichte niedergelegt worden, nicht von ihrer Gültigkeit verlieren, wenn sie an das Obergericht der Provinz zur Asservation gesendet werden,

dient der oben ausgeführten Ansicht zum besondern Stützpunkt, und kann nicht, wie das Königl. Ober-Landesgericht annimmt, als Ausnahme von der Regel, sondern sie muß vielmehr als eine Bestätigung des in dem §. 33. des Anhangs ausgesprochenen allgemeinen Grundsatzes betrachtet werden.

Das Königl. Ober-Landesgericht wird demgemäß angewiesen, an das Fürstenthumsgericht zu B. auf den Grund des gegenwärtigen Rescripts das Erforderliche zu verfügen, und in ähnlichen Fällen darnach zu achten, auch den Justitiarius A. zu B. davon in Kenntniß zu setzen.

(v. K. Jhrb. Bd. 39. S. 136.)

3) Vergl. §. 33. des Anhanges zu §. 139. I. 12. des A. L. R., wonach ein Testament wegen eines bei der Aufbewahrung begangenen Fehlers nicht als ungültig zu erachten.

Anh. §. 428. *Wenn dem Testator aus besonderen Gründen daran liegt, die Existenz seines Testaments geheim zu halten; so kann von dem gewöhnlichen Verfahren, wonach der Vortrag wegen des Testaments durch den Siegelzettel, das Expeditionsbuch- und Depositalprotokoll gehen muss, in einzelnen Fällen eine Ausnahme gemacht werden. Auch muss der Vorgesetzte des Gerichts die Sache dergestalt einleiten, dass die Handlung nur den Mitgliedern des Kollegii und dem Sekretär, welche zur Aufnahme des Testaments deputirt worden, und sonst keinem Andern, bekannt werden.*

Reskript vom 10. Februar 1804, betreffend die Geheimhaltung der Testamente auf den Wunsch des Testators (Neues Archiv Bd. 3. S. 454.); aufgen. in §. 428. des Anhanges.

Zurückgabe.

§. 9. Da einem jeden Testator frei steht, seine letztwillige Disposition zu ändern und zurückzunehmen; so soll es damit folgendergestalt gehalten werden.

Das Gesuch um die Zurücknahme kann der Testator persönlich zum Protokolle, oder durch einen mit gewöhnlicher Vollmacht versehenen Mandatarius, oder auch schriftlich anbringen.

Auf das solchergestalt angebrachte Gesuch muss aber ein Termin zur Zurückgabe schriftlich anberaumt, und der Testator vorgeladen werden, in diesem Termine entweder in Person, oder durch einen mit gerichtlicher Specialvollmacht versehenen Mandatarius zu erscheinen; das Testament aus den Händen des Gerichts zurück zu empfangen; und die wegen geschehener Niederlegung erhaltene Rekognition zurück zu geben, oder dieselbe zu amortisiren. Zugleich mit dieser Vorladung muss auch eine Verordnung an die Depositarien erlassen werden, in dem anberaumten Termine das Testament aus der gerichtlichen Verwahrung heraus zu nehmen, und an das Gericht abzuliefern.

Befindet sich der Testator an dem Orte selbst, wo das Gericht seinen Sitz hat; so muss er den Termin in Person abwarten, oder die Rückgabe in seiner Behausung, zu eigenen Händen, durch eine Deputation, nachsuchen. Nur für abwesende Testatoren können Specialbevollmächtigte zugelassen werden.

Wenn nun in dem Termine der Testator gehörig erscheint; so muss ihm das versiegelte Testament zur Erklärung: ob es wirklich dasjenige sei, welches von ihm ehemals niedergelegt worden, vorgezeigt; ihm sodann zurückgegeben, über die ganze Verhandlung ein Protokoll aufgenommen, und selbiges von dem Testator, oder seinem gerichtlichen Specialbevollmächtigten, mit unterschrieben werden.

Da nach diesen Vorschriften zwischen der Rückforderung eines Testaments, und dessen wirklicher Zurückgabe, doch immer einige Zeit verlaufen kann, und nach der Vorschrift des Landrechts Thl. I. Tit. XII. §. 569. ein Testament durch die blosse Zurückforderung allein noch nicht entkräftet wird; so müssen die Gerichte sich die vorzüglichste Beschleunigung aller dergleichen, die Retradition eines Testaments betreffenden Verfügungen ganz besonders angelegen sein lassen.

Anh. §. 429. *Soll die Zurückgabe eines Testaments durch eine Kreis-Justizkommission erfolgen; so kann derselben das Testament mit der Post übersendet werden.*

Rescript vom 1. März 1802, betreffend die Uebersendung eines zurückzugebenden Testaments durch die Post.

Da die Kreis-Justiz-Kommissionen authorisirt sind, im Namen der Regierung Testamente anzunehmen, und solche demnächst an diese zur weitern Aufbewahrung einzusenden, so ist es keinem Bedenken unterworfen, daß dergleichen Testamente, wenn sie hiernächst zurückgenommen werden, auf den Antrag des Testatoris an die Kreis-Justiz-Kommission zurückgesandt, und demselben durch diese wieder ausgehändigt werden können. Die Gefahr, daß die Testamente auf der Post verloren gehen könnten, ist hier nicht größer, als bei deren Annahme; es steht auch die Vorschrift des A. L. R. Thl. I. Tit. 12. §. 571. und der A. G. O. Thl. II. Tit. 4. §. 9. diesem Verfahren, welches auf der besondern Verfassung der Kreis-Justiz-Kommissionen beruht, nicht entgegen. Uebrigens versteht es sich von selbst, daß die Wirkungen der Zurücknahme, bei nicht früher ausdrücklich erklärter Absicht der Aufhebung, erst dann eintreten, wenn die Kreis-Justizkommission das Testament ausgehändigt hat. Wir ertheilen Euch solches auf den Bericht vom 15. Februar d. J. hiermit zum Bescheid.

(Neues Archiv Bd. 2. S. 382.)

Publikation.[1]

§. 10. Die Fälle, in welchen die Publikation eines Testaments, nach notorisch erfolgtem oder gehörig nachgewiesenem Absterben des Testators, auf das Ansuchen eines Interessenten, oder auch von Amts wegen zu verfügen; was für Personen dabei zuziehen, und wie bei der Publikation selbst zu verfahren sei, sind in den Gesetzen umständlich vorgeschrieben (A. L. R. a. a. O. §. 209—225.). Es muss also, wenn der Termin zur Publikation eines Testaments anberaumt wird, zugleich den Depositarien die Herausgabe desselben an das Gericht nach der Verordnung §. 9. anbefohlen werden.

Anh. §. 430. *Verlangt ein überlebender Ehegatte aus besonderen Gründen, dass ein von ihm und dem Verstorbenen errichtetes wechselseitiges Testament nach geschehener Publikation anderweit wieder bis zu seinem Ableben versiegelt deponirt werde; so kann demselben nach vorher gegangener vorschriftsmässiger Bekanntmachung an sämmtliche darin benannte Erben und Legatarien gewillfahrt werden.*

1) **Rescript** vom 6. Oktober 1802, betreffend die Publikation früherer durch spätere Verordnungen aufgehobenen Testamente.

In den Gesetzen ist nirgends angeordnet, daß aufgehobene annullirte Testamente publizirt werden sollen; vielmehr müssen solche bis zur erledigten Verjährungsfrist in gerichtlicher Verwahrung liegen bleiben, weil die Möglichkeit übrig bleibt, daß ein letzteres oder späteres Testament, welches ein früheres annulliret, annoch angefochten werden kann. Diese Frage ist nach den Stengelschen Beiträgen Bd. 14. pag. 291. schon zur Sprache gekommen, und beim Kammergerichte ganz richtig behandelt worden. Wir geben Euch solches auf den in der Beschwerdesache des N. N. wegen verweigerter Zurückgabe des Testaments der N. N. unterm 21. September c. erstatteten Bericht zu erkennen, und wollen, daß Ihr Euch in diesem und ähnlichen Fällen hiernach achten sollet.

(Neues Archiv Bd. 3. S. 10.)

(Aufgen. in §. 39. des Anhanges zu §. 215. I. 12. des A. L. R.)

2) a. **Rescript** vom 10. Dezember 1801, betreffend die Publikation wechselseitiger Testamente.

Auf Eure Anfrage vom 30. v. M. lassen wir Euch hierdurch bescheiden, daß in allen Fällen, wenn ein wechselseitiges Testament zweier Ehegatten nach dem Tode des einen publizirt wird, den darin bekannten Erben und Legatarien von dessen Inhalt sofort, ohne Unterschied, ob die Erbeseinsetzung oder das Vermächtniß von dem verstorbenen, oder von dem überlebenden Ehegatten herkömmt, auf die im A. L. R. Thl. I. Tit. 12. §. 230. u. f. vorgeschriebene Weise Nachricht ertheilt werden muß, und bedarf es in der Regel keiner fernern besondern Aufbewahrung eines solchen Testaments, da dasselbe nach erfolgter Publikation doch nicht weiter geheim gehalten werden könnte. Wenn jedoch der überlebende Ehegatte aus besondern Gründen verlangt, daß die letztwillige Verordnung nach geschehener Publikation anderweitig wieder bis zu seinem Ableben versiegelt deponirt werde, so kann demselben hierunter zwar gewillfahrt werden, es muß aber auch in diesem Fall vorher allemal die vorschriftsmäßige Bekanntmachung des Inhalts an sämmtliche darin benannte Erben und Legatarien erfolgen.

(Neues Archiv Bd. 3. S. 11.)

b. **Rescript** vom 27. Juli 1818, betr. die Untersagung der Eröffnung eines Testaments.

Dem Königl. Ober-Landesgericht wird auf die in dem Bericht vom 16. d. M. gestellte Frage:

ob es einem Testator erlaubt sei, die Eröffnung des errichteten letzten Willens auf länger, als die im A. L. R. Thl. I. Tit. 12. §. 216. bestimmte Zeit zu untersagen?

zum Bescheide ertheilt, daß die Bestimmungen eines Erblassers hinsichtlich des Zeitpunkts der Publikation seines Testaments dem Gerichte in der Regel zur Richtschnur dienen müssen. Die Nothwendigkeit, dieses Prinzip festzuhalten, dringt sich ganz besonders in dem Falle auf, wo ein testamentum reciprocum vorhanden ist, und ein überlebender Ehegatte existirt. Der §. 216. Tit. 12. Thl. I. des A. L. R. setzt stets stillschweigend voraus, daß ein Verbot der Publikation, oder eine nähere Zeitbestimmung hinsichtlich der letztern, nicht gegeben sei. Die Zulässigkeit eines solchen Verbots liegt in den Vorschriften des §. 229. l. a. und eben diese Gesetzstelle enthält zugleich die Bedingung, unter welcher eine Ausnahme davon gemacht, und dem Richter die Einsicht des Testaments gestattet werden kann.

Das Stempel-Interesse wird durch die Anfertigung und Einreichung eines Nachlaß-Inventarii vollkommen gedeckt, und da in dem vorliegenden Falle die überlebende Ehefrau des verstorbenen Pfarrers N. sich bereits hierzu erboten hat, und von keinem Dritten aus sonstigen gesetzlichen Gründen auf die Publikation des Testaments qu. angetragen ist; so hat das Königl. Ober-Landesgericht seinerseits nicht darauf zu bestehen. (v. K. Jhrb. Bd. 12. S. 5.)

c. **Rescript** vom 30. August 1824, betreffend die Zeit der Publikation eines wechselseitigen Testaments.

Das Königl. Ober-Landesgericht erhält hierneben die Beschwerde des Justiz-Kommissarius v. T. vom 10. d. M.

Die Verfügungen des Kollegii vom 15. November pr. und 9. v. M., gegen welche dieselbe gerichtet ist, und wonach das wechselseitige Testament der T.schen Eheleute, obgleich das Absterben der Ehegattin bescheinigt ist, erst dann erfolgen kann, wenn dasjenige des Ehemannes nachgewiesen ist, erscheinen in der That befremdend, da ein wechselseitiges Testament, so fern der verstorbene Ehegatte nicht ausdrücklich die Publikation desselben bei Lebzeiten des Ueberlebenden verboten hat, von welchem Falle das Rescript vom 27. Juli 1818 handelt, nach dem Tode des Erstversterbenen eröffnet werden muß. Das (Tit.) hat daher die Beschwerde nochmals zu prüfen, und derselben entweder abzuhelfen, oder seine Gegengründe anzuzeigen.

(Act. des Justizm. Gen. T. 13. Vol. I. Fol. 27.)

3) a. **Rescript** vom 11. November 1833, betreffend das Verfahren zur Verhütung, daß Testamente ganz oder zu lange uneröffnet liegen bleiben.

Die Vorschrift des A. L. R. Thl. I. Tit. 12. §. 216.

daß Testamente sechs Wochen nach dem notorischen Ableben des Testators von Amts wegen eröffnet werden sollen, geht in vielen Fällen nicht in Erfüllung, weil den Beamten der Gerichte, welche die Testamente zu verwahren haben, das erfolgte Ableben der Testatoren nicht bekannt wird.

Um zu verhüten:

daß Testamente, deren Publikation nicht in Antrag gebracht worden, nicht uneröffnet, und die Bestimmungen der Testatoren unerfüllt bleiben;

daß sich die Zahl der Testamente, welche nach 56jähriger Niederlegung, — der Vorschrift des A. L. R. Thl. I. Tit. 12. §. 218. zufolge — eröffnet werden müssen, — anhäufet,

und daß Streitigkeiten aus einer zu späten Eröffnung von Testamenten entstehen,

wird hierdurch Folgendes bestimmt:

1) Die Verzeichnisse der bei einem Gerichte niedergelegten Testamente müssen alle Jahre wenigstens einmal revidirt werden, um zu ermitteln, ob sich darunter Testamente notorisch verstorbener Personen vorfinden.

Wie diese Revision zu veranlassen ist, bleibt der Beurtheilung und Bestimmung des Präsidiums des Gerichts überlassen.

Es dürfte am zweckmäßigsten sein:

a. dem Beamten, dem die Bearbeitung des Erbschaftsstempelwesens übertragen ist, oder dem Registratur-Beamten in der Testaments- und Verlassenschafts-Registratur ein Duplikat der Testamenten-Liste zuzustellen, um darauf bei der Anfertigung der Erbschaftsstempel-Tabelle, oder bei der Einleitung der Nachlaßsachen Rücksicht nehmen zu können;

b. eine Vergleichung seiner Liste mit der Testamentenliste des Kollegiums alle Jahr zu veranstalten, und

c. auf jeder Todesanzeige, die er erhält, von ihm bemerken zu lassen, ob ein Testament des Verstorbenen im Testamentenarchiv aufbewahrt wird, oder nicht.

2) Wenn in einem Testamente, dessen Publikation veranlaßt ist, sich bemerkt findet, daß der Erblasser bereits früher ein Testament gerichtlich niedergelegt hat, so hat der Richter — welcher nach dem A. L. R. Thl. I. Tit. 12. §. 238. die Ausfertigung des Testaments und dessen Bekanntmachung an die Erben zu bewirken hat — dem Gerichte, bei welchem sich das frühere Testament niedergelegt befindet, von Amts wegen von der Existenz und Publikation des spätern Testaments Anzeige zu machen, damit die Publikation des ältern Testaments auch verfügt werde, oder in dem Falle, wenn durch das spätere Testament das frühere widerrufen worden, nach Vorschrift des §. 39. des Anhangs zum A. L. R. unterbleibe.

Nach vorstehenden Bestimmungen hat sich das Königl. Ober-Landesgericht — nicht allein selbst zu achten, sondern auch die dem Kollegium untergeordneten Gerichte dem gemäß anzuweisen; von dem Präsidium aber ist im Jahresberichte jedesmal anzuzeigen: ob die Revision der Testamentsverzeichnisse im Laufe eines Jahres erfolgt ist.

(v. K. Jhrb. Bd. 42. S. 284.)

b. **Reskript** vom 19. Juni 1834, betreffend die Kosten der gerichtlichen Bekanntmachung wegen Eröffnung der seit länger als 56 Jahren deponirten Testamente.

Es ist von Seiten des Justizministers

wegen gebührenfreier Insertion der gerichtlichen Bekanntmachungen, betreffend die Eröffnung der seit länger als 56 Jahren deponirten Testamente in die Intelligenzblätter,

mit dem Herrn General-Postmeister und dem Herrn General der Infanterie, Geheimen Staatsminister Grafen v. Lottum Rücksprache genommen worden. Im Einverständnisse mit denselben wird hierdurch bestimmt: daß die Gerichtsbehörden zwar verpflichtet sind, die bei den Bekanntmachungen über die in den Depositorien derselben befindlichen uneröffneten Testamente betheiligten Personen zu ermitteln, und von diesen, so wie von den sich meldenden Interessenten, oder aus dem etwa vorhandenen Nachlasse des Testators, die ihnen von den Intelligenz-Komtoirs angezeigten Insertionsgebühren pro rata einzuziehen, daß aber die Intelligenz-Komtoirs dagegen die Insertionskosten für dergleichen Bekanntmachungen so lange zu stunden haben, bis deren Einziehung von den betreffenden Interessenten pro rata möglich und erfolgt ist.

Hiernach hat das Königl. 2c. in Zukunft zu verfahren, und die Untergerichte im Bezirke des Kollegiums demgemäß anzuweisen.

(v. K. Jhrb. Bd. 43. S. 567.)

4) **Rescript** vom 17. Mai 1806, daß der Richter bei der Publikation der Testamente die Interessenten auf die Mängel desselben nicht aufmerksam zu machen habe.

Auf Euern, betreffend das Testament des verstorbenen Amtsrathes N. N. auf N. N. unterm 29. April c. erstatteten Bericht und die darin enthaltene Anfrage über Eure Befugniß, die ausgeschlossenen Intestaterben mit den Mängeln eines Testaments, worüber ihre Agnition erfordert wird, bekannt zu machen, lassen Wir Euch hiermit zum Bescheid ertheilen, daß kein hinreichender Grund vorhanden ist, um bei der zu erfordernden Agnition der Intestaterben sie zugleich mit den gerügten Fehlern des Testaments bekannt zu machen, und sie dadurch gleichsam zu einem deshalb zu entamirenden Rechtsstreit über die Gültigkeit desselben aufzufordern, zumal bei dem N.N.schen Testament die gerügten Mängel nicht von der Beschaffenheit zu sein scheinen, daß daraus die Nullität desselben sich unwidersprechlich ergiebt.

Die Gesetze verlangen auch eine solche Belehrung nur in solchen Fällen, wo dadurch einem künftigen Prozesse vorgebeugt werden kann, welches in dem vorliegenden Falle gerade das umgekehrte Verhältniß sein würde, oder bereits wirklich schwebenden Prozessen, in Gefolge der Vorschrift der G. O. Thl. I. Tit. 9. §. 11. ꝛc., welches gleichfalls in der Natur dieses, von dem in der Anfrage enthaltenen durchaus verschiedenen, Falles nicht ist.

In allen andern Fällen muß es lediglich bei der Regel, nach welcher jeder Interessent seine Gerechtsame, und was er deshalb zu thun und zu lassen hat, beurtheilen und sich deshalb berathen muß, verbleiben, wonach denn auch im gegenwärtigen Falle die weitere Verfügung zu treffen ist.

(N.C.C. T. XII. S. 347. Nr. 63. de 1806 u. Mathis Bd. 9. S. 470. Abschn. 2.)

§. 11. Auch wegen der, nach erfolgter Publikation, durch den Richter von Amts wegen zu verfügenden Bekanntmachungen, hat es bei den Vorschriften des Landrechts a. a. O. §. 230—239. sein Bewenden.

1) a. **Rescript** vom 12. November 1819, betreffend die Ausfertigung der Testamente für mehrere Erben gemeinschaftlich.

Die Vorschrift des A. L. R. Thl. I. Tit. 12. §. 230.:

daß allen, welchen in einem Testament oder Codicill ein Erbrecht oder Vermächtniß beigelegt ist, der Richter von Amts wegen auf Kosten des Nachlasses davon Nachricht geben soll,

ist nicht so zu deuten, daß jeder Erbe, selbst gegen seinen Willen, eine Ausfertigung des Testaments annehmen müsse.

Dem Königl. Ober-Landesgericht zu Frankfurt wird daher auf die urschriftlich beikommende Vorstellung der N.schen Erben zu N. vom 4. d. M. zu erkennen gegeben, daß, wenn die bei der Publikation des Testaments gegenwärtigen Erben erklärt haben, sämmtlich nur eine Ausfertigung des Testaments zu verlangen, ihnen auch nur diese eine Ausfertigung hätte zugestellt werden sollen. Sobald diesemnach die nicht erbetenen Ausfertigungen des Testaments zurückgereicht werden, hat das Kollegium die Niederschlagung der dafür angesetzten Kosten zu veranlassen.

(v. K. Jhrb. Bd. 14. S. 172.)

b) **Rescript** vom 28. April 1834, betreffend die Ertheilung eines Erbeslegitimations-Attestes für Testamentserben.

Der Justiz-Kommissarius N. N. beschwert sich in der abschriftlich anliegenden Vorstellung vom 28. v. M. darüber, daß das Königl. Ober-Landesgericht seinem Mandanten, dem Freiherrn von B. zu E. die Ausstellung eines Attestes über seine Legitimation als alleinigen Testamentserben seines verstorbenen Vaters versagt hat.

Wenn gleich Atteste dieser Art in der Regel nicht zu ertheilen sind, die Testamentsausfertigung vielmehr die Stelle eines solchen Attestes vertritt, so sind doch allerdings Fälle denkbar, in denen dem Erben daran liegen muß, nicht den ganzen Inhalt eines Testaments zu veröffentlichen. In einem solchen Falle genügt ein Auszug aus dem Testamente, soweit dasselbe die Erbeseinsetzung zum Gegenstande hat, mit Hinzufügung eines Attestes,

daß in dem Testamente weiter keine Bestimmung enthalten ist, welche auf die Erbeseinsetzung und die Dispositionsbefugniß des Erben sich beziehe, und

daß dieser Auszug dem N. N. zum Ausweis darüber ertheilt werde, daß er zum alleinigen Erben des rc. ernannt worden.
(v. K. Jhrb. Bd. 43. S. 448.)

2) a. **Reskript** vom 13. April 1821, betreffend die Ausfertigung des Testaments, wenn der publizirende Richter nicht der ordentliche ist.

Dem Königl. Land= und Stadtgericht wird auf dessen Eingabe vom 7. v. M. zur Resolution ertheilt: daß die von dem Ober=Landesgericht daselbst angenommene Meinung, daß der das Testament publizirende Richter, wenn er nicht der ordentliche ist, und daher dem letztern das Original=Testament nach näherer Vorschrift des §. 237. Tit. 12. Thl. I. des A. L. R. übersenden muß, sich mit Ertheilung der Ausfertigungen, auch selbst auf Verlangen der Interessenten, gar nicht zu befassen, sondern dies dem ordentlichen Richter zu überlassen habe, auf richtiger Interpretation der Gesetze beruhet und zu befolgen ist. So wird auch überall verfahren, und die vom Königl. Land= und Stadtgericht dagegen angeführten Zweifel werden durch die Verfügung des Ober-Landesgerichts vom 15. Dezember v. J. beseitigt.
(v. K. Jhrb. Bd. 17. S. 12.)

b. **Reskript** vom 25. August 1823, betreffend die Einsendung des Original-Annahmeprotokolls mit dem Testamente an den ordentlichen Richter.

Auf die Anfrage des Königl Land= und Stadtgerichts vom 8. d. M. wird demselben eröffnet, daß die Meinung des Ober=Landesgerichts, nach welchem

die Original=Annahme=Verhandlungen über letztwillige Verordnungen mit dem Original=Testamente und dem Publikationsprotokoll dem ordentlichen Richter eingesendet werden müssen,

die richtige und von dem Königl. Land= und Stadtgericht zu befolgen ist.
(v. K. Jhrb. Bd. 22. S. 85.)

3) **Reskript** vom 3. Dezember 1832, betreffend die Ausfertigung der Testamente mit dem Annahmeprotokoll.

Aus einer vom Königl. Pupillen=Kollegium daselbst eingereichten Abschrift der von dem Königl. Ober=Landesgerichte erfolgten Ausfertigung des Testaments der zu C. verstorbenen Wittwe v. B. hat der Justizminister ersehen, daß das Königl. Ober=Landesgericht nur das von der Erblasserin übergebene Testament und das Publikationsprotokoll vom 29. September d. J., nicht aber die Verhandlung über die Annahme des Testaments, hat ausfertigen lassen. Diese Auslassung kann der Justizminister nicht billigen. Die Ausfertigung eines Testaments muß alle Verhandlungen enthalten, welche dazu gehören, die Gültigkeit des Testaments zu übersehen. Hierzu wird das Annahmeprotokoll wesentlich erfordert. Das Königl. Ober=Landesgericht hat künftig dasselbe immer in die Ausfertigung aufnehmen zu lassen.
(v. K. Jhrb. Bd. 40. S. 416.)

4) **Reskript** vom 28. Oktober 1833, betreffend die Aufbewahrung und Ausfertigung der von Ausländern bei hiesigen Gerichten deponirten Testamente.

Dem Königl. Ober=Landesgerichte wird auf die im Berichte vom 5. d. M. gemachte Anfrage in der Nachlaßangelegenheit des Großherzoglich Hessischen wirklichen Geheimen=Raths und außerordentlichen Gesandten, Freiherrn v. S., zum Bescheide ertheilt, daß die Vorschrift des A. L. R. Thl. I. Tit. 12. §. 237., wonach Testamente, welche bei dem persönlichen Richter des Testators deponirt sind, nach erfolgter Publikation dem gedachten Richter zur fernern Aufbewahrung und Ausfertigung zugesandt werden müssen, keine Anwendung auf den Fall findet, wenn der ordentliche Gerichtsstand des Testators im Auslande sich befindet. In diesem Falle muß das Testament, wenn der Fremde, der es in hiesigen Landen errichtet, keinen eximirten Gerichtsstand gehabt hat, bei dem Richter, bei welchem es niedergelegt ist, verbleiben. Hat derselbe aber, mit Rücksicht auf die Vorschrift der A. G. O. Thl. I. Tit. 2. §. 26., zu den Eximirten gehört, so muß das Testament, wenn es bei einem Untergericht niedergelegt worden ist, unter Zurückbehaltung einer beglaubten Abschrift des Testaments, so wie des Annahme- und Publikationsprotokolls, an das Obergericht des Departements gesendet werden. Dieses hat, wegen dessen Ausfertigung und Aufbewahrung die erforderlichen Verfügungen zu treffen.

Hiernach muß das Testament des Großherzoglich Hessischen Gesandten, Freiherrn v. S., bei dem Königlichen Ober-Landesgericht ausgefertigt und ferner aufbewahrt werden.

(v. K. Jhrb. Bd. 42. S. 286.)

5) a. **Rescript** vom 13. April 1801, betreffend die Einsendung der bei Untergerichten deponirten Testamente an das Obergericht, wenn in dem Testamente Legate für milde Stiftungen angeordnet sind; s. v. R. Samml. Bd. VI. S. 491.

b. **Rescript** vom 26. August 1833 nebst Bericht, daß es dieser Einsendung nicht mehr bedürfe.

a.

Nach der Vorschrift des A. L. R. Thl. I. Tit. 12. §. 239. wurden bisher die bei den Untergerichten unseres Departements publizirten Testamente, welche Erbschaften und Vermächtnisse für Kirchen und andere milde Stiftungen enthalten, in Abschrift uns eingesandt; diese in solchen, eben so wie hier publizirten Testamenten enthaltenen Legate wurden sodann von uns der vorgesetzten Behörde der betreffenden Anstalt bekannt gemacht, und es erfolgte bei Legaten für Kirchen und Pfarreien und andere geistliche Stiftungen die Mittheilung an die bischöfliche Behörde, resp. an das Konsistorium, bei Legaten für Armenstiftungen an die Regierung; wir überließen es diesen Behörden, in den erforderlichen Fällen die Königliche Genehmigung zu extrahiren, setzten nur zur etwanigen Wahrnehmung des landesherrlichen Interesses jederzeit die Regierung von einem solchen der Genehmigung bedürfenden Legate in Kenntniß.

Durch das Gesetz vom 13. Mai 1833, betreffend die Schenkungen und letztwilligen Zuwendungen an Anstalten und Gesellschaften, ist nun ein Zweifel über die fernere Anwendbarkeit dieses Verfahrens entstanden. Die Mehrzahl des Kollegii ist nämlich der Ansicht, daß es nach diesem Gesetze der Einsendung der Testamente, welche Legate an milde Stiftungen enthalten, Seitens der Untergerichte an das Ober-Landesgericht ferner nicht bedürfe, vielmehr jederzeit der persönliche Richter des Erblassers den Verwaltern oder unmittelbaren Vorstehern solcher Stiftungen, nämlich bei Legaten für Kirchen, Arme und Pfarreien den Kirchen, resp. Armen-Vorständen und Pfarrern, derartige Vermächtnisse bekannt machen müsse, und diesen Verwaltern das Weitere wegen Mittheilung an ihre Vorgesetzten lediglich zu überlassen sei.

Diese Ansicht, nach welcher das bisherige Verfahren, wegen Bekanntmachung solcher Legate durch das neuere Gesetz aufgehoben, gründet sich darin, daß im Eingange des Gesetzes die Aufhebung aller diesen Gegenstand betreffenden Vorschriften (mithin der Bestimmung des A. L. R. Thl. I. Tit. 12. §. 239.) ausgesprochen, sodann im §. 1. den Vorstehern, und wie es heißt im §. 10., den Verwaltern es zur Pflicht gemacht ist, die letztwilligen Zuwendungen ihren vorgesetzten Behörden anzuzeigen. Dagegen sind einige Mitglieder des Kollegii der Meinung, es habe durch das mehrerwähnte Gesetz unser bisheriges Verfahren wegen der Art der Bekanntmachung solcher Vermächtnisse keine Aenderungen erlitten, vielmehr enthalte dasselbe zunächst Bestimmungen für die Fälle, in welchen es bei derartigen Schenkungen und letztwilligen Zuwendungen der landesherrlichen Genehmigung bedarf, und wegen des alsdann eintretenden Verfahrens.

Ew. Excellenz dürfen wir bei dieser Verschiedenheit der Ansichten um nähere Bescheidung gehorsamst bitten.

Münster, den 7. August 1833.

b.

Dem Königl. Ober-Landesgerichte wird auf die Anfrage im Berichte vom 7. d. M. hiermit eröffnet, daß es in Folge des Gesetzes vom 13. Mai d. J. der im §. 239. Tit. 12. Thl. I. des A. L. R. angeordneten Einsendung solcher Testamente, welche Legate für milde Stiftungen enthalten, an das Königl. Ober-Landesgericht ferner nicht bedarf.

Berlin, den 26. August 1833.

(v. K. Jhrb. Bd. 42. S. 84.)

§. 12. In Ansehung der bei dem Kammergerichte bisher stattgefundenen, auf die Lokalität gegründeten Verfassung, wegen Annahme der Testamente in die gerichtliche Verwahrung, deren Asservation und Herausgabe, wird es bei dem Rescripte vom 12. September 1791 vor der Hand noch ferner belassen.

Rescript vom 12. September 1791 ad V., betreffend die Aufbewahrung der Testamente bei dem Kammergericht.

ad V. lassen Wir es bei Eurer einberichteten Aufbewahrungsart der bei Euch niedergelegten Testamente lediglich bewenden, je weniger es, wenn diese sich nur in gerichtlich sicherer Verwahrung befinden, auf die Benennung des Orts, wo die deponirten Testamente nach der Verfassung eines jeden Gerichts asservirt werden, weiter ankommt.

(N.C.C. T. IX. S. 203.)

Publikation anderer letztwilliger Verordnungen.

§. 13. Wenn nach der gesetzlichen Vorschrift des A. L. R. Thl. I. Tit. XII. §. 241. eine aussergerichtliche Deposition den Gerichten zur Publikation eingereicht wird; so muss derjenige, der dieselbe bisher in Händen gehabt hat, sofort umständlich vernommen werden: wie er zu dieser Gewahrsam gekommen, und was ihm von dem Hergange und den Umständen, welche bei Errichtung der Deposition vorgefallen sind, etwa bekannt sei. Das hierüber aufgenommene Protokoll muss, nach erfolgter Publikation der Verordnuug selbst, denjenigen, welche bei der Sache ein Interesse haben, von Amts wegen vorgelegt oder abschriftlich mitgetheilt werden.

Testamentsakten.

§. 14. Ueber die Verhandlungen wegen eines bei den Gerichten niedergelegten Testaments, müssen für ein jedes besondere Testamentsakten gehalten, und diesen alle Vorstellungen, Protokolle und Verfügungen, welche diess Testament betreffen, vollständig beigeheftet werden. Zu diesen Akten gehört auch das Originaltestament, nach erfolgter Publikation desselben; und sind daher diese Akten mit vorzüglicher Sorgfalt in dem Archive des Gerichts aufzubewahren.

Von Erbverträgen.

§. 15. Wegen Aufnehmung, gerichtlicher Niederlegung und Aufbewahrung der Erbverträge finden die Vorschriften des A. L. R. a. a. O. §. 621—623., übrigens aber die obigen Anweisungen, unter den, aus der Natur eines Vertrags, und der dabei statt findenden Mitwirkung zweier Kontrahenten, von selbst fliessenden Maassgaben Anwendung. Die bei Verträgen überhaupt den Gerichten im Zweiten und Dritten Titel zur Pflicht gemachten Prüfungen, müssen bei Erbverträgen, wenn zu deren Aufnehmung eine Deputation erbeten worden, nur von dieser angestellt werden; also, dass ein Vortrag darüber im versammelten Gerichte, dergleichen sonst bei anderen Kontrakten in der Regel geschehen muss, bei Erbverträgen nur alsdann statt findet, wenn es die Kontrahenten ausdrücklich verlangen. Dass übrigens bei Erbverträgen unter Eheleuten, die in einem und eben demselben Instrumente mit dem eigentlichen Ehevertrage errichtet werden, überall nur die

Form der letztern zu beobachten sei, ist bereits im Ersten Titel vorgeschrieben.

Anh. §. 431. *Wenn die den Vertrag schliessenden Eheleute die Geheimhaltung desselben nicht verlangen, sondern solchen zur richterlichen Prüfung und Bestätigung vorlegen; so kann damit wie bei einem andern Vertrage verfahren, und den Paciscenten auf ihr Verlangen eine Ausfertigung ertheilt werden.*

Jedoch wird dadurch, dass der Erbvertrag unversiegelt den Gerichten übergeben worden, die Versiegelung und überhaupt die bei den Testamenten vorgeschriebene Form nicht ausgeschlossen.

1) a. **Rescript** vom 2. Januar und 27. Dezember 1796, betreffend die Aufnahme und Versiegelung der Erbverträge.

Wenn die A. G. O. Thl. II. Tit. 4. §. 15. die Erbverträge nicht bloß in Ansehung der Aufnehmung, sondern in Ansehung der gerichtlichen Niederlegung und Aufbewahrung den Testamenten gleichstellt; so setzt dieselbe allerdings solche Pacta hereditaria voraus, die erst nach dem Tode eines Paciscenten bekannt, bis dahin aber, gleich den Testamenten, geheim gehalten werden sollen.

Wenn also die Partheien eine solche Geheimhaltung nicht verlangen, sondern den geschlossenen Erbvertrag, gleich einem anderen Vertrage, der richterlichen Prüfung und Bestätigung von selbst unterwerfen; so hat es kein Bedenken, daß wenn nur der Erbvertrag eben so, wie bei Testamenten, von den Kontrahenten persönlich verlautbart wird, damit in allen übrigen Stücken eben so, wie bei einem andern Pacto inter vivos verfahren werde.

Hiernach lassen Wir Euch auf Eure Anfrage vom 14. v. M. in völliger Uebereinstimmung mit Eurem darüber geäußerten Sentiment hierdurch bescheiden.

Berlin, am 2. Januar 1796.

(Stengels Beitr. Bd. 10. S. 426.)

Ihr habt in Eurem Bericht vom 19. d. M. angefragt:

ob bei Erbverträgen, die von Eheleuten in stehender Ehe errichtet, und offen einer Deputation übergeben werden, die Versiegelung ex officio verfügt werden müsse?

Ihr werdet zuvörderst in Ansehung dieses Gegenstandes darauf aufmerksam gemacht, daß, nach klarer Vorschrift Unsers Landrechts Thl. II. Tit. 1. §. 441., Erbverträge unter Eheleuten, wenn sie auch in stehender Ehe errichtet werden, dennoch von der Nothwendigkeit der gerichtlichen Vollziehung dispensiret sind, und also vor einem Justiz-Kommissario und Notario gültig vollzogen werden können, sobald die Ehefrau dadurch an ihrem Successionsrechte ex lege nichts verlieret. In andern Fällen aber, wo das Gesetz die gerichtliche Vollziehung eines Erbvertrages zur Gültigkeit desselben erfordert, und wo die Partheien den Weg der gerichtlichen Vollziehung auch freiwillig wählen, muß allerdings der Erbvertrag, nachdem er von dem Gerichte oder einer Deputation desselben gehörig aufgenommen und von den Partheien vollzogen worden, versiegelt niedergelegt werden, weil Unser Landrecht die Versiegelung bei Testamenten erfordert, in dem §. 623. Tit. 12. Thl. I. in Ansehung der Form der Erbverträge auf die Vorschrift bei den Testamenten verwiesen wird, ratio legis, weil nämlich den Disponenten in der Regel daran gelegen ist, daß ihre letztwilligen Verordnungen vor ihrem Tode nicht allgemein bekannt werden möchten, bei solchen Erbverträgen eben so gut wie bei Testamenten zutrifft, daraus, daß solche Paciscenten sich den Vortrag ihres geschlossenen Erbvertrages in versammeltem Gerichte gefallen lassen, noch nicht folget, daß sie die gesetzlichen Vorschriften, welche außerdem zur Sicherung solcher letztwilligen Dispositionen gegen alle weitere Copalirung gegeben sind, bei der ihrigen nicht beobachtet wissen wollten, übrigens aber in der Natur eines Erbvertrages nichts lieget, womit es nicht bestehen könnte, daß ein solcher Vertrag, der seine Wirkungen erst nach dem Tode des einen Kontrahenten äußern soll, bis dahin versiegelt bei dem Gerichte niedergelegt werde.

Berlin, den 27. Dezember 1796.

(N.C.C. T. X. S. 1499. Nr. 3. des Nachtrags 1797.)

b. **Rescript** vom 21. Juli 1800 nebst Bericht, betreffend die Aufbewahrung der Erbverträge, wenn deren Versiegelung verbeten ist.

Bei einem vor uns errichteten Erbvertrage unter Eheleuten, die sich auf den Fall, daß sie keine Kinder nachlassen sollten, wechselseitig zu Erben eingesetzt haben, ist von den Kontrahenten nach Abschluß des Geschäfts der Antrag geschehen:

daß derselbe nicht versiegelt ad depositum genommen, sondern vielmehr nur bestätigt, und ihnen eine Ausfertigung desselben ertheilt werden möge.

Wir sind aber darüber in Zweifel gerathen, ob diesem Antrage der Kontrahenten nachgegeben werden dürfe.

Die A. G. O. Thl. II. Tit. 4. §. 15. erwähnet der Aufnahme, Niederlegung und Aufbewahrung der Erbverträge, verweiset aber wegen der dabei statt findenden Modalitäten auf die Vorschrift des A. L. R. Thl. I. Tit. 12. §. 621. 624., durch welche in Ansehung der Form solcher Verträge verordnet wird:

daß sie wie Testamente gerichtlich abgeschlossen, oder von beiden Theilen persönlich den Gerichten übergeben, auch bei der Aufbewahrung, Eröffnung und Zurückgabe derselben alles das beobachtet werden solle, was bei Testamenten vorgeschrieben ist.

Nach dieser Bestimmung, und in Betracht des in Bezug genommenen §. 15. Tit. 4. Thl. II. der A. G. O., nach welchem die in den vorhergegangenen §§. bei Testamenten gegebenen Anweisungen auch bei Erbverträgen gelten sollen, glauben wir nun zwar den wahren Sinn dieses Gesetzes in der Erklärung zu finden, daß es mit der Abschließung und Aufbewahrung dieser Verträge ganz in der nämlichen Art, wie mit Testamenten zu halten, mithin die letztere nicht nur an sich ein nothwendiges Erforderniß eines der Form nach zu Recht beständigen Erbvertrages sei, sondern auch überdem noch die Versiegelung des Aufsatzes und dessen gerichtliche Aufbewahrung unter Beobachtung der in dem A. L. R. bei Testamenten vorgeschriebenen Modalitäten, zur Vermeidung der Nullität, durchaus hinzutreten müsse. Indeß entsteht gegen diese unsere unvorgreifliche Meinung dadurch einiger Zweifel, daß nach dem §. 21. bemeldeten Titels im A. L. R. mit deutlichen Worten nur die gerichtliche Abschließung des Geschäfts erfordert, und nach dem §. 23. ebendaselbst nur relative auf die bei Testamenten gegebenen Vorschriften gesagt wird, daß auch mit der Aufbewahrung in gleicher Art verfahren werden soll, ohne es speciell zu bestimmen, ob diese, so wie die vorhergegangene Versiegelung des Aufsatzes durchaus nothwendig, und sub poena nullitatis verordnet sein solle. Dieser Zweifel veranlaßt uns, bei Ew. Königl. Majestät uns über die vorgedachte Frage:

ob die Versiegelung des den Erbvertrag enthaltenden Aufsatzes und dessen gerichtliche Aufbewahrung durchaus und sub poena nullitatis dergestalt erforderlich sei, daß selbst auf den Antrag der Kontrahenten die Verabsäumung dieser Modalität nicht statt finden dürfe,

allergnädigste Vorbescheidung alleruntertänigst zu erbitten.

Bialystock, den 9. Juli 1800.

Rescript.

Auf Eure Anfrage vom 9. Juli d. J. ertheilen Wir Euch hiermit zum Bescheid, wie es unbedenklich sei, daß Eheleute, welche gerichtlich einen Erbvertrag errichtet, wenn sie es verlangen, eine Ausfertigung davon erhalten können. Dahingegen hängt es nicht von der Erklärung der Interessenten ab, wo und wie die Original-Verhandlungen wegen Errichtung des Erbvertrages asservirt werden sollen. Am schicklichsten ist es, damit wie bei Testamenten zu verfahren. Inzwischen kann in keinem Falle daraus eine Nullität erzwungen werden, wenn ein gerichtlich errichteter Erbvertrag unversiegelt, oder nicht im Depositorio, sondern im Archiv oder der Registratur des Gerichts aufbewahrt worden.

Berlin, den 21. Juli 1800.

(Neues Archiv Bd. 1. S. 226.)

c. S. Anhang §. 43. zu §. 623. I. 12. des A. L. R.

2) **Rescript** vom 1. Mai 1835, daß die Aussertigung der Erbverträge vor dem ordentlichen Richter des Verstorbenen, die Ausfertigung der Eheverträge dagegen vor den Richter gehört, vor welchem sie geschlossen sind.

Auf die Anfrage vom 7. v. M. wird dem Königl. Stadtgericht eröffnet, daß der Justizminister der Ansicht des Ober-Landesgerichts zu Halberstadt dahin beipflichtet, daß die Ausfertigung des zwischen dem zu Quedlinburg verstorbenen Auditeur S. und der verwittweten Amtmann H. unterm 26. Mai 1832 geschlossenen Vertrages nicht von Seiten des genannten Kollegiums, sondern durch das Königl. Stadtgericht erfolgen muß.

Der §. 15. Thl. II. Tit. 4. der A. G. O. bestimmt;

daß bei Erbverträgen wegen deren Aufnehmung, gerichtlicher Niederlegung und Aufbewahrung die Vorschriften des A. L. R. Thl. II. Tit. 12. §§. 621—623., übrigens aber die im nämlichen Titel für Testamente ertheilten Anweisungen, mit den aus der Natur eines Vertrages und der dabei statt findenden Mitwirkung zweier Kontrahenten von selbst fließenden Maaßgaben, Anwendung finden sollen.

Unter den in Beziehung genommenen Vorschriften verweiset der §. 11. Thl. II. Tit. 4. der A. G. O. wegen der nach erfolgter Publikation der Testamente durch den Richter von Amts wegen zu verfügenden Bekanntmachungen, also auch wegen der damit verbundenen Ausfertigungen, auf die Bestimmung der §§. 230—239. Thl. I. Tit. 12. des A. L. R. Von diesen aber verordnen die §§. 237 und 238. in Verbindung mit dem §. 40. des Anhanges zum A. L. R.,

daß in allen Fällen, wo der Richter, bei welchem das Testament niedergelegt und publizirt worden, nicht derjenige ist, bei welchem der Erblasser während seiner Lebenszeit seinen persönlichen Gerichtsstand gehabt hat, der erstere dem letztgedachten ordentlichen Richter des Testators das Original-Testament sogleich nach dessen Publikation zur weiteren gesetzlichen Bekanntmachung an die Interessenten übersenden soll.

Hiernach ist es zwar unbedenklich:

daß auch die Ausfertigung von bloßen Erbverträgen durch den letzten persönlichen Richter des Erblassers geschehen muß.

Es kann jedoch diese Regel auf den vorliegenden Fall aus folgenden Gründen nicht angewendet werden:

Der Vertrag vom 26. Mai 1832 ist zwischen Brautleuten ausdrücklich mit Hinsicht auf das einzugehende Ehebündniß geschlossen, und es ist darin außer den Bestimmungen über die Erbfolge verabredet worden,

daß die verwittwete H. während der vor den Kontrahenten beabsichtigten Ehe die Disposition über ihr eigenthümliches Vermögen behalten solle.

Es darf daher jenes Uebereinkommen keinesweges als ein reiner Erbvertrag nach den über solche Verträge gegebenen Vorschriften beurtheilt werden, sondern es paßt dasselbe seiner gemischten Natur nach ganz unter die im Schlußsatz des allegirten §. 15. in Bezug genommenen Bestimmung des §. 10. Nr. 5. Thl. II. Tit. 1. der A. G. O., welche vorschreibt,

daß Eheberedungen und Verträge, welche vor vollzogener Ehe über das Vermögen der künftigen Eheleute, insbesondere der Frau, dessen Einbringung, Verwaltung und Nießbrauch geschlossen werden, auch dann, wenn darin Verabredungen über die künftige Erbfolge unter den Eheleuten getroffen worden, in Rücksicht auf die Form nicht als Erb- sondern als Eheverträge angesehen werden sollen.

Auf das Formelle nun bezieht sich, wie auch das unmittelbare Anschließen des §. 431. des Anhanges zur A. G. O. an den oben citirten §. 15. beweiset, offenbar die streitige Frage:

von welchem Richter die Ausfertigung des in Rede stehenden Vertrages erfolgen muß?

es giebt daher bei deren Entscheidung nach dem Vorstehenden die für reine Erbverträge ausnahmsweise geltende Bestimmung,

daß die Ausfertigung durch den letzten persönlichen Richter des Erblassers bewirkt werden soll,

keine Norm ab; vielmehr verbleibt es bei der aus dem §. 49. Thl. II. Tit. 2. der A. G. O. sich ergebenden allgemeinen Regel,

„wonach Verträge von demjenigen Richter ausgefertigt werden müssen, vor welchem sie geschlossen worden sind."

Demgemäß hat das Königl. Stadtgericht mit der Ausfertigung des Kontrakts vom 26. Mai 1832 ungesäumt zu verfahren, in künftig vorkommenden Fällen aber sich nach den in dieser Verfügung ausgesprochenen Grundsätzen zu achten.

(v. K. Jhrb. Bd. 45. S. 417.)

Fünfter Titel.

Von dem Verfahren bei Siegelungen und Inventuren in Sterbefällen.

Pflichten des Richters bei Sterbefällen überhaupt;

§. 1. Von Erbschaften überhaupt; von dem Anfalle derselben; von Antretung der Erbschaft mit oder ohne den Vorbehalt der Rechtswohlthat des Inventarii; von deren Entsagung; von der dem Erben zur Erklärung hierüber zu Statten kommenden Ueberlegungsfrist; von den rechtlichen Folgen der Erbschaftsantretung mit oder ohne Vorbehalt; von den Rechten und Verbindlichkeiten eines Beneficialerben insonderheit; von seiner Befugniss, auf Eröffnung eines erbschaftlichen Liquidationsprozesses anzutragen; von dem Rechte der Gläubiger, den Erben dazu anzuhalten, wenn derselbe, unter dem Vorwande der besorglichen Unzulänglichkeit des Nachlasses, ihnen die Zahlung ihrer Forderungen vorenthält; so wie von dem gerichtlichen Verfahren bei Erbtheilungen und erbschaftlichen Liquidationsprozessen, sind die nöthigen Vorschriften theils im A. L. R., theils in der Prozessordnung enthalten (A. L. R. Thl. I. Tit. IX. §. 350. u. f. Prozessordnung Tit. XLVI. LI. Abschn. II.)

1) **Rescript** vom 26 Februar 1819, betreffend die Aufnahme von Erbschaftsentsagungen durch die Vormundschaftsgerichte.

Auf den Bericht des Königl. Kurmärkischen Pupillen-Kollegii vom 17. d. M. und den darin enthaltenen Antrag wird hiermit genehmigt:

> daß künftig bei Verlassenschaften, deren Regulirung dem Vormundschafts-Gerichte zusteht, Erbschafts-Entsagungen oder sogenannte Nicht-Erbeserklärungen, von diesem und nicht weiter von dem Stadtgerichte auf- oder angenommen, und wenn es verlangt wird, Rekognitionen darüber ertheilt werden dürfen.

Das Königl. Pupillen-Kollegium hat hiernach das Vormundschafts-Gericht zu instruiren.

Gleichergestalt wird das Königliche Kurmärksche Pupillen-Kollegium von der Einholung der kammergerichtlichen Rekognitionen oder Nicht-Erbeserklärungen der Wittwen majorenner Erb-Interessenten und Vormünder in Verlassenschaftssachen seines Ressorts angetragenermaßen dispensirt, und benachrichtigt, daß das Kammergericht von der gegenwärtigen Verfügung durch deren abschriftliche Kommunikation, um sich darnach zu achten, Kenntniß erhalten hat.

(v. K. Jhrb. Bd. 13. S. 5.)

2) a. **Rescript** vom 1. Juli 1817, betreffend die Form der Erbschaftsantretung ohne Vorbehalt.

Aus der abschriftlich anliegenden Vorstellung des Ritterschafts-Raths N. auf N. vom 26. v. M. ergiebt sich, daß das Königl. Kammergericht die Erklärung der N.schen Geschwister, die Erbschaft ihres Vaters ohne Vorbehalt antreten zu wollen, deshalb für unzulänglich erachtet, weil darin keine bestimmte Entsagung des beneficii inventarii enthalten ist, welches um so mehr nothwendig erscheine, da den Erben die Folgen ihrer Erklärung nicht speciell bekannt gemacht seien. Mit dieser Ansicht kann der Justizminister nicht einverstanden sein. In der Erklärung:

> „Die Erben wiederholen ihre bereits in den Kommissionsakten abgegebene Erklärung, daß sie aus diesen letztwilligen Dispositionen ihres verstorbenen

Vaters die Erbschaft ohne Vorbehalt antreten, indem sie mit den Folgen dieser Erklärung, über die Kräfte der Erbschaft verhaftet zu werden, vollkommen bekannt sind,"

ist alles ersindlich, was gesetzlich nur zur Antretung der Erbschaft ohne Vorbehalt erfordert werden kann. Das beneficium inventarii besteht nach §. 422. Tit. 9. Thl. I. des A. L. R. darin, daß der Erbe alle an dem Nachlaß zu machende Forderungen nur so weit zu vertreten verpflichtet ist, als die Mittel dazu im Nachlasse vorhanden sind.

Wer also erklärt, daß er die Erbschaft ohne Vorbehalt antreten wolle, und mit den Folgen dieser Erklärung, daß er durch dieselbe auch über die Kräfte der Erbschaft verhaftet werde, bekannt sei, entsagt deutlich und bestimmt den Vortheilen des beneficii inventarii. Mehr kann zur Gültigkeit der Erklärung, welche zeigt, daß der Erbe mit ihren Folgen vollkommen bekannt sei, selbst nach §. 381. Tit. 16. Thl. I. des A. L. R. nicht gefordert werden. Es würde auf eine, der Preußischen Gerichtsverfassung ganz fremde, Formular-Justiz hinauslaufen, wenn man aus dem §. 414. Tit. 9. Thl. I. des A. L. R. herleiten wollte, daß zur Gültigkeit der Erklärung über die unbedingte Erbesantretung die Worte, daß auf das beneficium inventarii Verzicht geleistet werde, erforderlich seien. Der Justizminister weiset daher das Königliche Kammergericht hiermit an, die Erklärung der N.schen Geschwister für zureichend anzunehmen, in sofern sich sonst nichts gegen die Form derselben erinnern läßt, und den gedachten Geschwistern das Attest über die unbedingte Antretung der Erbschaft ausfertigen zu lassen. (v. K. Jhrb. Bd. 9. S. 187.)

b. **Rescript** vom 14. Februar 1820, betreffend die Vollmachten zu Erbeserklärungen.

Dem Königl. Ober-Landesgericht wird die von dem Justiz-Direktor N. zu N., in der Hütten-Inspektor N schen Nachlaßsache, unterm 20. Dezember pr. eingereichte Vorstellung abschriftlich, die dazu gehörige Erbeserklärung vom 10. November pr. aber originaliter mitgetheilt.

Da der N. nach der von dem Gutsbesitzer N. ihm ertheilten Vollmacht nicht nur im Allgemeinen bevollmächtigt ist, sich aller, die Regulirung des Nachlasses der Vollmachtsgeber als Testamentserben betreffender Angelegenheiten und Geschäfte ohne Ausnahme, sie mögen Namen haben wie sie wollen, zu unterziehen, sondern auch insbesondere bevollmächtigt ist, sich nach Gutbefinden, mit oder ohne Vorbehalt, als Erbe zu erklären, so kann und muß derselbe auch bevollmächtigt angenommen werden zu allem dem, was zu einer Erbes-Erklärung ohne Vorbehalt erforderlich ist. Das Kollegium hat in Ansehung derselben sich lediglich an den Bevollmächtigten zu halten, und wenn dieser eine nach den Gesetzen genügende Erklärung hierüber abgiebt, auch diese eben so anzunehmen, als wenn sie vom Erben erfolgt wäre. Ob und in wie weit der Vollmachtgeber bei Ausstellung der Vollmacht von dem Umfang und den rechtlichen Folgen derselben vollständig unterrichtet gewesen und in wie weit der Bevollmächtigte durch die abgegebene Erklärung gegen den Vollmachtgeber sich verantwortlich macht, darauf hat das Kollegium nicht weiter einzugehen.

Wenn ein Erbe nicht hinlänglich Gesetzes- und Geschäftskenntniß hat, die ihm als Erben zukommenden Geschäfte allein zu führen, und deshalb einem Rechtsverständigen sich anvertrauen muß; so ist es im Grunde gleichviel, ob er von diesem zu den nach der Lage der Sache angemessenen Erklärungen sich Anweisung ertheilen läßt, oder diesen bevollmächtigt, sie in seinem Namen abzugeben. Es kann also auch kein Bedenken haben, die Erklärung über die Antretung der Erbschaft ohne Vorbehalt von einem Bevollmächtigten anzunehmen, der, so wie der Justizdirektor N., legitimirt ist.

Dazu kommt noch, daß in der Sache nach Lage derselben auch außerdem bei der abgegebenen Erklärung kein besonderes Bedenken ist. Das Kollegium hat also dem Antrage des Justizdirektors N. zu deferiren.

(v. K. Jhrb. Bd. 15. S. 5.)

3) a. **Rescript** vom 2. März und 4. Februar 1835, betreffend die Form der Erbschaftsentsagung, Erbschaftsantretung und Versicherung an Eidesstatt über die Anzahl der Erben.

A.

Auf Ihre Beschwerde vom 18. v. M. wird Ihnen eröffnet:

ad 1. daß die Erklärungen über die Entsagung oder unbedingte Antretung einer Erbschaft nach §. 399 und 415. Tit. 9. Thl. I. des A. L. R., entweder gerichtlich oder in einer, nach §. 76. Tit. 7. Thl. III. der A. G. O., nach der Unterschrift notariell beglaubigten Vorstellung, erfolgen müssen. Dergleichen Verhandlungen gehören unter die Nr. 6. §. 10. Tit. 1. Thl. II. der A. G. O. bezeichneten Urkunden, indem hiernach alle Urkunden, welche auch ohne vorhergegangene Rekognition, Glaubwürdigkeit und Beweiskraft in Gerichten haben sollen, entweder gerichtlich oder vor einem Justizkommissarius und Notarius aufgenommen werden müssen. Wenn in §. 399. Tit. 9. Thl. I. des A. L. R. gesagt ist, daß die Unterschriften durch einen Justizkommissarius beglaubigt sein müssen, so ist hier wie in mehreren anderen Stellen,

z. B. §. 172. Tit. 5. Thl. I. des A. L. R., in Verbindung mit Nr. 1. §. 10. Tit. 1. Thl. II. der A. G. O., oder §. 403. Tit. 21. Thl. I. des A. L. R., in Verbindung mit Nr. 3. §. 10. Tit. 1. Thl. II. der A. G. O.,

vorausgesetzt, daß der Justizkommissarius zugleich als Notarius angestellt ist, wie aus §. 130. Tit. 10. Thl. I. der A. G. O. unzweifelhaft hervorgeht.

Was hiernächst

ad 2. die nach §. 486. Tit. 9. Thl. I. des A. L. R. abzugebenden eidesstattlichen Versicherungen betrifft, so ist zu diesen auch die notarielle Verhandlung nur in dem einzigen Falle des §. 89. Tit. 7. Thl. III. der G. O., nämlich wenn der Notarius von dem Richter dazu requirirt wird, ausreichend; aber auch in diesem Falle ist die Ausfertigung dem Richter zu überlassen, wie aus dem abschriftlich beifolgenden Rescripte vom 4. Februar d. J. mit Mehrerem zu ersehen ist.

In Beziehung auf die dritte Anfrage, betreffend den Nachweis der Verwandtschaft und die zulässigen Beweismittel, ist an das Königl. Ober-Landesgericht zu Cöslin die abschriftlich beifolgende Verfügung erlassen worden.

Berlin, den 2. März 1835.

B.

Dem Königl. Land- und Stadtgericht wird auf den Bericht vom 16. Januar d. J. bei Remission der Anlagen eröffnet, daß allerdings in der Regel jede eidesstattliche Versicherung, welche nach §. 486. Tit. 9. Thl. I. des A. L. R. zum Behuf der Erbeslegitimation abgegeben wird, vor Gericht erfolgen muß. Von dieser Regel ist im §. 89. Tit. 7. Thl. III. der A. G. O. nur eine Ausnahme nachgelassen, indem hiernach auch Notarien, jedoch nur auf Requisition des Richters, Eide und eidesstattliche Versicherung aufzunehmen befugt sein sollen. Diese Befugniß ist aber nur eine Ausnahme, durch welche die Regel nur noch mehr bestätigt wird. Sie ist in jedem einzelnen Fall von der speziellen Requisition des Richters bedingt, sie beschränkt sich auch nur auf die Verhandlung selbst und deren Niederschreibung, wogegen das Protokoll an den requirirenden Richter abgegeben werden muß, welchem auch in diesen Ausnahmsfällen die Ausfertigung gebührt. Da in dem vorliegenden Falle die eidesstattliche Versicherung ohne Requisition von einem Notar aufgenommen und auch in Form eines Notariats-Instruments ausgefertigt worden ist, so ist die Verhandlung allerdings für nicht genügend zu erachten, und daher mit Recht zur Wiederholung der eidesstattlichen Versicherung ein Termin anberaumt worden. Von dieser Bescheidung ist das Königl. Ober-Landesgericht gleichzeitig in Kenntniß gesetzt worden.

Berlin, den 4. Februar 1835.

C.

Das Königl. Ober-Landesgericht erhält anbei urschriftlich die Beschwerde des Justizkommissarius Neumann vom 18. Februar d. J. nebst deren Anlagen und Abschrift der auf dieselbe an den Beschwerdeführer erlassenen Verfügung, mit dem Eröffnen, daß zu dem nach §. 484. Tit. 9. Thl. I. des A. L. R. erforderlichen Nachweise der Verwandtschaft Behufs der Erbeslegitimation, nicht in jedem Falle die Taufzeugnisse als einzige Beweismittel erforderlich sind. In dem vorliegenden Falle wird

1) die Abstammung derjenigen Erben, welche sich gemeldet haben, theils durch das Testament des Vaters, Majors v. K., theils durch den von beiden Eltern mit ihren Kindern abgeschlossenen Familienvertrag außer allem Zweifel gesetzt;
2) die Besorgniß aber, daß noch mehrere Erben vorhanden sein könnten, durch die eidesstattliche Versicherung ausgeschlossen.

Das Kollegium hat daher von der Einforderung der Taufzeugnisse abzusehen, welche doch nichts weiter beweisen würden, als was zu 1. bereits feststeht.

Sollte indeß noch irgend ein Bedenken dagegen aus besonderen, dem Justizminister nicht bekannt gewordenen Gründen aufkommen, so erwartet derselbe den Bericht des Königl. Ober-Landesgerichts.

Berlin, den 2. März 1835.

(v. K. Jhrb. Bd. 45. S. 179—182.)

b. **Rescript** vom 28. April 1834, betreffend die Ertheilung eines Erbeslegitimationsattestes für Testamentserben, s. zu II. 4. §. 11.

4) **Rescript** vom 18. Mai 1816, daß die Niederlegung des Inventarii eines Nachlasses zur Erhaltung der Rechtswohlthat nicht nothwendig in foro hereditatis erfolgen müsse.

Dem Königl. Kammergericht wird aus der nebst Beilagen sub lege remissionis originaliter beigeschlossenen Vorstellung der Freiin v. N., gebornen v. N., mit mehrerem zu ersehen gegeben, was dieselbe wegen der Zurückweisung ihres Antrages auf Eröffnung des erbschaftlichen Liquidationsprozesses über den Nachlaß ihrer Mutter, der Gräfin v. N. gebornen v. N., vorgetragen und gebeten hat.

Der Justizminister tritt zwar darin der Meinung des Königl. Kammergerichts bei, daß aus der verabsäumten Frist, in welcher ein Beneficialerbe das Inventarium anfertigen und gerichtlich niederlegen muß, der Verlust des beneficii ipso jure folgt, und daß es dazu keines prozessualischen Verfahrens und Erkenntnisses bedarf, auch, daß die Vorschriften der A. G. O. Tit. 51. §. 59. seq. nur von dem Falle zu verstehen sind, wenn der Erbe das Inventarium zwar gehörig eingebracht hat, aber mit Extrahirung des erbschaftlichen Liquidationsprozesses zögert, und die Kreditoren dadurch veranlaßt werden, gegen ihn anzudringen; der Justizminister ist auch darin einverstanden, daß die Vorschriften des Erbschaftsedikts hierin keine Aenderung machen; dessen ungeachtet kann derselbe der Verfügung des Kammergerichts, welche auf gänzliche Zurückweisung des erbschaftlichen Liquidationsprozesses per decretum hinausläuft, nicht beitreten, weil die v. N.schen Erben wirklich zur gehörigen Zeit ein Inventarium von ihrem Patrimonialgerichte haben aufnehmen lassen, woselbst sich das Original der der Vorstellung beigefügten Ausfertigung noch jetzt befindet. Daß die Niederlegung des Inventarii durchaus in foro hereditatis erfolgen müsse, ist in dem A. L. R. nicht ausdrücklich vorgeschrieben, und es steht dahin, ob die Analogie des Gesetzes hinreichen wird, solches anzunehmen, da der Hauptzweck der Deposition des Inventarii doch nur der ist, daß die Masse gegen Verdunkelungen geschützt werde, und dieser Zweck auch erreicht wird, wenn gleich die gerichtliche Niederlegung nicht gerade in foro hereditatis erfolgt.

Bei diesen Umständen hat das Königl. Kammergericht, wenn nicht anderweitige Gründe dem Gesuche der rc. v. N. entgegenstehen, den erbschaftlichen Liquidations-Prozeß zu eröffnen, und abzuwarten: ob von den Gläubigern excipirt werden wird, daß die Supplikantin das Recht zur Provokation verloren habe.

Sollte solches geschehen, so ist diese Rechtsfrage vorab zu instruiren und praejudicialiter zu entscheiden, wobei der Liquidationsprozeß seinen Gang einstweilen fortgehen kann, bis die Präjudicial-Frage rechtskräftig entschieden ist.

(v. K. Jhrb. Bd. 7. S. 182.)

besonders wegen Belehrung der Erben,

§. 2. Damit nun niemand, aus Unwissenheit der Gesetze, gegen diese Verordnungen in vorkommenden Fällen handeln, und dadurch sich selbst in Schaden und Nachtheil setzen, oder auch zu Verdunkelungen und Verwirrungen der Erbschaftsangelegenheiten Anlass gegeben werden möge; so müssen die Gerichte, besonders an Orten, wo keine Justizkommissarien bestellt sind, und wenn die Erben unter die Klasse der gemeinen in Geschäften unerfahrenen Leute gehören, denselben diese Vorschriften, besonders die rechtlichen Folgen der mit oder ohne Vorbehalt geschehenen Antretung der Erbschaft, die im letztern Falle nothwendige baldige Anfertigung und Niederlegung des Inventarii, und die Nachtheile, die aus dessen Unterlassung für sie entstehen könnten, bekannt machen und deutlich erklären; auch, wie dieses geschehen, zum Protokolle vermerken.

Rescript vom 25. August 1794, betreffend die Erforderung der Erklärung der Erben über die Annahme oder Entsagung einer Erbschaft von Amts wegen.

Wir sehen es nicht wohl ab, woher Ihr es nehmen könnet, daß dem Richter in Ansehung majorenner Erben irgend eine Verbindlichkeit, denselben die Erklärung, wie sie Erben sein wollen, ex officio abzufordern, oder eine Vertretung deshalb durch das A. L. R. auferlegt worden.

Der §. 431. im 8ten Abschnitte des 9ten Titels im 1sten Theil des A. L. R. redet wirklich nur von Erben, die unter Vormundschaft stehen, wo es bisher schon die Pflicht der vormundschaftlichen Gerichte gewesen ist, auf die Anfertigung und Einreichung des Inventarii zu dringen. Der §. 448. gehet nur den das Hypothekenbuch führenden Richter an, welcher, wenn er den Titulum Possessionis für einen Erben eintragen läßt, zugleich den Nachweis, in welcher Qualität er Erbe sei, erfordern muß.

Außerdem sind dem Richter in keiner einzigen Stelle des A. L. R. bei dieser Materie Verbindlichkeiten, die er ex officio beobachten müßte, oder neue Vertretungen auferlegt.

Ueber einen Nachtheil, welcher einen Erben trifft, der die Fristen zur Einbringung des Inventarii verabsäumt, kann und muß ein jeder sich aus dem Gesetze selbst belehren, welches hierunter nur die Vorschriften der gemeinen Rechte wieder herstellt. Indessen wollen Wir es billigen, wenn, besonders in den ersten Zeiten nach eingetretener Gesetzkraft des A. L. R., die Gerichte in Fällen, wo Erbanfälle zu ihrer Wissenschaft gelangen, den Erben über die Vorschriften der Gesetze, wegen der ihnen obliegenden Einbringung eines allenfalls verschlossenen Inventarii, und über die Nachtheile, welche mit der verabsäumten Befolgung dieser Vorschrift verbunden sind, belehren lassen. Weiter aber muß sich der Richter ex officio nicht einmischen, und selbst, wenn diese Belehrung nicht gegeben werden kann, darf darauf keine Regreßklage gegen den Richter gegründet werden.

Dies ist es, was Wir Euch auf Eure über diese Materie gethane Anfrage vom 6. d. M. zu Eurer künftigen Direktion bekannt machen.

(S. Beiträge ꝛc. von Stengel Bd. 8. S. 302—313.)

§. 3. Was der Richter zu thun habe, wenn die Erben eines Nachlasses unbekannt, ungewiss, oder abwesend und weit entfernt sind; ingleichen, wenn sich zu einem solchen Nachlasse gar keine Erben finden, mithin derselbe als erbloses Gut zu betrachten ist, wird ebenfalls in den Gesetzen umständlich vorgeschrieben (A. L. R. Thl. I. Tit. IX. §. 465. u. f.).

Es ist also im gegenwärtigen Titel nur noch von dem gerichtlichen Verfahren bei Siegelungen und Inventuren zu handeln.

A. Von Siegelungen. Wenn dieselben von Amts wegen zu verfügen.

§. 4. Siegelungen werden von dem Richter entweder von Amts wegen, oder auf das Ansuchen eines Interessenten verhängt. Von Amts wegen muss der Richter die Siegelung veranlassen:

1) wenn die vermuthlichen nächsten Intestaterben unbekannt, ungewiss, oder sämmtlich von dem Orte, wo der Erblasser verstorben, abwesend sind;

2) wenn die vermuthlichen nächsten Erben sämmtlich fremde, und nicht Königliche Unterthanen sind;

3) wenn unter den vermuthlichen nächsten Erben Minderjährige, Wahn- oder Blödsinnige, oder gerichtlich erklärte Verschwender sich befinden, und der Verstorbene keinen Ehegatten hinterlassen hat.

Rescript vom 25. Januar 1796, betreffend die Konkurrenz der Vormundschaftsbehörde zur Sicherstellung des Nachlasses, wenn ein Testamentsexekutor ernannt ist, s. zu §. 40. h. t.

§. 5. Auch in anderen Fällen ist der Richter befugt, die Siegelung von Amts wegen zu veranlassen, wenn besondere Zeit- oder andere Umstände es nothwendig machen; mit vorzüglicher Sorgfalt zu verhindern, dass nichts aus dem Nachlasse weggebracht, vielmehr Alles in dem Stande, worin es sich zur Zeit des Todes befunden hat, erhalten werde.

Anh. §. 432. *Baare Gelder, geldwerthe Papiere und Pretiosen sind in der Regel zum gerichtlichen Deposito zu nehmen.*

Rescript vom 15. Februar 1814, betreffend das Verfahren bei Siegelungen in Ansehung der baaren Gelder, Pretiosen und Dokumente.

Aus dem von dem Königl. Kammergericht unter dem 3. d. M. erstatteten Bericht ist ersehen worden, daß bei dem Kollegio darüber Zweifel entstanden sind:

ob bei Sterbefällen, in welchen nach Vorschrift der A. G. O. Thl. II. Tit. 5. §. 4. Siegelungen verhängt werden müssen, die Gerichte verbunden seien, die baaren Gelder, Pretiosen und Dokumente über die Aktivforderungen bei der Siegelung ad depositum zu nehmen.

Zur Beseitigung dieser Zweifel wird dem Kammergericht hiermit Folgendes eröffnet:

Der Zweck der Siegelung ist die möglichste Sicherung des Nachlasses, und die Gerichte sind in der A. G. O. Thl. II. Tit. 5. §. 5. allgemein angewiesen, mit vorzüglicher Sorgfalt zu verhindern, daß nichts aus dem Nachlasse weggebracht, vielmehr alles in dem Stande, in welchem es sich zur Zeit des Todes befunden hat, erhalten werde. Die Siegelung würde in eine bloße Formalität ausarten, wenn dadurch der Zweck nicht erreicht, und die möglichste Sicherheit der versiegelten Objekte nicht bewirkt werden könnte. Nicht in allen Fällen darf es daher bei der Anlegung des Siegels belassen werden; wenn gleich bei dem schwer zu transportirenden Mobiliare oft nichts übrig ist, als dasselbe unter vorsichtigem Verschluß im Sterbehause, mit Beifügung des Siegels, zu bewahren, um auf die Opinion von dessen Unverletzlichkeit zu vertrauen: so ist dies doch in Ansehung des baaren Geldes, der Pretiosen und geldwerthen Papiere nicht leicht zu wagen, sondern die bessere Sicherheit vorzuziehen, welche dadurch erreicht wird, daß diese ohne besondere Schwierigkeit wegzubringenden Vermögensstücke sogleich bei der Siegelung zur gerichtlichen Asservation, oder nach Beschaffenheit der Umstände, und wenn nicht mit Wahrscheinlichkeit auf die baldige Ausantwortung des Nachlasses an legitimirte Erben zu rechnen ist, förmlich ad depositum befördert werden. Wenn minorenne Erben konkurriren und also eine gerichtliche Inventur erfolgen muß, so findet die Deposition kein Bedenken. Außerdem ist es die Sache des richterlichen Arbitrii, ob die Asservation oder Deposition zu verfügen sei, vorausgesetzt, daß die Wegnahme aus dem Nachlasse für rathsam und nöthig geachtet wird. Dies zu beurtheilen, muß zunächst dem vernünftigen Ermessen des Siegelungs-Kommissarii überlassen werden, welcher nach den Umständen und unter Rücksprache mit den im Sterbehause befindlichen Personen zu erwägen hat, ob die vorhandenen baaren Gelder, Pretiosen oder Dokumente mit voller Sicherheit in dem Sterbehause zurückgelassen werden können, oder ob sie sogleich wegzubringen und in gerichtliche Verwahrung zu nehmen sind; die nähere Verfügung darüber bleibt dem Kollegio überlassen, wenn das Siegelungsprotokoll vorgetragen wird.

Hiernach werden sich die Zweifel des Kollegii erledigen, und dasselbe wird in den Stand gesetzt sein, nach Verschiedenheit der vorkommenden Fälle, die Siegelungs-Kommissarien zu instruiren und die zweckmäßigsten Verfügungen zur Sicherheit des Nachlasses zu treffen.

(v. K. Jhrb. Bd. 3. S. 33.)

§. 6. Wenn der Verstorbene ein solcher Königlicher oder anderer öffentlicher Bedienter gewesen, welcher entweder Briefschaften oder Gelder, die zu seinem Amte gehören, in Händen gehabt; so kann, ohne Unterschied: ob der übrige Nachlass gerichtlich gesiegelt wird oder nicht, dasjenige Kollegium, bei welchem, oder unter welchem der Verstorbene wegen seines Amts gestanden hat, die Versiegelung der Briefschaften und Gelder vornehmen.

§. 7. In wie fern auch in Fällen, wo die Siegelung von Amts wegen zu verfügen wäre, dieselbe wegen eines von dem Erblasser geschehenen Verbots unterbleiben müsse, ist in den Gesetzen bestimmt (A. L. R. Thl. II. Tit. XVIII. §. 372—375.); wobei sich jedoch von selbst versteht, dass auch ein solches Verbot den Richter nicht hindern könne, mit der Siegelung zu verfahren, wenn es die Sicherheit des Staats, oder die Erhaltung der zu dem Amte des Verstorbenen gehörenden Gelder und Briefschaften erfordern.

Rescript vom 25. Januar 1796, betreffend die Konkurrenz der Vormundschaftsbehörden zur Sicherstellung des Nachlasses, wenn ein Testamentsexekutor ernannt ist, s. zu §. 40. h. t.

Auf wessen Instanz sie zu veranlassen.

§. 8. In Fällen, wo eine Versiegelung von Amts wegen nicht erforderlich ist, kann selbige nur auf den Antrag eines Interessenten, es sei einer der Erben, ein Verwandter, ein Hausgenosse oder auch ein Fremder, verhängt werden. Derjenige, welcher sich darum meldet, muss sein Interesse bei der Sache anzeigen. Wenn inzwischen dieses Interesse nicht ganz offenbar ungegründet und nicht klar ist, dass die Siegelung blos aus Chikane verlangt werde; so muss der Richter das Gesuch, wenn es kurz nach dem Todesfalle angebracht wird, nicht leicht ablehnen, sondern demselben gemäss verfügen; da in dergleichen Fällen, wo gemeiniglich Gefahr im Verzuge vorwaltet, die Zeit nicht hinreicht, sich auf weitläufige Erörterungen über das Recht und Interesse des Extrahenten, oder auf Nachforschungen, ob schon ein Besitzer der Erbschaft vorhanden sei, einzulassen; vielmehr es allemal unbedenklicher ist, mit der Siegelung zu verfahren, als den Nachlass dem Anlaufe, dem Abbringen und unbefugten Besitzesergreifungen auszusetzen.

§. 9. Wenn hingegen die Siegelung erst nachgesucht wird, nachdem schon einige Zeit nach dem Ableben des Verstorbenen verstrichen ist, und sich schon jemand als Erbe im Besitze des Nachlasses notorisch befindet; so kann dieselbe nur verhängt werden, wenn der Erbe sich des Durchbringens der Erbschaft verdächtig macht, oder überhaupt für einen solchen zu achten ist, gegen den, oder dessen Vermögen, den Rechten nach, Arrest oder Sicherheitsbestellung gesucht werden kann.

§. 10. In einem solchen Falle muss derjenige, welcher auf die Siegelung anträgt, sein Interesse, und die bei dem Besitzer der Erbschaft obwaltende Unsicherheit bescheinigen; und es muss sowohl bei der vorläufigen Prüfung eines solchen Gesuchs, als wegen Verhängung der Sperre selbst, des über die Rechtsmässigkeit derselben zu veranlassenden Verfahrens, der Wiederaufhebung der Sperre gegen Kaution, und sonst überall, die Vorschrift des XXIXsten Titels der Prozessordnung, von Arresten, beobachtet werden.

Besonders auf Instanz der Gläubiger.

§. 11. Wenn die Forderung eines Erbschaftsgläubigers so beschaffen ist, dass deswegen auf das Vermögen des Erblassers selbst ein Arrest statt gefunden haben würde; so kann ein solcher Gläubiger auch gegen den Erben auf die Siegelung des Nachlasses, oder eines solchen Theils desselben, als zur Deckung seines Anspruchs erforderlich und hinreichend ist, antragen.

§. 12. Eben so kann ein Gläubiger des Erben, dessen Forderung zum Arreste qualificirt ist, die Verhängung desselben in den seinem Schuldner zugefallenen Nachlass suchen; doch bleibt den Gläubigern des Erblassers die Befugniss, auf die Absonderung des Nachlasses von dem eigenen Vermögen des Erben anzutragen, vorbehalten.

Wenn mehrere Erben sind.

§. 13. Sind mehrere Erben vorhanden, und die **§. 10. 11. 12.** angeführten Gründe, die Siegelung nachzusuchen, treten nur gegen einen oder etliche unter ihnen ein; so kommt es darauf an: ob die sämmtlichen Erben sich im gemeinschaftlichen Besitze des noch ungetheilten Nachlasses befinden; oder ob gewisse Theile des Nachlasses von diesem, andere aber von jenem Erben besessen werden.

Im ersten Falle kann die Versiegelung der ganzen Erbschaft gesucht werden; es wäre denn, dass die Miterben dem Extrahenten tüchtige Kaution, wegen alles Weg- oder Durchbringens von Seiten ihres in Anspruch genommenen Mitgenossen, und für alle Folgen davon, bestellten.

Im zweiten Falle ist nur derjenige Theil des Nachlasses unter die Sperre zu nehmen, welcher von demjenigen Erben, gegen den der Antrag gerichtet ist, besessen wird.

Verlangen die anderen Miterben die Wiederaufsiegelung, und dass ihnen der Besitz, mit Ausschluss des in Anspruch genommenen Konsorten, überlassen werde; so ist ihnen darunter zwar zu willfahren; sie müssen aber, bei Vermeidung doppelter Erstattung, diesem Erben, ohne Vorwissen und Genehmigung des Extrahenten, oder des Gerichts, nichts aus dem Nachlasse verabfolgen.

Welchem Gerichte die Siegelung zukomme.

§. 14. Die Versiegelung kann in der Regel nur bei demjenigen Gerichte, unter welchem der Erblasser seinen persönlichen Gerichtsstand gehabt hat, nachgesucht, und nur von diesem verfügt werden.

§. 15. Wird also die Siegelung bei einem andern Gerichte nachgesucht, und das kompetente Gericht befindet sich an eben dem Orte; so muss ersteres sich aller Verfügung enthalten, und den Supplikanten an den kompetenten Richter lediglich verweisen.

Wird aber an einem Orte, wo das kompetente Gericht sich nicht aufhält, die Versiegelung des daselbst befindlichen Nachlasses, oder eines Theils davon, bei dem ordentlichen Richter desselben Orts nachgesucht; so muss dieser zwar damit einstweilen verfahren, zugleich aber dem eigentlich kompetenten Richter davon unverzüglich Anzeige machen.

Hat der Verstorbene ausser seinem Wohnorte, und ausser dem Jurisdiktionsbezirke seines persönlichen Gerichts, Häuser oder Landgüter besessen; so ist das Gericht, unter welchem diese Grundstücke liegen, die Siegelung auf denselben vorzunehmen befugt und schuldig; doch muss auch von ihm dem persönlichen kompetenten Gerichte Anzeige darüber geschehen.

Besonders bei Sterbefällen der Eximirten.

§. 16. In Provinzen, wo, wegen des beträchtlichen Umfangs der den Landesjustizkollegien angewiesenen Jurisdiktionsbezirke, Justizräthe oder andere Commissarii perpetui des Landesjustizkollegii angesetzt sind, muss die Siegelung in denjenigen Fällen, wo sie von Amts wegen statt findet (§. 4. 5.), von diesen Kommissarien veranlasst werden; und hat es desfalls bei den für dergleichen Kommissarien besonders ergangenen Reglements und Instruktionen sein Bewenden.

Auch sind in diesen sowohl, als in den übrigen Provinzea, die Magisträte und Gerichte derjenigen Orte, wo das Landesjustizkollegium, oder ein Kommissarius desselben, sich nicht aufhält, bei Sterbefällen eximirter Personen schuldig, zur Abwendung der möglichen Gefahr, die aus dem Verzuge entspringen möchte, zur interimistischen Siegelung der an ihrem Orte befindlichen Verlassenschaft, sobald dieselbe von Amts wegen geschehen muss (§. 4. 5,), auch unersucht zu schreiten; davon aber auch dem Landesjustizkollegio sofort Anzeige zu machen.

Anh. §. 433. *Bei Versiegelungen des Vermögens oder Nachlasses eines Regierungsoffizianten muss die betreffende Regierung davon benachrichtigt werden, welcher freisteht, an diejenigen Zimmer und Behältnisse, worin Amtsakten zu vermuthen sind, ihre Siegel ebenfalls anlegen zu lassen.*

Verordnung vom 26. Dezember 1808, wegen verbesserter Einrichtung der Provinzialbehörden, §. 47., aufgeh. in §. 433. des Anhanges.

Der Militairpersonen.

§. 17. Bei dem Absterben solcher Personen, die unter Militärgerichtsbarkeit bis an ihren Tod gestanden haben, muss derjenige Nachlass, welchen sie bei und um sich gehabt haben, von den Kriegsgerichten versiegelt werden. Wegen des übrigen Nachlasses hingegen kommt die Siegelung demjenigen Civilgerichte zu, unter dessen Jurisdiktion, vermöge des Standes und Ranges der verstorbenen Mititairpersonen, ihr Nachlass aus der durch den Tod aufgehobenen Militärgerichtsbarkeit zurück fällt.

Anh. §. 434. *Die Versiegelung des Nachlasses der Militärpersonen gebührt den Civilgerichten, unter welchen der Verstorbene bei seinem Tode gestanden hat.*

C. O. vom 19. Juli 1809, wegen des Militairgerichtsstandes; s. zu I. 2. §. 48.

Anh. §. 435. *Die in dem Nachlasse eines Offiziers sich vorfindenden Montirungs- und Equipagestücke sind jedesmal so schleunig als möglich dem Regiments- oder Bataillonschef zu überliefern, damit sie der in die Stelle des Verstorbenen eintretende Offizier für die gerichtliche Taxe annehmen könne.*

1) **Rescript** vom 7. Januar 1812, betreffend die Ablieferung der Montirungs- und Equipagestücke eines verstorbenen Offiziers an den Regiments- oder Bataillons-Chef.

Es ist von dem Allgemeinen Kriegsdepartement die Herstellung der bei den Regimentern und Bataillons ehemals üblichen Verfassung, nach welcher der neu avancirte Offizier die Montirungs- und Equipagenstücke des verstorbenen für die gerichtliche Taxe annehmen mußte, gewünscht worden. Da nun hierbei kein Bedenken ist, auch durch den Uebergang der Militair-Civil-Gerichtsbarkeit an die Civil-Gerichte dergleichen Observanzen als aufgehoben nicht angesehen werden können, so wird das Königl. ꝛc. hierdurch angewiesen, in allen Fällen, in welchen der Nachlaß eines Offiziers zu versiegeln ist, dergleichen Montirungs- und Equipagenstücke, jedesmal so schleunig als möglich dem Regiments- oder Bataillons-Gerichte zur Verwahrsam zu überliefern.

(v. K. Jhrb. Bd. 1. S. 7.)

2) a. **Rescript** vom 22. Mai 1818, betreffend die Ablieferung der in einem Nachlasse sich vorfindenden Festungs-Risse, Operationspläne und geheimen Nachrichten.

In dem §. 129. Tit. 20. Thl. II. des A. L. R. ist verordnet, daß Niemand, der nicht vermöge seines Amts dazu berechtigt ist, Risse von Festungen, Operations-Plänen, und andere geheime Nachrichten, deren Bekanntmachung, besonders in Kriegszeiten, dem Staate gefährlich sein könnte, sammeln und besitzen, vielmehr dieselben, wenn sie ihm zukommen, an die Behörde sofort abliefern soll. Gleichwohl ereignet es sich zuweilen, daß Privatpersonen gezeichnete Pläne diesseitiger Festungen, Terrain-Aufnahmen und andere Zeichnungen nachlassen, bei denen es in militairischer Hinsicht wichtig ist, daß sie weder zum Verkauf kommen, noch überhaupt länger im Publiko bleiben. Es kommt daher auf Maaßregeln an, wodurch die Befolgung des Gesetzes gesichert wird. Zu dem Ende wird hierdurch festgesetzt, daß, wenn sich in einer Nachlassenschaft folgende Gegenstände vorfinden:

1) gezeichnete Festungspläne, vorzüglich der zum Staate gehörigen, oder von diesseitigen Truppen besetzten, Festungen;
2) gezeichnete Pläne, Risse, Profile einzelner Befestigungs-Anlagen, oder Festungstheile;
3) Entwürfe zur Befestigung im Lande gelegener Orte und Gegenden;
4) gezeichnete Aufnahmen, Nivellements, Terrain-Rekognoscirungen, Situations-Zeichnungen, und
5) sonstige gezeichnete Charten, Pläne und Risse, wozu jedoch nicht die zu landwirthschaftlichen Zwecken, Gemeinheitstheilungen und dergleichen aufgenommenen Charten gehören,

das den Nachlaß regulirende Gericht davon ein genaues Verzeichniß dem General-Kommando der Provinz zukommen lassen, und solche bis zu dessen Erklärung nicht verabfolgen soll.

Auch sind die Auktions-Kommissarien anzuweisen, von dergleichen Gegenständen, wenn sie solche zum öffentlichen Verkauf erhalten, das Verzeichniß dem Generalkommando einzureichen, und bevor dieses nicht eine schriftliche Einwilligung in den Verkauf ertheilt hat, denselben nicht zu veranlassen.

Das General-Kommando wird nach erhaltener Kenntniß von dem Vorhandenen, allenfalls nach eingeholtem Gutachten sachverständiger Personen bestimmen, ob dergleichen Gegenstände ohne Nachtheil des Staates im Publiko verbleiben, und aus einer Hand in die andere gehen können. Wird die Zurückhaltung für nothwendig gehalten, so soll dem bisherigen Besitzer, oder dessen Erben, oder der Nachlaßmasse, der Werth solcher Gegenstände erstattet werden, so wie er durch vereidete Taxatoren ausgemittelt worden.

Nach diesen Bestimmungen hat sich das Königl. Kammergericht nicht allein selbst zu achten, sondern solche auch sämmtlichen Untergerichten und den Auktions-Kommissarien, zu deren Befolgung bekannt zu machen.

(v. K. Jhrb. Bd. 11. S. 243.)

b. **Reskript** vom 8. Juli 1822, betreffend die Sorge für die auf das Amt Bezug habenden Papiere verstorbener Civil- und Militair-Beamten.

Der an sich lobenswerthe Eifer mehrerer Beamten, durch Sammlung und Anfertigung von Abschriften, Collectaneen, Zeichnungen rc. aus den Akten, welche ihnen nur vermöge ihres Amtes zukommen können, das Beste des Dienstes zu befördern, giebt zu der Besorgniß Veranlassung, daß wichtige Nachrichten, bei dem Absterben der betreffenden Beamten, leicht in Hände gerathen können, die davon Mißbrauch machen.

Diese Besorgniß wird durch die gesetzliche Bestimmung des Thl. II. Tit. 20. §. 129. des A. L. R., — worin die Ablieferung ähnlicher Nachlaßstücke und Schriften, deren Bekanntmachung dem Staate gefährlich sein könnte, von Seiten der Erben eines verstorbenen Beamten, angeordnet worden — und durch die Vorschrift Thl. II. Tit. 5. §. 6 und 31. der A. G. O., wonach Briefschaften und Gelder, welche zu dem Amte des verstorbenen Beamten gehören, der Versiegelung unterworfen sind, nicht ganz gehoben.

Es ist daher nöthig, daß die vorgesetzten Behörden in solchen Fällen eine besondere Aufmerksamkeit anwenden, und die, in Bezug auf die Dienstpapiere und zum Dienst gehörigen Gelder, nachgelassene Versiegelung und Absonderung jederzeit vornehmen lassen, wenn irgend zu vermuthen ist, daß der Verstorbene außer den eigentlichen Akten und sonstigen Papieren, welche speciell zu seinem Amte gehören, auch noch Sammlungen, Abschriften oder Zeichnungen, die sich auf seinen oder den Staatsdienst im Allgemeinen beziehen, und deren Anfertigung ihm nur vermöge des Dienstes möglich geworden ist, hinterlassen habe.

Die über die unentgeldliche Aushändigung solcher Notizen zwischen der Dienstbehörde und den Erben etwa entstehende Differenz wird, ohne eine gerichtliche Erörterung, nur von der vorgesetzten Behörde entschieden werden.

Das Königliche Kammergericht hat sich hiernach in vorkommenden Fällen zu achten. Einer weitern Bekanntmachung dieser Verfügung durch die Amtsblätter bedarf es nicht.

Hierbei wird zugleich auf den Antrag des Königl. Kriegs-Ministeriums und in Bezug auf die Verfügung vom 22. Mai 1818 (v. K. Jhrb. Bd. 11. S. 243.) festgesetzt, daß bei der Versiegelung oder Entsiegelung des Nachlasses verstorbener Militairpersonen, alle den Königl. Dienst angehende und die Armee und deren Verhältnisse betreffende Schriften, Zeichnungen und Nachrichten, welche dem Verstorbenen im dienstlichen Wege zugegangen, oder welche derselbe vermöge seines gehabten Kommandos oder seiner Stellung nur hat erhalten und sammeln können, mittelst eines davon angefertigten Verzeichnisses an das betreffende General-Kommando zu dessen Erklärung zu übersenden sind.

(v. K. Jhrb. Bd. 20. S. 44.)

3) **Reskript** vom 24. November 1817, betreffend die Einsendung der in einem Nachlasse sich vorfindenden Orden und Ehrenzeichen an die General-Ordenskommission.

Zum Zweck der Vervollständigung der im Druck erschienenen Ordensliste werden nach dem Antrage der Königl. General-Ordenskommission sämmtliche Gerichte hierdurch angewiesen, die bei Erbschaftsregulirungen im Nachlaß sich vorfindenden Ordens-Insignien und Ehrenzeichen verstorbener Ritter und Besitzer gedachter General-Ordenskommission zu übersenden.

(v. K. Jhrb. Bd. 10. S. 250.)

§. 18. War der Verstorbene im Felde oder auf Kommando, an einem Orte, wo kein Kriegsgericht sich befindet; so liegt dem kommandirenden Offiziere ob, für den Nachlass, welchen er bei und um sich hat, zu sorgen. Ist auch kein kommandirender Offizier vorhanden; so sind die Civilgerichte des Orts zu dieser Obsorge verpflichtet.

Von Siegelungen der Dorfgerichte.

§. 19. Auch Dorfgerichte müssen, in Abwesenheit des Gerichtshalters, den am Orte befindlichen Nachlass versiegeln; sie müssen aber davon dem Gerichtshalter, zur weitern Besorgung und Verfügung, schleunigst Anzeige machen.

Der Notarien.

§. 20. Notarien sind Siegelungen vorzunehmen nicht berechtigt; es wäre denn, dass sie entweder von dem Verstorbenen darum ersucht worden, oder das Gesuch zwar nur von Erben, Gläubigern oder anderen Interessenten angebracht würde, zugleich aber kein Richter sich am Orte oder in der Nähe befände. Alsdann können sie zwar, mit Beobachtung der zu einem Notariatsinstrumente gehörigen Förmlichkeiten, zur Versiegelung schreiten; sie müssen aber auch den Vorfall, mit Einsendung des aufgenommenen Protokolls, dem kompetenten Gerichte sofort anzeigen.

Von Versiegelungen durch inkompetente Behörden.

§. 21. Wenn von einem nicht kompetenten Gerichte gesiegelt worden ist, ohne dass selbiges dazu eine in den obigen Vorschriften (§. 15. 16.) gegründete Veranlassung gehabt hätte; so kann dasselbe dafür keine Gebühren fordern, und der kompetente Richter ist berechtigt, sobald er den Vorfall in Erfahrung bringt, sein Siegel dem bereits vorhandenen beizudrücken; auch kann er, wenn es demnächst zur Wiederaufsiegelung kommt, das Siegel des inkompetenten Gerichts, ohne dessen Zuziehung, mit dem seinigen zugleich abnehmen.

Ist aber die Siegelung von dem inkompetenten Richter auf den Grund der Vorschriften des §. 15. 16. erfolgt; so hängt es von dem Befinden des kompetenten Gerichts, nach Beschaffenheit der Umstände, ab, es dabei entweder zu belassen, oder sein Siegel beizudrücken. Doch muss in diesem Falle die Abnehmung der Siegel allemal mit Zuziehung desjenigen, der die erste Siegelung verrichtet hat, geschehen.

Eben das findet statt, wenn der Verstorbene selbst vor seinem Tode auch nur einen Notarius oder einen Freund, auf welchen er Vertrauen setzt, ersucht hat, seinen Nachlass zu versiegeln.

Wenn gesiegelt werden müsse.

§. 22. In Fällen da die Siegelung von Amts wegen zu verfügen ist, muss der Richter dieselbe sogleich, als er den Sterbefall in Erfahrung bringt, ohne den geringsten Verzug veranlassen. Erfolgt der Tod des Erblassers an eben dem Orte, wo das Gericht sich befindet; so muss die Siegelung noch an demselben Tage, ausserdem aber, sobald es nach der Entfernung möglich ist, ins Werk gerichtet werden.

§. 23. Da aber in weitläufigen Jurisdiktionsbezirken, und besonders in den Departements der Landesjustizkollegien, die sich ereignenden Sterbefälle, und die dabei eintretenden Umstände, welche eine Versiegelung von Amts wegen nothwendig machen, dem Richter nicht immer sogleich bekannt werden können; so liegt den im Sterbehause gegenwärtigen Verwandten oder Hausgenossen des Verstorbenen, ingleichen seinem Hauswirthe, ob, dieserhalb mündliche oder schriftliche Anzeige bei den Gerichten zu thun, wenn sie sich gegen die Erben, oder die Gläubiger des Verstorbenen, ausser Verantwortung setzen wollen.

Durch wen?

§. 24. Zur Versiegelung selbst kann auch nur Eine gehörig vereidete Gerichtsperson, z. B. ein Sekretarius oder Aktuarius, abgeordnet werden; doch muss derselbe bei dem Aktus die im Sterbehause befindlichen Verwandten, oder Hausgenossen des Verstorbenen, oder allenfalls den Hauswirth, zuziehen.

Verfahren bei der Siegelung.

§. 25. Bei der Siegelung muss in der Verlassenschaft nichts gerührt, noch ein Inventarium darüber aufgenommen werden. Der Siegelnde muss sich vielmehr darauf einschränken, dass er die Gewölbe, Stuben, Kammern, Schreibtische, Schränke, Spinden, Kasten, wie nicht weniger die Boden, Scheuren und Keller, und überhaupt alle Behältnisse, in welchen etwas, so zum Nachlasse gehört, befindlich ist oder vermuthet werden kann, mit dem Gerichtssiegel versiegele.

Nur diejenigen Stuben und Kammern, welche zur Leiche und zum Gebrauche der etwa im Hause bleibenden Verwandten, Freunde und Bedienten nöthig sind, werden offen gelassen; die in selbigen befindlichen Meublen aber, die nicht niet- und nagelfest, oder zum Gebrauche unentbehrlich sind, besonders die in den offen bleibenden Gelassen sich befindenden Schränke, Schreibtische, Kasten, Kommoden und andere dergleichen Behältnisse, werden in ein Zimmer, dessen Thüren verschlossen und versiegelt werden können, gebracht. Ueber die in den offen bleibenden zurückgelassenen Sachen wird ein richtiges Verzeichniss aufgenommen; die Aufsicht darüber jemandem von den gegenwärtigen Personen übertragen, und diesem das Verzeichniss zur Mitunterschrift vorgelegt.

Sachen die ausser der Sperre zu lassen sind.

§. 26. Von den vorgefundenen Geldern und Vorräthen, an Esswaaren, Getränken, Viehfutter, Leinenzeug, Betten und was sonst zur täglichen Nothdurft gehört, wird nur so viel, als zum Begräbnisse, oder auf eine kurze Zeit zur Unterhaltung des Gesindes und vorräthigen Viehes oder auch zu den nöthigsten Bedürfnissen des etwa gegenwärtigen Erben erforderlich ist, herausgelassen, und jemandem unter den Gegenwärtigen zur Aufsicht und künftigen Berechnung, nach einem darüber aufzunehmenden und von ihm zu unterschreibenden Verzeichnisse anvertraut. Auch Sachen, die nicht unter die Sperre genommen werden können, z. B. lebendige Thiere, müssen in ein Verzeichniss gebracht, und die Aufsicht darüber muss irgend einer sichern Person anvertraut werden.

Sachen, die dem Verderben unterworfen sind.

§. 27. Finden sich in dem Nachlasse Sachen, welche, bei längerer Aufbewahrung, dem Verderben unterworfen sind; so muss der Siegelungskommissarius dieselben zwar ebenfalls vor der Hand unter die Sperre nehmen, zugleich aber dem Gerichte, von welchem er seinen Auftrag hat, ohne den geringsten Zeitverlust, zur schleunigen Verfügung davon Anzeige machen. Ist die Gefahr des Verderbens so dringend, dass wegen der Entfernung von dem auftragenden Gerichte die Verfügung desselben nicht abgewartet werden kann; so muss der Siegelungskommissarius selbst dafür sorgen, dass dergleichen Sachen unverzüglich so vortheilhaft, als es nach den Umständen möglich ist, veräussert, oder auf andere Art untergebracht werden.

Von der Siegelung auf einem Landgute.

§. 28. Ist die Siegelung auf einem Landgute zu verrichten; so muss der Kommissarius, wegen der im Wohnhause befindlichen Sachen, nach obigen Vorschriften verfahren; sich von dem Wirthschaftsbeamten den letzten Monatsschluss vorlegen lassen; den vorhandenen Kassenbestand revidiren; davon nicht mehr, als zur Fortsetzung der Wirthschaft erforderlich ist, zurück lassen; und das Uebrige in einem möglichst sichern Behältnisse, im Wohnhause, unter dem Siegel niederlegen; die Getreidebestände und andere Wirthschaftsvorräthe revidiren, und davon so viel, als zur Wirthschaftsnothdurft auf eine kurze Zeit erforderlich ist, absondern, und dem Beamten zur Verwaltung und Berechnung übergeben; das Uebrige aber in den Behältnissen, worin es sich befindet, gleichergestalt versiegeln; sich das Inventarium über das vorhandene Vieh und Wirthschaftsgeräthe aller Arten vorzeigen lassen, und Abschrift davon nehmen; wenn dergleichen Inventarium nicht vorhanden ist, ein vollständiges Verzeichniss darüber anfertigen; übrigens aber den Beamten, zur Fortsetzung der Wirthschaft, auf den bisherigen Fuss, bis auf weitere Verordnung anweisen.

Hat der Verstorbene die Wirthschaft durch sich selbst, und ohne Zuziehung von Wirthschaftsbedienten geführt; so muss deren vorläufige Fortsetzung dem zurückgebliebenen Ehegatten, oder einem etwa gegenwärtigen majorennen Kinde, oder in deren Ermangelung einem benachbarten sichern Manne und Einwohner des Orts, allenfalls gegen Zusicherung einer verhältnissmässigen Belohnung, aufgetragen werden.

Ist das Gut verpachtet; so bedarf es nur der Siegelung der etwa daselbst befindlichen, dem Verstorbenen zugehörigen Sachen; da für Alles, was zur Wirthschaft gehört, der Pächter haften muss.

bei Kaufmannshandlungen,

§. 29. Eine zum Nachlasse gehörende Handlung darf der Richter nicht versiegeln, sondern er muss deren Fortsetzung dem von dem Erblasser angenommenen Disponenten übertragen, und nur diesen, wenn es etwa nicht schon geschehen wäre, zur treuen und ordentlichen Verwaltung verpflichten. Ist kein besonderer Disponent vorhanden; so muss sofort ein Aufseher bestellt und gehörig verpflichtet werden. Einem von dem Erblasser schon bestellten Disponenten wird die Fortsetzung der Handlung völlig auf den bisherigen Fuss überlassen; einem Aufseher hingegen, welchen der Richter von Amts wegen bestellt, wird nur eine gewisse Quantität der vorräthigen Waaren, nach einem darüber aufzunehmenden Verzeichnisse, verabfolgt; das übrige Waarenlager aber mit unter die Sperre genommen.

bei Professionen und Handwerken,

§. 30. Hat der Erblasser eine Profession, ein Handwerk, oder sonst ein Gewerbe getrieben; so muss die Fortsetzung desselben durch die Siegelung in der Regel nicht gänzlich gehemmt, vielmehr nur ein Aufseher darüber bestellt; von den vorhandenen Materialien und Geräthschaften so viel, als auf einige Zeit zum fortgesetzten Betriebe erforderlich ist, ausser der Sperre gelassen, und auch darüber, nach Vorschrift §. 26., ein Verzeichniss aufgenommen werden.

bei öffentlichen Geldern, Papieren und Briefschaften,

§. 31. Geschieht die Versiegelung nur deswegen, weil der Verstorbene. als ein Königlicher oder anderer öffentlicher Bedienter, Gelder oder Briefschaften vermöge seines Amts in seiner Gewahrsam gehabt hat; so darf nur die Kasse, die Schreibstube, der Schrank, oder das sonstige Behältniss, in welchem dergleichen Sachen sich befinden oder zu vermuthen sind, unter die Sperre genommen werden.

Wegen der in einem Nachlasse sich vorfindenden Festungsrisse, Operationspläne und auf das Amtsverhältniß Bezug habenden Papiere, desgl. wegen der Orden, s. zu §. 17. Anh. §. 435. h. t.

Aufsuchung einer vorhandenen letztwilligen Disposition.

§. 32. Thut sich bei der Versiegelung eine Anzeige oder Muthmaassung hervor, dass an einem Orte ein Testament oder andere letztwillige Verordnung des Erblassers, oder eine Rekognition über ein gerichtlich niedergelegtes Testament vorhanden sei; so muss derjenige, welcher die Siegelung verrichtet, mit Zuziehung der gegenwärtigen Verwandten, Freunde, oder Bedienten des Verstorbenen, an dem Orte, wo es zu sein vermuthet wird, darnach suchen; und wenn er etwas dergleichen findet, es dem Gerichte zur weitern Verfügung einliefern.

Aufnehmung des Protokolls über die Siegelung.

§. 33. Ueber die richtig geschehene Versiegelung muss ein genaues Protokoll, mit Specificirung der Anzahl der Siegel, welche nöthig gewesen, so wie mit Benennung der gegenwärtig gewesenen Personen, gehalten, und mit den nach obigen Vorschriften etwa aufgenommenen Verzeichnissen der ausser der Sperre gebliebenen Sachen, zu den Akten gebracht werden. Diess Protokoll muss der Kommissarius in der Regel sogleich im Sterbehause aufnehmen. Wenn jedoch die Kürze der Zeit, oder die Umstände des Falles diess nicht gestatten; so muss er sich wenigstens die Data zu diesem Protokolle, z. B. die Namen der gegenwärtig gewesenen Personen, die Zimmer und Behältnisse, welche versiegelt worden, die Zahl der angelegten Siegel, die Arten und Quantitäten der aus der Sperre gelassenen Sachen etc, auf der Stelle vorläufig notiren, und daraus das Protokoll selbst noch an eben demselben, oder spätestens am folgenden Tage, zu Hause abfassen. Bei dem Protokolle, welches eigentlich nur eine Anzeige über den vorgenommenen Aktus der Siegelung enthält, ist die Mitunterschrift der dabei zugezogenen Personen nicht nothwendig. Hingegen müssen die Verzeichnisse der ausser der Sperre gebliebenen Sachen von demjenigeu, dessen Verwahrung oder Berechnung sie anvertraut worden, unterzeichnet sein.

Vorsichtsregeln bei Anlegung und Verwahrung der Siegel.

§. 34. Der Kommissarius muss die Siegel dergestalt befestigen, dass sie nicht von selbst abfallen, noch ohne Gewalt abgerissen und wieder angeklebt werden können. Auch die Fenster und andere Zugänge, die, ausser den Thüren, in die versiegelten Behältnisse führen könnten, müssen hinlänglich verwahrt; die Schlüssellöcher mit anzusiegelnden Streifen bedeckt, und die Schlüssel besonders eingesiegelt werden. Auch muss der Kommissarius die nöthige Vorsicht brauchen, um nicht Thüren und andere Meublen von Werth durch das Lack zu verderben, und sich statt dessen, bei solchen Behältnissen, dünnen grünen Wachses bedienen.

Bleiben Erben, Verwandte oder Freunde im Sterbehause, oder doch am Orte gegenwärtig; so muss der Kommissarius diesen, sonst aber einer andern dazu tauglichen und schicklichen Person, z. B. dem Hauswirthe, die besondere Aufsicht über die Siegel, und dass sie nicht abgerissen werden, auftragen; auch wie dieses geschehen, im Protokolle bemerken.

Verfahren in der Zwischenzeit bis zur Wiederaufsiegelung.

§. 35. Die einmal angelegte Siegelung muss in der Regel so lange liegen bleiben, bis nach den unten folgenden Vorschriften die Wiederaufsiegelung und Ausantwortung des Nachlasses, mit oder ohne Inventur, erfolgen kann. In der Zwischenzeit darf sich der Richter keiner Verfügungen über den Nachlass von Amts wegen anmaassen; ausser was etwa auf die Anzeige des Kommissarius, wegen vorhandener, dem Verderben unterworfener Sachen, nach §. 27., oder wegen anderer unvermeidlicher und dringender Umstände, zur Konservation des Nachlasses nothwendig geschehen muss. Dergleichen nothwendige Verfügungen kann auch ein nicht kompetentes Gericht in Fällen, wo dasselbe nach §. 15. 16. die Siegelung verrichtet hat, treffen. Was aber bei Siegelungen, die bloss zur Sicherheit minorenner, oder sonst unter Vormundschaft stehender Erben verhängt worden, in dieser Zwischenzeit von dem vormundschaftlichen Gerichte zu besorgen sei, ist in den Gesetzen bestimmt (A. L. R. Thl. II. Tit. XVIII. §. 363—367.).

Von der Wiederaufsiegelung; wenn und

§. 36. Die Wiederaufsiegelung findet überhaupt alsdann statt, wenn die Ursache der angelegten Sperre aus dem Wege geräumt ist. Sie ist also in der Regel sogleich zu verfügen, als die Erben, oder der in den gesetzlich bestimmten Fällen (A. L. R. Thl. I. Tit. IX. §. 461. u. f. §. 475. u. f.) bestellte Verlassenschafts-kurator, dieselbe nachsuchten.

von wem sie geschehen müsse.

§. 37. Die Wiederaufsiegelung kann nur von dem Gerichte, welchem der Verstorbene in Ansehung seiner Person unterworfen gewesen, verfügt werden. Jedes andere Gericht, auch wenn es nach Vorschrift §. 15. 16. zur Anlegung der Siegel an sich berechtigt gewesen, muss dennoch, wegen der Wiederaufsiegelung, die Verfügung des kompetenten perönlichen Gerichts abwarten. In wie fern dabei das andere Gericht, welches etwa zuerst gesiegelt hat, zugezogen werden müsse, ist §. 21. verordnet.

Anh. §. 436. *Bei der Entsiegelung des Nachlasses eines Regierungsofficianten müssen die Akten und Papiere, so sich darunter befinden, dem zuzuziehenden Abgeordneten der Regierung ausgehändigt werden. Auch ist in einem solchen Falle die Entsiegelung vorzüglich zu beschleunigen.*

Diese Vorschrift ist gleichfalls zu beachten, wenn der Verstorbene zwar an sich ein Justizbedienter, aber in anderer Rücksicht einer Regierung zugleich untergeordnet war, und Geschäfte in Händen hatte, welche zu ihrem Ressort gehören.

1) **Verordnung** vom 26. Dezember 1808, betreffend die verbesserte Einrichtung der Provinzialbehörden, §. 47., aufgenommen in §. 436. des Anhanges.

2) Wegen der in einem Nachlasse sich vorfindenden Festungs- und Operationspläne und anderer auf das Amt Bezug habenden Papiere, s. zu §. 17. Anh. §. 435. h. t.

Strafe unbefugter oder zu frühzeitiger Aufsiegelung.

§. 38. Wer sich unterfängt, ohne Verfügung des kompetenten Gerichts die aufgedrückten Siegel abzureissen, soll, wenn auch die Verlassenschaft unberührt geblieben wäre, nach Bewandniss der Umstände, mit 10 bis 50 Rthlr. fiskalischer Geld- oder verhältnissmässiger Gefängnissstrafe belegt werden. Ist die Verlassenschaft sogar berührt und eröffnet worden; so muss er, ausser der Strafe, den Erben allen Verlust, den sie durch das Juramentum in litem erhärten können, vergüten. Hat er aus dem Nachlasse etwas entwendet; so finden die Vorschriften der Kriminalgesetze wider ihn Anwendung.

Selbst wenn sämmtliche Erben sich untereinander vereinigen, den gerichtlich versiegelten Nachlass unter sich ohne gerichtliche Uebergabe oder Aufsiegelung theilen zu wollen; oder wenn ein Erbe gegen den andern die Verlassenschaft erstritten hätte; so sollen nichts desto weniger der- oder diejenigen, die sich unterfangen, die gerichtlichen Siegel eigenmächtig abzunehmen oder abnehmen zu lassen, mit vorgedachter fiskalischer Geld- oder Gefängnissstrafe belegt werden.

Verfahren bei der Wiederaufsiegelung.

§. 39. Die Wiederaufsiegelung besteht in Abnehmung der aufgedrückten Siegel. Diese müssen daher zuvor: ob sie noch alle unverletzt sind, nach Anleitung des Siegelungsprotokolls, untersucht, und der Befund in dem über die gegenwärtige Handlung aufzunehmenden Protokolle bemerkt werden. Ist von dem Kollegio, welchem der Erblasser in Ansehung seines Amts unterworfen war, besonders gesiegelt worden; und will dieses, ohne die allgemeine Aufsiegelung abzuwarten, die unter die Sperre genommenen Amtssachen heraus nehmen; so muss es der Behörde, von welcher die allgemeine Siegelung veranlasst worden, davon Nachricht geben; damit dieses seine Siegel, so weit es nöthig, abnehmen, und dieselben, nach erfolgter Separation und Herausgabe der Amtssachen, wiederum aufdrücken könne.

Ausantwortung des Nachlasses, mit oder ohne Inventur.

§. 40. An wen der aufgesiegelte Nachlass verabfolgt werden, und ob die Ausantwortung desselben mit oder ohne Inventur erfolgen solle, ist nach Unterschied der Fälle, und nach den darauf gerichteten gesetzlichen Vorschriften zu bestimmen. Allgemein wird hier nur festgesetzt:

a) Dass, wenn der Erbe selbst, oder auch nur Einer unter mehreren Miterben, die gerichtliche Inventur verlangt, dieselbe ohne den geringsten Anstand verfügt werden müsse.

b) Dass, wenn zur Zeit der Wiederaufsiegelung ein Streit über die Erbschaft, es sei zwischen mehreren Erbschaftsprätendenten, oder auch zwischen den Erben und Gläubigern vorwaltet, der Richter die Inventur von Amts wegen veranlassen könne, sobald er pflichtmässig findet, dass sie nöthig sei, um der Verdunkelung oder Schmälerung des Nachlasses, bis zum Ausgange des Prozesses, vorzubeugen.

Rescript vom 25. Januar 1796, betreffend die Konkurrenz der Vormundschaftsgerichte bei Sicherstellung und Inventarisirung eines Nachlasses, wenn ein Testamentsexekutor ernannt ist.

Euer Bericht vom 6. Januar d. J., wegen der Pflicht und Befugniß der vormundschaftlichen Gerichte bei Konkurrenz von Minorennen und andern Miterben, besonders wenn der Erblasser Executores testamenti ernannt hat, ist uns vorgetragen worden.

In der Regel tritt bei dem Anfalle einer Erbschaft an Personen, die bevormundet werden müssen, die Mitwirkung des vormundschaftlichen Gerichts bei der Sicherstellung des Nachlasses, bei dessen Verwaltung, so lange er ungetheilt bleibt, und bei der Auseinandersetzung ein. Daß diese Mitwirkung durch die Existenz majorenner Miterben nicht ausgeschlossen werden kann, und daß die Größe oder Kleinheit des in der gemeinen Masse steckenden Erbtheils der Kuranden keinen Unterschied macht, liegt sowohl in der Natur der Sache, als in den von Euch im ersten Theile Eures Berichts angeführten gesetzlichen Vorschriften. Die Frage ist also nur:

ob hiervon eine Ausnahme statt finde, wenn der Erblasser, welcher den pflegbefohlnen Miterben entweder keinen Pflichttheil schuldig ist, oder ihnen mehr hinterläßt, einen Exekutor bestellt, und diesem also als seinem Bevollmächtigten die Obsorge über seinen Nachlaß aufgetragen hat?

Hier kommt es nun vor allen Dingen auf den Inhalt der Disposition an, wodurch der Exekutor bestellt, und wie darin seine Vollmacht bestimmt worden.

Giebt diese keine besondern Ausdehnungen oder Einschränkungen an die Hand, und muß also bloß nach den gesetzlichen Begriffen und Vorschriften geurtheilt werden; so folgt zuvörderst von selbst, daß es in einem solchen Falle einer gerichtlichen Inventur nicht bedarf, sondern dem Exekutor die Aufnehmung eines Privat-Inventarii zu überlassen ist. Eben so folgt aus diesen gesetzlichen Begriffen, daß die Ausmittelung, Konstituirung und Verwaltung des Nachlasses zu dem Amte und der Kompetenz des Exekutors gehört. Da dieser weder von den Gerichten bestellt, noch ihnen sonst aus irgend einem allgemeinen rechtlichen Grunde subordinirt ist; so kann er auch nicht angehalten werden, sein von dem Erblasser ihm aufgetragenes Officium unter Aufsicht und Direktion des Gerichts zu führen.

Inzwischen wird dadurch die Konkurrenz des vormundschaftlichen Gerichts keinesweges ausgeschlossen. So wie der Exekutor das von ihm aufgenommene Privat-Inventarium den Erben vorzulegen sich nicht entbrechen kann; so muß er selbiges auch dem Vormunde mittheilen, durch welchen es dem vormundschaftlichen Gerichte einzureichen ist. Er kann ferner der eidlichen Bestärkung desselben, auf Erfordern des Gerichts, eben so wenig als ein anderer Administrator rei alienae, sich entbrechen. So wie er in allen wichtigen Fällen mit den Erben Rücksprache nehmen muß; so ist er dazu auch in Ansehung des Vormundes verbunden, welcher hinwiederum seines Orts bei dem Gerichte in Fällen, wo ihn die Gesetze dazu verpflichten, anzufragen hat. Der Exekutor muß ferner, wie jeder andere Administrator, seine Verwaltung nach den Gesetzen einrichten. Wo also die Gesetze in Ansehung der Güter und Vermögensstücke, worin Minorennen ein Dominium solitarium, oder auch nur ein Condominium zusteht, etwas besonderes verordnen, z. B. wegen Veräußerung der Grundstücke, wegen Unterbringung der Kapitalien &c., da muß auch der Exekutor diese gesetzlichen Vorschriften, so weit ein Interesse der Pflegbefohlnen dabei subversirt, beobachten. Da ferner der Exekutor unstreitig Rechnung zu legen schuldig ist; so muß dieselbe auch dem Vormunde mitgetheilt, von diesem dem vormundschaftlichen Gerichte eingereicht, bei letzterm die etwa vorkommenden Monita darüber formirt, und auf deren Erledigung durch den Vormund gedrungen werden. Da endlich die Bestellung eines Exekutors die Auseinandersetzung nicht hindern kann; so muß das vormundschaftliche Gericht auch diese durch den Vormund betreiben lassen, und wenn sie von den Erben unter Vermittelung des Exekutors privatim angelegt wird, so muß der Vormund den Rezeß zur Prüfung und Genehmigung des vormundschaftlichen Gerichts einreichen. Hieraus ergiebt sich, daß das vormundschaftliche Gericht bei solchen Verlassenschaften, wo Exekutoren bestellt sind, zwar nicht unmittelbar, aber doch durch den von ihm zu dirigirenden Vormund konkurrirt, und es kann bloß noch zweifelhaft sein:

> in wie fern die den Minorennen wenigstens pro rata gehörenden Gelder, Aktivinstrumente und Kostbarkeiten, die sonst ad depositum gebracht werden müssen, in den Händen des Exekutors zu lassen seien?

Aber auch hier tritt der Begriff eines von dem Erblasser in der Person des Exekutors bestellten gemeinschaftlichen Administrators ein, den also auch der Pflegbefohlne in Ansehung seines Antheils dafür erkennen muß, und dem folglich in seinem Namen die Gewahrsam solcher gemeinschaftlichen Vermögensstücke nicht streitig gemacht werden kann.

So lange daher der Exekutor sich keines solchen Betragens schuldig macht, durch welches die Entlassung oder Remotion selbst eines testamentarischen Vormundes begründet werden würde, kann ihm auch die Deposition solcher Vermögensstücke wider seinen Willen nicht angemuthet werden.

Hiernach habt Ihr Euch also zu achten, und das Stadtgericht zu Danzig, sowohl in Ansehung des gegenwärtigen als künftiger gleicher Fälle, zu instruiren.

(N.C.C. T. X. S. 55. Nr. 5. de 1796.)

§. 41. Soll kein Inventarium aufgenommen werden; so geschieht die Abnehmung der Siegel auf einmal und zu gleicher Zeit. Das darüber angefertigte Protokoll muss aber von dem, welchem der Nachlass ausgeantwortet wird, mit unterschrieben werden.

§. 42. Soll die Inventur zugleich geschehen; so muss die Aufsiegelung dergestalt vorgenommen werden, dass die in den aufzusiegelnden Behältnissen befindlichen Sachen nach und nach aufgeschrieben, und bis dieses vollständig geschehen, die Behältnisse oder Zimmer, worin sie befindlich sind, wieder versiegelt werden. In diesem Falle kann also die Entsiegelung nicht auf einmal geschehen.

Inventur. Durch wen sie vorzunehmen:

§. 43. Die Aufnehmung eines gerichtlichen Inventarii muss

durch eine dazu abgeordnete vereidete Gerichtsperson, mit Zuziehung eines gehörig verpflichteten Protokollführers, geschehen. Doch können die Gerichte dergleichen Handlung auch einem Justizkommissarius und Notarius auftragen, welcher dabei die gewöhnlichen Instrumentszeugen zuziehen muss.

Ueber den Nachlass gemeiner Leute auf dem Lande, so wie in Städten, wo keine eigene Gerichte sind, können die Verzeichnisse durch die Dorfgerichte, oder durch ein Mitglied des Polizeimagistrats, unter Direktion und nach der Anweisung des Gerichtshalters, aufgenommen werden.

Die Zuziehung eines Protokollführers ist nicht mehr erforderlich; s. §. 421. des Anhanges zu II. 2. §. 17.

besonders bei Militairpersonen.

§. 44. Wenn der Nachlass, welchen eine Militairperson bei ihrem Absterben um und bei sich gehabt hat, von den Kriegsgerichten nach Vorschrift §. 17. versiegelt worden ist; so gebührt denselben auch die Absonderung der zum Dienste des Verstorbenen gehörenden Stücke; sie müssen aber von diesen ein Verzeichniss dem kompetenten Civilgerichte zustellen, und demselben die Inventur der ausserdem vorhandenen Sachen überlassen.

Wer dabei zuzuziehen.

§. 45. Von der vorzunehmenden Inventur muss den bekannten, und in der Nähe des Orts befindlichen Erben oder Miterben Nachricht gegeben werden. Ist es noch nicht bekannt, wer Erbe sei; so geschieht die Benachrichtigung an die nächsten bekannten anwesenden Verwandten. Sind auch diese nicht bekannt; so muss ein Verlassenschaftskurator bestellt sein, welcher also der bevorstehenden Inventur beiwohnen muss. Sind die Erben zu weit entfernt, als dass sie bei der nicht füglich länger auszusetzenden Inventur persönlich erscheinen, oder einen Bevollmächtigten dazu ernennen könnten; so muss ihnen zu dieser Handlung ein Mandatarius ex officio bestellt werden.

§. 46. Wenn von den vorstehend bezeichneten Interessenten jemand auch schon nach angefangener Inventur sich meldet; so muss derselbe unbedenklich zugelassen werden. Ausser diesen aber, und ausser den vereideten Taxatoren, muss der Kommissarius keinen fremden Personen die Gegenwart bei der Inventur gestatten.

Verfahren bei der Inventur überhaupt;

§. 47. Alle an dem Orte, wo der Erblasser gewohnt hat, gestorben ist, oder ein unbewegliches Gut besessen hat, befindliche Mobilien und Effekten, sie mögen Namen haben wie sie wollen, müssen genau, mit Bemerkung des Maasses, des Gewichts, der Anzahl und Beschaffenheit, auch der von den Taxatoren geschehenen Würdigung, aufgezeichnet werden; ohne dass der Kommissarius sich einer Entscheidung: ob etwa dieses oder jenes zur Erbschaft nicht gehöre, anmaassen, und es aus diesem

Grunde aus dem Inventario weglassen darf; doch muss er die desfalls etwa geschehenen Anzeigen in dem Inventario mit bemerken.

Die Aufzeichnung geschieht übrigens, nach Anweisung §. 42., von Zimmer zu Zimmer, so wie die Mobilien und Effekten in einem jeden derselben sich befinden, und mit Bemerkung ihrer Lage. Aus diesen Lokalverzeichnissen werden hiernächst, in dem Inventario selbst, die Sachen von einerlei Art unter gewisse Titel zusammen geschrieben; die Taxe eines jeden Stücks wird ausgeworfen; und die Summe des Werths nach der Taxe, von jedem Titel, bei dem Abschlusse desselben, zusammen gezogen.

insonderheit bei Zubehörungen,

§. 48. Bewegliche Sachen, die als Zubehör zu einer unbeweglichen Sache, oder zu einer Gerechtigkeit gehören, z. B. das Wirthschaftsinventarium eines Grundstücks, die Geräthschaften von Fabriken, Kramladen, Apotheken etc., werden besonders verzeichnet, und diese Verzeichnisse dem Hauptinventario beigelegt.

bei Büchern,

§. 49. Bücher brauchen nicht taxirt zu werden, sondern es ist genug, wenn nur die Titel derselben, mit der Angabe des Formats, der Edition und des Bandes verzeichnet sind. Auch ist es, wenn weitläufige Bibliotheken vorhanden sind, nicht nöthig, den Abschluss des Inventarii, so lange, bis der Katalogus geendigt worden, auszusetzen.

bei Häusern, Landgütern und anderen unbeweglichen Sachen.

§. 50. Häuser, Landgüter und andere unbewegliche Sachen, werden nur nach ihrem Namen, ihrer Qualität, ihrer Lage und Beschaffenheit, in das Inventarium eingetragen. Erhellet aus den Erwerbungsurkunden ein gewisser Werth, oder ist sonst dergleichen Werth im Hypothekenbuche eingetragen; so wird selbiger ausgeworfen. Konstirt kein solcher Werth, das Gut ist aber verpachtet; so wird nach dem Ertrage des Pachtgeldes der auszuwerfende Werth bestimmt. Ist auch auf diese Art kein Werth auszumitteln; so kann der Kommissarius keinen im Inventario auswerfen; denn die Aufnehmung einer Taxe findet bei Gelegenheit der Inventur niemals statt, sondern es ist die Sache der Interessenten, wenn sie dergleichen in der Folge nöthig finden, das Erforderliche deshalb bei dem Richter nachzusuchen.

Bei Briefschaften und Skripturen.

§. 51. Die vorhandenen Urkunden und Briefschaften muss der Kommissarius mit möglichster Aufmerksamkeit durchgehen, und diejenigen, welche auf den statum activum et passivum des Nachlasses irgend eine Beziehung haben, von den übrigen Papieren absondern.

Letztere müssen, so weit es nöthig ist, sortirt, und ihrer in dem Inventario nur unter gewissen allgemeinen Titeln, z. B. Wirthschafts- oder Hausrechnungen, Familienkorrespondenz, gelehrte Korrespondenz etc., gedacht werden.

Dabei muss jedoch der Kommissarius sich hüten, dass er nicht aus übertriebener Aengstlichkeit zu weit gehe, oder gar aus unbescheidener Neugier, unter dem Vorwande der Inventur, von vertrauten Familien- und anderen das Vermögen des Erblassers gar nicht angehenden Korrespondenzen Kenntniss nehmen zu wollen, sich anmaasse. Hat daher der Erblasser in seinen Papieren eine gewisse Ordnung beobachtet, und seine Korrespondenzen in gewisse Pakete oder Fächer, nach Unterschied der Gegenstände oder Subjekte, zusammen gelegt; so müssen dergleichen Pakete bei der Inventur undurchsucht bleiben, und im Inventario, obgedachtermaassen, nur unter allgemeinen Rubriken aufgeführt werden.

Hingegen sind diejenigen Dokumente, welche entweder das Eigenthum, die Gerechtsame, Lasten oder Pflichten der zum Nachlasse gehörigen oder anderer Grundstücke, auf welche dem Verstorbenen ein Anspruch zustand, betreffen; oder woraus Aktivforderungen desselben an Andere, sie seien von welcher Art sie wollen, hervor gehen, umständlich, mit Bemerkung der Person des Ausstellers, der Zeit und des Orts, auch einer kurzen Angabe ihres wesentlichen Inhalts, im Inventario zu verzeichnen.

Betreffen dergleichen Dokumente Geldforderungen; so muss die verschriebene Summe im Inventario ausgeworfen werden.

Finden sich Umstände, aus welchen zu erhellen scheint, dass eine solche Forderung zweifelhaft oder inexigibel sei; so sind auch diese dabei zu bemerken.

Wegen der in einem Nachlasse sich vorfindenden Festungs- und Operationspläne, geheimer Nachrichten und anderer auf das Amtsverhältniß des Verstorbenen Bezug habenden Papiere, desgleichen wegen der Orden und Ehrenzeichen, s. zu §. 17. Anh. §. 435. h. t.

wegen der Schulden.

§. 52. Die auf dem Nachlasse haftenden Schulden muss der Kommissarius ebenfalls, so viel es sich thun lässt, vollständig verzeichnen. Er muss daher, wenn Immobilien vorhanden sind, sich Hypothekenscheine darüber ertheilen lassen; die darin vermerkten Schulden in das Inventarium eintragen, und die Scheine selbst beilegen. Er muss die eingegebenen Rechnungen, Mahnbriefe, die von dem Verstorbenen selbst geführten Rechnungsbücher und andere schriftliche Nachrichten und Anzeichnungen über die Passivschulden, genau nachsehen; auch von den Erben, Verwandten, Hausgenossen und Domestiken sich dasjenige anzeigen lassen, was ihnen von Schulden und Ansprüchen an die Verlassenschaft bekannt sei. Aus allen diesen Nachrichten muss er ein Verzeichniss der angezeigten, oder sonst sich hervor gethanen Schulden anfertigen; dasselbe in einem besondern Titel dem Inventario anhängen; und mit Absonderung der liquiden Posten von den noch illiquiden oder ungewissen, bei jeder der letzteren die Ursachen anzeigen, warum sie vor der Hand noch als ungewiss zu betrachten sei.

Form des Inventarii.

§. 53. Alle gerichtliche Inventaria sollen nach dem hier beigedruckten Formulare angefertigt und abgeschlossen werden.

Protokoll über die Inventur.

§. 54. Der Kommissarius muss über den ganzen Aktus der Inventur ein genaues Protokoll halten, und darin die Personen, die sowohl als Interessenten, als in der Eigenschaft von Taxatoren und Sachverständigen, der Inventur beigewohnt haben; die Verpflichtung der Letzteren, in sofern sie nicht etwa (welches ebenfalls zu bemerken) ein- für allemal vereidet sind; die Ordnung, wie bei der Aufzeichnung verfahren worden; was, wenn die Inventur mehrere Tage gedauert hat, an jedem Tage geschehen sei; die Aussagen und Angaben der Erben, der Hausgenossen und Domestiken, der sich gemeldeten Kreditoren und Anderer, welche über den oder jenen den Aktiv- und Passivzustand des Nachlasses betreffenden Punkt vernommen worden sind, und andere dergleichen zur Sache gehörige Nachrichten, treulich verzeichnen. Aus diesem Protokolle wird hiernächst das Inventarium selbst formirt, und nebst dem Protokolle dem Gerichte übergeben.

Von mehreren Specialinventariis.

§. 55. Wenn der Verstorbene an mehr als einem Orte Vermögen zurückgelassen hat, z. B. wenn er einen doppelten Wohnsitz hatte, oder wenn er, ausser einem gewöhnlichen Wohnorte, Landgüter besass, auf welchen ein Theil seiner Mobilien und Effekten, seiner Briefschaften u. s. w. sich befand; so wird dennoch, wenn die ganze Inventur einem und eben demselben Kommissarius aufgetragen ist, nur ein Inventarium errichtet, in welchem die an den verschiedenen Orten aufgenommenen Verzeichnisse, unter den gehörigen Titeln, mit der Bemerkung: an welchem Orte diese Stücke sich befinden, zusammen geschrieben werden. Haben hingegen mehrere Kommissarien ernannt, und also auch mehrere Inventaria aufgenommen werden müssen; so hängt es, nach Beschaffenheit der Umstände, von dem Gutbefinden des Erben, und dem Ermessen des Richters ab: in wiefern es nöthig sei, alle diese besonderen Inventaria in ein einziges allgemeines Inventarium zusammen zu fassen. Wenn aber auch diess nicht geschehen soll; so muss dennoch, um einen Abschluss des ganzen Nachlasses zu erhalten, in demjenigen Specialinventario, welches die meisten und hauptsächlichsten Vermögensstücke enthält, ein Extrakt aus den übrigen Inventariis, sowohl in Ansehung der das Aktivvermögen betreffenden Titel, als in Ansehung des Titels der Schulden, hinzugefügt; darnach der Abschluss gemacht, und die übrigen Specialinventaria diesem Hauptinventario beigeheftet werden.

Genaue Beobachtung obiger Vorschriften.

§. 56. Wenn die Verfertiger des Inventarii obigen Vorschriften nicht völlig nachgekommen sind; so ist zwar das Inventarium nicht für ganz ungültig zu achten; ist aber die Unterlassung aus Vorsatz, grobem oder mässigem Verschulden geschehen; so müssen sie für den Schaden haften, welcher daraus den Interessenten entstehen kann. Auch sind diese sowohl, als die Gerichte selbst, befugt, dergleichen verdächtigen oder sorglosen Kommissarien den Manifestationseid abzufordern.

Rescript vom 16. Mai 1816, daß das Inventarium eines Nachlasses nicht nothwendig in foro hereditatis niedergelegt zu werden braucht, s. zu §. 1. h. t.

Inventarium

des

Nachlasses

des, den in verstorbenen

N. N.

verfertigt, den

von *N. N.*

Inventarium.

	Tit. I. An unbeweglichen Gütern und liegenden Gründen.			
	Unter diesen Titel gehören Landgüter, Haus, Hof, Aecker, Mühlen, Gärten, Wiesen, Teiche, Weingärten, Kothe, Pfannen- oder Soolengüter u. dergl.			
	Wobei so viel als möglich aus den Briefschaften der Besitztitel mit Anführung der Urkunden anzumerken.			
	Summa . .			
	Tit. II. An Aktivis und ausstehenden Forderungen.			
1				
2				
	Summa . .			
	Tit. III. An baarem Gelde.			
	Hierbei müssen die Münzsorten genau angemerkt, und von jeder Art besondere Posten verzeichnet werden.			
1	An			
2	An			
	Summa . .			
	Tit. IV. An goldenen, silbernen und anderen			
1	Medaillen und seltenen Münzen.			
2				
3				
	Summa . .			
	Tit. V. An Juvelen und Kleinodien.			
1				
2				
3				
	Summa . .			
	Tit. VI. An Uhren, Tabatieren und anderen kleinen kostbaren oder künstlichen Stücken.			
1				
2				
3				
	Summa . .			
	Tit. VII. An Gold- und Silbergeschirr.			
1				
2				
3				
	Summa . .			
	Tit. VIII. An Porzellan.			
1				
2				
3				
	Summa . .			

	Tit. IX. An Gläsern.			
1				
2				
	Summa . .			
	Tit. X. An Zinn, Kupfer, Metall, Messing, Blech und Eisen.			
1				
2				
3				
	Summa . .			
	Tit. XI. An Leinenzeug und Betten.			
1				
2				
3				
	Summa . .			
	Tit. XII. An Meubles und Hausgeräthe.			
1				
2				
3				
	Summa . .			
	Tit. XIII. An Kleidungsstücken.			
1				
2				
3				
	Summa . .			
	Tit. XIV. An Wagen und Geschirr.			
1				
2				
3				
	Summa . .			
	Tit. XV. An Pferden.			
1				
2				
3				
	Summa . .			
	Tit. XVI. An allerhand Vorrath zum Gebrauch.			
1				
2				
3				
	Summa . .			
	Tit. XVII. An Vorrath und Waaren, zum Verkauf und Handel. Wenn deren viel vorhanden, z. B. bei einem Kaufmann, Handelsmann, Krämer etc.; so ist es bequemer, davon ein ganz besonderes Inventarium aufzunehmen, und nur die Summe davon in dem Generalinventario anzumerken.			
	Summa . .			

Tit. XVIII. An Gemälden, Zeichnungen, Kupferstichen und mathematischen Instrumenten und Gewehren.

1
2
2

Summa . .

Tit. XIX. An Büchern und Manuscripten.

1
2
3

Ist der Büchervorrath ansehnlich; so ist es bequemer, einen besondern Katalogus davon zu machen, und dem Generalinventario nur den Betrag davon einzurücken.

Summa . .

Tit. XX. An Briefschaften und Dokumenten.

1
2
3

Summa . .

Tit. XXI. An Passivis und Schulden.

1
2
3

Diese sind entweder, wenn sie aus den Briefschaften und Rechnungen offenbar sogleich erhellen, oder wie sie angegeben werden, zu verzeichnen.

Summa . .

Sollten sich bei einer ansehnlichen Erbschaft Sachen finden, so unter keinen dieser Titel zu bringen; so sind besondere Titel dieserwegen einzurücken. Es sind auch die Titel in besondere Abtheilungen sodann abzusondern, wenn z. B. bei dem Titel X., XI., XII., XVI., XVII., XVIII. von jeder Art der darunter gerechneten Sachen sehr viele vorhanden sind.

Bei einer geringen Verlassenschaft können diejenigen Titel ganz ausgelassen werden, wovon nichts vorhanden ist. In Ansehung des Tit. I., II., III., XX., XXI. aber ist jederzeit nothwendig, dass ausdrücklich im Inventario angeführt werde, ob etwas oder nichts davon vorhanden sei.

Recapitulatio.

Tit. I. pag.				
Tit. II. pag.				
Tit. III. pag.				
Tit. IV. pag.				
Tit. V. pag.				
Tit. VI. pag.				
Tit. VII. pag.				
Tit. VIII. pag.				
Tit. IX. pag.				
Tit. X. pag.				
Tit. XI. pag.				
Tit. XII. pag.				
Tit. XIII. pag.				
Tit. XIV. pag.				
Tit. XV. pag.				
Tit. XVI. pag.				
Tit. XVII. pag.				
Tit. XVIII. pag.				
Tit. XIX. pag.				
Tit. XX. pag.				
Summa Summarum . .				
Hiervon geht ab Tit. XXI.				
Verbleibt Summa des Nachlasses . .				

Sechster Titel.

Von dem Verfahren bei Aufnehmung gerichtlicher Taxen.

Veranlassung zur Aufnehmung von Taxen.

§. 1. Gerichtliche Taxen werden hauptsächlich zum Behufe eines zu veranlassenden gerichtlichen Verkaufs, ausserdem aber auch bei Auseinandersetzungen zwischen Miterben und anderen Miteigenthümern oder Gesellschaftern; ingleichen zur Bestimmung der an einer Sache entstandenen Beschädigungen, oder der dabei sich findenden Meliorationen oder Deteriorationen, aufgenommen.

1) **C. O.** vom 1. Juli 1834, betreffend die Taxation der adlichen Güter durch die Kreditdirektionen; s. zu §. 13. h. t.

Gegenstände.

§. 2. Sowohl Landgüter als Häuser und andere Grundstücke, einzelne für sich bestehende Gerechtigkeiten, Schiffe und andere bewegliche Sachen, können der Gegenstand solcher Taxen sein.

Instruktion vom 16. Juni 1832, über das Verfahren bei Abschätzung der Inventarienstücke verpachteter Landgüter; s. zu I. 44. §. 53.

Von wem gerichtliche Taxen aufzunehmen.

§. 3. Die Aufnehmung einer jeden gerichtlichen Taxe muss unter Direktion einer vereideten Gerichtsperson geschehen; die Zuziehung eines besondern Protokollführers ist dabei nicht nothwendig.

1) **Rescript** vom 7. Januar 1817, betreffend die Qualifikation der Aktuarien zur Aufnahme von Taxen kleiner Grundstücke.

Dem Königlichen Ober-Landesgericht von Oberschlesien wird auf den, über den gegenwärtigen Zustand des Fürstl. N. Gerichts der Schloßherrschaft N. am 20. v. M. erstatteten Bericht und dessen Beilage hierdurch eröffnet, daß es zur Aufnehmung der gerichtlichen Taxen von Häusern nicht immer der Konkurrenz des Richters bedarf. Beinahe überall wurden die Taxen von Aktuarien aufgenommen, und bei kleinen adlichen Grundstücken ist es schon durch §. 437. des Anhanges zur A. G. O. nachgelassen, die Taxe nach dem Gutachten zweier Wirthe, die das Gut kennen, zu conscribiren. Es kann daher den Aktuarien des Gerichts, wenn sie den Aktuariatseid, wie sich hier voraussetzen läßt, gehörig geleistet haben, die Aufnahme der Taxen kleiner städtischer Grundstücke überlassen bleiben. Daß der Richter sie durchaus aufnehmen müsse, verordnet §. 3. Tit. 6. Thl. II. der A. G. O. nicht, indem er nur von Gerichtspersonen spricht.

Auch die Ingrossationsbücher, welche neben den Grundakten gehalten werden, sind abzuschaffen.

(v. K. Jhrb. Bd. 9. S. 23.)

2) **Rescript** vom 11. Juli 1831, betreffend die Aufnahme der Taxen bei Grundstücken von geringem Werthe.

Die Verfügung, daß jede Subhastationstaxe durch einen Kommissarius des Gerichts aufzunehmen sei, führt bei Grundstücken von geringem Werthe zu unverhältnißmäßigen Weitläufigkeiten und Kosten; es ist unbedenklich bei dergleichen Grundstücken die Vorschriften des Anhanges zur A. G. O. §. 437. zur Anwendung zu bringen, da der Grund dieser gesetzlichen Vorschrift, welche wörtlich nur von adlichen Gütern spricht, offenbar auch bei andern Grundstücken eintritt, und daher eine Ausdehnung der Vorschrift in der gedachten Art vollkommen rechtfertigt.

(v. K. Jhrb. Bd. 38. S. 103.)

3) **Rescript** vom 24. November 1835 nebst Bericht, betreffend die Aufnahme der Taxe von Grundstücken durch Dorfgerichte.

Bei einer durch den Ober-Landesgerichts-Rath Baumeister vorgenommenen Revision des Land- und Stadtgerichts zu Jauer ist durch ein Monitum des Kommissarius die Frage von Neuem zur Sprache gekommen,

ob, wenn Dorfgerichte Taxen von Grundstücken aufgenommen, welche die Eigenschaft gerichtlicher Taxen haben sollen, die Vernehmung der Dorfgerichte über die Taxe durch den Richter erforderlich ist?

In unserm Kollegium sind die Ansichten darüber getheilt:

Für die Bejahung der Frage wird angeführt:

1) daß nach §. 3 Tit. 6. Thl. II. der A. G. O. eine jede gerichtliche Taxe unter der Direktion einer vereideten Gerichtsperson geschehen muß;

2) daß, wenn der §. 437. des Anhangs zur A. G. O. hievon eine Ausnahme bei Rittergütern von weniger als 500 Rthlr. Werth gestattet, welche nach dem Rescript vom 11. Juli 1831 (Jhrb. Bd. 38. S. 103.) auch auf bäuerliche Grundstücke bezogen werden darf, diese Ausnahme doch eben an die Bedingung geknüpft ist, daß der Schulze, oder die Gerichtsleute, oder zwei Wirthe über die Beschaffenheit, den Ertrag und den Werth des Grundstücks vom Richter eidlich vernommen werden;

3) daß die Mitglieder der Dorfgerichte nicht nothwendig selbst Sachverständige, auch häufig nach Formularen vereidigt sind, die den Taxatoreneid nicht umfassen, weshalb sich der Richter in jedem einzelnen Falle überzeugen muß: daß sie entweder selbst als Sachverständige qualificirt sind, oder wegen Zuziehung anderer Sachverständigen das Erforderliche beobachtet haben.

Für die Verneinung der Frage wird angeführt:

1) daß nach §. 82. Tit. 7. Thl. II. des A. L. R. Dorfgerichte mit Zuziehung des Gerichtsschreibers im Allgemeinen gerichtliche Handlungen, bei denen es auf keine Rechtskenntnisse ankommt, sondern nur auf bloße Beglaubigung, gültig vornehmen können, welches im §. 173. Tit. 5. Thl. I. des A. L. R. sogar auf Verträge angewendet wird, und daß ihnen insbesondere nach §. 86. l. c. die Aufnahme von Taxen unter Aufsicht des Richters übertragen werden kann. Als Aufsicht sei es schon anzunehmen, wenn ihnen der Richter die Anweisung über die Art der Abschätzung ertheilt, und die Taxe mit dieser Anweisung vergleicht. Eine weitere Aufsicht würde besonders angedeutet sein, wenn sie der Gesetzgeber beabsichtigt hätte. Die Dorfgerichte erschienen nach diesen §§. 82. 86. selbst als Behörde, als Kommissarien des Gerichts, wogegen sich der §. 3. Tit. 6. Thl. II. der A. G. O. nicht anführen lasse, weil dieser, in seiner durch den späteren §. 437. des Anhanges zur A. G. O. noch nicht beschränkten Allgemeinheit, die dorfgerichtlichen Taxen ganz ausschließen, nicht bloß beschränken würde, weshalb man ihn als die Regel, die citirten §§. aber als die Ausnahme für ländliche Besitzungen, ansehen müsse;

2) daß der §. 437. des Anhanges zur A. G. O. und dessen analoge Anwendung nicht den Fall vor Augen hat, wo das Dorfgericht als Ganzes, als Behörde eine Taxe aufnimmt, sondern wenn der Schulze oder die Gerichtsleute oder zwei Wirthe des Orts als Einzelne über den Werth eines Grundstücks sich erklären sollen;

3) daß endlich unter den jetzigen Verhältnissen die Dorfgerichte (nämlich Schulze und Schöppen) in Beziehung auf den Werth bäuerlicher Besitzungen stets als Sachverständige betrachtet werden können, und ihr Eid, wenn er sich nur allgemein auf ihre Amtspflichten bezieht, stets die Taxenaufnahme umfassen muß, weil diese eben nach den citirten §§. 82. 86. Tit. 7. Thl. II. A. L. R. zu ihren Amtsgeschäften gehört.

Da es im gegenwärtigen Fall auf die Belehrung eines Untergerichts ankommt, so haben wir die Frage nicht durch Stimmenmehrheit entscheiden wollen, sondern bitten Eure Excellenz um Vorbescheidung darüber.

Breslau, den 3. November 1835.

Dem Königlichen Ober-Landesgericht wird auf die Anfrage vom 3. d. M. in der Revisionsangelegenheit des Land- und Stadtgerichts zu Jauer hierdurch eröffnet, daß wenn Dorfgerichte Taxen von Grundstücken aufnehmen, welche die Eigenschaft gerichtlicher Taxen haben sollen, die Vernehmung der Dorfgerichte über die Taxe durch den Richter **nicht** erforderlich ist.

Die für diese Ansicht in dem Berichte angeführten Gründe findet der Justizminister überzeugend, und es genügt daher, wenn die Dorfgerichte die im Auftrage und nach der Anweisung des Richters aufgenommene Taxe in amtlicher Form vollzogen überreichen. Dorfgerichte, die solche Taxen aufnehmen sollen, müssen aber auch gehörig nach Vorschrift des A. L. R. Thl. II. Tit. 7. §. 73. u. f. konstituirt und insbesondere mit einem vereidigten Gerichtsschreiber besetzt sein.

Berlin, den 24. November 1835.

(v. K. Jhrb. Bd. 46. S. 525.)

Wer dabei zuzuziehen. Taxatoren.

§. 4. Dagegen müssen alle sachverständige Taxatoren zugezogen werden.

Dergleichen Taxatoren müssen

1) in Ansehung ihrer Tüchtigkeit und Sachkenntniss durch eine bei der Behörde angestellte Prüfung, oder durch glaubwürdige Zeugnisse, oder durch notorische davon abgelegte Proben legitimirt; sie müssen

2) in Ansehung ihrer bei der Taxe zu beobachtenden Sorgfalt, Gewissenhaftigkeit und Unparteilichkeit gehörig vereidet sein. Diese Vereidung geschieht ein- für allemal, wenn gewissen Personen die Aufnehmung aller bei einem Gerichte, oder an einem Orte, und in einer Gegend, vorkommenden Taxen gewisser Objekte, als ein wirkliches Amt übertragen wird. Wenn es aber irgendwo an dergleichen förmlich bestellten Taxatoren ermangelt; so muss der gerichtliche Kommissarius die von ihm auszuwählenden Sachverständigen zu der gegenwärtigen Handlung besonders verpflichten.

Der Eid, mit welchem die gerichtlichen Taxatoren zu belegen sind, ist in der Prozessordnung vorgeschrieben (Thl. I. Tit. X. §. 202.).

§. 5. Die bei Aufnehmung einer Taxe zuzuziehenden Sachverständigen müssen mit keinem der Parteien oder Interessenten, in Ansehung der Verwandtschaft, und sonst, in einem solchen Verhältnisse stehen, dass sie im Prozesse, als Zeugen für oder wider denselben, verwerflich sein würden.

Zahl derselben.

§. 6. Die Zahl der zuzuziehenden Taxatoren ist nach den Umständen und Erfordernissen der verschiedenen vorkommenden Fälle zu bestimmen. Bei Inbegriffen mehrerer ungleichartiger Sachen müssen zu jeder Art derselben besondere mit der nöthigen Sachkenntniss versehene Taxatoren gebraucht werden. In Fällen, wo die Bestimmung des Werths nicht sowohl auf festen und sicheren, aus Vermessungen, Rechnungen, Zeugenaussagen etc., Maass, Gewicht u. s. w. zu entnehmenden Datis, als vielmehr auf einem nach dem Augenscheine, besonderer Kunstkenntniss, Kunstgefühle etc. sich bestimmenden Arbitrio beruhet, sind wenigstens drei Taxatoren erforderlich; die über den anzunehmenden Werth sich vereinigen müssen, oder aus deren verschiedenen zusammen zu rechnenden Angaben der Werth, nach einem Durchschnitte, festgesetzt wird.

Wo es bisher üblich gewesen, dass zu gewissen Abschätzungen mehrere Klassen, oder sogenannte Schütten von Taxatoren, deren jede aus drei Personen besteht, gebraucht worden, hat es auch ferner dabei sein Bewenden.

In allen Fällen ist die Zuziehung auch nur eines vereideten Taxators hinreichend, wenn die Kosten der Zuziehung mehrerer, mit dem wahrscheinlichen Werthe des Objekts in keinem Verhältnisse stehen möchten.

Bekanntmachung des Termins zur Taxe an die Interessenten.

§. 7. Der zur Abschätzung anberaumte Termin muss den Interessenten bekannt gemacht, und dieselben müssen dazu vorgeladen werden. Diese Vorladung hat jedoch bloss zur Absicht, die Interessenten von der bevorstehenden Abschätzung zu benachrichtigen. Wenn also dieselben in dem anberaumten Termine weder persönlich, noch durch zulässige Bevollmächtigte erscheinen; so muss das Geschäft, ohne weiter auf sie zu warten, dennoch seinen Fortgang erhalten. Dass dieses geschehen werde, ist den Interessenten in der Vorladung ausdrücklich anzudeuten.

Rescript vom 11. Mai 1837, betreffend die Bekanntmachung des Abschätzungstermins an die Interessenten bei Aufnahme der Taxe durch eine Kreditdirektion; s. zu I. 52. §. 14. Anh. §. 396.

Obliegenheiten des gerichtlichen Kommissarius.

§. 8. Der gerichtliche Kommissarius muss die ganze Handlung der Taxation dirigiren. Er muss darauf sehen, dass den Sachverständigen die abzuschätzenden Objekte gehörig und vollständig vorgelegt oder angewiesen werden; und dass dieselben die gehörige Sorgfalt und Genauigkeit anwenden, um sich von der Beschaffenheit des Objekts und denjenigen Eigenschaften, Vorzügen oder Mängeln desselben, welche auf die Bestimmung seines Werths Einfluss haben können, vollständig zu unterrichten. Wenn Data und Nachrichten, woraus bei einem Gegenstande, oder bei einer Rubrik, die Gründe der nähern Bestimmung zu entnehmen sind, durch Zeugen ausgemittelt werden sollen; so muss der gerichtliche Kommissarius selbst diese Zeugen ordnungsmässig abhören; dabei aber entweder die Taxatoren mit zuziehen, oder sich doch von ihnen die Thatsachen, worauf es ankommt, und die den Zeugen etwa besonders vorzulegenden Fragen, an die Hand geben lassen. Wenn diese Data aus Rechnungen, Wirthschaftsregistern oder anderen Schriften zu entnehmen sind; so muss er für deren Aufsuchung und Herbeischaffung sorgen, überhaupt aber dahin sehen, dass die vorgeschriebene Taxordnung von den Taxatoren genau und gewissenhaft befolgt, und keins der vorhandenen Hülfsmittel, die zu einer wahren und richtigen Bestimmung des Werths beförderlich sein können, übersehen und vernachlässigt werde.

Dagegen muss der Kommissarius sich nicht anmaassen, die

Taxatoren in einer gewissenhaften, nach ihrer eignen freien Einsicht und Ueberzeugung zu machenden Anwendung ihrer Sach- und Kunstkenntniss im geringsten einschränken, oder ihnen dabei etwas vorschreiben zu wollen. Er muss ihnen aus vermeintlicher eigener Kenntniss keine Suggestionen machen; ihnen bei Niederschreibung ihrer Angaben nicht in die Rede fallen oder sie sonst irren; vielmehr sich damit begnügen, diese ihre Angaben treulich zu verzeichnen, und ihnen, wo es nöthig ist, besonders aber, wenn etwas Ungewöhnliches dabei vorkommt, oder, wenn die Angaben mehrerer zu einerlei Objekt bestellter Taxatoren beträchtlich von einander abweichen, die Gründe davon abzufordern und niederzuschreiben.

Taxationsprotokoll.

§. 9. Der Kommissarius muss über den ganzen Aktus der Abschätzung ein vollständiges Protokoll halten, und darein verzeichnen:

1) Was für Personen, sowohl an Taxatoren als Interessenten, der Verhandlung beigewohnt haben.

2) Ob die Taxatoren schon überhaupt, und wo sie solchergestalt vereidet sind, oder wie sie zu der gegenwärtigen Handlung verpflichtet worden.

3) In dem Protokolle muss ferner eine genaue Beschreibung des abzuschätzenden Gegenstandes, nach solchen Eigenschaften und Merkmalen, woran derselbe von anderen gleicher Art unterschieden werden kann; ingleichen die Veranlassung der aufzunehmenden Taxe, ob sie z. B. des Verkaufs oder der Auseinandersetzung wegen, aufgenommen werde, enthalten sein.

4) Es muss historisch angeführt sein: in welcher Ordnung, und nach welcher Methode bei der Aufnehmung der Taxe überhaupt verfahren, und wenn die Handlung mehrere Tage gedauert hat, was an jedem derselben gethan worden.

5) Es muss ferner angezeigt sein, wie in Ansehung eines jeden besondern Objekts, oder einer jeden einzelnen Rubrik, bei der Ausmittelung des Werths oder Ertrags, ingleichen der von letzterm zu machenden Abzüge, verfahren; woher die Data zu deren Bestimmung entnommen; was z. B. für Zeugen vorgeschlagen, wie sie abgehört, und was von ihnen ausgesagt; welche Rechnungen, und aus was für Jahren sie zugezogen worden, was aus diesen Rechnungen sich ergeben habe, was etwa in Beziehung auf die Vollständigkeit, Glaubwürdigkeit oder Zuverlässigkeit dieser Rechnungen besonders zu bemerken vorgenommen; wohin bei jedem Objekte oder bei jeder Rubrik, die Angaben der Taxatoren ausgefallen; wenn besonders diese Angaben verschieden sind, was ein jeder zu Begründung der seinigen angeführt habe, und was etwa noch sonst für Umstände, die auf das vorliegende Geschäft und dessen Beurtheilung Einfluss haben, vorgekommen sind.

6) Rechnungsextrakte, Saattabellen, Erndte-, Dresch- und Hebungsregister, Karten und Vermessungsregister, sind Beilagen dieses Protokolls, welche in dem Protokolle selbst, da, wo Nach-

richten und Data, die aus ihnen entnommen sind, vorkommen, bestimmt allegirt werden müssen.

7) Das Protokoll muss von dem Kommissarius und den zugezogenen Taxatoren, ingleichen von den etwanigen Zeugen, unterschrieben werden. Auch die gegenwärtigen Interessenten sind zur Mitunterschrift aufzufordern; doch ist dieselbe nicht nothwendig.

Taxationsinstrument.

§. 10. Aus diesem Protokolle muss der Kommissarius das Taxationsinstrument selbst entwerfen, und dasselbe mittelst Berichts dem Gerichte übergeben. Finden sich bei dieser Ausarbeitung Anstände und Zweifel; so muss er mit den Taxatoren darüber Rücksprache nehmen, und die nöthigen Erläuterungen von ihnen fordern. Bei weitläufigen Taxen, wo es auf Berechnung mehrerer Positionen, in Ansehung des Ertrags, der Abzüge u. s. w. ankommt, muss er sich zur Anfertigung des Taxationsinstruments der Hülfe eines vereideten Rechnungsverständigen bedienen.

Aufnehmung desselben.

§. 11. Das eingereichte Taxationsinstrument wird von dem Gerichte unter seinem grössern Insiegel ausgefertigt. Ob und an welche Interessenten Kommunikation davon geschehen müsse; in wie fern den Interessenten frei stehe, Erinnerungen gegen die Taxe zu machen, und wie darauf weiter zu verfahren sei, ist nach Verschiedenheit der Fälle und Veranlassungen, wozu die Taxe aufgenommen worden, in den Gesetzen und in der Prozessordnung bestimmt.

1) Von Abschätzung adlicher Güter.

§. 12. Soviel insonderheit I. die Taxen adlicher Güter betrifft; so sollen dieselben allemal nach dem wahren und wirklichen Ertrage aufgenommen werden.

Der Kommissarius muss dabei eine vollständige Beschreibung des abzuschätzenden Gutes, nach seiner Qualität, seiner Lage, seinen Grenzen, seiner Entfernung von grossen, mittleren und kleineren Städten, von schiffbaren Kanälen und Flüssen, und nach anderen Umständen, welche etwa die Kultur oder den Absatz der Produkte besonders erleichtern und begünstigen, oder hindern und erschweren, vorausschicken. Die Beschaffenheit der Gebäude und ihr Baustand muss im Allgemeinen beschrieben, und eben so der Zustand der Gutseinwohner, und ihr Verhältniss gegen den Gutsbesitzer, ob sie z. B. dienstpflichtig sind oder nicht, ob ihre Stellen, Gebäude und Inventarium ihnen eigenthümlich, oder in wie fern sie der Herrschaft gehören; ob die Unterhaltung der Gebäude und des Inventarii ihnen selbst, oder der Herrschaft obliege, im Allgemeinen angegeben werden. Auch ist nachzufragen und im Protokolle zu bemerken: ob die Aecker, Wiesen, Hütungen und Holzungen der Gutsherrschaft von denjenigen, welche den Unterthanen gehören, separirt sind, oder mit ihnen noch im Gemenge liegen. Besonders ist anzumerken: ob die Grenzen richtig sind; oder ob und mit welchen Nachbarn Grenzstreitigkeiten obwalten; ob dem Gute Hütungs-, Holzungs-, Mastungs-, Jagd- oder andere dergleichen Gerechtigkeiten auf benachbarte Güter zustehen; oder ob dergleichen an das Gut im Wege Rechtens prätendirt werden. Auch solche Regalien und besondere Gerechtsame des Guts, welche keinen nach Gelde zu berechnenden Ertrag gewähren, sind in dem Protokolle mit aufzuführen und umständlich zu beschreiben. Eben so muss der Kommissarius die ihm zukommenden Nachrichten von dem ehemaligen Werthe, wofür das Gut in den letzten Jahren gekauft, oder in der Erbtheilung übernommen worden, von den vorgewesenen Verpachtungen und von anderen Ereignissen, wodurch der Zustand des Guts neuerlich eine wesentliche Veränderung erlitten hat, in dem Protokolle historisch bemerken.

Anh. §. 437. *Wenn aus dem Hypothekenbuche oder aus anderen unverdächtigen Angaben hervorgeht, dass das zu subhastirende adliche Gut einen Werth von 500 Rthlr. nicht übersteigt; so können der Schulze oder die Gerichtsleute des Orts, wo das zu veräussernde Grundstück belegen ist, oder in Ermangelung der Gerichtsleute zwei dazu ausersehene Wirthe dieses oder eines benachbarten Ortes, über die Beschaffenheit, den Ertrag und den Werth des von ihnen zu diesem Behufe genau zu besichtigenden Grundstücks eidlich vernommen werden, welche Vernehmung alsdann die Stelle der Taxe vertritt.*

1) **Rescript** vom 20. Oktober 1800, betreffend die Abschätzung kleiner adlicher Güter unter 500 Rthlr. an Werth durch die Dorfgerichte (Neues Archiv Bd. 1. S. 376.); wörtlich aufgenommen in §. 437. des Anh.

2) a. **Rescript** vom 11. Juli 1831, betreffend die Anwendung des §. 437. bei der Abschätzung nicht adlicher Güter und

b. **Rescript** vom 24. November 1835, betreffend die Aufnahme von Taxen der Grundstücke durch Dorfgerichte; s. zu §. 3. h. t.

§. 13. Was die Grundsätze betrifft, nach welchen die verschiedenen Wirthschaftsrubriken in der Einnahme, und die bei einer jeden zu machenden Abzüge; die von dem ganzen Ertrage abgehenden Onera und Ausgaben; der dem Kapital hinzutretende Werth der Wohngebäude und anderer keinen eigentlichen Ertrag gewährenden, aber doch den Kaufswerth erhöhenden Regalien und Zubehörungen; ingleichen die von dem Kapital der Taxe abzuziehenden Bau-, Reparatur- und Retablissementskosten, ausgemittelt und angeschlagen werden sollen; so können darüber hier keine allgemeine Vorschriften ertheilt werden. Da schon in den meisten Provinzen Kreditsysteme errichtet, und die Justiz-Kollegia angewiesen sind, die Taxen adlicher Güter entweder durch die Kreditdirektionen aufnehmen, oder doch die Abschätzungsprinzipia derselben dabei zum Grunde legen zu lassen; so hat es dabei auch ferner sein Bewenden. In den übrigen Provinzen aber sollen die Stände aufgefordert werden, sich mit den Landesjustizkollegien zusammen zu thun, und vollständige, den Umständen und der Landesverfassung angemessene Taxordnungen zu entwerfen. Bis dahin hat es bei der bisherigen Observanz einer jeden Provinz ebenfalls sein Bewenden.

1) Vergleiche die für die landschaftlichen Kreditsysteme ertheilten Taxationsprinzipien:

a) Revidirte Detaxationsprinzipien der Schlesischen Landschaft, vom 20. Februar 1775. (v. R. XI. S. 231.)

b) α. Kur- und Neumärkische Spezial-Taxprinzipia vom 19. August 1777. (v. R. XI. S. 332.)

β. Kur- und Neumärkische Spezial-Taxprinzipia vom 1. Novbr. 1777. (v. R. XI. S. 369.)

γ. **Cirkular** der Kur- und Neumärkischen Haupt-Ritterschaftsdirektion, betreffend die Form der ritterschaftlichen Gutstaxen vom 24. Juni 1784. (v. R. XII. S. 215.)

δ. **Instruktion** der Kur- und Neumärkischen Haupt-Ritterschaftsdirektion, betreffend die Anfertigung und Revision der Taxen von Gütern auf Requisition der Justizkollegien, vom 16. April 1785. (v. R. XII. S. 228.)

c) Pommersches **Landschafts-Reglement**, nebst Vor- und Hinterpommerschen Abschätzungsgrundsätzen, vom 13. März 1781. (v. R. XII. S. 230.)

d) General-Detaxationsprinzipien der Ostpreußischen Landschaft, vom 25. September 1787. (v. R. XII. S. 352.)

e) Rectificirte General-Detaxationsprinzipien der Westpreußischen Landschaft, vom 22. Juli 1794. (v. R. XII. S. 403.)

f) Taxgrundsätze für den landschaftlichen Kreditverein des Großherzogthums Posen, vom 15. Dezember 1821. (G. S. S. 265.)

2) **C. O.** vom 1. Juli 1834, daß die Taxation sowohl der bepfandbrieften als auch der unbepfandbrieften adlichen Güter, in den Provinzen, in denen Kreditsysteme errichtet sind, mit Ausnahme der Provinz Posen und mit Ausnahme solcher Güter, deren geringer Werth die Bepfandbriefung nicht gestatten würde, durch die betreffende Kreditdirektion bewirkt werden soll; s. zu I. 52. §. 14. Anh. §. 396.

3) a. **Verordnung** vom 8. Januar 1831, über die Maaßgaben unter denen die Taxationsgrundsätze der Posenschen Landschaft bei Aufnahme gerichtlicher Taxen im Großherzogthum Posen anzuwenden sind.

Wir Friedrich Wilhelm, von Gottes Gnaden, König von Preußen rc. haben auf den Vortrag Unseres Staatsministerii und nach vorgängiger Berathung des Gegenstandes mit Unseren getreuen Ständen des Großherzogthums Posen, die Revision der Taxgrundsätze für den landschaftlichen Kreditverein des Großherzogthums Posen, Behufs ihrer Anwendung bei gerichtlicher Abschätzung der Rittergüter in dortiger Provinz vornehmen lassen, und verordnen deshalb wie folgt:

Bei der Aufnahme gerichtlicher Taxen von den Rittergütern des Großherzogthums Posen, jedoch mit Ausnahme derjenigen, welche noch zum Westpreußischen landschaftlichen Verbande gehören, kommen die von dem Ministerio des Innern unter dem 15. Dezember 1821 (G. S. S. 268.) und 8. Juli 1825 (Anhang zu Nr. 34. des Posenschen Amtsblatts vom 23. August 1822) bestätigten Taxgrundsätze für den landschaftlichen Kreditverein des Großherzogthums Posen, jedoch mit folgenden Abänderungen und Modifikationen, in Anwendung.

§. 1. Forstnutzungen werden nicht nach den im §. 75. der Taxgrundsätze vom 15. Dezember 1821 bestimmten Normalsätzen, sondern nach allgemeinen forstwissenschaftlichen Grundsätzen veranschlagt, und zu diesem Behuf, in sofern es noch nicht geschehen, speziell vermessen (cf. §. 80. a. a. O.). Nach jenen Grundsätzen wird auch bei der Veranschlagung der Räumden und Blößen (cf. §§. 76. und 81. a. a. O.), imgleichen bei derjenigen der Verwaltungs- und Holzschlagungskosten (§. 79. a. a. O.) verfahren. Im Uebrigen kommen die §§. 74. 77. bis 79. §§. 81. u. f. gedachten Taxgrundsätze in Anwendung.

§. 5. Das zur Bewirthschaftung des Gutes erforderliche Inventarium kommt in sofern in Betracht, als dasselbe, so weit es vorhanden ist, als

Zubehör des Gutes vorausgesetzt wird, und, in sofern es daran fehlt, verhältnißmäßige Abzüge gemacht werden.

Demgemäß finden die im §. 9. Nr. 5. und §. 92. Litt. a. der Taxgrundsätze vom 15. Dezember 1821 bestimmten Abzüge nur wegen des fehlenden Theils des erforderlichen Inventariums statt.

§. 3. Der ermittelte Reinertrag der Güter wird nicht, wie es rücksichtlich der Amortisationsbeiträge der bepfandbrieften Güter bei den Kredit-Taxen des landschaftlichen Vereins im §. 10. a. a. O. bestimmt ist, im zwanzigfachen, sondern im fünfundzwanzigfachen Betrage zu Kapital berechnet.

§. 4. Haben die herrschaftlichen Wohngebäude und Schmuckanlagen einen höheren Bauwerth, als nach den Normalsätzen §. 94. a. a. O. angenommen wird, so kommt solcher über diese Sätze hinaus in dem Maaße zur Taxe, als darauf unter besonderen Lokalverhältnissen nach dem Ermessen der Schätzungskommissarien bei Käufen von den Konkurrenten Rücksicht genommen zu werden pflegt. Ob und wie hoch diese Gebäude in der Feuer-Societät versichert sind, kommt dabei nicht in Betracht, wohl aber sind die Unterhaltungskosten in Anschlag und verhältnißmäßig in Abzug zu bringen.

§. 5. Auch die Ehrenrechte und andere bei dem Gute vorhandenen Realitäten, welche nach §. 12. oder sonst, weil sie keinen wirklichen Ertrag gewähren, bei der landschaftlichen Kredittaxe nicht in Anschlag kommen, müssen doch mit dem landüblichen Satze, oder in Ermangelung desselben von den Schätzungskommissarien nach dem Werthe, den man im gemeinen Leben darauf zu legen pflegt, der Taxe zugesetzt werden.

(G. S. S. 1.)

b. **C. O.** vom 29. September 1835, betreffend das Verfahren bei den gerichtlich aufzunehmenden Taxen adlicher Güter im Großherzogthum Posen.

Nach Ihrem Antrage vom 1. d. M. setze Ich hierdurch fest, daß die Taxen derjenigen adlichen Güter im Großherzogthume Posen, welche weder zum Verbande des Posenschen noch des Westpreußischen Kreditsystems gehören, durch Kommissarien, von denen Einer durch das Ober-Landesgericht, der Andere durch die Posensche General-Kommission zur Regulirung der gutsherrlich-bäuerlichen Verhältnisse ernannt wird, nach den Taxationsgrundsätzen des Posenschen Kreditsystems, unter den Maaßgaben der Verordnung vom 8. Januar 1831 aufgenommen und durch die General-Kommission revidirt und festgestellt werden sollen. Dieses Verfahren findet bei allen gerichtlich aufzunehmenden Taxen adlicher Güter im Großherzogthume Posen Anwendung, und haben Sie sowohl die General-Kommission als die Gerichte hierüber mit besonderer Instruktion zu versehen, gegenwärtigen Erlaß aber öffentlich bekannt zu machen.

(G. S. S. 223.)

c. **Ministerial-Instruktion** vom 21. Dezember 1835, betreffend das Verfahren bei der Abschätzung adlicher Güter im Großherzogthum Posen.

Wenn die gerichtliche Abschätzung eines adlichen Guts im Großherzogthum Posen erfolgen soll, welches weder zum Westpreußischen landschaftlichen Verbande gehört, noch mit Pfandbriefen der Posenschen Landschaft belastet ist, so ist dabei folgendes Verfahren zu beobachten:

1) Das Ober-Landesgericht requirirt die General-Kommission zur Regulirung der gutsherrlichen und bäuerlichen Verhältnisse, einem der ihr untergeordneten Oeconomie-Kommissarien den Auftrag zu diesem Geschäfte zu ertheilen.

2) Mit diesem vereinigt sich der von dem Ober-Landesgericht zu ernennende Kommissarius über den anzuberaumenden Termin.

3) Der gerichtliche Kommissarius erläßt die im §. 7. Tit. 6. Thl. II. und §. 22. Tit. 52. Thl. I. der A. G. O., sowie §. 4. der Verordnung über den Subhastations- und Kaufgelder-Liquidationsprozeß vom 4. März 1834 (G. S. von 1834 S. 40.) vorgeschriebenen Bekanntmachungen an die Interessenten.

4) Bei den Verhandlungen zur Aufnahme der Taxe treten die Kommissarien der Ober-Landesgerichte und der General-Kommissionen in das Verhältniß von Konkommissarien. Sie müssen ihre Bemühungen dahin vereinigen: alles zu ermitteln, was zur Feststellung des wahren Werths des Guts unter Berücksichtigung der gesetzlichen Abschätzungsgrundsätze erforderlich ist, und sich bei ihren Arbeiten gegenseitig unterstützen.

Die Aufnahme des im §. 9. Tit. 6. Thl. II. der A. G. O. vorgeschriebenen Protokolls gehört hinsichtlich der Bestimmungen zu 1—4. und 7., und die Befolgung des §. 12. daselbst, zu den Amtsverrichtungen des gerichtlichen Kommissarius.

Was im §. 9. zu 5—6. verordnet ist, betrifft die Materialien zur Feststellung des durch den Oekonomie-Kommissarius zu ermittelnden Ertragswerthes der Güter und gehört zu den Verhandlungen desselben.

5) Der gerichtliche Kommissarius zieht bei der Bestimmung der Grenzen die Nachbarn zu, vernimmt die Zeugen, wenn es der Oekonomie-Kommissarius angemessen findet, unter seiner Zuziehung, sorgt für die Herbeischaffung der erforderlichen im §. 9. Nr. 6. bezeichneten Nachweisungen, vereinet die Zeugen und Taxatoren soweit es nöthig ist, und leitet überhaupt das Geschäft, wo es nach der Ansicht des Oekonomie-Kommissarius auf eine richterliche Mitwirkung Behufs der Ermittelung des Ertrages und des Werths des abzuschätzenden Guts ankommt.

Wenn der Oekonomie-Kommissarius es nicht für nöthig erachtet, der vom gerichtlichen Kommissarius zu veranlassenden Zeugen-Vernehmung vom Anfange bis zum Ende beizuwohnen, so muß er doch, falls er am Orte der Vernehmung anwesend ist, vor der Vereidigung der Zeugen, mit der Aussage derselben sich bekannt machen, und wenn er Veranlassung dazu findet, mit den Zeugen nähere Rücksprache halten, und die Vervollständigung der Aussagen unter Mitwirkung des gerichtlichen Kommissarius betreiben.

6) Die Abschätzung selbst, so wie die Ausarbeitung des Tax-Instruments, nach den durch die Verordnung vom 8. Januar 1831 (G. S. von 1831 S. 1.) festgestellten Taxgrundsätzen, gebührt ausschließlich dem Oekonomie-Kommissarius.

7) Das Tax-Instrument mit sämmtlichen Verhandlungen überreichen beide Kommissarien der General-Kommission. Diese prüft die Taxe sowohl im Allgemeinen, als insbesondere in Beziehung auf die richtige Anwendung der Taxgrundsätze und des Kalkuls.

Findet sie etwas zu erinnern oder nachzuholen, so verfügt sie das Erforderliche wegen Erledigung der Erinnerungen an beide Kommissarien. Findet sie nichts zu erinnern, oder sind die gerügten Mängel erledigt, so sendet sie das Tax-Instrument mit dem Vermerk ihrer Genehmigung nebst sämmtlichen Abschätzungs-Verhandlungen an das kompetente Ober-Landesgericht, und benachrichtigt dasselbe zugleich von der Festsetzung der Gebühren des Oekonomie-Kommissarius und der Sachverständigen, welche nach den bei der General-Kommission zulässigen Sätzen berechnet werden. Das Gericht bewirkt die Zahlung derselben zur Gebührenkasse der General-Kommission.

8) Das Gericht fertigt darauf ohne Weiteres das Tax-Instrument aus, und verfährt sodann nach Vorschrift des §. 11. Tit. 6. Thl. II. der A. G. O.

9) Werden von den Interessenten Ausstellungen gegen die Taxe gemacht, so prüft das Gericht deren Zulässigkeit mit Rücksicht auf die Vorschrift des §. 5. der Verordnung über den Subhastationsprozeß vom 4. März 1834 (G. S. von 1834 S. 40.). Findet es in dieser Beziehung nichts dagegen zu erinnern, so sendet es die Akten an die General-Kommission, um die Erheblichkeit der Ausstellungen in technischer Hinsicht näher zu erwägen.

10) Die General-Kommission verordnet sodann das Erforderliche an die Kommissarien zu der vor dem Eintritt des Subhastations-Termins zu bewirkenden Erledigung der Erinnerungen, wenn sie dieselben dazu angethan findet.

(v. K. Jhrb. Bd. 46. S. 522.)

2) Anderer Landgüter.

§. 14. Anlangend II. die Taxen anderer Landgüter, die zwar nicht adlicher Qualität, aber doch ein freies Eigenthum ihrer Besitzer, und keiner Gutsherrschaft unterthänig sind; so sind dabei im Wesentlichen eben die Grundsätze anzuwenden, welche bei der Abschätzung adlicher Güter in der Provinz zur Richtschnur dienen; wobei die Verschiedenheiten und Abweichungen, aus der verschiedenen Qualität der Güter, sich von selbst ergeben.

Unterthänige Bauergüter, die ihren Besitzern eigenthümlich gehören, und nach der Landesart mit beträchtlichen Realitäten an Ackerwerk, Viehzucht etc. versehen sind, werden eben so nach dem Ertrage taxirt.

Bei solchen Bauerstellen aber, die entweder Lassgüter sind, oder sonst ihren Besitzern nicht eigenthümlich gehören; ingleichen bei allen Rustikalbesitzungen, auf welchen kein Gespann gehalten wird, findet keine eigentliche Ertragstaxe statt. Dagegen muss eine richtige und vollständige Beschreibung des Guts, nach den dazu gehörenden Realitäten, Gebäuden, Inventarienstücken u. s. w., ingleichen den davon zu entrichtenden Abgaben, Diensten und Pflichten, aufgenommen, und aus diesen Datis, mit gehöriger Rücksicht auf den am Orte, oder in der Gegend gewöhnlichen Kaufpreis der Grundstücke von dieser Art und Beschaffenheit, ein ungefährer Werth nach dem pflichtmässigen Ermessen der Taxatoren bestimmt werden.

In Provinzen, wo in Ansehung der Rustikalgüter gewisse Grundtaxen eingeführt sind, nach welchen dieselben von einem der Söhne des bisherigen Besitzers übernommen, und die übrigen Kinder abgefunden werden, hat es dabei auch ferner sein Bewenden.

1) Wegen Aufnahme der Taxen kleiner Grundstücke durch die Dorfgerichte; s. zu §. 3. h. t.

2) a. **Rescript** vom 28. August 1818, betreffend die Berücksichtigung eines Altentheils bei der Abschätzung bäuerlicher Grundstücke.

Der Justiz-Minister findet gegen die bei dem Königlichen Ober-Landesgericht nach dessen Berichte vom 14. d. M. bisher stattgefundene Praxis, wonach bei Abschätzung von Grundstücken der darauf haftende Altentheil von dem Ertragskapitale nicht in Abzug gebracht worden, nichts zu erinnern. Denn da der auf einem Grundstücke lastende Altentheil keine beständige Last des fundi ist, sondern mit dem Tode des Altsitzers aufhört, und die Revenüen des Grundstücks nur ad tempus verringert, nicht aber den Werth der Besitzung überhaupt; so ist die Ansicht des Kollegii, daß dieser Altentheil bei Abschätzung des Grundstücks von dem Werthe desselben nicht abzuziehen sei, ganz gesetzlich.

Indeß muß bei der historischen Beschreibung des taxirten Grundstücks nicht unbemerkt bleiben, daß, und welch ein Altentheil darauf haftet, da solches auf den momentanen Werth der Besitzung allerdings von Einfluß und für den von großem Interesse ist, der auf das Grundstück Kredit geben will.

(v. K. Jhrb. Bd. 12. S. 6.)

b. **Rescript** vom 14. September 1829, betreffend die Abschätzung ländlicher Grundstücke und die Berücksichtigung eines Altentheils bei der Abschätzung.

Dem Königlichen Pupillen-Kollegium wird auf den in der Büdner B.schen Vormundschaftssache erstatteten anderweitigen Bericht vom 13. v. M. hiermit Folgendes eröffnet:

daß der Werth eines Grundstücks, auf welchem ein Altentheil haftet, dadurch verringert wird, ergiebt die Natur der Sache. Freilich kann bei Ermittelung der in Abzug zu bringenden Summe der jährliche Betrag des Altentheils nicht gleich einer beständigen Last zu Kapital berechnet werden, und wenn dies in vorliegender Sache bei Veranschlagung des Altentheils auf 186 Rthlr. 23 Sgr. 9 Pf. geschehen ist, so ist dies ein Fehler, der bei der Taxe vorgefallen und zu rektifiziren ist.

Nach der wahrscheinlichen Lebensdauer der Altsitzer und dem Ermessen der Sachverständigen mit Berücksichtigung des Interusurii muß vielmehr der Kapitals-Betrag festgestellt werden,

Was ferner die angebliche Observanz betrifft, daß bei Rustikalstellen, die nicht so viel Ackerbau besitzen, daß sie ihren Besitzer allein ernähren, die Wirthschaftsgebäude mit zum Anschlag gebracht werden, so ist, wenn dergleichen Observanz wirklich allgemein existirt, dieselbe ungesetzmäßig. Auf Observanzen soll nach §. 13. Tit. 6. Thl. II. der A. G. O. nur dann Rücksicht genommen werden, wenn für die Provinz keine landschaftlichen Abschätzungsprinzipien existiren, welches in der Kur- und Neumark nicht der Fall ist. Nach diesen Prinzipien werden aber Wirthschaftsgebäude nicht veranschlagt, und es würde dadurch auch ein unrichtiges Resultat herbeigeführt werden. Denn der Ertrag der Wirthschaftsgebäude ist in der Ertragstaxe enthalten und einen besonderen Werth haben sie nicht, da vielmehr deren Unterhaltung nur Kosten verursacht.

Soll der Materialienwerth und der Ertragswerth gleichmäßig ermittelt werden, so kann es nur wie bei Häusern und städtischen Grundstücken in der Art geschehen, daß eine Zusammenrechnung erfolgt, um demnächst den Durchschnitt als Resultat zu ziehen. Bei Bauergütern aber ist nach §. 14. l. c. wenn sie mit beträchtlichen Realitäten an Ackerwerk, Viehzucht 2c. versehen sind, eine Ertragstaxe nach den bei Abschätzung adlicher Güter in der Provinz vorgeschriebenen Prinzipien, mit den sich aus der Qualität der Güter ergebenden Abweichungen und Modalitäten anzufertigen, oder falls sie zu den kleinen Rustikalbesitzungen gehören, eine richtige, vollständige Beschreibung des Guts 2c. aufzunehmen, und mit Rücksicht auf den am Ort oder in der Gegend üblichen Preis ein ungefährer Werth nach pflichtmäßigem Ermessen der Taxatoren zu bestimmen, und werden zu diesen letzteren Angaben in der Regel, wie nach §. 86. Tit. 7. Thl. II. des A. L. R. nachgelassen ist, die Dorfgerichte am passendsten zugezogen werden können.

(Gen. Act. des Justizm. L. R. No. 13. Vol. III. Fol. 313.)

c. **Rescript** vom 25. Juli 1836, betreffend die Abschätzung bäuerlicher Grundstücke.

Dem (Tit.) wird auf die Anfrage:

wegen der, bei der Taxation bäuerlicher Grundstücke anzuwendenden Grundsätze

vom 14. d. M. hierdurch eröffnet, wie bis dahin, daß allgemeine Taxprinzipien gesetzlich aufgestellt werden, bei der Abschätzung nach Anleitung der Vorschriften der A. G. O. Thl. II. Tit. 6. zu verfahren ist.

Danach findet aber (§. 14.) bei allen kleinen Rustikalbesitzungen, auf welchen kein Gespann gehalten wird, keine eigentliche Ertragstaxe, sondern nur eine richtige und vollständige Beschreibung statt. Eine solche Beschreibung wird hinreichen und ist der Regel selbst einer Ertragstaxe vorzuziehen sein.

(Act. des Justizm. Gen. T. No. 15. Vol. II. Fol. 144.)

3) a. **Rescript** vom 3. Juli 1813 und vom 7. Oktober 1833, betreffend die Anwendung der Erbgrundtaxen bäuerlicher Grundstücke bei Erbtheilungen.

Dem Königlichen Pupillen-Kollegio von der Kurmark wird auf den, unter dem 22. v. M. erstatteten, die Frage:

ob künftig bei bäuerlichen Erbtheilungen eine nach der bisherigen Observanz angenommene, oder aber eine nach Vorschrift des A. L. R. Thl. II. Tit. 7. §. 280. u. f. auszumittelnde Gutstaxe zum Grunde zu legen, und von Ober-Vormundschaftswegen zu genehmigen sei?

betreffenden Bericht, hiermit zum Bescheide ertheilt, daß die besondern Provinzial- und Ortsobservanzen, vermöge welcher die Bauergüter nach einer den wahren Werth bei weitem nicht erreichenden sogenannten Erb- und Grundtaxe bisher vererbt worden sind, mit der neueren allgemeinen Gesetzgebung nicht ferner bestehen können, da hiernach die Beschränkungen des Grundeigenthums aufgehoben sind, und den Grundbesitzern freigelassen werden soll, über ihre Besitzungen frei zu verfügen, insofern nur nicht die Rechte eines Dritten dadurch verletzt werden, wie dieses in den Edikten vom 9. Oktober 1807 und 14. September 1811 deutlich genug verordnet ist.

Die hierauf gegründeten Verfügungen vom 11. Juli und 19. Dezember v. J. finden also, der Regel nach, in allen Fällen Anwendung, wo von eigenthümlichen bäuerlichen Besitzungen die Rede ist, und leiden auch in Ansehung des Kapiteldorfes N. keine Aenderung, da die Eigenthümlichkeit der Höfe daselbst, nach dem Berichte des Domgerichts, unbestritten ist, und mithin der §. 31. der Verordnung vom 14. September 1811, welcher von nicht eigenthümlichen Besitzungen spricht, hier nicht paßt. Sollte indessen der Fall vorkommen, daß die

Ausmittelung des Werthes einer dasigen bäuerlichen Besitzung vor der Ablösung der Dienste nicht möglich sei, so bleibt es den Gerichten überlassen, die Erbregulirung einstweilen auszusetzen.

Berlin, den 3. Juli 1813.

(v. K. Jhrb. Bd. 2. S. 25.)

Dem Königl. Ober-Landesgericht wird auf den Bericht vom 21. März d. J.,

betreffend die noch bestehende Anwendbarkeit des §. 280. Tit. 7. Thl. II. des A. L. R. auf eigenthümlich oder erbpachtweise überlassene Rustikalstellen,

eröffnet, daß der Justizminister der darin aufgestellten Ansicht nicht beitreten kann.

Aus dem Artikel 72. der Deklaration vom 29. Mai 1816 geht zwar hervor, daß der erwähnte §. 280. nicht ferner bei denjenigen Bauergütern, welche in Gemäßheit des Edikts vom 14. September 1811 regulirt sind, zur Anwendung kommen, sondern eine Abschätzung des wahren Werths eintreten soll.

Diese Vorschrift bezieht sich aber nicht auf die vor Erlassung des Edikts vom 14. September 1811 zu Eigenthum oder in Erbpacht überlassenen bäuerlichen Güter, wie dies noch bestimmter aus Art. 2. der Deklaration von 1816 hervorgeht.

In Bezug auf diese letztern Güter kann aber die Ausschließung des §. 280. weder aus der Aufhebung der Unterthänigkeit, noch aus den später ergangenen gesetzlichen Bestimmungen gefolgert werden.

Der Gutsherr, welcher Dienste und Abgaben von einer Rustikalstelle zu fordern hatte, war allerdings dabei interessirt, daß der Uebernahmepreis nicht zu hoch gestellt wurde, damit der Wirth im prästationsfähigen Zustande blieb, und mit Rücksicht darauf hatte ihm §. 270. Tit. 7. Thl. II. des A. L. R. das Recht beigelegt, auf eine billige Herabsetzung des väterlichen Anschlags anzutragen. Diese Befugniß hat er durch die Aufhebung der Unterthänigkeit verloren, und von der Aufhebung dieses Rechts allein handeln das Publikandum vom 8. April 1809 für Schlesien, so wie die Verordnung vom 18. Januar 1819 für Sachsen.

Ganz verschieden davon ist aber die Bestimmung des §. 280., wonach

in allen Fällen, wo der neue Besitzer Miterben abzufinden hat, der Werth des Guts, und des zur Wirthschaft erforderlichen Inventarii nach einer gemäßigten Taxe angeschlagen werden muß,

weil sie besonders aufgeführt ist, von allen Fällen handelt, wo der neue Besitzer Miterben abzufinden hat, und weil sie offenbar ein Ausfluß des dem Staate nach §§. 8. 9. daselbst zustehenden Oberaufsichtsrechts ist.

Diese Vorschrift kann daher wegen Aufhebung der Unterthänigkeit nicht für wegfallend erachtet werden, da sie sich auf die Vermögens- und nicht auf die persönlichen Verhältnisse bezieht, mithin nach §. 89. auch auf diejenigen bäuerlichen Besitzer, welche von jeher persönlich frei, das heißt, nicht unterthänig waren, Anwendung gefunden hat. Da überdies aus dem Edikte vom 14. September 1811 und der Deklaration vom 29. Mai 1816 hervorgeht, daß da, wo die Regulirung noch nicht statt gefunden hat, auch die Ausschließung des §. 280. nicht eintritt, mithin nicht die Aufhebung der Unterthänigkeit, sondern nur die erfolgte Regulirung die Nichtanwendbarkeit bedingt, so wird der oben aufgestellte Grundsatz noch mehr dadurch bestätigt.

Es muß daher angenommen werden,

daß der §. 280. Tit. 7. Thl. II. des A. L. R. zum Zwecke der Auseinandersetzung der Erben bei allen denjenigen Rustikalstellen noch fortwährend zur Anwendung kommt, deren Regulirung nicht in Gemäßheit des Edikts vom 14. September 1811 erfolgt ist,

und hat das Königliche Ober-Landesgericht hiernach zu verfahren.

Berlin, den 7. Oktober 1833.

(v. K. Jhrb. Bd. 42. S. 290.)

b. **Rescript** vom 31. Juli 1818, betreffend die Bestimmung des Werths der bäuerlichen Grundstücke Behufs der Verschuldung und bei Erbtheilungen.

Dem Königlichen Ober-Landesgerichte wird, im Verfolg des vorläufigen Bescheides vom 7. d. M.,

wegen Bestimmung des Werths der, nach dem Edikte vom 14. September 1811 eigenthümlich verliehenen Grundstücke &c.

Folgendes hiermit weiter eröffnet.

Ad 1. des Berichts vom 11. Juni d. J., tritt der Justizminister der Meinung des Kollegii völlig bei.

Allerdings ist die von der Kommission bei Regulirung der gutsherrlichen und bäuerlichen Verhältnisse ausgemittelte und festgesetzte Taxe diejenige, welche der Beantwortung der Frage, wie viel der Besitzer des Hofes hypothekarisch verschulden kann, zum Grunde gelegt, und daher in das Hypothekenbuch, und zwar, wie sich von selbst versteht, Rubr. I. ante lineam eingetragen werden muß.

Ad 2. sind die Grundsätze der Taxation den Kommissionen im Allgemeinen vorgezeichnet. Spezielle Taxprinzipien sind zwar noch nicht ausgearbeitet, indessen kommt es auch nicht darauf an, da die Auseinandersetzungskommissarien Sachverständige sind, und von den Generalkommissionen kontrollirt werden, auch an solche der Rekurs geht, wenn der Besitzer mit der von den Kommissarien festgesetzten Taxe nicht zufrieden sein sollte.

Ad 3. kann nicht verlangt werden, daß jede Taxe eines Bauerhofes von der Generalkommission bestätigt werde. Dieses würde die Generalkommissionen mit so viel Detailarbeit überladen, daß ihnen für ihren Hauptzweck die Zeit geraubt würde. Eine Gleichförmigkeit in den Grundsätzen wird aber doch immer durch die allgemeine Einwirkung der Generalkommissionen auf die Geschäftsführung der Spezial-Kommissionen herbeigeführt werden. Es kann daher zur Gültigkeit der Taxe eines Bauerhofes die spezielle Revision und Approbation von der Generalkommission nicht verlangt werden.

Ad 4. und 5. tritt der Justizminister bei der Frage, wie der Werth eines Bauerhofes bei Erbregulirungen zu bestimmen sei, wiederum dem Sentiment des Kollegii bei. Die von der Regulirungskommission entworfene Taxe bindet natürlich keinen der Erbinteressenten, und es bleibt deshalb ganz bei dem bisherigen Verfahren. Eventualiter kann daher auch zu dem Behuf der Theilung zur Subhastation des Hofes vorgeschritten werden, obgleich es der Beförderung der Kultur angemessener sein dürfte, die Erben möglichst durch Parzellirung des Hofes abzufinden,

(Edikt zur Beförderung der Landkultur, vom 14. September 1811 §. 1.)

um dadurch die Verschuldung des Besitzers zu verhindern, die das Gesetz wohl ganz allgemein zu verhindern beabsichtiget hat.

(v. K. Jhrb. Bd. 12. S. 14.)

Anh. §. 438. *Wenn bei der Taxe eines Guts, welches dem Besitzer nur auf gewisse Jahre zur Kultur und Benutzung gegeben war, die Frage entsteht: wie der durch eine gewöhnliche Taxe ausgemittelte reine Ertrag nach der Dauer des Nutzungsrechts zu Kapital zu schlagen sei; so muss der Kapitalswerth durch die Revenüensumme mit Abrechnung des Interusurii bestimmt werden.*

Rescript vom 8. September 1804, betreffend die Ausmittelung des Werths eines emphyteutischen oder zeitweise zur Nutzung verliehenen Grundstücks, (Mathis Bd. 11. S. 1.); aufgen. in §. 438. des Anhangs.

3) Der Häuser in den Städten.

§. 15. So viel III. die Häuser in den Städten anlangt; so können dieselben nicht nach dem blossen Ertrage gewürdigt werden. Ist die Taxe eines Hauses aufzunehmen; so muss

1) der Kommissarius dasselbe nach seiner Lage, Beschaffenheit, Länge, Breite und Höhe, nach seinem Baustande, nach der Anzahl und Einrichtung der darin befindlichen Wohnungen und anderer Behältnisse, umständlich beschreiben.

2) Die zum Hause gehörenden Pertinenzstücke, an Gärten, Wiesen, Aeckern etc., ingleichen die damit verbundenen Gerechtigkeiten, z. B. das Reihebrauen, die Befugniss, eine gewisse Anzahl Vieh auf die gemeine Stadtweide mit vorzutreiben, den ganzen Holzbedarf, oder eine gewisse Quantität desselben, aus der

gemeinen Stadtheide zu nehmen etc., müssen bestimmt angegeben werden.

3) Eben so muss der Kommissarius nach den auf dem Hause haftenden oder daran prätendirten Dienstbarkeitsrechten und Servituten sich sorgfältig erkundigen.

4) Die von dem Hause zu entrichtenden Abgaben, öffentliche und gemeine Lasten, müssen ebenfalls möglichst genau verzeichnet werden.

5) Sodann sind die in dem Hause befindlichen Materialien, Kunst- und Handwerksarbeiten aller Art, nach dem gegenwärtigen Zustande derselben, durch vereidete Werkmeister zu revidiren und abzuschätzen. Eben so ist,

6) besonders in grossen Städten, der bisherige Ertrag der Miethe nach einem mehrjährigen Durchschnitte auszumitteln. Aus diesen Datis muss

7) durch die Taxatoren die Taxe des Hauses, in seinem gegenwärtigen Zustande, nach einem vernünftigen und billigen Ermessen derselben bestimmt, übrigens aber

8) die zu dem Hause gehörigen, und nach Nr. 2. ausgemittelten unbeweglichen Pertinenzstücke oder Gerechtigkeiten besonders angeschlagen, und der Taxe des Hauses selbst zugesetzt werden.

Rescript vom 10. Februar 1800, enthaltend die Instruktion und Taxe für die Taxatoren zur Abschätzung der Grundstücke in Berlin.

Den von Euch mittelst Eures Berichts vom 31. v. M. eingereichten rektificirten Entwurf der Instruktion und Taxe für die hiesigen Taxatores bei Aufnahme der Haus- und anderen Immobilientaxen, und der ihnen dafür zugebilligten Taxationsgebühren, haben Wir den Umständen gemäß abgefaßt gefunden, und lautet gedachter Entwurf folgendermaaßen:

Damit bei Abschätzung der hiesigen Grundstücke der eigentliche wahre Werth derselben, wie solcher sich zur Zeit der Abschätzung befindet, ausgemittelt werde, so ist für nöthig gefunden, denen bei der Taxe zu adhibirenden hiesigen Stadtverordneten und sämmtlichen bei Aufnahme der Haustaxen erforderlichen Taxanten, in Bezug auf die Vorschrift der A. G. O. Thl. II. Tit. 6. §. 15., folgende Instruktion zu ertheilen:

§. 1.

Die Stadtverordneten haben inskünftige den Grund und Boden nach seiner Lage genau zu bezeichnen, dabei die zum Hause gehörigen Pertinenzstücke an Gärten, Wiesen, Aeckern und dergleichen, imgleichen die dabei verbundenen Gerechtigkeiten, genau zu detailliren, auch die Anzahl und Einrichtung der im Hause befindlichen Wohnungen und anderen Behältnisse umständlich zu beschreiben, und ganz bestimmt anzugeben:

a) was es nach ihrer Abschätzung für Miethe tragen könne;
b) mit welchen Lasten das Grundstück zur Zeit der Taxe belastet ist, als Servis und Schoß, imgleichen was es an Einquartierungskosten und dergleichen ungefähr jährlich zu tragen habe.

§. 2.

Die Taxatores, und zwar

1) die Mauer- und Zimmermeister, haben die im Hause befindlichen Materialien nach dem gegenwärtigen Zustande derselben zu revidiren, und solche specifice abzuschätzen;

dabei aber genau zu bemerken, in welchen baulichen Würden das Grundstück selbst sich anjetzt befindet; desgleichen haben sie gemeinschaftlich von jeder Taxe eine Zeichnung von der äußersten Grundfläche des Gebäudes, mit Beschreibung der Längen, Höhen, Tiefen, auch ob es massiv oder Fachwerk ist, mit der Taxe jedesmal einzureichen. Auch haben sie den Grund und Boden nach dem Flächeninhalt mit abzuschätzen, und dabei auf die Lage des Grundstücks ihr Augenmerk vorzüglich mit zu richten;

2) die Töpfer, Lehmer, Klempner, Steinsetzer, Stuckaturarbeiter, Brunnenmacher, Schmiede, Tischler, Schlösser und Glasermeister über die ihnen zur Taxe angewiesenen Stücke ihre Taxen specifice einzureichen, und solche nicht mehr, wie bisher geschehen ist, in follo anzugeben.

§. 3.

Bei Abschätzung der Gärten ist von den Taxatoren auf deren Flächeninhalt und die Anzahl der darin enthaltenen Quadratruthen Rücksicht zu nehmen, und genau darauf zu sehen:

1) auf den Nutzen, den solcher Garten trägt oder tragen kann,
2) auf die Güte des Grund und Bodens,
3) auf das Vergnügen, welches für den Besitzer des Gartens durch selbigen wirklich entsteht oder entstehen kann, und
4) die Lage des Gartens.

Nach diesen Datis ist, nach Vorschrift der A. G. O. Thl. II. Tit. 6. §. 16., der ungefähre Werth nach vernünftigem Ermessen zu bestimmen.

§. 4.

Bei Abschätzung der Wiesen und Aecker ist es bei der bisherigen Observanz zu belassen, daß solche durch die hiesigen Wrehmänner abgeschätzet werden.

§. 5.

Für die solchergestalt verrichtete Abschätzung eines Grundstücks sollen an den Stadtverordneten und an die Taxatores folgende Gebühren gezahlt werden:

1) dem Stadtverordneten für die §. 1. bemerkte Arbeit für jedes Grundstück, ohne Unterschied dessen Werths, 1 Rthlr.
2) den Taxatoren
   a) für Abschätzung der Mauer-, Töpfer-, Lehmer-, Klempner-, Steinsetzer- und Stuckaturarbeit, bei einer Taxe, wo der Werth des ganzen Grundstücks beträgt:

bis	2000	Rthlr.	1	Rthlr.		
—	5000	—	1	—	8	Gr.
—	10000	—	2	—	—	
—	20000	—	3	—	—	
—	30000	—	4	—	—	
—	40000	—	5	—	—	
über	40000	—	6	—	—	

   b) für Abschätzung der Zimmer-, Brunnenmacher- und Schmiedearbeit, bei einer Taxe, wo der Werth des ganzen Grundstücks beträgt:

bis	2000	Rthlr.		Rthlr.	20	Gr.
—	5000	—	1	—		—
—	10000	—	1	—	12	—
—	20000	—	2	—	12	—
—	30000	—	3	—		—
—	40000	—	4	—		—
über	40000	—	5	—		—

   Sind die Gebäude aber von Holz- und Fachwerk, so bekommt der Zimmermeister so viel, wie jedesmal in dieser Taxe für den Mauermeister angesetzt ist, und der Mauermeister erhält dagegen das, was für den Zimmermeister in dieser Taxe angesetzt worden.

   c) Für Abschätzung der Tischlerarbeit wird bei einer Haustaxe, deren Werth vom ganzen Grundstück beträgt:

bis	2000	Rthlr.		Rthlr.	12	Gr.
—	5000	—		—	16	—
—	10000	—		—	20	—
—	20000	—	1	—	6	—
—	30000	—	1	—	18	—
über	30000	—	2	—	12	—

d) Eben so viel, als für die Abschätzung der Tischlerarbeit ad c. bestimmt worden, wird für die Schlosserarbeit festgesetzt.

e) Für die Abschätzung der Glaserarbeit bei einem taxirten Grundstück

bis auf 2000 Rthlr.		Rthlr.		8	Gr.
— — 5000	—		—	12	—
— — 10000	—		—	16	—
— — 20000	—		—	20	—
— — 30000	—	1	—		—
über 30000	—	1	—	16	—

f) Für die Abschätzung der Kupferschmidtarbeit, ohne Rücksicht auf den Werth des Grundstücks 1 Rthlr.

g) Für die Abschätzung der Böttcherarbeit, ebenfalls überhaupt 1 Rthlr.

h) Desgleichen für die Abschätzung der Gärten, für jede Taxe 1 Rthlr.

i) Für die Taxe der Wiesen und Aecker bekommen

a) im Cöllnischen Viertel der Ober-Wreherr 1 Rthlr. die beiden Wrehmänner jeder 12 Gr.

b) im Berlinischen Viertel der Ober-Wreherr 2 Rthlr. ein jeder der beiden Wrehmänner 1 Rthlr.

Wir wollen diese Instruktion und Taxe für die hiesigen Taxatores demnach hiermit bestätigen, und Euch hierdurch anweisen, auf ihren Inhalt gehörig zu achten. (N.C.C. T. X. S. 2791. Nr. 7. de 1800.)

4) Anderer Grundstücke.

§. 16. IV. Bei den Taxen anderer Grundstücke kommt es darauf an: ob der gemeine Werth derselben in dem Nutzen bestehe, den sie ihrem Besitzer gewähren; oder ob sich der davon zu erwartende Vortheil hauptsächlich nur auf Vergnügen und Annehmlichkeiten einschränke.

Bei Grundstücken der ersten Art, z. B. bei Mühlen, nutzbaren Obst-, Küchen- und Gemüsegärten, muss der reine Ertrag ausgemittelt, und darnach der Anschlag bestimmt werden.

Bei Grundstücken der zweiten Art, z. B. blossen Lust- und Ziergärten, findet keine gerichtliche Taxe statt; sondern es tritt an deren Stelle eine umständliche Beschreibung nach der Länge, Grösse und innern Einrichtung. Nach diesen Datis, und zugleich mit Rücksicht auf die am Orte vorhandene Bevölkerung, auf den Grad der Wohlhabenheit und des Luxus unter den Einwohnern, und auf den gewöhnlichen Preis, welchen solche Grundstücke an diesem Orte zu gelten pflegen, muss ein ungefährer Werth von den Taxatoren, nach vernünftigem Ermessen, bestimmt werden.

Die bei einem solchen Grundstücke befindlichen Gebäude müssen ebenfalls beschrieben, und wenn dazu Orangerie oder seltene Gewächse gehören, muss ein Verzeichniss derselben, mit einer ungefähren Angabe des Werths der einzelnen Stücke, der Taxe beigefügt werden.

5) Von Gerechtigkeiten.

§. 17. V. Bei einzelnen, für sich bestehenden Gerechtigkeiten, ist darauf Rücksicht zu nehmen: ob dieselben an und für sich einen gewissen Ertrag gewähren, oder ob sie dem Besitzer bloss eine Gelegenheit darbieten, sich durch Anwendung seiner Wissenschaft, Kunst und Industrie Vortheile zu verschaffen; oder endlich, ob es blosse Ehrenrechte sind, mit welchen kein nach Gelde zu bestimmender Vortheil verbunden ist.

Bei Gerechtigkeiten der ersten Art, z. B. Zollgerechtigkeiten, Fischereigerechtigkeiten etc., wird der Ertrag ausgemittelt, und die Taxe darnach bestimmt. Bei Gerechtigkeiten der zweiten Art, z. B. Barbier- und Badestuben, Krug- und Schankgerechtigkeiten, Kramgerechtigkeiten, Apotheken etc., findet keine eigentliche Ertragstaxe statt, sondern es müssen in einer aufzunehmenden Beschreibung die näheren Bestimmungen und der Umfang eines solchen Rechts angegeben, und mit Rücksicht auf den gewöhnlichen Werth, den dergleichen Gerechtigkeiten an einem Orte, nach dem Verhältnisse der Bevölkerung und des Wohlstandes, so wie auch der mehr oder weniger eingeschränkten Zahl der Berechtigten, zu haben pflegen, ein ungefähres Taxquantum von den Sachverständigen angegeben werden. Gehören zu einer solchen Gerechtigkeit gewisse bewegliche Zubehörungen, Utensilien und Geräthschaften; so ist ein Verzeichniss derselben der Taxe beizufügen; Vorräthe und Waaren, Materialien etc. werden besonders taxirt.

Auf eben die Art wird bei der Abschätzung von Gerechtigkeiten, die keinen nach Gelde zu berechnenden Vortheil gewähren, sondern in blossen Ehrenrechten bestehen, verfahren.

6) Von Schiffen.

§. 18. VI. Schiffe können niemals nach ihrem Ertrage, sondern sie müssen lediglich nach dem Werthe der darin befindlichen Materialien, an Holz, Eisen, Kupfer etc., ingleichen des Zubehörs an Tauen, Seegeln, Ankern etc., durch Sachverständige abgeschätzt werden. Dabei sind jedesmal die Bauart des Schiffes, der Ort, wo, und die Zeit, wann es erbaut worden, zu bemerken. Von den obgedachten Zubehörungen ist der Taxe ein Verzeichniss beizufügen.

7) Von beweglichen Sachen.

§. 19. VII. Bei beweglichen Sachen kann nur die Substanz der Stücke selbst angegeben werden. Gold und Silber wird nach dem Gewichte taxirt, und dabei die Probe bemerkt. Bei Juwelen und Kostbarkeiten, ingleichen bei Kunstwerken, bei welchen es weniger auf die Materie, als auf die Form und künstliche Bearbeitung ankommt, müssen, wenn der wahrscheinliche Werth nicht unbeträchtlich ist, zur Abschätzung wenigstens drei Sachverständige gebraucht, und die Taxe muss nach dem Durchschnitte ihrer Angaben bestimmt werden. Bei anderen beweglichen Sachen ist die Zuziehung auch nur eines Taxators, welcher von Gegenständen dieser Art die nöthige Sachkenntniss besitzt, hinreichend.

Wenn mehrere Stücke von gleicher Art vorhanden sind, z. B. mehrere brillantene Ringe etc.; so müssen denselben, mittelst eines an jedem Stücke mit dem Gerichtssiegel zu befestigenden Fadens, Nummern dergestalt angehängt werden, dass keine Verwechselung erfolgen könne.

Instruktion vom 16. Juni 1832, über das Verfahren bei Abschätzung der Inventarienstücke verpachteter Landgüter; s. zu I. 44. §. 53.

Allgemeine Gerichtsordnung

für die

Preussischen Staaten.

Dritter Theil.

Von den Pflichten der bei der Justiz angesetzten Personen.

Erster Titel.

Von den Landesjustizkollegien überhaupt, deren Verrichtungen und Pflichten.

1) a. **Verordnung** vom 27. Oktober 1810, betreffend die veränderte Verfassung der obersten Staatsbehörden.

Extrakt.

Der Justiz=Minister hat zum Geschäftskreise

1. Alles ohne Ausnahme, was die Oberaufsicht auf die eigentliche Rechtspflege betrifft. Diese selbst ist, wie es sich versteht, den Gerichten allein überlassen. Er hat jene Aufsicht, mithin auch die gesammte Civil= und Kriminal=Justiz, ferner die Anstellung aller Justiz=Bedienten, oder den Vorschlag dazu bei Uns. Der Geschäftsbetrieb bei allen Justizbehörden, das Pupillen=, Deposital= und Hypotheken=Wesen, stehen unter ihm. Außerdem werden ihm noch:

2. die Lehnssachen beigelegt.

3. Soll er in Angelegenheiten Unsers Hauses in rechtlicher Hinsicht sein Gutachten abgeben.

Wo die Aufsicht auf die Leitung des Kriminalwesens mit der allgemeinen Polizeiaufsicht zusammengreift, handelt der Justizminister gemeinschaftlich mit dem Chef der allgemeinen Polizei. Namentlich findet dieses rücksichtlich der Strafanstalten statt.

Neue Gesetze bringt der Justizminister gleich andern Departements=Chefs, im Staatsrath in Vorschlag, welcher sodann das Weitere veranlaßt.

Jede Abänderung der Verfassung, es betreffe solche die Behörden oder die Form der Rechtspflege, bringt er im Staatsrathe zum Vortrage, ehe er solche bei Uns vorschlägt.

Er kommunizirt mit den andern Ministern und Departements=Chefs, sobald deren Geschäftskreis mit eingreift und handelt auch verfügt mit ihnen gemeinschaftlich, wenn jenes der Fall ist. Die Stellen bei Strafanstalten, die von ihm allein ressortiren, besetzt er allein, sobald solche aber auch zum Geschäftskreise der allgemeinen Polizei gehören, überläßt er deren Besetzung, so wie die ganze innere Oekonomie, dem Departement der allgemeinen Polizei, welches mit ihm nöthigenfalls kommunizirt.

Insbesondere müssen auch die andern Ministerien und Departements, in Rücksicht auf den National=Wohlstand, bei dem Hypotheken= und Pupillenwesen mit einwirken.

Ueber alle gemeinsame Gegenstände findet nach ihrer Beschaffenheit, eine Berathung, entweder unter Einzelnen, oder im Staatsrathe statt.

Die Gesetzkommission ist zwar dem gesammten Staatsrath untergeordnet; es soll aber bei derselben durch den Justizminister besonders darauf gehalten werden, daß sie wegen der in sein Fach einschlagenden Gesetze, mit vorzüglichen Rechtsgelehrten stets besetzt werde.

Außer den im Allgemeinen zu Unserer Genehmigung vorbehalten Fälen, muß Uns der Justizminister

1. alle zu Unserer Vollziehung geeignete Kriminalerkenntnisse in der bisher üblichen Art vorlegen;

2. Uns die erforderlichen Uebersichten des Zustandes der Rechtspflege durch Vorlegung der Generallisten über die Geschäftsführung sämmtlicher Justizbehörden mit seinen Bemerkungen gewähren.

Diese theilt er auch dem Staatsrath mit.

3. Die Verwendung der für die Rechtspflege ausgesetzten Fonds bleibt ihm zwar überlassen; jedoch ist Unsere Einwilligung nöthig zu jeder Personalvermehrung, zur Erhöhung der Besoldungen über die zu bestimmenden Normalsätze und Remunerationen, die nicht aus Besoldungsersparnissen herrühren.

4. Zur Besetzung aller oberen Stellen, mit Inbegriff der Raths- und Justizdirigenten-Stellen in allen größern Städten, muß er ebenfalls Unsere Genehmigung einholen.

5. Straferkenntnisse gegen königliche Diener, wodurch sie von ihrem Amte auf eine Zeitlang oder auf immer entfernt werden, desgleichen Begnadigungsgesuche und Anträge die sie betreffen, können nicht anders, als nach geschehenem Vortrage im Staatsrath, durch solchen an Uns gebracht werden.

Unmittelbar unter dem Justizminister stehen:

1. Das Ober-Tribunal.

2. Das Kammergericht in Berlin und die Ober-Landesgerichte, als Provinzial-Kollegien.

3. Alle übrigen Gerichte ohne Ausnahme.

Kein Departements-Chef kann an jene Obergerichte verfügen. Andere Departements wenden sich in Fällen wo sie Auskunft von ihnen zu erhalten wünschen, an den Justizminister. Wegen des Staatskanzlers sind schon oben Bestimmungen gegeben, die auch hier gelten.

(G. S. S. 3.)

b. **C. O.** vom 9. Februar 1832, betreffend die Ernennung zweier Justizminister und die Bestimmung des Geschäftskreises derselben.

Wenn gleich die umfassenden Arbeiten der von Mir angeordneten Gesetz-Revision mit einer angestrengten, wohlgefällig von Mir anerkannten Thätigkeit betrieben worden sind; so hat doch die Erfahrung gezeigt, daß die Leitung dieser Arbeiten, verbunden mit der, dem Justizminister obliegenden Beaufsichtigung der gesammten Justizpflege und der laufenden Verwaltung die Kräfte eines Beamten übersteigen, und daß in der, den beiden Geschäften zu widmenden Zeit selbst ein Hinderniß liegt, die Revision sowohl des A. L. R. und der A. G. O., als der Provinzialgesetze so zeitig zu vollenden, als das allgemeine Beste und die Nothwendigkeit einer endlichen Bestimmung über die gesetzlichen Einrichtungen in den Landestheilen, in welchen die Preußischen Gesetze noch nicht eingeführt sind, dringend erheischen. Ich habe daher beschlossen, in die erledigte Stelle des Justizministers zwei Minister zu ernennen, von welchen dem Einen die Fortführung der Gesetz-Revision in allen ihren Theilen, mit Einschluß der Provinzial-Gesetze, so wie die dem Justizminister verfassungsmäßig zustehende oberste Leitung der Justiz-Angeleiten für die Rheinprovinz, dem Andern aber diese oberste Leitung und Beaufsichtigung der Justizverwaltung für alle übrige Provinzen nebst den Lehnssachen übertragen wird. Zu der ersten Stelle habe Ich den wirklichen Geheimen Rath von Kampz, zu der andern den Ober-Landesgerichts-Vice-Präsidenten Mühler in Breslau ernannt. Zur Erhaltung der Einheit in den Geschäften habe Ich hierbei bestimmt, daß die Vorschläge zur Besetzung solcher Justizstellen; die eine von Mir vollzogene Bestallung, oder Meine unmittelbare Genehmigung erfordern, oder mit welchen Sitz und Stimme in einem Provinzial-Obergerichte verbunden ist, von beiden Ministern gemeinschaftlich ausgehen, und da, wo es erforderlich ist, an Mich gerichtet werden. Versetzungen aus einem Departement in das andere erfordern eine gemeinschaftliche Zustimmung. Die Bestellung der Mitglieder der Immediat-Examinationskommission und die Beaufsichtigung derselben, soll gemeinschaftlich sein. Die vorgeschriebenen Konduitenlisten werden von den Behörden mit einem an beide Minister zu erstattenden Berichte eingereicht. Die von dem Justizministerium ausgehenden Vorschläge zum Erlaß eines speziellen Gesetzes, es mag materielle Bestimmungen enthalten, oder die gerichtliche Form betreffen, werden ohne Rücksicht auf die Provinz, für welche das Gesetz bestimmt ist, gemeinschaftlich geprüft und unmittelbar an Mich, oder an das Staatsministerium eingereicht. Im Fall einer Abwesenheit oder Krankheit wird der eine Minister den andern vertreten, so wie Ich mir vorbehalte, dem Einen oder dem Andern, ohne Rücksicht auf die Departements-Eintheilung, besondere Aufträge zu Revisionen, oder für andere Gegenstände der Justiz-Verwaltung, zu ertheilen. Die Dienstwohnung soll jedesmal von dem ältesten Minister benutzt werden, wogegen das Lokal zu den Bureaus gemeinschaftlich ist. Wegen Auseinandersetzung der Etats und Eintheilung des Beamten-Personals habe Ich besonders verfügt. Das Staatsministerium beauftrage Ich, beide Justizminister bei sich einzuführen und die gegenwärtige Bestimmung durch die G. S. zur öffentlichen Kenntniß zu bringen.

(G. S. S. 15.)

c) α. C. O. vom 6. September 1815, wegen Einwirkung des Chefs der Justiz auf die Verfügungen der Gerichtsbehörden.

Aus Ihrem Bericht vom 7. v. M. habe Ich ersehen, daß die Befugniß des Chefs der Justiz, solche Verfügungen der Gerichtshöfe, welche nicht in Entscheidungen durch Erkenntniß bestehen, auf die Beschwerde der Parteien abzuändern, einer ausdrücklichen Bestimmung bedarf, damit die Kontestationen, welche bei Einleitung des Prozesses, bei der Exekution, bei der Zulassung zu Rechtsmitteln, bei Legitimations-Beurtheilungen, bei dem Hypothekenbuche und in sonstigen Fällen von Seiten der Gerichtshöfe eingetreten sind, nicht weiter statt finden. Ich setze daher auf Ihren obgedachten Bericht hierdurch fest:

daß die Gerichtshöfe bei allen ihren Entscheidungen durch Erkenntnisse keiner andern Vorschrift als derjenigen der Gesetze unterworfen bleiben, und in so fern als vollkommen selbstständig zu erachten, dagegen aber verpflichtet sind, in allen Gegenständen der Justizpflege, welche nicht zu den Entscheidungen durch Urtel und Recht zu zählen, den Anordnungen des Chefs der Justiz nachzukommen, und solche zu befolgen, wobei es sich alsdann von selbst versteht, daß sie für alle solche ihrer Ueberzeugung entgegengesetzte Verfügungen des Justizministers nicht verantwortlich sein können.

(G. S. S. 198.)

β. C. O. vom 24. August 1837 an den Justizminister, betreffend die Befugnisse des Justiz-Ministers zur Ertheilung von Geschäftsinstruktionen.

Auf Ihren Bericht vom 31. v. M. genehmige Ich, nach Ihrem Antrage, daß an die Stelle der nach §. 99. der Cr. O. vom 11. Dezember 1805 durch die Untergerichte in Untersuchungssachen einzureichenden Geschäftstabellen diejenigen Listen treten, die Sie in Ihrer Generalverfügung vom 31. Oktober v. J. Littr. a. No. III. vorgeschrieben haben. Uebrigens hat es zu dieser Abänderung Meiner Autorisation nicht bedurft, da die Bestimmung im §. 99. der Cr. O. keine materielle Vorschrift der Legislation, sondern eine Geschäftsinstruktion enthält, die der Justizminister in pflichtmäßiger Erwägung der Umstände modificiren darf, ohne nach dem organi-

schen Gesetz vom 27. Oktober 1810 Meine unmittelbare Genehmigung einzuholen.
(G. S. S. 143.)

2) a. α. **Patent** vom 23. Oktober 1798, wegen Errichtung eines Militair-Justiz-Departements.

Bei Unserer ununterbrochenen Aufmerksamkeit auf den Gang der Geschäfte in allen Zweigen der Staatsverwaltung hat es uns nicht entgehen können, daß die Unterordnung der für jede derselben etablirten Kollegien unter eine höhere Instanz die einzige sichere Garantie des gesetzmäßigen Ganges der öffentlichen Verhandlungen ist. Insbesondere hat eine lange Erfahrung den ersprießlichen Nutzen bewähret, der dadurch hervorgebracht worden, daß sämmtliche höhere und niedere Gerichte der Aufsicht und Leitung Unsers Justiz-Departements subordinirt worden.

Da es nun in Ansehung Unsers General-Auditoriats und Krieges-Konsistorii noch zur Zeit an einer solchen höhern Instanz ermangelte, so haben Wir nöthig befunden, zu diesem Behuf ein besonderes Militair-Justiz-Departement zu errichten, und demselben aufzutragen, in Unserm Allerhöchsten Namen die Oberaufsicht über die Geschäftsverwaltung sowohl des Generalauditoriats und Kriegskonsistorii als sämmtlicher diesen subordinirten Militairgerichte zu führen. Von dieser Oberaufsicht des Militair-Justiz-Departements werden jedoch ausgenommen:

1) alle Militair-Dienstsachen,
2) die unmittelbaren Aufträge, welche sowohl das General-Auditoriat, als einzelne Mitglieder desselben von Uns erhalten haben, oder noch erhalten werden;
3) sämmtliche Kriminalsachen, worin wirkliche Militairpersonen oder deren Angehörige verwickelt sind;

indem diese Gegenstände nach der bestehenden Militairverfassung, nur von Unserer Allerhöchsten Person unmittelbar abhängen können.

Dieses Militair-Justiz-Departement soll aus dem jedesmaligen Chef des Militair-Departements und dem Großkanzler bestehen, und in geistlichen Angelegenheiten mit Zuziehung des Chefs des geistlichen Departements verfügen.

Dem Chef des Militair-Departements sind die Militairdienst-Verhältnisse genau bekannt, und ihm liegt es ob, unabläßig dafür Sorge zu tragen, in jedem vorkommenden Falle die Anwendung der Gesetze dergestalt zu modificiren, daß der Dienst selbst darunter nicht leide. Dahingegen muß der Großkanzler nach der ihm beiwohnenden Kenntniß dieser Gesetze und der dadurch bestimmten Verfahrungsart im Allgemeinen, wegen zweckmäßiger Einrichtung des Ganges der Geschäfte, des Kanzlei-Registratur-Sportul- und Deposital-Wesens, auch Anordnung von Justizvisitationen, gemeinschaftlich mit dem Chef des Militair-Departements, die erforderlichen Verfügungen treffen, auch gleichmäßig die in Civil-Matrimonial- und Sponsalienprozessen, wie nicht minder in Vormundschaftssachen, einlaufenden Beschwerden auf das genaueste untersuchen, und deshalb das Nöthige veranlassen. Insbesondere machen Wir es beiden zur Pflicht, dahin zu sehen, daß in Zukunft die Auditeurstellen bei sämmtlichen Regimentern mit solchen Subjekten besetzt werden, welche vorher bei den Landes-Justiz-Kollegiis gehörig gebildet und geprüft worden, imgleichen daß diese hiernächst, nach Maaßgabe ihres Dienstalters, ihrer Applikation und übrigen Qualifikation, im Civildienst weiter befördert werden. Gleichmäßig sollen die bei dem Generalauditoriat selbst anzustellenden Offizianten jederzeit von dem Militair-Justiz-Departement gehörig geprüft, und von demselben zu Unserer Allerhöchsten Bestätigung in Vorschlag gebracht werden.

So viel insbesondere die Kirchen- und Schulsachen, die Aufsicht über sämmtliche vom Kriegs-Konsistorio abhängige Geistliche, Schullehrer und

Küster betrifft, soll das Militair=Justiz=Departement, nach Verschiedenheit des Ressorts, mit den Chefs des reformirten oder lutherischen geistlichen Departements, alle Angelegenheiten dieser Art in Erwägung ziehen, und gemeinschaftlich die erforderlichen Verfügungen treffen; damit auch in dieser Art der Geschäftsverwaltung überall die vorhandenen gesetzlichen Vorschriften auf das genaueste befolgt werden.

Wir hoffen und erwarten, daß durch diese Unsere Verfügung für das Beste Unserer braven Armee gesorgt, und Unsere landesväterliche Absicht durch Ordnung, Genauigkeit und Geschwindigkeit der Dienstverwaltung, überall in Erfüllung gebracht werden wird.

Wir befehlen daher Unserem solchergestalt errichteten Militair=Justiz=Departement, dem General=Auditoriat und Kriegs=Konsistorio, wie auch allen höheren und niederen Militair= und Civil=Offizianten, dieser Unserer Anordnung überall schuldige Folge zu leisten, wes Endes solche unverzüglich durch den Druck zu Jedermanns Wissenschaft gestellet werden soll. (N.C.C. P. X. S. 1781. Nr. 81. de 1798.)

(v. R. V. S. 231.)

β. **Rescript** vom 24. und 26. Juni 1833, betreffend die Kompetenz des Militair=Justiz=Departements in Beschwerdesachen über die Militairgerichte.

Seine Majestät der König haben, auf Veranlassung der Beschwerde eines Auditeurs über eine Verfügung des Generalauditoriats, in einer unterm 6. Mai 1833 an das Militair=Justiz=Departement erlassenen Allerhöchsten C. O., Sich dahin zu äußern geruht, daß diese Beschwerdesache, nach dem Patent vom 23. Oktober 1798, zur Kompetenz des Militair=Justiz=Departements gehöre, da sie lediglich die Geschäftsverwaltung der Militairgerichte betreffe, und Allerhöchstdieselben Ihrer unmittelbaren Entscheidung nur die Gegenstände der Militairdisciplin und die Kriminalsachen in Bezug auf die Militairpersonen selbst und deren Angehörige vorbehalten hätten, daß aber eine in der Geschäftsverwaltung, bei Gelegenheit einer Kriminalsache, worin eine Militairperson verwickelt ist, zur Sprache gekommene Differenz in den Ressortverhältnissen nichts abändere, und gemäß dieser Deklaration des Patents vom 23. Oktober 1798 fernerhin zu verfahren sei.

Einem Königlichen Generalkommando mache ich hiervon zur gefälligen weitern Bekanntmachung an die Militair=Gerichtsbehörden des Armeekorps und Armeekorps=Bezirks ergebenste Mittheilung.

Berlin, den 24. Juni 1833.

An
sämmtliche Königliche General=Kommandos.

Sämmtlichen Gerichtsbehörden wird hiermit das Cirkular des Königl. Kriegs=Ministeriums vom 24. d. M.,

betreffend die Deklaration des Patents vom 23. Oktober 1798 in Bezug auf die Kompetenz des Militair=Justiz=Departements in Beschwerdesachen,

zur Nachricht mitgetheilt.

Berlin, den 26. Juni 1833.

(v. K. Jhrb. Bd. 41. S. 436.)

b. α. **Dienst-Instruktion** für das Generalauditoriat, vom 20. Oktbr. 1800.

Nachdem Wir eine Instruktion für den General=Auditeur Unserer Armee und für das General=Auditoriat und resp. Kriegs=Konsistorium, in Ansehung deren Dienstverhältnisse und des Geschäftsgangs mit Hinsicht auf die eigenthümliche Verfassung der Militair=Justiz, entwerfen zu lassen gut und nöthig gefunden; als setzen Wir folgendes fest und verordnen hiermit:

Erster Titel.

Von dem Amte des General=Auditeurs.

§. 1. Der General=Auditeur soll die Oberaufsicht und Direktion des gesammten Justizwesens bei der Königlichen Armee führen, und muß, nach

Inhalt seiner Bestallung und des von ihm geleisteten Diensteides, sich mit allem Fleiß dahin bestreben, und sein ununterbrochenes Augenmerk darauf richten, daß bei sämmtlichen Militairgerichten überall gründliche, unpartheiische und prompte Justiz administrirt werde.

§. 2. In dieser Hinsicht gehört es, in Konformität der Verordnungen vom $\frac{7}{17}$. April 1692 und 6. Januar 1798, zum eignen und speziellen Officio des General-Auditeurs, nicht nur zur Besetzung der Ober-Auditeurstellen in den Provinzen, wo solche erforderlich sind, und resp. zu Feld-Ober-Auditeurs, bei Entstehung eines Kriegs, aus den mehrere Jahr wohlgedienten Auditeurs rechtschaffene, geschickte und fleißige Subjekte auszuwählen, und Seiner Königlichen Majestät in Vorschlag zu bringen, sondern auch diejenigen Subjekte, welche aus der Zahl der, bei dem General-Auditoriat angestellten oder bei Landes-Justiz-Kollegiis oder andern, diesen gleich zu achtenden Gerichten, arbeitenden Referendarien zu Auditeurstellen bei Regimentern, Bataillons oder Gouvernements rc. entweder von den Chefs, Gouverneurs und resp. Kommandanten, vermöge des ihnen verliehenen Präsentationsrechts, dem General-Auditeur vorgeschlagen, oder auf ihren Antrag von demselben gewählt werden, entweder selbst gehörig zu prüfen, oder dazu einen Ober-Auditeur oder sonst qualificirten Justizbedienten den Auftrag zu geben, und nur alsdann erst, wenn sie im Examen ihre Tüchtigkeit zum Auditeurdienst hinlänglich ausgewiesen haben, zu Auditeurs zu bestellen und in Eid und Pflicht zu nehmen.

§. 3. Auch gebühret dem General-Auditeur die Anstellung derjenigen Subjekte, welche sich dem Auditeurdienst widmen, und vorher bei dem General-Auditoriat und Krieges-Konsistorio dazu geschickt machen wollen, als Auskultatoren oder Referendarien bei diesen Kollegiis, wenn zuvörderst in Ansehung der noch nicht bei irgend einem andern Justiz-Kollegio examinirten und in gleicher Qualität schon verpflichteten Subjekte eine ordnungsmäßige Prüfung durch einen oder zwei Ober-Auditeurs und die gehörige Nachweisung der Qualifikation vorhergegangen ist; der General-Auditeur muß sich aber besonders angelegen sein lassen, die angestellten Auskultatoren und Referendarien theils selbst, theils durch die Ober-Auditeurs, zu den Geschäften anzuführen und zu brauchbaren Auditeurs auszubilden.

§. 4. Damit einestheils den bei dem General-Auditoriat und Krieges-Konsistorio Prozeß führenden Militair- und Civilpersonen an solchen Männern, deren sie sich als Rechtsbeistände und Bevollmächtigte in ihren Rechtsangelegenheiten bedienen können, niemals gebrechen möge, anderntheils die benannten Kollegia in den Stand gesetzt werden, nicht nur auswärtigen Parteien gewisse und bestimmte Subjekte, welche sich zur Uebernahme und Betreibung der bei diesen Kollegiis vorkommenden gerichtlichen Geschäfte verstehen, mit Sicherheit in Vorschlag zu bringen, sondern auch armen Parteien solche zu Assistenten ex officio zuordnen zu können, und endlich, damit besonders auch Behufs der Beschleunigung der Prozesse, der durch die bisherige distrahirende Prozeßpraxis der bei Civil-Kollegiis angestellten Justiz-Kommissarien entstandenen Termins-Frustrirungen und Prozeßverschleppungen für die Zukunft möglichst abgeholfen werde; so soll der General-Auditeur befugt sein, zu bemeldetem Zweck einige Justiz-Kommissarien, die die in der A. G. O. Thl. III. Tit. 7. erforderten Qualitäten haben müssen, nach vorgängiger Prüfung bei dem General-Auditoriat und Kriegs-Konsistorio zu bestellen, und in Eid und Pflicht zu nehmen.

§. 5. Bei Entstehung eines Krieges muß der General-Auditeur dafür Sorge tragen, daß außer den Feld-Ober-Auditeurs auch sämmtliche übrige zur Feld-Militair-Justiz gehörige Personen gehörig angestellt, verpflichtet und mit der erforderlichen Instruktion versehen werden.

§. 6. Bei dem General-Auditoriat führet der General-Auditeur das Präsidium mit eben den Obliegenheiten und resp. Befugnissen, welche den Präsidenten der Landes-Justiz-Kollegiorum in der A. G. O. Thl. III. Tit.

2. §. 2. 3. 4. 5. 6. 7. 8. 9. 10. 11. 12. 15. 16. 17. 18. 19. 21. 23. 35. 36. 37. 38. auf und beigelegt sind; und wird es demselben hierbei zur Pflicht gemacht, in dem Fall der im §. 20. Tit. 1. und §. 10. Tit. 2. Thl. III. der A. G. O. erforderten Anzeige von der Inkorrigibilität oder vorsätzlichen Verletzung wesentlicher Amtspflichten eines Mitglieds oder Subalternen des Kollegii an Seine Königliche Majestät unmittelbar zu berichten.

§. 7. Gleichmäßig präsidirt der General-Auditeur bei dem Krieges-Konsistorio, wie solches bereits in dem Militair-Konsistorial-Reglement vom 15. Juli 1750 §. 1. verordnet ist.

§. 8. Auch bei dem Ober-Krieges-Kollegio kompetirt demselben Sitz und Stimme in allen Sachen, zu deren Beurtheilung und Entscheidung juristische Kenntnisse gehören, und behält er selbst forthin den ordentlichen Vortrag in allen bei den jetzt subsistirenden drei Departements des Ober-Krieges-Kollegii vorkommenden juristischen Vorfällen, zu welchem Ende ihm alle dergleichen Sachen von den Departements-Directoribus zugeschrieben werden müssen.

§. 9. In Rücksicht seiner Kenntnisse von der Militairverfassung überhaupt, und besonders in Ansehung der Justiz und zur Aufrechthaltung der Gerechtsame des Militairstandes, soll der jedesmalige General-Auditeur auch Mitglied der Gesetz-Kommission sein.

§. 10. Außerdem ist mit dem Posten des General-Auditeurs die Direktion des Spandauschen Zucht- und Arbeitshauses nach wie vor verbunden.

§. 11. Wenn der General-Auditeur durch eine Reise, Krankheit oder andern Zufall, sein Amt zu versehen verhindert wird; so muß der anwesende bei dem General-Auditoriat vorsitzende Ober-Auditeur seine Stelle überall vertreten.

Zweiter Titel.

Von dem General-Auditoriat und resp. Krieges-Konsistorio.

§. 1. Das General-Auditoriat soll künftig bestehen aus dem General-Auditeur als Präside,

2 Ober-Auditeurs als Räthen
1 Ober-Auditeur als Assessor;

nebst einer hinlänglichen Anzahl Referendarien und den erforderlichen Subalternen, als:

1 expedirender Sekretair
1 Registrator
außer dem bei der Geheimen-Krieges-Kanzlei in den zum General-Auditoriat ressortirenden Justizsachen angestellten besondern Expedienten und Registrator
1 Kanzlei-Inspektor
1 Deposital-Kassen-Rendanten
1 Gebühren-Kassen-Rendanten
1 Kalkulator
2 Kanzlei-Sekretairs oder Kanzlisten
2 Kopisten und
2 Kanzleidienern und Boten.

§. 2. Mit dem General-Auditoriat ist und bleibt das Krieges-Konsistorium in der Maaße kombinirt, daß Letzteres in Gemäßheit des Militair-Konsistorial-Reglement vom 15. Juli 1750 §. 1., welches überhaupt sammt den nachherigen speziellen Verordnungen bis zu dessen erfolgten Revision und Emanirung eines anderweitigen Reglements seine Kraft behält, aus den Mitgliedern des General-Auditoriats mit Beiordnung des Feldprobsts, und in wirklichen Ehescheidungsfällen mit Zuziehung zweier Staabsoffiziere bestehet, und die Kanzlei-, Kassen- und Botengeschäfte des Krieges-Konsistorii von den Kanzlei- und Kassen-Offizianten des General-Auditoriats mit versehen, die Expeditions- und Registraturgeschäfte aber von einem besondern expedirenden Sekretario und einem besondern Registrator verwaltet werden.

§. 3. Zum Ressort des General-Auditoriats gehören:

a) alle bei der Königlichen Armee und den der Militair-Jurisdiktion sonst unterworfenen Personen vorfallenden Kriminal- und Civilsachen, theils in erster, theils in zweiter Instanz, und resp. die Direktion und Betreibung der zum Militairforo gehörigen Vormundschaftssachen, wie solches bereits in der A. G. O., dem A. L. R. und durch besondere Verordnungen, vorzüglich durch
   General-Reglement in puncto der Jurisdiktion vom 28. März 1737,
   Patent wegen der Testamente vom 18. Mai 1747,
   Edikt, betreffend Deserteurs und ausgetretene Landeskinder vom 17. November 1764,
   Reglement vom 30. November 1772, betreffend das Verfahren in Sterbefällen,
   Deklaration wegen der Instanzien vom 1. März 1787,
   Verordnungen in Injuriensachen vom 17. und 31. Juli 1788,
   Publikandum wegen Einführung des A. L. R. vom 14. März 1797,
   C. O. wegen der dimittirten Offiziers vom 26. April 1798,
   Deklaration über einige Punkte der Kriegs-Artikul vom 20. März 1797,

   näher bestimmt ist;

b) die Aufsicht über die außerhalb Berlin befindlichen Ober-Auditeurs und die sämmtlichen Gouvernements-, Regiments- und Bataillons-Gerichte, dergestalt, daß das General-Auditoriat sowohl überhaupt auf eine ordnungsmäßige Rechtspflege bei selbigen halten, als auch insonderheit die gegen die Verfügungen und Aussprüche sothaner Gerichte, es sei durch den Weg der Appellation oder des bloßen Rekurses, an dasselbe gelangten Beschwerden untersuchen, und denselben, wenn sie gegründet sind, abhelfen, nöthigenfalls an Seine Königliche Majestät unmittelbar zur Remedur berichten soll.

§. 4. Zur Beobachtung der dem General-Auditoriat dabei obliegenden allgemeinen Pflichten wird dasselbe auf die Dispositionen der A. G. O. Thl. III. Tit. 1. §. 6. 7. 8. 17. 24. 26. 39. verwiesen.

§. 5. Zu den Geschäften, welche vor dem versammelten General-Auditoriat und resp. Kriegs-Konsistorio zu besorgen sind, werden zwei Zusammenkunftstage in jeder Woche, vor jetzt der Dienstag und Sonnabend, als gewisse Sessiones, bestimmt, und sind hierbei die Vorschriften der A. G. O. Thl. III. Tit. 1. §. 41. und 42. zu observiren.

§. 6. Diesen Sessionen müssen nach §. 39. loc. all. alle Mitglieder, Referendarien und Auskultators beiwohnen, und falls etwa wegen pflichtwidriger Widersetzlichkeit gegen die Ordnung es einer weitern Ahndung, als daselbst den Vorgesetzten erlaubt ist, bedürfen sollte; so muß desfalls an Seine Königliche Majestät immediate vom General-Auditeur berichtet werden.

§. 7. In Absicht der Ordnung, in welcher die Geschäfte in den Sessionstagen vorgenommen werden sollen, dienet die Vorschrift der A. G. O. Thl. III. Tit. 1. §. 43—47. 49. und 50. zum Leitfaden, und haben sich hierunter die Mitglieder des General-Auditoriats, dem Ermessen des General-Auditeurs zu fügen.

§. 8. Sämmtliche abgefaßte Sentenzien und Resolutionen, und die Konzepte der dekretirten Verfügungen müssen von dem Referenten, Korreferenten und resp. Decernenten vor der wirklichen Ausfertigung gehörig revidirt, und vom General-Auditeur korrevidirt, die Munda aber vom General-Auditeur allein unterschrieben werden.

Dritter Titel.

Von dem Amte der Ober-Auditeurs bei dem General-Auditoriat und Krieges-Konsistorio.

§. Die Ober-Auditeurs und wirklichen Mitglieder des General-Auditoriats und Krieges-Konsistorii sollen vorzüglich aus der Zahl der bei der Königlichen Armee angestellten Auditeurs, welche sich, nach dem pflichtmäßigen Zeugniß des General-Auditeurs in ihrem mehrjährigen Dienst durch Fleiß, Geschicklichkeit und Rechtschaffenheit ausgezeichnet haben, und zwar, insofern sie schon vorhin von der Immediat-Examinations-Kommission geprüft und zu einer Rathsstelle tüchtig befunden worden, ohne weiteres Examen, in dem Fall aber, wenn solches noch nicht vorhergegangen ist, erst nach vorausgegangener scharfen Prüfung abseiten gedachter Examinations-Kommission, und nach dabei ausgewiesener Qualifikation genommen, und Seiner Königlichen Majestät von dem Chef des Militairdepartements, dem Großkanzler und dem General-Auditeur gemeinschaftlich vorgeschlagen werden, als in welcher Maaße das Patent vom 23. Oktober 1798 wegen Anstellung der Offizianten des General-Auditoriats hiermit deklarirt wird.

§. 2. Jedem als Rath und Assessor bei dem General-Auditoriat und Krieges-Konsistorio angestellten Ober-Auditeur soll, gleich dem Rath eines Landes-Justiz-Kollegii, ein Votum decisivum zustehen; doch soll, wenn in einer Sache gleiche Vota von beiden Seiten vorhanden sind, das Votum des General-Auditeurs den Ausschlag geben.

§. 3. Sämmtliche Ober-Auditeurs müssen in ihrem ganzen Betragen und in ihren verschiedenen Amtsverrichtungen alle diejenigen allgemeinen und besonderen Pflichten treulich beobachten, welche den Räthen bei den Justiz-Kollegiis in der A. G. O. Thl. III. Tit. 3. zur Wahrnehmung vorgeschrieben sind.

Vierter Titel.

Von den Subalternen bei dem General-Auditoriat und Krieges-Konsistorio.

§. 1. In Ansehung der Prüfung und Anstellung der Subalternen des General-Auditoriats und Krieges-Konsistorii soll es bei der hergebrachten Verfassung dergestalt sein Verbleiben behalten, daß sämmtliche Subalternen vor ihrer Ansetzung von dem General-Auditeur selbst, oder durch einen von ihm deputirten Ober-Auditeur, gehörig geprüft, und nach Befund der Tüchtigkeit vom General-Auditeur angestellet, bestallet, und im General-Auditoriat verpflichtet werden.

§. 2. In Absicht ihrer Pflichten müssen sämmtliche Subalternen die allgemeine Vorschrift der A. G. O. Thl. III. Tit. 5. und nachfolgende, der eigenthümlichen Verfassung des General-Auditoriats und Krieges-Konsistorii angemessene besondere Feststellungen jederzeit vor Augen haben, und befolgen, auch den jedesmaligen zum regelmäßigen und schnellen Betrieb der Geschäfte getroffenen Verfügungen und Anweisungen des General-Auditeurs genau nachleben. ꝛc.

(Die folgenden Titel: Vom Depositalwesen, von der Aufbewahrung der Testamente, vom Registratur- und Kanzleiwesen und vom Sportelwesen sind zur Ersparung des Raums weggelassen.)

(v. R. VI. S. 286.)

β. Vergl. **Militair-Kirchenreglement** vom 28. März 1811, wegen Aufhebung des Krieges-Konsistorii. (G. S. S. 170.)

c. α. **C. O.** vom 19. Juli 1809, betreffend die Aufhebung des Militairgerichtsstandes in Civilsachen; s. zu I. 2. §. 48. Anh. §. 12—20.

β. **Rescript** vom 18 August 1812, betreffend die veränderte Einrichtung der Militairgerichte.

Nachdem durch die C. O. vom 19. Juli 1809 die bis dahin bestandene Militairgerichtsbarkeit eingeschränkt und dadurch die Nothwendigkeit herbeigeführt worden, auch den Militairgerichten eine damit übereinstimmende veränderte Einrichtung zu geben; so haben Seine Königliche Majestät durch das von Allerhöchstdemselben vollzogene Regulativ vom 21. Januar d. J. Folgendes festzusetzen und anzuordnen geruhet:

1) Das General-Auditoriat behält seine jetzige Verfassung.
2) An die Stelle der eingehenden Regimentsgerichte treten Brigadegerichte, von denen jedes aus einem Ober-Auditeur und zwei Auditeuren bestehet.
3) Diese Brigadegerichte befinden sich an dem Orte, wo der Brigadegeneral seinen Sitz hat, und ihnen liegt die Ausübung der Gerichtsbarkeit bei den zu der Brigade gehörigen Truppen ob.
4) Die Brigade-Oberauditeure haben mit den Stadtgerichtsdirektoren, die Brigadeauditeure mit den Stadt-Justizräthen gleichen Rang.
5) Bei jedem Regiment und Bataillon soll ein Offizier ausgewählt werden, welchem die Untersuchung kleiner Vergehen, d. h. solcher, auf welchen die Gesetze einen sechswöchentlichen Arrest jeder Gattung oder eine geringere Strafe bestimmen, übertragen wird. Diese Offiziere halten nach beendigter Untersuchung die Standgerichte ab, und senden die Erkenntnisse ihrem Kommandeur ein, welcher sie, dem Befinden nach, bestätiget.
6) Wenn bei einzeln stehenden Kompagnien und Eskadrons wegen leichter Vergehungen Verhöre angestellt werden müssen, so hält sie, wie bisher schon geschehen ist, ein zu diesem Behuf zu kommandirender Offizier oder der Feldwebel oder Wachtmeister der betreffenden Kompagnie oder Eskadron, oder auch, nach Maaßgabe der Umstände, eine bei dem Stadtgerichte des Orts zu requirirende Civil-Justiz-Person.
7) Ueber alle größere Vergehungen, die eine härtere als sechswöchentliche Arreststrafe nach sich ziehen, so wie über alle von Offizieren verübte Vergehen nimmt zwar der mit diesem Geschäft beauftragte Offizier die erste summarische Vernehmung auf, hört auch diejenigen Zeugen ab, deren schleunige Vernehmung erforderlich ist, und bereitet überhaupt die Untersuchung vor.

Er sendet jedoch, so schleunig als möglich, die aufgenommenen Verhandlungen durch den kommandirenden Offizier an den Brigadegeneral, damit dieser durch das Brigadegericht die Sache weiter bearbeiten lasse.

8) Sollten in dem vom Sitz des Brigadegerichts entfernten Garnisonen sehr grobe Vergehungen vorfallen, welche schleunige Maaßregeln erfordern, z. B. gefährliche Verletzungen, Mord und dergleichen; so ist der kommandirende Offizier befugt, den Civilrichter des Orts zu requiren, in Gemeinschaft mit dem dazu beauftragten Offizier des betreffenden Regiments oder Bataillons, wenn dieser sich am Orte befindet, die Untersuchung bis zur Abfassung des kriegsrechtlichen Erkenntnisses zu führen und zu beendigen, oder wenigstens alle Ausmittelungen und Erörterungen vorzunehmen, die am Orte selbst und in der Nähe des verübten Verbrechens erfolgen müssen, bis entweder ein Mitglied des Brigadegerichts gesandt, oder der Verbrecher nach dem Sitze des Brigadegerichts gebracht werden kann.
9) Die bei den Artillerie-Brigaden vorfallenden Vergehen, in so fern darüber nicht von einem Stadtgericht erkannt werden kann, werden von demjenigen Brigadegericht untersucht, in dessen Bezirk die betreffende Artilleriekompagnie sich im Standquartier befindet. Bei den in den Festungen stehenden Artillerieabtheilungen sind die Gouvernements- und Kommandantur-Gerichte die vorkommenden Untersuchungen über schwerere Vergehen zu führen verpflichtet. Die Untersuchung leichter Vergehungen geschiehet, wie bei den übrigen Truppenabtheilungen, durch die dazu ernannten Offiziere.
10) Bei der Pioniergarnison, Brigadegarnison und Invalidenkompagnie nehmen die an den Orten, wo sich die gedachten Kompagnien befinden, stehenden Gouvernements- und Garnisons-Auditeure die vorkommenden richterlichen Geschäfte wahr und an den Orten, wo keine Gouvernements- oder Garnison-Auditeure sich befinden und die auch von dem Sitze des Brigadegerichts zu entfernt sind, als daß dieses sich dem Geschäft unterziehen könnte, tritt das ad 6. für einzelne stehende Kompagnien und Eskadrons vorgeschriebene Verfahren ein.

11) In den Gouvernementsstädten werden fernerhin Gouvernements-Auditeure beibehalten. Selbige haben den Rang als Stadtgerichtsdirektoren.

12 Der Gouvernements-Auditeur ist verpflichtet, außer den beim Gouvernement selbst vorkommenden Arbeiten, auch die Gerichtspflege über die inaktiven Militairpersonen und über die nicht in Brigaden eingetheilten Truppen der unter dem Gouvernement stehenden Provinz, so wie über die in seinem Wohnort und den dazu gehörigen Umgebungen stehenden Pionier-Artillerie-Regiment, Brigade-Garnison und Invalidenkompagnien zu übernehmen. Im Gouvernementsort besorgt der Gouvernements-Auditeur alle hierauf Bezug habende Geschäfte selbst, außerhalb aber unter Konkurrenz der Civilgerichte oder kommandirten Offiziere.

13) In den Festungen, die keine Gouvernementsstädte sind, werden Garnison-Auditeure beibehalten. Selbige bearbeiten alle bei der Kommandantur und bei denjenigen Theilen der Besatzung, welche keine eigenen Gerichte haben, vorfallende Rechtsangelegenheiten, insoweit sie nach der C. O. vom 19. Juli 1809 vor das Militair-Forum gehören. Sie haben mit den Stadt-Justiz-Räthen gleichen Rang.

Vorstehende Festsetzungen und Einrichtungen werden dem Königlichen Ober-Landesgerichte hierdurch bekannt gemacht, um sich in vorkommenden Fällen darnach zu achten und den Untergerichten des Departements durch das Amtsblatt davon Nachricht zu geben. Bei den mobil gemachten Truppen ist die Bestallung dreier Brigadegerichte bereits erfolgt. In Absicht der nicht mobilen Truppen, von denen sich der größere Theil in Schlesien befindet, ist mit Allerhöchster Genehmigung zur Zeit nur ein Brigadegericht etablirt worden, von welchem sich der Ober-Auditeur an dem Orte, wo der Brigadier der Oberschlesischen Brigade, Oberst von Zieten, seinen Sitz hat, der erste Auditeur in Breslau und der zweite Auditeur in Glatz aufhält.

Die Geschäfte bei den in und um Graudenz, so wie in und um Colberg stehenden Truppen werden von den dort aufgestellten besonderen Brigade-Auditeuren besorgt.

(Hoffmanns Repertorium Thl. III. S. 386.)

(In die Stelle der Brigadegerichte sind Auditeure bei den Generalkommandos und Divisions-Auditeure getreten.)

γ. **C. O.** vom 24. April 1812, betreffend die Befugniß der Militairgerichte bei den mobil gemachten Truppen, Handlungen der freiwilligen Gerichtsbarkeit aufzunehmen; s. zu II. 2. §. 7. Anh. §. 418.

δ. In Betreff des Ressorts und der Befugniß der Gouvernementsgerichte in den Bundesfestungen; s. **C. O.** vom 19. Juli 1834; zu I. 2. §. 48. Bd. 1. S. 186.

ε. **Rescript** vom 14. November 1836, betreffend die Verwaltung der Civiljustiz in den Bundesfestungen Mainz und Luxemburg.

Dem Königlichen Ober-Landesgerichte wird auf die beiden an den Herrn Justiz-Minister Mühler erstatteten und von demselben an das Militair-Justiz-Departement, als zu dessen Ressort gehörig, abgegebenen Berichte vom 28. Juni und 13. September d. J., unter Rücksendung des von dem Auditeur S. aufgenommenen Schenkungsaktes eröffnet, daß, da die Verwaltung der Civiljustiz in den Bundesfestungen Mainz und Luxemburg nicht den daselbst angestellten Auditeuren, als selbstständigen Gerichtsverwaltern, sondern den dortigen Gouvernementsgerichten übertragen ist, der Auditeur selbstständig und für sich allein zur Aufnahme gerichtlicher Verhandlungen nicht befugt, sondern dazu nur als Deputirter des Gouvernementsgerichts und mithin nur dann befugt ist, wenn er in jedem einzelnen Falle von dem Gouverneur oder dessen Stellvertreter, als dem Vorstande des Gerichts, einen bestimmten Auftrag erhalten hat, eventualiter aber die Verhandlung nur durch nachträgliche Genehmigung des Gouverneurs oder dessen Stellvertreter legalisirt werden kann.

Verschieden hiervon ist die Frage, ob der Gouverneur die Aufnahme eines gerichtlichen Aktes dem Auditeur allein übertragen könne, oder außer dem Auditeur noch eine Militairperson als Beisitzer hierzu kommandiren müsse? — Diese Frage kann nicht anders als dahin beantwortet werden, daß die Gegenwart einer andern kommandirten Militairperson zur Gültigkeit der Verhandlung nur dann nothwendig ist, wenn die Verhandlung nach den allgemeinen Gesetzen nicht von Einem Gerichts-Deputirten allein gültiger Weise aufgenommen werden, sondern die Zuziehung eines Aktuarius erfordert, ein solcher aber bei dem Gouvernementsgerichte nicht vorhanden, oder verhindert sein sollte. Denn da die Allerhöchste C. O. vom 19. Juli 1834 Nr. 1. (G. S. S. 132.) verordnet, daß die Gouvernementsgerichte bei Ausübung der ihnen übertragenen Civilgerichtsbarkeit sich lediglich nach den Vorschriften des A. L. R. und der A. G. O. und den spätern gesetzlichen Bestimmungen zu achten haben; so können auch diese Vorschriften über die Frage entscheiden; wie das Gericht besetzt sein müsse.

Von diesen Grundsätzen ausgegangen würde die Gültigkeit der von dem Auditeur S. ohne Konkurrenz eines militairischen Beisitzers aufgenommenen Verhandlung keinem Bedenken unterliegen, wenn aus derselben hervor ginge, daß er von dem Stellvertreter des Vice-Gouverneurs dazu deputirt worden wäre. Dies ist aber nicht der Fall. Die Requisition des Vice-Gouverneurs selbst reicht nicht hin, da dieser im vorliegenden Falle Partei war. Eben so wenig kann aus der Vollziehung der Verhandlung durch den Stellvertreter desselben die nachträgliche Genehmigung gefolgert werden, da diese Vollziehung, wie es in der Verhandlung heißt, nur zu mehrerer Beglaubigung geschehen ist. Das hieraus gegen die Gültigkeit der Verhandlung entstehende Bedenken wird jedoch dadurch gehoben werden, wenn der General v. d. G. nachträglich unter der Verhandlung attestirt:

> daß er als Stellvertreter des bei diesem Akte persönlich betheiligten Vice-Gouverneurs den Auditeur S. zur Aufnahme der Verhandlung beauftragt habe, oder daß er dieselbe nachträglich genehmige und zum Zeichen der Genehmigung vollzogen habe.

Hiernach hat das Königliche Ober-Landesgericht zu verfahren.
(v. K. Jhrb. Bd. 48. S. 471)

3) a. **Verordnung** vom 26. Dezember 1808, wegen verbesserter Einrichtung der Provinzialbehörden.

Extrakt.

§. 53. Die Landes-Justiz-Kollegia legen ihre verschiedenen bisherigen Namen ab, und nehmen allgemein den Titel

Ober-Landes-Gerichte

an; mit Ausschluß des Kammergerichts, welches seinen Namen behält. (Mathis Bd. 7. S. 339. v. R. IX. S. 467.)

b. **Verordnung** vom 30. April 1815, wegen verbesserter Einrichtung der Provinzial-Behörden.

Extrakt.

§. 5. In jedem Regierungsbezirk besteht der Regel nach, ein Ober-Landesgericht für die Verwaltung der Justiz, und eine Regierung für die Landespolizei und für die Finanz-Angelegenheiten. Einige Regierungsbezirke werden indessen, vorerst vereint mit einem andern, ein Ober-Landesgericht besitzen.

§. 6. Den Ober-Landesgerichten verbleibt die gesammte Rechtspflege, das Vormundschafts-, Privatlehns- und Hypothekenwesens; die Abnahme der verfassungsmäßig üblichen Huldigungen bei Besitz-Erwerben und die Bekanntmachung der Gesetze, welche die Ergänzung und Berichtigung des Land- und Provinzialrechts und der Gerichtsordnung betreffen, oder sich auf den Geschäftsbetrieb bei den gerichtlichen Behörden beziehen.

§. 7. Die Ober-Landesgerichte werden hiernach, für einen oder zwei Bezirke eingerichtet, welche den Regierungen zugetheilt sind, und der Justizminister soll dieserhalb das Weitere unverzüglich ins Werk setzen.

Das Kammergericht zu Berlin, soll sich über die Stadt Berlin und den Bezirk der Regierung zu Potsdam erstrecken.

§. 8. Wo die Lokalität es gestattet, soll das Ober-Landesgericht seinen Sitz an dem Orte haben, welcher der Regierung zum Sitz angewiesen worden. Berlin soll der Sitz des Kammergerichts bleiben. (G. S. S. 85.)

c. Vergl. *α.* **Patent** vom 9. September 1814, wegen Einführung des A. L. R. und der A. G. O. in die von dem Preußischen Staat getrennt gewesenen, mit demselben wieder vereinigten Provinzen, §. 18. u. f.

β. **Patent** vom 22. April 1816, wegen Einführung der A. G. O. in die ehemals Sächsischen Provinzen.

γ. **Patent** vom 9. November 1816, wegen Einführung der A. G. O. in die mit Westpreußen vereinigten Distrikte, den Kulm- und Michelauischen Kreis und die Stadt Thorn mit ihrem Gebiete, §. 22.

δ. **Patent** vom 9. November 1816, wegen Wiedereinführung der Preußischen Gesetze in das Großherzogthum Posen, §. 22. u. f. und **Verordnung** vom 16. Juni 1834, betreffend die veränderte Einrichtung der Justizbehörden im Großherzogthum Posen.

ε. **Patent** vom 21. Juni 1825, wegen Einführung der A. G. O. in das Herzogthum Westphalen, das Fürstenthum Siegen mit den Aemtern Burbach und Neuenkirchen und die Grafschaften Wittgenstein, §. 25.;

(s. zum Publikations-Patent.)

Zusammensetzung der Justizkollegien.

§. 1. Die von Sr. Königl. Majestät zur Justizpflege Höchstdero Staaten verordnete Landeskollegia bestehen:

1) aus Vorgesetzten, welche den Namen der Präsidenten und Direktoren führen;

2) aus Mitgliedern oder Räthen und Beisitzern;

3) aus den zum Betriebe der Geschäfte erforderlichen Subalternen;

4) sind dabei junge Leute angesetzt, die, als Auskultatoren und Referendarien, zu gerichtlichen Geschäften und Bedienungen vorbereitet und ausgebildet werden sollen.

1) a. Vergl. die **Verordnungen** wegen der Anstellungen und Befugnisse der Kreis-Justizräthe als beständigen Kommissarien der Obergerichte; s. zu I. 2. §. 130. Bd. 1. S. 235.

b. Vergl. **Verordnung** vom 9. März 1837, betreffend die Anstellung und die Kompetenz des Justitiarius der Königlichen und Prinzlichen Hofmarschallämter als beständigen Kommissarius des Kammergerichts. (G. S. S. 24.)

2) a. **Verordnung** vom 7. Februar 1817, betreffend die den Civilbeamten beizulegenden Amtstitel und die Rangordnung derselben.

In der Erwägung, daß die bisherigen Amtstitel der auf die Staats-Minister, und auf diejenigen Beamten, welchen das Prädikat: Excellenz, beigelegt worden ist, folgenden Civilbeamten, besonders bei den Ministerial-Behörden, nicht überall ihrem Wirkungskreise angemessen sind, und daß das Verhältniß derselben gegen einander, durch die zeitherigen Umgestaltungen der Behörden, theilweise so unbestimmt geworden ist, daß dadurch Rangstreitigkeiten veranlaßt werden könnten; haben Wir es für nothwendig erachtet, bei der jetzt größtentheils vollendeten Organisation der Behörden, auch wegen der Titel und der Rangordnung der Beamten, bestimmte Vorschriften zu ertheilen, und dadurch eine allgemeine Uebereinstimmung aller Behörden in den Amts- und Charakterbezeichnungen herzustellen.

Mit Aufhebung der dieserhalb bestandenen Vorschriften und Gebräuche, verordnen Wir daher wie folgt:

§. 1. Die höhern Beamten der Ministerien sollen künftig in drei Klassen eingetheilt, und folgendermaaßen unterschieden werden.

I. Klasse, Chefs und Direktoren einzelner Abtheilungen.

Ministerium der auswärtigen Angelegenheiten.	a) Wirklicher Geheimer Legations-Rath und Chef einer Abtheilung. b) Wirklicher Geheimer Legations-Rath.
Ministerium der Justiz.	Der älteste geheime Ober-Justizrath, mit dem Prädikat: Wirklich.

Ministerium der Finanzen und des Handels.	Wirklicher Geheimer Ober-Finanz-Rath und Direktor.
Ministerium des Krieges.	Wirklicher Geheimer Kriegsrath und Direktor.
Ministerium der Polizei. Ministerium des Innern.	Wirklicher Geheimer Ober-Regierungsrath und Direktor.

II. Klasse, vortragende Räthe.

Ministerium der auswärtigen Angelegenheiten.	Geheimer Legationsrath.
Ministerium der Justiz.	Geheimer Ober-Justizrath. Geheimer Ober-Tribunalsrath.
Ministerium der Finanzen und des Handels.	Geheimer Ober-Finanzrath.
Ministerium des Krieges.	Wirklicher Geheimer Kriegsrath.
Ministerium der Polizei. Ministerium des Innern.	Geheimer Ober-Regierungsrath.

III. Klasse, vortragende Räthe.

Ministerium der auswärtigen Angelegenheiten.	Wirklicher Legationsrath.
Ministerium der Justiz.	Geheimer Justizrath.
Ministerium der Finanzen und des Handels.	Geheimer Finanzrath.
Ministerium des Krieges.	Geheimer Kriegsrath oder wirklicher Kriegsrath.
Ministerium der Polizei. Ministerium des Innern.	Geheimer Regierungsrath.

§. 2. Die Räthe der ersten Klasse sollen den Rang und die Prärogativen haben, welche zeither den Geheimen Staatsräthen beigelegt waren, und es gehören in diese Klasse zugleich:

die Geheimen Kabinetsräthe,
die vortragenden Räthe im Büreau des Staatskanzlers, in sofern ihnen, bei ihrer Anstellung in diesem Büreau, oder nachher, die Eigenschaft eines Raths der ersten Klasse ausdrücklich beigelegt wird,
der General-Postmeister, in sofern Wir nicht demselben, durch Ertheilung des Prädikats: Excellenz, eine höhere Kathegorie anweisen,
der Chef-Präsident der Ober-Rechnungskammer,
der Chef-Präsident des Geheimen Ober-Tribunals, in sofern Wir nicht demselben durch Ertheilung des Prädikats: Excellenz, eine höhere Kathegorie anweisen,
der Chef-Präsident des ganzen Kammergerichts, wenn diese Stelle besetzt ist,
der Ober-Berghauptmann,
der Staatssekretair, in sofern Wir nicht demselben durch Ertheilung des Prädikats: Excellenz, eine höhere Kathegorie anweisen,
die Ober-Präsidenten in den Provinzen,

welche sämmtlich unter sich und mit den Räthen erster Klasse, nach dem Datum des Patents oder der Kabinetsbestimmung, rangiren.

Die Räthe der zweiten Klasse sollen den Rang und die Prärogativen erhalten, welche bisher die Staatsräthe hatten, und es gehören in diese Klasse:

die wirklichen Regierungs-Präsidenten,
die Präsidenten des Kammergerichts,
die Präsidenten der Ober-Landesgerichte,
die Direktoren der Ober-Rechnungskammer,

welche sämmtlich unter sich und mit den Räthen zweiter Klasse, nach dem Datum des Patents oder der Kabinetsbestimmung, rangiren.

Bis hieher einschließlich gehet die Kourfähigkeit der Civilbeamten.

Mit den Räthen der dritten Klasse rangiren

der General-Münzdirektor,
die Direktoren der Bank,
die Direktoren der Seehandlung,
die Vice-Präsidenten und Direktoren bei den Provinzial-Kollegien, und
die Generel-Kommissarien für die bäuerlichen Verhältnisse,

welche sämmtlich unter sich und mit den Räthen dritter Klasse, nach dem Datum des Patents oder der Kabinetsbestimmung, rangiren.

§. 3. Den Bestimmungen dieser Verordnung gemäß, in sofern sie die bei den Ministerialbehörden vortragenden Räthe betrifft, sollen die Ministerien Berichte über die Vertheilung der vortragenden Räthe in die drei Klassen vorlegen, auf welche durch den Staatskanzler die auszufertigenden Patente Uns zur Vollziehung zu überreichen sind.

Die bisher verliehenen Titel, namentlich der Titel: Geheimer Staatsrath und Staatsrath, können von den damit bekleideten Beamten nur in soweit beibehalten werden, als ihr wirkliches Dienstverhältniß, nach obiger Klassifikation, nicht die Annahme eines andern Titels erfordert.

§. 4. Die Mitglieder der höhern Verwaltungsbehörden, welche nicht eigentliche Ministerialbehörden sind, rangiren mit den Mitgliedern der Ministerien in folgender Art:

1. Die Geheimen Ober-Bergräthe sind Mitglieder des Finanzministerii, behalten diesen Titel und rangiren mit der zweiten Klasse,

2. Die Geheimen Seehandlungsräthe, Geheimen Ober-Bauräthe und Geheimen Rechnungsräthe, behalten ihren Titel und rangiren mit der dritten Klasse,

3. die Geheimen Ober-Rechnungsräthe der Ober-Rechnungskammer, die Geheimen Posträthe des General-Postamts, rangiren mit der dritten Klasse der Ministerialräthe,

4. Die Geheimen Ober-Medizinalräthe haben, wenn sie gleichzeitig vortragende Räthe des Ministerii sind, den Rang der dritten Klasse, außerdem rangiren sie mit der dritten Klasse.

Die Ober-Bauräthe, Ober-Medizinal- und Ober-Konsistorialräthe bei den Ministerien, rangiren mit der dritten Klasse.

§. 5. Die höheren Beamten der Provinzial-Kollegien werden in fünf Klassen getheilt:

Erste Klasse, Ober-Präsidenten,
Zweite — Chef-Präsidenten,
Dritte — Direktoren,
Vierte — Räthe,
a) Kammer-Gerichtsräthe und wirkliche Ober-Landesgerichtsräthe,
b) wirkliche Regierungsräthe,
Fünfte — Assessoren.

Die Ober-Forstmeister und die Polizei-Präsidenten der größeren Städte rangiren nach den Direktoren der Provinzial-Kollegien und vor den Räthen derselben.

Die Ober-Bergämter stehen in ganz gleichem Range mit den Regierungen und Ober-Landesgerichten; die Berghauptleute stehen daher im Grade der Präsidenten, die Ober-Bergamtsdirektoren in dem der Regierungs- und Ober-Landesgerichtsdirektoren, die Ober-Bergräthe in dem der Ober-Landesgerichts- und Regierungsräthe, die Ober-Bergamtsassoren, wenn sie auch, wie zum Theil der Fall ist, den Titel: Bergräthe, haben, in dem Grade der Regierungs- und Ober-Landesgerichtsassessoren.

Die Ober-Medizinal und Medizinalräthe, die Ober-Konsistorial- und Konsistorialräthe bei den Provinzial-Kollegien, haben mit den wirklichen Regierungs- und Ober-Landesgerichtsräthen gleichen Rang.

Die Landräthe und Kreisdirektoren, auch die Direktoren der Land- und Stadtgerichte und die Polizeidirektoren in größern Städten, desgleichen die Lotteriedirektoren rangiren mit den wirklichen Regierungs- und Ober-Landesgerichtsräthen, nach ihren Patenten.

Die Rechnungsräthe der Provinzialkollegien, die Kreissteuerräthe, die Land- und Stadtgerichtsräthe, die Polizeiräthe in der Hauptstadt und in den Provinzen, die Polizeidirektoren in den übrigen Städten, stehen in der Kathegorie der Regierungs- und Ober-Landesgerichts-Assessoren.

§. 6. A. Die Titularräthe zerfallen in zwei Klassen:

Erste Klasse.
a) Legationsräthe,
b) Geheime Justizräthe,
c) Geheime Finanzräthe,
d) Geheime Kriegsräthe,
e) Geheime Polizeiräthe,
f) Geheime Regierungsräthe,
g) Geheime Rechnungsräthe,
h) Geheime Hofräthe,
i) Geheime Kommerzienräthe,
k) Geheime Kommissionsräthe.

Zweite Klasse.
a) Justizräthe,
b) Finanzräthe,
c) Rechnungsräthe,
d) Kriegsräthe,
e) Polizeiräthe,
f) Forsträthe und Forstmeister,
g) Hofräthe,
h) Kommerzienräthe,
i) Kommissionsräthe,
k) Amtsräthe.

Die Mitglieder der ersten Klasse rangiren, wenn sie bei den Ministerialbehörden fungiren, zwischen den Regierungsdirektoren und wirklichen Regierungs- und Ober-Landesgerichts-Räthen, sonst aber nur mit letzteren.

Die Mitglieder der zweiten Klasse, desgleichen die Land-Rentmeister, rangiren unmittelbar nach den wirklichen Regierungs- und Ober-Landesgerichts-Räthen und vor den Assessoren.

B. Die Subalternen zerfallen in vier Klassen.

I. Folgende Subalternen der Ministerien, sei es, daß sie das Prädikat: Geheim, haben oder nicht haben:

expedirende Sekretaire,
Journalisten,
Kalkulatoren,
Registratoren,
Rendanten,
Kontrolleure,
Vorsteher der Kanzleien,

und mit den Genannten in gleicher Kathegorie stehenden Personen.

Diese rangiren mit den Assessoren des Kammergerichts, der Regierungen und Ober-Landesgerichte.

Nach diesen rangiren:

II. Die Referendarien und Auskultatoren der Landeskollegien.

III. Die Subalternen der Landeskollegien, wie sie Klasse I. bezeichnet sind, und die Kanzleisekretarien und Kanzlisten der Ministerien.

IV. Kanzleisekretarien und Kanzlisten der Landeskollegien.

§. 7. Zur Vermeidung aller fernern Rangstreitigkeiten und zur Aufrechthaltung vorstehender allgemeinen Bestimmungen, sind folgende Grundsätze zu beobachten:

1) alle vortragende, bei den Ministerien angestellte Räthe, haben vor den Titularräthen den Vorrang; dasselbe gilt analogisch bei den Provinzialbehörden, und es sollen bei gemeinschaftlichen Dienstverhandlungen die Titularräthe den vortragenden Räthen, wenn ihnen nach Vorstehendem mit diesen auch gleicher Rang eingeräumt ist, nachstehen müssen.

2) Die Mitglieder einer Klasse in den Ministerien haben bei allen Ministerien unter sich gleichen Rang; das Datum des Patents oder der Kabinetsbestimmung, giebt den Vorrang, so daß z. B. in der 2ten Klasse ein Geheimer Ober-Finanzrath des Finanzministerii (bisheriger Geheimer Obersteuerrath oder Geheimer Ober-Rechnungsrath) vor einem wirklichen Geheimen Kriegsrath des Kriegsministerii den Vorrang hat, wenn jener früher, als dieser, in dieser Klasse patentirt ist.

3) Die Klassen haben den Rang unter sich nach ihrer Nummer, so auch ihre Mitglieder, so daß ein Mitglied der 1sten Klasse allemal den Vorrang vor einem Mitgliede der 2ten Klasse hat, ohne daß das Alter des Patents etwas entscheidet.

4) Die Beamten der Ministerien und Oberbehörden einer Klasse, welche mit einer Klasse der Beamten der Provinzialbehörden in gleichem Range stehen, sind gegenseitig unter sich gleich im Range, und der Vorrang wird hier nur durch das Datum des Patents bestimmt.

5) Sollten zweifelhafte Fälle eintreten, wo die Bestimmungen dieser Verordnung nicht ausreichen, so wollen wir solche, so weit sie die Klassen der vortragenden Räthe und die in dieser Kathegorie stehenden Personen betreffen, auf den Vortrag Unsers Staatskanzlers Selbst entscheiden; für die übrigen Klassen aber die Entscheidung, so wie die Rangbestimmung der bei den Provinzialbehörden angestellten Beamten, Unserm Staatskanzler überlassen.

6) Uebrigens wird ein nächstens zu erlassendes Reglement auch die Uniformen bestimmen, welche die verschiedenen Beamten nach ihren Rangabstufungen tragen sollen.

(G. S. S. 61.)

b. **C. O.** vom 6. Februar 1824, betreffend das Rangverhältniß der Rheinischen Justizbeamten.

Auf Ihren, in Betreff der Rangverhältnisse der Rheinischen Justizbeamten, erstatteten Bericht vom 2. Februar d. J. bestimme Ich:

1) daß der erste Präsident und der Generalprokurator des Rheinischen Appellotionsgerichtshofes, den Rang der Ober-Landesgerichts-Chef-Präsidenten;

2) die Senats-Präsidenten des Appellationsgerichtshofes, der erste General-Advokat, und die Präsidenten der Landgerichte, den Rang der Ober-Landesgerichts-Vizepräsidenten;

3) die Appellationsgerichtsräthe, die übrigen General-Advokaten, die Ober-Prokuratoren, und die Handelsgerichts-Präsidenten, den Rang der Ober-Landesgerichts-Räthe;

4) die Prokuratoren bei dem Appellationsgerichtshofe, die Landgerichtsräthe und Prokuratoren, den Rang unmittelbar hinter den Ober-Landesgerichtsräthen und vor den Ober-Landesgerichts-Assessoren;

5) die Appellations- und Landgerichts-Assessoren und die Handelsrichter, den Rang der Ober-Landesgerichts-Assessoren;

6) die Friedensrichter den Rang der Domainen-Justizbeamten, haben sollen.

Ein jeder Beamter trägt die Uniform seiner Klasse, die Landgerichtsräthe und die mit ihnen rangirenden Beamten, die Uniform der Ober-

Landesgerichts-Räthe, ohne Epaulets. Diejenigen Beamten, denen bereits ein Karakter beigelegt ist, welcher ihnen einen höhern Rang ertheilt, als ihnen nach den obigen Bestimmungen zukommen würde, behalten den höhern Rang.

(G. S. S. 57.)

c. **Reskript** vom 6. September 1819 nebst Anlage, betreffend das Rangverhältniß der Mitglieder der Inquisitoriate.

A.

Ew. Excellenz beehre ich mich, auf das gefällige Schreiben vom 16. v. M. ergebenst zu erwiedern, daß die Beamten der Inquisitoriate, als Unterbehörden der Ober-Landesgerichte, auch nur die durch die C. O. vom 20. Juni 1817 im Allgemeinen bezeichnete Uniform der Justizbehörden tragen können.

Was den Rang jener Beamten betrifft, so bin ich mit Ew. Excellenz darüber einverstanden, daß den Kriminal-Direktoren, gleich den Kreis-Justizräthen, der Rang der Ober-Landesgerichts-Räthe und den Kriminalrichtern oder Inquisitoren der Rang der Ober-Landesgerichts-Assessoren beizulegen sein wird.

Berlin, den 29. August 1819.

B.

Dem Königl. Ober-Landesgericht wird auf den Bericht vom 9. Juli c.,

den Rang und die Uniform der Inquisitoriats-Offizianten betreffend,

die nach vorhergängiger Kommunikation mit dem Herrn Fürsten Staats-Kanzler eingegangene Antwort desselben vom 29. v. M. zur Nachricht und weitern Bekanntmachung an die Inquisitoriate abschriftlich zugefertigt.

Berlin, den 6. September 1819.

(v. K. Jhrb. Bd. 14. S. 43.)

d. **C. O.** vom 30. September 1836, betreffend den Rang der Direktoren der größeren Untergerichte.

Aus den in Ihrem Berichte vom 29. v. M. angeführten Gründen setze Ich nach Ihrem Antrage fest, daß, außer den Direktoren der Untergerichte in größern, über 10,000 Einwohner enthaltenden Städten, auch, ohne Rücksicht auf die Zahl der Einwohner am Orte des Gerichts, die Direktoren derjenigen Untergerichte, welche mit wenigstens fünf Richtern besetzt sind, den Rang der Ober-Landesgerichtsräthe haben und die Uniform derselben zu tragen befugt sein sollen. In Folge dessen bestimme Ich zugleich, daß die Vorschrift des organischen Gesetzes vom 27. Oktober 1810, nach welcher zur Anstellung der Justiz-Dirigenten in den größern Städten Meine unmittelbare Genehmigung erforderlich ist, auf die vorbezeichneten Direktoren der mit wenigstens fünf Richtern besetzten Untergerichte angewendet werden soll.

(G. S. S. 303.)

e. **C. O.** vom 1. November 1835, betreffend die Ertheilung des Justizrathstitels für Justiz-Kommissarien und der Titel der Räthe bei formirten Untergerichten.

Auf Ihren gemeinschaftlichen Antrag in dem Berichte vom 12. v. M. bestimme Ich hierdurch Folgendes:

1) In allen Provinzen Meiner Monarchie soll künftig den, mit dem Range eines Raths zu begnadigenden Justiz-Kommissarien, Advokaten und Notarien der Titel „Justizrath" beigelegt werden. Auch die bereits mit dem Titel „Justiz-Kommissionsrath" begnadigten Justizkommissarien und Notarien sollen fortan in allen öffentlichen Verhandlungen als „Justizräthe" bezeichnet werden und den, den Titular-Justizräthen im Rang-Reglement vom 7. Februar 1817 ertheilten Rang haben.

2) Den richterlichen Beamten bei den kollegialisch formirten Untergerichten derjenigen Provinzen, in welchen die A. G. O. gilt, die eine

Stellung erhalten, mit welcher nach den bestehenden Etats der Justizraths-Titel verbunden ist, wird von jetzt ab der Titel: „Land- und Stadtgerichts-“, „Stadtgerichts-“ oder „Landgerichts-Rath“ nach dem Geschäftskreise des Gerichts, bei dem sie angestellt sind, beigelegt, und die mit diesem Titel begnadigten Räthe behalten den im Rang-Reglement vom 7. Februar 1817 den Titular-Justizräthen ertheilten Rang. Der Titel: „Land- und Stadtgerichts-“, „Stadtgerichts-“ und „Landgerichts-Rath“, soll für die noch in Amtsfähigkeit befindlichen, bei den vorbezeichneten Gerichten fungirenden, richterlichen Beamten zugleich sofort an die Stelle des Titels „Justizrath“ treten (G. S. S. 230.)

f. **Rescript** vom 27. März 1818, betreffend den Rang der Justizkommissarien.

In Ansehung des Ranges der Justizkommissarien, worüber durch die Verordnung vom 7. Februar v. J. keine Bestimmungen getroffen sind, wird in Uebereinstimmung mit dem Herrn Fürsten Staats-Kanzler festgesetzt:

daß die Justizkommissarien im Amte nach dem jüngsten Assessor des Gerichts, bei welchem sie die Justiz-Kommissariats-Praxis ausüben, in allen nicht amtlichen Beziehungen des bürgerlichen Lebens aber mit den Assessoren nach der Anciennität ihrer Patente rangiren.

Berlin, den 27. März 1818.

(v. K. Jhrb. Bd. 11. S. 235.)

3) a. **Reglement** vom 14. Februar 1804, betreffend die Anordnung der Uniformen für die Civilbeamten.

Extrakt.

Seine Königliche Majestät von Preußen rc. rc. Unser Allergnädigster Herr, haben nach dem Wunsche der mehresten Präsidenten und Mitglieder der Provinzial-Landes-Kollegien beschlossen, und es dem Besten Allerhöchst Dero Dienstes angemessen gefunden, denselben allgemein eine Civil-Uniform in Gnaden zu bewilligen, und bei der Gelegenheit auch wegen der schon bestehenden Civil-Uniformen solche Bestimmungen zu treffen, daß außer einigen nothwendigen Unterscheidungen im Ganzen eine Gleichheit unter sämmtlichen Civil-Uniformen statt finde. In Gemäßheit der darüber ergangenen Königlichen Cabinets-Ordres vom 31. Dezember v. J. und 7. Februar d. J. wird daher durch dieses Reglement folgendes darüber festgesetzt und zur allgemeinen Nachachtung vorgeschrieben:

§. 1.

Ist außer den schon bestehenden Civil-Uniformen für die Post-, Forst-, Berg- rc. Offizianten, die jetzt einzuführende nur für die obern Kollegien in den Provinzen, und zwar für die Präsidenten, Direktoren, Räthe und Referendarien, imgleichen für die dazu gehörigen Mittelbehörden bestimmt.

§. 2.

Jeder, der zu dieser neuen Uniform berechtigt ist, soll solche nur bei feierlichen Gelegenheiten, besonders aber bei Gelegenheit der Reisen Sr. Königl. Majestät zu tragen verbunden, sonst aber es in seine Wahl gestellt sein, entweder diese Uniform oder gewöhnliche Civil-Kleidung nach seinem Gefallen zu tragen.

§. 3.

Nur die jungen Männer bei den Kollegien, namentlich die Referendarien, sollen sowohl in Geschäften als in Gesellschaften immer die Amts-Kleidung zu tragen verbunden sein, wozu jedoch auch die Interims-Uniform ausreicht, weil Seiner Königlichen Majestät Absicht dahin gehet, daß sich solche dem Dienste des Staats widmende Männer der Würde desselben angemessen tragen, und nicht in auffallenden Kleidertrachten zum öffentlichen Anstoß Anlaß geben mögen.

§. 4.

Es bleiben also sowol die Subalternen der obern Provinzial-Kollegien, als alle andere Unterbehörden, in so fern sie nicht eine Metier-Uniform nach den unten folgenden Bestimmungen zu tragen haben, mithin auch die Untergerichte, Magisträte und sonstige Unter-Obrigkeiten davon ausgeschlossen.

§. 5.

Die bestimmte Uniform, sowohl die gewöhnliche, als die Interims-Uniform, soll bloß von wirklich Diensthuenden Offizianten getragen, alle Titulatur-Räthe aber, oder solche, die ihren Abschied erhalten haben, oder außer Funktion sind, davon ausgeschlossen, und hierauf ohne alle Ausnahme strenge gehalten werden.

§. 6.

Zu der neuen Uniform für die Provinzial-Kollegien ist eine gewöhnliche und eine Interims-Uniform bestimmt.

Die gewöhnliche Dienst-Uniform soll im Allgemeinen bestehen: in einem blauen zugeknöpftem Rocke, mit rothen runden Aufschlägen und festgenähetem Kragen, weiß doublirt, so daß das Unterfutter von Tuch, Kasimir, Seide oder anderm Zeuge nach Belieben genommen werden kann, jederzeit heruntergeschlagenen Schößen, vorne acht Knöpfe in einer Reihe, die so tief heruntergehen, daß, zugeknöpft, mehr nicht als zwei Knöpfe der Weste unbedeckt bleiben, die Knöpfe von Gestalt und Größe gleich denen für die Gutsbesitzer vorgeschriebenen, auf den Knöpfen der gekrönte Preußische Adler im Wappenschilde, am Rande die Benennung der Provinz, mit Abkürzungen, so daß nur der Name der Provinz ganz ausgeschrieben werden darf: z. B. Churmärk. Kr. u. Dom. K. Aufschläge und Kragen gestickt, desgleichen die Patten auf den Taschen, die Stickerei nach den unten folgenden Bestimmungen, dazu weiße Unterkleider; ein leichter Infanterie-Offizier-Degen, Porte-epée blau und Gold.

Dreieckigter Hut mit schwarzer Kokarde, kleiner Tressen-Litze und Uniform-Knopf, ohne Kordons.

Statt der Interims-Uniform können einfache blaue Röcke, ohne farbige und gestickte Aufschläge und Kragen, mit den beschriebenen Knöpfen, blauer Doublüre, und Unterkleider nach Gefallen getragen werden.

§. 7.

Der Unterschied zwischen den verschiedenen Provinzial-Kollegien entsteht dadurch, daß

die Krieges- und Domainen-Kammern und Ober-Landes-Justiz-Kollegien dunkelblau und gewöhnliche scharlachrothe Aufschläge und Kragen zu den Galla-Uniformen erhalten, dagegen die ꝛc. Kammern und die dazu gehörigen Offizianten Gold, und die Landes-Justiz-Kollegien, mithin das Kammergericht, die Regierungen und Hofgerichte, nebst dazu gehörigen Offizianten, Silber zu Epaulets, Stickerei und Knöpfen zu tragen haben, die Accise-Direktoren aber Röcke von dragonerhellblau, sonst aber alles, wie die ꝛc. Kammern erhalten.

(N.C.C. T. XI. No. 1. de 1807.)

b. **Rescript** vom 8. April und 2. Mai 1804, enthaltend Modifikationen des vorstehenden Reglements.

Mit Bezug auf das Euch unterm 5. März c. zugefügte Reglement wegen der den Landes-Kollegiis bewilligten Uniformen machen Wir Euch hierdurch nachrichtlich bekannt, wie durch die C. O. vom 25. Februar c. generaliter festgesetzt worden, daß es von der Willkühr eines jeden zur Tragung der Civil-Uniform berechtigten Offizianten abhängen soll, sich im gemeinen Leben und im gewöhnlichen Dienste langer blauer Hosen, statt der eigentlichen weißen Uniformbeinkleider zu bedienen.

Berlin, den 8. April 1804.

(N.C.C. T. XI. S. 2147. Nr. 9. de 1804.)

Es ist dem General-Direktorio vermittelst einer unter dem 10. April c. an dasselbe ergangenen C. O. eröffnet worden,

daß, da eigentlich für die Civildiener keine Interims-Uniform bestimmt, sondern nur die bestimmte Kleidung statt der Interims-Uniform nachgelassen worden, darauf gesehen werden müsse, daß der Eingang des §. 6. des Reglements nicht so ausgelegt werde, daß außer der gewöhnlichen und der statt derselben nachgelassenen Kleidung noch eine Interims-Uniform mit farbigen

Aufschlägen und Kragen getragen werden könne, indem dies die Allerhöchste Absicht gar nicht sei.

Indem Wir Euch den Inhalt dieser Allerhöchsten Ordre hierdurch bekannt machen, befehlen Wir Euch zugleich gnädigst, darauf ernstlich zu halten, daß sowohl in diesem Punkte als auch sonst überall das Reglement vom 14. Februar c. genau befolgt werde.

Berlin, den 2. Mai 1804.

(N.C.C. T. XI. S. 2147. Nr. 9. de 1804.)

c. **C. O.** vom 3. Dezember 1813, betreffend die Uniform bei den Untergerichten.

Ich genehmige die am 25. v. M. von Ihnen vorgeschlagenen Abstufungen der Civil-Uniformen für die Justizbedienten bei den Untergerichten dahin, daß

1) die Präsidenten, Kanzler und Direktoren der Mediat-Justizkollegien, und die Direktoren der Stadtgerichte in großen Städten, welche mit Ausschluß des Militairs zehntausend Einwohner haben,
die Uniform, welche nach dem Reglement vom 14. Februar 1804 die wirklichen Räthe bei den Landes-Justizkollegien tragen, mit der Stickerei Nr. II.;
2) die Räthe bei den Mediat-Justizkollegien, die Stadt-Justizräthe bei den Stadtgerichten, und die Direktoren der Stadtgerichte in mittleren Städten, welche ohne Militair dreitausend fünfhundert, aber nicht zehntausend Einwohner haben,
die Uniform der Assessoren bei den Landes-Justizkollegien, der Kriminal- und Kreis-Justizräthe mit der Stickerei Nr. III.;
3) die Assessoren bei den Mediat-Justizkollegien, die Assessoren der Stadtgerichte, die Stadtrichter in kleinen Städten und die Domainen-Justizbeamten
die Uniform der Referendarien mit Stickerei Nr. IV.;
4) die bei den Mediat- und Untergerichten angestellten Referendarien und Auskultatoren
die Interims-Uniform ohne farbige Aufschläge und Stickerei,

tragen, die Knöpfe bei allen diesen Uniformen aber den gekrönten Adler im Wappenschilde ohne Unterschrift erhalten sollen.

(v. K. Jhrb. Bd. 2. S. 13.)

d. **Rescript** vom 17. Mai 1819, betreffend die Uniformen der Räthe bei den Provinzialkollegien und der Titularräthe.

Se. Königl. Majestät haben zu bestimmen geruhet, daß die bei dem Königl. Kammergericht und bei den Ober-Landesgerichten stehenden wirklichen Räthe, gleich denen bei den Regierungen, imgleichen die nach der Verordnung vom 7. Februar 1817, wegen der Rangverhältnisse der Civilbeamten, nach §. 5. mit diesen im gleichen Range stehenden Personen, zur Tragung von Epaulets berechtigt sein sollen, dabei aber ausdrücklich festgesetzt:

daß alle diejenigen Beamten, welche nach Maaßgabe des §. 6. des allegirten Reglements nur vermöge ihres Titels mit den wirklichen Räthen bei den Obergerichten und Regierungen rangiren, von dieser Berechtigung ausgeschlossen sind.

Es wird solches dem Königl. Kammergericht mit dem Beifügen bekannt gemacht, daß die gedachten Epaulets bei den hiesigen Goldarbeitern Schumann und Hensel, nach den ihnen mitgetheilten Proben, zu haben sind.

Da bemerkt worden ist, daß hie und da Abweichungen von den Vorschriften in Absicht der Uniform statt gefunden haben, so wird bei dieser Veranlassung die genaue Befolgung der Allerhöchsten C. O. vom 20. Juni in Erinnerung gebracht.

(v. K. Jhrb. Bd. 13. S. 279.)

(Die Kreis-Justizräthe haben nach der Verordnung vom 30. November 1833 den Rang und die mit demselben verbundenen Rechte der Ober-Landesgerichtsräthe.)

e. α. **Rescript** vom 22. November 1819, betreffend die Uniform der Kriminaldirektoren.

Dem Königl. Ober=Landesgericht wird auf die Anfrage vom 9. d. M. wegen der den Kriminal Direktoren und Land= und Stadtgerichts=Direktoren zukommenden Uniform eröffnet, daß den Kriminal=Direktoren gleich den Kreis=Justizräthen der Rang der Ober=Landesgerichtsräthe beigelegt worden ist; sie können daher die Uniform mit Epaulets tragen.

In Ansehung der Land= und Stadtgerichts-Direktoren sind die Bestimmungen der Allerhöchsten C. O. vom 3. Dezember 1813 nicht geändert; es kann daher das, was im Rang=Reglement von den Direktoren der größeren Städte gesagt wird, nicht auf die Direktoren der Gerichte in mittleren Städten Anwendung leiden.

(v. K. Jhrb. Bd. 14. S. 221.)

β. **C. O.** vom 30. September 1836, betreffend den Rang und die Uniform der Direktoren der Untergerichte, welche mit wenigstens fünf Richtern besetzt sind; s. oben sub 2d.

f. **Rescript** vom 12. April 1832, betreffend die veränderte Bestimmung der Uniformen der Civilbeamten nebst Uniforms=Klassifikation.

Des Königs Majestät haben geruhet, einige Veränderungen der Civil=Uniformen anzuordnen, und dabei

1) zu bestimmen: daß die Landgerichtsräthe in den Rheinprovinzen und im Großherzogthum Posen, so wie die Königl. Prokuratoren bei den Rheinischen Gerichtshöfen, in Ansehung der Uniforms=Abstufungen zur fünften Uniformklasse gerechnet werden sollen, und
2) den Subaltern=Beamten der sechsten, siebenten und achten Uniformklasse — unbeschadet ihres Vorrechts, die Amtsuniform nach den festgesetzten Klassen zu tragen — die Verbindlichkeit zu deren Tragung zu erlassen.

Das Königl (Tit.) erhält anliegend die Uniforms=Klassifikation nebst den nöthigen lithographischen Exemplaren der Stickerei=Zeichnungen, um nach den Allerhöchsten Bestimmungen sich nicht allein selbst zu achten, sondern auch solche den vom Kollegio untergeordneten Gerichtsbehörden zu gleichem Zweck zu publiziren.

Berlin, den 12. April 1832.

Uniforms-Klassifikation

der

Civil-Beamten.

Uniforms-

der Civil-

mit Rücksicht auf die durch die Allerhöchste Ordre vom 7. Februar
Ordnung der verschiedenen

Staats-

Wikliche Geheime Staatsminister.	Ministerial-Räthe und höhere Beamte desselben Ranges.		
	1. Klasse.	2. Klasse.	3. Klasse.
Uniformklasse No. 1.	Uniformklasse No. 2.	Uniformklasse No. 3.	Uniformklasse No. 4.
Stickerei auf Kragen, Aufschlägen und Patten Stickerei No. 1.			auf
			auf dem Kragen eine Rosette.
Epaulets mit reich verzierter Borte und Bouillons	mit einfacher Borte und Bouillons.	mit	einfacher Borte
	die Wirklichen Geheimen Räthe	die Chef-Präsidenten der Provinzialbehörden	
	auf dem goldenen Epauletthalter eine silberne, auf dem silbernen Epauletthalter eine goldene Rosette.		
Hutverzierung Agraffe und Cordons.		Tressenlitzen und Cordons.	

Interims-

Stickerei die Randborte der Stickerei der Staats-Uniform.			ein-

Klassifikation

Beamten,

1817 (Gesetz-Sammlung von 1817. S. 61.) bestimmte Rang-Klassen derselben.

Uniform.

Räthe der Provinzial-Landeskollegien und Beamte desselben Ranges No. IV. §§. 5. 6. des Rang-Reglements. Uniformklasse No. 5.	Assessoren der Provinzial-Landeskollegien u. Ministerial-Subalternen desselben Ranges No. V. §§. 5. 6. des Rang-Reglements. Uniformklasse No. 6.	Referendarien der Provinzial-Landeskollegien u. unmittelbar nachrangirenden Subalternen No. II. III. §. 6. des Rang-Reglements. Uniformklasse No. 7.	Kanzlei-Sekretarien der Landeskollegien No. IV. §. 6. des Rang-Reglements. Uniformklasse No. 8.
Kragen, Aufschlägen und Patten, Stickerei No. 2. (1¾ Zoll breit.)	die Titulatur-Räthe erster Klasse auf dem Kragen zwei Rosetten, die übrigen Beamten dieser Klasse eine Rosette.		auf Kragen und Aufschlägen Stickerei No. 3.
und Franzen	ohne Epaulets		
Tressenlitze ohne Cordons.			

Uniform.

facher blauer Rock ohne Stickerei.			

(v. K. Jhrb. Bd. 39. S. 407.)

g. Vergl. **C. O.** vom 2. November 1828, betreffend die Befugniß der im Civilfach angestellten Offiziere zum Tragen der Epaulets mit Franzen, wenn solche mit der Civilstelle nicht verbunden sind, und **C. O.** vom 14. Februar 1836, betreffend die Befugniß der im Civildienst angestellten Unteroffiziere und Soldaten zum Tragen der ihnen als besondere Auszeichnung verliehenen Säbeltroddel. (v. K. Jhrb. Bd. 32. S. 316. und Bd. 47. S. 341.)

h. **Rescript** vom 15. Oktober 1824, betreffend die Verpflichtung der Beamten zur Tragung der Amtsuniform.

Des Königs Majestät haben bei mehreren feierlichen Gelegenheiten bemerkt, daß Personen, die Uniform zu tragen berechtigt sind und an der Feierlichkeit Theil nehmen, in gewöhnlicher Kleidung erscheinen. Allerhöchstdieselben sind hierdurch veranlaßt worden, dieses durch die an den Herrn Justizminister des Innern erlassene C. O. vom 6. Mai als unschicklich zu rügen, und zu verordnen:

daß Beamte und Rittergutsbesitzer, überhaupt alle diejenigen Personen, welche Uniform zu tragen berechtigt sind, bei öffentlichen feierlichen Gelegenheiten, und wenn sie vor Sr. Majestät erscheinen, nicht anders als in der ihnen beigelegten Uniform sich zeigen sollen.

Das Königl. rc. hat diese Allerhöchste Bestimmung nicht allein zur Kenntniß sämmtlicher bei demselben angestellten, zur Tragung einer Uniform berechtigten Beamten, sondern auch durch die Amtsblätter zur Kenntniß der Untergerichte zu bringen, und auf deren Befolgung zu halten.

(v. K. Jhrb. Bd. 24. S. 311.)

Bestimmung derselben.

§. 2. Die Bestimmung der solchergestalt formirten Landesjustizkollegien ist:

1) dass sie den ihrer Gerichtsbarkeit unmittelbar unterworfenen Personen, und in den an sie gewiesenen Sachen, Justiz administriren sollen;

2) dass sie die Aufsicht über die Untergerichte ihres Departements führen; zu dem Ende sowohl überhaupt auf eine ordnungsmässige Rechtspflege bei selbigen halten, und, um sich davon zu versichern, fleissig Justizvisitationen anstellen, als auch insonderheit die gegen die Verfügungen und Aussprüche sothaner Untergerichte, es sei durch den Weg der Appellation, oder des blossen Rekurses, an sie gelangten Beschwerden untersuchen, und denselben, wenn sie gegründet sind, abhelfen sollen;

3) dass sie die ihnen besonders angewiesenen Geschäfte, in Vormundschafts-, Hypotheken- und anderen zur streitigen Gerichtsbarkeit nicht gehörigen Angelegenheiten dirigiren und betreiben sollen.

1) Extrajudicialia.

§. 3. Was für Geschäfte dieser letztern Art dem einen oder dem andern Justizkollegio angewiesen sind, ist bei jedem von ihnen, nach den verschiedenen Verfassungen der Königlichen Provinzen, besonders festgesetzt; und was die Kollegia dabei zu thun und zu beobachten haben, ist im zweiten Theile der gegenwärtigen Gerichtsordnung vorgeschrieben.

2) Aufsicht über die Untergerichte.

§. 4. Was den Kollegien in Ansehung des zweiten Hauptgegenstandes ihrer Bestellung, nämlich der Aufsicht über die Untergerichte zu thun obliegt, davon wird theils gelegentlich in den nachfolgenden Titeln, theils und vornehmlich aber in dem weiter unten vorkommenden Achten Titel, von Untergerichten, gehandelt werden.

Rescript vom 23. April 1820, betreffend die Maaßregeln zur Beschleunigung der Berichtserstattungen Seitens der Untergerichte.

Sehr ungern muß der Justizminister den Verzug der geforderten Berichtserstattungen wahrnehmen, welche gewöhnlich damit entschuldigt werden, daß die geforderten Akten oder Berichte der Untergerichte, die dazu erforderlich sind, welche mehr als einmal erinnert sein sollen, bis dahin nicht eingegangen.

Nur zu sehr erhellet daraus eine unzeitige Nachsicht, durch welche alle Subordinations-Verhältnisse erschlaffen und der Justizdienst leidet. Der Chef der Justiz muß daher mehr Energie für die Zukunft erwarten.

Wenn Einforderungen dieser Art geschehen, muß nach der Natur des Objekts oder der Entfernung eine Frist bestimmt werden, innerhalb welcher das Untergericht obtemperiren soll, und zwar in der Regel unter Commination einer Geldstrafe. Dieser Termin wird in den sogenannten Registratur-Kalender oder Journal eingetragen und acht Tage nach Ablauf der Frist Acta ad excitandum vorgelegt.

Geht in dieser Zeit der Hauptbericht, die geforderten Akten ꝛc. nicht ein; so wird die erste Strafe festgesetzt, unnachsichtlich beigetrieben und eine verdoppelte Strafe komminirt. Ist auch diese fruchtlos, so wird auch diese Strafe beigetrieben, der Landreuter bis zur Erledigung eingelegt, nach 8 Tagen der saumselige Unterrichter zur persönlichen Haft gebracht und unverzüglich der Vorgang dem Justizminister angezeigt, damit wegen der Suspension ab officio und Einleitung der Untersuchung das Weitere verfügt werden kann.

Dies hat das Königl. Ober-Landesgericht zur Warnung in die Amtsblätter einrücken zu lassen.

(v. K. Jhrb. Bd. 15. S. 279.)

3) Jurisdictio contentiosa.

§. 5. In Ansehung des ersten Hauptgegenstandes ihrer Bestimmung, nämlich der Ausübung der ihnen anvertrauten unmittelbaren landesherrlichen Jurisdiktion, haben die Justizkollegia theils gewisse allgemeine, theils die Personen, aus welchen sie bestehen, gewisse besondere Pflichten zu beobachten. Letztere werden in den folgenden Titeln, wo von den verschiedenen Amtsverrichtungen dieser Personen die Rede ist, umständlich vorgeschrieben.

Pflichten der Justizkollegien.

§. 6. Die allgemeine Pflicht der Landesjustizkollegien ist, dass sie den bei ihnen Recht nehmenden Parteien eine gründliche, schleunige und durchaus unparteiische Justizpflege widerfahren lassen sollen.

§. 7. Es müssen also die Landesjustizkollegia in allen für sie gehörigen Angelegenheiten die Klagen und Vorstellungen der bei ihnen Recht suchenden Parteien unweigerlich annehmen; dieselben sorgfältig und aufmerksam prüfen; die Sachen nach Vorschrift der gegenwärtigen Ordnung gehörig untersuchen, und nach den Gesetzen entscheiden; einen jeden bei seinem Rechte schützen, oder ihm dazu mit Nachdruck verhelfen; die Untersuchungen und Instruktionen fleissig und ununterbrochen betreiben; die Entscheidungen möglichst beschleunigen; und dabei weder selbst den geringsten unnöthigen Aufenthalt oder Verzug sich zu Schulden kommen lassen, noch dass dergleichen von Anderen gemacht werde, verstatten.

§. 8. Insonderheit müssen die Justizkollegia sich bei ihren Amtsverrichtungen der strengsten Rechtschaffenheit und gewissenhaftesten Unparteilichkeit befleissigen; dergestalt, dass sie einem jeden, ohne Unterschied des Ranges, Standes, Geschlechts, Ansehens oder Vermögens, lediglich nach Beschaffenheit und Lage der Sache, und nach den Vorschriften der Gesetze, sein Recht widerfahren lassen; insonderheit aber Armen und Niedrigen, gegen unrechtmässige Bedrückungen und Beeinträchtigungen reicher, mächtiger und angesehener Gegner nachdrücklichen Schutz und Hülfe verschaffen.

Rechte und Autorität derselben.

§. 9. Damit nun besagte Kollegia im Stande sein mögen, diesen ihren Pflichten und Verrichtungen gehörig nachzukommen; so haben Se. Königl. Majestät ihnen das Recht beigelegt, die Justiz in Allerhöchstderoselben Namen zu administriren und befehlen jedermänniglich, ohne Unterschied und Ausnahme, den Verordnungen und Verfügungen des ihm vorgesetzten Landesjustizkollegii, in den zu dessen Amte gehörigen Angelegenheiten, eben die willige, prompte und gehorsame Folge zu leisten, wozu er Sr. Königl. Majestät selbst, als höchstem Landesherrn und oberstem Richter, verpflichtet ist; wollen auch mehr erwähnte Kollegia bei dieser ihnen ertheilten Macht und Ansehen nachdrücklich schützen, und den gegen sie bewiesenen Ungehorsam und Widersetzlichkeit auf das strengste geahndet und bestraft wissen.

§. 10. Höchst dieselben autorisiren daher auch oft besagte Landesjustizkollegia, ihren auf die Gesetze und gegenwärtige Ordnung gegründeten Verfügungen, nöthigenfalls durch rechtliche Zwangsmittel, Gehorsam und Folge zu verschaffen; die Widerspenstigen durch den Fiskus zur Verantwortung ziehen zu lassen; und mit den in den Kriminalgesetzen geordneten Strafen wider sie zu verfahren. (A. L. R. Thl. II. Tit. XX. §. 166. u. f.)

Aufsicht über dieselben.

§. 11. Damit aber auch diese Kollegia die ihnen anvertraute Macht und Gewalt nicht missbrauchen, sollen sie nicht allein unter beständiger ununterbrochener Aufsicht gehalten, und durch oftmalige Justizvisitationen von ihrem Betragen bei Verrichtung ihres Amts zuverlässige Kenntniss eingezogen; sondern es soll auch den Parteien mit ihren Beschwerden wider sie, das erforderliche Gehör niemals versagt werden.

Untersuchung der wider sie einkommenden Beschwerden.

§. 12. Beschwerden über die Justizkollegia und Gerichte gehen entweder nur gegen den Inhalt einer von ihnen getroffenen, dem Beschwerdeführer vermeintlich nachtheiligen Verfügung; oder sie enthalten zugleich persönliche Anschuldigungen wegen verletzter oder vernachlässigter Amtspflichten.

§. 13. Beschwerden der ersten Art, in so fern sie gegen wirkliche Urtel, oder mit denselben gleiche Kraft habende Resolutionen gerichtet sind, müssen durch die im Vierzehnten und

Funfzehnten Titel beschriebenen ordentlichen Rechtsmittel der Appellation und Revision angebracht und ausgeführt werden. Betrifft aber die Beschwerde irgend eine andere gerichtliche Verfügung; so muss dieselbe, wenn sie gegen ein Untergericht erhoben wird, bei dem unmittelbar vorgesetzten Obergerichte, und wenn sich jemand über ein Obergericht oder Landesjustizkollegium beschweren zu müssen glaubt, bei dem Justizdepartement des Staatsministerii angebracht werden. Auch bleibt einem jeden, welcher sich bei den Verfügungen des Justizdepartements nicht beruhigen zu können vermeint, der Zutritt zu Sr. Königl. Majestät Allerhöchsten Person unverschlossen.

a. **C. O.** vom 6. September 1815. betreffend die Einwirkung des Chefs der Justiz auf die formellen Verfügungen der Gerichtsbehörden; f. zu Anfang dieses Titels sub 1 c.

b. **Rescript** vom 21. Mai 1826, betreffend das Verfahren bei Einreichung des an Beschwerdeführern erlassenen Bescheides an den Justizminister.

Wenn dem Königl. Kammergericht Beschwerden der Parteien mit der Anweisung zugefertigt werden, die Beschwerdeführer zu bescheiden, und Abschrift der Verfügung einzureichen, so ist es unnöthig, diese Resolution mit einem vom ganzen Kollegio unterzeichneten Berichte zu überreichen. Es ist in einem solchen Falle genügend, wenn die Abschrift mit der darunter gesetzten Kanzlei-Note:

„Abschrift der Verfügung zu den Akten des Justiz-Ministerii"

eingesandt wird.

(v. K. Jhrb. Bd. 27. S. 282.)

Anh. §. 439. *In rechtskräftig abgeurtelten Rechtsstreitigkeiten dürfen die Parteien Se. Königl. Majestät und das Ministerium gar nicht mit Beschwerden behelligen.*

Publikandum vom 14. Februar 1810 §. I., f. weiter unten nach §. 443. des Anh.

§. 14. Es muss aber ein jeder, welcher dergleichen Beschwerden anbringen will, die Sache deutlich, der Wahrheit gemäss, und mit gebührender Bescheidenheit vortragen; auch seinen Beschwerden jedesmal die letzte Resolution der unmittelbar vorher gehenden Behörde beilegen.

Rescript vom 4. Oktober 1823, betreffend die Nothwendigkeit der Beifügung der letzten Resolution bei Beschwerden.

Die bekannte Vorschrift des Gesetzes, nach welchem die Supplikanten angewiesen sind, den Bittschriften gegen die Verfügungen anderer Behörden, zu denen sie sich bei des Königs Majestät und bei dem Justizminister bewogen finden, Abschriften der von jenen erhaltenen letzten Resolution beizulegen, wird gänzlich außer Acht gelassen und durch die Nichtbefolgung Kosten gehäuft und Zeit verdorben. Diese Vorschrift ist daher durch die Amtsblätter unter der in der Verordnung enthaltenen Verwarnung, besonders bei Beschwerdeführung gegen rechtskräftige Entscheidungen, zu erneuern.

(v. K. Jhrb. Bd. 22. S. 172.)

Anh. §. 440. *Bei der Unterschrift der Eingaben muss bemerkt werden, ob der Supplikant die Vorstellung selbst verfertigt und unterschrieben hat, oder von wem dieses geschehen; und bei Vorstellungen, die im Namen ganzer Gemeinden eingereicht werden, müssen insbesondere diejenigen Wirthe oder Gemeindeglieder, welche die Vorstellung veranlasst haben, ihre eigenen Namen darunter setzen.*

Diejenigen, welche Vorstellungen nicht deutlich fassen und schreiben können, und, der erfolgten Warnung ungeachtet, nicht unterlassen, solche für Andere zu fertigen und zu schreiben, werden mit Gefängnissstrafe von 14 Tagen bis 4 Wochen, oder mit verhältnissmässiger Geldstrafe belegt, und sollen diese Strafen im Wiederholungsfalle verdoppelt werden.

Diejenigen aber, die solche Vorstellungen für Verwandte, Freunde und Bekannte fertigen dürfen, dieses aber nicht in der gehörigen Form thun, oder eine schon zurückgewiesene Vorstellung wiederholen, sollen zuerst mit 8 bis 14tägiger Strafe in einem Gefängnisse, Arbeits- oder Besserungshause bestraft, und im Wiederholungsfalle mit der doppelten Strafe belegt werden. Bei ferneren Wiederhosungen soll die vorher ausgestandene Strafe jedesmal mit 8 bis 14 Tagen erhöhet werden.

1) a. **Publikandum** vom 14. Februar 1810, wegen der bei des Königs Majestät und den Ministerien anzubringenden Gesuche und Beschwerden, §. VIII und IX.; s. weiter unten nach §. 443. des Anhanges.

b. **Rescript** vom 25. Februar 1799, betreffend die Anfertigung von Eingaben und Beschwerden für andere.

Ueber die von Euch in dem Berichte vom 9. Februar d. J. aufgeworfene Frage: ob es für verboten anzusehen sei, wenn jemand für seine Mitbürger Vorstellungen an die Gerichte macht?
können Euch im Allgemeinen keine bestimmten Vorschriften ertheilt werden. So viel versteht sich jedoch von selbst, daß die strenge im Landrechte für heimliche Konsulenten und unbefugte Schriftsteller bestimmte Strafe nur dann Anwendung findet, wenn der daselbst genau bezeichnete Fall eintritt, wobei eine extensive Deutung unmöglich Platz greifen kann. Sobald unschädliche Gesuche, besonders an solchen Orten oder in solchen Verhältnissen von dazu nicht qualifizirten Personen angefertigt werden, wo die Parteien sich nicht füglich an Justizkommissarien wenden können, würde jede Bestrafung zweckwidrig sein. Wenn hingegen Partheien sich eben so leicht an qualifizirte Schriftsteller zu wenden Gelegenheit haben, so muß man die nicht qualifizirten, nach fruchtloser Warnung, durch gelinde Strafen davon abzuhalten suchen, aus der Schriftstellerei ein Gewerbe zu machen; weshalb jedoch die erforderlichen Einleitungen dem richterlichen Ermessen überlassen bleiben.
(Stengels Beitr. Bd. 9. S. 357.)

c. **Rescript** vom 19. September 1836, betreffend die Bestrafung der Winkelschriftsteller.

Dem Königl. Ober-Landesgericht wird auf den Bericht vom 6. d. M. wegen Bestrafung der Winkelschriftsteller,
hierdurch eröffnet, daß eine Deklaration der Vorschrift des §. 440. des Anhangs zur A. G. O. in dem Sinne, wie das Kollegium sie wünscht, nicht veranlaßt werden kann, daß es einer solchen aber auch nicht bedarf. Zwar bezieht sich die Bestimmung des §. 440. a. a. O. nur auf Eingaben an des Königs Majestät und die Ministerien, wie die Verordnung vom 14. Februar 1810, aus welcher der §. 440. entnommen ist, und dessen Stellung als Anhang zum §. 14. Tit. 1. Thl. III. zeigen und schon in dem Publikandum der Ministerien des Innern vom 23. Mai 1818 (Annalen Bd. II. S. 295.) bemerkt wird; dessen ungeachtet ist aber die Bestrafung unbefugter Winkelkonsulenten, auch außer dem Falle, welchen die §§. 176. 177. Tit. 20 Thl. II. des A. L. R. vorsehen, gesetzlich zulässig.

Dies ist schon in dem Rescripte vom 25. Februar 1799 (Stengels Beiträge Bd. 9. S. 357.) dargethan, und folgt auch daraus, daß nach §§. 29 und 44. Tit. 7. Thl III. der A. G. O. den Justizkommissarien die ausschließliche Praxis bei den Gerichten beigelegt ist, also jeder, der aus der unerlaubten Schriftstellerei in Rechtssachen ein Gewerbe macht, nach §. 54. Tit. 24. Thl. I. der A. G. O. bestraft werden kann.

Es muß aber zur Verhütung der Winkelschriftstellerei besonders darauf gesehen werden, daß bei jedem Gerichte Gelegenheit ist, Gesuche zu allen Zeiten zum Protokoll zu geben.
(v. K. Jhrb. Bd. 48. S. 285.)

2) **Rescript** vom 28. November 1831, betreffend das Verfahren bei Vorstellungen, welche von den Parteien nicht unterschrieben sind.

Das von der Civil-Deputation des Königl. Stadtgerichts mittelst Berichts vom 4. d. M. angezeigte Verfahren in der Prozeßsache des N. N. wider den N. N. kann das Justiz-Ministerium nicht billigen. Wenn auch auf Vorstellungen, die nicht von der Partei selbst, sondern von einer dritten, nicht bekannten Person für dieselbe ge- und unterschrieben worden, keine materielle Verfügung erlassen werden kann, so folgt doch nicht, daß dieselben ganz unberücksichtigt bleiben dürfen, da im Allgemeinen die Vermuthung dafür spricht, daß die Vorstellungen mit Vorwissen und Zustimmung der Partei gefertigt werden. In Fällen, wo ein Aufschub ohne Nachtheil statt finden kann, ist es zwar genügend, wenn die Partei bedeutet wird, daß auf die von ihr nicht ge- und unterschriebene Vorstellung keine Verfügung ergehen könne, sondern daß sie ihre Anträge gerichtlich zu Protokoll geben, oder in einer vorschriftsmäßig abgefaßten Eingabe anbringen müsse; außer diesen Fällen ist aber bei entstehendem Zweifel auf die gedachten Vorstellungen gleich ein Termin zur Vernehmung der Partei über den Gegenstand der Eingabe anzuberaumen und demnächst das Weitere zu veranlassen. Dies ist besonders dann erforderlich, wenn, wie im gegenwärtigen Fall, innerhalb einer bestimmten Frist gewisse Erklärungen bei Verlust des Rechts abgegeben werden müssen.

Da die Civil-Deputation des Königl. Stadtgerichts, anstatt hiernach auf die Vorstellung vom 19. September c. den rc. N. N. zur Vernehmung über die Appellations-Anmeldung vorladen zu lassen, demselben bloß eröffnet hat, daß die Vorstellung nicht berücksichtigt werden könne, ohne ihm wegen etwaniger Nachholung der Appellation eine Bedeutung zu machen; so ist der rc. N. N. mit Rücksicht auf die Bestimmung des §. 28. Tit. 14 Thl. I. der A. G. O. noch zu dem Rechtsmittel zu verstatten und die Exekution aufzugeben.

Die eingereichten Akten erfolgen hierbei zurück.
(v. K. Jhrb. Bd. 38. S. 313.)

Anh. §. 441. *Die Bittsteller sollen durch die ordentlichen Posten ihre Gesuche abschicken, nicht aber solche selbst überbringen und durch persönliches Suppliciren lästig werden.*

Publikandum vom 14. Februar 1810, §. II.; s. nach §. 443. des Anhanges.

§. 15. Wer entweder die hierin vorgeschriebene Ordnung in Anbringung seiner Beschwerden nicht beobachtet, sondern, mit Uebergehung des vorgesetzten Landeskollegii, das Justizdepartement, oder mit Uebergehung des letztern, Se. Königl. Majestät unmittelbar behelliget (§. 13.); oder wer seiner Vorstellung die von der vorhergehenden Behörde erhaltene letzte Vorbescheidung nicht beifügt, und solchergestalt eine günstigere Resolution zu erschleichen sucht (§. 14.), der hat zu gewärtigen, dass er ohne weitere Verfügung sofort wird abgewiesen werden.

Anh. §. 442. *Wer mit Uebergehung einer Behörde oder mit Unterlassung der bestimmten Form Beschwerden und Gesuche anbringt, hat zu gewärtigen, dass ihm seine Vorstellung ohne Verfügung zurück gegeben wird.*

Wer sich dadurch nicht bedeuten lässt, und sein unförmliches Gesuch wiederholt, desgleichen, wer einmal beschieden worden, und sein Gesuch ohne besondern Grund wiederholt, soll zur Strafe auf 14 Tage bis 4 Wochen in ein Gefängniss, Arbeits- oder Besserungshaus gebracht werden.

Im Wiederholungsfalle wird die ausgestandene Strafe verdoppelt, und bei jeder fernern Wiederholung wie die vorher ausgestandene Strafe wieder mit 14 *Tagen bis* 4 *Wochen erhöht.*

Bei Vermögenden wird eine verhältnissmässige Geldstrafe festgesetzt.

Diese Strafen werden von dem betreffenden Ministerium unmittelbar oder von der Behörde durch ein blosses Dekret festgesetzt, so bald die verbotene Wiederholung des Gesuchs durch Vernehmung des Beschwerdeführers oder auf andere Weise festgestellt worden, und es werden solche durch die Behörde zum Vollzug gebracht, welcher deshalb Auftrag geschieht.

Anh. §. 443. *Diejenigen, welche Seine Königliche Majestät oder das Ministerium mit persönlichem Suppliciren belästigen, und sich nicht bedeuten lassen, in ihre Heimath zurück zu kehren und daselbst die Resolution abzuwarten, werden dahin durch die Polizeibehörden zurückgebracht. Wenn sie dennoch sich wieder einfinden, und das Suppliciren fortsetzen; so werden sie nach den in* §. 442. *des Anhanges enthaltenen Bestimmungen bestraft und behandelt.*

Gemeinden und Gemeindedeputirte, die ihren Wohnort verlassen, um bei Seiner Königlichen Majestät oder dem Ministerio Vorstellungen selbst zu überreichen und persönlich zu suppliciren, sollen von den Gerichts- und Polizeibehörden, deren Bezirk sie passiren, angehalten und in ihre Heimath zurück geschafft werden, nachdem zuvörderst die Vorstellung, die sie eingeben wollen, ihnen abgenommen, sie nach Befinden über den Inhalt derselben näher zu Protokoll vernommen, und solche zur Post gegeben worden. Wenn sie dennoch sich persönlich einfinden, um zu suppliciren: so werden sie mit den vorerwähnten Gefängniss- oder Geldstrafen belegt.

a. **Publikandum** vom 17. März 1798 und vom 21. Mai 1799, wegen der bei des Königs Majestät anzubringenden Beschwerden und Vorstellungen (v. R. Bd. V. S. 71 und 458); erledigt durch:

b. **Publikandum** vom 14. Februar 1810, wegen der bei des Königs Majestät oder den Ministerien anzubringenden Gesuche und Beschwerden.

Seine Königliche Majestät von Preußen rc. rc. werden durch die immer mehr sich häufenden unzulässigen und unförmlichen Gesuche und Beschwerden, die theils unmittelbar, theils bei den Ministerien einkommen, veranlaßt, über diesen Gegenstand von Neuem festzusetzen und zu verordnen:

I. Es soll ein Jeder seine Gesuche und Anträge bei der Behörde anbringen, zu deren Verwaltung die Sachen, welche sie zum Gegenstande haben, zunächst gehören, nämlich die Polizei-, Domainen-, Gewerbe- oder Steuersachen, Unterstützungs-, Remissions-, Pensions-, und dergleichen Gesuche bei dem Domainenamte, dem Magistrate des Orts, dem Kreis-Landrath oder der sonstigen Amtsbehörde, und die Justizsachen bei dem gehörigen Gericht.

Die Beschwerden über diese Behörden müssen in Justizsachen bei den Ober-Landesgerichten, und in anderen Sachen bei den Regierungen, die Beschwerden über diese Kollegien hingegen bei dem betreffenden Ministerium angebracht werden, und nur demjenigen, welcher vom Ministerio zurückgewiesen, und dennoch von seinem Unrecht, oder von der Unzulässigkeit seines Gesuchs nicht überzeugt ist, stehet endlich der Weg zum Throne offen.

In rechtskräftig abgeurtelten Rechtsstreitigkeiten, dürfen die Parteien Seine Königliche Majestät und das Ministerium gar nicht mit Beschwerden behelligen.

II. Den unmittelbar oder bei dem Ministerio einzureichenden Gesuchen und Beschwerden, die deutlich gefaßt und geschrieben werden müssen, ist die Resolution, über welche Beschwerde geführt, oder wider welche Vorstellung gemacht wird, im Original beizulegen. Bei der Unterschrift muß bemerkt werden, ob der Supplikant die Vorstellung selbst gefertiget und unterschrieben hat, oder von wem dieses geschehen, und bei Vorstellungen, die im Namen ganzer Gemeinden eingereicht werden, müssen insbesondere diejenigen Wirthe oder Gemeindeglieder, welche die Vorstellung veranlaßt haben, ihre eigene Namen darunter setzen.

III. Die Bittsteller sollen durch die ordentlichen Posten ihre Gesuche abschicken, nicht aber selbst ihre Vorstellungen überbringen, und nicht durch persönliches Suppliciren lästig werden.

IV. Ein Jeder der fähig ist, deutlich zu schreiben, und eine Vorstellung deutlich zu fassen, kann die an Seine Königliche Majestät und an Allerhöchstdero Ministerium gerichteten Vorstellungen für sich, seine Verwandte, Freunde und Bekannte anfertigen. Außerdem können aber auch, vermöge der wiederholt getroffenen Veranstaltungen, von Jedem bei dem Ober-Landesgericht und Regierungen, bei allen Gerichten und Behörden des Landes, Gesuche und Beschwerden zu Protokoll gegeben werden.

V. Wer den unter den Nr. I. und II. ertheilten Anweisungen nicht Folge leistet, und daher mit Uebergehung einer Behörde, oder mit Unterlassung der bestimmten Form, Beschwerden und Gesuche anbringt, hat zu gewärtigen, daß ihm seine Vorstellung ohne Verfügung zurückgegeben wird.

VI. Wer sich dadurch nicht bedeuten läßt, und sein unförmliches Gesuch wiederholt, desgleichen, wer einmal beschieden worden, und sein Gesuch ohne besondern Grund wiederholt, soll zur Strafe auf 14 Tage bis auf 4 Wochen in ein Gefängniß, Arbeits- oder Besserungsanstalt, gebracht werden.

Im Wiederholungsfall wird die ausgestandene Strafe verdoppelt, und bei jeder ferneren Wiederholung wird die vorher ausgestandene Strafe wieder mit 14 Tagen bis 4 Wochen erhöhet.

Bei Vermögenden wird eine verhältnißmäßige Geldstrafe festgesetzt.

Diese Strafen werden von dem betreffenden Ministerio unmittelbar, oder von der Behörde durch ein bloßes Dekret festgesetzt, sobald die verbotene Wiederholung des Gesuchs, durch Vernehmung des Beschwerdeführers oder auf andere Weise festgestellt worden, und es werden solche durch die Behörde zum Vollzug gebracht, welcher deshalb Auftrag geschiehet.

VII. Diejenigen, welche Seine Königliche Majestät oder Allerhöchstdero Ministerium, mit persönlichem Suppliciren belästigen, und sich nicht bedeuten lassen, in ihre Heimath zurückzukehren und daselbst die Resolution abzuwarten, werden dahin durch die Polizeibehörden zurückgebracht. Wenn sie dennoch sich wieder einfinden und das Suppliciren fortsetzen, so werden sie nach den in Nr. VI. enthaltenen Bestimmungen bestraft und behandelt.

Gemeinden und Gemeindedeputirte, die ihren Wohnort verlassen, um bei Sr. Königlichen Majestät oder Allerhöchstdero Ministerium, Vorstellungen selbst zu überreichen und persönlich zu suppliziren, sollen von den Gerichts- und Polizeibehörden, deren Bezirk sie passiren, angehalten und in ihre Heimath zurückgeschafft werden, nachdem zuvörderst die Vorstellung, die sie eingeben wollen, ihnen abgenommen, sie nach Befinden, über den Inhalt derselben, näher zu Protokoll vernommen, und solche zur Post gegeben worden. Wenn sie dennoch sich persönlich einfinden, um zu suppliciren, so werden sie nach den Bestimmungen Nr. VI. bestraft und behandelt.

VIII. Diejenigen, welche Vorstellungen nicht deutlich fassen und schreiben können, und der erfolgten Warnung ungeachtet nicht unterlassen, solche für andere zu fertigen, werden nach den Bestimmungen der Nr. VI. bestraft und behandelt. Diejenigen aber, die solche Vorstellungen für Verwandte, Freunde und Bekannte fertigen dürfen, dieses aber nicht in der gehörigen Form thun, oder eine schon zurückgewiesene Vorstellung wiederholen, sollen zuerst mit 8= bis 14tägiger Strafe in einem Gefängniß, Arbeits= oder Besserungsanstalt bestraft, und im Wiederholungsfalle mit der doppelten Strafe belegt werden. Bei ferneren Wiederholungen soll die vorher ausgestandene Strafe jedesmal mit 8 bis 14 Tagen erhöhet werden.

IX. Die im A. L. R. und in der A. G. O. wider boshafte und muthwillige Querulanten, wider heimliche Winkelschriftsteller und Consulenten enthaltenen Bestimmungen, behalten für die Fälle, wo förmliche Untersuchung und Erkenntniß statt findet, Kraft und Anwendung.

Seine Königliche Majestät befehlen, daß die gegenwärtige Verordnung öffentlich bekannt gemacht und zu Jedermanns Wissenschaft in möglichster Allgemeinheit gebracht werden soll.

(v. R. X. S. 284. G. S. (Edikt.=Samml.) de 1806—1810. S. 937.)

c. **C. O.** vom 9. August 1809, daß auf die aus dem Cabinette an die Behörden remittirten Vorstellungen sogleich Resolution ertheilt werden soll.

Ich will, daß auf Vorstellungen, die aus dem Cabinette an die Behörden remittirt werden, diese sogleich Bescheid oder doch vorläufig Nachricht ertheilen, damit nicht, wie es seither geschehen ist, Immediatgesuche aus Mangel an Resolution wiederholt werden. Hiernach habt Ihr Euch zu achten, und die Euch untergebenen Behörden zu instruiren.

(v. R. X. S. 144.)

d. **Rescript** vom 9. Mai 1831, betreffend die Beschleunigung der Verfügung auf die an die Behörden remittirten Immediatvorstellungen und daß wegen der in solchen, oder in Vorstellungen an Ministerien enthaltenen Aeußerungen oder wegen Querulirens die Bittsteller nicht ohne höhere Bestimmung zur Strafe gezogen werden können.

Da Ober=Landesgerichte mehrmals die Bescheidung auf an sie zu diesem Zweck remittirte unmittelbare Eingaben bei des Königs Majestät so lange ausgesetzt haben, daß die Bittsteller bei Allerhöchstdenenselben wiederholentlich eingekommen sind; so werden sämmtliche Provinzial= und übrige Gerichtshöfe, so wie auch der Herr General=Prokurator am Appellationsgerichtshofe zu Cöln hierdurch angewiesen, die Bescheidungen auf die an sie zu diesem Zwecke vom Justiz=Ministerium remittirten Immediat=Eingaben vorzugsweise zu beschleunigen, und wenn die definitive Bescheidung, weitere Ermittelungen und Erörterungen erfordern sollte die Bittsteller mindestens zu bescheiden. Das Ministerium hat zu allen Gerichtsbehörden das Vertrauen, daß sie diesen Bescheidungen diejenige reife Erwägung, Gründlichkeit und Fassung geben werden, welche jede, bei des Königs Majestät überreichte und von Allerhöchstdenenselben an Königl. Behörden remittirte Gesuche erfordern. Das Ministerium bemerkt bei dieser Veranlassung, daß es durchaus unzulässig ist, daß die Behörden, an welche Immediatvorstellungen remittirt werden, die Bittsteller, wie hin und wieder bemerkt worden, entweder wegen der in solchen Vorstellungen enthaltenen Ausdrücke und Aeußerungen, oder gar wegen Querulirens, zur Ahndung oder Untersuchung ziehen, ohne daß darüber eine besondere Allerhöchste Bestimmung, oder eine Verfügung des Ministeriums erfolgt ist. Eben dies tritt auch in Ansehung der beim Ministerium eingereichten und von demselben an die Gerichte übersandten Vorstellungen ein.

Hiernach haben sämmtliche Gerichtshöfe und die Königl. General=Prokuratur für die Rheinprovinz zu verfahren.

(v. K. Jhrb. Bd. 37. S. 336.)

e. C. O. vom 16. August 1834, betreffend die Befugniß des Justiz-Ministers die wider Querulanten durch ein Dekret festgesetzten Ordnungsstrafen niederzuschlagen.

Auf Ihren Bericht vom 28. v. M. erkläre Ich Mich mit Ihrer Ansicht einverstanden, daß die Strafen, welche die gerichtlichen Behörden, in Anwendung des §. 442. Anh. zur A. G. O., wider unbedeutsame und muthwillige Querulanten durch Dekrete festsetzen, als Ordnungsstrafen anzusehen sind, und auf den an Sie gerichteten Rekurs der Beschwerdeführer von Ihnen gemildert, oder nach Bewandniß der Sachen, erlassen werden dürfen. Die Mir angezeigte Reklamation des Ober-Landesgerichts zu Frankfurt an der Oder gegen die Verfügung, durch welche Sie die wider den Mauermeister B. dekretirte 8tägige Gefängnißstrafe niedergeschrieben haben, ist gesetzlich unbegründet, und haben Sie dasselbe unter Mittheilung Meiner Ordre hierüber anderweit zu belehren. Einer besondern Beistimmung bedarf es deswegen nicht, da Ihre Autorisation auf Meiner Ordre vom 6. September 1815 beruhet, und Meine unmittelbare Begnadigung nur bei gerichtlich erkannten Strafen, also von dergleichen Querulanten nur in den Fällen der §§. 30. 31. Tit. 1. Thl. III. der A. G. O., nachzusuchen ist.

(v. K. Jhrb. Bd. 44. S. 102.)

f. C. O. vom 25. Mai 1836, daß nur die Ministerien befugt sind, die Bestrafung unbedeutsamer Querulanten durch ein Dekret zu verfügen.

Auf den Bericht des Staatsministeriums vom 28. v. M. will Ich die Vorschriften der Bekanntmachung vom 14. Februar 1810 Art. VI. und des daraus entnommenen §. 442. des Anhanges zur A. G. O., die Bestrafung unbedeutsamer Querulanten betreffend, dahin erläutern, daß nur die Ministerien befugt sein sollen, die den Uebertretern dieser Vorschriften angedrohten Strafen, welche durch eine unmittelbare an Mich gerichtete oder bei den Ministerien geführte unbegründete Beschwerde bewirkt werden, durch ein bloßes Dekret zu verhängen, oder durch die ihnen untergeordneten Behörden verhängen zu lassen, wogegen die Provinzialbehörden, wenn sie einen Querulanten aus den Bestimmungen der Bekanntmachung vom 14. Februar 1810 und der A. G. O. Thl. III. Tit. 1. §§. 12—34. wegen einer an sie gebrachten Beschwerde strafbar machten, nach den Vorschriften, §. 30. u. f., zu verfahren und eine förmliche Untersuchung einzuleiten haben, damit die gesetzliche Strafe durch ein Erkenntniß festgestellt werde. Ich beauftrage die betreffenden Minister und Verwaltungs-Chefs, hiernach die von ihnen ressortirenden Behörden, insoweit sie es mit Rücksicht auf die den administrativen Behörden bereits ertheilte Anweisung vom 23. Mai 1818 noch erforderlich finden, zu belehren und zu instruiren.

(v. K. Jhrb. Bd. 47. S. 572.)

§. 16. Damit niemand über Mangel an Gelegenheit, seine Gesuche oder Beschwerden gehörigen Orts anzubringen, mit Grunde klagen dürfe; so ist nicht nur den Justizkommissarien, nach den unter Tit. VII. erfolgenden näheren Bestimmungen, zur besondern Pflicht gemacht, den Parteien, welche sich über widerrechtliche Verfügungen und Bedrückungen der Gerichte beschweren wollen, so bald sie, nach näherer Prüfung des Anliegens, die Beschwerde nicht ungegründet, widerrechtlich oder unerheblich finden, mit ihrem Rathe und Amte ohne alle Menschenfurcht und Ansehen der Person an die Hand zu gehen; sondern es muss auch bei allen Kollegien und Gerichten die Veranstaltung getroffen werden, dass Leute von gemeinem Stande, welche sich des Beistandes eines Justizkommissarius aus Unvermögen nicht bedienen können, an gewöhnlicher Gerichtsstelle jemanden finden, bei dem sie ihre Gesuche oder Beschwerden mündlich zum Protokolle vortragen können; und müssen von den dazu ein- für allemal, nach der Beschaffenheit und Verfassung eines jeden Gerichts oder Kollegii, bestellten Personen die Anträge solcher Parteien unweigerlich und unentgeldlich aufgenommen werden.

Wenn auch eine Partei gegen das Landesjustizkollegium ihrer Provinz selbst Beschwerden hätte, und weder einen Justizkommissarius zu deren schriftlichen Anbringung finden, noch eine der von Zeit zu Zeit bei diesem Kollegio anzustellenden Justizvisitationen abwarten könnte; so soll derselben freistehen, sich bei dem nächstgelegenen Landesjustizkollegio zu melden, und um Aufnehmung ihrer Beschwerde zum Protokoll zu bitten; worunter ihr ohne allen Anstand gewillfahrt, und dergleichen Protokoll, mit Beilegung der letzten, dem Supplikanten abzufordernden Resolution, an das Justizdepartement unverzüglich eingesendet werden muss.

§. 17. Die Landesjustizkollegia müssen die bei ihnen gegen Untergerichte ihres Departements angebrachten Beschwerden unweigerlich annehmen; nach den unten (Tit. III.) erfolgenden näheren Vorschriften sorgfältig prüfen; denselben, in so fern sie gegründet sind, mit Nachdruck abhelfen; wenn aber das Anbringen ungegründet befunden wird, den Supplikanten mit Glimpf, Mässigung und Herablassung zu seinen Fähigkeiten und Begriffen zu bedeuten und zurecht zu weisen, sich unermüdet angelegen sein lassen.

§. 18. Beschwerden gegen Militairgerichte gehören zwar an sich lediglich für die ihnen vorgesetzten Militairbehörden; in wie fern jedoch die Civilgerichte sich ihrer Jurisdiktionsgesessenen, in Rechtsangelegenheiten derselben, bei den Militairgerichten anzunehmen verbunden sind, ist im ersten Theile dieser A. G. O. Tit. II. §. 52. festgesetzt.

§. 19. Beschwerden, welche nicht bloss den Inhalt einer getroffenen gerichtlichen Verfügung angehen, sondern zugleich persönliche Anschuldigungen, wegen verletzter oder vernachlässigter Amtspflichten enthalten, sind entweder gegen einzelne Mitglieder oder Subalternen eines Kollegii, oder sie sind gegen ein ganzes Kollegium, oder den Präsidenten oder Chef desselben gerichtet.

§. 20. Beschwerden gegen einzelne Mitglieder oder Subalternen eines Justizkollegii, in Sachen, welche die Amtsführung derselben betreffen, müssen, der Regel nach, bei dem Präsidenten oder Chef des Kollegii angebracht werden.

Dieser muss dieselben, allenfalls mit Zuziehung des Direktors oder vorsitzenden Raths, genau und sorgfältig untersuchen; den Denuncianten oder Querulanten zum Protokolle umständlich hören; den denuncirten Rath oder Subalternen über die Beschuldigung gleichergestalt zum Protokolle vernehmen; alle dabei vorkommende Thatsachen oder Umstände genau erörtern, und hiernächst von der Sache, mit Beischluss des Protokolls und Beifügung seines Gutachtens, an den Chef der Justiz pflichtmässig berichten.

§. 21. Von diesem wird alsdann das Weitere verfügt, und entweder der Beschwerde führende Theil beschieden; oder, wenn aus dieser vorläufigen Untersuchung hinlängliche Anzeigen von wirklichem pflichtwidrigen Betragen gegen einen solchen Justizbedienten hervorgehen, die förmliche Inquisition wider ihn, nebst der etwa erforderlichen Suspension von seinem Amte, veranlasst.

§. 22. Beschwerden in Amtssachen gegen ganze Kollegien oder deren Präsidenten, müssen unmittelbar bei dem Chef der Justiz angebracht, und zugleich jedesmal gehörig bescheinigt werden. Der Chef der Justiz hat alsdann, wegen näherer Untersuchung solcher Beschwerden, das Erforderliche, nach Beschaffenheit der Umstände, zu veranlassen.

Strafen pflichtwidriger Justizbedienten.

§. 23. Wenn bei diesen Untersuchungen sich veroffenbaret, dass ein solcher Justizbedienter wirklich seine Pflicht vernachlässigt oder aus den Augen gesetzt, eine Ungerechtigkeit verübt, den Vorschriften der Gesetze und den Obliegenheiten seines Amtes zuwider gehandelt habe; so soll derselbe zuvörderst, allen der Partei dadurch verursachten Schaden sofort zu ersetzen, ohne prozessualische Weitläufigkeiten, mittelst Exekution angehalten, ausserdem aber mit den nach Beschaffenheit und Grösse des Vergehens, und der dabei zum Grunde liegenden Absicht, in den Kriminalgesetzen näher bestimmten scharfen und unerlässlichen Strafen belegt werden (A. L. R. Thl. II. Tit. XX. §. 366. u. f.)

§. 24. Se. Königl. Majestät wollen daher alle und jede Dero höhere und niedere Justizbedienten hierdurch ernstlich warnen, sich nach vorstehenden Anweisungen und Bedeutungen auf das genaueste zu achten; nicht nur vor allen groben und vorsätzlichen Ungerechtigkeiten sich sorgfältig zu hüten, sondern auch bei Besorgung der ihnen aufgetragenen Amtsgeschäfte alle und jede Leidenschaften von sich entfernt sein zu lassen; selbst den Schein der Parteilichkeit und Animosität mit gewissenhafter Aufmerksamkeit zu vermeiden; von keiner Partei, welche bei dem Kollegio einen Prozess oder sonst etwas zu suchen hat, etwas an Gelde oder Geldeswerth, es habe Namen wie es wolle, unter keinerlei Prätext weder selbst anzunehmen, noch durch ihre Angehörigen, Dienstboten oder Andere annehmen zu lassen; allen familiairen Umgang und Verbindungen mit solchen Parteien gänzlich zu vermeiden, und mit einem Worte keine Rücksicht oder Betrachtung in der Welt, es sei Menschenfurcht, Vorurtheil des Ansehens, Freundschaft, Feindschaft, Hass, Neid oder irgend sonst aus Leidenschaften, Privatinteresse oder anderen Nebenabsichten herfliessende unlautere Bewegungsgründe, sich von der genauen Beobachtung ihrer, Gott und dem Staate, und der Justiz so theuer angelobten Pflichten abwendig machen oder zurückhalten zu lassen.

§. 25. Wenn ein Justizbedienter überführt wird, von einer Partei Geschenke angenommen zu haben; so soll dies allein schon hinreichend sein, ihn zur Kassation und weitern Bestrafung zu qualificiren; gesetzt auch, dass er um dieser Geschenke willen, das Recht selbst gebeugt zu haben, nicht überwiesen werden könnte.

§. 26. Wenn eine Partei sich beikommen lässt, einem Justizbedienten Geschenke zu versprechen oder wirklich anzubieten; so soll ein solcher Justizbedienter, bei schwerer Verantwortung, schuldig sein, dergleichen Ansinnen dem Präsidenten oder Chef des Kollegii sofort anzuzeigen; und dieser soll den Fiskus gegen einen solchen Menschen unverzüglich excitiren, damit derselbe dieses seines Unternehmens halber zur gebührenden Verantwortung gezogen, und nach Befinden der Umstände nachdrücklich bestraft werden möge.

§. 27. Wer durch Geschenke und Bestechungen bei den Gerichten eine ungerechte Verfügung oder Erkenntniss erschlichen hat; ingleichen derjenige, welcher sich dazu auf irgend eine Art als Unterhändler hat gebrauchen lassen, soll zur Inquisition gezogen; und wenn er der Beschuldigung überführt wird, ihm nicht allein in allen seinen künftigen gerichtlichen Verhandlungen alle Glaubwürdigkeit und alle Fähigkeit zur Ableistung eines nothwendigen Zeugeneides abgesprochen, sondern er soll auch noch über alles dieses an Leibe oder Gütern, nach Vorschrift der Kriminalgesetze (A. L. R. Thl. II. Tit. XX. §. 370.), empfindlich bestraft werden.

Uebrigens bleibt derselbe, wie es sich schon von selbst versteht, dem Gegentheile, wegen alles durch die bewirkte Ungerechtigkeit entstandenen Schadens, mit dem strafbaren Justizbedienten zugleich, und in solidum, verhaftet.

Strafen erdichteter Beschwerden, und Beleidigungen der Justizkollegien.

§. 28. So wie aber Se. Königl. Majestät Höchstdero sämmtlichen Unterthanen gegen alle unrechtmässige Bedrückungen und Beeinträchtigungen nachdrücklichen Schutz gehalten, und die dahin abzielenden Vergehungen aller und jeder Justizbedienten mit Ernst und Strenge geahndet wissen wollen; so sind jedoch auf der andern Seite Höchstgedachte Se. Majestät eben so wenig gemeint, denjenigen, welche sich über die Verfügungen ihrer Obrigkeit ohne Grund und Ursache beschweren, und sich ihres Unrechts nicht bedeuten oder belehren lassen, in ihrem Ungehorsame nachzusehen, oder wohl gar Dero Justizkollegia und Bediente den Verläumdungen boshafter, aufgebrachter und missvergnügter Parteien Preis zu geben; vielmehr soll denselben gegen dergleichen ungegründete Beschuldigungen eben so nachdrücklicher Schutz widerfahren, und Genugthuung verschafft werden.

§. 29. Da einem jeden nach §. 16. hinlängliche Gelegenheit angewiesen ist, seine Beschwerden und Gesuche auf eine gesetz- und regelmässige Art anzubringen; so haben diejenigen, welche davon keinen Gebrauch machen, sondern dennoch zu Winkelschriftstellern und unbefugten Konsulenten ihre Zuflucht nehmen, zu gewärtigen, dass auf ihre schriftlichen Vorstellungen, die von keinem Justizkommissarius unterschrieben und legalisirt sind, gar keine Rücksicht genommen, sondern ihnen dieselben ohne weitere Verfügung zurückgegeben werden.

S. Anh. §. 440. und daselbst **Rescript** vom 28. November 1831, betreffend das Verfahren bei Vorstellungen, die von den Parteien nicht unterschrieben sind.

§. 30. Diejenigen Parteien, welche sich der vorgeschriebenen Ordnung nicht unterwerfen, sondern entweder die Kollegia und deren Vorgesetzte mit offenbar grundlosen und widerrechtlichen Beschwerden gegen bessere Wissenschaft und Ueberzeugung belästigen; oder nachdem sie ihres Unrechts gehörig bedeutet worden, mit ihren Klagen dennoch fortfahren, und durch wiederholtes ungestümes Suppliciren, etwas, so gegen Recht und Ordnung ist, durchzusetzen und zu erzwingen suchen; oder die endlich gar das Justizdepartement, oder Sr. Königl. Majestät Allerhöchste Person mit falschen und unrichtigen Darstellungen ihrer Angelegenheiten, oder mit unwahren und erdichteten Beschuldigungen und Verunglimpfungen der Kollegien und Gerichte zu behelligen sich unterfangen, sollen als muthwillige oder boshafte Querulanten angesehen, ihnen der Prozess gemacht, und über ihre Bestrafung rechtlich erkannt werden.

§. 31. Gegen einen solchen unbefugten Querulanten soll, nach Beschaffenheit der Umstände, des mehr oder minder offenbaren Ungrunds seiner Beschwerden, und des dabei erwiesenen Grades von Bosheit und Hartnäckigkeit, Gefängniss-, Festungs- oder Zuchthausstrafe von 14 Tagen bis zu sechs Monaten statt finden.

§. 32. Persönliche Anschuldigungen gegen Justizkollegia und Bediente, wegen verletzter oder vernachlässigter Amtspflichten, haben, wenn sie bei gehöriger Untersuchung ungegründet befunden werden, die in den Kriminalgesetzen (Thl. II. Tit. XX. §. 207 bis 209.) bestimmten Strafen verwirkt; welche allenfalls bis zu zweijähriger Festungs- oder Zuchthausstrafe geschärft werden sollen, wenn Justizkollegia und Bediente der Bestechung, oder einer aus Animosität oder Privatleidenschaft vorsätzlich begangenen Ungerechtigkeit und Parteilichkeit, ohne Grund beschuldigt worden sind.

§. 33. Wie diejenigen zu bestrafen, welche, ohne dazu gesetzmässig berechtigt zu sein, sich damit abgeben, den Parteien schriftliche Vorstellungen und Eingaben zu verfertigen; besonders aber diejenigen, welche ein Gewerbe daraus machen, unwissende oder boshafte Parteien zur Widersetzlichkeit oder zu unnützem und widerrechtlichem Queruliren aufzumuntern, Schriften und Suppliken für selbige anzufertigen, oder ihnen auf irgend eine andere Art in ihrem gesetzwidrigen Beginnen beiräthig und behülflich zu sein, ist in den Kriminalgesetzen verordnet (Thl. II. Tit. XX. §. 176. 177.).

§. 34. Wenn unruhige und unbedeutsame Parteien sich an Winkelschriftsteller und Konsulenten wenden, die sich ausserhalb Landes an den Grenzen aufhalten, und denen daher durch die einländischen Gerichte unmittelbar nicht Einhalt geschehen kann; so sollen die Landesjustizkollegia, wenn dergleichen Fälle zu ihrer Kenntniss gelangen, die auswärtige Behörde sofort requiriren, dass einem solchen Menschen alles fernere Verkehr dieser Art mit hiesigen Unterthanen ernstlich, und bei verhältnissmässiger Bestrafung, untersagt; auch diese Strafe, bei erfolgender Uebertretung des Verbots, wirklich vollzogen werde. Geschicht dieser Requisition kein Genüge; so muss davon an das Justiz Ministerium zur weitern Rücksprache mit dem auswärtigen Departement berichtet werden. Wäre aber auf diesem Wege dem fernern unbefugten Einmischen solcher fremder Konsulenten in hiesigen Rechtssachen nicht Einhalt zu thun; so hat die einländische Partei, welche sich derselben bedient, schon dadurch allein verhältnissmässige Geld- oder Gefängnissstrafe bewirkt (Thl. II. Tit. XX. §. 35.).

Gang und Ordnung in dem Betriebe der Geschäfte.

§. 35. Bisher ist von der Einrichtung der Justizkollegien, ihrer Bestimmung, und ihrer Pflichten überhaupt, gehandelt worden. Nunmehr soll noch die Ordnung vorgeschrieben werden, in welcher die diesen Kollegien obliegenden Geschäfte vorzunehmen und zu betreiben sind.

§. 36. Diese Geschäfte sind entweder solche, welche von dem versammelten Kollegio besorgt werden müssen; oder solche, die einzelnen Mitgliedern desselben für sich allein obliegen.

§. 37. Was bei den Geschäften der letztern Art zu beobachten sei, davon wird unten, in den besonderen, die Pflichten der Mitglieder und Subalternen des Kollegii betreffenden Titeln, gehandelt werden.

§. 38. Zu den Geschäften, welche von dem versammelten Kollegio zu besorgen, sind gewisse Zusammenkünfte oder Sessionen bestimmt. Diese müssen ein- für allemal fixirt sein, und jederzeit an den nämlichen Tagen vor sich gehen. Wie viel aber dergleichen Sessionen in der Woche gehalten, und was für Tage dazu festgesetzt werden sollen, hängt von der besondern Verfassung eines jeden Kollegii, und dem Umfange der Geschäfte desselben ab.

§. 39. Diesen Sessionen müssen alle Mitglieder und Subalternen des Kollegii, ingleichen die Referendarien und Auskultatoren, beiwohnen. Niemand kann davon zurück bleiben, ohne erhebliche Ursachen, die er jedoch dem Präsidenten oder Vorgesetzten des Kollegii schriftlich anzeigen muss. Wer ohne gegründete Entschuldigung von einer Session zurück bleibt; oder dem Präsidenten davon nicht gehörige Anzeige gemacht hat; oder sich dabei zu spät einfindet, soll deshalb in eine proportionirliche Geldstrafe genommen; bei öfteren Wiederholungen und vergeblichen Warnungen aber, dergleichen Betragen, als eine pflichtwidrige Widersetzlichkeit gegen die Ordnung, dem Chef der Justiz zur weitern Ahndung einberichtet werden.

§. 40. Es müssen daher bei den Kollegien, wie bisher schon gewöhnlich gewesen, ordentliche Präsenztabellen gehalten, und in selbigen, von jedem Sessionstage, die aussengebliebenen Mitglieder, Subalternen und Referendarien, nebst den Ursachen ihres Aussenbleibens, verzeichnet werden.

§. 41. Damit auch die Mitglieder des Kollegii an der Beiwohnung der Sessionen desto weniger gehindert sein mögen; so sollen, der Regel nach, keine Instruktionstermine auf den Vormittag eines Sessionstages angesetzt werden.

§. 42. Die Sessionen sollen um acht Uhr früh ihren Anfang nehmen, und so lange dauern, als erforderlich ist, um die auf diesen Tag angewiesenen Geschäfte zu besorgen und abzuthun.

§. 43. Was nun die Geschäfte selbst, und die Ordnung, in welcher sie vorgenommen werden sollen, betrifft, so wird I. mit Publikation der vom Hofe eingelaufenen Rescripte, welche nicht einzelne Prozessangelegenheiten, sondern Generalia betreffen, der Anfang gemacht.

§. 44. Sodann werden II. die Memorialien vorgetragen, welche entweder solche Generalia, oder Vormundschafts-, Hypotheken-, Konsistorial- und andere dergleichen, nach Maassgabe §. 3. dem Kollegio zur speciellen Bearbeitung etwa angewiesene Sachen zum Gegenstande haben.

In so fern daher zu diesen Arten von Geschäften gewisse Personen, die sonst keine Mitglieder des eigentlichen Justizkollegii sind, z. B. besondere Konsistorial- oder Pupillenräthe, konkurriren, müssen diese sich am Anfange der Session mit einfinden, und dabei so lange gegenwärtig bleiben, bis die zu diesem ihren speciellen Departement gehörigen Geschäfte beendigt sind.

§. 45. Nach diesem werden III. die Justizkommissarien und Andere, welche in Sachen, die nicht zu einem Prozesse oder sonst zur streitigen Gerichtsbarkeit gehören, Termine abzuhalten, oder etwas mündlich zum Protokolle vorzutragen haben, vorgelassen.

Dahin gehören also Ableistungen von Homagialeiden, Belehnungen, Verpflichtungen von Offizianten und Vormündern, Bestellung von Hypotheken, gerichtliche Anerkenntnisse und Vollziehung von Kontrakten und anderen dergleichen Handlungen der willkührlichen Gerichtsbarkeit.

Doch steht den Kollegien frei, wenn dadurch die Session allzu lange verzögert, und die Zeit zu den übrigen Geschäften zu kurz werden sollte, dergleichen Handlungen und Verträge durch einen Deputirten, mit Zuziehung eines oder zweier Referendarien. in einem Nebenzimmer vor- und aufnehmen zu lassen. Durch diesen Deputirten werden alsdann auch die Urtelspublikationen, der Vorschrift Thl. I. Tit. XIII. §. 44. u. f. gemäss, besorgt.

§. 46. Wenn solchergestalt die *ad* Extrajudicialia gehörigen Angelegenheiten abgethan sind; so wird IV. mit dem Vortrage derjenigen Memorialien fortgefahren, welche ad jurisdictionem contentiosam gehören, z. B. die Anmeldungsprotokolle der neuen Klagen; die Berichte, Anzeigen und Anfragen der Deputirten in Instruktionssachen; die Beschwerden über Untergerichte; die Berichte und Anfragen derselben, u. s. w.

§. 47. Nach beendigtem Memorialienvortrage werden V., in so fern die Zeit dazu noch hinreicht, die mündlichen und schriftlichen Relationen in den zum Spruche geschlossenen Sachen vorgenommen.

§. 48. Bei Kollegien, welche aus mehreren Senaten bestehen, müssen, wenn der Memorialienvortrag ad IV. geendigt ist, diese Senate sich trennen, und jeder von ihnen die für ihn gehörigen Spruchsachen besonders vornehmen.

§. 49. Wenn in den ordentlichen Sessionstagen die Zeit zum Ablesen der Relationen zu kurz würde; so müssen dazu ausserordentliche Versammlungen, nach Beschaffenheit der Umstände, von dem Präsidenten angesetzt werden.

§. 50, Obige Vorschriften bestimmen die Ordnung der Geschäfte in den Sessionen nur der Regel nach; die Abweichungen und Ausnahmen davon, welche die besondere Verfassung dieses oder jenes Kollegii etwa erfordern könnte, sind, nach Maassgabe dieser Verfassung, durch specielle Instruktionen für jedes Kollegium bestimmt.

Ferien.

§. 51. Diese ordentlichen Sessionen oder Versammlungen bleiben während der Gerichtsferien ausgesetzt. Es sollen aber dergleichen Ferien künftig nur statt finden:

1) an jedem der drei hohen Feste, nämlich Ostern, Pfingsten und Weihnachten, auf vierzehn Tage;
2) in der Erndte auf vier Wochen.

Rescript vom 23. Juli 1814, betreffend den Zweck der Gerichtsferien.

Aus dem von dem Königl. Ober-Landesgericht unter dem 15. d. M. erstatteten Berichte und dessen Beilage ist ersehen worden, wie das Land- und Stadtgericht zu N. darauf angetragen hat, wo nicht alle Gerichtsferien, doch wenigstens die Erndteferien, so wie bei den Obergerichten, auch bei demselben eintreten zu lassen.

Zur Bescheidung des Königl. Ober-Landesgerichts auf die solcherhalb gethane Anfrage wird demselben hierdurch Folgendes eröffnet:

Die Gerichtsferien sind nicht zur Erleichterung für die Gerichte angeordnet, und es ist unzweckmäßig, den gewöhnlichen Geschäftsgang bei den Gerichten eine Zeitlang im Jahre zu unterbrechen, obgleich die Geschäfte selbst größtentheils dieselben sind.

Die Einschränkung der Sessionen während der Ferien hat die Folge, daß die Geschäfte verzögert werden, und daß sie sich zu sehr häufen. Es würde daher völlig unpassend sein, Ferien bei den Gerichten da einzuführen, wo sie bisher nicht statt gefunden haben. Die Gerichte müssen nur den Landmann nicht in der Saat- und Erndtezeit zu Terminen vorladen, und keine Exekution gegen ihn vollstrecken lassen, um ihn nicht von seinem Nahrungsbetrieb abzuhalten.

(v. K. Jhrb. Bd. 4. S 30.)

§. 52. In diesen Gerichtsferien können also, der Regel nach, keine Instruktions- und andere zum Prozesse gehörige Termine, welche die Parteien selbst abzuwarten haben, anberaumt; während derselben keine Urtel publicirt, und keine Exekutionen vollstreckt werden.

Anh. §. 444. *Wenn durch öffentliche Vorladung oder Bekanntmachung ein Termin aus Versehen auf einen Tag in den Gerichtsferien anberaumt ist; so ist deswegen das Verfahren nicht für nichtig zu achten, und bedarf es daher auch keiner Wiederholung der Vorladung oder Bekanntmachung.*

Rescript vom 12. Juni 1797, betreffend die Ansetzung von Terminen in den Gerichtsferien bei Ediktalvorladungen, (N.C.C. T. X. S. 1307.); aufgenommen in §. 444. des Anhanges.

§. 52. Hiervon sind jedoch ausgenommen: Wechsel-, Aliment-, Arrest- und andere dergleichen Sachen, wo Gefahr bei dem Verzuge obwaltet, ingleichen Exekutionsvollstreckungen in den Thl. I. Tit. XXIV. §. 25. näher bestimmten Fällen. Auch müssen sowohl die aussergerichtlichen, zur Direktion des Kollegii gehörigen Geschäfte, als die Instruktion der Prozesse selbst, in so fern dabei die Gegenwart der Parteien nicht erforderlich ist, ihren ununterbrochenen Fortgang behalten.

Rescript vom 12. Mai 1834, betreffend die Zulässigkeit der Termine in Mandats- und summarischen Prozessen während der Gerichtsferien; s. zu I. 28. §. 15. zur Verordnung vom 1. Juni 1833. §. 10.

§. 54. Zur Bearbeitung dieser Angelegenheiten muss während der Ferien ein Tag in der Woche bestimmt, und wenn in der Zwischenzeit Sachen, die eine vorzügliche Beschleunigung erfordern, einkommen; so müssen, zu deren Abmachung, die gegenwärtigen Mitglieder des Kollegii ausserordentlich zusammen berufen werden.

Zweiter Titel.

Von dem Amte der Präsidenten und Direktoren.

Bestellung.

§. 1. Die Präsidenten und Direktoren der Justizkollegien werden von Sr. Königl. Majestät unmittelbar bestellt. Ihre Introduktion geschieht durch den Chef der Justiz, oder wem er dazu den Auftrag zu machen für gut befindet, und sie werden zu ihrem Amte nach dem beigedruckten Formulare vereidet.

Wegen des Rangverhältnisses und der Uniform der Präsidenten und der Direktoren, s. die Zusätze zu §. 1. des vorigen Titels.

Pflichten.

§. 2. Ihre Hauptpflicht besteht darin, dass sie die in den Kollegien eingeführte gute Ordnung beständig unterhalten; allen sich einschleichenden Missbräuchen mit Eifer und Nachdruck steuern; und überhaupt auf eine gründliche, schleunige und rechtschaffene Justizpflege ihr ununterbrochenes Augenmerk richten sollen.

1) Vertheilung der Geschäfte.

§. 3. Ihnen kommt es zu, die vorfallenden Geschäfte und Arbeiten unter die Mitglieder des Kollegii zu vertheilen, und einem jeden diejenigen anzuweisen, zu deren zweckmässigen Ausrichtung er nach seinen Kräften, Fähigkeiten und übrigen Verhältnissen am geschicktesten ist.

Rescript vom 2. April 1832, betreffend die Befugniß des Präsidii zur Versetzung der Räthe aus einem Senate in den anderen.

Indem auf den Bericht des Präsidiums des Königl. Ober-Landesgerichts vom 31. v. M. die Versetzung der Ober-Landesgerichtsräthe N. N. in das Pupillen-Kollegium und den zweiten Senat an die Stelle der ausscheidenden Ober-Landesgerichtsräthe N. N. hierdurch genehmigt wird, eröffnet der Justizminister dem Königl. Präsidio, daß die Versetzung der Räthe in die verschiedenen Senate oder an das Pupillen-Kollegium demselben lediglich überlassen wird, da der Chef-Präsident des Ober-Landesgerichts auch zugleich Chef des Pupillen-Kollegii ist. Nur ausnahmsweise behält sich der Justizminister vor, über die Vertheilung der Mitglieder der Ober-Landesgerichte in die verschiedenen Senate Bestimmungen zu treffen.

(v. K. Jhrb. Bd. 39. S. 416.)

§. 4. Ob also wohl die Präsidenten, bei Vertheilung der Arbeit, im Ganzen genommen, die möglichste Gleichheit beobachten, und alle Prägravationen des einen für den andern sorgfältig vermeiden müssen; so sind sie doch schuldig und befugt, bei der Anweisung der verschiedenen Arten von Geschäften, auf die persönlichen Umstände und Talente der Arbeiter selbst Rücksicht zu nehmen, und also den einen bei den Instruktionen der Prozesse; einen andern bei der Abfassung der Dekrete, Relationen und Urtel; und einen dritten bei den zur Bearbeitung des Kollegii gehörenden aussergerichtlichen Geschäften u. s. w. mehr oder weniger, ohne Rücksicht auf die Länge der Dienstjahre, oder sonstigen Vorrang im Kollegio, zuzuziehen.

§. 5. Hieraus folgt, dass eine Hauptobliegenheit der Präsidenten sei, die Mitglieder ihres Kollegii, nach ihren verschiedenen Talenten, erworbenen Geschicklichkeiten und moralischen Eigenschaften, so genau als möglich kennen zu lernen.

2) Aufsicht über die Mitglieder und Subalternen.

§. 6. Auf das Betragen der Mitglieder und Subalternen des Kollegii in ihren Amtsgeschäften müssen die Präsidenten ein wachsames Auge haben; sie dabei, so viel als möglich ist, kontrolliren; einen jeden zu seiner Pflicht mit Glimpf und Freundlichkeit, nöthigenfalls aber mit Ernst und Nachdruck, anhalten; auch zugleich dahin sehen, dass ein jeder in den Schranken des ihm angewiesenen Berufs verbleibe, und keiner sich in das, was seines Amts nicht ist, mische, oder dem Andern Eingriffe thue.

§. 7. Auch das Privatleben und die Konduite der Mitglieder und Subalternen des Kollegii müssen die Präsidenten zum Gegenstande ihrer Aufmerksamkeit machen. Ob es ihnen also gleich weder zugemuthet, noch gestattet werden kann, sich in die Privat- und Familienangelegenheiten der ihnen subordinirten Justizbedienten einzudringen; so müssen sie dennoch darauf Acht haben, dass dieselben äusserlich einen ordentlichen und anständigen Lebenswandel führen; alle zum Anstosse und Aergernisse des Publici, und zur Entehrung ihrer Würde gereichende Ausschweifungen und Niederträchtigkeiten sorgfältig vermeiden; und überhaupt nichts vornehmen und beginnen, wodurch das ihnen sonst gebührende, und zur Ausrichtung ihres Amts nothwendige Ansehen und Achtung vor der Welt heruntergesetzt, oder gar verloren werden könnte.

§. 8. Eben um dergleichen Aergerniss und Anstoss zu vermeiden, müssen die Präsidenten, wenn Mitglieder des Kollegii unter einander selbst, über Angelegenheiten, welche ihr Privatinteresse betreffen, in Streit gerathen, dergleichen Streitigkeit gütlich beizulegen sich alle Mühe geben; beide Theile, allenfalls mit Zuziehung von ein paar anderen Räthen, gegen einander hören; sie zum Vergleiche oder Kompromisse zu vermögen suchen; und also möglichst verhüten, dass dergleichen Streitigkeiten nicht zu förmlichen Prozessen ausschlagen dürfen.

§. 9. Auf diejenigen Mitglieder und Subalternen des Kollegii, welche sich in übertriebenen, ihrem Stande, Vermögen und Einkünften nicht angemessenen Aufwand einlassen; ingleichen auf diejenigen, von welchen verlautet, dass sie mit Schulden beladen sind, müssen die Präsidenten besonders genau Acht haben; da dergleichen in ihren häuslichen und Vermögensumständen zerrüttete Leute nicht nur gemeiniglich allzu sehr zerstreut und beunruhigt sind, als dass sie ihren Amtsgeschäften mit der erforderlichen Aufmerksamkeit und Applikation obliegen könnten; sondern auch Justizbediente, die durch Verschwendung und Schulden in Verlegenheit gerathen, ihre Pflichten den Versuchungen des Eigennutzes und der Korruption aufzuopfern, am ersten bewogen werden können.

§. 10. Wenn ein Mitglied oder Subaltern des Kollegii es in Beobachtung seiner Pflichten an etwas ermangeln lässt; so müssen die Präsidenten ihm solches zuerst privatim vorhalten, und ihn zu künftiger besserer Wahrnehmung seiner Schuldigkeit ernstlich anmahnen; diese Admonition nöthigenfalls, mit Zuziehung des Direktors oder ein paar anderer Räthe wiederholen; und wenn diese Mittel zur Besserung des fehlerhaften Subjekts nicht hinreichend sind, oder das Vergehen von der Art ist, dass es eine vorsätzliche Verletzung wesentlicher Amtspflichten, besonders der Rechtschaffenheit und Integrität enthält, solche Vorfälle, nach der Anweisung des vorher gehenden Titels §. 20., von Amts wegen gehörig untersuchen, und von dem Befunde an den Chef der Justiz pflichtmässig berichten.

§. 11. Subalternen, die ihre Pflichten aus Leichtsinn, Trägheit oder Fahrlässigkeit verletzen, können von den Präsidenten, auf geschehenen Vortrag im Kollegio, mit Ordnungsstrafen an Gelde, oder durch Gefängniss belegt, und Mitglieder des Kollegii, welche die ihnen zugetheilten Spruchsachen, Vorträge, oder Instruktionen liegen lassen, können von ihnen durch Geldstrafen zu ihrer Schuldigkeit angehalten werden.

Rescript vom 9. Mai 1831, betreffend die Bestrafung geringer Dienstvergehen der Subalternen im Disciplinarwege.

Das Justizministerium hat in der neuern Zeit mehrmals zu bemerken Gelegenheit gehabt, daß bei geringeren Dienstvergehungen der Gerichts-Subalternbeamten in den dazu geeigneten Fällen von der disciplinarischen Strafgewalt, ja selbst nicht einmal von dem in dem §. 253. des Anhangs zur A. G. O. den Obergerichten vorgeschriebenen, abgekürzten Strafverfahren Gebrauch gemacht, vielmehr statt dessen sehr häufig der weitläuftige Weg des förmlichen fiskalischen oder gar des Kriminal-Untersuchungsprozesses gewählt, und dadurch nicht nur den, ohnehin mit Geschäften überhäuften Gerichten unnöthigerweise ein unverhältnißmäßiger Zeit- und Arbeitsaufwand, sondern zugleich der Nachtheil herbeigeführt wird, daß solchen kleineren Vergehungen die angemessene Strafe nicht, wie sie es sollte, möglichst schnell auf dem Fuße folgt, und daß häufig sehr brauchbare Beamte, die übrigens sich treu und pflichtmäßig aufgeführt haben, und durch eine ernste Disciplinarstrafe auf den rechten Weg zurückgebracht werden würden, aus dem Dienst entfernt und ohne alle Noth mit ihrer Familie unglücklich werden. Jenes Verfahren ist den, über die Disciplinargewalt der Vorgesetzten bestehenden Vorschriften, so wie der Bestimmung des A. L. R. Thl. II. Tit. 20. §. 335. entgegen und dem Königl. Dienste schon deshalb nicht vortheilhaft, weil es die Disciplinargewalt begrenzt. Das Ministerium bemerkt hierbei, daß des Königs Majestät ganz neuerlich zu befehlen geruhet haben, daß ein, wegen eines unbedeutenden Dienstvergehens im Wege des Untersuchungsprozesses gesprochenes Urtheil unvollstreckt bleiben und jenes Vergehen durch den Vorgesetzten der Behörde disciplinarisch gerügt werden solle.

Sämmtliche Königl. Obergerichte werden daher hierdurch angewiesen, in den obgedachten Fällen sich mehr als bisher hiernach zu achten, und werden insonderheit die Präsidien aufgefordert, in jenen Fällen ihre Disciplinargewalt häufiger eintreten zu lassen. Sollte letztere nach Bewandniß des Vergehens nicht ausreichen, so ist keinesweges, wie nur zu häufig geschieht, sofort zur fiskalischen, oder gar zur Kriminal-Untersuchung zu schreiten, sondern es muß vielmehr, soviel immer möglich, das im Anhang der A. G. O. §. 253. vorgeschriebene abgekürzte Verfahren eintreten.

Die Untergerichte haben, so weit dies auf ihre Verhältnisse anwendbar ist, sich hiernach ebenfalls zu achten, und die Obergerichte darauf, daß das geschehen, zu halten.

(v. K. Jhrb. Bd. 37. S. 374.)

2) **Rescript** vom 24. Juni 1831, betreffend die Unzulässigkeit der Provokation auf gerichtliches Verfahren gegen die Festsetzung einer Ordnungsstrafe.

Uebrigens kann das Justizministerium nicht unbemerkt lassen, daß die Bestimmung des Visitationsbescheides, wonach dem rc. N. gegen die Verfügung der Ordnungsstrafe die Provokation auf förmliche Untersuchung offen gelassen worden, nicht richtig ist, indem wegen einer solchen Strafe, als einer bloßen Disciplinar-Maaßregel, überall kein gerichtliches Verfahren, sondern lediglich der Rekurs an die vorgesetzte Behörde statt findet.

Die Anlagen des Berichts erfolgen zurück.

(v. K. Jhrb. Bd. 37. S. 375.)

3) **Rescript** vom 23. Mai 1834 und 18. Dezember 1835, betreffend die Unzulässigkeit der Einlegung des Exekutors als Zwangsmaaßregel im Disziplinarwege; s. zu I. 24. §. 48.

§. 12. Sollten wider Verhoffen alle, oder doch mehrere Mitglieder des Kollegii, sich gemeinschaftlicher Unordnung oder Kontraventionen in ihrem Amte, oder in ihrem Privatleben schuldig machen; und daher der Präsident nöthig finden, ihnen gemeinschaftlich im versammelten Kollegio Vorhaltung zu thun; so müssen alsdann die in der Session gegenwärtigen Referendarien, Auskultatoren und Subalternen, einen Abtritt zu nehmen angewiesen werden.

Konduitenliste.

§. 13. Die Präsidenten müssen von dem ihrer besondern Aufmerksamkeit empfohlenen Betragen ihrer subordinirten Justizbedienten, sowohl in als ausser ihren Amtsgeschäften, akkurate, vollständige und gewissenhafte Konduitenlisten halten, und dieselben zu Ende jeden Jahres an den Chef der Justiz einsenden.

§. 14. Auf den Grund dieser Konduitenlisten sollen denjenigen Räthen des Kollegii, welche sich durch geschickte, fleissige und ordentliche Instruktionen in mehreren wichtigen und weitläuftigen Sachen vorzüglich vor den Anderen ausgezeichnet haben, verhältnissmässige Prämien und Douceurs bestimmt und angewiesen werden. Es folgt also von selbst, dass die Präsidenten dergleichen Listen besonders umständlich, getreu, und ohne die mindeste Parteilichkeit, halten und einsenden müssen.

3) Direction in den Sessionen und bei dem Votiren.

§. 15. Bei den Sessionen des Kollegii führen die Präsidenten den Vorsitz, und sorgen dafür, dass die Geschäfte in der bestimmten Ordnung vorgenommen und abgethan, die Vorträge deutlich, richtig und vollständig gemacht, die nöthige Aufmerksamkeit von den übrigen Mitgliedern des Kollegii darauf verwendet, in den Sessionen keine Nebendinge getrieben, und überall Stille, Ernst und Anstand beobachtet werde.

§. 16. Wenn bei einer Sache die Meinungen in dem Kollegio getheilt sind; so müssen die Präsidenten die Vota darüber einsammeln, bei dem untersten Rathe den Anfang machen; darauf sehen, dass jeder seine Stimme mit hinlänglicher Kenntniss der Sache, aus eigener freier Ueberzeugung, abgebe; sodann aus der Mehrheit der Stimmen das Konklusum herausziehen, und dafür sorgen, dass das Dekret oder Urtel diesem Konkluso gemäss abgefasst werde.

Wie weit die Präsidenten ohne das Kollegium etwas verfügen können.

§. 17. Die Präsidenten sind also in der Regel nicht berechtigt, irgend eine Verfügung für sich selbst, eigenmächtig und ohne Zuziehung des Kollegii zu erlassen; viel weniger sollen sie sich im Kollegio selbst eines despotischen Ansehens anmaassen, den Räthen ihr freies Votum verschränken oder gar ihre Meinung gegen das Conclusum Collegii durchsetzen wollen. Ihnen kompetirt vielmehr dabei nur ihre Stimme gleich den übrigen Mitgliedern des Kollegii; doch soll, wenn in einer Sache gleiche Vota von beiden Seiten vorhanden sind, das Votum des Präsidenten den Ausschlag geben.

Rescript vom 22. Juli 1815, betreffend das Votum decisivum des Dirigenten bei Gerichten die nur aus 2 Mitgliedern bestehen; s. zu III. 8 §. 8.

§. 18. Es steht jedoch nicht nur dem Präsidenten frei, bei Gelegenheit der Revision der Akten, Instruktions- und Prozesslisten, Verfügungen und Excitatoria, welche bloss die Beschleunigung der Sache und deren Fortgang in dem eingeleiteten Wege zum Gegenstande haben, auch ohne Vortrag im Kollegio zu erlassen; sondern er kann auch in Fällen, wo es darauf ankommt: wie eine Sache eingeleitet und betrieben werden solle, wenn er glaubt, dass der nach Mehrheit der Stimmen abzufassende Beschluss mit dem Sinne und dem Inhalte der Prozessordnung, oder sonst vorgeschriebenen Verfahrungsart, nicht übereinstimme, die Fassung des Konklusi darüber aussetzen, und die Sache auf eine deshalb mit Beifügung der Gründe und Gegengründe an die vorgesetzte Behörde zu machende Anfrage richten. Auch ist es dem Präsidenten erlaubt, wenn ihm noch bei der Revision oder Unterzeichnung der beschlossenen Verordnungen entweder gegen die Fassung, und ob selbige der Meinung des Kollegii wirklich gemäss sei, Zweifel beifallen, oder ihm bei eigener Nachsehung der Akten, oder sonst Umstände in facto vorkommen, die er für erheblich hält, und die bei dem Vortrage im Kollegio übergangen worden, eine solche Sache in der nächsten Session, durch einen andern Rath, nochmals zum Vortrage bringen zu lassen. Dagegen muss er sich in allen Fällen, welche Materialien und wirkliche Entscheidungen streitiger Rechte betreffen, bei dem einmal gefassten Beschlusse des Kollegii schlechterdings beruhigen, und wenn er es nöthig findet, sein etwaniges abweichendes Votum schriftlich zu den Akten geben.

§. 19. Wenn ausserhalb der Sessionstage Geschäfte vorfallen, die eine schleunige Ausrichtung und Verfügung erfordern; so muss der Präsident nach Beschaffenheit und Wichtigkeit der Umstände, entweder eine ausserordentliche Zusammenkunft des Kollegii veranlassen, oder die Sache zum schriftlichen Votiren unter den gegenwärtigen Mitgliedern befördern.

Vollziehung der Ausfertigungen.

§. 20. In wie fern die im Namen des Kollegii zu erlassenden Verfügungen von dem Präsidenten allein oder auch zugleich von anderen Mitgliedern vollzogen werden, desfalls hat es bei der hergebrachten Observanz und Verfassung sein Bewenden.

Subordinationsverhältnisse.

§. 21. Alle Mitglieder und Subalternen des Kollegii sind in Amtssachen dem Präsidenten subordinirt, und daher schuldig, den Anweisungen desselben Folge zu leisten; die von ihm zugetheilten Verrichtungen unweigerlich zu übernehmen; ihm von ihrem Betragen und Verhalten dabei auf Erfordern Rechenschaft zu ertheilen; Ermahnungen und Verweise von ihm anzunehmen, und solchen williges Gehör zu geben; und sich überhaupt gegen ihn, in allen Stücken, der einem Vorgesetzten gebührenden Achtung und Ehrerbietung gemäss zu verhalten.

§. 22. Wenn daher auch ein Rath oder Subaltern des Kollegii glauben sollte, dass der Präsident sich eines zu weit getriebenen Ansehens und Autorität anmaasse; oder überhaupt die ihm vorgeschriebenen Pflichten und Schranken seines Amtes überschreite; oder dass er ihm für seine Person zu gegründeten Beschwerden Anlass gebe; so muss er dennoch dadurch sich zur Verletzung der schuldigen Subordination, oder gar zur Widersetzlichkeit gegen die Anordnungen des Präsidenten, nicht hinreissen lassen; viel weniger Andere zu eben dergleichen Unterfangen aufwiegeln. Es steht ihm aber frei, seine Anzeigen oder Beschwerden dem Chef der Justiz in geziemenden Ausdrücken vorzutragen; worauf er sodann die weitere Verfügung oder Vorbescheidung ruhig abwarten muss.

4) Sorge für den ununterbrochenen Betrieb der Geschäfte.

§. 23. Eine der Hauptbeschäftungen des Präsidenten ist die ihm obliegende Aufmerksamkeit auf den ununterbrochenen Betrieb der bei dem Kollegio schwebenden Prozesse; mit welcher er dafür sorgen muss, dass dieselben in beständigem Gange erhalten, niemals liegen gelassen, und weder von den Parteien, noch von deren Bevollmächtigten, oder von den Instruenten und Referenten verschleppt werden.

Instruktionslisten.

§. 24. Um den Präsidenten in Stand zu setzen, dass er alle kurrente Sachen gehörig übersehen, und auf deren vorschriftsmässigen Betrieb Acht haben könne, sollen bei jedem Kollegio gewisse Instruktionslisten gehalten werden.

§. 25. Die Listen müssen folgende Kolonnen haben:
1) Namen der Parteien und Objekt des Prozesses;
2) Namen des Decernenten;
3) Namen der Rechtsbeistände oder Bevollmächtigten;
4) Namen des Instruenten;
5) Lage der Sache.

Für jede Kolonne ist ein angemessener Platz zu bestimmen, und also, wie sich von selbst ergiebt, zu der fünften der beträchtlichste Raum auszusetzen.

§. 26. In diese Tabellen werden die Prozesse nach den Namen der Kläger eingetragen. Bei Kollegien, wo wegen ihres weitläufigen Jurisdiktionsbezirks die Prozesse sehr zahlreich sind, können sie, der Bequemlichkeit halber, in mehrere Volumina oder Bücher eingetheilt werden.

§. 27. Sobald daher eine neue Klage einkommt, muss der Decernent die Sache in die Instruktionsliste eintragen, und alle darin weiter erfolgende Verfügungen und Fortschritte, so wie sie vorkommen, gehörig bemerken. Während der Zeit, da die Sache sich in den Händen des Instruenten befindet, liegt es diesem ob, den Gang der Sache in der Liste nachzutragen.

§. 28. Die Vermerke müssen kurz, jedoch verständlich, geschehen; und jedesmal, wenn die Sache einen von der Regel abweichenden Aufenthalt erleidet, muss die Ursache davon mit wenigen, doch deutlichen Worten, beigefügt werden.

§. 29. Die Instruktionslisten müssen beständig auf dem Sessionstische liegen, und die Nachtragung in selbigen muss unverzüglich ohne allen Zeitverlust geschehen. Der Instruent muss dieselbe in der Regel selbst besorgen; doch steht ihm frei, am Schlusse jeden Termins den ihm zugeordneten Referendarius anzuweisen, dass er, nach Maassgabe der auf das Protokoll abgefassten Resolution, das Erforderliche in der Liste nachtrage, und wie es geschehen, bei der Resolution bemerke. Auch die Decernenten müssen die Eintragungen in der Regel selbst verrichten, doch wird nachgegeben, dass bei grösseren Kollegien ein paar fleissige und akkurate Referendarien ernannt werden mögen, denen jeder Decernent, sobald er ein in der Lage der Sache oder dem Fortgange des Prozesses etwas veranlassendes Decret abgefasst hat, dasselbe zur ungesäumten, noch in der Session selbst zu besorgenden Eintragung zustelle.

§. 30. Die Instruktionslisten müssen paginirt, und mit einem Register, in welchem, auf den Namen eines jeden Mitgliedes, die von ihm als Decernenten oder Instruenten zu bearbeitenden Sachen, mit Allegirung der Pagina der Liste, bemerkt sind, von der Registratur versehen werden.

Uebrigens bleibt eine Sache so lange in der Instruktionsliste, bis darin rechtskräftig erkannt ist.

§. 31. Diese Instruktionstabellen muss der Präsident den Nachmittag eines jeden Sessions- oder auch den folgenden Tag nachsehen; wo er nichts zu erinnern findet, bloss sein Vidi dabei vermerken; wo sich aber, besonders wegen Verzögerung der Instruktion, irgend einiger Anstand oder Bedenken hervorthut, den Instruenten darüber vernehmen; denjenigen, welcher dabei einer Nachlässigkeit oder Unbetriebsamkeit schuldig befunden wird, ernstlich zu seiner Pflicht anhalten; sobald aber der Anstand, oder die Ursache des Verzugs an den Parteien oder deren Bevollmächtigten, oder in der Sache selbst zu liegen scheint, die Akten auf die nächste Session durch den ordentlichen Decernenten zum Vortrage befördern, und sich, mit Zuziehung des Kollegii, alle ersinnliche Mühe geben, Mittel und Wege ausfindig zu machen: wie die Sache zusammengefasst; den etwa anscheinenden Verschleppungen der Parteien mit Nachdruck begegnet; die aus der Sache selbst entstehenden Verzögerungen gehoben; die Wahrheit auf die kürzeste und zuverlässigste Art heraus gebracht; und solchergestalt der Abschluss der Instruktionen möglichst, jedoch ohne Nachtheil einer gründlichen und vollständigen Entwickelung des Fakti, beschleunigt werden könne.

§. 32. Am Schlusse eines jeden halben Jahres müssen Extrakte aus diesen Listen, in Ansehung aller Sachen, welche seit länger als sechs Monaten von dem Tage an, da der erste Instruktionstermin abgehalten worden, unter der Instruktion begriffen sind, an den Chef der Justiz eingesendet werden.

1) **Reseript** vom 17. Juni 1817, betreffend die Einrichtung der Instruktionslisten.

Zur Erleichterung des Geschäftsganges wird das Königl. Ober-Landesgericht hierdurch von der fernern Einrichtung der nach dem Cirkular vom 1. Februar 1799 vierteljährlich, nach der Verfügung vom 30. März 1806 aber nur jährlich, einzureichenden Instruktions-Verzeichnisse entbunden.

Dagegen bleibt es bei der Verfügung vom 30. März 1806, zufolge deren im September jeden Jahres die Prozeß- oder Instruktionslisten der überjährigen Prozesse, deren Form und Zweck durch die Verordnung vom 31. März 1799 bestimmt ist, eingereicht werden müssen.

Der Justizminister vertraut dem Eifer des Königl. Ober-Landesgerichts, daß diese Abänderung der Geschäfts-Kontrolle auf den Geschäftsgang selbst ohne Nachtheil sein werde. Von dem Präsidio des Königl. Ober-Landesgerichts aber erwartet derselbe, daß dies durch unausgesetztes Revidiren der Akten für schnelle und zweckmäßige Betreibung der Prozesse sorgen werde, und bedarf es hierüber keiner specielleren Vorschriften, da die §§. 31—34. Tit. 11. Thl. I. der A. G. O. genügende Mittel zur Erreichung des beabsichtigten Zweckes gewähren.

(v. K. Jhrb. Bd. 10. S. 26.)

2) S. übrigens wegen der jetzt einzureichenden Geschäftsübersichten und Tabellen, die im Anhange zu diesem Theile abgedruckten Verordnungen.

§. 33. So wie der Präsident sich durch dieses Mittel von dem gehörigen Betriebe der unter der Instruktion stehenden Prozesse von Zeit zu Zeit unterrichten kann und muss; so muss er eine gleiche Aufmerksamkeit auch auf diejenigen Sachen verwenden, welche, nach abgeschlossener Instruktion, in der Registratur des Gerichts, oder bei dem Referenten befindlich sind; wobei er die Prozesslisten und Distributionsbücher zum Grunde zu legen hat.

§. 34. Besonders muss der Präsident gegen Ende des Jahres seine Aufmerksamkeit auf diejenigen Sachen, welche entweder noch im vorigen, oder in den ersten Monaten des laufenden Jahres ihren Anfang genommen haben, und noch nicht beendigt sind, verdoppeln; sich die Akten davon vorlegen lassen; dieselben allenfalls anderen Räthen des Kollegii, als den bisherigen Decernenten, zum Vortrage zuschreiben; dabei den Ursachen des Verzugs genau nachforschen; sie in den nach Hofe einzusendenden Prozesslisten gewissenhaft und unverholen anzeigen; übrigens aber die nöthigen Maassregeln zur ungesäumten Beendigung solcher veralteter Sachen, nach Vorschrift §. 31., mit dem Kollegio in Ueberlegung nehmen, und vorkehren lassen.

5) Aufsicht über die Untergerichte.

§. 35. Ueber die Untergerichte und deren Amtsführung müssen die Präsidenten ebenfalls mit möglichster Sorgfalt wachen; die über selbige einkommenden Klagen und Beschwerden, so viel es ihre übrigen Geschäfte zulassen, selbst prüfen; dass dergleichen Beschwerden, und die darüber erstatteten Berichte, ingleichen die in der Appellationsinstanz oder bei anderer Gelegenheit, von den Untergerichten einkommenden Akten von den Räthen, denen sie zum Vortrage zugetheilt sind, fleissig revidirt, sorgfältig geprüft, die dabei vorkommenden Mängel und Ausstellungen angezeigt, und die nöthigen Weisungen darüber ertheilt werden, Sorge tragen; insonderheit aber, so oft es möglich, vornehmlich bei solchen Untergerichten, über welche die meisten Beschwerden vorkommen, oder bei deren eingehenden Akten die meisten und wichtigsten Fehler bemerkt werden, Justizvisitationen veranlassen.

§. 36. Damit auch arme Parteien, welche in ihren Rechtsangelegenheiten etwas suchen, anzeigen oder beschwerdeführend anbringen wollen, solches aber schriftlich abzufassen, wegen Mangels der erforderlichen Kenntniss und Fertigkeit, nicht selbst im Stande sind, sich deshalb an unwissende und eigennützige Winkelkonsulenten zu wenden, nicht verleitet werden mögen; so muss der Präsident, der Vorschrift des Tit. I. §. 16. gemäss, die Veranstaltung treffen, dass auch ausser den Sessionstagen einer oder etliche Referendarien in der Registratur des Gerichts gegenwärtig sind, welche dergleichen sich meldende Parteien mit ihrem Anbringen zum Protokolle vernehmen, und solchergestalt die Sachen zu weiterm Vortrage befördern können.

6) Ueber Registratur und Kanzellei.

§. 37. Auf Ordnung und regelmässigen Betrieb in den Geschäften der Registratur und Kanzellei, so wie auf vorschriftsmässige Verwaltung der Deposital- und Sportulkassen, müssen die Präsidenten gleichergestalt ihr ununterbrochenes Augenmerk richten.

Dispensation der Präsidenten von Bearbeitung einzelner Sachen.

§. 38. Da solchergestalt die Präsidenten für die Aufrechthaltung der Ordnung bei dem Kollegio, und für den vorschriftsmässigen Betrieb aller Geschäfte desselben vorzüglich haften müssen; und Se. Königliche Majestät sich deshalb an sie halten werden; so müssen sie der vollständigsten und gewissenhaftesten Erfüllung dieser ihrer vorgeschriebenen Pflichten ihre ganze Zeit und Aufmerksamkeit widmen; und sollen dagegen sich mit Bearbeitung einzelner Sachen und Angelegenheiten, als Decernenten, Instruenten oder Referenten, zu befassen nicht verbunden sein.

Urlaubsgesuche.

§. 39. Es ist ihnen also auch nicht erlaubt, sich von dem Orte, wo das Kollegium seinen Sitz hat, ohne Vorwissen und Genehmigung des Chefs der Justiz, auf längere Zeit, als von einer Session zur andern, zu entfernen; viel weniger die Verrichtungen ihres Amts einem Andern zu übertragen.

Verordnung, die Ertheilung des Urlaubs betreffend, vom 16. Dezember 1827, §. 6.; f. zu III. 3. §. 9.

Stellvertretung.

§. 40. Wenn der Präsident, durch Krankheit oder andern Zufall, sein Amt zu versehen auf eine kurze Zeit verhindert wird; so muss der zweite Präsident oder Direktor, in so fern dergleichen vorhanden, oder, bei deren Ermangelung, der vorsitzende Rath seine Stelle vertreten. Ist aber im Voraus abzusehen, dass die Verhinderung eine längere Zeit dauern werde; so muss davon sofort an den Chef der Justiz berichtet, und dessen Anordnung, wegen einstweiliger Verwaltung des Postens, abgewartet werden.

§. 41. Alles, was in Vorstehendem von den Pflichten und Befugnissen der Präsidenten verordnet worden, gilt auch von denjenigen Kollegien, wo die Vorgesetzten nicht den Titel eines Präsidenten, sondern eines Direktors, oder eine andere dergleichen Benennung führen.

Von dem zweiten Präsidenten oder Direktor.

§. 42. An Orten hingegen, wo zwei Präsidenten, oder ein Präsident und ein Direktor bestellt sind, müssen die im Vorstehenden beschriebenen Obliegenheiten und Verrichtungen, nach der hergebrachten Verfassung des Kollegii, und nach dem Gutfinden des Chefs der Justiz, unter sie vertheilt werden.

Verpflichtung.

§. 43. Die Präsidenten und Direktoren sollen bei dem Antritte ihres Amtes mit nachstehendem Eide belegt werden.

Ich ... schwöre zu Gott dem Allmächtigen und Allwissenden einen leiblichen Eid, dass, nachdem ich zum Präsidenten (Direktor) des ... Kollegii bestellt worden, ich zuvörderst Sr. Königlichen Majestät von Preussen, meinem allergnädigsten Herrn, getreu, gehorsam und gewärtig sein; Höchstdero Bestes und Interesse aus allen Kräften suchen und befördern, Schaden und Nachtheil aber nach meinem äussersten Vermögen hindern und abwenden will.

Ich gelobe und schwöre ferner, mich den in den Gesetzen und in der Prozessordnung beschriebenen Pflichten und Obliegenheiten eines Präsidenten mit möglichstem Fleisse und Eifer zu unterziehen; jeder männiglich prompte und rechtschaffene Justiz zu administriren, und darauf, dass solches auch von Anderen geschehe, unablässig Acht zu haben; mich besonders der Armen und Unterdrückten gegen übermächtige und ungerechte Widersacher treulich und standhaft anzunehmen; für die Aufrechthaltung der Ordnung in dem Kollegio und bei den Geschäften desselben unermüdet zu wachen; einen jeden zu seiner Pflicht mit Nachdruck anzuweisen; allen Unordnungen und Missbräuchen ernstlich zu steuern; die mir subordinirten Justizbedienten unter beständiger Aufsicht zu halten; die einzusendenden Konduitenlisten treu, gewissenhaft, und der Wahrheit völlig gemäss zu führen; und mich von Beobachtung aller dieser Pflichten durch kein Ansehen der Person, durch kein Interesse, durch keine Leidenschaften oder andere Nebenabsichten, hindern und abhalten zu lassen.

So wahr etc. etc. etc.

Anh. §. 445. *Der von den Präsidenten und Direktoren bei dem Antritte ihres Amtes abzuleistende Diensteid ist folgender:*

Ich ... schwöre zu Gott dem Allmächtigen und Allwissenden einen leiblichen Eid, dass, nachdem ich zum Präsidenten (Direktor) des ... bestellt worden, Seiner Königlichen Majestät von Preussen, meinem allergnädigsten Herrn, ich treu und gehorsam sein, alle mir vermöge meines Amtes obliegenden Pflichten gewissenhaft und genau erfüllen, auch mich davon durch kein Ansehen der Person, keinen Vortheil, keine Leidenschaften oder andere Nebenabsichten abhalten lassen will.

Ferner schwöre ich, allen Fleiss anzuwenden, dass die Gerechtigkeit nach Vorschrift der Gesetze gehandhabt, und jedermann schnelle und unparteiische Justiz administrirt werde.

Insbesondere gelobe ich, sämmtliche mir subordinirte Justizbediente in beständiger Aufsicht zu halten, und unermüdet dahin zu sehen, dass ein jeder derselben den ihm obliegenden Amtspflichten schuldiges Genüge leiste.

Endlich schwöre ich, in allen Fällen, wo es die Dienstverfassung erfordert, strenge Verschwiegenheit zu beobachten, und mich in allen Stücken so zu verhalten, wie es einem rechtschaffenen Königlichen

wohl ansteht und gebührt.

So wahr mir Gott helfe durch Jesum Christum.

Wegen des bei Abnahme dieses Eides, so wie aller von Justizoffizianten zu leistenden Diensteide, zu beobachtenden Verfahrens, sind die Vorschriften der Verordnung vom 26sten Oktober 1799 zu befolgen.

1) **Cirkular-Verordnung** vom 26. Oktober 1799, §. 1—6. nebst Anlage, betreffend die Vorhaltung bei Diensteiden.

Wir Friedrich Wilhelm, von Gottes Gnaden König von Preußen &c. &c. Thun kund und fügen hiermit zu wissen: Nachdem über die bei Eidesleistungen obwaltenden Mißbräuche mancherlei Klagen geführt worden, so haben Wir Allerhöchstselbst auf diesen für die Wohlfahrt des Staats sehr wichtigen Gegenstand Unsre besondere Aufmerksamkeit gerichtet.

Damit nun für die Zukunft allen nachtheiligen Folgen möglichst vorgebeugt werde, welche aus unnöthiger Vervielfältigung der Eidesleistungen oder dem Mangel der erforderlichen Feierlichkeit entstehen können; so finden Wir nöthig, durch gegenwärtige Verordnung folgendes festzusetzen:

§. 1.

Die bisher üblich gewesenen Formulare der Amts- und Diensteide müssen kürzer und zweckmäßiger eingerichtet werden. Es darf darin von dem zu Vereidenden ein Mehreres nicht gefordert werden, als was er bei pflichtmäßiger Anstrengung seiner Kräfte zu leisten im Stande ist, so daß jede Verpflichtung, deren Befolgung an Unmöglichkeit gränzt, sorgfältig vermieden werden muß.

§. 2.

Zur Verhütung einer unnöthigen Wiederholung der Diensteide müssen die Formulare so gefaßt werden, daß sie die von jedem Offizianten, nach Verschiedenheit seines Berufs, zu beobachtenden Amtspflichten dergestalt im Allgemeinen enthalten, daß zugleich auf die jetzt und in der Folge bei vorfallender Veränderung in den Dienstverhältnissen zu erhaltende Instruktion Bezug genommen wird, und es daher keiner erneuerten Vereidung bedarf, wenn dem Offizianten in demselben Departement, durch Versetzung oder weitere Beförderung, ein neuer Wirkungskreis angewiesen wird.

§. 3.

Nach diesen Vorschriften müssen wegen jeder Klasse von Offizianten die Formulare der Diensteide von den vorgesetzten Behörden revidiret und verbessert werden.*)

§. 4.

Bei solchen Offizianten, von welchen man nach ihrer Erziehung und Bildung mit Sicherheit nicht voraussetzen kann, daß sie von dem Zweck, der Wichtigkeit und den Folgen eines Diensteides hinlängliche Kenntnisse haben, muß ihnen bei der Vorladung zur Verpflichtung ein gedrucktes Formular der dieser Verordnung beigefügten Vorhaltung zugefertigt, auch vor der Eidesleistung Nachfrage gehalten werden, ob dessen Inhalt von ihnen reiflich erwogen worden, damit wenn dieses nicht geschehen sein sollte, die Vorhaltung nachgeholt werden kann.

§. 5.

Die Eidesformel muß jedem Offizianten vor der wirklichen Eidesleistung zum Durchlesen zugestellt oder vorgelesen werden. In so fern darin auf

*) S. die nachfolgende C. O. vom 5. November 1833.

eine besondere Instruktion oder gesetzliche Vorschriften wegen der zu beobachtenden Amtspflichten Bezug genommen wird, muß Erkundigung eingezogen werden, ob der zu Vereidende sich von deren Inhalt hinlängliche Kenntniß verschafft habe, und nöthigenfalls die Vereidung so lange ausgesetzt werden, bis dieses bewirkt worden.

§. 6.

Der bisherige Gebrauch, dem Schwörenden den Diensteid durch einen Sekretarium stückweise vorlesen und von ersterem in gleicher Art nachsagen zu lassen, muß so viel möglich abgestellet, und die Eidesformel dem Schwörenden eingehändigt werden, um sie selbst langsam und vernehmlich abzulesen. Nur in den seltenen Fällen, wo der Schwörende Geschriebenes nicht mit der erforderlichen Fertigkeit lesen kann, muß Vorlesung und Nachsprechung erfolgen, jedoch dafür gesorgt werden, jede Unverständlichkeit zu vermeiden, und nicht durch unzeitiges Abbrechen der Worte, den Sinn zu verdunkeln.

(Die folgenden §§. betreffen die gerichtlichen und Zeugeneide.)

Vorhaltung bei Diensteiden.

Der Diensteid ist bestimmt, den Schwörenden feierlich angeloben zu lassen, daß er in treuer Wahrnehmung seines Amtes und strengster Erfüllung der ihm obliegenden Pflichten nicht allein den Vorschriften der Gesetze, sondern auch der innern Stimme seines Gewissens überall Folge leisten wolle. Die Erinnerung, diesen Eid geleistet zu haben, soll und wird jeden rechtschaffenen Mann bewegen, die übernommenen Verbindlichkeiten nicht allein so zu erfüllen, wie er es vor seinem Landesherrn und den vorgesetzten Behörden, sondern auch wie er es vor dem höchsten Richter verantworten kann. Wer seiner eidlichen Zusage stets eingedenk bleibt, wird auch dann, wenn kein anderer Zeuge als sein eigenes Gewissen gegen ihn auftreten könnte, jeder Gelegenheit zur Versuchung widerstehen und sich durch Menschenfurcht, Parteilichkeit, Gewinnsucht oder andere unlautere Absichten nicht abhalten lassen, überall mit unerschütterlicher Rechtschaffenheit zu handeln.

Bei jeder Eidesleistung wird Gott angerufen, den Meineid zu strafen und die genaue Befolgung der übernommenen Verpflichtung zu belohnen. Die feste Ueberzeugung von der göttlichen Allwissenheit, Allgegenwart, Gerechtigkeit und Allmacht muß jeden abhalten, sich Vernachlässigungen seiner angelobten Dienstpflicht zu erlauben, vielmehr auch die kleinste Abweichung von der erhaltenen Instruktion auf das sorgfältigste zu verhüten.

Wer sich solchergestalt als ein gewissenhafter redlicher Diener des Königs beträgt, und mit unwandelbarer Treue unermüdeten Diensteifer verbindet, kann sich des göttlichen Segens und unausbleiblicher Belohnung in dieser oder jener Welt versichert halten, wird auch bei jeder Gefahr oder Widerwärtigkeit den Trost und die Beruhigung genießen, die nur allein ein unverletztes Gewissen gewähren kann. Auf gleiche Art wird auch von Seiten der vorgesetzten Behörden derjenige stets rühmlichst ausgezeichnet werden, dessen Dienstführung zeigt, daß er sich bei jeder Gelegenheit seinem eidlichen Angelöbnisse gemäß beträgt, und sich dadurch würdig macht, dem Landesherrn zur weitern Beförderung oder sonst zu erwartenden Gnadenbezeugung empfohlen zu werden. Dahingegen haben diejenigen, welche die feierlich beschwornen Dienstpflichten vernachlässigen, oder sich so weit vergehen, der ihnen ertheilten Instruktion freventlich entgegen zu handeln, außer der allgemeinen Verachtung, auch die in den Gesetzen den pflichtvergessenen Offizianten angedroheten harten Strafen zu gewärtigen, welche nach Verhältniß des beträchtlicheren oder geringeren Verschuldens, ohne Nachsicht und Ansehen der Person, an ihnen unausbleiblich werden vollzogen werden.

(N.C.C. T. X. S. 2663.)

2) **C. O.** vom 5. November 1833, wegen der Dienst- und Bürgereide.

Auf den Bericht des Staatsministeriums vom 4. v. M. bestimme Ich, daß der Eid aller unmittelbaren und mittelbaren Zivilbeamten des Staats (§. 68. Tit. 10. Thl. II. A. L. R.) in Zukunft dahin abgeleistet werden soll:

Ich N. N. schwöre zu Gott, dem Allmächtigen und Allwissenden, daß, nachdem ich zum ... des ... bestellt worden, Seiner Königlichen Majestät von Preußen, meinem allergnädigsten Herrn, ich unterthänig, treu und gehorsam sein und alle mir vermöge meines Amts obliegende Pflichten nach meinem besten Wissen und Gewissen genau erfüllen will, so wahr mir Gott helfe u. s. w.

In Beziehung auf die Diensteide der mittelbaren Staatsdiener tritt diesem Formular unabgeändert diejenige Eidesnorm hinzu, mittelst welcher sie sich, den vorgeschriebenen Bestimmungen und den speziellen Verhältnissen gemäß, dem unmittelbaren Dienstherrn zu verpflichten haben. Zugleich verordne Ich, daß der Bürgereid dahin abgeleistet werden soll:

Ich N. N. schwöre zu Gott, dem Allmächtigen und Allwissenden, daß Seiner Königlichen Majestät von Preußen, meinem Allergnädigsten Herrn, ich unterthänig, treu und gehorsam sein, meinen Vorgesetzten willige Folge leisten, meine Pflichten als Bürger gewissenhaft erfüllen und zum Wohl des Staats und der Gemeine, zu der ich gehöre, nach allen meinen Kräften mitwirken will, so wahr mir Gott helfe u. s. w.

Hiernach sind sämmtliche Diensteide, so wie die in der G. S. für 1831 S. 33. und 1832 S. 184 und 187. angegebenen Eidesformulare abzuändern. Vorstehende Bestimmung ist durch die G. S. bekannt zu machen.

(G. S. S. 291.)

3) a. **C. O.** vom 10. Februar 1835, betreffend die Verpflichtung der Beamten, welche in eine andere Amtswirksamkeit treten.

Auf die Anfrage des Staatsministeriums vom 24. v. M., die Diensteide betreffend, setze Ich fest: daß der Beamte, der entweder in seinem bisherigen Ressort eine anderweitige Amtswirksamkeit erhält, oder zu einem andern Verwaltungszweige übergeht, auf den früher von ihm geleisteten Diensteid zu verweisen ist, dabei aber schriftlich oder zum Protokoll zu erklären hat, daß er sich bei Uebernahme des neuen speziell zu benennenden Amtes durch den zuvor abgeleisteten Eid für alle seine neuen Amtsverhältnisse eidlich verpflichtet erachte. Ich überlasse dem Staatsministerium hiernach weiter zu verfügen.

(v. K. Jhrb. Bd. 45. S. 471.)

b. **Rescript** vom 15. Mai 1835, zur Erläuterung der vorstehenden Cabinetsordre.

Auf den Bericht vom 1. d. M.

über die bei Anwendung der Allerhöchsten C. O. vom 10. Februar d. J., die Diensteide der Beamten betreffend, entstandenen Zweifel

wird dem Königl. Ober-Landesgericht eröffnet, daß in den Fällen,

wo ein Auskultator zum Referendarius, und ein Assessor oder Stadt-Justizrath, zum Oberlandesgerichtsrath ernannt wird,

allerdings eine Veränderung der Amtswirksamkeit eintritt, und daher auch in denselben die Allerhöchste C. O. vom 10ten Februar d. J. Anwendung findet.

(v. K. Jhrb. Bd. 45. S. 471.)

4) **Rescript** vom 28. Juli 1834, nebst **C. O.** vom 17. ejd., daß von den Beamten außer dem Diensteide ein besonderer Huldigungseid nicht zu leisten sei.

Der Justizminister ist durch den Bericht des Königl. Ober-Landesgerichts vom 4. Juni c.,

betreffend den Gebührenansatz für Leistung von Homagialeiden,

veranlaßt worden, des Königs Majestät von der dort bestehenden abweichenden Verfassung, nach der die Beamten außer dem Diensteide auch noch den Huldigungseid zu leisten haben, Anzeige zu machen. Durch die darauf an das Königl. Staatsministerium ergangene, abschriftlich beiliegende Allerhöchste C. O. vom 17. d. M. (Anl. a.) ist diese Einrichtung abgeschafft worden. Das Königl. Ober-Landesgericht hat daher für die Zukunft sich hiernach zu achten, und sind keine Gebühren für Abnahme des Homagii bei Vereidigung der Beamten in Ansatz zu bringen, auch die noch ausstehenden niederzuschlagen.

Berlin, den 28. Juli 1834.

Ich bin mit dem Antrage des Justizministers Mühler im beigehenden Berichte vom 26. v. M., auf Abänderung des in der Marienwerderschen Regierungs-Instruktion vom 21. September 1773, bei Ableistung der Diensteide vorgeschriebenen Verfahrens, einverstanden, da die Diensteide nach einem und demselben Formular abzuleisten sind. Insofern daher dieses Verfahren, nach welchem auf den abgelegten Diensteid noch ein besonderer Huldigungseid geleistet wird, nicht blos bei der Justizverwaltung, sondern auch bei den übrigen Dienstbehörden angewendet wird, autorisire Ich die einzelnen Ministerien, jedes in seinem Ressort, die Abschaffung des Homagialeides für die Beamten zu verfügen.

Teplitz, den 17. Juli 1834.

(v. K. Jhrb. Bd. 44. S. 105.)

Dritter Titel.

Von dem Amte der Räthe bei den Justizkollegien.

Bestallung.

§. 1. Die Räthe bei den Justizkollegien sollen aus der Zahl der daselbst angesetzten Assessoren und Referendarien, welche sich zu dergleichen wichtiger Bedienung, auf die im nachfolgenden Titel umständlich beschriebene Art, durch mehrjährige Uebung und ausgestandene scharfe Prüfung gehörig qualificirt haben, genommen, und Sr. Königl. Majestät von dem Grosskanzler vorgeschlagen werden.

Wegen des Rangverhältnisses und der Uniform der Räthe bei den Obergerichten; s. die Zusätze zu III. 1. §. 1.

Allgemeine Pflichten.

§. 2. Die den Räthen obliegenden Pflichten sind theils allgemeine, welche sie in ihrem ganzen Betragen in- und ausserhalb ihres Dienstes, und bei allen Geschäften desselben wahrnehmen müssen; theils besondere, welche sie bei jeder von den verschiedenen Amtsverrichtungen zu beobachten haben.

in ihrem Amte;

§. 3. Zu ihren allgemeinen Pflichten gehört hauptsächlich ein rechtschaffener und lebhafter Eifer für die Beförderung einer Gott gefälligen, prompten, soliden und unparteiischen Justiz; vermöge dessen sie ihr äusserstes Bestreben dahin richten müssen, dass einem jeden ohne Unterschied des Standes, Ranges oder Vermögens, gleiches Recht widerfahre; die Unschuld und Armuth gegen Bosheit, Gewalt und Uebermuth nachdrücklich geschützt; und den Vorschriften der Gesetze überall der schuldige Gehorsam geleistet werde.

§. 4. Sie müssen sich also auch der vollkommensten Unparteilichkeit befleissigen, und sorgfältig Acht haben, dass durch sie niemandem, wer es auch sei, aus Vorsatz oder Verschulden, Gewalt und Unrecht geschehen möge. Vor allen Bestechungen, sie haben Namen wie sie wollen, und unter welchem Vorwande sie auch versteckt werden möchten; ingleichen vor allen Leidenschaften, die auf eine kaltblütige Unparteilichkeit in ihren Urtheilen und Verfügungen einen nachtheiligen Einfluss haben könnten, müssen sie sich äusserst hüten; eben so wenig aber auch aus Leichtsinn, Uebereilung oder Fahrlässigkeit, die gewissenhafte Beobachtung der Gesetze und ihrer Pflichten verabsäumen.

ausserhalb desselben.

§. 5. Auch ausserhalb ihres Amts müssen sie sich eines anständigen, gesitteten und regelmässigen Lebenswandels befleissigen; nicht nur grober, ihr Amt entehrender Ausschweifungen sich enthalten; sondern auch ihr ganzes Betragen Anderen zum Muster der Redlichkeit, Uneigennützigkeit, Verträglichkeit und aller übrigen bürgerlichen und christlichen Tugenden dienen lassen.

§. 6. Auch in ihrer häuslichen Oekonomie müssen sie sich der Ordnung und Regelmässigkeit befleissigen, und vor Schuldenmachen sorgfältig hüten. Sollte es mit einem Rathe bei der Justiz, den Präsidenten mit eingeschlossen, so weit kommen, dass er, durch das Zudringen seiner Gläubiger, auf einen Indult, eine Behandlung, oder die Rechtswohlthat der Vermögensabtretung zu provociren genöthigt würde; oder dass sein Schuldenwesen zur Konkurseröffnung sich anliesse; oder dass Personalarrest gegen ihn verhängt werden müsste; so kann er seine Justizbedienung nicht ferner beibehalten, sondern es muss bei Sr. Königl. Majestät auf seine Entlassung angetragen werden.

1) **Verordnung** vom 28. Februar 1806, betreffend die Verkümmerung der Besoldungen ꝛc. §. 8—14, betreffend das Verfahren gegen diejenigen Beamten, welche ihre Gläubiger durch unerlaubte Mittel zum Kreditgeben verleiten; s. zu I. 24. §. 108. B. I. S. 374.

2) a. Vergl. **C. O.** vom 21. Februar 1823, betreffend das Verfahren bei den auf administrativem Wege erfolgenden Dienstentlassungen der Beamten, mit Ausschluß der richterlichen Beamten; und

b. **C. O.** vom 16. August 1826 und 4. September 1827, 5. Dezember 1834 und 31. Oktober 1835, betreffend die unfreiwillige Pensionirung der Beamten; s. zu I. 35. §. 34. Anh. §. 252.

c. **Rescript** vom 8. Juni 1837, betreffend die unfreiwillige Pensionirung richterlicher Beamten wegen Dienstunfähigkeit.

Das Königl. Ober-Landesgericht hat in dem Berichte vom 19. v. M. angefragt: ob auch richterliche Beamte durch unfreiwillige Pensionirung ihres Amtes entlassen werden können, oder ob hierzu jedesmal und unter allen Umständen oder nur bei der Entlassung wegen mangelhafter Dienstführung und moralischer Gebrechen eine gerichtliche Untersuchung und richterliches Urtheil erforderlich ist, oder dieses bei der unfreiwilligen Pensionirung und Entlassung wegen physischer und geistiger Unfähigkeit entbehrlich und durch ein einzuleitendes Disziplinarverfahren erledigt werden darf?

Die Beantwortung dieser Frage ergiebt sich aus dem Pensionsreglement vom 30. April 1825. Dasselbe bestimmt das Verfahren in Betreff der Pensionirung aller Civil-Staatsdiener und verordnet im §. 18. ganz allgemein:

Findet dagegen die vorgesetzte Behörde die Entlassung wegen eingetretener Dienstunfähigkeit nöthig, und die Bewilligung einer Pension nach den Vorschriften dieser Verordnung motivirt, so sind von derselben die ihren Antrag bedingenden Gründe ausführlich auseinander zu setzen und der betreffenden obersten Verwaltungsbehörde einzuberichten.

Der §. 20. schließt jeden Rekurs an die Gerichtsbehörden wegen der erfolgenden Pensionirung aus. Es unterliegt daher keinem Zweifel, daß, sobald ein richterlicher Beamter durch physisches Unvermögen und körperliche Gebrechlichkeit oder durch Schwächung der Geisteskräfte und der intellektuellen Thätigkeit dienstunfähig geworden ist, die Pensionirung desselben auch wider seinen Willen nach den Vorschriften des Pensionsreglements erfolgen kann.

Hierin ist durch die Allerhöchste C. O. vom 16. August 1826 nichts geändert worden. Sie bezieht sich nur auf das Verfahren gegen Beamte, die, ohne wegen physischer Gründe zur Pensionirung geeignet zu sein, wegen mangelhafter Dienstführung und moralischer Gebrechen mit Pension entlassen werden sollen, weil die Kassation nicht eintreten kann.

(v. K. Jhrb. Bd. 49. S. 484.)

Subordinationsverhältnisse.

§. 7. Alle von den Präsidenten oder Vorgesetzten des Kollegii ihnen zugetheilte Arbeiten müssen sie willig übernehmen, fleissig und unverdrossen ausrichten; vornehmlich aber den Sessionen ordentlich beiwohnen, ohne erhebliche Ursache keine derselben verabsäumen; falls sie aber daran wirklich verhindert wären, dem Präsidenten davon geziemend Anzeige machen.

Urlaubsgesuche.

§. 8. Ohne Vorbewust und Genehmigung desselben müssen sie sich von dem Orte, wo das Kollegium seinen Sitz hat, niemals über Nacht entfernen; viel weniger ordentliche Reisen in der Provinz unternehmen.

§. 9. Wenn sie eine Reise ausserhalb der Provinz zu thun haben; so müssen sie sich ebenfalls zuerst bei dem Präsidenten melden; demselben die Ursachen und Nothwendigkeit dieser Reise vorlegen; ihn ersuchen, die nöthigen Anstalten zu treffen, dass durch ihre Abwesenheit der Gang und Betrieb der Geschäfte nicht leiden möge; sich von ihm ein Attest darüber ertheilen lassen, und selbiges an den Chef der Justiz einsenden; von welchem sie alsdann die weitere Vorbescheidung zu erwarten haben.

Anh. §. 446. *Die als Mitglieder eines Kriminalkollegii angestellten Justizkommissarien, welche Reisen ausserhalb der Provinz, jedoch innerhalb der Königlichen Staaten vornehmen wollen, bedürfen dazu nur der Erlaubniss des ihnen vorgesetzten Präsidenten.*

1) **C. O.** vom 17. Dezember 1799, betreffend die Ertheilung des Urlaubs zum Besuch ausländischer Bäder.

Seine Königliche Majestät von Preußen 2c. 2c. haben wahrgenommen, daß das seit verschiedenen Jahren zur Mode gewordene Besuchen fremder Bäder und Gesundbrunnen auch unter den Offizianten immer mehr und mehr einreißt. Allerhöchstdieselben sind nun zwar weit entfernt, denjenigen,

welche dieser Heilmittel zur Wiederherstellung ihrer Gesundheit wirklich bedürfen, solche zu versagen, dagegen aber ist es Seiner Majestät ernstlicher Wille, daß dem steigenden Mißbrauche derselben zu Nebenabsichten, worunter der Staat überhaupt und der Dienst ins besondere leidet, Einhalt geschehe. Zu dem Ende befehlen Sie, daß hinführo keinem Offizianten die Erlaubniß ertheilt werden soll, ein fremdes Bad oder fremden Gesundbrunnen zu besuchen, der nicht von einem approbirten Arzte ein glaubwürdiges Zeugniß beibringt, daß solches zu Wiederherstellung seiner Gesundheit nothwendig, und daß ein einheimisches Bad nicht eben so geschickt dazu sei. Sämmtliche Etatsminister und Departements-Chefs sollen die ihnen untergeordneten Offizianten in vorkommenden Fällen hiernach bescheiden, der Etatsminister Graf von der Schulenburg als Chef des Medizinal-Departements aber soll durch das Ober-Collegium medicum und Sanitatis sämmtliche Aerzte von den Eigenschaften und Wirkungen der einheimischen Bäder und Gesundbrunnen unterrichten, und dieselben anweisen lassen, ihren Patienten den Gebrauch derselben in dazu sich eignenden Fällen vorzüglich zu empfehlen, besonders aber die für die Offizianten vorgeschriebenen Atteste auf den Grund des obigen Unterrichts gewissenhaft nur dann auszustellen, wenn sie, ihrer pflichtmäßigen Ueberzeugung nach, von dem Gebrauche einheimischer Heilungsanstalten sich nicht die gehörige Wirkung versprechen können.
(N.C.C. T. X. S 2695. No. 71. de 1799.)

2) a. **C. O.** vom 28. März 1808, betreffend die Bestimmung, daß bei Beurlaubungen der Beamten auf länger als vier Wochen, nur die Hälfte des Gehalts gezahlt werden soll.

Für das Militair ist der Grundsatz angenommen, daß bei Beurlaubungen auf längere Zeit, als vier Wochen, denjenigen Offiziers, die auf Urlaub gehen, während desselben nur die Hälfte ihres Gehalts gewährt wird, insofern sie sich nicht selbst in der Lage finden, auf den vollen Betrag Verzicht leisten zu können. Dieser Grundsatz soll auch bei allen Hof-, Militair- und Civilbeamten, die Urlaub nehmen, vom 1. April d. J. in Anwendung kommen, und zwar so, daß der temporell angeordnete Prozent-Abzug nicht statt findet, sobald jene Beschränkung eintritt.
(Act. des Justizm. Gen. U. No. 26. Fol. 1.)

b. **Rescript** vom 23. Oktober 1822, betreffend die Anwendung der vorstehenden C. O.

Der Königl. Regierung wird zur Bescheidung auf Ihre Anfrage in dem Berichte vom 6. d. M., eröffnet, wie die Allerhöchste C. O. vom 28. März 1808 dahin auszulegen ist, daß in Fällen, wo Civilbeamte auf nicht längere Zeit, als vier Wochen beurlaubt sind, ein Besoldungsabzug nicht statt findet; bei Beurlaubungen über vier Wochen aber nur während der überschießenden Zeit und nicht für die Dauer des Urlaubs ein Abzug von der Besoldung zu machen ist, dergestalt, daß während der ersten vier Wochen der Beurlaubung die Besoldung jedesmal ohne Abzug gezahlt wird. Dabei kann es gar keinen Unterschied machen, ob der Urlaub von Anfang an auf einen Zeitraum von mehr als vier Wochen erstreckt oder aber auf diese Zeit beschränkt und nach deren Ablauf verlängert worden ist.
(v. K. Annalen, Bd. 6. S. 845.)

c **Rescript** vom 2. August 1810, betreffend die Nichtanwendung der C. O. vom 28. März 1808 bei Beurlaubungen zu Badereisen Behufs Wiederherstellung der Gesundheit.

Wir haben durch eine, unter dem 27. Juli d. J. erlassene C. O. festzusetzen geruhet, daß die Verfügung vom 28. März 1808, nach welcher die Hof-, Militair- und Civilbeamten, bei Reisen mit Urlaub über vier Wochen, nur die Hälfte ihres Gehalts erhalten sollen, in den Fällen eine Ausnahme leiden soll, wenn der Urlaub zu einer Reise ins Bad, zur Wiederherstellung der Gesundheit nachgesucht, das letztere durch gehörig qualifizirte ärztliche Atteste nachgewiesen, und in dieser zugleich die Zeit der unumgänglich nothwendigen Abwesenheit ausgedrückt wird, und machen Euch solches zur Nachricht und Achtung hierdurch bekannt.
(Mathis Bd. 9. S. 246. Abschn. 1. und Hoffmanns Repertorium Thl. 1. S. 314.)

3) a. **Ministerial-Verordnung** vom 16. Dezember 1824, betreffend die Nachsuchung und Ertheilung des Urlaubs für Justizbeamte.

Obwohl die Verpflichtung der Beamten der Justiz zu Reisen,
„sei es im Dienste oder in eigner Angelegenheit,"
die Erlaubniß ihrer Vorgesetzten einzuholen, durch das Landrecht und die Gerichtsordnung im Allgemeinen vorgeschrieben ist, so fehlt es doch an ausreichenden Bestimmungen und Regeln für die Nachsuchung und Ertheilung derselben, so daß auch nicht überall gleichmäßig und mit gebührender Strenge verfahren wird.

Um diesem Mangel abzuhelfen, zugleich aber schon bestehende Festsetzungen in Erinnerung zu bringen, und aus der Sache Ungewißheit und Schwierigkeit zu entfernen, verordnet der Justizminister, wie folget:

§. 1.

Urlaubsgesuche sollen in der Regel schriftlich angebracht werden, und den Zweck der beabsichtigten Reise, den Ort, wohin sie gerichtet ist, die Maaßregeln, welche für die Stellvertretung genommen oder zu nehmen sind, und, mit Ausnahme der Dienstreisen, wenn die darauf zu verwendende Zeit im Voraus sich nicht bestimmen läßt, die Dauer der Abwesenheit enthalten.

§. 2.

In Privat-Angelegenheiten wird die längste Urlaubszeit auf acht Wochen festgesetzt.

§. 3.

Bei Amtsgeschäften ist die Entfernung zwar an diese Einschränkung nicht gebunden, sie wird vielmehr von dem größeren oder geringeren Umfange oder dem Zwecke der Arbeit bedingt, es sind aber dennoch die sonstigen Obliegenheiten des Offizianten zu berücksichtigen, besonders wenn er im Dienste allein gestellt ist, oder wenn seine längere Vertretung Hindernisse findet. In solchem Falle wird ein pflichtmäßiges Ermessen die für die Abkürzung oder künftige Fortsetzung des Geschäfts zu nehmende Entschießung leicht herbeiführen.

§. 4.

Die Vorgesetzten der Behörden müssen darauf halten, daß Mitglieder, welchen auswärtige Aufträge gegeben sind, in der Zeit der Abwesenheit wechseln, damit die Vertretung möglich und bei Kollegien der kollegialische Verband durch die Anwesenden erhalten werde.

§. 5.

Richter, welche im Amte allein stehen, bedürfen keiner Erlaubniß zu Dienstreisen.

§. 6.

Die Vorgesetzten der Landeskollegien haben die Vorschrift der A. G. O. Thl. III. Tit. 2. §. 39., welche ihnen die Verpflichtung auflegt, sich von dem Orte, wo das Kollegium seinen Sitz hat, ohne Vorwissen und Genehmigung des Chefs der Justiz auf keine längere Zeit, als von einer Sitzung zur andern, zu entfernen, genau zu befolgen, jedoch soll bei Amtsgeschäften die Anzeige über den Zweck der Reise, die mögliche Dauer derselben und die Vertretung im Dienste genügen.

§. 7.

Den im §. 5. bezeichneten richterlichen Personen wird in eigner Angelegenheit eine dreitägige Entfernung ohne Urlaub gestattet, wenn die Veranlassung sehr dringend, der unmittelbare Vorgesetzte nicht in der Nähe und für die Wahrnehmung des Amtes gesorgt ist.

§. 8.

Den Subalternen, den Referendarien und Auskultatoren, den Justizkommissarien, den Notarien und den Advokaten wird, zu Reisen im In- und Auslande, von dem unmittelbaren Obern der Urlaub ertheilt.

§. 9.

Die Präsidenten der Obergerichte geben ihn den Mitgliedern derselben, wenn sie die Landesgränze nicht überschreiten, den Dirigenten der untergeordneten Gerichte und allen übrigen ihrer Aufsicht anvertrauten Richtern.

§. 10.

Dagegen müssen die Mitglieder der Landeskollegien bei Reisen ins Ausland die Bewilligung des Chefs der Justiz erbitten, und ihren Gesuchen muß ein Zeugniß des Präsidii, welches seiner Seits die Genehmigung und wegen der Stellvertretung die erforderliche Auskunft enthält, beigefügt werden.

§. 11.

Die Vorgesetzten der untergeordneten Gerichte werden bei Beurlaubung der Mitglieder in eigenen Geschäften auf einen vierzehntägigen Zeitraum beschränkt.

§. 12.

Eine Beurlaubung auf längere Dauer muß durch den Beamten, der ihrer bedarf, bei dem Präsidio des vorgesetzten Obergerichts nachgesucht, und der Antrag muß durch eine Bescheinigung des Dirigenten, daß demselben von Seiten des Dienstes nichts entgegenstehe und für die Stellvertretung gesorgt sei, begründet werden.

§. 13.

Vor Ertheilung eines Urlaubs ist die Wahrnehmung des Amts während der Abwesenheit zu reguliren, und die Nothwendigkeit der Entfernung nicht nur überhaupt, sondern auch in Ansehung der Zeit derselben, oder der Nutzen, welcher für den Nachsuchenden daraus hervorgehen kann, pflichtmäßig zu prüfen.

§. 14.

Die Erlaubniß ist zu verweigern, wenn in Privatgeschäften durch Bevollmächtigung der Zweck erreicht werden kann.

§. 15.

Bei Reisen zur Wiederherstellung der Gesundheit muß der Krankheitszustand durch ärztliche Bescheinigung dargethan werden.

§. 16.

Es wird in Erinnerung gebracht, daß Beamte, welche ein fremdes Bad besuchen wollen, durch ein medizinisches Attest nachweisen müssen, daß das fremde Bad zur Wiederherstellung der Gesundheit nothwendig und kein einheimisches eben so geschickt dazu sei.

(Anhang zum A. L. R. §. 124.)

§. 17.

Bei Beurlaubung außer dem Dienste, auf längere Zeit als vier Wochen, wird den Offizianten nur die Hälfte ihres Gehalts gewährt, insofern sie sich nicht selber in der Lage befinden, um auf den vollen Betrag desselben Verzicht leisten zu können.

(Allerhöchste C. O. vom 28. März 1808.)

§. 18.

Von dieser Vorschrift findet nur dann eine Ausnahme statt, wenn der Urlaub zu einer Reise ins Bad zur Wiederherstellung der Gesundheit nachgesucht, das letztere durch gehörig qualifizirte Atteste nachgewiesen, und in diesen zugleich die Zeit der unumgänglich nöthigen Abwesenheit ausgedrückt wird.

(Allerhöchste C. O. vom 27. Juli 1810.)

§. 19.

Der, welcher die Erlaubniß zur Reise ertheilt, ist bei eigner Verantwortlichkeit verpflichtet, wegen des Gehaltsabzugs Anordnungen zu treffen.

§. 20.

Ist die Besoldung für die Zeit der Abwesenheit schon erhoben, so wird der Abzug bei der nächsten Gehaltszahlung gemacht, oder es wird die Erstattung des zu viel Empfangenen auf andere Weise eingeleitet.

§. 21.

Wenn Umstände eintreten, welche eine längere als achtwöchentliche Abwesenheit (§. 2) außer dem Dienste unerläßlich fordern, so soll, mit Ausnahme der vom Staate nicht besoldeten Beamten und der Krankheitsfälle, die Erlaubniß des Justiz-Ministers eingeholt werden.

§. 22.

Der Tag der Rückkehr wird den unmittelbaren Vorgesetzten in der Regel schriftlich angezeigt.

§. 23.

Eigenmächtige Enfernung oder Verlängerung der Urlaubszeit ohne vorher erhaltene Genehmigung, oder ohne erhebliche Ursachen, soll als Uebertretung der Subordination gebührend geahndet werden.

(Kriminalrecht §. 355 und 356.)

(v. K. Jhrb. Bd. 25. S. 96.)

b. **Rescript** vom 19. Februar 1818 und 30. November 1831, betreffend die Nachsuchung und Ertheilung des Urlaubs für Justizkommissarien.

Der Justizminister kann die Zweifel, welche sich das Königliche Ober-Landesgericht nach seinem Berichte vom 27. v. M.,

hinsichtlich des Verfahrens bei Urlaubsgesuchen der Justizkommissarien und Notarien,

macht, bei näherer Zusammenstellung der gesetzlichen Vorschriften nicht gegründet finden.

Die Justizkommissarien und Notarien gehören zur Kategorie derjenigen Staatsdiener, deren allgemeine Obliegenheit das Preußische Landrecht Thl. II. Tit. 10. §. 68. sqq. bezeichnet, und auf welche mithin auch die Disposition des §. 92. l. a. Anwendung findet, wornach kein Beamter den zur Ausübung seines Amts angewiesenen Wohnort ohne Vorwissen und Genehmigung seiner Vorgesetzten verlassen darf.

Diese Vorgesetzten sind für die bei den Landesjustizkollegien angestellten Justizkommissarien die Präsidenten; für die den Stadtgerichten überwiesenen aber, zunächst die jedesmaligen Direktoren dieser Gerichte.

Alles dieses folgt aus den Vorschriften der A. G. O. Thl III. Tit. 2. §. 21 und 40., Tit. 7. §. 8. und Tit. 8. §. 5 und 8., und jedes Bedenken erledigt sich, sobald man erwägt, daß die gedachten Beamten zu dem Inbegriff der Justizbedienten gezählt werden müssen, welche das Gericht bilden, bei welchem sie ihre Funktionen ausüben.

Wendet man die obigen gesetzlichen Principien auf die von dem Justizkommissarius W. geführte Beschwerde an, so erscheint solche völlig ungegründet, und bestätigt nur zu sehr, daß der W. entweder seine Subordinationsverhältnisse nicht kennt, oder geflissentlich die Schranken seiner Befugnisse, so wie der dem Dirigenten des Stadtgerichts schuldigen Achtung zu überschreiten trachtet. Von dem vernünftigen Ermessen eines jeden Gerichtsvorgesetzten läßt es sich erwarten, daß er die bei ihm angebrachten Urlaubsgesuche eben so wenig zu sehr diffikultiren, als solche zum Nachtheil des Dienstes zu nachgiebig erleichtern, und insbesondere in Betreff der Justizkommissarien und Notarien, auf ihre mannigfachen Verbindungen mit dem Publikum außerhalb des Gerichtssitzes, Rücksicht nehmen werde.

Der Chef der Justiz hat es — im gerechten Vertrauen gegen die Präsidenten und Gerichts-Direktoren — daher auch niemals nöthig erachtet, jenes Ermessen durch spezielle Vorschriften zu vinkuliren, oder die Förmlichkeiten der Beurlaubungen zu weit auszudehnen. Dahingegen wird er es aber auch nie gestatten, daß sich ein Justizbedienter diesen Förmlichkeiten willkührich entziehe, und wenn der W., bei einer zehntägigen Entfernung von dem Gerichtssitze nach Berlin, sich mit einer bloßen Anzeige begnügt, und die Anzeige ohne Adhibirung des geordneten Stempelpapiers eingereicht hat; so hat er die festgestellte Disciplinar- und Stempelstrafe vollkommen verdient, und sich durch verweigerte Bezahlung derselben die ihn getroffenen weitern Folgen selbst beizumessen.

Das Königl. Ober-Landesgericht wird angewiesen, denselben auf seine diesfällige Beschwerde — den oben entwickelten Grundsätzen gemäß — zu bescheiden, und auf diesen, zu ungebührlichen Anmaßungen und fortgesetzten Kontestationen mit dem Gerichts-Dirigenten sehr geneigt scheinenden Justizbedienten ein vorzügliches Augenmerk zu haben.

Berlin, den 19. Februar 1818.

(v. K. Jhrb. Bd. 11. S. 33.)

Dem Königl. Ober-Landesgerichte wird auf die Anfrage in dem Berichte vom 8. d. M. eröffnet, daß Justizkommissarien, welche in Dienstangelegenheiten Reisen unternehmen, dazu keines Urlaubs bedürfen. Die Verordnung vom 16. Dezember 1824 bestimmt §. 7., daß sie nur zu Reisen in eignen Angelegenheiten einen Urlaub bei der vorgesetzten Behörde nachsuchen sollen. Die vorgesetzte Behörde, bei welcher dergleichen Urlaubsgesuche anzubringen sind, ist für die Justizkommissarien das kompetente Ober-Landesgericht, weil die Justizkommissarien bei mehreren Gerichten fungiren, und häufig mit ihrem Amte auch das des Notars vereinigen. Das Ober-Landesgericht, bei dem die Anträge auf Bewilligung des Urlaubs für einen Justizkommissarius eingehen, wird alsdann allenfalls nach Rückfrage bei den Gerichten, wo der Justizkommissarius am meisten beschäftigt ist, bestimmen, ob und unter welchen wegen der Vertretung getroffenen Anordnungen der Urlaub zu ertheilen sei, und den Gerichten, welche hiervon Kenntniß haben müssen, Mittheilung machen.

Bei Dienstreisen der Justizkommissarien genügt es, wenn dieselben dem Gerichte am Orte, welcher ihnen zum Domicil angewiesen ist, vor ihrer Abreise anzeigen, daß sie in Dienstangelegenheiten verreisen, wohin sie reisen und wie lange ihre Abwesenheit wahrscheinlich dauern werde. Sollte die Abwesenheit mehrere Tage dauern, so müssen sie zugleich anzeigen, daß und wie sie wegen der Verwaltung ihrer Geschäfte für die Dauer ihrer Abwesenheit gesorgt haben.

Nach diesen Grundsätzen ist die Bescheidung des Justizkommissarius N. N. zu N. N. unter dem 21. Dezember 1827 und 20. Juni c. ergangen, und modifizirt sich hiernach das Rescript vom 19. Februar 1818 (Jahrb. Bd. 11. S. 33.), worauf das Königl. Ober-Landesgericht Bezug genommen hat.

Die Anlage des obigen Berichts erfolgt anbei zurück.

Berlin, den 30. November 1831.

(v. K. Jhrb. Bd. 38. S. 391.)

c. **Rescript** vom 17. Mai 1832, betreffend die Nachsuchung und Ertheilung des Urlaubs an Patrimonialrichter.

Auf die Vorstellung vom 24. v. M. wird Ihnen eröffnet, daß Sie offenbar Ihre Stellung zu dem Königl. Ober-Landesgerichte in Paderborn verkennen, wenn Sie annehmen und auszuführen suchen, daß die allgemeinen gesetzlichen Bestimmungen wegen Nachsuchung des Urlaubs von Seiten der Untergerichtsbeamten, und insbesondere auch die Verordnung vom 16. Dezember 1824 auf Patrimonialrichter keine Anwendung leiden, und Sie daher als solcher nicht nöthig haben, bei dem Ober-Landesgerichte den Urlaub nachzusuchen. Das A. L. R. enthält zwar im 17. Titel des 2ten Theils keine Bestimmung über den vom Patrimonialrichter bei dem Ober-Landesgerichte nachzusuchenden Urlaub, dort ist aber auch nur überhaupt von dem Verhältniß der Gerichtsherren zum Staat und zu ihren Justizbeamten die Rede; die Verhältnisse der Letzteren zum Staat und den von diesem eingesetzten Justiz-Aufsichtsbehörden sind dagegen nach den Bestimmungen des A. L. R. Thl. II. Tit. 10. und der A. G. O. zu beurtheilen, und zwar um so mehr, als sie nach dem Gutachten der Gesetzkommission vom 10. Juli 1802 und dem Rescripte vom 5. August ej. a. (Rabe's Sammlung Bd. 7. S. 195.) sogar den unmittelbaren Staatsbeamten gleich zu achten sind. Nach §. 92 und 93. Tit. 10. Thl. II. des A. L. R. wird wegen der Verpflichtung der Beamten, den Urlaub zu Reisen bei ihren Amtsvorgesetzten nachzusuchen, auf die für jede Klasse von Beamten vorgeschriebenen besondern Gesetze und Amts-Instruktionen verwiesen. Als solche sind für die Justizbeamten — wenn sie auch nicht bei einem Königl. Gerichte angestellt sind — die A. G. O. und namentlich Thl. III. Tit. 8. §§. 1. 8. 14. für die Untergerichtsbeamten, so wie die Verordnung des Justiz-Ministerii vom 16. Dezember 1824 zu erachten und nach den vorerwähnten Bestimmungen des A. L. R. von jedem Beamten genau

zu befolgen. Das Verhältniß der Patrimonialrichter zu ihren Gerichtsherren nach den Bestimmungen der §§. 37—48. Tit. 13. Thl. I. des A. L. R., und die den letzteren obliegende Vertretungsverbindlichkeit macht es aber auch nothwendig, daß die Justitiarien, und insbesondere diejenigen, welche am Sitze des Gerichts wohnen, und sich auf die Justizverwaltung bei diesem Gericht kontraktmäßig beschränkt haben, den Urlaub zu ihren Reisen zuerst bei dem Gerichtsherrn nachsuchen, und sodann die erfolgte Bewilligung desselben und der vorgeschlagenen Vertretung dem Ober-Landesgericht nachweisen, und bei diesem um eine gleiche Bewilligung bitten. Hiernach haben Sie sich künftig genau zu achten, und den zu den Pfingstferien gewünschten Urlaub nachzusuchen. Das Königl. Ober-Landesgericht zu Paderborn ist übrigens angewiesen worden, Ihre von dem Gerichtsherrn genehmigte Vertretung durch den Referendarius N. zu gestatten, wenn dagegen sonst nichts zu erinnern ist, als daß dem Assessor N. dadurch die Direktion des Gerichts entzogen wird. Die eingereichte Resolution vom 6. v. M. erfolgt zurück.
(v. K. Jhrb. Bd. 39. S. 382.)

4) a. **Rescript** vom 9. November 1829, betreffend die Verwendung des Stempels zu Urlaubsgesuchen und Ertheilungen.

Sämmtliche Königliche Gerichtsbehörden werden hierdurch angewiesen, darauf zu achten, daß zu Urlaubsgesuchen und resp. Ertheilungen jederzeit die Stempeltarif-Positionen-Gesuche und Ausfertigungen in Anwendung gebracht werden, indem die letztgenannte Tarif-Position die Verwendung des 15 Sgr. Stempels ausdrücklich auch als Regel vorschreibt, und nur nach bestimmten Kriterien die Abweichungen davon dem pflichtmäßigen Ermessen der Behörden überläßt.
(v. K. Jhrb. Bd. 34. S. 474.)

b. **Rescript** vom 27. Juli 1833, betreffend die Kostenfreiheit der Urlaubsbewilligungen.

Dem Königl. Ober-Landesgericht wird auf die Anfrage im Berichte vom 16. d. M. hiermit eröffnet, daß der Justizminister es nicht angemessen findet, für die, von den Präsidien der Obergerichte oder den Dirigenten der Untergerichte zu ertheilenden, schriftlich ausgefertigten Urlaubsbewilligungen, Gerichtskosten in Ansatz zu bringen und von den Urlaubsnachsuchenden einzuziehen. Es sind daher künftig dergleichen schriftlich ausgefertigte Urlaubsbewilligungen kostenfrei, jedoch auf dem erforderlichen Stempel, zu ertheilen.
(v. K. Jhrb. Bd. 42. S. 158.)

§. 10. Bei allen solchen Gelegenheiten, wo ein Rath des Kollegii entweder in seinen eigenen, oder auch in seinen Amtsgeschäften, es sei inner- oder ausserhalb der Provinz, zu verreisen genöthigt ist, muss derselbe, wenn während der Zeit seiner vermuthlichen Abwesenheit Termine vor ihm anstehen, dem Präsidenten davon besonders Anzeige machen; dieser aber muss dafür sorgen, dass ihm dazu ein anderes Mitglied des Kollegii substituirt, und dieses den Parteien von Amts wegen bekannt gemacht; auch dieselben, wenn sie sich melden, an den Substituten gehörig verwiesen werden.

1) Vergl. in Betreff der eigenmächtigen Substitution A. L. R. I. 13. §. 41. u. f.

2) **C. O.** vom 16. Februar 1825, betreffend die Anzeige von der Einberufung eines Beamten zur Landwehrübung.

Es sind Fälle vorgekommen, daß Verwaltungsbeamte, welche als Landwehr-Offiziere zur Uebung einberufen worden sind, von dieser Einberufung ihrer Behörde nicht unverzüglich Anzeige gemacht und dadurch in die Vertretung ihres Amtes, während ihrer Abwesenheit, Schwierigkeiten veranlaßt haben.

Um diesen Nachtheil künftig zu verhüten und den Civilbehörden die nöthige Zeit zu gewähren, sich, auch für den Fall der Unentbehrlichkeit eines Beamten in seinem Dienste, wegen seiner Entbindung von der Landwehr-

Uebung mit dem Brigadier zu einigen, sollen die Landwehr-Brigaden den Regierungen jedesmal von den einzuberufenden Verwaltungs-Beamten ein namentliches Verzeichniß so zeitig als möglich einsenden, und hat das Kriegs-Ministerium ihnen diese Bestimmung zur Achtung bekannt zu machen.
(v. K. Jhrb. Bd. 25. S. 247)

Vermeidung aller Konnexionen mit Parteien und Justizkommissarien.

§. 11. Die Räthe der Justizkollegien müssen sich ferner aller Konnexionen und vertrauten Umgangs mit den Parteien, welche vor dem Kollegio zu rechten, oder sonst etwas zu suchen haben, ingleichen mit den zur Prozesspraxis bei dem Kollegio angesetzten Justizkommissarien, enthalten; von ihnen, ausser den zu den Instruktionen und Informationseinziehungen bestimmten Tagen und Zeiten, keine Visiten annehmen, oder dergleichen bei selbigen ablegen; und sich mit ihnen, ausserhalb dieser Amtszusammenkünfte, in anderen Privatgesellschaften, über ihre Sache und Gesuch in keine Unterredung oder Kontestationen einlassen.

§. 12. Alles Rathgebens oder sonstiger Einmischungen in die Privathändel und Angelegenheiten Anderer müssen sie sich gänzlich enthalten; wenn aber entweder sie selbst, oder jemand der Ihrigen bei einem Prozesse interessirt sind, dieses dem Präsidenten sofort getreulich anzeigen; sich dabei keines Voti anmaassen; vielmehr, wenn dergleichen Sachen in dem Kollegio vorkommen, sich sofort entfernen, und während des Vortrages derselben abtreten.

Enthaltung des Voti in ihren und der Ihrigen Rechtssachen.

§. 13. Jedes Mitglied eines Justizkollegii oder Gerichts muss in Sachen seiner Ehegattin und solcher Parteien, mit denen er in auf- oder absteigender Linie, oder bis zum vierten Grade der Seitenlinie verwandt oder verschwägert ist, sich seines Stimmrechts und aller übrigen Einmischungen gänzlich enthalten. In weiteren Graden, bis zum sechsten mit eingeschlossen, ist ihm zwar sein Votum nicht gänzlich benommen; doch kann er dadurch, wenn die Stimmen getheilt sind, zum Besten seines Verwandten niemals den Ausschlag geben.

1) S. §. 40. des Anhanges zu I. 2. §. 143., wonach, wenn die Sache bei einem Untergerichte schwebt, und der Richter im fünften oder sechsten Grade der Seitenlinie mit einer Partei verwandt oder verschwägert ist, derselbe dadurch zur Ausübung seines Amts nicht unfähig wird, jedoch rekusirt werden kann, in weitern Graden der Verwandtschaft aber auf die Rekusation keine Rücksicht zu nehmen ist, (entnommen aus dem Reskripte vom 18. September 1797.).

2) **Rescript** vom 22. Juli 1815, betreffend die Enthaltung der Entscheidung in Sachen, bei denen Mitglieder des Gerichts interessiren; s. zu I. 2. §. 143.

3) a. **Rescript** vom 8. Mai 1815, betreffend die Unstatthaftigkeit der Annahme eines Testaments durch einen mit dem Testator verwandten Richter.

Auf die mittelst Berichts vom 21. v. M. geschehene Anfrage:
ob es auf Gültigkeit eines schriftlich und versiegelt übergebenen Testaments Einfluß habe, wenn der Richter, dem solches übergeben worden, mit dem Testirer dergestalt verwandt oder verschwägert ist, daß er sich wegen dieses Verhältnisses nach Vorschrift der A. G. O. Thl. I. Tit. 2. §. 143. und Thl. III. Tit. 3. §. 13. aller Einmischungen in einer Rechtssache enthalten soll?
wird dem Königl. Ober-Landesgericht eröffnet, daß, da das Kollegium selbst die Sache für zweifelhaft hält, und daher über den im Bericht angezeigten Fall künf-

tig wohl Streitigkeiten erregt werden können, es für rathsam zu achten ist, den Testator, wenn er noch lebt, von einem andern gehörig besetzten Gerichte nochmals persönlich über die beabsichtie Testamentisikation vernehmen zu lassen, und dadurch allen ferneren Einwendungen gegen die Gültigkeit des in Frage stehenden Testaments vorzubeugen.

Das Kollegium hat deshalb das Erforderliche zu verfügen, und wird übrigens von dessen Anzeige in Gemäßheit des §. 2. des ersten Anhangs zum A. L. R. zum Behuf der Legislation dienlicher Gebrauch gemacht werden.

(v. K. Jhrb. Bd. 5. S. 3.)

b. **Rescript** vom 23 Dezember 1823, betreffend die Unzulässigkeit der Aufnahme von Handlungen der freiwilligen Gerichtsbarkeit durch einen mit den kontrahirenden Parteien verwandten Richter.

Dem Königlichen Ober-Landesgericht wird auf die mittelst Berichts vom 8. d. M. gethane Anfrage:

ob bei nahen Verwandtschaftsverhältnissen zu den kontrahirenden Theilen der Richter rechtsgültige Verhandlungen der freiwilligen Gerichtsbarkeit vornehmen kann,

hiermit zum Bescheid ertheilt, daß die Vorschrift der A. G. O. Thl. III. Tit. 3. §. 13. in Verbindung mit Tit. 8. §. 5. ihrem Zwecke gemäß, auf alle Gegenstände der gerichtlichen Verwaltung zur Anwendung gebracht werden muß, und es zu bedenklich sein würde, von der allgemeinen Regel hierunter abzuweichen, da es sich nicht berechnen läßt, wie weit sodann die Ausnahme führen könnte. Ob und in wie weit für den konkreten Fall eine Richtigkeit daraus entspringe, hängt davon jederzeit ab, ob die Stimme des mitvotirenden gesetzlich rekusirten Mitgliedes bei dem gefaßten Beschlusse einen Ausschlag gegeben hat, oder nicht. Hiernach wird denn auch die Einmischung des Justizraths N. in die Bestätigung des von dem Geheimen-Kommerzienrathe N. mit seinem Sohne geschlossenen Kaufvertrags beurtheilt werden müssen, und hat sich das Kollegium darnach zu achten.

(v. K. Jhrb. Bd. 22. S. 190.)

§. 14. Wenn ein Mitglied eines Kollegii oder Gerichts, als Verwandter oder Freund vom Hause, Familienangelegenheiten besorgt, z. B. Privaterbtheilungen regulirt, Ehepakten oder Testamente abgefasst, Vergleiche gestiftet hat u. s. w., und es entsteht darüber in der Folge ein Prozess; so muss er sich darin eben so, wie in dem Falle des **§. 12. 13.**, auch wenn ihm sonst der Grad der Verwandtschaft nicht entgegen stünde, keines Voti, oder irgend einer andern Ausübung seines richterlichen Amts anmaassen.

§. 15. In Fällen, wo der Rath eines Kollegii nach den Vorschriften **§. 12. 13. 14.** sich seines Voti enthalten muss, ist er dennoch nicht befugt, die Instruktion als Konsulent, Rechtsbeistand oder Bevollmächtigter zu betreiben. Nur wenn der Prozess die Ehegattin, Eltern, Kinder oder Geschwister betrifft, kann ihm gestattet werden, Informationen für deren Rechtsbeistand oder Bevollmächtigten aufzunehmen und Schriften zu verfertigen.

§. 16. Sollte es sich fügen, dass ein Mitglied des Gerichts mit einem dabei zur Prozesspraxis angesetzten Justizkommissarius in auf- oder absteigender Linie, oder als Bruder oder Schwager verwandt wäre; so muss der Vorgesetzte des Kollegii darauf sehen, dass ein solches Mitglied in keiner durch diesen Justizkommissarius bearbeiteten Sache zum Decernenten, Instruenten oder Referenten bestellt werde.

§. 17. Wenn der Rath dergleichen Verbindungen zwischen ihm und einer prozessführenden Partei, oder dem derselben assistirenden Justizkommissarius, oder das bei der Sache selbst für ihn obwaltende Interesse, nicht anzeigt, oder wohl gar läugnet; so soll der Präsident die Sache, auf Anmelden des Gegentheils, sofort selbst gehörig untersuchen; und wenn dabei die Angabe gegründet befunden wird, dem Rathe nicht nur alle fernere Theilnehmung daran, und alles Votiren nachdrücklich untersagen; sondern auch dem Chef der Justiz von dem Vorfalle und den Umständen desselben Bericht erstatten: damit nach Bewandniss des Grades vom Verdachte, den eine solche Gerichtsperson, durch die unterlassene Anzeige, oder gar abgeläugnete Angabe dieser ihrer Verbindung mit einer solchen prozessführenden Partei, oder ihres dabei habenden Interesse, gegen ihre Redlichkeit und Unparteilichkeit rege gemacht hat, das weitere verfügt werden könne.

Pflicht der Verschwiegenheit.

§. 18. Sämmtliche Räthe müssen über alle im Kollegio vorkommende Angelegenheiten, besonders über ihre eigene sowohl, als über die Vota der anderen Mitglieder, in streitigen Rechtssachen, ein gewissenhaftes Stillschweigen beobachten; die ihnen zugekommenen Akten, Dokumente Schriften und Eingaben sorgfältig verwahren; selbige weder von den Ihrigen, noch von Fremden lesen lassen; am allerwenigsten aber die ihnen zugetheilten Arbeiten und Geschäfte Anderen übertragen, oder deren Meinung, Rath und Gutachten darüber privatim einholen.

C. O. vom 21. November 1835, betreffend die Amtsverschwiegenheit der Beamten.

Obgleich Gesetze und Dienstinstruktionen den öffentlichen Beamten Verschwiegenheit über Gegenstände ihres Amtes zur Pflicht machen, so habe Ich doch mißfällig in Erfahrung gebracht, daß diese Pflicht aus den Augen gesetzt, über dergleichen Gegenstände, ohne amtliche Veranlassung, mündliche und schriftliche Mittheilungen gemacht und solche selbst zur Publizität gebracht worden. Eine solche Verletzung der gesetzlichen Vorschriften ist nicht länger zu dulden; das Staatsministerium hat daher diese Mißbräuche abzustellen und zu veranlassen, daß die Departements-Chefs nicht nur ihren untergeordneten Behörden und Beamten die im Interesse des Dienstes unerläßliche Verschwiegenheit wiederholend und ernstlich einschärfen, sondern auch die geeigneten Anordnungen treffen, um die genaue Beobachtung derselben zu sichern und die Propalation amtlicher Verhandlungen zu hindern. Die Departements-Chefs haben auf die Befolgung dieser für die Beamten aller Kategorien geltenden Vorschrift mit Ernst und Sorgfalt zu halten, die Beamten, welche dieselben verletzen, unnachsichtlich zur Verantwortung und Bestrafung zu ziehen und Mir anzuzeigen, damit sie, dem Befinden nach, neben der verwirkten Strafe ohne Pension aus dem Dienste entfernt werden. (G. S. S. 237.)

Nebenbedienungen.

§. 19. Da die Räthe der Justizkollegien ihre ganze Zeit und Aufmerksamkeit einer treuen und prompten Besorgung ihrer Amtsgeschäfte zu widmen schuldig sind, und zu dem Ende durchgehends mit auskömmlichen Salarien versorgt werden sollen; so müssen sie ohne Genehmigung des Präsidenten, und ohne Erlaubniss des Chefs der Justiz, keine Nebenbedienungen annehmen; viel weniger sich mit Besorgung der Privat- und aussergerichtlichen Angelegenheiten der Parteien, mit Konsuliren in Prozesssachen, wenn selbige gleich bei anderen Gerichten schweben, oder sonst mit dergleichen zerstreuenden Nebengeschäften abgeben.

Besondere Pflichten.

§. 20. Die besondern Pflichten der Räthe bei den Justizkollegien sind von vierfacher Art:

I. Die Besorgung der Instruktionen bei Prozessen, in der Qualität von Assistenten.

II. Die Abwartungen der Instruktionen selbst, in der Qualität von Instruenten.

III. Das Dekretiren, oder der mündliche Vortrag der eingekommenen schriftlichen Vorstellungen und Anzeigen, und die Abfassung der Verfügungen darauf.

IV. Das Referiren, oder die Ausarbeitung der Relationen und Urtel, über die zum Erkenntnisse gediehenen Rechtssachen.

I. Der Assistenten.

§. 21. I. In denjenigen Fällen, wo eine Partei, Statt sich einen Bevollmächtigten oder Rechtsbeistand unter den Justizkommissarien selbst zu wählen, um die Zuordnung eines Assistenten von dem Richter bittet (Thl. I. Tit. III. §. 14. u. f.); muss ein solcher Assistent, er sei ein Mitglied des Gerichts oder nur ein dabei angestellter Referendarius, die am angeführten Orte ertheilten, und in der Folge den Justizkommissarien noch näher zu ertheilenden Vorschriften gehörig beobachten. Von einem solchen Justizkommissarius unterscheidet er sich hauptsächlich nur darin, dass er keiner Vollmacht von seiner auch abwesenden Partei bedarf; sondern seine Legitimation bloss durch die von ihm zu haltenden Manualakten, und die darin liegenden Informationsprotokolle, Korrespondenzen u. s. w., begründet wird.

C. O. vom 29. Mai 1835, daß die in Prozessen der Partei zugeordneten Stellvertreter keiner Vollmacht bedürfen; s. zu I. 3. §. 20.

II. Der Instruenten.

§. 22. II. Bei den wirklichen Instruktionen der Prozesse müssen die Instruenten den Hauptendzweck der ganzen Prozessordnung:

dass nämlich die Wahrheit der bei einem Rechtsstreite zum Grunde liegenden, oder zur richtigen Beurtheilung desselben gehörigen Thatsachen so genau und vollständig, als es nur irgend die Natur der Sache verstattet, zugleich aber auch mit dem mindest-möglichen Zeit- und Kostenverluste für die Parteien, eruirt und ausgemittelt werden solle,

unablässig vor Augen haben.

§. 23. So wie sie desfalls überhaupt auf die Vorschriften des Ersten Theils dieser Gerichtsordnung verwiesen werden; so müssen sie insonderheit bei der Vernehmung der Parteien sich aller Geduld und Sanftmuth befleissigen; die Vorträge und Erzählungen derselben ruhig und aufmerksam anhören; sie darin ohne Noth nicht unterbrechen; über die zur Sache gehörigen Umstände, wovon die Parteien sich unverständlich, unzusammenhängend oder zweideutig ausgedrückt haben, durch nähere Nachfrage die gehörige Kenntniss von ihnen einziehen, und nicht eher ablassen, als bis sie von jedem Theile eine vollständige und zusammenhängende Erzählung des Fakti, so viel ihm davon bekannt ist, heraus gebracht haben.

§. 24. Dabei müssen sie sich jedoch vor allen Suggestionen sorgfältig hüten; und dahin sehen, dass sie den eigentlichen Sinn und Meinung der Parteien richtig fassen; darunter kein Missverständniss begehen; und nicht etwa ihre eigenen Vorstellungen und Vermuthungen denselben, als ihre Angaben und Geständnisse, unterschieben.

§. 25. Bei der Einziehung dieser Erkundigungen müssen sie sich jedoch weder durch eine unschickliche Neugier, noch durch andere unlautere Bewegungsgründe verleiten lassen, den Parteien mit Fragen zuzusetzen, welche zur Sache nicht gehören, die Ehrbarkeit beleidigen, auf unnöthige Erforschung der persönlichen und Familienumstände oder anderer Geheimnisse der Parteien abzielen; oder durch deren Beantwortung denselben Verdruss, Schade und andere Unannehmlichkeiten, ohne Noth würden zugezogen werden.

§. 26. Wenn daher eine Partei unter dem Vorwande, dass eine ihr vorgelegte Frage von dieser Art sei, deren Beantwortung verweigert; so muss der Instruent, wenn er sie darüber nicht glimpflich verständigen und bedeuten kann, deshalb nicht weiter in sie dringen; vielmehr den Umstand und die Gründe, warum die Partei die Beantwortung versagt, er aber seines Orts dieselbe als zur Sache gehörig ansieht, dem Kollegio pflichtmässig anzeigen, und dessen Vorbescheidung abwarten.

§. 27. Wenn auch bei den Instruktionen wirklich erhebliche Thatsachen vorkämen, gegen deren umständliche Entwickelung beide Theile protestiren; und es sind dieselben darin einig, dass das Faktum an sich zugestanden werde; so muss der Instruent sich damit begnügen, dass er selbiges nur allgemein, so wie es von den Parteien vorgetragen und eingestanden wird, aufnehme, ohne auf die speciellen Umstände desselben genau einzugehen. Wenn also z. B. in einer Ehescheidungssache der klagende Ehegatte behauptet, was gestalten der beklagte Theil sich eines verdächtigen Umgangs mit andern Personen schuldig gemacht habe; der Beklagte aber so viel einräumt, dass er zu dergleichen Verdachte wirklich Anlass gegeben; so darf der Instruent den speciellen Umständen, mit wem und wie weit solcher Umgang getrieben worden u. s. w., nicht weiter nachforschen; es wäre denn, dass der eine Theil auf die gesetzlichen Strafen der Ehescheidung antrüge, der andere sich derselben nicht schuldig geben wollte, und daher, um zu beurtheilen, in wiefern diese Strafen wirklich Anwendung finden, unumgänglich nothwendig wäre, die Gründe der Ehescheidung genauer und umständlicher auseinander zu setzen.

§. 28. Wenn hingegen ausserdem die zu Instruktionen verordneten Räthe Grund haben, zu argwöhnen, dass eine Partei mit der Wahrheit vorsätzlich zurück halte, oder gar mit Lügen und Falschheit umgehe; so müssen sie dieselbe an die in der Prozessordnung bestimmten Strafen des frevelhaften Läugnens und gerichtlich behaupteter Unwahrheiten fleissig erinnern; sie durch Vorhaltung der wider sie streitenden Vermuthungen, der in ihren Angaben sich findenden Lücken und Widersprüche etc. etc., ihres Unfugs zu überzeugen, und zum Geständnisse der Wahrheit zu bringen suchen: solchergestalt aber die Sachen in facto zwischen den Parteien selbst, ohne dass es erst der Aufnehmung weitläufiger und kostbarer Beweise bedarf, so viel irgend möglich ist, zu entwickeln und aufzuklären sich angelegen sein lassen.

§. 29. Wenn besonders Thatsachen von Parteien in Person, die mit Rechtsbeiständen nicht versehen sind, eingestanden werden; so muss der Instruent mit vorzüglicher Vorsicht und Behutsamkeit zu Werke gehen; um, ehe er ein solches Geständniss niederschreibt, sich zu überzeugen, sowohl dass er selbst die wahre Meinung der Partei richtig gefasst, als dass diese das Geständniss nicht etwa bloss aus Einfalt, Leichtsinn, Uebereilung, Unkunde der gesetzlichen Folgen etc. etc., wider ihre eigene Wissenschaft und Ueberzeugung abgegeben habe (Thl. I. Tit. X. §. 26.). In wie fern es, besonders bei einfältigen und gemeinen Leuten, nöthig sei, ihnen die rechtlichen Folgen eines solchen Geständnisses ausdrücklich zu erklären, muss der gewissenhaften Beurtheilung und Vorsicht des jedesmaligen Instruenten überlassen werden; damit auf der einen Seite die Partei durch ein unrichtiges Geständniss an ihrem wirklichen Rechte nicht verkürzt, auf der andern aber auch, durch unmittelbare Darstellung der ihr nachtheiligen Folgen, von der Einräumung der Wahrheit nicht abgeschreckt oder gar zum augenblicklichen Widerrufe verleitet werde.

§. 30. Wie weit der Instruent den Parteien Exceptiones und Beneficia juris von Amts wegen an die Hand geben müsse, ist im ersten Theile Tit. IX. §. 11. bestimmt. Ist die Partei mit keinem rechtsverständigen Assistenten versehen; so erstreckt sich die Verbindlichkeit des Instruenten, ihrem Mangel an Rechtskunde dabei zu Hülfe zu kommen, weiter, als in dem entgegengesetzten Falle; wo es der Instruent in der Regel dem Assistenten überlassen muss, die seiner Partei zu Statten kommenden Rechtsausflüchte und Wohlthaten anzuführen und geltend zu machen. Nur wenn er wahrnimmt, dass der Assistent aus Fahrlässigkeit, Flüchtigkeit, oder vielleicht aus anderen unzulässigen Nebenabsichten, einen Rechtseinwand, von welchem in dem entwickelten Fakto ganz deutlich Spuren vorkommen, nicht rüge, und daher der Richter künftig in Verlegenheit gerathen dürfte, in wie fern auf eine solche Exceptio juris, über welche gleichwohl der andere Theil mit seinen etwanigen Erwiderungen gar nicht gehört worden, von Amts wegen Rücksicht zu nehmen sei, muss der Instruent den Assistenten, allenfalls ohne Beisein der Parteien, an einen solchen vermuthlich übersehenen Umstand erinnern; und wenn dieser denselben gleichwohl nicht rügen will, über die desfalls angeführten Ursachen ein besonderes Protokoll aufnehmen.

§. 31. Die Vorträge und Angaben der Parteien müssen die Instruenten in Gegenwart derselben, und in Ausdrücken, die ihrem eigentlichen Sinne gemäss, und den Parteien selbst verständlich sind, dem Protokollanten laut und deutlich in die Feder diktiren.

§. 32. Sie müssen jedoch bei dieser Vernehmung der Parteien auch dahin sehen, dass selbige nicht in ein wildes Geschrei und unnützes Gezänke unter ihnen ausarte; wodurch die Zeit fruchtlos verschwendet, die Erbitterung der Gemüther vermehrt, und am Ende, unter einer Menge von irrelevanten Nebenumständen, persönlichen Vorwürfen und unnützen Wiederholungen, die Hauptsache und die Fakta, worauf es dabei eigentlich ankommt, gar aus dem Gesichte verloren werden.

Wenn es also die instruirenden Räthe, besonders in Ehescheidungsprozessen, mit Parteien zu thun haben, die von heftigem Gemüthscharakter, oder sonst gegen einander persönlich animirt sind; so werden sie wohlthun, jeden derselben absonderlich, ohne Beisein des Andern, zu vernehmen, und sie nur erst alsdann zusammen zu stellen, wenn sie sich aus den gegenseitigen Erzählungen derselben von den Umständen, worüber sie einig sind oder nicht, deutliche Kenntniss verschafft haben, und diese Zusammenstellung ein Mittel sein kann, hinter die Wahrheit zu kommen, und die Parteien über den eigentlichen Hergang dieses oder jenes streitigen Fakti zu vereinbaren.

§. 33. Da die Thl. I. Tit. X. §. 28. u. f. beschriebene Regulirung des Status controversiae eines der wichtigsten Geschäfte bei der Instruktion ist; so müssen die instruirenden Räthe dabei vorzüglich mit grösstem Bedachte, Aufmerksamkeit und Beurtheilungskraft zu Werke gehen, und mit möglichster Sorgfalt dahin sehen: dass auf der einen Seite alle und jede bei der Vernehmung vorgekommene Fakta, woraus dem einen oder dem andern Theile eine zur gegenwärtigen Streitsache gehörige Befugniss oder Verbindlichkeit erwachsen; ingleichen diejenigen Nebenumstände, wodurch das Hauptfaktum aufgeklärt, erläutert und näher bestimmt werden kann, in den Statum controversiae mit aufgenommen, auf der andern Seite aber auch derselbe mit unbedeutenden, irrelevanten, zur gegenwärtigen Streitsache nicht gehörigen Faktis und Umständen nicht überladen werde.

§. 34. Ueberhaupt muss jeder Instruent, bei der Einleitung und Führung der Instruktion, nicht auf blosses Gerathewohl, sondern nach einem festen und wohl überlegten Plane zu Werke gehen. Einen solchen Plan muss er sich entwerfen, sobald er aus den ersten Vernehmungen der Parteien ungefähr ersehen kann, wo die Sache hinaus wolle; und darnach muss er in die ganze Folge seiner Operationen Ordnung und Zusammenhang zu bringen suchen. Er muss aber auch auf diesem Plane nicht mit Eigensinne bestehen, sondern wenn er in der Folge der Verhandlungen wahrnimmt, dass Umstände zum Vorschein kommen, die auf eine andere Entwickelung des streitigen Geschäfts, als bisher zu vermuthen war, führen könnten; so muss er denselben aufmerksam nachgehen, und darnach seinen Plan zur Fortsetzung und Beendigung des Instruktionsgeschäfts berichtigen. Sein Hauptzweck muss immer sein, die Wahrheit der Thatsachen vollständig und zusammenhängend zu entwickeln; aber auch durch möglichste Vermeidung aller unnützen, zur Sache nicht gehörigen, und deren Aufklärung um nichts befördernden Nebenumstände, Zeit und Kosten möglichst zu sparen.

§. 35. Eine sorgfältige Vorbereitung zur Instruktion und zu jedem abzuhaltenden Termine, vornehmlich aber auch zur Regulirung des Status causae et controversiae, ist eine Hauptpflicht des Instruenten. Er muss daher, besonders im Fortgange der Instruktion, den Termin niemals eröffnen, ohne sich vorher aus den früheren Verhandlungen den Zusammenhang der Sache so weit er bisher entwickelt ist, wiederum in das Gedächtniss zurück zu rufen, und wohl zu überlegen, wie nun, dem entworfenen Plane gemäss, darin weiter fortzufahren, und worauf es in dem abzuhaltenden Termine eigentlich ankommen werde.

§. 36. Zu dieser Vorbereitung gehört es auch, dass der Instruent, vornehmlich wenn von Geschäften, die nicht alle Tage vorkommen die Rede ist, die Theorie der ein solches Geschäft bestimmenden gesetzlichen Vorschriften sorgfältig rekapitulire, und sich stets gegenwärtig erhalte, damit er immer im Stande sei, sogleich zu bemerken und zu beurtheilen: was von den mancherlei Thatsachen und Umständen, welche von den Parteien vorgebracht worden, wirklich zur Sache gehöre, oder auf die künftige Entscheidung derselben Einfluss haben könne, und daher näher aufgenommen und erörtert werden müsse.

§. 37. Für den ununterbrochenen Betrieb aller unter ihrer Instruktion stehenden Sachen zu sorgen, ist eine Hauptpflicht der dazu deputirten Räthe. Sie müssen daher den Gang aller und jeder solcher Angelegenheiten unablässig vor Augen haben; bei Anberaumung der Termine alle Umstände der Sache reiflich erwägen und die Parteien zwar damit nicht übereilen, sie aber auch nicht ohne Noth, um ihrer blossen Bequemlichkeit oder Privatgeschäfte willen, allzuweit hinaussetzen; darauf, dass Parteien und Assistenten die Termine gehörig abwarten müssen, mit Ernst und Nachdruck halten; es zu solchem Ende an keinen Erinnerungen und Warnungen fehlen lassen; wenn aber ihre alleinigen Bemühungen zur zweckmässigen Beschleunigung der Sachen nicht hinreichend sind, dem Kollegio von dem entstehenden Verzuge und dessen Ursachen, pflichtmässig, ohne allen Rückhalt, Anzeige machen: damit dieses durch richtige Anwendung der gesetzlichen Vorschriften die nöthige Beschleunigung der Sache bewirken, und allen, auf deren Verschleppung abzielenden Winkelzügen und Chikanen nachdrücklichst Einhalt thun möge.

§. 38. Dass die zu den Instruktionen deputirten Räthe die im Kollegio zu haltenden Instruktionstabellen richtig fortführen; die Präsidenten selbige fleissig revidiren, und auf den Grund derselben nach denjenigen Sachen, welche liegen zu bleiben und verschleppt zu werden scheinen, besondere Nachfrage halten müssen, ist oben Thl. II. §. 29. u. f. verordnet. Wenn sich bei dieser Gelegenheit findet, dass der Instruent selbst, ohne sich eben eines strafbaren Betragens schuldig zu machen, aus übertriebener Aengstlichkeit, vorgefasster Meinung, Anhänglichkeit an ein gewisses, sich selbst, ohne hinreichenden Grund, von dem Zusammenhange des Fakti formirtes System, oder aus einer zur Sache oder wider dieselbe gewonnenen Affektion, welche aus blossem Mangel gehöriger Wachsamkeit über sich selbst, auch einen sonst redlichen und unbescholtenen Mann übereilen kann, die Instruktion nicht gehörig angreife; sie nicht richtig und passend genug eingeleitet habe; sich bei unbedeutenden Nebenumständen zu sehr aufhalte; den Parteien zu viel Nachsicht und Umzüge verstatte u. s. w.; so muss der Präsident ihm diese Instruktion abnehmen, sie einem andern Mitgliede des Kollegii übertragen, und statt derselben dem vorigen Instruenten andere Beschäftigungen anweisen.

§. 39. Ob auch gleich ein solches Versehen an und für sich noch nicht hinreichend sein soll, die Redlichkeit und Brauchbarkeit eines Raths zweifelhaft zu machen; so müssen jedennoch die Räthe sich sorgfältig hüten, nicht zu wiederholtenmalen in den nämlichen Fehler zu verfallen; maassen sie sich sonst den gegründeten Verdacht eines Mangels an Fleiss, Geschicklichkeit und Scharfsinn, Gleichmüthigkeit, und anderer dergleichen bei einer richterlichen Person unentbehrlichen Eigenschaften zuziehen, und es am Ende sich selbst beizumessen haben würden, wenn sie wegen solcher Untüchtigkeit ihrer Dienste gänzlich entlassen werden müssten.

§. 40. Von Familien- und anderen dergleichen Geheimnissen der Parteien, welche bei Gelegenheit der Instruktionen zu ihrer Kenntniss gelangen, müssen die dazu deputirten Räthe, den Anweisungen §. 25—27. gemäss, nur alsdann mit möglichster Schonung Gebrauch machen, wenn die Bekanntwerdung derselben unumgänglich nothwendig ist, um die Wahrheit rein, unverfälscht und vollständig darzustellen, und den Richter in Stand zu setzen, dass er das Faktum, worauf es bei der Entscheidung des Rechtsstreits ankommt, gehörig übersehen und richtig beurtheilen könne.

Ausser diesem Falle müssen die Räthe dergleichen Geheimnisse unter dem Siegel der unverbrüchlichen Verschwiegenheit bewahren, und sich besonders, bei Strafe der unvermeidlichen Kassation, alles zu ihrem Privatnutzen und zum Schaden der Partei abzielenden Gebrauchs derselben schlechterdings enthalten.

III. Der Decernenten.

§. 41. III. Die dritte Hauptbeschäftigung der Räthe bei den Justizkollegien ist das Dekretiren, oder der mündliche Vortrag der eingekommenen schriftlichen Vorstellungen und Anzeigen, und die Abfassung der Verordnungen darauf.

§. 42. Dabei müssen die Räthe vor allen Dingen die ihnen vor jeder Session zugestellten Memorialien, Protokolle und Anzeigen fleissig lesen; deren Inhalt mit den etwa schon vorhin in der Sache verhandelten Akten sorgfältig vergleichen; sich dadurch von dem eigentlichen Gegenstande und den Gründen des Gesuchs oder Antrags richtige und vollständige Kenntniss verschaffen; dieselben nach den Vorschriften der Gesetze prüfen und beurtheilen, und sich also zum Vortrage im Kollegio selbst gehörig vorbereiten; auch die nach dieser Präparation etwa zu erlassenden Dekrete zu Hause entwerfen: damit sie durch deren Abfassung in der Session an der nöthigen Aufmerksamkeit auf die Vorträge der anderen Räthe nicht gehindert werden mögen.

§. 43. Den Vortrag selbst müssen sie zwar kurz und ohne unnütze Weitläufigkeit, jedoch aber auch vollständig und deutlich thun: dergestalt, dass das ganze Kollegium verstehen könne, was eigentlich gesucht oder angetragen werde, und was für Umstände und Gründe dafür oder dawider vorhanden sind. Dem Vortrage müssen sie jedesmal ihr Votum nach dem projektirten Dekrete beifügen, und zugleich die aus der Natur und Lage der Sache, oder aus gesetzlichen Anordnungen herzunehmenden Gründe desselben anführen.

§. 44. Die Dekrete selbst müssen sie deutlich, wo es die Sache fordert, umständlich und mit Gründen, jedesmal aber schlechterdings dem Beschlusse des Kollegii gemäss abfassen, und also die sich zu Hause gemachten Entwürfe, wenn sie von dem Kollegio nicht genehmigt würden, nach dem Konkluso umändern.

Rescript vom 27. Juli 1821, 22. November 1824 und 22. Oktober 1832, betreffend die Bezeichnung und Form der Berichte an den Justizminister.

Es ist jetzt verfügt, daß die Kanzlei des Justizministerii den Buchstaben und die Nummer des Vortrags-Journals auf jede vom Justizminister erlassene Verfügung setzt. Da es zur Erleichterung der Geschäfte in der Registratur des Justizministerii gereicht, wenn die Behörden in ihren Berichten an den Justizminister nicht allein das Datum der Verfügung bemerken, worauf ihre Berichte Bezug nehmen, sondern auch Litt. und No. anführen, so wird das Königl. Ober-Landesgericht angewiesen, von jetzt ab, in seinen Berichten nicht allein die Data der Verfügungen, sondern auch die Journals-Nummer und Buchstaben anzuführen.

Berlin, den 27. Juli 1821.

(v. K. Jhrb. Bd. 18. S. 21.)

Zur Beförderung des Geschäftsganges ist bereits unterm 27. Juli 1821 eine Bestimmung dahin ergangen, daß in allen Berichten, welche sich auf Verfügungen des Justizministerii beziehen, nicht bloß das Datum dieser Verfügung, sondern auch die Littr. und No., womit dieselbe bezeichnet ist, angeführt werden sollen. Um diesen Zweck noch mehr zu erreichen, soll von jetzt ab, bei den in den v. K. Jahrb. abzudruckenden Rescripten u. s. w., außer der Littr. und No. des Journals, noch das Aktenzeichen, wenn die Akten ein solches führen, beigefügt werden. Die sämmtlichen Königl. Landes-Justizkollegien werden daher angewiesen, die aus den v. K. Jahrb. zu allegirenden Rescripte &c. nach dem Dato und den vorgedachten äußern Merkmalen zu bezeichnen, wobei denselben eine besondere Genauigkeit empfohlen wird.

Berlin, den 22. November 1824.

(v. K. Jhrb. Bd. 24. S. 253.)

Durch die in den Jahrbüchern Bd. 18. S. 21. abgedruckte Verfügung vom 27. Juli 1821 ist bestimmt:

daß die Behörden in ihren Berichten an den Justizminister nicht allein die Data der Verfügungen desselben, worauf die Berichte Bezug nehmen, sondern auch die Journalnummer und Buchstaben anzuführen haben.

Da diese Anordnung nicht überall befolgt wird, so findet sich der Justizminister veranlaßt, das Königl. Ober-Landesgericht auf diese aufmerksam zu machen, und deren Beobachtung in Erinnerung zu bringen.

Dabei wird dem Kollegio zugleich bemerklich gemacht, daß es zur Erleichterung der Geschäfte gereicht, wenn, wie bereits von vielen Behörden geschieht,

1) der Bericht auf halb gebrochenen Bogen geschrieben,

2) das Datum des Berichts gleich oben linker Hand bemerkt, und darunter:
3) der Name der Behörde, welche berichtet, und der Gegenstand des Berichts gesetzt wird, mit Angabe der Ministerial-Verfügung und der Journalnummer, wenn sich der Bericht auf eine solche Verfügung bezieht.

Diese Einrichtung hat zugleich das Bequeme, daß der Bericht in seinem Eingange keiner Bezugnahme auf die veranlassende Verfügung, den Namen der Betheiligten oder den Gegenstand der Sache weiter bedarf, der Vortrag also abgekürzt werden kann.

Das Königliche Ober-Landesgericht hat in dieser Art künftig seine Berichte einzureichen und deshalb die Expedition und Kanzlei mit Anweisung zu versehen.

Berlin, den 22. Oktober 1832.

(v. K. Jhrb. Bd. 40. S. 464.)

§. 45. Die Räthe müssen keine dergleichen ihnen zum mündlichen Vortrage zugeschriebene Sachen bei sich liegen lassen, noch auch mit Beförderung der schon abgefassten Dekrete zur Expedition in Rest bleiben.

Nur bei sehr weitläufigen, die Aufsuchung von älteren Akten erfordernden, sonst aber keine Gefahr im Verzuge bei sich führenden Sachen, kann der Präsident nachgeben, dass der Vortrag derselben bis zur nächsten Session ausgesetzt bleibe, er muss aber doch darauf sehen, dass sie alsdann gehörig nachgeholt, und, ehe zu den übrigen auf diesen Tag eigentlich distribuirten Memorialien geschritten wird, vorgetragen und abgemacht werden.

§. 46. Was die Decernenten in Prozesssachen bei dem Vortrage der Anmeldungsprotokolle, der Klageberichte und deren Beantwortungen, der Anfragen der Instruenten, der Anzeigen oder Beschwerden der Assistenten oder Parteien, der Appellationsanmeldungen und Berichte etc. zu beobachten haben, ist im ersten Theile dieser Gerichtsordnung umständlich genug vorgeschrieben.

Die Räthe der Kollegien werden also hier nur noch überhaupt erinnert,

1) bei den Vorträgen der Klagen und Beantwortungen, besonders wenn dieselben, nach Tit. V. §. 16. und Tit. IX. §. 15. im ersten Theile, schriftlich eingebracht worden, die Vollständigkeit derselben, und der von den Justizkommissarien darüber eingezogenen Informationen, nach den allemal beizulegenden Manualakten, mit vorzüglicher Sorgfalt zu prüfen: damit im Verfolge der Instruktion die Verzögerungen und Verwirrungen, welche unvermeidlich sind, wenn erst alsdann viele neue unvorhergesehene und unvorbereitete Umstände zum Vorschein kommen, möglichst vermieden werden;

2) bei der Anberaumung der Instruktionstermine die im ersten Theile Tit. IX. §. 36. u. f. näher beschriebene Vorbereitung mit vorzüglicher Sorgfalt und Aufmerksamkeit zu besorgen;

3) wenn von dem Instruenten Anfragen oder Anzeigen, mit Beilegung der bisherigen Verhandlungen geschehen, sich nicht bloss an das zu halten, was etwa der Instruent in seinem Promemoria über die Lage der Sache und der Instruktion angeführt hat; sondern in die Verhandlungen selbst einzugehen; dieselben aufmerksam zu prüfen; und wenn sie bei dieser Gelegenheit Fehler, Mängel oder Irrthümer bei der Einleitung und Führung der Insruktion bemerken, dieselben dem Kollegio ohne Rückhalt

anzuzeigen; damit der Instruent deswegen gewarnt und zurecht gewiesen werden könne.

§. 47. Wenn Beschwerden über Untergerichte einkommen; so müssen die Decernenten vorzügliche Aufmerksamkeit darauf verwenden; sich auf die darüber abgestatteten Berichte nicht schlechterdings verlassen, sondern diese mit der Beschwerde selbst genau vergleichen; so bald durch den Bericht aller scheinbare Verdacht eines ordnungswidrigen unregelmässigen Betragens nicht gänzlich entfernt wird, oder sonst ein Bedenken bei der Sache übrig bleibt, vornehmlich aber, wenn die Beschwerde gegen ein Untergericht geführt wird, welches sich schon in anderen Fällen der Verschleppung und Unordnung verdächtig gemacht hat, auf Abforderung der Akten antragen; selbige, und das darin enthaltene Verfahren des Unterrichters ebenfalls genau prüfen, und sodann wegen Abhelfung der gegründeten Klagen, oder wegen Vorbescheidung der Supplikanten, das Nöthige bei dem Kollegio in Vorschlag bringen.

§. 48. Besonders müssen die Decernenten und Kollegien auf Verhütung, Abstellung und ernstliche Bestrafung der von solchen Untergerichten begangenen Sportulexcesse vorzüglich aufmerksam sein, und erstere müssen dergleichen Excesse, wenn sie sie in den Akten bemerken, auch ohne dass sie von den Parteien ausdrücklich gerügt werden, von Amts wegen ahnden.

§. 49. Sind die Beschwerden gegründet; so muss denselben auf Kosten des schuldigen Unterrichters abgeholfen; dieser, den Parteien allen verursachten Schaden zu ersetzen, nachdrücklich angehalten; auch überdiess, nach Bewandniss der Umstände, entweder mit einer proportionirlichen Geldstrafe wider ihn verfahren, oder auch, wenn das Vergehen von grosser Wichtigkeit, oder schon zum öftern wiederholt und vergebens geahndet worden ist; vornehmlich aber, wenn dabei gründliche Anzeigen einer vorsätzlichen Ungerechtigkeit, Parteilichkeit, Animosität oder Bestechung sich hervorthun, die förmliche Inquisition gegen einen solchen Richter verhängt, und hiernächst über seine Bestrafung nach den im ersten Titel §. 23. enthaltenen Vorschriften ordentlich erkannt werden.

§. 50. Sind hingegen die Beschwerden ungegründet; so müssen die Supplikanten damit, unter Anführung richtiger, ihren Fassungskräften gemäss auseinander gesetzter und vorgetragener Gründe, nachdrücklich abgewiesen werden. Auch müssen die Landesjustizkollegia dafür sorgen, den unter ihrer Aufsicht stehenden Untergerichten, gegen Verläumdungen und ungebührliche Zudringlichkeiten boshafter und unbedeutsamer Querulanten, Schutz und Genugthuung nach Vorschrift Tit. I. §. 31. u. f. zu verschaffen.

IV. Der Referenten.

§. 51. IV. Das vierte Hauptgeschäft der Räthe bei den Justizkollegien ist das Referiren aus den zum Spruch geschlossenen Akten, und die Abfassung der darauf zu publicirenden Urtel.

§. 52. Die allgemeinen Regeln, welche bei Ausarbeitung der Relationen beobachtet werden müssen, sind Thl. I. Tit. XIII. §. 7. u. f. enthalten. Bestimmte Vorschriften über die Methode zu referiren, können nicht gegeben werden, weil es dabei zu sehr auf die speciellen Umstände jeder vorliegenden Sache ankommt.

§. 53. In wichtigen Sachen, welche nach Art des ordentlichen Prozesses instruirt worden, müssen die Relationen, der Regel nach, schriftlich abgefasst werden. Qualificirt sich aber auch eine Sache zum blossen mündlichen Vortrage; so muss dennoch der Referent, wenn er zuvörderst den von dem Instruenten formirten Statum causae mit den Vernehmungsprotokollen verglichen, sorgfältig geprüft, und dabei richtig aufgenommen gefunden hat, selbigen dem Kollegio vorlesen; ein Gleiches in Ansehung der Dokumente, besonders der Stellen daraus, auf welchen die Entscheidung beruht, der Zeugenaussagungen, und der über die Okularinspektion aufgenommenen Protokolle beobachten; sodann aber sein schriftliches Votum, mit Beifügung der Zweifels- und Entscheidungsgründe, gehörig abgeben.

§. 54. Besteht eine Sache aus mehreren Punkten; so muss jeder derselben auf vorstehende Art besonders vorgetragen und erörtert werden.

§. 55. Ob eine Sache nur mündlich vorgetragen, oder ob schriftlich darin referirt werden solle, hängt lediglich von der Bestimmung des Präsidenten ab. In Sachen welche von diesem zum schriftlichen Referiren ausgestellt worden, muss der Referent sich eines bloss mündlichen Vortrags nicht eigenmächtig anmaassen.

§. 56. Wenn ein Korreferent bestellt ist; so muss in der Regel auch dieser eine ordentliche vollständige Relation abfassen. Doch kann in der ersten und zweiten Instanz, vornehmlich bei Kollegien, welche mit Geschäften sehr überhäuft sind, nachgegeben werden, dass der Korreferent statt einer förmlichen Relation ein blosses schriftliches Votum, mit Zweifels- und Entscheidungsgründen, ausarbeite. In der dritten Instanz hingegen müssen allemal, auch wenn die Sache wegen einer in Vorschlag gekommenen Abänderung zweier gleichförmiger Urtel, neuen Referenten zugestellt wird, von sämmtlichen Referenten ordentliche und vollständige Relationen angefertigt werden.

§. 57. Der Re- und Korreferent müssen einander die Relationen nicht mittheilen, noch über das abzugebende Votum mit einander Privatverabredungen treffen; vielmehr müssen alle Relationen dem Präsidenten versiegelt eingehändigt werden.

In so fern aber den Auskultatoren und Referendarien Spruchsachen nur noch zur Uebung distribuirt werden, kann der Präsident die Relation, wenn sie eingekommen und präsentirt ist, dem Korreferenten zustellen: damit dieser nach abgefasster Korrelation dem Referenten seine Bemerkungen und Anweisungen über die Relation mittheilen könne.

§. 58. Während des Vortrags und Ablesens der Relationen müssen die andern Mitglieder des Kollegii ihre ganze Aufmerksamkeit auf die vorhabende Sache richten; sich also mit anderen

Gegenständen und Verrichtungen nicht distrahiren, und sich solchergestalt in den Stand setzen, dass sie ihr Votum pflichtmässig, gewissenhaft, aus Ueberzeugung und mit Gründen abgeben können.

§. 59. Wenn aus Untergerichtsakten referirt wird; so muss der Referent, wegen Prüfung und Rügung der dabei vorkommenden Fehler und Mängel, die den Instruenten und Decernenten oben §. 47. gegebenen Vorschriften auch seines Orts wahrnehmen.

§. 60. Die Räthe müssen die ihnen zum Referiren zugeschriebenen Akten nicht liegen lassen, sondern sie unverzüglich bearbeiten. Die Referenten, denen mehrere Sachen zu gleicher Zeit zugeschrieben worden, müssen dieselben nach den Nummern des Distributionsbuches vornehmen; es wäre denn, dass die eine oder die andere darunter, nach der Natur des dabei statt gefundenen Prozesses, eine vorzügliche Beschleunigung forderte. Wenn ein Referent in Bearbeitung der ihm zugetheilten Sachen saumselig ist; so muss er seiner Schuldigkeit von dem Präsidenten ernstlich erinnert, allenfalls seine Reste ihm abgenommen, und auf seine Kosten durch einen Assessor oder geschickten Referendarius expedirt; bei beharrlicher und wiederholter Trägheit und Saumseligkeit aber dem Chef der Justiz davon pflichtmässig Anzeige gemacht werden.

§. 61. Was bei Abfassung der Urtel selbst zu beobachten sei, ist im ersten Theile Tit. XIII. §. 3. u. f. vorgeschrieben.

Von Assessoren.

§. 62. Ausser den Räthen können bei den Justizkollegien, besonders in Zeiten, wo das eine oder das andere derselben mit Arbeiten vorzüglich überhäuft ist, von dem Grosskanzler Assessoren bestellt, und dem Kollegio zu Hülfe gegeben werden. Solche Assessoren müssen eben so, wie die Räthe, qualificirt sein, und haben eben dieselben Pflichten zu beobachten. Doch wird ihnen nur in denjenigen Sachen, die ihnen als Decernenten oder Referenten zum Vortrage zugeschrieben sind, ein volles Votum consultativum beigelegt.

Diese Assessoren erhalten noch keine fixirte Besoldungen; doch können denjenigen unter ihnen, welche sich durch Fleiss und Brauchbarkeit auszeichnen, von den Sachen, in welchen sie als Instruenten oder Urtelsfasser gearbeitet haben, nach Beschaffenheit der Umstände, die ganzen oder halben Instruktions- oder Urtelsgebühren durch den Grosskanzler angewiesen werden.

Uebrigens ist auf dergleichen Assessoren, bei Besetzung erledigter Rathsstellen, vorzüglich Rücksicht zu nehmen.

1) a. **Rescript** vom 26. November 1830, betreffend das Votum limitatum der neuangestellten Obergerichts-Assessoren.

Bei dem jetzigen Andrange zur dritten Prüfung vermehrt sich die Zahl der bei den Obergerichten angestellten Assessoren bei einigen derselben so sehr, daß beim Votiren nur die Stimmen der Assessoren, welche alle mit einem illimitirten Voto angestellt sind, entscheiden. Dies ist für die Rechtspflege selbst nicht vortheilhaft, da dadurch die Stimmen der bewährten älteren Räthe ihr Gewicht verlieren. Ueberdies müssen jetzt mehrere Ober-Landesgeichts-Assessoren bei Untergerichten fungiren, und es ist nicht passend, diese mit einem vollen Votum bei dem Obergerichte angestellten Arbeiter zu einem Untergerichte des Departements zu versetzen.

Zur Verhütung der Inkonvenienzen, welche hiernach dadurch entstehen, daß alle Obergerichts-Assessoren mit einem uneingeschränkten Voto, wie es die Allerhöchste C. O vom 17. Mai 1809 nachließ, angestellt werden, soll die Anstellung der Obergerichts-Assessoren von jetzt an bis auf Weiteres nur so geschehen, wie es die A. G. O. Thl. III. Tit. 3. §. 62. in Ansehung ihres Votums bestimmt, und das Votum illimitatum nur bei den Ober-Landesgerichten, bei welchen nur sehr wenige Assessoren angestellt sind, und auch hier nur denen beigelegt werden, welche sich durch ganz vorzügliche Qualifikation empfehlen, oder in etatsmäßige Assessorstellen einrücken.

Es wird durch eine besondere Verfügung jedesmal bestimmt werden, wenn einem Assessor ein Votum illimitatum konferirt wird, die Regel aber bleibt, daß die Assessoren nur ein beschränktes Votum haben sollen, und durch ihre Bestellung erhalten.

Von dieser Verfügung erfolgen zum Gebrauch im Kollegio zwei Abschriften.

(v. K. Jhrb. Bd. 36. S. 331.)

b. **Rescript** vom 11. Februar 1831, betreffend die Ausschließung der cum voto limitato angestellten Assessoren von der Vollziehung solcher Beschlüsse, bei welchen ihnen kein Votum zusteht.

Auf das Gesuch vom 28. v. M. wird Ihnen eröffnet, daß, da Ihre Anstellung nur mit einem beschränkten Votum erfolgt ist, das Justiz-Ministerium die anbei zurück erfolgende Verfügung des Ober-Appellationsgerichts zu Posen vom 15. v. M.,

wonach Sie die Urtel und Beschlüsse, bei welchen Sie kein Votum haben, nicht mit vollziehen,

begründet findet.

(v. K. Jhrb. Bd. 37. S. 97.)

c. **Rescript** vom 7. April 1834, betreffend die Anstellung der Assessoren bei demjenigen Gerichte, bei welchem sie als Referendarien gearbeitet haben.

Dem Präsidium des Königl. Ober-Landesgerichts wird auf den Bericht vom 26. März c.

in Betreff der bei dem Kollegio angestellten unbesoldeten Assessoren

eröffnet, daß der Justizminister es nicht für angemessen erachten kann, wenn die neu ernannten Assessoren bei demselben Obergerichte bleiben, bei welchem sie ihre Ausbildung erhalten haben. Es ist in Folge dessen beschlossen worden, keinem Assessor seine erste Anstellung mit Gehalt oder Diäten bei einem solchen Ober-Landesgericht zu gewähren, sondern jeden Assessor mindestens einige Jahre hindurch bei einem andern Obergerichte oder auch bei einem Untergerichte zu beschäftigen, und nur später, wenn er es wünscht, wieder in das Kollegium einrücken zu lassen, bei welchem er als Referendarius gestanden hat.

Wollen sich einzelne Assessoren diesen Bestimmungen nicht unterwerfen, so müssen sie sich gefallen lassen, ohne Gehalt und Remuneration zu dienen.

Dies ist den dortigen unbesoldeten Obergerichts-Assessoren, welche bei dem Ober-Landesgericht als Referendarien angestellt gewesen sind, zu eröffnen, damit sich keiner mit der Hoffnung täuscht, bei dem Kollegium mit Gehalt oder gegen Diäten angestellt zu werden.

(v. K. Jhrb. Bd. 43. S. 556.)

d. **Rescript** vom 7. August 1834, betreffend die Ertheilung des Heirathskonsenses an die kommissarisch beschäftigten Obergerichts-Assessoren.

Ew. Hochwohlgeboren benachrichtige ich auf Ihren Bericht vom 2. d. M., daß ich das eingereichte Gesuch des Kammergerichts-Assessors H. dem Ober-Landesgerichts-Chef-Präsidenten Bötticher zu Stettin zur weitern Verfügung mit der Bestimmung zugefertigt habe, daß im vorliegenden und ähnlichen Fällen nicht Ew. Hochwohlgeboren, sondern der Chef-Präsident desjenigen Obergerichts, in dessen Departement die Kammergerichts-Assessoren kommissarisch beschäftigt sind, den gewünschten Heirathskonsens zu ertheilen hat.

(v. K. Jhrb. Bd. 44. S. 110.)

2) **Rescript** vom 16. März 1831, betreffend die Beschäftigung der Obergerichts-Assessoren bei Verwaltungsbehörden.

So geneigt auch der Justizminister ist, den Ober-Landesgerichts-Assessoren, welche den Dienst bei den Verwaltungsbehörden kennen lernen wollen, die Benutzung der ihnen dazu dargebotenen Gelegenheiten zu gestatten, so erlauben es doch die Dienstverhältnisse durchaus nicht, schon etatsmäßig oder mit fixirten Diäten bei den Gerichten beschäftigten Assessoren zu gestatten, bei Verwaltungsbehörden auf einige Zeit zu arbeiten.

Die Entfernung eines jeden etatsmäßig oder mit fixirten Diäten angestellten richterlichen Beamten aus seinen Dienstverhältnissen bewirkt jedesmal eine Störung in den von ihm bearbeiteten Geschäften, da ein bedeutender Zeitverlauf nöthig ist, ehe der bestellte Vertreter mit den von dem Vorgänger bearbeiteten Sachen genau bekannt wird. Es ist daher ungenügend, daß derjenige, welcher bei einer andern Behörde, als bei der er angestellt ist, einige Zeit arbeiten will, sein Gehalt oder Diäten zur Remuneration eines Stellvertreters für die Zeit seiner Entfernung zur Disposition stellt.

Da sich nun in neueren Zeiten die Dispensationsgesuche etatsmäßiger oder mit fixirten Diäten angestellter Beamten, welche bei Verwaltungsbehörden zu arbeiten beabsichtigen, gehäuft haben; so mache Ew. Hochwohlgeboren ich hierdurch bekannt, daß dergleichen Gesuche nicht berücksichtigt werden sollen.

Es soll zwar den Assessoren, welche weder mit Besoldung noch mit Diäten angestellt sind, die Erlaubniß zur Beschäftigung bei Verwaltungsbehörden, sobald sie beim Justizministerium darum ansuchen, nicht versagt werden; dagegen können Assessoren, welche Besoldungen oder Diäten beziehen, die Genehmigung zu einer Beschäftigung bei Verwaltungsbehörden nur erhalten, wenn sie die Stelle, welche sie in der Justiz bekleiden, ganz aufgeben, und dadurch deren anderweite definitive Besetzung möglich machen. Indem ich Sie von diesem Beschlusse in Kenntniß setze, überlasse ich es Ihnen, hiervon denjenigen Assessoren, welche Anträge um eine zeitige Dispensation formiren wollen, Nachricht zu geben, um sich hiernach zu achten und ihre Gesuche zu modificiren.

(v. K. Jhrb. Bd. 37. S. 95.)

Verpflichtung.

§. 63. Die Räthe bei den Justizkollegien werden bei dem Antritte ihres Amtes mit folgendem Eide belegt:

Ich ... schwöre etc. etc. Nachdem Se. Königl. Majestät von Preussen mich zum Rath bei Dero ... bestellt und angenommen haben, dass Höchstgedachter Sr. Königl. Majestät ich zuvörderst treu, hold und gewärtig sein; Dero Bestes und Interesse aus allen Kräften suchen und befördern, Schaden und Nachtheil aber möglichst verhüten und abwenden wolle.

Ferner schwöre ich, in meinem Amte die Gerechtigkeit, nach Vorschrift der Gesetze, und meiner besten Kenntniss und Ueberzeugung, zu befördern und zu handhaben; jedermann, ohne Ansehen der Person und Unterschied des Standes, unparteiische Justiz, so viel an mir ist, zu administriren; und mich davon weder durch Geschenke, Gunst und Gaben, noch durch Freundschaft, Feindschaft, Menschenfurcht oder andere unlautere Bewegungsgründe, und überhaupt durch keine Nebenrücksichten abwenden zu lassen.

Ich gelobe ferner, den Sessionen des Kollegii ordentlich und aufmerksam beizuwohnen; die von dem Kollegio, oder dessen Präsidenten, mir aufgetragenen Arbeiten willig zu übernehmen, und nach meinem besten Vermögen prompt und unverdrossen auszurichten, auch dem Präsidenten in Amtssachen die schuldige Subordination und Folge zu leisten.

Insonderheit schwöre ich, bei der Instruktion der Prozesse allen meinen Fleiss, Mühe und Bestreben auf die vollständige und gründliche Entdeckung der Wahrheit, und zugleich auf die möglichste Beschleunigung der Sachen, zu verwenden; und es meines Orts an nichts fehlen zu lassen, wodurch die Königliche landesväterliche Intention, zur Verschaffung einer soliden, prompten und unparteiischen Rechtspflege, befördert und erreicht werden kann; überhaupt aber mich in allen Stücken so zu verhalten, wie es einem getreuen und rechtschaffenen Königl. Rathe und Justizbedienten wohl ansteht und gebührt. So wahr etc. etc.

Anh. §. 447. *Der von den Räthen der Justizkollegien abzuleistende Eid ist nach dem* §. 445. *des Anhangs zu* §. 43. *Tit. II. Thl. III. vorgeschriebenen Formulare einzurichten; nur muss statt der Worte:*

„Insbesondere gelobe ich — — Genüge leiste" gesetzt werden:

„Insbesondere gelobe ich meinen Vorgesetzten in Amtssachen, der Subordination gemäss, schuldige Folge zu leisten."

C. O. vom 5. November 1833, wegen der Diensteide, und C. O. vom 10. Februar 1835, betreffend die Verpflichtung der Beamten, welche in eine andere Amtswirksamkeit treten; so wie die Verhaltung bei Diensteiden, s. zu III. 2. §. 40. Anh. §. 445.

Vierter Titel.

Von dem Amte der Referendarien und Auskultatoren.

C. O. vom 17. März 1833, wegen Anstellung der Referendarien und Auskultatoren, desgl. der Advokaten und Notarien in Neuvorpommern.

Aus den in Ihrem Berichte vom 18ten v. M. auseinandergesetzten erheblichen Gründen, bestimme Ich, nach Ihrem Antrage, daß auch in Neu-Vorpommern die Anstellung der Advokaten und Notarien nur vom Justizminister erfolgen und überhaupt nur dann stattfinden soll, wenn nach dem Ermessen desselben das Bedürfniß dazu vorhanden ist. Zur Advokatur und zu Notariatsgeschäften dürfen daselbst auch nur diejenigen verstattet werden, welche drei Jahre auf einer Deutschen Universität studirt, die erforderlichen juristischen Kollegia gehört, während mehrerer Jahre sich in gerichtlichen Geschäften praktisch ausgebildet haben, und eine Prüfung bestehen, analog derjenigen, welche in den übrigen Provinzen für Referendarien angeordnet ist, die bei den Landes-Justizkollegien als Justizkommissarien angestellt sein wollen, mithin vor der Immediat-Examinationskommission zu Berlin. Zugleich will Ich gestatten, daß beim Hofgericht zu Greifswald Auskultatoren und Referendarien angestellt werden und ermächtige Sie, das Ober-Apellations- und das Hofgericht zu Greifswald nach den Vorschriften der A. G. O. Th. III. Tit. 4. §§. 1—19. und 33—37. und den dieselbe deklarirenden Vorschriften des Anhanges zur A. G. O. §§. 448—451. und 456. mit Instruktion zu versehen.

(G. S. S. 30.)

Bestellung der Auskultatoren.

§. 1. Junge Leute, welche sich der Justiz widmen wollen, müssen sich, nach absolvirten Studien, bei dem Präsidenten oder Chef eines Justizkollegii schriftlich melden, beglaubte Zeugnisse ihres Fleisses und Wohlverhaltens auf Akademieen beibringen, und sich zugleich zu der vorschriftsmäfsigen Prüfung erbieten. Dergleichen Zeugnisse müssen nicht bloss von einzelnen Professoren, oder andern akademischen Lehrern ausgestellt sein, sondern der Studirende muss dergleichen Atteste, vor seinem Abgange von der Akademie, dem Rektor oder Prorektor derselben vorlegen, und sich von diesem sowohl über seinen dadurch nachgewiesenen Fleiss, als über sein während des Aufenthalts auf der Akademie beobachtetes sittliches Betragen, ein pflichtmässiges Zeugniss unter dem Siegel der Universität ertheilen lassen.

Anh. §. 448. *Jeder Rechtskandidat, welcher als Auskultator angestellt zu werden wünscht, muss ein Zeugniss der Universität nicht nur über die* §. 1. *dieses Titels enthaltenen Gegenstände, sondern auch darüber beibringen, dass er drei Jahre hindurch auf Universitäten studirt habe. Wer sich nicht über die Vollendung des dreijährigen akademischen Kursus vollständig ausweiset, darf ohne ausdrückliche Erlaubniss des Chefs der Justiz zu der* §. 3. *dieses Titels verordneten Prüfung gar nicht zugelassen werden. Wenn jedoch solche Umstände eintreten, die in ganz besonderen Fällen eine Ausnahme von der Regel begründen könnten; so haben die Landes-Justizkollegia an den Chef der Justiz zu dessen weiterer Entschliessung zu berichten.*

Anh. §. 449. *Dem Gesuche um Zulassung zur Prüfung muss ein von dem Kandidaten selbst in Lateinischer Sprache abgefasstes und von ihm geschriebenes curriculum vitae beiliegen, worin sein Name, sein Alter, der Ort seiner Herkunft, der Name und Stand seiner Eltern, und die kurze Geschichte seiner Ausbildung auf Schulen und Universitäten enthalten ist. Dieses curriculum vitae muss auch den nachherigen Berichten über die Zulassung zum Referendariat und zur dritten Prüfung beigefügt werden.*

1) **Circulare** vom 12. Oktober 1804, betreffend die Prüfung und Anstellung der Auskultatoren, ad 1. und 2. aufgenommen in §. 448 und 449. des Anh. (N.C.C. T. XI. No. 46. de 1804. Mathis B. 1. S. 56.)

2) **Rescript** vom 2. Mai 1812, 21. April 1818 und 19. März 1819, betr. den Nachweis des Trienii academici Behufs der Zulassung zur Prüfung pro auscultatura.

Nach der Circular-Verordnung vom 12. Okt. 1804 soll jeder Rechts-Kandidat, welcher als Auskultator angestellt zu werden wünscht, unter andern auch darüber Zeugnisse beibringen, daß er drei Jahre hindurch auf der Universität studirt habe.

Von dieser Regel sind bisher, auf den Grund der von den Kandidaten beigebrachten akademischen Zeugnisse der Reife, öftere Ausnahmen zugelassen worden und darüber in dem Circular-Rescript vom 6. Sept. und vom 6. Nov. 1809 besondere Bestimmungen erfolgt. Da aber die Erfahrung lehrt, daß eine Studirzeit von drei Jahren kaum hinreicht, diejenige wissenschaftliche Bildung zu erlangen, welche auf Universitäten erlangt werden soll, und ein Justiz-Beamter nothwendig sich eigen gemacht haben muß, um seine Bestimmung zu erfüllen, die Würde seines Amtes zu behaupten, und dasselbe zur Beförderung der gemeinen Wohlfahrt mit gründlicher Einsicht und mit umfassendem Ueberblick des ganzen Gebiets der Wissenschaft zu verwalten; so ist beschlossen worden, von nun an streng darüber zu halten, daß das gesetzmäßige triennium academicum genau beobachtet werde.

Das Königliche Kammergericht (Ober-Landesgericht) hat daher in Zukunft, ohne ausdrückliche Erlaubniß des Chefs der Justiz, keinen Kandidaten, der sich nicht über die Vollendung des dreijährigen akademischen Kursus vollständig ausweiset, zu der in der A. G. O. Th. III. Tit. 4. §. 3. und dem Circular vom 12. Oktober 1804 verordneten Prüfung zuzulassen, und nur alsdann, wenn solche Momente, die eine Ausnahme in ganz besondern Fällen begründen könnten, vorhanden sind, an den Chef der Justiz zu dessen weiterer Entschließung zu berichten.

Dem Königl. Kammergericht (Ober-Landesgericht) wird dieses, und daß es des vorläufigen akademischen examinis pro maturitate fernerhin nicht bedarf, zur Nachricht und Achtung hiermit bekannt gemacht.

Berlin, den 2. Mai 1812.

(v. K. Jhrb. Bd. 1. S. 18.)

Es kommt bei der Zulassung der Kandidaten zur Prüfung als Auskultatoren, — worüber dem Königl. Ober-Landesgericht nach dessen Berichte vom 10. d. M. Zweifel entstanden sind, — hauptsächlich darauf an, daß sie über alle Zweige der Rechtswissenschaft Kollegia mit Nutzen gehört haben. Haben sie noch außerdem die drei Jahre ihres Universitäts-Studiums benutzt, um sich Kenntnisse in andern Wissenschaften zu erwerben, so ist dieses eben so sehr zu loben, als es ihnen für ihr ganzes Leben von Nutzen sein wird.

Anders würde der Fall sein, wenn der Kandidat während seiner Universitätszeit den Gegenstand seines Studirens ganz geändert, und, z. B.: Anfangs Medizin, nachher die Rechte studirt hätte. Wenn aber der Kandidat 3 Jahre als Student der Rechte auf Universitäten zugebracht, und alle juristische Kollegia gehört hat, so kommt es nicht darauf an, ob er in einem halben Jahre bloß philosophische und andere wissenschaftliche Vorlesungen besucht hat.

Berlin, den 21. April 1818.

(v. K. Jhrb. Bd. 11. S. 234.)

Durch einen Befehl Sr. Majestät des Königs vom 7. April 1804 ist die Dauer des Universitätsstudii auf drei Jahre festgesetzt, die genaue Beobachtung dieser Frist nächstdem allen Staats-Prüfungsbehörden zur Pflicht gemacht, denselben vorgeschrieben, keinen zu den ersten Staatsprüfungen zuzulassen, der nicht entweder das triennium academicum ganz absolvirt, oder den Erlaß eines Theils desselben von dem Chef des Departements, bei welchem er sich prüfen lassen will, erlangt hat, und endlich zur Erwerbung dieses Erlasses eine bei der Fakultät, zu welcher der Studirende gehört, wohlbestandene Prüfung und ein darüber erhaltenes Zeugniß als wesentliche Bedingung gefordert worden.

Durch die Unruhen der Kriegsjahre, welche so manche Störung des Studienwesens veranlaßt haben, ist auch die genaue Beobachtung dieser Einrichtung unterbrochen worden. Ihre Aufrechthaltung ist aber um so nothwendiger, als ein dreijähriges akademisches Studium für manche Fächer kaum hinreicht, für andere eben genügt, und noch dazu der einjährige Dienst der Freiwilligen im stehenden Heere dabei in Anrechnung kommt, so daß die gewissenhafteste Benutzung der Zeit erfordert wird, wenn selbst bei voller Absolution des triennii der Zweck des Universitätsstudii erreicht werden soll, eine Abkürzung dieser Frist aber, da nur ein besonders angestrengter, kaum zu erwartender Fleiß, die Verminderung der ohnehin kurzen Zeit des Studii zu ersetzen vermag, gewiß so selten gehörig begründet sein wird, daß sie bei der allgemeinen Bestimmung ganz außer Betracht gelassen werden kann.

Die unterzeichneten Ministerien haben sich daher bewogen gesehen, die Verordnungen wegen des triennii academici sämmtlichen von ihnen abhängenden Staats-Prüfungsbehörden wieder in Erinnerung zu bringen, und denselben zugleich den Beschluß zu eröffnen, daß künftig gar keine Dispensation von dem erwähnten triennio ertheilt werden soll.

Demgemäß wird der Königl. Regierung hierdurch aufgetragen, künftighin keinen, der auf einer Universität studirt hat, mehr zu der Referendariats-Prüfung zuzulassen, wenn von ihm nicht das triennium academicum absolvirt worden ist, und er sich nicht durch das von ihm vorzulegende Universitätszeugniß darüber gehörig ausweiset. Daß in diesen Zeugnissen das deshalb Nöthige bemerkt werde, ist den Universitäten aufgegeben, und ihnen zugleich aufgetragen worden, den gegenwärtig Studirenden bekannt zu machen, daß keine Dispensation vom triennio academico mehr statt finden werde. Damit aber auch jeder, welcher die Universität beziehen will, in Zeiten seine Einrichtung hiernach machen könne, und keiner sich zu beschweren habe, wenn ihm die Hoffnung, Erlaß von der gesetzten Studirzeit zu erhalten, fehlschlägt; so wird der Königlichen Regierung aufgetragen, die gegenwärtige Verfügung zur allgemeinen Nachachtung durch das Amtsblatt bekannt zu machen.

Berlin, den 19. März 1819. (v. K. Jhrb. Bd. 13. S. 280.)

3) a. **Rescript** vom 31. Dezember 1813 und 28. September 1818, betreffend die Beibringung und Berücksichtigung der Schulzeugnisse, bei der Prüfung der Auskultatoren.

Unter Mittheilung eines Exemplars der Instruktion über die Prüfung der zu den Universitäten übergehenden Schüler vom 25. Juni 1812, und der Allerhöchsten Confirmation derselben vom 12. Oktober 1812, desgleichen einer Abschrift des, abseiten des Departements im Ministerio des Innern für den Kultus und öffentlichen Unterricht unter dem 4ten d. M. an den Chef der Justiz abgelassenen Schreibens, wird dem Königl. ꝛc. hiermit aufgegeben, bei der Prüfung der Rechts-Kandidaten auf den Inhalt ihrer Universitäts-Zeugnisse und der darin mit aufgenommenen Bemerkungen über den Grad ihrer Ausbildung bei dem Anfange der Universitätsstudien Rücksicht zu nehmen, und die Prüfung darnach einzurichten.

Berlin, den 31. Dez. 1813. (v. K. Jhrb. Bd. 2. S. 14.)

Durch die Verfügung vom 31. Dezember 1813 ist sämmtlichen Landes-Justizkollegien zur Pflicht gemacht worden, bei der Prüfung der Rechts-Kandidaten auf den Inhalt ihrer Universitäts-Zeugnisse und der darin mit aufgenommenen Bemerkungen über den Grad ihrer Ausbildung bei dem Anfange ihrer Universitätsstudien Rücksicht zu nehmen, und die Prüfung darnach einzurichten. Zu vollständiger Erreichung des dabei beabsichtigten Zweckes wird das Königl. Kammergericht hiermit angewiesen, von allen den Kandidaten, welche sich bei demselben zur Prüfung stellen, und deren Universitäts-Zeugniß den Grad der Reife ihres Schulzeugnisses nicht resumirt, letzteres im Original oder in beglaubigter Abschrift beibringen zu lassen.

Berlin, den 28. Sept. 1818. (v. K. Jhrb. Bd. 12. S. 281.)

b. **Rescript** vom 30. Dezember 1831, wegen Zurückweisung der mit dem Schulzeugnisse Nr. III. abgegangenen Rechtskandidaten von der Prüfung zur Auskultatur.

Bei der großen Zahl derjenigen, welche sich dem Staatsdienste als Juristen widmen, ist es nothwendig, diejenigen davon abzuhalten, welche weder durch Talente begünstigt sind, noch durch Fleiß zu den Erwartungen berechtigt haben, welche eine unerläßliche Bedingung ihrer künftigen Beförderung sind. Diejenigen, welche bis zu ihrem ersten Eintritt in den Staatsdienst weder die Kraft und das Talent, noch die Anstrengung besitzen, wegen ihrer Schulstudien sich das Zeugniß Nr. II. zu erwerben, gewähren keine Hoffnung für die im Staatsdienst erforderliche Anstrengung und Ausdauer.

Das Justizministerium verordnet daher, daß derjenige, welcher beim Abgange von Gymnasien nur Nr. III. erhalten, und auch während der akademischen Studien keine höhere Qualifikation durch die Prüfung bei den wissenschaftlichen Prüfungs-Kommissionen der Universitäten erworben hat, mit dem Gesuche um Zulassung zur ersten juristischen Prüfung zurückgewiesen werden soll.

Diese Maaßregel soll mit dem Oktober künftigen Jahres in Wirksamkeit treten, und bis dahin werden Dispensationsgesuche vom vollständigen triennio academico der inzwischen mit Nr. III. versehenen Abgegangenen nicht berücksichtigt werden.

Das Königl. ꝛc. hat sich hiernach zu achten, und diese Verfügung durch das Amtsblatt seines Departements zur öffentlichen Kenntniß zu bringen.

(v. K. Jhrb. Bd. 38. S. 388.)

c. **Rescript** vom 6. September 1834 betreffend den Nachweis des Maturitätszeugnisses bei der Prüfung pro auscultatura.

Durch das von dem Ministerium der Geistlichen, Unterrichts- und Medizinal-Angelegenheiten am 4. Juni d. J. erlassene, von des Königs Majestät unterm 25. desselben Monats Allerhöchst genehmigte Reglement für die Prüfung der zu den Universitäten übergehenden Schüler, ist mit Aufhebung aller bisherigen Bestimmungen und Verordnungen wegen dieser Prüfungen unter andern bestimmt worden, daß

1) von Michaelis d. J. ab Jeder, welcher sich einem Berufe widmen will, für den ein drei- oder vierjähriges Universitätsstudium vorgeschrieben ist, er mag eine inländische oder auswärtige Universität besuchen wollen, entweder vor seinem Abgange zur Universität oder doch während seines Besuchs der Universität, einer Maturitätsprüfung bei einem Gymnasium, nach näherer Vorschrift des Reglements, sich unterwerfen muß;

(§. 1. 3. 39. 43. 50. des Reglements)

2) daß nur diejenigen, welche bei dieser Prüfung das Zeugniß der Reife erhal-

ten haben, zu den angeordneten Prüfungen Behufs der Anstellung in solchen Staats- und Kirchenämtern, zu welchen ein drei oder vierjähriges Universitätsstudium nach den bestehenden gesetzlichen Vorschriften erforderlich ist, zugelassen werden;

(§. 33. 3 des Reglements)

3) daß bei denjenigen, welche die Maturitätsprüfung erst während ihres Besuches der Universität bestehen, das von ihnen abzuhaltende gesetzliche Triennium und resp. Quadriennium erst von dem Zeitpunkte ab gerechnet wird, wo sie das Zeugniß der Reife erhalten haben, wenn sie nicht eine desfallsige Dispensation von dem betreffenden Königl. Ministerium beibringen können;

(§. 39. des Reglements)

und daß

4) auch bei Ausländern, denen gestattet worden ist, sich im diesseitigen Staatsdienste um eine Anstellung zu bewerben, für welche ein drei- oder vierjähriges Universitätsstudium vorgeschrieben ist, vorstehende Bestimmungen gelten.

(§. 43. des Reglements)

Das Königl. ꝛc. hat daher in Berücksichtigung dieser Allerhöchst genehmigten Bestimmungen darauf zu sehen, daß

1) künftig Niemand, welcher zu Michaelis d. J. oder später zur Universität gegangen ist, zur Prüfung als Auskultator zugelassen wird, wenn er nicht nachgewiesen hat, daß er in der vorschriftsmäßigen Maturitätsprüfung bei einem Gymnasium das Zeugniß der Reife erhalten habe;

2) daß diejenigen, welche diese Prüfung erst während der Universitätszeit bestanden haben, nach Erlangung des Zeugnisses der Reife noch drei Jahre hindurch auf der Universität Kollegia besucht haben, oder eine Dispensation des Justizministeriums von der Beendigung des Trienniums beibringen.

Dagegen müssen

3) alle diejenigen, welche bereits vor Michaelis d. J. bei einer Universität immatrikulirt worden sind, und sich künftig zur Auskultatorprüfung melden, besonders nachweisen, daß sie in der bei einem Gymnasium oder von einer wissenschaftlichen Prüfungskommission nach den früheren Verordnungen vorgenommenen Prüfung das Zeugniß Nr. I. oder II., oder in einer Maturitätsprüfung bei einem Gymnasium nach Vorschrift des neuen Prüfungs-Reglements das Zeugniß der Reife erhalten haben.

(v. K. Jhrb. Bd. 44. S. 106.)

4) **Rescript** vom 20. Juni 1828, betreffend die Beibringung der akademischen Zeugnisse vor der Zulassung zum Staatsexamen.

Sämmtlichen Ober-Landesgerichten wird hiermit bekannt gemacht, daß künftig:

a) kein Inländer, welcher auf einer Preußischen Universität seine Studien ganz oder theilweise gemacht hat, ohne Beibringung des amtlichen Abgangszeugnisses zum Staatsexamen zugelassen werden;

b) in Fällen ertheilter Dispensation vom triennio, bei den zu diesem Zweck eingereichten Sittenzeugnissen, hiernächst auf Beibringung der akademischen Abgangszeugnisse vor der wirklichen Anstellung gehalten werden soll.

(v. K. Jhrb. Bd. 31. S. 279.)

5) a **Rescript** vom 12. Mai 1823, betreffend die Prüfung ob Rechtskandidaten an verbotenen Studentenverbindungen Theil genommen haben.

Die, der Erfahrung nach, auf einheimischen und auswärtigen Universitäten unter verschiedenen Namen und Formen noch fortdauernden geheimen oder nicht autorisirten Verbindungen machen eine doppelte Aufmerksamkeit nöthig, damit nicht junge Leute, die an solchen Verbindungen Theil genommen haben, sich, der gesetzlichen Vorschrift zuwider, in den Justizdienst einschleichen.

Dem Königl. Ober-Landesgericht wird daher zur strengsten Pflicht gemacht, die akademischen Zeugnisse des Wohlverhaltens, welche der Kandidat Behufs der Zulassung zur ersten Prüfung nach §. 1. Tit. 4 Th. III. der A. G. O. beizubringen hat, und welche von dem Königlichen Universitäts-Bevollmächtigten unterschrieben sein müssen, einer genauen Durchsicht zu unterwerfen und nur diejenigen Kandidaten zur Prüfung zuzulassen, welche in Bezug auf die Theilnahme an unerlaubten Verbindungen nach ihren Attesten als völlig vorwurfsfrei erscheinen. Hat der Kandidat mehr als eine Universität besucht, so müssen von einer jeden die erforderlichen Zeugnisse beigebracht werden. Entsteht aus diesen Zeugnissen gegen die Anstellung irgend ein Bedenken, so ist darüber an den Chef der Justiz zu berichten und dessen Vorbescheidung abzuwarten.

Hiernach hat sich das Kollegium nicht allein selbst bei eigener Verantwortung auf das genaueste zu achten, sondern es sind auch die demselben untergeordneten größeren Gerichte, bei denen Prüfungen der Rechts-Kandidaten erfolgen, demgemäß mit Anweisung zu versehen.

(v. K. Jhrb. Bd. 22. S. 91.)

b. **C. O.** vom 16. August 1834 und **Rescript** vom 9. August **ejusd.**, betreffend die Zulassung der Kandidaten zur Staatsprüfung, wenn dieselben an Studenten-Verbindungen Theil genommen haben.

Es ist Mir angezeigt worden, daß die Universitätsbehörden, wenn sie in den akademischen Abgangszeugnissen der Theilnahme des Inhabers an einer verbotenen Studentenverbindung zu erwähnen haben, hin und wieder beizufügen sich gestatten, daß die Verbindung keine politische Zwecke gehabt habe. Ich sehe Mich hierdurch veranlaßt, wegen der akademischen Abgangszeugnisse Folgendes festzusetzen: Wenn in einem akademischen Abgangszeugnisse vermerkt wird, daß der Inhaber desselben der Theilnahme an einer verbotenen Studentenverbindung oder Gesellschaft überwiesen, oder verdächtig geworden sei, so ist die ausstellende akademische Behörde verpflichtet, darin jederzeit die besondere Verbindung oder Gesellschaft, zu welcher er gehört hat, oder gehört zu haben verdächtig ist, namhaft zu machen; es ist aber in keinem Falle zulässig, daß die akademische Behörde ihre Aeußerung über den vermeintlichen Zweck der Gesellschaft beifüge. Wird das Zeugniß demnächst zum Behuf des nachgesuchten Zulasses zu einer Staatsprüfung vorgelegt, so ist der Prüfung so lange Anstand zu geben, bis das betreffende Ministerium die zu erfordernde Auskunft über den Zweck der im Zeugnisse genannten Studenten-Verbindung, und über die persönliche Thätigkeit des Kandidaten als Mitgliedes der Gesellschaft, so wie ein hierauf gegründetes Gutachten über seinen Zulaß zur Prüfung von der Ministerial-Kommission erhalten hat. Wenn ein Inländer vor Erlaß Meiner Ordre vom 20. Mai 1833 oder späterhin mit Bewilligung der Behörde auf einer ausländischen Universität studirt hat, und bei Nachsuchung der Staatsprüfung das Abgangszeugniß einer ausländischen Universitätsbehörde vorlegt, so muß in allen Fällen, es mag aus dem Zeugnisse die Theilnahme an einer verbotenen Verbindung zu ersehen sein, oder nicht, die Auskunft der Ministerial-Kommission über seine persönlichen Verhältnisse während seiner akademischen Jahre, und das Gutachten über die Zulassung zur Prüfung ausgewirkt werden. Die betreffenden Staatsminister haben die von ihnen ressortirenden Behörden, jeder in seinem Wirkungskreise, hiernach anzuweisen, und auf die Befolgung Meines Befehls pflichtmäßig zu achten.

Berlin, den 16. August 1834.

(v. K. Jhrb. Bd. 44. S. 108.)

Dem (Tit.) wird die an das Königl. Staatsministerium ergangene Allerhöchste Kabinetsordre vom 16. August d. J. hierbei abschriftlich mit der Anweisung zugefertigt, nach derselben die Universitäts-Abgangsatteste derjenigen Rechtskandidaten, welche sich zu einer Staatsprüfung, namentlich als Auskultatoren, melden, vor deren Zulassung einer sorgfältigen Prüfung zu unterwerfen. Wenn sich dabei ergiebt, daß der Rechtskandidat der Theilnahme an irgend einer verbotenen Studentenverbindung oder Gesellschaft überwiesen, oder verdächtig geworden ist, so ist darüber mit Aussetzung der Prüfung und Einsendung der Universitäts-Abgangsatteste an den Justizminister zu berichten. Dasselbe muß allemal geschehen, wenn aus den vorgelegten Abgangszeugnissen hervorgeht, daß der Kandidat auf einer ausländischen Universität studirt hat. Dabei kommt es nicht darauf an, ob er nach seinem Abgange von der ausländischen Universität noch eine inländische Universität besucht hat, und in den darüber erhaltenen Abgangszeugnissen der Theilnahme an verbotenen Studentenverbindungen nicht überwiesen oder verdächtig erklärt worden ist, sondern nur darauf, ob er überhaupt auf einer ausländischen Universität studirt hat.

Berlin, den 9. Oktober 1834. (v. K. Jhrb. Bd. 44. S. 108.)

c. Vergl. **C. O.** vom 31. März 1824 wegen Begnadigung und Anstellungsfähigkeit der in Breslauer Studentenverbindungen gewesenen Individuen. (v. K. Jhrb. Bd. 24. S. 139.)

d. Vergl. **Gesetz** über die Bestrafung der Studentenverbindungen, vom 7. Januar 1838. (G. S. S. 13.)

6) a. **C. O.** vom 20. Mai 1833, betreffend das Verbot des Besuchs fremder Universitäten.

Die verbrecherischen Vorgänge zu Frankfurt a. M. haben außer Zweifel gesetzt, daß eine ruhestörende Faktion auf die Unerfahrenheit der studirenden Jugend verderblich einwirkt, und sie als Werkzeuge strafbarer Pläne zu mißbrauchen mit Erfolg bemüht ist. In Betracht der unverkennbaren Ursache dieser Erscheinung, und da bei den wohlgeordneten Einrichtungen meiner Landesuniversitäten ein Bedürfniß zur Benutzung fremder Universitäten nicht vorhanden ist, finde ich Mich bewogen, Meine Verordnung vom 13. April 1810, durch welche Ich das früher bestandene Verbot des Besuchs fremder Universitäten aufgehoben habe, für sämmtliche Provinzen Meiner Monarchie so lange zu suspendiren, bis die Deutsche Bundesversammlung sich über eine Maaßregel vereinigt haben wird, das gemeinsame Vaterland vor den Gefahren eines Zustandes sicher zu stellen, der ein solches Attentat möglich gemacht und den Regierungen die besondere Verpflichtung auferlegt hat, die studirende Jugend, in ihrem und der Familien eigenem Interesse, vor aller, ihre ganze Zukunft gefährdenden Theilnahme an solchen Verbrechen, gewissenhaft sicher zu stellen. Welcher Inländer, Meinem Verbot entgegen, auf einer fremden Universität studirt, hat, ohne Rücksicht auf die Dauer seiner dortigen Studien, allen Anspruch auf ein öffentliches Amt, wohin auch die medizinische Praxis gezählt werden soll, für immer verwirkt. Denjenigen Landeskindern, welche bei der Bekanntmachung Meines Befehls auf einer fremden Universität bereits studiren, soll solches während des laufenden Semesters gestattet sein, nach dessen Vollendung sie jedoch, bei Vermeidung der angedrohten Strafe, unverzüglich zurückkehren müssen. In Ansehung der Universitäten zu Erlangen, Heidelberg und Würzburg soll, da die Theilnahme einzelner Studenten an dem frevelhaften Anschlage auf Frankfurt bereits ermittelt ist, das Verbot unbedingt in Kraft treten, zum Besuche der übrigen fremden Universitäten aber besondere Erlaubniß zu ertheilen, dem Minister der Unterrichtsangelegenheiten für jetzt und bis zu weiterer Bestimmung nachgelassen sein.

(G. S. S. 35.)

b. **C. O.** vom 21. November 1836, betreffend die Aufhebung des unbedingten Verbots des Besuchs der Universitäten zu Erlangen, Würzburg und Heidelberg.

Durch Meine an das Staatsministerium heute ergangene Ordre habe Ich Meinen Erlaß vom 20. Mai 1833, das Verbot des Besuchs fremder Universitäten enthaltend, modifizirt und das unbedingte Verbot des Studirens der Inländer auf den Universitäten zu Erlangen, Würzburg und Heidelberg außer Kraft gesetzt, indem Ich Sie autorisirt habe, auch zum Besuche dieser drei Universitäten Ihre Erlaubniß zu ertheilen.

(G. S. S. 312.)

§. 2. Ein solcher Kandidat muss hiernächst von Mitteln und Unterstützung nicht ganz entblösst sein, damit er während der zu seiner Vorbereitung und Prüfung erforderlichen Zeit sich seinen Unterhalt verschaffen, und die Gelegenheit zu seiner Versorgung abwarten könne.

Rescript vom 19. Oktober 1831, betreffend den zu erfordernden Nachweis der Subsistenzmittel der Auskultatoren und Referendarien.

Die A. G. O. verordnet Thl. III. Tit. 4. §. 2.:

Der Rechtskandidat müsse von Mitteln und Unterstützung nicht ganz entblößt sein, damit er während der zu seiner Vorbereitung erforderlichen Zeit sich seinen Unterhalt verschaffen und die Gelegenheit zu seiner Versorgung abwarten kann.

Dies Erforderniß eines Rechtskandidaten scheint in vielen Fällen übersehen worden zu sein, da in neuerer Zeit Unterstützungsgesuche von Auskultatoren und Referendarien eingehen, und mehrere der letztern sogar um Erlaß oder Stundung der Bestallungsgebühren wegen Dürftigkeit gebeten haben, und auch von andern Seiten Spuren ihrer für den öffentlichen Dienst nachtheiligen äußersten Dürftigkeit sich zeigen. Es geht daraus hervor, daß das Rechtsstudium sehr oft ohne Rücksicht auf die Zukunft und bloß in der Hoffnung gewählt ward, um nur recht bald zu irgend einer Anstellung zu gelangen, und dadurch von Nahrungssorgen sich zu befreien. Wie nachtheilig dies auf den Dienst selbst wirken müsse, und wie wenig sich in der Regel von solchen Staatsdienern erwarten lasse, leuchtet ein, und es ist bei der jetzigen großen Zahl der Bewerber besonders wichtig, auf obige gesetzliche Vorschrift aufmerksam zu machen.

Das Königl. rc. hat daher bei den Anmeldungen zur ersten Prüfung den Nachweis des gedachten Erfordernisses zu verlangen, und in den Berichten nach erfolgter zweiter Prüfung, daß demselben genügt sei, zu bemerken.

(v. K. Jhrb. Bd. 38. S. 386.)

Prüfung.

§. 3. Die Prüfung solcher Kandidaten muss der Präsident einem oder zwei Räthen des Kollegii auftragen. Es darf jedoch dieselbe nur darauf gerichtet werden; ob der Kandidat gute natürliche Fähigkeiten und eine gesunde Beurtheilungskraft besitze, und ob er sich in der Theorie der Rechtsgelehrsamkeit gründliche und zusammenhängende Kenntnisse erworben habe. Die Examina müssen übrigens nicht allen Räthen, ohne Unterschied und nach der Reihe, aufgetragen werden; sondern der Präsident muss dazu ein oder zwei Mitglieder des Kollegii, welche ausser den nöthigen Kenntnissen, zugleich die zu einem solchen Geschäfte erforderlichen Naturgaben besitzen, aussuchen, und dieselben dem Grosskanzler als beständige Examinatoren bei dem Kollegio vorschlagen.

Anh. §. 450. *Bei der Prüfung muss besonders darauf gesehen werden, ob der Kandidat die Lateinische Sprache versteht. Findet sich, dass er diese auch dem Geschäftsmanne unentbehrliche Sprache vernachlässigt habe; so soll ihm das Zeugniss der Brauchbarkeit nicht ertheilt werden. Auch ist die Prüfung nicht auf das blosse bürgerliche Privatrecht zu beschränken, sondern auf die Theorie der Rechtswissenschaft überhaupt zu erstrecken, und besonders zu erforschen, ob der Kandidat von dem Staats- und Völkerrechte wenigstens so viele Kenntnisse erlangt habe, dass er sich durch fortgesetztes Studium darin so ausbilden könne, wie es seine künftige Amtslage und Verhältnisse erfordern.*

1) a. **Rescript** vom 1. Januar 1797, betr. die Prüfung der Rechtskandidaten.

Es ist schon längst wahrgenommen worden, daß seit einiger Zeit auf manchen sogenannten gelehrten Schulen und Akademieen, die Ausbildung der jungen Leute in den einem Gelehrten doch so nothwendigen Sprach- und eigentlichen wissenschaftlichen Kenntnissen sehr vernachlässigt wird.

Diesen Mangel haben Wir Allerhöchstselbst sogar in Ansehung der Lateinischen Sprache bemerkt, ungeachtet diese den Rang einer eigentlichen gelehrten Sprache noch immer mit Recht behauptet, und einem jeden, der sein Fach nicht bloß handwerksmäßig bearbeiten will, unentbehrlich ist.

Da nun überdem die Kenntniß dieser Sprache, und eine gewisse Fertigkeit im Verstehen und Sprechen derselben, nach der Lage und Verfassung mancher unserer Provinzen, selbst zum wirklichen Betriebe der Geschäfte nothwendig erfordert wird, und kein junger Rechtsgelehrter im Voraus wissen kann, ob ihn nicht der Dienst des Staats in eine solche Provinz berufen werde: so haben Wir aus Allerhöchst eigener Bewegung verordnet, daß künftighin bei den Prüfungen der Rechtskandidaten darauf mit gesehen werden solle, ob ein solcher Kandidat fähig sey, das Lateinische auch in mündlichen Unterredungen zu verstehen, und sich darin mit einiger Fertigkeit und Leichtigkeit auszudrücken.

Wir befehlen Euch daher in Gnaden, Eure Examina auf diesen Gegenstand künftig mit zu richten, und keinem Kandidaten das Zeugniß der Brauchbarkeit zu ertheilen, wenn sich finden sollte, daß er diese dem Gelehrten und dem Geschäftsmanne gleich unentbehrliche Sprache vernachlässiget habe.

Eben so nehmen Wir höchst ungern wahr, daß die jungen Rechtsbeflissenen sich immer mehr auf das handwerksmäßige Erlernen des bloßen bürgerlichen Privatrechts einschränken; sich damit begnügen, wenn sie einen Vorrath von Definitionen und Lehrsätzen, die zu diesem gehören, dem Gedächtnisse anvertraut haben, und wohl gar der Meinung sind, daß das Lesen oder höchstens das Auswendiglernen der am meisten praktischen Titel des A. L. R. schon hinreichend sey, einen brauchbaren Preußischen Rechtsgelehrten zu bilden.

Da es aber von selbst in die Augen leuchtet, daß das Landrecht nicht richtig verstanden noch angewendet werden könne, wenn nicht der Kopf durch das Studium der Philosophie zum gründlichen Nachdenken gewöhnt, und besonders durch ein wahres philosophisches Naturrecht mit den ersten Begriffen und Grundwahrheiten, worauf jede positive Gesetzgebung, und also auch die Unsrige, beruht, näher bekannt geworden ist; und da überdem der Preußische Geschäftsmann sehr oft in Lagen und Umstände kommen kann, wo er ohne eigene Begriffe von dem allgemeinen und dem besondern Europäischen Völkerrechte, so wie von den staatsrechtlichen Verhältnissen seines Vaterlandes gegen das Deutsche Reich und gegen andere Staaten, den Pflichten seines Amts und den ihm darin zu machenden Aufträgen kein Genüge leisten kann; so ist es Unser Wille, daß die Examina der Rechtskandidaten künftig auch auf das Naturrecht mit gerichtet, und zugleich darauf gesehen werden solle: ob der Kandidat von dem Völkerrechte und dem Staatsrechte wenigstens so viel Kenntnisse erlangt habe, daß er sich in vorkommenden Fällen durch fortgesetztes eigenes Studium und fleißiges Nachlesen bewährter Schriftsteller darin so weit, als es seine jedesmalige Amtslage und Verhältnisse erfordern, forthelfen könne. Der diesfällige Befund soll ebenfalls jedesmal in den über die angestellten Prüfungen zu ertheilenden Zeugnissen treulich und der Wahrheit gemäß mit ausgedrückt werden Ihr habt Euch also hiernach gebührend zu achten und Wir sind rc.

(N.C.C. T. X. S. 905. No. I. de 1797. Stengels Beitr. III. S. 357. und Auszug S. 226.)

b. **Circulare** vom 12. Oktober 1804, betreffend die Prüfung der Auskultatoren und Referendarien.

Extrakt.

3) Bei der Prüfung ist die Vorschrift der Verordnung vom 1. Januar 1797 zu beobachten und im Examinationsprotokoll jederzeit insbesondere zu bemerken, ob der Kandidat fähig sei, sich in der Lateinischen Sprache richtig auszudrücken.

(N.C.C. T. XI. No. 46. de 1804.)

c. **Rescript** vom 13. März 1826 wegen Prüfung der Rechtskandidaten in der Lateinischen Sprache.

Die Verfügung des Justizministerii vom 31. Dezember 1813, nach welcher sämmtlichen Landes-Justizkollegien zur Pflicht gemacht worden ist, bei der Prüfung der Rechtskandidaten auf den Inhalt ihrer Universitätszeugnisse und den darin mit aufgenommenen Bemerkungen über den Grad ihrer Ausbildung bei dem Anfang ihrer Universitätsstudien Rücksicht zu nehmen und die Prüfung danach einzurichten, und die ergänzende Verfügung vom 28. Sept. 1818, nach welcher zur vollständigern Erreichung des dabei beabsichtigten Zweckes diese Behörden angewiesen wurden, von allen Kandidaten, welche sich bei denselben zur Prüfung stellen, und deren Universitätszeugniß den Grad ihres Schulzeugnisses der Reife nicht resumirt, letzteres im Original oder in beglaubter Abschrift beibringen zu lassen, sollten dagegen sichern, solche Kandidaten in den Justizdienst aufzunehmen, welche mit unreifen Kenntnissen die Schule verlassen, und auch die Universitätszeit nicht dazu benutzt hatten, die Lücken in diesen Kenntnissen auszufüllen.

Die Erfahrung hat ergeben, daß dieser Zweck nicht gehörig erreicht und bei den ersten Prüfungen nicht mit der erforderlichen Strenge auf den Nachweis der unentbehrlichen Schulkenntnisse, namentlich der Lateinischen Sprache gesehen wird.

Dem Nachtheile, welcher dadurch für den Staatsdienst entsteht, daß Kandidaten, welche diesen Theil ihrer Bildung vernachlässigt haben, sich in den Justizdienst einschleichen, und dem Wahne, als erfordere der letztere weniger gründliche Kenntnisse der Schule, als andere Fächer des gelehrten Staatsdienstes, muß von Seiten der ersten Prüfungsbehörden kräftig entgegen gearbeitet und von dem Grundsatze ausgegangen werden, daß gerade der Eingang in die praktische juristische Laufbahn die beste Gelegenheit giebt, dem Uebel vorzubeugen.

Die Examinatoren müssen sich durchaus durch an die Rechtskandidaten gerichtete Fragen in Lateinscher Sprache, und durch die darauf erfolgten Antworten in derselben, die Ueberzeugung verschaffen, daß dem Kandidaten diese Sprache nicht fremd sei, und daß er auch in dieser Hinsicht seine Schul- und Universitätszeit gut genutzt habe, und seine vorläufige Abweisung muß erfolgen, wenn die Prüfung ein entgegengesetztes Resultat gewährt.

Das Königliche rc. wird hiervon in Kenntniß gesetzt und hat sich hiernach zu achten. (v. K. Jhrb. Bd. 27. S. 82.)

2) **Rescript** vom 21. Mai 1826, betreffend die Prüfung der Rechtskandidaten im Preußischen Recht.

A.

Aus den Beschwerden der Gerichte hat der Justizminister erfahren, daß die als Auskultatoren angestellten Rechtskandidaten der Regel nach ohne alle Kenntniß von dem praktischen Theile der Rechtswissenschaft und den vaterländischen Gesetzen, namentlich der Gerichtsordnung und des Landrechts, in den Dienst treten, und ihre Bildung für den Dienst, so wie die Bekanntmachung mit den Landesgesetzen, ganz von dem Dienste als Auskultatoren erwarten. Diese Verhältnisse gereichen den Gerichten bei welchen die Kandidaten als Auskultatoren angestellt werden, eben so sehr zur Beschwerde als sie den Kandidaten selbst Nachtheil bringen, und ihre Bildung zum Referendar verzögern. Es ist daher nothwendig, daß die Rechtskandidaten sich schon vor dem Eintritt in den Dienst, mit dem A. L. R. und der Gerichtsordnung bekannt machen, und es wird dem Königl. rc. zur Pflicht gemacht, bei den Prüfungen der Kandidaten pro Auscultatura sich davon zu unterrichten, ob dieselben auch schon mit dem vaterländischen Rechte und mit der Gerichtsordnung bekannt sind, und es ist das Resultat in das Examinationsprotokoll einzutragen. Nach der von dem Königl. Ministerium der Unterrichts-Angelegenheiten dem Justizminister ertheilten Auskunft, haben bisher schon die Kandidaten Gelegenheit gehabt, sich durch die von Zeit zu Zeit auf den Preußischen Universitäten gehaltenen Vorlesungen über das vaterländische Recht Kenntnisse desselben zu erwerben, und es läßt sich daher auch voraussetzen, daß die Rechtskandidaten auch eine Prüfung über die Kenntnisse desselben bestehen können. Indeß will der Justizminister zur Zeit die Anstellung der Kandidaten als Auskultatoren noch nicht von dem günstigsten Resultat ihrer Prüfung über das Landrecht und die Gerichtsordnung abhängig machen, und es können die Gerichte die Unbekanntschaft mit dem Landrechte und der Gerichtsordnung jetzt noch übersehen, wenn der Kandidat selbst noch nicht Kollegia über das vaterländische Recht gehört hat. Dies kann aber nur so lange geschehen, als die Kandidaten selbst noch nicht von der Anordnung, daß sie sich mit dem vaterländischen Rechte schon auf der Universität bekannt machen müssen, in Kenntniß gesetzt worden, und Zeit gehabt haben, das Versäumte nachzuholen. In dieser Hinsicht ist das Königl. Ministerium der Unterrichts-Angelegenheiten von dieser Bestimmung in Kenntniß gesetzt; und da dieses für die Bekanntmachung derselben sorgen und dahin wirken wird, daß auf den Universitäten, von Michaelis dieses Jahres ab, regelmäßig Kollegia über das Preußische Landrecht und die Gerichtsordnung gelesen werden, so bestimmt der Justizminister, daß vom 1. Januar 1828 an, kein Kandidat zum Auskultator-Examen zugelassen werden soll, welcher nicht durch seine Universitätszeugnisse nachweiset, Kollegia über vaterländisches Recht gehört zu haben, und im Examen belegt, daß er dasselbe mit Nutzen studirt habe. Das Königl. rc. wird aber zugleich angewiesen, dahin zu sehen, daß die Kandidaten durch das Studium des Landrechts und der Gerichtsordnung nicht verleitet werden, die Kollegia zu versäumen, welche die Kenntniß des Römischen, Kanonischen und des Deutschen Privat-, Kriminal-,

Lehn-, Staats- und Naturrechts gewähren, und zur gelehrten und gründlichen Bildung des Juristen unumgänglich nothwendig sind. Es ist deshalb bei der Prüfung der Kandidaten auch ferner auf die genaue Bekanntschaft mit diesen Rechten und der Geschichte des Rechts und der Verfassungen zu sehen.

(v. K. Jhrb. Bd. 27. S. 287.)

3) **Rescript** vom 17. August 1830, wegen Prüfung der Rechtskandidaten im Staats- und Völkerrecht.

Es ist zur Kenntniß des Chefs der Justiz gelangt, daß auf einer inländischen Universität bei der diesmaligen Revision der Anmeldebücher derjenigen Studirenden, welche keine Vorlesungen angenommen, abermals und mehr als je von den Studirenden der Rechte der Einwand vorgebracht ist, sie hätten bereits in den ersten zwei Jahren Alles gehört, was sie zu hören brauchten, denn juristische Encyklopädie, Rechtsphilosophie, juristische Hermeneutik oder Exegese, Staatsrecht, Völkerrecht und dergleichen, seien sie zu hören nicht verpflichtet, auch werde von den Königlichen Ober-Landesgerichten niemals nach Zeugnissen über dergleichen Vorlesungen gefragt.

Aus dieser Veranlassung wird sämmtlichen Königl. Landes-Justizkollegien die Befolgung der in dem Rescripte vom 1. Juni 1797 und in dem §. 450. des Anhangs zur A. G. O. enthaltenen Anweisung, wonach das Auskultator-Examen nicht auf das bürgerliche Privatrecht zu beschränken, sondern auf die Theorie der Rechtswissenschaft überhaupt, desgleichen auf das Völker- und Staatsrecht zu erstrecken, hierdurch in Erinnerung gebracht.

(v. K. Jhrb. Bd. 36. S. 148)

§. 4. Leute, welchen es an dem einen oder dem andern der §. 3. bemerkten Erfordernisse ermangelt, müssen ohne alle Nachsicht oder übel angebrachtes Mitleiden abgewiesen werden; weil es besser ist, dass sie noch in Zeiten zu einem andern nützlichen Gewerbe greifen, als dass sie den Kollegien und dem Staate zur Last fallen, oder am Ende wohl gar sich in Bedienungen einschleichen, wo sie durch ihre Untüchtigkeit dem gemeinen Wesen schädlich werden.

Circulare vom 12. Oktober 1804, betreffend die Prüfung der Auskultatoren und Referendarien.

Extrakt.

Da die bisherigen Versuche, den im Sinken begriffenen Fleiß der studirenden Jugend auf Universitäten auf alle mögliche Weise zu beleben, nicht den erwünschten Erfolg gehabt haben, und noch täglich ungeschickte und sehr mittelmäßige Subjekte bei den angestellten Prüfungen gefunden werden, woran die zu kurze Dauer des Universitätsstudii zum Theil Schuld ist; so haben Wir Allerhöchstselbst zu verordnen geruht, daß der Studienplan auf einen Zeitraum von drei Jahren berechnet sein, und das Abiturienten-Examen nur eine Ausnahme begründen soll.

Unsere wohlthätige Absicht wird aber nicht erreicht werden, wenn Ihr nicht mit gehöriger Sorgfalt nach den Vorschriften, die in der A. G. O. Thl. III. Tit. 4. und in den übrigen von Uns erlassenen Verordnungen, in Ansehung der Referendarien und Auskultatoren enthalten sind, zu verfahren Euch angelegen seyn lasset.

Wir haben bei mehreren Gelegenheiten wahrgenommen, daß die vorschriftsmäßigen Prüfungen derselben zu nachsichtig angestellt, und sehr viele als Auskultatoren zugelassen werden, die im Examen zwar einige oberflächlich erlernte Rechtssätze und Definitionen herzusagen wissen, aber die Rechtswissenschaft nie gehörig studirt haben, selbst oft in den ersten Schulkenntnissen nicht gründlich unterrichtet sind. Solche Subjekte können sich bei der praktischen Arbeit nie ausbilden, sondern nur höchstens einige Routine erlangen, und gehen ohne gehörige Vorbereitung zum Referendariat über.

Es kann nicht ferner gestattet werden, daß durch diese Nachsicht der Gerichtshöfe unreife und ungeübte Subjecte sich in Justizbedienungen einschleichen, die sodann dem Dienst zum Nachtheil und zur Schande gereichen müssen. Wir haben deshalb für nöthig befunden, Euch über diesen Gegenstand mit folgenden Anweisungen zu versehen:

4) Den zur Prüfung der Rechtskandidaten bestellten Examinatoren wird die Vorschrift der A. G. O. l. c. §. 4. vorzüglich eingeschärft; sie müssen bei Abgebung ihres Gutachtens jederzeit erwägen, daß es besser ist, ein untüchtiges Subjekt zurück zu weisen, als demselben vergebliche Hoffnungen zu Beförderungen zu machen.
(N.C.C. T. XI. No. 46. de 1804.)

2) **Rescript** vom 20. Januar 1819, daß bei der Prüfung der Auskultatoren mit Strenge verfahren werden soll.

Die Prüfungen bei der Ober-Examinationskommission liefern sehr oft den Beweis, daß von den Kandidaten die Zeit, welche zum Erlernen der erforderlichen Rechtskenntnisse bestimmt war, nicht gehörig benutzt worden ist, oder daß es denselben an natürlichen Fähigkeiten fehlt, welche mit angestrengtem Fleiße verbunden sein müssen, wenn etwas Ausgezeichnetes bei der künftigen Dienstführung erwartet werden soll. Zum Theil wird diesem Uebel dadurch abgeholfen werden, daß von dem Justizminister die Dispensation vom triennio academico nur in ganz außerordentlichen Fällen statt finden wird, indessen sichert dies noch nicht die gewissenhafte Benutzung der Zeit auf der Universität, und die Ober-Landesgerichte, welchen die Prüfung zur Auskultatur gebührt, können noch kräftiger zur Beförderung der wohlthätigen Absicht einwirken, wenn diese Prüfungen mit der gehörigen Strenge erfolgen, und dabei von dem Gesichtspunkte ausgegangen wird, daß es weit leichter für den Geprüften ist, bei einer Zurückweisung nach der ersten Prüfung das Fehlende nachzuholen, als wenn diese Zurückweisung nach der dritten und letzten Prüfung erfolgt.

Die mit gehöriger Sorgfalt vorgenommenen ersten Prüfungen werden über die Fähigkeit des Examinandi und die Anwendung seiner Zeit bei der Erlernung der Rechtswissenschaft und der dabei nöthigen Hülfs- und Schulkenntnisse keinen Zweifel statt finden lassen, und die Schonung des Einzelnen in Erwartung künftiger Nachholung nach Antretung des Königl Dienstes ist unverträglich mit den Ansprüchen, welche der Staat zu machen berechtigt ist, und deren Wirkungen sich späterhin auf eine empfindlichere Art äußern. Von dem Königl. Kammergericht wird daher die strenge Befolgung dieser Maaßregeln erwartet.
(v. K. Jhrb. Bd. 13. S. 20.)

3) **Rescript** vom 6. August 1827 nebst **C. O.** vom 23. Mai 1805, denselben Gegenstand betreffend.

Unter der großen Zahl der Rechtskandidaten finden sich viele, welche mit mangelhafter Schulbildung, oder beschränkten Geistesanlagen, zur Universität abgegangen sind. Damit sich diese nicht in Richterämter einschleichen, ist es den Examinatoren zur Pflicht zu machen, mit Strenge darauf zu halten, daß diejenigen Kandidaten, welche in der Prüfung beim Abgange zur Universität nicht die gehörigen Kenntnisse und Anlagen zeigten, und deren erstes juristisches Examen nicht ergiebt, daß sie das Versäumte nachgeholt, und sich sowohl in der Rechtswissenschaft, als auch ihre Beurtheilungskraft gehörig ausgebildet haben, von der Auskultatur ausgeschlossen bleiben. Dem Präsidium des Königl. Ober-Landesgerichts ꝛc. wird aufgegeben, darauf zu halten, daß diese Anweisung mit nachsichtsloser Strenge zur Ausführung gebracht werde. Damit aber das Präsidium des Königl. ꝛc. besser erforsche, wie die Examinatoren jener Anweisung genügen, und dasselbe die Zweckmäßigkeit des Verfahrens der Examinatoren prüfen und ihre Anträge würdigen kann, hat dasselbe den Prüfungen sowohl pro auscultatura, als pro referendariatu beizuwohnen, wie dies schon in Königsberg mit gutem Erfolge geschieht. Es wird auch bei der großen Menge der Prüfungen, zur Verhütung der Einseitigkeit in denselben, von Nutzen sein, öfter mit den Examinatoren zu wechseln, und solchergestalt die Vorschrift der A. G. O. Thl. III. Tit. 4. §. 3. zu verlassen, wie dies schon durch die in Abschrift angeschlossene Allerhöchste Kabinetsordre vom 23. Mai 1805 festgesetzt ist.

Berlin, den 6. August 1827.

A.

Ich finde die in Euerm Bericht vom 17ten d. M. getroffenen Verfügungen in Ansehung der Referendarien und Auskultatoren bei den Justizkollegien, wonach Ihr die Zahl der Referendarien beim Kammergericht hierselbst auf 60 beschränkt, auch die Admission derselben erst nach überstandenem zweiten Examen als Referendarien verfügt, die Kandidaten aus den Provinzen aber, in so fern nicht ganz erhebliche Gründe zu ihrer Anstellung hierselbst vorhanden sind, in die Provinz zurückgewiesen, und übrigens alle Kollegia angewiesen habt, mit Auswahl der Examinatoren häufig zu wechseln, vollkommen zweckmäßig, genehmige daher auch solche hierdurch, und will zugleich Euern eventuellen Antrag: wegen der Ausländer, die nicht auf einer einheimischen Universität studirt haben, dahin genehmigen, daß, wenn selbige gleich auswärts einen dreijährigen Cursum gemacht haben, sie dennoch angewiesen werden sollen, noch auf ein Jahr eine Meiner Universitäten zu frequentiren. Uebrigens stimme Ich Euch dahin bei, daß eine Beschränkung der Ausländer, bei der angezeigten nicht zu großen Zahl derselben, die keine Verdrängung der Einländer befürchten läßt, nicht weiter nöthig ist, und überlasse Euch darnach das Weitere.

Berlin, den 23. Mai 1805.

(v. K. Jhrb. Bd. 30. S. 136.)

4) **Rescript** vom 16. Februar 1827, betreffend das Verfahren bei Zurückweisung der in der Prüfung nicht bestandenen Rechtskandidaten.

Der Justizminister theilt die von dem Königl. Ober-Landesgericht in dem Berichte vom 27. Dez. v. J. ausgesprochene Ansicht,

daß das Verfahren des Auskultators N., welcher, nach erfolgter erster Prüfung, auf ein Jahr zurückgewiesen, jedoch bald darauf sich mit seinen zurückgeforderten Attesten beim Ober-Landesgericht zu Hamm gemeldet hat, und nach dortiger Prüfung als Auskultator angenommen werden, durchaus nicht zu billigen ist,

ist auch damit einverstanden, daß der N. unter diesen Umständen, mit seinem Gesuche, im Departement des Königl. Ober-Landesgerichts als Auskultator beschäftigt zu werden, zurückgewiesen werden müsse.

Um ähnliche Umgehungen zu vermeiden, ist in den Fällen, wenn der zurückgewiesene Kandidat die Atteste zurückfordert, auf denselben zu bemerken, daß sie Behufs der Prüfung beim Kollegio präsentirt und dem zurückgewiesenen Kandidaten retradirt worden seien, damit dadurch jedes andere Ober-Landesgericht in den Stand gesetzt werde, die Lage der Sache zu übersehen, und durch die Verschweigung dieses Umstandes von Seiten des Kandidaten nicht getäuscht werde.

(v. K. Jhrb. Bd. 29. S. 30.)

§. 5. Wenn hingegen bei der Prüfung eines Kandidaten sich findet, dass derselbe seine Zeit auf Akademien wohl angewendet habe, gründliche theoretische Kenntnisse besitze, und gute Fähigkeiten und Anlagen zu einem künftigen brauchbaren Justizbedienten zeige; so kann das Kollegium seine Ansetzung und Verpflichtung zum Auskultator verfügen; und bedarf es dazu künftig keiner besondern Approbation vom Hofe. Doch werden die Präsidenten ernstlich erinnert, bei der Zulassung solcher Auskultatoren, und bei deren Prüfung, die obigen Vorschriften pflichtmässig zu beobachten, und die Kollegia mit untauglichen Subjekten nicht zu belästigen.

1) **Rescript** vom 7. April 1832 und 24. Februar 1834, betreffend die Versetzung der Auskultatoren und Referendarien.

Wenn ein Auskultator oder Referendarius seine Versetzung nachsucht, so bedarf es einer Genehmigung des Justizministers nicht.

Es genügt, daß ihm vom Präsidio des Ober-Landesgerichts ein Dimissoriale ertheilt wird, mit dem Beifügen, daß seiner Wiederanstellung bei einem andern Ober-Landesgerichte nichts im Wege stehe.

Damit kann er sich bei jedem andern Ober-Landesgerichte melden, welches sodann die Anstellung und die Dienstakten avociren wird.

Das von dem Königl. Ober-Landesgerichte mit dem Berichte vom 28. v. M.

eingereichte Gesuch des Auskultators N. um Versetzung an das Ober-Landesgericht zu Königsberg, erfolgt daher hierbei zurück.

Berlin, den 7. April 1832.

(v. K. Jhrb. Bd. 39. S. 417)

Mit Bezugnahme auf die Verfügung vom 12. Mai 1832, die Dienstentlassungen und Versetzungen der Auskultatoren und Referendarien betreffend,

wird das Präsidium (Direktorium) des Königl. ꝛc. hierdurch aufgefordert: bei den Gesuchen der Referendarien und Auskultatoren um Entlassung, Behufs der Wiederanstellung bei einem andern Obergerichte, oder einer Verwaltungsbehörde, jedesmal eine bestimmte Bezeichnung des Obergerichts oder der Verwaltungsbehörde, mit dem Bedeuten zu erfordern, daß außerdem ihr völliges Ausscheiden aus dem Königlichen Dienste angenommen, und demgemäß ihr Dimissoriale ausgefertigt werden würde.

Zugleich ist den Referendarien und Auskultatoren zu empfehlen, sich vor ihrem wirklichen Abgange an ein anderes Obergericht oder eine Verwaltungsbehörde, an diese schriftlich zu wenden und ihre Anstellung und Beschäftigung nachzusuchen.

An diese Behörde selbst sind mit der Ausfertigung und Ertheilung des Dimissoriale zugleich die Dienstakten des betreffenden Referendars oder Auskultators abzusenden.

Berlin, den 24. Februar 1834.

(v. K. Jhrb. Bd. 43. S. 149.)

2) **Rescript** vom 12. Januar 1820, betreffend die Verpflichtung der Auskultatoren, die Amtsblätter zu halten.

Es ist Zweifel darüber entstanden, ob die bei den Justizkollegiis angestellten Auskultatoren gleich den Referendarien die Verpflichtung haben, die Amtsblätter der Provinz zu halten, in der sie ihr Amt verwalten. Diese Obliegenheit haben sie allerdings. Sind gleich die Auskultatoren in den Verordnungen vom 27. Okt. 1810 §. 5. und 28. März 1811 §. 8. nicht ausdrücklich genannt, so ist doch bei dieser Bestimmung auf die geringe Verschiedenheit und vorübergehende Stufe während ihrer Ausbildung, zu der der Besitz aller gesetzlichen Vorschriften und Anordnungen gehören, keine Rücksicht genommen, wonach sich das Kammergericht zu achten und die Untergerichte des Departements durch die Amtsblätter anzuweisen hat.

(v. K. Jhrb. Bd. 14. S. 224.)

Beschäftigung.

§. 6. Diesen Auskultatoren muss das Kollegium, und besonders der Präsident, alle Gelegenheit verschaffen, sich von Betreibung der Rechtsangelegenheiten praktische Kenntnisse zu erwerben; ihnen Akten von allerhand Art zum Lesen zustellen lassen; sie anweisen, dass sie sich den Gang der Sachen, und die Bearbeitung der Geschäfte in der Registratur, bekannt machen; auch sie zur fleissigen und aufmerksamen Gegenwart bei den mündlichen Vorträgen, und Ablesung der Relationen im Kollegio anhalten.

Rescript vom 6. Oktober 1820, betreffend die anfängliche Beschäftigung der Auskultatoren bei Untergerichten.

Das dortige Land- und Stadtgericht hat seinen bereits bei dem Königl. Ober-Landesgericht gemachten Antrag — die Rechtskandidaten nach ihrer Prüfung und Anstellung als Auskultatoren eine Zeitlang bei sich zu beschäftigen — mittelst der abschriftlich anliegenden Eingabe vom 26. v. M. hier wiederholt. Da überall, wo die Ober-Landesgerichte mit Untergerichten erster Klasse an einem Ort ihren Sitz haben, die Auskultatoren nach überstandener Prüfung zunächst an das Untergericht verwiesen werden, um sich bei demselben den ersten Geschäftsbegriff und Ueberblick der dort leichter zu erlangen ist, zu verschaffen, so muß diese Einrichtung auch in Magdeburg getroffen werden. Das Königl. Ober-Landesgericht hat daher künftig alle Auskultatoren an das Land- und Stadtgericht zu verweisen, und solche dann erst bei seinem Kollegio zu beschäftigen, wenn sie sich durch thätige Theilnahme an den Geschäften die nöthige Kenntniß zu den Arbeiten beim Ober-Landesgericht erworben haben, und in das Referendariat ascendirt sein werden. Sollte die Zahl der Auskultatoren durch diese Bestimmung beim Stadtgericht größer werden, als der Geschäftsumfang desselben es erfordert, so kann das Ober-Landesgericht solche beschränken.

An das Land- und Stadtgericht ist die abschriftlich anliegende Verfügung ergangen.

(v. K. Jhrb. Bd. 16. S. 247.)

§. 7. Die Vorgesetzten der Kollegien müssen die dabei bestellten Auskultatoren, in so fern deren eine hinlängliche Anzahl vorhanden ist, unter die Mitglieder des Kollegii dergestalt vertheilen, dass jedem Rathe einer oder etliche solcher junger Leute angewiesen werden, deren er sich bei Aufnehmung der Informations- und Instruktionsprotokolle als Protokollführer bedienen kann; die er aber auch zu den Geschäften anzuführen und auszubilden, sich besonders angelegen sein lassen muss.

Auch müssen dergleichen Auskultatoren, wenn sie besonders schon einige Zeit bei dem Kollegio gestanden haben, zur Vernehmung der Supplikanten und Anderer, die bei dem Kollegio etwas mündlich anzubringen haben, gebraucht werden.

Die Auskultatoren und Referendarien müssen sich bei Niederschreibung der Protokolle einer guten und leserlichen Hand möglichst befleissigen, damit nicht durch ihre Vernachlässigung und Sorglosigkeit die Akten mit unleserlichen Schreibereien angefüllt, und deren fernere Bearbeitung dadurch erschwert werde.

§. 8. Die Auskultatoren müssen unterdessen auch für sich selbst die Prozessordnung fleissig studiren, und sich mit den in dem Departement des Kollegii bestehenden Provincial- und statutarischen Rechten näher bekannt machen.

1) **Rescript** vom 29. März 1830, betreffend die Beschäftigung der Auskultatoren bei einem Inquisitoriat.

Der Justizminister kann den, im Berichte des Königl. Ober-Landesgerichts vom 16. d. M. enthaltenen Antrag, auf Bildung einer fünften Aktuarienstelle bei dem dortigen Inquisitoriat, und einstweilige Gewährung eines diätarischen Hülfsaktuarii nicht genehmigen. Ein jeder Auskultator muß, ehe er zum Referendariat zugelassen wird, eine Zeit lang als Protokollführer bei einem Kriminalgericht fungirt haben, da er vorher praktisch den Geschäftsbetrieb bei einem Kriminalgericht kennen gelernt haben muß. Wenn das K. Ober-Landesgericht diese Bestimmung gehörig berücksichtigt, und, was hierdurch zugleich bestimmt wird, keinen Auskultator zu den Geschäften beim Kollegium admittirt, der nicht vorher bei dem Inquisitoriat gearbeitet hat, so wird es nicht an Protokollführern bei den Inquisitoriaten fehlen, und die Anstellung eines neuen Aktuars sich als unnütz belegen.

(v. K. Jhrb. Bd. 35. S. 134.)

2) **Rescript** vom 11. Februar 1831, betreffend die kürzeste Dauer der praktischen Vorbereitung der Auskultatoren.

Da die Ausbildung zum Referendarius durch eine einjährige Beschäftigung als Auskultator nur bei außerordentlicher Thätigkeit und sehr großer Vorbildung zu erlangen ist, so wird das Königl. Ober-Landesgericht auf den Bericht vom 25sten v. M. angewiesen, keinen Auskultator zu der Prüfung pro referendariatu zu verstatten, der nicht wenigstens ein Jahr bei einem Untergerichte in allen Geschäften des Justizdienstes mit Fleiß und Nutzen gearbeitet, und außer diesem Jahre auch drei Monat bei einem Inquisitoriat als Protokollführer und in Aktuariatsgeschäften fungirt hat. Nur wer bei einem Untergericht in mehreren Untersuchungssachen als Protokollführer gearbeitet, und dies bescheinigt hat, kann von dem Arbeiten bei einem Inquisitoriat während der Auskultatur dispensirt werden, allein ein solcher muß mindestens fünf Viertel Jahr bei einem Untergerichte gearbeitet haben, ehe er zur Referendariatsprüfung zugelassen wird.

(v. K. Jhrb. Bd. 37. S. 94.)

3) **Rescript** vom 7. November 1832, betreffend die längste Dauer der Auskultatur, und die Entlassung der Referendarien, welche innerhalb derselben nicht die zweite Prüfung ablegen.

Das Königl. Kammergericht wird auf den, über die Dienstführung des Stadtgerichts-Auskultators L. zu P. erstatteten Bericht vom 1sten d. M., bei Rücksendung der Anlagen desselben und der eingereichten Akten, angetragenermaßen hierdurch autorisirt, den rc. L. aus dem Justizdienste zu entfernen.

Zugleich wird das Kollegium angewiesen, allen Auskultatoren, welche sich nicht etwa zum Subalterndienst ausbilden wollen, und über drei Jahre angestellt sind, ohne sich zur zweiten Prüfung gemeldet zu haben, anzubefehlen, sich binnen drei Monaten zur mündlichen Referendariatsprüfung zu melden, widrigenfalls sie aus dem Justizdienst entlassen werden würden. Diejenigen, die sich melden, sind zur mündlichen Prüfung zu verstatten, und wenn sie bestehen, sind ihnen Akten zur Anfertigung der Proberelation zuzustellen. Hinsichtlich aller übrigen, die sich nicht melden, sind die Dienstakten und Berichte ihrer unmittelbaren Vorgesetzten über die Qualifikation und Applikation derselben einzufordern. Die brauchbaren unter denselben sind von Amts wegen zu einem anderweitigen, auf drei Monate hinaus zu setzenden Termine vorzuladen, die unbrauchbaren aber zur Entlassung anzuzeigen. Ueberhaupt darf künftig kein Auskultator in der richterlichen Laufbahn geduldet werden, der innerhalb vier Jahren seine Ascension zum Referendarius zu bewirken, nicht im Stande ist.

(v. K. Jhrb. Bd. 40. S. 444.)

4) a. **Rescript** vom 1. Februar 1822, betreffend die Erledigung der Militairpflicht vor der zweiten Prüfung.

Bei der feststehenden Militairpflicht sämmtlicher Stände ist es dringend nothwendig, daß solche absolvirt werde, ehe die Amtsgeschäfte ernstlicher werden. Während des Referendariats und beim Reifen zur dritten Prüfung ist dies in jeder Beziehung zu spät und zu störend, sowohl in Rücksicht ihrer fortschreitenden Ausbildung, als der Hülfe, die von ihnen bei den Kollegiis zu erwarten ist, bei denen sie angestellt sind.

In dieser Erwägung wird hierdurch festgesetzt, daß die Impetranten, wenn sie nicht die ausdrückliche Dispensation von dem Militairdienst nachweisen, das Militairdienstjahr vor der zweiten Prüfung erledigt haben müssen, und nur unter dieser Voraussetzung auf die Ascension der Auskultatoren zu berichten ist.

(v. K. Jhrb. Bd. 19. S. 180.)

b. **Rescript** vom 23. September 1822, betreffend die Militairpflichtigkeit der im Königlichen Justizdienst angestellten Ausländer.

Es ist der Zweifel entstanden, ob auch eingewanderte Ausländer zum diesseitigen Militairdienst verpflichtet seien. Obgleich das Gesetz über die Verpflichtung zum Kriegsdienste, vom 3. September 1814, im §. 1. ausdrücklich nur der Eingebornen erwähnt, so bestimmt doch schon der §. 2. der Allerhöchsten sanktionirten Instruktion für das Geschäft der Ersatz-Aushebung vom 30. Juni 1817, daß jeder Staatsunterthan da militairpflichtig sei, wo er seinen eigenen Wohnsitz aufgeschlagen habe, und nach §. 1. sollen nur diejenigen Ausländer, welche keinen bleibenden Wohnsitz im Staate haben, mithin noch als wirkliche Fremde anzusehen sind, nicht zur Einziehung kommen. Hiernach ist bisher jederzeit verfahren worden, und es müssen daher auch diejenigen Ausländer, welche sich dem Justizdienste widmen, und von der Auskultatur zu dem Referendariat ascendiren wollen, wenn sie das 25ste Jahr noch nicht zurückgelegt haben, in Gemäßheit der Circular-Verfügung vom 1. Februar d. J. nachweisen, daß sie ihrer Militairpflicht ein Genüge geleistet haben.

(v. K. Jhrb. Bd. 20. S. 49.)

Prüfung zum Referendariat.

§. 9. Wenn ein Auskultator bei diesen vorläufigen Uebungen und Geschäften Beweise von Fähigkeiten, Fleiss und Applikation gegeben hat; so müssen ihm Akten zur Anfertigung einer Proberelation daraus zugestellt; diese Relation aber von dem zweiten Präsidenten oder Direktor, oder von einem Rathe des Kollegii eigends censirt, und über den Befund dem Kollegio Vortrag gemacht werden.

§. 10. Sodann wird mit dem Kandidaten ein nochmaliges Examen, besonders aus der Prozessordnung und den Provinzial- und statutarischen Rechten vorgenommen; und hiernächst, wenn er darin bestanden hat, wegen seiner Ansetzung zum Referendarius, mit Beischluss der Proberelation und deren Censur, ingleichen des über sein Examen aufgenommenen Protokolls an den Chef der Justiz Bericht abgestattet.

1) **Rescript** vom 23. April 1835, daß bei Referendariatsprüfungen das mündliche Examen der schriftlichen Probearbeit vorangehen muß.

Dem Präsidio des Königl. Ober-Landesgerichts wird auf den Bericht vom 13. d. M. eröffnet, daß der Justizminister es unbedingt vorzieht,

wenn bei der Referendariatsprüfung das mündliche Examen der schriftlichen Probearbeit voraufgeht.

Da diese Einrichtung bei dem Königl Ober-Landesgericht besteht, so muß es auch dabei ferner verbleiben.

Zur mündlichen Prüfung ist erforderlich, sich mit dem ganzen Rechtssysteme in seinem Zusammenhange, und mit den Abweichungen des Preußischen Rechts von den Bestimmungen des Römischen und des gemeinen Deutschen Rechts vertraut zu machen, ohne sich zu sehr ins einzelne einzulassen. Das Studium muß daher eine universellere Richtung nehmen. Hat der Examinandus dies bei seiner Vorbereitung vor Augen gehabt, so wird er die mündliche Prüfung gut bestehen, und treffende Beweise von dem Grade seiner Urtheilskraft zu geben im Stande sein.

Hat er diese Prüfung zurückgelegt und dargethan, daß er es verdient, zu der schriftlichen Probearbeit verstattet zu werden, so wird er sich wohl vorbereitet, an die letztere wenden, und seine bis dahin allgemeinen Studien auf die Materien, worauf es bei der Relation ankommt, in das Einzelne eingehend, richten können. Er wird alsdann im Stande sein, den Zusammenhang derselben mit dem System schärfer aufzufassen, jedenfalls mit mehr Gründlichkeit, Ruhe und Selbstvertrauen arbeiten, und eine Arbeit liefern, so gut er sie überhaupt zu liefern vermag.

Dieser Gang der Prüfung entspricht dem Gange, den das Studium selbst nehmen muß, wenn es mit Erfolg betrieben werden soll, und darum muß es dabei bleiben.

Auch läßt es sich mit den verschiedenen Stadien der Vorbildung in gute Uebereinstimmung bringen. Die Auskultatoren treten den Dienst bei den Untergerichten an, und müssen bei denselben verweilen, bis sie das Zeugniß der Qualifikation zur zweiten Prüfung erhalten. Haben sie dieses erhalten, so sind sie von allen ferneren Arbeiten bei dem Untergericht zu dispensiren, gehen an das Ober-Landesgericht über, bereiten sich zur Prüfung vor, und melden sich innerhalb dreier Monate zum Examen. Das Ober-Landesgericht veranlaßt die mündliche Prüfung, und theilt hierauf das Probereferat zu. Dem Auskultator wird hierdurch die nöthige Zeit zu seiner Vorbereitung, und dadurch das Mittel gewährt, etwas Tüchtiges zu leisten.

(v. K. Jhrb. Bd. 45. S. 473.)

2) **Rescript** vom 27. Februar 1835, daß den Berichten wegen Beförderung der Auskultatoren zum Referendariat die Dienstakten beizufügen sind.

Sämmtliche Königl. Ober-Gerichtsbehörden werden hierdurch angewiesen, künftig den Berichten wegen Beförderung der Auskultatoren zum Referendariat, welche das Resultat der schriftlichen und mündlichen Prüfung enthalten müssen, jedesmal mit dem curriculum vitae des Kandidaten und der gefertigten Probe-Relation, auf welcher der Tag der Ablieferung vermerkt sein muß, die Dienstakten beizufügen. Die Einsendung besonderer Abschriften der Censuren und des Protokolls über die mündliche Prüfung unterbleibt dagegen. Die Dienstakten müssen aber vollständig sein, und es ist von den Präsidien darauf zu halten, daß zu diesen Akten Alles gebracht wird, was auf die Beurtheilung: ob der Kandidat Beweise von Fleiß und Diensteifer gegeben und einen ordentlichen Lebenswandel geführt hat, von Einfluß sein kann.

(v. K. Jhrb. Bd. 45. S. 229.)

§. 11. Nach erfolgter Approbation wird derselbe als Referendarius introducirt, und auf den bei seiner Annehmung zum Auskultator bereits geleisteten Eid nochmals verwiesen.

§. 12. Ein wesentliches Erforderniss bei der Zulassung zum Referendariat ist jedoch ein ordentlicher Lebenswandel und ein nach den Vorschriften der gesunden Vernunft und des Christenthums eingerichtetes Betragen. Leute also, welche sich liederlichen oder niederträchtigen Ausschweifungen ergeben haben, müssen nicht zugelassen werden, wenn es ihnen auch sonst an der erforderlichen Geschicklichkeit nicht mangeln sollte; und die Kollegia müssen von dem Charakter und der Aufführung der bei ihnen sich meldenden Kandidaten sichere Nachricht einzuziehen suchen; auch was sie dadurch in Erfahrung gebracht haben, jedesmal in ihrem Bericht anzeigen.

Beschäftigung der Referendarien.

§. 13. Diese Referendarien müssen nun fernerhin zu künftigen richterlichen Bedienungen vorbereitet, und ihnen alle Gelegenheit verschafft werden, in den verschiedenen, bei dem Kollegio vorkommenden Geschäften, praktische Kenntniss und Erfahrung zu erlangen.

Anh. §. 451. *Die Präsidenten müssen mit Nachdruck darauf halten, dass die Auskultatoren und Referendarien den Sessionen des Kollegii pünktlich beiwohnen, ihre Geschäfte prompt und gründlich verrichten, sich einer deutlichen Handschrift befleissigen, das Subordinationsverhältniss strenge beobachten und einen sittlich guten Lebenswandel führen.*

Circulare vom 12. Oktober 1804 ad 5.; aufgenommen im §. 451. des Anh.

§. 14. Es müssen ihnen also nicht nur Akten zum Referiren zugestellt, und jedesmal, besonders im Anfange, geschickte Korreferenten beigegeben; sondern sie müssen auch zum Memorialvortrage und Dekretiren, unter der Kontrolle der Räthe gehörig angewiesen werden.

§. 15. Eben so sind sie nach wie vor zur Führung aller Arten von Protokollen, in den Sessionen selbst, bei mündlichen Anmeldungen der Klagen, bei Vernehmungen der in Person erscheinenden Supplikanten u. s. w., zu gebrauchen; insonderheit aber bei wichtigeren und verwickelteren Instruktionen den dazu deputirten Räthen als Protokollführer beizugeben: damit sie solchergestalt von der Art, die Sachen einzuleiten und zu behandeln, mit den Parteien umzugehen, aus den Erzählungen derselben eine deutliche und vollständige Speciem facti heraus zu ziehen, und wesentliche zur Sache gehörige Umstände von unnützen und irrelevanten abzusondern, einen richtigen Statum controversiae festzusetzen, und die Beweismittel zweckmässig aufzunehmen, deutliche und praktische Begriffe erlangen mögen.

§. 16. Je nachdem die Referendarien auf diese Art sich mehr Fertigkeit und Uebung in solchen Geschäften erworben haben, muss das Kollegium sie allmählig zu wichtigeren Arbeiten zuziehen; sie in Fällen, wo die Parteien die Zuordnung von Rechtsbeiständen bei dem Kollegio nachsuchen, oder ihnen dergleichen ex officio beigegeben werden müssen, solchen Parteien als Assistenten, anfänglich unter Aufsicht, nachher aber auch, bei nicht gar zu weitläufigen und verwickelten Sachen, allein, anweisen; sie in dergleichen Sachen zu Instruenten bestellen; sie bei auswärtigen Kommissionen, zuerst unter Direction eines andern zuverlässigen und geübten Kommissarius, hiernächst aber, in Sachen von minderer Wichtigkeit, ebenfalls allein, gebrauchen; bei allen diesen Verrichtungen aber auf ihr Betragen, ihre Art, sich dabei zu nehmen; ihre Geschicklichkeit, Applikation und Betriebsamkeit beständig Acht haben.

§. 17. a. Die Referendarien müssen aber ihre Zeit und Aufmerksamkeit nicht bloss auf Justizsachen anwenden, sondern sich auch in anderen bei einem Justizkollegio vorkommenden Arten von Geschäften, z. B. im Vormundschafts- und Hypothekenwesen, zu üben bemüht sein; den Vorträgen in dergleichen Angelegenheiten ordentlich beiwohnen; Akta, so dahin gehören, fleissig lesen; sich bei Kommissionen, z. B. bei Rechnungsabnahmen, Erbsonderungen etc. gebrauchen lassen; sich nähere Kenntnisse von der Verfassung und Administration des Depositi zu erwerben suchen; die Einrichtung der Registratur, die Führung der Bücher und Repertorien, und die in den diesfälligen Geschäften zu beobachtende Ordnung und Akkuratesse sich so viel als möglich praktisch bekannt machen; und mit Einem Worte keine Gelegenheit verabsäumen, wo sie in allen und jeden zum richterlichen Amte gehörigen Geschäften ihre Begriffe erweitern und berichtigen, und sich immer mehr Uebung und Fertigkeit darin erwerben können.

1) **Rescript** vom 1. November 1819, wegen Aufnahme von Testamenten und andern Handlungen der freiwilligen Gerichtsbarkeit durch Referendarien; s. zu II. 2. §. 14.

2) **Rescript** vom 22. September 1820 und 16. Mai 1834, betreffend die Stimmfähigkeit eines zur Vertretung eines Richters angestellten Referendarius.

Das Königl. Land- und Stadtgericht zu N. hat in dem abschriftlich beiliegenden Berichte vom 12. d. M. seine Erinnerungen gegen die Vorbescheidung des Königlichen Ober-Landesgerichts vom 29. August c. über die Kraft des Voti eines bei dem Gerichte angestellten, einen Richter vertretenden Referendars vorgetragen.

Der Justizminister wird hierdurch veranlaßt, dem Königl. Ober-Landesgericht zu eröffnen, daß die Referendarien der Ober-Landesgerichte, welche einem Untergerichte zur Vertretung eines Mitgliedes desselben, oder zur Hülfeleistung bei allen Geschäften zugeordnet werden, ein volles Votum haben, sobald zur Anstellung beim Gerichte selbst nur die Qualifikation als Referendar erfordert wird, und keine Ausnahme wegen individueller Mängel in der Ausbildung oder der besondern Verhältnisse des Untergerichts nöthig erscheint.

Das Königl. Ober-Landesgericht hat, mit Rücksicht auf dies Prinzip, das Land- und Stadtgericht auf dessen Bericht vom 22. August c. anderweit zu bescheiden.
Berlin, den 22. September 1820.
(v. K. Jhrb. Bd. 16. S. 8.)

Auf die Anfrage in dem Berichte vom 29. v. M.
ob einem Referendarius, Behufs der Stellvertretung eines verhinderten Richters, in gewöhnlichen Prozessen ein Votum beigelegt werden darf?
wird dem Königl. Hofgericht eröffnet, daß die Verfügung vom 2. März ad 15. zu XI. 5. des Jahresberichts vom 10. Februar c. sich nur auf den Fall bezieht, wenn kein Referendarius zur Vertretung des abwesenden Richters beauftragt ist, Gefahr im Verzuge aber schleunige Hülfe verlangt.

An sich ist das Kollegium unbedenklich berechtigt, bei Untergerichten, bei denen die Qualifikation durch das dritte Examen nicht erforderlich ist, Referendarien die Vertretung abwesender Richter zu kommittiren. Einem solchen Stellvertreter muß nach dem Rescripte vom 22. September 1820 (Jhrb. Bd. 16. S. 8) das volle Votum beigelegt worden, und ist es mithin vollkommen zulässig, daß das Königl. Hofgericht einen Referendarius schon im Voraus berechtigt und verpflichtet, bei Verhinderung eines Richters denselben zu vertreten.

Hiernach hat sich das Kollegium bei der Bescheidung des Justizamts Werl auf seine Anfrage wegen des rc. G., so wie in andern vorkommenden Fällen zu achten.
Berlin, den 16. Mai 1834.
(v. K. Jhrb. Bd. 43. S. 555.)

3) **Rescript** vom 8. Dezember 1828, 16. März 1829, 30. September 1833 und 12. Mai 1837, betreffend die Nothwendigkeit der Beschäftigung der Referendarien im Inquiriren.

Da ein jeder, dem ein Richteramt vertraut werden soll, praktische Kenntniß von der Kriminaljustiz besitzen muß, es sich aber oft gezeigt hat, daß für die Ausbildung der Referendarien in diesem Theile der Kriminal-Rechtspflege nicht genug geleistet wird; so wird hierdurch festgesetzt:

1. daß Niemand zum Richteramte in Vorschlag gebracht werden soll, der nicht, nach seiner Ernennung zum Referendar, wenigstens drei Monate bei einem Inquisitoriat oder einer andern mit der Kriminal-Jurisdiction beliehenen Behörde als Inquirent beschäftigt gewesen ist, und dabei Fleiß und Geschicklichkeit im Inquiriren gezeigt hat;
2. daß ein Jeder, der zur dritten Prüfung bei der Immediat-Examinations-Kommission zugelassen zu werden wünscht, durch ein Attest einer Kriminal-Justizbehörde, nachweisen muß, daß er mit Fleiß und Geschicklichkeit, als Referendar, das Inquiriren praktisch geübt habe.

Damit diejenigen, welche noch nicht mit den erforderlichen Bescheinigungen über die Ausbildung in der Kriminal-Rechtspflege versehen sind, sich diese verschaffen können, wird bestimmt, daß diese Verfügung erst vom April des künftigen Jahres in volle Wirksamkeit treten wird.

Es ist diese Verfügung zur Kenntniß der Referendarien und Auskultatoren zu bringen, und erfolgen hierzu drei Exemplare derselben.
Berlin, den 8. Dezember 1828.
(v. K. Jhrb. Bd. 32. S. 296.)

Ew. rc. eröffne ich auf die Anfrage vom 3. d. M., daß das Kollegium die Verfügung vom 8. Dezember pr. ganz richtig ausgelegt hat, indem auch die zu Patrimonialrichterstellen sich meldenden Referendarien die Qualifikation im Inquiriren nachzuweisen haben, da ein jeder, dem ein Richteramt anvertraut werden soll, praktische Kenntnisse von der Kriminaljustiz besitzen muß.
Berlin, den 16. März 1829.
(v. K. Jhrb. Bd. 33. S. 143.)

Durch die Circularverfügungen vom 8. Dez. 1828 (Jhrb. Bd. 32. S. 296.) und 12. Okt. 1829 (Jhrb. Bd. 34. S. 473.) ist angeordnet:
daß jeder Referendarius, ehe er zu einem Amt als Richter oder Justizkommissarius in Vorschlag gebracht, oder zur dritten Prüfung bei der Immediat-Examinationskommission verstattet werden kann, einige Zeit, und zwar wenigstens drei Monat, bei einem Kriminalgericht oder Inquisitoriat, als Inquirent beschäftigt gewesen sein, und durch ein Attest dieser Untersuchungs-

behörde nachweisen muß, daß er die ganze Zeit hindurch mit Fleiß und zur Zufriedenheit des Gerichts gearbeitet habe.

Damit der öftere Wechsel der Inquirenten nicht nachtheilig auf den Gang der Untersuchungen einwirke, und der Zweck dieser Anordnung vollständig erreicht werde, bestimmt der Justizminister noch Folgendes:

1. Der einem Kriminalgericht oder Inquisitoriat zugeordnete Referendarius hat die ihm übertragenen Untersuchungen als Inquirent selbstständig zu bearbeiten, unter der allgemeinen Aufsicht des Dirigenten des Gerichts. Dieser beurtheilt, was für Untersuchungen dem Referendarius zuzutheilen sind, und kontrollirt den Geschäftsbetrieb desselben.
2. Der Referendarius entwirft die zu erlassenden Verfügungen im Concept, der Dirigent des Gerichts revidirt und unterzeichnet sie.
3. Die von seinem Vorgänger übernommenen, so wie die in den beiden ersten Monaten seiner Beschäftigung ihm zugetheilten Untersuchungen muß der Referendarius bis zum Schluß der Untersuchung fortsetzen. Nur die im letzten Monat auf ihn distribuirten ist er nach Ablauf der bestimmten Uebungszeit an seinen Nachfolger abzugeben berechtigt.

   In seinem Abgangszeugnisse ist ausdrücklich zu attestiren, daß er der vorstehenden Bestimmung vollständig genügt habe. Das Königl. Ober-Landesgericht kann jedoch in Betreff einzelner Untersuchungen, wenn besondere Umstände obwalten, eine Ausnahme gestatten.
4. Im Uebrigen hat der bei einem Kriminalgericht zu seiner Uebung und Ausbildung arbeitende Referendarius alles dasjenige zu befolgen, was den Mitgliedern des Inquisitoriats hinsichtlich der Art und Weise der Besorgung ihrer Geschäfte vorgeschrieben ist. Auch kann er sich im Nothfall und wenn ihm kein dringenderes Geschäft obliegt, der Wahrnehmung der einem Aktuar oder Protokollführer obliegenden Arbeiten nicht entziehen.

Das Königl. Ober-Landesgericht hat diese Bestimmungen zur Kenntniß der Referendarien und Auskultatoren zu bringen, und die Untersuchungsbehörden seines Departements zur Beachtung derselben anzuweisen.

Berlin, den 30. September 1833.

(v. K. Jhrb. Bd. 42. S. 144)

Dem Königl. Ober-Landesgericht wird auf die Anfrage vom 25. v. M. hierdurch eröffnet, wie der Justizminister damit einverstanden ist,

daß eine dreimonatliche Beschäftigung der Referendarien als Inquirenten bei einem kollegialisch formirten mit Kriminal-Jurisdiction versehenen Land- oder Land- und Stadtgerichte, den Arbeiten bei den eigentlichen Kriminalgerichten oder Inquisitoriaten gleich gesetzt werden kann, und es also genügt, wenn die Referendarien bei ihrer Zulassung zu einem Richterposten oder zur dritten Prüfung vor der Immediat-Justiz-Examinationskommission ein Attest beibringen, daß sie bei einem kollegialisch formirten Land- oder Land- und Stadtgerichte, welchem ein Theil der Kriminal-Jurisdiction beigelegt ist, als Inquirenten drei Monate selbstständig gearbeitet und die erforderliche Qualifikation im Inquiriren erlangt haben.

Es muß jedoch darauf gesehen werden, daß den Inquisitoriaten stets eine dem Geschäftsumfange angemessene Zahl von Referendarien, Behufs ihrer Ausbildung im Inquiriren überwiesen werde.

Berlin, den 12. Mai 1837.

(v. K. Jhrb. Bd. 49. S. 476.)

4) **Rescript** vom 23. April 1832, betreffend die Kontrolle der Referendarien über die denselben übertragenen Referate.

Aus dem von dem Präsidium des Königl. Ober-Landesgerichts unterm 14. d. M. erstatteten Berichte und dessen Beilagen hat der Justizminister gern ersehen, daß die älteren Spruchsachen-Reste der dortigen Referendarien und Auscultatoren aufgearbeitet sind.

Dem Präsidium wird aufgegeben, die Veranstaltung zu treffen, daß alle Vierteljahre aus den Referaten-Tabellen für jeden Referendarius und Auskultator ein Extrakt über diejenigen Referate, welche jeder derselben zugetheilt erhalten hat, angefertigt werde, und woraus

1) die Nummer des Spruchbuchs,
2) der Senat, bei welchem die Sache vorgekommen,
3) die Namen der Parteien und der Gegenstand der Sache,
4) der Tag der Distribution, und
5) der Tag der Ablieferung

hervorgehen muß. Diese Extrakte sind zu den Dienstakten in Vortrag zu bringen, und die noch unerledigten Referate zu urgiren.

Jeder solcher Extrakt weiset sodann nach: wie viel Referate ein Referendarius und Auskultator im Vierteljahre zugetheilt erhalten hat, und ob er fleißig gewesen ist. Das Präsidium wird dadurch in den Stand gesetzt, über den Grad der Ausbildung seiner Referendarien einen übersichtlichen Nachweis zu erhalten, und die fleißigen Referendarien erhalten die Genugthuung, daß aus ihren Dienstakten der Nachweis ihrer Thätigkeit geführt werden kann. Das Ehrgefühl wird sie antreiben, alle Verzögerungen möglichst zu vermeiden.

Die eingereichten Dienstakten erfolgen beigehend zurück.

(v. K. Jhrb. Bd. 39. S. 442.)

5) **Rescript** vom 14. Oktober 1833, betreffend die Uebung der Referendarien in mündlichen Vorträgen.

Die Königl. Immediat-Justiz-Examinationskommission hat bei mehreren Examinanden gerügt, daß es fast allen, von dem Königl Ober-Landesgerichte zu N. zur dritten Prüfung sich stellenden Referendarien an der nach der A. G. O. Thl. III. Tit. 4. §. 14. nöthigen Uebung im mündlichen Vortrage fehle. Die Examinanden haben sich hierbei stets damit entschuldigt, daß ihnen bei ihrer praktischen Vorbereitung als Referendarien durchaus keine Gelegenheit zur Uebung im mündlichen Vortrage gegeben worden sei.

Dies ist ein Mangel, dem nothwendig für die Folge abgeholfen werden muß.

Das Königl. Ober-Landesgericht hat dafür zu sorgen, daß die Referendarien auch im mündlichen Vortrage die erforderliche Fertigkeit zu erwerben angehalten werden.

(v. K. Jhrb. Bd. 42. S. 323.)

b. **Rescript** vom 30. September 1836, betreffend die Beschäftigung der Referendarien und die Aufsicht über dieselben.

Der Justizminister hat aus den eingehenden Spruchlisten vielfach die Ueberzeugung gewonnen, daß die bei den Obergerichten angestellten Referendarien nicht genug beschäftigt werden. Bei den meisten Kollegien beschränkt sich die Zahl der den Referendarien zugetheilten Spruchsachen auf 1, 2 bis 3 im Vierteljahre. Dies ist zur praktischen Ausbildung dieser jungen Männer offenbar unzureichend. Sie verlieren auf diese Weise ihre Zeit ohne Gewinn für ihren Beruf, erlangen erst nach Reihe von Jahren einige Fertigkeit in der Kunst des wohlgeordneten, klaren, bündigen, bloß auf das Erhebliche gerichteten Vortrages, oder liefern, wenn sie sich früher zu den Probearbeiten melden, sehr oft statt brauchbarer Relationen einen ungeordneten Wortschwall, der für den praktischen Gebrauch keinen Werth hat und darum auch keine Kritik verträgt. In dem Mangel ausdauernder Uebung und genügender Belehrung liegt der Grund hauptsächlich, daß die für das dritte Examen angefertigte Proberelationen so häufig den Anforderungen der Immediat-Examinationskommission nicht entsprechen.

Der Justizminister, welcher aus vieljähriger eigener Erfahrung es weiß, wie dankbar von den Referendarien die Sorgfalt anerkannt wird, welche man sich um ihre Ausbildung giebt, was sie zu leisten vermögen, wenn man ihr Ehr- und Pflichtgefühl in Anspruch zu nehmen versteht; kann diesen Gegenstand den Herrn Präsidenten nicht genug empfehlen.

Hierbei wird die durch die Jahrbücher Bd. 39. S. 442 bekannt gemachte Verfügung vom 23. April 1832, nach welcher alle Vierteljahre aus den Referententabellen ein Auszug über die den Referendarien zugetheilten Spruchsachen zu den Dienstakten gebracht werden soll, in Erinnerung gebracht, damit den fleißigen Arbeitern dadurch aktenmäßig eine Anerkennung ihrer Thätigkeit zu Theil wird.

Endlich sieht sich der Justizminister durch einzelne Fälle veranlaßt, den Herrn Präsidenten eine fortgesetzte Wachsamkeit auf das außeramtliche Verhalten und den sittlichen Lebenswandel der Referendarien recht dringend ans Herz zu legen.

Die A. G. O. macht es §. 1. 8. Tit. 4. Th. III. den Referendarien, wie es ihr Stand und ihr wichtiger Beruf erfordert, zur unerläßlichen Pflicht, sich einer regelmäßigen stillen Aufführung zu befleißigen, und will, daß diejenigen, welche sich zum unordentlichen Leben, zum Schuldenmachen und zu andern Exzessen hinreißen lassen, oder die sonst von ihnen gehegte Hoffnung ihrer künftigen Brauchbarkeit durch unverbesserlichen Leichtsinn, Trägheit oder Zerstreuung vereiteln, und daher dem Dienste zu keiner Ehre gereichen, aus demselben entfernt werden. Der Justizminister erwartet, daß über den Fleiß und die sittliche Führung der Referendarien in den Konduitenlisten das Nöthige ausführlich und gewissenhaft bemerkt werde, und wird jene gesetzlichen Vorschriften eintretenden Falls unnachsichtlich zur Anwendung bringen.

(v. K. Jhrb. Bd. 48. S. 234.)

7) a. **Rescript** vom 14. Dezember 1813, betreffend die Beschäftigung der Referendarien bei den Militairgerichten.

Bei den Eigenthümlichkeiten, welche die Militair-Kriminalverfassung hat, ist es zweckmäßig gefunden worden, denjenigen Referendarien, welche Auditeurstellen erlangen wollen, es zur Bedingung zu machen, eine Zeitlang bei dem Generalauditoriat zu arbeiten, und es wird das Königl. Kammergericht hierdurch angewiesen, diese Anordnung den bei dem Kollegio angestellten Referendarien bekannt zu machen, damit diejenigen, welche Auditeurstellen annehmen wollen, sich bei dem Generalauditoriat melden können, um bei demselben beschäftigt zu werden.

(v. K. Jhrb. Bd. 2. S. 170.)

b. **Rescript** vom 29. April 1835, betreffend die Beschäftigung der Referendarien bei den Militairgerichten und der Auditeure bei den Civilgerichten.

Des Königs Majestät haben in einer unterm 22. Februar d. J. an das Militair-Justizdepartement erlassenen Allerhöchsten Kabinetsordre zu genehmigen geruht, daß an denjenigen Orten, wo Militairgerichte sich befinden, in ähnlicher Art, wie gegenwärtig die Referendarien zu ihrer Ausbildung im Kriminalfache auf drei Monat zu den Inquisitoriaten deputirt werden, einige von ihnen auf ihren Wunsch bei den Militairgerichten beschäftigt werden, und der Nachweis einer solchen dreimonatlichen Beschäftigung bei einem Militairgerichte dem Inquiriren bei einem Civilgerichte gleich geachtet werden soll.

Das Königl. Generalauditoriat ist von dem Königl. Militair-Justizdepartement angewiesen worden, den Obergerichten diejenigen Militairgerichte zu bezeichnen, an welche Referendarien deputirt werden können.

Das Präsidium des Königl. rc. hat die Referendarien hiervon in Kenntniß zu setzen, und deren Beschäftigung bei den Militairgerichten des Departements, an welche Referendarien deputirt werden können, zu veranlassen, wenn solche in Antrag gebracht wird.

Zugleich wird dem Präsidium zur Nachachtung bekannt gemacht, daß nach Allerhöchsten Anordnungen den Auditeuren eine freiwillige Beschäftigung bei den Civilgerichten nicht gestattet werden soll.

(v. K. Jhrb. Bd. 45. S. 476.)

c. **Rescript** vom 16. Juli 1835, und **C. O.** vom 11. Februar 1837, betreffend die Beschäftigung der Auditeure bei den Civilgerichten.

In Verfolg der Cirkular-Verfügung vom 29. April d. J. (Jhrb. Bd. 45. S. 476.),

wegen der Allerhöchst gestatteten Beschäftigung der Referendarien bei den Militairgerichten,

wird dem Präsidium des (Tit.) im Einverständniß mit dem Herrn Kriegsminister eröffnet, daß die Allerhöchste Kabinetsordre vom 22. Februar d. J., — welche eine freiwillige Beschäftigung der Auditeure bei den Civilgerichten untersagt, — auf diejenigen Auditeure nicht zu beziehen ist, welche mit Genehmigung ihrer vorgesetzten Militair-Dienstbehörde und des Justizministers bei einem Civilgerichte Behufs ihrer Vorbereitung zur dritten juristischen Prüfung arbeiten.

Berlin, den 16 Juli 1835.

(v. K. Jhrb. Bd. 46. S. 132.)

Auf den Bericht des Militair-Justizdepartements vom 7. d. M. über den Antrag des Generalauditoriats, den Auditeuren eine freiwillige Beschäftigung bei den Civilgerichten zu gestatten, um sich für die Civilpraxis auszubilden, bin Ich damit einverstanden, daß es bei der durch Meine Ordre vom 22. Februar 1835 festgestellten Regel fernerhin zwar zu belassen, will jedoch im Interesse der Auditeure genehmigen, daß von dem Militair-Justizdepartement im Einverständniß des betreffenden Justizministers den Auditeuren in einzelnen Fällen gestattet werden kann, bei einem an ihrem Garnisonorte befindlichen Civilgerichte, nach Maaßgabe ihrer Qualifikation als Mitglieder beschäftigt zu werden, nachdem sowohl der Militairvorgesetzte, als das Generalauditoriat darüber einverstanden sind, daß die eigentlichen Dienstgeschäfte des Auditeurs eine solche Nebenbeschäftigung zulassen, — die Beschäftigung bei dem Civilgerichte sofort aufhören muß, wenn entweder der Militairbefehlshaber oder das Generalauditoriat aus dienstlichen Gründen es für nöthig halten, worüber Ich dem Militair-Justizdepartement die Entscheidung beilege; — daß andrerseits auch dem Justizminister freistehen soll, die dem Auditeur ertheilte Erlaubniß zur Beschäftigung bei dem Civilgerichte zurückzunehmen, wenn der Auditeur die ihm bei demselben übertragenen Geschäfte vernachlässigt, oder den vermöge dieser Nebenbeschäftigung ihm sonst obliegenden Pflichten nicht nachkommt. Ich beauftrage das Militair-Justizdepartement, dies dem Generalauditoriat bekannt zu machen.

Berlin, den 11. Februar 1837.

(v. K. Jhrb. Bd. 49. S. 221.)

§. 17. b. In Provinzen, wo Justiz- und Kammerkollegia an einem Orte sich befinden, kann solchen Referendarien, die schon eine Zeit lang bei dem Justizkollegio gearbeitet haben, und sich nunmehr auch in den Geschäften des Kammerressorts praktische Kenntnisse zu erwerben wünschen, gestattet werden, ihre Ansetzung in eben dieser Qualität, auch bei der Kriegs- und Domainenkammer nachzusuchen. Doch müssen alsdann unter den Vorgesetzten beider Kollegien Einrichtungen verabredet werden, wonach diesen bei beiden Kollegien angesetzten Referendarien bei dem einen nur solche Geschäfte, und diese nur zu einer solchen Zeit aufgetragen werden, dass sie an gehöriger Abwartung der Geschäfte des andern Kollegii nicht behindert werden mögen.

1) **Reskript** vom 15. Juli 1815, betreffend die Zulassung der Regierungsreferendarien zu den Sessionen der Obergerichte.

Die Westpreußische Regierung hat darauf angetragen, daß dem Regierungsreferendarius N., ohne Auskultatur-Examen, der Zutritt zu den Geschäften des Königlichen Ober-Landesgerichts von Westpreußen gestattet, und überhaupt die Regierungsreferendarien zur Auskultatur bei den Ober-Landesgerichten oder andern Justizkollegien zugelassen werden möchten; und dieser Antrag ist von dem Ministerium des Innern unterstützt worden. Da nun der Justizminister hiergegen kein Bedenken hat, so wird das Königl. Ober-Landesgericht hierdurch angewiesen, die dortigen Regierungsreferendarien, wenn sie sich deshalb gehörig melden, und namentlich dem Regierungsreferendarius N., den Zutritt zu den Sessionen des Kollegii zu gestatten, ohne sie vorher der Prüfung als Auskultatoren zu unterwerfen, indem es sich von selbst versteht, daß aus einer solchen Zulassung keine Ansprüche auf einen Justizdienst hergeleitet werden können.

(v. K. Jhrb. Bd. 6. S. 16.)

2) **Reskript** vom 4. Mai 1821, betreffend die Zulassung der Referendarien zu den Geschäften der Generalkommissionen.

Es ist von Seiten des Königl. Ministerii des Innern sowohl den Regierungs- als den Ober-Landesgerichts-Referendarien, zur Ausbildung ihrer Kenntnisse in der landwirthschaftlichen Geschäftspartie, die Gelegenheit dadurch eröffnet worden, daß sie während ihrer Bildungsperiode eine Zeitlang an den Geschäften der General-Kommission zur Regulirung der gutsherrlichen und bäuerlichen Verhältnisse, und den mit denselben verbundenen Gemeinheitstheilungen thätigen Antheil nehmen können, und es werden die solchergestalt bei den gedachten Kommissionen eintretenden Referendarien für die Zeit ihrer Beschäftigung bei denselben, und so lange sie als Gehülfen der Oekonomiekommissarien arbeiten, mit 1 Thaler fixirten Diäten remunerirt werden; diejenigen aber, welche als selbstständige Kommissarien als brauchbar befunden werden, noch eine Zulage von 1 Thaler 12 Gr. an temporären Diäten für die Zeit ihrer auswärtigen Beschäftigung erhalten.

Damit aber die Generalkommission sich dieser Gehülfen mit Nutzen bedienen könne, ist es erforderlich, daß diese das Referendariatsexamen bereits zurückgelegt, und sich schon genugsame Geschäftskenntnisse erworben haben, um demgemäß zu den, durch richterliche Personen zu verrichtenden, Kommissionsgeschäften gebraucht werden zu können.

Das Königl. Ober-Landesgericht wird daher aufgefordert, seine Referendarien zu ermuntern, daß sie zu ihrer mehrseitigen Ausbildung sich auf einige Zeit bei der Generalkommission anstellen lassen.

(v. K. Jhrb. Bd. 17. S. 271.)

3) **Rescript** vom 15. Mai 1837 nebst Anlage, betreffend die Beschäftigung der Referendarien bei der Polizeiverwaltung.

Das ꝛc. wird hierdurch auf das in den Annalen der Preußischen innern Staatsverwaltung, Jahrgang 1836, Heft 1. S. 160. abgedruckte Rescript des Königlichen Ministerii des Innern und der Polizei vom 24. März v. J.,

betreffend die Besetzung der höhern Polizei-Subaltern- und der Polizei-Kommissarienstellen, so wie die Zulassung und Ausbildung der Justizreferendarien zu solchen,

mit der Aufforderung aufmerksam gemacht, die Referendarien von demselben in Kenntniß zu setzen, und denjenigen Referendarien, welche sich für die Polizeiverwaltung auszubilden wünschen, oder bei derselben eine Anstellung nachsuchen und erhalten, den erforderlichen Urlaub und resp. den Wiedereintritt in den Justizdienst zu bewilligen.

Berlin, den 15. Mai 1837.

Anlage.

Es ist neuerlich der Fall vorgekommen, daß ein Justizreferendarius, welcher den Posten eines Polizeikommissarius bei einer Königl. Polizeibehörde nachgesucht, und, um sich für denselben gehörig auszubilden, sich erboten hat, einstweilen als Hülfsarbeiter unentgeldlich Dienste zu leisten, mit diesen Anträgen hauptsächlich deshalb zurückgewiesen worden ist, weil zunächst tüchtige und geübte Polizei-Sergeanten, so wie andere geringer besoldete Polizeibeamte ꝛc. berücksichtigt werden müßten.

Dies giebt Veranlassung, der Königl. Regierung bemerklich zu machen, daß, wenigstens der Regel nach, das Aufrücken der Polizei-Sergeanten in die Stellen der Polizeikommissarien nicht wünschenswerth erscheint.

Die Bildung derjenigen Personen, mit welcher gewöhnlich Sergeantenstellen besetzt werden, ist in ihren Grundlagen meist so mangelhaft, daß davon nichts für die Verwaltung eines Amtes zu hoffen ist, welches die Bestimmung hat, auch in schwierigeren und verwickelteren Fällen nach eigenem Ermessen selbstständig handelnd einzuschreiten. Außerdem würde es aber auch der Stellung der Polizeikommissarien in der Gesellschaft nicht vortheilhaft sein, wenn sie der Regel nach aus einer Klasse von Beamten hervorgingen, deren Stellung eine Verwendung zu allen und jeden Ausrichtungen ohne Unterschied mit sich bringt.

Es scheint eben so wenig räthlich, daß man Individuen, die ihrer Ausbildung nach höhere Ansprüche machen dürfen, als Sergeanten anstellt, als daß man Sergeanten deshalb, weil sie als solche ihren Beruf erfüllt haben, zu Kommissarien befördert; jenes nicht, weil die Befähigung zum Exekutivdienste höherer Grade nicht ein Durchgehen der untern bedingt, dieses nicht, weil die Anforderungen an einen Polizeikommissarius ganz andere sind, als diejenigen, wonach die Tüchtigkeit eines Polizei-Sergeanten zu beurtheilen ist. Dagegen empfiehlt es sich, bei den immer steigenden Ansprüchen an die Bildung der Polizeibeamten sowohl im Dienste als im Leben von dem Umstande, daß in einigen Zweigen des Staatsdienstes eine Ueberfüllung von jüngern Arbeitern vorhanden ist, für die Polizeiverwaltung Vortheil zu ziehen, indem man bei der dadurch gewonnenen größeren Auswahl darauf Bedacht nimmt, auch für die geringer besoldeten Polizeistellen Beamte von allgemeiner und höherer Vorbildung zu erlangen. In dieser Hinsicht sind besonders die Referendarien zu berücksichtigen, bei welchen vorzugsweise wissenschaftliche und zugleich schon einige Geschäftsbildung anzutreffen ist. Es bleibt zwar, insofern dieselben sich für den exekutiven Polizeidienst bestimmen, unerläßlich, daß sie sich in demselben zuvörderst bei einer größeren Polizeibehörde versucht haben; dies kann ihnen aber auch unbedenklich gestattet werden. Denn obgleich es sich von selbst versteht, daß jede Polizeiverwaltung die erforderlichen Arbeitskräfte in ihren besoldeten Beamten finden muß, so ist doch weder ein Anlaß, die unentgeldlich sich darbietende Hülfe zurückzuweisen, noch irgend ein Grund vorhanden, einem Referendarius die Gelegenheit zu seiner Ausbildung als Polizeibeamter zu versagen, zumal ein solcher schon durch das Universitätsstudium und die bestandene Prüfung Anstellungs-Ansprüche erworben hat, mithin auch durch seine Zulassung zur Hülfsleistung bei einer Polizeibehörde die Zahl der Anstellungsberechtigten keinesweges vermehrt wird, was bei jedem Civil-Supernumerarius, welcher sich erst durch unentgeldliche Beschäftigung Ansprüche auf Berücksichtigung erwerben will, immer der Fall ist.

Da nun außerdem der Besorgniß, daß aus einer solchen Dienstleistung ein unbedingtes Recht auf Anstellung in der Polizeiverwaltung hergeleitet werden möchte, durch gehörige Belehrung vorgebeugt werden kann, indem ausdrücklich zu bevorworten ist, daß nur in dem Falle vollständiger Befähigung auf Anstellung bei der Polizeiverwaltung gerechnet werden dürfe; so nehme ich um so weniger Anstand, die Königl. Regierung auf das in der großen Zahl Anstellung suchender Justizreferendarien und Auskultatoren sich darbietende Mittel zu einer zeitgemäßen allmäligen Verbesserung des noch immer nicht befriedigenden Zustandes der exekutiven Polizei, besonders aufmerksam zu machen, als die in dieser Beziehung bei der Polizeiverwaltung der hiesigen Residenz gemachten Erfahrungen zu einem befriedigenden Erfolge geführt haben.

Berlin, den 24. März 1836.

(v. K. Jhrb. Bd. 49. S. 481—83.)

Allgemeine Pflichten.

§. 18. Uebrigens müssen die den Justizbedienten überhaupt vorgeschriebenen Pflichten der Rechtschaffenheit, Akkuratesse, Arbeitsamkeit und Verschwiegenheit auch von den Referendarien heilig beobachtet werden; und sie müssen während der Zeit, da sie auf dieser Stufe stehen, sich einer fortgesetzt regelmäfsigen und stillen Aufführung befleissigen; widrigenfalls, wenn sie sich zum unordentlichen Leben, Schuldenmachen und andern Excessen hinreissen lassen, oder sonst die von ihnen geschöpfte Hoffnung ihrer künftigen Brauchbarkeit durch unverbesserlichen Leichtsinn, Trägheit oder Zerstreuungen vereiteln, die Präsidenten auf die Ausstossung solcher unwürdiger und untauglicher Subjekte, sonder Anstand oder Schonung, in Zeiten anzutragen schuldig sind.

1) **Reskript** vom 2. Mai 1831, betr. die Versetzung unfleißiger Auskultatoren von den Obergerichten zu Untergerichten.

Das Justizministerium autorisirt das Königl. Ober-Landesgerichtspräsidium auf dessen Bericht vom 19. v. M., Auskultatoren, welche schon bei dem Ober-Landesgerichte admittirt sind, wenn sie in Arbeitsreste verfallen, oder sonst unfleißig sind und dem ferneren Studium der Rechtswissenschaft sich nicht widmen, nachdem Erinnerungen und Strafbedrohungen jeden Eindruck verfehlt haben, ohne besondere Anfrage sofort an Untergerichte zu versetzen, bis sie überzeugende Beweise der Besserung und Sinnesänderung gegeben haben.

(v. K. Jhrb. Bd. 37. S. 370.)

2) **Reskript** vom 3. Oktober 1831, daß gegen Referendarien und Justizkommissarien Gefängnißstrafen als Ordnungsstrafen nicht zulässig sind.

Da die A. G. O. nur bestimmt, daß gegen Subalternbeamte auch Gefängniß- als Ordnungsstrafen verhängt werden können,

§. 11. Tit. 2. Thl. III. der Gerichtsordnung,

dieses aber in Ansehung der Referendarien und Justizkommissarien nicht festgesetzt ist, rücksichtlich der letzteren vielmehr nur Verweise und Geldstrafen und Einlegung des Exekutors als die Ordnungsstrafen

§. 42. Tit. 7. Thl. III. ibid.
bezeichnet sind, so kann, wie dem Königl. Ober-Landesgericht auf die Anfrage vom 13. v. M. eröffnet wird, bei Referendarien und Justizkommissarien, die unvermögend sind, die Ordnungsstrafen zu zahlen, die Verwandlung derselben in eine Gefängnißstrafe nicht angemessen gefunden werden.

Gegen Beamte dieser Art muß, wenn die Ordnungsstrafen nicht einzuziehen und deren Besserung nicht zu bewirken ist, nach §. 18. Tit. 4. und §. 42. Tit. 7. Thl. III. der Gerichtsordnung verfahren und auf ihre Entfernung aus dem Dienst gedrungen werden.

(v. K. Jhrb. Bd. 38. S. 389.)

Versorgung der Referendarien.

§. 19. Diejenigen hingegen, welche sich durch Fleiss, Applikation, Lust zur Arbeit, stilles und ordentliches Betragen auszeichnen, sollen zu wirklichen Justizbedienungen, nach dem Masse ihrer Talente und übrigen Kenntnisse, befördert werden.

Rescript vom 15. Oktober 1821, betreffend die Benachrichtigung der Universitäten von der amtlichen Anstellung der ehemaligen Studirenden, denen Kollegien-Honorare gestundet sind.

Mit Bezugnahme auf die Circular-Verfügung vom 4. August 1810, wegen Benachrichtigung von der amtlichen Anstellung der ehemaligen Studirenden, welche Kollegien-Honorare schuldig geblieben,

werden sämmtliche Königl. Gerichtsbehörden wiederholt angewiesen, diejenigen ehemaligen, der Rechte beflissen gewesenen Studirenden, welchen von den Professoren der Universitäten, oder den Docenten der Juristen-Fakultäten, auf den Grund des §. 141. des ersten Anhangs zum A. L. R., bis zu bessern Vermögensumständen die Honorare gestundet, und deren Stundung in den ihnen alsdann abzufordernden akademischen Entlassungszeugnissen vermerkt worden, sobald sie in ein öffentliches Amt treten, der Universität unter der Bemerkung des Charakters und der Charge des Angestellten anzuzeigen, damit die betreffenden Professoren ihre Schuldner alsdann an die rückständigen Honorare erinnern, und nöthigenfalls in rechtlichen Anspruch nehmen können. Sollten dergleichen angestellte Kandidaten hiernächst von einem Gericht zu einem andern versetzt werden, so sind die betreffenden Anstellungsakten, worin sich die akademischen Entlassungszeugnisse befinden, jedesmal an das letztgedachte Gericht zu übersenden.

(v. K. Jhrb. Bd. 18. S. 278.)

1) Mit Stellen bei Landes-Justizkollegien.

§. 20. Diejenigen unter ihnen, welche mit den obgedachten Qualitäten zugleich einen vorzüglichen Grad von Scharfsinn, praktischer Beurtheilungskraft, Rechtskenntniss, Deutlichkeit und Präcision des Vortrags verbinden, sollen bei den Landes-Justizkollegien als Assessoren und Räthe bestellt werden.

Vorbereitung und Prüfung.

§. 21. Dergleichen Subjekten müssen, wenn sie sich durch Führung der Protokolle, und durch selbst eigene Abhaltung einiger leichter Instruktionen, in dieser Arbeit schon einigermassen geübt haben, drei oder vier Instruktionen in wichtigen und verwickelten Sachen aufgetragen; ihnen aber dabei jederzeit ein im Instruktionsgeschäfte vorzüglich geschickter und geübter Rath zugeordnet werden.

Anh. §. 452. *Die Zulassung zu den Vorbereitungsarbeiten zum dritten Examen sollen die Präsidenten nur alsdann verfügen, wenn sie sorgfältig geprüft haben, ob der zur Probeinstruktion sich meldende Referendarius auch die* §. 19. 20. *dieses Titels angezeigten Eigenschaften besitze, in-*

gleichen, ob er hinlängliche Proben seiner Fertigkeit in mündlichen Vorträgen abgelegt habe.

Circulare vom 12. Oktober 1804 ad b, aufgenommen in §. 452. des Anh.

Anh. §. 453. *Als solche Sachen, welche sich zur Probeinstruktion eignen, können auch erhebliche Untersuchungen angesehen werden.*

§. 22. Dieser muss dem Referendarius die eigene Führung der Instruktion zwar überlassen, und ihn dabei nur so weit leiten und dirigiren, dass die Sache selbst, und die Gerechtsame der Parteien durch etwanige Fehler derselben nicht leiden mögen; er muss aber den Terminen, wenigstens denjenigen, in welchen die Aufnehmung der Klage, die Beantwortung derselben, die Regulirung des Status causae et controversiae, und die Vernehmung der Zeugen erfolgt, selbst beiwohnen, und sein Benehmen bei Examinirung der Parteien, bei Abfassung der Protokolle, bei der Auseinandersetzung der Thatsachen, und bei der Absonderung der erheblichen von den unerheblichen, genau beobachten.

Anh. §. 454. *Die zur Aufsicht bei den Probeinstruktionen bestellten Räthe haben darauf zu sehen, dass die Instruktion nicht aus den Manualakten zusammen geschrieben oder die Einlassung von den Justizkommissarien zum Protokolle diktirt werde. Das über die Probeinstruktion zu ertheilende Attest muss auch hierüber die pflichtmässige Bescheinigung enthalten.*

§. 23. Dieser Aufseher muss hiernächst über den Grad des Fleisses, der Akkuratesse und Sorgfalt, des Scharfsinns, der Beurtheilungskraft und Ueberlegung, welche der Kandidat bei diesen Probearbeiten erwiesen hat, ein umständliches Attest, seiner Pflicht und seinem geleisteten Amtseide gemäss, ausstellen.

1) **Circulare** vom 12. Oktober 1804 ad 7, aufgenommen in §. 454. des Anh.

2) **Rescript** vom 12. August 1833, betreffend die Aufhebung besonderer Probeinstruktionen, und **Instruktion** vom 8. Februar 1834, betreffend die veränderte Einrichtung des dritten Examens, §. 6., so wie die hierzu ergangenen Erläuterungen; s. nach §. 29. dieses Titels.

§. 24. In der Zwischenzeit muss sich ein solcher Referendarius nach wie vor im Dekretiren und Referiren fleissig zu üben fortfahren; und es müssen ihm dabei vorzüglich geschickte und akkurate Korreferenten zugegeben werden.

§. 25. Wenn nun das Kollegium pflichtmässig dafür hält, dass der Kandidat sich durch alle diese Proben zu dem gesuchten Posten eines Raths hinlänglich geschickt bewiesen habe; so muss der Präsident ein umständliches Zeugniss darüber ausstellen, und selbiges nebst dem §. 23. beschriebenen Atteste und einigen schon abgethanen und reponirten Akten, worin er als Instruent gearbeitet hat, an den Chef der Justiz einsenden. An Orten, wo besondere Pupillenkollegia sind, muss der Kandidat von deren Vorgesetzten ebenfalls ein Attest seines bei selbigem erwiesenen Fleisses, und der auch in diesem Fache sich erworbenen praktischen Kenntnisse, beibringen.

1) a. **Reskript** vom 26. Dez. 1815, betreffend die Einrichtung der zum dritten Examen erforderlichen Atteste.

Der Justizminister findet sehr selten in den Berichten über die zur Prüfung bei der Immediat-Examinationskommission sich stellenden Referendarien, daß sie speziell auch in Pupillen-, Hypotheken- und Deposital-Kassensachen sich geübt, und darin die nöthige Fertigkeit und Kenntnisse sich verschafft haben, wie solches bei dem Kammergericht geschieht.

Es werden daher hierüber in den künftigen Berichten spezielle Atteste des Präsidii, oder derjenigen Räthe, unter deren Leitung die Referendarien in diesen Geschäften gearbeitet haben, erwartet. Die Referendarien, die das dritte Examen machen wollen, müssen in Hinsicht der Pupillen- und Hypothekensachen an bestimmte und vorzüglich geschickte Räthe gewiesen werden, und unter deren Direktion Dekrete entwerfen, und diese Räthe müssen alsdann den Referendarien über ihre Kenntnisse und Geschicklichkeit ein mit einzusendendes Attest ausstellen. Was insbesondere die Depositalverwaltung anbetrifft, so müssen die Referendarien an die jedesmaligen Kuratoren des Depositi gewiesen werden, und diese müssen sie zu den Depositalarbeiten zuziehen, von ihnen die Nebenprotokolle führen lassen, und überhaupt dafür sorgen, daß sie auch in diesen Geschäftsbranchen eine lebendige Kenntniß und praktische Fertigkeit erhalten, auch ihnen darüber ein ebenfalls einzureichendes Attest ausstellen.

(v. K. Jhrb. Bd. 6. S. 15.)

b. **Reskript** vom 3. Oktober 1831, betreffend das Verfahren bei der Vorbereitung und Zulassung eines schon angestellten Unterrichters zur dritten Prüfung.

Das Justizministerium ist nicht der Meinung, daß die Anstellung eines Referendarius als Unterrichter dessen Gesuch um Zulassung zur dritten Prüfung unzulässig mache; derselbe muß aber den Vorschriften der Gerichtsordnung so genügen, daß das Königl. Ober-Landesgericht und der Präsident desselben das nach §. 25. Tit. 4. Thl. III. der Gerichtsordnung erforderliche Attest ausstellen, und ihn mit demselben präsentiren können.

Wie lange ein solcher Unterrichter beim Kollegio arbeiten muß, um das Attest zu erhalten, läßt sich nicht nach Zeitabschnitten bestimmen. Es kommt hierbei auf seine Qualifikation und auf die Ueberzeugung des Kollegii an. Unbedenklich muß aber der Unterrichter, welcher zu seiner Vorbereitung zur dritten Prüfung, oder des Examens wegen, seine Stelle nicht verwaltet, die Kosten der Unterhaltung eines Stellvertreters tragen. Unzulässig würde es in dem, zur Anfrage vom 20. v. M. Veranlassung gegebenen, Falle mit dem Justizamtmann N. N. zu M. M. sein, dessen Vertretung durch die sehr beschäftigten Beamten beim Justizamte P. P. bewirken zu lassen.

Daß ein Unterrichter kommissarisch instruirte Prozesse, bei denen kein Codeputirter gewirkt hat, als Probeinstruktion beigebracht, ist schon nachgelassen, und würde auch hier eintreten können.

(v. K. Jhrb. Bd. 38. S. 387.)

c. S. übrigens **Instruktion** vom 8. Februar 1834, betreffend die veränderte Einrichtung des dritten Examens; nach §. 29. dieses Titels.

2) **Reskript** vom 9. Januar 1833, wegen Dispensation der Referendarien von praktischen Arbeiten nach ihrer Zulassung zum dritten Examen.

Ew. Hochwohlgeboren eröffne ich auf den, in Betreff der Zulassung der Referendarien zur dritten Prüfung unterm 5. d. M. erstatteten Bericht:

Sobald die Benachrichtigung von Seiten des Justizministers eingeht, daß die Immediat-Examinationskommission den Auftrag zur Prüfung eines Referendarii erhalten habe, ist derselbe von allen weiteren Arbeiten zu dispensiren. So sehr der Justizminister es wünschen muß, daß die Auskultatoren und Referendarien recht vielseitig bei den Gerichten beschäftigt, an eine ausdauernde regelmäßige Thätigkeit gewöhnt, und, wenn es nicht anders sein kann, sogar mit gebührendem Ernst zur Erfüllung ihrer Obliegenheiten angehalten werden, damit der Staat brauchbare und fleißige Justizbeamte gewinnt — und so sehr der Justizminister diese wesentliche

Pflicht ihres Berufs den Präsidenten und Dirigenten der Gerichte nicht genug empfehlen kann; so muß den Referendarien andererseits die erforderliche Zeit zur Ausarbeitung ihrer Proberelationen und zur nochmaligen Repetition ihrer theoretischen Studien gelassen werden.

Es ist die Absicht, daß sie ihren schriftlichen Arbeiten diejenige Vollendung geben, die sie ihnen überhaupt zu geben im Stande sind, damit man eben dadurch den Kandidaten recht treffend beurtheilen, den hellen Kopf, der das Wesentliche vom Unwesentlichen zu sondern versteht, so wie den Verfertiger von weitläuftigen Aktenauszügen, den gebildeten, der Sprache und eines wohlgeordneten präcisen Vortrags mächtigen Referenten und den unausgebildeten, unsichern, sich wiederholenden Scribenten unterscheiden kann.

Bei dem umfassenden Gebiete der Rechtswissenschaft muß endlich auch dem Referendarius, der während der Universitäts- und seiner ganzen Dienstzeit sich mit dem Studium der Jurisprudenz fleißig beschäftigt hat, einige Zeit gegönnt werden, um sich zu sammeln, seine Kenntnisse in den einzelnen Theilen der Rechtswissenschaft in ihrem systematischen Zusammenhange zu ordnen, und sich eine möglichst klare Uebersicht der leitenden Grundsätze zu verschaffen.

Von dem günstigen Ausfall der dritten Prüfung hängt die Stellung ab, die der Geprüfte künftig im Staatsdienst einehmen soll, und darum ist es wichtig und nothwendig, jedem Referendarius die Zeit zu lassen, welche er braucht, um ernst und tüchtig sich auf die Prüfung vorzubereiten.

(v. K. Jhrb. Bd. 41. S. 234.)

§. 26. Der Kandidat muss sich hiernächst bei dem Chef der Justiz persönlich melden, und die erforderliche Verordnung wegen seiner Prüfung an die dazu von seiner Königlichen Majestät verordnete Immediatkommission nachsuchen.

§. 27. Diese Kommission muss

1) die von dem Chef der Justiz ihr zugefertigten **§. 25.** erwähnten Probeakten einem ihrer Mitglieder zur genauen Censur übergeben; sie muss

2) dem Kandidaten Akta zu einer doppelten Proberelation zustellen, und dazu weitläufige, wichtige, auf mehreren Quaestionibus facti et juris beruhende Sachen ganz eigentlich aussuchen. Der Kandidat muss bei Ausarbeitung dieser Relationen nicht allein von seiner gründlichen Rechtskenntniss, sondern auch von seiner Gabe, eine verwickelte Sache deutlich und richtig auseinander zu setzen, und bei deren Beurtheilung den rechten Punkt zu treffen, ablegen; zu dem Ende auch das Verfahren bei der Instruktion in den ihm vorgelegten Akten genau prüfen; die etwanigen dabei vorgefallenen Mängel gehörig anmerken, und seine Meinung, wie denselben vorgebeugt, oder die Sache kürzer und doch vollständiger, oder sonst zweckmässiger hätte zusammengefasst werden können, abgeben; übrigens aber eine schriftliche an Eides Statt ausgestellte Versicherung, dass er diese Proberelationen selbst ohne fremde Beihülfe verfertigt habe, beifügen. Endlich und

Rescript vom 30. März 1830, betreffend die Form der Proberelationen.

Zur Erleichterung der Mitglieder der Immediat-Justiz-Examinations-Kommission bei den Censuren der Proberelationen dient es, wenn die letzteren geheftet, foliirt, deutlich geschrieben und mit einem breiten Rande versehen sind.

Die Immediat-Examinations-Kommission erwartet daher, daß die Kandidaten die vorzulegenden Relationen hiernach einrichten.

(v. K. Jhrb. Bd. 35. S. 135.)

3) muss die Kommission ein strenges Examen in der Theorie der Rechtsgelehrsamkeit mit dem Kandidaten anstellen, und dabei ihre Fragen dergestalt einrichten, dass nicht bloss sein Gedächtniss, sondern auch der ihm beiwohnende Grad von Scharfsinn und Beurtheilungskraft dadurch auf die Probe gestellt werden.

§. 28. Von dem Ausfalle dieser Prüfung muss die Kommission treu und umständlich an den Chef der Justiz berichten, und diesem Berichte sowohl die Censur über die Probeakten, als auch die Proberelationen und deren Censur beilegen.

§. 29. Die Kommission muss diesen ihren Bericht hauptsächlich darauf richten:

ob der Kandidat bei allen mit ihm angestellten Proben eine so vorzügliche Geschicklichkeit bewiesen habe, dass er vor Anderen als Rath bei einem Landes-Justizkollegio bestellt zu werden verdiene;

oder

ob er nach dem Maasse seiner Fähigkeiten und Kenntnisse nur zu einer minder wichtigen Justizbedienung qualificirt sei.

1) **Rescript** vom 12. August 1833, betreffend die Aufhebung der Probeinstruktionen, und die Anfertigung der Proberelationen zum dritten Examen.

Von des Königs Majestät ist durch Allerhöchste Ordre vom 30. v. M. genehmigt worden, daß von den Kandidaten des dritten Examens Probeinstruktionen ferner nicht erfordert, die Kandidaten vielmehr ein Verzeichniß aller von ihnen geführten Instruktionen und Untersuchungen einreichen sollen, welches die Benennung der Parteien, den Gegenstand des Prozesses, den Tag des Anfangs und des Schlusses der Instruktion, eine kurze Prozeßgeschichte und die Bemerkung, ob die Parteien die Instruktion persönlich abgewartet haben, enthalten muß, wobei dem Kandidaten jedoch die Befugniß zusteht, den dritten Theil der verzeichneten Instruktionen als solche, nach denen sie nicht beurtheilt werden wünschen, zu bezeichnen, daß die Immediat-Justiz-Examinations-Kommission drei von den verzeichneten nicht rekusirten Instruktionen, deren Auswahl dem Vorsitzenden der Immediat-Examinations-Kommission zustehen soll, von dem betreffenden Gerichte zur Censur einforden soll, und endlich, daß die Proberelationen vorzugsweise aus den kurrenten Akten eines der Provinzial-Landes-Justiz-Kollegien oder auch des Geheimen Ober-Tribunals anzufertigen sind.

Die Königliche Immediat-Justiz-Examinations-Kommission wird hiervon zur Nachachtung in Kenntniß gesetzt, und veranlaßt, vom 1. Okt. d. J. an keine Probeinstruktionen mehr zu erfordern, sondern aus den, von den Kandidaten bei ihrer Meldung zum dritten Examen einzureichenden Verzeichnissen drei Instruktionen oder Untersuchungen zur Censur sich vorlegen zu lassen und zu Probe-Relationen, wenn der Fall eintritt, daß der Kandidat dieselben bei dem Geheimen Ober Tribunal anzufertigen wünscht, nur kurrente Akten des Geheimen Ober-Tribunals zu gebrauchen und zu diesem Zwecke die Kandidaten anzuweisen, die Proberelation in duplo einzureichen.

Es bedarf übrigens wohl kaum der Erwähnung, daß, wenn einem Kandidaten vor dem 1. Oktober d. J. bereits Probeinstruktionen zugetheilt worden sind, demselben frei steht, diese zu vollenden und demnächst vorzulegen.

Berlin, den 12. August 1833.

Abschrift vorstehender Verfügung sämmtlichen Königl. Gerichtsbehörden zur Nachricht mit folgenden Anweisungen:

1) Die Kandidaten können sich zum dritten Examen nur erst dann melden, wenn sie mindestens Ein volles Jahr, nach erfolgter Ernennung zu Referendarien, bei den Landes-Justizbehörden und den Inquisitoriaten zur Zufriedenheit ihrer Präsidenten gearbeitet haben.

2) Bei der Meldung überreichen sie die Zeugnisse der Räthe, unter deren besonderer Aufsicht sie in den verschiedenen Zweigen des Dienstes beschäftiget

worden. Der Präsident trägt das Gesuch in dem Kollegio oder den Senaten vor, welche die Generalien, Hypotheken-, Verlassenschafts- und wichtigen Civilprozeßsachen zu bearbeiten haben, und verstattet nach dem Concluso derselben den Kandidaten zu den Probe-Relationen.

3) Hierzu hat der Präsident vorzugsweise solche Sachen auszuwählen, wobei zwei Mitglieder des Kollegii zu Referenten ernannt werden müssen, oder nach seinem Urtheile ernannt werden können, also wichtige Kriminalsachen, wovon jedoch höchstens eine zu distribuiren ist, Revisionssachen oder andere in letzter Instanz ergehende erheblichere Civilsachen. Ein Mitglied des Kollegii ist Korreferent und Censor, und das zweite Mitglied fertigt selbstständig sein Referat an.

Es ist bei diesen Probearbeiten darauf zu halten, daß sie zum praktischen Gebrauch mit Sorgfalt gearbeitet werden, daß kein erhebliches Moment übergangen sein darf, daß der schriftliche Vortrag sich aber dennoch durch eine gedrängte Kürze und durch Klarheit sowohl der faktischen Zusammenstellung als der Rechtsausführung empfehlen muß.

4) Sind die Relationen vorzüglich gut, oder mindestens gut gerathen, so reicht der Kandidat das Verzeichniß seiner Instruktionen und wichtigeren Kriminal- und fiskalischen Untersuchungen ein.

Er fügt diesem Verzeichnisse eine ganz kurze Erzählung der Hauptmomente des Prozesses oder der Untersuchung bei, damit die Immediat-Examinations-Kommission in den Stand gesetzt wird, eine Auswahl zu treffen.

5) Mit dem Berichte des Präsidenten über die Zulassung zum dritten Examen sind

a. die vorschriftsmäßigen Atteste und ein neu ausgearbeitetes Curriculum vitae des Kandidaten,

b. das Verzeichniß der Instruktionen mit dem dazu gehörigen geschichtlichen Vortrage,

c. die angefertigten beiden Proberelationen mit den Korreferaten, Censuren und den Relationen der zweiten Referenten,

einzureichen.

Es versteht sich übrigens, daß wenn die Proberelationen nicht gut ausgefallen sind, dem Kandidaten nach dem Ermessen des Kollegii entweder bald oder nach einiger Zeit andere Proberelationen zugetheilt werden können. Die nicht gelungenen Relationen werden in keinem Falle eingesendet. Sollte ein Kandidat es wünschen, bei dem Geheimen Ober-Tribunal die Proberelationen anzufertigen, so ist ihm dies zu gestatten, und es werden nur die zu 5. a. und b. bezeichneten Requisite eingereicht.

Berlin, den 12. August 1833.

(v. K. Jhrb. Bd. 42. S. 146.)

2) a. **Rescript** vom 8. Februar 1834, nebst **Instruktion** betreffend die veränderte Einrichtung des dritten Examens und der Immediat-Justiz-Examinations-Kommission.

Des Königs Majestät haben mittelst Allerhöchster Ordre vom 30. Juli v. J. anzuordnen geruhet, daß alle Kandidaten des dritten Examens die dritte Prüfung bei der Königl. Immediat-Justiz-Examinations-Kommission hierselbst bestehen sollen, damit sie dadurch die Qualifikation erhalten, in allen Provinzen der Monarchie in den höheren Richterstellen angestellt werden zu können.

Zugleich haben Se. Majestät mittelst Allerhöchster Ordre vom 17. Dez. v. J. genehmigt, daß die Zahl der Mitglieder der Immediat-Justiz-Examinations-Kommission durch einen der Räthe des Rheinischen Revisions- und Kassationshofes verstärkt werde, und bestimmt, daß die Examinations-Kommission sich in zwei Abtheilungen, jede zu drei Mitgliedern, theile, damit die Kandidaten schneller zur Prüfung gelangen.

Demgemäß erhält die Königl. Immediat-Justiz-Examinations-Kommission in der Anlage die Instruktion über das künftig bei ihr zu beobachtende Verfahren, nebst einer Abschrift des für die Rheinischen Prüfungen ergangenen Regulativs vom 16. Februar 1832 zur Nachachtung, und wird zugleich davon in Kenntniß gesetzt, daß der Geheime Ober-Revisionsrath von Brenning zum Mitgliede der Königlichen Immediat-Justiz-Examinations-Kommission auf die Dauer eines Jahres heute ernannt worden ist. Er erhält für jeden Kandidaten, an dessen Prüfung er Theil nimmt, einen Friedrichsd'or aus dem hierzu bestimmten Fonds des Justizministeriums.

Berlin, den 8. Februar 1834.

Instruktion
für die Immediat-Justiz-Examinations-Kommission zu Berlin.

Des Königs Majestät haben mittelst Allerhöchster Ordre vom 30. Juli v. J. zu bestimmen geruhet, daß, um die Kandidaten des Justizdienstes aus allen Provinzen zu den höheren Richterstellen in der ganzen Monarchie zu befähigen, dieselben das dritte Examen bei der Immediat-Justiz-Examinations-Kommission zu Berlin machen sollen. Zu dem Ende wird auf Allerhöchsten Befehl der Immediat-Justiz-Examinations-Kommission bis auf weitere Anordnung folgende Instruktion ertheilt:

§. 1. In Rücksicht auf diejenigen Justizstellen in den älteren Provinzen, zu welchen bisher das dritte Examen vor der Immediat-Justiz-Examinations-Kommission zu Berlin erforderlich war, verbleibt es bis auf Weiteres bei den bisherigen Bestimmungen.

In Hinsicht der Justizstellen in der Rheinprovinz, wozu nach dem Regulativ vom 16. Februar 1832 das dritte Examen erforderlich ist und zu denen auch die Stellen der Räthe, General-Advokaten und Prokuratoren bei dem Appellationshofe und dem Revisions- und Kassationshofe zu rechnen, verbleibt es einstweilen bei den Bestimmungen jenes Regulativs, doch muß das dritte Examen ohne Unterschied bei der Immediat-Justiz-Examinations-Kommission in Berlin stattfinden.

Wer in Neu-Vorpommern und in dem Ostrheinischen Theile des Regierungs-Bezirks Coblenz bei den Obergerichten oder den größeren Untergerichten als Rath, Advokat oder Notar angestellt zu werden wünscht, muß ebenfalls das dritte Examen bei der Immediat-Justiz-Examinations-Kommission zu Berlin bestanden haben.

Von den Bestimmungen dieses §. sind nur diejenigen ausgenommen, welche vermöge der bisher bestandenen Vorschriften die Qualifikation zu einer dieser Stellen bereits erworben haben.

§. 2. Wenn der Kandidat als Referendar, bei einem Gerichte desjenigen Theils der Rheinprovinz, in welchem das Französische Recht als gemeines Recht besteht, gearbeitet hat, und nur in diesem Theile der Rheinprovinz angestellt sein will: so muß er bei der Immediat-Justiz-Examinations-Kommission:

a) gründliche Kenntniß des gemeinen Rechts,
b) gründliche Kenntniß des Rheinischen Rechts,
c) allgemeine Kenntniß des Preuß. gemeinen Rechts überhaupt und spezielle Kenntniß des Preußischen Kriminalrechts

darlegen, und

zwei Proberelationen aus den Akten des Revisions- und Kassationshofes, die eine aus Civil-, die andere aus Kriminalakten,

ausarbeiten.

§. 3. Hat aber der Kandidat als Referendar bei einem Gerichte desjenigen Theils der Rheinprovinz, in welchem das Französische Recht gilt, gearbeitet, und will er nicht nur in der Rheinprovinz, sondern auch in den übrigen Provinzen angestellt sein, so muß er

a) gründliche Kenntniß des gemeinen Rechts
b) desgl. des Rheinischen Rechts,
c) desgl. des Preuß. gemeinen Rechts,

darlegen und

1) zwei Proberelationen, eine aus den Akten des Geheimen Ober-Tribunals, die andere aus den Akten des Revisions- und Kassationshofes ausarbeiten, und
2) ein Attest des Dirigenten eines altländischen Gerichts, daß er sich nach der zweiten Prüfung wenigstens ein Jahr bei letzterem mit Inquiriren und Instruiren, Dekretiren und Referiren in Prozeßsachen, so wie mit Dekretiren in Hypotheken-, Vormundschafts- und Verlassenschaftssachen beschäftigt und dabei vorzügliche oder gute, oder hinreichende Kenntnisse gezeigt hat, beibringen.

§. 4. Wenn der Kandidat bei einem Gerichte, wo die Allgemeine Gerichtsordnung gilt, oder bei einem Gerichte in Neu-Vorpommern oder im Ostrheinischen Theile des Regierungsbezirks Koblenz als Referendar gearbeitet hat, und nur in diesen Landestheilen angestellt sein will, so muß er

a) gründliche Kenntniß des gemeinen Rechts

und

b) gründliche Kenntniß des Preußischen Rechts

darthun und

1) zwei Proberelationen aus den Akten eines der Provinzial-Landes-Justiz-Kollegien, oder des Geh. Ober-Tribunal ausarbeiten und
2) ein Attest des Dirigenten eines Gerichts, wo die Allgemeine Gerichtsordnung gilt, daß er bei letzterem sich nach der zweiten Prüfung wenigstens ein Jahr mit Inquiren und Instruiren, Dekretiren und Referiren in Prozeßsachen, so wie mit Dekretiren in Hypotheken-Vormundschafts- und Verlassenschaftssachen beschäftigt und dabei vorzügliche, oder gute oder hinreichende Kenntnisse gezeigt hat, beibringen.

§. 5. Wenn der Kandidat bei einem der §. 4. gedachten Gerichte als Referendar gearbeitet hat, und nicht bloß in diesen Landestheilen, sondern auch in der Rheinprovinz angestellt sein will; so muß er

a) gründliche Kenntniß des gemeinen Rechts,
b) gründliche Kenntniß des Preuß. Rechts,
c) allgemeine Kenntniß des Rheinischen Rechts

darthun, und

1) zwei Proberelationen, eine aus den Akten eines der Provinzial-Landes-Justiz-Kollegien oder des Geh. Ober-Tribunals, die andere aus den Akten des Revisions- und Kassationshofes abfassen, und
2) ein Attest des Dirigenten eines altländischen oder Posenschen Gerichts, daß er bei letzterem nach der zweiten Prüfung sich wenigstens ein Jahr mit Inquiriren und Instruiren, Dekretiren und Referiren in Prozeßsachen, so wie mit Dekretiren in Hypotheken-, Vormundschafts- und Verlassenschaftssachen beschäftigt und dabei vorzügliche, oder gute, oder hinreichende Kenntnisse gezeigt hat;
3) ein Attest des Präsidenten und Ober-Prokurators eines Rheinischen Landgerichts, daß er bei letzterem nach der zweiten Prüfung wenigstens ein Jahr mit Referiren, mündlichen und schriftlichen Vorträgen, Abhaltung von Kommissionsterminen, Führung von Untersuchungen und Arbeiten des öffentlichen Ministerii beschäftigt, und dabei vorzügliche, oder gute, oder hinreichende Kenntnisse gezeigt hat, beibringen.

§. 6. Probeinstruktionen werden von dem Kandidaten des dritten Examens nicht erfordert, statt derselben haben aber die in den §§. 3. 4. und 5. gedachten Kandidaten mit dem Gesuch um Zulassung zur Prüfung (§. 7.) ein Verzeichniß sämmtlicher von ihnen geführten Instruktionen und Untersuchungen, deren jedoch zusammen wenigstens 9 sein müssen, einzureichen, welches die Benennung der Parteien und des Gegenstandes des Prozesses, den Tag des Anfangs und des Schlusses der Instruktion und die Bemerkung, ob die Parteien persönlich die Instruktion abgewartet haben, und bei Untersuchungen eben diese Rubriken, mit Ausnahme der letztern, enthalten muß. Dem Kandidaten wird nachgelassen, den dritten Theil der verzeichneten Instruktionen als solche, nach welchen er nicht wünscht beurtheilt zu werden, zu bezeichnen.

§. 7. Der Kandidat hat sich, wenn er als Referendar bei einem Gerichte in der Rheinprovinz, gearbeitet hat, bei dem Minister zur Revision der Gesetze und Justizverwaltung der Rheinprovinz, falls er aber als Referendar bei einem der übrigen Gerichte beschäftigt gewesen ist, bei dem Minister für die Justizverwaltung in den übrigen Provinzen, und in den Fällen der §§. 3. und 5. bei beiden Justizministern, um Zulassung zur dritten Prüfung zu melden, dieser Meldung ein Attest des Präsidenten des Gerichts und in der Rheinprovinz auch des Ober-Prokurators, über sein Wohlverhalten und seine Qualifikation zum höhern Justizdienste so wie in den geeigneten Fällen die in dem §. 3. unter 2., §. 4. unter 2., und §. 5. unter 2. und 3. erwähnten Atteste und das im §. 6. erwähnte Verzeichniß beizufügen und sich zugleich zu erklären; ob er nur in der Rheinprovinz, nur in den übrigen Provinzen oder in allen Provinzen angestellt zu werden wünscht.

§. 8. Die Meldungen sind in der Rheinprovinz bei dem Präsidenten und Ober-Prokurator des Landgerichts, unter Beifügung der im §. 26. des Regulativs vom 16. Februar 1832 gedachten Atteste, einzureichen, von welchem sie durch den Präsidenten und General-Prokurator des Appellationshofes auf die im §. 29. des gedachten Regulativs vorgesehene Weise an den Justizminister gelangen.

In den übrigen Provinzen sind die Meldungen, welche jedoch nur dann zugelassen werden, wenn der Kandidat wenigstens ein Jahr lang als Referendar gearbeitet hat, bei dem Präsidenten des Obergerichts einzureichen, durch welchen sie an den Justizminister befördert werden.

§. 9. Die Atteste der Präsidenten der Gerichte sind zwar von denselben den Kandidaten nur nach dem Urtheile der Majorität der beim Kollegio angestellten Räthe, welche darüber ihre Stimme schriftlich abzugeben haben, zu ertheilen, es steht ihnen jedoch frei, ihr von der Majorität abweichendes Urtheil in den Attesten besonders anzuführen.

§. 10. Den Auftrag zur Prüfung erhält die Immediat-Justiz-Examinations-Kommission durch die Justizminister.

§. 11. Die Examinations-Kommission theilt dem Kandidaten, wenn er nicht bereits die Proberelationen bei dem Landes-Justizkollegium angefertigt hat, die dazu erforderlichen Akten mit, und fordert zugleich in den geeigneten Fällen von dem betreffenden Gerichte 3 von den verzeichneten und nicht rekusirten (§. 6.) Instruktionen zur Prüfung ein. Die Akten sind von dem Kandidaten jedenfalls nach Ablauf von 6 Wochen zurück zu reichen.

§. 12. Zu den Probe-Relationen sollen nur Akten der Landes-Justiz-Kollegien, des Geheimen Ober-Tribunals, oder des Kassationshofes verwandt werden, welche noch kurrent und in den beiden letztern Fällen so viel möglich Akten sein müssen, in welchen die bei der Examinations-Kommission angestellten Mitglieder der gedachten Gerichte zu Re- oder Korreferenten ernannt sind.

Den letztern steht die Censur der Proberelationen vorzugsweise vor den übrigen Mitgliedern der Kommission zu.

§. 13. Will der Kandidat die Proberelation aus den Akten eines Landes-Justiz-Kollegii anfertigen, so ist dabei nach der Vorschrift der Cirkular-Verfügung vom 12. August 1833 zu verfahren.

§. 14. Die Censur der Instruktionen wird mit Rücksicht auf das Zeugniß der Dirigenten der Gerichte von einem Mitgliede der Examinations-Kommission vorgenommen.

§. 15. Nach beendigtem mündlichen Examen berichtet die Kommission unter Wiedereinreichung des Präsidialberichts und des Gesuchs und deren Anlagen, so wie unter Beifügung der Proberelationen und der nach den unten gedachten 3 Kategorien abzufassenden Censuren, sowohl der Proberelationen als der Censuren, an das Justizministerium über den Ausfall der Prüfung, und giebt zugleich ihr motivirtes Gutachten darüber ab: ob der Kandidat bei der mündlichen Prüfung als vorzüglich, als gut, oder nur als hinreichend qualifizirt befunden worden ist.

§. 16. Wenn der Kandidat bei der Prüfung vor der Immediat-Examinations-Kommission sich nur für die Rheinprovinz oder nur für die übrigen Provinzen bestimmt; so wird ihm, wenn er später sich für beiderlei Provinzen qualifiziren will, gestattet, dasjenige von den obgedachten Erfordernissen, dem er nach jener seiner früheren Bestimmung bei der ersten Prüfung nicht zu genügen hatte, nachzuholen.

§. 17. Hat der Kandidat die Prüfung ganz oder zum Theil nicht genügend bestanden, so wird er nur noch einmal zur Wiederholung der ganzen oder theilweisen Prüfung zugelassen.

§. 18. Da die Immediat-Justiz-Examinations-Kommission um ein Mitglied durch einen Rath des Rheinischen Revisions- und Kassationshofes vermehrt worden ist, so theilt sich dieselbe in zwei Abtheilungen, deren jede aus drei Mitgliedern besteht und von dem Dirigenten der Kommission präsidirt wird. Das Mitglied aus dem Revisions- und Kassationshofe ist bei allen Prüfungen, welche auf das Rheinische Recht zu richten sind, zuzuziehen, kann jedoch auch an allen den übrigen Prüfungen konkurriren.

§. 19. Es dürfen nur höchstens fünf Kandidaten an einem Tage und nur am Vormittage geprüft werden.

§. 20. Alle bisherigen Vorschriften über die Prüfung der Kandidaten, so weit sie der gegenwärtigen Instruktion nicht entgegen stehen, bleiben in Kraft.

Berlin, den 8. Februar 1834.

(v. K. Jhrb. Bd. 43. S. 141.)

b. **Rescript** vom 20. April 1835 nebst Bericht, daß Referendarien, welche sich zur dritten Prüfung qualifiziren wollen, wenigstens ein Jahr bei einem Landesjustizkollegium gearbeitet haben müssen.

Das Ober-Landesgericht berichtet gehorsamst in Betreff der zur dritten Prüfung sich qualifizirenden Referendarien.

Es ist der Zweifel bei uns entstanden, ob die Referendarien, welche (in unserm Departement) sich zur dritten Prüfung qualifiziren, wenigstens ein Jahr lang bei dem Ober-Landesgericht und Inquisitoriate als Referendarien gearbeitet haben müssen, oder ob es, um dem §. 4. des Regulativs vom 8. Februar v. J. zu genügen, hinreicht, daß sie bei einem der Untergerichte des Departements fungirt haben.

Der Zweifel entsteht daraus, daß im §. 4 und 8. nicht ausdrücklich gesagt ist, der Kandidat müsse beim Obergerichte gearbeitet haben, hingegen im §. 9. vorausgesetzt wird, daß die Mitglieder des Gerichts, von dessen Präsidenten ihm das Präsidialattest zu ertheilen, aus Räthen bestehen, was mit Ausnahme des hiesigen Stadtgerichts bei keinem unserer Untergerichte der Fall ist, während selbst bei diesem die Mitglieder eben so wenig, wie die der übrigen Untergerichte, die Qualifikation zu Obergerichts-Mitgliedern haben oder bedürfen. Ew. Excellenz erlauben wir uns deshalb um Entscheidung dieses Zweifels ehrerbietig zu bitten.

Münster, den 11. April 1835.

Dem Königl. Ober-Landesgericht wird auf die Anfrage vom 11. d. M. eröffnet, daß Referendarien, welche sich zur dritten Prüfung qualifiziren wollen, allerdings wenigstens ein Jahr lang bei einem Landesjustizkollegium und Inquisitoriate gearbeitet haben müssen, da die Bestimmungen der A. G. O. Thl. III. Tit. 4. §. 33. Tit. 8. §. 4. und des Cirkulars vom 12. August 1833 (Jhrb. Bd. 42. S. 148.) nicht aufgehoben sind, und der Justizminister hiervon nur ausnahmsweise mit Rücksicht auf den §. 472. des Anhanges zur A. G. O. dispensirt.

Dem §. 4. Nr. 2. des Regulativs vom 8. Februar v. J. genügt aber der Kandidat auch durch das Attest des Dirigenten eines Untergerichts, und nur das im §. 7. erwähnte allgemeine Attest über sein Wohlverhalten und seine Qualifikation zum höhern Justizdienst muß nothwendig vom Präsidenten des Ober-Landesgerichts ertheilt werden.

Mit Rücksicht auf die Schlußbemerkung macht übrigens der Justizminister das Königl. Ober-Landesgericht darauf aufmerksam, daß zu Stellen bei dem dortigen Stadtgericht die im §. 34. Tit. 4. Thl. III. der A. G. O. vorgeschriebene Prüfung erforderlich ist.

Berlin, den 20. April 1835.

(v. K. Jhrb. Bd. 45. S. 475.)

c. **Rescript** vom 4. Mai 1836, betreffend die Probeinstruktion zur dritten Prüfung.

Da sich seit Ausführung der Verordnung vom 1. Juni 1833 die Zahl der Rechtsstreitigkeiten, welche nach Vorschrift der A. G. O. instruirt werden, bei den Gerichtsbehörden bedeutend vermindert hat, und dadurch bei mehreren Obergerichten den Referendarien, die sich der dritten Prüfung unterwerfen wollen, die im §. 6. der Instruktion für die Immediat-Justiz-Examinations-Kommission vom 8. Februar 1834 vorgeschriebene Führung und Vorlegung einer angemessenen Zahl von Instruktionen zum Nachweis ihrer im Instruiren erlangten Ausbildung erschwert wird; so will der Justizminister gestatten, daß außer den gewöhnlichen Civil-Prozeß-Instruktionen und Untersuchungen noch folgende prozessualische Verhandlungen in das vorzulegende Instruktions-Verzeichniß aufgenommen werden können:

1) Instruktionen zweiter Instanz, wenn neue Thatsachen angebracht werden,
2) Instruktionen über einzelne Liquidate in Konkurs- und Liquidations-Prozessen, und
3) Verhandlungen in summarischen Prozessen, wenn der Kandidat sich allen Verrichtungen und Obliegenheiten unterzogen hat, welche das Gesetz dem Einzelnrichter und resp. Deputirten bei vollständiger Verhandlung solcher Sachen auferlegt.

Jedenfalls aber ist darauf zu halten, daß

a. in das vorzulegende Verzeichniß sämmtliche von dem Kandidaten seit dem Anfange des Jahres 1834 vollständig geführte Untersuchungen, Instruktionen und Verhandlungen im summarischen Prozesse aufgenommen werden, und daß sich
b. unter den verzeichneten Sachen wenigstens sechs Untersuchungen und Instruktionen nach dem in der A. G. O. vorgeschriebenen Verfahren befinden.

Den Präsidien bleibt es überlassen, bei zu großer Konkurrenz der Referendarien diejenigen von ihnen, welche ihre Instruktionen in möglichst kurzer Zeit zu liefern wünschen zu diesem Behufe auswärtigen Untergerichten zu überweisen.

(v. K. Jhrb. Bd. 47. S. 573.)

d. α. **Rescript** vom 13. Oktober 1834, daß in den zu Proberelationen zugetheilten Sachen noch von einem Mitgliede des Kollegii vollständig referirt werden muß.

Die Königliche Immediat-Justiz-Examinations-Kommission hat bei dem Justizminister darüber Beschwerde geführt, daß, wiewohl der §. 13. der für die genannte Kommission unterm 8. Februar c. (Jhrb. Bd. 43. S. 147.) ergangenen Instruktion ausdrücklich auf das Cirkular-Rescript vom 12. August v. J. (Jhrb. Bd. 42. S. 146.) verweiset, die hierin unter Nr. 3 und 5. enthaltene Vorschrift,

> wonach den bei den Obergerichten zur Probe referirenden Kandidaten ein Mitglied des Kollegiums als Korreferent zugeordnet, von einem andern Mitgliede als zweiten Referenten ein selbstständiges Referat geliefert, und dieses hiernächst den übrigen an die Examinations-Kommission gelangenden Verhandlungen beigefügt werden soll,

von mehreren Obergerichten in so fern nicht gehörig befolgt wird, als zwar zwei Referenten aus der Mitte des Kollegiums ernannt zu werden pflegen, jedoch beide nur als Korreferenten ein bloßes Votum ohne species facti liefern. Da nun das erwähnte vollständige Referat des zweiten Referenten der Examinations-Kommission zur Beurtheilung des faktischen Vortrages in der Proberelation des Kandidaten unentbehrlich ist, und durch dessen Mangel mithin die Kommission in die Nothwendigkeit versetzt wird, die Arbeiten des Kandidaten zurückzuschicken, dies aber eine beträchtliche Verzögerung bei den Prüfungen veranlaßt, so wird das Königl. rc. zur genauen Beobachtung der gedachten Bestimmung des §. 13. der Instruktion vom 8. Februar c. und des Cirkular-Rescripts vom 12. August v. J. hierdurch angewiesen.

(v. K. Jhrb. Bd. 44. S. 384.)

β. **Rescript** vom 8. Februar und 12. Mai 1837, betreffend die Anfertigung der Proberelationen zur dritten Prüfung.

Durch die Cirkular-Verfügung vom 12. August 1833 und die Instruktion vom 8. Februar 1834 ist den Kandidaten zur dritten Prüfung für den Justizdienst, die Wahl freigestellt, ob sie die Proberelationen aus den Akten des Landesjustizkollegiums, bei welchem sie als Referendarien angestellt sind, oder aus den beim Geheimen Ober-Tribunal vorliegenden Akten anfertigen wollen.

In neuerer Zeit ist das Letztere von so viel Referendarien gewählt worden, daß jetzt über 60 Kandidaten zur dritten Prüfung auf die Zutheilung von Akten des Geheimen Ober-Tribunals warten und ist dadurch der Uebelstand eingetreten, daß dieselben, da es nach der in dieser Hinsicht getroffenen und nicht abzuändernden Einrichtung an einer hinreichenden Zahl von Akten fehlt, welche zu diesem Zweck verwandt werden könnten, zum Theil vier Monate lang und länger darauf warten müssen, bevor ihnen Akten zur Anfertigung der ersten Relation zugefertigt werden können.

Es liegt daher im Interesse der zu Prüfenden selbst, daß möglichst darauf eingewirkt wird, daß sie künftig ihre Proberelationen bei den Landesjustizkollegien anfertigen, es müssen aber auch die Gründe beseitigt werden, welche bisher denselben die Veranlassung dazu wurden, daß sie die Anfertigung der Relationen aus Akten, welche beim Geheimen Ober-Tribunal vorliegen, vorzogen.

Zu diesen Gründen gehört vorzugsweise der, daß bisher die Anfertigung der Korrelation und des selbstständigen Referats des zweiten Referenten häufig in einer ganz ungebührlichen Art aufgehalten ist. Es tritt dadurch ein völlig vermeidlicher Aufenthalt ein, welcher auf die ganze fernere Karriere der Examinanden nachtheilig einwirkt und wegfallen würde, wenn die Korreferenten und zweiten Referenten sich in billiger Berücksichtigung des Zwecks der Arbeit eine schleunige Bearbeitung solcher Sachen zur Pflicht machten. Das Präsidium des Königl. (Tit.) hat dieselben zu dieser Beschleunigung aufzufordern und eventualiter mit Ernst anzuhalten, künftig aber auch die Einrichtung zu treffen, daß zur Anfertigung von Proberelationen hauptsächlich solche Spruchsachen ausgewählt werden, in denen der erste Referent die Relation bereits angefertigt und abgegeben hat. Der zweite Referent aus den Mitgliedern des Kollegiums ist sodann der Korreferent des Kandidaten und zugleich der Censor der Probearbeit.

Außerdem ist bemerkt worden, daß bei einigen Landeskollegien die Richtung vorwaltet, den Kandidaten möglichst weitläufige Sachen zur Anfertigung von Proberelationen zuzutheilen. Der §. 27. Tit. 4. Thl. III. der A. G. O. erwähnt zwar auch der weitläufigen Sachen und solcher, welche zur Anfertigung von Proberelationen geeignet seien, es kann dies indessen nicht so verstanden werden, daß eine Sache sich um desto mehr zu einer Probearbeit eigne, je weitläufiger und verworrener sie ist, vielmehr ist es wünschenswerth und nöthig, daß hierin ein gewisses Maaß gehalten wird, damit die zu umfangreichen Arbeiten vermieden werden.

Es ist übrigens dafür zu sorgen, daß die Referendarien, welche sich der dritten Prüfung unterwerfen wollen, bei Zeiten von den Nachtheilen in Kenntniß gesetzt werden, welche ihnen daraus erwachsen können, wenn sie auf Zufertigung von Akten des Geheimen-Ober-Tribunals zur Anfertigung von Proberelationen antragen.

Berlin, den 8. Februar 1837.

(v. K. Jhrb. Bd. 49. S. 219.)

Dem Präsidium des Königlichen Ober-Landesgerichts wird auf die Anfrage vom 5. v. M.:

wegen der den Kandidaten zur dritten Prüfung mitzutheilenden Proberelationen,

hierdurch eröffnet, wie der Justizminister es nicht zweckmäßig finden kann, daß den Referendarien zur Anfertigung von Proberelationen für die dritte Prüfung solche Civilsachen, bei denen es noch auf die Abfassung eines Urtels erster Instanz ankommt, zugetheilt werden.

Sachen, welche in der Appellations-Instanz schweben, geben dem Referenten mehr Gelegenheit, durch die Arbeit den Beweis zu liefern, daß er einen Vortrag gut und zweckmäßig zu ordnen und die Resultate eines komplizirten Verfahrens übersichtlich und klar zusammenzustellen versteht. Solche Appellationssachen, bei denen es nur auf einzelne Fragen ankommt, die allein in die zweite Instanz gediehen sind, müssen vermieden werden, dagegen werden sich unter den von den Untergerichten eingehenden Appellationssachen immer solche finden, welche nach allen Rücksichten zur Anfertigung von Proberelationen vorzüglich geeignet sind.

Soll dem Kandidaten, wie dies die Cirkularverfügung vom 12. August 1833 nachläßt, auch eine wichtige Kriminalsache zu diesem Behufe zugetheilt werden, so findet der Justizminister es für diesen Fall allerdings zweckmäßig, daß hierzu eine Sache ausgewählt wird, welche zur Abfassung eines Urtels erster Instanz vorliegt.

Berlin, den 12. Mai 1837.

(v. K. Jhrb. Bd. 49. S. 480.)

7. **Rescript** vom 20. April 1837, betreffend die Aufhebung der Nothwendigkeit besonderer Proberelationen zum dritten Examen.

Es hat sich die Nothwendigkeit ergeben, in Ansehung der von den Kandidaten zur dritten juristischen Prüfung zu liefernden Proberelationen eine Aenderung eintreten zu lassen.

Nachdem Sr. Majestät dem Könige hierüber Vortrag gehalten worden, wird in Folge des ergangenen Allerhöchsten Befehls für die Provinzen in denen die A. G. O. zur Anwendung kommt, vorläufig das Nachstehende festgesetzt:

1) die Referendarien, welche sich der dritten Prüfung unterwerfen wollen, sollen von der Anfertigung besonderer Proberelationen dispensirt werden, wenn sie darauf antragen, daß ihre Qualifikation als Referenten nach den Relationen geprüft werde, welche sie während ihrer Referendariatszeit bei den Gerichten, bei denen sie beschäftigt gewesen sind, geliefert haben.

2) In diesem Falle müssen sie mit ihrem Antrage auf Verstattung zur Prüfung ein Verzeichniß solcher von ihnen gelieferten Relationen einreichen, welches wenigstens 18 Referate in Civil- und 6 Referate in Kriminal- oder fiskalischen Untersuchungssachen enthalten muß.

Dieses Verzeichniß muß ergeben:

a. den Namen der Parteien,
b. den Gegenstand des Prozesses oder der Untersuchung,
c. eine kurze Andeutung des Sachverhältnisses,
d. die hauptsächlichsten Punkte, auf deren Entscheidung es ankam,
e. den Beschluß des Kollegiums,
f. den weiteren Verlauf der Sache, insbesondere ob dieselbe noch in höherer Instanz schwebt oder nicht,

g. den Tag, an welchem der Referent die Akten zur Anfertigung der Relation erhalten, und den Tag, an welchem diese letztere von ihm abgeliefert ist.

3) Die Richtigkeit der zuletzt bezeichneten Angaben (g.) wird von dem Präsidium attestirt, nachdem der Referendarius unter dem Verzeichniß auf seinen Amtseid schriftlich versichert hat, daß die Relationen von ihm selbst ausgearbeitet sind.

4) Von diesen Referaten kann der Kandidat den dritten Theil als solche bezeichnen, nach denen er nicht beurtheilt zu werden wünscht.

5) aus der Zahl der übrigen wird sodann die Immediat-Justiz-Examinations-Kommission zwei Relationen in Civil- und eine Relation in Kriminal- oder fiskalischen Untersuchungssachen auswählen und dieselben mit den Akten und dem Votum oder der Relation des Korreferenten einfordern.

6) Die Prüfung derselben soll bei diesen während der Zeit der Ausbildung des Referendarius angefertigten Arbeiten lediglich darauf gerichtet werden,
ob der faktische Vortrag aktenmäßig richtig ist,
ob die Gegenstände, auf deren Entscheidung es ankam, richtig hervorgehoben sind,
ob das Votum und dessen Begründung den allgemeinen Rechtsprinzipien und den zur Anwendung kommenden Gesetzen entspricht,
wieviel Zeit der Referent zu der Arbeit verwandt hat,
und ob er bei derselben im Allgemeinen Talent, Ausbildung, Reife des Urtheils und die Gabe einer klaren Darstellung an den Tag gelegt hat.

Hiernach soll der Werth der Arbeit beurtheilt, dagegen aber auf die Methode des Vortrags und die etwanigen Verstöße gegen die äußere Anordnung desselben kein Gewicht gelegt werden. Zieht der Referendarius es vor, seine bis zu seiner Prüfung angefertigten Relationen nicht vorzulegen, so bleibt es hinsichtlich der von ihm anzufertigenden Proberelationen zur Zeit noch bei der bisherigen Einrichtung, und werden dieselben sodann nach den Anforderungen geprüft, die an solche Arbeiten gemacht werden müssen, welche nach Vollendung der Vorbereitung des Kandidaten von diesem geliefert werden.

Das Königl. ꝛc. hat diese Verfügung zur Kenntniß der Referendarien zu bringen, diejenigen, welche sich zur dritten Prüfung melden, und dazu für geeignet erachtet werden, zu befragen, ob sie von dieser Begünstigung Gebrauch machen wollen und im affirmativen Falle diese Verfügung in Anwendung zu bringen.

Berlin, den 20. April 1837.

(v. K. Jhrb. Bd. 49. S. 477—479.)

§. 30. Diejenigen Referendarien, welche sich solchergestalt zu Rathsstellen gehörig legitimirt haben, sollen bei erster Gelegenheit versorgt, allenfalls vorläufig nach §. 62. Tit. III. zu Assessoren bestellt und ein jeder von ihnen dahin gewiesen werden, wo seine Dienste nach Beschaffenheit der Umstände, dem gemeinen Wesen am nöthigsten und nützlichsten sein können.

§. 31. Ohne dergleichen Vorbereitung und Prüfung aber soll niemand, wer es auch sei, ohne Unterschied des Standes, der Geburt und seiner vorhin etwa schon bekleideten Aemter und Würden, zu einer Rathsstelle bei einem Landesjustizkollegio gelassen, und jedes Gesuch um Dispensation davon, soll als ein Beweis und Geständniss der Unfähigkeit angesehen werden.

1) **Rescript** vom 26. November 1830, betreffend das votum limitatum der neuangestellten Obergerichts-Assessoren; s. zu III. 3. §. 62.

2) **Rescript** vom 11. Juli 1831, betreffend die Ertheilung der Qualifikationsatteste für diejenigen Unterrichter, welche nach bestandener dritten Prüfung in ihrer bisherigen Stellung verbleiben.

Es tritt jetzt oft der Fall ein, daß Unterrichter sich zur dritten Prüfung melden, bei der Königl. Immediat-Examinations-Kommission die Qualifikation zur Anstellung als Mitglieder eines Obergerichts belegen, dennoch aber in ihrer bisherigen Stellung so lange zu bleiben wünschen, oder zum Besten des Dienstes so lange darin gelassen werden, bis sich eine Gelegenheit zu ihrer Anstellung als Rath eines Obergerichts zeigt.

Bis jetzt ist solchen zur Anstellung bei einem Obergerichte qualifizirten Beamten eine Bestallung als Assessor eines Obergerichts ertheilt und sie sind in der Liste der zur Anstellung als Räthe eines Obergerichts qualificirten Assessoren aufgeführt. Diese Einrichtung hat aber verschiedene Nachtheile.

Zur Verhütung derselben wird hierdurch festgesetzt, daß von jetzt ab die Unterrichter, welche in der Prüfung bei der Immediat-Examinations-Kommission die Qualifikation zur Anstellung als Mitglieder eines Obergerichts belegen, aber auch nach bestandener Prüfung in ihrer bisherigen Stellung bleiben, keine Bestallung als Obergerichts-Assessoren erhalten sollen.

Es wird denselben nur ein Attest über die gut bestandene Prüfung und ihre Qualifikation zur Anstellung als Mitglieder eines Obergerichts ertheilt, und sie werden in die Liste der zur Anstellung als Räthe eines Obergerichts qualifizirten Beamten eingetragen werden.

Treten sie demnächst als Assessoren bei einem Obergerichte ein, so erhalten sie die Anciennität, welche das Datum des für sie ausgefertigten Qualifikationsattestes angiebt.

Zugleich wird hierdurch bestimmt, daß nur die zur Anstellung als Mitglieder eines Obergerichts qualifizirten Unterrichter, bei Besetzung von Rathsstellen eines Obergerichts berücksichtigt werden, welche bei einem Collegio formato gestanden haben, da es den einzeln stehenden Unterrichtern an Gelegenheit fehlt, sich die für einen Obergerichtsrath nöthige Ausbildung, besonders in Beziehung auf den Vortrag und das Verhandeln im Kollegio, zu erwerben.

(v. K. Jhrb. Bd. 38. S. 116.)

2) Bei Untergerichten.

§. 32. Referendarien, die zwar ebenfalls eine gründliche Kenntniss der Gesetze, und eine gute Fertigkeit in Anwendung der Vorschriften der Prozessordnung sich durch mehrjährige Uebung erworben, auch sich durch Fleiss und Applikation, und durch einen stillen regelmässigen Lebenswandel ausgezeichnet haben, denen aber ein geringeres Maass an natürlichen Fähigkeiten zu Theil geworden ist; oder deren häusliche und Familienumstände es nicht gestatten, dass sie die Versorgung bei einem Landesjustizkollegio abwarten können, sollen nach dem Verhältnisse ihrer Tüchtigkeit, als Räthe bei minder wichtigen Justizkollegien, als Justizbeamte, Bürgermeister, Richter, Syndici, Assessoren, Justitiarien u. s. w., bei Magisträten, Stadt-, Land-, Amts- und Patrimonial- oder anderen Untergerichten, wo sie unter der Aufsicht höherer Kollegien stehen, und von denselben dirigirt werden können, ihre Versorgung erhalten.

1) **C. O.** vom 31. Mai 1826, betreffend die Qualifikation der Referendarien zur Anstellung als Auditeure.

Bei dem, durch die veränderte Verfassung wesentlich erweiterten Wirkungskreise der Auditeure wird es nothwendig, mit erhöhter Sorgfalt in der Auswahl der zu Auditeuren gelangenden Personen zu verfahren; auch läßt die Verbesserung, welche gleichzeitig in dem Einkommen der Auditeurstellen eingetreten ist, erwarten, daß künftig schon völlig ausgebildete Justizpersonen, an der Bewerbung um diese Stellen Theil nehmen werden.

Ich beauftrage daher das General-Auditoriat, bei dem Vorschlage zur Besetzung erledigter Auditeurstellen, in der Folge mit noch strengerer Prüfung der Qualifikation zu verfahren und zunächst, unter mehreren Bewerbern, dem den Vorzug zu geben, welcher die dritte juristische Prüfung bestanden hat.

Ob künftig die Anstellung als Auditeur nicht an die Bedingung der bestandenen dritten Prüfung zu knüpfen sein dürfte, darüber will Ich in dem zu erstattenden Jahresbericht dem Gutachten des General-Auditoriats entgegensehen.
(v. K. Jhrb. Bd. 27. S. 292.)

2) Wegen Beschäftigung der Referendarien bei Militairgerichten Behufs Erlangung der Anstellungsfähigkeit als Auditeure, s. zu §. 17 a. dieses Titels.

Anh. §. 455. *Den Referendarien kann gestattet werden, Justitiariate zu übernehmen, in so fern sie dadurch nicht abgehalten werden, ihren Obliegenheiten als Referendarien zu genügen.*

1) **Rescript** vom 16. Februar 1801, betreffend die Uebernahme von Justitiariaten Seitens der Referendarien.

Es ist schon mehreren Referendarien gestattet worden, Justitiariate zu übernehmen, in so fern sie dadurch nicht abgehalten werden, ihren Obliegenheiten als Referendarien zu genügen; bei deren Bestimmung auf die Justitiariats-Geschäfte um so mehr billige Rücksicht zu nehmen ist, da dennoch, wenn gleich in längerer Zeit, die Erfolirung zur weitern Beförderung vollendet werden kann. Ihr habt Euch also in dem zu Eurer Anfrage vom 6. Februar d. J. Veranlassung gebenden Falle sowohl, als auch für die Zukunft hiernach zu achten.
(Neues Archiv Bd. 2. S. 62.)

2) **Rescript** vom 8. November 1833, betreffend die Verwaltung von Justitiariaten durch Referendarien.

Dem Königl. Ober-Landesgericht wird auf den, auf Veranlassung des Entlassungsgesuchs des Referendarii N. unterm 18. v. M. erstatteten Bericht eröffnet, daß der Justizminister im Allgemeinen kein Bedenken dabei findet, daß Referendarien aus dem Dienste treten, um sich lediglich den Justitiariatsgeschäften zu widmen. In solchen Fällen kann das Kollegium ferner wie bisher verfahren.
(v. K. Jhrb. Bd. 20. S. 280.)

§. 33. Denn es ist Sr. Königlichen Majestät Allerhöchste und ernstliche Willensmeinung, dass in Höchstdero Landen niemand zu irgend einer Justizbedienung, sie habe Namen wie sie wolle, und gehöre zu einem Departement, wohin sie wolle, zugelassen werden soll, welcher sich nicht zuvor bei einem Justizkollegio praktisch formirt hat; und dabei in Ansehung seiner Talente und Kenntnisse sowohl, als in Ansehung seiner moralischen Grundsätze und Konduite, hinlänglich geprüft worden ist.

§. 34. Wer das Referendariatsexamen mit Beifall ausgestanden hat, bedarf wegen seiner Qualifikation zu einer ordinairen Untergerichtsbedienung keiner nochmaligen Prüfung; sondern es ist hinreichend, wenn er sich über sein ferneres Wohlverhalten durch ein Zeugniss des Kollegii, bei welchem er bisher gestanden hat, legitimirt.

Nur zu Stellen bei Mediatregierungen und bei Stadt- und anderen grösseren Gerichten in Haupt- und wichtigen Handlungsstädten, ist eine dritte Prüfung erforderlich, bei welcher die Vorschriften des §. 27 und 28. zu beobachten sind. Doch ist es nicht nothwendig, dass diese Prüfung bei der Immediat-Examinations-Kommission erfolge, sondern sie kann auch dem Landesjustizkollegio der Provinz aufgetragen werden.

3) Als Justizkommissarien.

§. 35. Referendarien, welche sich nicht zu einer richterlichen Bedienung, sondern zum Justizkommissariat bestimmen, sollen dazu, nach der unter Tit. VII. näher zu bestimmenden Qualifikation, zugelassen werden.

4) Mit Subalternbedienungen.

§. 36. Diejenigen endlich, denen es zu wirklichen richterlichen Bedienungen, oder zum Justizkommissariat, an natürlichen oder erworbenen Eigenschaften fehlt, oder deren Umstände es nicht erlauben, eine solche Versorgung abzuwarten; die jedoch von gutem Verstande, auch einiger Kenntniss und Uebung in den Vorschriften der Prozessordnung, insonderheit aber von Fleiss, Applikation, Liebe zur Ordnung und rechtschaffener Denkungsart hinlängliche Proben abgelegt haben, sollen mit Sekretär-, Registrator- und andern dergleichen Subalternstellen bei Ober- und Untergerichten versorgt werden.

Verpflichtung.

§. 37. Die Auskultatoren müssen bei ihrer Annahme folgenden Eid ableisten:

Ich ... schwöre etc. etc. Nachdem ich bei ... zu einem Auskultator bestellt und angenommen worden, dass ich Seiner Königlichen Majestät von Preussen, meinem allergnädigsten Herrn, getreu, gehorsam und unterthänig sein wolle.

Ferner schwöre ich, die Protokolle getreu, richtig und akkurat zu führen; die mir von dem Kollegio und dessen Präsidenten aufgetragenen Geschäfte willig, fleissig und unverdrossen auszurichten; die mir zugeschriebenen Akten sorgfältig zu referiren; über alle Vorfallenheiten im Kollegio, und besonders über die Vota der Räthe, ein gewissenhaftes Stillschweigen zu beobachten; die Gelegenheit, mich zu einer Justizbedienung zu qualifiziren, nach bestem Vermögen zu nutzen; und mich überall so zu verhalten, wie es einem fleissigen und getreuen Auskultator und Referendarius wohl ansteht und gebühret. So wahr etc. etc.

Anh. §. 456. *Der von den Referendarien und Auskultatoren bei ihrer Annahme zu leistende Eid ist nach dem im* §. 445. *des Anhanges zu* §. 43. *Tit. II. Thl. III. vorgeschriebenen Formulare einzurichten. Statt der Worte:*

„Insbesondere gelobe ich - - - Genüge leiste"

muss gesetzt werden:

„Insbesondere gelobe ich, die Protokolle getreu und richtig zu führen; die mir von meinen Vorgesetzten aufgetragenen Geschäfte willig zu übernehmen, und nach meinen Kräften mit genauer Beobachtung der gesetzlichen Vorschriften gewissenhaft zu besorgen, auch diesen meinen Vorgesetzten in Amtssachen, der Subordination gemäss, schuldige Folge zu leisten."

C. O. vom 5. November 1833, wegen der Diensteide, und C. O. vom 10. Februar 1835, betreffend die Verpflichtung der Beamten, welche in eine andere Amtswirksamkeit treten, sowie die Vorhaltung bei Diensteiden, s. zu III. 2. §. 40. Anh. 445.

Fünfter Titel.

Von den Subalternen bei den Justizkollegien.

§. 1. Zu den Subalternen der Justizkollegien gehören:
1) Sekretarien;
2) Archivare und Registratoren;
3) Kanzellisten und Kopisten;
4) Kanzelleidiener oder Botenmeister und Boten;
5) Exekutoren.

1) a. C. O. vom 31. Dezember 1827, betreffend die Anstellung der Subalternen bei den Justizbehörden.

Auf Ihren Bericht vom 4. Dezember c. bestimme Ich, für die Provinzen, in welchen das A. L. R. und die A. G. O. als Gesetze gelten, zur Erleichterung der Behörden und Beschleunigung des Geschäftsganges:

1) Vom 1. Januar künftigen Jahres an, wird die bisher von Ihnen bewirkte Anstellung der Subalternen bei den Ober- und Untergerichten, mit Ausnahme der Rendanten und Sekretarien bei den kollegialisch formirten Gerichten, den Chef-Präsidenten der Landesjustizkollegien übertragen.
2) Der Chef-Präsident muß die anzustellenden Subjekte vor der Anstellung dem Landesjustizkollegium anzeigen, um dessen Aeußerungen darüber zu vernehmen, deren Würdigung übrigens dem Chef-Präsidenten lediglich überlassen bleibt.
3) Bei der Auswahl der Subalternen-Beamten und bei Regulirung des Dienst-Einkommens, sind von den Chef-Präsidenten alle diejenigen Vorschriften zu beobachten, welche gegenwärtig den Landesjustizkollegien bei ihren Vorschlägen als Norm gegeben sind. Auf die vom Justizminister besonders designirten und empfohlenen Subjekte, ist vorzüglich Rücksicht zu nehmen.
4) Die von dem Chef-Präsidenten gewählten Subjekte erhalten eine, Namen des Landesjustizkollegiums ausgefertigte Bestallung, welche die Bezeichnung des Amtes, das dafür ausgesetzte Diensteinkommen, die Bestimmung des Zeitpunkts, von welchem dieses anfängt und die Angabe der Kasse, auf welche es angewiesen wird, enthalten muß.
5) Die Chef-Präsidenten der Landesjustizkollegien, sind bei den, ihrer Besetzung überlassenen Stellen auch berechtigt, aus vakant gewordenen Besoldungen und Emolumenten in so weit Gehaltserhöhungen zu bewilligen, als dadurch die nach dem Normal-Etat für die betreffende Stelle ausgesetzten Besoldungssätze nicht überschritten, auch derjenigen Dienstkathegorie, zu welcher die Stelle gehört, aus deren Gehalt die Erhöhung genommen werden soll, im Ganzen nichts entzogen wird.
6) Wenn ein vom Chef-Präsidenten angestellter Subalternbeamter zur Untersuchung gezogen, oder vom Amte suspendirt werden soll; so ist das bisher vorgeschriebene Verfahren auch ferner zu beobachten.

7) Denjenigen Beamten, welche die Chef-Präsidenten anzustellen befugt sind, können diese auch die Entlassung ertheilen, wenn solche ohne Vorbehalt einer Pension nachgesucht wird.
8) Ueber die Ertheilung des Abschiedes mit Pension, muß jederzeit an den Justizminister berichtet werden.
9) Für die Ausfertigung der Bestallung und Abschiede, desgleichen für die Gehaltszulagen, werden die Kanzleigebühren nach der Kanzleigebührentaxe vom 4. Juni 1801, und die Stempel nach dem Gesetze von der Stempelsteuer vom 7. März 1822 angesetzt, und zur Kasse des Landesjustizkollegiums eingezogen.
10) Veränderungen mit den Dienststellen selbst, dürfen nicht ohne höhere Genehmigung vorgenommen werden.

Ich authorisire Sie, diesen Meinen Allerhöchsten Befehl durch die G. S. zur allgemeinen Kenntniß zu bringen, auch die Chef-Präsidenten der Landes-Justizkollegien mit näherer Instruktion zu seiner Ausführung zu versehen.

(G. S. de 1828. S. 6.)

b. **Instruktion** vom 29. September 1826 nebst Formular und **Rescript** vom 20. April 1833, betreffend die Anstellung der Justizunterbeamten und deren Besoldung.

Nachdem die Normal-Etats für die Obergerichte, zufolge der Allerhöchsten C. O. vom 31. August 1824, regulirt und darin das neue Normalgehalt und Diensteinkommen eines jeden Beamten festgesetzt worden, überläßt der Justizminister zufolge der Allerhöchsten C. O. vom 23. Februar v. J. den gedachten Behörden vom 1. Januar a. f. ab die Anstellung der Unterbeamten der Obergerichte und der von ihnen abhängigen, in ihren Etats aufgeführten Kreis-Justizkommissionen und Inquisitoriate, namentlich der Botenmeister, Kanzleidiener, Boten, Landreiter, Exekutoren, Gefangen-Inspektoren und Wärter, und ertheilt ihnen das Recht, diesen Beamten Zulagen innerhalb der Normalsätze zu bewilligen, auch ihnen die Entlassung zu ertheilen. Dies geschieht jedoch unter nachstehenden Modifikationen.

1.

Wenn der Fall zur Anstellung eines der vorgenannten Beamten eintritt, wählt der Präsident aus den Bewerbern, den derselbe zu dieser Stelle für den bestqualificirten hält, aus, zeigt seine Wahl dem Kollegio an, und wenn von Seiten desselben keine Erinnerungen gegen seine Qualifikation erregt werden können, wird der Auserwählte mit einer über seine Anstellung ausgefertigten Bestallung oder Verfügung, welche seinen Dienst bezeichnet und sein Dienst-Einkommen mit Angabe des termini a quo enthalten muß, versehen, und erhält dadurch die Rechte, welche die nach der A. G. O. Thl. III. Tit. 5. vom Chef der Justiz angestellten Beamten dieser Kategorie haben.

2.

Bei der Auswahl der Beamten ist dahin zu sehen, daß sie die für einen Beamten ihrer Kategorie nöthigen Eigenschaften, namentlich die in der A. G. O. Thl. III. Tit. 5. insp. §. 72. 86 und 92. bezeichneten besitzen, außer dem Invaliden-Versorgungsschein günstige Zeugnisse über ihre Militairdienste, und wenn sie längere Zeit aus diesen geschieden sind, über ihr Verhalten nach demselben, beibringen; ferner muß ihr Gesundheitszustand noch eine lange Dienstführung erwarten lassen, und wenn darüber Zweifel obwalten, diese durch die Untersuchung von Seiten des Physikus aufgeklärt werden.

Auf die vom Justizminister designirten oder empfohlenen Bewerber um solche Stellen ist besondere Rücksicht zu nehmen.

3.

Bei der Anweisung des Dienst-Einkommens ist darauf zu sehen, daß die neu angestellten Beamten es nur nach Ablauf der Sterbe- und Gnaden-Quartale erhalten können, und keine Vergütigung für die Vertreter eines verstorbenen Beamten innerhalb dieser Zeit statt findet. Wo dieselbe daher unausbleiblich nöthig ist und nicht durch andere Unterbeamte bewirkt werden kann, was der Regel nach geschehen muß, ist der Nachfolger schleunigst und mit der Bedingung zu bestellen, daß er innerhalb dieser Zeit unentgeldlich den Dienst versehe.

4.

In Ansehung der Höhe des Diensteinkommens müssen die Normal-Etats als Vorschrift dienen. Ueber die darin enthaltenen Sätze kann nicht fortgeschritten werden.

Bei Beamten, welche einen beträchtlichen Theil ihres Dienst-Einkommens aus den Exekutions-Gebühren, Sitz- oder Meilengeldern bisher bezogen haben, als bei Reiseboten Exekutoren und Gefangen-Aufsehern, wo die Besorgniß eintritt, daß die beträchtlichen Emolumente bei erfolgter Anweisung des stehenden Gehalts nicht gehörig berechnet oder eingezogen werden, muß, obgleich der Normal-Etat es nicht ausdrücklich bestimmt, dennoch ein Theil des Dienst-Einkommens, der Regel nach ein Drittel, ohne Eviktion auf diese ungewissen Emolumente gewiesen werden, auch ist dahin zu sehen, daß, wo der Selbstgenuß solcher Gebühren zu einer bestimmten Höhe den Beamten überlassen bleibt, das Emolument durch die Rechnungsbücher nach dem Cirkular-Rescript vom 30. September 1825 gehörig kontrollirt wird.

5.

Dem Königl. Militair-Oekonomie-Departement (Abtheilung für das Invalidenwesen) ist von jeder Anstellung eines solchen Beamten, da derselbe den Invaliden-Versorgungsschein haben muß, mit Bezeichnung der aus diesen sich ergebenden Umstände über sein früheres Militärverhältniß, des Datums des Invaliden-Versorgungsscheins, des Betrages und des termini a quo der Besoldung, Nachricht zu geben.

6.

Den Königl. Oberlandesgerichten bleibt die Annahme interimistischer oder Hülfs-Beamten obengedachter Kategorie freigestellt, in sofern dazu im Kassen-Etat oder durch besondere Verfügung des Justizministers dem Gerichte ein Fonds zur Disposition gestellt ist. Ist kein Fonds dieser Art vorhanden, so muß das Königl. rc. nur Hülfsarbeiter dieser Kategorie anstellen, wenn ihre Remuneration aus vakanten Gehalten einer solchen Stelle oder eines suspendirten Beamten erfolgen kann.

Auch bei der Annahme solcher einstweiligen Arbeiter muß dem Königl. Militär-Oekonomie-Departement von derselben Nachricht gegeben werden, und bleibt es nach der Verfügung vom 15. Oktober 1820 (v. K. Jhrb. Bd. 16. S. 15.) von der Vergeltung, die ihnen zugesichert wird, abhängig, ob sie Ansprüche auf den Fortgenuß ihres Wartegeldes haben. Werden sie auf Probedienst angenommen, so muß dieser nie auf sechs Monate ausgedehnt werden, damit nicht eventualiter die Zahlung der Militär-Pension auf den Civil-Pensionsfonds nach §. 2. des Pensions-Reglements vom 30. April v. J. übergehe.

Bei der Anstellung interimistischer Arbeiter aus dem vakanten Gehalte einer Stelle ist zu beachten, daß die Hülfsarbeiter das Dienst-Einkommen nur nach Abzug der Pensionssteuer erhalten können, indem diese immer, selbst vom Gnaden-Quartal, von der etatsmäßigen Besoldung zu zahlen ist.

7.

Obgleich die Königl. Obergerichte das Recht zur Besetzung der obgedachten Stellen erhalten, so werden sie doch nicht für befugt erklärt, Adjunktionen zu ertheilen, vielmehr bleiben diese nach allgemeinen Grundsätzen verboten.

8.

Bei Erledigung einer von den Königl. Obergerichten zu besetzenden Stelle können dieselben aus den vakanten Gehalten Zulagen an die Beamten ertheilen, welche noch nicht das Normal-Gehalt der Stelle nach den neuen Etats beziehen. Bei denjenigen, welche den Selbstgenuß von Gebühren, Meilengeldern rc. allein, oder in Verbindung mit einem Fixo, jedoch ohne Beschränkung auf ein Maximum gehabt, kann die Zulage nur in soweit ertheilt werden, als der Selbstgenuß der ihnen überlassenen Emolumente auf ein Maximum beschränkt wird, und das Maximum mit der Besoldung nicht den Normalsatz überschreitet.

9.

Die den Königl. Obergerichten ertheilte Befugniß zur Bewilligung von Entlassungen beschränkt sich nur auf solche, welche ohne Pension von den Beamten nachgesucht werden. Wenn eine Pensionirung eintreten soll, muß deshalb an den Justizminister berichtet werden.

10.

Bei Bewilligung der Gehaltszulagen ist es nicht nothwendig, auf eine genaue Berücksichtigung der Dienstzeit zu sehen. Es können jüngere Beamte in die höheren Normal-Besoldungen eintreten, wenn die andern vorstehenden Beamten keine Gehaltsverbesserung verdienen.

11.

Die Vorschriften, welche das Gesetz von der Stempelsteuer für die Anstellungs- rc. Verfügungen enthält, so wie die Bestimmung der Kanzleigebührentaxe, von der ein Extrakt beiliegt, sind zu befolgen. Die Gebühren fließen zu den Salarienkassen.

12.

Am Schlusse des Jahres müssen die Königl. Obergerichte alle Veränderungen, welche sich bei ihnen in Ansehung des Personals und des Etats der Unterbeamten ereignet, anzeigen, und Tabellen nach dem anliegenden Formular einreichen.

Nach den vorstehenden Bestimmungen hat sich das Königl. rc. zu achten.

Berlin, den 29. September 1826.

(v. K. Jhrb. Bd. 28. S. 125.)

I. Folgende Stellen sind im Laufe

Laufende No.	Littr. und Nr. des letztvollzogenen Kassenetats.	Name.	Dienst-Verhältniß.	Einkommen. fixum. thlr.	sgr.	Emolumente.	Terminus a quo der Erledigung.	Grund der Erledigung.
	A. Beim Ober-Landesgericht.							
1.	h. 1.	B.	Botenmeister.	500	—	freie Wohnung.	1. Juni 1827.	ist den 16. Februar gestorben und hat Frau und Kinder hinterlassen, denen das Gnadenquartal bewilligt ist.
2.	h. 6.	C.	Exekutor.	200	—	Meilengebühren im Durchschnitt jährlich 90 Rthlr.	1. April 1827.	ist den 17. Januar 1827 gestorben.
3.	h. 3.	D.	Bote.	300	—	—	1. Juni 1827.	zum Botenmeister ernannt, siehe No. II. 1.
4.	h. 9.	L.	Landreiter für den 2c. Kreis.	150	—	Meilengebühren bis 100 Rthlr. jährlich.	1. Oktbr. 1827.	ist seit dem 1. Oktober 1827 mit 120 Rthlr. aus der Regierungs-Hauptkasse zu Z. pensionirt, laut Ministerial-Rescript vom 6. Juni 1827. A.
			und	75	—	für ein Pferd.		
	B. Beim Inquisitoriate zu X.							
6.	V. 1.	N.	Kriminalbote	300	—	—	1. April 1827.	ist kassirt durch rechtskräftiges Erkenntniß de publ. den 18. März 1827.
7.	V. 4.	Q.	Gefangenwärter.	150	—	und Sitzgebühren im Durchschnitt jährlich 30 Rthlr.	1. April 1827.	ist den 19. Januar 1827 gestorben.

des Jahres 1827 erledigt worden:

Die Stelle ist verliehen dem	mit fixum. thlr.	sgr.	mit Emolumenten	Aus dem erledigten Einkommen sind Zulagen bewilligt dem	Betrag. thlr.	sgr.	erspart. thlr.	sgr.	Bemerkungen.
Ober-Landesgerichts-Boten D. (s. No. II. 1.)	400	—	freie Wohnung.	—	—	—	100	—	
Land- und Stadtgerichtsboten F. (s. No. II. 6.)	180	—	wovon 60 Rthlr. ohne Eviktion auf Meilengebühren angewiesen sind.	—	—	—	5	—	Der Mehrbetrag der Meilengebühren fließt zur Kasse. Hinterbliebene, die auf das Gnadenquartal Anspruch hätten, sind nicht vorhanden.
und	75	—	für ein Pferd.						
Invalide G. (s. No. II. 2.)	160	—	—	Bote H. Bote J. Bote K. (s. No. II. 3. 4. 5.)	50 20 20	— — —	50	—	
Gensd'armes M. (s. No. II. 7.)	150	—	Meilengebühren bis 100 Rthlr. jährlich.	—	—	—	—	—	
und	75	—	für ein Pferd.						
Unteroffizier O. (s. No. II. 8.)	180	—	—	Kriminal-Bote P. (s. No. II. 9.)	20	—	100	—	
Invalide T. (s. No. II. 10.)	150	—	und die Sitzgebühren bis 20 Rthlr. jährlich.	—	—	—	—	—	Der Mehrbetrag der Sitzgebühren fließt zur Kasse. Eine Wittwe ist zwar hinterblieben, doch fällt der Gnadenmonat mit dem Sterbequartal zusammen.

II. Anstellungen, Beförderungen

Laufende No.	Littr. und No. des letzt-vollzogenen Kassenetats.	Name.	Vorname.	Bisherige Dienst- und sonstige persönliche Verhältnisse.	Datum des Invaliden-Versorgungs-Scheins.	Bisheriges Einkommen. fixum. thlr.	sgr.	Emolumente.	
	A. Beim Oberlandesgericht.								
1.	h. 1.	D.	R. :c.	Ober-Landesgerichts-Bote (s. No. I. 3.)	—	300	—	—	—
2.	h. 5.	G.	R. :c.	Gemeiner im :c. Regiment.	8. Febr. 1825.	—	—	—	—
3.	h. 3.	H.	—	Bote.	—	200	—	—	—
4.	h. 6.	F.	R. :c.	Land- und Stadtgerichtsbote zu Y.	—	150	—	—	—
	B. Beim Inquisitoriat zu X.								
8.	V. 1.	O.	R. :c.	Unteroffizier im :c. Regiment, seit 1½ Jahren Ober-Landesgerichts-Exekutor.	7. Dezbr. 1823.	—	—	—	—

und Zulagen:

Jetziges Dienst-Verhältniß.	Jetziges Dienst-Einkommen. fixum. thlr.	sgr.	Emolumente.	Terminus a quo des jetzigen Einkommens.	Datum der Verfügung.	Bemerkungen.
Botenmeister	400	—	freie Wohnung.	1. Juni 1827.	19. Febr. 1827.	statt des am 16. Februar 1827 gestorbenen C. (siehe No. I. 1.), mit der Verpflichtung den Dienst sogleich anzutreten.
Bote.	160	—	— —	1. Juni 1827.	19. Febr. 1827.	statt des zum Botenmeister beförderten D. (siehe die vorige Nr.)
Bote.	250	—	— —	1. Juni 1827.	19. Febr. 1827.	50 Rthlr. Zulage aus dem Gehalt des zum Botenmeister ernannten D. (siehe No. 1.)
Exekutor.	180	—	wovon 60 Rthlr. ohne Eviktion auf Meilengebühren gewiesen sind.	1. April 1827.	31. Jan. 1827.	statt des verstorbenen E. (siehe No. I. 2.)
und	75	—	für ein Pferd.			
Kriminalbote.	180	—	— —	1. April 1827.	20. März 1827.	statt des kassirten N. (siehe No. I. 6.)

Die Revision der jährlich an den Justizminister einzureichenden Nachweisungen der Personal- und Etats-Veränderungen bei denjenigen Subaltern- und Unterbeamten-Stellen, deren Besetzung durch die Allerhöchste C. O. vom 31. Dezember 1827 (G. S. 1828. S. 6.) dem Chef-Präsidenten der Landes-Justizkollegien übertragen worden, hat zu mehreren Erinnerungen Veranlassung gegeben.

Um ein gleichmäßiges Verfahren sowohl hinsichts der Einrichtung der gedachten Nachweisungen, als auch hinsichts des den Beamten anzuweisenden Diensteinkommens selbst, herzustellen, wird demnach Folgendes hierdurch festgesetzt:

I. Die Form und den Inhalt der jährlichen Nachweisungen betreffend.

1) Ueber die sämmtlichen Erledigungen, Anstellungen, Beförderungen und Zulagen bei den Subaltern- und Unterbeamten-Stellen des Obergerichts und der Untergerichte, so wie der Inquisitoriate, Kreis-Justizkommissionen und Gerichts-Gefangenanstalten, ist jährlich nur eine Nachweisung einzureichen, und jede der beiden Abtheilungen derselben, wie solche in der Cirkularverfügung vom 29. September 1826 (Jhrb. Bd. 28. S. 135. 136.) vorgeschrieben sind, ist mit einer von Anfang bis Ende fortlaufenden Nummer zu versehen.

2) In der Kolonne der zweiten Abtheilung „Bisherige Dienst- und sonstige persönliche Verhältnisse" ist bei neuen Anstellungen zugleich jederzeit die gesetzliche Anstellungsfähigkeit kurz anzugeben.

3) In der Kolonne „Jetziges Diensteinkommen" ist dasselbe zwar so kurz als möglich, aber doch dergestalt kurz anzugeben, daß daraus die sämmtlichen Berechtigungen und Verpflichtungen der Beamten, wie solche in die Etats aufgenommen werden müssen, deutlich zu ersehen sind. Namentlich sind die Emolumente nach ihren verschiedenen Gattungen einzeln aufzuführen, und dabei sind sowohl die Eviktionen, wo solche statt finden, als auch die etwanigen Beschränkungen auf Maximalbeträge anzugeben. Bei den Sportel-Tantiemen ist der Procentsatz und die Gattung der Sporteln, von welchen Tantiemen bewilligt wird, auszudrücken.

II. Die Anstellungen selbst und namentlich die Feststellung des Dienst-Einkommens betreffend.

1) Bei jeder Bewilligung ist der Inhalt des Normal-Etats genau zu beachten. Das durch dieselben bestimmte Einkommen darf niemals überschritten werden. Hierbei wird noch bemerkt, daß die in den Normal-Etats auf der linken Seite befindlichen Kolonnen mit der Ueberschrift „Normal-Gehalt" für die Ausführung ohne Bedeutung sind. Sie sind lediglich bei der Ausarbeitung des Normal-Etats selbst benutzt worden, und dürfen dem anzuweisenden Diensteinkommen niemals zum Grunde gelegt werden. Dagegen enthalten die Kolonnen auf der rechten Seite der Normal-Etats „Im Einzelnen" und „Im Ganzen" die wirklich festgestellten Normal-Gehalte jeder Stelle, über welche nicht hinweggegangen werden darf.

2) Die Präsidien der Obergerichte sind keinesweges verpflichtet, diese Normal-Quanta bei jeder Anstellung zu bewilligen, und noch weniger haben die Beamten ein Recht auf das für ihre Stelle im Normal-Etat ausgesetzte Gehalt. Dies bildet vielmehr nur das Maximum dessen, was bewilligt werden darf, wobei dem Ermessen der Präsidien überlassen wird, weniger zu bewilligen.

3) Was wirklich gegen den Normal-Etat weniger bewilligt wird, muß erspart werden. Eine Uebertragung eines Normal-Gehalts von einer Stelle auf die andere kann den Präsidien nicht gestattet werden. Sofern in einzelnen Fällen zu einer solchen Uebertragung eine genügende Veranlassung vorhanden sein möchte, ist deshalb an den Justizminister zu berichten.

4) In der Regel darf auch der Kassen-Etat nicht überschritten werden. Wenn der laufende Kassen-Etat für eine Stelle mehr aussetzt, als der Normal-Etat gestattet, so darf bei Erledigung der Stelle nur höchstens das Normal-Gehalt angewiesen, und der Mehrbetrag muß erspart werden.

Aber auch rücksichts des kassenetatsmäßigen Einkommens gilt das oben ad II. 2. Gesagte. Die neu anzustellenden Beamten haben kein Recht auf das für ihre Stellen im Kassen-Etat ausgeworfene Einkommen, vielmehr sind ihre Berechtigungen lediglich nach dem Inhalte ihrer Bestallungen oder Anstellungsverfügungen zu beurtheilen. Den Präsidien der Ober-Landesgerichte bleibt überlassen, auch weniger zu bewilligen, als der Kassen-Etat aussetzt, selbst wenn das in letzterm ausgeworfene Einkommen hinter dem Normal-Gehalt zurückbleibt.

5) Eine Ueberschreitung des Kassen-Etats bei einer einzelnen Stelle ist nur für den einzigen Fall zulässig, wenn der Normal-Etat für dieselbe Stelle ein größeres Einkommen enthält, als der Kassen-Etat.

In diesem Falle muß aber die für die Kasse entstehende Mehrausgabe jederzeit durch eine Ersparung bei einer andern geeigneten Stelle gegen den laufenden Kassen-Etat gedeckt und dieser Deckungsfonds muß in der an die Kasse gerichteten Zahlungsverfügung genau bezeichnet werden, wobei die Vorschriften der Allerhöchsten C. O. vom 15. Februar 1829 und der Cirkular-Verordnungen vom 30. März 1829 und 21. November 1828 (Jahrb. Bd. 33. S. 149—152., Bd. 32. S. 297.) gehörig zu beachten sind.

6) Auch hinsichts der auf Emolumente angewiesenen Theile des Diensteinkommens sind die Normal-Etats und die Kassen-Etats, sowohl was die Gattungen der Emolumente, als was die darauf angewiesenen Beträge betrifft, genau zu beachten.

Das Normal-Einkommen darf auch in dieser Hinsicht nicht überschritten, und auch das im laufenden Kassen-Etat enthaltene Diensteinkommen, so weit es innerhalb der Normalsätze liegt, muß während der Etats-Periode beibehalten werden.

7) Wenn im Normal-Etat ein bestimmter Theil des Einkommens auf eine Gattung von Emolumenten angewiesen ist, und der laufende Kassen-Etat ein geringeres Gebührenquantum oder auch lediglich fixirtes Gehalt enthält, so muß bei Erledigung der Stelle ganz dem Normal-Etat gemäß verfahren, und es kann den Präsidien der Obergerichte das Recht nicht zugestanden werden, hierin von dem Inhalt der Normal-Etats abzuweichen.

Eben so wenig ist dies zulässig, wenn der Normal-Etat nur die allgemeine Bemerkung enthält, daß den Beamten, wenn es angemessen erachtet werde, der dritte Theil des Einkommens auf Gebühren anzuweisen sei.

Wenn dies jedoch in einzelnen Fällen überhaupt nicht für angemessen erachtet werden sollte, oder wenn in einzelnen Fällen die normalmäßig vorgeschriebenen Gebühren-Quanta nach längerer Erfahrung ohne Schuld der Beamten nicht sollten aufgebracht werden können: so ist darüber an den Justizminister zu berichten, um zu erwägen, ob ausnahmsweise eine Abweichung vom Normal-Etat genehmigt werden kann.

8) Wenn dagegen der Normal-Etat lediglich fixirtes Gehalt enthält, während nach dem laufenden Kassen-Etat ein Theil des Einkommens in Emolumenten besteht, und der Fall sich ereignen sollte, daß das im Kassen-Etat ausgesetzte Gebühren-Quantum nicht aufgebracht werden könnte; so ist es den Präsidien der Obergerichte gestattet, den neu anzustellenden oder den schon angestellten Beamten ein von dem laufenden Kassen-Etat abweichendes Einkommen auch ohne Anfrage beim Justizministerium selbst dergestalt zu bewilligen, daß das Gebühren-Maximum ermäßigt, und der fixirte Theil des Einkommens erhöht, oder daß allenfalls auch das ganze Normal-Gehalt als Fixum angewiesen wird.

Es ist jedoch hierbei genau darauf zu sehen, daß der Normal-Etat nicht überschritten werde, und wegen der für die Salarienkasse entstehenden Mehrausgabe ganz eben so gut verfahren ist, wie oben ad II. 5. vorgeschrieben worden.

Daß statt der Kopialien kein Fixum angewiesen werden kann, versteht sich von selbst.

9) In ähnlicher Art kann, wenn der Normal-Etat einen geringern Theil des Einkommens auf Gebühren anweist, als der Kassen-Etat, Seitens der Präsidien der Obergerichte das im Kassen-Etat enthaltene Gebühren-Quantum bis auf das Normal-Gehalt ermäßigt, und der fixirte Theil des Einkommens um einen gleich hohen Betrag erhöht werden. Es ist jedoch auch in diesem Falle der Deckungsfonds auf Höhe der entstehenden Mehrausgabe gehörig nachzuweisen.

10) Rücksichts der Sportel-Tantieme der Salarienkassen-Rendanten sind zwei Fälle zu unterscheiden:

Wenn der laufende Kassen-Etat bereits die normalmäßige Tantieme enthält, d. h. die Tantieme von den quotenpflichtigen Sporteln, die Kassenquote mit eingeschlossen, bis zu dem im Normal-Etat festgesetzten Maximum nach einem Procentsatz, dessen Abänderung bei jeder neuen Etats-Regulirung ausdrücklich vorbehalten ist, alsdann darf der im Kassen-Etat enthaltene Prozentsatz während der ganzen Etats-Periode nicht erhöht werden, und auch bei der Anstellung eines neuen Rendanten darf eine solche Erhöhung nicht eintreten, sondern demselben nur die Tantieme in der Art und nach dem Procentsatz, wie der Kassen-Etat es vorschreibt, angewiesen werden.

Wenn dagegen der laufende Kassen-Etat für einen alten, vor Emanirung der neuen Normal-Etats angestellten Rendanten eine Sportel-Tantieme enthält, die dem Normal-Etat nicht gemäß ist, und es bei Erledigung der Stelle nun erst darauf ankommt, das normalmäßige Einkommen derselben festzustellen, alsdann muß ein neuer Procentsatz der quotepflichtigen Sporteln, inkl. der Kassenquote, unter Beschränkung auf das normalmäßige Maximum, dergestalt ermittelt werden, daß dieses normalmäßige Maximum nach dem Durchschnitt der letzten drei Jahre mit Wahrscheinlichkeit erreicht werden kann. Der zu bestimmende Procentsatz gilt aber jedenfalls nur für die Zeit bis zum Ablauf der Etats-Periode und die Abänderung des Procentsatzes muß jederzeit ausdrücklich vorbehalten werden.

Nach diesen Anweisungen hat sich das Königl. ꝛc. künftig genau zu achten. Zum Gebrauch bei dem Kollegium werden drei Exemplare dieser Verfügung beigelegt.

Berlin, den 20. April 1833.

(v. K. Jhrb. Bd. 41. S. 481.)

c. **Rescript** vom 7. Januar 1828, betreffend die Anstellung der Subalternbeamten.

Durch die unterm 31. Dezember v. J. an den Justizminister ergangene Allerhöchste C. O.,

wegen des Verfahrens bei Anstellung der Subalternbeamten bei den Justiz-Behörden,

welche durch die Gesetzsammlung bekannt gemacht wird, ist den Chef-Präsidenten der Landesjustizkollegien die Besetzung der Subalternstellen bei den Ober- und Untergerichten, mit Ausnahme der Rendanten- und Sekretarien-Stellen bei den kollegialisch formirten Gerichten, überlassen.

Die Justizkollegien haben daher nach dieser Allerhöchsten Ordre künftig nicht weiter an den Justizminister über Anstellung der gedachten Art zu berichten, vielmehr ist diese von den Präsidenten unter der in der C. O. bestimmten Zuziehung der Kollegien zu bewirken.

Dabei ist Nachstehendes zu beobachten.

1.

Damit zu jeder Zeit übersehen werden könne, in welcher Art das Präsidium des Kollegii sich von der Dienstfähigkeit des angestellten Beamten versichert hat, soll niemand eine Anstellung erhalten, der nicht über sein Qualifikation zu der ihm übertragenen Stelle geprüft ist, und muß dies durch eine über die Prüfung aufgenommene Verhandlung nachgewiesen sein.

2.

Wenn schon allgemeine Vorschriften über die Prüfung der Beamten getroffen, sind diese streng zu befolgen, insbesondere ist bei der Prüfung der Kriminal-Aktuarien und Protokollführer, auf die Kriminalordnung §. 38. und das Rescript vom 25. Mai 1816

(Jahrb. Bd. 7. S. 44.)

bei der Prüfung der Sekretarien und Aktuarien auf die Rescripte vom 15. Februar und 1. März 1819

(Jahrb. Bd. 13. S. 22.)

und allgemein auf das Cirkular vom 4. Januar d. J.,

wegen der Prüfung der Subaltern-Beamten über die Fähigkeit, Rechnungen in calculo zu revidiren,

Rücksicht zu nehmen. Sind über die Form der Prüfungen keine besondere Vorschriften ertheilt worden, so bleibt es den Herren Präsidenten überlassen, die Art der Prüfung zweckmäßig anzuordnen.

3.

Bei Anstellung der Beamten ist ihre gesetzliche Anstellungsfähigkeit sorgfältig zu prüfen. Nach Vorschrift der Gerichtsordnung ist bei Auswahl der Sekretarien bei nicht kollegialisch formirten Gerichten und Aktuarien vorzüglich auf Referendarien und Auskultatoren zu sehen.

Allgemein ist auf die Versorgungs-Ansprüche
derer, welche freiwillige Kriegsdienste von 1813 bis 1815 geleistet,
— welche als Unteroffiziere :c. 9 Jahre Dienste geleistet haben,
— der Invaliden,
— der Wartegelder-Beamten, und derer, welchen sonst Versorgungs-Ansprüche beigelegt worden, Rücksicht zu nehmen.

4.

Bei der Anweisung der Besoldungen sind die Sätze der Normal-Etats, welche das Einkommen der Stelle im Einzelnen nachweisen, unabänderliche Vorschriften.

Adjunktionen und Anweisungen auf künftig vakant werdende Besoldungen dürfen nicht ertheilt werden.

5.

Die Besoldungen sind nen anzustellenden Beamten nur für die Zeit nach Ablauf der Sterbe- und Gnaden-Gehaltsfristen anzuweisen.

6.

Von der Anstellung der Wartegelder-Beamten und Invaliden ist den betreffenden Behörden, welche die Wartegelder anweisen, Nachricht zu geben.

7.

Wegen der Botenmeister, Boten und anderer niedern Beamten bleibt es bei der Verfügung vom 29. September 1826, soweit sie nicht durch die Allerhöchste C. O. vom 31. Dezember pr. abgeändert worden ist.

8.

Am Schlusse eines jeden Jahres müssen die Kollegia über die Etats-Veränderungen, welche bei den von ihrer Anstellung abhängigen Personen eingetreten sind, Tabellen nach der in der Verfügung vom 29. September 1826 vorgeschriebenen Vorschrift einreichen, und im Falle dergleichen nicht eingetreten sind, dies anzeigen.

9.

Zur richtigen Berechnung der Gebühren, welche für die Anstellungs-Verfügungen zum Ansatz zu bringen, ist in der Anlage ein Extrakt aus der Taxe vom 4ten Juni 1801 angefertigt, die zu befolgen.

Zum besondern Gebrauch des Präsidii liegt eine Abschrift dieser Verfügung bei.
(v. K. Jhrb. Bd. 31. S. 161.)

d. **Rescript** vom 14. März 1837, betreffend die Aufhebung der Bestallungsgebühren und überhaupt der Gebühren (mit Ausnahme der Examinations-Gebühren) wegen Prüfung, Anstellung, Versetzung und Entlassung der Justizbeamten.

Des Königs Majestät haben durch die Allerhöchste C. O. vom 19. Februar c. auf den Antrag des Justizministers zu genehmigen geruhet, daß die bei den Justizbeamten bisher noch üblichen Bestallungsgebühren aufgehoben, und erstere in dieser Hinsicht den Verwaltungsbeamten gleichgestellt werden sollen. Demgemäß wird hierdurch Folgendes bestimmt:

1) Die in der Kanzlei-Gebühren-Taxe vom 4. Juni 1801, wie solche mit den Cirkular-Verfügungen vom 29. September 1826 und 7. Januar 1828 (Jhrb. Bd. 28. S. 129. und Bd. 31. S. 163.) den Obergerichten extraktweise mitgetheilt worden, — festgesetzten Taxen, Kopialien-, Registratur-, Siegelungs- und Insinuations-Gebühren, sowohl für die Verfügungen wegen Veränderungen in der Stellung und im Diensteinkommen der Justizbeamten, ohne Unterschied, ob solche mit oder ohne Gehalt, definitiv oder interimistisch, angestellt worden, sind fernerhin nicht weiter anzusetzen.

2) Dasselbe gilt von allen nach der Allgemeinen Gebührentaxe bisher angesetzten Gebühren für alle gerichtliche Verfügungen, welche wegen der Prüfung, Beschäftigung und Anstellung, wegen Titel-Verleihung, wegen Bewilligung von Diensteinkommen, wegen Beförderung, Ascension, Anciennität, Versetzung und Entlassung der Justizbeamten ergehen.

3) Die vor dem 19. Februar d. J. angesetzten Taxen und Gebühren sind, sofern sie ausstehen, noch einzuziehen. Dagegen sind die seit dem 19. Februar d. J. bis zum Eingange der Verfügung angesetzten Taxen und Gebühren niederzuschlagen und resp. zu erstatten.
4) Nur bei Verleihung von Titeln, welche auf eigenes Ansuchen der Beamten als Gnadensachen bewilligt werden, soll auch ferner der Ansatz der nach der Kanzlei-Gebühren-Taxe vom 4. Juni 1801 zulässigen Patent-Gebühren statt finden.
5) Hinsichts der Stempel und der Gebühren für die Prüfung und Introduktion der Justizbeamten (Examinations- und Introduktions-Gebühren) tritt keine Veränderung ein, und sind dieselben ferner wie bisher zu erheben.
(v. K. Jhrb. Bd. 49. S. 236.)

2) a. **Reskript** vom 12. März 1821, betreffend die Anstellung temporairer Hülfsarbeiter.

Aus dem von dem Königl. Ober-Landesgericht unter dem 20. v. M. auf Erfordern erstatteten Bericht ergiebt sich zwar, daß die interimistische Anstellung der in dem Kriege nicht thätig gewesenen N. und N., als Gehülfen in der Registratur und bei der Sportelkasse des Amtsgerichts N., im vorliegenden Falle motivirt gewesen ist.

Damit aber solche interimistische Anstellungen, die oft nicht zu beseitigenden Ansprüche auf fortdauernde Beschäftigung und Remuneration veranlassen, junge Leute nicht von der Erwerbung anderer nährenden Gewerbe abhalten: so hat das Königl. Ober-Landesgericht zu solcher temporairen Hülfsleistung nur solche Aspiranten zu wählen, die durch den Krieg oder durch Wartegelder einen Anspruch auf Civil-Versorgung haben. Finden sich dergleichen Beamte nicht schon bei den Gerichten, so ist zeitig durch Rückfrage bei der Regierung für die Ausmittelung derselben zu sorgen.
(v. K. Jhrb. Bd. 17. S. 89.)

b. **C. O.** vom 10. März 1827, betreffend die Anstellung von Hülfsarbeitern.

Wenn nach Ihrem Bericht vom 7. v. M. die Ober-Rechnungskammer der Meinung ist, daß das von der General-Kontrolle erst unterm 20. November 1824 genehmigte Abkommen mit dem Justizministerium, über die Anstellung von Hülfsarbeitern, als durch die Instruktion jener Behörde vom 18. Dezember 1824 aufgehoben zu betrachten sei; so kann Ich dies nur als richtig anerkennen, indem diese späteren, gesetzlichen Bestimmungen nur maaßgebend sein können. Ich will indeß in Rücksicht auf den fortgedauerten Zustand der Justiz-Einrichtung genehmigen, daß das besagte Abkommen für die Vergangenheit, und bis zum Eintritt der neuen Normal-Etats, zur Richtschnur dienen kann. So wie diese Etats aber zur Anwendung kommen, dürfen zur Aushülfe der Subalternen-Beamten nur diejenigen Fonds in Anspruch genommen werden, welche dazu ausgesetzt sind. Insofern dagegen einzelne Fälle richterliche Aushülfe erfordern, will Ich Ihnen die Anstellung der Hülfsarbeiter zwar überlassen, es muß aber jedesmal rechnungsmäßig nachgewiesen werden, daß sie lediglich aus den Gebühren, welche sie verdient haben, remunerirt werden, und daß diese Gebühren auch über die etatsmäßig angenommene Sportel-Einnahme mehr aufgekommen sind.
(v. K. Jhrb. Bd. 29. S. 93.)

c. **Reskript** vom 7. Mai 1827, betreffend die Anstellung von Hülfsarbeitern bei den Untergerichten, nebst Formular.

Durch die Normal-Etats für die Untergerichte sind zur Anstellung von Hülfsarbeitern bei diesen Gerichten im Bezirk des Königl. ꝛc. — Rthlr. ausgesetzt, und in dem Etat für die Haupt-Untergerichts-Salarienkasse pro 1827 zur Disposition des Kollegii gestellt. Diese Summe soll den Fonds zu den Remunerationen bilden, welche den Hülfsarbeitern bei den Untergerichten, sonst auf den Fonds ad extraordinaria bei den Gerichten, angewiesen und daselbst verrechnet wurden.

In den Fällen, wo die Hülfsarbeiter bei den Untergerichten zur Vertretung erledigter Stellen nothwendig werden, und ihre Vergeltung aus der erledigten Besoldung erhalten können, oder den Gerichten ein besonderer Fonds für die Hülfsarbeiter im Etat bestimmt ist, müssen die Hülfsarbeiter, nach den Umständen, aus der erledigten Besoldung oder aus dem besondern Fonds für Hülfsarbeiter remunerirt werden, und fallen die Diäten derselben dem Dispositions-Fonds der Haupt-Untergerichts-Salarienkasse für Hülfsarbeiter nicht zur Last.

Wenn aber bei den Untergerichten solche Fonds zur Deckung der Auslagen für Hülfsarbeiter bei den Gerichten, wo sie nöthig sind, ermangeln, und Krankheiten der Beamten, Ueberhäufung mit den Geschäften, oder andere Zufälle, bei den Untergerichten die Unterstützung des etatsmäßigen Beamten-Personals durch außerordentliche Arbeiter nothwendig machen; so tritt der Fall ein, daß ihre Vergeltung auf den Dispositions-Fonds der Haupt-Untergerichts-Salarienkasse anzuweisen ist. Für diesen Fall wird das Königl. ꝛc. hierdurch ermächtigt, die Hülfsarbeiter ohne Anfrage auszuwählen und abzusenden, wenn

a. die Aushülfe beim Richter-Personal nothwendig ist, und sich übersehen läßt, daß dieselbe nicht über drei Monate nothwendig sein wird, in welchem Falle ein Referendarius mit 40 Rthlr. monatlicher Diäten als Hülfsarbeiter bestellt werden kann;
b. der Hülfsarbeiter zu Subaltern-Geschäften nöthig, und zu übersehen ist, daß seine Anstellung nicht über 6 Monate nothwendig sein wird. In diesem Falle können bis 20 Rthlr. monatliche Diäten angewiesen werden;
c. im Boten- und Exekutoren-Personal Hülfe nothwendig ist, und der Gehülfe nicht über ein Jahr nöthig sein wird, auch nicht über 12 Rthlr. monatliche Diäten erhalten soll.

In allen diesen Fällen kann das Königl. ꝛc. ohne Rückfrage die Anstellung der Diätarien veranlassen, jedoch nur in der Voraussetzung, daß es diese Auslagen aus dem Fonds für Hülfsarbeiter zu decken im Stande ist, und daß überhaupt der Hülfsarbeiter, nicht über jene Zeit zu bewilligen, nöthig ist.

Sollte ein Hülfsarbeiter, dessen erste Anstellung auf resp. drei, sechs und zwölf Monate beschränkt gewesen, aufs Neue dem Gericht bewilligt, und also sein Auftrag über jene Zeit extendirt werden, so ist darüber zu berichten.

Das Kollegium muß sich mit dem ausgesetzten Diäten-Fonds einrichten, und wird eine Ueberschreitung desselben nie gebilligt werden. Eine solche ist auch, bei der Beträchtlichkeit des Fonds nicht nöthig, wenn immer mit der gehörigen Sorgfalt die Nothwendigkeit des Hülfsarbeiters geprüft, die wohlfeilste Art zur Bestellung eines brauchbaren Gehülfen ermittelt, und erwogen wird, ob nicht dessen Bestellung durch größere, mögliche Anstrengung der etatsmäßigen Beamten vermieden werden kann, auch jederzeit dafür gesorgt wird, daß für außerordentliche Fälle ein disponibles Quantum des Fonds bleibt.

Damit das Königl. ꝛc. zu jeder Zeit übersehen könne, ob und in wie weit der Diäten-Fonds disponible ist, hat es bei der Haupt-Untergerichts-Salarienkasse ein Verzeichniß von den Diätarien, welche auf den Diäten-Fonds angewiesen sind, führen zu lassen, und zwar nach dem anliegenden Formular. (Anlage A.)

Mit Rücksicht auf dieses Verzeichniß ist jede Anstellung eines Hülfsarbeiters zu veranlassen, und dafür zu sorgen, daß der Rendant der Haupt-Untergerichts-Salarienkasse stets von derselben Kenntniß erhalte, und dieselbe sogleich eintrage. Pro 1827 sind die nöthigen Notizen nachträglich einzutragen.

Jedenfalls ist am Schlusse des Jahres ein Abschluß des Diäten-Fonds, mit Abschrift des von der Kasse geführten Verzeichnisses, einzureichen.

(v. K. Jhrb. Bd. 29. S. 204.)

A.

Verzeichniß

der

auf den Dispositions-Fonds des pro 1827 für Hülfsarbeiter bei den Untergerichten angewiesenen Diäten

und

Nachweisung

des

von dem Dispositions-Quantum noch vorhandenen Betrages.

Laufende Nummer.	Datum der Verfügung.	Name des Gerichts, dem der Hülfsarbeiter zugeordnet ist.	Grund der Hülfsleistungen.	Name und bisherige persönliche Verhältnisse des Hülfsarbeiters.	Bezeichnung des Geschäfts, zu dem er bestimmt ist.	Betrag der monatlichen Diäten. thlr.	sgr.	Dauer der diätarischen Beschäftigung.
	Beispiele:							
1.	17. Febr. 1827.	A. Land- und Stadtgericht.	Krankheit des ersten Sekretärs B.	C. Referendarius.	als Sekretär.	20	—	6 Monat. 1. März bis ult. August 1827.
2.	3. März 1827.	D. Justizamt.	Vorübergehende Ueberhäufung der Arbeiten.	E. Invalide.	als Bote und Exekutor.	10	—	3 Monat. 1. März bis ult. Mai 1827.

Betrag der Diäten für den Zeitraum, für welchen sie bewilliget sind. rthlr.	sgr.	Zugang zum Dispositions-Quantum durch Abkürzung des Zeitraums, für welchen die Diäten bewilligt waren.	rthlr.	sgr.	pf.	Balance des von dem Dispositions-Quantum nach Abzug der bewilligten Diäten und nach Hinzurechnung des nebenstehenden Zuganges, vorhandenen Betrages.	rthlr.	sgr.	pf.	Bemerkungen.
120	—	Der Sekretär B. ist den 17. April 1827 gestorben und die Stelle seit 1. August 1827 anderweitig besetzt; es cessiren also die Diäten pro August 1827 mit . .	20	—	—	Das Dispositions-Quantum beträgt	2000	—	—	
						davon ab ad 1.	120	—	—	
						bleiben 17ten Februar 1827	1880	—	—	
30	—		—	—	—	ab ad 2.	30	—	—	
						bleiben 3ten März 1827	1850	—	—	
						zu ad 1.	20	—	—	
						sind ult. Juni 1827	1870	—	—	

3) Berechtigung der verabschiedeten Militairpersonen zur Anstellung im Civildienst.

a. **Rescript** vom 11. August, 15., 16. und 29. Oktober 1820, und 22. Juni 1821, betreffend die Anstellung qualifizirter Unteroffiziere im Civildienst.

A.

Nach einer an das Königl. Staats-Ministerium unter dem 7. d. M. ergangenen Allerhöchsten C. O. soll, um den Eifer der Soldaten, längere Zeit als Unteroffiziere zu dienen, zu beleben, den Unteroffizieren der Armee die sichere Aussicht zur Anstellung im Civildienste, nachdem sie eine Reihe von Jahren gut gedient haben, eröffnet werden. Des Königs Majestät haben daher zu befehlen geruhet, daß künftig, und wenn keine Wartegeld beziehende Offizianten oder zu dergleichen Versorgungen berechtigte Individuen mehr vorhanden sind, Kanzlisten- und Unter-Kalkulatoren-Stellen, vorzüglich und nach abgelegter Prüfung ihrer Fähigkeit, aus den Unteroffizieren der Armee besetzt werden sollen. Von Seiten des Königlichen Kriegsministerii wird die Armee angewiesen werden, den Behörden von denjenigen Truppentheilen, welche in ihrer Nähe sind, durch neun Jahre gut gediente Unteroffiziere, Feldwebel und Wachtmeister, zur Prüfung zu überweisen.

Am Schlusse eines jeden Jahres wollen Se. Königl. Majestät eine allgemeine Uebersicht von den im Laufe desselben erledigten Kanzlisten- und Unter-Kalkulatoren-Stellen bei den Behörden, und wie sie solche besetzt haben, gewärtigen.

In Gemäßheit dieser Allerhöchsten Bestimmungen wird das Königl. Kammergericht (Ober-Landesgericht) angewiesen, bei den Vorschlägen zur Besetzung der Unterstellen sowohl bei dem Kollegio, als auch den Untergerichten im Departement desselben, hauptsächlich auf die gedachten Personen Rücksicht zu nehmen, und jedesmal bei Abweichung zu bemerken:

ob von den Militairbehörden keine dazu qualifizirte und im Examen bewährte Bewerber nachgewiesen worden sind.

Am Schlusse des Jahres ist das Verzeichniß, wie es erfordert worden, an den Justizminister einzusenden.

Berlin, den 11. August 1820.

B.

Dem Königl. Ober-Landesgericht wird auf die mittelst Berichts vom 13. d. M. gethane Anfrage, wegen der in Gemäßheit der Allerhöchsten C. O. vom 7. August d. J. von den Landeskollegiis jährlich einzureichenden Listen der erledigten Kanzlisten- und Unter-Kalkulatoren-Stellen, hiermit eröffnet, daß diese Listen von den Landesjustizkollegiis bei dem Justizminister einzureichen sind, welcher die Resultate derselben dem Königl. Staatsministerio mittheilen wird. Einer Bekanntmachung der C. O. an die Untergerichte bedarf es nicht.

Berlin, den 29. Oktober 1820.

C.

Auf die in dem Berichte vom 5. d. M. gehaltene Anfrage,

in Betriff der, den neun Jahre gedienten Unteroffizieren, durch die Allerhöchste C. O. vom 7. August c. versicherten Civil-Versorgung,

wird dem Königl. Ober-Landesgericht eröffnet, daß durch jenen Königl. Befehl die denjenigen Individuen, welche den Krieg gegen Frankreich als freiwillige mitgemacht haben, ertheilten Zusicherungen nicht aufgehoben worden sind, und zwischen diesen und den erwähnten Unteroffizieren nur die Qualifikation über den Vorzug der Anstellung entscheidet. Es ist dies um so weniger zweifelhaft, da diejenigen Unteroffiziere, welche jetzt und in den nächsten Jahren wegen 9jähriger Dienstzeit zur Versorgung vorgeschlagen werden, den Krieg gegen Frankreich mitgemacht haben müssen.

Berlin, den 16. Oktober 1820.

D.

Ew. Excellenz geben wir uns die Ehre, in beigehender Abschrift ein an sämmtliche Regierungen, auf den Grund der an die Königl. Ministerien der Finanzen und des Krieges ergangenen Königl. C. O. vom 7. d. M., von uns dato erlassenes Schreiben, die Fortbeziehung der Invaliden-Wartegelder bei gering dotirten Unterbedienungen betreffend, mit der Anheimgabe ganz ergebenst zu kommuniziren, in gleicher Art an die Königl. Ober-Landesgerichte geneigtest verfügen zu wollen.

Berlin, den 15. Oktober 1820.

E.

Seine Majestät der König haben mittelst einer an die Königlichen Ministerien erlassenen C. O. vom 7. Oktober c. zu bestimmen geruht, daß in Fällen, wo Invaliden vom Feldwebel und Wachtmeister abwärts auf Civil-Unterbedienungen versorgt werden, mit welchen eine so geringe Besoldung verbunden ist, daß der Invalide dabei nicht bestehen kann, dieselben ihr Militair-Wartegeld oder Gnadengehalt neben der Einnahme in dem Civil-Amte fortbeziehen können, so lange die Letztere nicht das Doppelte des Ersteren erreicht, und daß dieser Grundsatz auch bei den nur versuchsweise oder auf Kündigung angestellten Invaliden vom Feldwebel und Wachtmeister abwärts während der Dauer ihrer Civil-Dienstzeit Anwendung finden: daß aber der Betrag der Militair-Pension eines so versorgten Invaliden, wenn seine Entlassung vom Amte wegen Untauglichkeit zu demselben nach Ablauf der ersten drei (Probe-) Monate nothwendig wird, zum Civil-Pensions-Etat gebracht werden und der Militair-Fonds dann seine Zahlung einstellen soll.

Einer Königlichen Hochlöblichen Regierung säumen wir nicht, von dieser Allerhöchsten Bestimmung ergebenst Mittheilung zu machen, um mit uns in Fällen, wo diese Festsetzung bei künftiger Anstellung eines Invaliden in Anwendung kommen muß, Rücksprache zu halten, und uns außer dem Gehalte auch das Nebeneinkommen der Stelle zu benennen, indem nach vorgedachter Königlichen C. O. nur die Total-Einnahme des Posten, und nicht das bloße Gehalt bestimmen kann, ob der Invalide zur Fortbeziehung des Wartegeldes berechtigt ist, oder nicht.

Berlin, den 15. Oktober 1820.

(v. K. Jhrb. Bd. 16. S. 11.)

Nach der Verfügung des Königl. Staatsministerii vom 19. August v. J. h die Gerichte die Anweisung erhalten:

die zur Genügung der Allerhöchsten C. O. vom 7. ej. mens. et anni erforderlichen Anzeigen von Erledigung oder neu creirten Kanzlisten- oder Unter-Kalkulatur-Stellen, welche davon durch Unteroffiziere, Feldwebel und Wachtmeister aus dem stehenden Heere, oder durch andere Personen besetzt sind,

unmittelbar bei dem Königl. Staatsministerium einzureichen. Hiernach bedarf es der durch das Reskript vom 11. August pr. vorgeschriebenen Einreichung dieser Verzeichnisse an den Justizminister nicht ferner, vielmehr genügt die Einreichung derselben an das Königl. Staatsministerium, welche indeß pünktlich zu besorgen ist.

Berlin, den 22. Juni 1821.

(v. K. Jhrb. Bd. 17. S. 274.)

b. **Reskript** vom 2. April 1825 nebst Anlage, betreffend die Civil-Versorgung der Gensd'armen.

Die Verfügung des Justizministers an das Ober-Landesgericht zu Hamm vom 30. Januar 1824, auf welche in dem, dem Berichte des Königl. Ober-Landesgerichts vom 4. Januar c.

die Civilversorgung der Gensd'armen betreffend,

beigefügten Schreiben vom 30. Januar pr. Bezug genommen wird, hat nichts weiter bestimmen wollen, als daß durch die in Absicht der Versorgung der Unteroffiziere, welche 9 Jahre gedient haben, mit Kanzlisten- und Kalkulaturstellen, ergangene Allerhöchste C. O. vom 3. August 1820 die Rechte der mit Civil-Versorgungsscheinen versehenen Militairpersonen, und also auch der mit dergleichen Scheinen versehenen Gensd'armen, nicht aufgehoben worden seien. Die Anfrage des Kollegiums, in Betreff des den Gensd'armen gebührenden Vorzugs bei der Anstellung im Civildienst, erledigt sich übrigens aus dem abschriftlich anliegenden Schreiben des Königl. Kriegsministerii vom 19. v. M., nach dessen Inhalt künftig zu verfahren ist.

Berlin, den 2. April 1825.

(v. K. Jhrb. Bd. 25. S. 239.)

A.

Einem Königl. Hochlöblichen Justizministerium erwiedern wir auf das, an den Kriegsminister, Herrn General-Lieutenant von Hake Excellenz, gerichtete Schreiben vom 21. Januar ganz ergebenst, daß nach der mit dem Chef der Gensd'armerie, Herrn General-Lieutenant von Brauchitsch Excellenz, gehaltenen Rücksprache von des Herrn Kriegsministers Excellenz bestimmt worden, daß

1) die im aktiven Dienst befindlichen und mit Civil-Versorgungsscheinen versehenen Gensd'armen bei Bewerbung um eine Versorgung und gleicher

Qualifikation dazu, den mit Civil-Versorgungsscheinen und Wartegeldern versehenen, invaliden Militairpersonen nicht vorgehen können, sie auch
2) den Invaliden nachstehen, welche ihre Versorgung in einem Civildienst bei Invaliden-Kompagnien abwarten; dagegen gehen aber aktive
3) Gensd'armen, welche den Civil-Versorgungsschein besitzen und durch mehrjährige Dienstzeit in der Gensd'armerie nach der Königl. C. O. vom 30 Dezember 1820 eine vorzügliche Berücksichtigung erworben haben, denjenigen versorgungsberechtigten Invaliden, welche sich bei Garnisontruppen ebenfalls im aktiven Dienste befinden, in der Versorgung in sofern vor, als sie mit den letzteren ganz gleiche Qualifikation besitzen.

Durch diese Bestimmungen wird sich nun die Anfrage des Königl. Ober-Landesgerichts zu Paderborn erledigen, und stellen wir bei der Remission der Anlagen Einem Königl. Hochlöblichen Justizministerio dessen Bescheidung ganz ergebenst anheim.

Berlin, den 19. März 1825.

(v. K. Jhrb. Bd. 25. S. 239.)

c. **Rescript** vom 27. Mai 1825 und 27. Februar 1832, betreffend die Anstellungsfähigkeit der Trompeter, Tambours, Pauker und Hornisten.

In Gemäßheit der Allerhöchsten C. O. vom 7. August 1820 ist durch die Cirkularverfügung vom 11. ej. m. et a. festgesetzt worden:

daß künftig, und wenn keine Wartegeld beziehende Offizianten oder zur Versorgung im Civildienste berechtigte Individuen mehr vorhanden sind, Kanzlisten- und Unter-Kalkulaturstellen, vorzüglich, und nach abgelegter Prüfung ihrer Fähigkeit, aus den neun Jahre gut gedienten Unteroffizieren (Feldwebeln und Wachtmeistern) der Armee besetzt werden sollen.

Nach dem Beschlusse des Königl. Staatsministeriums vom 4. Mai d. J. sollen diese Bestimmungen auch

auf Regiments-Trompeter, Regiments- und Bataillons-Tambours und Hornisten

Anwendung leiden, wonach sich das Königl. &c. zu achten hat.

Berlin, den 27. Mai 1825.

(v. K. Jhrb. Bd. 25. S. 238.)

Die Anfrage des Präsidii des Königl. Ober-Landesgerichts in dem Berichte vom 11. v. M.:

ob bloße Trompeter, so wie Pauker und Hautboisten, in Folge der Allerhöchsten C. O. vom 7. August 1820 Anstellung auf Kanzlistenstellen haben?

hat den Justizminister veranlaßt, mit des Herrn Kriegsministers Excellenz über die Anstellungsfähigkeit der Trompeter, Pauker und Hautboisten, welche neun Jahre gedient haben, zu kommuniziren. In dem an das Justizministerium unterm 22. d. M. gerichteten Schreiben hat der Herr Kriegsminister sich demnächst dahin erklärt, daß Trompeter und Pauker zu den Benefizien der Allerhöchsten C. O. vom 7. August 1820 zwar berechtigt sind, diese aber den Hautboisten nicht zustehen.

Berlin, den 27. Februar 1832.

(v. K. Jhrb. Bd. 39. S. 171.)

d. **Rescript** vom 5. Juni 1825, betreffend die Berechnung der Dienstzeit der Freiwilligen Behufs Erlangung der Anstellungsfähigkeit.

Das Staatsministerium ist darüber einverstanden, daß die einjährigen Freiwilligen, wenn sie nach Beendigung der einjährigen Dienstzeit weiter dienen wollen, um in Gemäßheit der Allerhöchsten C. O. vom 7. August 1820 bei ihrer etwanigen Beförderung zu Unteroffizieren &c. Ansprüche auf eine Kanzlisten- oder Unter-Kalkulatur-Stelle zu erlangen, nur noch sechs Jahre zu dienen haben, um in den Besitz dieser Ansprüche zu treten, da jene einjährige Dienstzeit die gewöhnliche dreijährige Dienstverpflichtung erfüllt.

(v. K. Jhrb. Bd. 25. S. 237.)

e. **Rescript** vom 20. September 1827, betreffend die Anstellung der Unteroffiziere nach neunjähriger Dienstzeit ohne Civil-Versorgungsschein.

Auf die in Euer Excellenz gefälligem Schreiben vom 2. August 1827 enthaltene Anfrage:

ob die neunjährige Dienstzeit als Unteroffizier auch zu Posten qualifizire, wozu vorschriftsmäßig der Civil-Versorgungsschein erforderlich ist,

muß das Staatsministerium verneinend antworten, indem die Vergünstigung, welche den neun Jahre gedient habenden Unteroffizieren durch die Allerhöchste C. O. vom 7. August 1820 zugestanden worden, auf die Aussicht nach dem Grade ihrer Fähigkeiten in Kanzlei- und Unter-Kalkulatur-Stellen angestellt zu werden, sich beschränkt, und nicht zum Nachtheil der mit einem Civil Versorgungsschein entlassenen Invaliden ausgedehnt werden kann.

(v. K. Jhrb. Bd. 30. S. 137.)

f. **Rescript** vom 20. November 1828, betreffend die Anstellungsansprüche der vor dem 16. März 1824 ausgeschiedenen Militairpersonen.

Durch die beschlossene, von dem Königl. Kriegsministerium unter dem 16. März 1824 an die Militairbehörden erlassene Verfügung ist zwar bestimmt worden:

daß in Absicht aller von da ab aus dem Militair ausscheidenden Leute, die entweder vormals als freiwillige Jäger gedient, oder die in Folge der Allerhöchsten C. O. vom 7. August 1820 und 20. Januar 1822 einen gesetzlich begründeten Anspruch zu Anstellungen in der daselbst näher festgesetzten Art haben, im Entlassungsscheine der ihnen desfalls zustehende Anspruch unter näherer Angabe der Verhältnisse von dem betreffenden Truppentheile künftig allemal vollständig ausgedrückt, und zugleich in jedem besondern Falle angegeben werden solle, auf welche gesetzliche Bestimmungen sich der Anspruch des Entlassenen begründe.

Bei den Entlassungsscheinen der vor jener Zeit aus dem Militair ausgeschiedenen Leute, bei denen jene Vorschriften nicht befolgt sein konnten, kann aber sehr leicht Zweifel darüber entstehen:

ob diese wirklich zur Anstellung im Civildienste berechtigt sind.

Zur Beseitigung dieses Zweifels werden nach dem Wunsche der Königlichen Ober-Rechnungskammer und dem Vorschlage des Herrn Kriegsministers sämmtliche Königl. Ober-Justizbehörden hierdurch angewiesen,

in allen den Fällen, wo Entlassungsscheine versorgungsberechtigter Militairs, die vor der gedachten Verfügung des Königl. Kriegsministerii vom 16. März 1824 ausgestellt worden, Behufs der Anstellung eingereicht werden, genau zu ermitteln, ob der Versorgungsanspruch feststehend sei, und sich, falls Zweifel eintreten, zu dem Ende mit dem Truppentheile, von dem der Anstellungsuchende entlassen ist, in nähere Kommunikation darüber zu setzen, und die hieraus hervorgehenden Ermittelungen der ersten Gehalts-Quittung des im Civil Angestellten beizufügen.

(v. K. Jhrb. Bd. 32. S. 306.)

g. **C. O.** vom 31. Oktober 1827, 19. Oktober 1828, 15. Juni 1829 und 22. Juni 1830, betreffend die Anstellungsberechtigung der nach neunjähriger Dienstzeit entlassenen Unteroffiziere und die Anstellung der Civil-Supernumerarien.

A.

Auf den Antrag des Staatsministerii vom heutigen Tage, will Ich in Verfolg Meiner Ordre vom 7. August 1820, die Anstellung der nach neunjähriger Dienstzeit entlassenen Unteroffiziere in den Bureaus der Regierungen und Provinzialbehörden betreffend, Folgendes bestimmen:

1) Es bleibt dabei, daß die etatsmäßigen Kanzlistenstellen bei den Regierungen und andern Provinzialbehörden ausschließlich mit ausgedienten Unteroffizieren besetzt werden müssen. Auch bei der Annahme der Lohnschreiber, zu deren Remuneration den Regierungen nach der dermaligen Etatseinrichtung besondere Fonds ausgesetzt sind, ist die Beschäftigung jener Versorgungsberechtigten möglichst und vorzugsweise zu berücksichtigen, es sei, daß dieselben gegen fixirte Tagegelder oder Schreibgebühren beschäftigt werden.

2) Bei den andern Subalternstellen der Regierungen und Provinzialbehörden ist der eigentliche Versorgungsanspruch der nach 9jähriger Dienstzeit entlassenen Unteroffiziere nur auf die etatsmäßigen Stellen zweiter Klasse beschränkt, und das weitere Vorrücken dieser Versor-

gungsberechtigten zu den Stellen erster Klasse lediglich von deren sich weiter ergebenden Qualifikation abhängig, in welchem letztern Falle sie bei gleicher Befähigung den Bewerbern, welchen keine Ansprüche aus geleistetem Militairdienst zur Seite stehen, vorzuziehen sind.

3) Damit aber einer Seits den Provinzialbehörden die nöthige Auswahl zu den höhern Subalternstellen verbleibe, anderer Seits aber hierdurch die Unterbringung gut gedienter Militairpersonen in den geringeren Stellen, denen sie wohl vorstehen können, nicht zur Ungebühr beschränkt werde, so setze Ich als Regel fest, daß bei einer jeden Provinzialbehörde wenigstens die Hälfte der etatsmäßigen Subalternstellen zweiter Klasse mit ausgedienten Unteroffizieren und sonstigen Militair-Versorgungs-Berechtigten besetzt werden soll. Ein gleiches Verhältniß ist auch bei der Annahme der auf Kündigung arbeitenden Diätarien, zu deren Remuneration den Provinzialbehörden bestimmte etatsmäßige Fonds zur Disposition stehen, zu beobachten.

4) Es versteht sich von selbst, daß auch die Militair-Versorgungs-Berechtigten ihren Civildienst in der Regel in den oben gedachten Diätarienstellen antreten müssen, und erst nach erwiesener Qualifikation ihr Vorrücken in wirklich etatsmäßige Stellen zu erwarten haben, bei ermangelnder Fähigkeit oder Thätigkeit oder sonstiger Verschuldung aber, gleich andern Angestellten dieser Klasse, wiederum entlassen werden können.

5) Die zur Erledigung kommenden Stellen vorerwähnter Art sollen bei einer jeden Provinzialbehörde alternirend in der Art besetzt werden, daß von zweien erledigten Stellen wenigstens eine, und zwar die erste, einem Militair-Anwärter zu Theil wird.

Jedoch wird hierdurch

6) den Bestimmungen nicht derogirt, welche wegen vorzugsweiser Anstellung der Wartegeld-Empfänger und überzähligen Beamten ergangen sind, welche letztere daher auch den Militair-Versorgungs-Berechtigten vorgehen müssen, und sollen die auf diese Weise besetzten Stellen bei dem vorgedachten Wechsel weder dem einen noch dem andern Theile angerechnet werden.

7) Der Kriegsminister wird den sämmtlichen Truppenabtheilungen die erforderliche Anweisung darüber zugeben lassen, daß zu den zur Anstellung bei den Regierungen und Provinzialbehörden notirten Subjekten nur solche Leute ausgewählt werden, welche sich durch gute Führung im Dienste und durch fleißige, erfolgreiche Benutzung des Unterrichts in den Militairschulen ausgezeichnet haben. Die Auszüge aus den desfallsigen Listen werden dann von Seiten des Kriegsministers den Provinzialbehörden des Bezirks, in welchem der Entlassene angestellt zu werden wünscht, zugefertigt: und andere, als die ihnen auf diese Art zugewiesenen Personen, haben die Behörden als Versorgungsberechtigte nicht zu berücksichtigen.

8) Zur Bildung einer Pflanzschule für die höheren und für die den Militair-Versorgungsberechtigten nicht reservirten Subaltern-Stellen zweiter Klasse sind die Regierungen und Provinzialbehörden ermächtigt, unter jedesmaliger Theilnahme ihres Präsidenten oder Direktors und unter Genehmigung des kompetenten Verwaltungs-Chefs eine mäßige Anzahl von Civil-Supernumerarien in ihren Bureaus zuzulassen, und unter Beobachtung des oben zu 3. festgesetzten Verhältnisses in diätarische Entgeltungen und etatsmäßige Stellen vorrücken zu lassen:

9) Wer als Civil-Supernumerar zugelassen werden will, muß
   a. sich über die Erfüllung der allgemeinen Militair-Verbindlichkeiten ausweisen,

b. ein hinlängliches Vermögen nachweisen, um sich wenigstens 3 Jahre lang aus eigenen Mitteln oder durch Unterstützung seiner Angehörigen ernähren zu können;

c. ein Gymnasium oder eine höhere Bürgerschule frequentirt und aus der ersten Klasse einer solchen Anstalt mit dem Zeugnisse der Reife und guten sittlichen Aufführung entlassen sein. Ausnahmen von der Bestimmung zu c. können nur in solchen Fällen von den Ministerien nachgelassen werden, wo der Anzustellende seine praktische Brauchbarkeit und genügende Ausbildung bereits durch mehrjährige Beschäftigung bei andern Behörden nachgewiesen hat.

Es erlangt jedoch ein auf diese Zeugnisse zugelassener Supernumerar hierdurch noch keineswegs einen wirklichen Anspruch auf hiernächstige Anstellung, vielmehr kann derselbe bei sich erweisendem Mangel an praktischer Brauchbarkeit, so wie wegen Unfleiß und ordnungswidriger Führung, jederzeit ohne Weiteres entlassen werden, und haben die Vorsteher der Kollegien und Behörden ganz besonders darauf zu achten, daß solche Supernumerarien, durch deren Anstellung ein Vortheil für den öffentlichen Dienst nicht zu erwarten ist, aus den Bureaus entfernt werden. Das Staatsministerium hat hiernach, und den Ressort-Verhältnissen gemäß, die Behörden mit der erforderlichen Instruktion zu versehen, und wird es Mir zum Wohlgefallen gereichen, aus den bereits früher angeordneten jährlichen Verzeichnissen der im Civildienst angestellten Militairpersonen zu entnehmen, wie nicht nur in der Beschränkung auf das festgesetzte Minimum, sondern auch über letzteres hinaus, auf die vorzugsweise Anstellung solcher Personen Bedacht genommen wird, welche neben genügender Brauchbarkeit sich zugleich durch mehrjärig geleistete Militairdienste Anspruch auf besondere Anerkennung erworben haben.

Berlin, den 31. Oktober 1827.

B.

Wiewohl Ich die nach Ihrem Berichte vom 26. August c. der Versorgung der Militairs gewidmete Fürsorge im Allgemeinen nicht verkennen will, so kann Ich doch die von Ihnen gehegte Voraussetzung, als ob Meine in Betreff der Anstellung der nach neunjähriger Dienstzeit entlassenen Unteroffiziere unterm 31. Oktober v. J. erlassene Ordre auf die Justizbehörden nicht zu beziehen gewesen sei, nicht für hinreichend begründet annehmen, indem dieselbe nur in Folge Meiner Ordre vom 7. August 1820 die näheren Bestimmungen enthält, also die Anwendung aus der letztern von selbst gefolgert werden mußte, jeden Falls aber Sie sich durch die Erinnerungen der Ober-Rechnungskammer zur Anfrage hätten veranlaßt finden sollen. Indessen will Ich für die Vergangenheit darüber hinwegsehen, und bestimme auf Ihre Vorschläge:

1) daß auch bei den Justizbehörden die Kanzlistenstellen ausschließlich mit solchen Personen besetzt werden sollen, welche als Unteroffiziere durch neunjährige Militairdienste sich Ansprüche auf Versorgung erworben haben;

2) daß auch bei Annahme von Lohnschreibern, zu deren Remuneration die Gerichte einen etatsmäßigen Fonds haben, besonders auf neun Jahr gediente Unteroffiziere gesehen werden soll; wogegen aber den Beamten, welche für die Beschaffung der Schreibarbeit bei einem Gerichte gegen den Selbstgenuß der Kopialien zu sorgen haben, die Wahl der Hülfsschreiber lediglich überlassen bleibt, und

3) daß ferner bei den Justizbehörden auch Kassen-Assistenten, welche nur mit dem Ausschreiben der Rechnungen, Anfertigung von Restenlisten, Zählen, Packen und Etikettiren der Gelder beschäftigt werden, und Registratur-Assistenten, welchen nur das Rubriciren, Foliiren

und Heften der Akten obliegt, ebenfalls nur aus den neun Jahre dienenden Unteroffizieren gewählt werden sollen; außerdem aber auch

4) bei Besetzung der unter vorstehenden Bestimmungen nicht begriffenen geeigneten Stellen der Gerichte abwechselnd ein zum Subalterndienst ausgebildeter Supernumerarius, ohne Versorgungs-Ansprüche aus dem Militairstande, angestellt werden darf, und deshalb die Vorschriften Meiner Ordre vom 31. Oktober v. J. zu 3., 4., 5., 6., 8. und 9. in Anwendung zu bringen sind.

Es sollen jedoch diese näheren Bestimmungen bei den Justizbehörden erst von jetzt an zur Richtschnur dienen, und die inzwischen stattgefundenen Anstellungen dadurch nicht zurückgenommen werden. Ich überlasse Ihnen, hiernach nunmehr das Weitere zu verfügen.

Berlin, den 19. Oktober 1828.

(v. K. Jhrb. Bd. 32. S. 298.)

Ich gebe dem Staatsministerium auf den Bericht vom 5. d. M. hiermit zu erkennen, daß durch Meine Verfügung vom 31. Oktober 1827, wegen Versorgung gedienter Unteroffizlere bei den Provinzialbehörden, den Versorgungsansprüchen und Anstellungs-Berechtigungen der freiwilligen Jäger aus den Feldzügen von 1813 bis 1815, so wie den Militair-Invaliden, nichts vergeben sein soll.

Berlin, den 15. Juni 1829.

(v. K. Jhrb. Bd. 33. S. 358.)

Um den Nachtheilen abzuhelfen, welche nach Ihrem Berichte vom 20. v. M. der Versorgung der nach neunjähriger Militairdienstzeit entlassenen Unteroffiziere im Civildienste dadurch entgegenstehen, daß nach der Bestimmung Meiner Ordre vom 31. Oktober 1827 zu 7. die Ueberweisung dieser Art von Anstellungsberechtigten an die Civilbehörden, bei denen sie angestellt zu werden wünschen, ausschließlich durch das Kriegsministerium geschehen soll, genehmige Ich, dem Antrage gemäß, daß künftig die Ueberweisung solcher Unteroffiziere, wie es früher in Folge Meiner Ordre vom 7. August 1820 geschah, wieder durch die Befehlshaber der Truppentheile, bei denen sie gedient haben, erfolgen kann. Zur Sicherung der bei solchen Ueberweisungen nach Maaßgabe der Ordre vom 31. Oktober 1827 vorgeschriebenen Qualifikation ist jedoch ferner anzuordnen, daß den desfallsigen Attesten oder Empfehlungen der Truppenbefehlshaber jedesmal ein Zeugniß der, zur Aufsicht über die Regiments- oder Bataillons-Schule, in welcher das betreffende Individuum Unterricht erhalten hat, bestehenden Kommission über dessen Schulbildung beigefügt werden soll, und daß nur solche Leute zur Anstellung in den Bureaus der Behörden zu empfehlen sind, welche wenigstens eine gute ausgeschriebene Handschrift aufweisen, dabei fertig und orthographisch richtig schreiben können, auch im Rechnen nicht unerfahren sind. Ich überlasse Ihnen, hiernach das Weitere zu verfügen und auch in Folge Meiner Ordre vom 31. Oktober 1827 die betreffenden obersten Verwaltungsbehörden von diesen näheren Bestimmungen in Kenntniß zu setzen.

Berlin, den 22. Juni 1830.

(v. K. Jhrb. Bd. 36. S. 153.)

h. **C. O.** vom 20. Dezember 1828, betreffend die Anstellungs-Ansprüche der Offiziere, welche nicht 15 Jahre gedient haben.

In Berücksichtigung der Mir vorgetragenen Umstände, will Ich solchen Offizieren, denen bei nicht vollendeter funfzehnjähriger Dienstzeit die Pension ihres Grades zugestanden wird, wenn sie neun Jahre und länger gedient haben, den Anstellungs-Anspruch der nach neunjähriger Dienstzeit ausscheidenden Unteroffiziere bewilligen, auch gestatten, daß die seit Emanirung des neuen Pensions-Reglements pensionirten Offiziere dieser Klasse nach demselben Grundsatz behandelt werden können. Dem Kriegsministerio überlasse Ich danach zu verfügen.

(v. K. Jhrb. Bd. 32. S. 297.)

i. **Rescript** vom 29. Dezember 1828, 30. März 1829, 27. Juni 1831 und 22. November 1836, betreffend die Anstellung der Militairpersonen im Justizdienste und die Annahme der Civil-Supernumerarien.

Auf die Anfragen im Berichte vom 30. v. M.,

betreffend die Anstellung der nach neunjähriger Dienstzeit entlassenen Unteroffiziere,

wird dem Königl. Ober-Landesgericht eröffnet:

ad 1. Die Bestimmungen der Allerhöchsten C. O. vom 31. Oktober pr. über Beamte der ersten und zweiten Klasse beziehen sich zunächst auf §. IX. D. der C. O. vom 31. Dezember 1825, die Organisation der Provinzial- und Verwaltungs-Behörden betreffend, und können nur analogisch auf die Justizbehörden in Anwendung kommen. Deshalb ist Nr. 4. der C. O. vom 19. Oktober c. die nähere Bestimmung enthalten.

ad 2. Die eben gedachte C. O. vom 19. Oktober c. sagt sub 1: daß auch bei Justizbehörden die Kanzlistenstellen ausschließlich mit solchen Personen, die als Unteroffiziere durch neunjährige Dienstzeit Versorgungs-Ansprüche erlangt haben, besetzt werden sollen.

ad 3. Bei Besetzung von Subalternstellen erster Klasse ist vorzugsweise auf Referendarien und Auskultatoren zu rücksichtigen.

ad 4. Ist bei Annahme von Civil-Supernumerarien eine Berichtserstattung an den Justizminister nicht erforderlich.

ad 5. Wenn derjenige, der als Civil-Supernumerair angenommen werden will, nachweisen soll, ein Gymnasium oder eine höhere Bürgerschule frequentirt und aus der ersten Klasse einer solchen Anstalt mit dem Zeugnisse der Reife entlassen zu sein, und das Königl. Ober-Landesgericht zweifelhaft ist, worauf sich die Reife beziehen soll, so zeigt der Zusatz „höhere Bürgerschule" schon, daß das Zeugniß der Reife zur Universität nicht gemeint sein kann, daher dies zu erfordern nicht nöthig geachtet wird.

ad 6. Auch bloße Protokollführer müssen sich als Civil-Supernumerarien qualifiziren, wenn sie eine etatsmäßige Stelle erhalten sollen.

ad 7. Ist es nicht erforderlich, die Bestimmungen der Allerhöchsten C. O. vom 31. Oktober v. J. und 19. Oktober c. durch das Amtsblatt zur Kenntniß des Publikums zu bringen.

Berlin, den 29. Dezember 1828.

(v. K. Jhrb. Bd. 32. S. 303.)

Der Justizminister hat aus einer, ihm von dem Königl. Kriegsministerio mitgetheilten Eingabe des Wachtmeisters N. hierselbst vom 10. Dezember v. J. ersehen, daß das Königl. Ober-Landesgericht in Beziehung auf die Allerhöchsten C. OO. vom 31. Oktober 1827 und 19. Oktober v. J., dem N. eröffnet hat, daß seine Berücksichtigung zur Anstellung im Civildienst nur erfolgen könne, wenn er nach §. 7. der erstgedachten Allerhöchster C. O. dem Königl. Ober-Landesgericht von dem Königl. Kriegsministerio zur Versorgung überwiesen würde. Dies ist eine unrichtige Ansicht der gedachten Allerhöchsten Ordre. Die in Folge dieser Ordre alljährlich durch die Königl. General-Kommandos bei dem gedachten Ministerio eingehenden Vorschlagslisten der sich zur Anstellung als Subaltern-Beamten bei den Provinzialbehörden eignenden Unteroffiziere, so wie die auf Grund dieser Listen von Seiten des Königl. Kriegsministerii bewirkten Ueberweisungen, beziehen sich nur auf solche Individuen, welche zur Zeit der Anfertigung der Vorschlagslisten sich noch in Reih' und Glied befanden, oder in demselben Jahre ausgeschieden sind. Da es aber nicht Absicht der gedachten Verordnung ist, den vorher aus dem aktiven Dienst geschiedenen Unteroffizieren, welche auf Grund der Allerhöchsten C. O. vom 7. August 1820 bereits ein Anrecht auf eine solche Anstellung gehabt haben, dieses zu nehmen; so folgt hieraus von selbst, daß diese von dem in der Allerhöchsten Ordre vom 31. Oktober 1827 enthaltenen Verbote:

zu den, in derselben bezeichneten Subalternstellen keine andere Individuen anzustellen, als die von dem Königl. Kriegsministerio überwiesenen, ausgenommen, und in Hinsicht auf ihre Anstellungsberechtigung eben so zu behandeln sind, wie die der letzten Kategorie.

Dieses hat das Königliche Ober-Landesgericht für die Folge zu beachten.

Berlin, den 30. März 1829.

(v. K. Jhrb. Bd. 33. S. 141.)

Da die Versorgung der in neunjährigem Militairdienst beschäftigten Unteroffiziere ganz besonders berücksichtigt werden muß, so mache ich sämmtliche Obergerichte wiederholentlich darauf aufmerksam, die deshalb ergangenen Vorschriften bei den ihnen überlassenen Stellenbesetzungen auf das Genaueste zu befolgen. Damit auch diese Beamtenklasse noch vor ihrer Versorgung Gelegenheit erhält, sich nach ihrem Ausscheiden aus dem Militairstande einen Erwerb zu verschaffen, so haben sämmtliche Obergerichte dahin zu sehen, daß sowohl in ihren Kanzleien, als auch in denen formirter Untergerichte die Hülfsarbeiter möglichst aus der Zahl dieser Personen gewählt werden. Jedoch ist insbesondere als Hülfsschreiber Niemand zuzulassen, der nicht

1) zum Dienst verpflichtet werden kann, mithin das achtzehnte Jahr bereits zurückgelegt hat,
2) eine gute Hand und in deutscher und lateinischer Schrift orthographisch richtig schreibt, so wie
3) Zeugnisse einer guten Aufführung vorzuweisen hat.

Wo es sich ausführen läßt, sind übrigens die Unteroffiziere als Hülfsschreiber mit einem Fixo aus den Kopialien anzustellen.

Berlin, den 27. Juni 1831.

(v. K. Jhrb. Bd. 37. S. 372.)

Dem Königl. Präsidio des Ober-Landesgerichts wird auf den Bericht vom 30. v. M. eröffnet, daß das Ober-Landesgericht zu Breslau authorisirt worden ist, den J. F. als Civil-Supernumerarius fernerweit zu beschäftigen.

Was die bei dieser Gelegenheit aufgestellten allgemeinen Anfragen betrifft, so kann es

1) nicht als ein allgemeiner Grundsatz anerkannt werden, den Besuch der dritten Klasse eines Gymnasiums dem Besuche der ersten Klasse einer höhern Bürgerschule gleich zu stellen, und demgemäß auch diejenigen, welche nur die dritte Klasse eines Gymnasiums besucht haben, ohne Nachsuchung einer Dispensation als Civil-Supernumerarien zuzulassen. Die Allerhöchste C. O. vom 31. Oktober 1827 hat ausdrücklich den Besuch der ersten Klasse eines Gymnasiums oder einer höhern Bürgerschule erfordert, und nur den Justizminister authorisirt, von dem Nachweise dieses Besuchs in einzelnen Fällen zu dispensiren, wenn der anzunehmende Civil-Supernumerar seine praktische Brauchbarkeit und genügende Ausbildung bereits durch mehrjährige Beschäftigung bei andern Behörden nachgewiesen hat.

   Diese Allerhöchste Bestimmung muß daher pünktlich befolgt und wenn der Besuch der ersten Klasse eines Gymnasiums oder einer höhern Bürgerschule nicht nachgewiesen wird, jedesmal die Dispensation bei dem Justizminister eingeholt werden.

2) Die Allerhöchste C. O. vom 31. Oktober 1827 verlangt ferner bei der Zulassung als Civil-Supernumerar,

   daß sich der Anzustellende über die Erfüllung der allgemeinen Militairverbindlichkeit ausweise.

   Es muß strenge darauf gehalten werden, daß Niemand zum Civil-Supernumerar ernannt wird, bevor er nicht entweder seiner Militairpflicht zum Dienst im stehenden Heere genügt, oder seine völlige Unfähigkeit zu diesem Dienste durch ein Attest der Ersatz-Kommission nachgewiesen hat.

3) Da Personen, welche ihren Militairpflichten wirklich genügt haben, keine Zurücksetzung gegen solche Personen erfahren dürfen, welche den Militairpflichten nicht genügt haben, so wird hierdurch festgesetzt, daß künftig Niemand, der seinen Militairpflichten nicht genügt hat, vor zurückgelegtem 24sten Lebensjahre als Civil-Supernumerarius angestellt werden darf.

Berlin, den 22. November 1836.

(v. K. Jhrb. Bd. 48. S. 478 — 479.)

k. **Reskript** vom 11. Mai 1829, nebst Anlage, betreffend die Berechnung der Dienstzeit der Unteroffiziere bei deren Anstellung im Civildienste.

Von Ew. Excellenz Herrn Amtsvorgänger ist mir unterm 15. Januar 1823 die Mittheilung geworden, daß der Abdruck der Bestimmung des Königl. Staatsministerii über die Berechnung der, den Unteroffizieren einen Anspruch auf Kanzlisten- ꝛc. Stellen gewährenden neunjährigen Dienstzeit, vom 30. Dezember 1820 in die v. Kamptzschen Jahrbücher zur Kenntnißnahme und Direktion sämmtlicher Landesjustizkollegien veranlaßt worden ist. Wenn nun hiernach anzunehmen ist,

daß ein Unteroffizier zur Begründung eines Anspruchs **wenigstens fünf Jahre** in dem Grade eines Unteroffiziers gedient haben müsse,

diese Ansicht aber, wie die Königl. Ober-Rechnungskammer in einem dieserhalb an das Kriegsministerium gerichteten Schreiben bemerkt, noch nicht allgemein aufgefaßt zu sein scheint, indem Fälle vorgekommen sind, wo Individuen, welche einen weit geringeren Theil ihrer neunjährigen Dienstzeit in dem Grade eines Unteroffiziers dienten, von Seiten der Truppentheile zur Anstellung im Civildienste vorgeschlagen worden sind, so ist, nachdem ich deshalb heute die Allerhöchste Genehmigung eingeholt habe, bestimmt worden:

daß von den Truppentheilen nur solche neun Jahre gedient habende Individuen zur Anstellung bei den Provinzialbehörden vorgeschlagen werden dürfen, welche mindestens fünf Jahre als wirkliche Unteroffiziere dienten, und daß in den zu ertheilenden Entlassungsscheinen die Anzahl der in dem Grade als Unteroffiziere zugebrachten Dienstjahre jedesmal ausdrücklich zu bemerken sei, und stelle Ew. Excellenz ganz ergebenst anheim, die Königl. Landesjustizkollegien davon gefälligst benachrichtigen zu wollen.

Berlin, den 5. Mai 1829.

Abschrift dieses Schreibens wird in Beziehung auf die, an das Königl. Oberlandesgricht zu Glogau am 15. Januar 1823 erlassene Verfügung durch die Jahrbücher zur Nachricht und Achtung bekannt gemacht.

Berlin, den 11. Mai 1829.

(v. K. Jhrb. Bd. 33. S. 359.)

l. **C. O.** vom 7. November 1835 und 22. Mai 1836 und **Reskript** vom 20. August 1836, betreffend die anderweitige Bestimmung der zur Anstellung im Civil berechtigenden Dienstzeit der Unteroffiziere.

Die Erfahrung hat gelehrt, daß die in Meiner Ordre vom 7. August 1820 den neun Jahre gedienthabenden Unteroffizieren verheißene Versorgung wegen des Mißverhältnisses zwischen den erledigten Stellen und der Anzahl der Anwärter von keinem sonderlichen Erfolge gewesen, für die Armee aber der Nachtheil daraus erwachsen ist, daß Unteroffiziere nach 9 Jahren Dienstzeit, wegen ihrer Zukunft besorgt, ihrem Militairdienst entfremdet worden sind, und das Interesse an demselben verloren haben. Unter diesen Umständen will Ich daher jene Ordre dahin modifiziren, daß die jedem Preußischen Unterthan obliegende allgemeine Militairpflicht mit hinzugerechnet und der Anspruch auf Versorgung für die Unteroffiziere erst nach 12jähriger Dienstzeit erlangt werden kann. Dagegen will Ich genehmigen, daß auch ein Theil der in der Straf- und Korrektions-Anstalten erledigten Aufseherstellen mit solchen Subjekten besetzt werden könne.

Ich trage dem Kriegsministerium auf, diese Bestimmung der Armee bekannt zu machen.

Berlin, den 7. November 1835.

(v. K. Jhrb. Bd. 48. S. 238.)

In Verfolg Meiner Ordre vom 7. November v. J. bestimme Ich, daß in der zwölfjährigen Dienstzeit, welche in Gemäßheit derselben den Anspruch zur Civil-Anstellung nunmehr giebt, mindestens eine neunjährige Dienstzeit als Unteroffizier enthalten sein muß. Ich trage dem Kriegsministerium auf, darnach das weiter Erforderliche zu veranlassen.

Berlin, den 22. Mai 1836.

(v. K. Jhrb. Bd. 48. S. 239.)

Ew. Hochwohlgeboren erhalten unter Bezugnahme auf die wegen der Civil-Versorgung der neun Jahre gedienten Unteroffiziere unterm 7. August 1820 erlassene Allerhöchste C. O. und das Rescript vom 11. August ej. a. beigehend Abschrift der über diesen Gegenstand unterm 7. November v. J. und 22. Mai d. J. an das Königliche Kriegsministerium erlassenen Allerhöchsten C. OO., zur Kenntnißnahme und Nachachtung. Zugleich benachrichtige ich Sie, daß diese Allerhöchste Bestimmungen nach dem Beschlusse des Königl. Staatsministeriums auf diejenigen Unteroffiziere, welche bei Verkündigung derselben von den Militairbehörden wegen neunjähriger Dienstzeit schon als anstellungsfähig anerkannt und den Civilbehörden empfohlen sind, keine rückwirkende Kraft ausüben, es vielmehr hinsichtlich solcher Individuen bei den früher ergangenen Allerhöchsten Anordnungen sein Bewenden behält.

Berlin, den 20. August 1836.

(v. K. Jhrb. Bd. 48. S. 239.)

m. **Rescript** vom 8. September 1836 und 20. Februar 1837 nebst Anlage, betreffend die Versorgung der resp. 9 und 12 Jahre gedienten Unteroffiziere im Civildienst.

Die Allerhöchste C. O. vom 7. August 1820,
wegen Civil-Versorgung der neun Jahre gedienten Unteroffiziere,
ist durch die abschriftlich beifolgenden Allerhöchsten C. OO. vom 7. November v. J. und 22. Mai d. J. dahin modifizirt worden:

daß der Anspruch auf Civil-Versorgung für die Unteroffiziere erst nach 12jähriger Dienstzeit erlangt werden kann, und daß in dieser Zeit mindestens eine neunjährige Dienstzeit als Unteroffizier enthalten sein muß.

Nach einem Beschlusse des Königl. Staatsministeriums sollen diese Allerhöchsten Bestimmungen auf diejenigen Unteroffiziere, welche bei Verkündigung derselben von den Militairbehörden wegen neunjähriger Dienstzeit schon als anstellungsfähig anerkaunt und den Civilbehörden empfohlen sind, keine rückwirkende Kraft ausüben, es vielmehr hinsichts solcher Individuen bei den früher ergangenen Allerhöchsten Anordnungen sein Bewenden behalten. Das Königl. Kriegsministerium hat die Allerhöchste Ordre vom 7. November v. J. den Militairbehörden unterm 11. November v. J. bekannt gemacht und daher den Zeitpunkt der Anwendung dieser Allerhöchsten C. O. vom 11. November v. J. ab bestimmt.

Das Kollegium hat dies bei Prüfung der Anstellungs-Ansprüche der sich zur Civil-Versorgung meldenden neunjährigen Unteroffiziere genau zu berücksichtigen.

Berlin, den 8. September 1836.

(v. K. Jhrb. Bd. 48. S. 474.)

Seine Majestät der König haben mittelst der abschriftlich beiliegenden Allerhöchsten Ordre an das Königl. Staatsministerium vom 10. v. M. zu bestimmen geruhet,

daß es Allerhöchstihrer Absicht entgegen ist, der Königl. Ordre vom 7. November 1835, welche die Dienstzeit der Unteroffiziere zum Zweck der Erwerbung eines Anspruchs auf Anstellung im Civildienst von neun auf zwölf Jahre erweitert, eine rückwirkende Kraft in Ansehung derjenigen Leute beizulegen, welche beim Erlaß dieser Ordre die neunjährige Dienstzeit bereits zurückgelegt haben; daß vielmehr alle Unteroffiziere, sie mögen sich noch im Dienst befinden oder nicht, in sofern sie bei Emanirung der Allerhöchsten Ordre vom 7. November 1835 die neunjährige Dienstzeit bereits zurückgelegt hatten, noch jetzt nach den Bestimmungen der C. OO. vom 7. August 1820 und 31. Oktober 1827 behandelt werden sollen.

Das Königl. Präsidium hat sich hiernach bei Anstellung der neun Jahre gedienten Unteroffiziere zu richten.

Berlin, den 20. Februar 1837.

Ich gebe dem Staatsministerio auf den Bericht vom 25. November v. J. zu erkennen, daß es meiner Absicht entgegen ist, der C. O. vom 7. November 1835, welche die Dienstzeit der Unteroffiziere zum Zwecke der Erwerbung eines Anspruchs auf Anstellung im Civildienst von neun auf zwölf Jahre erweitert, — eine rückwirkende Kraft in Ansehung derjenigen Leute beizulegen, welche bei dem Erlaß dieser Ordre die neunjährige Dienstzeit bereits zurückgelegt hatten; es sollen vielmehr alle Unteroffiziere, sie mögen sich noch im Dienst befinden oder nicht, insofern sie bei Emanirung der C. O. vom 7. November 1835 die neunjährige Dienstzeit bereits zurückgelegt hatten, noch jetzt nach den Bestimmungen der C. OO. vom 7. August 1820 und 31. Oktober 1827 behandelt werden. Ich beauftrage das Staatsministerium mit Bekanntmachung dieses Beschlusses.

Berlin, den 10. Januar 1837.

(v. K. Jhrb. Bd. 49. S. 224.)

n. **Rescript** vom 2. September 1829 nebst Anlage, betreffend die interimistische Anstellung invalider Militairs im Civildienste.

Ueber die Fälle, in denen interimistisch angestellte Militairs Ansprüche auf Vergütigung des Militair-Wartegeldes erhalten, entscheidet der §. 2. des Pensions-Reglements.

Die Besorgniß:

daß eine solche interimistische Anstellung zur Verwaltung eines Geschäfts, wozu keine etatsmäßige Stelle fundirt ist, bei einer über sechsmonatlichen Dauer der Anstellung im Civil, den Justizpensionsfonds belästigen werde,

hat, auf Veranlassung eines Berichts des Ober-Landesgerichts zu Hamm, die Kommunikation mit dem Königl. Kriegsministerio herbeigeführt, dessen Erklärung in der von dem Königlichen Ober-Landesgerichte in dem Berichte vom 15. huj. angezogenen Stelle der Jahrbücher Bd. 65. S. 142. enthalten ist.

Das Kollegium wird hieraus entnehmen, daß dasselbe die interimistische Verwaltung etatsmäßiger Stellen durch Militairs, welche Wartegelder beziehen, nur auf Zeiten unter 6 Monate beschränken muß, weil der Civil-Pensionsfonds sonst mit Zahlungen belastet wird, die er nicht übernehmen kann.

Berlin, den 2. September 1829.

(v. K. Jhrb. Bd. 34. S. 118.)

Ew. Excellenz beehre ich mich, auf die gefällige Anfrage vom 29. Dezember 1828 ganz ergebenst zu erwidern, wie ich mich mit Ew. Excellenz Ansicht: daß eine interimistische Anstellung invalider Militairs vom Feldwebel abwärts, zur außerordentlicher Hülfe, insofern diese Anstellung nicht zur Vertretung einer etatsmäßigen Stelle angeordnet ist, den Civilpensionsfonds nicht verpflichtet, das Militairgnadengehalt oder Wartegeld solcher Individuen, nach Beendigung des Geschäfts, welches die interimistische Beschäftigung herbeiführte, zu übernehmen, wenn auch dieselbe länger als sechs Monate währet, nur vollkommen einverstanden erklären kann, und Ew. Excellenz senach die Bescheidung des Ober-Landesgerichts in Hamm ebenmäßig anheim gebe.

Berlin, den 21. Januar 1829.

(v. K. Jhrb. Bd. 33. S. 142.)

o. **Rescript** vom 5. Dezember 1836, betreffend die Anstellung der zur Versorgung im Civildienst berechtigten Militairpersonen auf Probezeit.

Das Königl. Staatsministerium hat die Frage:

bei welchen Civilstellen, die mit 12 Jahre gedienten Unteroffizieren und versorgungsberechtigten Militair-Invaliden besetzt werden, eine Probedienstleistung nicht für erforderlich zu erachten sei?

in näherer Erwägung genommen.

Mit Rücksicht auf die nachstehenden Gründe:

daß die Allerhöchsten Bestimmungen der Probedienstleistung im Allgemeinen nicht entgegen sind, dieselbe vielmehr für verschiedene Stellen genehmigen, und daß in dem §. 2. des Civil-Pensions-Reglements vom 30. April 1825 die Probezeit allgemein auf 6 Monate, auch selbst für solche Staatsämter festgesetzt ist, wo die Anstellung durch Vorbehalt des Widerrufs oder der Kündigung bedingt wird,

daß diese Probezeit erforderlichen Falls, namentlich bei den Invaliden des Jäger-Corps einschließlich der Reise des Anstellungsberechtigten von seiner Garnison nach dem Ort der Ableistung des Probedienstes und zurück, bis auf 7 Monate ausgedehnt werden kann, und in Ansehung der Wegewärter durch das unterm 5. August d. J. von des Königs Majestät genehmigte Regulativ auf ein Jahr bestimmt ist;

daß ferner gewisse Kategorien von Stellen von der Beschaffenheit sind, daß sich weder nach Zeugnissen, noch nach dem Resultat einer vorzunehmenden Prüfung mit hinreichender Sicherheit beurtheilen läßt, ob ein Anzustellender neben seiner eigentlichen Amtstüchtigkeit, auch diejenigen besondern persönlichen Eigenschaften besitzt, wodurch der Erfolg der Amtswirksamkeit vielleicht vorzugsweise bedingt wird,

hat das Königl. Staatsministerium unterm 19. September d. J. folgenden Beschluß gefaßt:

1) der Probedienst ist im Interesse der Staatsverwaltung bei allen denjenigen Kategorien subalterner Staatsämter nothwendig, deren Besetzung rücksichtlich der an die Qualifikation und die Persönlichkeit des Anzustellenden zu machenden Anforderungen eine besondere Vorsicht und Aufmerksamkeit erheischt, und zwar:

bei allen Beamtenstellen, welche die Qualifikation zu Rechnungs-, Kanzlei- und andern nicht bloß mechanischen Arbeiten erfordern; bei allen Stellen, welche dem Dienst der exekutiven Polizei angehören; bei sämmtlichen Beamtenstellen in den Straf- und Besserungsanstalten; bei den Anstellungen in der Postverwaltung, der Gensd'armerie, der Steuer-, Forst- und Domainen-Verwaltung, bei den Chaussee-Aufsehern und Wegewärtern ꝛc.

2) Der Probedienst ist bei Subalternstellen nicht nothwendig, bei denen es bloß auf mechanische Dienstverrichtungen ankommt; z. B. Bestellungen ꝛc. jedoch mit Ausnahme der Botenstellen bei der Forst- und Domainenverwaltung, mit welchen hier und da noch andere, als bloß mechanische Geschäfte namentlich die Ausführung von Exekutionen, verbunden sind.

3) Der Probedienst findet auch bei allen Kommunalämtern statt, welche nicht unter dem Vorbehalt der Kündigung, sondern für die Lebenszeit der Anzustellenden zu besetzen sind.

Dieser Beschluß wird hierdurch zur Kenntniß der Gerichte gebracht, und werden dieselben zugleich angewiesen, wenn sie einen Militair, der Gnadengehalt zu beziehen hat, auf Probe annehmen, diesen höchstens fünf Monate lang zu beschäftigen, damit bei befundener Unbrauchbarkeit desselben das Gnadengehalt nicht auf den Justizfonds übergehe.

(v. K. Jhrb. Bd. 48. S. 476.)

p. **Rescript** vom 27. Dezember 1826, 9. März 1831, 26. August 1835 nebst Anlagen, und vom 28. März und 27. Juni 1836, betreffend den Verlust oder Fortgenuß des Gnadengehalts oder Wartegeldes solcher Militairinvaliden, welche ein vorübergehendes Diensteinkommen im Civilfache erhalten.

Se. Majestät der König haben auf den Bericht des Staatsministeriums, in Betreff der Wiedereinziehung oder Belassung von Pensionen oder Wartegeldern solcher mit Versorgungsansprüchen versehener Militairpersonen und Beamten, welche wieder angestellt oder beschäftigt werden, durch die Allerhöchste C. O. vom 4. Oktober d. J. folgende Grundsätze als Richtschnur zu befehlen geruhet:

A.

Für Offiziere und Militairbeamte.

1) Die Pension (das Wartegeld) wird nach §. 14. des Militair-Pensions-Reglements vom 13. Juni v. J. eingezogen, wenn der Pensionair wieder angestellt wird.

Es ist dabei gleich, ob die Anstellung im Staats- oder im Kommunaldienste erfolgt, oder ob sie definitiv, interimistisch, versuchsweise oder auf Kündigung geschieht.

Erreicht das Einkommen aus der Stelle jedoch den Betrag der Pension nicht, oder ist die Stelle so gering dotirt, daß dasselbe, nach Abzug des darunter etwa mitbegriffenen Betrages zu Ausgaben für Dienstbedürfnisse sich auf nicht mehr als 250 Rthlr. beläuft, so kann, besonders wenn mit der Anstellung nicht eine nahe Aussicht auf Verbesserung verbunden ist, nach Maaßgabe der Umstände die Belassung eines Theils der Pension, oder auch der ganzen Pension, von der Gnade Sr. Majestät des Königs erbeten werden. Die diesfälligen, gehörig zu motivirenden Anträge gehen von dem betreffenden Verwaltungs-Chef und dem Kriegsminister gemeinschaftlich aus.

2) Bei vorübergehenden Beschäftigungen gegen Diäten oder anderweite Remuneration darf ohne Rücksicht auf Dauer die Fortgewährung der Militairpension nach Lage der Verhältnisse theilweise oder selbst ganz statt finden, aber nur auf ausdrückliche Allerhöchste Genehmigung, welche daher in jedem speziellen Falle einzuholen bleibt.

3) Vorstehende Bestimmungen beziehen sich nicht auf solche Wartegelder, welche wegen der Einziehung von Stellen, oder aus ähnlichen Veranlassungen, den einstweilen außer Thätigkeit gekommenen, für ihr Dienstverhältniß noch geeigneten Beamten gewährt werden. Vielmehr finden auf diese die Vorschriften der Allerhöchsten C. O. vom 25. Mai 1820 Anwendung.

B.

Für Unter-Chirurgen, Feldwebel, Wachtmeister, Unteroffiziere und Gemeine.

4) Das Gnadengehalt (Wartegeld) wird eingezogen, wenn ein Invalide dieser Charge definitiv, interimistisch, versuchsweise, oder auf Kündigung, im Staats- oder Kommunaldienste angestellt wird.

Erreicht das Einkommen jedoch, nach Abzug des darunter etwa mitbegriffenen Betrages zu Ausgaben für Dienstbedürfrisse, nicht den Satz:

a. von 50 Rthlr. bei dem Gemeinen,
b. „ 72 „ „ „ Unteroffizier,
c. „ 105 „ „ „ Unterchirurgus, Feldwebel und Wachtmeister;

so kann den Invaliden nach Maaßgabe ihrer Charge bis zur Erfüllung dieses Satzes das Fehlende aus ihrem Gnadengehalte, Seitens des Kriegsministeriums, gewährt, und selbst das Gnadengehalt, im Falle das Fehlende ebensoviel oder mehr beträgt, neben dem Einkommen der Stelle belassen werden.

5) Bei vorübergehenden Beschäftigungen gegen Diäten, Remuneration, oder stückweise Bezahlung ꝛc. bleibt der Invalide im ungekürzten Genusse seines Gnadengehalts.

Ew. Excellenz ermangelt das Staatsministerium nicht die obigen Bestimmungen ganz ergebenst mitzutheilen mit dem Ersuchen, danach künftighin in dem Umfange Ihres Ressorts verfahren zu lassen.

Berlin, den 27. Dezember 1826.

In dem Staats-Ministerialerlasse vom 27. Dezember 1826 ist bestimmt worden, daß den im Civil angestellten Invaliden, wenn ihr Einkommen, nach Abzug des darunter etwa begriffenen Betrages zu Ausgaben für Dienstbedürfnisse, nicht den Satz

a) von 50 Rthlr. bei dem Gemeinen,
b) von 72 Rthlr. bei dem Unteroffizier,
c) von 100 Rthlr. bei dem Unter-Chirurgus, Feldwebel und Wachtmeister,

erreicht, alsdann bis zur Erfüllung dieser resp. Sätze das Militair-Gnadengehalt zum Theil fortgewährt, oder auch ganz belassen werden kann.

Um für die Anwendung dieser Bestimmung auch hinsichtlich solcher Stellen einen festen Anhalt zu haben, deren Einkommen in ungewissen Hebungen an Exekutions-Gebühren, Tantiemen ꝛc. besteht, wird auf den Grund der gewechselten Vota folgender Beschluß gefaßt:

1) Wenn ein Invalide aus dem Stande der Unteroffiziere und Gemeinen eine Civilstelle erhält, deren Einkommen ganz oder theilweise in ungewissen Hebungen an Exekutionsgebühren, Tantieme ꝛc. besteht, so wird die Einnahme des Vorgängers im Dienst nach einer Fraktion aus den letzten drei Jahren bei Bestimmung des nach der Vorschrift vom 27. Dezember 1826 aus dem Gnadengehalte etwa zu leistenden Zuschusses zum Grunde gelegt, und danach der Zuschuß für die nächsten drei Jahre normirt.

2) Sind diese drei Jahre abgelaufen, so wird die in denselben stattgehabte Diensteinnahme von Neuem zur Fraktion gezogen, und danach der Zuschuß für die folgenden drei Jahre regulirt.

In derselben Art geschieht später von 3 zu 3 Jahren die Ermittelung des Einkommens und die Feststellung des Zuschusses.

3) Bei der Berechnung dieser ungewissen Hebungen werden da, wo mit der Stelle im Allgemeinen ein baarer Aufwand an Reise- und Zehrungskosten verbunden ist, für diese vorweg 50 Procent des ermittelten unfixirten Einkommens, und, wenn die Diensteinnahme ganz in unfixirten Hebungen besteht, und nach der Fraktion nicht 12 Rthlr. monatlich beträgt, als Minimum 6 Rthlr. monatlich in Abzug gebracht.

4) In denjenigen Fällen, wo die Ermittelung des Einkommens nach der bestehenden Dienstordnung nicht ausführbar ist, wird ein Attest der vorgesetzten

Behörde über den ungefähren Betrag der stattgehabten Hebungen supplirt, und für die Fraktion benutzt.

Abschrift dieses Beschlusses ist einem jeden der Königl. Ministerien, so wie den obersten Centralbehörden mitzutheilen.

Berlin, den 9. März 1831.

Dieser Beschluß des Hohen Staatsministerii ist in Beziehung auf den Erlaß vom 27. Dezember 1826 (Jhrb. Bd. 28. S. 309.) durch die Jahrbücher zur allgemeinen Kenntniß zu bringen.

Berlin, den 31. März 1831.

(v. K. Jhrb. Bd. 37. S. 90.)

A.

Ew. Exzellenz werden aus dem ganz gehorsamst in Abschrift beigefügten Schreiben des Königl. Kriegs-Ministeri, Abtheilung für das Invalidenwesen, vom 1sten d. M. (Anl.) zu ersehen geruhen, daß dasselbe allen denjenigen Invaliden das Recht zum Fortgenusse ihres Militairgnadengehalts nicht bestreitet, welche Dienste in einer nicht etatsmäßigen Stelle leisten.

Es ist uns indessen zweifelhaft, was im vorliegenden Falle unter einer etatsmäßigen Stelle zu verstehen sein möchte, ob nämlich nur diejenige für eine solche zu erachten ist, die im Normal- und Kassenetat unter einer besondern Nummer aufgeführt steht, oder ob auch die dafür zu halten ist, welche sich dadurch gebildet hat, daß das im Etat zur Annahme von Hülfsboten und Exekutoren ausgesetzte Quantum bestimmten Individuen zu ihrer Unterhaltung als Hülfsunterbedienten angewiesen worden ist.

Wir würden uns jedoch dafür entscheiden, nur die erstgedachten Stellen als etatsmäßige anzusehen, und bitten deshalb ganz gehorsamst, falls diese Ansicht die richtige sein sollte,

uns zu autorisiren, alle die Hülfsunterbedienten im Genusse ihres Militair-Gnadengehalts zu belassen, welche keine solche Stelle verwalten, die im Etat unter einer besondern Nummer aufgeführt und als ausdrücklich fundirt zu erachten ist.

Anlage.

Einem Königl. Hochlöblichen Ober-Landesgericht erwiedern wir auf das gefällige Schreiben vom 7. Juli c. ergebenst, daß da eine Anstellung, von welcher der Staatsministerial-Beschluß vom 27. Dezember 1826 sub B. ad 4. spricht, nur erfolgen kann, wo der Etat eine Stelle hat, eine jede Dienstleistung in einer nicht etatsmäßigen Stelle zur Klasse der vorübergehenden Beschäftigungen zu rechnen ist, wo die Bestimmungen des gedachten Staatsministerial-Beschlusses die Fortzahlung des Militairgnadengehalts an invalide Wachtmeister, Unteroffiziere und Gemeine gestatten. Wird aber ein Invalide in einer etatsmäßigen Stelle versuchsweise interimistisch, definitiv oder auf Kündigung angestellt, dann erhält er die Stelle fest oder doch mit der Aussicht sie zu behalten, wenn er sich bewährt, und für letztere Fälle schließt daher der erwähnte Beschluß das Vorhandensein einer nur bloß vorübergehenden Beschäftigung aus.

Hiernach hat daher der invalide Unteroffizier C. vormals im ersten Ulanenregiment, wenn gleich er auf ein Jahr dem Land- und Stadtgerichte zu Stuhm gegen 10 Rthlr. monatliche Diäten als Hülfs-Exekutor überwiesen worden ist, da seine Beschäftigung in einer nicht etatsmäßig feststehenden Stelle nur vorübergehend statt findet, ein Anrecht an Fortbeziehung seines Militair-Gnadengehalts von 2 Rthlr. monatlich, und wir haben demnach auch Veranlassung genommen, heute die Königl. Regierung zu Danzig zur vorläufigen ununterbrochenen Fortzahlung des Militair-Gnadengehalts zu autorisiren.

Wogegen wir Ein Hochlöbliches Ober-Landesgericht aber um weitere gefällige Mittheilung ergebenst ersuchen, in so fern die gegenwärtige dienstliche Stellung des rc. C. sich in irgend einer Art ändert.

Berlin, den 1. August 1835.

B.

Das Königl. Ober-Landesgericht wird auf den Bericht vom 15ten d. M. hierdurch ermächtigt, alle diejenigen Hülfsunterbedienten im Genusse ihres Militair-

Gnadengehaltes zu belassen, welche keine Stelle verwalten, die im Etat unter einer besondern Nummer aufgeführt und als ausdrücklich fundirt zu erachten ist.

Berlin, den 26. August 1835. (v. K. Jhrb. Bd. 46. S. 135.)

Die dortige Königl. Regierung hat in einem dem Herrn Staatsminister von Rochow erstatteten und von diesem dem Justizminister zur weitern Veranlassung mitgetheilten Bericht angezeigt, daß das Königl. Ober-Landesgericht von derselben auf Grund des Rescripts vom 26. August 1835 (Jhrb. Bd. 46. S. 137.) die Fortzahlung des dem Hülfsexekutor M. bei dem Land- und Stadtgericht zu Kulm ausgesetzten Militair-Gnadengehalts von monatlich 2 Rthlr. verlange, obgleich der ꝛc. M. mit 120 Rthlr. jährlichem Gehalt im Civildienst angestellt sei.

Der Justizminister hat darauf in Veranlassung der Erklärung der Abtheilung des Kriegsministeriums für das Invalidenwesen vom 1. August 1835 das Gnadengehalt des Unteroffiziers und Hülfsboten C. betreffend, das Kriegsministerium ersucht, die Regierung zur Zahlung des Gnadengehalts an den ꝛc. M. mit Anweisung zu versehen.

Des Herrn Kriegsminister von Witzleben Exzellenz hat jedoch die vorgedachte Erklärung der Abtheilung für das Invalidenwesen nach dem Schreiben vom 29sten v. M. nicht genehmigt, vielmehr dahin abgeändert:

> daß das Militair-Gnadengehalt auch dann eingezogen werden solle, wenn der interimistisch Angestellte als solcher in ein Verhältniß tritt, für welches in dem betreffenden Verwaltungsetat ein Quantum ausgesetzt ist, aus welchem er sein Einkommen für die interimistische Anstellung bezieht.

Diesem Verlangen hat der Justizminister bei Vergleichung desselben mit dem Beschlusse des Staatsministeriums vom 27. Dezember 1826 (Jhrb. Bd. 28. S. 309) nichts entgegen stellen können.

Das Königl. Ober-Landesgericht hat demzufolge den ꝛc. M. zu bescheiden, auch sich in künftigen Fällen hiernach zu achten.

Berlin, den 28. März 1836.

(v. K. Jhrb. Bd. 47. S. 342.)

Auf den Bericht des Königlichen Ober-Landesgerichts vom 12. April c.

> betreffend die Fortzahlung des Militair-Gnadengehalts an die interimistisch angestellten Gerichtsboten und Exekutoren,

ist der Justizminister mit dem Königl. Kriegsministerium in Kommunikation getreten und hat sich Letzteres unterm 14. d. M. damit einverstanden erklärt:

> daß, in so fern Militair-Invaliden, welche als Hülfsboten oder Exekutoren beschäftigt werden, ihre Remuneration für die Hülfsleistung aus dem allgemeinen Dispositionsfond der Haupt-Untergerichts-Salarienkasse oder principaliter aus 4 Prozent der überjährigen reinen Sportel-Einnahme, bei deren Unzulänglichkeit aber den Ausfall aus dem gedachten Dispositionsfond beziehen, dieselben rücksichtlich der Belassung ihres Militairgnadengehalts nach den Bestimmungen des Staats-Ministerialbeschlusses vom 27. Dezbr. 1826 (Jhrb. Bd. 28. S. 309.) B. 5. behandelt werden,

die Bestimmungen B. 4. daselbst mithin nur in Anwendung kommen:

> wenn der Verwaltungs-Etat des Gerichts, bei dem sie angestellt sind, ein Quantum, aus dem sie das Einkommen beziehen, aussetzt.

Das Königl. Ober-Landesgericht hat daher die hiernach modifizirten Bestimmungen des Rescripts vom 28. März (Jhrb. Bd. 47. S. 342) zu beachten.

Berlin, den 27. Juni 1836.

(v. K. Jhrb. Bd. 48. S. 240.)

q. **Rescript** vom 10. Dezember 1827 und 18. Januar 1828, betreffend die Beibehaltung und Anrechnung des Gnadengehalts und Wartegeldes der im Civil versorgten Gensd'armen.

A.

Des Königs Majestät haben mittelst Allerhöchster Kabinetsordre vom 26. Oktober d. J. nachzugeben geruhet: daß den mit Gnadengehalt ausscheidenden Gensd'armen, bei ihrer Anstellung im Civildienst, das Gnadengehalt neben dem Einkommen aus einer Civilbedienung ganz oder theilweise so lange belassen werden darf, bis Letzteres mindestens das Doppelte des Ersteren erreicht. —

Diese Allerhöchste Bestimmung wird dem Kollegio mit der Anweisung bekannt gemacht: in Fällen, wo ein Gensd'arme mit Beibehaltung seiner Wartegelder angestellt werden soll, jedesmal mit den betreffenden Regierungen zu kommunizieren, und, im Fall er auf Gebühren angenommen wird, denselben am Schlusse eines jeden Jahres dasjenige zur Abrechnung auf das Militairgehalt zu senden, was der Gensd'arme über das Doppelte seines Wartegeldes zu erhalten hat.

Berlin, den 10. Dezember 1827.

(v. K. Jhrb. Bd. 30. S. 370.)

B.

Auf die im Bericht vom 5. d. M. enthaltene Anfrage, über die Ansprüche der Regierung auf Vergütigung der Wartegelder der Gensd'armen, welche das Doppelte des Wartegeldes im Civildienst erwerben, wird dem Königl. Ober-Appellationsgericht eröffnet, wie es in der Bestimmung der Allerhöchsten Kabinetsordre vom 26. Okt. pr. liegt, daß der Regierung aus dem Verdienst der Gensd'armen nur dasjenige vergütigt werden soll, was zur Deckung der Militairpensionen eines im Civildienste angestellten Gensd'armen am Schlusse des Jahres über das Doppelte derselben verdient ist. Ist die Regierung in dieser Hinsicht befriedigt, so behält der Gensd'arme das Ueberschießende.

Berlin, den 18. Januar 1828.

(v. K. Jhrb. Bd. 31. S. 168.)

r. C. O. vom 17. März 1829 und 25. April 1835, und **Rescript** vom 12. September, 15. und 30. Oktober 1829 und 28. April und 9. Mai 1832, betreffend den Anspruch eines Militairinvaliden, welcher die ihm zu Theil gewordene Civilversorgung aufgiebt oder verliert, auf Wiedergewährung des Militairgnadengehalts.

Ich genehmige auf den Bericht des Staatsministeriums vom 20. v. M., die Anträge desselben über die Verwirkung des Gnadengehalts eines im Civildienst angestellten Invaliden, der wegen begangener Verbrechen seines Amts verlustig erklärt wird, dahin, daß ein solcher Invalide, der eines, während seines Militairdienstes verübten Verbrechens, welches die Ausstoßung aus dem Soldatenstande zur Folge gehabt haben würde, in der wider ihn geführten gerichtlichen oder administrativen Untersuchung überführt worden, das Gnadengehalt verwirkt hat, derjenige Invalide aber, der außer dem ersten Fall, wegen eines gemeinen oder Dienstverbrechens neben der Dienstentsetzung mit einer Freiheitsstrafe belegt wird, während der Dauer dieser Strafzeit das Gnadengehalt verliert, nach deren Ablauf aber wiederum zum Genusse desselben gelangen soll. Außer diesen beiden Fällen soll dem seiner Civilbesoldung verlustig gehenden Invaliden das Militair-Gnadengehalt unverkürzt gewährt werden, es mag während seiner Civilanstellung ganz oder theilweise geruhet haben. Wegen des Fonds, aus welchem das während des Civildienstes nicht gezahlte Militair-Gnadengehalt zu entrichten ist, genehmige Ich den Vorschlag, daß dasselbe nach den, im Allgemeinen dieserhalb bestehenden Bestimmungen, beziehungsweise auf den Militair- oder den Civil-Pensionsfonds, oder auf den Pensions-Aussterbefonds zu übernehmen sei; bin auch damit einverstanden, daß der Civil-Versorgungsschein des Invaliden, der die Entlassung aus dem Civildienste selbst verschuldet, an das Kriegsministerium zu übersenden, sonst aber ihm zurückzugeben ist. Ich überlasse dem Staatsministerium hiernach zu verfahren, auch demgemäß nach den einzelnen Ressorts die Bekanntmachung an die Verwaltungsbehörden zu erlassen.

Berlin, den 17. März 1829.

(G. S. S. 42.)

Nach dem in Meiner Verordnung vom 9. Dezember 1834 schon ausgesprochenen Grundsatze, bestimme Ich auf Ihren Bericht vom 27. v. M., daß der gänzliche Verlust des Gnadengehalts der Militair-Invaliden in jedem Falle eintreten soll, wo Militair-Invaliden eines vor oder nach ihrer Entlassung aus dem Militairdienste begangenen Verbrechens, welches während ihres Militairdienstes die Ausstoßung aus dem Soldatenstande zur Folge gehabt haben würde, überführt sind. Diese allgemeine Vorschrift ist auch auf die im Civildienste angestellten Militair-Invaliden anzuwenden, und hiernach Meine Verordnung vom 17. März 1829 für deklarirt zu erachten. Von den Gerichtshöfen ist, den vorstehenden Bestimmungen gemäß, auf den Verlust des Gnadengehalts ausdrücklich zu erkennen, und diese Verordnung durch die G. S. zur öffentlichen Kenntniß zu bringen.

Berlin, den 25. April 1835.

(G. S. S. 46.)

A.

Aus Ew. Exzellenz verehrlichem Schreiben vom 31. August d. J. — die Entlassung des als Gerichtsdiener zu Storkow angestellt gewesenen vormaligen Unteroffiziers N. N. betreffend — habe ich Veranlassung genommen, des Herrn Kriegsministers Exzellenz um dessen Aeußerung zu ersuchen:

> ob ein Militair-Invalide, welcher die ihm zu Theil gewordene Civil-Versorgung freiwillig aufgiebt, auf Wiedergewährung des ihm vor der Versorgung ausgesetzt gewesenen Gnadengehalts Anspruch machen könne, und aus welchem Fonds eventuell die Zahlung zu leisten sei? —

Indem Ew. Exzellenz ich, zur ausführlichern Kenntnißnahme, eine Abschrift meines diesfälligen Schreibens an des Herrn Kriegsministers Exzellenz vom 12ten v. M. hierneben zu übersenden mich beehre, erlaube ich mir zugleich die darauf unter dem 15ten d. M. erhaltene Antwort abschriftlich ganz ergebenst mitzutheilen, welche die Ansichten des Herrn Kriegsministers über die eventuelle Wiedergewährung des frühern Gnadengehalts an einen solchen Militair-Invaliden, und über die in dieser Beziehung vorzunehmende Erörterung der die freiwillige Auflösung des Civildienstverhältnisses veranlassenden Gründe, näher entwickelt. Mit diesen Ansichten bin ich vollkommen einverstanden, und stelle Ew. Exzellenz daher, nach Maaßgabe derselben, die weitere Veranlassung rücksichtlich des N. N. ganz ergebenst anheim.

Berlin, den 30. Oktober 1829.

B.

Ein vorgekommener Specialfall veranlaßt mich, Ew. Exzellenz gefällige Aeußerung darüber ganz ergebenst zu erbitten:

> ob ein Militair-Invalide, welcher die ihm zu Theil gewordene angemessene Civilversorgung freiwillig aufgiebt, auf Wiedergewährung des ihm vor der Versorgung ausgesetzt gewesenen Gnadengehalts Anspruch machen kann, oder ob nicht vielmehr anzunehmen ist, daß derselbe durch die freiwillige Auflösung seines Dienstverhältnisses zugleich auch auf sein früheres Gnadengehalt, an dessen Stelle die Versorgung getreten ist, Verzicht geleistet hat?

Dieser Fall ist bei den Verhandlungen im Königl. Staats-Ministerio, welcher die Allerhöchsten Kabinets-Ordres vom 25. Mai 1828 und 17. März 1829 zur Folge gehabt haben, nicht zur Sprache gekommen; er verdient aber um so mehr in Erwägung gezogen zu werden, als sich an dessen Entscheidung eventuell die zweite Frage knüpft:

> welcher Fonds hat, wenn dem Invaliden das Gnadengehalt wieder gewährt werden soll, dessen Zahlung zu übernehmen?

Dem Civil-Pensionsfonds wird dasselbe nicht aufgebürdet werden können; denn die Civilbehörde hat ihrer Verpflichtung genügt: sie hat dem Invaliden eine angemessene Versorgung gegeben; sie will ihm dieselbe belassen; allein der Angestellte giebt sie freiwillig auf und begehrt in das frühere Verhältniß zurückzutreten, während dessen er das Gnadengehalt aus Militairfonds bezogen hat. In einem solchen Falle dürfte also die Verpflichtung des letztgedachten Fonds wieder aufleben.

Auch hierüber erlaube ich mir Ew. Exzellenz geneigte Aeußerung ganz ergebenst zu erbitten.

Berlin, den 12. September 1829.

C.

Ew. Exzellenz beehre ich mich auf das gefällige Schreiben vom 12. September 1829 ganz ergebenst zu erwidern, daß, meiner Ansicht nach, vorzüglich die Gründe zu erwägen sein dürften, welche den Militair-Invaliden veranlassen, die ihm zu Theil gewordene, angemessene Civilversorgung freiwillig aufzugeben, und es nach diesen nur würde beurtheilt werden können, in wie fern ihm das, vor der Versorgung ausgesetzt gewesene Gnadengehalt wieder zu gewähren ist.

Im Allgemeinen läßt sich wohl annehmen, daß versorgte Invaliden es gewiß vorziehen werden, in dem Einkommen des ihnen verliehenen Amtes zu verbleiben, als auf das nur geringe Militair-Wartegeld zurückzutreten, in so fern nicht ganz besondere physische oder moralische Verhältnisse hierbei einwirken, weshalb es jedenfalls nöthig erscheinen dürfte, in jedem speziellen Falle zuvörderst genau die Ursachen zu ermitteln, welche der freiwilligen Aufgebung des Civilpostens zum Grunde liegen. Geschieht solche bloß aus Leichtsinn oder Spekulation auf ein anderweites höheres Diensteinkommen; so dürften vorher dem betreffenden Invaliden in einer aufzunehmenden Verhandlung die Folgen einer solchen unbedachtsamen Handlung gehörig vorzustellen sein, und falls er dennoch bei seinem Vorsatz beharrt, derselbe aller Ansprüche auf das früher erworbene Gnadengehalt oder Wartegeld verlustig gehen.

Liegt unverschuldete wirkliche Invalidität zum Grunde, welche den Invaliden veranlaßt, sein Amt aufzugeben, und ist ihm außerdem nichts zur Last zu legen, so würde der Versuch zu machen sein, ihn in einen leichtern, seinen Körperkräften angemessenern Posten unterzubringen, eventualiter aber nach den bestehenden Vorschriften zu pensioniren; und sonach würde mithin nur in ganz besondern Fällen und wo eine Pensionirung, den gesetzlichen Bestimmungen nach, unzulässig ist, die freiwillige Aufgebung des Amts aber sonst als motivirt erscheinen mochte, das betreffende Individuum, in Berücksichtigung der früheren Militairdienste, mit dem Betrage des vor der Versorgung zuerkannten Gnadengehalts auf den Militair-Pensionsfonds wieder rekursiren können.

Ew. Exzellenz geneigte Aeußerung hierüber erlaube ich mir indessen zuvörderst ganz ergebenst zu erbitten.

Berlin, den 15. Oktober 1829.

(v. K. Jhrb. Bd. 34. S. 478.)

Auf den Bericht vom 9. März v. J.,

betreffend die Wiederverleihung des Militair-Wartegeldes an den vormaligen Hülfsboten N.,

wird dem Königl. Ober-Landesgerichte das in Abschrift (Anl. A.) anliegende Schreiben des Herrn Kriegsministers Exzellenz vom 28sten v. M. mit der Anweisung zugefertigt, den ꝛc. N. von dessen Inhalt in Kenntniß zu setzen und den ihm hiernach abzunehmenden Civil-Versorgungsschein an das Königl. Kriegsministerium einzusenden.

Uebrigens nimmt der Herr Kriegsminister an, daß die Bestimmungen der Allerhöchsten Kabinetsordre vom 17. März 1829 (Gesetzsammlung für das J. 1829, S. 42.) hinsichts der Abnahme und Einsendung des Civil-Versorgungsscheins nicht nur auf diejenigen Invaliden zu beziehen sind, welche in Folge eines Straferkenntnisses ihrer Civilanstellung verlustig geworden, sondern überhaupt auf alle Invaliden, welche ihre Entlassung aus dem Civildienst verschuldet haben. Dieser Auslegung der Allerhöchsten Kabinetsordre vom 17. März 1829 tritt der Justizminister bei, und weiset daher das Königl. Ober-Landesgericht für die Zukunft an, in jedem Falle, wenn ein vormaliger Invalide seine Entlassung aus dem Civildienst selbst verschuldet hat, ohne Rücksicht darauf, ob er definitiv, oder nur interimistisch, — fixirt oder gegen Diäten, oder monatliche Remuneration, bei der Justizverwaltung angestellt gewesen ist, — und ob seine Entlassung aus diesem Dienstverhältniß in Folge eines Erkenntnisses, oder nur in Folge einer Verfügung der vorgesetzten Behörde erfolgt ist, dem entlassenen Invaliden den Civil-Versorgungsschein abzunehmen und diesen dem Königl. Kriegsministerium mit einer Anzeige der Gründe der Entlassung einzusenden.

Berlin, den 9. Mai 1832.

A.

Ew. Exzellenz beehre ich mich in Folge des mir unterm 20. März c. gefälligst mitgetheilten Berichts des Ober-Landesgerichts zu Naumburg vom 16. Dezember 1831 ganz ergebenst zu benachrichtigen, daß ich das Militair-Oekonomie-Departement beauftragt habe, dem Invaliden das vor seiner Anstellung als Hülfsbote nicht mit 2 Rthlr. monatlich, wie der gedachte Bericht irrthümlich besagt, sondern nur mit 1 Rthlr. monatlich, bewilligt gewesene Militair-Gnadengehalt vom 1. Juni 1831 ab, wieder auf die Regierungs-Hauptkasse zu Merseburg anzuweisen, da dieser Invalide keine etatsmäßige Stelle verwaltet hat. Zugleich ersuche ich Ew. Exzellenz aber ganz ergebenst, dem ic. N. den ihm früher ertheilten Civil-Versorgungsschein gänzlich abnehmen zu lassen, indem ihm solcher, da er durch begangene Dienstvergehen seine Entlassung selbst verschuldet hat, nach den Bestimmungen der Allerh. C. O. vom 17. März 1829 fernerweit nicht zu belassen ist.

Berlin, den 28. April 1832.

(v. K. Jhrb. Bd. 39. S. 419.)

s. **Rescript** vom 12. Februar 1835, nebst Anlage, betreffend die den im Civildienst angestellt gewesenen Militair-Invaliden aus Civilfonds zu gewährende Kompetenz.

Ew. Exzellenz erlaubt die Abtheilung des Kriegsministeriums für das Invalidenwesen sich bei dieser Gelegenheit übrigens zugleich, die Seitens des Herrn Kriegsministers Exzellenz dem Königl. Ministerio des Innern für Handel und Gewerbe unterm 27. März 1834 mitgetheilte entworfene Feststellung:

der, den versorgungsberechtigten Militair-Invaliden, die in widerruflichen Civilämtern angestellt worden, wenn sie nach sechs Monaten ausscheiden, in Gemäßheit der Bestimmungen des §. 2. des Civil-Pensionsreglements vom 30. April 1825 und der Allerhöchsten Kabinetsordre vom 17. März 1829 (Gesetzsammlung de 1829 pag. 42.) nach ihren Militair-Verhältnissen aus Civilfonds zu gewährenden Kompetenz,

zur geneigten Kenntnißnahme, in der abschriftlichen Anlage (Anl. A.) ganz ergebenst zu kommuniziren.

Berlin, den 12. Februar 1835.

A.

Feststellung

der den versorgungsberechtigten Militair-Invaliden, die in widerruflichen Civilämtern angestellt worden, wenn sie nach 6 Monaten ausscheiden, in Gemäßheit der Bestimmungen des §. 2. des Civil-Pensions-Reglements vom 30. April 1825 und der Allerhöchsten Kabinetsordre vom 17. März 1829, nach ihren Militair-Verhältnissen, aus Civilfonds zu gewährenden Kompetenz.

Es zerfallen dergleichen Invaliden in 4 Klassen, nämlich:

1) solche, welche zu einem Militair-Gnadengehalte anerkannt worden sind,
2) solche, die zur Aufnahme in ein Invalidenhaus oder in eine Invaliden-Kompagnie anerkannt worden sind,
3) solche, welche mit dem Civil-Versorgungsscheine als ganz invalide entlassen ihre Versorgung in der Heimath abwarten,
4) solche, welche als halbinvalide mit dem Civil-Versorgungsscheine betheilt, bis zur Anstellung im Civil, bei den Garnison-Truppen verbleiben, oder von letzteren beurlaubt sind.

Die zu gewährende Kompetenz der Invaliden der ersten Klasse ist der Betrag des ihnen zuerkannten Militair-Gnadengehalts.

Die Kompetenz der Invaliden der zweiten Klasse ist der Betrag des Gehalts, des Brod- und kleinen Montirungsgeldes, und zwar

a) für den dienstthuenden Feldwebel monatlich 6 Rthlr. 10 Sgr.
b) für den überzähligen Feldwebel 5 Rthlr. 10 Sgr.
c) für den Unteroffizier 4 Rthlr. 10 Sgr.
d) für den Gemeinen 2 Rthlr. 25 Sgr.

An diese Kompetenzen haben jedoch nur die zu dieser Klasse gehörenden Invaliden ein Anrecht, welche die Entlassung aus dem Civildienste nicht durch strafbares Benehmen selbst verschulden, indem anderufalls:

a) dem Feldwebel nur 4 Rthlr.
b) dem Unteroffizier nur 3 Rthlr.
c) dem Gemeinen nur 2 Rthlr.

monatlich kompetiren.

Die Kompetenz der Invaliden der dritten und vierten Klasse ist das chargenmäßige Militair-Gnadengehalt, und zwar:

a) für den Feldwebel monatlich 3 Rthlr.
b) für den Unteroffizier monatlich 2 Rthlr.
c) für den Gemeinen monatlich 1 Rthlr.

(v. K. Jhrb. Bd. 45. S. 235.)

t. **C. O.** vom 9. Mai 1837, betreffend die Pensionirung der im Civildienst angestellt gewesenen Militairs.

Mit der Ausführung des Staatsministerii in seinem Berichte vom 24.

April d. J. bin Ich dahin einverstanden, daß es wegen der Pensionirung von Militairpersonen, welche bei den Civil-Behörden auf Grund eines Qualifikationsattests probeweise beschäftigt, und vor ihrer definitiven Anstellung ohne ihre Schuld zum Dienste unfähig geworden und deshalb wieder entlassen sind, besonderer gesetzlichen Bestimmungen nicht bedarf. In außerordentlichen dazu geeigneten Fällen können jedoch die Chefs der Verwaltungen für nicht pensionsberechtigte, aber sehr hülfsbedürftige verdiente Individuen eine besondere Unterstützung bei Mir in Antrag bringen.

Ich überlasse dem Staatsministerium, hiernach das Nöthige zu verfügen.

(v. K. Jhrb. Bd. 49. S. 485.)

u **Rescript** vom 9. Juni 1824 und 8. Juli 1833, betreffend die Benachrichtigung des Kriegsministerii und der Militairkasse von der Anstellung der Invaliden, welche Gnadengehalt oder Wartegeld beziehen.

Da durch die Allerhöchste Bestimmung vom 7. Okt. 1820 festgesetzt worden ist, daß den invaliden Militairs, vom Feldwebel und Wachtmeister abwärts, das Wartegeld oder Gnadengehalt nur so lange belassen werden darf, als die Einnahme im Civilamte das Doppelte des erstern nicht erreicht; es hierbei aber ganz gleich ist, ob die Diensteinnahme in Gehalt, Diäten, oder sonstiger Remuneration besteht; so werden wir in Folge der abschriftlich angebogenen Anzeige der Königl. Regierung in Merseburg vom 20. v. M. veranlaßt, Ew. Excellenz ganz ergebenst zu ersuchen, die betreffenden Gerichtsbehörden geneigtest anzuweisen, dem unterzeichneten Departement von einer jeden interimistischen Beschäftigung eines Invaliden gegen Diäten oder sonstige Remuneration die nöthige Kenntniß zu geben, um, erforderlichen Falls, die Einziehung des Wartegeldes oder Gnadengehalts, für die Dauer der interimistischen Beschäftigung, sogleich verfügen zu können.

Berlin, den 9. Juni 1824.

(v. K. Jhrb. Bd. 23. S. 188.)

Ungeachtet der ergangenen Vorschriften, nach welchen von den Gerichtsbehörden dem Königl. Kriegsministerium (Militair-Oekonomie-Departement) von jeder Anstellung eines Invaliden, zur Vermeidung von gesetzwidriger Fortbeziehung eines Militair-Gnadengehalts Kenntniß zu geben ist, geschehen doch, nach Anzeige des Königl. Kriegsministeriums, oft Ueberhebungen, indem theils diese Vorschriften von den Unterbehörden nicht vollständig beachtet worden, theils das Königliche Militair-Oekonomie-Departement erst nach längerer Zeit von der erfolgten Anstellung Kenntniß erhält.

Zur Beseitigung dieser Uebelstände wird das Königl. Ober-Landesgericht hierdurch angewiesen, so oft von demselben ein gewesener Militair, es sei interimistisch oder definitiv, angestellt wird, dessen Vernehmung über die ihm zustehenden Militair-Beneficien zu veranlassen, und nicht allein dem Königl. Kriegsministerium, sondern auch der Kasse, aus welcher er Beneficien aus dem Militairdienst zu beziehen hat, sogleich von der Anstellung Nachricht zu geben, damit diese in den geeigneten Fällen die Sistirung der Zahlung veranlassen könne.

Wenn eine solche Anstellung nach den bestehenden Vorschriften — namentlich nach der Allerhöchsten Kabinetsordre vom 4. Oktober 1826 und den Beschlüssen des Königl. Staatsministerii vom 27. Dezember 1826 und 9. März 1831 (Jhrb. Bd. 28. S. 309. und Bd. 37. S. 92.) — den Antrag: dem Militair sein ganzes Beneficium aus dem Militairdienst oder einen Theil desselben ferner zu lassen, begründet; so ist der Antrag deshalb in dem Schreiben an das Königl. Kriegsministerium (Militair-Oekonomie-Departement) besonders zu machen, und durch Bezugnahme auf die desfallsigen Vorschriften zu fundiren.

Berlin, den 8. Juli 1833.

(v. K. Jhrb. Bd. 42. S. 152.)

v. Vergl. **Rescript** vom 22. Februar 1834, wonach die Invaliden-Anerkennungs-Angelegenheiten einer besonderen Abtheilung des Kriegsministerii unter der Benennung „Kriegsministerium, Abtheilung für das Invalidenwesen" überwiesen sind. (v. K. Jhrb. Bd. 43. S. 151.)

4) a. **C. O.** vom 31. Oktober 1827 und 19. Oktober 1828, und **Rescript** vom 29. Dezember 1828 und 22. November 1836, betr. die Annahme von Civil-Supernumerarien bei den Gerichten und deren Ansprüche auf Anstellung; s. vorstehend unter Nr. 3, g. und i.

b. **Reskript** vom 22. Oktober 1829, betreffend die Anstellungs-Ansprüche solcher Individuen, deren Anstellung von des Königs Majestät besonders gestattet worden.

Aus der Verfügung vom 2. d. M., welche sich unter den Anlagen der urschriftlich hierbei erfolgenden Eingabe des Kanzlei-Assistenten N. N. zu N. N. vom 17. d. M. befunden, hat der Justizminister ersehen, daß das Königl. Ober-Landesgericht den Supplikanten, obgleich des Königs Majestät dessen Anstellung nach Zeit und Gelegenheit, mittelst Allerhöchster Kabinetsordre vom 7. August c., nachgelassen haben, nicht zu einem Kanzleidienst zuzulassen gemeint ist, indem es solche Versorgungen nur für 9 Jahre gediente Unteroffiziere reservirt wissen will. Diese Ansicht kann der Justizminister nicht billigen.

Denn da des Königs Majestät die Anstellung des N. N. ohne Beschränkung gestattet haben, so ist derselbe auch für den Kanzleidienst qualificirt zu achten, und es wird das Kollegium angewiesen, denselben bei solchen Dienstanstellungen, wenn er sonst dazu qualificirt ist, zu berücksichtigen.

(v. K. Jhrb. Bd. 34. S. 477.)

c. **Reskript** vom 14. November 1835, betreffend die Gesuche um Verleihung der Anstellungsfähigkeit zum Subalterndienst.

Des Königs Majestät haben durch einen an das Königl. Staatsministerium unterm 4. Mai d. J. erlassenen Allerhöchsten Befehl zu bestimmen geruht, daß alle Immediatgesuche um Allerhöchste Verleihung der Anstellungsfähigkeit zum Subalterndienst künftig aus dem Kabinet an die Ministerien und die Chefs der Verwaltungen remittirt werden sollen, um die Bittsteller entweder nach den bestehenden gesetzlichen Grundsätzen mit ihren Gesuchen zurückzuweisen, oder, wenn deren Prüfung ergeben sollte, daß die Umstände eine Ausnahme motiviren, in dringenden Fällen an des Königs Majestät zu berichten.

Mit Rücksicht auf diese Allerhöchste Anordnung und die wegen deren Ausführung von dem Königl. Staatsministerium gefaßten Beschlüsse, werden dem Präsidium des Königl. rc. nachfolgende allgemeine Grundsätze darüber, in welchen Fällen der Justizminister ausnahmsweise die Allerhöchste Bewilligung der Anstellungsfähigkeit für den Justiz-Subalternendienst bei des Königs Majestät in Antrag bringen wird, zur Kenntnißnahme und Berücksichtigung bei den Verfügungen und Berichterstattungen auf dergleichen Gesuche, mitgetheilt:

I. Der Bericht an des Königs Majestät wird nur auf Immediat-Vorstellungen, welche aus dem Kabinet ohne Verfügung remittirt werden, niemals aber auf die unmittelbar an den Justizminister gerichteten Vorstellungen oder Berichte der Gerichts-Behörden erstattet werden.

II. Der Antrag bei des Königs Majestät wird nicht auf die Verleihung eines Rechts auf Anstellung, woraus ein Anspruch zu folgern wäre, sondern auf die Bewilligung der Anstellungsfähigkeit gerichtet werden.

Der durch Allerhöchste Bewilligung der letzteren Begnadigte darf zwar demnächst im Justiz-Subalternendienst angestellt werden, seine Anstellung darf jedoch nur eben so, wie die eines Civil-Supernumerars, den Anstellungs-Ansprüchen der neun Jahr gedienten Unteroffiziere nach den Bestimmungen der Allerhöchsten Ordres vom 31. Oktober 1827 und 19. Oktober 1828 (Jhrb. Bd. 32. S. 298 und 302.) niemals zum Nachtheil gereichen, und überhaupt niemals in solche Stellen erfolgen, welche diesen oder den Militair-Invaliden ausschließlich vorbehalten worden sind.

III. Die Allerhöchste Bewilligung der Anstellungsfähigkeit wird nur für diejenigen nachgesucht werden, welche

1) den Nachweis führen, daß sie der allgemeinen Militair-Verpflichtung durch wirkliche Militairdienste bereits genügt haben, oder daß gesetzlich begründete Hindernisse sie davon befreien, und

2) durch deren Anstellung im Justiz-Subalternendienst ihrer vorzüglichen Qualifikation wegen Vortheile für den Staat erwartet werden dürfen. Zur Begründung dieser Erwartung wird erfordert, daß der Bittsteller

a. während einer Reihe von Jahren entweder im unmittelbaren Staatsdienst, namentlich bei Königl. Gerichten oder einzelnen Königl. Justizbeamten — wohin jedoch Justizkommissarien nicht zu rechnen sind — nach stattgefundener amtlicher Verpflichtung, — wenn auch nur zur Bewahrung des Dienstgeheimnisses, — oder im mittelbaren Staatsdienst, bei dem Staate untergeordneten Kollegien, Korporationen und Gemeinen, namentlich auch bei Privat- und Patrimonialgerichten beschäftigt worden ist, und sich während dieser Zeit, nach den darüber beizubringenden Attesten, durch eine vorzügliche Dienstführung und Brauchbarkeit und einen tadellosen Lebenswandel empfohlen, und

b. seine Qualifikation zur Anstellung im höheren Subalterndienst durch das Bestehen der Prüfung als Aktuar erster Klasse nachgewiesen hat.

Bittsteller, welche diesen Erfordernissen nicht zu genügen vermögen, werden abschlägig beschieden und angewiesen werden, sich die ermangelnde Anstellungsfähigkeit durch die Beschäftigung als Civil-Supernumerar nach Maßgabe der Allerhöchsten Ordre vom 31. Oktober 1827. zu erwerben.

(v. K. Jhrb. Bd. 46. S. 532.)

5) **C. O.** vom 24. April und **Rescript** vom 30. April 1834, daß Ausländer im Subalternposten nur mit Genehmigung des Justizministers angestellt werden können.

Auf Ihren Antrag vom 17. v. M., die Verleihung eines Subaltern-Postens bei der Justizverwaltung an einen Ausländer betreffend, gebe Ich Ihnen zu erkennen, daß es in Ansehung solcher Ausländer, welche mit besonderen Versorgungs-Ansprüchen versehen sind, bei den allgemeinen Vorschriften oder den Zusicherungen, welche den einzelnen Exspektanten ertheilt sind, sein Verbleiben haben muß. In Ansehung der übrigen Ausländer, die sich um einen solchen Subalternposten bewerben, setze Ich, ohne ein allgemeines Verbot zu erlassen, fest, daß die Anstellung eines Ausländers bei allen Gerichten ohne Unterschied nicht ohne Ihre spezielle Genehmigung geschehen dürfe, wobei Sie die besondern Umstände jedes einzelnen Falles zu berücksichtigen, und demgemäß zu verfahren haben.

Berlin, den 24. April 1834.

Des Königs Majestät haben Hinsichts der Verleihung der Subalternposten bei der Justizverwaltung an Ausländer unterm 24. d. M. zu bestimmen geruht: daß es

1) in Ansehung solcher Ausländer, welche mit besondern Versorgungs-Ansprüchen versehen sind, bei den allgemeinen Vorschriften oder den Zusicherungen, welche den einzelnen Exspektanten ertheilt sind, sein Verbleiben behalten muß,
2) die Anstellung der übrigen Ausländer aber, bei allen Gerichten ohne Unterschied, nicht ohne die spezielle Genehmigung des Justizministers geschehen darf.

Demgemäß kann weder bei Königl., noch bei standesherrlichen und Patrimonialgerichten, im Subalterndienst,

1) wenn die Anstellung auf Lebenszeit erfolgen soll, oder
2) wenn zur Anstellung selbst eine Prüfung durch das betreffende Obergericht nothwendig ist, wie dies bei Kriminal-Protokollführern und Aktuarien erster und zweiter Klasse der Fall ist,

die Anstellung eines Ausländers, welcher keine allgemeine oder besondere Versorgungsansprüche hat, ohne spezielle Genehmigung des Justizministers erfolgen.

Diese Genehmigung wird jedoch nur auf vorgängigen Bericht des betreffenden Obergerichts ertheilt werden, daher alle Anträge darauf von Seiten der Gerichte, der Gerichtsherrschaften, so wie der anzustellenden Ausländer selbst, nur bei den Obergerichten anzubringen sind. Die Letztern aber haben in jedem einzelnen Falle genau zu erwägen, ob besondere Umstände vorhanden sind, welche die ausnahmsweise Anstellung eines Ausländers empfehlenswerth machen, und darüber event. an den Justizminister zu berichten. Bis zum Eingange dessen Bestimmung ist nicht nur die Anstellung, sondern auch die Zulassung des Ausländers zur vorschriftsmäßigen Prüfung zu versagen.

Das Königl. ꝛc. hat diese Bestimmungen durch die Amtsblätter zur öffentlichen Kenntniß zu bringen.

Berlin, den 30. April 1834.

(v. K. Jhrb. Bd. 43. S. 557.)

6) a. **Rescript** vom 15. Februar 1819, betreffend die Qualifikation zum Amte eines Secretairs.

Das Amt eines expedirenden Secretairs erfordert eine ganz andere Qualifikation, als das Amt eines Registrators. In der Regel sollten zu den ersteren nur solche Subjekte gewählt werden, die Jura studirt und sich als Auskultatoren und Referendarien gebildet haben. Der Mangel an solchergestalt qualificirten Subjekten hat eine Ausnahme nothwendig gemacht, und es sind bisher auch solche Personen zu Secretarien gewählt, die ihre Rechts- und Geschäftskunde sich durch die Praxis bei den Gerichten erworben haben. Immer müssen aber solche Personen ihre Qualifikation durch eine Prüfung über die allgemeinen Grundsätze des Rechts und des Geschäftsganges, und durch Ausarbeitung solcher Geschäfte, die im Wirkungskreise der Secretarien vorkommen, beweisen.

(v. K. Jhrb. Bd. 13. S 21.)

b. **Rescript** vom 1. März 1819, betr. die Erfordernisse zum Aktuariat.

Das Königl. Ober-Landesgericht hat in neueren Zeiten mehrere Vorschläge zur Besetzung erledigter Aktuarienstellen gemacht, ohne zu bemerken, in welcher Art die Kandidaten zum Aktuariat qualifizirt sind. In dieser Hinsicht wird demselben eröffnet:

Zu dem Amte eines Aktuars bei den Untergerichten, sollen der Regel nach nur diejenigen gelangen, welche Jura studirt, und sich als Auskultatoren und Referendarien bei Gerichten gebildet haben. Der Mangel solchergestalt qualificirter Subjekte hat es in neueren Zeiten sehr oft nöthig gemacht, von dieser Regel abzuweichen und auch solche Personen zum Aktuariat zuzulassen, welche, ohne auf Universitäten Jura studirt zu haben und zum Referendar gebildet zu sein, zureichende Rechtskenntnisse sich durch eigenes Studium und durch Geschäftsübung angeeignet haben.

Die Wahl der letzteren muß jedoch immer die Ausnahme bleiben; daher das Königl. Ober-Landesgericht bei Besetzung solcher Stellen zunächst auf Referendarien und Auskultatoren zu sehen hat, und ist jedesmal, wenn ein Anderer zu dem Aktuariat in Vorschlag gebracht wird, zu bemerken, ob sich auch kein Referendar zu demselben habe verstehen wollen.

Demnächst ist zu berühren, wie sich das Königl. Ober-Landesgericht von der Qualifikation desselben Gewißheit verschafft hat

Ein solcher Kandidat muß sich einer mündlichen und schriftlichen Prüfung unterwerfen. Der Zweck der erstern ist, zu erfahren, ob derselbe eine allgemeine Kenntniß des Rechts und des Prozesses, so wie diese aus dem Landrecht und der Gerichtsordnung zu erlangen ist, besitze, besonders aber, ob er mit der Theorie der Verträge, den Erfordernissen zur Gültigkeit derselben in Ansehung der Form, dem Erbrechte, dem Vormundschaftswesen und der Hypothekenordnung, mit dem Registratur- und Kanzlei-Reglement, und der DepositalEinrichtung bekannt sei.

Die schriftlichen Prüfungsarbeiten müssen beweisen, daß er ein gerichtliches Protokoll aufzunehmen verstehe, einen einfachen Kontrakt niederschreiben könne, die Expeditionen zu besorgen im Stande sei, und kleine Instruktionen zu übernehmen vermöge. Es ist daher jedesmal zu bemerken, welche Resultate diese Prüfung geliefert habe, und nur diejenigen sind zum Aktuariat vorzuschlagen, deren Prüfung die Gewähr für die erforderlichen Kenntnisse leistet. Indeß ist diese Prüfung nur bei den Aktuarien in Anwendung zu bringen, welche die Stelle des expedirenden Secretairs versehen. Die zweiten Aktuarien, welche der Regel nach nur das Amt eines Registrators oder Protokollführers verwalten sollen, sind mit derselben zu verschonen, und nur diejenigen, welche als Protokollführer verpflichtet werden, müssen nach der Kriminalordnung §. 38. in der im Rescript vom 25. Mai 1816 (v. K. Jhrb. Bd. 8. S. 44.) bestimmten Art geprüft sein.

(v. K. Jhrb. Bd. 13. S. 22.)

c. α) **Rescript** vom 25. Mai 1816, betreffend die Qualifikation der Protokollführer in Criminalibus.

Bei den von dem Königl. Ober-Landesgericht zu Breslau in dem Berichte vom 3. d. M. angeführten Umständen findet der Chef der Justiz im Allgemeinen nichts dagegen zu erinnern, wenn Privat-Aktuarien ad criminalia vereidet werden, um den Justitiarien bei Kriminal-Untersuchungen Aktuarien- und Protokoll-Führerdienste zu leisten. Was die Qualifikation solcher Subjekte betrifft, so ist es nicht gerade nothwendig, daß sie die Rechtswissenschaft auf einer Universität studiret haben, sie müssen aber doch der Rechte dergestalt kundig sein, daß sie eine allgemeine Kenntniß der gesetzlichen Vorschriften, besonders derjenigen, die sich auf das Kriminalrecht beziehen, besitzen, und ein gerichtliches Protocoll aufzunehmen verstehen.

Hierauf ist die vorzunehmende Prüfung zu richten, und bei der Anstellung nicht allein auf die Unbescholtenheit des Rufs des Kandidaten, sondern auch darauf Rücksicht zu nehmen, daß sie nicht etwa mit dem Richter in einem dem Ansehn des Gerichts zuwider laufenden Verhältnisse gemeiner Dienstleistungen stehen.

(v. K. Jhrb. Bd. 8. S. 43)

β) **Rescript** vom 12. Januar 1821 und 30. Juni 1834, betreffend die Qualifikation der Protokollführer in Civilsachen.

Der Justizminister genehmigt die im Berichte des Königl. Ober-Landesgerichts vom 14. Dezember v. J. ausgeführte, und nach dem Berichte des Königl. Kammergerichts vom 23. November auch bei diesem Gerichtshofe angenommene Meinung, daß die Qualifikation eines beim Untergerichte zu den Civilsachen bestellten Protokollführers nicht von der Prüfung und Bestätigung durch das Obergericht abhängig ist. Es ist aber zweckmäßig, daß das Königl. Ober-Landesgericht zur bessern Kontrolle der Unterrichter die Einrichtung getroffen hat, daß jeder Unterrichter die von ihm zu gebrauchenden Protokollführer zur Genehmigung anzeigen muß, und ist diese Einrichtung beizubehalten. Dagegen ist das Königl. Ober-Landesgericht in seinen Anforderungen an die Klasse der Subalternen zu streng, wenn es den von N. adhibirten Protokollführer N. wegen unzureichender Ausbildung für unfähig erachtet, das Geschäft eines Protokollführers zu verwalten. Die eingereichten hierbei zurück erfolgenden Verhandlungen, seine Prüfung betreffend, ergeben: daß derselbe einen vollständigen und richtigen Begriff von den Pflichten eines Protokollführers hat, daß er ein Protokoll selbst zu schreiben versteht, und allgemeine Kenntnisse von Rechtsverhältnissen hat. Mehr läßt sich billig von Subjekten dieser Art nicht fordern, und es kann daher dem N. nicht zum Vorwurf gereichen, daß er den N. zur Führung der Protokolle in Civilsachen adhibirt hat. Der Justizminister überläßt es dem Königlichen Ober-Landesgericht, hiernach den N. zu bescheiden, und die an denselben erlassenen Verfügungen zu modifiziren.

Berlin, den 12. Januar 1821.

(v. K. Jhrb. Bd. 16. S. 248.)

Auf die Anfrage vom 10 d. M.

die Qualifikation der Civil-Protokollführer bei Patrimonial-Gerichten betreffend,

wird dem Königl. Ober-Landesgericht Nachstehendes eröffnet.

Zuvörderst ist die in dem Berichte vorausgeschickte Bemerkung:

daß die Gesetze mit den Worten „Aktuarius" und „vereideter Protokollführer" überall ein und dasselbe Subjekt bezeichnen,

nicht ganz richtig. Ein Aktuarius ist mehr als ein vereideter Protokollführer, wie das Kollegium aus dem abschriftlich beigehenden Rescript (Anl.) an das Königl. Ober-Landesgericht zu Naumburg vom 17. Februar v. J. ersehen wird.

Der Aktuarius kann in gewissen Fällen (cfr. §. 15. Tit. 2. Thl. III. der Allg. G. O. und §. 46. der Kriminal-Ordnung) den Richter vertreten, der bloße Protokollführer aber nicht.

Was die Qualifikation der Protokollführer betrifft, die zu solchen Verhandlungen in Civilsachen zugezogen werden sollen, deren Legalität von ihrer Zuziehung abhängig ist, so muß es zwar bei der Bestimmung des Rescripts vom 12. Januar 1821. (Jhrb. Bd. 16. S. 248.)

daß es bei ihnen der Prüfung und Bestätigung des Obergerichts nicht nothwendig bedarf,

sein Bewenden behalten. Daraus folgt aber weder,

daß überhaupt eine Prüfung und Bestätigung derselben nicht erforderlich ist,

noch

daß die Königl. Untergerichte und Patrimonialgerichte von der Kontrolle und Aufsicht des Obergerichts bei der Annahme von Protokollführern gänzlich befreit sind.

Eben so wie andere Subalternbeamte, z. B. Registratoren, Kanzlisten und Boten (cfr. §§. 23. 57. 73. Tit. 5. Th. III. der A. G. O.), müssen auch Protokollführer nicht bloß vereidet, sondern auch über ihre Fähigkeiten geprüft werden, und nur Rechtskandidaten sind hiervon nach dem §. 11. Tit. 8. Th. III. der A. G. O. ausgenommen, weil bei ihnen die erforderliche Kenntniß, um als Protokollführer gebraucht zu werden, vorauszusetzen ist. Diese Prüfung beschränkt sich aber auf die in dem angeführten Rescripte vom 12. Januar 1821 bemerkten Punkte, und bleibt dem Untergericht überlassen, welches den Protokollführer annehmen und beschäftigen will; dasselbe hat dabei jedenfalls darauf zu sehen, daß der Protokollführer alle Eigenschaften eines vollkommen glaubwürdigen Zeugen besitzt, mithin auch ein Alter von wenigstens 18 Jahren erreicht hat.

Die Annahme eines jeden Protokollführers muß ferner das Untergericht, gleichviel ob es ein Königl. oder ein Patrimonialgericht ist, dem Ober-Landesgericht anzeigen, und über die Art, wie seine Qualifikation festgestellt worden ist, berichten, damit das Ober-Landesgericht nicht nur weiß, welche Beamte dieser Art bei den Untergerichten überhaupt fungiren, sondern auch kontrollirt, ob sie nach ihrer Persönlichkeit und Qualifikation den gesetzlichen Erfordernissen genügen, und demgemäß in jedem einzelnen Falle mit Rücksicht auf den §. 14. Tit. 8. Th. III. der A. G. O., das Nöthige verfügt.

Hiernach hat daher das Königl. Ober-Landesgericht die Untergerichte seines Departements mit Anweisung zu versehen.

Berlin, den 30. Juni 1834.

Unter abschriftlicher Mittheilung der Beschwerde des Protokollführers J. zu W. vom 16. v. M., über die Verfügungen des Königl. Ober-Landesgerichts vom 17. August und 28. Dezember v. J. seine Anstellung betreffend, wird dem Kollegio eröffnet, wie der Justizminister zwar damit einverstanden ist, daß, wenn der Supplikant eine förmliche Anstellung als Aktuarius des Gerichtsamts mit allen Befugnissen eines solchen verlangt, er dazu vom Gerichtsherrn präsentirt, und mit einer Bestallung, die nicht auf willkürliche Kündigung lauten darf, versehen sein muß. Dies ist aber nicht nöthig, wenn er nach seinem eventuellen Antrage nur als Protokollführer in Civil- und Kriminalsachen zugezogen werden soll.

Daß seiner Verpflichtung als Protokollführer in Civilsachen nichts entgegen steht, hat das (Tit.) demselben bereits nachgegeben. Aber auch in Kriminalsachen können Protokollführer, die ihre Qualifikation nachgewiesen haben, angenommen und verpflichtet werden, ohne gerade als Kriminal-Aktuarien, als Beamte auf Lebenszeit angestellt zu sein. Die Kriminalordnung unterscheidet im §. 38. und 46. zwischen Kriminal-Aktuarien und geprüften und vereideten Protokollführern; zu letztern werden auch bei Königl. Gerichten öfter auf Kündigung stehende Kanzlisten angenommen; es ist also kein Hinderniß vorhanden, in gleicher Art bei Patrimonialgerichten zu verfahren.

Es bedarf nur im Allgemeinen der Genehmigung des Gerichtsherrn, daß der Bittsteller als Protokollführer bei dem Patrimonialgericht zu W. zugezogen und angenommen werde, und sobald diese beigebracht ist, hat hiernach das Kollegium, da die Prüfung erfolgt ist, seine Verpflichtung auch als Kriminal-Protokollführer zu veranlassen.

Berlin, den 17. Februar 1833.

(v. K. Jhrb. Bd. 43. S. 559.)

γ) **Rescript** vom 26. März 1819, betreffend die Zulassung eines Minderjährigen zum Protokollführeramte.

Aus dem Bericht des Königl. Kammergerichts vom 15. d. M. ist das bei dem Kollegio darüber entstandene Bedenken: ob der Karl Heinrich N., da er erst 20 Jahr alt sei, zum Protokollführer verpflichtet werden könne, ersehen worden. Den Referenten wird darauf zum Bescheid eröffnet, daß, da der N. das Alter erreicht hat, einen Eid ableisten zu können, und er nach dem A. L. R. Th. II. Tit. 18. §. 810. in Angelegenheiten, die sein Amt betreffen, als volljährig anzusehen ist, derselbe auch schon vor erlangter Volljährigkeit als Protokollführer verpflichtet werden kann.

(v. K. Jhrb. Bd. 13. S. 282.)

δ) **Rescript** vom 26. Juni 1835, nebst Anlage, betreffend die Prüfung und Qualifikation zum Subalterndienst.

Dem Präsidium des Königl. Ober-Landesgericht wird auf den Bericht vom 16. d. M. hierdurch eröffnet, daß der Justizminister gegen die von dem Ober-Landesgerichtsrath Baumeister aufgestellten Grundsätze, nach welchen bei Prüfung der Qualifikation zum Subalternendienst zu verfahren ist, nichts zu erinnern findet.

Berlin, den 26. Juni 1835.

Es fehlt an einer bestimmten Begränzung der Erfordernisse, welche die Qualifikation eines Aktuarii erster Klasse, eines Aktuarii zweiter Klasse und eines bloßen Protokollführers für Civil- und Kriminalsachen bedingt; daher wird, zumal die Ausbildung nicht selten in verschiedenen Geschäftsbranchen verschieden ist, bei der Prüfung oft zweifelhaft, zu welcher Kategorie der Kandidat zu rechnen ist.

Das Rescript vom 1. März 1819 (Jhrb. Bd. 13. S. 22.) bezeichnet zwar diejenigen Kenntnisse und Fähigkeiten, welche für einen die Stelle des expedirenden Secretairs versehenden Aktuar erheischt werden, und fügt hinzu, daß die zweiten Aktuarien, welche der Regel nach nur das Amt eines Registrators oder Protokollführers verwalten sollen, mit einer solchen Prüfung zu verschonen sind, und nur diejenigen, welche als Protokollführer verpflichtet werden, nach §. 38. der Kriminalordnung und nach Vorschrift des Rescriptes vom 25. Mai 1816 (Jhrb. Bd. 8. S. 43.) geprüft sein müssen.

Allein ein sicherer Unterschied zwischen Aktuarien erster und zweiter Klasse und Protokollführern läßt sich hieraus dennoch nicht entnehmen; weil

1) manche Stellen, namentlich bei kleinern Untergerichten, zwar nicht die volle Ausbildung zum expedirenden Secretair, aber doch mehr Qualifikation erfordern dürften, als ein bloßer Registraturbeamter oder Protokollführer braucht,
2) die Qualifikation im Rechnungs- und Kassenwesen in jenem Rescripte gar nicht erwähnt ist, selbige aber bei den Aktuarienstellen kleiner Untergerichte häufig erfordert wird,
3) überhaupt nach §. 1. des Cirkular-Rescripts vom 7. Januar 1828 (Jhrb. Bd. 31. S. 161.) jeder anzustellende Beamte ohne Ausnahme geprüft sein muß, daher gegenwärtig die zweiten Aktuarien sich ebenfalls einer Prüfung zu unterziehen haben.

Desgleichen scheint meines unmaaßgeblichen Dafürhaltens das Rescript vom 30. Juni 1834 (Jhrb. Bd. 43. S. 559.) den Umfang der Qualifikation und ihre Verschiedenheit bei Aktuarien und Protokollführern nicht bestimmt festzustellen.

Nach dem Verfahren, was rücksichtlich der Prüfung der Subalternbeamten beim hiesigen Ober-Landesgericht zeither beobachtet worden ist, erlaube ich mir, folgende Grundsätze in Vorschlag zu bringen, nach welchen der Grad der Qualifikation und Ausbildung abgemessen, und das Resultat der Prüfungen in ein bestimmtes Zeugniß zusammengefaßt werden könnte.

I. Aktuarien erster Klasse müssen nicht nur in allen denjenigen Gegenständen, welche das Rescript vom 1. März 1819 (Jhrb. Bd. 13. S. 22.) bezeichnet, hinreichend bewandert und zu den dort erwähnten Funktionen befähigt sein,

d. i. sie sollen eine allgemeine Kenntniß des Rechts und des Prozesses besitzen, so wie diese aus dem A. L. R. und der A. G. O. zu erlangen ist, besonders mit der Theorie der Verträge, den Erfordernissen zur Gültigkeit derselben in Ansehung der Form, dem Erbrechte, dem Vormundschaftswesen und der Hypothekenordnung, mit dem Registratur und Kanzlei-Reglement und der Depositaleinrichtung bekannt sein, ein gerichtliches Protokoll aufnehmen, einen einfachen Kontrakt niederschreiben können, die Expeditionen und kleine Instruktionen zu übernehmen vermögen,

sondern auch so viel Kenntnisse im gerichtlichen Salarienkassen- und Kalkulaturwesen incl. des Sportel- und Stempelwesens an den Tag legen, daß sie zur selbstständigen Verwaltung einer Königl. Salarienkasse und zu dem Amte eines Kalkulators für geeignet angesehen werden können. Auch versteht sich von selbst, daß sie mit der Kriminalordnung und den einschlagenden gesetzlichen Vorschriften bekannt sein müssen.

II. Entsprechen sie zwar den übrigen Erfordernissen, zeigen aber nicht hinreichende Kenntnisse für das Kassen-, Sportel- und Stempelwesen, so wie für das Kalkulaturfach, so wird ihnen das Zeugniß der Qualifikation für einen Aktuarius erster Klasse mit der Beschränkung ertheilt,

daß sie für die gedachten Geschäftsbranchen oder für welche derselben noch nicht die gehörige Ausbildung erlangt haben.

III. Die Prüfung eines Aktuarius zweiter Klasse wird auf dieselben Gegenstände, welche sub I. benannt sind incl. der einem Kriminal-Aktuarius nöthigen Kenntnisse gerichtet: theils geringere allgemeine Vorbildung, theils Lückenhaftigkeit des Wissens und der Geschäftsgewandtheit in einzelnen Geschäftszweigen begründet aber nur die Qualifikation eines Aktuarii zweiter Klasse, von welchem jedoch stets so viel verlangt wird, daß er die Geschäfte des Subalterndienstes bei einem nicht formirten Untergericht selbstständig zu verwalten im Stande sein muß.

Fehlen ihm die hierzu erforderliche Kenntnisse beim Kassen- und Rechnungswesen oder in einer andern einzelnen Branche: so wird die Beschränkung im Prüfungszeugniß ausgedrückt.

IV. Kann der Kandidat wegen des geringen Grades seiner theoretischen und praktischen Geschäftserfahrenheit auch für den selbstständigen Subalterndienst bei einem Untergericht zweiter Klasse nicht fähig geachtet werden, zeigt er aber doch einen richtigen Begriff von den Pflichten eines Protokollführers, versteht er ein Protokoll selbst zu schreiben, hat er allgemeine Kenntnisse von Rechtsverhältnissen und so viel Fertigkeit im Rechnen, daß er eine Rechnung in calculo revidiren kann,

Rescript vom 12. Januar 1824. Jhrb Bd. 16 S. 248.
Circular vom 7. Januar 1828. §. 2. ibid. Bd. 31. S. 161.
Circular vom 4. Januar 1828.

so erhält er das Zeugniß der Qualifikation für einen Protokollführer, welches sich dann auch auf die criminalia erstreckt, wenn zureichende Bekanntschaft mit der Kriminalordnung und den auf das Verfahren bezüglichen Vorschriften des Kriminalrechts vorzufinden ist.

Breslau, den 12. Juni 1825.

(v. K. Jhrb. Bd. 45. S. 477.)

c) **Rescript** vom 2. September 1832, betreffend die Qualifikation und Prüfung der Kassenrendanten.

Wegen Wiederbesetzung der erledigten Rendantenstelle bei dem Land- und Stadtgerichte in Breden hat das Königl. Ober-Landesgericht noch besonders zu berichten, und wird Demselben dabei Folgendes bemerklich gemacht:

1) Bewerber um Rendantenstellen bei Gerichten müssen nothwendig längere Zeit im gerichtlichen Kassenwesen praktisch gearbeitet haben, ehe sie zu solchen Stellen in Vorschlag gebracht werden können. Das bloße theoretische Examen genügt nicht, und die Kenntniß vom Rechnungswesen überhaupt ist nicht ausreichend für die selbstständige Verwaltung der Kasse eines Gerichts, wobei es auf eine genaue Kenntniß des gerichtlichen Sportelwesens und des Geschäftsganges ankommt.

2) Die Beilagen des Berichts ergeben, daß das Königl. Ober-Landesgericht die Prüfung derjenigen, welche eine Anstellung als Kassenbeamte wünschen, ausschließlich durch ein Mitglied des Kollegii vornehmen läßt. Eine solche Prüfung entspricht aber dem Zweck nur theilweise, wenn nicht als Examinator zugleich Jemand zugezogen wird, der entweder eine Kasse verwaltet hat, oder den seine praktischen Arbeiten mit dem Detail einer solchen Kassenverwaltung genau bekannt machen.

   Ein bewährter Rendant oder Kalkulator muß daher neben einem Mitgliede des Kollegii mit der Prüfung des Kandidaten zur Rendantenstelle beauftragt werden.

Hiernach hat das Königl. Ober-Landesgericht sich künftig zu achten, auch die hier aufgetretenen Bewerber zu bescheiden.

(v. K. Jhrb. Bd. 42. S. 149.)

7) **a. C. O.** vom 11. Februar 1832 und 15. April 1837, betr. die Regulirung des Cautionswesens der Beamten.

Da es bisher an allgemeinen und bestimmten Vorschriften über die Höhe der von den Kassen- und Magazin-Beamten zu bestellenden Dienst-Cautionen, und über die Art, in welcher diese Sicherheit zu leisten, ermangelt: so will Ich Ihren, in dem Berichte vom 25. v. M. enthaltenen Anträgen gemäß, hierüber Folgendes festsetzen:

1) Die Cautionen der Beamten, welche eine Staatskasse oder ein Magazin zu verwalten, oder auch bloß Einnahme von Geld, oder von Materialien dem Staate angehörig, zu besorgen haben, sollen fortan in folgenden Beträgen bestellt werden:

a. von einem Rendanten einer General- oder einer Regierungs-Hauptkasse, desgleichen einem Hypotheken-Bewahrer in den Landestheilen des Rheinischen Rechtssystems, mit 6000 Rthlr.;

b. von einem Rendanten einer Provinzialsteuer-, Ober-Landesgerichts-Sportel- und Salarien-, Ober-Bergamts-Hauptzoll- oder Haupt-

Steueramts- und Kreissteuerkasse, einer Domainen-Rentei- oder Forstkasse, oder eines größeren Magazins, imgleichen von einem Vorsteher eines bedeutenden Postamts, mit 3000 Rthlr., jedoch nur in so fern, als das jährliche Dienst-Einkommen des Beamten 900 Rthlr. erreicht oder übersteigt;

c. von einem Rendanten einer der eben genannten und allen anderen Kassen und Magazinen, imgleichen von dem Vorsteher eines Postamts, dessen jährliches Diensteinkommen die Summe von 900 Rthlr. nicht erreicht, mit dem Betrage eines zweijährigen Diensteinkommens mit der Maaßgabe, daß die Kaution ein Zwölftheil der gewöhnlichen einjährigen Einnahme der Kasse nicht übersteigen soll;

d. von einem Ober-Buchhalter bei einer Central- und Regierungs-Hauptkasse, als Stellvertreter des Rendanten, und für Kassen-Kontrolleurs, Kassirer und andere Beamten, welche nächst dem Rendanten an dem Geldempfang oder an der Verwaltung von Magazin-Vorräthen unmittelbar Theil zu nehmen haben, mit dem Betrage eines einjährigen Diensteinkommens;

e. von solchen Subaltern- und Unterbedienten, insbesondere der Justiz- und Postverwaltung, welchen ihrer dienstlichen Stellung nach die Einforderung oder der Transport von Geld oder geldwerther Gegenstände obliegt, mit dem Betrage eines halbjährigen Diensteinkommens:

f. in den unter c. d. e. bezeichneten Fällen werden die Kautionen nach Abstufungen von 25 Rthlr., durch die vorgesetzten Behörden für die Dauer des Dienstverhältnisses eines jeden Inhabers der Stelle festgesetzt;

g. von einem Beamten, welcher mehrere Functionen vereinigt, wofür derselbe kautionspflichtig ist, wird die Kaution nur einmal nach seinem Gesammteinkommen der vereinten Stellen geleistet. Sind dabei Stellen verbunden, wofür Kautionssätze nach verschiedenen Maaßstaben (c. d. e.) normirt sind; so muß die Kaution nach dem höchsten Satze festgestellt werden.

2) Jede Amtskaution muß fortan baar in Silbergeld erlegt werden, bevor die Einführung des Angestellten in das ihm zugedachte Amt statt finden kann.

2) Kein zur Kautionsbestellung nach obigen Bestimmungen verpflichteter Beamte soll von der baaren Einzahlung der Kaution befreit sein.

4) Die sämmtlichen Kautionen werden zur General-Staatskasse eingezahlt, welche dem Kautionsbesteller darüber eine mit fortlaufender Nummer versehene, und von dem Kassen-Kurator visirte Empfangsbescheinigung ertheilt. Geschieht die Zahlung der Kaution an eine untergeordnete Kasse, so hat diese eine Interimsquittung zu ertheilen, und die Beförderung des Geldes an die General-Staatskasse und den Empfangschein zu besorgen.

5) Das Kautions-Kapital soll dem Beamten mit Vier vom Hundert verzinset werden, und ein jeder Kautionsbesteller ist ermächtigt, den Betrag der halbjährigen Zinsen mit Ende des Monats Juni und Dezember aus der von ihm verwalteten Kasse, sofern letztere Ueberschüsse abzuliefern hat, zu entnehmen, und die Quittung als baares Geld einzurechnen. In den Fällen, wo die Zinsen-Erhebung auf diese Weise nicht statt finden kann, erfolgt dieselbe in den eben gedachten Terminen bei derjenigen Kasse, aus welcher der Beamte sein Gehalt zu erheben hat.

6) Der Betrag der Kautions-Kapitale wird demnächst bei der Hauptverwaltung der Staatsschulden als ein besonderes Depositum verwaltet.

7) Sobald das Dienstverhältniß, für welches eine Kaution bestellt worden, aufgehört, und aus der Amtsführung nichts mehr zu vertreten ist,

wird gegen Auslieferung des quittirten Empfangsscheins die baare Zurückzahlung der Kaution geleistet.

8) Den gegenwärtig schon angestellten Kassen- und Magazin- und andern Beamten, welche durch Staats- oder andere Schuldscheine und Verschreibungen oder Verpfändungen von Immobilien ihre Amtskaution geleistet haben, bleibt freigestellt, es dabei unverändert zu belassen, oder innerhalb sechs Wochen, vom Tage der Bekanntmachung dieses Befehls ab, sich zu erklären, daß sie die bisherige Kaution zurücknehmen, und statt deren die Sicherheit in baarem Gelde nach den jetzt ertheilten Vorschriften bestellen wollen. Erfolgt diese Erklärung nicht, dann gehen die als Kaution eingelegten Schuld-Dokumente, mit Ausnahme jedoch der Hypotheken-Verschreibungen auf Grundstücke, in das Eigenthum des Staats über, die darin verschriebenen Summen werden dem Kautionsbesteller nach der Bestimmung zu 5 verzinset, und es bleibt dem Staate vorbehalten, wenn künftig die Kautions-Verbindlichkeit aufhört, entweder den Betrag der Kaution voll nach dem Nennwerthe der Obligation in baarem Gelde zurückzuzahlen, oder dafür eine Schuldverschreibung gleicher Art und zu demselben Betrage, als womit die Kaution bestellt worden, zurückzugeben.

Die bisher durch Eintragung auf Grundstücke oder durch Hinterlegung hypothekarischer Aktivforderungen bestellten Kautionen, bleiben unverändert, und der Kautionsbesteller muß sich auch die Zinsen, welche davon zu erheben sind, selbst nach wie vor einziehen.

Sie, der Finanzminister, haben die Bekanntmachung und Ausführung dieser Bestimmungen zu bewerkstelligen, wozu jedes Ministerium und jede Behörde, so weit es deren Geschäftskreis betrifft, mitzuwirken hat.

Berlin, den 11. Februar 1832.

(G. S. S. 61.)

Zur Ergänzung der durch Meine Ordre vom 11. Februar 1832 (Gesetzsammlung S. 61—63.) wegen Regulirung des Kautionswesens für die Staatskassen- und Magazin- rc. Beamten getroffenen Bestimmungen setze Ich auf den Antrag des Staatsministerii fest:

1) Die von dem Beamten bestellte Kaution haftet

a. für die Erfüllung der Pflichten, welche demselben, vermöge der ihm zur Zeit der Kautionsbestellung, so wie später übertragenen Amtsgeschäfte obliegen;

b. für alle von ihm aus seiner Amtsführung zu vertretende Schäden und Mängel an Kapital und Zinsen, so wie an gerichtlichen und außergerichtlichen Kosten der Ermittelung des Defekts und der etwanigen Stellvertretung des Beamten, soweit solche aus dessen zurückbehaltenem Gehalte nicht gedeckt werden.

2) Cessionen, Verpfändungen und Arrestschläge der Amtskautionen sind nicht der General-Staatskasse, sondern der vorgesetzten Dienstbehörde des Kautionsstellers auf die gesetzlich vorgeschriebene Weise bekannt zu machen, und hat dieselbe nach Auflösung des Dienstverhältnisses, für welches die Kaution bestellt worden ist, sowohl, ob und was aus der Amtsführung noch zu vertreten, als wer zur Empfangnahme des Kautions-Kapitals legitimirt ist, zu bescheinigen.

3) Im Falle des Verlustes der von der General-Staatskasse über eingezahlte Amtskautionen ausgestellten Empfangscheine bedarf es in der Regel der gerichtlichen Amortisation nicht, sondern es genügt der Mortifikationsschein des Kautionsstellers oder sonst legitimirten letzten Inhabers des Empfangsscheins; die Dienstbehörde hat aber unter den in der Verordnung vom 9. Dezember 1809, §. 6. angeführten Umständen und sonst nach ihrem Ermessen die Befugniß, eine gerichtliche Amortisation des fraglichen Dokuments zu fordern.

Diese Meine Ordre ist durch die Gesetzsammlung zur öffentlichen Kenntniß zu bringen.

Berlin, den 15. April 1837.

(G. S. 1837. S. 73.)

b. **Rescript** vom 12. März 1832, betreffend die Einrichtung der Geldkautionen der Beamten.

Das Königl. Ober-Landesgericht wird aus der Gesetzsammlung die von des Königs Majestät durch Allerhöchsten Befehl vom 11. Februar d. J. erlassenen Vorschriften über die Kautionsbestellungen der bei Staatskassen und Magazinen angestellten Beamten ersehen haben. Diesen Vorschriften gemäß sind:

1) Die sämmtlichen, dem Königlichen Ober-Landesgerichte untergeordneten Beamten, welche Amtskautionen bestellt haben, also auch die Deposital-Rendanten, zu der im §. 8. der Allerhöchsten Kabinetsordre vorgeschriebenen Erklärung über die Belassung der schon bestellten, oder über die Bestellung neuer Kautionen in baarem Gelde, aufzufordern, und es ist nach Ablauf der bestimmten sechswöchentlichen Frist eine vollständige, systematisch nach den verschiedenen Kassen geordnete Nachweisung über das Kautionsverhältniß sämmtlicher zur Sicherheitsleistung verpflichteten Beamten nach dem sub A. beigefügten Schema, aufzustellen.
2) Auf den Grund dieser allgemeinen Nachweisung sind nach dem Schema B. spezielle Verzeichnisse derjenigen älteren Kautionen anzulegen, hinsichts welcher die eingelegten Schulddokumente, nach den Vorschriften des schon gedachten §. 8. der Allerhöchsten Kabinetsorder, in das Eigenthum des Staats übergehen, imgleichen nach dem Schema C. von den Kautionen, deren sofortige Umwandlung in baare Geldkautionen begehrt wird.
3) Die vorerwähnten Verzeichnisse sind spätestens bis zur Mitte des Monats Junius d. J. hierher einzureichen.
4) Ueber die Kautionen des Schema B. sind die Kautions-Dokumente, so weit sie nicht bereits bei den Obergerichtskassen beruhen, imgleichen die Zinscoupons (wenn solche zur Erleichterung der Zinserhebung den Kautionspflichtigen zurückgegeben sein sollten), einzufordern und von den Obergerichtskassen mit Spezial-Nachweisungen für jeden einzelnen Kautions-Empfänger nach Anleitung des Schema B. an die Königl. General-Staatskasse unter portofreier Rubrik einzusenden, wobei es nicht erforderlich ist, daß Behufs dieser Einsendung die vollständige Einziehung aller abzuliefernden Dokumente abgewartet werde, sondern auch Partialsendungen, je nachdem die Erklärungen der Kassenbeamten eingehen, zulässig sind. Doch können hierbei die auf den nächsten Juli-Zinstermin oder früher fälligen Zinscoupons zurückgehalten, und noch in bisheriger Art realisirt werden. — Ueber die zur Königl. General-Staatskasse eingesendeten Dokumente ist gleichzeitig mit jeder Sendung dem Königl. Finanzministerium Anzeige zu erstatten.
5) Ebenmäßig können die Anträge auf Verwandlung der schon bestellten in Geldkautionen, im Einzelnen verfolgt, und die Kautionsbeträge hierher zur Königlichen General-Staatskasse eingesendet, auch bei der Geldeinzahlung die bisher niedergelegten Dokumente zurückgegeben werden.

Wie mit der Zinsenzahlung an die Kautionsleister und mit der Zinsverrechnung zu verfahren ist, darüber werden dem Königl. Ober-Landesgerichte noch Bestimmungen zugehen.

Von dieser Circular-Verfügung und ihren Anlagen erfolgen hierbei acht Exemplare zum Gebrauche im Kollegium.

(v. K. Jhrb. Bd. 39. S. 431.)

c. **Rescript** vom 20. April 1832 nebst Anlage, betreffend die Zinsenzahlung von den Kautionen der Beamten.

Der Herr Finanzminister hat zur Ausführung der Bestimmungen wegen der Verzinsung der nach der Allerhöchsten Kabinetsordre vom 11. Februar c. zur General-Staatskasse einzuziehenden Kautionen angeordnet, daß die Regierungen einen Etat von allen zu zahlenden Zinsen aufstellen, und mit den Behörden die nöthigen Vereinigungen über die Zinszahlungen treffen sollen.

Das Königl. Ober-Landesgericht wird daher angewiesen, da die Regierungen bis Ende Junius diese Etats einzureichen haben, der betreffenden Regierung die hierzu nöthigen Materialien, in einem Etats-Entwurf zusammengestellt, schleunigst mitzutheilen, und zur Aufstellung des Etats sich des beifolgenden Formulars zu bedienen.

Der Termin, von wo ab die Zinsen zu zahlen sind, wird in den von der General-Staatskasse auszustellenden Kautions-, Empfangs- und Pfandscheinen ausgedrückt, und es müssen daher aus diesen Scheinen vor deren Aushändigung an die Kautionairs die nöthigen Notizen zu Anlegung des Zinsenetats gesammelt werden. Es kann daher die diesfallsige Rubrik im Etat zur Ausfüllung für die Regierung offen bleiben, in so fern bei der Aufstellung des Etats die dazu nöthigen Nachrichten ermangeln.

Die Zinsen werden halbjährlich, am 30. Juni und 31. Dezember, gegen stempelfreie Quittungen gezahlt.

Das Königl. Ober-Landesgericht hat daher schleunigst die Materialien zum Etat zu sammeln und der Regierung mitzutheilen, und es zu reguliren, daß die Zahlung der Zinsen nach dem Etat durch die Salarienkasse des Kollegii oder die Haupt-Untergerichts-Salarienkasse, oder wie es sonst am leichtesten ist, erfolge, und der Betrag der Zinsen, unter Einsendung einer mit den Spezial-Quittungen belegten Liquidation, halbjährlich von der Regierungs-Hauptkasse eingezogen werde.

Von dieser Circular-Verfügung und ihrer Anlage erfolgen hierbei drei Exemplare zum Gebrauch im Kollegio und Exemplare für die Untergerichte.

Berlin, den 20. April 1832.

E n t-

zum Etat über die von den Kautions-Kapitalien

Fortlaufende Nummer.	Des Kantionsbestellers			Nummer des von der General-Staatskasse ausgestellten Kautions-Empfangs- und Pfandscheins.	Die-
	Tauf- und Familienname.	Dienstverhältniß, wofür die Kaution bestellt ist.	Wohnort.		in Summa Rthlr.

w u r f

zu zahlenden Zinsen pro 183 im Regierungsbezirk N. N.

geleistete Kaution beträgt					
und ist bestellt					
baar Rthlr.	in Effekten. Rthlr.	Nähere Bezeichnung der Effekten nach Art, Litt. und Nummer.	Termin, von wo ab die Zinsen zu zahlen sind.		
			Nach dem Termin, wie solcher in dem von der General-Staatskasse ausgestellten Kautions-Empfangs- und Pfandschein angegeben ist.		

den ten 18

(Unterschrift.)

(v. K. Jhrb. Bd. 39. S. 434.)

d. **Rescript** vom 29. Juli 1832, betreffend das Verfahren bei Einsendung der Kautionen an die General-Staatskasse.

Ew. Excellenz erwiedere ich auf das geehrte Schreiben vom 16ten d. M. ganz ergebenst, daß die Bestimmung, wonach über die zur General-Staatskasse eingesendeten Kautions-Dokumente gleichzeitig mit jeder Sendung dem Finanzministerio Anzeige zu erstatten ist, sich nur auf die älteren Kautionen bezieht, hinsichts welcher die eingelegten Schuldverschreibungen in das Eigenthum des Staats übergehen, oder an deren Stelle die Kaution baar bezahlt wird.

Die Einsendung der Kautionen von den seit dem Erscheinen der Allerhöchsten Bestimmungen vom 11. Februar c. neu angestellten oder beförderten Beamten, braucht also nicht hierher angezeigt zu werden, bei der Ablieferung an die General-Staatskasse ist aber eine Deklaration in der bisherigen Form beizufügen.

Die Verzinsung der letztgedachten Kautionen erfolgt übrigens von dem Tage ab, wo solche bei den Gerichten eingezahlt sind und werden die Zinsen gleich denen von den älteren Kautionen durch die Regierungen den Gerichtsbehörden vergütigt werden.

(v. K. Jhrb. Bd. 40. S. 192.)

e. **Rescript** vom 15. April 1833, nebst Anlagen, betreffend die Einzahlung, Zurückzahlung und den Zinsetat der Amtskautionen.

Dem Königl. Ober-Landesgerichte wird die von Seiten des Herrn Finanzministers rc wegen künftiger Behandlung des Kautionswesens der Beamten, unterm 22. März c. an sämmtliche Königl. Regierungen erlassene Circular-Verfügung nebst Anlage hierbei abschriftlich mitgetheilt, um daraus zu entnehmen, welche Bestimmungen in Ansehung

a) der Einzahlung der Kautionen,
b) der Zurückzahlung derselben,
c) der Zinsetats für die Kautionen,

erlassen sind. Das Kollegium wird angewiesen, die Zu- und Abgangs-Nachweisungen von den Zinsen der Kautions-Kapitalien pro 1832 und 1833, und den Zinsetat pro 1834, so zeitig der kompetenten Königl. Regierung mitzutheilen, daß diese die Zu- und Abgangs-Nachweisungen und den Zinsetat zur vorbestimmten Zeit dem Herrn Finanzminister einreichen könne.

Zugleich werden dem Königl. Ober-Landesgericht drei Exemplare dieser Verfügung zum Gebrauch im Kollegio hierbei mitgetheilt.

Berlin, den 15. April 1833.

A.

In Beziehung auf die fernere Behandlung des Kautionswesens der Beamten wird der Königl. Regierung noch Folgendes zur Nachachtung bekannt gemacht:

1) Die neuen, in baarem Gelde einzuzahlenden Kautionen sind durch die Regierungs-Hauptkassen an die General-Staatskasse unter Angabe des Tauf- und Familiennamens des Beamten, seines Wohnorts, des Amtsverhältnisses wofür die Kaution bestellt wird, und des Datums der geschehenen Einzahlung abzuführen. Die von der Königlichen Regierung nicht ressortirenden Behörden können die Kautionen direkt oder durch die Regierungs-Hauptkassen an die General-Staatskasse befördern. Sind noch ältere Kautionen abzuliefern, so müssen solche besonders deklarirt werden, und wenn die Ablieferung zur Vervollständigung einer ältern Kaution erfolgt, so ist die Nummer des über diese Kaution bereits ertheilten Empfangscheins der General-Staatskasse anzugeben.

   Eine Anzeige an das Finanz-Ministerium von den erfolgten Ablieferungen der Kautionen ist von jetzt an nicht mehr nöthig.

2) Werden Kautionen erledigt, welche in baarem Gelde erlegt sind, so kann die Zurückzahlung des Kapitals nebst den bis zum Zahlungstage verlaufenen Zinsen, gegen Zurückgabe des Kautions-Empfangsscheins, unter Beifügung einer Bescheinigung der vorgesetzten Dienstbehörde, daß das Dienstverhältniß des Kautionairs aufgelöst und aus solchem von demselben nichts mehr zu vertreten ist, und gegen Quittung des legitimirten Eigenthümers, aus der Regierungs-Hauptkasse geleistet und der Betrag von der General-Staatskasse wieder eingezogen werden. Die von der Königl. Regierung nicht ressortirenden Behörden können gegen Einsendung gedachter Erfordernisse dergleichen erledigte Kautions-Kapitalien nebst Zinsen durch die Regierungs-

Hauptkasse oder direkt aus der General-Staatskasse beziehen. Kommen jedoch Kautionen zur Erledigung, welche in Staats- oder andern Schuldverschreibungen bestellt sind, so muß deren Zurückgewährung jedesmal bei dem Finanz-Ministerium in Antrag gebracht werden.

3) Von den, gegen die für 1832 und 1833 vollzogenen Kautions-Zinsenetats sich ergebenden Veränderungen sind zum 1. Juni und 1. Dezember d. J., nach dem beiliegenden Schema, Zu- und Abgangs-Nachweisungen einzureichen, welche der Königl. Regierung Behufs der Rechnungs-Justifikation vollzogen werden zurückgesendet werden.

Die Behörden, welche nicht von der Königl. Regierung ressortiren, haben derselben die nöthigen Data hierzu rechtzeitig mitzutheilen, und ist dieserhalb das Nöthige veranlaßt.

4) Für das Jahr 1834 ist ein vollständiger Kautions-Zinsenetat nach dem Muster des für 1832 und 1833 vollzogenen Etats aufzustellen und bis zum 1. Oktober d. J. einzureichen. Dagegen ist von 1834 ab die Aufstellung eines Etats oder die Einsendung von Zu- und Abgangs-Nachweisungen von Seiten der Königl Regierung nicht weiter erforderlich, weil sich erwarten läßt, daß im Laufe dieses Jahres die Regulirung dieses ältern Kautionswesens vollständig beendigt sein wird; und dann der Zu- und Abgang gegen den Etat für 1834 beim Finanz-Ministerium verfolgt und die Ausfertigung jener Nachweisungen hier besorgt werden soll.

Berlin, den 22. März 1833.

(v. K. Jhrb. Bd. 41. S. 488.)

Zu- und Abgangs-Nachweisung in Betreff der von den Kautions-Kapitalien zu zahlenden Zinsen pro 1832 und 1833 im Regierungs-Bezirk N. N.

Fortlaufende Nummer.	Nr. des Etats.	Des Kautionsbestellers			Nummer des von der General-Staatskasse ausgestellten Kautions-Empfangscheins.	Betrag der Kaution.			Termin, von wo ab und bis wohin die Zinsen zu zahlen.			Betrag der Zinsen pro						Erläuterungen.
		Familien- und Taufname.	Dienstverhältniß, wofür die Kaution bestellt ist.	Wohnort.								1832.			1833.			
						Rthlr.	Sgr.	Pf.	Rthlr.	Sgr.	Pf.	Rthlr.	Sgr.	Pf.	Rthlr.	Sgr.	Pf.	
		Betrag der Zinsen laut Etat (laut Zu- und Abgangs-Nachweisung) vom ten																
		Zugang																
		Summa des Zugangs, einschließlich des Etats-Betrages																
		Abgang																
		Summa des Abgangs																
		Der Zugang beträgt einschließlich des Etats-Betrages																
		Es bleiben hiernach zu zahlen																

den ten 1833.

(Unterschriften.)

f. **Reseript** vom 31. Dezember 1832 nebst Anlage, betreffend die Art und Weise der Bestellung der Amtskautionen.

A.

Nach einer Anzeige des Königl. Ober-Landesgerichts in Königsberg vom 8ten v. M., hat der bisherige Stempel-Receptor C., in Folge seiner Beförderung zum Land- und Stadtgerichts-Salarienkassen-Rendanten in M., seine neue Kaution von 1650 Rthlr. in der Art berichtigt, daß er die für sein früheres Dienstverhältniß deponirten 300 Rthlr. in Effekten darauf in Anrechnung gebracht, und nur den Mehrbetrag der neuen Kaution mit 1350 Rthlr. baar eingezahlt hat.

Im vorliegenden Fall wird es zwar hierbei bewenden können, künftig aber wird in solchen Fällen, wo ein Beamter mit Gehaltsverbesserung in eine andere, eine höhere Kaution erfordernde Stelle versetzt wird, die frühere Kaution, wenn solche in Hypotheken-Verschreibungen oder Effekten bestellt war — nach den Bestimmungen des §. 8. der Verordnung vom 11. Februar c. zurückgegeben, dagegen die neue Kaution ganz in baarem Gelde erlegt werden müssen, wonach Ew. Exzellenz die Gerichtsbehörden gefälligst instruiren wollen.

Nur bei bereits baar bestellten Kautionen kann der schon ertheilte Empfangsschein der General-Staatskasse in Zahlung gegeben werden.

Berlin, den 20. Dezember 1832.

B.

Abschrift dieses Schreibens zu den Jahrbüchern zur Nachricht für sämmtliche Justizbehörden.

Berlin, den 31. Dezember 1832.

(v. K. Jhrb. Bd. 40. S. 446.)

g **Reseript** vom 30 März 1833 und 12. September 1836, betreffend die Berechnung der Kautionen bei Gehaltsverbesserungen.

In Vereinigung mit dem Herrn Finanzminister wird dem Königl. Ober-Landesgerichte auf den in Betreff der Amtskautionen unterm 17. Juli v. J. erstatteten Bericht hiermit eröffnet:

1) daß auch solche Beamten, welche bisher keine Dienstkaution zu leisten gehabt haben, aber nach der Allerhöchsten Kabinetsordre vom 11. Februar v. J. Kaution zu leisten verpflichtet sind, dieselbe bestellen müssen, wenn sie sich in Ansehung ihres Diensteinkommens verbessern.
2) Es ist aber die Verabredung getroffen, daß die Kaution nur im Verhältniß zu der Zulage regulirt wird, und die Höhe der Zulage die Kautionssumme bestimmt.
3) Allgemein ist festgestellt worden, daß, da die Kautionen baar nach Abstufungen von 25 Rthlr. regulirt werden sollen, derjenige Theil des Diensteinkommens eines zur Kaution verpflichteten Beamten, wovon die Kaution nicht 12½ Rthlr. übersteigt, außer Ansatz gelassen wird, wenn aber die Kaution über 12½ Rthlr. betragen würde, 25 Rthlr. voll an Kaution berechnet werden sollen.

Hiernach hat das Kollegium in vorkommenden Fällen zu verfahren.

Berlin, den 30. März 1833.

(v. K. Jhrb. Bd. 41. S. 236.)

Des Königs Majestät haben durch die Allerhöchste Kabinetsordre vom 5. v. M. zu genehmigen geruht, daß, wenn nach den Bestimmungen der Allerhöchsten Ordre vom 11. Februar 1832 (Gesetzsammlung S. 61.) wegen Vermehrung des Diensteinkommens eines Beamten, ohne dessen Beförderung, eine Erhöhung seiner im Verhältniß zu seinem Diensteinkommen stehenden Kaution erfolgen muß, die erhaltene Zulage zunächst hierzu verwendet werden solle, falls der Beamte den Zuschuß zur Kaution auf andere Weise nicht zu beschaffen vermag, und in dem bisherigen Benehmen des Staatsdieners eine Bürgschaft für seine fernere Pflichterfüllung liegt. Es ist hiernach sowohl beim Aufrücken eines Beamten in eine höher dotirte, als auch bei der Versetzung eines Beamten in eine andere mit höherem Einkommen verbundene Stelle gleicher Kategorie zu verfahren, und wenn der Beamte den Zuschuß der Kaution auf andere Weise nicht zu beschaffen vermag, die Genehmigung zur Ergänzung der Kaution auf die oben bezeichnete Weise — und zwar bei Versetzungen vor der Ueberweisung des neuen Amts — bei dem Justizminister nachzusuchen und in dem deshalb zu erstattenden Berichte zugleich über das dienstliche Verhalten, die ökonomischen Verhältnisse und die sittliche Führung des Beamten das Erforderliche anzuzeigen.

Berlin, den 12 September 1836.

(v. K. Jhrb. Bd. 48. S. 237.)

h. **Rescript** vom 28. Mai 1832, betreffend die Bestellung der Amtskaution durch einen Dritten.

B.

Dem Königl. Ober-Appellationsgericht wird auf den Bericht vom 7. d. M., betreffend die Bestellung der Amts-Kautionen,

eröffnet, wie es zwar nach der Allerhöchsten Kabinetsordre vom 11. Februar c. zulässig ist, daß auch ein Anderer als der Rendant dem Staat die Kaution für den Rendanten bestelle, allein die Kautionsleistung muß in Beziehung auf den Staat ganz unbedingt und unwiderruflich sein. Denn die Kaution geht in das Eigenthum des Staats über, und wenn sie ein Dritter bestellt, so kann er sich nur das Recht auf die Kaution nach Lösung des Kautionsverbandes und Erledigung aller daraus herzuleitenden Ansprüche vorbehalten. Eine Kaution, die auf eine bestimmte Zeit oder auf Kündigung geleistet ist, kann gar nicht angenommen werden. Es kann zwar der Kautionsleister sich von dem, für den er die Kaution leistet, das Versprechen ertheilen lassen, die Kaution nach einer bestimmten Frist oder nach Kündigung dem Kautionsleister erstatten zu wollen; dies Versprechen darf jedoch den Staat nicht verpflichten, es muß vielmehr die einmal geleistete Kaution unverändert bleiben.

(v. K. Jhrb. Bd. 39. S. 438.)

(Vergl. **C. O.** vom 2. Februar 1815, wonach niemand eine die Hälfte seines Vermögens übersteigende Kaution für einen Beamten bestellen soll. G. S. S. 9.)

i. **Rescript** vom 3. Juni 1837, daß es der Aufnahme besonderer Kautionsdokumente über die von den Beamten zu bestellende Amtskaution nicht mehr bedarf.

Nachdem durch die Allerhöchste Kabinetsordre vom 15. April 1837, zur Ergänzung der durch die Ordre vom 11. Februar 1832 getroffenen Bestimmung festgesetzt worden ist, daß die von den Beamten bestellte Kaution

1) für die Erfüllung der Pflichten, welche demselben, vermöge der ihm zur Zeit der Kautionsbestellung, so wie später übertragenen Amtsgeschäfte obliegen,
2) für alle von ihm aus seiner Amtsführung zu vertretende Schäden und Mängel an Kapital und Zinsen, ingleichen für die gerichtlichen und außergerichtlichen Kosten der Ermittelung des Defekts und der etwanigen Stellvertretung des Beamten, so weit solche aus dessen zurückbehaltenem Gehalte nicht gedeckt werden,

haften soll, so fällt nunmehr die mittelst der Circular-Verfügung vom 4. April 1834 (Jhrb. Bd. 43. S. 563.) angeordnete Aufnahme besonderer Kautions-Instrumente über die von Justizbeamten zu bestellenden Amtskautionen künftig weg.

(v. K. Jhrb. Bd. 49. S. 475.)

k. **Rescript** vom 9. April und 18. Juni 1832, betreffend die Höhe der von Depositalrendanten zu bestellenden Kaution.

Die im Berichte des Königl. Ober-Landesgerichts vom 28. v. M. in Bezug genommene Allerhöchste Kabinetsordre vom 11. Februar c., welche die Regulirung des Kautionswesens für die Kassenbeamten betrifft, ist auch auf die Depositalrendanten anwendbar, indeß hat sie in Ansehung der Kautionen, welche schon regulirt sind, nichts ändern wollen, und findet nur bei den neuangestellten Rendanten in Ansehung der Höhe der Kautionen Anwendung. Wie viel von der Kaution eines Rendanten, der die Deposital- und Salarienkasse des Gerichts zu verwalten hat, als Kaution für jede dieser Kassen zu rechnen sei, muß bei Bestimmung der Höhe derselben nach den vorwaltenden Verhältnissen bestimmt werden, und ist nach den Kautionsinstrumenten, bei deren Aufnahme dieser Punkt sorgfältig festzustellen ist, zu beurtheilen. Berlin, den 9. April 1832.

C.

Dem Königl. Ober-Landesgerichte wird auf die im Berichte vom 5. d. M. gemachten Anfragen zum Bescheide: daß bei Bestimmung der Höhe der Kautionen, welche von Depositał-Rendanten zu verlangen, ganz nach Vorschrift der Allerhöchsten Kabinetsordre vom 11. Februar c. verfahren werden muß.

Wenn der Deposital-Rendant über 900 Rthlr. Diensteinkommen bezieht, muß er 3000 Rthlr. Kaution stellen. Erreicht sein Diensteinkommen nicht jene Summe, so muß er eine Kaution stellen, welche dem zweijährigen Betrage des Diensteinkommens gleich ist, insofern nicht die Kaution ein Zwölftel der gewöhnlichen einjährigen Einnahme übersteigt. Dies Zwölftel muß aber nach dem Durchschnitt der Einnahme an baaren Geldern und Dokumenten von den letzten drei Jahren berechnet werden, und kann hierbei auf die Bestimmungen des §. 5. Tit. 2. der Depositalordnung keine Rücksicht genommen werden.

Bekleidet der Depositalrendant mehrere Funktionen zugleich, und läßt sich aus den Anstellungs-Verfügungen und den Etats nicht entnehmen, wie viel von seinem Diensteinkommen auf die Verwaltung der Stelle als Rendant des Depositorii zu rechnen ist; so muß als Regel angenommen werden, daß die Hälfte des fixirten Diensteinkommens und dasjenige, was von der Besoldung auf die Depositalgebühren gewiesen worden, das Einkommen des Rendanten bildet, und es ist dieses Einkommen bei Berechnung der Kaution zum Grunde zu legen.

Berlin, den 18. Juni 1832.

(v. K. Jhrb. Bd. 39. S. 438.)

l. **Reskript** vom 4. Juni und 16. Juli 1832, betreffend die Kautionsverpflichtung der Kassenkontrolleurs und die Höhe der Kaution der Gerichtsboten und Exekutoren.

Auf den Bericht vom 3. April d. J.,

betreffend die Anwendung der Allerhöchsten C. O. vom 11. Februar c., wegen Regulirung des Kautionswesens für die Kassenbeamten,

wird dem Königl. Ober-Landesgericht eröffnet daß dasselbe über die Frage: ob die Salarienkassen-Kontrolleurs kautionspflichtig sind? noch mit Instruktion wird versehen werden. — Bei Bestimmung der Höhe der von den Boten zu leistenden Kaution kann derjenige Theil ihres Diensteinkommens, welcher auf Meilengelder gewiesen ist, nicht in Anrechnung kommen, und die Kaution der Aktuarien bei den Gerichtsämtern, welche die Kassenverwaltungen führen und dafür Tantieme beziehen, sind nur nach dem Ertrage dieser Tantieme abzumessen. Hinsichtlich dieser beiden letzteren Punkte hat sich der Finanzminister mit dem Justizminister bereits einverstanden erklärt.

Berlin, den 4. Juni 1832.

(v. K. Jhrb. Bd. 39. S. 438.)

Zur Beseitigung mehrerer Zweifel über die Bestimmung der Allerhöchsten Kabinetsordre vom 11. Februar c.,

1) wegen der Kautionspflichtigkeit der Kontrolleure bei den Salarien- und Sportelkassen der Gerichte,
2) wegen Feststellung der Höhe der Kautionen der Gerichtsboten und Exekutoren,

wird in Vereinigung mit dem Herrn Finanzminister hierdurch bestimmt:

ad 1) daß künftig auch die Kontrolleure der gerichtlichen Salarien- und Sportelkassen, wenn sie als solche besonders angestellt werden, und in dieser Qualität eine besondere Besoldung beziehen, Kaution zu leisten haben; insofern jedoch das Amt eines Kontrolleurs ein Nebengeschäft des Beamten, und dafür keine besondere Remuneration ausgesetzt ist, soll dafür keine Kaution gefordert werden;

ad 2) daß von allen Boten und Exekutoren bei ihrer Anstellung von jetzt ab:
   a) bei Obergerichten und Untergerichten erster Klasse (Gerichtsordnung Thl. I. Tit. 25. §. 3.) — 100 Rthlr.,
   b) bei Untergerichten zweiter Klasse — 50 Rthlr.

als Kaution zu erfordern sind.

Hiernach ist daher für die Zukunft zu verfahren.

Berlin, den 16. Juli 1832.

(v. K. Jhrb. Bd. 40. S. 193.)

m. **Reskript** vom 27. August 1832, betreffend die Kautionsfreiheit der Gerichtsboten, welche nicht zur Einziehung von Kosten und zu Exekutionen gebraucht werden.

Dem Königl. Ober-Appellationsgerichte wird auf den, über das Immediatgesuch des Exekutors und Boten N. zu N. um Befreiung von der Kaution, am 13.

d. M. erstatteten Bericht eröffnet, daß, in so fern der rc. N. nicht zur Einziehung von Kosten und zu Exekutionen gebraucht, vielmehr nur mit der Aufwartung und mit Insinuationen beschäftigt wird, er keine Kaution zu bestellen braucht und von dieser dispensirt werden kann.

Das Kollegium hat hiernach den rc. N. auf das originaliter wieder beigefügte Gesuch vom 9. Juli c. zu bescheiden.

(v. K. Jhrb. Bd. 40. S. 195.)

n. **Rescript** vom 17. September 1832 und 21. Februar 1834, betreffend die successive Bestellung der Kautionen der Gerichtsboten durch Gehaltsabzüge.

Die Bestimmung der Allerhöchsten Kabinetsordre vom 11. Februar d. J.,

daß diejenigen Unterbeamten der Justiz, welche ihrer dienstlichen Stellung nach die Einforderungen oder den Transport von Geld oder geldwerther Gegenstände zu bewirken verpflichtet sind, mit dem Betrage eines halbjährigen Diensteinkommens Kaution zu bestellen haben,

hat in der Ausführung, obgleich schon durch die Verfügung vom 16. Juli c. festgesetzt worden, daß die Kaution nur resp. 100 Rthlr. oder 50 Rthlr. betragen soll, Schwierigkeiten gefunden, weil die Bewerber zu solchen Stellen mit dem Invaliden-Versorgungsschein versehen sein müssen.

In dieser Beziehung ist unter Allerhöchster Genehmigung Sr. Königl. Majestät zwischen den Ministerien der Finanzen und der Justiz verabredet worden:

daß den als Boten anzustellenden Invaliden, wenn sie die auf respektive 100 Rthlr. und 50 Rthlr. normirten Kautionen sofort zu berichtigen außer Stande sind, deren successive Abtragung durch Gehaltsabzüge von 25 Rthlr. jährlich nachgelassen werden könne, die Ablieferung der Kautionen an die Königl. General-Staatskasse aber in solchen Fällen in Raten von vollen 25 Rthlr. erfolgen müsse.

Hiernach hat das Königl. Ober-Landesgericht sich bei Anstellung solcher Unterbedienten, welche kautionspflichtig sind, zu achten.

Berlin, den 17. September 1832

(v. K. Jhrb. Bd. 40. S. 194.)

Ew. Hochwohlgeboren eröffne ich auf den, über das Anstellungs-Gesuch des Unteroffiziers N. erstatteten Bericht vom 8ten d. M., daß es unbedenklich ist, die Cirkular-Verfügung vom 17. September 1832 (Jhrb. Bd. 40. S. 194.) wegen Berichtigung der Kautionen der Boten durch Gehaltsabzüge, auch auf andere Unterbeamte, namentlich auf Exekutoren und Landreiter zur Anwendung zu bringen.

Berlin, den 21. Februar 1834.

(v. K. Jhrb. Bd. 43. S. 150.)

o. **Rescript** vom 1. Oktober 1832, betreffend die von Aktuarien zu bestellende Amtskaution.

Das Königl. Ober-Landesgericht wird hierdurch angewiesen, bei den nach der Instruktion vom 4. Mai 1820 gebildeten Gerichtsämtern, von jedem der neu anzustellenden Gerichtsaktuarien für die Verwaltung der Salarienkassen, ohne Unterschied des Diensteinkommens, eine Kaution von 100 Rthlr. zu fordern, und von deren Erlegung die Einführung in das Amt und Zahlung des Gehalts abhängig zu machen.

(v. K. Jhrb. Bd. 40. S. 445.)

p. **Rescript** vom 10. Februar 1834, betreffend die von Kriminal-Aktuarien zu bestellende Amtskaution.

Auf die Anfrage im Berichte vom 31. Dezember v. J. über die Höhe der, von den Kriminal-Aktuarien bei Königl. Inquisitoriaten zu bestellenden Amtskautionen, wird dem Königl. Ober-Landesgericht zum Bescheide ertheilt, daß bereits in einer, an das Ober-Appellationsgericht zu Posen am 14. Januar 1833 erlassenen Verfügung festgestellt ist, daß bei den Inquisitoriats-Aktuarien, da die Kassengeschäfte nur einen Theil ihrer Dienstfunktionen ausmachen, die Hälfte ihres Diensteinkommens nach Analogie der Bestimmungen im Reskripte vom 18. Juni 1832 (Jhrb. Bd. 39. S. 439.) als das Einkommen zu betrachten ist, welches bei Berechnung der Kaution zum Grunde zu legen.

Das Kollegium hat sich daher in vorkommenden Fällen hiernach ebenfalls zu achten.

(v. K. Jhrb. Bd. 43. S. 150.)

q. **Rescript** vom 25. Juni 1832, betreffend die Kautionsverpflichtung der Auktionatoren.

Die Bestimmungen der Allerh. C. O. vom 11. Februar c. in Ansehung der Kautionen beziehen sich auf alle diejenigen, welche von Seiten des Staats bestellt sind Gelder zu erheben oder zu verwalten, und macht es keinen Unterschied, ob diese Gelder Privatpersonen oder dem Staate zustehen.

Es müssen daher auch die von den Auktionatoren bestellten Kautionen dem Königl. Finanzministerio ausgehändigt werden.

In Ansehung der Höhe der Kautionen der Auktionatoren sind die Sätze, welche das Königl. Ober-Landesgericht nach dem Bericht vom 11. Mai c. bisher festgestellt hat, beizubehalten, da es in der Allerhöchsten Kabinetsordre vom 11. Februar c. an einem Maaßstabe für die Höhe derselben fehlt, und anzunehmen ist, daß die Kautionen, welche bisher gefordert wurden, nicht niedriger sein werden, als sie bei analogischer Anwendung der Bestimmungen der Allerhöchsten Ordre zu leisten sein würden, und es hier hauptsächlich auf das Interesse von Privatpersonen ankommt.

(v. K. Jhrb. Bd. 39. S. 438.)

r. **Rescript** vom 8. Oktober 1832, betreffend die Befreiung der nur zu ihrer Ausbildung dienenden Beamten von der Kautionsleistung.

Dem Königl. Ober-Landesgerichte wird auf den Bericht vom 19. v. M. eröffnet, daß diejenigen, welche nur auf Hoffnung und zu ihrer Ausbildung dienen, und daher streng unter Kontrolle gestellt werden müssen, keine Amtskautionen zu leisten haben. Es bedarf daher keiner Kautionsbestellung von Seiten derjenigen Individuen, die mit Civil-Versorgungsscheinen versehen, Ansprüche auf Botenbedienungen haben, und, ohne Gehalt zu bekommen, Botengeschäfte zu ihrer Uebung und Vorbereitung verrichten. Wenn aber außeretatsmäßige Boten gegen Remuneration angenommen werden, und diese zur Einziehung von Gerichtskosten gebraucht werden sollen, so müssen sie Kaution leisten, und wenn sie nicht volle Kaution sogleich aufbringen können, dieselbe, wie andere Boten, durch Abzüge von ihrer Remuneration bis zur Summe von 25 Rthlr. jährlich leisten. Wenn diese Hülfsboten länger als ein Jahr fungiren, muß ihre Kaution, wie die der übrigen Beamten, dem Königl. Finanzministerium übersandt werden.

(v. K. Jhrb. Bd. 40. S. 447.)

s. **Rescript** vom 1. April 1833, betreffend die Befreiung verschiedener Beamten von der Kautionsleistung.

Das Königl. Staatsministerium hat Folgendes beschlossen:

1) Gemäß der Allerhöchsten an die Chef-Präsidenten der Bank und Seehandlung erlassenen Kabinetsordre vom 25. August v. J. sind alle diejenigen älteren Beamten, welche nach den vor der Kabinetsorder vom 11. Februar v. J. gegebenen administrativen Vorschriften oder nach der Praxis nicht für kautionspflichtig gehalten wurden, von einer nachträglichen Bestellung der Kaution frei zu lassen, insofern sie nicht selbst zur Erforderung derselben durch ihr Benehmen Veranlassung geben: wegen der übrigen aber, welche nach der frühern Verfassung schon dazu verpflichtet waren, bleibt es dem Ermessen der Verwaltungs-Chefs überlassen, entweder die nachträgliche Berichtigung der Kaution zu fordern, oder die Dispensation bei des Königs Majestät in Antrag zu bringen.

2) Beamte, welchen Geldverwaltungen als Nebenamt übertragen sind, ohne daß sie für ein solches Nebenamt eine besondere Remuneration erhalten, sind von der Kautionsleistung ganz frei zu lassen. Erhalten sie aber eine Vergütigung dafür, so ist der doppelte Betrag als Kaution einzuzahlen.

3) Doch findet letzteres auf solche Beamten der Regel nach nicht Anwendung, welche Ausgabefonds, z. B. zu Büreau-Bedürfnissen, Schreibmaterialien rc. gegen den Genuß einer Tantieme von den Ersparnissen, verwalten.

4) Kanzleidiener, welche beiläufig die Besorgung von Geldbriefen zu übernehmen haben, sind ebenfalls der Regel nach nicht kautionspflichtig; doch bleibt es

5) in beiden zu 3. und 4. gedachten Fällen dem Ermessen der Verwaltungs-Chefs überlassen, ob gleichwohl bei der Anstellung solcher Beamten von denselben Cautionsbestellung zu erfordern ist.

In Folge dieser Beschlüsse, nach welchen das Königl. Ober-Landesgericht sich zu achten hat, bleibt es in Ansehung der Stempel-Receptoren, da dieselben früher der Regel nach keine Kaution geleistet haben, bei der bisherigen Verfassung, in sofern nicht Gründe zu einer Ausnahme vorhanden, oder die Kautionen schon bestellt sind. Neu anzustellende Stempel-Receptoren müssen aber Kaution bestellen. (v. K. Jhrb. Bd. 42. S. 153.)

§. 2. Die allgemeine Pflicht aller dieser Subalternbedienten ist: dass sie ihres Amtes treu und fleissig wahrnehmen; die Vorschriften der Prozessordnung, so weit sie solche angehen und auf ihre Dienstgeschäfte Beziehung haben, genau beobachten; sich aller Begünstigung oder Verkürzung der Parteien, aller Konkussionen und Abforderung ihnen nicht gebührender, oder den vorgeschriebenen Satz übersteigender Sporteln, bei schwerer Strafe und Kassation gänzlich enthalten; übrigens aber wegen der durch ihre Hände gehenden Sachen und Geschäfte, und über die zu ihrer Kenntniss gelangenden Vota, Beschlüsse und Verfügungen des Kollegii, ein genaues Stillschweigen beobachten, und besonders von letzteren niemandem, weder den Parteien selbst, noch Anderen, vor der Zeit etwas eröffnen oder kommuniciren sollen.

§. 3. Die jedem von ihnen obliegenden Verrichtungen sind in den folgenden Abschnitten im Allgemeinen bestimmt; nähere Vorschriften aber, wie die Registratur-, Expeditions- und Kanzleiarbeiten betrieben werden, und was für ein Mechanismus dabei statt finden solle, sind aus dem angehängten Registratur- und Kanzleireglement zu entnehmen.

Alle diese Vorschriften enthalten inzwischen nur die Regel, deren in der besondern und eigenthümlichen Verfassung einzelner Kollegien und Gerichte gegründete Ausnahmen durch besondere Instruktionen festgesetzt sind.

Erster Abschnitt.

Von dem Amte der Sekretarien.

Bestellung.

§. 4. Zu Sekretarien sollen keine andere, als solche Leute genommen werden, die bei einem Gerichte als Referendarien gestanden, und daselbst von gerichtlichen Angelegenheiten, insonderheit von dem ordnungsmässigen Betriebe der Prozesse, gute Begriffe erlangt, übrigens aber sich durch Fleiss, Akkuratesse und untadelhafte Konduite ausgezeichnet, auch eine richtige deutliche Schreibart in ihrer Gewalt haben.

Rescript vom 15. Februar 1819, betreffend die Qualifikation zum Amte eines Secretairs; und **Rescript** vom 1. März 1819 und 26. Juni 1835, betreffend die Qualifikation zum Aktuariat erster und zweiter Klasse; s. zu §. 1. dieses Titels unter Nr. 6.

§. 5. Sie erhalten ihre Bestallung, auf den Vorschlag des Kollegii, von dem Chef der Justiz, und werden bei dem Antritte ihres Amts mit dem zu Ende dieses Abschnitts vorgeschriebenen Eide verpflichtet.

Vergl. **C. O.** vom 31. Dezember 1827, betreffend die Anstellung der Subalternen bei den Justizbehörden, wonach die Anstellung der Sekretarien und Rendanten bei den kollegialisch formirten Gerichten noch von dem Justizminister erfolgt, übrigens aber die Subalternbeamten von dem Chef-Präsidenten des Obergerichts angestellt werden; s. zu §. 1. dieses Titels unter Nr. 1.

Obliegenheiten.

§. 6. Diese Sekretarien können, nach Befund des Kollegii und Präsidenten, zu allerlei Arten von Geschäften, z. B. zu Siegelungen, Inventuren, Testamentsabnahmen und anderen Kommissionen, desgleichen, in Ermangelung einer hinlänglichen Anzahl von Referendarien, zu Führung der Protokolle mit gebraucht werden.

1) **Rescript** vom 13. September 1817, betreffend die Befugniß der Kammergerichts-Sekretarien, Actus voluntariae jurisdictionis aufzunehmen, desgl. **Rescript** vom 3. Juni 1833, betreffend die gleiche Befugniß des Protonotarius bei dem Ober-Landesgericht zu Stettin; s. zu II. 2. §. 3.

2) a. **Rescript** vom 30. September 1833, betreffend die Nichtbefugniß der Aktuarien, Aktus der freiwilligen Gerichtsbarkeit aufzunehmen; s. zu II. 2. §. 15.

b. **Rescript** vom 20. Februar 1826, nebst Bericht, und **Rescript** vom 18. Februar 1828, betreffend den Umfang der Geschäfte, zu welchen Aktuarien gebraucht werden können.

Auf den über die Amtsverrichtungen der Aktuarien unterm 20. v. M. erstatteten Bericht wird dem Königl. Ober-Landesgericht eröffnet, wie es kein Bedenken hat, daß alle Aktuarien, die sub Nr. 1—13. des Berichts aufgeführten Geschäfte zu besorgen befugt sind. Es ist aber auch den Aktuarien, welche als Auskultatoren angestellt gewesen sind, oder das im Rescripte vom 1. März 1819 (v. K. Jahrbch. Bd. 13. S. 22.) angeordnete Examen abgelegt haben, die Befugniß, Instruktionen zu führen, nicht zu bestreiten. Denn diese Befugniß ist den Auskultatoren in mehreren Verordnungen, namentlich dem Reglement für die Untergerichte in Westpreußen vom 20. August 1802 §. 10., und in mehreren Rescripten ausdrücklich beigelegt, und es kömmt nur darauf an, daß diese Aktuarien so vereidet werden, daß ihren Verhandlungen der richterliche Glaube beigelegt werden kann. Dies ist im Rescripte vom 23. Juni 1794, Edikten-Sammlung de 1794 S. 2339. Nr. 59. vorgeschrieben. In gleichem Verhältnisse sind die nach obgedachter Vorschrift geprüften Aktuarien, da sich ihr Examen auf die Qualifikation zum Instruiren erstreckt.

Ueberall müssen die Aktuarien in ihren Arbeiten vom Richter genau kontrollirt werden, und ihnen nur solche Sachen, die ihren Kräften anpassen, vertraut werden.

Sollten dem Königl. Ober-Landesgericht einzelne Aktuarien bekannt sein, die zum Instruiren nicht die nöthige Qualifikation haben, so muß den Aemtern, bei denen sie angestellt sind, die Anweisung ertheilt werden, sie davon auszuschließen.

Berlin, den 20. Februar 1826.

A.

Ew. Excellenz finden wir uns veranlaßt, über den Umfang der Amts-Verrichtungen der bei den Königl. Gerichtsämtern unsers Bezirks angestellten Aktuarien gehorsamst Bericht zu erstatten.

Die Geschäfte dieser Aktuarien bestehen hauptsächlich darin, daß sie,

1) wenn der Gerichtsamtmann nicht selbst protokolliren will oder kann, das Protokoll führen,
2) die von dem Amtmann erlassenen Dekrete expediren;
3) das Registratur- und
4) das Sportelwesen besorgen
5) sich der Schreiberei (dem Mundiren und Kopiren) unterziehen, so viel sie davon zu übernehmen durch ihre obigen Geschäfte nicht gehindert werden.

Außer diesen Hauptfunktionen können die Aktuarien unsers Erachtens folgende Handlungen gültiger Weise verrichten:

6) Aufnahme von Gesuchen, Anzeigen oder Erklärungen einer Partei, wodurch sie weder eine Verbindlichkeit übernimmt, noch einem Rechte entsagt, sowohl in Prozessen (z. B. Provokationsgesuche, Anmeldungen zur Klage oder Ap-

pellation), als auch in Handlungen der freiwilligen Gerichtsbarkeit und Vormundschaftssachen.

7) Verhandlungen, wodurch einer Partei etwas bloß zum Protokoll bekannt gemacht oder angedeutet, z. B. eine Citation oder andere Verordnung insinuirt, ein Urtel oder eine Resolution publicirt wird, desgleichen die protokollarische Aufnahme der Anzeigen der Gerichtsboten und Exekutoren über die von denselben bewirkten Insinuationen und Exekutionen;

8) Direktion von Exekution, worunter wir jedoch nicht das Dekretiren in Exekutionssachen, sondern die Leitung der Exekutions-Vollstreckung selbst, verstehen, z. B. in den §§. 59. 68. 80. 98. Tit. 24. Th. I. der A. G. O. erwähnten Fällen.

9) Aufnahme der Taxen
   a. von kleinen Grundstücken, sowohl städtischen als auf dem Lande gelegenen,
   b. von sogenannten Wandeläckern oder walzenden Grundstücken,
   c. von beweglichen Sachen,
   ad b. und c. ohne Rücksicht auf die Größe und den Werth.

Daß die Aufnahme von Taxen kleiner städtischer Besitzungen den Aktuarien überlassen werden könne, ist im Rescript vom 7. Januar 1817 bestimmt. Die Ausdehnung dieser Befugniß auf kleine ländliche Besitzungen, so wie auf sämmtliche walzende Grundstücke und auf Mobilien aller Art, dürfte sich rechtfertigen lassen.

10) Abhaltung von Auktionen,

11) Siegelungen, sowohl bei Sterbefällen als Konkurs-Eröffnungen und andern Vermögens-Beschlagnahmen. (§. 24. Tit. 5. Th. II. A. G. O.)

12) Inventuren, indem zu Aufnehmungen von Inventarien nach §. 42. Tit. 2. A. G. O. nicht gerade der Richter, sondern nur eine vereidete Gerichtsperson überhaupt erforderlich zu sein scheint.

13) Vidimationen von Urkunden.

Zu den sub Nr. 6. bis 13 aufgezählten Geschäften halten wir sämmtliche Aktuarien, auch diejenigen, welche nicht auf Universitäten Jura studirt haben, und bei einem Landes-Justizkollegio als Auskultatoren angestellt gewesen sind, für qualificirt, da es hierbei nicht sowohl auf Rechtskenntnisse, als vielmehr auf die Beglaubigung ankommt. Es entsteht aber die Frage, ob und in wie fern die Aktuarien auch zu eigentlich richterlichen Geschäften, insbesondere zur Führung der Instruktionen in Prozessen und zur Aufnahme von Handlungen der freiwilligen Gerichtsbarkeit gebraucht werden können, dergestalt, daß solche von dem Aktuarius allein vermöge Auftrags des Gerichts-Amtmanns aufgenommene Verhandlungen die Kraft und Gültigkeit gerichtlicher Verhandlungen haben. Hier ist nun unstreitig zwischen denjenigen Aktuarien, welche entweder gar nicht auf einer Universität die Rechte studirt oder doch nicht als Auskultatoren bei einem Landes-Justizkollegio angestellt gewesen sind, ein Unterschied zu machen. Der Geschäftskreis der ersteren bleibt unsers Erachtens auf die oben sub 1. bis 13. angeführten Gegenstände beschränkt. Was aber die letzteren anlangt, so ist es, so viel wir wissen, eine überall bei den Landes-Justizkollegien und andern Gerichten seit langer Zeit statt findende Observanz, daß nicht bloß den Referendarien, sondern auch den Auskultatoren die Instruktionen von Prozessen und andere richterliche Geschäfte aufgetragen werden, sobald sich die Auskultatoren zu einer solchen selbstständigen Beschäftigung geschickt zeigen. Es ist auch dieses Verfahren, in Ansehung der Stadtgerichte zu Frankfurt, besage Rescripts de dato 8. Juni 1796 unter gewissen Einschränkungen genehmigt worden.

Der Aktuarius ist nun zwar nicht mehr Auskultator, er hat aber doch seine Fähigkeit zu den Verrichtungen eines Auskultators erhalten und solche auch nicht formaliter durch Ableistung eines anderweitigen, von dem Eide der Auskultatoren abweichenden, Eides verloren, indem er beim Antritt des Aktuariats nur auf den bei seiner Annehmung als Auskultator geleisteten Eid verwiesen zu werden braucht (welches letztere um deswillen keinem Zweifel unterliegt, weil, wenn ein Auskultator zum Secretair oder Registrator ernannt wird, es nach §. III. der Verordnung vom 13. November 1799 keiner anderweitigen Vereidung bedarf, mithin bei der Ernennung eines Auskultators zum Aktuarius unsers Erachtens ein Gleiches statt finden muß). Es ist auch sehr wünschenswerth, daß dem Aktuario verstattet werde, die Funktionen des Gerichtsamtmanns — mit den weiterhin anzuführenden Beschränkungen — zu übernehmen.

Denn

a. es ist bei den Gerichtsämtern gewöhnlich, daß täglich außer den Parteien, welche zu bestimmten Terminen vorgeladen worden, noch andere Leute erscheinen, welche einen Akt der freiwilligen Gerichtsbarkeit vortragen, eine Klage anstellen, in Vormundschaftssachen etwas anbringen wollen, oder sonst etwas beim Gericht zu suchen haben.

Die Geschäfte mehren sich dadurch zuweilen dergestalt, daß es dem Gerichtsamtmann für seine Person nicht möglich ist, dieselben an einem Tage zu bestreiten, und daß also Mancher den Weg zum Gerichte vergebens gemacht hat;

b. wenn der Gerichtsamtmann durch Krankheit oder Abwesenheit an der Verwaltung seines Dienstes verhindert wird, so ist die Vertretung desselben durch einen benachbarten Richter oder durch einen von uns abzuordnenden Referendarius, in den meisten Fällen mit Schwierigkeiten, Kosten, Versäumniß und andern Nachtheilen für die Justizpflege selbst verbunden. Diese Nachtheile würden zum Theil wegfallen, wenn der Aktuar einen Theil der Funktionen des Gerichtsamtmanns übernehmen könnte: insbesondere würde es dann leichter zu bewerkstelligen sein, die kostspielige Abordnung eines Referendarii zu umgehen und den Gerichtsamtmann durch einen in der Nähe befindlichen Richter vertreten zu lassen;

c. mehrere Gerichtsamtmänner sind auch außer den ad c. und b. erwähnten Fällen, wegen der Menge ihrer Geschäfte überhaupt einer beständigen Hülfe bedürftig.

Unsere Meinung geht jedoch nicht dahin, den Aktuarien die Verrichtung sämmtlicher zum Geschäftskreise eines Richters gehörigen Handlungen zu verstatten; vielmehr machen wir sowohl hinsichts der Aktuarien selbst folgende Unterschiede:

A. Alle diejenigen Aktuarien, welche bei einem Landes-Justizkollegio als Auskultatoren angestellt gewesen sind, halten wir für qualifizirt:

a) zur Instruktion derjenigen Rechtssachen, welche durch die Verordnung wegen Einrichtung der Untergerichte de dato 4. Mai 1820 §. 10. Lit. A. No. 5. 6. den Gerichtsämtern ein- für allemal zur Instruktion und resp. Entscheidung überwiesen sind, d. i. aller Bagatellsachen von 50 Rthlr. und darunter, aller Injuriensachen unter Leuten des gemeinen Bürger- und Bauernstandes, aller summarischen Prozesse über 50 Thaler, als Exekutiv-, Wechsel- und Arrest-Prozesse, Possessorium summariissimum, Spoliensachen, Wirths- und Gesindestreitigkeiten, Grenz- und Bausachen;

b) zur Führung der Untersuchungen wegen kleiner Diebstähle und anderer geringen Vergehen, hinsichts deren eine polizeiliche Untersuchung und Bestrafung durch die Civil-Gerichte zulässig ist, jedoch mit Ausschluß des durch das Gesetz vom 7. Juni 1821 angeordneten Untersuchungs-Verfahrens wegen der Holzdiebstähle, welches Verfahren, weil dabei sofort das Erkenntniß ertheilt werden muß, dem Gerichtsamtmann verbleibt.

B. Diejenigen Aktuarien, welche während ihrer Auskultatur solche Beweise von Rechts- und Geschäftskenntnissen gegeben haben, daß dieselben auch zu wichtigeren Geschäften für geschickt zu erachten sind, würden wir, außer den sub A. a. und b. genannten Funktionen, auch zur Instruktion derjenigen Prozesse, welche von den Gerichtsämtern nur vermöge besondern Auftrags der Landgerichte oder des Ober-Landesgerichts instruirt werden, desgleichen zur Aufnahme von Verhandlungen in vormundschaftlichen Angelegenheiten zulassen; jedoch mit Ausschluß der Verhandlungen in Kriminal-Untersuchungssachen und mit Ausschluß der Auf- und Abnahme von letztwilligen Verordnungen oder Erbverträgen. Dem Gerichtsamtmann verbleibt dagegen ausschließlich das gesammte Dekretiren, sowohl in Prozessen, als in Geschäften der freiwilligen Gerichtsbarkeit und in Vormundschaftssachen, ferner die Abfassung sämmtlicher Urtel, und endlich, wie bereits erwähnt, die Auf- und Abnahme der letztwilligen Verordnungen und Erbverträge und die Aufnahme der Verhandlungen in Kriminal-Untersuchungen.

Wir tragen demnach bei Ew. Excellenz ehrerbietigst darauf an:

hochgeneigt zu genehmigen, daß denjenigen Gerichtsamts-Aktuarien, welche bei uns oder einem andern Landes-Justizkollegio als Auskultatoren angestellt gewesen sind, die sub A. bezeichneten Geschäfte, und, wenn die individuelle Ausbildung einzelner Subjekte es gestattet, auch die sub B. erwähnten Geschäfte, sämmtlichen Aktuarien aber ohne Unterschied, ob dieselben auf Universitäten die Rechte studirt und die Auskultatur erlangt haben, oder nicht, die oben sub Nr. 6. bis 13. angeführten Verrichtungen aufgetragen werden können.

Es versteht sich übrigens von selbst, daß der Aktuarius sich diesen Funktionen nicht eigenmächtig, sondern nur vermöge speziellen Auftrags des Gerichtsamtmanns unterziehen darf. Wir werden aber auch auf der andern Seite darauf halten, daß kein Gerichtsamtmann die ihm eingeräumte Substitutions-Befugniß zu seiner Bequemlichkeit und zur ungebührlichen Belastung des Aktuarii mißbrauche.

Naumburg, den 20. Januar 1826.

(v. K. Jhrb. Bd. 27. S. 84.)

Auf die Anfrage in dem Bericht vom 1. d. M.,

ob den, von Patrimonialrichtern auf Kündigung angenommenen Privataktuarien auch Instruktionen in Bagatellsachen vom Patrimonialrichter übertragen werden können?

wird dem Königl. Ober-Landesgericht eröffnet: daß nur diejenigen Aktuarien der Patrimonialgerichte, die von dem Gerichtsherrn erwählt, die im Rescript vom 1. März 1819 angeordnete Prüfung bestanden, mit einer Bestallung für ihre Lebenszeit versehen und als solche den Obergerichten präsentirt worden sind, die Geschäfte vornehmen können, welche nach dem Rescript vom 20. Januar 1826 die Aktuarien Königlicher Gerichte zu besorgen für befugt erklärt sind, welche die, im Rescript vom 1. März 1819 angeordnete, Prüfung bestanden haben.

Die Aktuarien, welche die Patrimonialrichter sich zu ihrer Assistenz bei den Subalterngeschäften annehmen, und willkürlich entlassen können, sind keine Staatsbeamte, welche selbstständig einen richterlichen Akt vornehmen dürfen; denn der Patrimonialrichter kann, ohne Konsens des Gerichtsherrn und Genehmigung des Ober-Landesgerichts nichts von seinen richterlichen Befugnissen auf sie übertragen.

Das Königl. Ober-Landesgericht hat daher streng darauf zu halten, daß die Patrimonialrichter sich nicht durch die Schreiber, welche die Qualifikation zum Amte der Aktuarien haben, vertreten lassen.

Berlin, den 18. Februar 1828.

(v. K. Jhrb. Bd. 31. S. 158.)

Bei dem Expediren.

§. 7. Ihre Hauptverrichtung aber ist die schriftliche Ausfertigung und Extension der von dem Kollegio und dessen Mitgliedern, auf die eingekommenen Memorialien, oder sonst dekretirten Verordnungen, Befehle und Resolutionen.

Vergl. das diesem Theile der A. G. O. angehängte Allg. Registratur- und Kanzleireglement.

§. 8. Dabei müssen sie sich nach dem Inhalte des Dekrets genau achten; nichts davon auslasssn oder eigenmächtig hinzuthun; den wahren und richtigen Sinn der Verordnung bestimmt und deutlich ausdrücken; wenn sie aber in dem Dekrete selbst eine Dunkelheit, Zweideutigkeit oder Unvollständigkeit wahrzunehmen glauben, dergleichen Bedenken dem Decernenten geziemend anzeigen, und nähere Erläuterung von ihm darüber erwarten.

§. 9. Die Sekretarien müssen sich dabei einer guten, reinen und deutlichen Schreibart befleissigen, und die darüber Th. I. Tit. 7. §. 1. gegebenen Anweisungen aufmerksam befolgen.

§. 10. Sie müssen auch die einem jeden zukommenden Titulaturen, und sonst bei dem Kollegio hergebrachten Kurialien gehörig beobachten, darin eigenmächtig nichts ändern, und die Adressen so einrichten, dass ein jeder gleich wissen könne: ob der Befehl ihn oder jemand andern angehe; weshalb der Vor- und Zuname der Parteien, ingleichen ihr etwaniger Charakter oder bekleidendes Amt, in dessen Adressen so viel als möglich ausgedrückt werden müssen.

§. 11. Besonders müssen die Sekretarien den mit auswärtigen Kollegien hergebrachten Stylum Curiae sorgfältig beobachten, damit diese, unter dem Vorwande eines dabei begangenen Verstosses, nicht Gelegenheit nehmen, die Antwort oder Befolgung der Requisition zu versagen.

§. 12. Auf dem Koncepte der Expedition müssen die Sekretarien bemerken: ob und was dafür an Gerichtstaxen zu bezahlen sei, und was für ein Stempelbogen zur Ausfertigung des Mundi genommen werden solle; wobei sie die Vorschriften der Sportultaxe und des Stempeledikts genau und pflichtmässig zu beobachten haben.

§. 13. Unter dem Dekrete müssen sie bemerken, wann ihnen dasselbe zur Expedition zugestellt worden ist, und wann sie diese zur Revision des Decernenten abgegeben haben.

§. 14. Alle von ihnen gefertigte Expeditionen müssen sie in das, nach näherer Anweisung der Beilage zu führende Expeditionsbuch, unter dem Dato, wo eine jede wirklich koncipirt worden, gehörig eintragen, und den, nach eben dieser Anweisung, aus dem Expeditionsbuche zu fertigenden Siegelzettel gehörig revidiren und attestiren.

Kontrasigniren.

§. 15. Die in der Kanzlei gefertigten Munda der Dekrete müssen die Sekretarien mit den Koncepten kollationiren, und nach richtigem Befunde gehörig kontrasigniren.

Haltung des Gerichtskalenders.

§. 16. Die Termine, welche nicht vor einzelnen Mitgliedern und Deputatis, sondern vor dem versammelten Kollegio anstehen, müssen die Sekretarien in einen des Endes zu haltenden Gerichtskalender eintragen. Aus diesem Gerichtskalender muss an jedem Sessionstage ein Extrakt dem Präsidenten vorgelegt werden, damit derselbe darauf Acht haben könne, dass die anstehenden Termine vor sich gehen, und die Sachen nicht liegen bleiben.

Depositalwesen.

§. 17. Worin die Pflichten und Verrichtungen der Sekretarien bei dem Depositalwesen bestehen, ist in der Depositalordnung näher bestimmt.

Aufsicht über die Kanzlei.

§. 18. Die Sekretarien sind schuldig und berechtigt, auf Ordnung und Akkuratesse in der Kanzlei zu halten, und die Kanzlisten zu ihren Pflichten anzuweisen. Wenn sie also Unordnungen oder Unrichtigkeiten dabei wahrnehmen, müssen sie es dem Präsidenten, zur nähern Untersuchung und Remedur, sofort anzeigen. Was dabei die Obliegenheit des Protonotarii und Kanzleidirektors sei, bestimmt das beigedruckte Reglement.

Allgemeine Pflichten.

§. 19. Die Sekretarien müssen sich täglich, Sonn- und Festtage allein ausgenommen, um Acht Uhr Vormittags auf dem Kollegienhause und in dem ihnen darin angewiesenen Expeditionszimmer einfinden, und ihren Verrichtungen obliegen; auch dasjenige, womit sie Vormittags nicht fertig werden können, den Nachmittag nachholen.

§. 20. Ohne Erlaubniss des Präsidenten dürfen sie nicht zurück bleiben, noch weniger sich über Nacht von dem Orte, wo das Gericht seinen Sitz hat, entfernen, oder gar Reisen unternehmen.

§. 21. Die Expeditionen müssen sie möglichst beschleunigen: dergestalt, dafs, der Regel nach, alle bei einer Session dekretirte Sachen noch an eben dem, oder spätestens am folgenden Tage, zur Revision der Decernenten gelangen können.

§. 22. Die Sekretarien müssen sich bei dem Antritte ihres Amtes mit folgendem Eide verpflichten:

Ich N. N. schwöre etc. etc. Nachdem ich bei N. N. zum Sekretarius ernannt und angenommen worden, dass ich Sr. Königlichen Majestät von Preussen, meinem allergnädigsten Herrn, treu, gehorsam und unterthänig sein wolle.

Ferner schwöre ich, die Pflichten des mir anvertrauten Amts gewissenhaft zu beobachten; alle von dem Kollegio und desselben Präsidenten mir aufgetragene Verrichtungen willig zu übernehmen, und nach bestem Vermögen getreulich zu besorgen; die Protokolle getreu und richtig zu führen; die Expeditionen der Dekrete fleissig, akkurat und prompt anzufertigen; die Gebühren und Stempelgelder nach Vorschrift der Sportultaxe und Stempeledikte richtig anzusetzen; über die durch meine Hände gehenden, oder sonst zu meiner Kenntniss gelangenden Geheimnisse der Parteien, oder des Kollegii, ein unverletztes Stillschweigen zu beobachten; die meiner Verwahrung anvertrauten Schriften, Briefschaften und Urkunden sorgfältig zu verwahren; mich vor allen genauern Konnexionen mit den Parteien und Sollicitanten zu hüten; keine Geschenke noch Gaben von ihnen zu nehmen, noch auch von den Meinigen nehmen zu lassen; keiner Partei wider die andere Warnung zu thun, Nachricht zu geben oder zu rathen; und mich überall so zu verhalten, wie es einem rechtschaffenen Justizbedienten und getreuen Sekretarius wohl anstehet und gebühret. So wahr etc. etc.

Anh. §. 457. *Die Sekretarien werden bei dem Antritte ihres Amts mit dem im §. 456. des Anhangs zum §. 37. Tit. IV. Th. III. vorgeschriebenen Eide belegt.*

C. O. vom 5. November 1833, wegen der Diensteide, und **C. O.** vom 10. Febr. 1835, betreffend die Verpflichtung der Beamten, welche in eine andere Amtswirksamkeit treten, so wie die Vorhaltung bei Diensteiden, s. zu III. 3. §. 40. Anh. §. 445.

Zweiter Abschnitt.

Von dem Amte der Registraturbedienten.

Bestellung.

§. 23. Die Registratoren müssen gute Schulstudia besitzen; mit deu Vorschriften der Gesetze und Prozessordnung bekannt sein; in den Registraturgeschäften als Referendarien, Auskultatoren oder Registraturgehülfen bereits einige praktische Kenntniss und Uebung erlangt haben; und wegen dieser Eigenschaften bei dem Antritte ihres Amtes, soweit es nöthig ist geprüft werden.

Rescript vom 1. März 1819 und 26. Juni 1835, betreffend die Prüfung und Qualifikation der Subalternbeamten, s. zu §. 1. dieses Titels unter Nr. 6.

§. 24. Sie erhalten ihre Bestallung auf den Vorschlag des Kollegii von dem Chef der Justiz, und müssen sich zu ihrem Amte durch den am Ende dieses Abschnitts vorgeschriebenen Eid verpflichten.

C. O. vom 31. Dezember 1827, betreffend die Anstellung der Subalternbeamten bei den Ober- und Untergerichten durch die Chef-Präsidenten; s. zu §. 1. d. Tit. u. Nr. 1.

Allgemeine Pflichten.

§. 25. Sie müssen täglich, Sonn- und Festtage allein ausgenommen, früh um Acht Uhr in der Registratur erscheinen, und darin, so lange die Session dauert, ausserdem aber bis um Ein Uhr, gegenwärtig bleiben; des Nachmittags um Drei Uhr sich wieder daselbst einfinden, und die Registratur vor Abends Sechs Uhr nicht verlassen.

§. 26. Sie können also auch keinen Tag ohne Vorwissen und Genehmigung des Präsidenten zurückbleiben, viel weniger ohne dergleichen Permission über Nacht von dem Orte des Gerichts abwesend sein.

Vergl. in Betreff der Registratur-Verwaltung das diesem Theile der A. G. O. angehängte Allg. Registratur- und Kanzleireglement

Bei den einkommenden Sachen.

§. 27. Die Vorstellungen, Eingaben und Berichte an das Kollegium, von Personen, die am Orte gegenwärtig sind, müssen in der Registratur abgegeben werden. Der Registrator muss den Tag, wenn sie eingekommen sind, und, in Hypothekensachen, auch die Stunde darauf vermerken; und jedes Stück an dem gehörigen Orte, nach den in der Beilage folgenden näheren Anweisungen, unverzüglich eintragen.

§. 28. Sind von der Sache, die eine solche Eingabe betrifft, schon Akten vorhanden, und ist also schon ein Decernent darin bestellt; so muss der Registrator die Akten sofort aufsuchen. Ist es aber eine neue Sache; so muss er sie dem Präsidenten, zur Ernennung eines Decernenten, ungesäumt vorlegen.

§. 29. Die mit der Post oder sonst versiegelt eingehenden Sachen werden dem Präsidenten zur Erbrechung und Präsentation zugestellt. Dieser aber muss sie ohne Aufenthalt dem Registrator einhändigen lassen, und der Registrator muss damit eben so, wie mit den bei ihm unmittelbar übergebenen Sachen, verfahren.

Bei deren Vertheilung unter die Decernenten.

§. 30. Er muss dafür sorgen, dass die zu einer Session gesammelten Vorträge den Decernenten zu rechter Zeit nach Hause geschafft werden. Er muss denselben die zu jeder Sache gehörigen Akten beifügen; er muss aber auch bei dem in der Beilage beschriebenen Tagezettel richtig notiren: was für Akten an den Decernenten solchergestalt ausgegeben worden sind.

Einsammlung der dekretirten Stücke.

§. 31. Nach geendigter Session muss er die Akten auf dem Sessionstische zusammen suchen, eine jede wieder an ihren gehörigen Ort bringen; nach den fehlenden sich erkundigen; und wenn sie bei den Decernenten zurück geblieben, oder von den Sekretarien an sich genommen worden sind, fleissig Acht geben, dass sie zu rechter Zeit wieder in die Registratur abgeliefert werden.

Bei den Spruchsachen.

§. 32. Wenn Prozessakten zum Spruche geschlossen sind, muss er sie in das Distributionsbuch sofort eintragen; dieses Buch dem Präsidenten zur Ernennung des Urtelsfassers vorlegen; und hiernächst die Akten versiegelt an denselben befördern.

Verwahrung und Vervollständigung der Akten.

§. 33. Ausser den Mitgliedern des Kollegii und den Sekretarien, muss der Registrator, ohne ausdrückliche Verordnung des Präsidenten, niemandem Akten verabfolgen lassen. Auch den erstgenannten Personen muss er sie auf ihr Verlangen nicht anders, als gegen einen schriftlichen Empfangschein zustellen.

§. 34. Ueberhaupt muss ein jeder Registrator für alle zu seiner Registratur gehörige Akten und Piecen haften, und sich also beständig gefasst halten, sie nach den Repertorien in guter Ordnung vorzeigen, die fehlenden aber richtig nachweisen zu können.

§. 35. Sobald die im Vortrage gewesenen Sachen und die darauf ergangenen Expeditionen entweder durch den Botenmeister, oder aus der Kanzlei an ihn abgeliefert worden sind, muss er unverzüglich dafür sorgen, dass jede Pieçe den Akten, zu welchen sie gehört beigeheftet werde.

§. 36. Er muss also dafür stehen, dass keine zur Registratur gehörige Pieçe verloren gehe, oder ungeheftet liegen bleibe, und dadurch die Akten unvollständig werden. Wenn er daher bemerkt, dass die eine oder die andere einmal zur Registratur gekommene, und aus selbiger zum Vortrage, oder sonst ausgegebene Sache zurück bleibe, und ihm nicht wieder abgeliefert werde; so muss er sorgfältig Erkundigung anstellen, wo sie geblieben sei; und wenn er sie solchergestalt nicht entdecken oder zurück erhalten kann, dem Präsidenten davon unverzüglich Anzeige machen.

Eintheilung der Registratur.

§. 37. Der Registrator muss ferner dafür sorgen, dass die verschiedenen Arten von Registraturen, welche bei einem Landesjustizkollegio existiren können, von einander gehörig abgesondert; jede in zweckmässiger Ordnung gehalten, und über jede vollständige und akkurate Repertoria geführt werden.

§. 38. Bei einem Landesjustizkollegio können nachstehende besondere Arten von Registraturen vorhanden sein:

I. die Prozessregistratur;
II. die Konkursregistratur;
III. die Kriminalregistratur;
IV. die Generalregistratur;
V. die Pupillenregistratur;
VI. die Registratur über das Lehns- und Hypothekenwesen;
VII. die Registratur über andere zum Lehns- und Hypothekenwesen nicht gehörige Actus voluntariae jurisdictionis;
VIII. die Konsistorialregistratur.

Da jedoch verschiedene Kollegia mit einigen der vorstehend benannten Geschäfte nichts zu thun haben, sondern dieselben von anderen bearbeitet werden; so ergiebt sich von selbst, dass darüber bei solchen Kollegien auch keine Registraturen zu halten sind.

Prozessregistratur.

§. 39. I. Die Prozessregistratur theilt sich in zwei Sektionen, nämlich die kurrente und reponirte.

§. 40. In die kurrente Prozessregistratur gehören alle bei dem Kollegio wirklich im Gange befindliche Prozessakten, welche nach dem Anfangsbuchstaben von dem Namen des Klägers, in den einem jeden Buchstaben nach alphabetischer Ordnung angewiesenen Fächern verwahrt werden.

§. 41. In die reponirte Prozessregistratur gehören alle abgethane und beendigte Sachen. Sie werden dahin gebracht, so bald Repositio actorum dekretirt worden ist; und die Akten werden, zum Unterschiede von den kurrenten, mit gewissen äusserlichen Merkzeichen, z. B. mit eingehefteten blauen Nummerzetteln, versehen. Uebrigens werden sie gleichergestalt in besonderen, nach den Buchstaben, womit der Name des Klägers sich anfängt, eingetheilten Fächern, in alphabetischer Ordnung registrirt.

In Betreff der Kassation der reponirten Akten s. zu §. 50. des Registratur- und Kanzleireglements.

Konkursregistratur.

§. 42. II. Die Konkursregistratur theilt sich ebenfalls in zwei Sektionen, nämlich in die kurrente und reponirte.

§. 43. Da bei einem Konkurse so mancherlei Angelegenheiten von ganz verschiedener Natur vorkommen; so müssen dieselben in mehrere Akten sorgfältig von einander abgesondert werden. Es gehören also zu jedem Konkurse gewisse General- und gewisse Special-Volumina.

General-Volumina müssen formirt werden:

A. Von Konstituirung der Passivmasse, wohin die Verfügungen wegen Eröffnung des Konkurses, Bestellung des Kurators und Konvokation der Gläubiger, das Konnotations- und Inrotulationsprotokoll, die Klassifikatoria, das Protokoll wegen Regulirung der Appellationen etc. gehören.

B. Von Konstituirung der Aktivmasse, worin das Inventarium, der offene Arrest; die an die Schuldner der Masse ergangenen Inhibitionen; die Auktionsprotokolle und Berichte; die Anzeigen auf Exhibita, mittelst welcher die zur Masse gehörigen Gelder in das Depositum offerirt werden; alle die Administration der Güter, die Handlung und die ausstehenden Aktiva betreffende Nachrichten, Vorstellungen und Berichte; die Rechnungen des Kurators u. s. w. enthalten sind.

In wichtigen Konkursen, wo die Aktivmasse aus verschiedenen Arten des Vermögens, aus mehreren beträchtlichen Grundstücken etc. etc. besteht, können mehrere dergleichen General-Volumina angefertigt, und jedem Objekte, z. B. der Handlung, den Grundstücken, den Aktivis, besondere Aktenstücke gewidmet werden (Th. I. Tit. L. §. 93.)

C. Von der Subhastation der Immobilien, in so fern dergleichen in der Masse vorhanden sind. Endlich

D. von der Distribution der Masse.

Ausser diesen Generalakten müssen auch in Ansehung eines jeden Liquidanten, dessen Anspruch einer besondern Erörterung und Instruktion bedurft hat, Specialvolumina formirt, und darin, was einen jeden solchen Liquidanten besonders angeht, z. B. der Bericht über seine Forderung; das Instruktionsprotokoll; ein Extrakt des Klassifikationsurtels; der Bericht über die dagegen von dem Liquidanten selbst, von dem Kurator oder den Mitgläubigern eingewandte Appellation, das weitere Instruktionsverfahren in Appellatorio etc. zusammengefasst werden.

§. 44. Nach eben diesen Vorschriften, wie im Konkurse, sind auch, je nachdem die Natur der Sache es mit sich bringt, die in einem Liquidationsprozesse vorkommenden Piecen zu ordnen und einzutheilen.

§. 45. Jedem Konkurs- und jedem Liquidationsprozesse und den dazu gehörigen General- und Specialakten muss in der Registratur ein besonderes Fach angewiesen werden.

Kriminalregistratur.

§. 46. III. Die Kriminalregistratur theilt sich ebenfalls in die kurrente und reponirte. In beiden müssen die Akten nach alphabetischer Ordnung gehörig geordnet sein, und über beide müssen akkurate und vollständige Repertoria gehalten werden. Die besonderen Vorschriften wegen Einrichtung derselben gehören zur Kriminalordnung.

In Betreff der Kassation der reponirten Kriminalakten s. zu §. 50. des Registratur- und Kanzleireglements.

Generalregistratur.

§. 47. IV. Die Generalregistratur enthält alle bei einem Kollegio vorkommende Geschäfte und daraus erwachsende Akten, welche zu keiner der übrigen speciellen Registraturen gehören.

Darunter sind vornehmlich zu rechnen:

1) Akta generalia, welche die Verfassung und Einrichtung des Kollegii; die Bestellung der Mitglieder und Subalternen desselben; die Verfassung und Besetzung der Untergerichte; das Sportul, ingleichen das Depositalwesen, die dahin gehörigen Extrakte, Rechnungen und Berichte; die allgemeinen Verordnungen in Justizsachen, nach allen den verschiedenen Branchen derselben; die Publikationen solcher Verordnungen; die darüber von den Untergerichten bei dem Kollegio, oder von diesem bei Hofe geschehenen Anfragen; die bei dem Kollegio vorgewesenen Justizvisitationen, und andere dergleichen allgemeine, das Justizwesen im Ganzen, dessen Einrichtung bei dem Kollegio und in dem Departement desselben überhaupt, betreffende Angelegenheiten enthalten.

Wie viel dergleichen Generalakten formirt werden sollen, leidet keine allgemeine Vorschrift; sondern ist nach der Anzahl und Verschiedenheit der bei jedem Kollegio vorkommenden Materien dieser Art, von dem Registrator, unter der Anweisung des Präsidenten oder Direktors, vernünftig zu beurtheilen; übrigens aber dahin zu sehen, dass die Anzahl dieser Voluminum nicht ohne Noth vervielfältigt werde.

2) Akta generalia über die Korrespondenz mit anderen Kollegien und Gerichten in- und ausserhalb Landes, in solchen Angelegenheiten, worüber in irgend einer andern speciellen Registratur keine besondere Akten existiren. Dahin gehören z. B. die Requisitionen von fremden Gerichten wegen Insinuationen, Zeugenabhörungen, Eidesabnahmen etc. etc. in Prozessen, welche bei diesem Gerichte schweben; die Ersuchschreiben derselben, um die Affixion der von ihnen erlassenen Ediktalcitationen und Subhastationspatente; die Verhandlungen in Privatstreitigkeiten zwischen beiderseits Jurisdictionseingesessenen, die nicht zum förmlichen Prozesse gediehen sind; Intercessionsschreiben, Compulsoriales etc. Für jedes solches fremdes Kollegium oder Gericht, mit welchem dergleichen Korrespondenz geführt wird, ist ein besonderes Volumen auszusetzen, und ein akkurates Verzeichniss

darüber zu halten, in welchem die Akten in alphabetischer Ordnung, nach dem Namen des fremden Judicii oder Kollegii, specificirt werden.

3) Akta generalia, die Aufsicht über die Untergerichte, und die gegen selbige geführten Beschwerden betreffend. Für die wichtigeren Untergerichte, bei welchen dergleichen Beschwerden oft vorkommen, müssen besondere Volumina bestimmt; bei kleineren aber können deren mehrere, welche an Einem Orte, oder in einerlei Kreise oder Distrikte existiren, in Ein Volumen zusammen gefasst werden. Es wird darüber gleichergestalt ein vollständiges Verzeichniss nach alphabetischer Ordnung gehalten.

4) Akta generalia von Supplikantensachen, wohin alle einzelne Gesuche von Parteien in solchen Angelegenheiten gehören, welche weder einen bei dem Kollegio verhandelten Prozess oder Konkurs, noch eine Beschwerde über ein Untergericht, noch andere dergleichen Gegenstände betreffen, welche in diese oder jene specielle Registratur einschlagen. Dahin sind z. B. zu rechnen, die Anmeldungsprotokolle von Klagen, bei welchen es nicht zum wirklichen Prozesse gekommen ist, sondern wo der Kläger die Sache hat liegen lassen, oder durch ein blosses Dekret ab- und an ein anderes Forum verwiesen worden; die über das Kollegium selbst in Fällen, wovon keine Specialakten existiren, bei Hofe geführten Beschwerden, darauf ergangene Rescripte und abgestattete Berichte etc. Ueber dergleichen einzelne Piecen werden Generalakten in alphabetischer Ordnung, nach den Anfangsbuchstaben von den Namen der Supplikanten formirt, und ein vollständiges Verzeichniss darüber gehalten.

§. 48. Bei dieser Generalregistratur muss der Registrator mit vorzüglicher Ordnung und vernünftiger Beurtheilungskraft zu Werke gehen; auch sich sorgfältig hüten, dass Piecen, welche zu der einen oder anderen Specialakte gehören, nicht in die Generalakten, wo sie nicht so geschwind wieder heraus zu finden sind, verheftet werden.

Andere Arten der Registraturen.

§. 49. Anlangend V. die Pupillar-, VI. die Lehns- und Hypotheken-, VIII. die Konsistorialregistratur; so wird den Registratoren hier nur überhaupt Ordnung, vernünftige Separation der Sachen, und Haltung richtiger vollständiger Repertorien darüber, empfohlen. Die specielle Einrichtung dieser Registraturen wird in der Beilage vorgeschrieben.

§. 50. Endlich müssen VII. von den zum Lehns- und Hypothekenwesen nicht gehörigen actibus voluntariae jurisdictionis, ebenfalls besondere Akten nach den Jahren, in einem oder mehren Bänden formirt, und darüber richtige Verzeichnisse gehalten werden.

§. 51. Vorstehende allgemeine Verordnungen wegen Einrichtung des Registraturwesens bei den Landesjustizkollegien enthalten die Regel, wornach durchgehends und im Ganzen verfahren werden muss.

Ausnahmen davon und genauere Bestimmungen, welche nach der besonderen Verfassung dieses oder jenes Kollegii nothwendig sind, oder Anwendung finden, werden der einem jeden Kollegio zu ertheilenden Specialinstruktion vorbehalten.

Einrichtung der Akten.

§. 52. Sämmtliche zu jeder Registratur gehörige Akten müssen ordentlich foliirt, und denselben ein vollständiger Rotulus, oder Verzeichniss der darin enthaltenen Pieçen, vorgeheftet werden.

Rotuli.

§. 53. Zu den Prozessakten wird dieser Rotulus nach der Vorschrift Thl. I. Tit. XII. §. 9. durch den bei der Instruktion das Protokoll führenden Referendarius angefertigt; muss aber sodann, und wenn die Akten in die Registratur kommen, von dem Registrator gehörig fortgesetzt werden. Zu den anderen Akten muss der Registrator für die Anfertigung und Fortführung der Rotulorum selbst sorgen; wobei ihm jedoch nöthigen Falls Auskultatoren zur Hülfe gegeben, und diesen solchergestalt zugleich die Gelegenheit, Akten kennen zu lernen verschafft werden soll.

Listen.

§. 54. Ausser den zu obgedachten verschiedenen Registraturen gehörigen Listen und Repertorien muss der Registrator auch

1) den Tagezettel, oder das Journal;
2) das Distributionsbuch,

nach den in der Beilage enthaltenen Vorschriften führen.

§. 55. Ein Registrator muss bei dem Antritte seines Amts nachstehenden Eid ableisten:

Ich N. N. schwöre etc. etc. Nachdem ich bei dem N. Kollegio zum Registrator angestellt worden, zuvörderst Sr. Königl. Majestät von Preussen, meinem allergnädigsten Herrn, getreu und unterthänig zu sein; dem Kollegio und dessen Präsidenten die schuldige Folge und Subordination zu leisten; mir die Pflichten meines Amtes, nach den in der Allgemeinen Gerichtsordnung, dem Kanzlei- und Registraturreglement, und den hiesigen Specialinstruktionen enthaltenen Anweisungen, mit allem Fleisse, Eifer und Treue angelegen sein zu lassen; die Registratur in gehöriger Ordnung zu erhalten; alle einkommende Sachen sofort richtig zu präsentiren und gehörigen Orts einzutragen; die Listen und Repertorien akkurat und vollständig zu führen; niemandem ausserhalb dem Kollegio, ohne ausdrückliche Verordnung des Präsidenten, Akten zu verabfolgen, Abschriften daraus zuzustellen, oder von dem Inhalte derselben etwas zu eröffnen; und mich durchgehends so zu verhalten, wie es einem getreuen, fleissigen und ordentlichen Registrator wohl ansteht und gebührt.

So wahr etc. etc.

Anh. §. 458. *Die Registratoren werden bei dem Antritte ihres Amts mit dem im §. 456. des Anh. zum §. 37. Tit. IV. Th. III. vorgeschriebenen Eide belegt.*

C. O. vom 5. November 1833 wegen der Diensteide, und C. O. vom 10. Februar 1835, betreffend die Verpflichtung der Beamten, welche in eine andere Amtswirksamkeit treten, so wie die Vorhaltung bei Diensteiden, s. zu III. 2. §. 40. Anh. §. 445.

Dritter Abschnitt.

Von dem Amte der Kanzlisten.

Bestellung.

§. 56. Zu Kanzlisten sollen keine andere Subjekte genommen werden, als welche von ehrlicher Herkunft sind; eine gute Erziehung genossen haben; eine stille und regelmässige Konduite beobachten; zugleich aber eine leserliche, orthographisch richtige, und gut in die Augen fallende Hand schreiben; auch einen lateinischen Terminum verstehen.

1) Wegen der Anstellungsansprüche der zwölf Jahre gedienten Unteroffiziere; s. zu §. 1. dieses Titels unter Nr. 3.

2) C. O. vom 8. Dezember 1833, betreffend die Kanzleiverwaltung bei den Obergerichten, und Kanzleireglement für die Obergerichte vom 19. Dezember 1833, in Betreff der Qualifikation, Anstellung und Besoldung der Kanzlisten, Kanzleidiätarien und Lohnschreiber; s. zu §. 165. des Allgemeinen Registratur- und Kanzleireglements.

§. 57. Dergleichen Subjekte werden in vorkommenden Fällen von den Kollegien geprüft und vorgeschlagen; ihre Bestallung aber erhalten sie von dem Chef der Justiz.

C. O. vom 31. Dezember 1827, betreffend die Anstellung der Subalternbeamten bei den Ober- und Untergerichten durch die Chef-Präsidenten, s. zu §. 1. d. Tit. u. Nr. 1.

Obliegenheiten.

§. 58. Sie müssen sich alle Tage um Acht Uhr auf der Kanzlei einfinden, und die den Vormittag nicht fertig gewordenen Munda den Nachmittag nachholen.

Vergleiche das diesem Theile der A. G. O. angehängte Allg. Registratur- und Kanzleireglement, und das zu §. 165. desselben abgedruckte Kanzleireglement für die Obergerichte vom 19. Dezember 1833.

§. 59. Ihre Verrichtung ist, dass sie die von dem Kollegio abgefassten, und von den Sekretarien expedirten Dekrete, Rescripte, Resolutionen, Berichte und sonstige Verordnungen, abschreiben und mundiren müssen.

§. 60. Diese Munda müssen sie rein, korrekt und ordentlich schreiben; sie mit den Koncepten fleissig kollationiren; und dafür sorgen, dass jedem Mundo die dazu gehörigen und darin allegirten Beilagen und Kopien richtig beigefügt werden.

§. 61. Sie müssen sich dabei zwar einer deutlichen, zierlichen und gut in die Augen fallenden Hand befleissigen, jedennoch aber auch aller ungebührlichen, aus blosser Gewinnsucht, zu Häufung der Kopialien, herrührenden Ausdehnung der Wörter und Buchstaben gänzlich enthalten. Auf jeder Seite müssen also wenigstens 24 Zeilen, und in jeder Zeile zwölf Sylben enthalten sein.

§. 62. Sie müssen Alles in der Kanzleistube schreiben, und nichts mit nach Hause nehmen; wenn ihnen aber solches in besonderen Fällen, wegen vorzüglich dringender Beschleunigung verstattet wird; so sind ihnen dennoch nicht die ganzen Akten, sondern nur das Stück oder die Piece, welche mundirt oder abgeschrieben werden soll, zu verabfolgen.

§. 63. Sie müssen die Fertigung der Mundorum und Abschriften fleissig betreiben; dergestalt, dass die an einem Gerichtstage dekretirten Verordnungen bis zum nächstfolgenden mundirt, und an die Behörde abgegeben sein können.

§. 64. Zu ihrer Legitimation deshalb müssen sie unter das Koncept des Sekretarius den Tag und die Stunde, wann ihnen selbiges zugestellt, und wann es von ihnen mundirt und weiter befördert worden ist, jedesmal gehörig vermerken.

§. 65. Wenn wegen Menge der Sachen die Kanzlisten mit den Mundis von einem Gerichtstage zum andern nicht fertig werden können; so muss der Präsident und das Kollegium dafür sorgen, dass ihnen zur Hülfe gewisse Kopisten angesetzt und gehörig vereidet werden.

§. 66. Wenn zu gewissen Zeiten die ordinairen Kanzleiverwandten zur Bestreitung der Arbeit nicht hinreichen; so kann das Kollegium denselben einige extraordinaire Assistenten zu Hülfe geben. Diese werden zwar ebenfalls auf Treue, Richtigkeit und Verschwiegenheit verpflichtet; erhalten auch einen gewissen Antheil an den Schreibgebühren der ordinairen Kanzleiverwandten, denen sie assistiren; ihre Funktion aber ist kein eigentliches Amt, und dauert nur so lange, als die Umstände ihre Beibehaltung nothwendig machen.

1) **Rescript** vom 7. April 1820, betreffend die Vermehrung des Kanzleipersonals bei den Untergerichten.

Der Justizminister wird durch das in Abschrift beiliegende Gesuch des Kanzlei-Gehülfen N. zu Calbe vom 26. März c. veranlaßt, dem Königl. Ober-Landesgericht in Beziehung auf den Jahresbericht des Präsidii vom 24. Dezember v. J. bekannt zu machen, daß die vom Präsidio in Antrag gebrachte Vermehrung des Kanzleipersonals bei den Untergerichten seines Bezirks nicht statt finden kann. Denn, wenn auch die Einnahme der Kanzlisten aus den Kopialien die Evictions-Quanta bedeutend überschritten hat, so ist doch nicht mit Gewißheit vorauszusetzen, daß dies immer der Fall sein werde. Wo Hülfe nöthig ist, können die Kanzlisten sich diese durch Hülfsarbeiter verschaffen, da überall, wo der Sitz eines Gerichts ist, diese zu erhalten sind. Daß die Kanzlisten sich nur tüchtige Hülfsarbeiter wählen, und daß diese gehörig und auskömmlich remunerirt werden, dafür müssen die Dirigenten sorgen. Diese haben die Befugniß, zu bestimmen, daß ein Kanzlist, der die Arbeit

gehörig zu fördern außer Stande ist, sich einen Gehülfen wähle, und können ihm, wenn er hierin säumig ist, einen solchen zuordnen, und dessen Remuneration festsetzen. Sie haben das Recht, die vorgeschlagenen Subjekte zu prüfen und unbrauchbare zurückzuweisen, oder wenn sie sich im Dienste schlecht zeigen, dem Kanzlisten deren Entfernung zur Pflicht zu machen. Durch diese Mittel wird der bei einigen Gerichten bemerkte Mangel im Kanzleipersonal ohne Nachtheil für die Geschäfte gehoben werden können, und sind die Dirigenten der Gerichte, welche eine Vermehrung des Kanzlei-Personals in Antrag gebracht haben, hiernach zu bescheiden.
(v. K. Jhrb. Bd. 15. S. 29.)

2) **Rescript** vom 7. Juli 1820, betreffend die Vertretung der zur Landwehrübung einberufenen Kanzlisten.

Dem Königl. Ober-Landesgericht wird auf die urschriftlich beikommende Vorstellung der zu den diesjährigen Landwehrübungen berufenen Ober-Landesgerichts-Kanzlisten N. und N. de praesentato den 20. v. M. hiermit eröffnet, daß, da die Kanzleiverwandten die Geschäfte der zu den Landwehrübungen abgerufenen Arbeiter übernehmen und unter sich vertheilen müssen, von den Kanzlisten N. und N. die Bezahlung derjenigen verlangt werden kann, welche anstatt ihrer die Geschäfte besorgt haben. Die Remuneration der Stellvertreter muß, in so fern Kopialien über das Eviktions-Quantum aufgebracht werden, aus dem Ueberschusse, sonst aber von den Kanzlisten, welche die Kanzlisten N. und N. zu vertreten gehabt haben, also mit Ausschluß dieser beiden, aufgebracht werden.
(v. K. Jhrb. Bd. 16. S. 43.)

3) **C. O.** vom 8. Dezember, und **Reglement** vom 19. Dezember 1833, betreffend die Kanzleiverwaltung bei den Obergerichten; s. zu §. 165. des Allgemeinen Registratur- und Kanzleireglements.

§. 67. Wie die Arbeit unter die Kanzlisten und Kopisten zu vertheilen, und was für Ordnung sowohl bei dieser Vertheilung, als bei der Ablieferung der Mundorum zu beobachten sei, wird in der Beilage vorgeschrieben.

§. 68. Die Kanzlisten müssen sich aller familiairen Verbindungen mit den Parteien und Sollicitanten oder deren Angehörigen enthalten; selbigen den Inhalt der Dekrete, Berichte und anderer Mundorum, vor deren legaler Insinuation nicht eröffnen; viel weniger ihnen vor- oder nachher die Originalien in die Hände geben; niemandem, es sei wer es wolle, Abschriften von solchen Mundis oder anderen Aktenstücken ohne Vorwissen und Genehmigung des Präsidenten ertheilen; und überhaupt von den durch ihre Hände gehenden oder sonst zu ihrer Kenntniss gelangenden Geheimnissen der Parteien oder des Kollegii ein gewissenhaftes Stillschweigen beobachten.

§. 69. Kein Kanzlist soll ausser den in der Sportultaxe festgesetzten Gebühren einiges Geschenk, es habe Namen wie es wolle, wenn es ihm auch aus freien Stücken angeboten würde, nehmen; keiner Partei dienen, noch für dieselbe sollicitiren; noch in Amtssachen einen Briefwechsel mit ihr unterhalten; bei Vermeidung der unfehlbaren Kassation und anderweitiger nachdrücklicher Ahndung.

§. 70. Die Deposital- und Sportulkassen-Rendanten, ingleichen die diesen Letzteren gesetzten Kontrolleurs, sind ebenfalls Mitglieder der Kanzlei. Ihre Amtsverrichtungen und Obliegenheiten aber werden in den besonderen Deposital- und Sportulkassenordnungen vorgeschrieben.

§. 71. Die Kanzlisten werden bei ihrer Ansetzung mit folgendem Eide belegt:

Ich N. N. schwöre etc. etc. Nachdem ich bei dem N. Kollegio zum Kanzlisten angenommen worden, Sr. Königlichen Majestät von Preussen etc. etc. getreu und unterthänig, dem Kollegio und dessen Präsidenten aber gehorsam und gewärtig zu sein; die in der Gerichtsordnung, dem Allgemeinen und dem hiesigen besondern Kanzleireglement vorgeschriebenen Pflichten, nach meinem besten Vermögen, genau zu beobachten; die mir zugestellten Koncepte fleissig, richtig und ordentlich zu mundiren; niemandem ausserhalb dem Kollegio, von den durch meine Hände gehenden, oder sonst zu meiner Kenntniss gelangenden Sachen und Geschäften etwas zu offenbaren; mich mit den ausgesetzten Schreibgebühren zu begnügen, und ausser denselben nicht das Geringste von irgend jemandem, es habe Namen wie es wolle, zu fordern oder anzunehmen; auch mich durchgehends so zu verhalten, wie es einem ordentlichen und getreuen Kanzlisten eignet und gebührt. So wahr etc. etc.

Eben dieser Eid muss auch von den Kopisten bei ihrer Annehmung geschworen werden.

Anh. §. 459. *Die Kanzlisten, Kanzleidiener, Botenmeister und Boten, ingleichen die Landreiter und Exekutoren haben folgenden Diensteid zu leisten:*

Ich ... schwöre zu Gott dem Allmächtigen und Allwissenden einen leiblichen Eid, dass, nachdem ich zum ... angenommen worden, Seiner Königlichen Majestät von Preussen, meinem allergnädigsten Herrn, ich treu und gehorsam sein, die in Dienstsachen von meinem Vorgesetzten erhaltenen Befehle willig und unweigerlich befolgen, mich den erhaltenen Anweisungen gemäss betragen, über alle zu meiner Kenntniss gelangende geheim zu haltende Dienstangelegenheiten ein unverbrüchliches Stillschweigen beobachten, an Gebühren nicht mehr als die vorschriftsmässigen Sätze fordern oder annehmen, auch von gewissenhafter Verwaltung meines Amtes mich durch Geschenke Freundschaft, Feindschaft, Versprechungen oder Drohungen nicht abhalten lassen, sondern vielmehr mich überall in Ausrichtung meines Dienstes treu, ordentlich, nüchtern und unverdrossen betragen will. So wahr mir Gott helfe zur ewigen Seligkeit!

C. O. vom 5. November 1833, wegen der Diensteide, und **C. O.** vom 10. Februar 1835, wegen Verpflichtung der Beamten, welche in eine andere Amtswirksamkeit treten, so wie die Vorhaltung bei Diensteiden, s. zu **III.** 2. §. 40. Anh. 445.

Vierter Abschnitt.

Von dem Amte der Kanzleidiener, Botenmeister und Boten.

Bestellung.

§. 72. Die Kanzleidiener und Botenmeister müssen von ehrlichem Herkommen, von vorzüglich guter Aufführung und geprüfter Treue sein. Sie müssen fertig schreiben und rechnen können, und es müssen dazu vorzüglich Leute, die in Königlichen Militairdiensten als Unteroffiziere, Korporale, Wachtmeister u. s. w. gestanden, und als Invaliden Abschied und Versorgungsscheine erhalten haben, sonst aber noch hinlängliche Kräfte und Munterkeit zu diesem Amte besitzen, erwählt werden.

1) Wegen Berechtigung der invaliden Unteroffiziere zu den Botenstellen, s. zu §. 1. d. Tit. unter Nr. 3.

2) **Rescript** vom 28. März 1825, betreffend die Anstellung der Gerichtsboten auf Probe.

Das Justizministerium ist mit der von dem Ober-Landesgericht im Berichte vom 5. d. M. geäußerten Meinung dahin einverstanden, daß, wenn die Qualifikation eines als Gerichtsboten anzustellenden Subjekts nicht ganz außer Zweifel ist, die definitive Anstellung nur erst nach einer dreimonatlichen Prüfungszeit erfolge.
(v. K. Jhrb. Bd. 25. S. 103.)

3) In wie fern von den Gerichtsboten Kaution zu bestellen sei; s. **Rescript** vom 4. Juni, 16. Juli und 27. Juni 1832 zu §. 1. d. Tit. unter Nr. 7.

4) **Rescript** vom 14. Oktober und 4. November 1817, und vom 14. Mai 1828, betr. die Anweisung des Diensteinkommens der Gerichtsboten.

A.

Auf eine Anfrage des Land- und Stadtgerichts zu Unna wird dem Königlichen Ober-Landesgericht hiermit eröffnet, daß die Boten bei den Land- und Stadtgerichten nur das ihnen bei ihrer Anstellung beigelegte Gehalt aus den Insinuations- und Meilengeldern zu beziehen haben, und daß, wenn die Botengebühren mehr betragen, der Ueberschuß den Land- und Stadtgerichts-Salarienkassen verbleibt, indem die Gehalte den Verhältnissen der Boten angemessen bestimmt sind. Es ist hiernach sowohl bei dem Land- und Stadtgericht zu Unna, als bei den übrigen Land- und Stadtgerichten zu verfahren; jedoch soll eine Zurückforderung der von den Boten bis jetzt etwa erhobenen mehreren Gebühren nicht statt finden.
Berlin, den 14 Oktober 1817.
(v. K. Jhrb. Bd. 10. S. 256.)

B.

Dem Königl. Ober-Landesgericht wird auf den, wegen des Einkommens der Boten bei den Land- und Stadtgerichten unter dem 14. d. M. erstatteten Bericht eröffnet: daß die Bestimmung der Verordnung vom 14. Oktober d. J., wegen der Insinuations-Gebühren und Meilengelder der Land- und Stadtgerichtsboten zum Zweck hat, den Boten bei den Untergerichten ein gleichmäßiges und ihren Dienstverhältnissen angemessenes Einkommen zu gewähren, ohne daß ihr Einkommen sich durch den Genuß der Gebühren zu sehr erhöhen kann.

Zur Hebung der in den einzelnen Ober-Landesgerichts-Bezirken obwaltenden Verschiedenheit, ist daher festgesetzt worden, daß alle Emolumente der Boten, also auch die Meilengelder der Boten, zur Kasse berechnet werden sollen. Es ist hierbei jedoch vorausgesetzt daß die Boten ein auskömmliches Gehalt haben, worunter 200 Rthlr. für den ältesten und 150 Rthlr. für die übrigen Boten verstanden werden. Da, wo das Gehalt der Boten nicht so hoch ist, ist dasselbe in den künftigen

Etats nach diesen Sätzen anzusetzen, und bis dahin ist den Boten aus den Insinuations- und Meilengeldern zu dem fixen Gehalte so viel zu geben, daß jene Summen erfüllt werden.

Bei Exekutionen erhalten die Boten die etatsmäßigen Gebühren.

Berlin, den 4. November 1817.

(v. K. Jhrb. Bd. 10. S. 256.)

Durch die an die Königl. Ober-Landesgerichte,
wegen der denselben überlassenen Anstellung der Boten,
ergangene Cirkular-Verfügung vom 29. September 1826 ist zwar schon verordnet:
daß bei Besetzung der Stellen von Unterbeamten, welche einen beträchtlichen Theil ihres Diensteinkommens aus Exekutions-, Sitz- und Meilengebühren zu beziehen gehabt, als bei Reiseboten, Exekutoren und Gefangenaufsehern, ein Theil des Diensteinkommens — der Regel nach ein Drittheil — ohne Eviction auf diese ungewissen Emolumente gewiesen werden soll.

Da aber die Bestimmung:

„als bei Reiseboten"

den Zweifel erregt hat, ob andere Boten ausgeschlossen seien; so bestimmt der Justizminister hierdurch:

daß bei allen neuen Anstellungen von Boten, Exekutoren und Gefangenwärtern, deren Vorgänger den Selbstgenuß von Meilen-, Sitz- und Exekutions-Gebühren gehabt, so wie in den Fällen, in welchen bereits angestellte Boten dieser Kategorie lediglich auf fixirtes Gehalt gesetzt, und die Anweisung eines Theils des letztern auf die Gebühren ohne Eviction ausdrücklich vorbehalten worden, diesen Offizianten ihr normalmäßiges Diensteinkommen (der Regel nach zu einem Drittheil) ohne Eviction auf zu deservirende Emolumente angewiesen werde.

Jedoch ist bei Abmessung dieses aliquoten Theils dahin zu sehen, daß diese Unterbeamten mit Sicherheit auf den Eingang dieses Theils ihres Diensteinkommens Rechnung machen können, und nicht wegen eines Ausfalls, der ohne ihr Verschulden eintritt, besorgt sein dürfen.

Berlin den 14. Mai 1828.

(v. K. Jhrb. Bd. 31. S. 280.)

§. 73. Die Kollegia müssen daher bei entstehender Vakanz über die Auswahl solcher Subjekte, wenn ihnen dergleichen nicht schon selbst bekannt sind, mit der Behörde korrespondiren; sie durch einen Sekretarius über ihre Fähigkeiten prüfen lassen; und sodann den tauglichsten darunter dem Chef der Justiz vorschlagen; als von welchem demselben die erforderliche Bestallung ausgefertigt wird.

C. O. vom 31. Dezember 1827, betreffend die Anstellung der Subaltern- und Unterbeamten der Gerichte durch die Chef-Präsidenten; s. zu §. 1. d. Tit. u. Nr. 1.

Obliegenheiten.

§. 74. Die Kanzleidiener und Botenmeister sind überhaupt schuldig, alle von dem Kollegio oder dessen Präsidenten in Dienstgeschäften ihnen ertheilte Befehle und Aufträge willig zu übernehmen, und fleisig und getreu auszurichten.

§. 75. Insonderheit müssen sie bei den Sessionen des Kollegii und in den Instruktionsterminen die Aufwartung versehen die etwa geforderten Akten aus der Registratur herbei holen; die Parteien vorrufen; die vorgetragenen und dekretirten Sachen an die Sekretarien zur Expedition abliefern; die Akten aber, und die keiner schriftlichen Ausfertigung noch besondern Insinuation bedürfenden Pieçen, ungesäumt wieder zur Registratur befördern.

§. 76. Wenn ein Dekret abgefasst worden ist, welches zwar keiner schriftlichen Expedition bedarf, das aber einer Partei, einem Justizkommissarius oder sonst jemandem zur Nachricht vorgezeigt werden soll; so müssen sie diese Vorzeigung baldigst besorgen; wie es geschehen, von der Partei unter das Dekret vermerken lassen oder selbst vermerken, und sodann dergleichen Pieçe unverzüglich zur Registratur abliefern.

§. 77. Die von den Sekretarien gefertigten Expeditionen müssen sie von selbigen nach der Nummer übernehmen, und zur Re- und Supperrevision befördern; sie sodann in die Kanzlei, ebenfalls nach der Nummer abliefern; die Munda von den Kanzlisten oder dem Kanzleiinspektor eben so übernehmen; sie den Sekretarien zur Revision und Kontrasignirung, alsdann aber der Behörde zur Vollziehung vorlegen; die Siegelung besorgen, und die gesiegelten Sachen nach Verschiedenheit derselben und nach der Verfassung eines jeden Kollegii, entweder an den Sportulrendanten abliefern, oder unter die Boten zur weitern Abgabe vertheilen.

§. 78. Bei allen diesen Verrichtungen müssen sie sich, nach näherer Bestimmung des Kanzleireglements, der möglichsten Akkuratesse und Sorgfalt befleissigen; sich genau nach der Ordnung des Siegelzettels achten; wann und an wen jedes Dekret abgegeben worden, auf dem Koncepte richtig bemerken; und die Koncepte von einem Siegelungstage zum andern, gleichergestalt nach den Nummern, in die Registratur gehörig abliefern.

§. 78. Zu ihrem Amte gehört auch die Af- und Refixion der von dem Kollegio erlassenen, oder von einem andern ihm zugeschickten Ediktalcitationen, Subhastationspatente und anderer öffentlicher Proklamatum zu besorgen; und müssen sie sorgfältig dahin sehen, dass dergleichen Proklamata die vorgeschriebene Zeit hindurch aushängen, folglich den Tag, wann sie angeschlagen und wann sie wieder abgenommen worden sind, auf den Originalien derselben pflichtmässig vermerken.

§. 80. Die Kanzleidiener und Botenmeister haben die Aufsicht über die Boten; müssen die Arbeit unter sie vertheilen, und einen jeden zu seiner Schuldigkeit anhalten.

§. 81. Ihnen werden die Schlüssel zu den Sessionszimmern anvertraut; und sie müssen dafür sorgen, dass diese Zimmer reinlich und sauber gehalten, auch die darin befindlichen Geräthschaften nicht ruinirt oder entwendet werden. Wird etwas davon schadhaft; so müssen sie solches dem Präsidenten anzeigen, und nach dessen Anweisung die Reparatur veranstalten.

§. 82. Sie müssen alle Tage, die Sonn- und Festtage allein ausgenommen, sowohl Vor- als Nachmittags, an dem Orte, wo das Kollegium seine Versammlungen hält, sich einfinden, ihre

Geschäfte daselbst besorgen, und die sich meldenden Parteien gehörig anweisen.

§. 83. Sie müssen sich durchgehends eines rechtschaffenen, vernünftigen und regelmässigen Betragens befleissigen; sich mit den in der Sportultaxe ihnen ausgesetzten Gebühren begnügen; und ein mehreres von den Parteien, bei Strafe der Kassation, weder abfordern noch annehmen.

§. 84. Sie müssen bei ihrer Ansetzung schwören:

dass sie dem Kollegio und dessen Präsidenten allen schuldigen Gehorsam und Folge leisten; ihre Pflichten nach der gegenwärtigen Vorschrift sorgfältig wahrnehmen; die ihnen aufgetragenen Verrichtungen treu, unverdrossen und akkurat besorgen; von den Parteien über ihre ausgesetzten Gebühren nichts fordern noch annehmen; von den zu ihrer Kenntniss gelangenden Heimlichkeiten der Parteien oder des Kollegii niemandem etwas entdecken; und sich überall so verhalten wollen, wie es einem getreuen und ehrlichen Kanzleidiener (Botenmeister) eignet und gebührt.

C. O. vom 5. November 1833, wegen der Diensteide und C. O. vom 10. Februar 1835, wegen Verpflichtung der Beamten, welche in eine andere Amtswirksamkeit treten, s. zu III. 2. §. 40.

§. 85. Bei grösseren Kollegien, wo wegen des weitläufigen Umfanges der Geschäfte ein besonderer Kanzleidiener und ein besonderer Botenmeister angesetzt sind, müssen die im Vorstehenden beschriebenen Verrichtungen unter dieselben vertheilt werden.

Bestellung der Boten.

§. 86. Zu Boten bei den Justizkollegien müssen ebenfalls vorzüglich Invaliden, welche treu und ehrlich gedient haben, annoch hinlängliche Kräfte, und die zu ihren Geschäften nöthige Munterkeit des Körpers besitzen; von stiller und ordentlicher Lebensart, auch des Schreibens und Lesens nicht ganz unkundig sind, ausgesucht und bestellt werden.

S. die Allegate zu §. 72. dieses Titels.

§. 87. Sie sind überhaupt schuldig, die ihnen von dem Kollegio und dem Präsidenten gemachten Aufträge willig und fleissig auszurichten, und die Aufwartung in den Sessionen, so wie bei den Instruktionsterminen, nach der Anweisung des Botenmeisters mit zu besorgen.

Obliegenheiten.

§. 88. Insonderheit werden sie gebraucht, die Akten aus der Registratur an die Decernenten und Referenten abzutragen; die eingegangenen Sachen von der Post abzuholen; und diejenigen, welche abgehen sollen, dahin zu befördern.

§. 89. Ihre Hauptverrichtung aber ist die Insinuation der Citationen und anderer Verordnungen an die Parteien, bei welcher sie die Vorschriften des Ersten Theils Tit. VII. zu beobachten haben. Diese Vorschriften müssen ihnen also gleich bei ihrer Annehmung durch einen Sekretarius bekannt gemacht und erläutert, auch sie derselben in der Folge von Zeit zu Zeit erinnert, und in vorkommenden Fällen, wie sie sich dabei zu verhalten haben, instruirt werden.

§. 90. Sie müssen sich, in so fern sie nicht auf auswärtigen Verschickungen begriffen sind, täglich, die Sonn- und Festtage allein ausgenommen, in der Kanzlei und Registratur des Kollegii einfinden, und ihre Verrichtungen abwarten.

§. 91. Von den Parteien und Sollicitanten müssen sie sich zu Bestellungen und Erkundigungen nicht gebrauchen lassen; ihnen so wenig als Andern, von dem, was bei dem Kollegio vorgeht und ihnen bekannt wird, Nachrichten mittheilen; sich mit den ihnen ausgesetzten Gebühren begnügen, und von niemandem, es sei unter welchem Prätexte es wolle, ein Mehreres verlangen oder abfordern.

§. 92. Sie müssen bei dem Antritte ihres Amtes schwören: dass sie den Verordnungen des Kollegii und dessen Präsidenten, wie auch den Anweisungen des ihnen unmittelbar vorgesetzten Botenmeisters, gehorsame und willige Folge leisten; die ihnen geschehenen Aufträge fleissig ausrichten; die Insinuationen der Citationen und Verordnungen gehörig verrichten; davon getreuen und der Wahrheit gemässen Bericht abstatten, und sich in allen Stücken treu, ordentlich, nüchtern und unverdrossen beweisen wollen.

C. O. vom 5. November 1833, wegen der Diensteide und **C. O.** vom 10. Februar 1837, wegen Verpflichtung der Beamten, welche in eine andere Amtswirksamkeit treten, so wie die Vorhaltung bei Diensteiden, s. zu III. 2. §. 10.

Fünfter Abschnitt.

Von dem Amte der Landreiter und Exekutoren.

§. 93. Die Exekutoren müssen aus den Invaliden, die nach treu geleisteten Diensten ihren ehrlichen Abschied erhalten haben, ausgesucht werden. Sie müssen zu dergleichen Amte annoch hinlängliche Munterkeit und Kräfte besitzen; von bekannter, vernünftiger, ordentlicher und nüchterner Aufführung sein; fertig lesen und schreiben können; auch zum wenigsten einige Kenntniss und Uebung im Rechnen erlangt haben.

1) Wegen der Ansprüche der invaliden Unteroffiziere auf Exekutorenstellen, s. zu §. 1. dieses Titels unter Nr. 3.

2) Wegen der Kautionsbestellung der Exekutoren, s. zu §. 1. dieses Titels unter Nr. 7.

3) Vergl. auch die Zusätze zu §. 72. dieses Titels.

§. 94. Wie es mit ihrer Ansetzung und Bestellung zu halten sei, deshalb hat es bei der eingeführten speciellen Verfassung einer jeden Provinz und Kollegii lediglich sein Bewenden.

C. O. vom 31. Dezember 1827, betreffend die Anstellung der Subaltern- und Unterbeamten der Gerichte durch die Chef-Präsidenten; s. zu §. 1. dieses Titels unter Nr. 1.

§. 95. An Orten, wo diese Exekutoren in fixirten Besoldungen stehen, und wo es nicht immer möglich ist, dass sie die eingezogenen oder beigetriebenen Gelder unmittelbar nach deren Empfange an die Behörde abliefern können, müssen sie zu Bestellung einer proportionirlichen Kaution angehalten werden.

Obliegenheiten.

§. 96. Die Exekutoren müssen sich, bei Strafe der Kassation, nicht unterfangen, eigenmächtig oder auf das Privatansuchen einer Partei irgend einige Exekution zu vollstrecken; sondern sie müssen dazu den ausdrücklichen Befehl des ihnen vorgesetzten Kollegii abwarten.

§. 97. Nach diesem Befehle müssen sie sich aber auch genau und pünktlich achten; davon eigenmächtig nicht abgehen, oder sich einer Ausdeutung desselben anmaassen; dem Inhalte des Befehls in Ansehung der Zeit der Vollstreckung, der Art desselben, des Quanti, worauf die Exekution zu richten, und der übrigen darin enthaltenen Anweisungen prompt und durchgängige Folge leisten; und von der Vollziehung des Auftrages an das Kollegium verständlich und der Wahrheit gemäss berichten.

§. 98. Bei Vollstreckung der Exekution selbst müssen sie die Vorschriften der im ersten Theile Tit. XXIV. enthaltenen Exekutionsordnung gehörig befolgen; und sich daher diese Vorschriften sorgfältig und genau bekannt machen.

§. 99. Bei diesen Exekutionsvollstreckungen müssen sie durchaus vorsichtig und pflichtmässig zu Werke gehen; dem Schuldner keine Gelegenheit noch Raum verstatten, durch Umzüge, Dilationen, Verheimlichung oder Wegschaffung der Objekte der Exekution, solche zu vereiteln, und sich überhaupt, weder durch Geschenke, List, Widerspruch oder Drohungen des Schuldners, noch durch unzeitiges Mitleiden oder andere persönliche Rücksichten. von Beobachtung ihrer Amtspflichten und Befolgung ihres Auftrags abwendig machen lassen.

§. 100. Auf der andern Seite müssen sie aber auch sich in den gehörigen Schranken halten; bei Vollstreckung der Exekutionen sich vernünftig, nüchtern und bescheiden aufführen; alle Schimpfreden, Grobheiten und andere Insolentien unterlassen; sich keiner unnöthigen Härte und Grausamkeit gegen unglückliche Debitoren schuldig machen, und vielmehr das Schicksal derselben, so viel es ihnen, ohne Verletzung ihrer Pflichten und des erhaltenen Auftrages, möglich ist, zu erleichtern bereit sein.

1) **Rescript** vom 18. Oktober und 10. Dezember 1836, betreffend die Maaßregeln zur Verhütung von Veruntreuungen der Exekutoren;

2) **Rescript** vom 10. Februar und 18. November 1833, betreffend die Kontrollirung der Exekutoren;

3) **Instruktion** des Hofgerichts zu Arnsberg, wegen Kontrollirung der Exekutoren bei Vollstreckung der Exekutionen und Kosteneinziehungen;

s. zu I. 24. §. 66.

4) Vergl. auch Kammergerichts-Exekutionsordnung vom 6. Februar 1806 und **Reglement** für den Exekutions-Inspektor und die Exekutoren des Stadtgerichts zu Berlin vom 12. März 1821, s. zu I. 24. §. 45.

§. 101. Wie die Exekutoren sich wegen Ablieferung der beigetriebenen, oder aus den gepfändeten Sachen, bei der Auktion gelöseten Gelder, zu verhalten haben, ist in vorallegirter Exekutionsordnung §. 65. 66. 80 und 90. umständlich vorgeschrieben.

Rescript vom 22. Februar 1831, betreffend das Verhalten der Exekutoren bei Vollstreckung von Exekutionen; s. zu I. 24. §. 45.

§. 102. Wie sie gegen die Widersetzlichkeiten eines Exequendi sich Beistand und Verstärkung verschaffen, und wie die, bei Verrichtung ihres Amtes, ihnen zugefügten Beleidigungen geahndet werden sollen, ist eben daselbst §. 148—150. verordnet.

§. 103. Die Exekutoren müssen, ausser den in der Sportultaxe bestimmten Gebühren, Warte- und Meilengeldern, und wenn sie Exekutionen über Land verrichten, dem freien Quartier und Heizung zur Winterzeit, schlechterdings und unter keinerlei Prätexte, er habe Namen, wie er wolle, weder von dem Extrahenten der Exekution, noch von dem Exequendo selbst, ein Mehreres an Gelde oder Geldeswerth, abfordern oder annehmen, und auch allen Schein der Erpressung oder Korruption auf das sorgfältigste vermeiden.

§. 104. Alle Beschwerden gegen Exekutoren, wegen verübter Plackereien und Insolentien; wegen ungebührlicher Begünstigung des Exequendi; wegen Ueberschreitung der Schranken ihres Auftrags; wegen unterschlagener oder in ihren Nutzen verwendeter Gelder u. s. w., müssen die Kollegia genau und nach aller Strenge untersuchen lassen, und, bei richtigem Befunde der Beschwerde, dergleichen Excesse um so mehr mit Ernst und Nachdruck ahnden, da diese Leute ihre meisten Verrichtungen in der Provinz, und es dabei sehr oft mit gemeinen, einfältigen und furchtsamen Parteien zu thun haben; folglich die Kontraventionen derselben leichter vorfallen und seltener zur Wissenschaft des Gerichts gelangen können, als bei anderen Subalternen, die ihre Amtsgeschäfte unter den Augen des Kollegii selbst verrichten.

§. 105. Ein Exekutor muss bei dem Antritte seines Amts schwören:

dass er die von dem Kollegio ihm aufgetragenen Exekutionen prompt und unverdrossen vollstrecken; dabei lediglich nach den Vorschriften der Exekutionsordnung, und des an ihn ergangenen Dekrets verfahren; die ihm darin vorgeschriebenen Grenzen nicht überschreiten; dagegen aber auch von Vollziehung seines Auftrags, sich weder durch Furcht noch Geschenke, weder durch Drohungen noch Versprechungen, abwendig machen lassen; sich vor allen Excessen sorgfältig hüten; die beigetriebenen Gelder, nach dem jedesmaligen Inhalte des Dekrets, unverzüglich und treulich abgeben; sich mit seinen ausgesetzten

Gebühren, ohne Mehreres zu fordern oder anzunehmen, begnügen, und sich überall so verhalten wolle, wie es einem getreuen und rechtschaffenen Exekutor wohl ansteht und gebührt.

C. O. vom 5. November 1833, wegen der Diensteide und C. O. vom 10. Februar 1835, betreffend die Verpflichtung der Beamten, welche in eine andere Amtswirksamkeit treten, so wie die Vorhaltung bei Diensteiden; s. zu III. 2. §. 40.

Sechster Titel.

Von dem Amte der fiskalischen Bedienten.

Bestellung.

§. 1. Fiskalische Bediente müssen die gemeinen und Landesgesetze wohl inne haben; eine genaue und praktische Kenntniss von den Vorschriften der Prozessordnung besitzen, und bei dem Kollegio, wo sie die fiskalischen Angelegenheiten besorgen sollen, wegen ihres Fleisses, Liebe zur Ordnung, regelmässigen, gesetzten und rechtschaffenen Betragens vortheilhaft bekannt sein.

§. 2. Es sind daher zu solchen Bedienungen vorzüglich Leute zu wählen, welche bereits bei einem Landesjustizkollegio als Referendarien gestanden, und sich daselbst nach obigen Erfordernissen qualificirt haben. Insonderheit können auch Justizkommissarien dergleichen Stellen füglich übernehmen.

Obliegenheiten.

§. 3. Die Verrichtungen der fiskalischen Bedienten sind von doppelter Art. Die ersteren betreffen die Ausführung und Vertheidigung der dem höchsten Landesherrn und dessen Fisko zukommenden Rechte, sobald sie von einer Privatpartei oder sonst einem Dritten beeinträchtigt oder bestritten werden. Die zweiten haben Verbrechen und Kontraventionen gegen die Gesetze zum Gegenstande, auf welche die fiskalischen Bedienten wachsam sein, sie ordnungsmässig untersuchen, und auf deren Bestrafung gehörig antragen sollen.

§. 4. Die speciellen Obliegenheiten derselben, in Ansehung beider Arten von Verrichtungen, sind im ersten Theile Tit. XXXV. hinlänglich auseinander gesetzt.

Rescript vom 13. Juni 1818 und 14. Februar 1823, betreffend die Verbindlichkeit der Justizkommissarien, die früher von den Fiskälen besorgten fiskalischen Aufträge zu übernehmen; s. zu III. 7. §. 25.

§. 5. Ueberhaupt aber müssen die fiskalischen Bedienten, in so fern sie die Rechte des Landesherrn und seiner Kassen in Civilprozessen ausführen oder vertheidigen, davon aus den Registraturen und Akten desjenigen Kollegii, welchem die Wahrnehmung und Verwaltung des streitigen Rechts oder Sache aufgetragen ist, zuverlässige und vollständige Informationen einzuziehen, sich nach bestem Vermögen angelegen sein lassen; sie müssen ihr eifrigstes Bestreben dahin richten, dass dem Fisko, so wie jeder andern Partei, sein Recht widerfahre; sie müssen aber auch dabei sich aller Chikane, vorsätzlichen Zurückhaltung, Verdunkelung, Verdrehung der Wahrheit, falscher und unrichtiger, ihrer eigenen Ueberzeugung zuwider laufender Behauptungen und frevelhaften Läugnens sorgfältig enthalten; allermaassen, wenn sie sich eines dergleichen ordnungswidrigen Betragens schuldig machen, solches an ihnen mit den gesetzlichen Strafen, gleich als an anderen Parteien und deren Bevollmächtigten, ohne die geringste Nachsicht geahndet werden soll.

§. 6. Nach dem zweiten Theile ihres Amts sind die Fiskäle Wächter der Gesetze; welchen obliegt, auf eine durchgängig genaue Beobachtung derselben Acht zu haben; sobald ihnen Vermuthungen von Kontraventionen dagegen bekannt werden, selbigen mit Fleiss, Vorsicht und unablässigem Eifer näher nachzuforschen; wenn dadurch der geschöpfte Verdacht bestätigt wird, davon gehörigen Orts unverzüglich pflichtmässige Anzeige zu machen, und auf weitere rechtliche Verfügung, wegen Untersuchung und Bestrafung derselben, anzutragen.

§. 7. Von Beobachtung dieser ihrer Hauptpflicht müssen sich die Fiskäle durch keine Konsideration in der Welt, am allerwenigsten durch Menschenfurcht oder Ansehen der Person, abhalten lassen; da Se. Königliche Majestät, wenn sie durch gewissenhafte Wahrnehmung ihres Amtes sich Hass, Feindschaft, Neid oder Verfolgung zuziehen sollten, sie dagegen nachdrücklich schützen und sicher stellen werden.

§. 8. Hauptsächlich müssen die Fiskäle auf das Betragen der sämmtlichen höheren und niederen Justizbedienten in ihrem Amte ein wachsames Auge haben; und wenn sie bei selbigen Verabsäumung oder Verletzung ihrer Pflichten wahrnehmen, davon, nach Bewandniss der Umstände, dem Präsidenten des Kollegii, oder dem Chef der Justiz, freimüthig und ohne Rückhalt Anzeige machen.

§. 9. Sie müssen aber auch in diesem Theile ihres Amts sich vor allen Chikanen und Animositäten sorgfältig hüten, und niemanden ohne hinreichenden Grund, aus blossem Privathasse anderen oder Nebenabsichten, durch ihre Angaben und Denunciationen in Verdruss und Verlegenheit setzen.

§. 10. Bei den ihnen aufgetragenen Untersuchungen müssen sie mit aller Aufmerksamkeit, Akkuratesse und Legalität zu Werke gehen, sich nach den Vorschriften des ersten Theils Tit. XXXV. genau achten; alle in den Gesetzen angewiesene und erlaubte Mittel, zur Entdeckung und vollständigen Ausmittelung des Verbrechens oder der Kontravention, mit unverdrossenem Eifer aufsuchen und anwenden; dabei aber auch die für den Denunciaten oder Inkulpaten streitenden Vertheidigungsgründe mit gleicher Sorgfalt zu erforschen und ins Licht zu setzen bemüht sein.

§. 11. In so fern den Fiskälen, vermöge ihres Amts und Bestallung, noch gewisse specielle Verrichtungen obliegen, müssen sie sich nach den ihnen darüber ertheilten Instruktionen pflichtmässig achten.

Amt des Generalfiskals.

§. 12. Die fiskalischen Bedienten stehen zwar, gleich anderen Justizbedienten, unter der allgemeinen Aufsicht desjenigen Landeskollegii, in dessen Departement sie angesetzt sind; ausserdem aber sind sie auch der nähern Direktion des Generalfiskals subordinirt, welchem sie zu gewissen Zeiten von der Beschaffenheit und Lage der unter ihrem Betriebe stehenden Prozesse und Untersuchungen Bericht abstatten müssen.

§. 13. Der Generalfiskal ist schuldig, die ihm untergebenen Fiskäle in beständiger Aufsicht und Ordnung zu halten; darauf zu sehen, dass sie ihren Pflichten, und insonderheit der obliegenben Wachsamkeit auf die Beobachtung der Gesetze und Bestrafung aller Uebertretungen derselben, gehörig nachkommen, und diejenigen, welche sich dabei der Chikane und Durchstechereien, oder auch nur einer inkorrigiblen Nachlässigkeit und Schläfrigkeit schuldig machen, zur Kassation gehörigen Orts anzuzeigen.

§. 14. Er selbst muss auch an seinem Theile seine Pflichten, als Wächter der Gesetze, treulich wahrnehmen; besonders auf die Amtsführung bei den Landesjustizkollegien, und auf einen ununterbrochenen vorschriftsmässigen Betrieb der bei selbigen schwebenden Prozesse fleissig Acht haben; seine desfalls gemachten Bemerkungen dem Chef der Justiz gebührend anzeigen, wenn Kontraventionen von anderer Art zu seiner Wissenschaft gelangen, selbigen durch die ihm untergebenen Fiskäle näher nachforschen, und die Sache durch sie weiter gehörig betreiben lassen

§. 15. Dahingegen ist er für seine Person nicht schuldig, in einzelnen Fällen selbst Untersuchungen zu unternehmen; es wäre denn, dass ihm solche, wegen grosser Wichtigkeit der Sache, von dem Landesjustizkollegio, in dessen Departement er seinen Sitz hat, oder unmittelbar vom Hofe aufgetragen würden.

Belohnung der Fiskäle.

§. 16. In so fern die fiskalischen Bedienten die Rechte des Fiskus in Civilprozessen ausführen oder vertheidigen, erhalten sie dafür die ihnen ausgesetzten Besoldungen, und haben, wenn der Gegentheil in die Kosten verurtheilt wird, eben die Gebühren, wie die Rechtsassistenten der Privatparteien, zu fordern. In so fern sie Untersuchungen führen, kommen ihnen deshalb, wenn der Denunciat schuldig befunden wird, und des Vermögens dazu ist, die in der Sportultaxe ausgemessenen Gebühren zu; und in so fern besonders durch ihre Wachsamkeit und Zuthun fiskalische Strafen festgesetzt und beigetrieben werden, gebührt ihnen davon eine gewisse Quote, welche nach Beschaffenheit des Objekts, und der verschiedenen Verfassung einer jeden Provinz und Kollegii, an jedem Orte näher bestimmt ist.

Anh. §. 460. *Von einem im Wege der Gnade vor der Einziehung erlassenen Konfiskate ist der fiskalische Bediente die fiskalische Quote zu fordern nicht berechtigt.*

1) **Rescript** vom 11. Juni 1798, betreffend den Anspruch auf die quota fiscalis bei Begnadigungen, (N.C.C. T. X. S. 1639.), aufgen. in §. 460. des Anhanges.

2) **Rescript** vom 16. März 1813, betreffend die quota fiscalis der Fiskäle in Kontraventionssachen.

Dem Königl. Ober-Landesgericht zu Liegnitz wird auf dessen Anfrage vom 1. d. M.

ob in Accise- und Zoll- oder andern Kontraventionssachen, welche durch die Wachsamkeit der Fiskäle nicht entdeckt worden, denselben dennoch als Inquirenten quota fiscalis gebühre?

hierdurch zur Resolution ertheilt, daß nach §. 16. Tit. 6. P III. der A. G. O. die Inquirenten nur dann auf quotam fiscalem Anspruch machen können, wenn durch ihre Wachsamkeit und Zuthun fiskalische Strafen festgesetzt und beigetrieben werden, und daß dieser Fall nicht eintritt, wenn bloß von dem Inquirenten als solchem die Rede ist. Das in Abschrift mitgetheilte Rescript der Sektion für die direkten und indirekten Abgaben ist mit Zustimmung des Chefs der Justiz erfolgt, und nach den darin angenommenen Grundsätzen muß von Seiten des Kollegii verfahren werden. Was übrigens die Kosten bei Kontraventionen und Defraudationen anbetrifft, so wird dem Königl. Ober-Landesgericht das Rescript vom 28. März 1812 hierdurch abschriftlich mitgetheit, welches die vom Justizminister festgesetzten Grundsätze enthält und zur Richtschnur dienen muß.

(v. K. Jhrb. Bd. 2. S. 5.)

§. 17. Die fiskalischen Bedienten müssen bei dem Antritte ihres Amtes folgenden Eid ableisten:

Ich ... schwöre etc. Nachdem ich bei dem Kollegio zu einem Fiskal bestellt worden, dass ich zuvörderst Sr. Königl. Majestät von Preussen, meinem allergnädigsten Herrn, jederzeit treu, unterthänig und gewärtig sein; Höchstdero Bestes und Interesse aus allen meinen Kräften suchen, beobachten und fördern; Schaden und Nachtheil aber, so viel an mir ist, warnen, verhüten und abwenden wolle.

Insonderheit schwöre ich, dass ich in den Angelegenheiten, wo mir die Ausführung oder Vertheidigung fiskalischer Gerechtsame aufgetragen wird, davon gründliche und vollständige Information mit möglichstem Fleisse und Sorgfalt einziehen; bei der Instruktion solcher Sachen das Interesse des Königlichen Fiskus, der Wahrheit und Gerechtigkeit gemäss, treulich wahrnehmen, und nichts, was solchem zuwider läuft, weder selbst thun, noch dass es von Anderen geschehe, willigen und gestatten wolle. Ich gelobe ferner, über einer genauen Befolgung der Gesetze und Landesherrlichen Verordnungen unermüdet zu wachen; allen Kontraventionen dagegen eifrig und unverdrossen nachzuforschen, und sie zur gebührenden Bestrafung anzuzeigen; dabei auf kein Ansehen der Person, Furcht, Zuneigung oder andere Konsiderationen zu achten; mich aber auch aller Chikane und Bedrückungen gegen die Unterthanen des Staats gewissenhaft zu enthalten; die mir aufgetragenen Untersuchungen mit pflichtmässiger Treue, Sorgfalt und Betriebsamkeit zu führen, und mich durchgehends so zu verhalten, wie es einem getreuen, wachsamen und rechtschaffenen fiskalischen Bedienten eignet und gebührt. So wahr etc. etc.

Anh. §. 461. *Der von den fiskalischen Bedienten bei dem Antritte ihres Amts zu leistende Eid ist nach dem* §. 445. *des Anhangs zu* §. 43. *Tit. II. Thl. III. vorgeschriebenen Formulare einzurichten. Statt der Worte:*

„Insbesondere gelobe ich — — Genüge leiste“

muss gesetzt werden:

„Insbesondere gelobe ich, den Vortheil des Königlichen Fiskus überall nach meinem Vermögen wahrzunehmen und möglichst zu verhüten, dass in keinem Falle zum Nachtheile desselben gehandelt werde, über die genaue Befolgung der landesherrlichen Verordnungen unermüdet zu wachen, allen etwanigen Kontraventionen eifrig und unverdrossen nachzuforschen, und solche ohne Ansehen der Person zur gebührenden Bestrafung anzuzeigen, die mir aufgetragenen fiskalischen Prozesse und Untersuchungen vorschriftsmässig zu führen und baldmöglichst zur Endschaft zu befördern, die aufzunehmenden Protokolle genau und richtig niederzuschreiben, und meinen Vorgesetzten in Amtssachen, der Subordination gemäss, schuldige Folge zu leisten.

C. O. vom 5. November 1831, wegen der Diensteide, und **C. O.** vom 10. Februar 1835, betreffend die Verpflichtung der Beamten, welche in eine andere Amtswirksamkeit treten; s. zu III. 2. §. 40.

Siebenter Titel.

Von dem Amte der Justizkommissarien und Notarien.

Bestimmung der Justizkommissarien.

§. 1. Ausser den eigentlichen Prozessen fallen im bürgerlichen Leben häufig Geschäfte vor, bei welchen, wenn sie auf eine gültige und gesetzmässige Art vollzogen werden sollen, die Unterthanen und Einwohner des Staats den Rath und die Assistenz eines Rechtsverständigen nicht entbehren können.

Da von einer ordentlichen, zuverlässigen und legalen Besorgung solcher Angelegenheiten die Sicherheit und der Wohlstand der Unterthanen grösstentheils mit abhangen; so kann es dem Staate nicht gleichgültig sein, was für Leute zu solchen Besorgungen gebraucht werden, sondern er muss dazu Männer von geprüfter Geschicklichkeit und Beschaffenheit aussuchen, und dem Publikum als solche, an die es sich in seinen Privatangelegenheiten mit Zuversicht wenden könne, bezeichnen.

§. 2. Aus diesem Grunde haben Se. Königliche Majestät resolvirt, in den verschiedenen Oertern und Gegenden von Höchstdero gesammten Provinzen, dergleichen Personen anzusetzen, welche dazu bestimmt und autorisirt sind, den Einwohnern und Unterthanen, sowohl in ihren Prozessen als Rechtsbeistände oder Bevollmächtigte zu dienen; als ihnen in ihren keinen Prozess betreffenden Rechtsangelegenheiten, mit ihrem Rathe und Beistande, auf Verlangen, an die Hand zu gehen.

§. 3. Diesen Justizbedienten wird der Name von Justizkommissarien, und denjenigen unter ihnen, welche zugleich die den Notariis publicis angewiesenen Geschäfte mit besorgen sollen, die Benennung von Notarien beigelegt. In so fern sich der eine oder der andere unter ihnen durch treue, fleissige und rechtschaffene, dem Publikum geleistete Dienste besonders auszeichnen würde, behalten Se. Königl. Majestät Sich vor, denselben mit dem Charakter eines Justizkommissionsraths begnadigen zu lassen.

Anh. §. 462. ***Die Justizkommissarien und Notarien sind als wirkliche Staatsdiener anzusehen.***

1) a. **Rescript** vom 30. Januar 1813, betreffend das Verhältniß der Justizkommissarien als Staatsdiener; s. zu I. 24. §. 108, Bd. II. S. 380.

b. **Rescript** vom 8. Juli 1822, daß Justizkommissarien keines Heirathskonsenses bedürfen.

Dem Herrn Ober-Landesgerichts-Präsidenten Freiherrn von Falkenhausen wird auf den Bericht vom 19. v M. eröffnet: daß die Justizkommissarien und Notarien keinen Heirathskonsens nachzusuchen haben, da sie keine besoldete Staatsdiener sind (v. K. Jhb. Bd. 19. S. 323.)

2) a. **Rescript** vom 27. März 1818, betreffend den Rang der Justizkommissarien, und

b. **C. O.** vom 1. November 1835, betreffend die Ertheilung des Justizrathstitels für Justizkommissarien; s. zu III. 1. §. 1. No. 2 e. und f.

§. 4. In wie fern bei Prozessen auch Andere, als Justizkommissarien, zu Rechtsbeiständen oder Bevollmächtigten der Parteien zugelassen werden können, ist im ersten Theile Tit. III. §. 14 und 22. u. f. verordnet. Zu den übrigen §. 1. benannten Geschäften sind sie dergestalt ausschliessend befugt, dass ausser ihnen, in der Regel, niemand dergleichen Geschäfte als ein Gewerbe treiben darf, und dass daher keine Vorstellungen und Eingaben in Sachen dieser Art, welche nicht von den Parteien selbst kundbar angefertigt, oder von recipirten Justizkommissarien unterschrieben und legalisirt sind, bei den Kollegien angenommen oder Verfügungen darauf erlassen werden sollen. Es wird dagegen aber auch dafür gesorgt werden, dass in allen Gegenden des Landes eine hinlängliche Anzahl solcher öffentlich autorisirter Personen, an die ein jeder sich in vorkommenden Fällen wenden könne, zu haben sein möge.

§. 5. An welchen Orten Justizkommissarien, und wie viele derselben an einem Orte zu bestellen, muss nach Erforderniss der Umstände, der Bevölkerung, des Verkehrs und Gewerbes, der häufiger oder seltener vorkommenden mehr oder minder wichtigen Prozesse, und der daraus sich ergebenden grössern oder geringern Bedürfniss des Publikum bestimmt; dabei aber dahin gesehen werden, dass es auf der einen Seite dem Publiko an einer hinlänglichen Auswahl solcher Männer, deren es sich in seinen Rechtsangelegenheiten bedienen könne, nicht gebreche, auf der andern Seite aber auch durch eine zu grosse Vermehrung derselben, und den daraus entstehenden Mangel hinlänglicher Subsistenz, zu Erregung und Unterhaltung der Streitsucht unter den Einwohnern zu Betrügereien und Unterschleifen und zu anderen dergleichen unerlaubten Handlungen, wozu Nahrungslosigkeit und Noth mannigfaltigen Reiz enthalten, kein Anlass gegeben werde.

§. 6. In grösseren Städten, wo mehrere Gerichte sind, bei welchen viele Prozesse schweben, sind die Justizkommissarien in Ansehung der Prozesspraxis unter diese Gerichte dergestalt zu vertheilen, dass einem jeden derselben eins oder etliche davon angewiesen werden, bei welchen allein er nur Prozesse, als Rechtsbeistand oder Bevollmächtigter, betreiben kann.

§. 7. Ueberhaupt ist die Prozesspraxis eines jeden Justizkommissärs auf den Ort oder Distrikt eingeschränkt, wo er dazu in seiner Bestallung angesetzt worden ist. In Ansehung seiner übrigen auch der Notariatsgeschäfte hingegen, erstreckt sich seine Befugniss über den ganzen Gerichtsbezirk des Landesjustizkollegii, bei welchem er bestellt ist.

1) a. **Rescript** vom 7. März 1836, betreffend die Nichtbefugniß der bei Obergerichten angestellten Justizkommissarien, als Rechtsbeistände bei Untergerichten aufzutreten.

Dem Königl. Ober-Landesgericht wird bei abschriftlicher Mittheilung der Anfrage des Gerichtsamts der Güter Bauerwitz rc.

ob bei demselben ein Justizkommissarius des Königl. Ober-Landesgerichts oder eines anderen Untergerichts als Rechtsbeistand zuzulassen ist,

vom 20. v. M. hierdurch eröffnet, daß der Justizminister der in der Verfügung vom 14. Juni v. J. ausgesprochenen Ansicht des Kollegiums nicht beitreten kann.

Nach §. 14. Tit. 3 Thl. I. und §. 7 und 30. Tit. 7. Thl. II. der A. G. O. ist es unzweifelhaft, daß die Parteien sich ihre rechtsverständigen Assistenten aus der Zahl der bei dem Gerichte — vor welchem die Sache verhandelt wird — zur Prozeßpraxis zugelassenen Justizkommissarien wählen müssen, und daß ihnen auch nur aus der Zahl dieser Justizkommissarien dergleichen zugeordnet werden können. So wenig daher Justizkommissarien, welche nur zur Praxis bei Untergerichten berechtigt sind, als Rechtsbeistände bei dem Obergericht auftreten können, eben so wenig kann den bei dem letzteren angestellten Justizkommissarien gestattet werden, einen Rechtsbeistand bei den Untergerichten abzugeben.

Von dieser Regel kann außer dem im §. 28. Tit. 25. Thl. I. der A. G. O. erwähnten Fall nur dann eine Ausnahme eintreten, wenn die bei dem betreffenden Gericht zur Praxis verstatteten Justizkommissarien bereits den Gegnern bedient, oder sonst verhindert sind, Assistentschaft zu übernehmen. In einem solchen Falle muß jeder auswärtige Justizkommissar als Assistent oder Mandatar zugelassen werden.

Dies ist zur öffentlichen Kenntniß zu bringen.

(v. K. Jhrb. Bd. 47. S. 311.)

b. **Rescript** vom 22. April 1836, betreffend die Befugniß der Justizkommissarien, welche eine Partei in erster Instanz vertreten haben, zu deren Vertretung in zweiter Instanz bei dem Obergerichte.

Dem Königl. Ober-Landesgericht wird bei abschriftlicher Mittheilung der Vorstellung des dortigen Justizkommissarius Bielitz vom 6. d. M. hierdurch eröffnet, daß der Justizminister kein Bedenken trägt, die im §. 28. Tit. 25. Thl. I. der A. G. O. und im §. 52. der Verordnung vom 1. Juni 1833 gestattete Ausnahme Hinsichts der Zulassung der Untergerichts-Justizkommissarien zu den Instruktionen vor dem Appellationsrichter auch dann zur Anwendung zu bringen, wenn zwar das Gericht erster Instanz nicht an eben dem Orte seinen Sitz hat, wo sich das Obergericht befindet, die Partheien aber sich in erster Instanz eines zur Praxis bei dem Untergerichte befugten Justizkommissars bedient haben, der am Orte des Obergerichts wohnt und dessen Beibehaltung in zweiter Instanz von den Parteien gewünscht wird.

Auch in diesem Falle ist es dem Interesse der Parteien völlig entsprechend, deren Vertretung in der Appellationsinstanz durch einen sonst nur zur Untergerichtspraxis befugten, jedoch am Orte des Ober-Landesgerichts wohnhaften Justizkommissar zu gestatten.

Hiernach ist künftig zu verfahren.

(v. K. Jhrb. Bd. 47. S. 559.)

c. In Betreff der Justizkommissarien als General-Bevollmächtigte Geschäfte außerhalb ihres Bezirks zu besorgen, s. zu §. 35. Anh. §. 465. dieses Titels.

2) a. **Rescript** vom 27. Oktober 1804 und 10. August 1829, betreffend die Befugniß der Justizkommissarien, die Versteigerung von Grundstücken zu besorgen.

Aus Eurem allerunterthänigsten Bericht vom 16. d. M. haben Wir die Zweifel ersehen, welche bei Euch über die Anfrage des Landgerichts zu Bochum vom 3. d. M. darüber:

ob den Justizkommissarien die Befugniß zustehe, die im Landgerichtsbezirk belegenen Grundstücke zu subhastiren,

entstanden sind; und wollen Wir Euch darauf nicht verhalten, daß, da zufolge des §. 1. Tit. 52. Thl. I. der A. G. O. die gerichtliche Feilstellung eines unbeweglichen Grundstücks oder einer unkörperlichen Gerechtigkeit wesentlich zur Natur des Subhastationsprozesses gehört, und solche nur vor dem Richter der Sache erfolgen kann, jene Anfrage unbedenklich verneint werden muß. In so fern inzwischen ein oder der andere uneingeschränkte Eigenthümer eines Grundstücks öffentlich bekannt macht, daß er dasselbe zu verkaufen gesonnen sei, und sich dabei des Beistandes eines Justizkommissarii bedienen will, so ist alsdann der Fall einer freiwilligen Subhastation im gesetzlichen Sinne nicht und kein Grund vorhanden, aus welchem solches zu untersagen sein dürfte. Hiernach habt Ihr das Landgericht zu Bochum weiter zu bescheiden.

Berlin, den 27. Oktober 1804.

(Neues Archiv Bd. 3. S. 463.)

Auf die im Berichte vom 24. Juni c. zur Entscheidung gestellte Frage, wird dem Königl. Land- und Stadtgericht eröffnet, daß es den Justizkommissarien freisteht, Lizitationstermine für den beabsichtigten Verkauf von Grundstücken anzusetzen, um demnächst mit dem Meistbietenden einen förmlichen Kaufkontrakt abschließen zu können. Aus einem solchen Verfahren können aber niemals die Folgen entspringen, welche ein gerichtliches Subhastationsverfahren nach sich zieht, vielmehr kann das Rechtsverhältniß nur ganz so wie ein Privatverkauf betrachtet werden. Der Termin ist als eine Vorbereitung zu dem künftig abzuschließenden Vertrage zu betrachten, und so wie es dem Eigenthümer selbst freistehen würde, Kauflustige durch öffentliche Bekanntmachung auf denselben Tag mit der Weisung zu sich zu laden, daß er mit demjenigen kontrahiren werde, der ihm das annehmlichste Gebot thue, so muß eben dies auch in seinem Auftrage dem Justizkommissarius nachgelassen sein.

Die dem Königl. Land- und Stadtgericht von dem Ober-Landesgericht zu Halberstadt ertheilte Bescheidung ist daher völlig angemessen und richtig.

Berlin, den 10. August 1829.

(v. K. Jhrb. Bd. 35. S. 133.)

b. **Rescript** vom 25. Juli 1835 nebst Bericht, daß Justizkommissarien außerhalb der Grenze ihres Bezirks keine Versteigerungen vornehmen dürfen.

Das Ober-Landesgericht zu Münster berichtet über den von dem Justizkommissar L. zu E. beabsichtigten öffentlichen Verkauf von Immobilien im hiesigen Departement.

Auf die von den Justizkommissarien und Notarien R. und N. zu B. bei uns angebrachte Beschwerde: daß der Justizkommissar L. zu E., welcher zum Notar für den Bezirk des Ober-Landesgerichts zu Hamm angestellt ist, zufolge der erlassenen Bekanntmachung, in der in unserem Departement liegenden Stadt Anholt die daselbst belegenen bedeutenden von N.schen Immobilien öffentlich zu verkaufen beabsichtige, und sie dadurch in ihrer Notariatspraxis beeinträchtige, ersuchten wir das Königl. Ober-Landesgericht zu Hamm, dem rc. L. die Abhaltung des intendirten öffentlichen Verkaufs in Anholt, ohne Zuziehung eines für das hiesige Departement angestellten Notars, zu untersagen. Wir erhielten zur Antwort: daß, da öffentliche Verkäufe nicht zu denjenigen Geschäften gehörten, welche den Notarien zufolge der A. G. O. Thl. III. Tit. 7. obliegen, vielmehr jedem Privatmann dazu Aufträge ertheilt werden könnten, Bedenken getragen würde, das gewünschte Inhibitorium zu erlassen.

Wir können uns von der Richtigkeit dieser Ansicht nicht überzeugen und halten es jedenfalls für bedenklich, daß es einem Notar gestattet werde, außerhalb seines Departements Aufträge zu öffentlichen Verkäufen zu übernehmen.

Ew. Excellenz bitten wir daher unterthänigst uns hierüber hochgeneigtest zu bescheiden und, wenn unsere Ansicht die richtige ist, das Ober-Landesgericht zu Hamm darnach anzuweisen.

Münster, den 4. Juli 1835.

Dem Königl. Ober-Landesgericht wird hierbei der Bericht des Ober-Landesgerichts zu Münster vom 4. d. M. in Abschrift mit dem Eröffnen zugefertigt, daß der Justizminister der Ansicht des gedachten Gerichts mit Rücksicht auf die Vorschriften der §§. 7., 10., 17 und 47. Tit. 7. Thl. III. der A. G. O. beitritt:

daß ein Justizkommissarius oder Notarius, wenn er im Auftrage eines Eigenthümers den öffentlichen Verkauf der Immobilien desselben einleitet, mag er dabei nun nach dem Reskript vom 27. Oktober 1804 (Stengels Beiträge Bd. VIII. S. 205) als Beistand auftreten, oder nach dem Rescripte vom 10. August 1829 (Jhrb. Bd. 35. S. 133.) den Lizitationstermin selbst ansetzen, ein Geschäft vornimmt, bei welchem er an die Grenzen des Bezirkes, in dem er bestellt worden, gebunden ist.

Das Königl. Ober-Landesgericht hat hiernach künftig zu verfahren und in dem vorliegenden Falle den Justizkommissar L. zu E. zu bedeuten.

Berlin, den 24. Juli 1835.

(v. K. Jhrb. Bd. 46. S. 133.)

Kollegia der Justizkommissarien.

§. 8. Die in einem Departement bestellten Justizkommissarien stehen unter der Aufsicht und Direktion des dem Departement vorgesetzten Justizkollegii. Damit jedoch dieses sie desto zuverlässiger übersehen und in Ordnung halten könne; so sollen sie, nach Gelegenheit jeden Orts und Distrikts, in gewisse Kollegia zusammen gezogen, und jedem dergleichen Kollegio soll ein gemeinschaftlicher Direktor vorgesetzt werden.

Rescript vom 19. Februar 1818 und 30. November 1831, betreffend die Nachsuchung und Ertheilung des Urlaubs der Justizkommissarien und die Anzeige der Dienstreisen derselben; f. zu III. 2. §. 9.

Von Justizkommissarien, die zugleich Notarien sind.

§. 9. Die Funktion eines Justizkommissarius und die eines Notarius dürfen nicht nothwendig mit einander verbunden sein; vielmehr erfordert dieses letztere Amt, ausser der nöthigen Geschicklichkeit und gewöhnlich gutem moralischem Charakter, einen vorzüglichen Grad von Erfahrung, Geschäftskenntniss, und durch mehrjährige Beobachtung geprüft erfundener Rechtschaffenheit und Zuverlässigkeit. Es sollen daher junge Leute, von denen man sich wegen dieses letztern Erfordernisses noch nicht so überzeugend versichert halten kann, vorerst nur als Justizkommissarien angestellt, und ihnen das Notariat erst in der Folge, wenn sie sich dazu noch mehr qualificirt haben, anvertraut werden.

Nebenbedienungen der Justizkommissarien.

§. 10. Die Justizkommissarien können zwar bei solchem ihrem Amte zugleich andere Nebenbedienungen übernehmen; damit aber hieraus kein Missbrauch entstehen, die Justizkommissarien sich mit solchen Nebenarbeiten nicht zu sehr überladen und distrahiren; dadurch aber sich ausser Stand setzen mögen, dem Publikum ihre Dienste mit der erforderlichen Applikation, Genauigkeit und Promptitüde zu leisten; so sollen sie, ohne Vorwissen und Genehmigung des Landesjustizkollegii, dergleichen Nebenbedienungen anzunehmen nicht berechtigt sein.

Wegen Nichtbefugniß der Justizkommissarien, Justitiariate zu übernehmen, s. Anh. §. 469. zu §. 68. dieses Titels.

§. 11. Damit auch sowohl das Publikum wissen möge, in welchen Vorfallenheiten und Geschäften es sich an die Justizkommissarien zu verwenden habe; als auch diese selbst von den Obliegenheiten ihres Amtes, und den Schranken desselben, sich richtige und vollständige Begriffe bilden können; so soll im gegenwärtigen Titel näher behandelt werden:

I. von Ansetzung und Bestellung der Justizkommissarien;
II. von ihren Verrichtungen und Pflichten;
III. von der Einrichtung und Verfassung ihrer Kollegien.

Erster Abschnitt.

Von Ansetzung und Bestellung der Justizkommissarien und Notarien.

Erfordernisse.

§. 12. Es soll niemand zu einem Justizkommissarius bestellt werden, der nicht zuvor eine Zeit lang bei einem Justizkollegio als Referendarius gestanden; unverdächtige Proben von Geschicklichkeit und Betriebsamkeit abgelegt; und sich übrigens jederzeit eines stillen, regelmässigen und durchaus rechtschaffenen Verhaltens beflissen hat.

§. 13. Wer dergleichen Amt erlangen will, muss sich bei dem Landesjustizkollegio des Departements darum melden, und sich, auf Erfordern, einer nochmaligen Prüfung, oder doch der Anfertigung gewisser Probearbeiten über Materien, die sich auf die Notariatsfunktion beziehen, unterwerfen.

Anh. §. 463. *Die Prüfung geschieht, wie es in Absicht der Mitglieder der Landesjustizkollegien* §. 21—25. *Tit. IV. Thl. III. vorgeschrieben ist, von der Immediatkommission zu Berlin. Der Chef der Justiz kann jedoch in einzelnen Fällen davon dispensiren.*

Der Prüfung der Justizkommissarien von Seiten der Immediatkommission bedarf es nicht, wenn sie bei Gerichten angestellt werden sollen, deren Direktoren oder Mitglieder sich der Prüfung bei der Immediatkommission zu unterwerfen nicht schuldig sind.

Prüfung.

§. 14. Bei dieser Prüfung sollen die Kompetenten über die nach dem folgenden Abschnitte zu ihrem Amte gehörigen Verrichtungen, insonderheit über die Lehre von Kontrakten und Testamenten, deren wesentlichen und zufälligen Stücken, den darin vorkommenden Klauseln und deren Wirkungen; ingleichen über die Lehre von Hypotheken und deren Erfordernissen, die Verfassung des Hypothekenwesens, und die Art, wie die dahin einschlagenden Geschäfte nach Vorschrift der Landesgesetze zu betreiben; wie nicht weniger über andere in die Notariatsgeschäfte einschlagende Materien, examinirt; sodann ihnen von den Examinatoren Fälle, worüber Kontrakte oder Testamente zu errichten sind, vorgelegt; und darnach von ihnen in Gegenwart der Examinatoren ein Protokoll, nachher aber ein Instrument entworfen; überhaupt aber bei diesem Examen auf die dem Kandidaten beiwohnende Akkuratesse und Ueberlegung, so wie auf Ordnung und Deutlichkeit des Vortrags, Rücksicht genommen werden.

1) **Rescript** vom 20. September 1802 nebst Anlage, betreffend die Prüfung der Justizkommissarien.

Wir kommuniziren Euch in der Anlage eine unter dem 19. d. M. an den Großkanzler erlassene Allerhöchste C. O. wegen Prüfung der Justizkommissarien zu Eurer Nachricht und Achtung in Abschrift und sind ꝛc.

Berlin, den 20. September 1802.

Beilage.

Mein lieber Großkanzler von Goldbeck! Unter den in Eurem Berichte vom 11. d. M. angezeigten Umständen, will ich hiermit genehmigen, daß der als Justizkommissarius in dem Marienburger Kreise vorgeschlagene Referendarius Häcker von der Prüfung vor der Immediat-Examinationskommission dispensirt werden kann, so wie ich überhaupt hierdurch nachlassen will, daß die Justizkommissarien bei solchen Gerichten, deren Direktoren oder Mitglieder nicht von der Immediat-Examinations-Kommission geprüft werden dürfen, auch von dieser Prüfung ferner befreit bleiben können, und habt Ihr in Gemäßheit dessen das weiter Nöthige zu verfügen. Ich bin Euer wohlaffektionirter König.

Potsdam, den 19. September 1802.

(N.C.C. T. XI. S. 1187. Nr. 49. de 1802. Neues Archiv Bd. 3. S. 165. und Stengels Beitr. Bd. 16. S. 124.)

2) **Rescript** vom 12. Oktober 1829, betreffend die Prüfung und Anstellung der Justizkommissarien.

Bei der jetzigen großen Zahl der Referendarien und bei den verhältnißmäßig geringen Aussichten zu ihrer baldigen Versorgung, streben sehr viele derselben nach Anstellungen als Justizkommissarien, und die häufigen Anträge auf Anstellung von Justizkommissarien zeigen, daß mehrere Obergerichte sehr geneigt sind, auf die Wünsche der Bewerber einzugehen. Die Vermehrung der Justizkommissarien ist aber, der Regel nach, sehr bedenklich, weil dadurch theils ältere Beamte dieser Kategorie die Aussicht zu einem, dem Justizkommissarius nothwendigen, ausreichenden Unterhalt verlieren, theils aber die angehenden Justizkommissarien, denen die zureichende Einnahme abgeht, und die sich in den deshalb gehegten Erwartungen getäuscht sehen, in Lagen versetzt werden können, die ihnen die Erfüllung ihrer Amtspflichten als treue Rathgeber und Verwalter sehr erschweren und sie dabei leicht in Gefahr bringen können. Der Justizminister ist daher in der Regel gegen die Vermehrung der Justizkommissarien, und wird nur bei sehr motivirten Veranlassungen hierauf eingehen. Damit nicht die Referendarien in Ungewißheit über dies Prinzip bleiben und die Obergerichte nicht durch Anträge für dieselben Hoffnungen wecken, welche nicht in Erfüllung gehen, wird den Obergerichten dies bemerklich gemacht, und es sind die Referendarien hiervon in Kenntniß zu setzen. Zugleich macht der

Justizminister bemerklich, daß der Gebrauch einiger Obergerichte, die Referendarien, welche Justizkommissarien zu werden wünschen, zum Justiz-Kommissariats-Examen zu verstatten, sobald sie sich zu demselben melden, ohne abzuwarten, ob eine Gelegenheit zu ihrer Anstellung vorhanden, nicht gebilligt werden kann. Denn zum Justizkommissariate können auch nur diejenigen zugelassen werden, welche längere Zeit und der Regel nach eine einjährige Frist als Referendarien beschäftigt gewesen und bei einem Kriminalgericht gearbeitet haben.

Die Ablegung des Examens ohne Veranlassung hat auch mehrere Nachtheile.

Durch die Ablegung des Examens werden die Geprüften oft verleitet, Ansprüche nach der Ancienmität zu begründen, welche bei den Bewerbungen gar nicht zu beachten sind, und die Mitglieder der Kollegien werden durch die Prüfungen, von denen vielleicht künftig gar kein Gebrauch gemacht wird, von andern Dienstgeschäften abgehalten. Diese und andere Nachtheile werden durch die Betrachtung, daß es vortheilhaft ist, bei eintretenden Vakanzen gleich examinirte Expektanten in Bereitschaft zu haben, nicht aufgewogen, da das Justiz-Kommissariats-Examen in kurzer Zeit abzulegen ist.

Zum Gebrauch beim Kollegio erfolgen noch Abschriften dieser Verfügung.

(v. K. Jhrb. Bd. 34. S. 473.)

Bestellung.

§. 15. Wenn nun ein solcher Kompetent bei der vorgenommenen Prüfung zu dem Amte eines Justizkommissarius tauglich befunden worden ist; so soll das Kollegium wegen seiner Bestellung dazu an den Chef der Justiz berichten.

§. 16. Die Justizkommissarien und Justizkommissionsräthe erhalten ihr Patent unter dessen Vollziehung, und müssen zugleich, wenn sie auch zu Notariatsgeschäften autorisirt sein sollten, bei dem Kollegio, in dessen Departement sie angesetzt worden sind, als Notarii publici ordentlich immatrikulirt werden.

1) a. **Rescript** vom 21. März 1831, betreffend das Amtssiegel der Justizkommissarien, welche nicht Notarien sind.

Dem Königl. Ober-Landesgericht wird auf den Bericht vom 4. d. M. eröffnet, daß die Frage:

ob Justizkommissarien, welche nicht die Qualität der Notarien haben, sich eines Amtssiegels bedienen können,

schon verschiedentlich erörtert worden, und Seitens des Justizministerii genehmigt ist, daß auch Justizkommissarien sich eines Siegels mit dem Adler und der Umschrift:

Siegel des Justiz-Kommissarii N.N.

bedienen können.

(v. K. Jhrb. Bd. 37. S. 97.)

b. **Rescript** vom 28. März 1837, betreffend die Dienstsiegel der Notarien, s. zu §. 56. dieses Titels.

2) **C. O.** vom 31. Oktober 1831, betreffend die Dispensation der Justizkommissarien vom Eintritt in den Kriegsdienst.

Nach dem Antrage des Staatsministeriums vom 19. d. M. will Ich zwar genehmigen, daß das Justizministerium die bei den Gerichten praktizirenden Justizkommissarien und Anwalte in solchen Fällen, wo sie ohne wesentlichen Nachtheil für die Rechtspflege zum Kriegsdienste nicht abgerufen werden können, gleich den etatsmäßig vom Staate besoldeten Justizbeamten für unentbehrlich erklären dürfe, und daß diese Erklärung selbige bei der Mobilmachung der betreffenden Truppentheile von dem Eintritt zum Kriegsdienst im Felde befreien, mache jedoch dem Justizministerium besonders zur Pflicht, diese Ausnahme von der gesetzlichen Regel nur in erwiesen dringenden Fällen eintreten zu lassen, und in jedem einzelnen Falle in dem auszustellenden Atteste der Unentbehrlichkeit die Unzulässigkeit einer Vertretung des betreffenden Individui besonders zu bezeugen.

(v. K. Jhrb. Bd. 38. S. 390.)

Zweiter Abschnitt.

Von den Verrichtungen der Justizkommissarien und ihren Pflichten.

§. 17. Die Verrichtungen der Justizkommissarien sind von vierfacher Art:

I. dass sie den Parteien in ihren rechtlichen Angelegenheiten, auf Verlangen, mit Rath und Gutachten an die Hand gehen;
II. dass sie von denselben in dergleichen Geschäften, besonders wenn dieselben gerichtlich vollzogen werden sollen, Aufträge und Vollmachten übernehmen;
III. dass sie in wirklichen Prozessen die Angelegenheiten der Parteien als deren Rechtsbeistände oder Bevollmächtigte besorgen;
IV. dass sie als Notarii Kontrakte und andere Instrumente errichten und unter den Parteien vollziehen, welche den Glauben und die Kraft öffentlicher Urkunden haben sollen.

Allgeine Obliegenheiten.

§. 18. Die Justizkommissarien haben bei diesen Verrichtungen theils gewisse allgemeine, theils bei den verschiedenen Arten derselben gewisse besondere Pflichten und Obliegenheiten zu beobachten.

§. 19. Zu ihren allgemeinen Pflichten gehört:

1) eine genaue und sorgfältige Beobachtung der Gesetze überhaupt;
2) eine strenge und gewissenhafte Redlichkeit;
3) eine unverdrossene Bereitwilligkeit, dem Publikum mit ihrem Amte zu Statten zu kommen.

Gesetzmässigkeit.

§. 20. In Ansehung der ersten Hauptpflicht sind die Justizkommissarien schuldig, sich die Vorschriften der Gesetze sorgfältig bekannt zu machen, und dieselben bei allen ihren Amtsverrichtungen beständig vor Augen zu haben.

§. 21. Sollte daher ein Justizkommissarius etwas vornehmen, und insonderheit bei Gerichten nachsuchen oder antragen, was den klaren Vorschriften der Gesetze zuwider wäre; so soll er deshalb mit einer proportionirlichen Geldstrafe belegt, im Wiederholungsfalle aber auf seine Entlassung angetragen werden.

§. 22. Wenn ein Justizkommissarius in seinen Amtsgeschäften, es sei aus Unwissenheit, oder aus Leichtsinn und Fahrlässigkeit, solche Fehler begeht, woraus Nullitäten in den von ihm vollzogenen Handlungen, oder irgend ein anderer Nachtheil für die Parteien, welche sich und ihr Interesse ihm anvertraut haben, entsteht; so soll derselbe nicht nur schuldig sein, allen solchergestalt verursachten Schaden zu erstatten, sondern es soll auch bei einem daraus sich veroffenbarenden höhern Grade von Unwissenheit, Faulheit oder Nachlässigkeit, darauf, dass er seines Amtes, als dazu untüchtig, entsetzt werde, gehörigen Orts der Antrag geschehen.

Redlichkeit.

§. 23. Die gewissenhafte Redlichkeit, deren sich ein Justizkommissarius in allen seinen Geschäften befleissigen muss, verbindet denselben, das Interesse derjenigen Partei, die ihn zu ihrem Konsulenten oder Bevollmächtigten erwählt hat, treu und eifrig wahrzunehmen; wenn Parteien einen Aktus vor ihm in der Qualität eines Notarius vollziehen wollen, bei Abfassung der Protokolle und Instrumente, den Hergang der Sache richtig, vollständig und der Wahrheit gemäss darin vorzutragen, und die Versprechungen, Angelöbnisse und Verabredungen der Interessenten nach ihrem eigentlichen Sinne und Meinung zu verzeichnen; solchen Parteien die Vorschriften der Gesetze deutlich und richtig zu erklären, und sie vor deren Uebertretung oder Verabsäumung, ingleichen vor allen andern Schaden und Nachtheil, ehrlich und freimüthig zu warnen; von den bei solchen Gelegenheiten zu seiner Kenntniss gelangenden Geheimnissen der Familien, und der Interessenten selbst, nichts zu verrathen, noch sonst einen übeln Gebrauch davon zu machen; vielmehr darüber die unverbrüchlichste Verschwiegenheit zu beobachten; insonderheit aber sich unter keinerlei Vorwande als ein Werkzeug der Bosheit, der Arglist, der Chikane, des Betrugs, des Wuchers oder anderer dergleichen unerlaubter Kunstgriffe gebrauchen zu lassen.

§. 24. Vergehungen gegen diese Hauptpflicht müssen um so strenger und nachdrücklicher geahndet werden, je nothwendiger es ist, den Bürgern des Staats, die sich in ihren wichtigsten und geheimsten Angelegenheiten der Redlichkeit und Sorgfalt dieser Justizkommissarien anvertrauen sollen, dabei Sicherheit und Zuverlässigkeit zu verschaffen. Wenn daher nur irgend ein Verdacht eines hinterlistigen, betrügerischen oder sonst unlauteren Betragens gegen einen Justizkommissarius sich hervorthut; so muss das Gericht dem Grunde derselben von Amts wegen sofort näher nachforschen; die Verantwortung des Verdächtigen erfordern; den Vorfall, welcher zu dergleichen Argwohn Anlass gegeben hat, genau und sorgfältig, doch ohne die Förmlichkeiten eines ordentlichen Inquisitionsprozesses, untersuchen; und von dem Befunde, mit Beischluss der darüber aufgenommenen Protokolle, an den Chef der Justiz gutachtlich berichten; welcher Letztere sodann, nach Bewandniss der Umstände, bestimmen wird, wie dergleichen Vergehen bestraft, und ob der beschuldigte Justizkommissarius seines Amts, als dessen unwürdig, sofort entsetzt; oder ob gegen ihn wenn die Sache sich nach Vorschrift des A. L. R., Thl. II. Tit. XX. §. 1334. zu einer noch härteren Bestrafung qualificirt, der förmliche Inquisitionsprozess verhängt, unterdessen aber er von seinen Funktionen suspendirt werden solle.

Rescript vom 29. Dezember 1828, betreffend die Verpflichtung der Justizkommissarien, Rechnungsbücher über empfangene Gelder und Repertorien zu halten.

Sehr unangenehme Erfahrungen haben es gezeigt, daß mehrere Justizkommissarien die für ihre Mandanten erhobenen Gelder, ganz gegen die Vorschrift des A. L. R. Thl. I. Tit. 14. §. 117. sqq., mit ihren Privatgeldern vermischen, für sich nützen, und selbst bei erfolgter Recherche nicht im Stande gewesen sind, darzuthun, wie viel fremde Gelder sich in ihrer Verwahrung und Verwaltung befinden.

Der Grund zu dieser Unregelmäßigkeit liegt sehr häufig darin, daß die Justiz-Kommissarien keine Rechnungsbücher über die von ihnen erhobenen fremden Gelder führen, und sich selbst dadurch in Ungewißheit über den Betrag der in ihrer Verwahrung befindlichen Gelder setzen.

Zur Verhütung des Nachtheils, den ein solcher Geschäftsbetrieb herbeiführt, wird hierdurch bestimmt, daß jeder Justizkommissarius verpflichtet sein soll, ein Rechnungsbuch über alle in seinen Dienstverhältnissen erhobene Gelder und Cours habenden Papiere zu halten, die empfangenen Gelder und Cours habenden Papiere am Tage des Empfanges darin in Einnahme zu stellen, und in eine besondere Abtheilung des Buchs die Verausgabung zu notiren.

Außerdem muß jeder Justizkommissarius ein vollständiges Repertorium von allen Manualakten halten.

Diejenigen, welche die verordneten Kassenbüchrr nicht halten, verfallen schon deshalb in eine Ordnungsstrafe von zehn Thalern; eine gleiche Strafe tritt bei denen ein, welche keine vollständige Repertorien der Manualakten haben.

Sämmtliche Obergerichte haben die Justizkommissarien auf diese Vorschriften zu verweisen, und bei Beschwerden der Parteien über verzögerte Ablieferung von Geldern oder Dokumenten, durch Inspektion der Rechnungsbücher sich davon zu unterrichten, ob und wie der Justizkommissarius, über den Beschwerden geführt werden, den Anweisungen dieser Verfügung genügt.

(v. K. Jhrb. Bd. 32. S. 307.)

Anh. §. 464. *Damit geschickte, fleissige und rechtschaffene Justizkommissarien der verdienten Auszeichnung geniessen; so sollen die Ober- und grösseren Untergerichte sie denjenigen Parteien, welche die Auswahl eines Rechtsfreundes nachsuchen, nicht nur ausschliesslich empfehlen, sondern auch in die Ediktalcitationen, in welchen die Vorgeladenen an Justizkommissarien verwiesen werden, nur die Namen solcher Männer einrücken, welche jene Eigenschaften besitzen.*

Bereitwilligkeit.

§. 25. Vermöge der den Justizkommissarien, als ihre dritte Pflicht, obliegenden Bereitwilligkeit, dem Publikum mit ihrem Amte zu dienen, müssen dieselben jedermänniglich, welcher sich an sie wendet, damit auf eine gesetzliche Art zu Statten kommen; und ihre Assistenz aus blosser Bequemlichkeit, Menschenfurcht oder anderen Nebenrücksichten, niemandem versagen.

Eben dies sind sie auch gegen arme Parteien unentgeldlich zu thun verbunden, wenn sich diese an sie wenden, oder von den Gerichten oder dem Direktor, an sie verwiesen werden.

1) **Rescript** vom 13. Juni 1818 und 14. Februar 1823, betreffend die Verbindlichkeit der Justizkommissarien die Besorgung fiskalischer Geschäfte zu übernehmen.

Die Regierung zu N. hat sich über den Mangel an Willfährigkeit der Justizkommissarien des dortigen Departements, und besonders über die Weigerung, die vorschriftsmäßigen Terminstabellen einzureichen, beschwert, welches zu einer Korrespondenz der Ministerien Veranlassung gegeben. Bei der deutlichen und erschöpfenden Vorschrift der A. G. O. Thl. III. Tit. 7. §. 25. seq. ist nicht wohl abzusehen, wie die dortigen Justizkommissarien sich auf irgend eine zuverlässige Art der Uebernahme fiskalischer Aufträge entziehen können. Es wird daher darauf ankommen, diese Vorschrift so streng als möglich zur Anwendung zu bringen, sobald deshalb eine besondere Beschwerde der Regierung laut wird. An Justizkommissarien überhaupt wird es in dem Departement nicht fehlen. Sollte es der Fall sein, so werden die erforderlichen Anträge wegen Vermehrung derselben erwartet. Auch die Weigerung der Justizkommissarien, der Regierung Terminsberichte einzureichen, kann der Justizminister nicht begründet finden, da sie unstreitig verbunden sind, ihren Mandanten von der jedesmaligen Lage der Prozesse Auskunft zu geben, und es gleich ist, ob solches in besondern Schreiben oder in Form einer Tabelle erfolgt.

Das Königl. Ober-Landesgericht hat daher hiernach die erforderliche generelle Anweisung an die Justizkommissarien daselbst zu erlassen, und in jedem speziellen Falle mit Ernst und Nachdruck auf die Befolgung derselben zu halten.

Berlin, den 13. Juni 1818.

(v. K. Jhrb. Bd. 12. S. 24.)

Dem Königl. Kammergericht wird auf den,

wegen Besorgung der Geschäfte der bisherigen Fiskäle durch die Justizkommissarien,

unterm 27. v. M. erstatteten Bericht eröffnet, wie es keinen Zweifel leidet, daß die Justizkommissarien und — an Orten, wo es daran ermangelt — diejenigen Personen, denen die Befugniß ertheilt ist, abwesende Personen zu vertreten, die Verpflichtung haben, von den Gerichten Aufträge, welche früher die Hoffiskäle besorgt, zu übernehmen, und nur, im Fall der Gegner in die Kosten verurtheilt ist, befugt sind, die sie deservirt haben, zu fordern. Hierzu bedarf es keiner allgemeinen Anweisung; die Verpflichtung der Justizkommissarien und der ihnen gleichgestellten Personen folgt schon aus der A. G. O. Thl. III. Tit. 7. §. 25. Uebrigens wird die Bestimmung des Rescripts vom 26. Juli 1814 (h. Bd. 4. S. 203.), wodurch festgesetzt ist, daß die fiskalische Strafe für die unterlassene Befolgung des Befehls, wegen Berichtigung des Besitztitels eines Grundstücks, nicht per decretum festgesetzt werden könne, sondern eingeklagt werden müsse, bei der bevorstehenden Revision der Hypothekenordnung in nähere Erwägung gezogen und beurtheilt werden, ob nicht eine Abkürzung Statt finden kann.

Berlin, den 14. Februar 1823.

(v. K. Jhrb. Bd. 21. S. 283.)

2) **Rescript** vom 19. November 1829, betreffend die Remuneration der Justizkommissarien für Vertretung der Salarienkassen.

Dem Königl. Ober-Landesgericht wird das Gesuch des Justizkommissarius N. daselbst vom 24. v. M. um eine Anweisung an die Salarienkasse des Ober-Landesgerichts zu N. zur Zahlung seiner Gebühren für die Vertretung derselben in ihrem Prozesse wider den N. N. originaliter mit den eingereichten Manualakten zugefertigt.

Wenn es auch vorauszusetzen ist, daß Justizkommissarien, mit Rücksicht auf ihre Verhältnisse zu den Gerichten, in den selten vorkommenden Fällen, wo sie das Interesse der Salarienkassen wahrnehmen, die Vertretung derselben unentgeldlich übernehmen, so kann doch, wenn von ihnen, wie im vorliegenden Fall, die Bezahlung der Gebührentaxe verlangt wird, diese nicht verweigert werden. Es sind daher, insoweit der verstorbene Justizkommissarius B. diese Gebühren verdient hat, dieselben festzusetzen, und der Betrag dem Ober-Landesgericht zu N. zur Zahlung derselben bekannt zu machen. Dagegen kann der rc. N., welcher noch als Referendarius dem rc. B. substituirt worden, für die Vertretung der Salarienkasse keine Gebühren verlangen. Damit auch für die Folge ähnliche Reklamationen vermieden werden, sind, wenn Salarienkassen genöthigt sind, ihre Ansprüche im Wege des Prozesses zu verfolgen, ihnen jederzeit Referendarien zu Assistenten zu bestellen.

(v. K. Jhrb. Bd. 34. S. 475.)

§. 26. Nur in folgenden Fällen sind sie nicht nur befugt, sondern auch schuldig, die Parteien abzuweisen, und sich mit den Angelegenheiten derselben nicht zu befassen:

a) Wenn Parteien die Assistenz und den Dienst eines Justizkommissarius zu einer widerrechtlichen, betrüglichen, und auf die

Verkürzung eines von ihnen, oder auch eines Dritten, abzielenden Handlung begehren sollten.

Anmuthungen dieser Art müssen die Justizkommissarien nicht nur standhaft abweisen, sondern auch den Requirenten das Unerlaubte und Strafbare ihres Vorhabens nachdrücklich vorhalten; übrigens aber von einem dergleichen Vorfalle dem Direktor ihres Kollegii unverzüglich Anzeige machen, welcher alsdann die übrigen Justizkommissarien davon sofort benachrichtigen und sie warnen muss, sich mit dergleichen Parteien in einer solchen Sache durchaus nicht einzulassen.

b) Wenn in Prozessen der Justizkommissarius von dem Ungrunde der Forderung oder Weigerung einer an ihn sich wendenden Partei überzeugt ist; so muss er eine solche Sache gegen seine eigene Einsicht und Ueberzeugung nicht übernehmen; vielmehr eine solche Partei durch Vorstellungen und Belehrungen, vom ungegründeten oder wohl gar strafbaren Prozessiren abzuhalten suchen. Nur wenn das vorgesetzte Kollegium ihn einer Partei zum Beistande oder Bevollmächtigten zuordnet, muss er die Vertretung derselben übernehmen; und wenn er sie von der Unstatthaftigkeit ihres Anspruchs oder ihrer Einwendungen nicht überzeugen kann, von den zu deren Unterstützung ihm an die Hand gegebenen Gründen treulich Gebrauch machen.

c) Wenn ein Justizkommissarius mit Amtsgeschäften dergestalt überladen ist, dass er neue ihm zukommende Requisitionen und Aufträge, mit der erforderlichen Sorgfalt, Attention und Bedachtsamkeit, nicht würde befolgen noch ausrichten können; so muss er sich durch den Eigennutz nicht verleiten lassen, mehr Geschäfte, als er bestreiten kann, zu übernehmen; sondern er muss dergleichen Parteien an andere seiner Kollegen verweisen; und soll, wenn er in einer Sache etwas versieht oder vernachlässigt, der Vorwand überhäufter Arbeiten ihm niemals zu einiger Entschuldigung gereichen.

d) Wenn ein Geschäft zwischen zwei Parteien abzuthun ist, welche dabei ein gegeneinander laufendes Interesse haben; und es hat ein Justizkommissarius sich mit der einen Partei, als ihr Konsulent oder Bevollmächtigter, bereits vorhin eingelassen; so muss er, wenn der Gegentheil sich an ihn wendet, und die Sache einen Prozess betrifft, darin von diesem Gegentheile keinen Auftrag annehmen, noch demselben mit seinem Rathe und Gutachten beistehen; am allerwenigsten aber von den Nachrichten und Geheimnissen, die ihm etwa vorhin von dem andern Theile anvertraut worden, zu dessen Schaden, bei Strafe der Prävarikation, irgend einigen Gebrauch machen.

Soll in einer andern Angelegenheit, worin der Justizkommissarius dem einen Interessenten vorher beiräthig gewesen ist, eine Notarialshandlung von ihm vorgenommen werden; so muss er dieses Verhältniss dem andern Interessenten ohne Rückhalt eröffnen. Findet dieser dennoch keinen Anstand dabei, die Handlung durch ihn vollziehen zu lassen; so kann er dieselbe zwar unbedenklich vornehmen, er muss aber dabei, so bald er als Notarius handelt, die Rechte beider Theile mit gleicher Sorgfalt wahrnehmen, und, bei Strafe der Kassation, sich nicht dazu gebrauchen lassen, den einen Theil zu Gunsten des andern zu übervortheilen.

Noch weniger ist es für eine Prävarikation zu achten, wenn Parteien, in einer solchen Angelegenheit mit gutem Vorbedachte und Ueberlegung, sich an einen und eben denselben Justizkommissarius wenden, und ihn um die Vollziehung eines Aktus gemeinschaftlich requiriren; oder wenn sie auf denselben als ihren Schiedsrichter kompromittiren; in welchem letztern Falle derselbe die Obliegenheiten eines solchen Schiedsrichters genau beobachten muss. Uebrigens versteht sich von selbst, dass in Fällen, wo Justizbediente überhaupt, wegen naher Verwandtschaft oder bei der Sache habenden Interesse, sich ihres Amts zu enthalten schuldig sind, auch ein Justizkommissarius sich keiner Notariatsverrichtungen anmaassen dürfe.

Rescript vom 11. Januar 1837, daß Notarien keine Akta der freiwilligen Gerichtsbarkeit aufnehmen dürfen, bei welchen Personen interessiren, deren General-Mandatarien sie sind; s. zu §. 46. dieses Titels.

Besondere Pflichten der Justizkommissarien.

§. 27. Bisher ist von den Verrichtungen und Pflichten der Justizkommissarien überhaupt gehandelt worden. Nunmehr sollen die verschiedenen Arten ihrer Geschäfte, und ihre besonderen Obliegenheiten bei jedem derselben, näher bestimmt werden.

I. Als Konsulenten.

I. Als Konsulenten der Parteien sind sie berechtigt, denjenigen, welche sich an sie wenden, in allen Arten von aussergerichtlichen Angelegenheiten, mit ihrer Rechtswissenschaft und Rathschlägen an die Hand zu gehen. Sie müssen aber ihren Rath und Gutachten nicht eher, als nach eingezogener vollkommener Kenntniss der Sache, und nach reiflicher Erwägung aller dabei vorkommenden Umstände ertheilen; und sich sorgfältig hüten: dass sie dadurch die Parteien nicht irre führen, noch zum unnöthigen oder ungegründeten Prozessiren verleiten; den Frieden und die Eintracht der Familien nicht stören; noch irgend eine gesetzwidrige Handlung dadurch veranlassen oder begünstigen.

In Betreff der Befugniß der Justizkommissarien, öffentliche Versteigerungen vorzunehmen; s. zu §. 7. dieses Titels.

II. Als Bevollmächtigte und Rechtsbeistände.

§. 28. II. Das zweite Hauptgeschäft der Justizkommissarien besteht darin, dass sie den Parteien in allen ihren rechtlichen Angelegenheiten, welche keinen Prozess betreffen, sie mögen nun, ihrer Natur und den Vorschriften der Gesetze nach, eine gerichtliche Verhandlung erfordern, oder nach der Intention der Parteien, mehrerer Sicherheit und Festigkeit halber, solchergestalt vollzogen werden, die Parteien vertreten, und als Bevollmächtigte derselben erscheinen.

§. 29. Zu solchen Angelegenheiten gehören vornehmlich:

1) Der Betrieb der Exekution eines rechtskräftigen Urtels, auch wenn die Instruktion des Prozesses ohne Zuziehung eines Justizkommissarius erfolgt ist.

2) Das Amt eines Curatoris bonorum.

3) Die Besorgung der Deposital-Angelegenheiten, wobei Privatparteien interessiren, z. B. Annehmungs- und Auszahlungsgesuche, Einbringung der Gelder in das gerichtliche Depositum, deren Erhebung u. s. w.

4) Ueberhaupt alle und jede Angelegenheiten und Geschäfte, wo, ausser wirklichen Prozessen, bei Gerichten etwas anzuzeigen, nachzusuchen oder zu besorgen ist.

§. 30. In allen vorstehenden Fällen müssen die Parteien sich der Assistenz der bei dem Gerichte angesetzten und recipirten Justizkommissarien schlechterdings bedienen, und können dazu keine anderen Personen, als welche selbst in einem Prozesse nach der Vorschrift des Ersten Theils Tit. III. §. 25. 26. nicht auszuschliessen sein würden, admittirt werden. Nur allein in den unter No. 3. bemerkten Depositalangelegenheiten soll den Interessenten frei stehen, zur Ablieferung oder Erhebung der Gelder auch jemand andern zu bevollmächtigen.

§. 31. Uebrigens müssen die Justizkommissarien sich bei allen diesen Geschäften hauptsächlich nach den Gesetzen, und nach den oben ihnen allgemein vorgeschriebenen Pflichten; hiernächst aber nach dem Auftrage und der Intention ihrer Mandanten lediglich achten; auch alle Ueberschreitung der Grenzen ihrer Vollmacht und Instruktion sorgfältig vermeiden.

§. 32. Hauptsächlich aber gehören zu den Verrichtungen der Justizkommissarien, in so fern sie Bevollmächtigte der Parteien sind:

5) Die Besorgung aller und jeder Handlungen der nichtstreitigen Gerichtsbarkeit, sie mögen nun das Hypothekenwesen, oder andere Geschäfte der Bürger und Einwohner des Staats betreffen; in so fern dergleichen Aktus nicht zum Prozesse gehören; gleichwohl aber, entweder nach gesetzlichen Vorschriften, oder nach dem Entschlusse und der Verabredung der Interessenten, gerichtlich vollzogen werden sollen.

§. 33. In beiderlei Angelegenheiten können die Justizkommissarien nach einem doppelten Verhältnisse mitwirken, nämlich:

1) in so fern sie die dazu gehörigen Kontrakte und Instrumente aufnehmen und verfertigen;

2) in so fern sie dieselben gerichtlich einreichen und vollziehen.

§. 34. Was die Justizkommissarien in beiderlei Verhältnissen zu beobachten haben, wird ihnen unten umständlich vorgeschrieben; hier aber nur allgemein verordnet: dass sie, so wie in allen übrigen in der Qualität von Bevollmächtigten ihnen obliegenden Geschäften, also auch in diesem, die Vorschriften der Gesetze, und hiernächst den Inhalt der ihnen aufgetragenen Vollmacht, zur Richtschnur ihres Verhaltens annehmen müssen.

§ 35. Zu solchen §. 32. beschriebenen Verhandlungen können gleichergestalt keine andere, als approbirte, und bei dem Gerichte aufgenommene Justizkommissarien zugelassen werden; weil nur sie allein von dem Gerichte gehörig übersehen werden können; wegen ihrer Fähigkeit und Geschicklichkeit dazu sich vorschriftsmässig legitimirt haben; und für die Richtigkeit und Legalität einer solchen Handlung, so weit als sie daran Theil nehmen, mit haften müssen.

Anh. §. 465. *Generalbevollmächtigte sind gerichtliche Handlungen für ihre Machtgeber zu vollziehen befugt, ohne sich dazu der Hülfe, eines bei dem Gerichte, wo die Handlung vollzogen wird, angestellten Justizkommissarius zu bedienen.*

1) **Rescript** vom 19. März 1798, betreffend die Befugniß eines Generalbevollmächtigten, gerichtliche Handlungen ohne Substituirung eines Justizkommissarius zu besorgen.

Daß zu solchen gerichtlichen Handlungen, von denen in Eurer Anfrage vom 2. d. M. die Rede ist, außer den in dem A. L. R. Thl. I. Tit. 13. §. 119—122. benannten Personen, niemand anders als ein Justizkommissarius zugelassen werden könne, liegt ganz klar in der Vorschrift der Gerichtsordnung Thl. III. Tit. 7. §. 30. Mit Generalbevollmächtigten hingegen hat es eine etwas verschiedene Bewandniß. Ein solcher Generalbevollmächtigter ist in vollem Sinne, und in allen nicht besonders ausgenommenen Angelegenheiten, für Eine Person mit seinem Mandanten zu achten. Auch fällt bei einem solchen General-Bevollmächtigten der Grund des Gesetzes:

daß zu solchen Angelegenheiten unbekannte und unzuverlässige Winkelprokuratoren sich eindrängen und den Justizkommissarien ihren rechtmäßigen Erwerb zu sehr schmälern möchten,

hinweg. Es ist daher kein überwiegender Grund vorhanden, dem Publikum dadurch einen ausgedehntern Zwang anzulegen, daß auch Generalbevollmächtigte, die vielleicht, und sogar in der Regel, selbst Rechtsverständige sind, zu solchen Handlungen nothwendig einen Justizkommissarius substituiren müssen.
(Stengels Beitr. Bd. 6. S. 288.)

2) **Rescript** vom 14. März 1812 und 2. Februar 1818, betreffend die Nichtbefugniß eines Generalbevollmächtigten zur Prozeßführung; s. zu I. 3. §. 32.

3) **Rescript** vom 25. Oktober 1824, betr. die Befugnisse eines Generalbevollmächtigten.

Die in dem Berichte des Königl. Ober-Landesgerichts vom 8. d. M.,
betreffend die Beschwerde des Justizkommissionsraths von T. in der Hypothekensache des Gutes R.

geäußerte Ansicht kann der Justizminister nicht theilen. Der §. 465. des Anhanges zur A. G. O. beruhet auf dem Grundsatze, daß der Generalbevollmächtigte mit dem Machtgeber ein und dieselbe Person ausmache, und daher jener so gut als dieser zu den Geschäften bei den Gerichten zugelassen werden müßte. Hiervon findet nur in Absicht der Prozeßpraxis eine Ausnahme statt. Kann der Generalbevollmächtigte nach der gesetzlichen Vorschrift überall gerichtliche Handlungen für seinen Machtgeber vollziehen, ohne sich dazu der Hülfe eines bei dem Gerichte angestellten Justizkommissarii zu bedienen; so muß ihm dieselbe Befugniß auch in Bezug auf diejenigen Geschäfte zustehen, von welchen der §. 29. Nr. 4. Tit. 7. Thl. III. der A. G. O. handelt. Nicht allein findet hier der Schluß a minori ad majus statt, sondern es spricht auch für jene Befugniß derselbe rechtliche Grundsatz, aus welchem die Bestimmung, des §. 465. des Anhangs geflossen ist. Hiernach ist die Beschwerde des rc von T. für gegründet zu achten. Die von ihm für seinen Machtgeber eingereichten Vorstellungen müssen so angesehen werden, als rührten sie von dem letzteren selbst her, und der rc. von T. ist darauf zu bescheiden. Es bleibt jedoch dem Königl. Ober-Landesgerichte unbenommen, statt der Einreichung solcher Vorstellungen, das persönliche Erscheinen des rc. von R., oder seines Mandatars,

Behufs seiner Vernehmung in einem anzusetzenden Termine zu erfordern, wenn die Sache dazu angethan ist.

(Gen. Act. des Justizm. V. No. 17. Vol. I. Fol. 49.)

4) **Rescript** vom 26. April 1837, betreffend die Zulassung der Generalbevollmächtigten in Subhastationsprozessen.

Auf Ihre Vorstellung vom 18. d. M. in der Subhastationssache der vor dem Glogauer-Thore Nr. 80 und 81. belegenen Erbstelle, gereicht Ihnen hierdurch zum Bescheid, daß der Justizminister Ihre Beschwerde nicht für begründet erachten kann.

Nach den Vorschriften der A. G. O. ist es unzweifelhaft, daß die Vertretung der Parteien in ihren Prozessen, sowie in ihren übrigen Rechtsangelegenheiten durch Justizkommissarien, nur durch die bei dem Gericht, vor welchem die Sache schwebt, zur Praxis berechtigten Justizkommissarien erfolgen kann.

A. G. O. Thl. I. Tit. 3. §. 14. 22. und
Thl. III. Tit. 7. §. 28 — 30 und 35.

Nachdem aber hinsichts der Geschäfte der freiwilligen Gerichtsbarkeit durch das Rescript vom 19. März 1798 und den darauf sich gründenden §. 465. des Anhanges zur A. G. O. bestimmt worden ist,

daß Generalbevollmächtigte, welche nicht als Justizkommissarien angestellt sind, Handlungen der freiwilligen Gerichtsbarkeit, für ihre Machtgeber zu vollziehen, befugt sind, ohne sich dazu der Hülfe eines bei dem Gericht, wo die Handlung vollzogen wird, angestellten Justizkommissars zu bedienen,

(Rescript vom 2. Februar 1818, Jhrb. Bd. 11. S. 14.)

unterliegt es keinem Bedenken, daß auch ein zum Generalbevollmächtigten bestellter Justizkommissar bei allen Gerichten ohne Unterschied dergleichen Handlungen der freiwilligen Gerichtsbarkeit statt seines Machtgebers vollziehen darf. Diese Befugniß kann jedoch auf andere Rechtsangelegenheiten nicht willkührlich ausgedehnt werden.

Daß Subhastationsprozesse und das mit denselben verbundene Kaufgelder-Vertheilungsverfahren nicht zu den Geschäften der freiwilligen Gerichtsbarkeit zu nehmen sind, und daß mithin ein zum Generalbevollmächtigten bestellter Justizkommissar in einem Kaufgelder-Liquidationsverfahren nur dann seinen Machtgeber vertreten darf, wenn er bei dem Gericht, wo das Verfahren schwebt, als Justizkommissarius angestellt ist, bedarf keiner weitern Ausführung.

Da Sie nun zur Praxis bei dem dortigen Stadtgericht nicht angestellt sind, so können Sie auch als Generalbevollmächtigter der Geheimen Justizrath W.schen Erben in den vor dem dortigen Stadtgericht schwebenden Subhastationsprozessen und Kaufgelder-Vertheilungsverfahren die Gerechtsame Ihrer Machtgeber nicht selbst wahrnehmen, sondern müssen dies einem bei dem Stadtgericht angestellten Justizkommissar überlassen.

(v. K. Jhrb. Bd. 49. S. 458.)

§. 36. Ferner können

6) die Justizkommissarien auch als Curatores der Abwesenden, ingleichen als Curatores in litem, bei vorkommenden Fällen gebraucht werden, wo sie sodann die mit diesen Funktionen, nach den Gesetzen und der Vormundschaftsordnung, verbundenen Pflichten sorgfältig wahrzunehmen haben.

§. 37. Eben so steht es

7) majorennen Erben frei, wenn dieselben von einem ihnen zugefallenen Nachlasse ein ordentliches Inventarium aufnehmen lassen wollen, sich dazu der Assistenz eines Justizkommissarius zu bedienen. Dergleichen Inventarium hat jedoch keine mehrere Kraft und Wirkung, als jede aussergerichtliche Privatspecifikation; und in so fern solchem die Effekte eines gerichtlichen Inventarii beiwohnen sollen, müssen die Vorschriften des folgenden §. 107. beobachtet werden.

§. 38. Endlich

8) kann jeder, welcher ein Testament, oder andere letztwillige Disposition errichten will, selbige durch einen Justizkommissarius aufsetzen lassen, der dabei die gehörige Beobachtung der in den Gesetzen vorgeschriebenen Erfordernisse einer solchen Disposition pflichtmässig wahrzunehmen hat. Es versteht sich jedoch von selbst, dass eine dergleichen Disposition durch die blosse Zuziehung eines Justizkommissarius noch nicht die volle äussere Rechtsbeständigkeit erhalte; sondern es müssen zu solchem Ende auch die übrigen in den Gesetzen bestimmten Erfordernisse beobachtet werden.

III. Als Bevollmächtigte und Assistenten in Prozessen.

§. 39. III. Der dritte Haupttheil der den Justizkommissarien beigelegten Geschäfte betrifft die Vertretung der Parteien in wirklichen Prozessen, als Rechtsbeistände oder Bevollmächtigte derselben.

Anh. §. 466. *Wenn ein Justizkommissarius mehr Geschäfte übernimmt, als er nach seinen Kräften zu bestreiten im Stande ist, und wenn besonders die Instruktionslisten ergeben, dass er mit den Deduktionen, Defensionen oder anderen Arbeiten im Rückstande bleibt; so soll demselben auf eine von dem Chef der Justiz zu bestimmende Zeit die Annahme neuer Aufträge gänzlich untersagt, und dieses durch einen Aushang zur Kenntniss der litigirenden Parteien gebracht werden. Wenn die solchergestalt bestimmte Frist von dem säumenden Justizkommissarius nicht dazu genutzt wird, die vorhandenen Rückstande aufzuarbeiten, oder wenn, dem Verbote zuwider, dennoch neue Sachen angenommen, oder die in dieser Zeit sich meldenden Parteien nicht, wie es sich gebührt, unverzüglich an andere Justizkommissarien verwiesen worden sind; so soll, auf deshalb eingehende Anzeige des Präsidii, die Inhibition verlängert, und wenn auch dieses fruchtlos sein sollte, dem Befinden nach, einem nicht zu bessernden Justizkommissarius die fernere Praxis gänzlich entzogen werden.*

1) **Rescript** vom 1. Februar 1799, wegen schnelleren Betriebs der rechtshängigen Prozesse, (N.C.C. T. X. Nr. 4. de 1799.); aufgenommen in §. 466. des Anhanges.

2) **Rescript** vom 27. Dezember 1804, wegen genauerer Kontrollirung der Dienstführung der Justizkommissarien.

Die in diesem Jahre eingegangenen Geschäftstabellen Eures Kollegii, in Verbindung mit den Präsidial-Konduitenlisten und den Verzeichnissen der gegen Justiz-Offizianten eingeleiteten Untersuchungen, ergeben mit mehrerm, daß die Dienstführung der Justizkommissarien die erheblichsten Erinnerungen veranlaßt. Ein großer Theil derselben läßt es an der gehörigen Sorgfalt bei Einziehung vollständiger Informationen ermangeln, erscheint spät, oder durch ein Substitutum in den Terminen, und ist sehr säumig bei Einreichung der Schriften; auch haben verschiedene, wegen Pflichtwidrigkeiten, zur Untersuchung gezogen und bestraft werden müssen.

Wie sehr hierdurch der Geschäftsgang leide, liegt zu Tage; es ist daher dringend nothwendig, daß die Dienstführung sämmtlicher Justizkommissarien ganz besonders genau kontrollirt werde.

Hierzu wollen Wir Euch mit Bezug auf das Rescript vom 29. Dezember v. J. hierdurch anweisen; und bemerken nur noch, daß

1) die Prorogationsgesuche sorgfältig geprüft, und nur bei gehörig nachgewiesener Zulässigkeit der Justizkommissarien bewilligt werden müssen.
2) Daß der bisher eingeschlichene Mißbrauch, wonach die Justizkommissarien öfters nicht persönlich, sondern per Substitutum in den Terminen erscheinen, sich nicht gehörig vernehmen lassen, sondern die Manualakten dem Deputirten erhibiren, um das Erforderliche daraus zu extrahiren, ganz abgeschafft werden muß.

Den Justizkommissarien liegt ob, jederzeit, und zwar zu der angeordneten Stunde, persönlich in den Terminen zu erscheinen. Die Entschuldigung mit anderweitigen Geschäften kann nicht statt finden, wenn die Vorschriften der A. G. O. P. I. Tit. 10. §. 8. seq. und §. 12. seq. befolgt werden. Sie müssen sich gleich den Parteien ausführlich vernehmen lassen, und die Manualakten von den Deputirten nur dann adhibirt werden, wenn es darauf ankömmt, das Verfahren der Mandatarii zu prüfen. Die Deputirten sind verpflichtet, jederzeit ohne Schonung zum Protokoll zu registriren, wenn der Mandatarius im Termin nicht zu der geordneten Zeit, oder nicht mit der nöthigen Information versehen erscheint, demnächst aber sowohl hierüber, als wenn sich ein Substitutus eingefunden, dem Kollegio Anzeige zu thun, damit von den Dezernenten, wie ihnen hiermit zur dringenden Pflicht gemacht wird weiter strenge und zweckmäßig verfügt, und die säumigen Mandatarien zur gebührenden Verantwortung gezogen, und dem Befinden nach bestraft werden. Auch liegt den Dezernenten ganz eigentlich ob, die Mandatarien bei Einreichung der Schriften genau zu kontrolliren, und die Registratur ist anzuweisen, Acta des Endes sofort nach Ablauf der bestimmten Frist ad excitandum vorzulegen. Bei Abfassung der Erkenntnisse müssen die Manualakten der Justizkommissarien beigefügt, und sorgfältig nachgesehen werden, in wie fern den gesetzlichen Vorschriften genügt worden, und welche etwanige Verstöße zu rügen sind, wobei zur Nachricht dient, daß mit in dieser Hinsicht das abschriftlich anliegende Rescript vom 21. d. M. an den Ober-Appellations-Senat des Kammergerichts ergangen ist. Wenn die Justizkommissarien in ihrer Dienstführung fortdauernd erhebliche Erinnerungen veranlassen, so müssen sie zur Untersuchung gezogen, diese möglichst beschleunigt, und gegen den Schuldigen überall mit der so nothwendigen Strenge verfahren werden, wobei in Anregung zu bringen, daß die Ausflucht überhäufter Geschäfte gar nicht nachzugeben, da die Justizkommissarien nicht mehr Geschäfte übernehmen dürfen, als sie zu bestreiten vermögen, und sich von denjenigen Arbeiten und Nebenämtern losmachen müssen, wodurch sie in Erfüllung ihrer Justizkommissariatsgeschäfte gehindert werden. Damit auch deren Dienstführung desto genauer beobachtet werde, so ist eine Kontrolle einzuführen, worin jedem Justizkommissario ein besonderes Folium anzuweisen, und darin mit Bemerkung des Dati Decreti und der Veranlassung durch einen zuverlässigen Subalternen nach Anleitung der ihm vorzulegenden Dekrete zu notiren, wenn ein Justizkommissarius rektifizirt oder in Strafe genommen worden. Dieses Strafbuch soll demnächst bei der jährlich eingehenden Präsidial-Konduitenliste adhibirt und dabei bestimmt werden, welche Justizkommissarien etwa ex officio wegen verabsäumter Dienstpflichten zur Untersuchung zu ziehen. Wir gewärtigen, daß Ihr Euch die Befolgung dieses Rescripts, dessen Inhalt den Justizkommissarien durch ein Cirkular bekannt zu machen ist, ernstlich angelegen sein lassen werdet.

(N.C.C. T. XI. S. 2795. No. 65. de 1804.)

3) a. **Rescript** vom 5. November 1830 und 6. Januar 1834, betreffend die Disziplinargewalt der Untergerichte über Justizkommissarien.

A.

Sonst unterliegt es an sich keinem Bedenken, daß das Königl. Land- und Stadtgericht befugt ist, einem bei demselben praktisirenden Justizkommissarius sein gesetzwidriges Benehmen vorzuhalten, und ihn auf die Folgen desselben aufmerksam zu machen.

Berlin, den 5. November 1830.

(v. K. Jhrb. Bd. 36. S. 330.)

Die von dem Patrimonialgerichte über S. mittelst Berichts vom 14. v. M., in Sachen des v. R. wider den Mühlenbesitzer S., vorgetragene Beschwerde gegen die Verfügung des Königl. Kammergerichts vom 28. November v. J. — wonach das Patrimonialgericht für nicht befugt erachtet worden, gegen einen dort fungirenden, auswärts wohnenden Justizkommissarius Ordnungsstrafen exekutivisch beizutreiben, — findet der Justizminister nicht begründet.

Nach §. 55. Tit. 2. Thl. I. der A. G. O. unterliegt es keinem Zweifel, daß Justizkommissarien an sich zu den Eximirten gehören, jedoch in so weit, als sie bei Untergerichten praktiziren, die Jurisdiktion eines solchen Untergerichts anerkennen und auch den Ordnungsstrafen desselben, so wie der Exekution zur Beitreibung solcher Strafen sich unterwerfen müssen. Dies ist auch in dem Rescripte vom 16. Dezember 1831 (Jhrb. Bd. 38. S. 328.) angenommen worden. Die Vollstreckung einer Exekution zur Beitreibung einer Ordnungsstrafe setzt aber nothwendig voraus, daß der Justizkommissarius in dem Gerichtssprengel des Gerichts wohne, welches die Ordnungsstrafe angedroht und festgesetzt hat, weil es nur dann von seiner Befugniß der Exekutionsvollstreckung Gebrauch machen kann. Wohnt der Justizkommissarius nicht in dem Jurisdiktionssprengel des Gerichts, so kann keineswegs das Gericht seines Wohnorts, sondern nur diejenige Gerichtsbehörde, bei welcher der Justizkommissarius sein gewöhnliches persönliches Forum hat, um Vollstreckung der Exekution requirirt werden; denn dem Gerichte des Wohnorts steht selbst nur dann eine Jurisdiktion über den Justizkommissarius zu, wenn er in den bei diesem Gerichte anhängigen Rechtsangelegenheiten zu Ordnungsstrafen Veranlassung giebt, keineswegs auch dann, wenn die Ordnungsstrafe von einem andern Untergerichte festgesetzt worden ist.

Berlin, den 6. Januar 1834.

(v. K. Jhrb. Bd. 43. S. 152.)

b. Vergl. auch **Rescript** vom 16. Dezember 1831 zu I. 25. §. 26.

4) **Rescript** vom 3. Oktober 1831, betreffend die Unzulässigkeit der gegen Justizkommissarien als Ordnungsstrafen zu verhängenden Gefängnißstrafen; s. zu II. 4. §. 18.

5) **Rescript** vom 18. Dezember 1835, daß die Einlegung des Exekutors im Wege des Disziplinarverfahrens gegen säumige Beamte keine zulässige Zwangsmaaßregel sei; s. zu I. 24. §. 48.

§. 40. In diesem Verhältnisse liegt den Justizkommissarien überhaupt ob, die Rechte ihrer Parteien mit Treue, Sorgfalt und unermüdeter Aufmerksamkeit wahrzunehmen; sich davon durch keine Menschenfurcht oder andere Nebenrücksichten abhalten zu lassen; besonders den Deputirten des Gerichts bei den Instruktionen fleissig zu kontrolliren; dagegen aber auch weder selbst die Wahrheit zu verdrehen oder zu verdunkeln, noch ihren Parteien dazu zu rathen, oder sie darin zu bestärken; vielmehr diese, wenn sie sich wissentlicher Behauptungen von Unwahrheiten oder des frevelhaften Läugnens verdächtig machen, an die gesetzlichen Strafen ernstlich zu erinnern, und gegen die Verwirkung derselben zu warnen.

§. 41. Wegen ihrer besonderen Obliegenheiten in Rücksicht der einzureichenden Informationen, bei der Instruktion selbst, bei Anfertigung der Deduktionen, Einwendung und Ausführung der Rechtsmittel etc. sind die nöthigen Vorschriften im Ersten Theile dieser Gerichtsordnung, vornehmlich Tit. III. §. 15—20. §. 71 bis 77. Tit. V. §. 1—11, §. 16—19. Tit. VIII. §. 28. 29. 36. Tit. IX. §. 1—12. §. 15. 16., ingleichen Tit. X. §. 12—15. enthalten.

Rescript vom 31. Januar 1837, betreffend die Vertretung der Justizkommissarien in Terminen durch ihre Privatsekretaire.

Auf Ihre anderweitige Vorstellung in der Prozeßsache des Einwohners K. wider den Amtmann S. vom 10. d. M. gereicht Ihnen hierdurch zum Bescheide, daß es völlig unzulässig und von keiner Gerichtsbehörde einem Justizkommissarius zu gestatten ist, sich durch seinen Privatsekretair bei Abwartung der Termine vertreten zu lassen.

Nach §. 55. Tit. 3. Thl. I. der A. G. O. ist nur die Substitution eines andern Justizkommissarius zulässig.

Wenn ein Justizkommissar zur Praxis bei mehreren Gerichten auch außerhalb seines Wohnorts berechtigt ist, so muß derselbe, vorausgesetzt, daß er nicht durch Uebernahme von so vielen Geschäften zu Kollisionsfällen selbst Veranlassung giebt, letztere dadurch zu vermeiden suchen, daß er bei den einzelnen Gerichten darauf anträgt, die Termine, in welchen er als Mandatar auftreten soll, in der Regel auf bestimmte Tage in der Woche zusammen anzuberaumen.

(v. K. Jhrb. Bd. 49. S. 172.)

§. 42. Eben daselbst sind die Obliegenheiten des Richters, wegen der bei den Instruktionen über die Justizkommissarien zu führenden Aufsicht, und die Mittel, welche ihm die Gesetze verleihen, den durch Schuld derselben entstehenden Umzügen und Verzögerungen vorzubeugen oder dieselben zu ahnden, näher bestimmt. Zu diesen Mitteln gehören vornehmlich Ordnungsstrafen von 2, 5 bis 20 Thalern, und Einlegung des Exekutors. Wenn aber ein Justizkommissarius es zur Gewohnheit bei sich werden lässt, bei Einziehung der Information leichtsinnig, flüchtig, ohne Umsicht und Ueberlegung zu verfahren; saumselig und nachlässig darin zu sein; unvorbereitet in den Terminen zu erscheinen; durch verschuldete Unvollständigkeit der Instruktionen zu Prorogationsgesuchen und Unterbrechungen der Instruktion Anlass zu geben; die zur Einreichung der Schriften und Deduktionen bestimmten Fristen zu verabsäumen, und dadurch entweder den Prozess zu verzögern oder das Interesse seiner Parteien zu vernachlässigen; und wenn er solcher Fehler und Vergehungen wegen schon dreimal mit den gewöhnlichen Ordnungsstrafen belegt worden ist; so muss der Vorgesetzte des Gerichts, mit Zuziehung eines Raths, ihn deswegen zum Protokolle zur Verantwortung ziehen; ihm die aktenmässigen Fälle solcher Pflichtvernachlässigungen vorhalten; ihn vernehmen, was er dabei noch zu seiner Entschuldigung oder Rechtfertigung anführen zu können vermeine; alsdann die Sache im Kollegio vortragen, und die weitere Verfügung des Chefs der Justiz darüber, mit Beilegung des Protokolls, allenfalls auch der darin in Bezug genommenen Akten, nachsuchen. Dieser muss alsdann, wenn er findet, dass bei einem solchen untauglichen oder nachlässigen Subjekte keine wahrscheinliche Hoffnung der Besserung mehr vorhanden sei, ihn durch ein Rescript von der fernern Prozesspraxis ausschliessen, und auf die übrigen Geschäfte des Justizkommissariats einschränken.

§. 43. Ausser der Haltung richtig und vollständiger Manualakten Thl. I. Tit. III. §. 77.) müssen die Justizkommissarien auch eine fleissige Korrespondenz mit ihren abwesenden Parteien unterhalten, und dieselben über die Lage ihres Prozesses von Zeit zu Zeit benachrichtigen, damit besonders misstrauische und ängstliche Parteien durch Mangel an Nachricht zu unnützen Behelligungen der Gerichte, der höheren Behörden, oder gar der Königlichen Allerhöchsten Person, nicht verleitet werden mögen.

1) **Rescript** vom 29. Dezember 1828, betreffend die Verpflichtung der Justizkommissarien über die Manualakten Repertorien zu halten; s. zu §. 24. dieses Titels.

2) **Rescript** vom 25. Januar 1817, betreffend die Verbindlichkeit der Justizkommissarien zur Ausantwortung der Manualakten.

Es ist dem Justizminister befremdend gewesen, aus einer von dem Maler N. in der Major N.schen Nachlaßsache eingereichten Vorstellung zu ersehen, daß das Königl. Kammergericht den Antrag des Supplikanten, dem Justizkommissarius N. die Extradition der Manualakten per decretum aufzugeben, verworfen, und denselben zur Anstellung der Klage verwiesen hat. Dies ist den Verhältnissen eines Justizkommissarii gar nicht anpassend. Einer jeden Partei steht die unbeschränkte Wahl eines Mandatars frei, und die Einwilligung des Mandatars ist zur Aufhebung des Vollmachtskontrakts nach den Gesetzen (A. L. R. Thl. I. Tit. 13. §. 159.) ganz unnöthig. Daher kann sie, und im vorliegenden Falle ihr Stellvertreter, auch die Extradition der Manualakten sofort fordern, und nur in wenigen Fällen hat der Justizkommissarius das Recht, die Manualakten wegen seiner Gebühren zurückzuhalten. Sobald ein Justizkommissarius sich weigert, ein Mandat aufzugeben und er deshalb seine Manualakten zurückhält, muß das Gericht, vermöge seiner oberauffsehenden Gewalt, von dem Vorfalle Kenntniß nehmen, und nach §. 23 und 24. Tit. 7. Thl. III. der A. G. O. das Verfahren des Justizkommissarii prüfen, und gleich per decretum entscheiden, ob derselbe verpflichtet sei, die Manualakten zu verabfolgen. Das Königl. Kammergericht erhält hierbei das Originalgesuch des rc. N. mit allen Anlagen, um sofort den Justizkommissarius N. zu vernehmen, weshalb er sich weigere, die Vollmachten und Acta manualia zu extradiren, und demnächst allenfalls nach erfolgter Vernehmung des Supplikanten die Frage zu entscheiden, ob derselbe die Manualakten des rc. N. verlangen könne, demnächst aber den rc. N. wegen der anscheinend sehr unbegründeten Weigerungsgründe zur Ordnung zu verweisen.

(v. K. Jhrb. Bd. 9. S. 12.)

3) **Rescript** vom 28. Juli 1817, 9. Juni 1834 und 11. November 1834, betreffend den Verkauf der Manualakten der Justizkommissarien; s. zum §. 50. des Allgemeinen Registratur-Reglements.

§. 44. Da den Justizkommissarien die vollständige Prozesspraxis wiederum eingeräumt ist; so können sie sich nicht entbrechen, an Oertern, wo keine besondere besoldete Armenassistenten vorhanden sind, auch unvermögenden Parteien, nach einer unter ihnen festzusetzenden Reihe, als Rechtsbeistände und Bevollmächtigte zu dienen; wie ihnen denn auch in gleicher Art die Uebernehmung der Defensionen für unvermögende Inquisiten, nach näherer Bestimmung der Kriminalordnung, obliegt.

IV. Als Notarien.

§. 45. IV. Es ist nunmehro noch der vierte Theil von dem Amte der Justizkommissarien übrig, wo sie eigentlich als Notarien anzusehen sind, vor welchen gewisse Handlungen dergestalt vorgenommen werden können, dass denselben durch ihre Zuziehung öffentliche Glaubwürdigkeit erworben und beigelegt wird.

§. 46. Welche Handlungen dieser Art von Justizkommissarien, als Notarien, auf Verlangen der Parteien vorgenommen werden können; und welche, in so fern nicht die Interessenten den Weg der gerichtlichen Vollziehung wählen wollen, nothwendig von einem Justizkommissarius und Notarius aufzunehmen sind, ist im zweiten Theile dieser Gerichtsordnung im ersten Titel näher bestimmt.

1) S. A. G. O. Thl. II. Tit. 1. §. 2—11. und die Zusätze daselbst.

2) **Rescript** vom 11. Januar 1837, daß Notarien keine Akta der freiwilligen Gerichtsbarkeit aufnehmen dürfen, bei welchen Personen interessiren, deren Generalmandatare sie sind.

Auf Ihre Vorstellung vom 20. v. M. wird Ihnen hierdurch eröffnet, daß der Justizminister die in der Verfügung des dortigen Landgerichts vom 8. November v. J. entwickelte Ansicht dahin als richtig anerkennen muß;

daß Sie, so lange Ihr Verhältniß als Generalmandatar zu dem Geheimen-Justizrath H. fortbesteht, als Notar keinen Akt der freiwilligen Gerichtsbarkeit, wobei derselbe betheiligt, aufnehmen dürfen, und es hierin nichts ändert, wenn Sie auch den anderen Interessenten dieses Ihr Verhältniß bei Aufnahme der Verhandlung bekannt machen.

Da ein Mandatar in der Sache seines Machtgebers, d. h. in der speziellen Sache, worin er das Mandat übernommen hat, nach §. 230. Nr. 11. Tit. 10. Thl. I. der A. G. O. kein beweisendes Zeugniß abgeben, also auch in dieser Sache nicht als Notar fungiren kann, so darf er, wenn er eine Generalvollmacht angenommen hat, so lange der Vollmachtsvertrag besteht, in seiner Qualität als Notar in gar keiner Angelegenheit seines Mandanten, welche einen Gegenstand der Generalvollmacht bildet, Verhandlungen aufnehmen.

Die speziellen Bestimmungen in dem §. 26 d. und §. 60. Tit. 7. Thl. III. A. G. O. über das Verhalten eines Notars, der vorher einem der Interessenten beirättig gewesen ist oder der nach vollzogener Notariatsverhandlung als Bevollmächtigter auftreten soll,

unterstützen die Richtigkeit dieses Grundsatzes. In dieser Gesetzstelle wird auf ein bereits aufgehobenes oder ein erst eintretendes Mandatsverhältniß Bezug genommen, nicht auf ein bestehendes. Sie können sich deshalb für den vorliegenden Fall auf jene Gesetzstellen nicht berufen. (v. K. Jhrb. Bd. 49. S. 222.)

§. 47. Die Justizkommissarien konkurriren dabei in einer dreifachen Rücksicht; in so fern sie nämlich dergleichen Kontrakte oder andere Instrumente, als Konsulenten der Parteien entwerfen und anfertigen; in so fern sie, als Mandatarien derselben, deren gerichtliche Vollziehung und Konfirmation, wo solche nöthig ist oder verlangt wird, besorgen; und in so fern sie dergleichen Kontrakt, dessen gerichtliche Konfirmation weder nothwendig, noch von den Kontrahenten beliebt ist, vor sich selbst, in der Qualität von Notarien, unter gewissen Feierlichkeiten vollziehen lassen.

Um also diese Materie, und die dabei von den Justizkommissarien wahrzunehmenden Pflichten vollständig abzuhandeln, müssen:

a) die Aufnehmung des Kontrakts;
b) die Anfertigung des Instruments darüber;
c) die Vollziehung desselben von den Parteien, von einander unterschieden werden.

1) Bei Aufnehmung der Handlung.

§. 48. Bei der Aufnehmung solcher Handlungen und der Protokolle darüber; bei deren Vorlesung und Unterschrift; ingleichen bei der Abfassung der Kontrakte und sonstigen Urkunden selbst, müssen die Justizkommissarien die in gleicher Beziehung den Gerichten im zweiten und dritten Titel des zweiten Theils gegebenen allgemeinen und besonderen Vorschriften und Anweisungen ebenfalls beobachten.

Rescript vom 23. Februar 1813, betreffend die Aufnahme von Notariatsinstrumenten in fremder Sprache.

Die Ansicht des Königl. Kammergerichts in dem Berichte vom 10. d. M., betreffend die von dem Justizkommissarius N. nachgesuchte Autorisation zur Aufnehmung von Notariatsdokumenten Behufs des Gebrauchs im Auslande, kann in principio nicht bestätigt werden; denn es ist durch kein Gesetz verboten, daß Ausländer in ihrer Landessprache coram Notario hier Verträge schließen dürfen. Der Notarius als solcher konstituirt kein Gericht, und Ausländer, welche ein Dokument in ihrer Landessprache zum Gebrauch in ihrem Lande coram Notario aufnehmen oder rekognosciren lassen wollen, können daran ohne Beleidigung der Nationalität nicht gehindert werden. Es versteht sich, daß der Notarius der fremden Sprache in so weit kundig sein muß, als es zur Verständigung mit den Kontrahenten und zur Vermeidung der Illegalitäten nothwendig ist. Ob dies nun in Ansehung der Englischen Sprache mit dem Justizkommissarius N. der Fall ist, ist dem Justizminister nicht bekannt, und muß, wenn es zur Sprache kommt, näher untersucht werden.

(v. K. Jhrb. Bd. 3. S. 31.)

§. 49. Da jedoch den blossen Protokollen der Justizkommissarien und Notarien der gerichtliche Glaube nicht beigelegt ist; auch die öffentliche Glaubwürdigkeit nicht diesen Protokollen, sondern nur den daraus abgefassten, und von den Parteien gehörig vollzogenen Urkunden selbst beiwohnt; die Protokolle daher eigentlich nur zur Bestärkung und Erläuterung der Urkunden dienen; so folgt daraus, dass diejenigen der vorgedachten Vorschriften, welche die Form der Handlung, als einer gerichtlichen, betreffen, von den Justizkommissarien bei Aufnehmung ihrer Protokolle nicht nothwendig zu beobachten sind; und dass es dabei der Zuziehung eines besondern Protokollführers nicht bedürfe. Nur wenn eine Partei des Schreibens nicht mächtig ist, muss bei der Vorlesung des Protokolls und dessen Unterschrift, jedesmal, entweder ein zweiter Justizkommissarius, oder wenigstens ein Zeuge, (welches auch der Protokollführer, wenn er eine von dem Justizkommissarius verschiedene Person ist, sein kann), zugezogen werden. Alsdann muss nach geschehener Vorlesung, der des Schreibens unerfahrene Kontrahent an die Stelle, wo sein Name hingehört, Kreuze oder sein sonst gewöhnliches Handzeichen setzen; der zweite Justizkommissarius oder der Zeuge, muss den Namen dabei schreiben; und hinter den gesammten Unterschriften muss durch eine besondere, von dem zweiten Justizkommissarius oder dem Zeugen mit zu unterzeichnende Registratur attestirt werden, dass diese Zeichen von der Partei, weil sie des Schreibens unerfahren, Statt ihrer Unterschrift beigefügt worden.

1) **Rescript** vom 2. Januar 1824, betreffend die Bemerkung des zum Dokument verbrauchten Stempels auf den Protokollen der Notarien.

Es ist zur Kenntniß des Königl. Finanz-Ministeriums gelangt, daß die Notarien, hier und da, sich der Pflicht enthoben halten, auf den zu ihren Akten zurückbleibenden Protokollen jederzeit den Betrag des Stempels zu bemerken, welcher zu den, auf den Grund dieser Protokolle von ihnen aufgenommenen Dokumenten gebraucht worden ist: weil darüber in dem neuen Stempelgesetz sich keine ausdrückliche Bestimmung findet. Da indessen jene Bemerkung nach wie vor erforderlich ist, damit der revidirende Stempelfiskal sich überzeugen könne, ob dem Stempelgesetze gehörig Genüge geschehen sei; so werden sämmtliche Königl. Ober-Justizbehörden hierdurch angewiesen, den Notarien bekannt zu machen, daß hierin nichts abgeändert, und die in den von Kamptzschen Jahrbüchern unterm 29. Dezember 1818 an die Königl. Ober-Landesgerichte in den überelbischen Provinzen erlassene Verfügung nach wie vor zu beobachten ist.

(v. K. Jhrb. Bd. 23. S. 82.)

2) **Reseript** vom 16. Juni 1824, betreffend die Bemerkung des Stempels der bei Gelegenheit eines Notariatsakts produzirten Dokumente auf den Protokollen der Notarien.

Mit Bezugnahme auf die in den von Kamptzschen Jahrbüchern erlassene Verfügungen vom 29. Dezember 1818 und 2. Januar d. J. wird sämmtlichen Königl. Ober-Justizbehörden hierdurch aufgegeben, die Notarien anzuweisen:

nicht nur auf den zu ihren Akten zurückbleibenden Protocollen jederzeit den Betrag des Stempels, welcher zu den auf den Grund dieser Protokolle von ihnen aufgenommenen Dokumenten verbraucht worden, sondern auch den Betrag des Stempels, mit welchem die Dokumente, worauf Notariatsakte gegründet worden, oder welche bei Notariatsakten überhaupt produzirt werden, als z. B. Wechsel, Schlußzettel, Kontrakte, Atteste, Regresse, Testamente u. s. w. versehen sind, selbst, und nicht durch ihre Schreiber, zu vermerken, und pflichtmäßig mit ihrer Namensunterschrift zu bescheinigen.

(v. K. Jhrb. Bd. 23. S. 206.)

2) bei Ausfertigung des Instruments;

§. 50. Wenn der Justizkommissarius aus dem Protokolle das Instrument selbst, unter Beobachtung der Thl. II. Tit. II. §. 51. 52. ertheilten Vorschriften entworfen hat; so muss er, wenn nicht die Parteien ausdrücklich ein Anderes verlangen, die Reinschrift besorgen; dazu des vorschriftsmässigen Stempelpapiers sich bedienen; in dem Mundo keine Rasuren, Ausstreichungen, Interlineationen, Einschaltungen oder andere Korrekturen, welche den Sinn verstellen, oder zweifelhaft machen könnten, dulden; und sodann das Instrument nach selbst vorgenommener genauer Revision; den Parteien zur Vollziehung vorlegen.

2) bei dessen Vollziehung,

§. 51. Anlangend nun die Vollziehung selbst; so ist dabei ein Unterschied zu machen:

ob einer von den Fällen obwalte, wo der Kontrakt gerichtlich übergeben und konfirmirt werden soll;

oder:

ob eine dergleichen gerichtliche Konfirmation nicht hinzu kommen solle.

1) **Reseript** vom 13. Mai 1822 und 11. Dezember 1835, betreffend die Ausfertigung und Form der Notariatsinstrumente.

Dem Königl. Land- und Stadtgericht werden die Originalbeilagen des Berichts vom 26. v. M. mit dem Eröffnen remittirt, daß auch der Justizminister die Ansicht desselben hinsichtlich der Form der Notariatsurkunden nicht begründet findet, da in dem von dem Land- und Stadtgericht zur Sprache gebrachten Falle die Vollziehung des Kontrakts durch die Parteien wesentlich alle Bedingungen des Gesetzes erfüllt. Insbesondere aber bestimmt die §. 50. Thl. III. Tit. 7. der A. G. O. enthaltene Instruktion für den Notar nur die Regel, aus dem Protokoll erst das Instrument besonders zu entwerfen, und untersagt es keinesweges, das Protokoll in dem nach dessen Fassung dazu geeigneten Falle die Stelle des Instruments vertreten zu lassen. Das Gericht hat hiernach das Weitere in der Sache zu verfügen.

Berlin, den 13. Mai 1822.

(v. K. Jhrb. Bd. 19. S. 321.)

Die Bedenken, welche nach dem Bericht vom 1. d. M. von dem Königl. Land- und Stadtgericht als Hypothekenbehörde gegen die Form der durch den Justizkommissarius und Notarius P. zu M., im Auftrage des Krügers M. zu G., dem Kollegium eingereichten beiden Notariats-Instrumente vom 11. und 22. August c. erhoben worden sind, kann der Justizminister nicht für begründet erachten, vielmehr tritt derselbe der von dem Königl. Ober-Landesgericht zu Magdeburg in der Verfügung vom 12. v. M. geäußerten Ansicht darin bei, daß die gedachten Notariats-Dokumente mit keinem wesentlichen Mangel behaftet sind, wenn gleich darin von der üblichen äußeren Form abgewichen ist.

1) Nach den §§. 56 und 65. Tit. 7. Thl. III. der A. G. O. soll aus der vorgeschriebenen Registratur unter einem notariellen Kontrakt erhellen,

daß derselbe von den Parteien obstehendermaaßen vor dem Notar und mit seiner Zuziehung errichtet und geschlossen worden, und daß die Durchlesung und Unterschrift in Gegenwart des Notars und der Zeugen erfolgt ist.

Dies ist auch für alle Fälle nothwendig, wo die Registratur ein von der Erklärung der Parteien ganz abgesonderter Theil des Notariats-Instruments ist. Diesen Fall hat die A. G. O. vor Augen. Sie setzt voraus, daß die Verhandlung in Gestalt eines Protokolls aufgenommen wird, und daß der Notarius auf Grund dieses Protokolls ein selbstständiges Instrument entwirft, aus welchem lediglich die Errichtung des Kontrakts zwischen den Parteien oder die einseitig von der Partei abgegebene Erklärung sich ergiebt, ohne daß aus diesem Instrument selbst die Konkurrenz des Notars zu entnehmen ist.

In einem solchen Falle muß allerdings die vom Notar nach der Unterschrift beizubringende Registratur noch feststellen,

daß der Kontrakt von den Parteien obstehendermaaßen vor dem Notar und mit seiner Zuziehung errichtet und geschlossen worden ist.

Wenn aber, was bereits durch das Rescript vom 13. Mai 1822 (Jhrb. Bd. 19. S. 321.) nachgelassen worden, das Instrument selbst, wie im vorliegenden Falle, ebenfalls in Form des Notariatsprotokolls gefaßt ist, so erhellet schon aus dem ganzen Instrument, welches dann mit der Registratur nur ein Ganzes bildet,

daß der Akt vor dem Notar und mit seiner Zuziehung errichtet worden,

und es ist daher dem Gesetz vollkommen genügt, ohne daß es über jene Mitwirkung des Notars bei dem Geschäft einer nochmaligen Bestätigung in der Registratur bedarf.

2) Eine besondere Bescheinigung über die Qualität der Zeugen als gültige und einwandsfreie Instruments-Zeugen erfordert das Gesetz nicht.

Der §. 63. Tit. 7. Thl. III. der A. G. O. legt dem Notar die Verbindlichkeit auf, bei einem vor ihm zu Stande kommenden Akt, welcher die Kraft eines öffentlichen außergerichtlichen Instruments haben soll, entweder einen zweiten Notar oder statt dessen zwei Zeugen zuzuziehen, welche

a. die in den Gesetzen vorgeschriebenen Requisite gültiger Instruments-Zeugen haben,
b. lesen und schreiben können,
c. vornehmlich dem Notar als Leute von unbescholtenem Rufe bekannt sind, und
d. in Königl. Landen entweder angesessen sind, oder Handlung oder sonst ein ehrliches Gewerbe treiben.

Daß aber der Notar auch das Vorhandensein dieser Eigenschaften durch ein besonderes Attest feststellen soll, ist im Gesetz nicht vorgeschrieben.

Es könnte dieses Attest entweder im Notariatsprotokoll oder in der auf das Instrument zu setzenden Registratur oder in beiden erfolgen.

Die §§. 56 und 65. geben den nothwendigen Inhalt der Registratur an, ohne einer solchen Bescheinigung über die Eigenschaften der Zeugen zu erwähnen. Ein zweckmäßig abgefaßtes, vollständiges Notariatsprotokoll wird allerdings nicht bloß die Erklärung der Partei, sondern am Schluß auch die Bemerkung enthalten, daß auf Grund dieses Protokolls das Instrument ausgefertigt, von dem Notar und den beiden Zeugen attestirt und den Parteien ausgehändigt worden, oder, wenn die Ausfertigung nicht auf der Stelle erfolgen kann, so wird der Notar zur Vervollständigung seiner Akten unter dem Protokoll einen solchen Vermerk beifügen. Bei Gelegenheit der Niederschreibung dieses Vermerks, sei es im Protokoll selbst, sei es abgesondert unter demselben, könnte nun der Eigenschaften der Zeugen Erwähnung geschehen. Allein immer wäre aus dem Instrument selbst, welches doch der Hypothekenbehörde allein eingereicht wird, nichts über eine solche Bescheinigung zu entnehmen, da, wie schon bemerkt worden, die darauf zu setzende Registratur über die gesetzlichen Eigenschaften der Zeugen kein Attest zu enthalten braucht.

Daß die Zeugen lesen und schreiben können, muß sich übrigens aus ihrer Unterschrift ergeben, wobei sie jedenfalls ihre Angesessenheit, so wie ihr Amt oder Gewerbe mit ausdrücken müssen, wie dies auch in dem vorliegenden Falle geschehen ist.

Hiernach wird das Königl. Land- und Stadtgericht angewiesen, von seinen Bedenken gegen die Form der fraglichen beiden Notariats-Instrumente abzustehen und demgemäß auf die von dem rc. P. bei Einreichung derselben gemachten Anträge das gesetzlich Erforderliche zu verfügen.

Berlin, den 11. Dezember 1835.

(v. K. Jhrb. Bd. 46. S. 528.)

2) a. **Rescript** vom 9. April 1821 und 7. Dezember 1832, betreffend die Förmlichkeiten der Notariatsinstrumente, wenn ein Kontrahent Schreibensunkundig ist.

Dem Königl. Ober-Landesgericht wird auf die Anfrage vom 23. v. M.

in Betreff der Form der Notariats-Handlungen,

eröffnet, wie der Justizminister der Ansicht desjenigen Theils der Mitglieder des Kollegii, welche der Meinung sind,

daß in den Fällen, wenn bei Aufnahme von Notariatsinstrumenten einer der kontrahirenden Theile des Schreibens und Lesens unerfahren ist, einer der zugezogenen Notariats-Zeugen die Notariats-Unterschrift des ersten verrichten kann, und es der Zuziehung einer dritten Person nicht bedürfe,

bei dem klaren Inhalte des §. 67. Tit. 7. Thl. III. der A. G. O., welche diesen Fall ausdrücklich entscheidet, beitritt.

Was die fernere Anfrage betrifft:

ob die Vorlesung der Ausfertigung des Notariats-Instruments in Gegenwart der Zeugen geschehen muß,

so ist der Justizminister, aus den von dem Königl. Ober-Landesgericht angeführten Gründen, mit der Ansicht des Kollegii dahin einverstanden,

daß dies in der Voraussetzung, daß die kontrahirenden Theile schreiben und Geschriebenes lesen können, nicht nöthig sei.

Berlin, den 9. April 1821.

(v. K. Jhrb. Bd. 17. S. 93.)

Die abschriftlich anliegende Beschwerde des Justizkommissarius Dr. S. in H. vom 30. Oktober d. J., in der Hypothekensache von D., muß in so fern für gegründet erachtet werden, als sie gegen diejenige Bestimmung des Rescripts des Königl. Ober-Landesgerichts vom 29. September d. J. gerichtet ist, welche es für nothwendig erklärt:

daß bei der Aufnahme von Notariatsinstrumenten, wenn ein Kontrahent Geschriebenes nicht selbst zu lesen vermag, ein zweiter Notar, oder außer den beiden Notariatszeugen noch ein dritter zugelassen werden müsse.

Die §§. 67 und 57. Tit. 7. Thl. III. der A. G. O., auf welche das Kollegium sich beruft, werden von demselben nicht richtig interpretirt. Der §. 57. bezieht sich auf den §. 49. a. a. O., worin von der Unterschrift des Notariats-Protokolls die Rede ist. Diesem Protokoll ist nach §. 49. der gerichtliche Glaube nicht beigelegt, und es bedarf bei demselben, wenn die Kontrahenten Schreibens und Lesens kundig und zu schreiben im Stande sind, gar keiner Zuziehung von Zeugen. Deshalb wird auch im §. 49. nur für den Fall, wenn die Partei des Schreibens nicht mächtig ist, die Zuziehung eines zweiten Justizkommissarius oder eines Zeugen vorgeschrieben.

Der §. 57. handelt von der Vollziehung der Notariatsinstrumente, welche gerichtlich bestätigt werden sollen. Auch dergleichen Instrumente können nach §. 52. a. a. O. lediglich vor dem Notar, ohne Zuziehung eines zweiten Notars und ohne Zuziehung von Zeugen, aufgenommen werden. Aus diesem Grunde mußte wiederum für den Fall, wenn die Parteien Geschriebenes nicht lesen können, die Zuziehung eines zweiten Notars oder eines Zeugen vorgeschrieben werden. Der §. 67. dagegen disponirt von einem solchen Notariatsinstrument, welches als ein publicum extrajudiciale gelten soll (§. 62.), bei dessen Vollziehung es in allen Fällen der Zuziehung eines zweiten Notars oder zweier Zeugen bedarf. Die Bestimmung hierüber ist in den, dem §. 67. unmittelbar vorhergehenden, §§. enthalten. Wenn nun der §. 67. für den Fall, wenn ein Kontrahent Geschriebenes nicht lesen kann, die Zuziehung „des zweiten Notars oder eines Zeugen" verlangt, so ist hier offenbar von denjenigen Personen die Rede, von welchen schon in den §§. 64. 65 und 66. gehandelt wurde. In Beziehung auf den Notar ist dies unzweifelhaft, da dieser durch den bestimmten Artikel „dem" bezeichnet wird. In Absicht auf die zu adhibirenden Zeugen konnte dies nicht auf gleiche Weise geschehen, weil der Gesetzgeber ausdrücken wollte, daß schon ein Zeuge von den zweien, welche in den vorstehenden §§. erwähnt werden, genüge.

In gleicher Art hat sich schon der Justizminister v. Kircheisen in dem Rescripte vom 9. April 1821 auf den Bericht des Ober-Landesgerichts zu Münster vom 13.

März 1821 ausgesprochen. Der Bericht sowohl als das Rescript ist in den Jahrbüchern Bd. 17. S. 93. abgedruckt worden.

Das Kollegium hat daher von diesem Bedenken, welches auch das Patrimonial-Kreisgericht zu Halle nicht erheben hat, zu abstrahiren. Der übrige Theil der Beschwerde des Justizkommissarius Dr. S. ist unbegründet und derselbe dem gemäß durch die abschriftlich anliegende Verfügung heute beschieden worden.

Berlin, den 7. Dezember 1832.

(v. K. Jhrb. Bd. 40. S. 468.)

b. **Reseript** vom 13. Juni 1834, betreffend die Form der Notariatsinstrumente, besonders bei Schreibensunkundigen.

Der Justizkommissarius R. zu B. hat sich über die Verfügungen des Königl. Ober-Landesgerichts vom 15. Januar und 29. März d. J. beschwert, welche die Berichtigung des Besitztitels des Gutes H. auf Grund eines, von ihm unterm 22. August 1833 aufgenommenen notariellen Kaufvertrags für den Reichspostbeamten M. aus Bergen op Zoom zur Zeit verweigern.

Das Kollegium erhält Abschrift der betreffenden Vorstellung nebst deren Anlagen, wie sie eingegangen sind, und wird demselben mit Bezug hierauf und auf die vorgedachten Verfügungen Folgendes eröffnet.

Der ersten Ausstellung:

> daß es dem ꝛc. M. als Ausländer ohne eine Spezialkonzession des Ministerii des Innern und der Polizei nicht gestattet sei, ein adliges Gut in Preußischen Landen zu erwerben,

tritt der Justizminister vollkommen bei, wie sich denn auch der ꝛc. R. selbst dessen bescheidet.

Das Königl. Ober-Landesgericht erinnert aber in jenen Verfügungen außerdem:

> daß zufolge der A. G. O. Thl. III. Tit. 7. §. 67. in Verbindung mit §. 57., da der Ankäufer M. deutsche Schrift nicht lesen könne, das Instrument demselben durch einen der adhibirten Zeugen, und nicht durch einen bloß von ihm gewählten Assistenten hätte vorgelesen werden müssen.

Diese Ansicht ist nicht begründet. Im §. 67. Tit. 7. Thl. III. der A. G. O. ist zwar bestimmt, daß, wenn ein Kontrahent nicht Geschriebenes lesen könne, die im §. 57. geordnete Vorlesung des Instruments von dem zweiten Notar oder einem Zeugen erfolgen solle; dies wird aber hierin offenbar nur nachgelassen, und nicht als unumgänglich nothwendiges Erforderniß vorgeschrieben. Es ist nicht abzusehen, warum die Vorlesung und Unterschrift nicht auch durch einen dritten, ordnungsmäßig zugezogenen Zeugen, gleich wie bei einer gerichtlichen, mit Hülfe eines vereideten Protokollführers aufgenommenen Verhandlung geschehen dürfte, bei welcher letzteren auch der Protokollführer im Nothfall die Stelle eines selbstgewählten Vorlesungs- und Unterschrifts-Assistenten vertreten kann. (§. 70. Anhang zur A. G. O.) Ganz in entgegengesetzter Ansicht sind früher von einigen Landeskollegien Bedenken erhoben worden:

> ob überhaupt nicht außer den beiden Instrumentszeugen jedesmal noch ein dritter Zeuge oder ein Justizkommissarius zur Vollziehung des Instruments zugezogen werden müsse, wenn einer der Kontrahenten nicht Geschriebenes lesen oder schreiben könne?

was jedoch ebenfalls verneint werden mußte.

Rescript vom 9. April 1821. (Jhrb. Bd. 17. S. 93.)

Rescript vom 7. Dezember 1832. (Bd. 40. S. 468.)

Das dritte Monitum:

> daß die wirklich erfolgte Uebergabe an den Ankäufer nicht erwiesen sei,

ist wieder begründet. Der ꝛc. R. bescheidet sich selbst in seiner Vorstellung vom 25. v. M., daß dieselbe nicht durch ein bloßes Privatzeugniß der vom Gutsbesitzer zum Abschluß des Kaufgeschäfts bestellten Bevollmächtigten erwiesen werden könne, und dazu die Mitunterschrift derselben unter seinem Eintragungsgesuche nicht hingereicht habe. Er behauptet aber, daß schon nach den Worten des §. 4. des Kontrakts:

> „Gefahr und Besitz sind mit dem 17. August d. J. (1833) auf den Herrn Ankäufer übergegangen"

die Uebergabe als erfolgt angenommen werden müsse.

Die Gefahr kann auch vor der Uebergabe der Sache zur Last des Käufers gestellt werden, und es kann daher von dem Uebergange der Gefahr nicht mit Zuverlässigkeit auf die stattgefundene Uebergabe geschlossen werden. Dagegen enthält die Erklärung beider Theile, daß der Besitz auf den Käufer übergegangen sei, an sich ein Zugeständniß der wirklich erfolgten Uebergabe, und würde diese nach bekannten Gesetzen unzweifelhaft feststellen, wenn es nicht gleich darauf im §. 4 des Kontrakts hieße, daß die Natural-Uebergabe erst zu Martini 1833 erfolgen, und bis dahin der Verkäufer alle Nutzungen ziehen und alle Lasten tragen solle. Diese Bestimmung widerspricht direkt jenem Zugeständnisse. Es fragt sich dahr nur noch, ob nicht jene Erklärung:

Gefahr und Besitz sind mit dem 17. August d. J. auf den Ankäufer übergegangen,

schon an und für sich die Stelle einer wirklichen Uebergabe vertrete? Dies muß aber verneint werden. Die Erklärung, daß ein Gut hierdurch (d. h. durch diese Erklärung) übergeben sein solle, genügt nur für diejenigen Fälle, in welchen die Gesetze es ausdrücklich zulassen, daß die Uebergabe der Sache durch bloße Willenserklärung erfolgen kann, also in den Fällen einer sogenannten „traditio brevi manu“ und eines „constitutum possessorium“ (A. L. R. Thl. I. Tit. 7. §. 70 und 71.); aber keiner von beiden ist hier vorhanden.

Das über den Kaufvertrag aufgenommene Notariats-Dokument unterliegt endlich der folgenden Ausstellung:

Nach §. 63, 64 und 65. Tit. 7. Thl. III. der A. G. O. muß das über den Vertrag aufgenommene Instrument in Gegenwart des Notars und der Instrumentszeugen durch- oder vorgelesen und unterschrieben, und der Hergang in der darunter gesetzten Registratur attestirt werden. Die hinter dem Vertrage befindliche Notariats-Registratur giebt aber keine vollständige Auskunft darüber, ob jene Vorschriften gehörig beobachtet sind. Es heißt darin bloß:

daß der Vertrag von dem Notar und mit seiner Zuziehung errichtet und geschlossen, und das Instrument nach resp. Durch- und Vorlesung von den Kontrahenten unterschrieben worden,

nicht aber daß solches in Gegenwart des Notars und der Zeugen geschehen sei. Der Zusatz, daß dies von Notar und Zeugen attestirt werde, genügt dazu nicht, da hierbei noch der Zweifel obwalten kann, ob dieselben dies Attest in Folge eigener Wahrnehmung, oder nur auf Versicherung der Interssenten oder dritter Personen ausgestellt hätten.

Eben so wenig kann die am Schlusse des Vertrags selbst vor der Unterschrift der Kontrahenten gemachte Bemerkung, daß bei letzterer und der Vorlesung die dort bezeichneten Personen als Zeugen zugezogen seien, den Mangel der gesetzmäßig abgefaßten Schlußregistratur des Notars ersetzen, da gerade erst diese den wirklich erfolgten Hergang bei der Vorlesung oder Vollziehung bezeugen kann und soll, jene Bemerkung aber sich auf künftige Handlungen bezieht.

Das Königliche Ober-Landesgericht hat daher einen Termin zur gerichtlichen Anerkennung des Vertrags, und zur Erklärung über die erfolgte Uebergabe entweder vor sich anzuberaumen, oder von dem Land- und Stadtgericht zu B., wo die Bevollmächtigten der Kontrahenten wohnen, abhalten zu lassen, von dem zweiten Monito jedoch abzustehen.

Der ꝛc. N. ist hiernach anderweitig von dem Kollegio zu bescheiden.

(v. K. Jhrb. Bd. 43. S. 583.)

r. **Rescript** vom 20 Januar 1836, betreffend die Attestirung der Handschrift bei Notariatsinstrumenten.

Der Justizkommissarius S. zu S. beschwert sich in der urschriftlich nebst Anlagen beigefügten Vorstellung vom 7. d. M über die Verfügung des Königl. Ober-Landesgerichts vom 22. v. M., durch welche die Eintragung des Notariats-Kaufkontrakts vom 5. November pr. auf Grund des §. 71. Anh. zur Prozeßordnung Tit. 10. §. 19. deswegen verweigert wird,

weil die Handzeichen der Lesens und Schreibens unkundigen Verkäuferin Wittwe B. und der ebenfalls Schreibens und Lesens unkundigen Mitkäuferin, verehel. H., von einem und demselben Instrumentszeugen attestirt worden sind.

Der Justizminister kann das Bedenken des Kollegiums nicht gegründet finden.

Der §. 48. der A. G. O. Thl. III. Tit. 7. verordnet zwar, daß bei Aufnahme von Notariatsverhandlungen und namentlich

„bei deren Vorlesung und Unterschrift“

die in gleicher Beziehung den Gerichten im Tit. 2 und 3. Thl. II. der A. G. O. gegebenen

„allgemeinen und besonderen Vorschriften“

beobachtet werden sollen. Der §. 71. des Anh. zur A. G. O. scheint sonach für den vorliegenden Fall entscheidend zu sein, weil der im Thl. II. Tit. 2. der A. G. O. enthaltene Anhang §. 421. zu §. 17. Absatz 2. ausdrücklich auf §. 68. u. f. des Anhangs zur Prozeßordnung Tit. 10. §. 19., folglich auch auf den §. 71. des Anhangs verweiset.

Allein über die Vollziehung der als öffentliche außergerichtliche Urkunden geltenden Notariatsinstrumente durch Schreibens Unerfahrene enthalten die §§. 67., 58., 59., 49. der A. G. O. Thl. III. Tit. 7. besondere, die Anwendbarkeit des §. 71. Anh. zur Prozeßordnung ausschließende Bestimmungen.

Nach den allegirten §§. 67., 58., 59., 49. muß die Schreibens unerfahrene Partei an dem Ort, wo ihr Name hingehört, ein Handzeichen machen, und ein zweiter Notarius oder, wie das Gesetz im §. 67. sagt, „ein Zeuge" jenem Handzeichen ihren Namen beifügen. Aus den im Rescripte vom 7. December 1832 (Jhrb. Bd. 40. S. 468.) angeführten Gründen ist unter dem eben erwähnten „einem Zeugen" nur einer der beiden §. 63., 64., 65. der A. G. O. Thl. III. Tit. 7. gedachten Instrumentszeugen zu verstehen, und ein dritter besonderer Unterschriftszeuge nicht für nothwendig zu erachten. — Es leuchtet hiernach ein, daß auch Ein und derselbe Instrumentszeuge die Handzeichen mehrerer Analphabeten, welche ein verschiedenes Interesse haben, attestiren darf. Unrichtig würde ferner die Behauptung sein, daß im vorliegenden Falle der eine Instrumentszeuge die Zeichen der Verkäuferin und der andere Zeuge die Zeichen der Mitkäuferin hätte attestiren müssen, denn daraus würde folgen, daß es bei Kontrakten, wo ein drei- und mehrfaches Interesse vorwaltet, auch dreier und resp. mehrerer Instrumentszeugen bedürfe, was nicht vorgeschrieben ist. Die Notariats-Instrumentszeugen haben auch nicht die Bestimmung, daß der Eine diesen und der Andere jenen einzelnen Bestandtheil des vor ihnen verhandelten Geschäftes beglaubigen soll. Die Zeugen dienen vielmehr zur Beglaubigung des ganzen Aktes, und nur Ein Zeuge hat, nach der ausdrücklichen Vorschrift des §. 67. der A. G. O. Thl. III. Tit. 7. noch die besondere Funktion, die Handzeichen Schreibens-Unerfahrener zu attestiren.

Die Unanwendbarkeit des §. 71. Anh. zur Prozeßordnung auf Notariats-Instrumente wird vollends unbedenklich, wenn man erwägt, daß nach der Allerhöchsten Deklaration vom 20. Juni 1816 (G. S. S. 203.) die Vorschriften der §§. 68. seq. und 421 Anh. zur A. G. O. nur für den Fall gegeben sind, wenn der Richter ohne Protokollführer oder Schöppen verhandelt. Nur bei gerichtlichen vor nicht vollständig besetzter Gerichtsbank geschlossenen Verträgen, folglich niemals bei Notariatskontrakten, tritt die Nothwendigkeit ein, auf Grund des §. 71. Anh. zur Prozeßordnung verschiedene Unterschriftszeugen oder Beistände für Analphabeten, die ein verschiedenes Interesse haben, zuzuziehen.

Vor besetztem Gerichte werden die Kontrakte Schreibens-Unerfahrener ohne Unterschriftsbeistände und nach §. 46. A. G. O. Thl. II. Tit 2. in der Art vollzogen, daß der Richter die Handzeichen attestirt und der Protokollführer und ein Schöppe den Namen eines Schreibensunkundigen dem Handzeichen desselben beifügt. Verschiedene Protokollführer oder Schöppen für Analphabeten, welche ein entgegengesetztes Interesse haben, werden nicht erfordert. Vielmehr soll das ebengedachte Verfahren auch dann statt finden, wenn, wie §. 46. Thl. II. Tit. 2. der A. G. O. ausdrücklich sagt, „die eine oder die andere Partei" nicht schreiben kann.

Bei Akten der freiwilligen Gerichtsbarkeit vertreten, insofern es auf die bloße Beglaubigung ankommt, zwei Notare, oder ein Notar und zwei Zeugen, die Stelle eines vollständig besetzten Gerichts. In der Konsequenz dieses Satzes liegt es, daß der §. 71. Anh. zur Prozeßordnung eben so wenig auf Notariatsinstrumente als auf Verhandlungen vor vollständig besetzter Gerichtsbank Anwendung leidet.

Der von dem Beschwerdeführer eingereichte Kaufkontrakt ist übrigens deshalb für ein gültiges Notariats-Instrument nicht zu erachten, weil er nicht dem Lesens und Schreibens kundigen Mitkäufer Schiffmann H. nach Vorschrift des §. 53. Tit. 7. Thl. III. der A. G. O. zur Durchlesung vorgelegt worden, auch dieser seiner Namensunterschrift den im §. 54. a. a. O. verordneten Vermerk: „selbst gelesen und richtig befunden" nicht beigefügt hat. §. 64. ibid. In wie fern dieser Mangel der Eintragung in das Hypothekenbuch, mit Rücksicht auf §. 1. 3. des Gesetzes vom 23. April 1821 (G. S. S. 43.) und §. 75. der A. G. O. Thl. III. Tit. 7. entgegensteht, hat zunächst das Kollegium zu beurtheilen, welches nach den vorstehend entwickelten Grundsätzen, das Königl. Land- und Stadtgericht zu Stendal weiter zu bescheiden hat.

(v. K. Jhrb. Bd. 47. S. 334.)

a) in so fern es gerichtlich bestätigt werden, oder

§. 52. Im ersten Falle, wenn nämlich die gerichtliche Konfirmation hinzu kommen soll, geschieht die Vollziehung des Instruments von den Parteien vor dem Justizkommissarius, welcher solches aufgenommen und koncipirt hat, allein, in seiner Qualität als Notarius; und er hat dabei Nachstehendes zu beobachten.

§. 53. Zuvörderst muss das Instrument den Kontrahenten vorgelegt werden, um es selbst durchzulesen, und sich also zu überzeugen, dass dasselbe durchgehends ihrer Intention und Vereinbarung gemäss abgefasst sei.

§. 54. Finden sie dabei nichts zu erinnern; so müssen sie das Instrument mit ihrem ausgeschriebenen Namen unterzeichnen, und dabei eigenhändig attestiren, dass sie es durchgelesen und richtig befunden haben.

Rescript vom 27. Juli 1821, betreffend die Bemerkung in Notariatsinstrumenten, daß solche vor einem Notar aufgenommen sind.

Dem Königl. Ober-Landesgericht wird auf den Bericht vom 6. d. M. unter Zurücksendung der Anlagen eröffnet, daß der Justizminister dem Theile des Kollegii beitritt, welcher die Frage:

ob aus der von einem Notar aufgenommenen und von solchem übrigens vorschriftsmäßig ausgefertigten und vollzogenen Urkunde selbst schon hervorgehen müsse, daß sie vor einem Notar aufgenommen worden sei,

verneinend beantwortet, weil die Affirmative in der A. G. O. nicht ausdrücklich vorgeschrieben ist, und aus dem Vollziehungsattest, wenn solches sonst gesetzlich ausgestellt worden, nach Thl. III. Tit. 7. §. 54. der A. G. O. schon hervorgeht, daß die Urkunde vor dem Notar und mit dessen Zuziehung errichtet und geschlossen worden ist, welches über die Eigenschaft des Dokuments keinen gegründeten Zweifel übrig läßt.

(v. K. Jhrb. Bd. 18. S. 30.)

§. 55. Ist das Instrument bloss über einen einseitigen Kontrakt errichtet; so versteht es sich von selbst, dass selbiges nur von demjenigen Theile, welcher sich darin zu etwas verbindlich macht, z. B. ein Hypothekeninstrument bloss von dem Schuldner, unterzeichnet werden dürfe.

§. 56. Nach erfolgter Unterschrift der Kontrahenten wird von dem Notarius unmittelbar hinter derselben eine Registratur beigefügt: dass der Kontrakt von den Parteien obstehendermaassen vor ihm, und mit seiner Zuziehung errichtet und geschlossen, auch nach vorhergängiger Durchlesung unterschrieben worden sei. Diese Registratur muss der Notarius selbst, mit seinem vollständigen Namen, unter Bemerkung seiner Qualität und des Kollegii, wo er immatrikulirt ist, unterschreiben und sein Notariatssiegel beidrucken.

Rescript vom 28. März 1837, betreffend die Form der Dienstsiegel der Notarien.

Dem Königl. Ober-Landesgericht wird auf den Bericht vom 24. v. M. wegen der Dienstsiegel der Notarien, hierdurch eröffnet, wie der Justizminister nach vorgängiger Kommunikation mit des wirklichen Geheimen Staatsministers und Ministers des Königlichen Hauses, Herrn Fürsten von Wittgenstein Durchlaucht, mit dem Kollegium darin einverstanden ist:

daß sich jeder Notar bei Ausfertigung der von ihm aufgenommenen Urkunden, wie dies bereits für die Notare in der Rheinprovinz vorgeschrieben ist (Notariatsordnung vom 25. April 1822 §. 42. G. S. S. 109.) eines Siegels zu bedienen hat, welches nächst der den Stand, Namen und Wohnort des Notars bezeichnenden Umschrift, den Königl. Preußischen Adler enthält, wie solcher in dem Gesetze vom 9. Januar 1817 Beilage Litt. C. (G. S. S. 21.) näher beschrieben ist.

Das Königl. Ober-Landesgericht hat darauf zu halten, daß sich die Notarien seines Departements dergleichen Siegel bedienen.
(v. K. Jhrb. Bd. 49. S. 224.)

§. 57. Kann ein kontrahirender Theil nicht Geschriebenes lesen; so muss bei der Vollziehung des Instruments eben so, wie bereits oben §. 49. in Ansehung des Protokolls verordnet ist, ein zweiter Justizkommissarius oder wenigstens ein Zeuge zugezogen werden.

Dieser muss solchem Kontrahenten das Instrument langsam und deutlich vorlesen; der Kontrahent muss sodann selbiges unterschreiben, und der Notarius muss in der nach §. 56. beizufügenden Registratur die geschehene Vorlesung attestiren; auch diese Registratur von demjenigen, welcher die Vorlesung verrichtet hat, mit unterzeichnen lassen.

§. 58. Kann ein solcher Interessent auch nicht seinen Namen schreiben; so muss nach Vorschrift §. 49. wie bei dem Protokolle verfahren werden.

S. wegen der Förmlichkeiten bei Schreibensunkundigen die Zusätze zu §. 51. dieses Titels unter Nr. 2.

§. 59. Nach solchergestalt vollständig berichtigten Unterschriften muss der Notarius die Parteien anweisen, sich nunmehro bei den Gerichten zu melden, und einen Termin zur gerichtlichen Vollziehung und Konfirmation des Kontrakts nachzusuchen.

§. 60. Deklariren dabei einer oder beide Theile, dass sie diese gerichtliche Verhandlung nicht persönlich vornehmen können oder wollen, sondern entweder ihn selbst, oder einen andern, zum Bevollmächtigten deshalb zu ernennen gesonnen sind; so muss er zugleich die Ausstellung der Vollmacht gehörig besorgen; dieselbe von dem Mandanten auf eben die Art, wie das Instrument selbst, vollziehen lassen; und die Parteien, sofern es nöthig ist, weiter anweisen.

Soll die Vollmacht auf den Justizkommissarius selbst, welcher die Handlung als Notarius vorgenommen hat, gerichtet werden; so muss die Vollziehung derselben von einem andern Justizkommissarius attestirt werden; es wäre denn, dass zu der gerichtlichen Verhandlung auch eine blosse Privatvollmacht hinreichend sein würde.

§. 61. Wenn nun ein solches Instrument bei Gerichten eingereicht wird; so müssen diese, in so fern sie bei dem Inhalte und der Form desselben nichts Wesentliches zu erinnern finden, einen Termin zur gerichtlichen Vollziehung und Konfirmation, mit Vorladung der Interessenten, anberaumen, und das Weitere nach Vorschrift der Gesetze besorgen und veranlassen.

b) als ein Instrumentum publicum extrajudiciale gelten soll.

§. 62. Bisher ist von dem Falle gehandelt worden, wenn ein Kontrakt zur gerichtlichen Konfirmation gelangen soll. Wenn sich aber derselbe hierzu weder nach seiner Natur und Gegenstande, noch nach einer Verabredung der Parteien qualificirt, sondern nur die Kraft und Wirkung eines vollkommen glaubwürdigen Notariatsinstruments erhalten soll; so müssen bei Vollziehung desselben nachstehende Vorschriften beobachtet werden.

§. 63. Erstlich muss bei dieser Vollziehung allemal, und ohne Unterschied der Fälle, ein zweiter Notarius, oder Statt dessen zwei Zeugen gegenwärtig sein; welche Letztere die in den Gesetzen vorgeschriebenen Requisita gültiger Instrumentszeugen haben, lesen und schreiben können, vornehmlich aber dem Notarius als Leute von unbescholtenem Rufe bekannt, und in Königlichen Landen angesessen sein oder daselbst ein Amt bekleiden, oder Handlung, oder sonst ein ehrliches Gewerbe treiben müssen.

Anh. §. 467. *Der bei der Vollziehung zuzuziehende zweite Notarius darf mit demjenigen, welcher den Akt aufnimmt, nicht in solchen Verhältnissen stehen, die die Ablegung eines rechtsgültigen Zeugnisses des einen für den andern ausschliessen.*

1) **Rescript** vom 24. März 1804, betreffend die von zwei Notarien, die mit einander verwandt sind, aufgenommenen Instrumente.

Die Justizkommissarien N. N., Vater und Sohn, hatten als zwei Notarien ein Instrument, bei welchem die Gesetze die Zuziehung eines zweiten Notarii oder zweier Zeugen verlangen, beglaubigt. Als solches zur Eintragung ins Hypothekenbuch bei der Ostpreußischen Regierung eingereicht wurde, verweigerte diese die Eintragung, weil das Instrument nicht für gesetzlich beglaubigt angenommen werden könnte, indem die A. G. O. Thl. III. Tit. 7. §. 63. erfordere, wenn statt des zweiten Justizkommissarii zwei Zeugen zugezogen würden, daß selbige die in den Gesetzen vorgeschriebenen Requisiten gültiger Instrumentszeugen haben sollten, mithin sie in keinem ein Beweiszeugniß nach Vorschrift der A. G. O. Thl. I. Tit. 10. §. 227 bis 233. ausschließenden oder die Beweiskraft ihres Zeugnisses einschränkenden Verhältniß mit dem Justizkommissarius stehen dürften. Hierüber führten die Justizkommissarien N. N. Beschwerde beim Justizministerio. Sie behaupteten, daß nur das Amt bei den öffentlichen Beglaubigungen in Betracht kommen und daß, wenn mithin von Justizkommissarien eine Rekognition vollzogen, das Gericht ohne weitere Rücksicht auf ihr Verwandtschaftsverhältniß, solche für gesetzlich beglaubigt anzunehmen kein Bedenken tragen dürfe. Sie bemerkten ferner, daß weder nach Vorschrift der A. G. O., noch nach gemeinen Rechten, das Verwandtschaftsverhältniß der Instrumentszeugen unter sich ihrer Glaubwürdigkeit nachtheilig sein könnte, und daß sogar nach dem römischen Rechte Testamentszeugen nicht allein unter sich, sondern selbst mit dem Testator verwandt sein könnten.

l. 8. J. de testam. ordinand.
l. 17. D. de testibus.
l. 2. §. 2. D. qui testamenta facere possunt.

Zur Resolution erhielten sie hierauf folgendes Rescript vom 24. März 1804.

Die Absicht der Gerichtsordnung Thl. III. Tit. 7. §. 63., wenn sie in dem dort bemerkten Falle die Zuziehung eines zweiten Notarius verordnet, ist dahin gerichtet, die Gewißheit der Handlungen daraus über allen Zweifel zu erheben. Diese Absicht wird aber mehr oder weniger verfehlt, wenn beide alsdann mit einander konkurrirende Notarien in solchen Verhältnissen mit einander stehen, welche die Ablegung eines rechtsgültigen Zeugnisses des einen für den andern ausschließen, indem es in der Natur der Sache liegt, daß eben diese Verhältnisse die Glaubwürdigkeit, welche das Gesetz beabsichtigt und unstreitig vorhanden ist, wenn zwei mit einander in solchem Verhältniß gar nicht stehende Notarien konkurriren, schwächen müsse.

Die Ostpreußische Regierung hat daher in der Verfügung vom 3. d. M. die zur Eintragung eingereichte Obligation des von N. mit Recht zurückgegeben, und hättet Ihr Euch in Eurer darüber unterm 15. d. M. angebrachten Beschwerde um so weniger auf die in die vorliegende Frage einschlagenden Vorschriften des Römischen Rechts bei Instrumentsvollziehungen berufen sollen, als das A. L. R. diese Grundsätze keinesweges angenommen hat, vielmehr Thl. I. Tit. 12. §. 120. vorschreibt, daß der Richter denjenigen, der in den eigenen Privatangelegenheiten desselben, wegen naher Verwandtschaft, oder persönlicher Verbindung ein Zeugniß für ihn abzulegen unfähig sein würde, bei einem von ihm auf- oder abgenommenen Testamente als Zeugen nicht zuziehen dürfe.

(Mathis Bd. 1. S. 128. Abschnitt 2.)

2) **Rescript** vom 21. Oktober 1822, betreffend die Zulässigkeit der Privatschreiber der Notarien als Instrumentszeugen.

Der Justizminister tritt der von dem Königl. Ober-Appellationsgericht im Berichte vom 9. d. M. in Veranlassung des zurück erfolgenden Original-Berichts des Landgerichts zu Meseritz vom 3. d. M. entwickelten Meinung, über die Zulässigkeit der Schreiber der Notarien als Instrumentszeugen, bei. Privatschreiber gehören, nach Vorschrift des A. L. R. Thl. II. Tit 5. §. 187. nicht zu der Klasse der Haus-Offizianten oder gar Dienstboten, welche im Brodt und Lohn der Justizkommissarien und Notarien stehen, und folglich nach Thl. I. Tit. 10. §. 233. Nr. 5. der Gerichtsordnung für sie kein völlig beweisendes Zeugniß ablegen können. Ein anderes ist es, wenn ein Notar ein Subjekt zu häuslichen Diensten wirklich in Dienst genommen hat, und durch solches in seinem Büreau auch Schreiberei nebenher besorgen läßt. Dergleichen Subjekte sind aber auch keine Schreiber, sondern Dienstboten, und von solchen kann das nicht gelten, was von ersteren disponirt ist.

(v. K. Jhrb. Bd. 20. S. 275.)

3) **Rescript** vom 5. September 1825, betreffend die Qualität der Zeugen bei Notariatsinstrumenten.

In der beikommenden Vorstellung vom 19. November 1824 frägt der Justizkommissarius N. zu D. an:

> ob die bei der Vollziehung eines Notariats-Instruments zuzuziehenden Zeugen mit dem Aussteller in solchem Verhältnisse stehen dürfen, daß sie kein rechtsgültiges Zeugniß für denselben ablegen können?

Dem Königl. Kammergericht wird aufgegeben, den N., der die Bescheidung später wieder in Anregung gebracht hat, dahin zu bescheiden: daß die nähere Erörterung der von ihm aufgestellten Frage der Revision der Gesetze vorbehalten werden müsse, daß aber die Fälle, bei welchen, seiner Angabe zufolge, Zweifel darüber entstanden, ob die Verhältnisse einer Person zu dem Aussteller eines Dokuments ihn als Zeugen bei Aufnahme eines Notariatsinstruments unzulässig machen, einem jeden vorsichtigen Notarius schon hinlänglich Veranlassung dazu gäben, die Zuziehung solcher Personen als Zeugen zu vermeiden; daß sich auch allerdings Fälle wohl als möglich denken lassen, in welchen die Verhältnisse einer Person zu dem Aussteller eines Instruments, bei dessen Aufnahme dieselbe als Zeuge zugezogen worden, sie in der Folge wenigstens unfähig machen, über den Vorgang bei Aufnahme des Instruments ein vollgültiges Zeugniß abzulegen.

(Gen. Act. des Justizm. L. R. No. 13. Vol. III. Fol. 141.)

4) S. auch die Zusätze zu §. 51. dieses Titels unter Nr. 2.

§. 64. In Gegenwart dieses zweiten Notarius oder dieser Zeugen, muss Zweitens die §. 53. beschriebene Durchlesung des Instruments von den Kontrahenten, und die Unterschrift derselben, nach Maassgabe §. 54. erfolgen.

§. 65. Drittens muss in der §. 56. beschriebenen Registratur die in Gegenwart beider Notarien oder der Zeugen erfolgte Durchlesung und Unterschrift attestirt, und diese Registratur auch von dem zweiten Notarius oder den Zeugen mit unterschrieben werden.

§. 66. Ist ein zweiter Notarius zugezogen; so muss derselbe, gleich dem ersten, sein Notariatssiegel beidrücken; sind aber nur Zeugen adhibirt; so müssen sie ihre Petschafte hinzufügen, oder wenn sie keine führen, dies bei ihrer Namens Unterschrift mit bemerken.

§. 67. Kann ein Kontrahent nicht Geschriebenes lesen; so geschieht die §. 57. geordnete Vorlesung von dem zweiten Notarius oder einem Zeugen. Kann er auch seinen Namen nicht schreiben, und muss also, nach Maassgabe §. 58., an dessen Stelle nur Kreuze machen; so muss der zweite Notarius oder ein Zeuge desselben Namen beisetzen. Wie und von wem die Vorlesung und die Unterschrift geschehen, muss alsdann in der Schlussregistratur ausdrücklich mit bemerkt werden.

Wegen der Förmlichkeiten bei Schreibensunkundigen, s. die Zusätze zu §. 51. dieses Titels.

§. 68. Wenn nun solchergestalt das Instrument gehörig vollzogen ist, so muss solches dem Direktor des Notarienkollegii, nebst dem Koncepte, vorgelegt; von besagtem Direktor, wenn er Alles richtig und gehörig beobachtet findet, das Siegel des Notarienkollegii, nebst seiner Unterschrift, beigesetzt, und sodann das Instrument dem- oder denjenigen, für welche es bestimmt ist, ausgehändigt werden.

Anh. §. 468. *Die Beobachtung dieser Vorschrift ist nur alsdann erforderlich, wenn der Extrahent ausdrücklich darauf anträgt.*

Circular-Verordnung vom 30. Dezember 1798, Abschnitt **VI.**, aufgenommen in §. 468. des Anhanges, s. zur Einleitung §. 40.

Anh. §. 469. *Justitiariate anzunehmen ist den Justizkommissarien nicht erlaubt.*

1) **Rescript** vom 11. Dezember 1809, daß Justizkommissarien Justitiariate nicht annehmen dürfen.

Auf die, vermittelst Berichts vom 27. Oktober d. J. an Euch gethane Anfrage:

ob die Verfügung des Rescripts vom 26. August a. c. auch auf die außerhalb Berlin angestellte Justizkommissarien Anwendung finde,

ertheilen Wir Euch hierdurch zur Resolution, daß diese Verordnung, nach welcher es hinführo keinem Justizkommissarius erlaubt sein soll, Justitiariate anzunehmen, ganz allgemein gefaßt ist, und daher sowohl den Worten, als dem Grunde nach, auch die außerhalb Berlin lebenden Justizkommissarien unter sich begreift.

(Mathis Bd. 9. S. 150. Abschn. 2.)

2) **Rescript** vom 25. Oktober 1819, daß auch sächsische Advokaten keine Justitiariate verwalten dürfen.

Dem Königl. Ober-Landesgericht wird auf dessen Bericht vom 8. d. M. und den darin gemachten Antrag:

daß den im Herzogthum Sachsen als Justizkommissarien praktizirenden Advokaten, bis zur definitiven Organisation der Untergerichte, die Annahme und Verwaltung neuer Justitiariate nachgelassen werde,

eröffnet, daß der Justizminister nicht berechtigt ist, die Anwendung des §. 409. des Anhanges zur A. G. O. auf die gedachten Advokaten zu suspendiren. Es kann daher denselben die Uebernahme neuer Justitiariate nicht anders gestattet werden, als wenn sie die Prozeßpraxis niederlegen und sich auf die Verwaltung neuer Justitiariate beschränken.

(v. K. Jhrb. Bd. 14. S. 226.)

3) **Rescript** vom 7. Januar 1831, daß ein Justizkommissarius die Patrimonialgericht-barkeit auf seinem eigenen Gute verwalten könne.

Das Justizministerium kommunizirt dem Königl. Ober-Landesgericht hierneb abschriftlich die Vorstellung des Hofraths N. N. zu Stettin, und die an denselbe darauf ergehende Resolution. Die Verfügung des Kollegii vom 6. v. M. u. gründet sich hauptsächlich auf den §. 469. des Anhanges zur A. G. O., nach welche den Justizkommissarien nicht erlaubt ist, Justitiariate anzunehmen. Diese Bestin mung hat aber auf Justizkommissarien in Rücksicht auf die ihnen zustehende Rittergüter und die Ausübung der Patrimonialgerichtsbarkeit nicht vermöge ein Justitiariatsverhältnisses erhalten und verwalten, sondern vielmehr die ihnen eige thümlich zustehende Gerichtsbarkeit ausüben, und daher in die Kategorie des §. 7 u. f. des A. L. R. Thl. II. Tit. 17. gehören. Der Hauptgrund jener Verfügung i hierdurch beseitigt. Die übrigen Zweifel werden durch die von dem Hofrath N. N vorgeschlagenen und in der an denselben heute ergehenden Resolution angeführt Modalitäten gleichfalls beseitigt werden.

(v. K. Jhrb. Bd. 37. S. 80.)

§. 69. Ein dergleichen Kontrakt, welcher nach den gegen wärtigen Vorschriften eingerichtet und abgefasst ist, hat nac Maassgabe des ersten Theils Tit. X. §. 130—132. alle Glaub würdigkeit und Beweiskraft einer öffentlichen aussergerichtliche Urkunde; und wenn er ein Darlehn betrifft; so findet daraus de Tit. XXVIII. beschriebene exekutivische Prozess Anwendung.

§. 70. Uebrigens hängt es von der Natur des Geschäfte, ausserdem aber von der Willkühr der Partei ab, in wie fer über einen solchen Kontrakt nur ein oder mehrere Exemplarie ausgefertigt werden sollen. Geschieht Letzteres; so müssen be jedem Exemplare, in Ansehung der Unterschrift und Vollziehung die obigen Anweisungen beobachtet werden, und der Notariu muss auf jedem Exemplare bemerken, wie viele dergleichen aus gefertigt, und wem jedes davon zugestellt worden.

§. 71. Auf eben die Art, wie nach diesen Vorschriften all andere Kontrakte vor den Notarien dergestalt vollzogen werde können, dass die darüber errichteten Instrumente die Kraft un Wirkung von öffentlichen Urkunden haben, kann ein Gleiche auch in Ansehung der Erbsonderungen geschehen, in so fern da bei nur lauter majorenne Interessenten oder solche Minderjährig Theil nehmen, welche bloss unter väterlicher Gewalt stehen.

Wenn aber

a) ein unbewegliches Grundstück zur Erbschaftsmasse gehört so muss in Ansehung desselben auch hier, so wie sons überall, die gerichtliche Konfirmation hinzukommen. Wen
b) einer oder mehrere unter den Interessenten, als Minder jährige, Blödsinnige, Verschwender oder aus anderen Ur sachen, unter gerichtlich bestellter Vormundschaft un Kuratel stehen; so muss die ganze Erbsonderung nac näherer Vorschrift der Vormundschaftsordnung angeleg werden; und wenn
c) unter den Interessenten, sie mögen majorenn oder mino renn sein, Streit entsteht; so ist die Vorschrift Thl. I Tit. XLVI. gehörig zu befolgen.

§. 72. Schliesslich ist noch zu bemerken, dass, wenn a Orten, wo kein Kollegium oder Deputation von Notarien etablirt und also auch kein Direktor gegenwärtig ist, ein Kontrakt der gestalt, dass er die Kraft einer öffentlichen Urkunde habe, aufgenommen werden soll, alsdann die Kontrahenten sich entweder an das Gericht wenden, oder, wenn sie dies nicht wollen, sich gefallen lassen müssen, dass der Justizkommissarius, welchen sie einer solchen Handlung wegen requiriren, das Koncept mit dem Protokolle und die Reinschrift an den Direktor zur Revision und Siegelung einsende.

Bei Actibus unilateralibus.

§. 73. 2) Eben so, wie vorstehend wegen Aufnehmung und Vollziehung der Kontrakte und Verträge aller Arten verordnet ist, können auch andre Handlungen, welche kein eigentlicher Kontrakt sind, z. B. Quittungen, Renunciationen, Vollmachtsausstellungen u. dergl. vor den Notarien vollzogen werden.

Ein Notarius hat alsdann, wegen der Aufnehmung eines solchen Aktus, und Ausfertigung des Instruments darüber, eben das zu beobachten, was oben wegen der Kontrakte vorgeschrieben ist, und wegen der Art der Vollziehung derselben finden nach Unterschied der Fälle, ob nämlich gerichtliche Konfirmation hinzu kommen soll oder nicht, die Vorschriften §. 51. u. f. Anwendung.

§. 74. Die Differenz zwischen solchen bloss einseitigen Actibus und wirklichen Kontrakten besteht also bloss darin: dass der Notarius es hier nur mit einer Person zu thun hat; und daher von den allegirten Dispositionen alle diejenigen, welche das Verhältniss zwischen zwei oder mehreren Kontrahenten voraussetzen, hier von selbst wegfallen.

Aufnehmung von Rekognitionsattesten.

§. 75. Ganz verschieden von der den Notarien zustehenden Aufnehmung solcher Handlungen ist:

3) die vor ihnen erfolgende blosse Rekognition der Unterschriften unter einem bereits ausgestellten Instrumente.

In allen Fällen nämlich, wo Kontrakte und andere verbindliche Handlungen von den Kontrahenten bloss unter sich vollzogen und schriftlich abgefasst werden, hängt es von den Interessenten ab, dergleichen Privatinstrumente einem Notarius vorzulegen, und sich vor selbigem zu ihrer Unterschrift zu bekennen.

§. 76. In diesem Falle ist der Notarius weder schuldig noch befugt, sich um den Inhalt des Instruments oder um die Legalität der darin vollzogenen Handlung zu bekümmern; sondern er nimmt bloss über die geschehene Rekognition der Hand- und Unterschrift ein Protokoll auf, und vermerkt auf den Grund dieses Protokolls die geschehene Rekognition unter dem Instrumente selbst, durch eine Registratur, welche von ihm, mit Zuziehung eines zweiten Notarius oder zweier Zeugen, ausgefertigt und unterschrieben wird.

§. 77. Es hat jedoch diese Handlung bloss den Effekt, dass dergleichen Instrument von den Parteien nachher nicht eidlich diffitirt werden kann. In allen anderen Stücken behält es die Qualität und Wirkung eines blossen Privatinstruments.

Von Wechselprotesten.

§. 78. 4) Eine vierte Art von Geschäften, die den Justi kommissarien in der Qualität von Notarien zukommt, ist die A[ ]nehmung von Wechselprotesten. Dabei müssen die Vorschrift[ ] des A. L. R. Thl. II. Tit. VIII. §. 1035. u. f. beobachtet; übrige[ ] aber die bisher üblichen Formulare, woran besonders die Auslä[ ]der einmal gewöhnt sind, ferner beibehalten werden.

Von Vidimationen und Renovationen der Instrumente.

§. 79. 5) Können die Justizkommissarien als Notarien au[ ] zum Vidimiren und Kollationiren der Instrumente gebrauc[ ] werden.

Wenn ihnen dergleichen aufgetragen wird; so müssen [ ] Beides, Original und Abschrift, aufmerksam durchlesen, von ei[ ] Periode zur andern mit einander sorgfältig vergleichen, und [ ] richtigem Befunde die Uebereinstimmung unter der Absch[ ] attestiren; auch wenn im Originale sichtbare Mängel, als Rasur[ ] Korrekturen, Interlineationen u. dergl. befindlich sind, dieses [ ] Rande der Abschrift oder unter derselben durch eine umständlic[ ] Registratur genau bemerken.

§. 80. Zu einer dergleichen blossen Vidimation ist die Z[ ]ziehung eines zweiten Notarius oder der Zeugen nicht erford[ ]lich, sondern die blosse Unterschrift des vidimirenden Notari[ ] und die Beidrückung seines Siegels hinreichend.

Uebrigens finden dabei auch die Vorschriften des zweit[ ] Theils Tit. III. §. 27—29. Anwendung.

§. 81. Vidimationen und Renovationen gerichtlich auf[ ]nommener und konfirmirter Instrumente können mit voller W[ ]kung nur gerichtlich erfolgen. Privatinstrumente hingegen könn[ ] auch durch einen Notarius mit vollem Effekte der Gleichstellu[ ] mit dem Originale vorgenommen werden, wenn dieser dabei [ ] in der angeführten Stelle den Gerichten ertheilten Vorschrift[ ] beobachtet.

Von Zeugenverhören.

§. 82. Unter die Verrichtungen, wozu die Justizkommis[ ]rien in der Qualität von Notarien gebraucht werden können, [ ]hören auch

6) die Zeugenverhöre.

Mit diesen können sich jedoch dieselben nur in gewiss[ ] besondern Fällen einlassen, und müssen sich ausserdem dav[ ] gänzlich enthalten: weil, wenn Zeugen bloss auf einseitige An[ ]ben, ohne richtige und vollständige Kenntniss von dem gan[ ] Zusammenhange des Fakti, abgehört werden, daraus nur Irrt[ ]mer und Verwirrungen entstehen, niemals aber dadurch die Wa[ ]heit sicher und zuverlässig ausgemittelt werden kann.

Rescript vom 10. Mai 1819, betreffend die Beschränkung der Notarien in Aufn[ ] von Zeugenverhören.

Der Herr Finanzminister hat den Chef der Justiz von der verschiedenart[ ] Meinung in Kenntniß gesetzt, welche zwischen der Regierung daselbst und Königl. Ober-Landesgericht, wegen der von den dortigen Notarien Meyer und Schepers vorgenommenen Zeugenverhöre in der Beschwerdesache der Kaufmannschaft, über Untersuchung in Beziehung der Nachsteuer,

entstanden sind.

Der Justizminister ist mit der Ansicht des Königl. Finanzministeriums:

daß diese Vernehmungen von den Notarien nicht hätten geschehen sollen,

vollkommen einverstanden, indem die A. G. O. Thl. III. Tit. 7. denselben keineswegs die generelle Befugniß ertheilt, einseitige Deklarationen aufzunehmen, deren Tendenz unverkennbar die Sicherstellung eines künftig zu führenden Beweises ist, und durch deren unbedingte Gestattung die Vorschriften §. 82 und 83. l. a. in ihren beschränkten Wirkungen umgangen werden würden.

Das Königl. Ober-Landesgericht hat daher die gedachten Notarien nach dem Antrage der dortigen Regierung zu rektificiren.

(v. K. Jhrb. Bd. 13. S. 282.)

§. 83. Die Fälle also, wo Zeugenverhöre von den Notarien vorgenommen werden können, sind:

a) wenn ihnen dieselben von den kompetenten Gerichten aufgetragen werden;

b) wenn dadurch in possessorio summariissimo bloss der gegenwärtige Besitzstand bescheinigt werden soll;

c) wenn eine prozessführende Partei, zum Behufe eines Prorogationsgesuchs, die persönlichen Hindernisse oder Ehehaften, welche dies Gesuch begründen sollen, zu bescheinigen hat;

d) wenn die Abhörung zum Behufe eines bei einem fremden Gerichte ausserhalb Landes schwebenden Prozesses verlangt wird.

§. 84. Im ersten Falle muss der Notarius die Vorschriften des Ersten Theils Tit. X. §. 188. u. f. beobachten, und den §. 218. ebend. beschriebenen statum causae dabei zum Grunde legen.

§. 85. Im zweiten und dritten Falle muss der Notarius zuvörderst dergleichen statum causae, über das Faktum, welches bescheinigt werden soll, mit der bei ihm sich meldenden Partei aufnehmen, und sodann mit Abhörung der von selbiger sistirten Zeugen nach der Anweisung des Ersten Theils Tit. X. §. 188. u. f. gehörig verfahren.

§. 86. Die Zeugen werden jedoch in diesen beiden Fällen nicht eidlich, sondern nur an Eides Statt, und so wie sie ihre Aussagen allenfalls eidlich bestärken können, abgehört.

Das darüber aufgenommene Protokoll kann also auch nur in den Fällen sub c. §. 83., wenn es auf die Begründung eines blossen Prorogationsgesuchs ankommt, zur Bescheinigung hinlänglich sein. In dem Falle sub b. aber hat es in der Sache selbst keine eigentliche Beweiskraft, sondern kann bei deren Instruktion bloss zur Erläuterung des streitigen Fakti dienen.

§. 87. Im letztern Falle sub d. finden eben diese Vorschriften Anwendung. Doch kann der Notarius dergleichen Zeugen alsdann eidlich abhören, wenn bei dem fremden Gerichte, wo der Prozess schwebt, auf dergleichen Notariatszeugenverhöre, in so fern sie eidlich aufgenommen sind, nach dasigem Gerichtsgebrauche reflektirt wird.

Von Siegelungen und Inventuren.

§. 88. 7) Können den Justizkommissarien, in der Qualität von Notarien, auch Siegelungen und Inventuren von den Gerichten aufgetragen werden. Geschieht dieses; so müssen sie bei Vollziehung des Auftrags einen vereideten Protokollführer gebrauchen; übrigens aber alle gesetzliche Solennitäten und Erfordernisse eines solchen Aktus gehörig beobachten.

Unter dieser Voraussetzung hat das von einem Notarius aufgenommene Inventarium alle Kraft und Wirkung eines gerichtlichen. Es muss jedoch dasselbe von dem kommittirenden Gerichte genau revidirt, sodann bestätigt, und in der Konfirmation des ergangenen Auftrags ausdrücklich erwähnt werden.

In welchen Fällen ein Notarius ohne dergleichen Auftrag ein Inventarium aufnehmen könne, und was solches für Wirkung habe, ist oben §. 37. verordnet; und in welchen Fällen Siegelungen von ihnen vorgenommen werden können, ist im Zweiten Theile Tit. V. §. 20. festgesetzt.

Von anderen gerichtlichen Aufträgen.

§. 89. Eben so können

8) die Justizkommissarien, als Notarien, von den Gerichten auch noch zu Besorgung anderer Aufträge, z. B. zu Insinuationen, Eidesabnahmen, Dirigirung von Exekutionen, Auktionen u. s. f. gebraucht werden; wobei sie die solche Geschäfte bestimmenden Vorschriften der Gesetze gehörig beobachten müssen.

Rescript vom 2. März und 4. Februar 1835, betreffend die Nichtbefugniß der Notarien, ohne besondern Auftrag, Versicherungen an Eidesstatt über die Anzahl der Erben aufzunehmen; s. zu II. 5. §. 1.

Dritter Abschnitt.

Von den Kollegien der Notarien, deren Einrichtung und Verfassung.

Von den Kollegien der Justizkommissarien.

§. 90. Da aus dem Inhalte des vorigen Abschnitts sattsam erhellet, wie wichtig das Amt der Justizkommissarien und Notarien für das Publikum, und wie viel also der Sicherheit desselben daran gelegen sei, dass die Klasse der Justizbedienten von den Landeskollegien gehörig übersehen und in Ordnung gehalten werde; so ist bereits oben §. 8. festgesetzt, dass sie in gewisse Kollegia zusammen gezogen, und ihnen ein gemeinschaftlicher Direktor vorgesetzt werden solle.

§. 91. Dergleichen Kollegium befindet sich an eben dem Orte, wo das Landesjustizkollegium eines Departements seinen Sitz hat. Diejenigen Notarien, welche zur mehrern Bequemlichkeit des Publikums, in andern Orten und Gegenden der Provinz vertheilt werden, sind, dieses ihres auswärtigen Aufenthalts ungeachtet, dennoch Mitglieder eben desselben Hauptkollegii, und müssen daher bei dem Landesjustizkollegio der Provinz gleich den übrigen immatrikulirt sein.

§. 92. Die Mitglieder eines solchen Notarienkollegii sind zu allen Geschäften und Verrichtungen ihres Amts ohne Unterschied, bei welchem Gerichte solche verhandelt werden sollen, innerhalb der Grenzen des Departements, bloss mit der wegen der Prozesspraxis §. 6 und 7. verordneten Einschränkung, berechtigt. Ausser ihnen aber soll von nun an niemand weiter, ohne Unterschied oder Ausnahme, dergleichen Geschäfte zu respiciren befugt sein; viel weniger bei irgend einem Gerichte dazu angenommen oder verstattet werden.

§. 93. Wenn das Departement eines Landesjustizkollegii von sehr weitläufigem Umfange ist, und sich in selbigem mehrere grosse Städte, wo eine beträchtliche Handlung getrieben wird, befinden; so können in solchen Provinzen auch mehrere Deputationen errichtet werden, welche zwar ihre besonderen Direktoren haben, dennoch aber an sich zu einem und eben demselben Hauptkollegio gehören.

§. 94. Damit ein jeder, welcher sich in seinen gerichtlichen oder aussergerichtlichen Angelegenheiten des Amts und Beistandes eines Notarius bedienen will, wissen möge, wohin er sich zu wenden habe, soll in allen grösseren Orten, an gewöhnlicher Gerichtsstätte, ein Verzeichniss aller im Departement angesetzten Justizkommissarien und Notarien, mit ihren Wohnungen, ausgehängt; auch dies Verzeichniss alle Jahre erneuert und berichtigt werden.

Von deren Registratur.

§. 95. Wo hinlänglicher Raum dazu vorhanden, ist dem Kollegio der Notarien ein Zimmer in dem Gerichtsgebäude zu seinen Versammlungen und zur Aufbewahrung seiner Registratur anzuweisen. Wo aber dies nicht angeht, muss zu gleichem Behufe ein solches Zimmer in einem Privathause auf gemeinschaftliche Kosten gemiethet und eingerichtet werden.

§. 96. Jeder Notarius ist schuldig, die Originalprotokolle, Koncepte, Korrespondenzen, und übrige Beilagen, über jeden von ihm in dieser Qualität vorgenommenen Aktus, und die zu jedem gehörigen Papiere, nach Ordnung der Zeitfolge, in einen, oder wenn deren sehr viele sind, auch in mehrere Bände zusammen zu heften; ein Verzeichniss darüber nach dem Dato und den Namen der Parteien anzufertigen; dies Verzeichniss statt eines Rotuli jedem Bande vorzuheften, und solchergestalt die Akten in die Registratur abzuliefern.

§. 97. In dieser Registratur hat jeder Notarius seine gewissen ihm angewiesenen Fächer, in welche dergleichen Akten, nach den Jahren, in möglichster Ordnung reponirt werden.

§. 98. Die in §. 96. beschriebenen jährlichen Verzeichnisse vertreten dabei die Stelle des Repertorii; indem nach selbigen, wenn nur der Name der einen Partei, und das Jahr, wo der Aktus vollzogen worden, bekannt sind, eine jede Sache in der Registratur, ohne grosse Mühe und Zeitverlust, herausgesucht werden kann.

§. 99. Wenn es die Parteien ausdrücklich verlangen, können dergleichen Akten auch versiegelt reponirt werden; doch müssen alsdann auf dem Umschlage das Jahr, der Tag und die Namen der Parteien vermerkt sein.

§. 100. Auch die ausserhalb des Sitzes des Kollegii in der Provinz angesetzten Notarien sind schuldig, am Ende jeden Jahres ihre Akten, nebst der vorgeschriebenen Konsignation, in die Registratur des Kollegii abzuliefern.

§. 101. Diese Registratur steht unter der Aufsicht des Direktors, welcher allein den Schlüssel dazu hat, und keinem Fremden, ja selbst keinem Notarius, ohne sein Beisein, den Zutritt zu selbiger verstatten muss.

§. 102. Wenn jemand von einem in dieser Registratur deponirten Protokolle oder einer Urkunde Abschrift verlangt; so muss er sich darum bei dem Direktor melden. Dieser muss untersuchen: ob der Requirent eine von den Parteien selbst, welche den Aktus vollzogen haben, oder deren Erbe sei; und wenn er diess findet, muss er das Protokoll oder das Koncept nebst den Beilagen aufsuchen, und die verlangte Abschrift davon in der Kanzlei besorgen lassen.

§. 103. Ausser den Interessenten und deren Erben ist der Direktor nicht befugt, irgend jemandem dergleichen Abschrift eigenmächtig mitzutheilen; sondern er muss dazu den Befehl des vorgesetzten Landesjustizkollegii, welche die diesfällige Befugniss des Imploranten näher zu beurtheilen hat, abwarten.

Von deren Direktor und dessen Obliegenheiten.

§. 104. Der Direktor des Kollegii der Notarien wird aus der Mitte derselben von dem Landeskollegio der Provinz dem Chef der Justiz in Vorschlag gebracht. Da er als Notarius schon vereidet ist; so muss er nur bei Uebernehmung seines Direktorii von dem Präsidenten oder Deputirten des Landesjustizkollegii auf diesen seinen Eid nochmals verwiesen, und auf die Vorschriften des gegenwärtigen Titels mittelst Handschlags verpflichtet werden.

Anh. §. 470. ***Die Besetzung der Direktorstelle ist nicht schlechterdings erforderlich. In den wenigen Fällen, in welchen auf ausdrückliches Verlangen der Parteien eine Mitunterschrift des Direktors nothwendig wird, kann der Senior der Justizkommissarien dessen Stelle vertreten.***

Rescript vom 16. Oktober 1800 (Stengels Beitr. Bd. 13. S. 365.), betreffend die nicht erforderliche Besetzung der Stelle eines Direktors des Notariatskollegii, aufgen. in §. 470. des Anh.

§. 105. Ein jeder ist schuldig, diess ihm aufgetragene Amt zu übernehmen; doch kann er zu dessen Beibehaltung auf längere als Jahresfrist nicht gezwungen werden.

§. 106. Das Amt des Direktors besteht. 1) in einer fleissigen und sorgfältigen Aufsicht über sämmtliche zu dem Kollegio gehörige Personen, und einer scharfen ununterbrochenen Beobachtung hres Betragens, in ihren verschiedenen Amtsverrichtungen.

Sobald ihm dabei die geringste Nachricht oder Vermuthung zukommt, dass der eine oder der andere Notarius es an einer genauen und rechtschaffenen Wahrnehmung seiner Pflichten ermangeln lasse, ist er schuldig, solchem näher nachzuforschen, und wenn durch dergleichen Erkundigung der Verdacht nicht völlig gehoben wird, dem Landesjustizkollegio oder dessen Chef davon, zur weitern Verfügung, ungesäumt Anzeige zu machen.

§. 107. 2) Liegt ihm ob, wenn Kontrakte und Verträge vor Notarien geschlossen werden, das ihm eingereichte Protokoll und Koncept des Instruments, nach der **§. 68.** ertheilten Anweisung zu revidiren; die Legalität der vollzogenen Handlung, die Uebereinstimmung des Instruments mit dem Protokolle, und die Fassung desselben in Absicht der Deutlichkeit und Präcision gehörig zu prüfen; wenn er dagegen noch etwas zu erinnern findet, allenfalls nähere Nachricht und Auskunft darüber zu fordern, oder den Notarius gehörig anzuweisen.

Es muss jedoch der Direktor in allen Fällen, wo ihm dergleichen Kontrakte zur Revision und Siegelung vorgelegt werden, dieselben schleunigst, mit Beiseitsetzung aller übrigen Beschäftigungen, expediren, damit die Parteien, wegen solcher oft sehr dringenden Angelegenheiten, nicht ohne Noth durch seine Schuld aufgehalten werden.

§. 108. 3) Wenn unvermögende Parteien sich bei ihm melden, oder von den Gerichten an ihn verwiesen werden; so muss er denselben die zur unentgeldlichen Vollziehung ihrer Geschäfte benöthigten Notarien nach einer gewissen Reihe anweisen.

Wenn auch andere Parteien aus Mangel an Bekanntschaft sich an ihn wenden, und um Anweisung von Notarien zur Vollziehung dieses oder jenes Aktus bitten; so muss er denselben, wenn er die Besorgung nicht selbst übernehmen kann oder will, ein anderes dazu qualificirtes Subjekt aus den Mitgliedern seines Kollegii, ebenfalls nach einer gewissen Folgeordnung, vorschlagen.

§. 109. 4) Da auch jederzeit Leute von geprüfter Rechtschaffenheit und Erfahrung zu Direktoren bestellt werden sollen; so können die übrigen Notarien in vorkommenden zweifelhaften Fällen sich des Raths und Gutachtens eines solchen Direktors bedienen, womit er ihnen nach seiner besten Wissenschaft und Einsicht an die Hand zu gehen verbunden ist.

§. 110. 5) Der Direktor hat das Recht, bei solchen und ähnlichen Veranlassungen, oder wenn er es sonst wegen gemeinschaftlicher Angelegenheiten des gesammten Kollegii nöthig findet, Konferenzen anzusetzen, und sämmtliche am Orte gegenwärtige Mitglieder des Endes zu versammeln.

§. 111. Endlich 6) liegt ihm die Aufsicht über die Registratur ob, wobei er die Vorschriften **§. 96.** u. f. gehörig beobachten muss.

§. 112. Die Emolumente, welche ihm dagegen zu gute kommen, bestehen darin:

a) dass er, so lange sein Amt dauert, von unentgeldlicher Bearbeitung der Armensachen frei ist;

b) dass er, wenn Parteien von den Gerichten an ihn verwiesen werden, oder aus Mangel an Bekanntschaft, sich um Bestellung eines Notarius an ihn wenden, die Handlung, wenn er will, selbst besorgen, und die Gebühren davon einziehen kann;

c) sollen ihm von den nach Maassgabe §. 103. aus der Registratur des Kollegii zu ertheilenden Abschriften die Aufsuchungs- und Vidimationsgebühren allein, und endlich

d) von den einkommenden taxmässigen Siegelgeldern die Hälfte zu gute kommen.

§. 113. Wenn der Direktor durch Krankheit oder andere Ehehaften sein Amt zu verrichten auf einige Zeit verhindert wird; so soll ihn derjenige von den am Orte gegenwärtigen Justizkommissarien, welcher seiner Bestallung nach der älteste ist, vertreten.

§. 114. Eben dieser muss in Fällen, wo der Direktor als Notarius Kontrakte aufnimmt, und vor sich vollziehen lässt, die Obliegenheit des Direktors an dessen Stelle besorgen.

Von den Kanzlisten.

§. 115. Bei jedem Notarienkollegio soll ein gemeinschaftlicher Kanzlist bestellt werden, welcher unter der Aufsicht des Direktors die Registratur in Ordnung hält, die Munda der Instrumente und Abschriften der Protokolle anfertigt, und die sonst etwa vorkommenden Verrichtungen eines Kanzlei- und Registraturbedienten wahrnimmt.

Das Mundiren der Notariatsinstrumente geschieht in der Regel durch diesen Kanzlisten, doch steht es den Parteien frei, das Mundiren auch durch den Notarius, welcher den Aktus vorgenommen hat, oder dessen Privatschreiber, oder auch durch einen Dritten, worüber sie sich vereinigen, besorgen zu lassen.

Gebühren der Justizkommissarien.

§. 116. Die Gebühren, welche die Justizkommissarien als Bevollmächtigte oder Rechtsbeistände der Parteien, und in der Qualität von Notarien erhalten sollen, sind in der ihnen vorgeschriebenen Sportultaxe festgesetzt.

Nach dieser müssen sich dieselben schlechterdings achten, und unter keinerlei Vorwande, bei Strafe zehnfachen Ersatzes, oder im Wiederholungsfalle bei Vermeidung der Kassation, den Parteien ein Mehreres abfordern.

1) Vergl. Gebührentaxe für die Justizkommissarien und Notarien vom 23. August 1815, und in Betreff der Mandats-, summarischen und Bagatell-Prozesse vom 9. Oktober 1833.

2) **Rescript** vom 23. August 1837, betreffend die Frage: bei welchem Gerichte Deserviten der Justizkommissarien und Notarien für außerprozessualische und namentlich für notarielle Geschäfte festgesetzt werden müssen.

Der Justizminister hat bereits mehrfach auf ähnliche Anfragen entschieden, daß, in so fern nicht ein anderes speziell bestimmt ist, die Festsetzung der (in der Ueberschrift) gedachten Deserviten eines Justizkommissarius oder Notars demjenigen inländischen Gericht zusteht, bei welchem die Rechtsangelegenheit schwebt, in welcher der Justizkommissarius dergleichen Geschäfte vorgenommen hat, da diese Gerichtsbehörde am besten beurtheilen kann, ob die Liquidation richtig sei.

Wenn, wie im vorliegenden Falle, die Gerechtsangelegenheit bei mehreren inländischen Gerichten zu betreiben ist, so findet der Justizminister es angemessen, daß die Festsetzung der Gebühren in der Regel bei jedem Gerichte besonders erfolgt, wenn nicht das vorgesetzte Obergericht die Festsetzung vor sich zieht, oder dieselbe besonders einem Gerichte allein überträgt.

Wenn endlich die Rechtsangelegenheit, mit welcher das nicht prozessualische Geschäft eines Justizkommissarius oder Notarius im Zusammenhange steht, bei keinem inländischen Gerichte anhängig ist; so gehört die Festsetzung der Gebühren und Auslagen des Justizkommissarius oder Notarius ebenso, wie bei allen Notariatsgeschäften, welche mit keinem gerichtlichen Geschäft in Verbindung stehen, vor das Obergericht, in dessen Departement der Justizkommissarius oder Notarius angestellt ist. Doch bleibt es jenem überlassen, in einzelnen Fällen die Festsetzung der Gebühren einem Untergerichte besonders zu übertragen.

(Jurist. Monatsschr. S. 723—724.)

§. 117. In so fern hingegen die Justizkommissarien den Parteien bloss als Konsulenten, in anderen, als wirklich schwebenden Prozessangelegenheiten assistiren; oder bei Privatgerichtsherren Justitiariate besorgen, lässt sich die ihnen dafür zukommende Belohnung nach keinem gewissen Satze bestimmen; sondern es kommt lediglich darauf an, wie sie sich deshalb mit den Parteien oder Kommittenten vereinigen.

§. 118. Schliesslich müssen die Justizkommissarien nachstehenden Eid ableisten:

Ich ... schwöre etc. etc. Nachdem ich zum Justizkommissarius und Notarius publicus bei dem Kollegio des ... Departements bestellt worden, dass ich zuvörderst Sr. Königlichen Majestät von Preussen, meinem allergnädigsten Herrn, treu unterthänig und gewärtig sein, Dero Bestes und Interesse befördern, Schaden und Nachtheil aber, so viel an mir ist, abwenden wolle.

Ferner schwöre ich, mich bei meiner Amtsführung einer genauen und sorgfältigen Beobachtung der Gesetze, einer strengen und gewissenhaften Redlichkeit, und einer unverdrossenen Bereitwilligkeit zum Dienste des Publici eifrigst zu befleissigen; den Parteien, welche sich in ihren Angelegenheiten meines Raths bedienen wollen, damit nach reiflicher Ueberlegung, und meiner besten Wissenschaft und Einsicht zu assistiren; meine Rathschläge aber auch jederzeit der wahren Lage der Sache und den Vorschriften der Gesetze gemäss einzurichten; die Parteien zu unnützen und ungegründeten Prozessen nicht zu verleiten noch aufzuhetzen; ihnen keine Mittel oder Kunstgriffe zur Verdrehung und Verdunkelung der Wahrheit an die Hand zu geben; sie zum frevelhaften und vorsätzlichen Läugnen nicht aufzumuntern noch zu veranlassen; vielmehr wenn ich inne werden sollte, dass dergleichen Parteien mit solchen unerlaubten Wendungen und Kunstgriffen umgehen, sie davon ernstlich abmahnen, und ihnen die in den Gesetzen darauf verordneten Strafen gehörig bekannt zu machen.

Ich gelobe ferner, die von den Parteien mir, als ihrem Bevollmächtigten, gemachten Aufträge getreu, akkurat, sorgfältig, eifrig und mit gehöriger Rücksicht auf die Vorschriften der

Gesetze auszurichten; vornehmlich aber in Fällen, wo dergleichen Parteien die Ausübung meines Amtes als Notarius von mir verlangen, dabei die Anweisungen der A. G. O. genau und pünktlich zu befolgen; die Protokolle und Instrumente dem wahren Hergange der Sache, dem Vortrage und der Meinung der Parteien gemäss, mit der strengsten Akkuratesse, sorgfältigsten Legalität und möglichsten Deutlichkeit aufzunehmen und abzufassen: dabei, so viel an mir ist, nicht zu gestatten, dass ein Theil von dem andern hintergangen, übereilt oder sonst verkürzt werde; mich auf keine Weise zum Werkzeuge des Betrugs, oder der Bosheit gebrauchen zu lassen; vielmehr, wenn ich finden sollte, dass Parteien mit dergleichen unerlaubten Begünstigungen umgehen, sie ihres strafbaren Unfugs ernstlich zu bedeuten, nöthigen Falles dem Direktor des Kollegii oder den Gerichten davon Anzeige zu machen; in allen anderen Fällen hingegen, wo Parteien sich meines Amtes bedienen, über dergleichen Angelegenheiten ein genaues, gewissenhaftes und unverbrüchliches Stillschweigen zu beobachten; und mich durchgehends so zu verhalten, wie es einem getreuen, gewissenhaften und glaubwürdigen Justizkommissarius und Notarius wohl ansteht und gebührt. So wahr etc. etc.

Anh. §. 471. *Der von den Justizkommissarien und Notarien abzuleistende Diensteid ist nach dem im* §. 445. *des Anhanges zu* §. 43. *Tit. II. Thl. III. vorgeschriebenen Formulare einzurichten. Statt der Worte:*

„Insbesondere gelobe ich - - - Genüge leiste"

ist zu setzen:

„Insbesondere gelobe ich, den Parteien, welche sich meines Raths bedienen, nach meiner besten Wissenschaft und Einsicht zu assistiren, sie vor Anstellung ungerechter Klagen oder Abläugnung gegründeter Ansprüche zu warnen, ihnen die gesetzlichen Vorschriften bekannt zu machen, diese, auch selbst bei Ausrichtung der erhaltenen Aufträge, genau zu befolgen, die Protokolle getreu und richtig zu führen, die Notariatsinstrumente mit der grössten Sorgfalt nach den gesetzlichen Anweisungen auszufertigen, und in allen auf mein Amt Beziehung habenden Angelegenheiten meinen Vorgesetzten, der Subordination gemäss, schuldige Folge zu leisten."

C. O. vom 5. November 1833, wegen der Diensteide, und **C. O.** vom 10. Februar 1835, betreffend die Verpflichtung der Beamten, welche in eine andere Amtswirksamkeit treten, so wie die Vorhaltung bei Diensteiden; s. zu III. 2. §. 40.

Achter Titel.

Von den Justizbedienten bei Untergerichten, und deren Pflichten.

Eintheilung der Untergerichte.

§. 1. Die Untergerichte, unter welchen hier überhaupt alle und jede Kollegia, Gerichte und richterliche Personen, welche kein Landeskollegium ausmachen noch dazu gehören, ohne Unterschied ihrer sonstigen Würde und Benennung, gemeint sind, werden der Vorschrift des Ersten Theils Tit. XXV. §. 3. zu Folge, nach dem Umfange ihres Jurisdiktionsbezirks, und der mehrern oder mindern Anzahl der bei ihnen vorkommenden Rechtssachen, in zwei Klassen eingetheilt; und es soll in jeder Provinz besonders bestimmt werden: welche von den daselbst befindlichen Untergerichten zur ersten, und welche zur zweiten Klasse zu rechnen sind.

§. 2. Diese Eintheilung soll jedoch dem Range, den Vorrechten und Prärogativen, welche einem Untergerichte vor den übrigen etwa sonst zustehen, ganz unschädlich sein; und es soll darunter bei der bisherigen Verfassung überall sein Bewenden haben.

1) **Rescript** vom 18. Februar 1821, betreffend das Verhältniß der Inquisitoriate zu den Untergerichten.

Dem Königl. Ober-Landesgericht wird aus der abschriftlichen Anlage zu ersehen gegeben, was das Inquisitoriat zu Werden, wegen Feststellung seiner Verhältnisse zu den Untergerichten, unterm 10. v. M. vorgetragen hat.

Die den Inquisitoriaten, als einer höhern, ohne Unterschied des sonstigen Gerichtsstandes des Angeschuldigten, kompetenten Untersuchungsbehörde beigelegten Befugnisse und Verpflichtungen machen es allerdings nothwendig, daß selbige gegen die Untergerichte in Bezug auf die Untersuchungsführung nicht in das Verhältniß einer bloß coordinirten Behörde gesetzt werden. Der Zweck der möglichsten Beschleunigung der Untersuchungen erfordert, daß die Inquisitoriate für befugt erklärt werden, ihren Verfügungen Nachdruck zu geben. Es ist daher auf eine Anfrage des Ober-Landesgerichts zu Magdeburg kürzlich bestimmt worden, daß den Inquisitoriaten das Recht zustehe, säumigen Untergerichten, zur Befolgung der erlassenen Verfügungen, Ordnungsstrafen anzudrohen und solche festzusetzen, daß aber die Einziehung derselben bei dem Ober-Landesgericht nachzusuchen sei.

Hiernach hat das Königl. Ober-Landesgericht auch in seinem Jurisdiktionsbezirk zu verfahren, und dem Inquisitoriate, so wie den Untergerichten, das Nöthige zu eröffnen.

(v. K. Jhrb. Bd. 18. S. 335.)

2) **Rescript** vom 14. Juni 1814 und 19. Juli 1814, betreffend das Prädikat der Fürstenthumsgerichte in Schlesien.

Dem Königl. Ober-Landesgericht wird in Verfolg der Verfügung vom 24. v. M. hierdurch eröffnet, daß die Benennung: Fürstenthumsgericht, nur den Gerichten wirklicher Fürstenthümer zukommt. Wenn daher eine Person fürstlichen Standes eine Standesherrschaft, Minderherrschaft, ein Rittergut mit Patrimonial-Gerichtsbarkeit ꝛc. erwirbt, können die Gerichte einer solchen Herrschaft oder eines solchen Rittergutes nicht Fürstenthumsgerichte heißen. Hierauf hat das Königliche Ober-Landesgericht zu halten.

Berlin, den 14. Juni 1814.

(v. K. Jhrb. Bd. 3. S. 256.)

Auf den von dem Königl. Ober-Landesgericht von Ober-Schlesien unter dem 18. v. M. erstatteten Bericht werden die Benennungen:

a. Königl. Fürstenthumsgericht zu Neisse,

b. Fürstl. Lichtensteinsches, Troppau-Jägerndorffsches Fürstenthumsgericht, Preußischen Antheils, und

c. Fürstl. Anhalt-Köthensches, standesherrliches Gericht zu Pleß,

hiermit genehmigt und vorgeschrieben.

Das letzte sub c. erwähnte Gericht kann und darf nicht Fürstenthumsgericht genannt oder geschrieben werden, da Pleß kein Fürstenthum, sondern eine Standesherrschaft ist. Auch ist das Wort standesherrlich keineswegs wegzulassen.

Berlin, den 19. Juli 1814.

(v. K. Jhrb. Bd. 3. S. 257.)

§. 3. In so fern Magisträte zur ersten Klasse der Untergerichte gehörig sind, soll so viel, als es die Umstände nur irgend verstatten, darauf gesehen werden, dass an Orten, wo es noch nicht geschehen ist, die Bearbeitung der Justizsachen von den übrigen Oekonomischen, Polizei- und Städtischen Angelegenheiten abgesondert, und zu erstgenanntem Geschäfte gewisse Mitglieder dergestalt ausschliessungsweise bestimmt und angewiesen werden, dass sie sich derselben allein widmen können, und von anderen sie zerstreuenden Verrichtungen gänzlich frei bleiben.

Besetzung derselben.

§. 4. Zu Justizbedienungen bei den Untergerichten soll, der Vorschrift Tit. IV. §. 33. gemäss, niemand zugelassen oder angenommen werden, der nicht zuvor als Referendarius bei einem Landesjustizkollegio gestanden, und solchergestalt die nöthige praktische Kenntniss und Fertigkeit in den verschiedenen Geschäften des richterlichen Amtes und in dem zweckmässigen Betriebe derselben erlangt; auch von einem guten und rechtschaffenen moralischen Charakter unverdächtige Proben abgelegt hat.

1) **Rescript** vom 16. April 1809, betreffend die Trennung der Justizverwaltung in den Städten von den Magisträten.

Bei der durch Einführung der Städteordnung vom 19. November v. J. angeordneten neuen Organisation der Magistraturen wird es nothwendig, daß von dem Zeitpunkte der neuen Einrichtung ab, das Justizpersonale aus den Magisträten ausscheide, und die Justiz besonders verwaltet werde. Es sind hierüber nachfolgende allgemeine Grundsätze festgesetzt worden, welche Euch statt Vorbescheidung auf die von verschiedenen Kollegiis eingegangenen besonderen Anfragen hierdurch zur Direktion vorgeschrieben werden.

1) Bis zur definitiven Organisation der Justizverwaltung in den Städten, wird die Justiz auch nach Einführung der neuen Städteordnung von dem bisherigen Personale verwaltet, und zwar unter dem Namen

das Gericht der Stadt N.N.

2) Das bisherige Wahlrecht der Magisträte, in Rücksicht der städtischen Justiz-Offizianten hört auf. Erledigte Stellen werden auf den Vorschlag des Provinzial-Landeskollegii von dem Großkanzler besetzt.

3) Alle zum Justizressort gehörige Geschäfte gehen in die Verwaltung der städtischen Justizbehörde über. Also auch

a. die Justiz in den Kämmerei-Dörfern, wenn sie bisher von dem Magistrate verwaltet ist,

b) das Vormundschafts-, Hypotheken-, Deposital- und Sportelkassenwesen, wenn dasselbe unter der Verwaltung des Magistrats gestanden, oder dessen Konkurrenz dabei bisher statt gefunden hat.

Die Justizbehörde hat sich wegen Bestellung qualifizirter Subjekte zu dem Amte eines Depositalrendanten, der Kassen-Kuratoren, der Taxanzen, bei Abschätzung von Grundstücken, und zu Gerichtsbeisitzern, wo dieselben erfordert werden, an den Magistrat zu wenden, und dieser hat darüber den Vorschlag von den Stadtverordneten zu fordern. Die ernannten Subjekte aus der Bürgerschaft sind diese Aemter zu übernehmen verbunden.

4) An Orten, wo das Vormundschaftswesen bisher von einem besondern, mit dem Magistrat verbunden gewesenen Waisenamte verwaltet ist, geht die Direktion, von Einführung der neuen Städteordnung an, auf den Direktor des Stadtgerichts, oder den Justizbürgermeister über. Die Mitglieder des Waisenamts sind verbunden, ihre Geschäfte vorläufig und so lange fortzusetzen, bis deshalb in jeder Stadt, unter Genehmigung der vorgesetzten Behörden, eine veränderte Einrichtung getroffen wird.

5) Wenn an einem oder dem andern Orte besondere Behörden zur Bearbeitung des Hypothekenwesens existirt haben, so wird es damit eben so gehalten.

6) Die städtischen Justizoffizianten, welche prinzipaliter zur Justizverwaltung angestellt sind, behalten ihr ganzes Gehalt aus den Kämmereien, auch wenn sie bis jetzt zugleich bei dem Polizei-Magistrate mitgearbeitet haben. Diejenigen, die wirkliche Magistratsstellen bekleidet haben, z. B. wenn der Justizbürgermeister zugleich Dirigens des Magistrats oder Stadtsekretair, oder der Justizsekretair zugleich Stadtsekretair gewesen ist, behalten ihr Gehalt als städtische Justizoffizianten, und von ihrem bisherigen Einkommen als Magistratsmitglieder erhalten sie analogisch nach §. 161. der Städteordnung ⅔, so daß ihr künftiges Einkommen aus dem vollen Gehalte als Justizbedienter, und ⅔ des Einkommens von ihren gehabten Magistratsstellen besteht, und dieses ihnen aus der Kämmerei gezahlt werden muß. Diese Bestimmung findet auch auf die bloß interimistisch angestellten Justizoffizianten mit voller Wirkung Anwendung.

7) In den größern Städten, wo besondere Stadtgerichte sind, die einen fixirten Zuschuß aus den Kämmereien erhalten, bleibt dieser Zuschuß unverändert.

Wo bisher gemeinschaftliche Sportulkassen für den Magistrat und das Stadtgericht gewesen sind, werden die Gehalte der Magistratsmitglieder abgesetzt, und der künftige Zuschuß der Kämmerei wird nach dem Besoldungsetat der Mitglieder des Stadtgerichts, und den übrigen Bedürfnissen desselben regulirt, dergestalt, daß dasjenige Quantum, welches durch die Justizsporteln nach einem sechsjährigen Durchschnitte nicht gedeckt wird, aus der Kämmerei gezahlt, und von der Kommune aufgebracht werden muß. Die Regulirung dieses Zuschusses erfolgt in jeder Stadt durch die Provinzial-Landeskollegia unter Genehmigung der vorgesetzten Behörden.

8) Da, wo Justiz- und Magistratssporteln bisher gemeinschaftlich verrechnet und vertheilt sind, hört dieses auf. Die Justizbedienten erhalten die Justizsporteln allein, jedoch mit Vorbehalt der Verwandlung derselben in ein Fixum.

9) Die Justiz wird der Regel nach in dem bisherigen Lokale verwaltet, und es muß zwischen dem Magistrat und den Justizbedienten eine Vereinigung getroffen werden, an welchen Tagen das Lokale von dem einen oder dem andern gebraucht werden soll. Kann das bisherige Lokale der Justiz nicht ferner eingeräumt werden, so hat der Magistrat unter Zuziehung der Stadtverordneten für ein anderes Lokale zu sorgen. Ihr habt euch nach diesen Vorschriften zu achten, und danach sowohl die Magisträte als die Stadtgerichte und städtischen Justizoffizianten anzuweisen, auch in jeder Stadt die künftige Justizverwaltung, so wie das Gehalt und die Einkünfte der Justizoffizianten zu reguliren, und wegen der Zuschüsse der Kämmereien zu den Sportulkassen der Stadtgerichte, da wo es nöthig, Bericht zu erstatten.

(Mathis Bd. 8. S. 67. Abschn. 4.)

2) a. In Betreff der Einrichtung der Patrimonialgerichte und Anstellung der Justitiarien vergl. A. L. R. II. 17. §. 74. u. f.

b. α. **Rescript** vom 21. März 1798, nebst Anlage, betreffend die bessere Einrichtung der Patrimonialjurisdiktion, namentlich durch Bildung von Kreisgerichten.

In einer unter dem 8. d. M., über verschiedene allgemeine Gegenstände der Justizverfassung an Unsern Großkanzler erlassenen C. O. haben Wir unter andern auch wegen einer bessern Einrichtung der Patrimonialjurisdiktion Unsere Allerhöchsten Gesinnungen in der Art eröffnet, wie Ihr solches aus dem anliegenden Extrakte besagter C. O. mit mehrerm ersehen werdet. Wir erinnern Euch nun zuvörderst an die schon bestehenden Vorschriften der Landesgesetze, und besonders des A. L. R. Thl. II. Tit. 17. §. 74—85., imgleichen §. 98. 99., wornach bereits so viel feststeht:

1) daß jeder Gerichtsherr die Verwaltung seiner Patrimonialjurisdiktion einem dazu gehörig qualifizirten Subjekte auftragen muß;
2) daß dieser Auftrag durch eine ordentliche Bestallung, und nicht bloß für einzelne Fälle gegen Diäten geschehen muß;
3) daß der Jurisdiktionarius den von ihm gewählten Justitiarium dem Landesjustizkollegio der Provinz zur Approbation anzeigen muß;
4) daß ein solcher Justitiarius nicht willkührlich entlassen, sondern nur durch das Landesjustizkollegium, nach vorhergängiger Untersuchung, seines Amts entsetzt werden kann.

Auf die Beobachtung dieser Vorschriften habt Ihr von nun an mit strenger Aufmerksamkeit und mehrerer Sorgfalt, als bisher in einigen Provinzen geschehen zu sein scheint, zu halten, und Euch die gewöhnlichen Vorwendungen, daß solches gegen Privilegien oder Observanzen sey, um so weniger irre machen zu lassen, da solche Privilegien und Observanzen entweder gar nicht vorhanden und unerweislich sind, oder doch wegen ihrer gemeinschädlichen Folgen und wegen des offenbaren Widerspruchs, in welchem sie mit den ersten Grundsätzen einer soliden, unpartheiischen und ihrem Zwecke angemessenen Justizverwaltung stehen, nicht attendirt werden können.

Was hiernächst die Einrichtung der Kreisgerichte betrifft, welche im Gesetze sowohl als in der Allerhöchsten C. O. als ein heilsames Mittel zur Hebung der bei Befolgung jener Vorschriften sich findenden Schwierigkeiten und zur Erleichterung der Jurisdiktionskosten mit so vielem Rechte empfohlen wird, so habt Ihr Unsere diesfällige allerhöchste Gesinnung den Ständen der Provinz bekannt zu machen. Ihr habt mit Deputirten derselben, die entweder nach der Verfassung zu solchen allgemeinen Landesangelegenheiten für beständig legitimirt sind, oder in deren Ermangelung mit denenjenigen, die von den Ständen zur Bearbeitung des Provinzial-Gesetzbuchs ernannt worden (um den Aufenthalt neuer Wahlen zu vermeiden), über die zweckmäßigste, den Verfassungen einer jeden Provinz angemessenste Art der Ausführung Rücksprache zu nehmen, und Uns sodann nach geprüften Erklärungen und Aeußerungen der ständischen Deputirten, Euer eigenes pflichtmäßiges Gutachten über die Einführung der Kreisgerichte, wo und in welchen Gegenden sie mehr oder weniger nothwendig sei; wie sie am leichtesten und zweckmäßigsten erfolgen, und wie die etwanigen auf einer andern Seite daraus zu besorgenden Inkonvenienzien am sichersten vermieden werden können, binnen 3 Monaten ohnfehlbar zu eröffnen. Berlin, den 21. März 1798.

Beilage.

2) Habe Ich bemerkt, daß die meisten aus den Patrimonialjurisdiktionen eingehenden Beschwerden daraus entspringen, daß die Gerichtsherren sich beliebige Justizbedienten zu ihren Gerichtshaltern wählen, sie nach Belieben besolden und verabschieden, sie auch zugleich als ihre Konsulenten in ihren Rechtsangelegenheiten brauchen. Bei einer solchen Abhängigkeit der Justitiarien von den Gerichtsherren können die Jurisdiktions-Eingesessenen unmöglich Vertrauen zu ihnen haben, und es ist auch nicht zu leugnen, daß aus dieser Quelle vielfältig Ungerechtigkeiten entstehen mögen. Aus diesem Grunde ist daher mit Recht in Ost- und Westpreußen mit Zusammenziehung mehrerer solcher Privat-Jurisdiktionen in gemeinschaftliche Kreisgerichte der Anfang gemacht; und Ich autorisire Euch daher hiermit, nicht nur in den gesagten Provinzen damit fortzufahren, sondern auch in allen übrigen Provinzen durch die Landesjustizkollegien, welche sich darüber mit den Ständen zusammen thun müssen, ähnliche Anstalten zu Stande zu bringen, indem Ich Mich von Meinen getreuen Ständen überzeugt halte, daß sie solchen, um des allgemeinen Besten willen, nützlichen und nothwendigen Einrichtungen, wodurch ihre Rechte und Privilegien keineswegs geschmälert, vielmehr die Lasten der Jurisdiktionen vertheilt, und das Zutrauen der Unterthanen zur Justizpflege, als das festeste Band zwischen Gutsherrschaft und Unterthanen, gewonnen werden soll, keine Hindernisse in den Weg legen werden.

(Stengels Beitr. Bd. 5. S. 409.

β. **Reskript** vom 19. November 1819, daß der Sitz der Patrimonialgerichte nicht über 3 Meilen von den Ortschaften derselben entfernt sein soll.

Der Justizminister hat aus dem Berichte des Königl. Ober-Landesgerichts vom 21sten v. M. gern ersehen, daß der Vorwurf, den die Regierung daselbst der Einrichtung der Land- und Stadtgerichte im Departement des Kollegii gemacht hat:

daß sie die Gerichts-Eingesessenen vier bis sechs Meilen zum Sitze des Gerichts zu reisen nöthige,

ungegründet ist, und wird vorausgesetzt, daß die Regierung durch das Kollegium hiervon unterrichtet worden.

Daß dieser Uebelstand indeß bei so vielen Patrimonialgerichten wirklich eintritt, ist dem Justizminister unangenehm, und muß dieser Mangel gehoben werden, da er nach der Schilderung der Regierung allgemeine Unzufriedenheit erregt. Die, auf den Bericht des Königl. Ober-Landesgerichts vom 4. November 1815, am 18ten desselben Monats erlassene Verfügung, welche es nachgelassen hat, entfernte einzelne Bauerhöfe zur Jurisdiction des Hauptguts zu legen, hat nur vorausgesetzt, daß dieses mit Zustimmung der Gerichts-Eingesessenen und aller Interessenten geschehe. Wenn aber, wie sich jetzt zeigt, die Landes-Polizeibehörde sich dagegen erklärt, die wegen der Verbindung mit den Civil- und Kriminalgerichten ein besonderes Interesse zur Sache hat, auch der Fall nicht bei einzelnen Bauerhöfen, sondern bei Besitzungen von sogar 14 Höfen eintritt, so muß jene Verfügung zurückgenommen werden, und hat das Königl. Ober-Landesgericht es dahin einzuleiten, daß die über 3 Meilen vom Sitze der Patrimonialgerichte entfernten Ortschaften entweder zu einem nähern Gerichte, oder zu einem Land- und Stadtgerichte geschlagen werden, und hat das Kollegium das letztere in jeder Hinsicht möglichst zu erleichtern.

(v. K. Jhrb. Bd. 14. S. 189.)

γ. **Reskript** vom 7. Mai und 8. Juni 1821 und 27. November 1832, betreffend die Beförderung der Einrichtung von Kreisgerichten (Patrimonial-Landgerichten).

Die Revision der Etats-Nachweisungen, welche ad rescriptum vom 18. August vorigen Jahres Behufs der Ausmittelung der Königlichen Zuschüsse zur Unterhaltung der Untergerichte eingereicht sind, ergiebt, daß eine sehr große Zahl von Stadtrichtern Justitiariate verwalten, und es ist zu übersehen, daß mehrere zu diesen Nebengeschäften den größten Theil ihrer Dienstzeit verwenden müssen. Dies macht es nöthig, daß oft bei Gerichten, bei denen sonst ein Richter genügend wäre, zwei richterliche Personen bestellt werden, und oft da drei Richter erfordert werden, wo sonst zwei Richter zureichend wären.

Zur Vermeidung dieses die Königl. Fonds belästigenden Verhältnisses muß auf die Einrichtung von Kreisgerichten für die mit der Patrimonial-Jurisdiction versehenen Besitzungen, oder auf bleibende Vereinigung derselben mit Stadtgerichten gedrungen werden. Damit aber die Ausführung dieser Einrichtung möglich werde, ist den Stadtrichtern und Justizbeamten die Annahme der Justitiariate nur interimistisch bis zur Bildung eines Kreisgerichts oder zur definitiven Vereinigung mit einem Stadtgerichte zu gestatten, und unter dieser Bedingung jeder Vertrag über die Verwaltung der Jurisdiction zu bestätigen.

Berlin, den 7. Mai 1821.

(v. K. Jhrb. Bd. 17. S. 278.)

Die am 7ten v. M. erlassene im 21sten Stücke des Potsdamschen Amtsblatts enthaltene Bekanntmachung des Königl. Kammergerichts, daß die Einrichtung der Kreisgerichte für die mit der Patrimonial-Jurisdiction versehenen Besitzungen bevorstehe, hat bei den Besitzern derselben die Besorgniß erregt, daß mit der Einrichtung derselben gegen ihren Willen verfahren werden würde. Dies ist aber nicht beabsichtigt. Die Bildung der gemeinschaftlichen Gerichte für mehrere Güter, welche im Besitze der Patrimonial-Jurisdiction befindlich sind, soll der freien Vereinigung der Besitzer überlassen bleiben. Ihr Vortheil erheischt es, sich einen, von andern Geschäften ganz freien Richter zu wählen, und die Ansicht ihres Nutzens muß sie dabei leiten. Um Mißverständnisse in Ansehung einer Bekanntmachung zu verhüten, hat das Königl Kammergericht hiernach eine nähere Bestimmung jener Bekanntmachung zur öffentlichen Kenntniß zu bringen.

Berlin, den 8. Juni 1821. (v. K. Jhrb. Bd. 17. S. 237.)

Der Justizminister findet bei der unter Zustimmung der Gerichtsherrn und Gerichtseingesessenen getroffenen Einrichtung eines Patrimonial-Kreisgerichts zu W., worüber die mittelst Berichts vom 8ten d. M. eingereichten, anbei zurück erfolgenden Akten das Nähere ergeben, im Wesentlichen nichts zu erinnern, und wünscht, daß dieses Beispiel auch an anderen Orten Nachahmung finde.

Die Vereinigung mehrerer Patrimonialgerichte unter einem Justitiar ist in jeder Hinsicht wünschenswerth, und des Königs Majestät haben dieselbe in dem Landtags-Abschiede für die Preußischen Provinzialstände vom 17. März 1828, so wie in dem Patente wegen Wiedereinführung des A. L. R. und der A. G. O. in die wiedervereinigten Provinzen vom 9. September 1814, §. 20. aller Begünstigung würdig gefunden.

Das Königl. Ober-Landesgericht hat daher diese Vereinigung auch in seinem Bezirke zu erleichtern und zu befördern.

Es ist hierbei nur darauf zu achten, daß kein Ort zu weit, insbesondere nie über 3 Meilen von dem Sitze eines solchen Gerichts entfernt liegt; auch muß in Zukunft vor der vollständigen Organisation der Plan dazu stets dem Justizminister zur Genehmigung eingereicht werden.

Der Name „Kreisgericht" und „Kreisrichter" ist nicht angemessen, und daher sowohl im vorliegenden, als in künftigen Fällen für ein so vereinigtes Gericht die Bezeichnung: „Patrimonial-Landgericht" zu wählen, dem Gerichtshalter aber der Titel „Landrichter" beizulegen.

Die eingetretene Veränderung muß übrigens durch das Amtsblatt bekannt gemacht werden.

Berlin, den 27. November 1832.

(v. K. Jhrb. Bd. 40. S. 417.)

δ. **Rescript** vom 27. Dezember 1814, und 27. August 1830, betreffend die Vereinigung der Patrimonialgerichte mit Königlichen Gerichten.

Auf den von dem Präsidio der Königl. Ober-Landesgerichts-Kommission, wegen Vereinigung der Patrimonialgerichte mit den betreffenden Land- und Stadtgerichten, unter dem 18ten d. M. erstatteten Bericht, will der Justizminister gestatten, daß, wenn Patrimonial-Gerichtsherren die Ausübung ihrer Gerichtsbarkeit den Land- und Stadtgerichten übertragen, die Ausfertigungen unter dem Namen des Patrimonialgerichts erlassen werden, in der Art, daß es heißt:

„Königl. Land- und Stadtgericht, als von N.sches Patrimonialgericht zu u. s. w.

Es kann dieses aber nur in dem Falle geschehen, wenn der Gerichtsherr einen verhältnißmäßigen Beitrag zur Unterhaltung des Land- und Stadtgerichts zu leisten übernimmt, und es muß dem Gerichtsherrn besonders bekannt gemacht werden, daß dies in der Folge keine Abänderung erleiden kann, da das Gericht einmal darauf eingerichtet wird, und daß die Besetzung der Richter- und Subalternenstellen bei den Land- und Stadtgerichten allein vom Staate geschieht, ohne daß ihm dabei eine Konkurrenz gestattet wird. Will der Gerichtsherr sich dagegen seiner Jurisdiction mit denen daraus fließenden Früchten ganz begeben, und solche dem Staate überlassen; so hat er keinen Beitrag zur Unterhaltung des Land- und Stadtgerichts zu leisten.

Das Präsidium der Königl. Ober-Landesgerichts-Kommission hat also hiernach das Weitere zu verfügen.

Berlin, den 27. Dezember 1814.

(v. K. Jhrb. Bd. 4. S. 209.)

Des Königs Majestät haben durch die Allerhöchste Ordre vom 22sten v. M. festzusetzen geruht, daß die Anträge der Rittergutsbesitzer auf Abtretung der ihren Gütern zustehenden Patrimonialgerichtsbarkeit an den Staat bis auf weitere, der revidirten Gesetzgebung vorbehaltene Bestimmung, von der Justizverwaltung abgelehnt werden sollen. Das Königl. Kammergericht hat sich hiernach in vorkommenden Fällen zu achten.

Berlin, den 27. August 1830.

(v. K. Jhrb. Bd. 36. S. 142.)

ε. **Rescript** vom 24. Januar 1837 und vom 29. Mai 1837, betreffend die Form der Bestätigung der Justitiariats-Kontrakte rücksichtlich des Vorbehalts der Vereinigung des Patrimonialgerichts mit einem Königl. Gericht oder zu einem Kreisgericht.

Die in Gemäßheit der Allerhöchsten Kabinetsordre vom 17. März 1833 von dem Justizminister genehmigte temporaire Delegation der Verwaltung eines Patrimonialgerichts an das zunächst belegene Königliche Land- und Stadtgericht, und die deshalb von dem bisherigen Patrimonialrichter bei des Königs Majestät angebrachte Beschwerde, hat die abschriftlich anliegenden Kabinetsbefehle vom 18. Jan. d. J. veranlaßt.

Nach den darin ausgesprochenen Grundsätzen steht keinem

Patrimonialrichter weder gegen die von der Gerichtsherrschaft erfolgte und von der vorgesetzten Justizbehörde im Interesse der Verwaltung und der Gerichtseingesessenen genehmigte Delegation der Patrimonial-Gerichtsbarkeit an ein benachbartes Königliches Gericht, noch gegen die Vereinigung des Patrimonialgerichts mit anderen zu einem Kreisgerichte

ein Widerspruchsrecht zu.

Es bleibt jedoch dem Patrimonialrichter überlassen, sich für diesen Fall vor der Uebernahme der Patrimonial-Gerichtsverwaltung oder auch später mit der Gerichtsherrschaft über eine Entschädigung zu vereinigen.

Die Bestätigung der bei den Obergerichten eingereichten Justitiariats-Kontrakte ist aber von einer solchen Vereinigung nicht abhängig zu machen, vielmehr jederzeit unter dem Vorbehalt der Berechtigung des Gerichtsherrn zu ertheilen:

das Kontrakts-Verhältniß durch Delegation der Patrimonial-Gerichtsbarkeit an ein landesherrliches Gericht oder durch Vereinigung zu einem Kreisgerichte während der Dauer des Kontrakts ohne Entschädigung aufzulösen.

Hat eine Vereinigung über die Entschädigung des Richters für den künftig eintretenden Fall der Aufhebung des Kontrakts statt gefunden, so sind bei der Bestätigung des letzteren in dem Vorbehalte für den Gerichtsherrn die Worte: „ohne Entschädigung" wegzulassen.

In jedem Falle sind die Patrimonialrichter, welche bei eintretender Auflösung des Justitiariats-Kontrakts auf eine Entschädigung Anspruch machen, bei deren Verweigerung von Seiten der Gerichtsherrschaften zum Rechtswege zu verweisen.

Das Königl. (Tit.) hat hiernach künftig bei Bestätigung der eingereichten Justitiariats-Kontrakte und bei den aus deren Auflösung entstehenden Beschwerden der Patrimonialgerichte zu verfahren.

Berlin, den 24. Januar 1837. (v. K. Jhrb. Bd. 49. S. 164.)

Nach der allgemeinen Fassung der in dem Amtsblatte der Regierung zu Merseburg (Seite 55 für 1837) abgedruckten Bekanntmachung vom 17. Februar d. J. muß angenommen werden:

daß jetzt jeder Patrimonial-Gerichtsherrschaft frei stehe, den mit dem Patrimonialrichter geschlossenen Vertrag durch eine Delegation der Patrimonialgerichtsbarkeit oder deren Verwaltung an ein benachbartes Königl. Gericht, oder durch Vereinigung des Patrimonialgerichts mit anderen zu einem Kreisgericht, ohne Widerspruch und Entschädigung des Patrimonialrichters aufzuheben.

Dies ist jedoch nach der mittelst Circular-Verfügung vom 24. Januar d. J. mitgetheilten Allerhöchsten Kabinetsordre vom 18ten deff. M., so wie nach den abschriftlich anliegenden Allerh. Ordres, beide vom 8ten d. M., nur hinsichts derjenigen Patrimonialrichter zulässig, deren Justitiariats-Kontrakte, unter dem ausdrücklichen Vorbehalte der Berechtigung des Gutsherrn, das Kontraktsverhältniß durch Delegation der Patrimonialgerichtsbarkeit oder deren Verwaltung an ein landesherrliches Gericht, oder durch Vereinigung mit anderen Patrimonialgerichten zur Bildung eines Kreisgerichts, aufzuheben, — von dem vorgesetzten Obergericht bestätigt worden sind.

Wenn dagegen die Bestätigung der Justitiariats-Kontrakte ohne diesen ausdrücklichen Vorbehalt erfolgt und der Patrimonialrichter die Gerichtsbarkeit auf den Grund eines solchen Kontrakts bisher verwaltet hat; so kann der Gerichtsherrschaft die temporaire Delegation der Verwaltung der Gerichtsbarkeit an ein benachbartes Königl. Gericht, oder der Beitritt zu einem Kreisgericht nicht eher gestattet werden, als bis die Ausgleichung mit dem Gerichtshalter gütlich oder durch richterlichen Ausspruch erfolgt ist.

Das Königliche Ober-Landesgericht hat hiernach das Publikandum vom 17. Februar d. J. zu berichtigen und Abschrift der betreffenden Verfügung einzureichen.

Berlin, den 29. Mai 1837. (v. K. Jhrb. Bd. 49. S. 439.)

c. α. **Rescript** vom 29. Dezember 1812, 18. März 1815 und 13. Mai 1835, betreffend die Unzulässigkeit der Ueberlassung der Sporteln und Geldstrafen an die Justitiarien.

Das Königl. Ober-Landesgericht zu Stettin empfängt hierbei zu seiner Nachricht in Abschrift eine von dem Patrimonialgerichte zu Bernhagen, wegen der von dem Pächter N. zu entrichtenden Geldbuße, unter dem 10ten d. M. eingereichte Vorstellung, nebst dem darin erwähnten Kontrakte vom 11. Januar 1810 und der dem gedachten Patrimonialgerichte heute ertheilten Bescheidung. Die in dem angezogenen Kontrakte enthaltene Bestimmung, nach welcher dem Gerichtshalter die Strafgelder überlassen worden sind, kann, als zu den gröbsten Mißbräuchen führend, und den Grundsätzen einer guten Rechtspflege entgegenlaufend nicht gestattet werden, und daher wird das Königl. Ober-Landesgericht hiermit angewiesen, die Ungültigkeit dieser Bestimmung dem Gerichtsherrn sowohl, als dem Gerichtshalter bekannt zu machen, und des Letztern Verantwortung darüber zu erfordern.

Berlin, den 29. Dezember 1812.

(v. K. Jhrb. Bd. 1. S. 282.)

Der Justizminister hat zu bemerken Gelegenheit gehabt, daß mehrere Gerichtsherren ihren Justitiarien die Gerichtssporteln statt der Besoldung, oder doch als Theil derselben anweisen, und daß die Obergerichte dergleichen Bestallungen oder Kontrakte bestätigen. Dieses geht aber gegen die klare Vorschrift des A. L. R. Th. II. Tit. 17. §. 103., nach welcher jeder Justizbediente mit einer bestimmten Besoldung versehen, und niemals auf die Gerichtsgebühren angewiesen werden soll, und giebt den eigennützigen Justitiarien nur eine Veranlassung zum Sportuliren, welche dagegen, wie das Gesetz beabsichtigt, wegfällt, wenn die Gerichtsgebühren den Gerichtsherren berechnet werden müssen. In Hinsicht der in dieser Art schon abgefaßten Bestallungen und Kontrakte kann es nun zwar hierbei sein Bewenden haben, aber die von jetzt an zu ertheilenden und abzuschließenden müssen genau nach Vorschrift des A. L. R. gefaßt, und andern falls nicht bestätigt oder zugelassen werden. Auch in solchen ältern Fällen, wo sich ergiebt, daß der Justitiarius von der Erlaubniß, die Sporteln selbst zu beziehen, Mißbrauch macht und Sportelexzesse begeht, muß ihm sofort die Erlaubniß genommen, und er verpflichtet werden, die Gebühren dem Gerichtsherrn zu berechnen, und wegen seiner Entschädigung durch Erhöhung des Fixi sich mit demselben zu einigen.

Berlin, den 18. März 1815.

(v. K. Jhrb. Bd. 5. S. 12.)

Es ist zur Kenntniß des Justizministers gekommen, daß die Vorschrift des §. 103. Tit. 17. Th. II. des A. L. R.,

nach welcher jeder richterliche Beamte mit einer bestimmten Besoldung versehen, niemals aber auf die Gerichtsgebühren angewiesen werden soll,

bei der Verwaltung der Patrimonial-Gerichte bisweilen dadurch übertreten wird, daß die Patrimonialrichter sich zwar in einem mit den Gerichtsherrn abgeschlossenen und zur Bestätigung eingereichten Vertrage ein fixirtes Gehalt aussetzen lassen und die Verrechnung und Ablieferung der verdienten Gerichtssporteln an den Gerichtsherrn versprechen, neben diesem Kontrakt aber ein zweites geheim gehaltenes Abkommen treffen, durch welches jene Hauptbestimmung des Kontrakts für unverbindlich erklärt, und der Genuß der Sporteln dem Patrimonialrichter gegen Aufgabe des ihm in dem Kontrakte ausgesetzten Gehalts oder eines Theils desselben überlassen wird.

Der Justizminister will zur Ehre der Patrimonialrichter glauben, daß dieses Verfahren, wodurch gegen eine ausdrückliche Vorschrift vorsätzlich und mit Vorlegung eines simulirten Vertrages auf eine betrügerische Weise gehandelt wird, nur in seltenen Fällen vorgekommen sein mag; die Wichtigkeit des Gegenstandes veranlaßt jedoch den Justizminister, das (Tit.) aufzufordern:

1) auf die genaue Befolgung jener gesetzlichen Vorschrift zu achten, jeden Verdacht einer Uebertretung derselben weiter zu verfolgen und jede dergleichen entdeckte vorsätzliche Verletzung der Amtspflichten eines Richters nach §. 333. Tit. 20. Th. II. des A. L. R. mit aller Strenge zu bestrafen, und
2) an alle Patrimonialrichter seines Departements eine besondere Warnung zu erlassen, um dadurch diejenigen von ihnen, welche ihre Pflichten in dieser Beziehung übertreten haben sollten, zu vermögen, die an sich ungültigen Neben-Verträge mit den Gerichtsherren sofort aufzuheben, und in Betreff der Verrechnung und Ablieferung der verdienten Gerichtssporteln nur nach den Vorschriften des A. L. R. und nach Maßgabe ihres bestätigten Kontrakts zu verfahren.

Berlin, den 13. Mai 1835.

(v. K. Jhrb. Bd. 45. S. 423.)

β. **Reskript** vom 22. April 1833, betreffend die Ueberlassung der Kopialien und Kommissionsgebühren an die Justitiarien außer dem Gehalte.

Dem Königl. Ober-Landesgerichte wird beigehend die Originalbeschwerde des Stadtrichters N. zu D. vom 16. April d. J. nebst ihren Anlagen mit dem Eröffnen zugefertigt, daß der Justizminister mit dem Königlichen Ober-Landesgerichte allerdings einverstanden ist, daß bei den Patrimonialgerichten die Gerichtssporteln dem Gerichtsherrn berechnet, und nicht den Justitiarien als Theil ihres Einkommens überwiesen werden können. Es kann daher auch dem Beschwerdeführer nicht nachgegeben werden, die Siegelgelder, Registratur- und Insinuationsgebühren zu beziehen, vielmehr gehören auch diese dem Gerichtsherrn, der sie zu beziehen und dagegen sowohl die sächlichen Ausgaben bei der Gerichtspflege zu bestreiten, als auch die nöthigen Subalternenbeamten anzustellen und zu remuneriren hat.

Will er dem Justitiar die Annahme und Remuneration überlassen, so mag er mit ihm deshalb ein Abkommen treffen und dem Justitiar eine bestimmte Entschädigung aussetzen. Die Ueberlassung der Gebühren für Subalterngeschäfte ist unzulässig.

Dagegen kann den Patrimonialgerichten gestattet werden, sich außer ihrem fixen Gehalt:

1) bei denjenigen richterlichen Geschäften, für welche die Allgemeine Gebührentaxe für sämmtliche Untergerichte dem Richter Kommissionsgebühren bewilligt, den Genuß dieser Kommissionsgebühren, und
2) die bei dem Gericht aufkommenden Kopialien in zahlbaren Parteisachen gegen Uebernahme der Verpflichtung, das gesammte Schreibwerk, auch in Armen- und Offizialsachen, so wie die Anschaffung der erforderlichen Schreibmaterialien, aus eigenen Mitteln zu besorgen,

bei Abschließung der Kontrakte mit ihren Gerichtsherrn vorzubehalten, da diese Ausnahmen von der Regel auch bei Königl. Gerichten gestattet werden.

Hiernach ist der Stadtrichter N. anderweit zu bescheiden.

(v. K. Jhrb. Bd. 42. S. 294.)

d. **Reskript** vom 2. Mai 1833 und 9. März 1835, betreffend die Abhaltung monatlicher Gerichtstage bei den Patrimonialgerichten.

Dem Königl. Ober-Landesgerichte wird auf dem Bericht vom 10. Oktbr. v. J. in Betreff der Anfrage:

ob bei Patrimonialgerichten die Gerichtseingesessenen verpflichtet sind, für die auf ihr Ansuchen außerhalb der Gerichtstage, oder an Sonn- und Festtagen in ihren Wohnungen vorgenommenen Geschäfte, dem Richter die Reisekosten zu vergütigen,

Folgendes eröffnet:

Zuvörderst unterliegt es keinem Bedenken, daß jeder Gerichtsherr verpflichtet ist, bei dem Abschluß eines Vertrages mit einem auswärts wohnenden Richter über die Verwaltung der Patrimonialgerichtsbarkeit darauf zu sehen, daß der Richter sich verbindlich macht, so viel Gerichtstage am Orte des Gerichts abzuhalten, als zum ordnungsmäßigen Betriebe der in der Regel vorkommenden Geschäfte erforderlich sind. Der Gerichtsherr muß aber auch dafür sorgen, daß diese Gerichtstage von dem Richter wirklich abgehalten, und den Gerichtseingesessenen dadurch hinlängliche Gelegenheit gegeben wird, alle ihre Geschäfte, sowohl der streitigen als der freiwilligen Gerichtsbarkeit, bei der Anwesenheit des Richters an den Gerichtstagen mit abmachen zu lassen.

Dies ist nicht der Fall, wenn die Patrimonialrichter im Laufe eines Jahres nur einige ordentliche Gerichtstage abhalten und dadurch die Gerichtseingesessenen nöthigen, zwischen denselben besondere Termine und Reisen des Richters zur Besorgung einzelner Rechtsangelegenheiten zu veranlassen.

Nur wenn alle Monate Gerichtstag gehalten wird, läßt sich annehmen, daß jeder Gerichtseingesessene im Stande ist, seine gerichtlichen Geschäfte so einzurichten, daß solche bei der jedesmaligen Anwesenheit des Richters vorgenommen werden können.

Eine Ausnahme von der Verbindlichkeit, monatlich Gerichtstag zu halten, kann nur mit Einwilligung der Gerichtseingesessenen durch Gemeindebeschlüsse festgestellt werden.

Versäumt jemand den Gerichtstag und verlangt demnächst die Anwesenheit des Richters am Orte des Gerichts zur Bearbeitung seines Geschäfts, so ist es, in Uebereinstimmung mit dem Reskripte vom 28. Juli 1828 (Jhrb. Bd. 32. S. 102.)

völlig angemessen, ihm auch die Kosten der durch seine Schuld veranlaßten Reise des Richters, der ihn aber zur Stellung des Fuhrwerks aufzufordern hat, zur Last zu legen.

Wenn dagegen die Partei, welche die besondere Reise des Richters veranlaßt, keine Schuld trifft, daß das Geschäft nicht bei Gelegenheit eines ordentlichen Gerichtstages vorgenommen werden kann, oder wenn bei dem Gericht überhaupt nicht monatlich, oder doch nicht so oft Gerichtstag gehalten wird, als mit Einwilligung der Gemeinde festgesetzt worden, so können die durch außerordentliche Reisen des Richters erwachsenden Kosten nicht den betreffenden Parteien zur Last gelegt werden; denn der Richter muß — so oft es die Noth erfordert — von dem Gerichtsherrn oder der Gemeinde, welcher vertrags-, observanz- oder gesetzmäßig die Verpflichtung hierzu obliegt, herbeigeholt werden.

(A. L. R. Th. II. Tit. 17. §. 111. 112.)

Nach diesen Grundsätzen hat das Königl. Ober-Landesgericht die Patrimonialgerichte seines Departements mit den erforderlichen Anweisungen zu versehen, und etwanige Beschwerden zu entscheiden.

Dabei kann übrigens auf den Umstand, daß in den meisten bestehenden Justitiariats-Kontrakten eine geringere Zahl von Gerichtstagen als 12 festgesetzt werden, keine Rücksicht genommen werden, indem es den Gerichtsherren unbenommen bleibt, mit den Richtern wegen Abhaltung von monatlichen Gerichtstagen nachträglich zu kontrahiren.

Berlin, den 2. Mai 1833.

(v. K. Jhrb. Bd. 41. S. 431.)

Die Ostpreußischen Stände haben auf dem fünften Provinzial-Landtage eine Petition zur Abänderung der in dem Rescript vom 2. Mai 1833 (Jhrb. Bd. 41. S. 431.) enthaltenen Anordnungen in Antrag gebracht. Nach dem Landtags-Abschiede vom 19. Januar d. J. haben des Königs Majestät auf diese Petition folgendes zu bestimmen geruht:

„Die Verfügung des Justizministers vom 2. Mai 1833 an das Ober-Landesgericht zu Naumburg hat zum Zweck, einem Mißbrauch zu begegnen, der dadurch entsteht, daß einzelne Patrimonialrichter nicht die erforderliche Zahl von Gerichtstagen im Jahre halten und doch für einzelne Reisen den Interessenten Kosten in Ansatz bringen. Sie bestimmt: nur dann, wenn alle Monate Gerichtstage gehalten werden, könne angenommen werden, daß jeder Gerichtseingesessene im Stande sei, seine gerichtlichen Geschäfte so einzurichten, daß solche bei der jedesmaligen Anwesenheit des Richters vorzunehmen seien, und beschränkt die Befugniß zum Ansatz von Reisekosten und Diäten auf den Fall, wenn der Patrimonialrichter monatliche Gerichtstage abhält und dennoch in der Zwischenzeit die Ansetzung eines Lokaltermins in Antrag gebracht wird. Eine Belastung der Gerichtsherrn soll aus jener Verfügung nicht hervorgehen, und es erledigt sich dadurch der Antrag auf deren Zurücknahme."

Dem Königl. Ober-Landesgericht wird diese Allerhöchste Festsetzung zur Nachricht und Achtung bekannt gemacht.

Berlin, den 9. März 1835.

(v. K. Jhrb. Bd. 45. S. 228.)

e. **C. O.** vom 23. Juli 1835 und **Rescript** vom 31. August ejd., betreffend die Einrichtung der Depositorien bei den Patrimonialgerichten.

Auf Ihren Bericht vom 30sten v. M., dessen Anlagen Sie zurückerhalten, will Ich Sie autorisiren, daß Sie, wenn ein Patrimonialgerichtsherr zur Einrichtung der vorschriftsmäßigen Depositalgelasse und des Depositalkastens durch Strafbefehle nicht zu vermögen sein sollte, entweder die Bearbeitung aller Sachen, mit welcher eine Depositalverwaltung verbunden ist, dem nächsten landesherrlichen Untergerichte gegen Beziehung der aufkommenden Gerichtskosten übertragen, oder veranstalten, daß das Depositalgelaß desjenigen landesherrlichen Untergerichts, welches an dem Wohnorte des Justitiarius seinen Sitz hat, von dem Patrimonialgericht zur Aufbewahrung seines Depositalkastens mitbenutzt werde. Diese interimistische Anordnung soll so lange dauern, bis der Gerichtsherr das Depositalgelaß vorschriftsmäßig beschafft und eingerichtet hat. Was der Vereidigung betrifft, so bin Ich zwar mit Ihrer Ansicht einverstanden, daß sowohl die von den Patrimonialgerichtsherrn ernannten Depositalbeamten, als sie selbst, wenn sie bei ihrem Gerichte an der Depositalverwaltung unmittelbar Antheil nehmen, der eidlichen Verpflichtung zu unterwerfen sind, doch kann in beiden Fällen mit Bezug auf Meine Ordre vom 11. August 1832 die Dispensation kein Bedenken finden, wobei nur der Gerichtsherr belehrt werden muß, daß er, wenn er einen unvereideten Depositalbeamten ernennt, das Gericht also nicht nach den Vorschriften der Gesetze gehörig bestellt, dessen etwanige Veruntreuungen in allen Fällen, also auch dann zu vertreten habe, wenn er nach Vorschrift der Gesetze von der Verantwortlichkeit für die Handlungen eines vereideten Beamten entbunden sein würde. Uebrigens setze Ich nach Ihrem Antrage fest, daß den Gerichtsherrn, welche die Gerichtsbarkeit nicht in eigner Person ausüben, nur die Verwaltung der Stelle eines zweiten Kassen-Kurators, nicht aber die Stelle eines Rendanten oder ersten Kurators zu gestatten, und solches nur ausnahmsweise nachzulassen sei, wenn die Aufsichtsbehörde sich überzeugt hat, daß die Ernennung einer andern zur Verwaltung des Amts geeigneten Person mit erheblichen Schwierigkeiten für den Gerichtsherrn verbunden sei. Wenn der Gerichtsherr, der gesetzlichen Befugniß gemäß, die Gerichtsbarkeit in eigner Person ausübt, findet diese Beschränkung nicht statt, vielmehr darf er auch die Stelle eines ersten Kurators oder Rendanten verwalten. Sie haben hiernach das Erforderliche weiter zu verfügen.

Teplitz, den 23. Juli 1835.

Dem Königl. Ober-Landesgericht wird hierbei Abschrift der Allerh. K. O. vom 23sten d. M.,

betreffend die Depositalverwaltung bei den Patrimonialgerichten, insbesondere die vorschriftsmäßige Einrichtung der Depositalgelasse, so wie die Bestellung und Verpflichtung der Depositalbeamten,

zur Nachachtung zugefertigt.

Welche der beiden im Eingange erwähnten Maaßregeln, wenn ein Patrimonialgerichtsherr zur Einrichtung vorschriftsmäßiger Depositalgelasse und des Depositalkastens nicht zu vermögen ist, ergriffen werden soll, muß in jedem einzelnen Falle beurtheilt, dem Justizminister angezeigt, und über dabei entstehende Bedenken berichtet werden. Immer aber sind die Gerichtseingesessenen von einer solchen Aenderung in Kenntniß zu setzen.

Die Dispensation von der eidlichen Verpflichtung der Depositalbeamten mit Rücksicht auf die Allerhöchste Ordre vom 11. August 1832 (G. S. S. 204.) bleibt dem Ermessen des Königl. Ober-Landesgerichts überlassen, und kann immer nach vorhergängiger Belehrung ertheilt werden, wenn sie nachgesucht wird, oder die Vereidigung Schwierigkeiten findet.

Berlin, den 31. Juli 1835.

(v. K. Jhrb. Bd. 46. S. 162.)

f. **Rescript** vom 17. Mai 1837, betreffend die Aufbewahrung der Akten und Hypothekenbücher bei den Patrimonialgerichten.

Dem Königl. Ober-Landesgerichte wird auf die Anfrage vom 4ten v. M.,

wegen der Geschäftslokale der Patrimonialrichter und der von ihnen abzuhaltenden Gerichtstage,

hierdurch eröffnet, daß mit Rücksicht auf die gesetzlichen Vorschriften in den §§. 93 und 104. Tit. 17. Th. II. des Allgemeinen Landrechts darauf zu halten ist, daß bei jedem Patrimonialgericht zur Aufbewahrung der Akten und Hypothekenbücher an dem Gerichtsort selbst vom Gerichtsherrn ein angemessenes Lokal oder doch gut verwahrte Schränke beschafft werden.

In diesem Lokal müssen die Akten und Hypothekenbücher des Patrimonialgerichts in der Regel aufbewahrt werden, indem den Patrimonialrichtern nur gestattet werden kann, die zur Betreibung der bereits anhängigen Geschäfte zwischen den Gerichtstagen erforderlichen Akten mit an ihren Wohnort zu nehmen.

Nur dann, wenn die Beschaffung eines angemessenen Registraturlokals mit besonderen Schwierigkeit verbunden ist und deshalb die Akten und Hypothekenbücher des Gerichts mit besonderer Genehmigung des Gerichtsherrn schon bisher bei dem Verwalter des Gerichts sicher untergebracht worden sind, oder wenn von Seiten des Gerichtsherrn und der betreffenden Dorfgemeinden überhaupt darauf angetragen wird, den Sitz des Patrimonialgerichts an den Wohnort des Richters verlegen zu dürfen, kann dies, nach Befinden der Umstände, von dem Königlichen Ober-Landesgerichte genehmigt werden.

Wegen Abhaltung monatlicher Gerichtstage ist durch die Verfügungen vom 2. Mai 1833 und 9. März 1835 (Jhrb. Bd. 41. S. 431. und Bd. 45. S. 228.) das Nöthige bestimmt worden.

In wie weit hiervon mit Rücksicht auf die geringe Entfernung des Wohnorts des Patrimonialrichters vom Sitze des Gerichts oder auf den geringen Geschäftsumfang desselben, auf den Grund besonderer Anträge der Gerichtsherrn und der damit übereinstimmenden Gemeindebeschlüsse, Ausnahmen gestattet werden dürfen, muß in jedem besonderen Falle der näheren Berathung und Beschlußnahme des Kollegiums, und bei erheblichen Bedenken der weiteren Entscheidung des Justizministers auf den Bericht des Kollegiums vorbehalten bleiben.

(v. K. Jhrb. Bd. 49. S. 442.)

Allgemeine Obliegenheiten.

§. 5. Alle Justizbedienten bei Untergerichten, ohne Unterschied und Ausnahme, haben eben dieselben Pflichten eines pünktlichen Gehorsams und Folgsamkeit gegen die Gesetze; eines ernstlichen Eifers, Fleisses und aufmerksamen Bestrebens zur Beförderung der gottgefälligen Justiz; einer unverdrossenen und anhaltenden Betriebsamkeit in Ansehung aller und jeder zu ihrem Amte gehörigen Verrichtungen; einer durchaus untadelhaften Rechtschaffenheit und strengen Unparteilichkeit zu beobachten, welche in den vorigen Titeln den bei den Landesjustizkollegien angesetzten Personen umständlich vorgeschrieben worden ist.

Wegen Unzulässigkeit der Justizkommissariatsgeschäfte der richterlichen Beamten s. die Zusätze zu I. 3. §. 22.

§. 6. Alle Verletzungen dieser Pflichten, sie mögen nun entweder bei Gelegenheit der von den Parteien darüber geführten Beschwerden an Tag kommen, oder sonst von dem vorgesetzten Landesjustizkollegio entdeckt uud wahrgenommen werden, sind mit eben der Strenge zu untersuchen, und mit eben dem Nachdrucke zu ahnden, als in Ansehung der Justizbedienten bei Obergerichten in den vorigen Titeln verordnet worden ist.

Von Untergerichten der ersten,

§. 7. Die Untergerichte der ersten Klasse bestehen:

1) aus einem Dirigenten, welcher den Namen eines Präsidenten, oder Direktors, oder Justizburgemeisters u. s. w. führt;
2) aus gewissen Mitgliedern, welchen nach Verschiedenheit des Orts und des sonstigen Ranges eines solchen Untergerichtskollegii, der Name von Räthen, Rathmännern, Assessoren, Syndicis u. s. w. beigelegt wird;
3) aus den nöthigen Kanzlei- und Registraturbedienten und anderen Subalternen;
4) sollen bei den beträchtlicheren Untergerichten dieser Klasse auch einige juuge Leute als Auskultatoren und Referendarien angesetzt werden.

Wegen des Rangverhältnisses, der Titel und Uniform der Untergerichtsbeamten s. die Zusätze zu III. 1. §. 1.

§. 8. Die Dirigenten, Mitglieder und Subalternen dieser Untergerichte haben in Ansehung der speciellen Obliegenheiten ihres Amtes eben das zu beobachten, was oben Tit. II. III. V. den Präsidenten, Räthen und Subalternen der Landesjustizkollegien vorgeschrieben ist.

Rescript vom 22. Juli 1815, betreffend das Votum decisivum der Gerichtsdirigenten bei Gerichten von zwei Mitgliedern.

Der Königl. Ober-Landesgerichts-Kommission wird auf den Bericht vom 13ten d. M. eröffnet: daß, wenn bei einem, aus drei Mitgliedern bestehenden, Untergerichte ein Mitglied durch Abwesenheit, Krankheit oder andere Gründe verhindert wird, in einer Rechtssache zu votiren, die Sache so zu betrachten ist, als ob das Gericht nur aus zwei Mitgliedern bestehe, und daß alsdann, bei Verschiedenheit der Meinungen, das Votum des Direktors oder ersten Richters den Ausschlag giebt. (v. K. Jhrb. Bd. 6. S. 14.)

§. 9. Auskultatoren und Referendarien können die Untergerichte zwar annehmen; sie müssen aber selbige dem vorgesetzten Obergerichte zur Prüfung und Approbation präsentiren.

§. 10. Diese Auskultatoren und Referendarien haben eben das zu thun und zu beobachten, was denen bei den Obergerichten Tit IV. vorgeschrieben ist. Wenn sie sich solchergestalt eine Zeit lang in gerichtlichen Geschäften geübt haben; so müssen sie entweder in Subalternposten, oder kleinen Untergerichtsbedienungen ihre Versorgung suchen; oder sie müssen sich bei einem Obergerichte in gleicher Qualität noch eine Zeit lang gebrauchen lassen, und sich dadurch zu wichtigeren Aemtern qualificiren.

Anh. §. 472. *Können sie jedoch ein vortheilhaftes Zeugniss ihrer Brauchbarkeit beibringen, und wird dieses Zeugniss durch eine demnächst mit ihnen anzustellende Prüfung bestätigt; so sind sie zu wichtigeren Aemtern eben so zuzulassen, als wenn sie wirklich bei einem Landesjustizkollegio gestanden hätten.*

der zweiten Klasse.

§. 11. Bei kleinen Untergerichten können Rechtskandidaten als Protokollführer angenommen und gebraucht werden. Diese müssen aber, wenn sie auch in der Folge bei der Justiz ihr wirkliches Unterkommen finden wollen, sich dazu durch fernere Arbeiten, als Auskultatoren oder Referendarien, bei einem Obergerichte qualificiren. Doch soll ein solcher Kandidat, der schon eine Zeit lang bei einem kleineren Untergerichte gestanden hat, wenn er bei der Prüfung dazu tüchtig befunden wird, mit Uebergehung des Zwischengrades als Auskultator, sogleich zum Referendarius bestellt werden können.

In Betreff der Qualifikation der Aktuarien und der Geschäfte, zu welchen sie gebraucht werden können, so wie in Betreff der Qualifikation der Protokollführer, s. zu III. 5. §. 1. u. Nr. 6.

§. 12. Da bei Untergerichten der zweiten Klasse der Richter es ganz allein mit den Parteien zu thun hat, und bei den einzelnen Verhandlungen mit ihnen von niemandem unmittelbar kontrollirt werden kann; auch besonders in Prozesssachen die Obliegenheiten des Decernenten, des Instruenten und des Urtelsfassers in seiner Person vereinigen muss; so ist bei einem solchen Manne die strengste Redlichkeit und die sorgfältigste Entfernung von allem Eigennutze, Habsucht, Parteilichkeit und anderen Affekten die unentbehrlichste Eigenschaft. Die Obergerichte müssen daher, bei ihrer Aufsicht über diese Klasse von Untergerichten, dieselben vornehmlich aus diesem Gesichtspunkte betrachten; jeden sich ereignenden Verdacht gegen die Rechtschaffenheit und Unparteilichkeit derselben mit der äussersten Aufmerksamkeit prüfen und untersuchen; und wenn sie dergleichen Vergehungen schuldig befunden werden, dieselben, ohne die geringste Nachsicht, noch strenger und nachdrücklicher ahnden, als andere Fehler gegen die Vorschriften der Gesetze und der Prozessordnung, in welche dergleichen Unterrichter, wegen Mittelmässigkeit ihrer Talente und Einsichten, in der einen oder der andern Sache etwa verfallen möchten.

§. 13. Wie die Unterrichter der zweiten Klasse sich zu verhalten haben, wenn Prozesse mit abwesenden und entfernten Parteien zu instruiren sind, ist Theil I. Tit. XXV. §. 48. verordnet.

Subordination gegen das Landesjustizkollegium.

§. 14. Jedes Untergericht ist dem ihm vorgesetzten Landesjustizkollegio Gehorsam und Subordination schuldig. Es muss Befehle von demselben annehmen; seinen Anweisungen in Justizsachen prompte Folge leisten; ihm von seinem Verhalten auf Erfordern Rechenschaft geben, und seine Akten zur Einsicht und Prüfung unweigerlich vorlegen; übrigens aber sich in diesen Amtsgeschäften nach keinen andern Vorschriften und Verordnungen achten, als die ihm entweder von diesem vorgesetzten Obergerichte, oder auch unmittelbar von Hofe aus, zukommen.

Uebrigens hat es wegen der von den Untergerichten an ihre vorgesetzten Obergerichte einzusendenden Prozess-, Vormundschafts- und Depositaltabellen bei der bisherigen Verfassung überall sein Bewenden.

Aufsicht über die Untergerichte.

§. 15. Wie die Justizkollegia in vorkommenden einzelnen Fällen auf das Verfahren der Untergerichte Acht geben; dasselbe prüfen; den erhobenen und gegründet befundenen Beschwerden, oder auch den ex officio entdeckten Missbräuchen abhelfliche Maasse verschaffen, und jedes pflichtwidrige Betragen mit Ernst und Nachdruck, ohne alles Ansehn der Person, strafen sollen, ist bereits oben Titel II. §. 35. Titel III. §. 47. 59. umständlich verordnet.

1) **Rescript** vom 20. Februar 1832, nebst **C. O.** vom 14. Februar ejd:, betreffend die aufmerksame Kontrolle unzulässiger Emolumente der Untergerichtsbeamten.

Dem Königl. Ober-Landesgerichte wird in der abschriftlichen Anlage A. die, in Betreff der von Justizbeamten zur Ungebühr erhobenen Emolumente, unterm 14ten d. M. an das Justizministerium ergangene Allerhöchste Kabinetsordre mit der Auflage zugefertigt, in Gemäßheit der Bestimmung derselben die Gerichte im Bezirk des Kollegii anzuweisen, mit der größten Sorgfalt für die Zukunft die Berechnung und Anweisung unzulässiger Emolumente zu verhüten, und deshalb die Dirigenten der kollegialisch formirten Gerichte speziell verantwortlich zu machen und sie zu verpflichten, die desfallsigen Kassenordres der sorgfältigsten Revision zu unterwerfen. Auch hat das Kollegium anzuzeigen, in welchen Fällen noch von der Königl. Ober-Rechnungskammer defektirte Beträge zu erstatten sind, die sich nach der beiliegenden Allerhöchsten Ordre zur Niederschlagung eignen.

Zugleich werden dem Königl. Ober-Landesgericht hierbei drei lithographirte Exemplare dieses Rescripts und seiner Anlage zum Gebrauch im Kollegio mitgetheilt.

Berlin, den 20. Februar 1832.

A.

Die Gesuche der Justizbeamten um Belassung der früher bezogenen Tantiemen und Gebühren können nach dem, was darüber feststeht, nicht statt finden, und es muß daher auch auf die anliegende Eingabe des Stadtrichters N. zu N. vom 5ten v. M., was die Zukunft betrifft, bei dem beigefügten Bescheide des Justizministeriums sein Bewenden behalten. Es ist aber ein Uebelstand, daß die Behörden dem unstatthaften Bezuge nicht früher die gehörige Aufmerksamkeit gewidmet und solchergestalt die Verlegenheit herbeigeführt haben, in welche die Debenten dadurch gerathen, daß sie nach Verlauf von mehreren Jahren das zum Theil bona fide Zuvielbezogene zurückerstatten sollen. Ich will daher dem Justizministerium anheim geben, dagegen die angemessene Anordnung zu treffen, zugleich aber dasselbe, soweit für die bisherige Vergangenheit keine Remedur eintreten kann, ermächtigen, in Unvermögensfällen und nach pflichtmäßig davon gewonnener Ueberzeugung, die Rückzahlung der zuviel erhobenen Beträge für die verflossenen Jahre zu erlassen, Mir jedoch alle sechs Monate eine Nachweisung der solchergestalt erfolgten Niederschlagung einzureichen, damit solche von Mir genehmigt werden könne. Hiernach hat das Justizministerium nun auch das vorliegende Gesuch des ꝛc. N. zu prüfen und darüber zu entscheiden.

Berlin, den 14. Februar 1832.

(v. K. Jhrb. Bd. 39. S. 180.)

2) **Rescript** vom 30. Januar 1832, betreffend die Befugniß der Obergerichte, eine von einem Untergericht verfügte Exekution aufzuheben.

Dem Königl. Ober-Landesgerichte wird die Beschwerde der Wittwe A. vom 17ten d. M. in ihrer Prozeßsache wider die Geschwister B. nebst deren Anlagen originaliter mit der Anweisung zugefertigt, die von dem dortigen Stadtgerichte verfügte Exekution zu sistiren, und unter Einreichung der Akten gutachtlich zu berichten.

Wenn das Königl. Ober-Landesgericht darüber, ob es befugt sei, die von Untergerichten verfügten Exekutionen aufzuheben, zweifelhaft ist, so sind diese Zweifel keinesweges begründet, und ist vielmehr das Ober-Landesgericht, wie ihm hierdurch eröffnet wird, allerdings berechtigt, als Aufsichtsbehörde des dortigen Stadtgerichts die von demselben verfügte Exekution aufzuheben, wenn es dieselbe nicht für rechtlich begründet hält.

Berlin, den 30. Januar 1832.

(v. K. Jhrb. Bd. 39. S. 163.)

Visitationen.

§. 16. Ausserdem aber müssen die Landesjustizkollegia von Zeit zu Zeit Justizvisitationen bei ihren Untergerichten veranlassen.

1) a. **Circular-Rescript** vom 30. März 1803, betreffend das Verfahren bei Justiz-Visitationen.

Die am Schlusse des verflossenen Jahres eingegangenen Präsidial-Konduiten-Listen und die zeithero eingesandten Kommissions-Akten über die gehaltenen Justiz-

Visitationen ergeben mit mehrerem, daß die Rechtspflege bei den Untergerichten hin und wieder noch sehr mangelhaft ausfalle, und daß das bei denselben angestellte Personale oft erhebliche Erinnerungen veranlaßt habe. In dieser Hinsicht ist es dringend nothwendig, daß sämmtliche Untergerichte nicht allein unter fortdauernder genauer Aufsicht gehalten, sondern daß auch Einleitungen getroffen werden, um den vorhandenen Mängeln in der Organisation dieser Behörden zweckmäßig abzuhelfen. Beides ist durch öftere Revisionen zu bewirken, worin sich einige Landes-Justizkollegia zeithero rühmlichst ausgezeichnet und dadurch Unsern Allerhöchsten Beifall erworben haben. Mehrere widmeten jedoch diesem Theil ihrer Dienstverwaltung nicht immer die nöthige Aufmerksamkeit, daher Wir mit Bezug auf die über diesen Gegenstand an den Großkanzler ergangene Kabinetsordre vom 28sten v. M. hiermit die genaueste Befolgung der Circular-Verordnung vom 31. Juli 1800 wiederholentlich in Erinnerung bringen und nachstehendes Euch zu erkennen geben wollen. Bei der Aufsicht über die Untergerichte ist für jetzt darauf Bedacht zu nehmen, daß:

1) denjenigen Mängeln abgeholfen werde, welche eine regelmäßige Rechtspflege behinderten, und
2) daß der Geschäftsgang dieser Behörden von dem vorgesetzten Obergerichte anhaltend genau kontrollirt werde.

Um diesen Zweck vollständig zu erreichen, ist es nöthig, daß jedes Landesjustizkollegium sich von der innern Einrichtung, dem Personal und der Verfahrungsart der Untergerichte seines Departements möglichst genaue Kenntnisse verschaffe, welche allein durch successive Bereisung derselben zu erhalten sind.

Diese müssen dazu qualifizirten Mitgliedern des Landesjustizkollegii von dem Präsidio übertragen, und es muß zugleich dafür gesorgt werden, daß zur möglichsten Erleichterung des Geschäfts das Departement in gewisse Bezirke getheilt und die in jedem derselben befindlichen Untergerichte einem Mitgliede des Kollegii als Departements-Rath angewiesen werden. Bei der Bereisung selbst sind die Vorschriften der Circular-Verordnung vom 31. Juli 1800 und die Anweisungen zu befolgen, welche in dem zweiten Hefte des zweiten Bandes des neuen Archivs der Preußischen Gesetzgebung abgedruckt sind. Hauptsächlich ist von dem Departementsrath auf nachstehende Punkte Rücksicht zu nehmen.

1) Gleich bei der Ankunft des Kommissarii am Orte, wo sich ein zu revidirendes Gericht befindet, muß dem Publiko durch öffentliche Anschläge davon Nachricht gegeben werden, damit jeder, welcher in Justizsachen Beschwerden anzubringen hat, sich melden könne. Zu diesen mit den nöthigen Bedeutungen und Warnungen zu versehenden Anschlägen sind gedruckte und von dem Kommissario auszufüllende Formulare einzuführen. Die sich meldenden Supplikanten muß der Kommissarius mit Adhibirung der zu erfordernden Akten genau vernehmen, dem Befinden nach ungesäumt dem Gericht die zweckmäßigen Anweisungen und den Parteien die nöthige Bescheidung ertheilen, oder wenn die Sache so angethan, daß eine Erwägung und Verfügung des vorgesetzten Landesjustizkollegii erforderlich wird, die Beschwerde an dasselbe mit einer gutachtlichen Anzeige einsenden.
2) Hiernächst sind mehrere kurrente Prozeß-, Konkurs-, Liquidations-, Subhastations-, Vormundschafts- und Kriminalakten in der Art zu revidiren, daß wo sich dazu Veranlassung findet, die zur Remedur der bemerkten Fehler nöthige Anweisung in jeder Sache durch besondere Dekrete ertheilt werde. Auch ist hierbei zu prüfen, ob die Sporteln richtig angesetzt, die ediktmäßigen Stempel adhibirt, den Parteien die nöthigen Bedeutungen eröffnet und sonst überall vorschriftsmäßig verfahren werde.
3) Wenn nach den Generalaufsichts-Akten des Landesjustizkollegii wegen Verwaltung des Depositalwesens Verdacht obwaltet, muß gleich bei der Ankunft des Kommissarii mit Versiegelung des Judicial- und Pupillardepositi verfahren, der Abschluß erfordert, demnächst eine genaue Recherche veranlasset, und dem Befinden nach zur Sicherstellung der Interessenten die nöthige Einleitung durch den Kommissarius getroffen werden. Wenn dagegen dergleichen Verdacht nicht obwaltet, so bedarf es nur einer gewöhnlichen Kassen-Revision.
4) Den während seiner Anwesenheit einfallenden Gerichtstagen und Instructions-Terminen muß der Kommissarius als Beobachter beiwohnen, und nach deren Beendigung dem Personal des zu visitirenden Gerichts mündlich die nöthigen auf Verbesserung des Geschäftsbetriebs abzweckenden Bemerkungen zur Befolgung bekannt machen.

5) Außerdem ist das Lokale zu besichtigen, wo die Gerichtstage gehalten, die Hypothekenbücher, Testamente und Akten asservirt, und die Registratur-, Expeditions- und Kassengeschäfte bearbeitet und die Gefangenen aufbewahrt werden. Ergiebt sich hierbei zu Erinnerungen Gelegenheit, so sind zu deren Abstellung die nöthigen Einleitungen zu treffen, damit in der Organisation des Gerichts selbst überall Ordnung und Regelmäßigkeit eintrete.

Durch diese Operation wird der Kommissarius sich vollständig unterrichten können, wie die Dienstführung der Offizianten des visirten Gerichts und die übrigen Verhältnisse desselben beschaffen sind. Ergeben sich hierbei pflichtwidrige Handlungen, welche eine fiskalische Untersuchung begründen, so ist nach Einziehung der erforderlichen Nachrichten dem Landesjustizkollegio von dem Kommissarius zur weitern Verfügung Bericht zu erstatten; zeigt sich, daß es den Gerichtspersonen an den nöthigen Kenntnissen einzelner gesetzlichen Vorschriften ermangelt, so sind sie deshalb zu belehren, und mit spezieller Anweisung zu versehen, wie sie diesem Mangel durch eigenes Studium der Gesetze abhelfen können, weshalb besonders für die Anschaffung der etwa fehlenden Landesverordnungen zu sorgen ist. Ergeben sich Verzögerungen, so ist zu prüfen, ob nach dem Umfange der einem jeden obliegenden Geschäfte die Säumigen, bei möglichster Anstrengung, ihren Obliegenheiten hätten genügen können. War dieses zu bewerkstelligen, so muß eine verhältnißmäßige Frist bestimmt werden, binnen welcher die Rückstände abzumachen, und wie solches geschehen, dem vorgesetzten Landesjustizkollegio nachzuweisen.

Findet sich ein so beträchtlicher Rückstand, daß solcher ohne Verabsäumung der kurrenten Geschäfte nicht aufgearbeitet werden kann, so ist die Einleitung zu treffen, daß die Abmachung der Reste durch einen von dem Landesjustizkollegio zu bestimmenden extraordinairen Hülfsarbeiter auf Kosten desjenigen bewirkt werde, dem die Versäumniß zur Last fällt. Zeigt sich hingegen, daß dem angestellten Personal kein Vorwurf der Trägheit gemacht werden kann, sondern das Gericht mit so vielen Arbeiten belastet ist, daß temporaire oder fortdauernde Hülfe geschafft werden müsse, so ist hiervon dem Landesjustizkollegio besondere Anzeige zu thun. Zur zweckmäßigen Abfassung solcher Anzeigen muß der Kommissarius die erforderlichen Erkundigungen einziehen und mit Zuverlässigkeit ausmitteln, ob und in welcher Art das Personale zu verstärken, oder in wie weit das Diensteinkommen derjenigen Offizianten zu verbessern, welche bei dessen offenbarer Unzulänglichkeit bis dahin distrahirende Nebenämter übernehmen müssen, durch deren Niederlegung sie in den Stand gelangen würden, ihrer eigentlichen Bestimmung völliges Genüge zu leisten. Gleichmäßig ist das Augenmerk auf diejenigen zu richten, welchen es an Fähigkeiten mangelt, dem ihnen angewiesenen Amte ordnungsmäßig vorzustehen, die aber in einem andern Wirkungskreise mit Nutzen angestellt werden können, damit durch schickliche Versetzungen überall das Beste des Dienstes befördert werde.

Auf solche gutachtliche Anzeigen des Kommissarii muß das Landes-Justizkollegium, wenn sie Domainen-Justizämter, Magisträte, Stadtgerichte, oder sonst Behörden betreffen, bei welchen es der Konkurrenz des Finanzdepartements bedarf, mit der Kameralbehörde konzertiren, bei Patrimonialgerichten aber der Gerichtsherrschaft zweckmäßige Vorschläge eröffnen, deren Erklärung erfordern und demnächst, so wie bei Gerichten, welche lediglich von der Justiz ressortiren, dem Großkanzler gutachtlichen Bericht erstatten, und weitere Verfügung gewärtigen.

Ueber solche Bereisung der Untergerichte ist von dem Kommissario ein General-Protokoll aufzunehmen, worin bloß zu bemerken, wie jeder Tag der Kommission verwendet worden, welche besondere Anzeigen an das vorgesetzte Landesjustizkollegium abgesendet, und welche Verfügungen getroffen worden, über deren Befolgung bei künftigen Revisionen Nachfrage zu halten sein würde. Das Protokoll selbst wird sodann dem vorgesetzten Kollegio mittelst gutachtlichen Berichts übergeben und darauf, so weit es noch nöthig ist, verfügt, ohne daß es der Abfassung besonderer Revisionsbescheide bedürfe; dagegen ist das Resultat der gehaltenen Visitation dem Großkanzler mittelst Berichts anzuzeigen und darin speziell zu bemerken, welche Einleitungen wegen etwaniger besserer Organisation des visitirten Gerichts ergangen sind. Was insonderheit die Patrimonialgerichte betrifft, so ist deren Revision zur Vermeidung mehrerer Kosten mit der Bereisung größerer Gerichte zu verbinden, jedoch immer darauf Rücksicht zu nehmen, daß die Visitation, wie von den Schlesischen Landesjustizkollegiis zu Unserer Allerhöchsten Zufriedenheit bereits geschehen, über alle von einem und demselben Justizbedienten respizirte Gerichtsbarkeiten erstreckt werde, weil dieses Verfahren allein vollkommene Sicherheit wegen richtiger Verwaltung des Depositorii geben kann.

Wenn solchergestalt das vorgesetzte Landesjustizkollegium nach und nach von der Verfassung der von demselben ressortirenden Untergerichte nähere Kenntnisse erhalten, so muß dafür gesorgt werden, daß das Verfahren dieser Behörden im Allgemeinen fortdauernd möglichst genau beobachtet werde. Zu dem Ende sind die Revisionskommissarii, wie bereits im §. 19. Tit. 8. Th. 3. der Gerichtsordnung festgesetzt ist, zu beständigen Decernenten in den Beschwerdesachen zu ernennen, welche über die ihrer unmittelbaren Aufsicht anvertrauten Untergerichte bei dem Landesjustizkollegio eingehen. Nicht minder sind denselben diejenigen Akten zum Vortrag zuzuschreiben, welche von den benannten Untergerichten zur Instruktion oder Aburtelung der höheren Instanzen eingehen. Gleichmäßig müssen diesen Revisionskommissarien alle aus den ihnen anvertraueten Distrikten von den Untergerichten einkommenden Geschäftstabellen und Bedienungssachen zum Vortrag zugestellt werden; und den ernannten Re- und Korreferenten liegt ob, bei Abfassung der Erkenntnisse aus Untergerichtsakten das Verfahren zu prüfen und die wahrgenommenen Verstöße zu rügen, damit die diesfällige Revisionsnote zur weiteren Veranlassung dem Departementsrath vorgelegt werde. Dieser ist verpflichtet, die zu seiner Kenntniß kommenden Beschwerden, Akten, Tabellen und Revisionsnoten genau zu prüfen und durch Abfassung dienlicher Verfügungen für eine prompte, gründliche und unpartetische Justizverwaltung bei den Untergerichten seines Bezirks zu sorgen, und zu dem Ende von Zeit zu Zeit unvermuthete Bereisungen derselben vorzunehmen, damit theils die Untergerichte immer in der Erwartung einer Revision bleiben, theils die Gerichtseingesessenen dadurch Gelegenheit erhalten, ihre Beschwerden voll Vertrauen anzubringen.

Wir versehen Uns zu dem Diensteifer sämmtlicher Mitglieder Eures Kollegii, daß sie in Rücksicht der Wichtigkeit des Gegenstandes sich die genaueste Befolgung der vorstehenden Bemerkungen mit Bezug auf die ihnen in der Gerichtsordnung §. 47—50. und 59. Tit. 3. Th. 3. vorgezeichnete Pflicht gewissenhaft werden angelegen sein lassen, und finden nur noch zu erinnern nöthig, daß diejenigen, welche sich hierin auszeichnen, sich Unsers Allerhöchsten Beifalls besonders versichert halten können; daher das Präsidium das Verfahren eines jeden Departementsraths in den Konduitenlisten speziell zu erwähnen hat, damit davon bei Erstattung des jährlichen Immediat-Generalberichts Gebrauch gemacht werden könne. Schließlich versteht es sich von selbst, daß die Bereisungen nur successive, nach vorgängiger Rücksprache mit dem Präsidio, vorzunehmen und mit denen Gerichten der Anfang zu machen, welche die mehresten und erheblichsten Beschwerden veranlassen, damit die Geschäfte Eures Kollegii nicht leiden, welches dann nicht zu besorgen, wenn die Revisionskommissarii mit Beiseitsetzung aller unzulässigen Weitläuftigkeiten sich bei den Bereisungen auf das Wesentliche einschränken und die Zeit gehörig benutzen.

(Stengels Beitr. Bd. 16. S. 277. und Neues Archiv Bd. 3. S. 174.)

b. **Rescript** vom 31. Juli 1800, betreffend die Aufsicht über die Untergerichte und deren Visitation.

Wir haben Uns veranlaßt gefunden, die in der Immediat-Verfügung vom 23. November 1797 ertheilten Vorschriften, wegen der über das Dienstverhalten der Civiloffizianten zu führenden speziellen Aufsicht, durch eine an das gesammte Etatsministerium gerichtete Kabinetsordre vom 26sten d. M. zu erneuern. Hierbei ist unter andern auch erinnert worden, daß auf die Untergerichte und das bei denselben angesetzte Personale ein wachsames Auge zu haben, und des Endes die Visitationen der Unterbehörden öfter, unvermutheter und gründlicher, auch mit weniger Zeitverschwendung in Ansehung unwesentlicher Dinge zu veranlassen. In Gemäßheit dessen ist in der zur Befolgung sothaner Kabinetsordre an die Präsidia sämmtlicher Landes-Justizkollegien dato ergehenden Circular-Verordnung eine besondere Anweisung vorbehalten worden, in welcher Art die Visitationsgeschäfte in Zukunft betrieben werden sollen, indem das dabei zeither beobachtete Verfahren nicht den Nutzen gewähret hat, welcher nach Verhältniß der darauf verwendeten Zeit zu erwarten gewesen.

Diesen Zweck zu erreichen, ist zuvörderst mit Nachdruck dafür zu sorgen, daß sämmtliche Untergerichte des Departements die vorgeschriebenen Instruktions-, Prozeß-, Referenten-, Pupillen- und Deposital-Tabellen zweckmäßig abfassen und zur bestimmten Zeit einsenden. Diese Tabellen sind sodann genau durchzusehen, und die daraus sich ergebenden Monita nebst den erforderlichen Belehrungen dem Untergerichte zuzufertigen, nöthigenfalls sind bei sich ergebender Veranlassung in einzelnen Sachen die Akten zur Revision einzufordern.

Bei eingehenden Beschwerden ist deren Veranlassung möglichst zu eruiren, das Betragen des Untergerichts zu prüfen, und demnächst, in so fern der erforderte Bericht desselben nicht befriedigend ausfällt, mit Avocirung der Akten zu verfahren, welche sodann nicht allein zur Vorbescheidung der klagenden Partei, sondern auch überhaupt genau zu revidiren, damit wegen der wahrgenommenen Verstöße zweckmäßige Weisungen ertheilt werden können. Zu gleichem Behuf sind die zur Instruction und Aburtheilung in zweiter Instanz eingehenden Akten zu nutzen, und es ist dafür zu sorgen, daß die Untergerichte wegen der begangenen Fehler belehrt, und auffallende Nachlässigkeiten unausbleiblich gerügt werden, welchemnächst eine Abschrift der solchergestalt ergehenden Verfügungen jederzeit zu den Prozeßtabellenakten des Gerichts zu bringen ist, welches zu den Ausstellungen Gelegenheit gegeben hat.

Bei genauer Befolgung dieser Verfahrungsart werden die Untergerichte beständig in zweckmäßiger Aufsicht erhalten werden.

Ergiebt es sich hierbei, daß eine Lokaluntersuchung nöthig sei, so muß sodann eine Justizvisitation erfolgen, welche jedoch nach diesen vorbereitenden Maaßregeln ohne großen Zeitaufwand gehalten werden kann, da die Tabellen-, Aufsichts- und Beschwerdeakten hinlängliche Data liefern, welche Fehler vorgefallen sind, und worauf der Visitationskommissarius sein Hauptaugenmerk zu richten hat. Die persönliche Gegenwart desselben am Orte des Gerichts muß nur dazu dienen, die Veranlassung der Beschwerden näher zu untersuchen, das Lokale im Allgemeinen zu prüfen, mit den Gerichtspersonen über die beobachtete Verfahrungsart genauere Rücksprache zu halten, und über deren Benehmen spezielle Erkundigungen einzuziehen. Sodann ist durch Revision einiger Aktenstücke von dem Verfahren des Gerichtes Kenntniß zu nehmen, ohne daß es einer ängstlichen Revision sämmtlicher kurrenten Akten und Notirung der in jedem Stück vorgefundenen Fehler bedarf, welches bis jetzt nach der Disposition der Gerichtsordnung Th. III. Tit. 8. §. 31. 33. geschehen mußte, aber füglich unterbleiben kann, um mit möglichster Zeitersparniß zu Werke zu gehen. Aus gleicher Ursach ist es in Absicht des Registratur-, Deposital-, Hypotheken- und Sportulwesens nicht erforderlich, sämmtliche Repertoria und Registratur-, Hypotheken-, Deposital- und Salarien-Kassenbücher nach den einzelnen Nummern zu revidiren, sondern der Visitationskommissarius muß nur hauptsächlich im Allgemeinen prüfen, ob die bemerkten Irregularitäten durch die individuellen Verhältnisse der Offizianten oder unrichtige Behandlung der Geschäfte entstanden sind, oder ob die Arbeit von dem dermaligen Personale nicht füglich bestritten werden könne. Ist letzteres der Fall, so muß untersucht werden, ob durch Anstellung mehrerer Offizianten oder durch zweckmäßigere Vertheilung der Geschäfte die nöthige Hülfe zu verschaffen sei, des Endes mit Zuziehung des Personals des visitirten Gerichts die erforderlichen Vorschläge nach der Lokalität zu formiren sind.

Ist unrichtige Verfahrungsart die Veranlassung der Beschwerden, so hat der Kommissarius die nöthigen generellen und speziellen Weisungen zu ertheilen, und besonders dabei in Erwägung zu ziehen, daß überall die möglichste Erleichterung verschafft werden müsse, in so weit es unbeschadet des Wesentlichen geschehen kann.

Ergiebt sich endlich, daß die Unordnung in der Unthätigkeit der Offizianten liegt, so müssen die Säumigen zur Erfüllung ihrer Pflichten angehalten, die Reste auf deren Kosten aufgearbeitet, und, dem Befinden nach, wegen besserer Besetzung solcher Aemter Anträge formirt werden. Sollte sich ergeben, daß ein Mitglied des Gerichts sich solcher pflichtwidrigen Handlungen schuldig gemacht habe, woraus dessen Kassation oder noch härtere Bestrafung folgen dürfte, so muß der Kommissarius davon sofort dem Landesjustizkollegio Bericht erstatten, und wegen interimistischer Versehung des Amts Vorschläge thun, worauf die Verfügung jederzeit vorzüglich zu beschleunigen ist.

Uebrigens darf nur der Befund nebst den getroffenen Einrichtungen generaliter ad acta commissoris registrirt werden, in dem es unnöthig ist, durch weitläuftige statistische Nachweisungen, Beschreibungen des Lokals ꝛc. mit vielem Zeitaufwand die Akten anzuhäufen.

Wenn solchergestalt in loco die erforderlichen Erkundigungen eingezogen, und die Visitationen beendet worden, so muß der Visitationsbescheid mit möglichster Kürze in der Art abgefaßt werden, daß mit Uebergehung dessen, was schon in den Gesetzen vorgeschrieben, und vom Kommissario in speziellen bei der Visitation getroffenen Verfügungen gerügt worden, bloß das Resultat der ganzen Verhandlung und eine allgemeine Anweisung vermerkt wird, wie das visitirte Gericht sich für die Zukunft besser und zweckmäßiger zu verhalten habe.

Endlich ist der Abgang des Bescheides selbst jederzeit möglichst zu beschleunigen, da sonst der Zweck der Visitation verfehlt wird.

Diesen Anweisungen gemäß habt Ihr in Zukunft die Aufsicht über die Untergerichte zu führen, damit den sonst unvermeidlichen Beschwerdeführungen möglichst vorgebeugt werde.

(Stengels Beitr. Bd. 18. S. 272. und Neues Archiv Bd. 3. S. 169.)

c. **Rescript** vom 4. Oktober 1806, wegen Einschränkung der Visitation der Untergerichte.

Die zeithero eingegangenen Berichte über die Visitationen der Untergerichte ergeben, daß einige Kollegia die diesfälligen Verordnungen vom 31. Juli 1800 und 30. März 1803 dem Anscheine nach dahin deuten wollen, daß auch offizielle Visitationen der Untergerichte ohne spezielle Veranlassung erfolgen müssen. Wenn nun durch dergleichen häufige Revisionen sowohl für das zu visitirende Gericht bedeutende Störungen, und erhebliche, der Salarienkasse hauptsächlich zur Last fallende Kosten entstehen, die Landesjustizkollegia auch durch die bisherigen Bereisungen der Untergerichte von deren Lokalverfassung hinlänglich unterrichtet sein werden; so bedarf es nur dann der Visitationen, wenn durch Anwendung der in dem General-Rescript vom 31. Juli 1800 gegebenen Vorschriften wegen genauer Kontrollirung der Untergerichte den obwaltenden Mängeln nicht anders, als durch nähere Prüfung derselben in loco abgeholfen werden kann. Solchemnach ist in Gemäßheit dieses Circulairs bei der fortzusetzenden Aufsicht über die Untergerichte hauptsächlich nur darauf Bedacht zu nehmen:

1) daß die eingehenden Geschäftstabellen genau zu revidiren, und die sich daraus ergebenden Mängel den Untergerichten mit den nöthigen ausführlichen Belehrungen vorzuhalten;
2) daß dem Befinden nach, einige Akten, worin nach den Tabellen hauptsächlich gefehlt zu sein scheint, zur Revision einzufordern, und dann dasjenige strenge zu rügen, worin den gesetzlichen Vorschriften entgegen gehandelt worden, oder was zur bessern Organisation des kompetenten Untergerichts dienen möchte;
3) daß zu gleichem Behufe die eingehenden Beschwerden und die in Appellatorio und Revisorio zum Spruch an das Obergericht gelangenden Acta benutzt, und
4) diejenigen Subjekte nöthigenfalls speciell rectifizirt werden, die sich erhebliche Irregularitäten zu Schulden kommen lassen.

Hat die Anwendung dieser Maaßregeln in Verbindung mit der Berichtigung, daß die vakant werdenden Stellen nur durch völlig qualifizirte Subjekte zu besetzen, und daher die Prüfung der Qualifikation besonders sorgfältig zu bewirken, nicht den gehofften Erfolg, so können und müssen Justizvisitationen durch die Departementsräthe vorgenommen werden, wobei nach den speziellen Anweisungen des Circulairs vom 30. März 1803 zu verfahren; und in dem über den Ausfall an den Chef der Justiz zu erstattenden Bericht anzuzeigen ist, aus welchen speziellen Gründen die Visitation angeordnet, wie das visitirte Gericht befunden und was verfügt worden, um eine regelmäßige Justizpflege bei den Untergerichten zu beschaffen. Dieses geben Wir Euch hierdurch zu erkennen, um Euch darnach für die Zukunft genau zu achten.

(Mathis Bd. 3. S. 405. 1. Abschn.)

d. **Rescript** vom 15. Mai 1837, betreffend die Uebergabe der Dienstwohnungen und deren Instandhaltung.

Das Präsidium des Königl. Ober-Landesgerichts wird hierdurch auf die in den Annalen der Preußischen innern Staatsverwaltung Jahrg. 1835 Heft 4. S. 947. und beziehungsweise Jahrgang 1836 Heft 1. S. 39. abgedruckte Cirkularrescripte des Königl. Ministeriums des Königl. Hauses vom 18. Januar v. J.

die Uebergabe der Dienstwohnungen und deren bauliche Instandhaltung betreffend,

aufmerksam gemacht, und aufgefordert, auch hinsichts der Dienstwohnungen der Justizbeamten nach gleichen Grundsätzen zu verfahren, und insbesondere dafür zu sorgen, daß bei der nächsten Uebergabe jeder Dienstwohnung ein vollständiges Inventarium aufgenommen, und dasselbe künftigen Uebergaben zum Grunde gelegt wird.

auch die Dienstwohnungen bei Gelegenheit der Justizvisitationen mit besichtigt und die erforderlichen Instandsetzungen zur Ausführung gebracht werden.

(v. K. Jhrb. Bd. 49. S. 469.)

2) a. **Instruktion** vom 6. Januar 1834, betr. das Verfahren bei den Revisionen der gerichtlichen Salarienkassen und Depositorien.

Da das Sportelkassen-Reglement von 1782 keine umfassenden Vorschriften wegen des Verfahrens bei den durch die Allerh. C. O. vom 19. August 1823 angeordneten Kassenrevisionen enthält, die in der letzten Zeit öfters vorgekommenen, dem Ansehen der Behörden nachtheiligen — aus Unordnungen oder Veruntreuungen von Kassenbeamten sich herleitenden — Regreßklagen auch davon zeugen, daß die Revisionen der Kassen nicht immer ordnungsmäßig und mit der erforderlichen Umsicht abgehalten worden sind, so ist hieraus Veranlassung zu folgenden generellen Anweisungen für die Gerichte, in Betreff des Verfahrens bei Kassenrevisionen, genommen worden.

Verfahren bei den ordentlichen Revisionen der Salarienkassen.

§. 1. Bei den Salarien- und Sportelkassen der sämmtlichen aus Staatsfonds unterhaltenen Gerichte, in so fern die ersteren nicht von dem Richter selbst verwaltet werden, soll alle Monate eine Revision an demjenigen Tage vorgenommen werden, an welchem die Revision der übrigen Königl. Kassen am Orte des Gerichts statt findet. Es ist daher wegen Bestimmung des Tages und der Stunde mit den betreffenden Behörden — in so weit dies noch nicht geschehen — Verabredung zu nehmen.

Wenn der hiernach festzusetzende Tag auf einen Sonn- oder Festtag fällt, so soll die Revision den Tag vorher abgehalten werden. Kein Revisor ist befugt, eigenmächtig die Revision auf einen anderen Tag, als bestimmt worden, zu verlegen.

§. 2. Die monatlichen Revisionen sollen bei allen formirten Kollegien in der Regel von dem bestimmten Kassenkurator, bei nicht formirten Gerichten aber immer von dem Richter abgehalten werden.

In Krankheits-, Abwesenheits- oder andern Behinderungsfällen haben die bestimmten Revisoren dafür zu sorgen, daß die ihnen obliegenden Kassenrevisionen durch geeignete Stellvertreter erfolgen. An denjenigen Orten, wo mehrere Kassen sind, deren Revision von mehr als einem Beamten geschieht, müssen die Revisoren sich über die Stunde, zu welcher sie zugleich die Kassenrevision beginnen, einigen; auch muß in den Revisionsprotokollen oben bei Angabe des Orts und des Tages zugleich die Stunde, in welcher die Revision vorgenommen worden ist, genau angegeben werden.

§. 3. Den monatlichen Revisionen ist ein von dem Rendanten gefertigter Abschluß zum Grunde zu legen, aus welchem der Bestand des vorigen Monats, so wie die fernere Einnahme und Ausgabe nach dem Kassenbuche bis zum Abende vor der Revision, in summarischen Beträgen und der nach Abzug der Ausgabe verbleibende Bestand, sich ergeben muß.

Die Richtigkeit des ausgeworfenen Einnahmebetrages ist, wo ein besonderer Kontrolleur der Salarienkasse angestellt ist, von diesem jedesmal nach der geführten Kontrolle zu prüfen, und nach befundener Uebereinstimmung zu attestiren.

Außerdem hat der Kalkulator nicht nur alle Monate das Kassenbuch seit der letzten Revision nachzurechnen, und mit dem Abschlusse und der Kontrolle zu vergleichen, sondern er hat auch die gebuchten Ausgaben genau mit den Quittungen zu vergleichen, darauf zu sehen, daß die vorhandenen vollständig, und die Ausgaben selbst vorschriftsmäßig geleistet sind. Diese Durchsicht muß bis zum Beginn der eigentlichen Revision beendigt sein. Findet der Kalkulator nichts zu erinnern, so attestirt er die Richtigkeit des Abschlusses, und beglaubigt zugleich das Kassenbuch des Rendanten, indem er mit Worten die zum Abschlusse übertragene Summe der Einnahme und Ausgabe darin als richtig, unter Anführung des Tages und Beifügung seiner Unterschrift, bescheinigt. Bedenken, welche ihm aufstoßen, werden in das über die Revision abzuhaltende Protokoll aufgenommen, oder unter den Abschluß registrirt.

Bei denjenigen Gerichten, wo ein besonderer Kalkulator nicht bestellt ist, muß die Revision der Kassenbücher und des Abschlusses einem andern geeigneten, mit der Kassenverwaltung in keiner nähern Beziehung stehenden Subalternbeamten übertragen werden. Jedoch ist jeder mit Kalkulaturarbeiten nach vorangegangener Prüfung für immer, oder nur in einzelnen Fällen, beauftragte Beamte, auf diese Geschäfte besonders zu vereiden.

Besteht ein Gericht nur aus einem Richter und aus einem Subaltern, der zugleich Kassenbeamter ist, so muß der Richter sich der hier vorgeschriebenen kalkulatorischen Revision des Kassenbuchs und des Abschlusses unterziehen, und ist auch für den Kalkül beider verantwortlich.

§. 4. Verwaltet der Rendant außer der Salarienkasse noch andere Kassen und Fonds, über welche besondere Bücher geführt werden, als z. B. eine Gefängniß- oder besondere Vorschußkasse, einen Kriminal-, Hypotheken-, Aversional-, Gebühren-, oder einen öffentlichen, städtischen Kommunalfonds, so müssen die Kassenbücher aller dieser Fonds in Einnahme und Ausgabe gleichzeitig abgeschlossen, ein in vorstehender Art attestirter Abschluß vorgelegt, und danach die Bestände derselben vorgezeigt und revidirt werden. In so fern der Rendant einen eisernen Vorschuß zu Stempeln, Porto oder anderen Auslagen verwaltet, muß solcher in Absicht der baaren Geldbestände in den Abschluß mit aufgenommen werden. Die Revision ist aber in diesem Falle auch auf das Stempelmaterial und die Richtigkeit der zum Ankauf verwendeten Summen zu richten.

Werden dagegen solche eiserne Vorschüsse von andern Beamten verwaltet, so müssen sie von Zeit zu Zeit, wenigstens aber zweimal jährlich, einer Revision sowohl in Absicht des Geldes als der Materialien unterworfen werden.

Letztere Bestimmung gilt auch für die Schreibmaterialien- und Büreau-Utensilienverwaltung.

§. 5. Die nach gefertigtem Abschlusse, aber noch vor der Revision eingehenden Gelder sind zwar sofort im Kassenjournal einzutragen, beim Abschlusse aber nicht mehr zu berücksichtigen, sondern dem Revisor besonders vorzulegen. Ausgaben in dieser Zwischenzeit sind soviel als möglich ganz zu vermeiden.

§. 6. Sobald der Kassenbestand gehörig festgestellt ist, muß solcher vom Revisor genau nachgesehen und mit dem Sortenverzeichniß verglichen werden.

Von den eingepackten Geldern müssen einige Beutel oder Düten, welche mit den Siegeln und Etiketten anderer Königlicher oder Staatskassen noch versehen sind, nachgewogen, andere ausgeschüttet und nachgezählt werden; eben so sind einzelne Pakete von Kassen-Anweisungen, welche sich nur unter Kuerband in der Kasse befinden dürfen, nachzusehen, und Goldstücke Stück für Stück nachzuzählen.

Die eisernen Vorschußbestände, welche dem Rendanten als baarer Bestand passiren, müssen durch das Mandat des Gerichts und die Quittung des Empfängers nachgewiesen werden.

Auch alle übrigen Vorschußzahlungen, welche ihrer Bestimmung und der Vorschrift des §. 23. der Instr. für die Königl. Ober-Rechnungskammer vom 18. Dez. 1824 gemäß, in den Rechnungen nicht verausgabt, sondern unter den Beständen nachgewiesen werden, sind nach der Vorschrift des Circularrescripts vom 11. Sept. 1832 einer strengen Prüfung zu unterwerfen.

Von der Nachsehung der in dem besondern Sportelkasten im Depositalgewölbe vorhandenen Gelder, welche zu dem Bestande der Salarienkasse gehören, und daher bei der letztern nicht in Ausgabe gestellt, sondern bei dem Abschlusse des Kassenbuches unter dem sich ergebenden Bestande als Theil desselben mit aufgeführt und nachgewiesen werden müssen, kann sich der verantwortliche Revisor nicht dispensiren.

Sind diese Gelder im Depositorio selbst förmlich niedergelegt und mit den andern Depositalgeldern zinsbar ausgethan, so kann die Depositalquittung nicht als vollgültiger Belag dienen, da sie nur die Ablieferung des Geldes erweist, davon aber Zurückzahlungen erfolgt sein können, ohne daß diese auf den Quittungen vermerkt worden sind. Es muß daher über den Bestand der beim Depositorio angelegten Salarienkassengelder jedesmal ein Attest der Depositarien vom Kassenbeamten vorgelegt werden, wenn der Revisor es nicht vorzieht, sich durch Einsicht der Depositalbücher die nöthige Ueberzeugung zu verschaffen, was in so fern vorzuziehen ist, als das Attest Zinsen enthalten kann, welche bei der Salarienkasse noch nicht vereinnahmt sind.

Speziellere Anweisungen, wie die Revisoren sich von der Richtigkeit des festgestellten Kassenbestandes eine gründliche und vollkommene Ueberzeugung verschaffen sollen, können nicht ertheilt werden; alle weiteren Maaßregeln müssen vielmehr ihrer Sachkunde und Umsicht überlassen werden.

§. 7. Die Revisoren dürfen sich jedoch bei der bloßen Bestandsrevision auf den Grund des vorgelegten Abschlusses nicht begnügen, sondern sie haben sich auch durch Einsicht der von dem Rendanten geführten Bücher und durch probeweise

Vergleichung derselben mit den Einnahme- und Ausgabebelägen von der richtigen Buchführung des Kassenbeamten, und bei Salarienkassen kleiner Gerichte, bei welchen der Rendant ausnahmsweise die Soll-Einnahmebeläge selbst führt, auch durch probeweise Vergleichung mehrerer Akten mit den Soll-Einnahmebelägen von der richtigen Führung der letzteren die nöthige Ueberzeugung zu verschaffen.

Insbesondere haben sie die Verpflichtung, sich mit den, für die von ihnen zu revidirenden Kassen ergangenen Instruktionen genau bekannt zu machen, und darauf zu sehen, daß überall der Instruktion und den ergangenen, das Etats-, Kassen- und Rechnungswesen betreffenden allgemeinen Verordnungen gemäß verfahren werde.

Die Uebereinstimmung des Abschlusses mit den Kassenbüchern und Belägen ist unter dem Abschlusse selbst, und in den Büchern von dem Revisor mit Beifügung des Tages und des Namens zu bescheinigen, und in den jedesmaligen Revisionsprotokollen muß ausdrücklich registrirt sein, daß nach der von dem Rendanten auf seinen Amtseid abgegebenen Versicherung außer den zur Revision gestellten, keine amtlich anvertrauten Gelder sich mehr hinter ihm befänden, und daß namentlich andere als die angegebenen Vorschuß-Erstattungen nicht erfolgt seien.

§. 8. Bei der Prüfung der Bücher haben die Revisoren besonders auf nachstehende Gegenstände zu achten:

1) ob die fixirten Zuschüsse, mit Zurechnung des Goldagio und mit Bemerkung wieviel Gold in natura gezahlt, oder sonstige in der Kontrolle über die extraordinairen Einnahmen eingetragene fällige Geldsummen zur gehörigen Zeit im Journal vereinnahmt stehen;
2) ob sich nicht Vermuthungen ergeben, daß eingegangene Gelder ungebucht geblieben, oder daß eingesandte Quittungen, auf die noch keine Zahlung geleistet ist, bereits als bezahlt in Ausgabe gestellt worden sind, weshalb die über die eingehenden Gelder geführten Notizen, so wie die Geldabsendungs- oder Postquittungsbücher und die Abrechnungen mit andern Behörden, wo solche statt finden, namentlich z. B. der Inquisitoriate mit den Salarienkassen der Ober-Landesgerichte, jedesmal nachgesehen werden müssen;
3) ob die ohne Mandat verausgabten Beträge, als Gehalte, Kopialien, Botengebühren rc. nach dem Etat und den Einnahmebelägen begründet sind;
4) ob auf die vorgelegten Generalquittungen nicht bereits Abschlagszahlungen geleistet, welche schon früher verausgabt stehen; und
5) ob in den Büchern auch keine Rasuren bemerkbar sind, die durchaus nicht geduldet werden dürfen.
6) Bei den Ausgabebelägen von einem ältern Datum muß der Rendant die Gründe der spätern Verausgabung angeben, und ist zu prüfen, ob sie nicht etwa schon in den früheren Monaten zur Ausgabe gekommen sind.
7) Die bloß durch das Geldabsendungsbuch oder durch Postscheine nachgewiesenen, in Ausgabe gestellten Posten müssen allmonatlich in ein besonderes Verzeichniß gebracht werden, welches dem Revisionsprotokoll beizulegen ist.

In letzterem ist ausdrücklich zu bemerken, über welche Posten noch die Quittungen beizubringen sind, um zu verhindern, daß Summen doppelt verausgabt, und einmal mit dem Postschein, das andere Mal mit der wirklichen Quittung belegt werden. Deshalb hat der Kalkulator diejenigen Quittungen, welche bei der Revision des vorigen Monats gefehlt haben, speziell nachzusehen.

Bei der Prüfung zu 2. haben die Revisoren insbesondere auch auf die aus dem gerichtlichen Depositorio im Konkurse erfolgten Zahlungen ihre Aufmerksamkeit zu richten. Bei Gerichten, wo solche Zahlungen in der Regel bedeutend sind, ist die Einrichtung zu treffen, daß die Depositalkassen monatliche Nachweisungen der an die Salarienkasse geleisteten Zahlungen anfertigen und zur monatlichen Kassenrevision vorlegen. Bei anderen Gerichten sind wenigstens probeweise Vergleichungen anzustellen.

Uebrigens müssen die Depositarien Zahlungen an die Salarienkassen nur gegen gehörige Kassenquittung leisten.

§. 9. Asservate müssen bei den Salarienkassen möglichst vermieden werden; da sie aber dennoch in einzelnen Fällen vorkommen können, und namentlich bei den Salarienkassen fast allgemein das Verfahren statt findet, daß die Rendanten die Beiträge zu der allgemeinen Wittwenkasse oder die Kommunalbeiträge im Ganzen abführen auch Gehaltsabzüge ins Depositum zahlen, solche also den betreffenden Beamten bei Auszahlung des Gehalts decourtiren, sich aber über das ganze Gehalt quittiren lassen, und daher bis zur spätern Absendung Gelder in der Asservation behalten, die im Kassenjournal nicht vereinnahmt werden können, so wird dieserhalb festgesetzt, daß die Kassenbeamten gehalten sein sollen, über dergleichen Gelder ein vollständiges Asservatenbuch zu halten, dessen jedesmalige genaue Prüfung den Revisoren zur Pflicht gemacht wird.

§. 10. Außer den in vorstehenden Paragraphen enthaltenen, das eigentliche Revisionsgeschäft betreffenden Gegenständen, hat der Revisor insbesondere auch noch darauf zu sehen:

a) ob die Kasse gegen Diebstahl, Feuersgefahr u. s. w. durch die vorhandenen äußern Einrichtungen gehörig gesichert ist, und
2) ob der Kassenbeamte mit Einsendung der Extrakte, Legung der Rechnungen u. s. w. Ordnung hält, in Einziehung der kurrenten und rückständigen Sporteln seine Schuldigkeit thut, entbehrliche Ueberschüsse gehörig abführt, und die Bestände verschiedener Fonds, von einander getrennt, besonders aufbewahrt.

Eine Vermischung der verschiedenen Fonds mit Privatgeldern des Rendanten oder irgend eines Dritten ist nicht zu gestatten.

§. 11. Das über den Befund der Kasse aufzunehmende Protokoll muß außer den, §§. 2 und 7. gedachten Bemerkungen noch enthalten:

1) die Art und Weise, wie die Revision vorgenommen ist;
2) die Benennung der Kassen und Fonds, welche gleichzeitig revidirt sind;
3) den Bestand und wie derselbe nach dem, dem Protokolle beizufügenden Sortenzettel, theils nach Vorschrift der §§. 187 bis 201. des Sportelkassen-Reglements vom 29. April 1782 in dem, im Depositalgewölbe stehenden Sportelkasten, theils in dem Gewahrsam des Rendanten vorgefunden und geprüft ist;
4) die Bemerkungen, zu welchen die Revision Veranlassung gegeben, insbesondere, ob, in wie weit und wodurch die bei der vorhergegangenen Revision vorgekommenen Erinnerungen erledigt und befolgt sind, und die Anträge, welche der Revisor etwa hinsichtlich der Asservation überflüssiger Kassenbestände, so wie wegen der innern und äußern Sicherheit der Kassen und Kassengelder ꝛc. ꝛc. für nöthig erachtet. Die Anträge hinsichtlich der Asservation überflüssiger Kassenbestände sind in der Regel auf denjenigen Theil des Bestandes zu richten, der nicht als der Kasse entbehrlich, sofort als Ueberschuß abgeführt werden kann, aber auch noch nicht zu den Ausgaben des nächstfolgenden Monats, außer den in dem letztern zu erwartenden Einnahmen, nach einem diesfälligen Ueberschlage, für erforderlich zu achten ist, wobei jedoch noch besonders darauf zu rücksichtigen, daß auch, wenn der zu den oben gedachten Ausgaben erforderliche Geldbetrag die von dem Rendanten bestellte Kaution bedeutend übersteigen sollte, davon noch ein angemessener Theil in dem besondern Sportelkasten im Depositalgewölbe einstweilen niedergelegt werde.

§. 12. Die Aufstellung und Prüfung besonderer Quartals-Extrakte, nach §. 207. seqq. des Sportelkassen-Reglements, außer den angeordneten monatlichen Revisionen, wird bei den Kassen, wo sie bisher statt gefunden hat, beibehalten. Diese Quartals-Extrakte sind dazu bestimmt, einen Ueberblick von der Gesammtverwaltung zu gewähren; indem sie sich über das „Soll" und „Ist" erstrecken müssen, um darnach zu prüfen, ob die Realisirung der Soll-Einnahme mit gehörigem Eifer betrieben und nicht minder die Ausgaben prompt und richtig bestritten, und überall Reste, so viel als möglich, vermieden worden. Da hiernach aber in 4 Monaten des Jahres doppelte Kassenrevisionen statt finden würden, weil die gewöhnlichen Revisionen mit den Abschluß-Terminen der drei volle Kalendermonate] gerichteten Quartals-Extrakte selten zusammentreffen dürften, so sollen fortan, abweichend von der Vorschrift des §. 207. des Reglements, wenn die ordentlichen Revisionen z. B. am 18ten jeden Monats statt finden, Behufs der auf drei ersten Quartals-Extrakte, resp. am 17. März, 17. Juni und 17. September, dagegen für das volle Jahr in Uebereinstimmung mit der Cirkular-Verfügung vom 11. Dezember v. J., bei den Kassen sämmtlicher Untergerichte am 31. Dezember desselben Jahres, bei den Kassen sämmtlicher Obergerichte aber am 31. Januar des nächstfolgenden Jahres, die Bücher abgeschlossen, und überhaupt die Quartals-Extrakte mit den gewöhnlichen Kassenrevisionen in eine solche Uebereinstimmung gebracht werden, daß den letzteren die ersteren zum Grunde gelegt werden können. Behufs der für das vierte Quartal jeden Jahres anzufertigenden Extrakte, die zugleich die Final-Jahresabschlüsse bilden, ist an den vorgedachten allgemein bestimmten Terminen abzuschließen. Die

Termine für die monatliche Revision der Kasse, resp. bei den Untergerichten im Monat Januar, bei den Obergerichten im Monat Februar, bleiben dabei die gewöhnlichen im §. 1. bestimmten. Bei der Kassenrevision in diesen Monaten wird der Quartal- und resp. Final-Jahresabschluß dergestalt zum Grunde gelegt, daß hinsichtlich der neuen Einnahmen und Ausgaben seit resp. dem 31. Dezember und 31. Januar bis zum Tage der Kassenrevision noch ein summarischer Abschluß gefertigt, mit den Resultaten des Quartal-Extrakts zusammengestellt, und nach den Büchern und Belägen revidirt wird.

Verfahren bei den außerordentlichen Revisionen der Salarienkassen.

§. 13. Außerordentliche Kassenrevisionen müssen zu unbestimmten Zeiten und ohne daß die Kassenbeamten davon unterrichtet sind, bei jeder Kasse jährlich nach Umständen einige, wenigstens aber einmal, vorgenommen werden.

Im Allgemeinen sind bei diesen die für die gewöhnlichen Revisionen gegebenen Vorschriften zu befolgen; eine Abweichung besteht darin, daß der Revisor hier mit der Bestandsvisitation und der speziellen Aufnahme der Kassengelder unter Anfertigung eines Sortenzettels beginnen, und darüber sofort ein kurzes von den Kassenbeamten mit zu unterschreibendes Protokoll aufnehmen muß, durch welches der vorgefundene Bestand, unter Beifügung des Sortenzettels, konstatirt wird, und zu welchem zugleich von dem Rendanten die Versicherung,

> daß außer den darin angegebenen, und in dem Sortenzettel speziell verzeichneten Geldern keine andere im Kassenlokale vorhanden seien, noch er sonst dergleichen hinter sich habe,

abgegeben werden muß. Unter der letzten Einnahme und Ausgabe ist der Zweck der Vorlegung des Kassenjournals zu vermerken, ehe die Bücher dem Rendanten oder Kalkulator zur Anfertigung des Abschlusses überlassen werden. Auch darf sich der Revisor bei der bloßen Prüfung der Bücher seit der letzten monatlichen Kassenrevision und Durchzählung des Bestandes nicht begnügen, sondern er muß sich durch eine probeweise Vergleichung davon überzeugen, daß die Bücher auch in der früheren Zeit nicht nur in sich oder unter einander, sondern auch mit den Resultaten der abgelegten letzten Rechnung und resp. dem letzten Quartals-Extrakte, so wie endlich mit der Kontrolle und dem angefertigten Abschlusse, genau übereinstimmen.

§. 14. Die außergewöhnlichen Kassenrevisionen bei den Untergerichten können die Chefs der Landesjustizkollegien entweder selbst vornehmen, oder durch einen Rath des Kollegiums, oder den Dirigenten des Gerichts vornehmen lassen. Damit aber auch die Dirigenten der Untergerichte hierin nichts verabsäumen, haben die Landesjustizkollegien

1) darauf zu sehen, daß die ihnen untergeordneten Untergerichte binnen 8 Tagen nach jeder vorgenommenen außergewöhnlichen Kassenrevision, eine Abschrift des Revisionsprotokolls nebst dem Kassenabschlusse einreichen; und
2) hinsichts der gewöhnlichen monatlichen Revisionen die Einrichtung zu treffen, daß von Zeit zu Zeit mehrere Monate hintereinander Abschriften der Revisionsprotokolle und der Abschlüsse eingereicht, und das Verfahren der Untergerichte sorgfältig geprüft werde, damit die Landesjustizkollegien die Ueberzeugung erlangen, daß der Allerhöchsten Kabinetsordre vom 19. August 1823 Genüge geleistet und die Kassenrevisionen prompt und mit Umsicht vorgenommen werden;
3) bei den Untergerichten endlich von Zeit zu Zeit durch ein Mitglied des Kollegiums, nöthigenfalls mit Zuziehung eines Kassen- oder Kalkulaturbeamten, außerordentliche Kassenrevisionen, mit welchen zugleich eine kursorische allgemeine Geschäftsverwaltungsrevision zu verbinden ist, abhalten zu lassen, was besonders bei denjenigen Untergerichten nothwendig ist, bei welchen der Richter auch die Sportel- und Depositalkassenverwaltung, entweder selbst oder durch Privatgehülfen, besorgt.

Daß und wie oft dergleichen Revisionen statt gefunden, muß in den jedesmaligen Jahresberichten angezeigt werden.

Verfahren bei den ordentlichen und außerordentlichen Deposital-Revisionen.

§. 15. Hinsichtlich der gewöhnlichen und extraordinairen Kassenrevisionen bei den Depositorien bewendet es bei den, §§. 424—435. Tit. 2. der Depositalordnung gegebenen, ausführlichen Bestimmungen.

Diesen Vorschriften tritt jedoch noch hinzu:

1) daß auch bei der in der Mitte des Kassenjahres vorzunehmenden Revision, eben so wie bei den außerordentlichen, das Vorhandensein der zu einzelnen Massen gehörigen, auf jeden Inhaber lautenden Dokumente, so wie der Prätiosen geprüft, und
2) bei allen Revisionen mit einer sorgfältigen Durchsicht des Deposital-Asservatorii begonnen, und die Einnahme mit der vom Dirigenten oder ersten Kurator geführten Asservaten-Kontrolle verglichen, und die Ausgaben nach den Quittungen und Belägen genau geprüft werden muß.

Insbesondere ist darauf zu halten, daß Asservate so viel als möglich vermieden, und bei den Landeskollegien und Untergerichten erster Klasse die Asservaten-Instruction vom 27. Juni 1815 (Jhrb. Bd. 5. S. 60.) streng befolgt werde.

Die Revisoren haben endlich auch die Verpflichtung, von der äußern Sicherheit des Depositorii und von der getreuen, ordentlichen und kurrenten Buchführung des Rendanten sich eine gründliche Ueberzeugung zu verschaffen, und müssen bei der Einsicht der Bücher zugleich auch prüfen, ob die Einziehung der Zinsen des General-Depositorii gehörig betrieben, und wegen der fälligen Reste die erforderlichen Sicherheitsmaaßregeln überall getroffen sind.

§. 16. Die vorstehende, allgemeine Grundsätze umfassende Instruction schließt die Beachtung der wegen einzelner Kassen nach deren Eigenthümlichkeit und besonderen Beschaffenheit ergangenen Verfügungen nicht aus, ergänzt vielmehr letztere nur, ohne sie deshalb abzuändern; indem die speziellen Vorschriften mit den allgemeinen Bestimmungen nie im Widerspruch stehen, sondern nur die ausgedehntere Anweisung zur Anwendung derselben nach den eigenthümlichen Verhältnissen enthalten können.

(v. K. Jhrb. Bd. 43. S. 154.)

b. Reskript vom 11. September 1832, betreffend die Kontrollirung der Vorschußzahlungen bei den Salarienkassen.

Bei Verwaltung der gerichtlichen Salarienkassen und der Kriminalfonds kommen Vorschußzahlungen vor, welche, ihrer Bestimmung und der Vorschrift des §. 23 der Instruction für die Königl. Oberrechnungskammer vom 18. Dez. 1824 gemäß, in den Rechnungen nicht verausgabt, sondern bei den Kassen unter den Beständen nachgewiesen werden sollen.

Um die gerichtlichen Kassen durch solche Vorschüsse nicht zu sehr zu erschöpfen, und zugleich ungetreue Rendanten zu verhindern, etwanige Kassendefekte bei den abzuhaltenden Kassenrevisionen durch diese Einrichtung längere Zeit hindurch zu verdecken, findet sich der Justizminister zu folgenden Anweisungen veranlaßt:

1) die Zahlung von Vorschüssen aus den Gerichts-Salarienkassen und den Kriminalfonds ist überhaupt so viel als möglich zu vermeiden.
2) die Vorschüsse sind von den Rendanten der Kasse ohne schriftliche Verfügung der Gerichtsdirigenten oder ausgefertigte Verfügungen des Kollegiums nicht zu zahlen.
3) Sowohl die Gerichte selbst, als insbesondere die Rendanten und Kassenkuratoren, haben für die schnelle Wiedereinziehung der Vorschüsse zu sorgen, und es haben die Gerichtsdirigenten darauf zu sehen, daß dies überall geschehe.
4) Sowohl bei den monatlichen als außerordentlichen Kassenrevisionen muß geprüft werden:

   ob der Rendant für die Wiedereinziehung der Vorschüsse gesorgt und die deshalb nöthigen Verfügungen des Kollegii veranlaßt hat.

5) Der Rendant hat demgemäß die Behufs der Kassenrevision angefertigten Vorschuß-Nachweisungen mit einer besondern Kolonne zu versehen, und in dieser bei jedem Vorschußrest zu bemerken:

   was er zur Wiedereinziehung des Vorschusses gethan habe, und aus welchen Gründen die Wiedereinziehung noch nicht erfolgt sei.

   Eben so muß von ihm in einer besondern Anzeige speziell angegeben werden:

   welche Vorschüsse seit der letzten Kassenrevision ganz oder zum Theil der Kasse erstattet worden seien,

   mit der Versicherung auf seinen Amtseid:

   daß andre Vorschuß-Erstattungen an die Kasse bisher nicht erfolgt seien.

   Dieser Anzeige müssen die einzelnen Mandate zur Zahlung der Vorschüsse — wenn solche ganz erstattet worden — nebst Quittungen der Empfänger, beigelegt werden.

6) Der Kalkulator, welcher den Kassenabschluß revidirt, muß zugleich die unter Nr. 5. erwähnte Anzeige des Rendanten mit der letzten und vorletzten Vorschußnachweisung vergleichen, und unter derselben attestiren:
daß die vorletzte Vorschußnachweisung nichts enthalte, was nicht in der letzten, und in der dazu gehörigen Anzeige des Rendanten aufgeführt worden sei.

7) Der Revisor notirt auf jedem erledigten Vorschußmandat, daß solches erledigt, mithin ungültig sei, und befördert die Mandate zu den betreffenden Akten.

8) Außerdem hat der Revisor, wenigstens probeweise, bei einigen Posten der neuen Vorschußnachweisung durch Einsicht der zur Hand zu nehmenden Akten die Angaben des Rendanten hinsichts der zur Einziehung der Vorschüsse getroffenen Maaßregeln und der statt findenden Hindernisse zu prüfen, und die Resultate davon sowohl, als das Befolgen der Bestimmung unter Nr. 7., im Revisions-Protokoll zu vermerken. Findet der Revisor hierbei, daß die Anzeige zu 5. Unrichtigkeiten enthält, so liegt ihm ob, alle Posten derselben einer genauen Prüfung zu unterwerfen, und fallen die hierdurch entstehenden Mehrkosten jederzeit dem Rendanten zur Last.

Hiernach hat das Königl. ꝛc. Gericht nicht nur selbst bei Verwaltung und Revision seiner Kassen zu verfahren, sondern auch diejenigen größeren Untergerichte seines Departements, bei welchen dergleichen Vorschußzahlungen oft vorkommen, mit angemessenen Anweisungen zu versehen.

Zu diesem Behuf und zum Gebrauch beim Kollegium werden 20 Exemplare dieser Verfügung beigelegt.

(v. K. Jhrb. Bd. 40. S. 517.)

§. 17. Zu dergleichen Justizvisitationen bei Untergerichten der ersten Klasse muss jedesmal ein wirklicher Rath des Kollegii deputirt werden. Bei denen von der zweiten Klasse bleibt es den Landeskollegien überlassen, dieselben entweder ebenfalls einem Rathe aus ihrer Mitte, oder auch einem andern Justizbedienten oder Referendarius von vorzüglicher Geschicklichkeit und Erfahrung, und von geprüfter Rechtschaffenheit, zu übertragen.

§. 18. Dergleichen Justizvisitationen sind entweder ordentliche und gewöhnliche, oder es sind ausserordentliche.

ordentliche.

§. 19. Was die ordentlichen und gewöhnlichen Visitationen betrifft; so sollen die sämmtlichen zu dem Departement eines Landesjustizkollegii gehörigen Untergerichte, nach Verhältniss des Umfangs eines solchen Departements und nach der Lage der Oerter, in gewisse Distrikte eingetheilt, für jeden Distrikt ein beständiger Revisor ernannt; jedoch mit der Person dieser Revisoren, und mit den einem jeden von ihnen angewiesenen Distrikten von Zeit zu Zeit abgewechselt; übrigens aber ein jeder Revisor in den gegen die Untergerichte seines Distrikts, und deren Urtel, eingehenden Beschwerden und Appellationen, der Regel nach, zu Decernenten bestellt werden.

§. 20. Diese Revisoren müssen die ihrer speciellen Aufsicht anvertrauten Untergerichte zum öftern, und wenigstens wo es die Umstände nur irgend erlauben, jährlich einmal besuchen; dazu zwar vorzüglich die Gerichtsferien, wo sie von ihren eigenen Amtsgeschäften am leichtesten abkommen können, erwählen; sich aber an keine gewisse Zeit binden, noch das zu visitirende Gericht von ihrer bevorstehenden Ankunft benachrichtigen.

Rescript vom 4. Oktober 1806, wegen Aufhebung der regelmäßigen Justizvisitationen; s. zu §. 16. d. Tit.

§. 21. Sie müssen es ihr erstes Geschäft sein lassen, die Depositalschlüssel abzufordern, die Rechnung abschliessen zu lassen; selbige nachzusehen, und mit den an das Obergericht eingesandten Tabellen und Extrakten zu vergleichen; die Bestände zu revidiren; und sich solchergestalt von der richtigen und ordentlichen Verwaltung des Depositalwesens zu überzeugen.

§. 22. Sie müssen ferner den Sessions- und Gerichtstagen beiwohnen; auf das Verfahren dabei, und wie die Richter in den dabei vorkommenden Geschäften überhaupt, insonderheit aber bei den Instruktionen der Prozesssachen zu Werke gehen, genau Acht geben; die etwa vorkommenden Missbräuche und Unregelmässigkeiten sorgfältig bemerken; wenn sie wahrnehmen, dass selbige nur aus Missverstand, Irrthum, eingeschrenkter Kenntniss oder Mangel an Uebung herrühren, den Richtern mit deutlichenn praktischen Anweisungen dabei zu Statten kommen; wenn aber dergleichen Missbräuche in einer groben Ignoranz, in der Faulheit oder Fahrlässigkeit, oder gar in einer unredlichen, parteiischen oder animirten Denkungsart eines solchen Unterrichters ihren Grund haben, denselben näher nachspüren, und wenn sich die Sache zu einer förmlichen Untersuchung qualificirt, dem Kollegio davon unverzüglich Anzeige machen.

§. 23. Alle kurrente Prozess-, Konkurs- und die wichtigeren Vormundschaftsakten müssen sie sich vorlegen lassen; nachsehen, ob dieselben in gehörigem Gange befindlich sind, und wodurch die Beendigung der schwebenden Prozesse etwa noch aufgehalten wird; auch was dabei zu thun, und wie die Sache, um ihre Endschaft zu beschleunigen, einzuleiten sei, fleissig erinnern und an die Hand geben.

§. 24. Sie müssen sich ferner das Hypothekenbuch vorlegen lassen, und prüfen, ob selbiges getreu, akkurat und ordentlich geführt werde.

§. 25. Sie müssen die bei ihnen etwa angebrachten Beschwerden gegen das Untergericht hören; dieselben mit den Akten vergleichen; von dem Gerichte Auskunft und Erläuterung darüber fordern; wenn die Beschwerde offenbar ungegründet ist, den Supplikanten umständlich bedeuten; wenn sie offenbar erheblich wäre, das Gericht wegen deren Abhelfung gehörig anweisen; in bedenklichen Fällen aber die weitere Beurtheilung und Verfügung dem Kollegio vorbehalten.

§. 26. Nach beendigter Revision muss der Revisor von dem Befunde an das Kollegium berichten, und sein dabei aufgenommenes Protokoll beilegen.

ausserordentliche.

§. 27. Ausser diesen ordentlichen und gewöhnlichen müssen auch von Zeit zu Zeit ausserordentliche und specielle Justizvisitationen bei solchen Untergerichten veranlasst werden, gegen welche häufige Beschwerden einkommen, oder bei welchen in einzelnen Fällen Spuren von Unordnungen, Plackereien oder Verschleppungen bemerkt worden sind.

§. 28. Dergleichen Justizvisitation ist dem Untergerichte, bei welchem sie geschehen soll, in Zeiten bekannt zu machen; auch muss dieselbe entweder durch Ablesung von den Kanzeln, oder auf eine andere schickliche Art zur Wissenschaft des Publikum und der Jurisdictionseingesessenen gebracht werden.

§. 29. Der Visitationskommissarius muss sich vor allen Dingen von der Beschaffenheit und innern Verfassung des Gerichts; von den Qualitäten der Mitglieder desselben: ob sie zu dem bekleidenden Posten auf die vorgeschriebene legale Art geprüft und bestellt worden; von der Vertheilung der Geschäfte und Departements unter sie, und von der eingeführten Ordnung bei den Sessionen nähere Kenntniss verschaffen.

§. 30. Er muss hiernächst diesen Sessionen, und besonders den Instruktionen der Prozesse fleissig beiwohnen; dabei Alles beobachten, was den Revisoren oben §. 23. vorgeschrieben ist; die etwa eingeschlichenen Missbräuche sorgfältig bemerken; und auf den eigentlichen Grund derselben zu kommen bemüht sein.

§. 31. Sämmtliche kurrente Prozess-, Konkurs- und Vormundschaftsakten muss er genau und mit aller Aufmerksamkeit revidiren; dabei nicht allein auf die gegenwärtige Lage derselben, und was nach selbiger zu ihrer zweckmässigen Fortsetzung und Beendigung etwa zu verfügen sei, Rücksicht nehmen; sondern auch das ganze Verfahren des Gerichts in solchen Sachen vom ersten Anfange an genau prüfen; die Fehler desselben umständlich vermerken; dem Grunde und der Veranlassung davon näher nachforschen; die Verantwortung des Gerichts darüber erfordern; und um sich von dem Betragen desselben in den verschiedenen Arten der Rechtssachen vollständig zu unterrichten, in Fällen, wo die kurrent gefundenen Akten nicht hinreichend sind, auch auf ältere bereits abgethane und reponirte zurück gehen.

§. 32. Die Verwaltung des Depositi muss er eben so sorgfältig untersuchen; sich desfalls nach der den Revisoren oben §. 22. ertheilten Anweisung achten; dabei aber auch in diesen Gegenstand noch genauer und umständlicher, als wegen Kürze der Zeit bei den gewöhnlichen Revisionen geschehen kann, eingehen.

§. 33. Nicht nur das Hypothekenbuch muss der Kommissarius in Augenschein nehmen, sondern sich auch die Grundakten, Protokoll- und Signaturbücher vorlegen lassen, und ganz eigentlich untersuchen: ob die Vorschriften der Hypothekenordnung mit schuldiger Sorgfalt und Akkuratesse beobachtet werden.

§. 34. Auch die Verfassung der Registratur und Kanzlei bei einem solchen Untergerichte muss der Kommissarius in Augenschein nehmen und nachsehen; ob dabei überall Ordnung, Akkuratesse und Betriebsamkeit anzutreffen sei.

§. 35. Die bei ihm sich meldenden Supplikanten muss er mit ihren Beschwerden umständlich zum Protokolle vernehmen; dabei die den ordentlichen Revisoren gegebenen Vorschriften §. 26. ebenfalls genau befolgen; aber auch auf solche Untersuchungen, nach Bewandtniss der Sache, noch genauer und eigentlicher sich einlassen, als von diesen in der Regel geschehen kann.

§. 36. Auf die Beobachtung der Untergerichts-Sportultaxe muss der Kommissarius besonders aufmerksam sein; die dabei wahrgenommenen Missbräuche und Exzesse fleissig anmerken; das Gericht darüber zur Verantwortung ziehen, und den Grund eines solchen Exzesses gehörig ins Licht setzen.

§. 37. Sollte der Kommissarius bei seiner Visitation entdekken, dass ein Mitglied des Gerichts sich solcher pflichtwidriger Handlungen schuldig gemacht habe, woraus wahrscheinlicher Weise dessen Kassation, oder wohl gar noch härtere Bestrafung folgen dürfte; so muss er davon sofort, und noch während der Visitation, dem Kollegio Bericht abstatten; die ein solches Subjekt betreffenden Protokolle, Vermerke, und Nachrichten beifügen; auf seine Suspension und die Veranlassung einer förmlichen Inquisition wider ihn antragen; und wegen interimistischer Versehung seines Amts Vorschläge machen.

So lange, bis die weitere Verfügung des Kollegii auf diesen vorläufigen Bericht eingeht, ist der Visitationskommissarius berechtigt, dem verdächtigen Subjekte die fernere Ausübung seines Amtes zu untersagen, und die nöthigen Anstalten zu treffen, dass er sich der Inquisition und Bestrafung durch die Flucht nicht entziehen könne.

§. 38. Nach geendigter Visitation muss der Kommissarius davon umständlich berichten; die aufgenommenen Akten übergeben; auch den Entwurf eines Visitationsbescheides, worin die bemerkten Mängel und Unordnungen aufgenommen, und die nöthigen Vorschriften und Anweisungen, wegen Abstellung und Verbesserung derselben ertheilt sind, beifügen.

§. 39. Dieser Bericht und Entwurf müssen im Kollegio umständlich vorgetragen, genau erwogen, und nach erfolgter Approbation und Rektifizirung des Visitationsbescheides, derselbe nach Hofe zur Genehmigung eingesendet, sodann aber dem visitirten Untergerichte zum Nachverhalt zugefertigt werden.

Rescript vom 29. September 1827, betreffend die Berichtserstattung über das Resultat der Justizvisitationen an den Justizminister.

Auf den, von dem Königl. Ober-Landesgericht zu Frankfurt unterm 20. d. M., in der Justizvisitationssache des vereinigten Gerichts zu Schönfließ erstatteten Bericht, wird dem Königl. Ober-Landesgericht unter Rücksendung des Berichts des N. vom 14. Mai d. J. hiermit eröffnet: daß die Cirkularverfügung vom 31. Juli 1800 die Berichtserstattung über die Resultate der Justizvisitationen keinesweges ausschließt, und ist, wie das Cirkular-Rescript vom 30. März 1803 zeigt (N Archiv Bd. III. S. 182.), nothwendig. Das Königl. Ober-Landesgericht hat daher jene Verfügung für die Folge zu beachten.

Im gegenwärtigen Falle ist bei der Verfügung nichts zu erinnern. Der Mangel eines General-Depositorii darf aber die zinsbare Benutzung der kleineren, unter 50 Rthlr. betragenden Massen bei den Königl. Gerichten nicht ausschließen. Diese Gerichte müssen die Bestände, die zusammen über 50 Rthlr. ausmachen, und deren baldige Auszahlung nicht zu besorgen steht, zusammen auf den Namen der verschiedenen Massen bei der Bank belegen, wenn die Vormünder oder andere Interessenten es nicht rathsam finden, kleine Staatsschuldscheine oder Pfandbriefe à 25 Rthlr. zu acquiriren.

(v. K. Jhrb. Bd. 30. S. 372.)

§. 40. Was die Kosten dieser Visitation betrifft; so muss den ordentlichen Revisoren sowohl, als den besonders ernannten Visitationskommissarien, die freie Fuhre verschafft werden.

Ersteren ist für ihre Arbeit eine verhältnissmässige fixirte Belohnung auszusetzen; die Justizkollegia müssen auf die Ausmittelung eines Fonds dazu bedacht sein, und darüber, in Ansehung der Magisträte, mit der Kriegs- und Domainenkammer des Departements in Korrespondenz treten.

Bei ausserordentlichen und speciellen Visitationen erhalten die Kommissarien Diäten, welche von den dabei einer Unordnung, pflichtwidrigen Betragens, und zu Beschwerden gegebenen Anlasses überführten Gerichtspersonen, aus eigenen Mitteln bezahlt werden müssen. Hat sich aber bei der Visitation kein dergleichen legaler Anlass, die Kosten dem visitirten Gerichte zur Last zu legen, hervor gethan; so werden die Diäten, bei Magisträten und Justizämtern, aus dem auf die Etats gebrachten Diätenfonds bezahlt, und zu dem Ende muss mit der Kriegs- und Domainenkammer Rücksprache gehalten werden.

C. O. vom 26. September 1838, betreffend die durch die Justizvisitation bei Patrimonialgerichten entstehenden Kosten.

Ich genehmige auf Ihren Bericht vom 26. Mai d. J., daß die durch die Justizvisitationen bei Patrimonialgerichten entstehenden Kosten in den Fällen, wo weder dem Gerichtsherrn, noch dem Gerichtshalter in der Ausübung der Jurisdictionsbefugnisse etwas zur Last fällt, auf die Salarienkassen der betreffenden Ober-Landesgerichte angewiesen werden können. — Eben so kann es in Betreff der durch solche Visitationen entstandenen baaren Auslagen dann gehalten werden, wenn die Kosten zwar dem Beamten des revidirten Gerichts zur Last gelegt worden sind, von diesem aber wegen Unvermögens oder sonstiger persönlicher Verhältnisse nicht eingezogen werden können.

(G. S. S. 496.)

Allgemeines

Registratur-

und

Kanzlei-Reglement

für

sämmtliche Landes-Justizkollegia

Seine Königliche Majestät von Preussen, Unser Allergnädigster Herr, haben zwar in der publicirten Allgemeinen Gerichtsordnung hinlängliche Vorschriften, wegen künftiger Einrichtung des Registratur- und Kanzleiwesens bei den Landesjustizkollegien, und wegen der Geschäfte und Obliegenheiten der dabei angestellten Subalternen überhaupt, ertheilen lassen.

Da aber seit Einführung der neuen Prozessordnung, und bei den darauf vorgenommenen Justizvisitationen sich ergeben hat, dass die bisherige, fast bei allen Kollegien auf einen verschiedenen Fuss eingerichtete, und grösstentheils schon an und für sich sehr mangelhafte Verfassung, in verschiedenen Stücken einer gänzlichen Reform und jene allgemeinen Vorschriften einer nähern Bestimmung bedürfen, wenn auch hierunter der Endzweck eines vollkommen ordentlichen, regelmässigen und prompten Betriebs der Geschäfte erreicht werden soll; so ist nöthig gefunden worden, die Landesjustizkollegia mit einem allgemeinen vollständigen, und der gegenwärtigen Gerichtsverfassung überall angemessenen Kanzlei- und Registraturreglement zu versehen; in welchem nicht nur die äussere Einrichtung der Registratur und Kanzleien, so wie die Verrichtungen der dabei angesetzten Subalternen, und deren Vertheilung unter sie, genauer bestimmt; sondern auch der Gang der Sachen, und die Ordnung, wie die Registratur- und Kanzleiverwandten selbige betreiben, einander dabei unterstützen, und sich zugleich gegenseitig kontrolliren müssen, umständlich vorgeschrieben werden soll.

Dieses Reglement setzt ein grösseres Kollegium voraus, welches in seinem Departement alle die verschiedenen Arten der Angelegenheiten, die nach der Landesverfassung den Regierungen und Justizkollegien anvertraut zu sein pflegen, wahrzunehmen hat. In so fern daher bei kleineren oder solchen Kollegien, die nur die eine und die andere Art dieser Geschäfte zu besorgen haben, Einschränkungen und Abkürzungen des hier vorgeschriebenen Modi procedendi, es sei in Rücksicht des Ganges der Sachen selbst, oder der Vereinigung mehrerer Subalternbedienungen in einer Person, statt finden müssen, ist das Nöthige darüber, entweder schon in den bei den Justizvisitationen ertheilten besondern Anweisungen bestimmt, oder es wird solches, auf die nähere Anfrage und Anzeige solcher Kollegien, nach den Umständen und Verfassungen eines jeden derselben, bestimmt und festgesetzt werden.

Die allgemeinen Verordnungen dieses Reglements aber, die darin vorgeschriebene Art des Betriebs der Sachen in der Registratur und Kanzlei im Ganzen genommen, und die bei einem jeden Geschäfte wahrzunehmenden Obliegenheiten der dabei konkurrirenden Subalternen, müssen bei allen Kollegien gleichförmig und mit pflichtmässiger Genauigkeit beobachtet werden.

§. 1. Die bei den Landesjustizkollegien angesetzten Subalternen sind:

1) der Kanzleidirektor oder Protonotarius, welchem die Direktion in der Registratur und Kanzlei überhaupt obliegt;
2) die Sekretarien, deren Hauptverrichtung in dem Extendiren der bei dem Kollegio abgefassten Dekrete besteht;
3) der Archivarius, welcher das Archiv, die Lehns-, Hypotheken- und Generalregistratur zu bearbeiten hat;
4) der Ingrossator, welcher ihm dabei assistirt, und insonderheit die Hypothekenbücher unter seiner Aufsicht und Direktion führt;
5) der Ober- oder erste Registrator;
6) der Unter- oder zweite Registrator, welche zusammen die Prozess-, Konkurs-, Kriminal-, Pupillen- und Konsistorial-, so wie einen gewissen Theil der Generalregistratur wahrzunehmen haben;
7) der Registraturschreiber oder Assistent, welcher ihnen dabei an die Hand gehen, und besonders das Aktenheften besorgen muss;
8) der Kanzleiinspektor, welcher die Aufsicht über die unteren Kanzleiverwandten in specie führt; die Sachen, welche geschrieben werden sollen, unter die Kanzlisten und Kopisten vertheilt, und die Siegelzettel besorgt;
9) die nach dem Umfange der Geschäfte bei einem Kollegio erforderliche Anzahl von Kanzlisten und Kopisten;
10) die Kassenbedienten; nämlich:
    a) der Sportulrendant,
    b) der Vorschussrendant,
    c) der Kontrolleur,

    deren Pflichten und Verrichtungen in dem Sportulkassenreglement näher bestimmt sind;
11) der Kanzleidiener und Botenmeister, welcher die Aufwartung bei dem Kollegio besorgt, die Geschäfte unter die Boten vertheilt; und die unmittelbare Aufsicht über selbige führt;
12) die Boten, welche zu Besorgung der Insinuation und zu anderen vorkommenden Verschickungen gebraucht werden.

§. 2. Alle diese Subalternen müssen sich täglich, die Sonn- und Festtage allein ausgenommen, früh um Acht Uhr auf dem Kollegienhause in ihren angewiesenen Arbeitszimmern einfinden, und daselbst bis um Ein Uhr ihren Verrichtungen obliegen; auch dasjenige, womit sie des Vormittags nicht fertig werden können, Nachmittags nachholen.

§. 3. Insonderheit müssen die Archiv- und Registraturbediente täglich bis um Ein Uhr Nachmittags, an Sessionstagen aber, wenn die Session noch länger dauert, bis zum Schlusse derselben gegenwärtig bleiben; sich des Nachmittags um Drei Uhr wieder auf der Registratur einfinden; und sie frühestens vor Sechs Uhr Abends nicht verlassen.

§. 4. Derjenige Subaltern, welcher sich zu rechter Zeit nicht einfindet, oder früher, als es sich gebührt, von seiner Arbeit wieder abgeht, soll, nach Beschaffenheit der Umstände, für jede versäumte Stunde 8 bis 16 Groschen Strafe entrichten.

§. 5. Damit dieser Vorschrift desto zuverlässiger nachgelebt werde, soll der Kanzleidirektor tägliche Präsenzlisten von sämmtlichen Subalternen führen; die Arbeitszimmer derselben, sowohl Vor- als Nachmittags fleissig besuchen; und die abwesend befundenen pflichtmässig, ohne alle Nachsicht, bemerken.

§. 6. Diese Präsenzlisten und Annotationen muss sich der Präsident wöchentlich wenigstens Einmal vorlegen lassen; die abwesend gebliebenen mit ihren Entschuldigungsursachen, die sie allemal auf Pflicht und Gewissen anzugeben haben, vernehmen; die verwirkten Strafen festsetzen, und solche zur Einziehung in dem Strafbuche notiren lassen.

§. 7. Es soll dabei keine Entschuldigungsursache, als Krankheit oder andere dergleichen ausserordentliche und unvermeidliche Ehehaften, zur Befreiung von der Strafe angenommen werden.

§. 8. Wenn daher ein Subaltern durch dergleichen unvermeidlichen Anlass an der Einfindung auf dem Kollegienhause, oder an Abwartung der vorgeschriebenen Arbeitsstunden verhindert wird; so muss er solches dem Präsidenten auf seine Pflicht durch ein kurzes Promemoria anzeigen oder anzeigen lassen; und der Präsident muss dieses Promemoria dem Kanzleidirektor zustellen, welcher es so lange aufbewahrt, bis bei der nächsten Revision der Präsenzliste die Entschuldigungsursache näher geprüft, und allenfalls das Nöthige deshalb verfügt werden kann.

§. 9. Wenn ein Sekretair mit seiner Arbeit des Vormittags völlig fertig geworden, und solches dem Präsidenten angezeigt hat; so soll ihm verstattet werden, des Nachmittags wegzubleiben, und andere, ausser dem Expediren, ihm etwa aufgetragene Geschäfte zu besorgen.

§. 10. Eben so soll der Kanzleidirektor einem Kanzleiverwandten, wenn er mit der ihm zugetheilten Arbeit völlig fertig ist, und sie richtig abgeliefert hat, erlauben können, die Kanzlei noch vor Ablauf der festgesetzten Arbeitsstunden zu verlassen; es wäre denn, dass in einem andern Departement noch Sachen, welche eine schleunige Ausfertigung erfordern, vorhanden wären.

§. 11. Wenn wider Verhoffen irgend ein Subaltern sich beigehen lassen sollte, sein Aussenbleiben oder früheres Weggehen mit falschen und unwahren Angaben zu entschuldigen; so soll er dafür das erstemal mit dreifacher Strafe belegt, im Wiederholungsfalle aber zur Kassation angezeigt werden.

§. 12. Damit der Präsident versichert sein könne, dass der Kanzleiinspektor seiner Schuldigkeit ein Genüge leiste; so muss er die Arbeitszimmer der Subalternen, auch ausser den Sessionstagen, besonders des Nachmittags von Zeit zu Zeit besuchen, und nachsehen, ob ein jeder auf seinem angewiesenen Posten befindlich sei, und seinen Verrichtungen gehörig obliege.

§. 13. Diese seine Geschäfte kann und muss also ein jeder Subaltern auf dem Kollegienhause besorgen. Es soll daher weder den Sekretarien, noch den Kanzleiverwandten erlaubt sein, sich Arbeit mit nach Hause zu nehmen; ausserordentliche Fälle allein ausgenommen, wo es jedoch nicht anders, als mit Vorwissen und Genehmigung des Präsidenten, oder, so viel die Kanzleiverwandten betrifft, des Kanzleiinspektors geschehen kann.

§. 14. Damit nun auch die Subalternen zu ihren Geschäften hinlänglichen Platz haben, ein jeder das Seinige mit Ruhe und Ordnung betreiben könne, und keiner den andern darin unterbrechen dürfe; so soll das bei einem jeden Kollegio vorhandene Lokale, so viel als möglich, folgendermaassen eingerichtet und eingetheilt werden.

§. 15. Es ist nämlich erforderlich:

1) ein Haupt-Registraturzimmer;
2) ein Gelass zur Aufbewahrung der reponirten Akten;
3) ein Zimmer zum Archiv, der Lehns- und Hypothekenregistratur;
4) ein Expeditionszimmer für die Sekretarien:
5) eine Kanzleistube;
6) eine Kassenstube;
7) ein Gelass für den Kanzleidiener, Botenmeister und Boten.

§. 16. So viel es sich nur irgend thun lässt, muss das Lokale dergestalt eingerichtet werden, dass besonders die Hauptregistratur, das Expeditionszimmer und die Kanzlei, sowohl unter sich, als bei der Audienz oder dem Sessionszimmer des Kollegii, in der Nähe gelegen sind, und eine bequeme Kommunikation haben.

§. 17. In das Haupt-Registraturzimmer gehören:

1) die kurrente Prozess-,
2) die kurrente Konkursregistratur;
3) die neu reponirte Prozess-,
4) die neu reponirte Konkursregistratur;
5) die kurrente Pupillen-,
6) die kurrente Konsistorial-,
7) die kurrente Kriminalregistratur;
8) die Registratur der in der Allgem. Gerichtsordnung Theil III. Tit. V. §. 47. No. 2. 3. 4. beschriebenen Generalien.

§. 18. Jeder dieser Registraturen müssen besondere Repositoria angewiesen sein, wo die dahin gehörigen Akten, in den nach den Buchstaben des Alphabets einzutheilenden Fächern, aufbewahrt werden.

§. 19. Nur die neu reponirten Prozess- oder Konkurssachen sollen unmittelbar über den kurrenten, in eben dem Repositorio, und in der nämlichen Reihe des durchlaufenden Buchstabens, jedoch in besonderen Fächern, so lange asservirt werden, bis sie weiter reponirt werden können. Bei Kollegien nämlich, welche einen weitläufigen Jurisdiktionsbezirk haben, ist die reponirte Registratur in zwei Unterabtheilungen zu theilen. Zur neu reponirten Registratur gehören alsdann diejenigen Sachen, worin noch Exekution schwebt, oder wo seit der rechtskräftigen Entscheidung noch kein Jahr verlaufen ist. Ist die Exekution beendigt, oder das Jahr nach dem Judikato, ohne dass Exekution gesucht worden, verlaufen, oder Zahlung angezeigt; so werden die Akten in die alt reponirte Registratur herüber genommen.

§. 20. Ausser obigen Hauptrepositorien müssen in dem Registraturzimmer noch gewisse Plätze bestimmt und angewiesen sein, wo

1) die Akten, welche mit den Vorträgen zum Dekretiren ausgegeben, oder
2) zum Spruche an die Referenten befördert werden sollen, interimistisch niedergelegt;
3) die von anderen Kollegien und Gerichten bloss zur Aburtelung einkommenden, oder
4) die von den Untergerichten nicht zur weitern Verhandlung, sondern bloss ad inspiciendum vel adhibendum eingeschickten, und nach gemachtem Gebrauche sofort wiederum zu remittirenden Akten aufbewahrt;
5) Piecen, die, ehe sie ad Acta kommen, einer Partei, einem Justizkommissarius oder irgend sonst jemandem vorzuzeigen sind, in der Zwischenzeit aufbewahrt;
6) die Akten, welche durch Einheftung der eingelegten Piecen zu kompletiren sind, dem Aktenhefter hingegeben; endlich
7) die solchergestalt kompletirten und gehefteten Akten von ihm, bis zur Reponirung in die gehörigen Fächer, wieder abgelegt werden können.

§. 21. Das solchergestalt eingerichtete Haupt-Registraturzimmer ist der Aufenthalt der Registratoren und ihrer Gehülfen, welche die darin befindlichen Registraturen gemeinschaftlich zu bearbeiten haben.

§. 22. In dieser Registratur, und über die darin befindlichen Akten und Piecen, müssen folgende Bücher gehalten werden:

1) das kurrente Prozessrepertorium;
2) - - Konkursrepertorium;
3) die Liste der neuen erst angemeldeten Klagen;
4) das Repertorium der reponirten Prozess- und
5) - - - Konkursakten;
6) - - - kurrenten und
7) - - - reponirten Pupillenakten;
8) - - - kurrenten und
9) - - - reponirten Kriminalakten;
10) - - - Konsistorial-, Kirchen- und Schulenakten;
11) vollständige Specifikationen der Generalakten;
12) die Tagezettel oder Journale über die einkommenden Sachen;
13) die Distributionsbücher der zum Spruche gelangenden Sachen;

14) das Annotationsbuch über die ausserhalb des Memorialienvortrages und der Spruchdistribution ausgegebenen Akten.

§. 23. Die Liste der neuen Klagen ist ein blosses zur Nachricht des Präsidenten und des Registrators dienendes Verzeichniss, in welches eine neue Sache, sobald auf die geschehene Anmeldung die Aufnehmung der Klage verordnet ist, unter dem Namen des Klägers eingetragen, und dabei in der Folge nur bemerkt wird: ob und warum der Prozess keinen Fortgang gehabt habe; oder ob, wann und unter welcher Nummer die Sache in die Prozessliste übertragen worden sei.

§. 24. In diese Prozessliste kommt nämlich die Sache, sobald auf die aufgenommene und eingereichte Klage ein Termin, es sei bloss zur Beantwortung oder zugleich zur Instruktion, anberaumt wird. Jede Sache erhält darin eine eigene Nummer und ein besonderes Folium; und die Eintragung geschieht nach dem Anfangsbuchstaben von dem Namen des Klägers in alphabetischer Ordnung. Die unter einerlei Buchstaben gehörigen Sachen werden durch fortlaufende Nummern unterschieden.

§. 25 a. Es wird jedoch dabei, zur Ersparung des Raumes, nachgegeben, dass nicht eben für jede Sache, ohne Unterschied, ein ganzes Folium bestimmt werden dürfe; sondern es kann bei Sachen, wo voraus zu sehen ist, dass nicht viel darin kommen werde, z. B. bei Wechselsachen, ordinairen Ehescheidungsprozessen unter gemeinen Leuten, simplen Schuldklagen u. s. w., ein Folium auch für zwei oder drei dergleichen Prozesse bestimmt und eingetheilt werden; welches also dem vernünftigen Ermessen des Registrators, nach Beschaffenheit einer jeden einzutragenden Sache, überlassen bleibt.

§. 25 b. Die Prozessliste hat folgende Rubriken:

1) Nummer der Akten;
2) Namen der Parteien;
3) Namen des Decernenten;
4) Namen des Instruenten und der Assistenten;
5) Lage der Sache.

Jeder dieser Kolonnen ist ein proportionirlicher Raum, und also der grösste für die fünfte Kolonne, zu bestimmen.

Die vier ersten Rubriken werden gleich bei der Uebertragung aus der Liste der neuen Klagen ausgefüllt; die fünfte hingegen muss der Registrator durch den ganzen Lauf des Prozesses, und während der ganzen Zeit, dass die Akten in der Registratur sind, fortführen.

Es muss darin vermerkt werden, auf welchen Tag der Beantwortungs- und Instruktionstermin stehe; wann die Akten dem Instruenten zugestellt worden; wann sie wieder zur Registratur zurückgekommen; wann sie zum Spruche vorgelegt sind; wann das Urtel publicirt ist; wann die Appellation angemeldet worden u. s. w.: dergestalt, dass jeder Schritt in dem ganzen Laufe der Sache, bis zur verfügten Reposition derselben, aus der Liste zu ersehen sei, und der Präsident dieselbe bei seiner Aktenrevision mit Zuverlässigkeit zum Grunde legen könne.

Mit dem letzten November jeden Jahres muss der Registrator die Prozesslisten durchgehen, und alle darin noch kurrent bleibenden Sachen in die Liste des folgenden Jahres, unter die gehörigen Buchstaben und Nummern übertragen.

§. 26. Sobald eine Sache in das kurrente Prozessrepertorium eingetragen wird, muss in den Akten ein unterwärts ungefähr eine Hand breit hervorragender Zettel fest eingeheftet werden, auf welchem der Buchstabe und die Nummer, unter welchen die Akte im Repertorio eingetragen steht, nebst den Namen der Parteien verzeichnet wird, und welcher dazu dient, dass der Registrator die in den Fächern über einander liegenden Akten desto leichter auffinden kann.

Wegen der über die Mandatsprozesse und über die summarischen Prozesse zu führenden besondern Listen, s. die im Anhange abgedruckte Verordnung vom 31. Okt. 1836 wegen der einzureichenden Geschäftsübersichten und das derselben beigefügte Formular.

§. 27. Eben so muss das reponirte Repertorium über die Civilprozesse von dem zweiten Registrator gehalten werden.

Dies Repertorium wird ebenfalls nach den Namen der Kläger in alphabetischer Ordnung geführt, und hat folgende Rubriken:

1) Nummer, welche unter jedem Buchstaben, von einem Jahre zum andern, beständig fortläuft;
2) Namen der Parteien;
3) Anzahl der Voluminum, welche zur Sache gehören.

§. 28. Sobald in einer Sache die Reposition der Akten verordnet ist, als welches von dem Decernenten, sobald der Prozess durch rechtskräftiges Erkenntniss, Vergleich, Entsagung oder gänzliche Avokation beendigt worden, geschehen; oder wenn dieser solches übersehen, von dem Präsidenten ex officio besorgt werden muss, wird die Sache in dem kurrenten Repertorio gelöscht, und dagegen in das reponirte eingetragen; auch die Akte selbst, in die dafür bestimmten Fächer, über den kurrenten, hinauf gelegt.

§. 29. Zum Unterschiede der kurrenten Akten von den reponirten, wird den letztern ein blauer Zettel über den weissen, oder mit Herausnehmung desselben, eingeheftet, und auf solchem der Buchstabe, nebst der Nummer des reponirten Repertorii verzeichnet.

§. 30 a. Ueber die kurrenten Konkurs- und Liquidationsprozesse wird ein besonderes Repertorium gehalten, worin jedem derselben, nach Verhältniss seines Umfanges, gewisse Folia angewiesen sind. Jeder Klasse von Generalakten wird ein besonderes Folium gewidmet, und darin

1) die Benennung des Konkurses, nach dem Namen des Gemeinschuldners;
2) der Name des Decernenten;
3) der Name des Instruenten; des Kurators und Kontradiktors;
4) die Lage der Sache, so weit sie in dieses Aktenstück gehört,

eingetragen; auch die letzgenannte Kolonne von dem Registrator, bis zum Ende des Konkurses, auf eben die Art, wie bei der Prozessliste vorgeschrieben ist, ununterbrochen fortgeführt. Auf dem letzten Blatte werden die Special-Liquidationsakten, bloss mit Benennung der Liquidanten, hinter einander verzeichnet.

§. 30 b. Wenn wegen eines solchen Liquidanten ein Appellatorium entsteht; so wird das denselben betreffende Specialaktenstück aus der Konkurs- in die kurrente Prozessregistratur herüber genommen; erhält in der Prozessliste eine besondere Nummer und Folium; wird daselbst bis zur rechtskräftigen Entscheidung, gleich jedem andern Civilprozesse behandelt; nach deren Erfolge aber wieder in die Konkursregistratur zurückgelegt.

§. 30 c. Wenn der Konkurs durch die Distribution der Masse beendigt ist; so werden die sämmtlichen Akten desselben in die reponirte Konkursregistratur gebracht, und daselbst in den nach dem Alphabete geordneten Fächern aufbewahrt. Das Repertorium über diese reponirte Konkursregistratur hat folgende Rubriken:

1) Nummer.
2) Name des Konkurses.
3) Anzahl der dazu gehörenden Aktenstücke.

§. 31. Das kurrente Pupillenrepertorium hat der zweite Registrator nach alphabetischer Ordnung zu führen. Das Schema dazu hat folgende Rubriken:

1) Nummer.
2) Namen der Kuranden.
3) Namen des Vormundes.
4) Anzahl der Voluminum.
5) Lage der Sache.

§. 32. Unter diese letztere Rubrik müssen alle erhebliche Vorfallenheiten, die sich in einer solchen Vormundschaftssache ereignen, von Zeit zu Zeit eingetragen werden: z. B. wann die Vormundschaft ihren Anfang genommen; wann der Kurator stipulirt hat; wann das Kuratorium expedirt worden; wann die Taufscheine, wann das Inventarium eingekommen; wann die Erbsonderung angelegt, wann solche approbirt worden; wann die erste, zweite, dritte Rechnung u. s. w. übergeben und abgenommen worden; wann die Generalverzicht geleistet, und das Absolutorium expedirt worden u. s. w.

§. 33. Alles, was zu einer Vormundschaft gehört, es betreffe was es wolle, wird in ein Volumen zusammen geheftet, und keinesweges, wie bisher bei einigen Kollegien geschehen, von einer jeden einzelnen Angelegenheit ein besonderer Fascikul formirt. Doch muss, wenn ein dergleichen Volumen eine mässige Stärke erlangt hat, alsdann mit einem schicklichen Zeitpunkte, z. B. mit einem neuen Jahre, einer neuen Rechnung u. s. w., ein zweites, drittes Volumen u. s. w. angefangen werden.

§. 34. Nur die Vormundschafts- und etwa dazu gehörigen Wirthschaftsrechnungen, wenn solche weitläufig sind, werden mit den Belegen besonders asservirt; das Präsentationsmemorial aber, die Monita, das Abnahmeprotokoll, die Decharge u. s. w. müssen dennoch den Akten beigeheftet werden.

§. 35. Den kurrenten Pupillenakten werden eben so, wie den Prozessakten, weisse Zettel eingeheftet, und darauf der Name der Vormundschaft nebst der Nummer des Repertorii verzeichnet.

§. 36. Wenn die Vormundschaft durch den Tod des Pflegebefohlenen, durch die Grossjährigkeit desselben und die dem Kurator geleistete Generalverzicht, oder auf andere Art beendigt ist; so werden die Akten in dem kurrenten Repertorio gelöscht, und dagegen in das reponirte Repertorium übergetragen.

§. 37. Dieses führt der erste Registrator nach alphabetischer Ordnung unter folgenden Rubriken:

1) Nummer;
2) Name der Vormundschaft;
3) Anzahl der Voluminum.

Uebrigens werden den reponirten Pupillen- eben so wie den Prozessakten blaue Zettel, mit Bemerkung des Namens und der Nummer des reponirten Repertorii eingeheftet.

§. 38. In Ansehung der kurrenten und reponirten Kriminalakten hat es bei den darüber jeden Orts bisher vorgeschriebenen Listen und Repertorien auch noch ferner, vor der Hand, sein Bewenden.

§. 39. Ueber die Konsistorial-, Kirchen- und Schulenakten müssen von dem ersten Registrator vollständige Verzeichnisse, ebenfalls in alphabetischer Ordnung, nach den Namen der Oerter, wo dergleichen Kirchen und Schulen sich befinden, gehalten werden.

§. 40. Ein eben dergleichen vollständiges Verzeichniss ist auch über die zur Hauptregistratur gehörigen Generalakten von dem ersten Registrator zu halten, und nach Anweisung der Allg. Gerichtsordnung Th. III. Tit. V. §. 47. Nr. 2. 3. 4. in drei Hauptsektionen einzutheilen.

§. 41. Ueber die bei dem Kollegio einkommenden und zum Vortrage zu bringenden Sachen wird in der Hauptregistratur ein dreifaches Journal oder Tagezettel geführt, nämlich:

1) für die Prozessualia, wohin auch die Konkurs- und Kriminalsachen, ingleichen die in diese Registratur gehörigen Generalia eingetragen werden;
2) für die Pupillaria;
3) für die Konsistorialia.

A.

§. 42. Ein jedes von diesen Journalen oder Tagezetteln wird nach dem sub A. beiliegenden Schema geführt. Die Eintragung geschieht nach fortlaufenden Nummern, entweder von einem Sessionstage zum andern, oder vom ersten jeden Monats bis zum letzten. Die Nummer wird auf der Eingabe selbst, entweder auf der Rück- oder auf der andern Seite, so dass dieselbe gleich in die Augen falle, verzeichnet. Die in den ersten Tagezettel gehörigen Stücke erhalten die Nummern ohne weitern Beisatz; denen aus den zweiten aber wird der Buchstabe P., so wie denen aus dem dritten der Buchstabe C. vorgesetzt, z. B. P. 1. C. 3. u. s. w.

§. 43. Wie diese Tagezettel von beiden Registratoren gemeinschaftlich zu führen, und was bei der Eintragung zu beobachten, davon wird unten umständlich gehandelt werden.

§. 44. Die Distributionsbücher führt der erste Registrator nach folgendem Schema:

1) Nummer, welche vom Anfange des Jahres bis zum Ende fortläuft;
2) Namen der Parteien;
3) Namen der Re- und Korreferenten;
4) Datum der Distribution;
5) Datum, wann die Re- und wann die Korrelation eingekommen;
6) Datum, wann die Sache verlesen und wann darüber konkludirt worden.

Die ersten zwei Kolonnen werden von dem Registrator, die letzten vier hingegen von dem Präsidenten eigenhändig ausgefüllt.

Das Distributionsbuch muss, ausser den Sessionstagen, in der Registratur in einer verschlossenen Kapsel, wozu der Präsident einen, und der Registrator den andern Schlüssel hat, aufbewahrt, in jeder Session aber dem Präsidenten vorgelegt werden, damit derselbe die neu eingetragenen Sachen distribuiren, die abgelieferten Relationen bemerken, und die rückständigen bei den Referenten moniren könne.

Die Relationen selbst müssen bis zur Ablesung in einem besondern Schranke und Kasten, wozu der Präsident allein den Schlüssel hat, aufbewahrt werden.

§. 45. Das Annotationsbuch über solche Akten, welche ausser dem Memorialienvortrage und der Spruchdistribution zu irgend einem andern Behufe aus der Registratur gegeben werden, ist nach der Vorschrift der Gerichtsordnung a. a. O. §. 33. zu führen, und die daselbst erwähnten Verordnungen und Empfangscheine werden dabei als Belege verwahrt, damit die Akten, wenn sie anderweit gebraucht oder ungebührlich zurückgehalten werden, auf den Grund dieser Belege von den Empfängern abgefordert werden können.

§. 46. Die Haltung dieses Buchs und die Ausgebung der Akten kommt dem ersten Registrator privative zu, dergestalt, dass weder der zweite Registrator, noch der Registraturschreiber, viel weniger irgend sonst jemand sich anmaassen darf, ohne des ersten Registrators Vorwissen Akten aus der Registratur zu verabfolgen oder an sich zu nehmen.

§. 47. Nachdem in Vorstehendem von der Hauptregistratur, deren Einrichtung und den darin zu haltenden Büchern und Listen gehandelt worden; so ist nach Maasgabe §. 15. oben ferner zu bestimmen: wie die eigentliche reponirte Registratur eingerichtet sein solle.

§. 48. In dem für diese bestimmten Behältnisse sind aufzubewahren:

1) die alt reponirten Prozess- und

2) Konkursakten in dem Sinne des §. 19. oben;
3) die reponirten Pupillen-,
4) die reponirten Kriminalakten; auch können
5) von den in die Hauptregistratur gehörigen Konsistorial- und Generalakten die älteren Volumina, die von keinem oftmaligen Gebrauche mehr sind, zur Ersparung des Raums, in diese reponirte Registratur untergebracht werden.

§. 49. Jede dieser reponirten Registraturen muss ihre besonderen Repositoria haben, worin die dazu gehörigen Akten, in den nach alphabetischer Ordnung eingetheilten Fächern, asservirt sind.

§. 50. Wie bei der Aktenreposition zu verfahren, und was über die reponirten Registraturen für Bücher und Listen zu halten sind, darüber ist das Nöthige bereits oben verordnet worden.

1) a. **Verordnung** vom 30. Dezember 1818, betreffend die Kassation der alten reponirten Akten.

Das Anhäufen der Akten bei den Gerichten, welches Erweiterung der Gerichtslokalien nöthig macht, erfordert es, auf die Fortschaffung der unbrauchbaren Akten, deren Wegräumung bereits durch die Königl. Kabinetsordres vom 22. und 31. August 1799 befohlen ist, besondere Rücksicht zu nehmen. In dieser Hinsicht ist die am 21. Februar 1800 ergangene Cirkular-Verordnung einer Revision unterworfen, und es wird hierdurch bestimmt.

F.

Von der Veräußerung und Vernichtung der Akten sind auch fernerhin auszunehmen:

1) Acta generalia
   a. über die Verfassung des Departements, seine Verhältnisse zum In- und Auslande, über die Verfassung der darin gelegenen Städte, Flecken, Dörfer, Kirchen, Schulen, Klöster, Familien-Institute und Corporationen;
   b. über die Verfassung des Kollegii selbst und der davon ressortirenden Deputationen, Kreis-Justizkommissionen und Untergerichte, über die Anstellung der Räthe und die Gerechtsame des Kollegii;
   c. über die Gesetzgebung in der Provinz, so wie Acta über die ergangenen Edikte, Verordnungen und Publicanda;
   d. über die Verfassung der Salarien- und Depositenkasse im Allgemeinen und über die aus den Depositenkassen gegebenen, noch ausstehenden Darlehne;
2) Acta generalia und specialia über die Lehngüter;
3) Acta generalia und specialia. das Hypothekenwesen betreffend, die Grundakten und alle Hypotheken- und Ingrossationsbücher;
4) Alle Testamente, und die auf ihre Deposition und Publikation Beziehung habenden Verhandlungen;
5) Acta generalia und specialia, die Actus voluntariae jurisdictionis betreffend;
6) die Akten, welche die Abschriften der Sentenzen und die Re- und Correlationen enthalten;
7) Repertorien der reponirten Akten;
8) Die Prozeßakten, worin über Realrechte und Familien-Angelegenheiten verhandelt worden, wohin auch Prozesse über die Vindikation, Subhastation und das Aufgebot liegender Gründe, über Grundgerechtigkeiten, Gemeinheitstheilungen, über Privilegien der Städte, Dörfer, Zünfte und Corporationen, ferner über Familienstiftungen

und Fideicommiß = Successionen und Todeserklärungen, so wie über Dienststreitigkeiten zwischen den Gutsherren und Bauern u. s. w. gehören.

II.

Zur Cassation sollen geeignet sein:

A.

Nach Verlauf von 30 Jahren, vom Tage der dekretirten Reposition der Akten ab,

1) Civil-Prozeßsachen, worin über persönliche Rechte und Verbindlichkeiten gestritten worden, wohin auch gewöhnliche und hypothekarische Schuldklagen, Ehescheidungs- und Alimentensachen zu rechnen;
2) Vormundschaftsakten, mit Ausnahme der Akten über die Vormundschaft der Besitzer solcher Güter, die in Ober-Landesgerichtliche Hypothekenbücher eingetragen sind;
3) Acta specialia, das Depositen- und Salarienkassenwesen betreffend, die geführten Rechnungen, deren Abnahme und Decharge, mit Inbegriff sämmtlicher dazu gehöriger Bücher und Rechnungsbeläge.

B.

Nach Verlauf von 20 Jahren, vom Tage der dekretirten Reposition:

1) Konkurs- und Liquidationssachen, in so fern solche nicht zu den ad I. 8. erwähnten Sachen zu rechnen sind, oder sich Gründe zur Vermuthung, daß der Schuldner noch in den Stand kommen werde, seine Gläubiger zu befriedigen, ergeben;
2) alle Kriminalakten;
3) Acta, die Visitation der Untergerichte betreffend;

C.

Nach Verlauf von 10 Jahren, von der Repositions-Verfügung ab gerechnet:

1) alle Akten der Ober-Landesgerichte, welche in zweiter und dritter Instanz auf die Appellation gegen Untergerichts-Erkenntnisse verhandelt sind; betrifft jedoch der Gegenstand ein Immobile, so müssen die ergangenen Urtel aufbewahrt werden;
2) alle Mieths-, Pacht-, Sponsalien-, Moratorien- und Cessionssachen betreffende Akten, von denen jedoch die Erkenntnisse aus den Akten zu nehmen und aufzubewahren sind;
3) alle Akten in fiskalischen Untersuchungen;
4) alle Beschwerdeakten;
5) alle Requisitions- und Implorations-Akten;
6) 10 Jahre nach erlangter Großjährigkeit, Vormundschafts-Akten über uneheliche Kinder, wo keine Vermögens-Administration gewesen ist;
7) alle Sequestrationsakten, bei welchen die zur Wegschaffung nöthige Frist von 10 Jahren, von der Reposition und Decharge-Ertheilung an den Rechnungsführer zu rechnen ist.

D.

Nach Verlauf von 5 Jahren a dato repositionis:

1) Akten, die Streitigkeiten über Bagatell-Objekte betreffen;
2) Acta in Injuriensachen;
3) die beim Kollegio und dessen Registratur zur Kontrollirung des Geschäftsganges zu führenden Journale, Listen und Bücher, namentlich die Tagezettel, Expeditionsbücher, Repertorien über kurrente Akten, Instruktions-Listen, Distributions-Bücher, imgleichen diejenigen, wor-

aus die für die Salarienkasse, Behufs der Einnahme- und Ausgabe-Beläge, erforderlichen Extrakte gefertigt werden, die von den Untergerichten eingesandten Tabellen, woraus die Resultate den vorgesetzten Behörden mitgetheilt sind, in specie die Erbschaftsstempeltabellen;

4) die Akten wegen Abschoß- und Abfahrtsgelder;

5) die Akten, die Anstellung und Dienstführung der Subalternbeamten betreffend, und ist hier die fünfjährige Frist von der Zeit des Absterbens des Offizianten zu berechnen.

Nach den vorstehenden Bestimmungen ist die Anweisung wegen Wegschaffung der Akten d. d. den 21. Februar 1800 erweitert worden.

Das Königl. :c. hat nunmehr die zur Fortschaffung geeigneten Akten baldmöglichst aussuchen zu lassen, und sodann deren Verkauf zu bewirken. Wie beim Verkauf der Akten zu verfahren ist, bestimmt die gedachte Anweisung ausführlich. Bei dieser behält es in jeder Hinsicht sein Bewenden, und ist besonders darauf zu sehen, daß die zur Vernichtung bestimmten Akten nicht zum Verkauf an solche Personen gelangen, von denen man der Vernichtung nicht versichert sein kann.

Die, welche Akten unter der Bedingung kaufen, sie zu vernichten, müssen sich zu dieser Bedingung schriftlich verpflichten, und für den Kontraventionsfall in Ansehung des Ganzen oder eines Theils der Akten, sich einer Konventionalstrafe, deren Betrag das Doppelte des Kaufpreises übersteigt, unterwerfen.

Von den zu kassirenden Akten sind Verzeichnisse anzufertigen, die als Beilagen der Repertorien der reponirten Akten dienen, und ergeben, welche Akten zur Kassation bestimmt, und deshalb aus der Registratur entfernt sind.

Damit durch die Wegschaffung der Akten den Parteien kein erheblicher Nachtheil erwachse, muß dahin gesehen werden, daß Original-Dokumente, welche die Parteien produziret, nicht ad acta kommen, sondern in der Registratur, bis der Prozeß beendigt ist, besonders asservirt werden. — Ist es nothwendig, so muß eine Abschrift derselben zu den Akten genommen werden.

(v. K. Jhrb. Bd. 12. S. 282.)

b. **Rescript** vom 7. Juni 1819, und 13. Juni 1831, betreffend die Kassation der Kriminalakten.

In Beziehung auf die Verfügung vom 30. Dezember v. J., welche wegen der Fortschaffung unbrauchbarer Akten an das Königl. Ober-Landesgericht ergangen ist, und sich im 24sten Heft der Jahrbücher für die Preußische Gesetzgebung S. 282. vorfindet, wird denselben eröffnet, daß Kriminalakten sich nur zur Fortschaffung eignen, wenn 20 Jahre nach Vollstreckung der Strafe verflossen sind.

Berlin, den 7. Juni 1819.

(v. K. Jhrb. Bd. 13. S. 316.)

Auf die Anfrage des Königl. Ober-Landesgerichts im Bericht vom 18. März c., ob alle Akten in Kriminal- und fiskalischen Untersuchungen nach Ablauf von 20 Jahren von dem Zeitpunkt der Strafvollstreckung, verkauft werden sollen, oder diejenigen Akten, in welchen solche Verbrechen, deren Wiederholung eine Verschärfung der Strafe zur gesetzlichen Folge hat, untersucht worden, von diesem Verkauf auszuschließen und etwa erst nach Ablauf eines Zeitraums von 40 oder 50 Jahren aufzuräumen sind,

ist der Bericht des Kriminalsenats des Kammergerichts erfordert und wird derselbe abschriftlich mitgetheilt. Das Justizministerium schließt sich der darin geäußerten Meinung an, und wird daher festgesetzt, daß es bei den bisherigen Anordnungen verbleibt, jedoch

1) aus allen zu vernichtenden Akten in Kriminal- und fiskalischen Untersuchungssachen die Urtel herausgenommen, auf glaubhafte Weise mit dem Vermerk der Rechtskraft, der Strafvollstreckung, so wie des Straforts, wo, und der Zeit, in welcher die Strafe vollstreckt worden, versehen und besonders assortirt werden;

2) daß in besonders wichtigen Untersuchungssachen, welche von bleibendem Interesse sind, die vollständigen Akten von der Vernichtung ausgeschlossen werden.

Vorstehende Bestimmungen werden allen Justizbehörden zur Nachachtung bekannt gemacht.

Berlin, den 13. Juni 1831.)

c. **Rescript** vom 23. August 1824, betreffend die Kassation der Vormundschaftsakten.

Dem Königl. Vormundschaftsgericht wird auf die Anfrage im Berichte vom 12ten d. M. eröffnet, daß die Abolition der Vormundschaftsakten erst dreißig Jahre nach erfolgter Majorennität der Kuranden erfolgen muß, selbst wenn sie nichts enthalten, als die Auseinandersetzung zwischen einem Vater und seinen Kindern, da dieser Zeitraum erforderlich ist, um das Gericht gegen Ansprüche der Kuranden völlig zu sichern.

(v. K. Jhrb. Bd. 24. S. 269.)

d) **Rescript** vom 28. September 1830, betr. die Aufsicht über die Akten-Kassation bei den Untergerichten.

Auf den Bericht des Königl. Ober-Landesgerichts vom 26. v. M. wird dasselbe hiermit autorisirt, den Untergerichten seines Departements die Einreichung des Verzeichnisses der zum Verkauf oder zur Vernichtung geeigneten Akten zu erlassen, und statt dessen in Zukunft die pflichtmäßige Versicherung des Dirigenten des Untergerichts:

daß er sich vollständig überzeugt habe, daß sich unter den abgesonderten Akten keine solche befinden, deren Verkauf oder Vernichtung nach den festgestellten Grundsätzen unstatthaft sein würde,

zu erfordern, wonach das Weitere zu verfügen ist.

Berlin, den 28. September 1830.

(v. K. Jhrb. Bd. 36. S. 157.)

e. **Rescript** vom 14. Januar 1835, daß bei der Kassation der Akten zuvor das betreffende Conto der Salarienkasse zu prüfen ist.

Nach einer Mittheilung des Königl. Finanz-Ministeriums hat die von einem Gericht nachgesuchte Restitution niedergeschlagener Stempel durch die Einsicht der betreffenden gerichtlichen Akten nicht gehörig justificirt werden können, da die Akten bereits früher kassirt worden sind. Dies läßt vermuthen, daß die Kassirung der Akten ohne vorgängige Regulirung des betreffenden Kontos der Salarienkasse des Gerichts erfolgt ist. Da dies jedoch zu Verdunkelungen und Weitläufigkeiten bei dem gerichtlichen Kassenwesen führen muß, so hat das Königl. ꝛc sowohl bei sich als bei den hiernach anzuweisenden Untergerichten seines Departements zu veranlassen, daß vor der wirklichen Kassation der hierzu sonst geeigneten Akten durch Vorlegung eines Verzeichnisses derselben mit Angabe des Kassenzeichens, oder der Akten selbst, bei der Salarienkasse geprüft werde, ob es noch einer längern Aufbewahrung derselben Behufs der Regulirung des Kontos in Betreff der bereits gebuchten Kosten und Behufs der Restitution der niedergeschlagenen Stempel bedürfe. Dagegen ist jede weitere Prüfung der Akten Behufs der Nachliquidirung außer Ansatz gebliebener oder zu niedrig liquidirter Kosten zu unterlassen.

(v. K. Jhrb. Bd. 45. S. 242.)

2) **Rescript** vom 28. Juli 1817, 9. Juni und 11. November 1834, betreffend die Kassation der Manualakten der Justizkommissarien.

Der Chef der Justiz ist mit dem von dem Königl. Oberlandesgericht zu Breslau in dem Berichte vom 4. d. M. aufgestellten Grundsätzen wegen Veräußerung von Manualakten nicht durchgängig einverstanden.

Die Akten der Notarien sind Acta publica, und der Staat muß für die sorgfältige Aufbewahrung derselben sorgen, weshalb auch darüber die Vorschriften §. 95. Tit. 7. Thl. III. der Gerichtsordnung ergangen sind.

Dagegen sind Manualakten das Eigenthum der Parteien, und jeder Justiz-Kommissarius, der sich der Last ihrer Aufbewahrung entziehen will, muß gleich nach beendigtem Prozesse wegen Zurücksendung derselben die nöthigen Verabredungen mit ihnen treffen.

Die Vorschriften, welche wegen Kassation und Veräußerung der Akten bei den Landes-Justizkollegien ertheilt sind, können auf Manualakten, welche sich in der Registratur eines Justiz-Kommissarii befinden, keine Anwendung leiden, und ein Verkauf zum Besten der Justiz-Offizianten-Wittwenkasse kann nicht statt finden. Die Vernichtung gerichtlicher Akten erfolgt mit Königl. Genehmigung; die Vernichtung von Manualakten würde aber ein Eingriff in das Privat-Eigenthum sein, der sich aus jener Genehmigung nicht rechtfertigen läßt. Die gerichtliche Niederlegung der Akten kann zwar unter Umständen zulässig erscheinen, allein immer würde dies Mittel nicht zu dem Zweck führen, den der Regierungsrath N. beabsichtigt, da das Depositions-Gesuch in Ansehung eines jeden Aktenstücks geprüft werden muß, und der N. wohl die Zeit und die Kosten eines solchen Verfahrens bei seinem Vorschlage, ihn zur Deposition zu verstatten, nicht erwogen haben wird.

Eine gesetzliche Bestimmung für diesen Fall zu extrahiren, findet der Justizminister keine Veranlassung. Es bleibt dem Kollegio überlassen, hiernach den N. zu bescheiden.

Berlin, den 28. Juli 1817.

(v. K. Jhrb. Bd. 10. S. 20.)

In dem neben bemerkten hohen Rescript ist der Grundsatz aufgestellt, daß Manualakten der Justizkommissarien das Eigenthum der Parteien seien, und die über die Kassation und Veräußerung gerichtlicher Akten bestehenden Vorschriften auf dieselben nicht angewandt werden könnten, es daher auch Sache jedes Justizkommissarius sei, für deren Aufbewahrung zu sorgen. Wenn nun aber auch nach diesem Grundsatze Anträge von Justizkommissarien wegen Aufbewahrung ihrer Manualakten in den gerichtlichen Registraturen zurückgewiesen werden können, so kann doch z. B. bei gerichtlichen Nachlaß-Regulirungen, oder in Folge einer gegen einen Justizkommissarius eingeleiteten Untersuchung der Fall eintreten, daß das Gericht sich einer Sorge für die sich vorfindende Masse von Manual-Akten nicht wohl entziehen kann, und dieser Fall hat sich früher bei uns mehrmals ereignet, so daß, wie sich bei der jetzt vorgenommenen Akten-Aussonderung in der altreponirten Registratur ergiebt, wir uns im Besitze einer großen Masse von Manual-Akten befinden. Sie sind theils in Folge gerichtlicher Nachlaß-Regulirungen von Justizkommissarien, theils bei Gelegenheit von Untersuchungen, welche ihre Amtsentsetzung zur Folge hatten, theils bei dem Abgange von Referendarien, die früher häufig den Parteien als Assistenten zugeordnet wurden, zur gerichtlichen Registratur abgeliefert worden, wo sie größtentheils schon seit länger als 30 Jahren aufbewahrt werden, und den für die gerichtlichen Akten erforderlichen Raum beengen. Eine fernere Aufbewahrung dieser Akten dürfte schon deshalb nicht erforderlich sein, weil, insofern sie Prozesse und Gegenstände betreffen, die bei Gericht verhandelt und von bleibendem Interesse sind, die gerichtlichen Akten darüber von der Vernichtung ausgenommen werden; eine jetzt zu erlassende Aufforderung an die Interessenten, die Akten zurückzunehmen (die doch nur im Allgemeinen durch die öffentlichen Blätter geschehen könnte), würde nach so langem Zeitraum schwerlich von einigem Erfolge sein, und doch müssen wir schon des mangelnden Raumes wegen wünschen, von der ferneren Aufbewahrung dieser Aktenmasse befreit zu werden. Wir erlauben uns daher, bei Ew. Excellenz ganz gehorsamst anzufragen:

1) ob wir die vorhandenen über 30 Jahre alten Manual-Akten der Justizkommissarien gleich den gerichtlichen verkaufen können, und ob sie zum Verkauf, zum freien Gebrauch oder nur zum Einstampfen geeignet sind?
2) wie wir künftig in ähnlichen Fällen verfahren sollen, um die Aufbewahrung von Manual-Akten in den gerichtlichen Registraturen zu vermeiden?

Jedenfalls würden wir vor dem Verkauf die sich in den Akten etwa vorfindenden Dokumente von denselben trennen, wie sich denn auch unsere gehorsamste Anfrage nur auf Manual-Akten, nicht auf die Akten der Justizkommissarien, welche sie als Notarien führen, bezieht.

Der Justiz-Minister ist mit der von dem Königl. Ober-Landesgerichte ausgesprochenen Ansicht in dem Berichte vom 26. v. M.,

die Aufbewahrung der in den Registraturen des Gerichts vorhandenen Manual-Akten der Justizkommissarien betreffend,

überall einverstanden, und genehmigt es daher,

1) daß die vorhandenen über 30 Jahre alten Manual-Akten der Justizkommissarien gleich den gerichtlichen verkauft werden, und
2) daß bei diesem Verkauf nach denselben Grundsätzen, wie bei dem Verkauf gerichtlicher Akten, verfahren werde.

Berlin, den 9. Juni 1834. (v. K. Jhrb. Bd. 43. S. 352.)

Auf den Bericht vom 21. v. M., wegen des bei Annahme und Veräußerung der S.schen Manual-Akten zu beobachtenden Verfahrens, wird dem Königl. Ober-Landesgerichte Folgendes eröffnet.

1) Für den Fall, wenn ein Justizkommissarius verstirbt und die Erben dem Nachlasse entsagen, kann das Gericht der Annahme und Aufbewahrung der im Nachlasse sich vorfindenden Manual-Akten sich allerdings nicht entziehen; wogegen es aber auch

2) keinem Zweifel unterliegt. daß die desfallsigen Transportkosten aus der Masse entrichtet werden müssen, sowie, daß solche unbedenklich in dem vorliegenden Falle eines Konkurses von der Masse vorweg zu entnehmen sind. Denn die Konkursgläubiger können nicht den Aktivnachlaß ohne dessen Passiva in Anspruch nehmen; zu diesen letzteren gehört aber die Verpflichtung des Nachlasses, die darin befindlichen Manual-Akten statt eigener Aufbewahrung wenigstens zur Aufbewahrung abzuliefern.

3) Was die Vernichtung und den Verkauf der Manual-Akten betrifft, so sind jedenfalls die Notariats-Akten nicht anders, als die gerichtlichen von gleicher Art zu behandeln, und die Kuratel-Akten an die Gerichte, welche die Kuratel geleitet und den Kurator oder Vormund bestellt haben, abzugeben, wo sie dann mit den Gerichts-Akten, zu denen sie gehören, Einer Behandlung unterworfen werden. In Betreff der Prozeß-Akten dient die an das Königl. Ober-Landesgericht in Stettin unterm 9. Juni d. J. (v. K. Jhrb. Bd. 43. S. 552) erlassene Verfügung, auf welche das Kollegium bereits verwiesen worden ist, bei den über 30 Jahre alten Verhandlungen zur Richtschnur. Soll zu einer früheren Kassation geschritten werden, so muß derselben eine öffentliche Bekanntmachung vorausgehen, worin alle diejenigen, welche mit dem Verstorbenen in Geschäften gestanden, aufgefordert werden, die sie betreffenden Akten zurückzunehmen, widrigenfalls solche gleich den gerichtlichen kassirt und verkauft werden würden. Diese Bekanntmachung ist in ein öffentliches Blatt, welches in dem Kreise der amtlichen Wirksamkeit des Verstorbenen besonders gelesen wird, zu inseriren, und eine sechsmonatliche Frist darin einzuräumen, vor deren Ablauf die Bekanntmachung noch einmal eingerückt werden kann.

Berlin, den 11. Nov. 1834.

(v. K. Jhrb. Bd. 44. S. 386.)

§. 51. Zum Archive der Lehns- und Hypothekenregistratur gehören:

1) die in der Gerichtsordnung a. a. O. §. 45. No. 1. beschriebenen Acta generalia;
2) die das Lehns- und Hypothekenwesen der unter der Jurisdiktion des Kollegii unmittelbar stehenden Immobilium betreffenden Grundacta;
3) die Akten, welche über gerichtliche Aufnehmung, Niederlegung und Publikation der Testamente verhandelt sind;
4) die Akten, welche die vorkommenden, zum Lehns- und Hypothekenwesen nicht gehörigen Actus voluntariae jurisdictionis zum Gegenstande haben.

§. 52. Die Hypothekenbücher selbst müssen, wo es irgend möglich, in besonderen feuerfesten Behältnissen aufbewahrt werden. Wo aber hierzu der Raum ermangelt, ist ihnen, in dem Archive selbst, ein besonderer, dem Anlaufe nicht ausgesetzter Platz oder verschlossener Schrank anzuweisen.

§. 53. Jeder der obgedachten vier Registraturen müssen ihre besonderen Repositoria, mit einer zur ordentlichen Aufbewahrung der Akten hinreichenden Anzahl von Fächern, angewiesen sein.

§. 54. Auch in dem Archivzimmer sind gewisse Plätze auszumitteln, wo Akten und Eingaben, zu einer oder der andern, von den §. 30. a. d. e. f. g. recensirten Bestimmungen interimistisch asservirt werden können.

§. 55. Das solchergestalt eingerichtete Archivzimmer ist der Aufenthalt und Arbeitsplatz des Archivarii und des ihm zugeordneten Ingrossators.

§. 56. Ueber die darin enthaltenen Akten müssen folgende Bücher und Listen geführt werden:

1) ein Repertorium über die Generalakten;
2) ein Verzeichniss der Lehns- und Hypotheken-, ingleichen
3) der Testaments-, und
4) der die Actus voluntariae jurisdictionis betreffenden Akten;
5) ein Journal- oder Tagezettel;
6) ein Annotationsbuch.

§. 57. Die Generalakten werden nach den Materien, der Anweisung der Gerichtsordnung a. a. O. §. 47. No. 1. gemäss, eingetheilt, und ein vollständiges Repertorium darüber unter fortlaufenden Nummern gehalten, in welchem zugleich die Anzahl der von einer jeden Materie vorhandenen Voluminum, und welche Jahre jedes Volumen enthalte, bemerkt werden muss.

§. 58. Die Hypothekenakten werden nach den Namen der Grundstücke, die sie betreffen, registrirt; sie werden nach den Kreisen, Aemtern oder Distrikten, aus welchen das Departement besteht, eingetheilt; und über jeden Abschnitt werden die dahin gehörigen Akten, sowohl in der Registratur selbst, als im Repertorio, nach alphabetischer Ordnung rangirt.

§. 59. Die Testamentsakten werden nach den Jahren eingetheilt, das Repertorium aber wird in alphabetischer Ordnung, nach dem Namen des Testators, gehalten.

§. 60. Wegen der Actuum voluntariae jurisdictionis hat es bei den Anweisungen der Gerichtsordnung a. a. O. §. 50. sein Bewenden.

§. 61. Das Journal oder den Tagezettel führt der Archivarius, nach eben dem oben sub A. vorgeschriebenen Schema. Er wird entweder nach Buchstaben, welche von einem Sessionstage zum andern fortlaufen, oder nach Nummern vom ersten bis zum letzten Monatstage, gehalten; doch muss letztern Falls den auf die Piece notirten Eintragungsnummern der Buchstaben A., z. B. A. 1. A. 2. u. s. w. vorgesetzt werden, um sie dadurch von den in die Hauptregistratur gehörigen Piecen zu unterscheiden.

§. 62. Von dem Annotationsbuche des Archivarii findet eben das statt, was oben §. 45. wegen des in der Hauptregistratur zu führenden Annotationsbuches verordnet ist.

§. 63. Das Expeditionszimmer für die Sekretarien muss hinlänglichen Raum enthalten, damit jeder derselben seinen besondern Arbeitstisch haben, ausserdem aber noch eine lange Tafel, auf welche die Boten die aus der Session kommenden Akten und dekretirten Memorialien ablegen, angebracht werden könne.

§. 64. In dem Sekretariate müssen gehalten werden:

1) ein Expeditionsbuch;

2) ein Kopirbuch;
3) ein Terminsbuch oder Gerichtskalender.

§. 65. Das Expeditionsbuch wird nach dem Formulare sub B. geführt. Die Nummern desselben laufen vom ersten bis zum letzten Monatstage ununterbrochen fort, und werden auf die eingetragenen Koncepte verzeichnet.

§. 66. In dieses Expeditionsbuch gehören alle und jede bei dem Kollegio vorkommenden, und sowohl in als ausser den Sessionen, auch von dem Präsidenten bei der Aktenrevision dekretirten Ausfertigungen, ohne Unterschied, ob sie Prozess- oder andere Sachen betreffen; die Ausfertigungen der Urtel und Resolutionen, in allen Fällen, wo solche unter dem Siegel erfolgen müssen; ferner alle Vidimationen, alle Berichte, wenn solche gleich von einem Mitgliede des Kollegii in extenso abgefasst worden; alle Requisitions-, Trans- und Remissionsschreiben an fremde Gerichte und Kollegia, und mit einem Worte, alle Verordnungen, welche entweder von dem Präsidenten in mundo vollzogen werden, oder nach der Sportelordnung eine gewisse Taxe tragen.

§. 67. Es sind also in dieses Expeditionsbuch auch solche Dekrete einzutragen, welche nach der Prozessordnung zwar keiner förmlichen Ausfertigung bedürfen, sondern den Parteien nur brevi manu vorgelegt oder abschriftlich zugefertigt werden; wofür aber dennoch, ausser den Schreibgebühren, noch etwas an Taxe zu entrichten ist. Doch wird bei deren Eintragung, neben der Nummer, durch ein gewisses Zeichen, nämlich br. m. (brevi manu), bemerkt, dass dabei keine schriftliche Ausfertigung statt finde.

§. 68. In das Kopirbuch, welches nach dem Schema sub C. geführt wird, gehören

a) diejenigen Urtel und Resolutionen, welche nicht unter dem Siegel ausgefertigt, sondern wovon nur simple Abschriften den Parteien oder den Assistenten gegeben werden;
b) alle und jede simple Abschriften von Dekreten, Eingaben, Protokollen oder was es sonst sei, welche an Assistenten, Parteien, Justizkommissarien oder andere, auf die Verordnung des Kollegii ertheilt werden, und welche weder Taxen noch Stempel tragen, noch auch zur Unterschrift des Präsidii gelangen, folglich zur Eintragung in das Expeditionsbuch nicht qualificirt sind.

§. 69. Die Nummern in diesem Kopirbuche laufen eben so wie in dem Expeditionsbuche vom ersten bis letzten jeden Monats fort, und werden auf der Piece, welche kopirt werden soll, verzeichnet.

§. 70. Da das Expeditions- und Kopirbuch, wie die Folge noch näher zeigen wird, die Grundlage von aller Ordnung in der Kanzlei sind, so müssen die Sekretarien solche mit der gröfsten Akkuratesse und Vollständigkeit führen, und kein in das eine oder das andere gehörige Stück uneingetragen passiren lassen. Sowohl die Decernenten, als insonderheit der Präsident, der Kanzleidirektor und Inspektor müssen darauf ein beständiges wachsames Augenmerk richten, und Letzterer mufs, wenn dergleichen mit der Eintragungsnummer nicht bezeichnete Piece zur Distrition unter die Kanzleiverwandten in seine Hände kommt, solche nicht eher mundiren oder abschreiben lassen, als bis sie zuvor gehörigen Orts eingetragen worden ist.

§. 71. Insonderheit müssen auch die Instruenten die von ihnen auf die Instruktionsprotokolle zur weitern Einleitung der Sache abzufassenden Resolutionen, wovon den Assistenten, Mandatarien oder Parteien Abschriften gegeben werden sollen, zunächst an den Kanzleidirektor befördern, und die Pieçe sodann weiter an den Kanzleiinspektor abgeben.

§. 72. Was übrigens die Sekretarien bei den Eintragungen selbst in diese Bücher zu beobachten haben, davon soll unten umständlich gehandelt werden.

§. 73. In den Gerichtskalender oder das Terminbuch werden alle Termine eingetragen, welche nicht vor einzelnen Mitgliedern des Kollegii, sondern vor dem versammelten Kollegio selbst anstehen: z. B. in causis voluntariae jurisdictionis, in Hypotheken- und Vormundschaftssachen, zur Leistung eines Homagialeides, zur Belehnung, zur Bestellung einer gerichtlichen Hypothek, zur gerichtlichen Vollziehung eines Kontrakts, zur Uebernehmung einer Vormundschaft. Ferner die gerichtlichen Licitations- und Auctionstermine. Vergl. Gerichtsordnung a. a. O. §. 16. Instruktions- und andere in Processualibus anstehende Termine müssen aus den auf dem Tische des Kollegii befindlichen Instruktionslisten konstiren; und ein jeder, welcher dergleichen Termin abzuwarten hat, mufs sich selbst vermerken.

§. 74. Obgedachte drei Bücher, nämlich das Expeditions-, Kopir- und Terminbuch, müssen jederzeit in dem Expeditionszimmer sich befinden und zur Hand sein. Kein Sekretarius darf dieselben mit nach Hause nehmen, noch dürfen sie in der Registratur, Kanzlei oder sonst irgendwo liegen bleiben.

§. 75. Die Kanzleistube mufs für die sämmtlichen Kanzleiverwandten hinlänglichen lichten Raum zur Verrichtung ihrer Arbeiten enthalten. Dem Kanzleiinspektor mufs darin ein Platz angewiesen sein, auf welchem er von den übrigen abgesondert ist, jedoch dieselben völlig übersehen kann, und genugsamen Raum hat, um die von den Sekretarien und an ihn gelangenden Pieçen, welche zum Mundiren und Abschreiben vertheilt werden sollen, von den schon gefertigten an ihn abgelieferten, und nunmehr zur Unterschrift und Siegelung, oder sonst weiter zu befördernden Pieçen repartiren zu können.

§. 76. Der Kanzleiinspektor führt

1) Das Revisionsjournal nach dem Schema sub D.
2) die Distributionstabelle nach dem Schema sub E.

von welchen unten umständlicher gehandelt werden soll.

§. 77. In der Kassenstube haben

1) der Sportulrendant,
2) der Vorschufsrendant
3) der Kontrolleur

ihren Aufenthalt.

Jeder von ihnen mufs seinen besonderen Arbeitstisch haben;

auch mufs ein Zahltisch vorhanden sein, auf welchem die ein- oder auszuzahlenden Gelder übernommen werden können.

§. 78. Jeder der beiden Rendanten hat in der Kassenstube seinen besonderen wohlverschlossenen Kasten zur Aufbewahrung der täglichen kurrenten Einnahme. Die Vorschufs- und Sportulkasse selbst aber befinden sich nicht in diesem Zimmer, sondern stehen im Depositalgewölbe.

§. 79. Die bei der Sportul- und Vorschufskasse zu führenden Bücher sind in dem Reglement vom 20sten April 1782 umständlich beschrieben.

§. 80. Das Zimmer für die Kanzleidiener, Botenmeister und Boten mufs so nahe als möglich bei der Audienz oder dem Sessionszimmer befindlich seyn. Mangelt es dazu an einem besondern Platze, so müssen diese Subalternen in dem Parteienzimmer sich aufhalten. worin jedoch solchen Falls dem Kanzleidiener und Botenmeister besondere Tische und Verschläge zu ihren Geschäften und zur Asservation der durch ihre Hände gehenden Sachen anzuweisen sind.

§. 81. Alle und jede vorstehend §. 1. benannten Subalternen werden nun zuvörderst auf die wegen ihrer Amtsführung in der Gerichtsordnung Th. III. Tit. V. enthaltenen allgemeinen Vorschriften nochmals verwiesen.

§. 82. Was ihre speciellen Verrichtungen betrifft, so beziehen sich solche hauptsächlich

1) auf diejenigen Sachen und Angelegenheiten, welche zum Memorialvortrage bei dem Kollegio gehören;
2) auf die bei dem Kollegio zum Spruche vorzulegenden Sachen.

Von beiderlei Arten der Geschäfte sollen nunmehr über den Gang der Sachen und die Ordnung, nach welcher die Subalternen sie betreiben, sich dabei unterstützen und einander in die Hände arbeiten, auch sich zugleich gegenseitig kontrolliren müssen, umständliche Vorschriften ertheilt werden.

I. Von den Geschäften, welche auf den Memorialienvortrag Bezug haben.

§. 83. Alle Berichte, Vorstellungen, Suppliken, Anschreiben und überhaupt alle und jede Piecen, welche an das Kollegium zum Vortrage und zur Verfügung gelangen sollen, müssen entweder bei dem Präsidenten, oder in der Registratur oder im Archive abgegeben werden.

§. 84. Kein Mitglied oder Subaltern des Kollegii mufs sich unterstehen, solche Sachen privatim an sich zu nehmen, sondern er mufs diejenigen, welche dergleichen bei ihm abgeben wollen, an den Präsidenten oder in die Registratur sofort verweisen, und wenn ihm dennoch etwas von dieser Art über die Post oder sonst eingehändigt wird, solches unverzüglich an eine von den benannten Behörden abliefern.

§. 85. Wenn Parteien etwas bei dem Kollegio zu suchen haben, und darüber zum Protokolle zu vernehmen sind, so muss jedes Mitglied oder Subaltern, an den sie sich zuerst wenden, dieselben auf das Kollegienhaus weisen, wo alle Tage Vor- und

Nachmittags ein oder mehrere Referendarien gegenwärtig sein, die Protokolle aufnehmen, und solche sodann an den Präsidenten unverzüglich befördern müssen.

§. 86. Alle unter der Adresse des Kollegii mit der Post oder sonst versiegelt eingehenden Sachen müssen zuerst dem Präsidenten zugestellt werden, welcher sie erbricht, präsentirt und sodann in die Registratur oder das Archiv, je nachdem sie in das eine oder das andere gehören, ohne den geringsten Aufenthalt befördert; wobei übrigens die Vorschriften des Sportulkassenreglements vom 20sten April 1782. §. 111. 112. zu beobachten sind.

§. 87. Wenn eine Pieçe, welche in die Hauptregistratur gehört, aus Versehen im Archive abgegeben wird, und so auch umgekehrt, so muss der Archivarius oder der Registrator für die Beförderung einer solchen Pieçe an den gehörigen Ort unverzüglich Sorge tragen.

§. 89. Alle solchergestalt in die Hauptregistratur gelangenden Sachen muss der erste Registrator in Empfang nehmen; das Präsentatum, in so fern solches nicht schon von dem Präsidenten geschehen ist, darauf vermerken; die Pieçe in dasjenige Journal oder Tagezettel, wohin sie nach Maassgabe §. 41. gehört, sofort eintragen und die Eintragungsnummer auf die Pieçe verzeichnen.

§. 89. Sodann muss er mit Beihülfe des Registraturschreibers die dazu gehörigen Akten aufsuchen; die Signatur derselben sowohl in der dazu bestimmten Kolonne des Tageszettesl, als in margine des Exhibiti selbst notiren, und das Exhibitum nebst den dazu gehörigen Akten, auf den nach Maassgabe §. 20. litt. a. für dergleichen Distribuenda bestimmten Platz bereit legen.

§. 90. Ist die vorkommende Pieçe eine neue Sache, in welcher noch kein Decernent bestellt ist, und hat auch der Präsident solchen, bei der von ihm geschehenen Präsentation des Exhibiti, noch nicht ernannt, so muss der Registrator eine solche Pieçe bei der Eintragung an der Stelle, wo sonst die Signatur der Akten vermerkt wird, mit N. S. (Neue Sache) bezeichnen, und sie dem Präsidenten zur ungesäumten Ernennung des Decernenten sofort vorlegen.

§. 91. Sind zwar Ante-Acta zu einer Pieçe vorhanden, sie befinden sich aber nicht in der Registratur, so muss der Registrator in den Büchern nachsehen, wo sie sind, und sie sofort noch herbei zu schaffen bemüht sein. Kann er aber dieses in dem einen oder dem andern besondern Falle nicht bewerkstelligen, so muss der Mangel der Akten, sowohl in der kompetenten Kolonne des Journals, als auf der Pieçe selbst, mit D. A. (Desunt Acta) bemerkt werden.

§. 92. Sind die beizulegenden Akten nicht komplet, sondern es mangelt dabei etwa noch eine in der Expedition oder sonst irgendwo befindliche Pieçe, welche nicht sofort herbeigeschafft werden kann; so muss der Registrator solches ebenfalls, zur Nachricht und Erinnerung für den Decernenten, auf dem Exhibito kürzlich notiren.

§. 93. Am Abende eines jeden Tages muss der Registrator die an selbigen eingekommenen, bei der nächsten Session in Vortrag zu bringenden Pieçen, nebst den dazu gehörigen Akten den Decernenten durch die Boten zuschicken, damit diese Zeit haben, sich auf die darunter befindlichen weitläufigen Vorträge gehörig zu präpariren.

§. 94. Die Registraturbedienten müssen also die Registratur nie eher verlassen, als bis sämmtliche an demselben Tage eingekommenen Pieçen richtig eingetragen, die Akten dazu aufgesucht, und mit den Memorialien selbst an die Decernenten befördert sind.

§. 95. Am letzten Abende vor jedem Sessionstage muss der Registraturschreiber die Abschriften der drei Tagezettel, von dem Schlusse der nächst vorhergehenden Distribution an, besorgen, und solche den folgenden Morgen dem Präsidenten vorlegen.

§. 96. In diesen Abschriften muss jedoch die letzte Kolonne, nämlich:

wann die Pieçe wieder zur Registratur abgeliefert worden, wegbleiben, und dagegen eine leere Kolonne gelassen werden, in welche der Präsident bei dem Vortrage das etwa Erforderliche notiren kann.

§. 97. Alles, was vorstehend wegen Eintragung und Distribution der zur Hauptregistratur gehörigen Sachen verordnet ist, muss auch von dem Archivarius, in Ansehung der Pieçen seines Ressorts, beobachtet werden.

§. 98. In der Session selbst ruft der Präsident die Vorträge nach den Nummern auf, und notirt in der §. 96. beschriebenen Kolonne bei einer jeden Nummer: ob solche vorgetragen; ob eine schriftliche Expedition darauf verordnet; oder nur eine brevi manu bekannt zu machende Verfügung resolvirt; oder die Pieçe bloss ad Acta geschrieben; oder der Vortrag ad proximam ausgesetzt worden sei.

§. 99. In der Regel müssen alle Memorialien und Exhibita von den Decernenten in der Session, für welche sie distribuirt sind, unfehlbar vorgetragen werden.

§. 100. Sollte in dem einen oder dem andern besondern Falle es nicht möglich sein, an einem Sessionstage mit dem Vortrage aller dazu distribuirten Sachen fertig zu werden; so muss dennoch der Präsident darauf halten, dass wenigstens sämmtliche Prozessualia vorkommen; und kann er allenfalls einige von den übrigen Sachen, z. B. weitläufige cum Actis erstattete Berichte von Untergerichten; Anfragen derselben; Visitationsakten und Bescheide, ingleichen andere weitläufige Generalia, entweder zur nächsten Session, oder auch zu einer noch in derselben Woche zu veranlassenden extraordinairen Zusammenkunft aussetzen.

§. 101. Eben so müssen alle vorgetragenen Sachen in der Regel auch am Sessionstage dekretirt sein, und an die Sekretarien gelangen. Die Decernenten haben also, der Anweisung der Allg. Gerichtsordnung Theil III. Titel 3. §. 42. gemäss, die weitläufigeren Dekrete, nach vorhergänglicher Präparation, zu Hause zu entwerfen; damit sie dieselben nach gehaltenem Vortrage und erfolgter Genehmigung des Kollegii sofort weiter befördern können.

§. 102. Wenn aber auch in dem einen oder dem anderen Falle der Decernent genöthigt wäre, eine vorgetragene Pieçe zur Abfassung eines sehr weitläufigen und wichtigen Dekrets, welches vielleicht wider seinen Antrag durch das Conclusum Collegii resolvirt worden, oder zur Entwerfung eines Berichts, wieder mit nach Hause zu nehmen, so müssen dennoch dergleichen Dekrete oder Berichte spätestens an dem nächstfolgenden Sessionstage an die Sekretarien abgeliefert werden.

§. 103. Uebrigens müssen die Decernenten ihre Dekrete überhaupt, wenn solche nicht etwa nach blossen Formularen zu expediren sind, so bestimmt und umständlich abfassen, dass die Sekretarien nicht nöthig haben, zum Behufe der Expedition Acta nachzusehen, oder etwas daraus in materialibus zu suppliren.

§. 104. Die vorgetragenen und dekretirten Pieçen nebst den dazu gehörigen Akten muss jeder Decernent vor sich hin auf den Tisch legen; von welchem sie successive noch während der Session, durch die Kanzleidiener und Boten abgeholt und in das Expeditionszimmer transportirt werden.

§. 105. Nach geendigter Session, wenn das Kollegium aus einander gegangen ist, muss sich der Kanzleidiener noch einmal in dem Sessionszimmer umsehen, ob irgend noch Akten oder Pieçen liegen geblieben sind, deren Expedirung in das Expeditionszimmer er solchen Falls unverzüglich besorgen muss.

§. 106. Wenn in dem §. 102. bemerkten ausserordentlichen Falle der Decernent die vorgetragene Pieçe mit den Akten wieder mit nach Hause nimmt; so muss er auf deren Stelle einen Zettel zur Registratur befördern, worauf verzeichnet ist, dass er die nach der Nummer des Tagezettels und nach dem Rubro zu bezeichnenden Akten noch an sich habe.

§. 107. In der Regel also kommen sämmtliche, zu einer Session distribuirt gewesenen Pieçen und Akten noch an demselben Vormittage in das Expeditionszimmer, wo sie von den Boten auf der oben §. 63. beschriebenen Tafel abgelegt werden.

§. 108. Die Sekretarien müssen also von Zeit zu Zeit, und so wie ihnen ein dergleichen Transport zugebracht wird, die darunter befindlichen dekretirten Pieçen von den Akten separiren.

§. 109. Was die Akten betrifft; so muss der Registrator solche aus dem Sekretarienzimmer in die Registratur abholen.

§. 110. Sollte jedoch, der oben §. 103. vorgeschriebenen umständlichen Fassung der Dekrete ungeachtet, der Sekretarius in dem einen oder dem andern Falle Akten bei der Expedition zu adhibiren nöthig finden; so kann er solche zwar an sich behalten, muss sie aber auf seinen Arbeitstisch bei Seite legen, dergleichen Dekrete so viel als möglich noch an demselben Tage expediren, und sodann die Akten unverzüglich zur Registratur abliefern.

§. 111. Die solchergestalt aus dem Memorialienvortrage zurückkommenden Akten muss der zweite Registrator in der Kolonne des Tagezettels, wo die Ausgebung eingetragen ist, mit dem Buchstaben R. abschreiben, und sie, mit Beihülfe des Registratur-Assistenten, sofort wiederum in die gehörigen Fächer legen.

§. 112. Auch diejenigen Nummern, wovon zwar nicht die ausgegebenen Akten, aber doch die §. 106. beschriebenen Zettel zurückkommen, werden in dem Tagezettel abgeschrieben. Den Vermerk des Decernenten aber stellt der zweite Registrator dem ersten zu, welcher solchen in das §. 45. beschriebene Annotationsbuch einträgt.

§. 113. Den folgenden Morgen nach jedem Sessionstage muss der zweite Registrator den Tagezettel revidiren und nachsehen, ob auch alle ausgegebenen Akten als zurückgekommen notirt sind. Fehlen einige, so muss er sich zuvörderst in dem Expeditionszimmer erkundigen, ob etwa dieselben von einem Sekretarius, zum Behufe einer abzufassenden Expedition, zurückbehalten worden, und solchen Falls deren baldige Ablieferung urgiren.

§. 114. Ist aber das fehlende Aktenstück bei den Sekretarien nicht befindlich; so muss er dasselbe, nebst dem Namen des Decernenten, dem es distribuirt worden, auf einen Zettel setzen, und durch die Boten noch denselben Nachmittag einfordern lassen.

§. 115. Die Decernenten müssen dergleichen Akten, wenn sie solche noch an sich haben, sofort verabfolgen, oder die Ursache, warum solches nicht geschehen könne, auf dem Zettel notiren; übrigens aber dem Boten seinen Gang ex propriis, mit 3 gGr. für jedes Stück, bezahlen.

§. 116. Wenn die solchergestalt eingeforderten Akten, oder an deren Stelle der Vermerk des Decernenten, dass er sie noch an sich habe, zur Registratur zurückkommen; so muss der zweite Registrator die Abschreibung im Tagezettel, und respective der erste Registrator die Eintragung in das Annotationsbuch, gehörig besorgen.

§. 117. Was die nach Maasgabe §. 108. aus der Session in das Expeditionszimmer gelangenden dekretirten Pieçen betrifft, so sind dieselben von dreifacher Art:

1) solche, die bloss ad Acta geschrieben sind, oder worauf bloss eine Vorlegung an eine Partei, einen Justizkommissarius oder irgend jemand andern, ohne Ertheilung einer Abschrift, verordnet ist;
2) solche, worauf schriftlich zu expedirende Dekrete angegeben sind;
3) solche, von denen oder von dem darauf angegebenen Dekrete bloss simple Abschriften gefertigt werden sollen.

Die Separation dieser dreifachen Art von Pieçen muss der Kanzlei-Direktor oder der erste Sekretarius (nach Maasgabe der verschiedenen Verfassung eines jeden Kollegii) besorgen.

§. 118. Pieçen, die nur ad Acta geschrieben, oder bloss brevi manu vorzulegen sind, müssen, mit den Akten zugleich, sofort aus der Sekretarienstube in die Registratur kommen.

§. 119. Der zweite Registrator notirt deren Empfang in der dafür bestimmten Kolonne des Tagezettels; trägt das etwa Erforderliche daraus in der Prozessliste nach; legt jede Pieçe in die Akten, zu welchen sie gehört: sorgt dafür, dass solche von dem Aktenhefter unverzüglich und in gehöriger Ordnung eingeheftet werden, und lässt die solchergestalt kompletirten Akten wiederum in ihre Fächer reponiren.

§. 120. Was insonderheit diejenigen Pieçen betrifft, worauf eine Vorlegung verordnet ist; so müssen solche, so wie sie in die Registratur kommen, in die nach §. 20. litt c. dazu bestimmten Fächer interimistisch niedergelegt werden; es muss aber auch der zweite Registrator die Vorlegung unverzüglich besorgen, oder durch die Kanzleidiener, unter seiner unmittelbaren Direktion, besorgen lassen; und nach deren Erfolg die Pieçen auf vorbeschriebene Art gehörig ad Acta befördern.

§. 121. Anlangend die Pieçen der zweiten Art, worauf eine schriftliche Expedition verordnet ist; so müssen die Sekretarien selbige zu deren Fertigung, ein jeder in seinem Departement, unverzüglich an sich nehmen.

§. 122. Es muss also einem jeden Sekretair sein bestimmtes Departement angewiesen sein, in welchem er die vorkommenden Sachen zu bearbeiten hat. Ob diese Departementsvertheilung am füglichsten nach den verschiedenen Distrikten und Kreisen des Gerichtsbezirks, oder nach den Decernenten, oder auf eine andere Art zu reguliren sey, solches wird dem Ermessen des Präsidii bei einem jeden Kollegio anheim gestellt, und ist dabei nur darauf zu sehen, dass, so wie jede Sache ihren beständigen Decernenten, der sie vom Anfange bis zum Ende bearbeitet haben muss, also auch die Expeditionen in einer jeden Sache, so viel als möglich, immer von einem und eben demselben Sekretaire angefertigt werden.

§. 123. Diese Departementsvertheilung schliesst jedoch die gegenseitige Verbindlichkeit der Sekretarien nicht aus, bei vorkommenden besondern Fällen, wo in dem einen Departement ausserordentlich viel, und in einem andern desto weniger Arbeit ist, sich unter einander zu assistiren, und es kommt dem Kanzeleidirektor oder Protonotarius zu, die Ausgleichung unter ihnen in solchen Fällen zu veranstalten.

§. 124. Die Sekretarien, ein jeder in seinem Departement, müssen unter den in einer Session abgefassten Dekreten zuerst diejenigen, welche die kurrenten Processe betreffen, vornehmen, und deren Ausfertigung ganz vorzüglich beschleunigen.

§. 125. Es müssen also die an einem Sessionstage abgefassten Dekrete bis zum nächst folgenden, so viel als möglich, expedirt und zur Kanzlei abgeliefert sein; in Ansehung der eigentlichen Prozessualien aber muss solches ganz unfehlbar geschehen, und unter diesen müssen hinwiederum diejenigen Dekrete, welche mit Cito bemerkt, oder wodurch Termine anberaumt sind, zuerst vorgenommen werden.

§. 126. Um die Sekretarien hierzu gewisser in Stand zu setzen, soll denselben erlaubt seyn, sich gedruckter Formulare, in Fällen, wo dergleichen statt finden können, zu bedienen.

§. 127. Was die Sekretarien bei Abfassung der Expeditionen

selbst zu beobachten haben, ist in der Gerichtsordnung Th. III. Tit. V. §. 8. u. f. umständlich verordnet.

§. 128. Wenn eine Expedition fertig ist, so muss der Secretair, nach der Vorschrift §. 13. a. a. O., unter dem Dekrete bemerken: wann er solches erhalten hat, und wann es von ihm expedirt worden ist.

§. 129. Sodann muss er auf der unbeschriebenen Hälfte der ersten Seite des halbgebrochenen Bogens, gleich unter der Adresse nicht nur die Taxe und den zum Mundo zu nehmenden Stempel, sondern auch die dafür in der Kanzlei anzusetzenden Schreibgebühren auswerfen.

§. 130. Denn damit alle Missbräuche und Exaktionen bei den Schreibgebühren künftig vermieden werden, so wird hiedurch allgemein festgesetzt, was bisher schon bei einigen Kollegien üblich gewesen, dass nämlich die Sekretarien, bei einer jeden Ausfertigung, den Betrag der Bogen, sowohl von dem Mundo, als den Beilagen, nach Maassgabe der Stärke derselben, und nach vernünftigem Ermessen arbitriren; darnach aber den Betrag der Kopialien, welche die Kanzlei dafür nehmen kann, bestimmen, und auf dem Koncepte der Ausfertigung vermerken sollen.

§. 131. Da aus dem Expeditionsbuche, wie unten näher vorkommen soll, der Siegelzettel abgeschrieben wird, dieser aber dem Sportulrendanten zur Anweisung dient: welcher Partei er die ausgeworfenen Gebühren auf ihre Rechnung setzen soll; so müssen die Sekretarien den Namen des Extrahenten, welcher nach ihrer Meinung die Gebühren zu entrichten hat, am Rande des Koncepts ebenfalls auswerfen; damit die Decernenten bei der Revision nachsehen können: ob auch der Ansatz der Kosten wirklich für denjenigen, dem deren Bezahlung zunächst obliegt, geschehen sey. Da auch bei Verfügungen, welche, ohne besonderes Ansuchen der einen oder der andern Partei, von dem Richter ex officio erlassen werden, der Kostenvorschuss beiden Theilen zur Hälfte obliegt; so müssen die Sekretarien darauf, bei dem Ansatze der Expeditionsgebühren, aufmerksam achten; und daher, wenn in Armensachen dergleichen Verfügungen ex officio ergehen, für die vermögende Partei nur die Hälfte der vorgeschrieben Taxen, Kopialien etc. ansetzen.

§. 132. Ist der Expedient zweifelhaft: wem die Gebühren anzusetzen sind, so muss er, durch eine auf der Seite des Koncepts beigefügte Anfrage, zur nähern Bestimmung des Decernenten submittiren.

§. 133. Ist eine Sache kostenfrei; so muss diese ihre Qualität mit kurzen Worten, z. B. Fiskale, Armensache etc., am Rande des Koncepts da, wo sonst die Taxe verzeichnet wird, ausgeworfen werden.

§. 134. Jeder Sekretarius muss jeden Vor- und Nachmittag, wenn er mit seinem Penso der zu expedirenden Sachen fertig ist, oder auch nach Verlauf der gesetzten Arbeitsstunden, ehe er das Kollegienhaus verlässt, zuvörderst die von ihm gefertigten

Koncepte in das oben §. 65. beschriebene Expeditionsbuch eintragen, und die fortlaufende Nummer desselben auf dem Koncepte bemerken.

§. 135. In den ausserordentlichen Fällen, wo nach Maassgabe §. 13. supra, einem Sekretarius seine Arbeit zu Hause zu verrichten, nachgegeben ist, muss derselbe einen seiner Kollegen substituiren, an welchen er die von ihm gefertigten Koncepte, zur Eintragung in das Expeditionsbuch, adressiren könne.

§. 136. Die solchergestalt an einem Vor- oder Nachmittage expedirten und eingetragenen Koncepte, müssen zunächst unverzüglich zur Revision an die Decernenten befördert werden.

§. 137. Die Besorgung dieses Geschäfts liegt an einigen Orten den Sekretarien, so wie an anderen dem Kanzleidiener ob: und kann es darunter bei der eingeführten Verfassung eines jeden Kollegii auch noch ferner sein Bewenden haben.

§. 138. Bei grossen Kollegien aber, wo die Zahl der Expeditionen sehr beträchtlich ist, und die Decernenten zerstreut und von einander entfernt wohnen, müssen zwar die Sekretarien die schon während der Session von ihnen extendirten Dekrete den etwa auf dem Kollegienhause noch anwesenden Decernenten zur Revisionen sofort vorlegen; in Ansehung der übrigen aber, welche den Decernenten nach Hause geschickt werden müssen, gehört dieses Geschäft zur Besorgung des Kanzleiinspektors.

§. 139. Der Kanzleiinspektor übernimmt also, jeden Vor- und Nachmittag, die fertig gewordenen Koncepte in der Sekretarienstube, nach den Nummern des Expeditionsbuches.

§. 140. Sodann legt er diejenigen, welche noch nicht revidirt sind, so wie sie an jeden Decernenten kommen sollen, in einen besonderen Umschlagsbogen oder Tasche zusammen, und notirt die Nummern derselben, in dem oben §. 76. beschriebenen Revisionsjournale.

§. 141. In dies Revisionsjournal werden, wie auch das Schema selbst zeigt, nur die Nummern, welche an jeden Decernenten kommen, hinter einander eingeschrieben, ohne sich übrigens um den Inhalt zu bekümmern; da die Absicht bloss ist, zu wissen, was für Nummern jeder Decernent erhalten hat, und darnach deren Zurücklieferung zu kontrolliren und zu betreiben.

§. 142. Die solchergestalt zusammengelegten Koncepte stellt der Kanzleimeister dem Botenmeister zu, welcher das Herumtragen derselben, bei den Decernenten, durch die Boten besorgen muss.

§. 143. Zu dem Ende muss er unter den Boten eine gewisse Eintheilung machen, und jedem von ihnen gewisse Decernenten anweisen, bei welchem sie die Revidenda unverzüglich herumtragen; deren Revision, wenn sie sogleich geschehen kann, abwarten; sonst sie zur bestimmten Stunde wieder abholen, und ihm zur weitern Ablieferung an den Kanzleiinspektor, einhändigen müssen.

§. 144. Jeder Decernent ist schuldig, die ihm zugeschickten Koncepte unverzüglich revidiren, und sie entweder dem darauf wartenden Boten also gleich wieder mitzugeben, oder demselben eine Stunde zu deren Abholung zu bestimmen. Diejenigen, welche darunter säumig sind, müssen von dem Präsidenten zu ihrer Pflicht nachdrücklich angehalten werden, und dem Boten die wiederholten vergeblichen Gänge bezahlen.

§. 145. Der Decernent muss bei seinem Namenszeichen, welches er zum Beweise der geschehenen Revision beisetzt, zugleich das Datum derselben bemerken.

§. 146. Wenn eine Expedition ganz wegfällt, weil etwa der Extrahent sein Gesuch zurückgenommen hat, oder weil das Dekret nicht schriftlich hat extendirt, sondern nur brevi manu vorgelegt werden sollen, oder aus anderen Ursachen; so muss dennoch der Decernent das Koncept nicht zurück behalten; sondern das Cessat nebst der Ursache am Rande kürzlich bemerken, und es ohne Unterzeichnung remittiren.

§. 147. Wenn der Decernent nöthig findet, eine Expedition zurück zu behalten, um entweder Acta deshalb nochmals nachzusehen, oder die Sache, wegen eines ihm etwa noch beigefallenen Bedenkens, dem Kollegio anderweit vorzutragen; so muss er, statt des Konceptes, einen Zettel mit dem Vermerke: dass er diese Nummer zurückbehalten habe, beilegen.

§. 148. Die von der Revision zurückkommenden Koncepte muss der Botenmeister an den Kanzleiinspektor abliefern; welcher sie mit dem Revisionsjournal vergleicht, und die richtig befundenen Nummern in letzterem ausstreicht.

§. 149 Fehlt zwar eine Nummer, es findet sich aber statt deren der §. 147. beschriebene Zettel; so lässt der Kanzleiinspektor diese Nummer offen, und wartet bis zum nächsten Sessionstage, an welchem er, wenn das Stück auch bis dahin noch nicht zurück gekommen ist, dem Präsidenten davon Anzeige macht.

§. 150. Ist aber auch statt der fehlenden Nummer kein Zettel eingelegt; so muss der Kanzleiinspektor solche Nummer auf einem weissen Bogen notiren, und sie dem Decernenten unverzüglich abfordern lassen: dieser aber muss den Boten für den Gang bezahlen, und die Ursache des Zurückbleibens auf dem Zettel anzeigen.

§. 151. Die mit einem Cessat zurück gekommenen Koncepte und die statt der zurück behaltenen eingelegten Zettel muss der Kanzleiinspektor bis zum nächsten Abschlusse des Siegelzettels zu demjenigen Behufe asserviren, welcher unter §. 169. u. f. näher angezeigt werden soll.

§. 152. Die solchergestalt revidirten Koncepte werden alsdann an Orten, wo solches bisher schon üblich gewesen, dem Präsidenten zur Superrevision vorgelegt.

§. 153. An Orten, wo bisher keine Superrevision statt gefunden hat, und auch besonderer Umstände wegen nicht wohl einzuführen steht, kann solches zwar auch künftig unterbleiben; es müssen aber alsdann nicht nur die Decernenten doppelten Fleiss und Aufmerksamkeit auf die Revision wenden, sondern es müssen auch die Präsidenten bei der Unterschrift, vornehmlich die wichtigeren Munda, und wo das Conclusum Collegii wider den Antrag des Decernenten ausgefallen ist, von Zeit zu Zeit nachlesen: ob auch die Ausfertigung, sowohl dem Inhalte als der

Fassung nach, gehörig eingerichtet sei; und, im Falle solches nicht wäre, die Ausfertigung unvollzogen zur weitern Verfügung zurück behalten.

§. 154. Nach erfolgter Re- und respective Superrevision muss der Kanzleiinspektor die Koncepte unverzüglich zum Mundiren befördern.

§. 155. Die Kanzlei eines jeden Kollegii muss mit einer solchen Anzahl von Kanzlisten und vereideten Kopisten besetzt sein, welche hinreichend sind, die nach dem ordinairen und gewöhnlichen Laufe der Geschäfte, von einem Siegelungstage zum andern, vorkommenden Schreibereien prompt zu bestreiten und fertig zu machen.

§. 156. Unter diese muss der Kanzleiinspector die Koncepte, ohne Unterschied, ob sie Gebühren tragen oder nicht, nach der Bogen- und Seitenzahl, in gleiche Portionen distribuiren, dabei auf die zu kommunicirenden Beilagen, und auf die in den meisten Fällen mit dem Mundo zugleich zu fertigende Abschrift desselben für den Extrahenten Rücksicht nehmen, und niemandem zu Klagen über Begünstigungen oder Prägravationen Anlass geben. Wo der Kanzleiinspektor zugleich das Officium eines Kanzlisten mit bekleidet, muss er bei dieser Distribution sich ebenfalls seine Portion, gleich den Uebrigen, zutheilen.

§. 157. Die Distribution geschieht nach einer Tabelle, wovon das Schema bereits oben §. 76. vorgekommen ist. Die Koncepte werden darin bloss nach den Nummern, wie auch das Schema zeigt, ohne weitere Benennung der Art der Expedition oder des Extrahenten, eingetragen; weil dieses, wenn man es ja einmal zu wissen nöthig hätte, aus dem Expeditionsbuche, worauf die Tabelle sich bezieht, jederzeit leicht ersehen werden kann.

§. 158. Es ist auch nicht nöthig, dass stets alle Nummern, die einem Kanzleiverwandten zugetheilt worden sind, ausgeschrieben werden; sondern wenn einer eine Reihe von Nummern erhält, so ist es genug, wenn von einer solchen Reihe nur der Terminus a quo und ad quem notirt wird; wie solches aus dem Schema deutlicher zu ersehen ist.

§. 159. Dem Kanzleiinspektor liegt es ob, darauf zu halten, dass Stille und Ordnung in der Kanzlei herrsche; dass die Kanzleiverwandten ihren Verrichtungen fleissig und ununterbrochen obliegen, dass sie die Sachen richtig, korrekt und gut schreiben; dass alle Abschriften und Kommunicanda den Mundis gehörig eingelegt; und dass die distribuirten Nummern an ihn prompt und richtig abgeliefert werden.

§. 160. Es versteht sich von selbst, dass Koncepte, welche mit Cito bezeichnet sind, oder worin Termine in Processualibus angesetzt werden, und die also nothwendig bald und zeitig vor den Terminen zur Wissenschaft der Parteien gelangen sollen, auch in der Kanzlei, allenfalls ausser der Ordnung, schleunigst gefördert werden müssen. Es muss also der Kanzleiinspector auf dergleichen, vorzügliche Beschleunigung erfordernde Koncepte ein besonderes Augenmerk richten.

§. 161. Wenn der Kanzlist oder Kopist ein Mundum fertig gemacht hat; so verzeichnet er unten am Rande des Koncepts das Datum, wann solches von ihm mundirt worden ist; so wie unten am Fusse des Mundi, wo die Gebühren ausgeworfen werden, und auswendig auf der Adresse die Nummer, welche dem Koncepte im Expeditionsbuche beigelegt ist.

§. 162. Jeder Kanzleiverwandter muss die ihm zugetheilten Schreibereien schlechterdings von einem Siegelungstage bis zum andern völlig fertig schaffen und zu rechter Zeit abliefern. Wenn ein Kanzlist mit der auf ihn distribuirten Portion fertig zu werden sich nicht getraut, so muss er dasjenige, was er nicht selbst schreiben kann, einem der Kopisten, welcher solche übernehmen will, und es ausser seiner eigenen Portion fertig zu schaffen im Stande ist, sofort abgeben, und sich wegen der Bezahlung dafür mit ihm vergleichen, auch solches dem Kanzleiinspektor anzeigen. Dagegen soll künftig weder einem Kanzlisten noch Kopisten erlaubt sein, sich bei seinen Schreibereien anderer, zur Kanzlei nicht gehöriger, noch dabei angestellter und vereideter Privatassistenten zu bedienen.

§. 163. Die Ablieferung an den Kanzleiinspektor geschieht nach der Distributionstabelle, in welcher er die richtig abgelieferten Nummern ausstreicht.

§. 164. Wird eine Nummer in ihrer Ordnung nicht abgeliefert; so erkundigt er sich nach der Ursache des Zurückbleibens; urgirt deren Nachbringung; und lässt, so lange diese noch nicht geschehen ist, die restirende Nummer, allenfalls mit Bemerkung der Ursache, in seiner Tabelle offen.

§. 165. Fehlt eine solche Nummer in einer ganzen nach §. 158. nur in folle eingetragenen Reihe; so wird zwar die ganze Reihe als abgeliefert gelöscht; die fehlende Nummer wird aber unter dem Namen der Restanten besonders notirt, wo sie so lange offen bleibt, bis sie wirklich abgeliefert worden ist.

1) **C. O.** vom 8. Dezember 1833, betreffend die veränderte Kanzlei-Verwaltung bei den Obergerichten.

Da nach Ihrem Berichte vom 28. v. M. die bisherige Erfahrung gezeigt hat, daß die bei Regulirung der Normal-Etats im Jahre 1825 hinsichts der Kanzleien der Obergerichte getroffenen Bestimmungen die Vortheile nicht gewähren, welche man sich davon versprochen hat, so will Ich zur anderweiten Regulirung der Etats in Betreff der Obergerichts-Kanzleien und zur Beseitigung der oft wiederholten Klagen der Kanzleibeamten über unzulängliches und ungewisses Einkommen und über zu große Anstrengungen, folgende Bestimmungen treffen:

1) Die in den Normal-Etats der Obergerichte aufgestellten Bestimmungen hinsichts der Kanzlisten kommen vom 1. Januar k. J. ab nicht weiter zur Anwendung.

2) Die gesammten Kopialien-Einnahmen bei den Obergerichten fließen von dieser Zeit ab zu deren Salarienkassen, indem jeder etatsmäßige Kanzlist, so wie jeder Stellvertreter einer erledigten etatsmäßigen Stelle, ein bestimmtes Gehalt, oder fixirte Diäten aus den Kassen beziehen, und dagegen keinen Anspruch auf Kopialien-Einnahmen und Kopialien-Ueberschüsse haben, auch die niedergeschlagenen Kopialien nicht weiter erstatten soll.

3) Die Zahl der künftig bleibenden etatsmäßigen Kanzlistenstellen bei jedem Obergerichte wird so bestimmt, daß ohngefähr ein Drittheil der Kanzlei-Arbeit nach den Resultaten der letzten drei Jahre von den etatsmäßigen Kanzlisten bestritten werden kann. Auf das zweite Drittheil der Kanzleiarbeiten werden Kanzleidiätarien gegen eine monatliche Remuneration von 20 Thlr. angenommen. Das letzte Drittheil der Arbeit wird durch Lohnschreiber gegen bogenweise Bezahlung bestritten, und dazu auf jeden erforderlichen Lohnschreiber 10 Thlr. monatlich ausgesetzt.

4) Die anliegende, nach diesen Grundsätzen entworfene und von Mir durch Unterschrift genehmigte Nachweisung der bei den einzelnen Obergerichten anzunehmenden Kanzleiarbeiter und deren Gehälter und Remunerationsfonds, ist, vom 1. Januar k. J. ab den Etats und den Salarienkassen-Rechnungen zum Grunde zu legen. Doch behalten die bereits früher angestellten Kanzlisten ihr etatsmäßiges Einkommen an Gehalt nebst der Evictionssumme ihrer Kopialienrate, ohne jedoch Ansprüche auf etwanige Kopialienüberschüsse machen zu können. Eben so behalten die nach den Bestimmungen der Normal-Etats früher angenommenen Vertreter vakanter Kanzlistenstellen die ihnen ausgesetzte, mehr als 240 Thlr. jährlich betragende Remuneration in einer runden Summe so lange fort, als sie nicht anderweit versorgt, oder entlassen werden. Doch wird die Zahl dieser Stellvertreter auf die Zahl der sonst zulässigen Kanzleidiätarien und Lohnschreiber in Abzug gebracht, und bei ihrem Ausscheiden bleiben nur die nach den neueren Bestimmungen für Kanzleidiätarien und Lohnschreiber ausgesetzten Summen disponibel.

5) Zu Kanzlisten werden künftig, wenn nicht die Versetzung eines bereits angestellten Beamten eintritt, nur Kanzleidiätarien befördert, zu diesen aber sind nur solche Personen zu nehmen, welche bei guter Qualifikation durch Militairdienste Anstellungsansprüche erworben haben, oder in Folge Meiner besonderen Genehmigung ausnahmsweise angestellt werden dürfen. Sie werden auf 4wöchentliche Kündigung angenommen, und haben keine Pensionsansprüche.

6) Jeder Kanzlist, so wie jeder Kanzleidiätarius, ist für sein Gehalt und resp. für seine Diäten verpflichtet, an jedem Tage, mit Ausnahme der Sonn- und Festtage, acht volle Bogen Kanzleiarbeit, nach näherer Bestimmung des zu erlassenden Kanzleireglements, zu liefern. Den Kanzlisten, welche über 50 Jahr alt sind, oder seit länger als 20 Jahren in der Kanzlei als Diätarien und Kanzlisten arbeiten, kann jedoch eine Ermäßigung in dem Arbeitsmaaß um 1—2 Bogen täglich von den Präsidien bewilligt werden.

Kann der Kanzlist oder der Diätar das ihm bestimmte Arbeitsmaaß — ohne durch bescheinigte Krankheit oder Militairdienste verhindert zu sein — nicht selbst leisten, so muß er das Fehlende für eigene Rechnung durch die in der Kanzlei beschäftigten Lohnschreiber fertigen lassen.

Sind dagegen einzelne Kanzlisten und Diätarien im Stande und bereit, mehr als das auf 8 Bogen bestimmte Arbeitsmaaß zu schaffen, so erhalten sie für die mehr gelieferten Bogen die zulässige Remuneration eines Lohnschreibers.

7) Die Anschaffung des Papiers, der Dinte, des Streusandes und der lithographirten und gedruckten Formulare erfolgt aus der Kasse. Für die Anschaffung der übrigen Schreib-Utensilien haben die Kanzlisten und Diätarien gegen Zahlung des bisherigen Pausch-Quantums, die Lohnschreiber dagegen aus eigenen Mitteln zu sorgen.

8) Bei bescheinigten Krankheiten und bei vorübergehenden Militairdiensten der Kanzlisten und Diätarien erfolgt ihre Vertretung durch Lohnschreiber für Rechnung der Kasse, bei den Diätarien jedoch in Krankheitsfällen nur auf 3 Monate, indem der Diätarius bei längerer Dauer der Krankheit entlassen werden muß.

9) Die Anstellung der Kanzlei-Inspektoren, hinsichts deren Gehälter es bei den Bestimmungen der Normal-Etats und resp. der Kassen-Etats bleibt, erfolgt künftig durch den Justizminister.

Da sich diese neuen Einrichtungen ohne eine Mehrausgabe nicht ausführen lassen, diese aber nach Ihrem Bericht nur vorübergehend ist, mit jedem Jahre sich vermindern muß, und dagegen bei Regulirung der Kanzleiverhältnisse der Untergerichte Ersparnisse eintreten werden, so will Ich diese Mehrausgabe genehmigen, zugleich aber auch Sie, den Justizminister, ermächtigen, nicht nur bei den Obergerichten diese Einrichtungen zur Ausführung zu bringen, sondern auch nach gleichen Grundsätzen die Etatsverhältnisse der bei den sämmtlichen kollegialisch formirten Untergerichten erforderlichen Kanzleibeamten zu reguliren, darüber mit Ihnen, dem Finanzminister, zu kommuniziren, und demnächst mit diesem gemeinschaftlich Meine Genehmigung zu den eintretenden Veränderungen nachzusuchen.

Auch haben Sie, der Justizminister, auf den Grund dieser Meiner Bestimmungen, ein besonderes Kanzleireglement für die gerichtlichen Kanzleien zu entwerfen, und den Gerichten zur Nachachtung mitzutheilen. Zur näheren Uebersicht der Resultate der gegenwärtigen Veränderung soll jedoch für das Jahr 1834 bei den Salarienkassen eine Buchführung über die gesammten Kopialien-Einnahmen (2) und aller für die Kanzleiarbeiten geleisteten Ausgaben eingerichtet werden, deren Resultate Sie, der Justizminister, mit dem Schlusse des Jahres zusammen zu stellen, und Mir anzuzeigen haben.

(v. K. Jhrb. Bd. 42. S. 362.)

2) **Canzlei-Reglement** für die Obergerichte, vom 19. Dezember 1833.

Durch die Allerhöchste Kabinetsordre vom 8ten d. M. sind die bei den Kanzleiverwaltungen der Obergerichte vom 1. Januar künftigen Jahres ab eintretenden Veränderungen angeordnet, und der Justizminister zugleich angewiesen worden, auf den Grund der Allerhöchsten Bestimmungen, ein besonderes Kanzleireglement für die gerichtlichen Kanzleiverwaltungen zu entwerfen und den Gerichtsbehörden zur Nachachtung mitzutheilen.

Demgemäß sind nachstehende, bei den Kanzleiverwaltungen der Obergerichte vom 1. Januar künftigen Jahres ab genau zu befolgende Bestimmungen festgesetzt worden.

I. Allgemeine Bestimmungen.

Hauptgrundsätze der künftigen Verwaltung.

§. 1. Die bisher bestandene Verpflichtung der bei den obergerichtlichen Kanzleiverwaltungen angestellten Kanzlisten und der mit Verwaltung erledigter Stellen beauftragten Assistenten, alle und jede vorkommenden Schreibereien gegen den Genuß eines bestimmten Antheils der Kopialieneinnahme zu beschaffen, fällt mit Ende dieses Jahres weg, wogegen vom 1. Januar k. J. ab alle Kopialieneinnahmen bei den Obergerichten zu deren Salarienkassen fließen, und jeder etatsmäßige Kanzlist, so wie jeder Stellvertreter einer erledigten Stelle, ein bestimmtes Gehalt oder fixirte Diäten aus der Salarienkasse bezieht.

Sie haben daher auch von dieser Zeit ab keinen Anspruch auf Kopialieneinnahme und Kopialienüberschüsse, und sind eben so wenig zur Erstattung der vom 1. Januar k. J. ab zur Niederschlagung kommenden Kopialien verpflichtet.

§. 2. Das Personal bei den Obergerichtskanzleien besteht künftig:

a) in einem oder mehreren Kanzlei-Inspektoren und deren Gehülfen;
b) in einer Anzahl Kanzlisten;
c) in einer Anzahl Kanzleidiätarien;

d) in einer nach Bedürfniß anzunehmenden Anzahl Lohnschreiber.

§. 3. Jeder Kanzlist, so wie jeder Kanzleidiätarius, ist für sein Gehalt und resp. für seine Diäten verpflichtet, an jedem Tage, mit Ausnahme der Sonn- und Festtage, ein nach vollen Bogen bestimmtes Maaß Kanzlei-Arbeit zu liefern.

Was bei einer hiernach vorzunehmenden Vertheilung der zu beschaffenden Schreibereien noch übrig bleibt, wird für Rechnung der Salarienkasse durch Lohnschreiber gegen bogenweise Bezahlung beschafft.

§. 4. Die Anschaffung des Papiers, der Dinte, des Streusandes und der lithographirten und gedruckten Formulare zu den Kanzleiarbeiten erfolgt aus der Salarienkasse. Für die Anschaffung der übrigen Schreibutensilien haben die Kanzlisten und Diätarien gegen Zahlung des bisherigen Pauschquantums, die Lohnschreiber dagegen aus eigenen Mitteln zu sorgen.

Bei Vertheilung der zu liefernden Schreibmaterialien an die einzelnen Kanzleiarbeiter ist das Maaß ihrer Arbeiten zu berücksichtigen.

Allgemeine Pflichten der Kanzleibeamten.

§. 5. Außer den allgemeinen Pflichten jedes Königlichen Beamten, namentlich hinsichts seiner Amtstreue und Verschwiegenheit, liegt den Kanzleibeamten noch besonders ob:

a) alle ihnen übertragenen Kanzleiarbeiten gut und prompt zu liefern, und
b) den nach allgemeinen Vorschriften oder nach der besonderen Verfassung und Geschäftseinrichtung des Gerichts, bei welchem sie angestellt sind, bestehenden Verpflichtungen bei Besorgung von Kanzleigeschäften vollständig zu genügen.

§. 6. Die Arbeiten der Kanzleibeamten müssen in der Regel im Geschäftslokal besorgt werden, daher die Kanzleizimmer bis 8 Uhr Abends geöffnet bleiben, und den anwesenden Kanzleiarbeitern bis dahin die erforderlichen Lichte zu gewähren sind.

Sie haben sich in dem Geschäftslokal Vormittags von 8—1 Uhr, und Nachmittags von 3 Uhr ab so lange aufzuhalten, bis sie mit ihrem täglichen Arbeitsmaaß fertig sind.

§. 7. Ausnahmen hiervon können nur bei alten und kränklichen Kanzlisten durch die Präsidien gestattet werden.

Auch kann der Kanzleiinspektor denjenigen Kanzleiarbeitern, welche sich nach Fertigung ihrer Arbeitsrate durch Mehrarbeit etwas verdienen wollen, das Mitnehmen der Arbeit nach Hause erlauben.

§. 8. Sind die Arbeitsstunden bei einem oder dem andern Obergerichte anders bestimmt, als im §. 6. angeordnet worden, so kann es zwar dabei verbleiben; doch ist auch dann darauf zu sehen, daß die Kanzleibeamten ihre täglichen Geschäfte im Geschäftslokal besorgen.

Die Kanzlei-Inspektoren bleiben dafür besonders verantwortlich, und haben die bei einzelnen Beamten bemerkten Unordnungen zur weitern Rüge und Bestrafung den Präsidien anzuzeigen.

§. 9. Jeder Kanzleiarbeiter hat eine genaue Nachweisung der täglich empfangenen Schreibestücke und deren Seitenzahl, mit Angabe des Empfangs und der Ablieferung, zu führen.

Die Seitenzahl muß stets mit der vom Kanzlei-Inspektor berechneten und auf den Koncepten bei der Abschätzung notirten Zahl der Seiten übereinstimmen.

Glaubt der Kanzleibeamte, daß hierbei ein ihm nachtheiliger Irrthum des Kanzleiinspektors vorgefallen sei, so hat er dies demselben spätestens bei der Ablieferung anzuzeigen. Spätere Einwendungen werden niemals beachtet, frühere aber nur dann, wenn der Kanzlei-Inspektor bei pflichtmäßiger Prüfung eine Abänderung für nöthig erachtet.

§. 10. Jede Arbeit muß vom Kanzleibeamten vor der Ablieferung nochmals durchgesehen werden; bei welchen Arbeiten außerdem durch die Kanzleibeamten eine genaue Vergleichung der Abschriften mit den Koncepten oder den Urschriften, durch Ablesen vor dem Expedienten oder einem andern Beamten, erfolgen soll, bleibt den näheren Bestimmungen der Präsidien vorbehalten.

II. Von dem Kanzlei=Inspektor.

Anstellung der Kanzlei=Inspektoren.

§. 11. Die Anstellung der Kanzlei=Inspektoren erfolgt künftig, in Gemäßheit der Allerhöchsten Bestimmungen, durch den Justizminister, der bei der Wahl nicht nur auf genaue Kenntniß des Justiz=Subalterndienstes und namentlich der Kanzleiverwaltung Rücksicht nehmen, sondern auch durch Versetzung der dazu geeigneten Kanzleibeamten an ein anderes Obergericht, jeden aus früheren Amtsverhältnissen entstehenden nachtheiligen Einfluß verhindern wird.

Rechte und Pflichten derselben.

§. 12. Der Kanzlei=Inspektor ist der Vorstand der ganzen Kanzlei. Er führt daher die unmittelbare Aufsicht über alle in der Kanzlei beschäftigten Arbeiter, die sich in allen Dienstangelegenheiten zunächst an ihn zu wenden und seine Bestimmungen abzuwarten haben.

§. 13. Er hat dafür zu sorgen, daß alle zur Kanzlei gelangenden Arbeiten in möglichst kurzer Zeit gefertigt, und nicht nur richtig, sondern auch in einer deutlichen und guten Schrift geschrieben werden, und bleibt besonders verantwortlich, wenn schlechte Kanzleiarbeiten geliefert werden. Er ist deshalb nicht nur berechtigt, sondern auch verpflichtet, alle bei der Ablieferung bemerkten Arbeiten sofort zu kassiren, und für Rechnung der betreffenden Kanzleibeamten durch Lohnschreiber nochmals fertigen zu lassen.

§. 14. Er muß darauf sehen, daß die zur schnellen Besorgung des Schreibwerks erforderliche Anzahl Lohnschreiber stets vorhanden ist.

§. 15. Insbesondere hat er jedem Kanzlisten und Diätarius das bestimmte tägliche Arbeitsmaaß pflichtmäßig zuzutheilen, und sich dabei jeder Begünstigung oder Benachtheilung einzelner Beamten strenge zu enthalten.

§. 16. Die gewöhnliche Distribution der Kanzleiarbeiten und die Ablieferung der fertigen Schreibestücke an den Kanzlei=Inspektor erfolgt täglich zu einer bestimmten, den sämmtlichen Kanzleiarbeitern bekannt zu machenden Stunde.

Kommen nach der Vertheilung noch Arbeiten mit Beschleunigungs=Vermerken zur Kanzlei, so sind diese an Lohnschreiber, oder an Kanzlisten und Diätarien, welche über ihr bestimmtes Arbeitsmaaß schreiben, auszugeben.

§. 17. Der Kanzlei=Inspektor hat

a) eine allgemeine Kontrolle über alle zur Kanzlei gelangten und vertheilten Sachen, und

b) für jeden Kanzleiarbeiter eine spezielle Nachweisung der ihm zugetheilten Arbeitsstücke zu führen, und in diese täglich die vertheilten Schreibstücke, nach Journal= und Expeditionszeichen, mit Angabe der Gesammt=Seitenzahl und des Tages der Ausgabe, so wie der Rückgabe zu bemerken.

Ob die allgemeine Kontrolle nach Maaßgabe des §. 76. des Allg. Registratur= und Kanzleireglements, oder in anderer Art einzurichten, bleibt den nähern Bestimmungen der Präsidien, mit Rücksicht auf die bei jedem Obergerichte bestehende allgemeine Geschäftseinrichtung und Salarienkassen=Verwaltung, vorbehalten.

§. 18. Bei Vertheilung der Kanzleiarbeiten ist zwar im Allgemeinen die Fähigkeit und Brauchbarkeit der einzelnen Kanzleiarbeiter zu berücksichtigen; doch ist zugleich darauf zu sehen, daß in der Vertheilung guter und unleserlicher Handschriften, so wie der Reinschriften und bloßer Abschriften die möglichste Gleichstellung der einzelnen Kanzlisten und Diätarien statt findet.

Auch ist es angemessen, den Lohnschreibern größere Arbeitsstücke, den Kanzlisten und Diätarien dagegen nur die kleineren zuzutheilen, damit das von jedem zu liefernde Arbeitsmaaß bei jeder Distribution ohne Ueberschreitung zugetheilt werden kann, und zugleich die größern Arbeitsstücke befördert werden.

§. 19. Die vorhandene Kanzleiarbeit ist bei jeder Distribution zuvörderst auf die Kanzlisten und Diätarien, und nur der Ueberrest auf die Lohnschreiber zu vertheilen.

Abschätzung der Schreibstücke.

§. 20. Zu den Hauptpflichten des Kanzlei=Inspektors gehört eine richtige Abschätzung des Umfanges der einzelnen Schreibstücke bei ihrer Vertheilung.

Das von den Kanzlisten und Diätarien zu liefernde Arbeitsmaaß ist nach vollen Bogen bestimmt. (§§. 3. 28.)

Auch die Lohnschreiber erhalten ihre Bezahlung nach vollen Bogen. (§. 27.) Ein voller Bogen ist aber derjenige, dessen vier Seiten, jede mit 24 Zeilen und jede Zeile 12 Silben enthaltend, beschrieben sind.

Da jedoch sehr viele Schreibstücke, namentlich Verfügungen, Vorladungen, Atteste u. s. w. für sich allein keinen vollen Bogen ausmachen, und bei andern auf die bei der Arbeit statt findende besondere Schwierigkeit Rücksicht genommen werden muß, so sind bei der Abschätzung der einzelnen Schreibstücke folgende Grundsätze zu beachten:

a) Die Abschätzung erfolgt nach ganzen und halben Seiten eines vollen Bogens in der Art, daß in der Regel alle Schreibstücke, welche 12 Zeilen und weniger ausmachen, für eine halbe Seite, bei mehr als zwölf jedoch nicht über 24 Zeilen für eine ganze Seite u. s. w. gerechnet werden.

b) Bei Vorladungen, Anschreiben, Berichten u. s. w. sind die Adressen und Couverts, bei Dekrets-Abschriften die Ueberschriften, und bei Urkunden die gewöhnliche Bezeichnung derselben, bei größeren Sachen auch das Heften der Arbeitsstücke, und zwar in der Regel mit 3 Zeilen zu berücksichtigen.

c) Bei unleserlichen Handschriften, alten, vielleicht in einer fremden Sprache geschriebenen Urkunden, und bei allen Sachen, welche genau kollationirt werden müssen, namentlich bei Testamenten, Hypothekenscheinen, Erkenntnissen, Bestallungen, Urkunden und Berichten, ist die Mehrarbeit auf vier bis acht Zeilen für jede Seite zu berechnen.

d) Die Abschätzung von Rechnungssachen und tabellarischen Arbeiten, zu welchen keine Formulare benutzt werden können, muß in jedem besondern Falle der pflichtmäßigen Beurtheilung des Kanzlei-Inspektors, mit Berücksichtigung des Formats und der Kolonnen des Arbeitsstücks überlassen bleiben.

e) Lithographirte oder gedruckte Formulare werden, insofern nur die gewöhnliche Ausfüllung erfolgt, für eine halbe Seite, sind größere Einschaltungen nöthig, oder beträgt das Formular selbst mehr als eine Seite, für eine ganze Seite gerechnet.

f) Bei Insinuations-Dokumenten und Kanzlei-Requisitionen ist in der Regel jedes Stück für eine halbe Seite abzuschätzen; sind sie aber lithographirt oder gedruckt, so werden zwei Stück für eine halbe Seite gerechnet.

Nach diesen Grundsätzen ist die Seitenzahl jedes Schreibestücks zu berechnen und auf dem Concept unten am Rande zu notiren.

§. 21. Der Kanzlei-Inspektor hat auch das Interesse der Salarienkasse dadurch wahrzunehmen, daß er genau prüft, ob die auf den Koncepten notirten Gebühren und Auslagen in den Soll-Einnahme-Belägen eingetragen sind, und keine dergleichen Piece distribuirt, bevor sie nicht gehörigen Orts eingetragen und mit der Eintragungs-Nummer versehen ist. Er hat ferner darauf zu sehen, ob die Schreibgebühren, sowohl für Reinschriften als Beilagen, in sportelpflichtigen Sachen von den Expedienten nach den bestehenden Sporteltaxen richtig angesetzt sind. Die bemerkten unrichtigen Austaxirungen sind sofort abzuändern.

§. 22. Zu welcher Zeit und an welchen Beamten vom Kanzlei-Inspektor die fertigen Kanzleiarbeiten weiter befördert werden sollen, bleibt den nähern Bestimmungen der Präsidien, nach Maaßgabe der bei jedem Obergerichte bestehenden Geschäftseinrichtung überlassen.

Dasselbe gilt von der ferneren Besorgung mancher Nebengeschäfte der Kanzlei-Inspektoren, namentlich:

a) von Führung des Revisionsjournals (§. 76. des Registratur- und Kanzleireglements) und von Besorgung der Termins-einrückung von Seiten der Deputirten;

b) von Besorgung des Siegelzettels (§. 166. des Registratur- und Kanzlereglements);

c) von der Stempeldistribution;

d) von der Schreibmaterialien-Verwaltung und andern Nebengeschäften.

Vertretung und Unterstützung der Kanzlei-Inspektoren.

§. 23. Bei den kleinern Kanzlei-Verwaltungen, bei welchen künftig nicht mehr als sechs wirkliche Kanzlisten angestellt werden sollen, muß der Kanzlei-Inspektor die ihm obliegenden Geschäfte allein besorgen, und kann dabei weder die Anstellung eines Gehülfen, noch die Vergütigung der Ausgaben für einen solchen verlangen.

Nur in Verhinderungsfällen wird derselbe, nach den Bestimmungen des Chef-Präsidenten, durch einen andern Beamten vertreten. Erfolgt die Vertretung durch einen Kanzlisten, so bleibt dieser während der Zeit von Kanzlei-Arbeiten dispensirt.

Bei größeren Kanzlei-Verwaltungen, welchen nur ein Kanzlei-Inspektor vorsteht, kommt es darauf an, ob schon etatsmäßige Fonds zur Besoldung der erforderlichen Gehülfen ausgesetzt sind.

In diesem Falle haben die angestellten Gehülfen den Kanzlei-Inspektor zu unterstützen, und in Behinderungsfällen zu vertreten; fehlt es an dergleichen etatsmäßigen Gehülfen, und ist der Kanzlei-Inspektor, nach dem pflichtmäßigen Ermessen des Präsidiums, nicht im Stande, seine Geschäfte allein prompt zu besorgen, so ist zuvörderst in Erwägung zu nehmen, ob ihm durch Abnahme von Nebengeschäften geholfen werden kann.

Ist dies nicht zu bewirken, so kann ihm gestattet werden, sich durch einen vom Präsidium zu genehmigenden Kanzleiarbeiter unterstützen zu lassen, und diesem nur die Hälfte des täglichen Arbeitsmaaßes zuzuschreiben.

III. Von den Kanzlisten und Kanzleidiätarien.

Anstellungsberechtigung.

§. 24. Zu Kanzlisten werden künftig, wenn nicht die Versetzung eines bereits angestellten Beamten eintritt, nur Kanzleidiätarien befördert; zu diesen aber sind nur solche Personen zu nehmen, welche bei guter Qualifikation durch Militairdienste Anstellungsansprüche erworben haben, oder in Folge besonderer Allerhöchster Genehmigung ausnahmsweise angestellt werden dürfen. Sie werden auf vierwöchentliche Kündigung angenommen, und haben keine Pensions-Ansprüche, welche nur allein den wirklichen Kanzlisten zustehen, daher auch nur diese Pensionsbeiträge von ihrem Gehalt zu entrichten haben.

Unter den durch Militairdienste erworbenen Anstellungs-Ansprüchen sind nicht nur diejenigen, welche den 9 Jahr gut gedienten Unteroffizieren des stehenden Heeres und den ihnen gleichgestellten Militairpersonen zustehen, sondern auch diejenigen zu verstehen, welche den mit Civilversorgungsscheinen entlassenen Militairpersonen, so wie den Freiwilligen aus den Kriegen gegen Frankreich in den Jahren 1813—1815 Allerhöchst zugesichert worden sind.

Prüfung.

§. 25. Jeder Kanzleidiätar muß vor seiner Annahme wenigstens drei Monat in der Kanzlei als Lohnschreiber gearbeitet, und nicht nur dabei, sondern auch durch eine abzulegende Prüfung seine Befähigung zur Verwaltung eines Kanzlistenpostens nachgewiesen haben.

Diese Prüfung, für welche keine Gebühren zu entrichten sind, ist von einem Mitgliede des Kollegiums, unter Zuziehung eines im Kassen- und Kalkulaturfach erfahrenen Subalternen, vorzunehmen und auf allgemeine Sach- und Geschäftskenntniß, so wie auf das Amt und die Pflichten eines Kanzlisten zu richten. Außerdem muß der zu Prüfende in Gegenwart der Kommissarien einige Proben seiner Fertigkeit im Abschreiben schlechter Handschriften, im Nachschreiben einiger diktirten Sätze, in Fassung einer kurzen Vorstellung oder amtlichen Anzeige, und im Rechnen ablegen, auch in einem selbst geschriebenen Lebenslauf eine schöne Handschrift nachweisen.

Haben die bereits vorhandenen Diätarien sich noch keiner Prüfung zur Anstellung als Kanzlisten unterworfen, so muß diese nachträglich geschehen.

Wahl und Anstellung.

§. 26. Bei der Beförderung der Diätarien zu Kanzlisten ist auf vorzügliche Dienstführung und Qualifikation, namentlich auf eine schöne Handschrift, hiernächst aber auf eine längere Dienstzeit als Diätarius Rücksicht zu nehmen.

§. 27. Die Anstellung der Kanzlisten und Annahme der Diätarien erfolgt durch die Chef-Präsidenten mittelst schriftlicher Verfügungen ohne Ausfertigung besonderer Bestallungen.

Bei den Diätarien ist eine einmonatliche Vorausbezahlung der ausgesetzten Remuneration zuläßig. Hinsichts der vorschußweisen Gehaltszahlung an die schon angestellten Kanzlisten bleibt es bei der bisher bestandenen Einrichtung jedes Obergerichts; hinsichts der neu anzustellenden Kanzlisten aber wird es den Präsidien überlassen, eine vierteljährliche oder monatliche Vorausbezahlung des Gehalts bei ihrer Anstellung festzusetzen. (C. O. vom 10. Mai 1828, Jhrb. Bd. 32. S. 96.)

Arbeitsmaaß und dessen Beschaffung.

§. 28. Das Arbeitsmaaß, welches nach §. 3. von jedem Kanzlisten, so wie von dem Diätarius, täglich zu leisten ist, wird auf acht volle Bogen (§. 20.) bestimmt.

Den Kanzlisten, welche über 50 Jahre alt sind, oder seit länger als 20 Jahren in der Kanzlei als Diätarien und Kanzlisten arbeiten, kann jedoch eine Ermäßigung in dem Arbeitsmaaß um 1—2 Bogen täglich von den Präsidien bewilligt werden.

§. 29. Bei bescheinigten Krankheiten und bei vorübergehenden Militairdiensten der Kanzlisten und Diätarien erfolgt ihre Vertretung durch Lohnschreiber für Rechnung der Kasse, bei den Diätarien jedoch in Krankheitsfällen nur auf 3 Monate, indem der Diätarius bei längerer Dauer der Krankheit entlassen werden muß. Hiernach ist von der vierwöchentlichen Kündigung Gebrauch zu machen, wenn der Diätar zwei Monate hindurch für Rechnung der Kasse vertreten worden ist.

§. 30. Kann der Kanzlist und Diätar, außer dem Falle des §. 29. das ihm bestimmte Arbeitsmaaß nicht selbst leisten, so ist das Fehlende für dessen Rechnung durch die in der Kanzlei beschäftigten Lohnschreiber zu beschaffen.

Alle Schreibstücke, welche mit einem Beschleunigungsvermerk versehen sind, und zusammen weniger als eine tägliche Arbeitsrate betragen, müssen in 24 Stunden nach der Vertheilung, andere Schreibstücke aber jedenfalls in 48 Stunden nach dem Empfange abgeliefert werden.

Nach Ablauf dieser Fristen muß der Kanzlei-Inspektor, wenn nicht der Umfang der Arbeit oder andere gegründete Ursachen die verspätete Ablieferung entschuldigen, die noch nicht bearbeiteten Schreibstücke für Rechnung der säumigen Kanzleibeamten an Lohnschreiber anderweit vertheilen.

§. 31. Den Kanzlisten und Diätarien ist nicht gestattet, das was sie nicht selbst schreiben können oder wollen, unmittelbar an Lohnschreiber abzugeben und sich mit diesen wegen der Bezahlung zu vereinigen. Noch weniger können sie sich der Hülfe anderer Privatschreiber bedienen.

Vielmehr sind alle Kanzleiarbeiten, welche die einzelnen Kanzlisten und Diätarien nicht selbst fertigen können oder wollen, an den Kanzlei-Inspektor zurückzugeben, der solche an die Lohnschreiber vertheilt, und am Schlusse des Monats für deren Bezahlung aus der Salarienkasse für Rechnung des betreffenden Kanzlisten oder Diätars zu sorgen hat.

Was diese gegen vorstehende Bestimmung durch Privatgehülfen schreiben lassen, wird ihnen auf ihr Arbeitsmaaß nicht angerechnet.

§. 32. Fehlen die Kanzlisten und Diatarien bei der täglich vorzunehmenden Vertheilung der Kanzleiarbeiten (§. 16.), ohne ihr Ausbleiben bei dem Kanzlei-Inspektor vorher angezeigt und genügend entschuldigt zu haben, so sind die auf sie vertheilten Schreibstücke sofort an einen Lohnschreiber für ihre Rechnung abzugeben — nachträgliche Entschuldigungen sind nicht zu beachten.

§. 33. Kommen die in den §§. 30—32. angeordneten Maaßregeln bei einem Kanzlisten oder Diätar in einem Monat mehrmals zur Anwendung, so hat dies der Kanzlei-Inspektor dem Präsidium zur weitern Rüge anzuzeigen.

Verdienst durch Mehrarbeit.

§. 34. Die Kanzlisten und Diätarien, welche im Stande und bereit sind, mehr als das auf 8 Bogen bestimmte Arbeitsmaaß zu beschaffen, erhalten für die mehr gelieferten Bogen die zulässige Remuneration eines Lohnschreibers. (§. 37.)

Die Seitenzahl dieser Mehrarbeit ist bei jeder Distribution sowohl von ihnen als von dem Kanzlei-Inspektor in den geführten Nachweisungen der erhaltenen Arbeitsstücke in einer besondern Kolonne zu bemerken, so daß sich zu jeder Zeit übersehen läßt, wie viel an Mehrarbeit geliefert worden ist.

Für die besondere Bezahlung der Mehrarbeit hat der Kanzlei-Inspektor am Schlusse jeden Monats zu sorgen. (§. 38.)

IV. Von den Lohnschreibern.

Annahme und Entlassung der Lohnschreiber.

§. 35. Die Lohnschreiber wählt und entläßt der Kanzlei=Inspektor nach Bedürfniß mit Zustimmung des Kanzlei=Direktors, welcher auch die jedesmalige Verpflichtung besorgt. Anstellungsberechtigte Personen haben bei der Annahme als Lohnschreiber bei gleicher Qualifikation den Vorzug vor andern.

Beschäftigung.

§. 36. Die Lohnschreiber dürfen nur diejenigen Kanzleiarbeiten fertigen, welche ihnen der Kanzlei=Inspektor zutheilt, und müssen sich mit der ihnen dafür ausgesetzten Remuneration begnügen.

Sie erhalten in der Regel nur so viel Arbeit, als sie in 24 Stunden abzuliefern vermögen. Haben sie sich in der Ablieferung wiederholt säumig gezeigt, so ist ihre Entfernung aus der Kanzlei zu veranlassen. Dies muß auch dann geschehen, wenn sie ohne Wissen des Kanzlei=Inspektors andere Kanzleiarbeiten von Kanzlisten oder Diätarien übernehmen.

Remuneration und deren Bezahlung.

§. 37. Die den Lohnschreibern zu bewilligende Remuneration wird vom Kanzlei=Inspektor mit Rücksicht auf den an jedem Orte gewöhnlichen Schreibgebührensatz und mit Rücksicht auf die Leistungen der einzelnen Lohnschreiber, auf 1 Sgr. bis 1 Sgr. 6 Pf. für den vollen Bogen (§. 20.) festgesetzt. Eine höhere Remuneration ist unzulässig.

§. 38. Am Schlusse jeden Monats erhalten sie ihre Bezahlung unmittelbar aus der Salarienkasse.

Der Kanzlei=Inspektor hat zu diesem Behuf am letzten Tage jeden Monats eine Uebersicht der für Rechnung der Salarienkasse von jedem Lohnschreiber, so wie der von einzelnen Kanzlisten und Diätarien über ihr Arbeitsmaaß gelieferten Kanzleiarbeit und der dafür festgesetzten Remuneration anzufertigen, und hinsichts der Lohnschreiber darunter zu attestiren:

> daß unter den wirklich gelieferten Arbeiten sich keine befinden, zu deren Bezahlung ein Kanzlist oder Diätarius verpflichtet wäre;

hinsichts der Kanzlisten und Diätarien dagegen, welche mehr als acht Bogen täglich geliefert haben, zu bescheinigen;

> daß die angegebene Mehrarbeit wirklich von ihnen selbst gefertigt worden ist.

Zugleich ist eine zweite Nachweisung der von Lohnschreibern für Rechnung einzelner Kanzlisten und Diätarien gefertigten Kanzleiarbeiten und des Betrages der dafür aus dem zunächst fälligen Einkommen der Schuldner zu zahlenden Remuneration anzufertigen.

Sowohl diese Nachweisung, als die vorerwähnte Uebersicht, ist dem Chef=Präsidenten doppelt, nebst dem Entwurf und der Rückschrift eines Zahlungsbefehls an die Salarienkasse zur Prüfung und Vollziehung vorzulegen, und sodann zur Kasse zu befördern.

V. Aufsicht über die Kanzleiverwaltung.

Aufsicht durch den Kanzleidirektor.

§. 39. Die Aufsicht über die Kanzleiverwaltung im Allgemeinen liegt zunächst dem Kanzleidirektor ob.

Er hat daher die Arbeitszimmer der Kanzlei fleißig zu besuchen, und sich von der Anwesenheit der Kanzleibeamten selbst zu überzeugen, die nicht entschuldigte Abwesenheit einzelner Kanzleiarbeiter zu rügen, und namentlich darauf zu halten, daß die Arbeitsstücke der bei der täglichen Vertheilung ohne genügende Entschuldigung abwesenden Kanzlisten und Diätarien für ihre Rechnung sofort an Lohnschreiber ausgegeben werden (§. 32.).

Der Kanzleidirektor muß ferner wenigstens einmal in jedem Monat, ohne vorherige Benachrichtigung, bei Gelegenheit einer Vertheilung der Kanzleistücke, nöthigenfalls mit Zuziehung eines Kalkulators, das Verfahren des Kanzlei=Inspektors näher prüfen, und sich durch Einsicht und Vergleichung der von ihm und den ein=

zelnen Kanzleiarbeitern geführten Arbeitsnachweisungen, so wie durch Prüfung einzelner Schreibstücke von der Richtigkeit deren Austarirung und richtigen Distribution, auch durch Einsicht und Vergleichung der Nachweisungen aller für den letzten Monat an Lohnschreiber aus der Salarienkasse gezahlten Summen mit den Arbeitsnachweisungen der Lohnschreiber von der Richtigkeit und Uebereinstimmung beider vollständig überzeugen.

Ueber die Resultate dieser Revisionen ist jedesmal ein Protokoll aufzunehmen und zum Vortrag zu befördern.

Durch den Kassenkurator.

§. 40. Außerdem hat auch der Kassenkurator wenigstens einmal in jedem Jahre eine ähnliche Revision der Kanzleiverwaltung, mit welcher zugleich eine Revision der Schreibmaterialien und Stempelverwaltung zu verbinden ist, vorzunehmen, und die Resultate derselben in einem Protokoll zusammen zu stellen.

Auf den Grund dieses und der monatlichen Revisionsprotokolle des Kanzleidirektors ist vom Obergerichte am Schlusse jeden Jahres ein Attest über die Resultate der Revisionen eventualiter darüber auszustellen:

daß sich bei den vorgenommenen Revisionen etwas Wesentliches nicht zu erinnern gefunden habe.

Dieses Attest ist der Jahresrechnung beizufügen.

Vorstehendes Kanzleireglement ist nicht nur zur Kenntniß der sämmtlichen in den Kanzleien bereits beschäftigten Arbeiter zu bringen, sondern auch jedem neu anzustellenden oder anzunehmenden Kanzleiarbeiter zur Durchsicht und genauen Befolgung vorzulegen.

(v. K. Jhrb. Bd. 42. S. 365.)

3) **Rescript** vom 11. Juli 1834, betreffend die Besetzung der Kanzlei-Diätarienstellen.

Sie empfangen hierbei ein von dem Hülfsschreiber N. zu Naumburg unterm 28. v. M. eingereichtes Gesuch,

um Konferirung einer der jetzt bei dem dortigen Königl. Ober-Landesgericht vakant gewordenen Kanzlei-Diätarienstellen,

mit der Anweisung, den Supplikanten nach Maaßgabe der seine Dienstanstellung ausnahmsweise gestattenden Allerhöchsten Kabinetsordre vom 8. Juli v. J. zu berücksichtigen, wenn nicht qualifizirte Personen, welche durch Militairdienste Anstellungsansprüche erworben haben, vorhanden sind. Bei der Auswahl derer, welche nach §. 24. des Kanzleireglements nur zu Kanzlei-Diätarienstellen befördert werden dürfen, muß nämlich im Allgemeinen die Qualifikation entscheiden, bei gleicher Qualifikation aber stehen diejenigen, deren Anstellung des Königs Majestät ausnahmsweise nach Zeit und Gelegenheit gestattet haben, den versorgungsberechtigten Militairpersonen nach.

(v. K. Jhrb. Bd. 44. S. 114.)

4) **Rescript** vom 14. Februar 1835, nebst Anlage, betreffend die Annahme der Lohnschreiber.

In dem §. 35. des Kanzleireglements für die Obergerichte vom 19. Dezember 1833 (Jhrb. Bd. 42. S. 377.) ist mit Rücksicht auf die Allerhöchsten Kabinetsordres vom 31. Oktober 1827 und 19. Oktober 1828 (Jhrb. Bd. 32. S. 298.) bestimmt worden, daß anstellungsberechtigte Personen bei der Annahme von Lohnschreibern bei gleicher Qualifikation den Vorzug vor andern haben sollen.

Damit jedoch die qualificirten und versorgungsberechtigten Unteroffiziere bei der Annahme von Hülfsschreibern besonders berücksichtigt werden, haben des Königs Majestät in der abschriftlich anliegenden Allerhöchsten C. O. vom 15ten v. M. (Anl. A.) zu bestimmen geruht:

daß die Behörden verpflichtet sein sollen, sich, wenn ihnen selbst keine zu Hülfsarbeitern qualifizirte versorgungsberechtigte Unteroffiziere näher bekannt sind, wegen Ueberweisung derselben an das General-Kommando ihrer Provinz zu wenden, und so weit dies von Erfolg ist, keine anderen Subjekte als Hülfsschreiber gegen Diäten oder Kopialien anzunehmen.

Es können daher auch künftig bei den Gerichtsbehörden als Kanzleidiätarien und Lohnschreiber der Regel nach nur qualifizirte Anstellungsberechtigte — also neunjährig gediente Unteroffiziere oder andere zu Civilversorgungen berechtigte Militairpersonen, oder zufolge spezieller Allerhöchster Genehmigung ausnahmsweise anzustellende Individuen — andere Personen aber ausnahmsweise nur dann angenommen werden, wenn den Gerichtsbehörden qualifizirte, bereitwillige und versorgungsberechtigte Unteroffiziere nicht näher bekannt sind, und von dem Generalkommando der Provinz nicht überwiesen werden können.

Es sind deshalb stets genaue Verzeichnisse von den zur Anstellung als Kanzleigehülfen und Lohnschreiber geeigneten neun Jahr gedienten Unteroffizieren und anderen zur Civilversorgung berechtigten Personen zu halten, welche sich entweder selbst zur Beschäftigung als Lohnschreiber in den Gerichts-Kanzleien gemeldet haben, oder von dem General-Kommando hierzu überwiesen sind.

Jeder in dies Verzeichniß aufgenommene Anstellungsberechtigte muß nach erfolgtem Nachweis seiner Qualifikation zur bestimmten Erklärung aufgefordert werden, ob er bereit ist, als Lohnschreiber unter den ihm bekannt zu machenden Bedingungen sofort einzutreten, wenn seine Hülfe erforderlich sein sollte. Die sich hierzu bereit erklären, sind bei der Annahme von Lohnschreibern vor andern zu berücksichtigen. Zugleich ist das General-Kommando der Provinz von den Bedingungen, unter welchen bei den Gerichtskanzleien Diätarien und Lohnschreiber angenommen werden können, genau in Kenntniß zu setzen und zu ersuchen:

> alle anstellungsberechtigte Unteroffiziere, welche eine Ueberweisung an die Gerichtsbehörde wünschen, mit diesem Verhältniß bekannt zu machen, und ihre Erklärung darüber, ob sie als Lohnschreiber zu jeder Zeit einzutreten bereit seien, zu erfordern und in die den Gerichtsbehörden halbjährig mitzutheilenden Verzeichnisse aufzunehmen, damit die erforderlichen Lohnschreiber aus der Zahl der anstellungsberechtigten Unteroffiziere schnell einberufen werden können.

Nur dann, wenn

1) der schleunige Betrieb der Kanzlei-Arbeiten insbesondere nach §. 30—32. des Kanzleireglements vom 19. Dezember 1833 die sofortige Zuziehung eines Lohnschreibers nothwendig macht, und ein Anstellungsberechtigter nicht sofort zur Stelle ist, so wie
2) dann, wenn es an qualifizirten Anstellungsberechtigten ganz fehlt,

dürfen auch andere Personen als Lohnschreiber angenommen werden. Doch sind sie sofort wieder zu entlassen, sobald qualifizirte anstellungsberechtigte Personen zur Beschäftigung als Lohnschreiber vorhanden und bereit sind. Sollten aber dergleichen Personen länger als ein halbes Jahr in der Kanzlei beschäftigt werden, so ist das General-Kommando der Provinz hiervon in Kenntniß zu setzen und um schleunige Ueberweisung der etwa vorhandenen Militairberechtigten zu ersuchen. Hat dies keinen Erfolg, so ist der Jahresrechnung derjenigen Kasse, aus welcher der angenommene Lohnschreiber seine Gebühren erhalten hat, eine beglaubigte Antwort des General-Kommandos zur Justifikation der Ausgabe beizufügen, und zugleich von dem Gericht zu attestiren, daß sich auch keine anderen qualifizirten anstellungsberechtigten Personen zur Beschäftigung als Lohnschreiber gemeldet hätten.

Ist dies bei einer Rechnung geschehen, so kann bei den übrigen, bei welchen etwa ein gleicher Nachweis unter denselben Umständen zu führen ist, darauf Bezug genommen werden.

Das Königl. Ober-Landesgericht hat hiernach sowohl selbst zu verfahren, als auch die Untergerichte seines Departements, bei welchen Lohnschreiber aus öffentlichen Fonds unterhalten werden, mit den nöthigen Anweisungen zu versehen, damit überall den Allerhöchsten Befehlen genügt und Erinnerungen der Königl. Oberrechnungskammer vermieden werden.

Die jetzt als Lohnschreiber beschäftigten nicht anstellungsberechtigten Personen müssen entlassen werden, sobald qualifizirte anstellungsberechtigte Personen zu solcher Beschäftigung vorhanden und bereit sind. Berlin, den 14. Februar 1835.

In der unterm 31. Oktober 1827, wegen Anstellung der nach 9jähriger*) Dienstzeit entlassenen Unteroffiziere in den Büreaus der Regierungen und Provinzial-Behörden, an das Staatsministerium ergangenen Ordre habe Ich bei der Bestimmung zu 1., nach welcher die etatsmäßigen Kanzlistenstellen bei den Regierungen und andern Provinzial-Behörden ausschließlich mit ausgedienten Unteroffizieren besetzt werden müssen, zugleich angeordnet, daß auch bei der Annahme der Lohnschreiber die Beschäftigung jener Versorgungsberechtigten möglichst und vorzugsweise zu berücksichtigen sei, sie mögen gegen fixirte Tagegelder oder gegen Schreibgebühren beschäftigt werden. Nun ist aber nach dem Bericht des Chef-Präsidenten der

*) Jetzt 12jähriger.

Oberrechnungskammer der Fall vorgekommen, daß im Jahre 1831 bei der General-Kommission zu Münster ein ohne allen Anspruch auf Versorgung vorhandener Kopialienschreiber als Hülfsschreiber gegen 200 Rthlr. jährliche fixirte Diäten angestellt, und der Erinnerung der Oberrechnungskammer dagegen dadurch zu begegnen gesucht worden, daß Meine Ordre nicht unbedingt anordne, daß dergleichen Hülfsschreiber aus der Klasse der ausgedienten Unteroffiziere und sonstiger versorgungsberechtigter Militairpersonen entnommen, sondern nur, daß sie vorzugsweise berücksichtigt werden sollten und, weil eine solche Konkurrenz bei der Anstellung des Hülfsschreibers nicht statt gefunden haben, keine Veranlassung gewesen sei, den Angestellten zurückzuweisen. Eine solche Auslegung würde nun die von Mir beabsichtigte vorzugsweise Anstellung der Militairpersonen ganz vereiteln, indem sie von den entstehenden Vakanzen oder Versorgungsgelegenheiten entweder keine Kenntniß haben, oder solche zu spät erhalten. Um es daher nicht bloß auf die Konkurrenz der Gemeldeten ankommen zu lassen, bestimme Ich, daß die Behörden verpflichtet sein sollen, sich, wenn ihnen selbst keine zu Hülfsschreibern qualifizirte versorgungsberechtigten Unteroffiziere näher bekannt sind, wegen Ueberweisung derselben an das General-Kommando ihrer Provinz zu wenden, und, so weit dies von Erfolg ist, keine anderen Subjekte als Hülfsschreiber gegen Diäten oder Kopialien anzunehmen. Ich überlasse dem Staatsministerium, hiernach das Erforderliche weiter zu verfügen.

Berlin, den 15. Januar 1835.

(v. K. Jhrb. Bd. 45. S. 231.)

§. 166. Die gefertigten Munda müssen hiernächst von dem Kanzleiinspektor zur Unterschrift und Siegelung befördert werden. Die Unterschrift geschieht von dem Präsidio, nach der Ordnung des von dem Kanzleiinspector zu besorgenden Siegelzettels. Dieser Siegelzettel, dessen Schema sich bei dem Sportulkassenreglement zu B. befindet, ist, in Ansehung der sieben ersten Kolonnen, eine blosse Abschrift von dem Expeditionsbuche der Sekretarien, welche der Kanzleiinspector am Abend jeden Tages besorgen muss, ohne sich dabei der geringsten Abänderung, Einschaltung oder Weglassung anzumaassen.

Die Rubrik: Postporto, ist für dasjenige bestimmt, welches von abgehenden Sachen aus der Sportulkasse vorgeschossen wird.

Die letzte Rubrik: Pagina des Kontobuchs, ist bloss dem Sportulrendanten gewidmet, welcher davon den in dem Kassenreglement näher vorgeschriebenen Gebrauch macht.

Bei Kollegien, wo auch die Botengebühren durch die Rechnung laufen, wird für selbige eine besondere Kolonne, zwischen der 8ten und 9ten, unter dem Titel: Botengebühren, eingeschaltet.

§. 167. Des Vormittags eines jeden Siegelungstages legt der Kanzleiinspektor sämmtliche fertig gewordene Munda, nach der Folgeordnung der Nummern, zusammen; lässt sie in der Expeditionsstube von den Sekretarien kontrasigniren, und den Siegelzettel, seiner Uebereinstimmung halber mit dem Expeditionsbuche, von dem Kanzleidirektor oder Protonotarius attestiren; separirt von den Mundis die Koncepte mit ihren Originaleinlagen, und befördert sodann am folgenden Nachmittage sämmtliche Munda nebst dem Originalsiegelzettel, durch den Kanzleidiener oder Botenmeister, zur Unterschrift des Präsidii und zur wirklichen Siegelung.

§. 168. Der Regel nach müssen alle Munda, von einem Siegelungstage zum andern, nach den Nummern des Expeditionsbuches und des daraus abgeschriebenen Siegelzettels, gefertigt werden; und der Kanzleiinspektor muss mit äusserster Sorgfalt darauf sehen, dass keine derselben zurückbleibe.

§. 169. Da aber dennoch Fälle vorkommen können, wo

1) die Kanzlei mit der einen oder der andern Nummer, weil sie zu spät zur Distribution gekommen, oder wegen Weitläufigkeit der Beilagen, oder um anderer dergleichen unvermeidlicher Hindernisse willen, nicht fertig werden können; oder wo
2) eine schon in das Expeditionsbuch eingetragene Ausfertigung, weil der Extrahent sein Gesuch zurücknimmt, oder aus andern Ursachen, gänzlich wegfällt; oder
3) der Decernent die Expedition zum nochmaligen Vortrage bei dem Kollegio zurückbehalten hat; oder endlich
4) die für eine solche Ausfertigung angesetzten Gebühren bei der Revision gestrichen worden sind;

so ist es in dergleichen Fällen folgendermaassen zu halten.

§. 170. Kommt eine Nummer um deswillen nicht zur Unterschrift und Siegelung, weil sie in der Kanzlei nicht fertig geschafft werden können; so notirt der Kanzleiinspektor solche, nebst der Ursache des Zurückbleibens, auf einen besondern Zettel, welcher in dem Siegelzettel, dergestalt, dass er ohne Verletzung desselben wieder herausgenommen werden kann, befestigt wird; z. B.

No. 39. der Weitläufigkeit wegen.

§. 171. Eben so wird es gehalten, wenn eine Nummer um deswillen, weil sie der Decernent bei der Revision zum anderweitigen Vortrage zurückbehalten, nicht hat mundirt oder zur Siegelung gebracht werden können; z. B.

No. 19. ist noch bei dem Decernenten.

§. 172. Alle dergleichen bloss zurückgebliebenen Nummern müssen, bis zum nächsten Siegelungstage, ohnfehlbar herbeigeschafft, und dem Präsidio mit dem neuen Siegelzettel, und zwar zu allererst zur Unterschrift vorgelegt werden.

§. 173. Das Präsidium muss also sorgfältig darauf sehen, dass solche nicht länger zurückbleiben, und sich zu dem Ende, an jedem Siegelungstage, zugleich den vorigen Restenvermerk mit vorlegen lassen. Finden sich die darin als rückständig notirten Nummern nunmehr nachgebracht, so muss er solche in dem Vermerke ausstreichen, sonst aber die unverzügliche Nachbringung mit gehörigem Ernste betreiben.

§. 174. Kommt eine im Siegelzettel stehende Nummer um deswillen nicht mit zur Unterschrift, weil das Dekret, wegen vorzüglicher Beschleunigung, zwischen den Siegelungstagen ausgefertigt und vollzogen worden: so wird solches auf dem oben beschriebenen Vermerke ungefähr mit den Worten notirt:

No. 11. ist schon unterschrieben.

§. 175. Bleibt aber eine Nummer um deswillen zurück, weil sie gänzlich wegfällt; so wird solche auf dem Siegelzettel selbst, hinter dem Abschlusse, nebst der Ursache, warum sie cessirt, abgeschrieben; auch zugleich die wegfallende Taxe etc. etc. von dem summarischen Betrage der verschiedenen Kolonnen des Siegelzettels wiederum abgezogen; ungefähr auf folgende Weise:

Fällt weg
No. 18. - - - - - - - -
weil renuncirt worden

oder:

No, 27. - - - - - - - -
soll nur brevi manu insinuirt werden.

§. 176. Eben so wird, wenn bei der Revision eine Taxe gestrichen worden, der Betrag derselben am Schlusse des Siegelzettels von dem summarischen Betrage desselben abgeschrieben, z. B.

N. 20. cessirt die Taxe . . . . .

§. 177. Sollte es sich auch zutragen, dass eine schon mundirte Ausfertiguug, nach dem Befinden des Präsidii, noch bei der Unterschrift, aus der einen oder der andern Ursache wegfallen müsste; oder die dafür angesetzten Gebühren gestrichen würden; so muss der Präsident dergleichen Abänderung unter dem Siegelzettel eigenhändig vermerken.

§. 178. Wird aber übrigens der Siegelzettel, nach dessen Ordnung die Unterschrift geschieht, richtig befunden; so attestirt der Präsident solches durch seine Namenszeichnung; und alsdann wird die Siegelung wie gewöhnlich besorgt.

§. 179. Die gesiegelten Munda werden, nebst dem von dem Präsidenten attestirten Siegelzettel, an den Kanzleiinspektor zurückgeliefert; welcher die Stücke nachzählt, und wenn er findet, dass etwas mangelt, unverzüglich Erkundigung einzieht, wo solches geblieben sei; auch nicht eher ruhet, als bis das Fehlende zurückgebracht, und der Siegelzettel berichtigt worden ist.

§. 180. Sodann separirt er diejenigen Siegelstücke, welche dem Botenmeister, von denen, welche dem Sportulrendanten zugestellt, und von diesem bis zur Auslösung asservirt werden.

§. 181. Wenn unter ersteren einige sind, welche mit der Post abgehen und frankirt werden müssen, so lässt er sich den Betrag des Porto von dem Botenmeister anzeigen, und notirt solchen in der dafür bestimmten Kolonne des Siegelzettels.

Rescript vom 12. Juni 1835, nebst Anlage, betreffend die Verpackung der Akten bei der Versendung mit der Post.

Ungeachtet der bisher ergangenen Bestimmungen über die Verpackung und Emballage der mit den Posten zu versendenden Päckereien sind hierüber und namentlich über die Zulässigkeit der Emballage aus Packpapier bei kleinen Päckereien und Aktenversendungen doch noch mehrfache Differenzen vorgekommen, zu deren gänzlicher Beseitigung Nachstehendes festgesetzt wird.

1) Packete bis zum Gewichte von 1 Pfund, mit Ausnahme der Werthstücke, der Geldpackete und derjenigen mit zerbrechlichem, fettigem und Feuchtigkeit von sich gebendem Inhalte, können, ohne Rücksicht auf die Entfernung, in Packpapier verpackt, versiegelt und beschnürt angenommen werden;

2) auf Entfernungen bis zu 10 Meilen sollen ordinaire Packete bis zum Gewichte von 5 Pfund, mit Ausnahme der sub 1. bezeichneten, in Packpapier verpackt, mit Bindfaden beschnürt und versiegelt, ebenfalls angenommen werden;

3) Pakete von schwerem Gewichte, oder auf weitere Entfernungen, werden nur dann in Packpapier angenommen, wenn der Absender es auf seine Gefahr verlangt und wenn derselbe dieses auf der Adresse selbst bemerkt.

Behufs des zweckmäßigen und sichern Transports der kleinen in Packpapier verpackten Packete, welche in den Briefbeuteln nicht Raum finden, werden für die bedeutenderen Course nach und nach Felleisen von angemessener Größe und Einrichtung angeschafft und in Gebrauch gegeben werden, welche auf einzelnen Coursen jetzt schon versuchsweise eingeführt worden sind.

Frankfurt a. M., den 26. November 1833.

Vorstehende Bestimmungen des Herrn General=Postmeisters v. Nagler werden den Landes=Justizkollegien zur geeigneten Berücksichtigung mit der Anweisung bekannt gemacht, die Untergerichte ihres Departements in Betreff der Akten=Versendung mit den erforderlichen Anweisungen zu versehen.

Berlin, den 12. Juni 1835. (v. K. Jbrb. Bd. 45. S. 483.)

§. 182. Sind unter den dem Botenmeister zugestellten Siegelstücken einige befindlich, wovon ein Documentum insinuationis zu den Akten kommen muss, z. B. alle in Processualibus ergehenden Citationen an Parteien oder Zeugen; so muss der Kanzleiinspektor solches auf die Aussenseite des gesiegelten Mundi mit D. I. bemerken, damit der Botenmeister den Boten, welcher die Insinuation besorgen soll, instruiren könne, dass er die geschehene Insinuation unter der, bei einer jeden solchen Ausfertigung ihm besonders zuzustellenden Abschrift gehörig attestiren lasse, oder auf seinen geleisteten Eid selbst bezeuge.

§. 183. Alle dergleichen Documenta insinuationis muss der Botenmeister von den Boten einsammeln, und sie dem ersten Registrator, zur weitern Beförderung zu den Akten, zustellen.

§. 184. Uebrigens muss der Botenmeister sämmtliche, über die Post oder unmittelbar zu insinuirenden Verordnungen unter die Boten so viel als möglich gleich vertheilen; und sich vor allen unbilligen Prägravationen oder Begünstigungen sorgfältig hüten.

§. 185. Mit jedem Boten muss er ein besonderes Insinuationsbuch halten, in welchem er die jeden Tag demselben zugestellten Nummern, nebst dem Namen desjenigen, dem die Insinuation geschehen soll, einschreibt. Der Bote aber muss nach geschehener Bestellung solches, und an wen das Stück abgegeben worden, in eben diesem Buche entweder selbst notiren, oder wenn er nicht schreiben kann, durch den Botenmeister notiren lassen.

§. 186. Diejenigen Siegelstücke, welche von den Parteien sofort auszulösen sind, muss der Kanzleiinspektor dem Sportulrendanten abliefern, und demselben zugleich den Originalsiegelzettel einhändigen.

§. 187. Anlangend die Koncepte der zur Siegelung beförderten Mundorum: so legt der Kanzleiinspektor solche nach den Nummern zusammen, und liefert sie von einem Siegelungstage zum andern an den zweiten Registrator ab.

§. 188. Diese Ablieferung geschieht solchergestalt nach der Folgeordnung der Nummern des Expeditionsbuches; und es bedarf darüber keines besondern Vermerks. Wenn aber in der Reihe der Nummern die eine oder die andere noch zurückbleiben müsste; so wird dergleichen fehlende Nummer in einem besondern Ablieferungsbuche, welches der zweite Registrator in seiner Verwahrung hat, von dem Kanzleiinspektor notirt; und erst alsdann, wenn die Ablieferung wirklich erfolgt, von ihm wieder ausgestrichen.

§. 189. Der zweite Registrator trägt aus diesen Koncepten und deren Einlagen das etwa Nöthige in den Prozesslisten nach; schreibt die zurückgekommenen Piecen in der kompetenten Kolonne des Tagezettels ab; legt die Koncepte und Einlagen in gehöriger Ordnung zu den Akten; und sorgt, nach der Anweisung des §. 119., für deren Einheftung.

§. 190. Der erste Registrator muss ernstlich darauf halten, dass der Aktenhefter seine Arbeit unverzüglich besorge, und nichts liegen lasse; auch die Ordnung, in welcher die Piecen eingeheftet werden sollen, nicht konfundire; und dass die solchergestalt kompletirten Akten sofort wiederum in ihre gehörigen Fächer reponirt werden.

§. 191. Auch muss er alle Sonnabende die Tagezettel der nächst vorhergehenden Woche revidiren; über diejenigen Nummern, wo die Piecen noch nicht abgeschrieben, und also über die Zeit zurückgeblieben sind, einen Restenzettel anfertigen, und selbigen dem Präsidio zur weitern Recherche, wo die Sache liege? und zur erforderlichen Verfügung deshalb, zustellen; überhaupt aber nicht eher ruhen, als bis seine Registratur, sowohl in Ansehung der Akten, als der zum Vortrage ausgegebenen Piecen, völlig in Ordnung ist.

§. 192. Es ist nunmehr noch die dritte Art von dekretirten Memorialien übrig, welche, nach Maassgabe §. 117., aus der Session in das Sekretarienzimmer, gelangen; nämlich diejenigen, von welchen, oder den darauf angegebenen Dekreten, bloss simple Abschriften ertheilt werden sollen.

§. 193. Ist auf eine Piece zugleich eine schriftlich zu expedirende Verfügung und die Ertheilung einer simplen Abschrift, oder nur eine brevi manu oder in simpler Abschrift zu insinuirende Verordnung dekretirt; so wird selbige, wie eine jede andere Piece der zweiten Gattung behandelt. Der Sekretarius fertigt also die Expedition an; notirt darunter, zur Nachricht des Kanzleiinspektors, was für eine simple Abschrift ausserdem gegeben werden solle; und reflektirt auf die davon fallenden Kopialien bei der Bestimmung der Schreibgebühren überhaupt. Eine solche Piece nimmt alsdann den gewöhnlichen Weg durch das Expeditionsbuch und den Siegelzettel. Der Kanzleiinspektor richtet sich, bei der Distribution und Einsammlung der gefertigten Abschriften nach den obigen Anweisungen, und liefert zuletzt die Piece, gleich allen übrigen, an den zweiten Registrator zurück.

Wenn der zweite Registrator findet, dass bei einer solchen schriftlichen Expedition noch etwas, so einer Partei, einem Justizkommissarius, Assistenten etc. etc., durch solche Vorlegung (ohne Ertheilung einer Abschrift) bekannt gemacht werden soll, dekretirt ist; so muss er diese Vorlegung, noch ehe das Koncept zu den Akten gebracht wird, der Vorschrift §. 120. u. f. gemäss, besorgen.

§. 194. Ist hingegen auf eine Piece gar keine schriftliche Ausfertigung dekretirt, sondern soll dieselbe, oder das darauf angegebene Dekret, bloss in simpler Abschrift jemandem zugestellt werden; so qualificirt sie sich nicht zur Eintragung in das Expeditionsbuch, und aus diesem in den Siegelzettel, sondern sie gehört bloss in das §. 68. beschriebene Kopirbuch.

§. 195. Jeder Sekretarius muss also bei dem §. 117. beschriebenen Aussuchen die Piecen dieser Art, welche in sein Departement gehören, an sich nehmen; die davon zu entrichtenden Kopialien taxiren, und am Rande der Piece auswerfen; die Piece selbst in das Kopirbuch eintragen, und die fortlaufende Nummer desselben darauf vermerken.

§. 196. Sodann müssen die Sekretarien diese Piecen nach der fortlaufenden Nummer des Kopirbuchs an den Kanzleiinspektor befördern, welcher sie in seine Distributionstabelle sub E. unter der dazu bestimmten Kolonne einträgt; unter die Kanzlisten und Kopisten, eben so wie die Koncepte der schriftlichen Expeditionen, in gleichen Portionen distribuirt; die gefertigten Abschriften von ihnen einsammelt; unter einer jeden Kopie den Namen desjenigen, dem sie eingehändigt werden soll, vermerkt; solche dem Botenmeister zur weiteren Besorgung zustellt; die Piecen selbst aber, nach den Nummern des Kopirbuches, an den zweiten Registrator abliefert.

§. 197. Dieser verfährt damit, wie mit den aus der Expedition zurückkommenden Koncepten; trägt daraus das Nöthige in den Prozesslisten nach; schreibt die Piecen in dem Tagezettel ab; und sorgt dafür, dass solche gehörig zu den Akten gebracht werden.

§. 198. Am Ende jeden Monats muss der Kanzleiinspektor eine Abschrift dieses Kopirbuchs besorgen, solche von dem Kanzleidirektor attestiren lassen, und sie alsdann dem Sportulrendanten zustellen, welcher daraus das Nöthige in die Kontobücher der Parteien überträgt.

§. 199. Es entsteht also hieraus eine neue Rubrik in der Sportulkasseneinnahme, welche in dem Reglement vom 20. April 1782 noch nicht enthalten, und daher zwischen der XI. und XII. Rubrik einzuschalten ist. Die nach vorstehendem Paragraphen dem Rendanten zuzustellenden Extrakte des Kopirbuchs belehren denselben, was unter diesem Titel monatlich einkommen solle.

§. 200. Uebrigens wird hier noch angemerkt, dass bei allen drei Arten der aus dem Memorialienvortrage kommenden Piecen, in Ansehung ihrer Behandlung in der Expedition und Kanzlei, gar kein Unterschied statt finde: ob dergleichen Piece in der Hauptregistratur oder in das Archiv gehöre; nur dass der Kanzleiinspektor die Stücke der letztern Art, die er an dem auf der Piece bemerkten Eintragungszeichen leicht unterscheiden kann, an den Archivarius abliefern, und dieser dabei, mit Assistenz des Ingrossators, alles das beobachten muss, was im Vorstehenden den Hauptregistratur-Bedienten vorgeschrieben worden ist.

II. Von den Geschäften der Subalternen bei den zum Spruche gelangenden Sachen.

§. 201. Die zweite Art von Hauptverrichtungen der Subalternen, welche nach Maafsgabe §. 82. nunmehr abzuhandeln ist, kommt bei denjenigen Sachen vor, die zum Spruche bei dem Kollegio gelangen.

§. 202. Sobald in einer Sache die Vorlegung der Akten zum Spruche verordnet ist, muss der zweite Registrator, dem dergleichen Dekret allemal zuerst in die Hände fällt, für die Kompletirung der Akten unverzüglich sorgen, und solche sodann nebst dem Dekrete dem ersten Registrator zustellen.

§. 203. Dieser verrichtet eben so ungesäumt die Eintragung der Akten in das §. 44. umständlich beschriebene Distributionsbuch, und legt die Akten in das oben §. 20. litt. b. dafür bestimmte Fach bereit.

§. 204. Es versteht sich von selbst, dass bei Kollegien, die aus mehr als Einem Senate bestehen, für jeden Senat ein besonderes Distributionsbuch zu halten sey; auch kann bei solchen Kollegien zwischen den Kolonnen 2 und 3 noch eine Kolonne, unter der Rubrik: Anzahl der Voluminum, eingeschaltet werden, in der die Registratur diese Anzahl, ingleichen die etwa mitgegebenen Acta adhibenda zu notiren hat.

§. 205. Der Präsident muss in jeder Woche einen ihm bequemen Tag, jedoch ein- für allemal, aussetzen, an welchem ihm der erste Registrator das Distributionsbuch mit den Akten vorlegen soll. Es muss also die Distribution wöchentlich einmal ganz unfehlbar erfolgen.

§. 206. Noch an dem nämlichen Tage, wo distribuirt worden, oder spätestens den folgenden Vormittag, muss der erste Registrator auf jedes Stück Akten einen Zettel befestigen, worauf die Nummer des Distributionsbuchs, der Name des ernannten Referenten, wie auch des Korreferenten, wenn einer bestellt worden, ingleichen das Datum Distributionis bemerkt ist. Alsdann muss er die für jeden Referenten bestimmten Akten zusammen packen, versiegeln und solchergestalt an die Behörde unverzüglich befördern lassen.

§. 207. Der Referent ist schuldig, wenn die Relation fertig ist, und von ihm dem Präsidio übergeben wird, zu gleicher Zeit die Akten wiederum zur Registratur abliefern zu lassen. Ist aber ein Korreferent bestellt; so muss er diesem Acta zuschicken, und der Korreferent muss hiernächst, nach verfertigter und präsentirter Korrelation, die Ablieferung der Akten zur Registratur besorgen.

§. 208. Der erste Registrator übernimmt dergleichen zurückkommende Akten, löscht sie in dem Distributionsbuche unter der §. 204. bemerkten Kolonne, und reponirt sie sofort wiederum in die gehörigen Fächer.

§. 209. Nach jeder Session muss der erste Registrator das Distributionsbuch nachsehen: ob etwa, nach dem in der kompetenten Kolonne gemachten Vermerke des Präsidenten, Re- oder Korrelationen eingekommen sind, von welchen er Acta noch nicht zurück erhalten hat. Findet er dergleichen; so muss er die Akten dem säumigen Re- oder Korreferenten, welcher dem Boten den Gang bezahlen muss, unverzüglich abfordern lassen.

§. 210. Wenn die Relation abgelesen werden soll, und der Registrator zu solchem Behufe Acta in das Sessionszimmer verabfolgt hat; so müssen selbige, nach geschehener Verlesung, entweder sofort zur Registratur remittirt werden, oder wenigstens auf dem Tische liegen bleiben, damit sie der Registrator, nach geschlossener Versammlung, daselbst wiederum abholen könne.

§. 211. Findet der Referendar nöthig, die Akten zur Abfassung des Urtels wieder mit nach Hause zu nehmen; so muss er an deren Stelle eben einen solchen Zettel, als §. 106. beschrieben ist, zurück, und dem Registrator einhändigen lassen.

§. 212. Der erste Registrator sorgt also dafür, dass die zum Ablesen gebrauchten Akten, nach geendigter Zusammenkunft des Kollegii oder Senats, wieder in die Registratur geschafft, und gehörigen Orts reponirt werden. Die ex §. anteced. an ihn gelangenden Zettel aber vermerkt er in dem Annotationsbuche.

§. 213. Alle bei dem Kollegio abgefassten Urtel und Resolutionen werden, nach der Anweisung des Sportulkassenreglements §. 18. u. f., in die Urtelsbücher eingetragen.

§. 214. Nach einer jeden Zusammenkunft des Kollegii muss sich der Kanzleidirektor oder Protonotarius, in das (oder die) Sessionszimmer verfügen, und daselbst die eingetragenen Urtel und Resolutionen, die er auf dem Rathstische findet, nach der Anweisung der Bücher kolligiren.

§. 215. Sodann separirt er

1) diejenigen, welche unter dem grossen Siegel des Kollegii expedirt;
2) diejenigen, welche bloss in simpler Abschrift den Parteien und Assistenten kommunicirt werden sollen.

§. 216. Die von der ersten Art trägt er sofort in das Expeditionsbuch ein, notirt die fortlaufende Nummer desselben, den Betrag der Taxe für die Ausfertigung des Stempels und der in der Kanzlei anzusetzenden Schreibegebühren, auf dem Originale; und stellt solches alsdann dem Kanzleiinspektor, zur weitern Besorgung, zu.

§. 217. Ist auf dergleichen Urtel oder Resolution zugleich ein Remissoriale an ein fremdes Kollegium dekretirt; so muss er solches, nach dem dazu vorhandenen Formulare expediren; in das Expeditionsbuch, jedoch, wie sich von selbst versteht, unter einer besonderen Nummer, eintragen; und es dem Kanzleiinspector, mit dem Originalurtel zugleich, zustellen.

§. 218. Da solchergestalt die unter dem Siegel zu expedirenden Urtel und Resolutionen in das Expeditionsbuch, und aus diesem in den Siegelzettel kommen; so nehmen sie in der Kanzlei eben den Weg, wie jede andere schriftliche Expedition, und werden gleichmäfsig, bis zur Ablieferung in die Registratur, kontrollirt.

§. 219. Wenn von dergleichen Urteln etc., ausser der Expedition unter dem Siegel, noch simple Abschriften für die Assistenten oder Parteien zu machen sind; so muss der Kanzleidirector, bei Taxirung der Kopialien, darauf Rücksicht nehmen; und ob, auch wie viel dergleichen simple Abschriften gemacht werden sollen, auf dem Originale notiren. Dergleichen Abschriften werden alsdann in der Kanzlei eben so behandelt, wie die Beilagen oder Kommunikanda eines andern Dekrets.

§. 220. Sentenzen und Resolutionen der zweiten Art, die zur Ausfertigung nicht qualificirt sind, trägt der Kanzleidirector in das Kopirbuch ein, und übergiebt sie alsdann, nach den Nummern dieses Buchs, dem Kanzleiinspector.

§. 221. Der Kanzleiinspector trägt solche, gleich andern durch das Kopirbuch an ihn gelangenden Piecen, in seine Distributionstabelle unter die dafür bestimmte Kolonne ein; vertheilt sie unter die Kanzleiverwandten; sammelt sie von selbigen darnach wieder ein; vermerkt auf die Abschriften die Namen derjenigen, welchen sie zuzustellen sind; behändigt solche dem Botenmeister zur weitern Besorgung; versieht die Originalien mit den erforderlichen gehörig überschriebenen Stempelbogen; und liefert sie zuletzt, nebst andern auf das Kopirbuch sich beziehenden Piecen, nach den Nummern dieses Buchs, an den Registrator ab.

§. 222. Dieser trägt das Erforderliche in den Prozesslisten nach, und sorgt dafür, dass solche unverzüglich zu den gehörigen Akten geheftet werden.

§. 223. Am Ende jeden Monats besorgt der Kanzleiinspektor, nach der Anweisung des Sportulkassenreglements §. 46., vollständige Extrakte aus jedem Urtelsbuche, nach dem daselbst vorgeschriebenen Formulare sub C.; lässt solche von dem Kanzleidirector, der Uebereinstimmung mit den Büchern halber, attestiren; und behändigt sie alsdann dem Sportulrendanten als Einnahmebelege und zur Uebertragung in die Kontobücher.

§. 224. Diess Formular sub C. ändert sich jedoch nach der gegenwärtigen Anweisung darin, dass die neunte Kolonne: Kopialien, gänzlich wegfällt. Denn da die Schreibegebühren von den Urteln und Resolutionen entweder in das Expeditions- oder Kopirbuch kommen, und auf diese Art dem Rendanten zur Einziehung bekannt werden; so bedarf es ferner nicht deren Eintragung in das Urtelsbuch.

§. 225. Damit auch der hierdurch vorgeschriebene Gang der Geschäfte nicht unterbrochen werden möge; so soll künftig, in einer Sentenz oder Resolution, niemals zugleich eine schriftlich zu expedirende Verfügung angegeben werden; sondern wenn das Kollegium, auf den Grund des abgefassten Urtels oder Resoluti, zugleich eine gewisse anderweitige Verfügung zu erlassen nöthig findet; so muss der Referent solche auf einem besonderen Bogen dekretiren, und an den expedirenden Secretarius befördern; von welchem sie alsdann, durch das Expeditionsbuch und den Siegelzettel, den gewöhnlichen Weg nimmt.

III. Von den verschiedenen anderen Geschäften der Subalternen.

§. 226. Unter diesem Abschnitte soll noch gehandelt werden:
1) von der Berechnung des bei einem Kollegio verbrauchten Stempelpapiers;
2) von der Berechnung und Vertheilung der Schreibegebühren unter die Kanzleiverwandten;
3) von der dem Kanzleidirektor über die sämmtlichen Subalternen obliegenden Aufsicht.

§. 227. Stempelpapier wird bei einem Kollegio gebraucht:
a. zu den schriftlichen Ausfertigungen;
b. zu den Informations-, ingleichen zu den Instructions- und Inrolutationsprotokollen;
c. zu den ad Acta kommenden Sentenzen und Vergleichen;
d. bei vorfallenden Kommissionen.

§. 228. Alle diese Stempelbogen muss der Kanzleiinspektor liefern und berechnen; und ausser ihm soll sich, um Konfusion zu vermeiden, Niemand weiter in dieses Geschäft mischen. Dagegen erhält er die von der Stempelkammer für den Debit bewilligte gewöhnliche Prämie.

§. 229. Er allein liefert also auch die Stempelbogen an diejenigen, welche davon Gebrauch zu machen haben; muss aber zugleich in einer besonders zu haltenden Designation den Betrag der extradirten Stempel, wann und zu welchem Behufe sie gegeben worden, vermerken.

§. 230. In Ansehung derjenigen Stempel, welche zu den schriftlichen Ausfertigungen, und also in den Siegelzettel kommen, oder den Sentenzen umgeschlagen, oder bei Kommissionen gebraucht werden, geschieht dieser Vermerk bloss mit Beziehung auf die Nummer des Expeditions-, Kommissions- oder Urtelsbuchs, z. B.

Nr. 27. E. - - - - 4 Gr.
Nr. 11. U. - - - - 1 Gr.

§. 231. Was aber diejenigen Stempel betrifft, welche zu den Informations-, ingleichen zu den Instructions- und Inrotulationsprotokollen genommen werden; so muss der Kanzleiinspektor solche in seine Stempeldesignation etwas bestimmter eintragen, und den Vermerk z. B. dahin fassen:

Zum Instruktionsprotokolle N. c. N. - 8 Gr.

Auch muss er, da dieses die einzige Art der Stempel ist, die zwar in folle, unter den Instruktionsgebühren, nach §. 25. des Sportulkassenreglements, aber nicht specifice, durch die Einnahmebelege des Rendanten kontrollirt wird, sich über die dem Instruenten verabfolgten Stempel jedesmal einen Schein von selbigem ertheilen lassen.

§. 232. Am Ende jeden Monats muss er dem Rendanten die Stempeldesignation zustellen, welcher solche mit seinen Einnahmebelegen, nämlich den Siegelzetteln, den Extrakten des Kommissions-, Urtels- und Kopirbuchs; in Ansehung der Instruktions- und Informationsstempel aber mit den producirten Scheinen vergleicht, und, nach befundener Richtigkeit, dem Kanzleiinspektor den Betrag der Designation aus der Sportulkasse berichtigt. S. das Sportulkassenreglement §. 101.

§. 233. Die Berechnung und Vertheilung der Schreibegebühren unter die Kanzleiverwandten (§. 226.) gehört ebenfalls zu dem Amte des Kanzleiinspektors.

§. 234. Es ist nämlich bereits oben §. 156. u. f. 196. 221. verordnet, dass alle Schreibereien, ohne Unterschied und Ausnahme, sie mögen schriftliche Expeditionen, Decreta brevi manu, simple Abschriften, Urtel und Resolutionen, oder Berichte, Deduktionen und Anzeigen der Assistenten betreffen; sie mögen Gebühren tragen oder nicht, und sie mögen im Expeditions- oder Kopirbuche eingetragen seyn, unter die wirklich angesetzten Kanzlisten und Kopisten, nach der Zahl der Bogen, in gleiche Portionen distribuirt werden; und dass ein jeder Kanzleiverwandter seine Portion, von einem Siegelungstage zum andern, schlechterdings abliefern; auch dass derjenige, welcher dieselbe nicht bestreiten kann, das Fehlende auf seine Kosten durch einen andern vereideten Kopisten schreiben lassen müsse.

§. 235. Am Ende jeden Monats werden die sämmtlichen in dem Laufe desselben verdienten Kopialien, aus dem Expeditions- und dem Kopirbuche, in welchem sie nunmehr vollständig eingetragen sind, zusammen addirt, und in so viel gleiche Portionen gesetzt, als wirkliche Kanzleiverwandten, an Kanzlisten und Kopisten, vorhanden sind.

Jeder Kanzlist erhält davon eine ganze, und jeder Kopist eine halbe Portion; die zweite Hälfte von den Portionen der Kopisten aber bleibt in der Sportulkasse.

§. 236. Nach diesen Principien fertigt also der Kanzleiinspektor monatlich die Repartition der Schreibegebühren an, und stellt sie dem Sportulrendanten zu; welcher den dabei zum Fusse angenommenen summarischen Betrag der nach den Siegelzetteln und dem Kopirbuche in diesem Monate einkommen sollenden Schreibegebühren mit diesen seinen Einnahmebelegen vergleicht, und, nach richtigem Befunde, die Zahlung, nach der Repartition, an die darin benannten Empfänger leistet.

§. 237. Diese monatlichen Repartitionen und die darauf notirten Quittungen der Empfänger sind also die Belege, womit der Rendant, nach §. 102. des Sportulkassenreglements, diesen Ausgabetitel in seiner Rechnung justificiren muss.

§. 238. Damit nun aber auch alle Vorschriften dieses Registratur- und Kanzelleireglements mit der erforderlichen Akkuratesse und Promptitude durchgehends beobachtet werden mögen; so ist bereits oben §. 1. dem Kanzleidirektor die Aufsicht über sämmtliche Subalternen als seine Hauptobliegenheit angewiesen worden.

§. 239. Der Kanzleidirektor muss also zuvörderst die Registratur fleissig visitiren und nachsehen, ob die Akten in gehöriger Ordnung gehalten, und in den kompetenten Fächern aufbewahrt; für deren Ergänzung von einem Sessionstage zum andern unablässig gesorgt; die Rotuli bei den Akten beständig fortgetragen; die Tagezettel ordentlich und vorschriftsmässig geführt, und die Sachen so, wie sie zur Registratur gelangen, darin prompt eingetragen; die ausgegebenen und wieder einkommenden Piecen und Akten richtig abgeschrieben; die etwa zurückbleibenden fleissig monirt; die Prozesslisten und übrigen Repertoria ununterbrochen fortgeführt; und überhaupt die Anweisungen der Allgemeinen Gerichtsordnung, so wie des gegenwärtigen Reglements, von den Registraturbedienten gehörig befolgt werden.

§. 240. Er muss ferner auf das Betragen der Sekretarien in ihrem Amte fleissig Acht haben; die Expeditions- und Kopirbücher zum öftern nachsehen, und sich daraus überzeugen, ob auch dieselben mit der vorgeschriebenen Ordnung und Akkuratesse geführt, und die Expeditionen prompt gefördert werden; er selbst aber muss dabei, in seiner Qualität als Sekretarius, den Uebrigen mit gutem Exempel vorgehen.

§. 241. Auch den Kanzleiinspektor muss er unter beständiger Aufsicht halten, und Acht geben, ob derselbe bei Distribution der Koncepte, Einsammlung der Mundorum, Beförderung derselben zur Unterschrift und Siegelung, und bei Ablieferung der Koncepte zur Registratur, mit pflichtmässiger Akkuratesse, Fleiss und Betriebsamkeit zu Werke gehe; auch dass durch Unordnung, Faulheit oder Gewinnsucht der Kanzleiverwandten, die Ausfertigungen nicht ungebührlich verzögert werden, oder gar liegen bleiben.

§. 242. Was dem Kanzleidirektor in Ansehung der zu führenden Präsenztabelle obliege, ist bereits oben §. 5. u. f. vorgeschrieben.

§. 243. Wenn der Kanzleidirektor in dem einen oder andern Fache Unordnungen wahrnimmt; so muss er selbige mit Nachdruck abstellen; wenn es aber Sachen von Wichtigkeit betrifft, davon dem Präsidenten auf seine Pflicht und bei eigener Vertretung, ohne Rückhalt und Schonung zur Remedur unverzüglich Anzeige machen.

§. 244. Hierdurch wird jedoch der Präsident von der ihm obliegenden Oberaufsicht über die sämmtlichen Subalternen keinesweges dispensirt, sondern er ist schuldig, wenigstens einmal in jeder Woche, die Registraturen und die Kanzlei selbst zu visitiren, und genau nachzusehen, ob auch alles in gehöriger Ordnung, den Vorschriften gemäss, betrieben werde; allermaassen, so wie Se. Königliche Majestät eine ordentliche und prompte Verwaltung des Justizwesens überhaupt, von Höchstdero Grosskanzler fordern, also dieser sich an die Präsidenten der Kollegien deshalb hauptsächlich halten, folglich auch von ihnen die Vertretung der unter den Subalternen einreissenden Unordnungen fordern wird.

Es müssen sich also sämmtliche Landesjustizkollegia und deren Präsidenten, vornehmlich aber sämmtliche Registratur- und Kanzleibediente, auch übrige Subalternen nach den Vorschriften des gegenwärtigen Reglements pflichtmässig achten. Damit man versichert seyn könne, dass sie sich diese Vorschriften genau bekannt gemacht haben; so muss jedem Sekretär, Registratur- und Kanzleibedienten, wenn er zu einem solchen Amte befördert werden soll, aufgegeben werden, einen Extrakt der ihm dabei nach dieser Vorschrift obliegenden Verrichtungen, und was er bei jeder derselben zu beobachten habe, anzufertigen und einzureichen. Diese Extrakte muss der Präsident nachsehen und beurtheilen, ob der Koncipient die ihn betreffenden Stellen und Anweisungen vollständig excerpirt und richtig gefasst habe. Wo er Missverständnisse wahrnimmt, muss er selbige rektificiren; und es soll schliesslich niemand künftig als Registraturbedienter, Kanzlist oder Kopist angenommen und vorgeschlagen werden, der nicht zuvörderst aus dem gegenwärtigen Reglement gehörig geprüft worden, und durch dergleichen vollständig und richtig angefertigten Extrakt gezeigt hat, dass er sich den Inhalt desselben bekannt und geläufig gemacht habe.

A.

Schema zum Tagezettel.

No. und Vermerk der ausgegebenen Akten.	Praesentatum	Inhalt.	Decernens.	Stempel. thl.	sgr.	pf.	Vermerk ob und wann die Piece zurückgekommen.
		d. 1. Dec. 1815.					
1. D. A.	28. Nov.	Anmeldung zur Klage in Causa Scholz c. Lorenz.	Cajus	—	—	6	A. d. 5. Dec
2. A. 17. 1. Vol. R.	eod.	Anzeige des Titius ad Causam Aaron c. Schwarz.	Mevius	—	1	—	A. d. 6.
3. 1. Vol. Requ. Act. R.	eod.	Anschreiben der Preussischen Regierung ad Causam Samuel c. Martin.	Sempron.	Pauper			A. eod.

B.
Schema des Expeditionsbuches.

No.	Datum Decreti.	Extrahent	Inhalt 1815.	Taxa.			Stempel.			Kopialien.		
				thl.	sgr.	pf.	thl.	sgr.	pf.	thl.	sgr.	pf.
1.	1. Dec.	Lorenz.	d. 1. Dec. Citatio an den Scholz ad Caus. c. Lorenz.	1	—	—	—	6	—	—	4	—

C.

Schema des Kopirbuches.

No, Extrahent.	Inhalt.	Schreibgebühren. thl.	sgr.	pf.	Stempel. sgr.	pf.
1) Mevius	Abschrift des Instruktions-Protokolls in Causa Mevius c. Titium	—	6	—	—	—
2) Titius	Duplikat eben desselben	—	6	—	—	—
3) Aaron	Copia sententiae Aaron c. Isaac	—	2	—	—	—
4) Isaac	Duplikat davon	—	2	—	—	—
5) Scholz	Decret. br. m. auf die Anzeige des Sempronius in Causa Scholz c. Marcus .	—	2	—	—	—

D.
Schema zum Revisionsjournal.

d. 1. November.	
Hr. C. G. Rath N.	No.
Hr. C. G. Rath N. N.	No.

E.

Schema
zur Distributionstabelle des Kanzlei-Inspektors.

Datum distributionis und Namen der Kanzleiverwandten.	Aus dem Siegelzettel.	Aus dem Kopirbuche.
d. 1. December. Kanzlist N.	No. 1—10. 17. 18. 25.	No. 3. 6. 8.
Kanzlist N.		

Verordnungen

wegen

Einreichung der Uebersichten und Tabellen

über den

Zustand der Justiz-Verwaltung.

Ministerial-Verordnung vom 31. Okt. 1836, wegen Einreichung der Uebersichten und Tabellen über den Zustand der Justizverwaltung.

Der Justiz-Minister hat die Verordnung vom 31. Oktober 1833. wegen Einreichung der Uebersichten und Tabellen über den Zustand der Justizverwaltung und deren Erläuterungen einer genauen Revision unterworfen, und dabei gefunden, daß die nach derselben einzureichenden Berichte, Listen und Tabellen sich im Allgemeinen als zweckmäßig und nothwendig bewährt haben. Um die dabei zur Vervollkommnung des gerichtlichen Tabellenwesens und zur Erleichterung der Gerichtsbehörden nöthig befundenen Abänderungen der Verordnung vom 31sten Oktober 1833. zur Kenntniß der Gerichte zu bringen, und ihre Befolgung zu erleichtern, ist nachstehende neue Zusammenstellung aller das gerichtliche Tabellenwesen betreffenden Anordnungen veranlaßt worden.

A. Von den Untergerichten sind an die Obergerichte einzureichen:

I. Eine Haupt-Uebersicht der im abgelaufenen Geschäfts-Jahre — welches vom 1sten Dezember bis zum letzten November des folgenden Jahres gerechnet wird — vorgekommenen Arbeiten, statt der bisherigen General-Prozeßtabelle, nach dem anliegenden Formular. (Beilage A.)

Sie ist von jedem Untergericht, welches eine selbstständige Stellung hat, spätestens bis zum 15ten Dezember jeden Jahres einzusenden.

Bei den kleinern Patrimonialgerichten sind auf dem Titelblatt die auf dem Formular beigefügten Notizen zu berücksichtigen. Statt derselben ist bei den Königlichen und aus Justiz-Fonds unterhaltenen Gerichten, so wie bei den größeren Privatgerichten, welche für sich allein einen besondern Richter haben (z. B. Kreisgerichte), eine besondere Uebersicht der Jurisdiktions-Verhältnisse in nachstehender Art beizufügen:

1) zum Gerichtsbezirk gehören:

A. Städte

1) N. N. mit .... Einwohnern.

B. Dorfschaften

1) N. N. .... =

2) N. N. .... =

Summa ..

Gehören zu dem Gericht auswärtige Gerichts-Kommissionen, Gerichtsämter u. s. w., so müssen diese Hinsichts ihres Gerichtssprengels aufgeführt werden. Eben so ist anzugeben, ob und wie oft auswärtige bestimmte Gerichtstage an einzelnen Orten im Bezirk des Gerichts abzuhalten sind. Die Zahl der Einwohner ist stets nach der letzten allgemeinen Zählung von Seiten der administrativen Behörden anzugeben, so daß sie mit dieser stets übereinstimmt;

2) das Beamten-Personal besteht in:

einem Direktor,

Mitgliedern,

Subalternen,

Unterbeamten (Gerichtsdienern, Exekutoren, Boten, Gefangenwärtern).

Die Depositalbeamten sind besonders zu bezeichnen.

Dabei ist zugleich anzugeben, wie oft Deposital-Tag abgehalten wird.

Außerdem müssen die nicht etatsmäßigen Hülfsarbeiter, Referendarien und Auskultatoren, welche sich wenigstens am Schlusse des Jahres bei dem Gericht befinden, jede Klasse derselben, der Zahl nach, angezeigt werden.

3) Bemerkungen über das vom Gericht benutzte Geschäfts-, Deposital- und Gefängniß-Lokal, bei letzterm mit Angabe der Zahl der darin unterzubringenden Gefangenen.

Die Kriminalgerichte und Kreis-Justizräthlichen Behörden, oder Kreis-Justiz-Kommissionen, insofern letztere selbstständig Prozesse und Untersuchungen einzuleiten und zu führen befugt sind — haben dergleichen Haupt-Uebersichten der Jurisdiktions-Verhältnisse und der bei ihnen bearbeiteten Geschäfte, insoweit solche in dem Formular berücksichtigt worden sind, ebenfalls einzureichen. Als anhängige Untersuchungen sind bei ihnen auch diejenigen, jedoch besonders, aufzuführen, welche zwar von den Untergerichten eingeleitet und geführt, zur Fortsetzung aber an das Kriminalgericht abgegeben worden sind.

Auch ist hinsichts der von den Kriminalgerichten und Kreis-Justizräthlichen Behörden geführten Prozesse und Untersuchungen zu bemerken, ob und in wie vielen Sachen das Erkenntniß:

a) von ihnen selbst,
b) von dem Obergericht,
c) von einem Königlichen Untergericht

abgefaßt worden ist.

Dieser Haupt-Uebersicht sind beizulegen:

1) die Liste der überjährigen Prozesse und Nachlaß-Regulirungen.

In diese sind am Schlusse des Monats November alle diejenigen Prozesse und Nachlaß-Regulirungen (No. I. und IV. des Formular A.) einzutragen, welche von dem Gericht schon seit länger als einem Jahre, also vor dem 1sten Dezember des vorigen Jahres eingeleitet worden sind.

Nicht bloß gewöhnliche Civil-Prozesse, sondern auch Konkurse, Liquidations- und Subhastations-Prozesse, so wie Prioritäts-Verfahren, gehören hierher. Sie sind nach den verschiedenen Gattungen hinter einander aufzuführen, sodann folgen die Nachlaßsachen; ihre Gesammtzahl muß mit den Angaben in den betreffenden Kolonnen der Haupt-Uebersicht übereinstimmen.

Sie muß folgende Rubriken haben:

1) No.
2) Angabe der Partheien und des Objekts,
3) Datum der Klage und der Verfügung, durch welche die Sache eingeleitet worden,
4) kurze Darstellung der jetzigen Lage der Sache,
5) Ursachen der bisherigen Verzögerung.

Die 4te und 5te Kolonne ist vom Dirigenten des Gerichts selbst auszufüllen.

Sie ist — wenn überhaupt am Schlusse des Jahres überjährige Prozesse und Nachlaß-Regulirungen schweben — von jedem Gericht einzureichen;

2) eine Uebersicht der stattgefundenen Vertheilung der zu bearbeiten gewesenen Geschäfte nach dem anliegenden Formular. (Beilage B.)

Sie wird nur von denjenigen Gerichten eingereicht:

a) welche mit mehr als einem Richter besetzt sind, oder
b) bei welchen neben dem Richter auch einzelne Subalternen, Referendarien und Auskultatoren richterliche Geschäfte bearbeitet haben.

Die aus Justiz-Fonds unterhaltenen Untergerichte, die Kriminalgerichte und Kreis-Justizräthlichen Behörden haben vorstehend erwähnte Haupt-Uebersicht der Jurisdiktions-Verhältnisse, Geschäfte und deren Vertheilung stets in zwei Exemplaren einzusenden, damit eins davon an den Justiz-Minister eingereicht werden kann.

II. Civil- und Kriminal-Referat-Tabellen. Sie sind vierteljährig zum 15ten März, 15ten Juni, 15ten September und 15ten Dezember von den sämmtlichen Untergerichten, welche ein Kollegium bilden oder doch zwei Richter haben, einzureichen.

Das für die Obergerichte vorgeschriebene Formular ist auch bei den Untergerichten zu benutzen. *)

III. Statt der bisher von den Untergerichten in Untersuchungs-Sachen eingereichten Geschäfts-Tabellen sind künftig von sämmtlichen Untergerichten einzureichen:

1) eine vierteljährige Gefangenliste am 1sten März, 1sten Juni, 1sten September und 1sten Dezember nach folgenden Kolonnen:

a) No. welche das ganze Jahr hindurch fortläuft; — die Uebertragung aus einer Vierteljahrs-Liste in die andere erfolgt unter der alten Nummer.
b) Name, Stand und Alter des Gefangenen.
c) Tag der Einbringung.
d) Von wem der Verhaftsbefehl erlassen worden.
e) Grund der Verhaftung.
f) Tag des publizirten Erkenntnisses.
g) Strafbestimmung.
h) Tag der Entlassung oder Ablieferung.
i) Ob und womit, oder warum der Gefangene nicht beschäftigt worden ist.

---

*) S. die weiter unten folgenden Rescripte vom 27ten September 1832 und 16ten Februar 1833 nebst Formular zur Nachweisung der bearbeiteten Spruchsachen.

Bei den länger als drei Monate verhafteten Gefangenen ist die Lage der Untersuchung speziell anzugeben.

2) eine am Schlusse jedes Geschäftsjahres bis zum 15ten Dezember einzureichende Spezial-Liste aller überjährigen Untersuchungen nach dem der Kriminal-Ordnung beigefügten Schema zur Kriminal-Prozeß-Liste;

3) die von den Civilgerichten in die Haupt-Uebersicht der Geschäfte (No. I. dieser Verfügung, Beilage A. unter No. II.) aufzunehmende, von den Kriminalgerichten bis zum 15ten Dezember besonders einzureichende Uebersicht der bei dem Gericht im Laufe des Jahres überhaupt anhängig gewesenen Untersuchungen, und als besondere Beilagen dieser Uebersicht:

a) Uebersicht der im letzten Jahre neu eingeleiteten Untersuchungen nach den Gattungen der Verbrechen. (Beilage F. I.)

b) Uebersicht der Gesammtzahl der Angeschuldigten nach Geschlecht, Alter und Religion und nach den Resultaten des letzten Erkenntnisses bei den beendigten Untersuchungen. (Beilage F. II.)

c) Uebersicht der neu eingeleiteten Untersuchungen, wegen Verbrechen:

aa) welche Zoll- und Steuer-Defraudationen zum Gegenstande haben;

bb) durch den Schleichhandel hervorgerufen worden sind, und Tödtung oder Verletzung von Grenz-Beamten oder von Defraudanten zur Folge gehabt, oder Zeugen-Bestechungen, falsches Zeugniß oder Meineid veranlaßt haben;

cc) welche Tödtung oder Verletzung von Königlichen und Privat-Forst-Beamten, oder von Forst-Defraudanten und Wilddieben zur Folge gehabt haben. (Beilage F. III.)

IV. Die Jahres-Abschlüsse und Rechnungs-Extrakte der Salarien-Kasse, welche von den mit besondern Kassen-Etats versehenen Untergerichten nach der Verordnung vom 11ten Februar 1828. u. s. w. anzufertigen sind, müssen zwischen dem 1sten bis 15sten Februar bei dem Obergericht eingehen.*)

Die unbesoldeten Kreis-Justizräthe haben mit der Geschäfts-Uebersicht einen Abschluß ihrer Rechnungsbücher einzureichen. (Rescr. vom 26sten August 1834. Jahrb. Bd. 44. S. 117.)**)

V. Die Konduiten-Listen nach dem für Obergerichte vorgeschriebenen Formular.

Sie sind jedoch nur einzureichen:

1) von den Dirigenten der sämmtlichen Königlichen und aus Staats-Fonds unterhaltenen Untergerichte, Kriminalgerichte, Kreis-Justiz-Kommissionen,
über alle etatsmäßige Beamte und die aus Staats-Fonds remunerirten Hülfs-Arbeiter, über Referendarien und Auskultatoren;

2) von den nach der Verordnung vom 30sten November 1833 angestellten Kreis-Justizräthen über sämmtliche im Kreise wohnende Justiz-Beamte, Subalternen und Justiz-Kommissarien;

3) von den Dirigenten der kollegialisch oder von zwei Richtern verwalteten Privatgerichte,
über die richterlichen und auf Lebenszeit angestellten Subalternen-Beamten, Referendarien und Auskultatoren;

und zwar stets an das Präsidium des Obergerichts bis zum 15ten Dezember.

VI. Hinsichts der nach dem Cirkular-Rescript vom 2ten April 1832. und der Verfügung vom 31sten October 1833. (A. IV.) von den Untergerichten an die Obergerichte einzureichenden Jahres-Abschlüsse der Depositorien nebst Beilagen, bleibt es jedem Obergericht überlassen, näher zu bestimmen:

a) ob solche von den sämmtlichen oder einzelnen aus Staatsfonds unterhaltenen Untergerichten, und

b) für jedes Jahr oder nur ausnahmsweise für ein oder das andere Jahr zu erfordern sind.***)

VII. Ebenso bleibt es der Bestimmung der Obergerichte überlassen, ob und von welchen Untergerichten die früher üblich gewesenen Vormundschafts-Tabellen einzufordern sind.

Dagegen ist

VIII. von sämmtlichen Gerichten, bei welchen die noch nicht beendigten Prozesse, Untersuchungs- oder Nachlaß-Regulirungen seit länger als drei

---

*) S. weiter unten die Zusätze zu A. IV.

**) S. weiter unten den Zusatz zu A. VI.

***) S. weiter unten den Zusatz zu A. VIII.

Jahren anhängig sind, jährlich bis zum 15ten Dezember eine spezielle Liste dieser Sachen, nach Maaßgabe der vom Justiz-Minister unterm 31sten August v. J. erlassenen Verfügung, einzureichen.

IX. Einen Jahresbericht über den Zustand der Justizverwaltung in den Hauptgegenständen derselben, so wie über die etwa nothwendigen oder zweckmäßigen Veränderungen in der Geschäftsverwaltung, bei dem Beamten-Personal, dem Geschäfts-Lokal u. s. w., dessen Einreichung bis Ende Dezember erfolgen muß — sind nur die Dirigenten der formirten Untergerichte, der Kriminalgerichte, so wie derjenigen Gerichte, bei welchen zwei Richter angestellt sind, zu erstatten verpflichtet. Es steht jedoch den einzeln stehenden Königlichen und nicht Königlichen Richtern frei, dergleichen Jahresberichte auch zu erstatten, wenn sie dies in dem einen oder anderen Jahre für zweckmäßig erachten.

Auf die Einreichung vorstehender Geschäftsberichte und Uebersichten ist mit aller Strenge zu halten. Statt der unter I. II. III. erwähnten Uebersichten und Listen sind event. Negativ-Atteste oder Berichte einzureichen. Wird die bestimmte Frist überschritten, so ist zu vermuthen, daß sich das Registraturwesen und die gesammte Geschäftsverwaltung bei dem säumigen Gericht in Unordnung befindet. Dies ist durch angemessene — im Allgemeinen im Voraus anzudrohende — und sogleich einzuziehende Ordnungsstrafen sofort zu rügen. Außerdem ist bei diesen Gerichten sobald als möglich eine genaue Geschäfts- und Kassen-Revision vorzunehmen.

Die Dirigenten und Richter sind für die Richtigkeit der eingereichten Geschäftstabellen und Uebersichten besonders verantwortlich zu machen und anzuweisen:

sich von der Richtigkeit der Angaben durch eigene Einsicht und Vergleichung der betreffenden Repertorien, Journale und vorjährigen Listen gehörig zu überzeugen.

Alle Listen und Uebersichten sind übrigens auf Papier zu schreiben, welches das gewöhnliche Akten-Format hat.

Im Allgemeinen wird gestattet, die Geschäfts-Tabellen und Listen der kleinern, mit einem größern Gerichte in Verbindung stehenden Untergerichte bei diesem, und nicht unmittelbar bei dem Obergericht einreichen zu lassen. Dies gilt namentlich von den Königlichen Gerichts-Aemtern und Gerichts-Kommissionen. Das Hauptgericht hat in diesem Falle die Resultate der bei ihm eingereichten Tabellen und Uebersichten in die eigenen bei dem Obergericht einzureichenden, jedoch abgesondert, aufzunehmen.

Die bei dem Obergericht zum Vortrag kommenden Untergerichts-Tabellen, Uebersichten u. s. w. sind von dem Decernenten einer genauen Prüfung zu unterwerfen. Sie sind daher mit den früher eingereichten zu vergleichen und zur Kontrollirung der Thätigkeit der Gerichtsbehörden zu benutzen.

Insbesondere erfordern die Speziallisten über die seit längerer Zeit schwebenden Prozesse, Nachlaß-Regulirungen und Untersuchungen eine sorgfältige Berücksichtigung. Sind die angegebenen Gründe der noch nicht erfolgten Erledigung nicht befriedigend, so sind die Akten zur Einsicht einzufordern, oder die Beschleunigung der einzelnen Sachen durch spezielle Verfügungen zu veranlassen.

Auch wird es zweckmäßig sein, die unter No. I. erwähnte Haupt-Uebersicht, nach deren Gebrauch bei dem Vortrag, den Akten über Einrichtung und Besetzung des betreffenden Gerichts jedesmal vorheften zu lassen und erst nach Eingang einer neuen Uebersicht zu den Tabellen-Akten zu nehmen, damit der Decernent bei den Einrichtungs-Akten den Zustand der Justizverwaltung zu jeder Zeit übersehen kann.

B. Von den Obergerichten sind an den Justizminister einzureichen:

I. Die Quartal-Referat-Tabellen des Kollegiums, nach der Verfügung vom 27sten September 1832. und dem dieser beigefügten Formular (Jahrbücher Bd. 40. Seite 192.), mit Berücksichtigung der Verfügung vom 16ten Februar d. J., am 15ten des ersten Monats im neuen Quartal. *)

Jede Referat-Tabelle muß am Schlusse eine Zusammenrechnung

der Gesammtzahl der zu bearbeiten gewesenen, abgemachten und in Rest gebliebenen Relationen und Korrelationen, und der Zahl der bis zum Abgang der Liste bereits erledigten Reste

---

*) S. weiter unten die Zusätze zu A. II. und B. I.

enthalten, und zugleich nachweisen, wieviel von diesen Gesammtzahlen auf die Mitglieder des Kollegiums, und wieviel auf Referendarien und Auskultatoren fallen.

Die nach der Verordnung vom 1sten Juni d. J. von besonderen Deputationen des Kollegiums in erster und zweiter Instanz entschiedenen summarischen Prozeßsachen sind in die Referat-Tabellen nicht aufzunehmen. Vielmehr ist in den Uebereichungsbericht die Zahl dieser Spruchsachen, mit Angabe der Mitglieder der Deputationen, aufzunehmen.

II. Eine specielle Nachweisung der Personal- und Etats-Veränderungen bei denjenigen Subalternen- und Unterbeamten-Stellen, deren Besetzung durch die Allerhöchste Kabinetsordre vom 31sten Dezember 1827. den Chef-Präsidenten der Landes-Justiz-Kollegien übertragen worden ist — nach Anleitung der unterm 20sten April 1833. deshalb besonders erlassenen Verfügung, bis Ende Januar jeden Jahres.

III. Die Jahres-Abschlüsse von den Salarien-Kassen des Departements, nach den hierüber erlassenen speziellen Anordnungen, bis zum 15ten März.

Dem Einsendungsbericht sind beizulegen:

a) die nach der Cirkular-Verfügung vom 26sten Januar 1830. vorgeschriebene Nachweisung der eingetretenen Ersparnisse an Aussterbe-Gehalts-Beträgen;

b) der Abschluß des Diäten-Fonds nach der Verordnung vom 7ten Mai 1827.

Zugleich ist anzuzeigen:

wieviel die in Gemäßheit des Cirkular-Rescripts vom 6ten August 1830. aus den Regierungs-Hauptkassen an die Obergerichte für das neue Jahr geleisteten Vorschußzahlungen betragen. °)

IV. Ein General-Bericht des Chef-Präsidenten über den Zustand der Justiz-Verwaltung sowohl bei dem Obergerichte als auch überhaupt in dessen Departement.

Er ist bis zum 15ten Februar jeden Jahres einzureichen.

Beizulegen sind demselben:

1) eine Uebersicht des Gerichtsbezirks, dessen Bevölkerung und der Gerichtsbehörden im Allgemeinen, in folgender Ordnung:

A. Umfang des Obergerichts nach Regierungsbezirken, landräthlichen Kreisen und Gesammtbevölkerung.

B. Von der Bevölkerung — (welche stets nach der letzten allgemeinen Zählung von Seiten der administrativen Behörde anzugeben ist) — kommen

a) auf Königliche und aus Staatsfonds unterhaltene Untergerichte . . . .

b) auf andere Untergerichte . . . .

Summa . . . . .

Auf eximirte Personen wird dabei keine Rücksicht genommen.

Militairpersonen sind bei der Bevölkerung nicht mitzurechnen, oder doch besonders anzugeben.

C. Die bestehenden Gerichtsbehörden sind am Schlusse des Jahres außer dem Obergericht selbst:

a) . . . . Inquisitoriate zu . . .

b) . . . . Kreis-Justizkommissionen zu . . .

c) . . . . Königliche und aus Justizfonds unterhaltene Untergerichte, und zwar

α. . . . . kollegialisch formirte zu . . .

β. . . . . mit zwei oder einem Richter besetzte zu . . .

d) . . . . Fürstenthums — Standesherrliche — Kreisgerichte und andere größere Privatgerichte,

α. . . . . kollegialisch formirte als. . . } (speciell aufzuführen.)
β. . . . . andere Gerichte zu . . . . . }

e) . . . . gewöhnliche Patrimonialgerichte, und zwar:

im Kreise N. N. . . . . (bloß der Zahl nach aufzuführen.)

. . . . . . N. N. . . . .

Summa . . . .

f) andere nicht gewöhnliche Gerichte, als: Geistliche-, Berg-, Universitäts-, Steuer-, Untersuchungs-, Zoll-, Fabriken- und andere besondere Gerichte, welche sämmtlich speziell aufzuführen.

Ist am Schlusse des Jahres eine neue allgemeine Zählung der

°) S. weiter unten die Zusätze zu A. IV. und B. III.

Einwohner durch die administrativen Behörden erfolgt, so wird vorstehender Uebersicht bei dem nächsten Jahres-Bericht des Chef-Präsidenten ein spezielles Verzeichniß der sämmtlichen Privat- und Patrimonialgerichte, nach Kreisen geordnet, mit Angabe der Zahl der Gerichts-Eingesessenen, und ob solche allein oder mit andern Patrimonial- oder Königlichen Gerichten zusammen verwaltet worden, sowie mit Angabe der Patrimonial-Richter und deren Wohnort, beigefügt.

2) Eine Uebersicht der Königlichen und aus Justizfonds unterhaltenen Gerichtsbehörden, nach dem anliegenden Formular. (Beilage C.)

3) Ein Verzeichniß der Verwalter von Patrimonial-Gerichten, nebst Angabe der Zahl der von jedem verwalteten Gerichte und der Gesammtzahl der dazu gehörigen Gerichts-Eingesessenen.

Hierbei sind in zwei Abtheilungen

A. Königliche Justizbeamte, welche neben ihren Haupt-Aemtern Patrimonialgerichte verwalten;

B. andere Richter

aufzuführen.

4) Eine Uebersicht des Ab- und Zuganges der gesammten Justizbeamten des Departements im beendigten Jahre, nach dem anliegenden Schema. (Beilage D.)

5) Eine Uebersicht des Geschäftsumfanges bei dem Obergericht selbst, statt der ehemaligen General-Prozeßtabelle, nach Maßgabe des Formulars zu der von den Untergerichten einzureichenden Haupt-Uebersicht der Geschäfte. (Beilage A.)

Dabei ist jedoch folgendes zu berücksichtigen:

A. Unter den bei den Obergerichten als anhängig aufgeführten Prozessen sind bisher in den eingereichten Listen auch diejenigen Untergerichts-Prozesse aufgeführt worden, welche bei den Obergerichten in zweiter oder dritter Instanz schweben. Da jedoch diese Prozesse schon bei den einleitenden Untergerichten in die Listen eingetragen sind, und als noch anhängig fortgeführt werden müssen, so muß sich bei diesem Verfahren eine unrichtige Zahl der wirklich anhängigen Prozesse ergeben. Um dies zu vermeiden, haben die Obergerichte bei Anlegung der einzureichenden Uebersicht bei den Prozessen unter Nr. 1. 2. und 3. nur diejenigen aufzuführen, welche bei dem Obergericht und ihren Kommissarien in erster Instanz eingeleitet worden sind.

Dagegen sind alle Untergerichts-Prozesse, welche in zweiter und dritter Instanz bei den Obergerichten schweben, und bei diesen in die kurrenten Prozeß-Repertorien eingetragen werden, bei der Haupt-Uebersicht der Prozesse unter Nr. 4., als:

„Untergerichts-Prozesse in zweiter Instanz“

aufzuführen.

B. Es ist in besonderen Kolonnen anzugeben, wie viel Instruktionen

a) bei dem Obergericht selbst durch dessen Mitglieder, Referendarien ꝛc.

b) durch auswärtige Kommissarien, Untergerichte ꝛc.

geführt worden sind.

C. Zu den bei dem Obergericht anhängigen Untersuchungen gehören nur diejenigen, welche dasselbe selbst einleitet, und durch Mitglieder oder spezielle Kommissarien, oder durch einzelne Untergerichte kommissarisch führen läßt und durch Abfassung der Erkenntnisse selbst entscheidet.

Die von den Inquisitoriaten oder Kreis-Justiz-Kommissarien geführten Untersuchungen werden in die von diesen Behörden einzureichenden Uebersichten aufgenommen; eben so die von den Untergerichten eingeleiteten und vollständig geführten Untersuchungen, in welchen die Akten an das Obergericht unmittelbar zur Abfassung des Erkenntnisses oder zur Bestätigung des bereits abgefaßten eingereicht werden.

Doch ist die Zahl der zur Bestätigung eingereichten Untergerichts-Erkenntnisse in einer besonderen Kolonne anzugeben, wogegen die letzten Kolonnen des Formulars, die Untersuchungen betreffend, wegfallen.

D. Unter Nr. X. der Haupt-Uebersicht ist die Gesammtzahl der distribuirten Spruchsachen mit folgenden Kolonnen anzugeben:

mit einem Referenten,

mit zwei Referenten,

Gesammtzahl,
davon abgemacht,
bleiben unerledigt.

6) Eine Haupt-Uebersicht der Geschäfte bei den sämmtlichen Gerichten im Departement, nebst Beilage, nach dem anliegenden Schema. (Beilage E.)

Diese enthält die Resultate aller von dem Obergericht und sämmtlichen ihm untergeordneten Gerichten angefertigten Geschäfts-Uebersichten.

Ihr ist ein Exemplar derjenigen Haupt-Uebersichten beizulegen, welche die aus Justizfonds unterhaltenen Gerichts-Behörden nach A. 1. in zwei Exemplaren einzureichen haben.

7) Eine General-Uebersicht:
   A. der neu eingeleiteten Untersuchungen nach Gattungen der Verbrechen,
   B. der Gesammtzahl der Angeschuldigten bei den beendigten Untersuchungen, nach Geschlecht, Alter und Religion, und nach den Resultaten des letzten Erkenntnisses bei den beendigten Untersuchungen, und
   C. der neu eingeleiteten Untersuchungen, wegen Verbrechen:
      a) welche Zoll- und Steuer-Defraudationen zum Gegenstande haben,
      b) durch den Schleichhandel hervorgerufen worden sind, und Tödtung oder Verletzung von Grenz-Beamten oder von Defraudanten zur Folge gehabt, oder Zeugen-Bestechungen, falsches Zeugniß oder Meineid veranlaßt haben,
      c) welche Tödtung oder Verletzung von Königlichen und Privat-Forst-Beamten, oder von Forst-Defraudanten und Wilddieben zur Folge gehabt haben.

nach den in der Beilage F. und in der Verfügung vom 30. Dezbr. v. J. mitgetheilten Formularen.

8) Eine Uebersicht der Senate und Abtheilungen des Obergerichts, mit Angabe der von ihnen zu bearbeitenden Geschäfts-Gegenstände, der Mitglieder und der wöchentlich abzuhaltenden Sitzungen.

9) Eine Uebersicht der Geschäfts-Vertheilung unter den Mitgliedern, Referendarien und Auscultatoren des Obergerichts, nach dem für Untergerichte vorgeschriebenen Formular. (Beilage B.)

10) Eine Konduitenliste der im Departement angestellten Justizbeamten mit nachstehenden Rubriken:
   1) No.
   2) Vor- und Zuname und Amt;
   3) Nebenämter und Einkommen davon;
   4) Lebensalter;
   5) Dienstzeit überhaupt und frühere Dienstverhältnisse;
   6) Dienstzeit im jetzigen Amt nach dem Datum der Bestallung;
   7) Qualification und Dienstführung;
   8) Moralität und Lebenswandel;
   9) Bemerkungen.

In dieser Liste, zu welcher gedruckte oder lithographirte Formulare zu gebrauchen, sind die Beamten in folgenden Abschnitten aufzuführen:
   a) Mitglieder und Subalternen des Obergerichts;
   b) Referendarien und Auscultatoren;
   c) Justiz-Kommissarien:
      a) bei dem Obergericht,
      b) bei den Untergerichten;
   d) Kriminalgerichte (Inquisitoriate), Kreis-Justiz-Kommissionen und Kreis-Justiz-Räthe;
   e) Untergerichte, welche aus Justizfonds unterhalten werden;
   f) andere Untergerichte, welche für sich bestehen und ein besonderes Beamten-Personal haben;
   g) diejenigen Richter, welche bloß mit Verwaltung von Patrimonialgerichten beschäftigt sind.

Bei den aus Justizfonds unterhaltenen Gerichts-Behörden sind sämmtliche Beamte, mithin auch die Gerichtsdiener, Executoren und Boten, ferner die aus Staatsfonds remunerirten Hülfsarbeiter aufzuführen, bei den übrigen Untergerichten bloß die richterlichen Beamten.

Bei den Referendarien und Auscultatoren ist anzugeben, bei welchem Gericht sie beschäftigt sind.

Bei den Justiz-Kommissarien ist in den Kolonnen 2. und 3. zu bemerken:
a) ob sie Notarien sind,
b) wo sie ihren Wohnsitz haben,

und in der Kolonne: **Bemerkungen** ist der Sprengel anzugeben, in welchem sie ihre Praxis auszuüben haben.

Die Untergerichte sind in alphabetischer Ordnung aufzuführen und für jedes derselben ist, der bessern Uebersicht wegen, eine neue Seite zu bestimmen, und diese durch besondere Ueberschrift zu bezeichnen.

11) Ein **Verzeichniß der Justizbeamten**:
a) **gegen welche fiscalische oder Kriminal-Untersuchungen geschwebt haben**, nach folgenden Rubriken:
No.
Name und Amt des Angeschuldigten,
Gegenstand der Untersuchung,
Datum der Einleitungs-Verfügung,
Lage oder Ausfall der Untersuchung;
b) **welche Gehaltsabzüge erleiden**;
c) **gegen welche Prozesse angestellt worden sind**, nach folgenden Rubriken:
No.
Name des Verklagten,
" " Klägers,
Gegenstand.

12) Ein **Verzeichniß der im Laufe des Jahres angeordneten Justiz-Visitationen und außerordentlichen Geschäfts- und Kassen-Revisionen** mit folgenden Rubriken:
No.
Bezeichnung des Gerichts,
" " Kommissarius,
Datum der Anordnung,
Resultate der Visitation oder Revision.

13) Ein **namentliches Verzeichniß** der im letzten Jahre **bei Justiz-Stellen** des Departements **versorgten Militairpersonen**.

Dasselbe ist mit folgenden Rubriken anzulegen:
No.
Name der Angestellten,
in welcher Qualität und bei welchem Regiment sie gedient haben,
Datum des Invaliden- (Civil-Versorgungs-) Scheins,
Bezeichnung des erhaltenen Amts,
Datum des Anstellungs-Rescripts

Die Angestellten sind in folgenden Abtheilungen aufzuführen:
1. Militair-Invaliden,
2. Freiwillige aus dem Kriege von $18\frac{13}{15}$,
3. neunjährige Unteroffiziere und gleich berechtigte Militairpersonen,
4. Auditeure.

14) Ein **Nachweis über das Rechnungswesen bei den aus Justizfonds** unterhaltenen Gerichtsbehörden unter folgenden Rubriken:
No.
Bezeichnung des Gerichts,
Salarienkasse:
a) bis zu welchem Zeitraume der Rendant Decharge erhalten hat.
b) in welcher Lage sich das Rechnungswesen neuerer Zeit befindet.
c) Bemerkungen über die Ursachen der noch nicht bis zum letzten Jahre erfolgten Regulirung dds Rechnungswesens,
Depositalkasse:
mit gleichen Kolonnen.

15) Eine Uebersicht der von den **Kreis-Justiz-Räthen** einzureichenden Abschlüsse ihrer Rechnungsbücher (Rescript vom 26. August 1834. Jahrbücher. Bd. 44. Seite 117—119.)

Hauptgegenstände des Generalberichts selbst sind:
1) **statt gefundene Territorial-Veränderungen**,
2) **Veränderungen in der Organisation**,
3) **besondere Aeußerungen** über Ausführung der Verordnungen
a) wegen des **Instituts der Schiedsmänner**,

b) über den Mandats-, summarischen und Bagatell-Prozeß, insoweit solche im Departement bereits zur Ausführung gekommen sind,

c) über andere, das gerichtliche Verfahren abändernde Einrichtungen.

4) Aeußerungen über den Zustand der Justiz-Verwaltung des Departements im Allgemeinen, mit Verweisung auf die in den Geschäfts-Uebersichten ꝛc. aufgestellten Resultate, und mit Vergleichung der Resultate des letzten Jahres.

5) Bemerkungen über die Geschäfts-Verwaltung bei dem Obergericht, sowohl im Allgemeinen, als in den einzelnen Justiz-Verwaltungszweigen; dabei von den Personal-Veränderungen bei dem Kollegium.

6) Bemerkungen über die Justiz-Verwaltung bei den Untergerichten, sowohl Königlichen als Patrimonialgerichten.

7) Hypothekenwesen und dessen Regulirung.

8) Kriminal-Justiz-Verwaltung; dabei ist nicht nur der Geschäftsumfang der einzelnen Kriminalgerichte in Vergleich mit andern und den Arbeitskräften zu berücksichtigen, sondern es sind auch die Veränderungen, welche hinsichts der Competenz einzelner Untergerichte und Kriminalgerichte bei Führung der Untersuchungen und Abfassung der Erkenntnisse in denselben eingetreten sind, in einer Uebersicht der jetzt statt findenden Competenz-Verhältnisse darzustellen, und mit gutachtlichen Aeußerungen über den Erfolg dieser Veränderungen, namentlich auch hinsichts einer Verminderung der Geschäfte bei dem Obergericht, zu begleiten.

9) Zustand des Salarien- und Deposital-Kassenwesens bei dem Obergericht und den Untergerichten.

Dabei ist anzuzeigen, ob die ordentlichen und außerordentlichen Kassen-Revisionen vorschriftsmäßig abgehalten worden sind, und welche Resultate die außerordentlichen Deposital-Sessionen gehabt haben.

Auch ist eine Abschrift des letzten Revisions-Protokolls und des Abschlusses der Depositalbücher und der Asservatenliste des Obergerichts beizufügen.

Der Bestand des Bibliothekenfonds ist in nachstehender Art anzugeben:

am Schlusse des vorigen Jahres blieb Bestand	
Einnahme des laufenden Jahres	
Summa . . .	
davon ist ausgegeben worden	
mithin bleibt Bestand	

10) Justiz-Kommissarien.

11) Referendarien und Auscultatoren.

12) Gutachtliche Aeußerungen und Vorschläge zur Verbesserung der Justiz-Verwaltung:

a) durch Veränderung in der Justiz-Verfassung und Einrichtung einzelner Gerichte,

b) durch wünschenswerthe Veränderungen bei der Gesetzgebung.

13) Vorschläge wegen Vertheilung der durch Anlegung der Kassenbestände gewonnenen Zinsen.

Hat das Obergericht noch besondere Unterstützungsfonds, so ist eine Uebersicht des Bestandes, der gewonnenen Zinsen und der im letzten Jahre verwendeten Summen beizufügen.

14) Erwähnung derjenigen Beamten des Kollegiums und der untergeordneten Gerichtsbehörden, welche sich

a) zu Präsidenten der Obergerichte oder zu Mitgliedern des Geheimen Ober-Tribunals, oder zu Directoren formirter Untergerichte eignen, oder sich in letzterer Eigenschaft vorzüglich auszeichnen, und

b) welche der Auszeichnung durch Beilegung eines höhern Ranges vorzüglich würdig sind.

Endlich bleibt dem Chefpräsidenten überlassen, sich auch über andere Gegenstände der Justiz-Verwaltung auszusprechen.

Hat das Obergericht einen für sich bestehenden Kriminal-Senat, so hat der Präsident oder Dirigent desselben den Generalbericht hinsichts des Kriminalwesens allein zu erstatten, und dabei jedesmal anzuzeigen, welche Inquisitoriate oder Kriminalgerichte er im Laufe des Jahres bereist und revidirt hat.

Alle an den Justizminister einzureichenden Tabellen, Uebersichten und Berichte müssen das gewöhnliche Format der Akten haben, damit sie zu denselben geheftet werden können.

C. Die sämmtlichen Gerichte haben durch Anwendung der anliegenden Formulare (Beilage G.) zu zweckmäßigen Prozeßlisten für die Mandats- und summarischen Prozeßsachen den Registraturdienst so wie dessen Kontrollirung und die Anfertigung der einzureichenden Geschäfts-Uebersichten zu erleichtern.

Zu demselben Zweck sind vom 1. Dezbr. d. J. ab die Insinuationsdocumente nicht weiter in die Vortragsjournale einzutragen.

Berlin, den 31. October 1836.

Rescript vom 1. Novbr. 1837, 25 Novbr. 1837 und 10 Octbr. 1838. betr. die Erläuterung und Abänderung der Verordnung v. 31. Octobr. 1836 über die einzureichenden Geschäftsübersichten.

Extract.

1) Zu den Untergerichten welche die angeordneten Geschäftsübersichten an die Obergerichte einzureichen haben, gehören nicht nur die aus Justiz-Fonds unterhaltenen Inquisitoriate, Kreisjustizcommissionen und Kreisjustizräthe, imgleichen Privat- und Patrimonialgerichte, sondern auch alle anderen unter der Aufsicht der Obergerichte stehende besondre Gerichte, namentlich auch die Geistlichen- und Berggerichte, imgleichen die Zoll- Fabriken- und Steuer-Untersuchungsgerichte. Die Steuer-Untersuchungsrichter sind anzuweisen, in ihren Geschäftsübersichten nicht nur diejenigen Untersuchungen aufzunehmen, welche zur Entscheidung an eine Gerichtsbehörde gelangen, oder doch dazu geeignet sind, sondern auch in einer besondern Rubrik alle übrigen von ihnen eingeleiteten Untersuchungen wegen Steuerkontraventionen. Die zur gerichtlichen Entscheidung gelangenden oder doch geeigneten Untersuchungen sind auch gleich den, von den übrigen Gerichtsbehörden eingeleiteten Untersuchungen wegen Zoll- und Steuerdefraudationen in eine Specialrubrik zwischen den Rubriken Nr. 23. und 24. Abth. I. der Uebersicht lit. F. aufzunehmen, wodurch die deshalb unterm 25 März d. J. erlassene Verfügung abgeändert wird. Die nicht zur gerichtlichen Entscheidung geeigneten Untersuchungen der Steuer-Untersuchungsrichter werden dagegen bei der Zusammenstellung der Generalübersichten des Obergerichts nicht berücksichtigt.

2) Die nach der Verfügung vom 31. August 1835 anzufertigende Haupt-Uebersicht der bei den Gerichten des Departements seit länger als drei Jahren anhängigen und noch nicht beendigten Prozesse, Untersuchungen und Nachlaßsachen ist in jedem Jahre mit dem Generalbericht des Chefpräsidenten einzureichen.

3) Nach der Verordnung v. 31. Octbe. 1836 (B. I.) ist die Zahl der entschiedenen summarischen Sachen nicht in die Referattabellen, sondern in den Ueberreichungsbericht aufzunehmen. Zur Vermeidung von Mißverständnissen und Abweichungen ist künftig jedesmal, Hinsichts der bei der Deputation für summarische Sachen anhängigen Prozesse, die Zahl
   a) der abgefaßten Definitiv-Erkenntnisse, zu welchen Contumacialbescheide nicht gehören,
   b) der auf ein Referat im Termtne zum mündlichen Verfahren abgefaßten Beweisresolute,

im Ueberreichungsbericht der Referat-Tabelle anzugeben.

4) Die Gesammtzahl der Spruchsachen in der Uebersicht der Vertheilung der Geschäfte (Beil. B. der Verordnung vom 31. Oktbr. v. J.) muß mit der Gesammtzahl der in den vier Quartal-Referat-Tabellen enthaltenen Relationen und Correlationen und der in dem Ueberreichungsbericht anzuzeigenden Zahl der Definitiv-Erkenntnisse in summarischen Sachen übereinstimmen. Eben so muß

5) Die Zahl der neu eingeleiteten Untersuchungen nach der Hauptübersicht der Geschäfte (Beil. A. der Verordn. v. 31. Octbr. v. J.) mit der Gesammtzahl der Untersuchungen nach Gattungen der Verbrechen (Beil. F. 1.) übereinstimmen. Unter den in jener Uebersicht unter No. 4. aufzuführenden „Untersuchungen wegen Holzdiebstahls" sind nur die Untersuchungen wegen gewöhnlichen Holzdiebstahls nach dem Gesetz vom 7. Juni 1821 (Nr. 23 a der Beilage F. 1.) nicht aber die Criminal-Untersuchungen wegen Holzdiebstahls (§. 30—33 des Gesetzes v. 7. Juni 1821) zu verstehen. Diese letztern sind in der Generalübersicht zu den Criminal-Untersuchungen No. 1. zu zählen und in der Uebersicht nach Gattung der Verbrechen unter No. 23 a aufzuführen

6) Die Rubrik der Generalübersicht: „Zahl der statt gefundenen Obduktionen und Sektionen", hat zu Mißverständnissen Veranlassung gegeben. Zur Vermeidung derselben sind künftig in dieser Rubrik nur die statt gefundenen wirklichen Sektionen aufzuführen.

7) Es ist ein Haupterforderniß der Uebersicht des Ab- und Zuganges der gesammten Justizbeamten eines Departements (Beilage D. der Verordn. vom 31. Okt. v. J.) daß sie, abgesehen von den Patrimonialrichtern und Justizcommissarien, mit der Uebersicht C. genau übereinstimmt, daß sie mithin bei den Beamtenklassen nicht mehr und nicht weniger Bestand nachweiset, als die Uebersicht C. Auch ist in der Uebersicht D. den Rubriken über den Abgang der Beamten noch eine neue Rubrik „Sonstiger Abgang", beizufügen, weil die vorgeschriebenen Rubriken nicht auf alle Abgangsarten anwendbar sind.

In die Rubrik: „Abgang durch Versetzung und Weiterbeförderung", kommen nur diejenigen Versetzungen bei einer und derselben Beamtenklasse in Betracht, welche aus einem Departement in das andere erfolgt sind, da nur diese wirklichen Abgang begründen; wogegen die Versetzungen von einem Gericht an das andere, weil sie den Beamtenstand des Departements nicht verändern, und wenn sie aufgeführt werden, den wirklichen Ab- und Zugang unrichtig darstellen, fortzulassen sind. Desgleichen sind in der Rubrik „Entlassung ohne Pension" nur diejenigen Beamten aufzuführen, deren Entlassung bei vorhandenem Pensionsanspruch im Wege der Disciplin, also unfreiwillig erfolgt ist, oder welche ihrem Pensionsanspruche, ohne daß die Entlassung gerade die Folge ihres freiwilligen Entschlusses ist, (in welchem Falle sie in die Rubrik: „freiwilliger Abschied gehören), entsagt haben, oder haben entsagen müssen

8) Nach der Verfügung vom 31 Oktober 1836 soll die Zahl der Gerichtsuntergebenen, sowohl in den Special- als General-Uebersichten stets nach der letzten allgemeinen Zählung von Seiten der administrativen Behörden angegeben und dem Generalberichte des Chefpräsidenten, wenn am Schlusse des Jahres eine neue allgemeine Zählung der Einwohner durch die administrativen Behörden erfolgt ist, ein specielles Verzeichniß der sämmtlichen Privat- und Patrimonialgerichte nach Kreisen geordnet, mit Angabe der Zahl der Gerichtseingesessenen, und ob solche allein oder mit andern Patrimonial- oder Königlichen Gerichten zusammen verwaltet werden, so wie mit Angabe der Patrimonialrichter und deren Wohnort beigefügt werden. Da nun am Schlusse dieses Jahres eine neue allgemeine Zählung der Einwohner von Seiten der administrativen Behörden statt findet, so ist es angemessen, der von den Gerichtsbehörden bei Einreichung ihrer Geschäfts- und Verwaltungsübersichten für das Jahr 1837 anzugebenden Zahl der Gerichtseingesessenen und der demnächst von den Obergerichten einzureichenden Haupt-Zusammenstellungen, die Resultate der statt gefundenen allgemeinen Zählung der Einwohner zu Grunde zu legen, und dadurch eine Uebereinstimmung mit diesen herbeizuführen.

Es sind daher die sämmtlichen Untergerichte sofort anzuweisen, die Resultate der am Schlusse dieses Jahres statt findenden allgemeinen Zählung der Einwohner von den betreffenden administrativen Behörden zu erfordern, und die danach anzufertigende Uebersicht der Jurisdictions-Verhältnisse in den ersten acht Tagen des Monats Januar zur Vermeidung einer sofort anzudrohenden Ordnungsstrafe an das Obergericht einzureichen: wogegen die übrigen Geschäfts- und Verwaltungsübersichten spätestens bis zum 15. Dezember d. J. einzusenden sind, damit inzwischen deren Revision erfolgen kann.

Aus den eingegangenen Uebersichten der Jurisdiktionsverhältnisse ist demnächst das schon früher anzulegende Verzeichniß der sämmtlichen Privat- und Patrimonial-Gerichte des Departements nach der Verordnung vom 31. Oktober v. J. zu vervollständigen und zu berichtigen, damit dasselbe dem Justizminister vollständig und richtig mit dem Generalbericht eingereicht werden kann. Das Verzeichniß ist nach den landräthlichen Kreisen und Hinsicht jedes Kreises in alphabetischer Ordnung dergestalt anzulegen, daß bei jedem Privat- oder Patrimonial-Gerichte die einzelnen dazugehörigen Dorfschaften, mit Angabe der Einwohnerzahl jeder einzelnen Dorfschaft, so wie aller zusammen, aufgeführt werden. Dabei ist dem damit zu beauftragenden Beamten vorzügliche Genauigkeit zu empfehlen, damit die Namen der Gerichte und der dazu gehörigen Dorfschaften, so wie der am Schlusse des Jahres angestellten Patrimonialrichter und die Zahl der Gerichtsuntergebenen richtig aufgenommen und geschrieben werden. Dasselbe ist den aus Justizfonds unterhaltenen

Gerichten, von welchen ein Exemplar der Uebersicht ihrer Jurisdiktionsverhältnisse dem Justizminister in jedem Jahre einzureichen ist, zu empfehlen.

Der Justizminister wünscht aber auch für diesmal von den bedeutenderen Privat- und Patrimonial-Gerichten des Departements, welche entweder eine selbstständige Stellung, oder 1500 oder mehr Gerichtsuntergebenen haben, ferner von andern nicht gewöhnlichen Gerichten des Departements, z. B. von den Geistlichen-, Berg-, Fabriken-Gerichten, Steuer-Untersuchungsgerichten u. s. w. ein Exemplar der von ihnen einzureichenden Uebersicht ihrer Jurisdiktionsverhältnisse zu erhalten, daher dieselben den Uebersichten der aus Justizfonds unterhaltenen Untergerichte beizufügen sind.

9) Dagegen soll künftig bei den Geschäftsübersichten für das Jahr 1838 aus der Haupt-Uebersicht der Geschäfte jedes Gerichts und Departements (Beilage A. und E. der Verfügung vom 31. Oktober 1836) die Zahl der Prozesse wegen Injurien hervorgehen. Es sind daher diese unter der Haupt-Rubrik „I. Prozesse" „1. gewöhnliche Civilprozesse" besonders aufzuführen, so daß sie den summarischen Prozessen unter lit. c. folgen, und sodann unter lit. d. die Bagatellprozesse kommen.

Berlin, den 1. November 1837.

Ew. ꝛc. eröffne ich auf den Bericht vom 20. d. M., betreffend die von den Steuer-Untersuchungsrichtern einzureichenden Uebersichten der Jurisdiktionsverhältnisse, daß bei dem beschränkten Geschäfts-Umfange der Steuer-Untersuchungsrichter ein besonderes Formular zu der von ihnen einzureichenden Geschäftsübersicht nicht erforderlich ist, vielmehr es ausreicht, wenn die Steuer-Untersuchungsrichter eine Abschrift derjenigen Uebersicht der von ihnen geführten Untersuchungen, welche an die administrative Behörde einzureichen ist, einsenden, und diese Uebersicht nicht nur bei der Geschäftszusammenstellung des Obergerichts benutzt, sondern auch mit dem Generalbericht des Präsidiums eingereicht wird. Auch ist es nur nöthig, den Steuer-Untersuchungsrichter anzuweisen, die Begrenzungen der Bezirke der Haupt-Zoll- und Haupt-Steuer-Aemter, für welche sie angestellt sind, ohne Angabe der Einwohnerzahl in der Uebersicht ihrer Jurisdiktionsverhältnisse aufzuführen.

Berlin, den 25. November 1837.

Es ist unumgänglich nothwendig, daß die einzureichenden Uebersichten den in der Verordnung vom 31sten October 1836 und der Cirkular-Verfügung vom 1sten November 1837 umständlich ertheilten Vorschriften in jeder Beziehung entsprechen. Insbesondere ist

1) darauf genau zu halten, daß die zur Beilage A. der Verordnung vom 31sten October 1836 gehörenden Uebersichten der Jurisdictions Verhältnisse, hinsichts der Angaben über die Geschäfts-Lokalien und das etatsmäßige und außeretatsmäßige Beamtenpersonal ganz vollständig sind.

2) ist es nothwendig, daß bei der einzureichenden Uebersicht des Obergerichtsbezirks, dessen Bevölkerung und der Gerichtsbehörden im Allgemeinen, nicht nur auf die Uebereinstimmung der Einwohnerzahl mit den Angaben der administrativen Behörden genau gehalten, sondern auch jede einzelne Abweichung der Begrenzung des Departements von der der Regierungsbezirke, mit Benennung der betreffenden Ortschaften und deren Einwohnerzahl, angegeben wird.

Zugleich wird Folgendes bestimmt:

3) In der Haupt-Uebersicht der Geschäfte — Beilage A. zu der Verordnung vom 31sten October 1836 — ist bei der Zahl der Urtel in Ehescheidungssachen, welche

auf Trennung der Ehe,
auf Zurückweisung der Klage,

lauten, in der Kolonne Bemerkungen mit anzugeben

a) wie viel Urtel 2ter Instanz bestätigend oder abändernd ausgefallen sind und ob im letztern Fall das Urtel erster Instanz auf Trennung der Ehe oder auf Zurückweisung der Klage gelautet hat;

b) wie viel Ehen im Laufe des Jahres rechtskräftig getrennt, und

c) wie viel Ehescheidungs-Klagen durch Erkenntniß rechtskräftig zurückgewiesen worden sind.

Die Resultate zu b. und c. sind auch in die der Beilage E. beizufügende Uebersicht und zwar am Schlusse derselben, summarisch, jedoch

nach dem Obergericht,
den Königlichen Untergerichten,

und den nicht Königlichen Untergerichten,

getrennt, aufzunehmen.

4) In der Beilage E. ist ad III. und IV. auch die Zahl der beendigten Vormundschaften und Kuratelen und der beendigten Nachlaß-Regulirungen in der Art zu trennen, daß angegeben wird:

wie viel bei dem Obergericht und

den Königlichen Untergerichten

und wie viel bei den nicht Königlichen Untergerichten

im Laufe des Jahres beendigt worden sind.

5) In Beziehung auf die in der Verordnung vom 31. Octbr. 1836 vorgeschriebenen Aeußerungen der Herren Präsidenten über die Wirksamkeit des Instituts der Schiedsmänner ist es erforderlich, daß nicht nur die Zahl der vorhandenen Schiedsmänner angegeben wird, sondern auch ganz vollständige und richtige Nachweisungen der Geschäfte dieselben eingereicht und solche in der Art angefertigt werden, daß daraus hervorgeht

a) wie viel Sachen anhängig geworden,

b) wie viel Sachen davon

durch Vergleich,

durch Zurücknahme der Klage,

durch Ueberweisung an die Richter,

beendigt worden, und

c) wie viel Sachen im Schlusse des Jahres anhängig geblieben.

Die letztern — sub c — sind in die Nachweisung des folgenden Jahres, und zwar unter einer besonderen Rubrik, zu übertragen.

6) So oft eine neue Zählung der Einwohner von Seiten der administrativen Behörden vorgenommen wird und in diesem Falle nach der Verfügung vom 1. November 1837 ad 8. ein specielles Verzeichniß der Patrimonial-Gerichte eingereicht werden muß, sind in diesem Verzeichnisse die von Königlichen Gerichten widerruflich verwalteten Patrimonialgerichte — nach den landräthlichen Kreisen geordnet, und mit Benennung der Gerichte, durch welche sie verwaltet werden — besonders zu spezificiren, und ist die Zahl derselben in der Uebersicht des Obergerichtsbezirks, dessen Bevölkerung und der Gerichts-Behörden im Allgemeinen ersichtlich zu machen.

Berlin, den 10. October 1838.

(Die nachfolgenden, zur Verordnung vom 31. Oktober 1836 gehörigen Formulare sind nach Maaßgabe der vorstehenden Rescripte vom 1. Nov. 1837 und 10. Oktb. 1838 berichtigt.)

Beilage A.

Haupt=Uebersicht
der
Geschäfte
bei dem
(Land- und Stadtgericht Gerichts-Amt)
zu
N. N.
für das Jahr .....

Hierunter kommt bei den kleinen Patrimonial=Gerichten:

1) Angabe der zum Gericht gehörigen Dorfschaften, nebst Zahl der Gerichts-eingesessenen, letztere stets nach der letzten allgemeinen Zählung der Einwohner von Seiten der administrativen Behörden.
2) Name des Richters, und Angabe der Verfügung, durch welche sein Vertrag mit der Gerichtsherrschaft bestätigt worden ist.
3) Name des bei dem Gericht angestellten oder zugezogenen Protokollführers in Civil= und Kriminalsachen, nebst Angabe wann? und von wem? er als solcher geprüft worden ist.
4) Name der verpflichteten Depositalbeamten.
5) Angabe der jährlich abzuhaltenden und im letzten Jahre wirklich abgehaltenen Gerichtstage.
6) Bezeichnung der über die unbeendigt gebliebenen überjährigen und resp. dreijährigen Prozesse, Untersuchungen und Nachlaß-Regulirungen einzureichenden Spezialtabellen.
7) Bemerkungen über das vom Gericht benutzte Geschäfts=, Depositat= und Gefängniß=Lokal, bei letzterm mit Angabe der Zahl der darin unterzubringenden Gefangenen.

Alle diese Angaben sind vom Richter durch Namens-Unterschrift zu vollziehen.

I. Prozesse.

No.	Nähere Bezeichnung der Prozesse.	waren anhängig:			davon sind beendigt:					unbeendigt bleiben:			Zahl der erlassenen Mandate, gegen welche keine Einwendungen gemacht worden sind.	Bemerkungen.
		überjährige.	diesjährige.	Summa.	durch Agnition od Contumacial-Verfahren.	durch Entsagung.	durch Vergleich.	durch Erkenntniß.	Summa.	überjährige.	diesjährige.	Summa.		
1.	Gewöhnliche Civilprozesse: a) nach Vorschrift der Allg. Gerichtsordn. b) summarische Prozesse nach der Verordnung v. 1. Juni 1833 . . . . c) Injurienprozesse . . d) Bagatell-Prozesse, desgleichen													
	Summa													
2.	Konkurs-Liquidations-Prozesse, Prioritäts-Verfahren													
3.	Subhastationsprozesse													
	Summa überhaupt													

Hat das Gericht auch in anderen als bei ihm anhängigen Prozessen Erkenntnisse abgefaßt, so ist die Zahl derselben hierunter zu bemerken.

III. Vormundschaften und Kuratelen							IV. Nachlaßregulirungen außer den vormundschaftlichen							V. Hypotheken-Folien		VI. Zahl der Depositalmassen am Schlusse des Jahres					
waren zu führen:					darunter:		waren zu führen:				unbeendigt bleiben:					bei dem Judicial-Depositum.			bei dem Pupillen-Depositum.		
																	Zahl der Massen nach den Manualen.			Zahl der Massen nach den Manualen.	
überjährige.	diesjährige.	Summa.	Davon sind beendigt.	Bleiben noch anhängig.	mit Vermögensverwaltung.	ohne Vermögensverwaltung.	überjährige.	diesjährige.	Summa.	davon sind beendigt.	überjährige.	diesjährige.	Summa.	waren am Schlusse des letzten Jahres angelegt.	im Laufe des Jahres sind angelegt.	Bestand des General-Depositums.	der Spezial-Geld-	der Dokumente und Prätiosen-	Bestand des General-Depositums.	der Spezial-Geld-	der Dokumente und Prätiosen-

II. Untersuchungen

No.	Nähere Bezeichnung der Untersuchungen.	waren anhängig: überjährige.	diesjährige.	Summa.	davon sind beendigt: durch richterliche Entscheidung.	durch Zurücknahme der Denunciation bei Injurien.	durch Niederschlagung. Tod d. Angeschuldigten.	Summa.	unbeendigt blieben: überjährige.	diesjährige.	Summa.	Zahl der Obduktionen und Sektionen ohne Untersuchung.	Zahl der übrigen Sachen, in welchen der Thatbestand aufgenommen, die förmliche Untersuchung aber nicht eingeleitet worden ist.
1.	Wirkliche Kriminal-Untersuchungen.												
2.	Polizeimäßig geführte Untersuchungen . . .												
3.	Fiskalische Untersuchungen												
4.	Untersuchungen wegen Holzdiebstahl												
5.	Untersuchungen wegen anderer Forst-, Jagd- und Hütungs-Kontraventionen												
	Summa überhaupt												
		Hat das Gericht auch in anderen als bei ihm anhängigen Untersuchungen die Erkenntnisse abgefaßt, so ist die Zahl derselben hierunter zu bemerken											

VII.	VIII.	IX.
Handlungen der freiwilligen Gerichtsbarkeit sind überhaupt vorgenommen worden.	Termine sind überhaupt abgehalten worden.	An Vorträgen waren überhaupt zu bearbeiten

Bemerkungen.

Hier ist namentlich anzugeben, wann die letzte Depositalrechnung gelegt, revidirt und abgenommen worden ist.

Auch ist von Gerichten, welche keine besondere Uebersicht der Geschäfts-Vertheilung einzureichen haben, die Zahl der bei dem Gericht noch nicht erledigten Vorträge und Spruchsachen, nebst dem Datum, wann letztere zum Spruch vorgelegt worden sind, hier anzugeben.

Endlich ist hier die Zahl der im letzten Jahre vom Gericht abgefaßten Urtel:

a) in Ehescheidungssachen, mit Unterscheidung der
auf Trennung der Ehe,
auf Zurückweisung der Klage
ergehenden Urtel,*)

b) in Schwangerungssachen,

c) in Prozessen über Realberechtigungen und Grundgerechtigkeiten,

d) in Erbstreitigkeiten,

aufzuführen, oder anzugeben, daß in dergleichen Sachen nicht erkannt worden ist.

*) Nach dem Reskript vom 10. Oktober 1838 ist hier noch anzugeben:
1) wie viel Urtel in 2. Instanz bestätigend oder abändernd ausgefallen sind, und ob im letztern Fall das Urtel 1. Instanz auf Trennung der Ehe oder auf Zurückweisung der Klage gelautet hat;
2) wie viel Ehen im Laufe des Jahres rechtskräftig getrennt, und
3) wie viel Ehescheidungsklagen durch Erkenntniß rechtskräftig zurückgewiesen sind.

Anmerkungen.

1) Prozesse und Untersuchungen sind dann als anhängig anzusehen, wenn auf die angestellte Klage ein Termin anberaumt, oder die Vernehmung oder Verhaftung des Angeschuldigten von dem einleitenden Gerichte verfügt worden ist. In die Uebersicht der anhängigen Prozesse und Untersuchungen kommen aber nur diejenigen, welche von dem Gerichte ohne Auftrag eingeleitet, geführt und entweder selbst entschieden, oder ohne Zwischen-Instanz eines Inquisitoriats, an das Obergericht zur Entscheidung oder zur Bestätigung des selbst abgefaßten Erkenntnisses eingereicht werden.

Die eingeleiteten und geführten, jedoch an ein Inquisitoriat zum Abschluß abgegebenen, sowie die im Auftrage des Obergerichts oder eines Inquisitoriats kommissarisch vollständig geführten Prozeß-Instruktionen und Untersuchungen, werden in die Listen der Untergerichte nicht aufgenommen.

2) Bis zur Reposition der Akten sind die eingeleiteten Prozesse und Untersuchungen als unbeendigt aufzuführen. Unter der Beendigung durch Erkenntniß ist daher nur eine rechtskräftig gewordene richterliche Entscheidung zu verstehen.

3) Unter den summarischen und Bagatell-Prozessen sind auch diejenigen Mandats-Prozesse mitzuzählen, bei welchen Einwendungen gegen die Forderungen gemacht werden. (§. 2. 3. u. 75. der Verordnung vom 1. Juni 1833.) Die Zahl der übrigen Mandate ist in einer besonderen Kolonne anzugeben.

4) Bei den summarischen Prozessen wird von den kollegialisch formirten Gerichten in der Kolonne: Bemerkungen, angegeben, in wie vielen Sachen es zum mündlichen Verfahren gekommen ist.

5) In die erste Kolonne der abgemachten Prozesse gehören nicht nur die durch Agnitions-Resolut und Kontumazial-Erkenntniß, sondern auch die durch Kontumazial-Verfahren nach §. 68. 69. der Verordnung vom 1. Juni 1833. beendigten Prozesse.

6) Für die Zahl der vorgekommenen Obduktionen und Sektionen, und aufgenommenen Thatbestände, insofern sie keine besondere Untersuchung veranlassen, sind besondere Kolonnen bestimmt.

7) Der bei den Vormundschaften gemachte Unterschied bezieht sich auf Vermögensverwaltung überhaupt, ohne Rücksicht, ob solche mit einer Depositalverwaltung verbunden ist oder nicht.

8) Bei der Zahl der Termine ist auf die Vernehmung von Supplikanten, Beschwerdeführern u. s. w., zu denen vorher kein besonderer Termin anberaumt worden ist, keine Rücksicht zu nehmen.

9) Zu den Handlungen der freiwilligen Gerichtsbarkeit gehören alle dahin gehörigen, vor dem Gerichte oder einem Kommissarius desselben vorgenommenen Geschäfte. (Allg. Ger. Ordnung Th. II. Tit. I.)

10) Bei der Zahl der Vorträge ist zu bemerken, ob Reproducenda, Vorträge in Bagatellsachen und Deposital-Nebenprotokolle darunter begriffen sind. Ob solche in die Vortrags-Journale einzutragen sind, bleibt der Beurtheilung der Gerichte überlassen; doch ist überhaupt darauf zu sehen, die Eintragungen in die Vortrags-Journale auf das Nothwendige zu beschränken, um dies Geschäft zu vereinfachen. Daher sind

11) bei den sämmtlichen Gerichten vom 1. Dezember 1836 ab die Insinuations-Dokumente nicht weiter in das Vortrags-Journal einzutragen.

Beilage B.

Uebersicht

der Vertheilung

der

bei dem . . . . Gericht zu . . . .

im Jahre . . .

zu bearbeiten gewesenen Geschäfte.

No.	Name des Arbeiters.	Zahl der abgehaltenen Termine.	Zahl der zu bearbeitenden										
			nach dem alten Verfahren					nach der Verordnung vom 1. Juni 1833.					
			in Civilsachen.		in Untersuchungssachen.								
			Referate.	Correferate.	Referate.	Correferate.	zusammen.	summarische Prozeßsachen	Bagatell-Prozesse.	zusammen.	mithin überhaupt.	davon sind abgemacht.	dagegen noch rückständig.
1.	Direktor N. N.												
2.	Assessor N. N.												

Anm. 1. Die Geschäfte aller bei dem Gericht bloß zu ihrer Ausbildung beschäftigt gewesenen Referendarien und Auskultatoren, werden unter einer Nummer aufgeführt.

Ebenso die Entscheidungen der aus mehreren Mitgliedern bestehenden Deputationen für summarische Prozesse. Doch sind in der Kolonne: Bemerkungen, die dabei beschäftigt gewesenen Mitglieder zu nennen.

2. Haben auch Subalternen-Beamte richterliche Geschäfte vorgenommen, namentlich Termine abgehalten, so sind sie aufzuführen.

Spruchsachen.	Zahl der Vorträge.					überhaupt zusammen.	Davon sind bei Abgang der Uebersicht noch zu erledigen.	Bemerkungen.
Angabe des Datums, unter welchem die rückständigen Spruchsachen distribuirt worden sind.	Bezeichnung der verschiedenen bei dem Gericht geführten Vortrags-Journale.							

3. In der Kolonne: **Bemerkungen**, ist auch anzugeben: welche Mitglieder Deposital- und Salarien-Kassen-Kuratoren sind, auswärtige bestimmte Gerichtstage abzuhalten oder andere bestimmte Geschäfte zu besorgen haben.

4. Zu der Zahl der zu bearbeitenden Spruchsachen gehören nicht nur die im laufenden Jahre distribuirten, sondern auch die am Schlusse des vorigen Jahres in Rest gebliebenen.

C.

Uebersicht

der Königlichen und aus Justiz-Fonds unterhaltenen

Gerichts-Behörden

im Departement

des

. . . .

und deren Beamten,

am Schlusse des Jahres . . . . .

No.	Bezeichnung des Gerichts.	Zahl der Gerichts-Eingesessenen ohne Militair.	Etatsmäßige Beamte des Gerichts: Präsidenten.	Räthe.	Assessoren. Richter.	Subalternen.	Unterbeamte.	Summa.
1.	....							
2.	....							
3.	....							
4.	....							
5.	....							
6.	....							
7.	....							
rc.								
	Summa ..							

Anm. 1. In diese Uebersicht ist das Obergericht selbst, die einzelnen Kriminalgerichte (Inquisitoriate), Kreis-Justiz-Kommissionen, und die sämmtlichen Königlichen und aus Justiz-Fonds unterhaltenen Untergerichte, letztere nach Höhe der Bevölkerung geordnet, aufzunehmen.

2. Die Zahl der Einwohner ist stets nach der letzten allgemeinen Zählung von Seiten der administrirten Behörden anzugeben.

Remuneratorische, jedoch außer-etatsmäßige Hülfsarbeiter:							Ohne Remuneration arbeiten:					Bemerkungen.
richterliche		Subalternen und Unterbeamte										
aus etatsmäßigen Dispositionsfonds.	aus selbstverdienten Gebühren.	aus etatsmäßigen Dispositionsfonds.	aus einer Tantieme von der Sportel-Rest-Einnahme.	aus Kopialienfonds.	aus dem Einkommen anderer Beamten.	Summa.	Assessoren.	Referendarien.	Auskultatoren.	im Subalternen-Dienst und als Unterbeamte.	Summa.	

3. Die aus dem allgemeinen Diätenfond der Haupt-Untergerichts-Salarien-Kasse remunerirten Hülfsarbeiter werden nicht aufgenommen.
4. Sind für mehrere Gerichte ein und dieselben Beamten angestellt, so ist dies in den Bemerkungen anzugeben.

D.

Uebersicht des Ab- und Zuganges der gesammten Justizbeamten im Departement des

....,.........

im Jahre ....

No	Bezeichnung der Beamten.	Bestand am Schlusse des letzten Jahres	Abgang durch Versetzung. Weiterbeförderung.	Uebergang in die Administration rc.	freiwilligen Abschied.	Entlassung ohne Pension.	Entlassung mit Pension.	Tod.	Entsetzung.	Sonstiger Abgang.	Summa.	Zugang.	Mithin bleibt Bestand.	Bemerkungen.
1.	Richterliche Beamte ohne Rücksicht auf die Etats:													
	a) bei den Obergerichten,													
	b) bei den Inquisitoriaten und Kreis-Justiz-Kommissionen,													
	c) bei den Königlichen und aus Staatsfonds unterhaltenen Untergerichten,													
	d) bei andern Untergerichten.													
2.	Subaltern- u. Unterbeamte ohne Rücksicht auf die Etats:													
	a) bei den Obergerichten,													
	b) bei den Inquisitoriaten und Kreis-Justiz-Kommissionen,													
	c) bei den Königlichen und aus Staatsfonds unterhaltenen Untergerichten.													
3.	Referendarien:													
	a) remuneratorische als Hülfsrichter,													
	b) desgl. im Subalterndienst,													
	c) nicht remuneratorische.													
4.	Auskultatoren:													
	a) remuneratorische als Hülfsrichter,													
	b) desgl. im Subalterndienst,													
	c) nicht remuneratorische.													
5.	Justiz-Kommissarien:													
	a) bei dem Obergericht,													
	b) bei den Untergerichten.													
	Summa ..													

Bem. In der Colonne Bemerkung ist bei Nr. 5. anzugeben, wie viele das Notariat haben. Sind einzelne Notare, welche nicht zugleich Justiz-Kommissarien sind, angestellt, so sind solche unter Nr. 6. „Notare ohne Praxis als Justizkommissarien" aufzuführen.

Beilage E.

Haupt-Uebersicht

der

Geschäfte bei den Gerichten

im Departement

des Königlichen . . . .

zu

. . . .

für das Jahr . . . .

Bemerk.: 1) Unter den **Königlichen Untergerichten** sind auch diejenigen nicht Königlichen zu verstehen, welche aus Königlichen Justizfonds unterhalten werden.

2) Als Beilage ist dieser Haupt-Uebersicht die nach der Verfügung vom 30. Dezember 1835 einzureichende Uebersicht der in erster und zweiter Instanz abgefaßten Urtel:

a. in Ehescheidungssachen, mit Unterscheidung der
auf Trennung der Ehe, und
auf Zurückweisung der Klage
ergehenden Urtel,

b. in Schwängerungssachen,

c. in Prozessen über Real-Berechtigungen und Grundgerechtigkeiten,

d. in Erbstreitigkeiten,

beizufügen.

Nach dem Rescript vom 10. October 1838 ist in dieser Uebersicht am Schlusse auch zu bemerken:

a. wie viel Ehen im Laufe des Jahres rechtskräftig getrennt, und

b. wie viel Ehescheidungsklagen durch Erkenntniß rechtskräftig zurückgewiesen sind,

und zwar **getrennt**: bei dem Obergerichte, bei den Königl. Untergerichten, und bei den nicht Königl. Untergerichten.

I. Pro=

No.	Nähere Bezeichnung der Prozesse.	waren anhängig: bei dem Obergericht und den Kgl. Untergerichten: überjährige.	diesjährige.	Summa.	bei nicht Königlichen Untergerichten: überjährige.	diesjährige.	Summa.	also überhaupt.	davon sind bei dem Obergericht und den Königlichen Untergerichten: durch Agnition oder Contumacialverfahren.	durch Entsagung.	durch Vergleich.	durch Erkenntniß.	Summa.
1.	Gewöhnliche Civil-Prozesse: a) nach Vorschrift der A. G. O. . . b) summarische Prozesse nach der Verordnung vom 1. Juni 1833 . . . c) Injurienprozesse d) Bagatellprozesse nach derselben Verordnung . .												
	Summa .												
2.	Konkurse, Liquidations-Prozesse, Prioritäts-Verfahren												
3.	Subhastationsprozesse												
	Summa .												

II. Unter=

No.	Nähere Bezeichnung der Untersuchungen.	waren anhängig: bei dem Obergericht und den Kgl. Untergerichten: überjährige.	diesjährige.	Summa.	bei den nicht Königlichen Untergerichten: überjährige.	diesjährige.	Summa.	also überhaupt.	davon sind bei dem Obergericht und den Königlichen Untergerichten: durch richterliche Entscheidung.	durch Zurücknahme der Denunciation.	durch Niederschlagung. Todd. Angeschuldigten.	Summa.
1.	wirkliche Kriminal-Untersuchungen .											
2.	polizeimäßig geführte Untersuchungen .											
3.	fiskalische Untersuchungen											
4.	Untersuchungen wegen Holzdiebstahls											
5.	Untersuchungen wegen anderer Forst-, Jagd- u. Hütungs-Kontraventionen.											
	Summa .											

zesse.

beendigt						unbeendigt bleiben										
bei den nicht Königlichen Untergerichten:						bei dem Obergericht und den Kgl. Untergerichten:			bei den nicht Königlichen Untergerichten:							
durch Agnition oder Contumacialverfahren.	durch Entsagung	durch Vergleich.	durch Erkenntniß	Summa.	also überhaupt.	überjährige.	diesjährige.	Summa.	überjährige.	diesjährige.	Summa.	also überhaupt.	Zahl der summarischen Sachen, bei welchen es zu einer mündlichen Verhandlung gekommen ist.	Zahl der Mandate, gegen welche keine Einwendungen gemacht worden sind.		

suchungen.

beendigt					unbeendigt blieben							Zahl der ohne wirkliche Untersuchung	
bei den nicht Königlichen Untergerichten:					bei dem Obergericht und den Kgl. Untergerichten:			bei den nicht Kgl. Untergerichten:					
durch richterliche Entscheidung.	durch Zurücknahme der Denunciation.	durch Niederschlagung. Tod d. Angeschuldigten.	Summa.	also überhaupt.	überjährige.	diesjährige.	Summa.	überjährige.	diesjährige.	Summa.	also überhaupt.	stattgefundenen Obduktionen u. Sektionen.	der in anderen Sachen aufgenommenen Thatbestände.

III. Vormundschaften und Curatelen waren bei dem Obergerichte und den sämmtlichen Untergerichten zusammen
am Schlusse des vorigen Jahres anhängig . . . . , ...
im Laufe des Jahres sind neu eingeleitet . . . .
Summa . . . .
Dagegen sind beendigt . . . .
und zwar:
a) bei dem Obergericht und den Königlichen Untergerichten . . . . .
b) bei den nicht Königlichen Untergerichten . . . .
Summa . . . .
Es bleiben daher noch anhängig . . . .
und zwar:
a) bei dem Obergericht und den Königlichen Untergerichten . . . . .
b) bei den nicht Königlichen Untergerichten . . . .
c) mit Vermögens-Verwaltung . . . .
d) ohne Vermögens-Verwaltung . . . .

IV. Nachlaß-Regulirungen, außer den vormundschaftlichen, blieben überhaupt
am Schlusse des letzten Jahres anhängig . . . .
neu eingeleitet wurden . . . .
Summa . . . .
Es wurden dagegen beendigt . . . .
und zwar:
a) bei dem Obergericht und den Königlichen Untergerichten . . . . .
b) bei den nicht Königlichen Untergerichten . . . .
Summa . . . .
Es bleiben mithin noch anhängig . . . .
und zwar:
a) bei dem Obergericht und den Königlichen Untergerichten . . . . .
b) bei den nicht Königlichen Untergerichten . . . .
c) überjährige . . . .
d) diesjährige . . . .

V. An Hypotheken-Folien waren am Schlusse des vorigen Jahres angelegt.
im Laufe des Jahres sind angelegt . . . .
mithin überhaupt angelegt . . . .
und zwar:
a) bei dem Obergericht und den Königlichen Untergerichten . . . . .
b) bei den nicht Königlichen Untergerichten . . . .

VI. Handlungen der freiwilligen Gerichtsbarkeit sind überhaupt aufgenommen worden . . . .
und zwar;
a) bei dem Obergericht und den Königlichen Untergerichten . . . . .
b) bei den nicht Königlichen Untergerichten . . . .

VII. Vorträge waren überhaupt zu bearbeiten . . . .
und zwar:
a) bei dem Obergericht und den Königlichen Untergerichten . . . . .
b) bei den nicht Königlichen Untergerichten . . . .

General-Uebersichten

I.

der im Departement (bei dem)

des

. . . .

im Jahre . . . .

neu eingeleiteten Untersuchungen nach Gattung der Verbrechen;

II.

der Gesammtzahl der Angeschuldigten nach Geschlecht, Alter und Religion, und nach den Resultaten des letzten Erkenntnisses bei den beendigten Untersuchungen;

III.

der neu eingeleiteten Untersuchungen wegen Verbrechen, welche durch Zoll- und Steuer-Defraudationen, Schleichhandel, Forst-Defraudationen und Wilddieberei hervorgerufen worden sind.

I. Uebersicht der neu eingeleiteten

1.	2.	3.	4.	5.	6.	7.	8.				9.	10.	11.	12.	13.	14.				
							Amtsvergehen der im Dienst stehenden mittelbaren u. unmittelbaren Beamten.									Diebstahl mit Ausnahme der Holzdiebstähl[e]				
							a.	b.	c.	d.						a.	b.	c.	d.	e.
Hochverrath.	Landesverrätherei.	Majestätsbeleidigungen (A. L. R. II. 20. §§. 196-206.)	Tumult und Aufruhr.	Thätliche Widersetzlichkeit gegen die Obrigkeit.	Beleidigung der Beamten in und bei Ausübung des Amts, so weit sie nicht mit Nr. 5. verbunden sind.	Münzverbrechen.	Defekte u. Unterschlagungen.	Im Amte verübte Injurien.	Andere Vergehen.	Totalsumme.	Duell.	Mord und Todschlag.	Kindermord.	Verheimlichte Schwangerschaft u. Niederkunft.	Fleischliche Verbrechen.	Gewaltsame Diebstähle (mittelst Einbruchs oder Einsteigens.)	Kleine gemeine Diebstähle.	Wilddieberei.	Andere Diebstähle.	Totalsummen.

Gerichte, welche die Polizeigerichtsbarkeit im Namen und Auftrage der Patrimonial-Gerichtsherren

II. Gesammtzahl der Angeschuldigten nach Geschlecht, Alter bei den im Laufe des Jahres

No.	Bezeichnung der Untersuchung.	Geschlecht.		Alter.			
		männlich.	weiblich.	unter 14 Jahren.	über 14 Jahre bis 24 Jahre einschließlich.	vom 25. bis 50. Jahre.	über 50 Jahre.
1.	Bei wirklichen Kriminal-Untersuchungen						
2.	Bei polizeimäßig geführten Untersuchungen						
3.	Bei fiskalischen Untersuchungen . . .						
	Summa . . .						
		Summa . .		Summa . . .			

ntersuchungen nach Gattung der Verbrechen.

16.	17.	18.	19.	20.	21.			22.	23.				24.		25.
					Brandstiftung.				Untersuchungen wegen Holzdiebstahls-, Forst-, Jagd- u. Hütungs-Kontraventionen.				a.	b.	
					a.	b.	c.		c.	b.	c.	d.			
Meineid, Zeugenbestechung und Eidesbruch.	Fälschung der Urkunden, Siegel, Stempel u. s. w.	Bankerut.	Wucher.	Medizinische Pfuscherei.	Vorsätzliche.	Fahrlässige.	Totalsumme.	Real-Injurien und körperliche Beschädigungen.	Wegen gewöhnlichen Holzdiebstahls nach dem Gesetz vom 7ten Juni 1821.	Wegen anderer Forst-, Jagd- u. Hütungs-Kontraventionen	Kriminal-Untersuchungen wegen dritten und mehrfachen Holzdiebstahls.	Totalsumme.	Zoll- und Steuerdefraudationen. *)	Andere in den Kolonnen Nr. 1—23. nicht besonders aufgeführte Verbrechen.	Summen aller Untersuchungen aus den Kolonnen Nr. 1—24.

usüben, dürfen polizeil. Strafresolute in diese Uebersicht nicht mit aufnehmen, oder doch besonders aufführen.

*) Die Rubrik 24a. ist nach dem Reskript vom 1. November 1837 eingeschaltet.

und Religion, und nach den Resultaten des letzten Erkenntnisses beendigten Untersuchungen.

Religion.			Nach dem letzten Erkenntniß sind:				Bemerkungen.
evangelisch.	katholisch.	jüdisch.	verurtheilt.	vorläufig freigesprochen.	völlig freigesprochen.	Summa.	
							(Ist ein Verbrecher theils verurtheilt, theils vorläufig oder völlig freigesprochen, so wird er stets hinsichts der ihm ungünstigsten Entscheidung aufgeführt.)
Summa .							

III. Zahl der neu eingeleiteten Untersuchungen wegen Ver-
Schleichhandel, Forst-Defraudationen und

Zoll- und Steuer-Defraudationen zum Gegenstande haben.	Untersuchungen wegen Verbrechen, welche durch Schleichhandel hervorgerufen worden sind, und Tödtung von Grenzbeamten zur Folge gehabt haben.	Tödtung von Defraudanten zur Folge gehabt haben.	Verletzung von Grenzbeamten zur Folge gehabt haben.	Verletzung von Defraudanten zur Folge gehabt haben.	oder Zeugenbestechungen, falsches Zeugniß oder Meineid veranlaßt haben.	Summa.

brechen, welche durch Zoll- und Steuer-Defraudationen, Wilddieberei hervorgerufen worden sind.

Untersuchungen wegen Verbrechen, welche durch Forst-Defraudationen und Wilddieberei veranlaßt worden, und								Summa.
Tödtung von				Verletzung von				
Königl. Forstbeamten.	Privat- Forstbeamten.	Forst-Defraudanten.	Wild-dieben.	Königl. Forstbeamten.	Privat- Forstbeamten.	Forst-Defraudanten.	Wild-dieben.	
zur Folge gehabt haben.								

Beilage G.

Formulare

zu den

Mandats- und summarischen Prozeß-Listen

Anmerk. Diese Listen dienen zum Gebrauch der Registratur, außerdem dem Dirigenten zur Kontrolle und sind zugleich für die Anfertigung der Tabellen berechnet.

Mandats-

a.	b.	c.	d.		e.
No.	Namen der Partheien.	Gegenstand des Prozesses.	Name des		Namen der Mandatarien und Assistenten
			Dezernenten.	Deputirten.	

Anm. Diese Liste wird am 1. Dezember jeden Jahres neu angelegt. Die Ru-
In die Rubrik h. wird, wenn Einwendungen kommen, der Datum der
Klage per decretum zurückgewiesen, so wird solches in der Kolonne „An-
sehen oder Bagatell-Prozeß übergeht, so dient die Kolonne „Anmerkungen"
in welche die Sache nach Nr. 3. der Anmerkungen zur Haupt-Uebersicht

Summarische

a.	b.	c.	d.	e.	f.
No.	Namen der Partheien.	Gegenstand des Prozesses.	Namen des Dezernenten, Deputirten u. der Mandatarien.	Tag der Anmeldung der Klage.	Tag des Klage-beantwortungs-Termins.

Anm. Diese Liste wird mit dem 1. Dezember jeden Jahres neu angelegt, und
Wird eine Sache vor dem mündlichen Verfahren durch Vergleich, Verzicht,
und die übrigen Kolonnen durchpunktirt. Kommt es zum mündlichen
Beendigung gehörigen Orts durch Anführung des Datums notirt. Zur
Ueber die in höhern Instanzen schwebend gebliebenen Sachen hält die
weil sie in der Hauptübersicht ungetrennt aufzuführen sind; dies macht
des Jahres erst alle Prozesse, sodann Injurien-Sachen und andere summa-
Die Listen werden übrigens in Aktenformat geführt.

Prozeß-Liste.

f.	g.	h.		i.
Tag der Anmeldung der Klage.	Durch ein Mandat abgemacht.	Zum summarischen	Bagatell-Prozeß übergegangen.	Anmerkungen.

briken a—f. werden gleich ausgefüllt, die Rubrik g. mit Erlassung des Mandats.
Verfügung, welche das Verfahren einleitet, eingetragen. Wird eine Mandats-
merkungen" notirt: wenn Einwendungen kommen, und die Sache zum summari-
zur Bemerkung der Nummer der Liste der summarischen oder Bagatell-Prozesse,
übertragen werden muß. Die Listen werden übrigens in Aktenformat geführt.

Prozeß-Liste.

g.		h.	i.	k.	l.
Durch Vergleich abgemacht.	Durch Verzicht	Durch Agnitions-Resolution.	Durch Contumacial-Erkenntniß.	Zum mündlichen Verfahren gekommen.	Datum des Urtheils.

die in erster Instanz anhängig gebliebenen Sachen werden zuerst vorgetragen.
Agnitoria 2c. abgemacht, so wird in der betreffenden Kolonne der Datum bemerkt
Verfahren, so wird solches in der betreffenden Kolonne bemerkt und später die
Anfertigung der Tabellen werden die einzelnen ausgefüllten Kolonnen nachgezählt.
Registratur eine besondere Notiz. Injurien-Sachen kommen auch in diese Liste,
aber keine Schwierigkeit, da der Gegenstand angegeben wird, und am Schlusse
rische Sachen besonders gezählt werden, was ohne große Mühe geschehen kann.

Rescript vom 27. September 1832, betreffend die einzureichende Nachweisung der bearbeiteten Spruchsachen nebst Formular.

Da die zum schnellern Betrieb der Spruchsachen getroffenen Anordnungen von guten Erfolg gewesen sind, und die Zahl der Reste sich wesentlich vermindert hat; so will Ich zur Vermeidung unnöthiger Schreiberei den Gerichten die fernere Einreichung der nach dem Rescript vom 12. Juni c. sub a. 2. erforderten vidimirten Auszüge aus den Distributions-Büchern in Ansehung sämmtlicher im laufenden Quartal vertheilten Spruchsachen erlassen. Es soll vielmehr eine vollständige, summarische Nachweisung der in jedem Quartal bearbeiteten Spruchsachen, nach dem anliegenden Formulare, genügen.

Die beigefügten Bemerkungen sind bei der Ausarbeitung der Nachweisung und bei der Absendung der Berichte zu beachten.

Berlin, den 27. Septbr. 1832. (v. K. J. Bd. 40. S. 192.)

Formular

zu der Referat-Tabelle.

Summarische Nachweisung der von den Mitgliedern, den Referendarien vom ten bis ultimo 183 gelieferten so wie

Laufende No.	Name der Re- u. Correferenten.	Es waren zu bearbeiten:																						Davon			
		Rückstände aus den vorigen Quartalen.											Im letzten Quartal sind distribuirt														
		Civilsachen.						Criminal- und fiskal. Sachen.				Zusammen.	Civilsachen.						Criminal- und fiskal. Sachen.				Zusammen.	Civilsa-			
		1.		2.		3.		1.		2.			1.		2.		3.		1.		2.			1.		2.	
		Instanz.						Instanz.					Instanz,						Instanz.					Instanz.			
		Rel.	Correl.	Rel.	Correl.	Rel.	Correl.	Rel.	Correl.	Rel.	Correl.		Rel.	Correl.	Rel.	Correl.	Rel.	Correl.	Rel	Correl.	Rel.	Correl.		Rel.	Correl.	Rel.	Correl.
	Hier werden die Mitglieder des Collegii nach der Ordnung und demnächst die Referendarien und Auskultatoren jeder Klasse nach der Anciennität aufgeführt.																										

Allgemeine Bemerkungen.

1) In den ersten 14 Tagen eines jeden Quartals sind keine Civil- und in den letzten 8 Tagen keine Kriminalsachen, schleunige Sachen ausgenommen, zu distribuiren. Sollte es dem Präsidenten wünschenswerth sein, auch innerhalb dieser Zeit nicht eilige Sachen zu distribuiren, so bleibt demselben unbenommen, dies im Voraus auf das neue Quartal zu thun.

2) die Referenten-Tabellen müssen unfehlbar am 12. des ersten Monats eines jeden Quartals abgeschlossen werden und abgehen.

3) Bei den Behörden, wo Sachen dritter Instanz, oder wo Sachen erster und zweiter Instanz nicht zur Entscheidung kommen, fällt die Kolonne für dieselben fort-

und Auskultatoren des Gerichts zu N. in dem ten Quartale der rückständig gebliebenen Relationen und Correlationen.

sind abgemacht							Es verbleiben an Resten											Von den bearbeiteten Sachen sind noch:		Nummer der rückständig gebliebenen Sachen und des Zeitraums, v. welchem die Rückstände sich herschreiben.	Bemerkungen.
chen.		Criminal- und fiskal. Sachen.				Zusammen.	Civilsachen.						Criminal- und fiskal. Sachen.				Zusammen.	zu verlesen.	die Erkenntnisse zu unterschreiben		
3.		1.		2.			1.		2.		3.		1.		2.						
		Instanz.					Instanz.						Instanz.								
Rel.	Correl.	Rel.	Correl.	Rel.	Correl.		Rel.	Correl.	Rel.	Correl.	Rel.	Correl.	Rel.	Correl.	Rel.	Correl.					
																		Hier werden die No. der noch zu verlesenden Sachen gesetzt.	No. vorgetragen den	Hier wird bei jedem Namen die No. eines jeden Restes, das Object des Processes und der Tag der Distribution (bei Correlationen der Tag der Zustellung) vermerkt. Rescr. vom 12ten Juni 1832.	

4) Die Einsendungsberichte sind von sämmtlichen Mitgliedern des Kollegii zu unterschreiben, damit jedes Mitglied etwanige Erinnerungen zu berichtigen, und wer es für nöthig erachtet, eine Anzeige der Gründe, welche die Entstehung der Reste herbeigeführt hat, zu seiner Entschuldigung beifügen kann

5) Die Kontumacial-Bescheide und Agnitions-Resolutionen und die Entscheidung in Bagatellsachen müssen auf den Vortrag des Dezernenten bei den Memorial-Vorträgen erfolgen. Die Sachen müssen nicht in die Distributionsbücher eingetragen werden. Um zu übersehen, wie viel von diesen in jedem Quartal abgemacht worden, sind diese Sachen in der Urtels-Kontrolle besonders zu notiren. In der Referenten-Tabelle ist nur zu bemerken, wie viel hiervon auf jedes Mitglied gefallen sind.

2) **Rescript** vom 16. Februar 1835, betreffend die Einrichtung der Referententabellen.

Es ist bemerkt worden, daß die Gerichte, welche dem Justizminister vierteljährliche Referattabellen einzureichen haben, bei Ausfüllung des mittelst Cirkular-Rescripts vom 27. September 1832 (Jahrb Band 40. Seite 192) vorgeschriebenen Formulars nicht durchgehends nach gleichen Grundsätzen verfahren und daß nach einer unrichtigen, bei einigen Gerichten getroffenen Einrichtung theils manche Reste in Spruchsachen gar nicht aus der Liste zu entnehmen sind, theils aber abgemachte Sachen in zwei Quartalen und also doppelt aufgeführt werden. Es wird daher auf folgende Punkte aufmerksam gemacht, die ohne alle Abweichung bei Ausfüllung jener vierteljährigen Spruchlisten zu beobachten sind:

I. Die Liste soll nach ihrer Ueberschrift eine summarische Nachweisung der in einem bestimmten Quartale gelieferten, sowie der darin rückständig verbliebenen Relationen und Korrelationen enthalten. Das ist sorgfältig zu beobachten. Es müssen daher z. B. die im künftigen Monate einzureichenden Listen genau die Relationen und Korrelationen ergeben, welche vom 1. Dezbr. v. J. bis zum letzten Tage des Februars geliefert sind. Deshalb müssen

II. in der Rubrik „Rückstände aus den vorigen Quartalen,“ alle Sachen aufgeführt werden, welche sich am ersten Tage des gemeinten Quartals hinter dem einzelnen Beamten zum Referiren oder Korreferiren befanden, also in der nächsten Liste diejenigen, welche er am 1. Dzbr. p. hinter sich hatte.

Es sind ferner:

III. in der Rubrik: „im letzten Quartale sind distribuirt“ alle Sachen und nur die Sachen aufzuführen, welche bis zum Schlusse des Quartals, in jenem Falle also bis zum letzten Tage des Februars, distribuirt oder dem Korreferenten vom Referenten zugegangen sind, sofern nicht nach Nr. 1 der allgemeinen Bemerkungen zum Formular, der Präsident die Distribution ausdrücklich für das nächste Quartal vorgenommen und als solche bezeichnet hat.

IV. In der Kolonne „davon sind abgemacht“ dürfen keine andern Sachen aufgeführt werden, als diejenigen, in welchen vom ersten Tage des Quartals bis zum letzten Tage desselben, also in jenem Falle vom 1. Dezbr. v. J. bis zum letzten Februar, die Relationen oder Korrelationen an den Präsidenten wirklich abgeliefert sind. Es ist ein unrichtiges Verfahren gewesen, wenn mehrere Gerichte nach Nr. 2 der allgemeinen Bemerkungen angenommen haben, in diese Rubrik gehörten alle bis zum 15. des ersten Monats des neuen Quartals abgelieferten Sachen, so daß diese Sachen im verflossenen Quartal als abgemacht und im neuen Quartal dennoch als Rest aus dem vorigen Quartal, mithin doppelt, aufgeführt sind.

V. Die Ausfüllung der Kolonne: „Es verbleiben an Resten:“ ergiebt sich hiernach von selbst. Es müssen in dieser Kolonne und der Unterkolonne alle Sachen ihrer Gesammtzahl nach aufgeführt werden, welche sich am Schlusse des abgelaufenen Quartals im gegebenen Falle des Februars, noch hinter den Referenten und Korreferenten befinden.

VI. Alle diese Sachen werden in der vorletzten Kolonne einzeln nach der Nummer und dem Tage der Distribution, oder bei Korrelationen dem Tage, wo die Akten dem Korreferenten zugestellt sind, verzeichnet.

VII. Wenn ein Referent die Sache erst gegen den Schluß des Quartals und noch am letzten Tage desselben an den Korreferenten abliefert, so wird sie auf des Letztern Namen in Rest geschrieben. Es wird derselbe durch die Ausfüllung der vorletzten Kolonne in einem solchen Falle hinreichend wegen des Rückstandes gerechtfertigt.

VIII. Die Nr. 2 der allgemeinen Bemerkungen zum Formular hat bloß die Bestimmung, daß in der für das verflossene Quartal angefertigten und mit dem Schlusse desselben abgeschlossenen Liste noch diejenigen Sachen als nachträglich abgemacht vermerkt werden können, welche bis zum 15. des ersten Monats des neuen Quartals ihre Erledigung gefunden haben.

IX. Dieser nachträgliche Vormerk kann in der Art erfolgen, daß in der vorletzten Kolonne die bis zum 15. des neuen Monats abgelieferten Nummern roth unterstrichen werden.

Der Justizminister fordert die Herren Präsidenten und Dirigenten auf, nunmehr streng darauf zu halten, daß ferner keine Abweichungen mehr von diesen Bestimmungen vorkommen.

(v. K. Jahrb. B. 47. S. 337.)

Zu A. IV. und B. III. der Verordnung vom 31. October 1836.

1) a. **Verordnung** vom 11. Februar 1828 wegen der einzureichenden Jahresabschlüsse der Salarien-Kassen.

Es sind Veränderungen in dem zur Uebersicht der Salarien- und anderer gerichtlichen Kassenverwaltungen bestehenden Rechnungs-Extrakten-Wesen beschlossen worden, zu deren Ausführung nachstehende Bestimmungen ergehen:

1.

Der Chef der Justiz entbindet die Gerichtsbehörden von der Einreichung folgender, bisher üblichen Kassen-Uebersichten und Rechnungs-Extrakte, als:

a) der Jahresübersichten der Einnahmen und Ausgaben bei den Salarien-Kassen, (nach der Verordnung vom 11. October 1819);

b) der Nachweisungen der am Schlusse jeden Jahres an die Büreau-Kasse des Justiz-Ministeriums, zur Abführung an den Staatsschatz, abzuliefernden Bestände, (nach der Verordnung vom 20. November 1820);

c) der Quartal-Extracte der Salarien-Kassen der Obergerichte und der größeren Untergerichte, und

d) der halbjährigen Abschlüsse der Haupt-Untergerichts-Salarien-Kassen, (nach der Verordnung vom 23 November 1821);

e) der Recapitulation sämmtlicher Einnahme- und Ausgabe-Titel aus den Jahresrechnungen der kleineren Untergerichte, (nach der Verordnung vom 28. November 1800), und

f) der Uebersichten von der Verwaltung der Criminal-Kosten-Fonds, (nach der Verordnung vom 8. Januar 1824).

2.

Dagegen sollen von nun an, jährlich, dergestalt, daß mit dem Jahre 1827 der Anfang gemacht wird, folgende Rechnungs-Extrakte geliefert werden, als:

A. ein Kassen-Jahresabschluß, durch welchen die Resultate aller, bei den gerichtlichen Kassen vorgekommenen Einnahmen und Ausgaben, ohne Unterschied, ob solche aus der Verwaltung früherer, oder aus dem laufenden Jahre herstammen, und ob sie sich nur auf die eigentlichen Unterhaltungskosten der Gerichte als Gehaltzahlungen, Büreau-Kassen-Bedürfnisse, oder auch auf die von den Gerichten zu bestreitenden Auslagen, die durchlaufenden Posten, erstrecken, angezeigt werden, — nach dem beigefügten Schema sub A. zur Uebersicht der Kassenverwaltungen im Allgemeinen, und zur speciellen Beurtheilung der laufenden Verwaltung;

B. I. ein Jahres-Extract von denjenigen currenten Einnahmen und Ausgaben, auf welche die Etats der Gerichtsbehörden berechnet sind, — wobei also vorjährige Bestände und die durchlaufenden Posten, gleichwie solche bei den Etats nicht in Betracht kommen, — außer Acht bleiben, — nach dem beigebenden Schema sub B. I. und II. eine besondere Jahresübersicht von den der Kasse am Schlusse des verhergegangenen Jahres verbliebenen Fonds, zur Deckung der vorhandenen Ausgabe-Reste, nach dem beigehenden Schema sub B. II.; endlich

C. eine jährliche Nachweisung der statt gefundenen Verminderungen der Besoldungs-Ausgaben des Aussterbe-Etats, nach dem beigehenden Schema sub C.

3.

Diese Rechnungs-Uebersichten sollen jährlich von jeder Gerichtsbehörde, welche mit einem Spezial Etat versehen ist, geliefert werden.

Die Untergerichte reichen dieselben, und zwar die Jahresabschlüsse sub A. in duplo, bis spätestens den 15. Februar jeden Jahres, bei den betreffenden Landes-Justiz-Collegien ein, zu welcher Zeit bei den letzteren auch die Extrakte der von ihnen unmittelbar dependirenden Salarien-Kassen der Obergerichte und der Haupt-Untergerichts-Salarien-Kassen vorliegen müssen.

Die Landes-Justiz-Collegien sind gehalten, sich einer sorgfältigen Revision der Rechnungs-Extrakte zu unterziehen, und solche demnächst, was die Jahresabschlüsse sub A. betrifft, unter Zurückbehaltung der Duplicate, so wie solche von den resp. Untergerichten und Kassen einzeln eingegangen und richtig befunden, eventualiter rectificirt worden sind die Extrakte sub B. I. und II. und die Nachweisung sub C. aber in Haupt-Zusammenstellungen, mit dem 1. bis spätestens den 15. März jeden Jahres, bei dem Justiz-Minister einzureichen.

4.

Bei den Extracten sub B. I. und II. sind die dem Schema beigefügten Erläuterungen und die Erklärung der Rubriken zu beachten.

5.

Die danach (Rubrik 22. des Schemas B. I. und Rubrik 9. sub B. II.) alljährlich abzuliefernden Ueberschuß-Bestände sind von den Untergerichten gleichzeitig mit Einreichung der Extrakte an die Haupt-Untergerichts-Salarien-Kassen abzusenden, woselbst sie bis dahin, daß der Justiz-Minister, auf die desfallsigen Anträge der Landes-Justiz-Collegien entweder zur Ablieferung an die Bureaukasse des Justiz-Ministeriums, oder zur Unterstützung anderer Gerichte, bei denen sich nach der Rubrik 23. Schema B. I. ein Zuschußbedarf ergeben hat, Bestimmung darüber getroffen haben wird, asservirt bleiben, — und eben so bleiben auch die sich gleichergestalt in den Kassen der Obergerichte vorfindenden Ueberschüsse der Disposition des Justiz-Ministers vorbehalten.

Die Landes-Justiz-Collegien haben sich daher, bei Einreichung der vorgedachten Zusammenstellungen, über diesen Punkt gutachtlich zu äußern, und besonders, wenn die bei den Gerichten vorhandenen Ueberschuß-Bestände in dem Departement zur Deckung der dagegen bei anderen Gerichten desselben sich ergebenen Zuschußbedürfnisse nicht ausreichen sollten, auch darüber zu berichten, welche der bedürftigen Behörden einer vorzugsweisen Berücksichtigung werth zu achten sei.

Falls aber die vorhandenen disponiblen Bestände die anderweit verbliebenen Ausgabe-Reste übersteigen, so haben die Landes-Justiz-Collegien diesen Ueberschuß sofort an die Büreau-Kasse des Justiz-Ministeriums einzusenden, und, daß solches geschehen, dem Justiz-Minister bei ihren Unterstützungs-Anträgen für die in der Einnahme zurückgebliebenen Gerichte, aus den noch reservirten Beständen, — anzuzeigen. —

6.

Bei den Verwaltungs-Uebersichten von den Criminal-Kosten-Fonds und denjenigen Gefangenanstalten, welche einen Special-Etat haben, sind die beigehenden Schemata sowohl, als auch vorstehende Bestimmungen in analoge Anwendung zu bringen.

7.

Für das laufende Jahr wird, in Beziehung auf die einzureichenden Rechnungs-Uebersichten pro 1827, zu deren Aufstellung sofort die nöthigen Maaßregeln zu treffen sind, eine einmonatliche Verlängerung der sub 3. bestimmten Einsendungs-Termine gestattet, und den Gerichten die Einsendung der Jahres-Uebersichten von den Ausgabe-Resten-Fonds, ad B. II. obig, pro 1827, erlassen.

8.

Uebrigens versteht es sich von selbst, daß durch diese, lediglich die dem Chef der Justiz vorzulegenden Rechnungs- und Verwaltungs-Uebersichten betreffenden, Anordnungen in den sonst bestehenden allgemeinen Kassen-Instruktionen nichts geändert wird, und es sonach namentlich auch bei den, für die die Kassen unmittelbar inspicirenden Behörden bestimmten Quartal-Extracten und den darauf zu gründenden Kassen-Revisionen sein Bewenden behält, wie es auch ferner den Landes-Justiz-Collegien vorbehalten bleibt, nach wie vor von den ihnen untergebenen Kassen und Gerichten, auch außer dem Jahresschlusse, Rechnungs- und Kassen-Extrakte und Uebersichten einzufordern. (v. K. J. Bd. 31. S. 170.)

b) **Circular-Rescript** vom 31. Januar 1829, betr. die Einrichtung der Jahresabschlüsse und Rechnungsextrakte der Salarienkassen nebst Formularien.

Die in Folge der Cirkularverordnung vom 11. Febr. v. J. (Jahrb. Bd. 31. S. 170.) an den Chef der Justiz eingereichten Jahresabschlüsse und Rechnungsextrakte von der Verwaltung der gerichtlichen Salarienkassen für das Jahr 1827, sind bei der hier erfolgten Revision großentheils mangelhaft befunden worden, und wiewohl solches hauptsächlich den Obergerichts-Calkulatoren, wegen des bei Bearbeitung dieser wichtigen Rechnungsangelegenheit häufig bewiesenen Mangels an Sorgfalt, zum Vorwurf gereicht, so ist doch auch nicht zu verkennen gewesen, daß die Untergerichte, durch Vorlegung mangelhafter Spezialertrakte und dadurch veranlaßte, unnütze, die Obergerichte über die Maaßen belästigende Belehrungen, gleichfalls einen Theil der Schuld auf sich geladen haben.

Um diese Mängel für die Zukunft zu beseitigen, und insbesondere auch die aus Unkunde des Rechnungswesens und tadelnswerther Nichtbeachtung der deshalb bestehenden, die Sache ausführlich erklärenden Vorschriften hervorgegangenen Beschwerden einzelner unlenksamer Kassenbeamten über die mit dem Rechnungsextraktenwesen vermeintlich verbundenen außerordentlichen Schwierigkeiten gänzlich hinwegzuräumen, hat der Justizminister beschlossen, eine Erleichterung dieser Beamten bei dem in Rede stehenden Geschäftszweige eintreten zu lassen, und dieselben, in Bezug auf die Eingangs gedachte Verordnung, nunmehr auch noch von der Anfertigung der darin sub B. I. und II. vorgeschriebenen Rechnungsextrakte zu entbinden, welche dagegen auf den Grund der Jahresrechnungsabschlüsse, Litt. A. jener Verordnung, lediglich von den Obergerichts-Kalkulaturen zusammengestellt werden sollen.

Die mit eigenen Etats versehenen Untergerichte haben daher hinfüro nur die oben erwähnten Jahresabschlüsse Lit. A. der Cirkularverordnung vom 11. Februar v. J. und die in dieser Verordnung sub C. erwähnten Nachweisungen der statt gefundenen Verminderungen der Aussterbegehalte alljährlich an die Obergerichte einzureichen; da aber die Anlage dieser Rechnungsmaterialien höchst einfach ist, und wenig mehr als eine bloße Abschrift der Resultate der verschiedenen Einnahme- und Ausgabetitel aus den Jahresrechnungen erfordert, eine richtige und durchaus vollständige Rechnungslegung aber zu den ersten Pflichten eines jeden Rendanten gehört, so wird mit Zuversicht erwartet, daß diese Abschlüsse ihrem Zwecke überall völlig entsprechend ausgearbeitet und Erinnerungen dagegen in keinem Betracht anzustellen seyn werden.

Da es sich auch von selbst versteht, daß die Justiz-Salarienkassen-Rechnungen, wenngleich sie in der Form unter sich abweichen, nothwendig darin übereinkommen müssen, daß sie eine klare Uebersicht aller Einnahmen und Ausgaben, nach deren verschiedenen Gattungen, enthalten, d. h. bei jedem Rechnungstitel das wirkliche Ergebniß der dahin gehörigen Einnahmen oder Ausgaben richtig nachweisen, und die dagegen in den eingereichten Extrakten pro 1827 hin und wieder ausgesprochene Ansicht, als ob es bei den Jahresrechnungen eigentlich bloß auf die Richtigkeit des durch die Balance der Gesammt-Einnahmen und Ausgaben herausgebrachten Endresultats ankomme, auf einem Irrthum beruht, und wo sie sich bisher, unerwartet, als leitendes Prinzip geltend gemacht haben sollte, berichtigt werden muß; so sollen Entschuldigungen, wie sie bisher aus der angeblichen Weitläuftigkeit der Arbeit und der schwierigen Behandlung der äußerst verwickelten Rechnungsverhältnisse bei hergebrachter abweichender Rechnungsführung entlehnt sind, ferner unter keinen Umständen angenommen werden.

Es ist aber darauf zu sehen, daß die Rechnungen diesen unerläßlichen Erfordernissen vollkommen entsprechen, und wo sie in ihrer bisherigen Anlage dazu nicht angethan seyn sollten, zweckmäßige Nachhülfe zu veranstalten, und dabei insbesondere auch zu beachten, daß in der Ausgabe, außer den Haupttiteln von Besoldungen, Dispositionsquantis und sächlichen Ausgaben, als nothwendige Folge der neuen Etatseinrichtung, auch die etatsmäßigen Emolumente der bei den resp. Gerichten angestellten Beamten besonders nachgewiesen, und von den übrigen, von durchlaufenden Posten herrührenden Ausgaben getrennt werden, damit den, einem überall richtigen und gehörig übersichtlichen Rechnungsabschlusse von dieser Seite etwa noch entgegenstehenden Hindernissen zweckmäßig und zu gehöriger Zeit vorgebeugt werde.

Die Dirigenten der Gerichte werden dafür verantwortlich gemacht, daß vorstehenden Anordnungen pünktlich Folge geleistet werde, und die Obergerichte sind angewiesen, sie hierin streng zu kontrolliren.

Zur leichtern Uebersicht werden die schon unterm 11. Februar v. J. vorgeschriebenen Schemata zu den Jahresabschlüssen und den Nachweisungen der verminderten Aussterbegehalte, anliegend unter der schließlichen Bestimmung wiederholt mitgetheilt, daß willkührliche Abweichungen von der Form oder Nichtbeachtung der die Anwendung des Schemas A. erläuternden Marginalbemerkungen desselben, und Nichtübereinstimmung der gelieferten Abschlüsse mit den zur Revision der Königl. Ober-Rechnungskammer gelangenden Jahresrechnungen, ohne Weiteres, durch Ordnungsstrafen geahndet werden sollen.

Die Einreichung der in Rede stehenden Rechnungsmaterialien geschieht, wie bisher, in duplo, und der Termin dazu wird für das laufende Jahr auf den 15. April, für die Zukunft aber auf den 15. März jeden Jahres festgesetzt.

(v. K. Jahrb. B. 42. S. 381.)

Schema A. Jahres-

der Salarienkasse des . . . . . . Gerichts

Soll einkommen. Rthlr.	sgr.	pf.	No.	Einnahme.
				A. Aus dem vorigen Jahre.
9,200	—	—	1	An Bestand ultimo Dezember (1826.) . . . . . .
105	—	—	2	An Defekten . . . .
—	—	—	3	An Zuschuß aus der Casse N. . . . . . .
—	—	—	4	An Jurisdictionsbeiträgen . . . .
—	—	—	5	An Sportelresten ultimo Dezember (1826.) . . . . 12,000 Rthlr. (welche unter Abtheilung B. No. III. 1. ausgeworfen werden.)
9,305	—			Summa A. aus dem vorigen Jahre . . . . . .
				B. Aus dem laufenden Jahre (1827).
				I. Fixirte Einnahme nach dem Etat.
24,600	—	—	1	An Zuschuß aus der Casse zu N. . .
150	—	—	2	An Jurisdictionsbeiträgen . . . .
30	—	—	3	An Miethe des für die Wohnung im Gerichtsgebäude . . . .
		—	4	rc. Anmerkung. Sofern die Etats noch andere fixirte Einnahmen enthalten, sind dieselben gleichfalls hier aufzuführen.
24,780	—	—		. . . . Summa I. . . . .
				II. Extraordinäre Zuschüsse außer dem Etat.
2,000	—	—	1	Aus der General-Staatskasse laut Rescript vom . . . . (A. Nr.) . . . .
3,000	—	-	2	Aus der Büreaukasse des Justiz-Ministeriums, laut Rescripts vom . . . . (A. Nr.) . . . .
			3	Aus der Haupt-Untergerichts-Salarienkasse zu . .
5,000				. . . . Summa II. . . . .
				II. An Sporteln.
12,000		—	1	An Sportelresten ultimo December (1826.)
82,000	—	—	2	An Sporteln, incl. der durchlaufenden Posten und incl. der Gebühren-Emolumente der Beamten .
94,000	—	—		. . . . Summa III. . . . .
5,000	—	—		. . . . Summa II. . . . .
24,780	—	—		. . . . Summa I. . . . .
123,780	—	—		. Summa B. aus dem laufenden Jahre . . .
9,305	—	—		Hierzu Summa A. aus dem vorigen Jahre . . .
133,085	—	—		. Summa aller Einnahmen . . . . . .

abschluß

zu N. N. für das Jahr (1827.)

Ist eingekommen Rthlr.	sgr.	pf.	Ist niedergeschlagen Rthlr.	sgr.	pf.	Ist Rest Rthlr.	sgr.	pf.	Bemerkungen.
9,200	—	—	—	—	—	—	—	—	Anmerkung. Das Soll-Einkommen ist: 1) ad A. No. 1. 3. 4. nach dem vorigen Jahresabschluß; 2) ad B. No. I. 1—4 ꝛc, nach dem Inhalte des Etats; 3) ad B. No. II. 1 — 3. nach den ergangenen einzelnen Bewilligungs-Rescripten u. Verfügungen; 4) ad B. No. III 1. 2. nach der vorjährigen Rechnung u. den verschiedenen Einnahmebelegen der Kasse zum Ansatz zu bringen; ad II. ist der Zweck der Verwendung anzugeben.
100	—	—	5	—	—	—	—	—	
—	—	—	—	—	—	—	—	—	
—	—	—	—	—	—	—	—	—	
—	—	—	—	—	—	—	—	—	
9,300	—	—	5	—	—	—	—	—	
24,600	—	—	—	—	—	—	—	—	
130	—	—	10	—	—	10	—	—	
30	—	—	—	—	—	—	—	—	
24,760	—	—	10	—	—	10	—	—	
2,000	—	—	—	—	—	—	—		
3,000	—	—	—	—	—	—	—	—	
5,000	—	—	—	—	—	—	—	—	740 Rthlr. zur Deckung der Ausgabereste des vorigen Jahres, und 4,260 Rthlr. zur Deckung d. kurrenten Bedarfs. 5,000 Rthlr.
77,000	—	—	7,800	—	—	9,200	—	—	
77,000	—	—	7,800	—	—	9,200	—	—	
5,000	—	—	—	—	—	—	—	—	
24,760	—	—	10	—	—	10	—	—	
106,760	—	—	7,810	—	—	9,210	—	—	
9,300	—	—	5	—	—	—	—	—	
116,060	—	—	7,815	—	—	9,210	—	—	
			133,085 Rthlr.						

Fort-

Soll ausgegeben werden. Rthlr.	Sgr.	Pf.	No.	Ausgabe.
				A. Aus dem vorigen Jahre.
20	—		1	An Vorschuß ....
			2	An Defekten............................
140	—		3	An andern rückständigen Ausgaben ult. Dez. (1826) a) an fixirten Besoldungen ....
30	—			b) An Emolumenten der Beamten ....
				c) zur Disposition des Justiz-Ministers ....
150	—			d) zur Disposition des Ober-Landesgerichts ....
450	—			e) zu sächlichen Ausgaben ....
4,500	—			f) an durchlaufenden Posten.................
5,290	—	—		Summa A. aus dem vorigen Jahre ....

setzung.

Ist ausgegeben worden.			Ist niedergeschlagen worden oder fällt weg.			Ist Rest.			Bemerkungen.
Rthlr.	Sgr.	Pf.	Rthlr.	Sgr.	Pf.	Rthlr.	Sgr.	Pf.	
									Anmerkung.
—	—	—	—	—	—	—	—	—	Die Soll-Ausgabe ist 1) ad A. Nr. 1. 3. litt. a—f. nach dem vorigen Jahresabschlusse,
20	—	—	—	—	—	—	—	—	
140	—	—	—	—	—	—	—	—	2) ad B. Nr. 1. Tit. 1. litt. a. und Tit. 2—4 rc. nach dem Inhalte des Etats, 3) ad B. Nr. I. Tit. 1. litt. b. und Nr. II. litt. a. b. nach den Ausgabe-Mandaten, zum Ansatz zu bringen. Die Summe der Kolonnen — „Ist ausgegeben" — „Ist niedergeschlagen" und „Ist Rest" — muß in der Regel mit der Kolonne — „Soll ausgegeben werden" — übereinstimmen. Wenn dies etwa ausnahmsweise nicht der Fall sein sollte, weil mehr ausgegeben worden, als der Etat aussetzt, so ist diese Etats-Ueberschreitung speciell anzugeben und zu rechtfertigen. ad A. Nr. 3. b. und f., und ad B. II. litt. a., so wie ad B. I. Tit. 1. b. und 4. werden die Ausgabereste in der Kolonne: „Bemerkungen" nach den verschiedenen Gattungen und deren Beträgen aufgeführt.
20	—	—	—	—	—	10	—	—	Kommissionsgebühren etatsmäßiger Beamten,
150	—	—	—	—	—	—	—	—	
450	—	—	—	—	—	—	—	—	
2,500	—	—	500	—	—	1,500	—	—	nämlich: 1,200 Rthlr. Komm.-Geb. 300 " Gebühren fremder Gerichte. 1,500 Rthlr.
3,280	—	—	500	—	—	1,510	—	—	

Schema A. Fort=

Soll ausgegeben werden. Rthlr.	Sgr.	Pf.	No.	Ausgabe.
				B. Aus dem laufenden Jahre (1827).
				I. Ausgaben nach dem Etat.
				Tit. 1. an Besoldungen:
46,000	—	—		a) an fixirten Besoldungen . . . . , ...
20,000	—	—		b) an Emolumenten der Beamten . . . .
200	—	—		Tit. 2. Zur Disposition des Justiz=Ministers . . . . . .
1,300	—	—		= 3. Zur Disposition des Ober=Landesgerichts . . . .
2,000	—	—		= 4. An sächlichen Ausgaben . . . .
				rc. Anmerk. Sofern die Etats noch andere Ausgabetitel enthalten, werden dieselben hier gleichfalls angeführt.
69,500	—	—		Summa I. der etatsmäßigen Ausgaben . . . .
				II. Ausgaben außer dem Etat.
35,000	—	—		a) an durchlaufenden Posten, als Stempel, Porto und Insertions=Gebühren, Kommissions=Gebühren (excl. derjenigen, welche etatsmäßige Beamten beziehen, da solche schon sub. Nr. I. Tit. 1. vorkommen), Diäten und Reisekosten der Beamten, fiskalischen Strafen rc. . . . .
				b) an andern unbestimmten Ausgaben . . . .
1,000	—	—	1	An die Büreaukasse des Justiz = Ministeriums an entbehrlichen Beständen . . . .
2,000	—	—	2	An Unterstützungen, und zwar: 1) an die Salarienkasse des . . . gerichts zu N. 1,500 Rthlr. 2) an die Salarienkasse des . . . gerichts zu O. . . . . 500 =
38,000	—	—		Summa II. der etatsmäßigen Ausgaben . . . .
69,500	—	—		Summa I. der etatsmäßigen Ausgaben . . . .
107,500	—	—		Summa B. aus dem laufenden Jahre . . . .
5,290	—	—		Hierzu Summa A. aus dem vorigen Jahre . . . .
112,790	—	—		Summa aller Ausgaben . . . . , ...

setzung.

Ist ausgegeben worden. Rthlr.	Sgr.	Pf.	Ist niedergeschlagen oder fällt weg. Rthlr.	Sgr.	Pf.	Ist Rest. Rthlr.	Sgr.	Pf.	Bemerkungen.
45,430	—	—	500	—	—	70	—	—	
19,600	—	—	300	—	—	100	—	—	nämlich: 20 Rthlr. Tantieme der Salarienkassen-Rendanten, 50 = Kopialien, 30 = Kommissions-Gebühren etatsmäßiger Beamten.
150	—	—	—	—	—	50	—	—	
1,300	—	—	—	—	—	—	—	—	
1,520	—	—	—	—	—	480	—	—	
68,000	—	—	800	—	—	700	—	—	
33,000	—	—	480	—	—	1,520	—	—	nämlich: 300 Rthlr. Komm-Geb., 700 = Stempel, 20 = Porto, 500 = Gebühr. fremder Gerichte. 1,520 Rthlr.
2,000	—	—	—	—	—	—	—	—	
36,000	—	—	480	—	—	1,520	—	—	
68,000	—	—	800	—	—	700	—	—	
104,000	—	—	1,200	—	—	2,220	—	—	
3,280	—	—	500	—	—	1,510	—	—	
107,280	—	—	1,780	—	—	3,730	—	—	
			112,790 Rthlr.						

Schema A. Fortsetzung.

Abschluß.	Rthlr.	Sgr.	Pf.
Die Einnahme beträgt	116,060	—	—
Die Ausgabe beträgt	107,280	—	—
Bleibt Bestand . .	8,780	—	—
Dazu die Einnahme-Reste mit . .	9,210	—	—
Summa . .	17,990	—	—
Davon ab die Ausgabe-Reste mit . .	3,750	—	—
Bleibt Vermögen der Salarienkasse ult. Dez. (1827) . .	14,260	—	—
Nachweisung des Bestandes.			
Es sind vorhanden:			
1) baar in Golde . . . . 150 Rthlr.			
2) baar in Courant . . . . 5,925 „			
Summa	6,075	—	—
3) in Dokumenten und zwar:			
a) in einer Bank-Obligation . . . 1,000 Rthlr.			
b) in hypothekarischen Forderungen 400 „	1,400	—	—
4) in Quittungen über eiserne Bestände	600	—	—
5) in Quittungen über geleistete Vorschüsse	705	—	—
Summa des Bestandes . .	8,780	—	—
den ten 1828.			
Königl. Preuß. Gericht.			
(Unterschrift des Dirigenten.)			
(Contrasignatur des Rendanten.)			

B.

Durch die über das Rechnungs-Extraktenwesen an sämmtliche Justizbehörden unterm heutigen Dato erlassene Circularverordnung ist bestimmt worden, daß die durch die desfalsige frühere Circularverordnung vom 11. Februar v. J. eingeführten Jahresrechnungs-Extrakte von den gerichtlichen Salariencassen-Verwaltungen, lit. B. I. und II., künftighin nicht mehr von den einzelnen Untergerichten und deren weniger qualificirten Kassenbeamten, sondern von den Kalculatoren der Obergerichte aufgestellt, und von den Untergerichten nur die dazu erforderlichen Materialien, durch die in der gedachten Circularverordnung vom 11. Februar v. J. sub lit. A. vorgeschriebenen Jahresabschlüsse geliefert werden sollen.

Wie aber in jener Separat-Verordnung vom heutigen Tage, bei der fast durchgängigen Mangelhaftigkeit der im Laufe des vorigen Jahres eigereichten Verwaltungs-Extrakte pro 1827, die näheren Vorschriften darüber enthalten sind, in welcher Art diese Jahresabschlüsse lit. A. bearbeitet werden sollen, so ist es der gegenwärtigen Verordnung vorbehalten, die Obergerichte wegen zweckmäßiger Ausarbeitung der Jahresrechnungs-Extrakte lit. B. mit Instruction zu versehen.

Da die dem Chef der Justiz alljährlich vorzulegenden Cassenverwaltungs-Uebersichten die Ausmittelung dessen zum Zweck haben, was bei einzelnen Gerichten, durch außerordentlich hohe Sportel-Einnahmen oder eingetretene Ausgabe-Ersparnisse an Ueberschuß gewonnen worden, um damit andern, bei denen die etatsmäßigen Einnahmen nicht erreicht, oder die Ausgaben gesteigert worden, zu Hülfe zu kommen, und diese Compensation das einzige Mittel bleibt, die Gerichtsbehörden in der Gesammtheit vor Mangel zu schützen, der Gegenstand also für die Justizverwaltung von großer Wichtigkeit ist, und nichts weniger als in einer bloßen Rechnungsförmlichkeit besteht; so nimmt der Justizminister zur künftigen bessern Ausführung des Geschäfts, die volle Wirksamkeit der Obergerichte hierdurch ernstlich in Anspruch, da denselben keinesweges verhehlt werden kann, daß es im Allgemeinen nicht weniger ihrer unzureichenden Controlle, als der eigenen Vernachlässigung des Cassenwesens von Seiten der Untergerichte, zugeschrieben werden muß, wenn bei der Mangelhaftigkeit mehrerer der eingerichteten Verwaltungs-Extrakte für das Jahr 1827 der vorangedeutete Zweck derselben nur unvollständig erreicht worden ist.

Für das ebengedachte Jahr hat der Justizminister eine specielle Revision der eingereichten Rechnungs-Extracte, auf den Grund der mit vorgelegten Jahresabschlüsse, in seinem Rechnungsbureau veranstalten lassen, und wenn auch durch diese Maaßregel bei der weiten Entfernung von den meisten der betreffenden Behörden und den vielfach erforderlich gewesenen Rückfragen, der Erfolg nicht vollständig gesichert, wenigstens dadurch eine unzulässige Verzögerung der Sache herbeigeführt worden ist, so hat es sich doch dabei ergeben, daß der Zweck dagegen bei den Obergerichten, wo die entgegenstehenden Hindernisse in bei weitem geringern Maaße vorhanden sind, ganz füglich erreicht werden kann, wenn bei Bearbeitung der Sache nur die rechten Mittel angewendet werden.

In dieser Beziehung ist bei der gedachten Revision besonders bemerkt worden, daß die Obergerichte zum Theil von der ihnen bei dem Geschäfte zu Gebote stehenden Assistenz ihrer Kalculatoren nicht überall den richtigen Gebrauch gemacht zu haben scheinen, da sich ergeben hat, daß diese Officianten theils nicht genugsam dazu herangezogen worden sind, indem sie häufig, jede materielle Prüfung der Extrakte bei Seite setzend, sich nur auf die Revision des calculi derselben beschränkt, und in die daraus zu fertigende Zusammenstellung lediglich dasjenige aufgenommen haben, was die Untergerichte in den fehlerhaft angelegten Special-Extrakten angegeben hatten, theils aber auch ohne alle Unterstützung gelassen sind, indem bei der Arbeit zwar oft eine zweckmäßige Anlage nicht zu verkennen gewesen, dieselbe aber dagegen in der Ausführung namentlich durch Schreibfehler und sonstige Kanzleinachlässigkeiten entstellt befunden worden ist.

Im Allgemeinen muß, hierunter zweckmäßige Abhülfe zu treffen, zwar den Präsidien überlassen bleiben; der Justizminister bestimmt aber aus den vorangeführten Gründen daß die hier erfolgende Revision der jährlichen Verwaltungs-Uebersichten künftig nur auf allgemeine Gesichtspunkte ausgedehnt, und dagegen für die Richtigkeit der von den einzelnen Obergerichten einzureichenden Extrakte und Nachweisungen, diese Behörden selbst, resp. die bei dem Geschäfte insbesondere betheiligten einzelnen Beamten derselben, verantwortlich gemacht werden sollen, und dieserhalb ergehen, in Bezug auf die früher über den Gegenstand erlassenen Verordnungen, insbesondere die Cirkular-Verordnung vom 11. Feb. v. J., folgende nähere Bestimmungen:

1) Die von den Untergerichten einzureichenden Jahresabschlüsse lit. A. der Zirkular Verordnung vom 11ten Febr. v. J., so wie die Nachweisungen der verminderten Aussterbe-Gehalte lit. C. jener Verordnung, sind in Beziehung auf die für dieselben, insbesondere durch die desfalsige Separat-Verordnung vom heutigen Tage vorgeschriebene Form, und auf die Richtigkeit der darin vorkommenden Etats-Positionen und der dem Gerichte nach Ausweis der bei den Obergerichten darüber existirenden Verhandlungen, im Laufe des betreffenden Jahres gewährten extraordinairen Zuschüsse oder von demselben eingezogenen Ueberschüsse, so wie in Rücksicht des calculi, einer sorgfältigen Revision zu unterwerfen. Diese Revision erfolgt von dem Kalkulator, dem die Abschlüsse sofort nach ihrem Eingange, mit den dazu unverzüglich herbeizuschaffenden vollständigen Bedienungs und Kassen-Aufsichts-Akten zuzustellen sind, und demnächst im Kollegio, und wenn die dabei zur Sprache gekommenen Erinnerungen erledigt und die Abschlüsse danach eventualiter rectificirt worden, werden dieselben, Behufs der Aufstellung der daraus zu extrahirenden Verwaltungs-Uebersichten lit. B., resp. der Zusammenstellung der Nachweisungen lit. C. zur Sammlung abgegeben.

Ueber die vorgeschriebenermaßen erfolgte Revision der Abschlüsse aber wird denselben ein von dem Kalkulator zu vollziehender Revisionsvermerk beigefügt.

2) Die Aufstellung der Verwaltungs-Extrakte lit. B. erfolgt nach Maaßgabe des anliegenden, auf den Grund des, der mehrgedachten Separat-Verordnung vom heutigen Tage beigefügten, fingirten Jahresabschlusses, beispielsweise ausgefüllten Schema's, und der demselben beigefügten, den Gebrauch aller einzelnen Rubriken erläuternden Erklärungen.

Die Tendenz dieser Rechnungs-Extrakte ist die Vergleichung des wirklichen Ertrages der bei den verschiedenen Kassen im Laufe eines Jahres (ohne Rücksicht auf überjährige Kassenbestände und darauf anzuweisende Ausgabereste von Besoldungen, Dispositionsquantis oder sächlichen Ausgaben) vorgekommenen Einnahmen und Ausgaben, mit den dafür etatsmäßig ausgesetzten Summen, um zu erfahren, in wiefern die Kasse entweder durch Mehr-Einnahmen und Minder-Ausgaben gegen die ihnen überwiesenen Etatsfonds, vermöge eingetretener Minder-Einnahmen und (gehörig justificirter) Mehr-Ausgaben zur Deckung aller Bedürfnisse der betreffenden Behörden nicht auszureichen gewesen ist.

3) Unter den, dem Schema beigefügten Erklärungen ist besonders die auf der letzten Seite derselben befindliche Balance des Extrakts lit. B., gegen den Jahresabschluß lit. A., zu beachten, durch welche die Richtigkeit dieses Extrakts nachgewie-

wiesen wird, indem sie den Nachweis führt, daß die Gerichte, wenn ihnen die durch Rubrik 22. oder 23. ausgemittelten Ueberschüsse oder resp. erforderlichen extraordinairen Zuschüsse entzogen oder resp. gewährt worden, hinwiederum auf den Cassenzustand des vorigen Jahres zurückgeführt werden, d. h. z. B. am Schlusse des Jahres eben so viel disponiblen Cassenbestand behalten oder resp. erhalten, als ihnen ultimo 1827 belassen oder resp. gewährt worden ist.

Diese Balance muß, wie auch das Schema ergiebt, als Probe des aufgestellten Extracts von dem Calkulator am Schlusse eines jeden Jahresabschlusses nachgetragen und zu den bei den Obergerichten zurückbleibenden Duplikaten dieser Abschlüsse eine Abschrift von der Balance gefertigt werden.

4) Die dem Schema beigefügten Erläuterungen erstrecken sich zwar auf alle Rubriken der Verwaltungs-Extrakte lit. B., um damit zugleich die darin aufzunehmenden vorjährigen Resultate an Sportel-Einnahmeresten und reservirten Ausgaberest-Fonds, aus dem zum Grunde liegenden Jahresabschlusse, wo aber bereits, wie mit wenigen Ausnahmen geschehen, Verwaltungs-Extrakte im vorigen Jahre gefertigt worden, bedarf es bei den diese vorjährigen Resultate betreffenden Rubriken (Nr. 2. des Schema's B. I. und No. 1. des Schemas B. II.) der näheren Ausmittelung aus den Jahresabschlüssen nicht, sondern es sind diese Rubriken lediglich nach Maaßgabe der vorjährigen Verwaltungsextrakte, resp. deren Rubriken 12 und 26., auszufüllen und die Geheime Kalkulatur des Justiz-Ministeriums ist angewiesen worden, bei den hier erfolgten vielfachen Berichtigungen der im vorigen Jahre eingereichten Extrakte, dem einem jeden Obergerichte zugehenden ersten Exemplar der gegenwärtigen Verordnung eine Nachweisung dieser in die neuen Extrakte zu übernehmenden Restsummen beizufügen.

5) Auch in Beziehung auf die vorstehend sub 3 gedachten, den Kassen als eiserne Bestands-Fonds zur Bestreitung der currenten Pränumerando-Zahlungen verbleibenden Bestände aus der Zeit vor der Einführung der gegenwärtig in Rede stehenden alljährlichen Abrechnung ist hier eine Zusammenstellung angefertigt und die Geheime Kalkulatur angewiesen worden, daraus der gegenwärtigen Verordnung gemäß für jedes Obergericht einen Extrakt beizufügen. Die in diesem hier beigefügten Extrakte (Rubrik 8.) aufgeführten Bestandssummen sind also diejenigen, welche die Gerichte behalten, und als solche bei der vorgedachten Balance der Verwaltungs-Extrakte lit. B. gegen die Jahresabschlüsse lit. A. zum Grunde zu legen sind.

Es hat sich aber bei dieser Zusammenstellung ergeben, daß die danach den Kassen verbleibenden Bestände zu dem angezeigten Zweck der Bestreitung des currenten Bedarfs, bei einigen Gerichten sich zu hoch belaufen und bei anderen nicht ausreichen, weshalb mehrere Obergerichte im Laufe des vorigen Jahres autorisirt worden sind, eine anderweite Repartition der Bestände vorzunehmen, und in den hierdurch betroffenen Departements werden sich zwar einzelne Abweichungen von der anliegenden Zusammenstellung ergeben; auf das Resultat der gesammten Kassenbestände des Departements dürfen diese Abweichungen aber nicht von Einfluß sein.

Auch die übrigen Obergerichte, denen eine specielle Anweisung dieserhalb bisher nicht zugegangen ist, werden hierdurch zugleich autorisirt, die nach der anliegenden Zusammenstellung in den Kassen ihres Departements vorhandenen überjährigen Bestände, nach dem dringendsten Bedarf der resp. Gerichte anderweit zu repartiren, deshalb den bei einzelnen Kassen vorhandenen Ueberfluß zur Haupt-Untergerichts-Salarienkasse einzuziehen und aus dem hierdurch konstituirten Fonds anderen, zur Vergrößerung ihrer eiserner Bestands-Fonds, eine Unterstützung zu gewähren; wo aber die Bestände in der Gesammtheit nicht zureichen sollten, den Bedarf zu den verfassungsmäßigen Pränumerando-Zahlungen und Vorschußleistungen zu decken, ist solches durch eine gleichzeitig mit den Verwaltungs-Extrakten pro 1828 einzureichende specielle Nachweisung des Bedarfs und der dazu nur vorhandenen unzureichenden Mittel zu belegen und der Justizminister wird darauf Bedacht nehmen, die letzteren jedoch abgesondert von der Abrechnung über die currenten Fonds für das Jahr 1828, durch außerordentliche Bewilligung zu verstärken.

6) Eine besonders vorsichtige Behandlung bei dem Rechnungs-Extraktenwesen erheischen die den Gerichten gewährten extraordinairen Zuschüsse, da dieselben nothwendig unterschieden werden müssen, je nachdem sie zur Bestreitung alter Ausgabereste an Besoldungen, Dispositionsquantis und sächlichen Ausgaben oder zur Verstärkung der eisernen Bestandsfonds, kurz zur Deckung des vorjährigen Bedarfs, oder zur Bestreitung der currenten Ausgaben des laufenden Jahres bestimmt waren.

Es wird daher wiederholt darauf aufmerksam gemacht, daß es unter keinen Umständen unterlassen werden darf, in den Jahresabschlüssen lit. A. unter der Kolonne „Bemerkungen", wie es das Schema vorschreibt, den Zweck der Verwendung der extraordinairen Zuschüsse anzuzeigen.

Die vorstehend zuerst gedachten für den vorjährigen Bedarf bewilligten Zuschußbeträge bleiben bei den Verwaltungsextrakten lit. B., gänzlich außer Acht und werden nur in der sub 3 oben gedachten Balance dieser Extrakte gegen den Jahresabschluß lit A. dem Bestandsvermögen der Kassen hinzugerechnet; die für den currenten Bedarf bewilligten Beträge aber werden den Gerichten auf den am Schlusse des Jahres überhaupt festzustellenden Zuschußbedarf, wie das beigehende Schema lit. B. I. bei dem Abschlusse, Colonne „Bemerkungen“, näher darthut, in Anrechnung gebracht, und endlich Zuschußbeträge, welche einigen Gerichten im Laufe des vorigen Jahres ausnahmsweise ausschließlich zur Tilgung der vorhandenen Stempel- und Porto-Reste bewilligt worden, sind von dem Betrage der im Jahre 1828 zu diesem Zwecke überhaupt verwendeten Summen, ehe solche bei der Rubrik 4. des Rechnungs-Extracts lit. B. I. von der Brutto-Einnahme an Sporteln in Abzug gebracht werden, abzurechnen, dergestalt, daß, wenn z. B. die derartige Bewilligung in 500 Rthlr. bestanden hätte, bei dem in dem anliegenden Schema behandelten Beispiele ad rubr. 4. von der Brutto-Einnahme der 77,100 Rthlr. sub Nr. 1. nicht 35,500 Rthlr., sondern 500 Rthlr. weniger, mithin nur 35,000 Rthlr. in Abzug zu bringen gewesen wären, um die reine Sportel-Einnahme der Casse richtig zu constituiren.

7) Von den Haupt-Untergerichts-Salarienkassen sind in den Rechnungs-Extrakten, lit. B. I. sub Tit. von Zuschüssen, nur diejenigen Beträge nachzuweisen, welche diese Cassen zur eignen Verwendung und Berechnung, nicht zur bloßen Weiterzahlung als fixirte Zuschüsse, an die mit Special-Etats versehenen Untergerichte erhalten, da letztere Summen außerdem bei diesen einzelnen Untergerichten in den Verwaltungs-Extrakten zum Ansatz kommen, z. B. daß eine Haupt-Untergerichts-Salariencasse, welche jährlich 12,000 Rthlr. etatsmäßigen Zuschuß erhält, davon aber 8000 Rthlr. etatsmäßig fixirt an mit Special-Etats versehene Untergerichte zu zahlen hat, nur 4000 Rthlr. in Einnahme nachweist, wogegen aber, wie sich von selbst versteht, die gedachten 8000 Rthlr. auch in der Ausgabe nicht zum Ansatz kommen dürfen, und eben so ist es zu halten mit den bei den Haupt-Untergerichts-Salariencassen concentrirten, durch extraordinaire Bewilligungen gebildeten Unterstützungsfonds für die Untergerichte, welche, da sie zur sofortigen Wiederausschüttung bestimmt sind, und demnächst bei den competenten Untergerichten zur Berechnung kommen, von den gedachten Hauptcassen in den Rechnungs-Extrakten lit. B. weder in Einnahme, noch in Ausgabe nachzuweisen, sondern als bloß durchlaufende Gelder unberücksichtigt zu lassen sind.

8) Was vorstehend von den Haupt-Untergerichts-Salariencassen und den Untergerichten verordnet worden, gilt auch für die Salariencassen der Obergerichte, nur mit der Abweichung, daß die Rechnungs-Extrakte lit. B. und die Nachweisungen lit. C. dieser Cassen, abgesondert von denen der Untergerichts-Salariencassen aufzustellen, letztere aber, nach Anleitung des Schema's, departementsweise zusammenzufassen sind, wobei noch bestimmt wird, daß in diesen Zusammenstellungen dieselbe Reihefolge beobachtet werden soll, in welcher die mit Special-Etats versehenen Untergerichte mit ihren Zuschußzahlungen in den Haupt-Untergerichtskassen-Etats aufgeführt sind, und die Hauptcassen mit ihren zur eignen Verwendung und Berechnung bestimmten Fonds, in dieser Folge den Schluß machen sollen.

9) Auch bei den Verwaltungs-Uebersichten von den Criminal-Kostenfonds und den mit Special-Etats versehenen Gefangen-Anstalten sind vorstehende Bestimmungen in Anwendung zu bringen.

10) Die Einsendung aller vorgedachten Rechnungs-Uebersichten an den Chef der Justiz erfolgt im laufenden Jahre bis spätestens den 15. Mai, und für die Zukunft bis den 15. April jeden Jahres.

11) Die nach den Rechnungs-Extrakten lit. B. von einzelnen Untergerichten abzuführenden Ueberschüsse können übrigens zwar sofort nach deren Feststellung zur Haupt-Untergerichts-Salarienkasse eingezogen werden, jedoch darf auf diesen Fonds vor eingeholter Bestimmung des Justizministers keine Anweisung erfolgen, und wird die in der Cirkularverordnung vom 11. Februar v. J. enthaltene Vorschrift, daß die in den Departements sich im Ganzen ergebenden Ueberschüsse, gleichzeitig mit der Einreichung der Verwaltungs-Extrakte, an die Bureaukasse des Justiz-Ministeriums abgesendet werden sollen, hierdurch aufgehoben.

12) Von diesem Cirkulare und der vorstehend gedachten, an sämmtliche Justiz-Behörden gerichteten Separat-Verfügung vom heutigen Tage, wird jedem Ober-Gerichte eine hinlängliche Anzahl von lithographirten Exemplaren zugefertigt werden, um davon nicht nur bei dem Kollegium selbst den erforderlichen Gebrauch zu machen, sondern auch die Separat-Verordnung unverzüglich an die Untergerichte des Departements weiter zu befördern.

Berlin, den 31. Januar 1829.

(v. K. Jahrb. Bd. 42. S. 397.)

Schema B. I. Ex-

aus den Jahresrechnungen der Haupt-Unter- der Untergerichte, in dem Departement des Ober-

Soll-Einkommen. Nach dem Etat. 1. thlr.	sgr.	pf.	an Sportelresten nach dem vorjährigen Ueberschusse. 2. thlr.	sgr.	pf.	Zusammen. 3. thlr.	sgr.	pf.	Einnahme.
									A. An Sporteln.
45,700	—	—	7470	—	—	53,170	—	—	1) Bei dem Land- u. Stadtgericht zu . . ꝛc.
									B. An überwiesenen eigenthümlichen Einnahmen, (als Jurisdiktionsbeiträgen, Beiträgen der Städte zur Unterhaltung der Gefangenwärter, oder anderen etatsmäßig fixirten Einnahmen, welche nicht ad Litt. C. mitbegriffen sind.)
180	—	—	—	—	—	180	—	—	2) Bei dem Land- u. Stadtgericht zu . . . ꝛc.
									C. An Zuschüssen aus Staatskassen.
24,600	—	—	—	—	—	24,600	—	—	1) Bei dem Land- u. Stadtgerichte zu . . ꝛc. (Insofern die Etats noch andere Einnahme-Titel enthalten, ist hier mit den durch Litt. A. B. C. bezeichneten Abtheilungen, sub D. fortzufahren.)

Erläuterungen.

ad Rubr. 1. kommen lediglich die Etats-Positionen zum Ansatz.

ad Rubr. 2 Littr. A. kommen auf den Grund des beispielsweise vorliegenden Jahresabschlusses Litt. A. zum Ansatz: 12,000 Rthlr. Einnahmereste aus dem vorigen Jahre, nach Abzug sämmtlicher, am Schlusse desselben verbliebenen Ausgabereste von durchlaufenden Posten, incl. der nicht sofort zahlbaren Emolumente etatsmäßiger Beamten, d. h. derjenigen Emolumente, welche nicht eher an die Offizianten ausgezahlt werden dürfen, als bis sie von den Parteien zur Kasse eingezogen sind, z. B. in der Regel die Kommissionsgebühren, — also in Gemäßheit des Jahresabschlusses nach Abzug von resp. 30 Rthlr. — und 4500 Rthlr., wonach verbleiben 7470 Rthlr. Wo aber bereits ein vorjähriger Rechnungsextrakt nach dem gegenwärtigen Schema vorliegt, ist in diese Rubrik 25. des vorjährigen Extrakts zu übernehmen.

ad Rubr. 4. Litt. A. kommen nach dem beispielweise vorliegenden Jahresabschlusse Littr. A. zum Ansatz: 100 Rthlr. eingekommene Defekte, und 77,000 Rthlr. Sporteln, zusammen . . . . 77,100 Rthlr.
nach Abzug
1) der verausgabten durchlaufenden Posten, excl. der Beamten-Emolumente mit resp. 2500 Rthlr. und 33,000 Rthlr., zusammen 35,500 Rthlr.
2) der verausgabten Defekte à . . . . 20 „
u. 3) der sofort zu deckenden Ausgabenreste von durchlaufenden Posten, exkl. der Beamten-Emolumente, an Stempeln und Porto, mit resp. 700 Rthlr. und 20 Rthlr. . . . . 720 „
36,240 Rthlr.
Bleiben . . . . 40,860 Rthlr.

t r a k t

gerichts-Salarienkasse und der Salarienkasse
Landesgerichts zu ..... für das Jahr (1827.)

Darauf sind												Gegen das Soll also (Vergleichung der Rubrik 3 u. 7.)						Ursachen.
eingekommen. 4.			niedergeschlagen. 5.			noch rückständig. 6.			Zusammen. (Die Nummern 4. 5. und 6.) 7.			mehr 8.			weniger. 9.			
thlr.	sgr.	pf.	thlr.	sgr.	pf.	thlr.	sgr.	pf.	thlr.	sgr.	pf.	thlr.	sgr.	pf.	thlr.	sgr.	pf.	
40,860	—	—	6820	—	—	6900	—	—	54,580	—	—	1410	—	—	—	—	—	
170	—	—	10	—	—	—	—	—	180	—	—	—	—	—	—	—	—	
24,600	—	—	—	—	—	—	—	—	24,600	—	—	—	—	—	—	—	—	

ad Rubr. 5. Litt. A. kommen aus dem Jahresabschlusse zum Ansatze: die niedergeschlagenen Sporteln, zum Betrage von .... 7800 Rthlr.
nach Abzug der dagegen niedergeschlagenen Ausgaben von durchlaufenden Posten excl. Emolumente mit resp. 500 Rthlr. und 480 Rthlr., zusammen .... 980 „
Bleiben 6820 Rthlr.

ad Rubr. 6. Litt. A. kommen in Ansatz: die aus dem Jahresabschlusse ersichtlichen Sportel-Einnahmereste zum Betrag von .... 9200 Rthlr.
nach Abzug der darauf haften gebliebenen Ausgabereste von durchlaufenden Posten excl. Emolumente mit resp. 1500 Rthlr. u. 800 Rthlr., zusammen .... 2300 „
Bleiben 6900 Rthlr.

ad Litt. B. u. C. ergeben sich die in den Extrakt aufzunehmenden Summen aus dem Jahresabschlusse von selbst. Nur ad Litt. B. ist noch zu bemerken, daß die nach dem Jahresabschlusse Rest verbliebenen 10 Rthlr. Jurisdiktionsbeiträge vorstehend darum als wirklich eingegangen berechnet sind, weil Einnahmereste bei diesem Titel durchaus vermieden, event. aus sonstigen Einnahmen der Kasse übertragen werden sollen.

Schema B. F o r t-

Nach dem Etat soll ausgegeben werden. 10. thlr.	sgr.	pf.	A u s g a b e.	Dar- ausgegeben. 11. thlr.	sgr.	pf.
			A. An Besoldungen und Emolumenten etatsmäßiger Beamten (excl. Diäten.)			
66980	—	—	1) Bei dem Land- und Stadtgericht zu .... 2c.	65050	—	—
			B. Zur Disposition des Justizministers.			
200	—	—	1) Bei dem Land- und Stadtgericht zu .... 2c.	150	—	—
			C. Zur Disposition des Ober-Landesgerichts.			
1300	—	—	1) Bei dem Land- und Stadtgericht zu........ 2c.	1300	—	—
			D. An sächlichen Ausgaben.			
1520	—	—	1) Bei dem Land- und Stadtgericht zu .... 2c.	1520	—	—
			E. (Wie bei der Einnahme nach den übrigen Etatstiteln.			

E r l ä u t e r u n g e n.

Ad rubr. 10. ist lediglich der Etat zum Grunde zu legen. — Ad rubr. 11. 12 und 13. ergeben sich die darin aufzunehmenden Summen aus dem Jahresabschlusse von selbst. Inzwischen wird noch bemerkt, daß die aus dem vorherigen Jahre zu übertragen gewesenen Ausgaben von s e t z u n g.

a u f i s t									Gegen das Soll also						Ursachen.
noch zu zahlen						Zusammen. (Die Rubriken 11. 12. 13.)			(Vergleichung der Rubrik 10. u. 14.)						
aus den bereitesten Fonds der Kasse. 12.			aus künftig eingehenden Sporteln 13.			14.			mehr. 15.			weniger 16.			
thlr.	sgr.	pf.	thlr.	sgr.	pf	thlr.	sgr.	pf.	thlr.	sgr.	pf.	thlr.	sgr.	pf.	
140	–	–	40	–	–	65230	–	–	–	–	–	1750	–	–	ad. A. ist besonders zu erläutern, was von dem „mehr oder weniger" von wirklichen Ausgabeerhöhungen oder Ersparnissen bei den fixirten Besoldungen oder nur von den, gegen den Etat differirenden Beträgen des wirklichen Verdienstes der Gebühren-Emolumente der Beamten herrührt.
50	–	–	–	–	–	200	–	–	–	–	–	–	–	–	
–	–	–	–	–	–	1300	–	–	–	–	–	–	–	–	
480	–	–	–	–	–	2000	–	–	–	–	–	–	–	–	

nicht sofort zahlbaren Emolumenten etatsmäßiger Beamten ad rubr. 11. und 13. zu den currenten Ausgaben zu rechnen sind, gleichwie solches, beispielsweise hier mit den aus dem Jahresabschlusse hervorgehenden resp. 20 Rthlr. und 10 Rthlr. Commissionsgebühren geschehen ist.

Schema B. Fort=

No.	Abschluß.	Ist eingekommen. (Rubrik 4.) 17. Rthlr.	sg.	pf.	Ist ausgegeben. (Rubrik 11.) 18. Rthlr.	sg.	pf.	Danach verbleibt Bestand. 19. Rth.	sg.	pf.	Danach verbleibt Zuschußbedarf. 20. Rth	sg.	pf.	Die sofort zu berichtigenden Ausgabereste betragen. (Rubrik 12.) 21. Rthlr.	sgr.	pf.
1	Bei dem Land- und Stadtgericht zu =	65,630	—	—	68,020	—	—	—	—	—	2390	—	—	670	—	—
2c.																

setzung.

Nach deren Abzuge verbleibt						Die Einnahmereste betragen. (Rubr. 6.)			Dagegen die daraus zu deckenden Ausgabereste. (Rub. 13.)			Nach deren Abzug verbleiben an Einnahmeresten.			Und (durch Balance der Rubriken 22 od. 23 mit 26) an Vermögen der Casse.			Bemerkungen
Bestand.			Zuschubbedarf.															
22.			23.			24.			25.			26.			27.			
Rth.	sg.	pf.	Rth.	sg.	pf.	Rth.	sg.	pf.	Rth.	sg.	pf.	Rth.	sg.	pf.	Rthlr.	sg.	pf.	
—	—	—	3060	—	—	6900	—	—	40	—	—	6860	—	—	3800	—	—	Zu bemerken, daß das Gericht auf den Rubrik 23 festgestellten Zuschuß der = = 3060 rtl. bereits = 1260 — erhalten hat, u. demselben nur noch = = 1800 rtl. zu zahlen bleiben. Das Gericht hat nämlich zur Deckung des currenten Bedarfs an extraordinairem Zuschuß erhalten = = 4260 rtl. und dagegen zurückgezahlt = 3000 rtl. bleiben obige = 1260 rtl.

Schema B. Fortsetzung. II. Ex-

aus der Ausgabe-Restverwaltung bei der Haupt-Untergerichts-Salarien-Ober-Landesgerichts zu ...... für die

Nach dem Rechnungsextrakt für das Jahr 1826 blieb zu den Ausgaberesten reservirt. 1. Thl.	sgr.	Auf besondere Verfügung des Justiz-Ministeriums treten zu 2. Thl.	sgr.	pf.	gehen ab 3. Thl.	sgr.	pf.	Summa des berichtigten Soll. 4. Thl.	sgr.	pf.	Ausgabe.
											1) Bei dem Land- und Stadtgericht zu ....
140	—	—	—	—	—	—	—	—	—	—	A. An fixirten Besoldungen und sofort zahlbaren Emolumenten etatsmäßiger Beamten ....
150	—	—	—	—	—	—	—	—	—	—	B. Zur Disposition des Ober-Landesgerichts ......
450	—	—	—	—	—	—	—	—	—	—	C. An sächlichen Ausgaben
											2) Bei dem ꝛc.

Erläuterungen.

Die vorstehend zum Ansatz gekommenen Summen ergeben sich aus dem Jahresabschlusse „Ausgabe", lit. A. No. 3. ad a., d. und e. Wo schon ein vorjähriger Rechnungsextract nach dem Schema B. I.

trakt

kasse und den Salarienkassen der Untergerichte in dem Departement des Restperiode von (1826) im Jahre (1827).

Betrag der wirklichen Ausgabe. 5.			An wirklich rückständigen Ausgaben sind noch zu leisten. 6.			Gesammt-Ausgabe. 7.			Gegen das Soll ist also						Ursachen des Zu- und Abganges und des Mehr und Weniger.
									mehr. 8.			weniger. 9.			
Rtl.	sgr.	pf.	Rtl.	sgr.	pf.	Rtl.	sgr.	pf.	Rtl.	sgr.	pf.	Rtl.	sgr.	pf.	
140	—	—	—	—	—	140	—	—	—	—	—	—	—	—	
150	—	—	—	—	—	150	—	—	—	—	—	—	—	—	
450	—	—	—	—	—	450	—	—	—	—	—	—	—	—	

vorliegt, sind in die Rubrik 1. gegenwärtigen Extrakts lediglich die aus jenem vorjährigen Extrakte, Rubrik 12. hervor gehenden Summen zu übernehmen, und in den Rubriken 5 bis 9 nach Maaßgabe des laufenden Jahresabschlusses weiter nachzuweisen.

Balance

der Rechnungs=Extrakte Lit. B. gegen die Jahresabschlüsse Lit. A.

(Dieselbe wird von den Obergerichts=Kalkulatoren auf den von Kassen vorgelegten Jahres=Abschlüssen nachgetragen.)

---

1) Der Jahresabschluß weis't an überjährigem Kassenbestande nach 9200 Rthl.
(cfr. Einnahme A. No. 1.)

Dagegen verblieben zwar aus den bereitesten Fonds der Kasse an Ausgabe=Resten von Besoldungen und sofort zahlbaren Emolumenten, an Dispositions=Quantis und sachlichen Ausgaben zu decken . . . . 740 Rthl.
(cfr. Ausgabe A. No. 3. a. bis e.)

Diese Summe ist der Kasse aber extraordinarie angewiesen.
(cfr. Einnahme B. II)

(Andernfalls käme sie nämlich von dem Bestande in Abrechnung.)

2) Der diesjährige Kassenbestand beträgt nach dem Jahresabschluß 8780 =
und dazu sind noch zu erwarten:

a) an rückständigen Jurisdictionsbeiträgen . . . . 10 =

b) an extraordinairem Zuschusse incl. 720 Rthlr. zur Deckung der vorhandenen Stempel= und Porto=Reste, gemäß Rubrik 23. des Rechnungs=Extrakts Lit. B. I. . 3060 Rthl.
nach Abzug der darauf bereits bezahlten . . . 1260 =

1800

Zusammen . . . 10,590 =

3) Mit diesem Bestande hat die Kasse zu decken:

a) an sofort zu tilgenden Ausgabe=Resten von durchlaufenden Posten, excl. der Beamten=Emolumente, nämlich — cfr. Jahresabschluß Ausgabe B. No. II. und Rechnungs=Extrakt Lit. B. I. Rubrik 4., und an Stempel= und Porto=Resten . . . . 720 Rthl.

b) an Ausgabe=Resten von Besoldungen u. Emolumenten, Dispositions=Quantis u. sächlichen Ausgaben, cfr. Rechnungs=Extrakt Lit. B. I. Rubrik 12. . . . . 670 =

1390 =

Bleiben . . . 9200 =

4) Nach dem Rechnungs=Extrakte Lit. B. II. sind von den reservirten Ausgabe=Restfonds des vorigen Jahres erspart und abzuführen . . . . — =

Bleibt Vermögensbestand der Kasse 9200 Rthl.
wie nach No. 1. oben, im vorigen Jahre.

Schema C.

Nachweisung

der im Jahre .... stattgefundenen Verminderungen der in dem Etat unter der Rubrik „darunter künftig wegfallend" angewiesenen Besoldungs-Ausgabe bei der .... gerichts-Salarienkasse zu ....

Nr.		Summarischer Betrag der künftig wegfallenden Ausgaben „nach dem Etat."			Zugang.			Abgang.			Betrag d. am Jahresschlusse zahlbar bleibenden, künftig wegfallenden Ausgaben.			Ursachen.
		thlr.	sgr.	pf.	thlr.	sgr.	pf.	thlr.	sgr.	pf.	thlr.	sgr.	pf.	
	Bei dem Land- und Stadtgericht zu													
		Eventualiter wenn künftig schon eine Nachweisung nach diesem Schema geliefert worden „nach der vorjährigen Nachweisung."												

2) **Rescript** vom 26. August 1834 nebst Formular, betreffend die von den Kreis-Justiz-Räthen über die von ihnen liquidirten Gebühren zu führenden Rechnungsbücher.

Da es nothwendig ist, daß die unbesoldeten Kreis-Justizräthe über die von ihnen ins Verdienen gebrachten Gebühren und gerichtlichen Kosten ordnungsmäßige Rechnungsbücher führen, aus welchen nicht nur ihr Einkommen im Ganzen, sondern auch die Kosten bei einzelnen Geschäften, Behufs einer Revision ihrer Kostenliquidationen ersehen werden kann, so hat das Königl. Ober-Landesgericht die unbesoldeten Kreis-Justizräthe seines Departements anzuweisen, alle und jede ins Verdienen gebrachten Gebühren und Gerichtskosten in ein besonderes Rechnungsbuch nach dem anliegenden Schema einzutragen, dies Buch ordnungsmäßig fortzuführen, zu Ende jeden Jahres abzuschließen, und bei Einreichung der Geschäfts-Uebersichten zugleich einen Abschluß dieses Rechnungsbuches nach den Resultaten seiner verschiedenen Kolonnen einzureichen.

Diese Abschlüsse sind demnächst in eine Uebersicht zusammenzustellen, welche dem Generalbericht des Chef-Präsidenten beizufügen ist. Es bedarf zwar keiner jährlichen Revision der von den Kreis-Justizräthen geführten Rechnungsbücher, da sie keine Beilage der Ober-Landesgerichts-Salarienkassen-Rechnungen bilden. Das Königl. Ober-Landesgericht hat sich jedoch von Zeit zu Zeit durch Einsicht der Rechnungsbücher, besonders bei Revisionen einzelner Kostenliquidationen und bei Lokalrevisionen, zu überzeugen, daß die Bücher ordnungsmäßig geführt werden, und keine Sporteleꝛzesse statt finden.

(v. K. Jahrb. Bd. 44. S. 117.)

Anlage.

Fortlaufende Nr.	Debent.	Datum der Liquidation.	Bezeichnung der Sache.	Sollen einkommen								Sind eingegangen			Fallen weg.	Bleiben am Schlusse des Jahres in Rest
				Taxen und andere dem Kreis-Justizrath verbleibenden Gebühren.	Diäten und Reisekosten desselben.	Kopialien.	Exekutions- und Dienergebühren.	Protokollführergebühren.	Stempel- und Porto-Auslagen.	Andere Auslagen und durchlaufenden Posten.	Summa.	Betrag.	Name des Zahlers.	Datum.		
				Thl. sgr. pf.	Thl. sgr. pf.	Thl. sgr. pf	Thl. sgr. pf.	Thl. sgr. pf.	Thl. sgr. pf.	Thl. sgr. pf.	Thl. sgr. pf.	Thl. sgr. pf.			Tlr. sgr. pf.	Thl. sgr.

Bemerkung. Auf den Ansatz der Kosten hat die Führung dieses Rechnungsbuchs keinen Einfluß; es können daher die in den einzelnen Kolonnen bezeichneten verschiedenen Gebühren-Gattungen nur dann zum Ansatz kommen, wenn dies nach den bestehenden Gebührentaxen und erlassenen Verordnungen zulässig ist.

Zu A. VI. der Verordnung vom 31. October 1836.

Rescript vom 12. April 1832, betreffend die einzureichenden Jahresabschlüsse der Depositorien.

Das Königl. Ober-Landesgericht erhält hierdurch den Auftrag, binnen Sechs Monaten einen Bericht über die Lage des Rechnungswesens seiner Depositorien, des gerichtlichen und des Pupillar-Depositorii, so wie der sämmtlichen seiner Ober-Aufsicht unterworfenen Königl. gerichtlichen und Pupillar-Untergerichts-Depositorien einzureichen, und demselben eine tabellarische Uebersicht beizufügen, woraus zu ersehen sein muß:

1) bis zu welchem Jahre einschließlich der Rendant seine Decharge erhalten hat; und
2) wie weit von diesem Jahre (zu 1.) angerechnet die Deposital-Rechnungen gelegt, monirt oder abgenommen worden sind.

Das Königl. Ober-Landesgericht hat diesem Gegenstande seine besondere Aufmerksamkeit zu widmen, sich die Abschrift der letzten Rechnungs-Decharge einsenden zu lassen, und wenn sich eine Nachlässigkeit der Rendanten oder des Gerichts bemerklich macht, die nöthigen Maaßregeln zu treffen, und diesen wichtigen Zweig der Verwaltung ganz in Ordnung zu bringen und für die Folge darin zu erhalten.

Zu diesem Zweck ist

1) darauf zu sehen, daß die Zinsen-Termine aller, aus den Depositorien gemachten Darlehne auf die Termine Johanni und Weihnachten jeden Jahres gestellt, und wenn sie nicht spätestens am zweiten Depositaltage im Monat Juli und Januar eingegangen sein sollten, die Capitalien gekündigt werden. Es ist daher schon im Mai und November ein General-Mandat an das Depositorium zur Annahme der Zinsen sämmtlicher General Deposital-Privat-Darlehne von dem Rendanten zu entwerfen und von dem Gericht zu erlassen, woraus unter besondern, jedem einzelnen Darlehne gewidmeten Nummern der Name des Darlehns, die Capitals-Summe, der Zinsfuß und der anzunehmende Geldbetrag der fälligen Zinsen aufgeführt sein muß. Gleichzeitig ist jeder der Darlehnsschuldner zu benachrichtigen, an welchem Tage und in welchem Betrage die Zahlung von ihm geleistet werden soll.
2) Ist die Eintragung der einzuzahlenden Zinsen im Mandatenbuche so zu bewirken, daß daraus der Name des Darlehns und der davon einzuzahlende Zinsenbetrag ersichtlich bleibt, damit jede wirkliche Zinsenzahlung besonders nachgetragen werden kann, und der Präsident oder Rath, welcher das General-Decernat der Deposital-Angelegenheiten bearbeitet, sogleich zu übersehen im Stande ist, welche Zinsen im Rückstande verblieben sind, und wo der Fall der Kündigung eintritt.
3) Muß der Jahresschluß des Depositorii am letzten März oder April jeden Jahres erfolgen, und die Rechnung selbst innerhalb acht Wochen gelegt werden.
4) Sind dem Rendanten oder dessen Gehülfen vollständige Deposital-Extrakte aus den Manualien über die Verwaltung des letzten Jahres zu fertigen, und statt der bloßen Bestandsanzeigen bei der Deposital-Session in Vortrag zu bringen, damit jeder Dezernent den Deposital-Verkehr des verflossenen Deposital-Jahres zu prüfen im Stande ist, der Extrakt auch dem Vormunde oder Curator abschriftlich mitgetheilt werden kann. Für diese Deposital-Extrakte können keine Gebühren, bei gebührenpflichtigen Massen vielmehr nur Copialien in Ansatz gebracht werden, welche von den einzelnen Massen an den Rendanten zu bezahlen sind, und deren Zahlung durch ein General-Mandat verfügt wird.

   Ein solcher Deposital-Extrakt muß zugleich eine Nachweisung enthalten, worin der Bestand der Masse an Aktivis besteht, und zu welchem Zinsfuß die letzteren ausgeliehen sind.
5) Statt der bisher eingeforderten Deposital-Tabellen und Bestands-Anzeigen sind von den Königl. Untergerichten spätestens im Monat September:
   a. der attestirte Jahresabschluß des Depositorii,
   b. das Verzeichniß der einzelnen Massen und ihres Bestandes, welcher aufgerechnet sein und mit dem Abschluß übereinstimmen muß,
   c. das Protokoll über die Deposital-Revision, und
   d. das Protokoll über die erfolgte Abnahme der Deposital-Rechnung,

   an das Königl. Ober-Landesgericht in beglaubigter Abschrift einzusenden. Beträgt die Anzahl der einzelnen Spezialmassen des General-Depositorii über 300, so ist zu b. das Verzeichniß der einzelnen Massen, so wie es zur Legung der Depositalrechnung oder zur Abhaltung der Depositalsession erforderlich gewesen, im Original einzusehen, und nach erfolgter Einsicht wiederum zurückzusenden.

6) Hat das Königl. Ober-Landesgericht jede Veranlassung dazu zu benutzen, die Depositoria der ihm untergeordneten Gerichte zu revidiren, auch von Zeit zu Zeit rechnungskundige Commissarien zu diesem Zweck in das Departement zu senden.

(v. K. Jahrb. Bd. 39. S. 463.)

Zu A. VIII. der Verordnung vom 31. October 1836.

Rescript vom 31. August 1835, betreffend die Einreichung einer Liste der seit länger als drei Jahren anhängigen Rechtssachen.

Nach §. 34. Tit. 2. Thl. III. der A. G. O. haben die Präsidenten der Obergerichte gegen Ende jeden Jahres denjenigen Rechtssachen, welche entweder noch im vorigen, oder in den ersten Monaten des laufenden Jahres ihren Anfang genommen haben, und noch nicht beendigt sind, ihre besondere Aufmerksamkeit zu widmen, und namentlich die Akten entweder selbst einzusehen, oder durch einen Rath des Kollegiums revidiren zu lassen, den Ursachen des Verzugs genau nachzuforschen und die nöthigen Maaßregeln zur ungesäumten Beendigung solcher veralteten Sachen zu veranlassen ꝛc.

Um indeß die Thätigkeit nicht zu sehr in Anspruch zu nehmen, beschränke ich mich für dieses Jahr, das Präsidium aufzufordern, die Revision der Akten wenigstens auf die vor dem 1. December 1832 anhängig gewordenen und noch schwebenden Civilprozesse und Untersuchungen jeder Art, imgleichen der Nachlaßsachen zu richten und bei den Untergerichten durch deren Dirigenten vornehmen zu lassen, die von den Untergerichten einzureichenden Specialtabellen und Verantwortungsberichte einer sorgfältigen Prüfung zu unterwerfen und in dem Generalbericht die Resultate der Revision und Controlle besonders anzuzeigen.

Es sind daher genaue Verzeichnisse aller bei dem Königl. (Titel) vor dem 1. December 1832 eingeleiteten und noch nicht beendigten Prozeß-Untersuchungs- und Nachlaßsachen anzufertigen, und auf den Grund derselben die Revision der Akten in den einzelnen Sachen zu veranlassen. Dabei kann eine Vertheilung des Revisionsgeschäfts unter den Senats- und Abtheilungsdirigenten in der Art statt finden, daß jeder die Akten in den Sachen seines Senats oder seiner Abtheilung revidirt.

Von den sämmtlichen Königlichen und Privat-Untergerichten des Departements sind dagegen genaue, von dem Dirigenten des Gerichts Hinsichts ihrer Richtigkeit attestirte Spezial-Uebersichten aller vor dem 1. Dezember 1832 anhängig gewordenen, und noch nicht beendigten Prozesse, Untersuchungen und Nachlaßsachen zu erfordern. Aus diesen Specialübersichten muß Hinsichts jeder Sache

1) der Tag der Einleitung der Sache,
2) der Name des Dezernenten, Deputirten, Kommissarius oder Inquirenten,
3) die jetzige Lage der Sache und namentlich, ob solche noch in erster oder in einer höheren Instanz schwebt,

hervorgehen. In einer besonderen Kolonne aber muß der Grund der noch nicht erfolgten Beendigung der Sachen angegeben werden.

Für beendigt sind nur diejenigen Sachen zu halten, in welchen das letzte Erkenntniß ergangen, die Hauptdistribution der Masse erfolgt, der Kaufgelderlegungstermin abgehalten und resp. der Erbrezeß errichtet ist.

Den Verwaltern von Patrimonialgerichten ist zu gestatten, diese Specialübersichten Hinsichts sämmtlicher von ihnen verwalteten Gerichte zusammenzufassen und nur in einer besonderen Kolonne die betreffenden Gerichte zu bezeichnen.

Jedes Gericht und resp. jeder Patrimonialrichter, bei welchem keine vor dem 1. December 1832 eingeleiteten Sachen schweben, hat ein Negativ-Attest einzureichen, um dadurch die Einreichung aller Specialübersichten controlliren zu können.

Die unterlassene Einreichung der Uebersichten ist sofort mit einer angemessenen Ordnungsstrafe zu rügen, welche den Dirigenten des Gerichts trifft.

Die von den Untergerichten und Inquisitoriaten eingereichten Uebersichten sind durch die für die Aufsichtssachen bestellten Departementsräthe einer genauen Prüfung zu unterwerfen. Sind die Uebersichten unvollständig oder giebt ihre Fassung zu dem Verdachte Veranlassung, daß bei ihrer Entwerfung nicht mit der gehörigen

Pflichttreue verfahren ist, so sind die Acten in den betreffenden Sachen sofort zu erfordern und zu revidiren. — Nach dem Befunde dieser Revision der Uebersichten und Akten ist das Weitere zu veranlassen. Ueberhaupt aber ist der weitere Fortgang aller Sachen von drei zu drei Monaten durch Einforderung nachträglicher Berichte zu controlliren.

Die Resultate der hiernach bei dem Königl. (Tit.) und den Untergerichten seines Departements angestellten Revisionen der Acten über die vor dem 1. Dezember 1832 anhängig gewordenen Sachen sind in eine Hauptübersicht zusammenzustellen und zwar nach folgenden Rubriken:

1) Name des Gerichts oder des Patrimonialrichters.
2) Zahl der noch anhängigen Sachen.
   a. Civil-Prozesse
      aa. in erster Instanz,
      bb. in höheren Instanzen,
   b. Konkurs und Liquidations-Prozesse und Prioritätsverfahren,
      aa. in welchen das Klassifikationserkenntniß noch nicht abgefaßt ist,
      bb. in welchen dies bereits geschehen ist;
   c. Subhastationsprozesse,
      aa. in welchen der Adjudicationsbescheid noch abzufassen ist, oder
      bb. bereits abgefaßt ist;
   d. Untersuchungen
      aa. Criminal-
      bb. fiskalische } Untersuchungen,
      cc. andere
   und zwar
      aa. in welchen das Erkenntniß erster Instanz noch abzufassen ist,
      bb. welche in höheren Instanzen schweben;
   e. Nachlaßregulirungen (außer den vormundschaftlichen)
      aa. in welchen der gerichtliche Erbrezeß noch nicht abgeschlossen ist,
      bb. in welchen dies geschehen.
3) Resultate der eingereichten und revidirten Specialübersichten Hinsichts der Ursachen der bisher noch nicht erfolgten Erledigung der Sache und der einzelnen Beamten zur Last fallenden Verzögerungen.

Die Königlichen Untergerichte sind dabei hinter dem Obergericht der Reihe nach aufzuführen, mit Angabe des Gesammtresultats nach Zahlen. Hinter denselben kommen die größeren Privatgerichte und die Patrimonialrichter in alphabetischer Ordnung, mit einem Abschluß aller bei den nicht Königlichen Gerichten noch schwebenden Sachen, worauf ein Hauptabschluß der Uebersicht zu fertigen, und diejenigen Königlichen und größeren Privatgerichte und Patrimonialrichter namhaft zu machen sind, bei welchen keine dergleichen älteren Sachen anhängig sind. rc.

Zu B. I. der Verordnung vom 31. October 1836.

S. oben zu A. II.

Zu B. II. der Verordnung vom 31. October 1836.

Rescript vom 29. September 1826 und 20. April 1833, betreffend die einzureichende Nachweisung der Personal- und Etatsveränderungen bei den Subaltern- und Unterbeamtenstellen; S. zur A. G. O. III. 5. §. 1.

Zu B. III. der Verordnung vom 31. October 1836.

1) S. oben die Verordnungen zu A. IV.

2) **Rescript** vom 26. Januar 1830, betreffend die einzureichende Nachweisung der Ersparnisse an Aussterbegehaltsbeträgen.

Da mittelst Cabinetsordre vom 13. September v. J. Allerhöchsten Orts bestimmt worden ist, daß die bei den Justizbehörden erledigten Aussterbebeträge, — so weit darüber nicht anderweit zur Ergänzung von Normalgehalten disponirt wird, und so weit sie sich nicht von unfixirten und daher steigenden und fallenden Emolumenten herschreiben — nicht ferner vermöge der jährlichen Hauptabrechnung aller Justizfonds, nach Maaßgabe der Circular-Verordnung vom 31. Januar v. J., sondern auf besonderm Wege, als erspart an die competenten Staatskassen abgeführt werden sollen, so werden die resp. Obergerichte angewiesen, alljährlich über die gedachten Aussterbefonds ausführliche Berechnungen anlegen zu lassen, durch welche der Betrag jener, bei den Salarienkassen jedes Obergerichts-Departements durch die erfolgten Erledigungen fixirter Aussterbegehalte eingetretenen wirklichen Ersparungen an den ausgesetzten Etatsfonds genau festgestellt wird.

Die Ausarbeitung dieser Berechnungen, bei deren Anlage nach dem beiliegenden Schema verfahren werden soll, ist durch die Kalkulatur der Obergerichte, bei denjenigen Kollegien aber, bei denen die Redaction der von den Obergerichten ausgehenden Anstellungsverfügungen gewissen Beamten aufgetragen ist, durch diese Beamten zu bewirken. rc. Der festgestellte Betrag ist demnächst an diejenige Staatsbehörde, welche die etatsmäßigen Zuschüsse für die competenten Gerichte hergiebt, abzuführen, und zu diesem Zwecke lediglich zur Verausgabung bei der Haupt-Untergerichts-Salarienkasse anzuweisen. rc.

Berlin, den 26. Januar 1830.

Nachweisung

der bei den Salarienkassen in dem Departement des Ober-Landesgerichts im Jahre .... ersparten etatsmäßig fixirten Aussterbegehalts-Beträge.

Nr.		Erledigt			Anderweit verwendet			Erspart		
		Rthl.	Sgr.	Pf.	Rthl.	Sgr.	Pf.	Rthl.	Sgr.	Pf.
1.	Mit der seit dem 1. Juli 18 .. erledigten Stadtrichterstelle zu A., waren 600 Rthl., worunter 100 Rthl. persönlich, Gehalt verbunden. Es sind daher erspart 100 Rthl. weniger 1½ Rthl. Pensionsbeiträge, auf ein halbes Jahr	49	7	6						
	Davon sind aber dem Assessor zu B. zu Erfüllung seines Normalgehalts a 500 Rthl. zu seinem bisherigen Gehalte von dem erstgedachten Zeitpunkte an 50 Rthl. Gehaltszulage bewilligt, mithin weniger 22 Sgr. 6 Pf. Pensionsbeiträge 49 Rthl. 7 Sgr. 6 Pf. jährlich, oder auf ½ Jahr	—	—	—	24	18	9			
	Erspart sind daher nur	—	—	—	—	—	—	24	18	9
	Summa . . .									
2.	rc.									

3) **Rescript** vom 7. Mai 1827 betr. den einzureichenden Abschluß des Diätarfonds; s. zur A. G. O. III. 5. §. 1. unter Nr. 2c.

4) **Rescript** vom 6. August 1830. betr. die Nachweisung der von den Regierungshauptkassen an die Obergerichte geleisteten Vorschußzahlungen.

Im weiteren Verfolg der den respectiven Obergerichten schon durch das Circular-Rescript vom 19. Dezbr. v. J. bekannt gewordenen Angelegenheit, wegen Beschaffung der, zur Bestreitung der verfassungsmäßigen Pränumerandozahlungen und Vorschußleistungen, bei den Salarienkassen der Gerichtsbehörden erforderlichen Bestandsfonds, durch die denselben aus den betreffenden Regierungs-Hauptkassen zu diesem Zweck, bis zur Höhe des vierteljährlichen Betrages der etatsmäßigen Zuschüsse jedes Obergerichts-Departements (neben der schon früher statt gefundenen vierteljährlichen Vorausbezahlung derselben) zu gewährenden Vorschüsse,

ist mit dem Königl. Finanzministerium die Vereinigung getroffen worden:

daß diese den Justiz-Salarienkassen aus den Regierungs-Hauptkassen gewährten Vorschüsse zwar nicht als eisern betrachtet werden sollen, weil der Vorschußbedarf der Gerichte sich nicht immer gleich bleibt, und namentlich bei den jedesmaligen neuen Etatsformationen, und den damit erfolgenden anderweiten Festsetzungen der etatsmäßigen Sporteleinnahmen und der, zur Erfüllung der Ausgabe-Etats zuzusetzenden Zuschüsse der Veränderung unterworfen ist;

und daß die Regierungen gehalten sind, diese vorschußweise geleisteten Zahlungen den Gerichten auf deren für das letzte Quartal jedes Jahres zu erhebenden etatsmäßigen Zuschüsse in Anrechnung zu bringen;

daß aber die respectiven Obergerichte befugt sein sollen, die nach Maaßgabe der eingetretenen Veränderungen alljährlich anderweit erforderlichen Vorschüsse gleichzeitig mit jener Anrechnung der früher geleisteten — aus den Regierungs-Hauptkassen aufs Neue wiederum zu erheben; dergestallt, daß, wenn z. B. für ein Obergerichts-Departement, auf den Grund der Eingangs gedachten Circular-Verfügung im Laufe dieses Jahres ein Vorschuß von 4000 Rthlr. erhoben worden wäre, und der am 1. Octbr. d. J. fällige etatsmäßige Zuschuß pro 4tes Quartal c. dagegen 6000 Rthlr. betrüge, hiernach also, bei der verordneten Anrechnung des Vorschusses von dieser Quartalrate nur noch 2000 Rthlr. zahlbar bleiben, — das betreffende Obergericht dennoch berechtigt ist, falls keine erhebliche Veränderung des Vorschußbedarfs seiner Gerichte eingetreten sein sollte, die vollen 6000 Rthlr. zu erheben; die überschießenden 9000 Rthlr. aber, oder, wenn eine Veränderung des Vorschußbedarfs nothwendig geworden, den anderweit über die Summe jener 2000 Rthlr. erhobenen Bedarf als Vorschuß zu verrechnen und zu quittiren hat.

Die Regierungen sind hiernach, unterm 22sten v. M., von dem Königl. Finanzministerium mit Anweisung versehen, und dabei ist zugleich bestimmt worden, daß es zur Feststellung des alljährlich zu erhebenden Vorschußquanti nicht erst der durch die Circular-Verordnung vom 19. Dezbr. v. J. vorgeschriebenen Requisition der Regierungen von Seiten der Obergerichte bedarf, sondern daß die darüber von den Hauptuntergerichten oder sonstigen Centralkassen der Obergerichte auszufertigenden Quittungen nur von den Präsidenten visirt sein müssen.

Die respectiven Obergerichte werden von diesen Maaßregeln in Kenntniß gesetzt, um sich danach zu achten, und insbesondere wegen der am 1. October d. J. bevorstehenden ersten Erneuerung der Vorschüsse unverzüglich die erforderlichen Vorbereitungen zu treffen.

Dem Chef der Justiz ist von dieser jedesmaligen Erneuerung, und wie viel die den Obergerichten solchem nach geleisteten Vorschüsse alljährlich betragen, Anzeige zu machen.

(v. K. J. Bd. 36. S. 194.)

Berlin, gedruckt bei A. W. Hayn.

FSC
www.fsc.org
MIX
Papier | Fördert
gute Waldnutzung
FSC® C083411

Kolibri 360 GmbH
Ferdinand-Jühlke-Straße 7
99095 Erfurt, Deutschland
produktsicherheit@kolibri360.de